Посвящается моим родителям
Джозефине и Альфонсо Фабоцци

Frank J. Fabozzi

Bond Markets

Analysis, and Strategies

Ninth Edition

PEARSON

Boston Columbus Indianapolis New York San Francisco Hoboken
Amsterdam Cape Town Dubai London Madrid Milan Munich Paris Montréal Toronto
Delhi Mexico City São Paulo Sydney Hong Kong Seoul Singapore Taipei Tokyo

Фрэнк Дж. Фабоцци

Рынок облигаций

Анализ и стратегии

Перевод с английского

3-е издание, исправленное и дополненное

альпина
ПАБЛИШЕР

Москва
2020

УДК 336.763.3
ББК 65.262.2
Ф12

Перевод В. Ионова

Фабоцци Ф. Д.

Ф12 Рынок облигаций: Анализ и стратегии. 3-е изд., испр. и доп. / Фрэнк Дж. Фабоцци ; Пер. с англ. — М. : Альпина Паблишер, 2020. — 1195 с.

ISBN 978-5-9614-5442-0

Фрэнк Фабоцци — специалист мирового масштаба в области облигаций. Его книги — основной источник информации для финансовых специалистов, которые изучают облигации. По ним учат в ведущих бизнес-школах и сдают экзамены на CFA.

Эта книга — прекрасный учебник для любого финансиста. Из нее читатель узнает о фундаментальных характеристиках облигаций; типах эмитентов; сроках погашения облигаций и их значимости; ценных бумагах с фиксированной и плавающей ставкой; облигациях со встроенными опционами и влиянии встроенных опционов на денежный поток; конвертируемых облигациях; видах рисков инвестора в ценные бумаги с фиксированным доходом и многом другом.

Новое издание значительно переработано и обновлено, в него добавлены главы, касающиеся компаний коллективных инвестиций в инструменты с фиксированным доходом, измерения влияния кредитного спреда корпоративных облигаций, особенностей управления портфелем корпоративных облигаций, ориентированного на обязательства инвестирования для пенсионных планов с фиксированными выплатами. Книга рассчитана на сотрудников финансовых компаний и банков, инвесторов, а также студентов и преподавателей экономических вузов.

УДК 336.763.3
ББК 65.262.2

ISBN 978-5-9614-5442-0 (рус.)
ISBN 978-0-13-379677-3 (англ.)

Содержание

Предисловие

Первое издание книги Bond Markets, Analysis and Strategies (Рынок облигаций: Анализ и стратегии) было опубликовано в 1989 г. Цель книги — описание финансовых инструментов облигационного рынка, аналитических методов оценки облигаций и их чувствительности к изменениям процентных ставок, а также портфельных стратегий, отвечающих различным инвестиционным целям. В последующих изданиях каждая тема, затронутая в первом издании, значительно обновлялась. В книге приводятся примеры практического применения изложенных принципов.

В новом издании были учтены пожелания и замечания читателей и преподавателей высших учебных заведений, использующих книгу в своих курсах. Кроме того, в работе над книгой оказались весьма полезными многочисленные беседы с управляющими портфелями и аналитиками и мой опыт в качестве консультанта и члена совета директоров нескольких фондов.

Я уверен, что девятое издание, продолжая традицию предыдущих, снабдит читателя самой свежей информацией о рынке облигаций и инструментах управления портфелем облигаций.

ДОБАВЛЕНО В ДЕВЯТОЕ ИЗДАНИЕ

Глава 16. Компании коллективных инвестиций в инструменты с фиксированным доходом

Все предыдущие главы книги посвящены индивидуальным долговым инструментам. В новой главе рассматриваются инвестиционные компании, которые представляют коллективные инвестиции, или так называемые компании коллективных инвестиций. В их число входят акционерные инвестиционные компании, биржевые фонды, хедж-фонды и инвестиционные трасты недвижимости. Мы анализируем их с двух точек зрения: с точки зрения инвестиционных характеристик и с точки зрения их использования в рамках стратегии управления облигационным портфелем.

Глава 21. Измерение влияния кредитного спреда корпоративных облигаций

В предыдущих главах было показано, как количественно оценивать чувствительность облигации и облигационного портфеля к изменению уровня ставок по казначейским обязательствам. Эта глава посвящена тому, как лучше всего моделировать поведение кредитных спредов и как измерять кредитный риск при изменении ставок по казначейским обязательствам.

Глава 26. Особенности управления портфелем корпоративных облигаций

Если в предыдущих главах рассматривались портфельные стратегии и управление портфелями в целом, то в этой новой главе разбираются вопросы, связанные с управлением портфелями корпоративных облигаций. Затрагиваются такие аспекты, как стабильность инвестиционных характеристик индексов облигационного рынка, кредитные и стоимостные сделки, инвестирование с ограничениями и методы количественной оценки риска ликвидности для корпоративных облигаций.

Глава 27. Ориентированное на обязательства инвестирование для пенсионных планов с фиксированными выплатами

В восьмом издании книги была глава «Стратегии, ориентированные на обязательства», в которой просто описывались стратегии иммунизации и уравнивания денежных потоков. Теперь она заменена на новую главу, которая посвящена ориентированному на обязательства инвестированию для пенсионных планов с фиксированными выплатами. Эта глава начинается с описания того, как исторически спонсоры пенсионных планов ошибочно формулировали инвестиционную политику исключительно с точки зрения активов. После рассмотрения показателей, используемых для определения состояния плана с фиксированными выплатами, разбираются инвестиционные стратегии, которые учитывают финансовые обязательства пенсионного плана.

ЗНАЧИТЕЛЬНО ПЕРЕРАБОТАННЫЕ ГЛАВЫ

Глава 22. Анализ кредитного качества корпоративных облигаций (глава 20 в предыдущем издании)

Тема рассматривается более широко, добавлены два примера — кредитный анализ и анализ ковенантов компании Sirius XM Holdings Inc. и кредитный анализ китайской компании Sino-Forest Corporation.

Глава 24. Стратегии управления портфелями облигаций (глава 22 в предыдущем издании)

Добавлены новые материалы по выбору ориентиров для облигаций, по облигационным индексам, взвешенным по рыночной капитализации, по специальным индексам, по альтернативным ориентирам и по интеллектуальным бета-стратегиям.

ДРУГИЕ СУЩЕСТВЕННЫЕ ИЗМЕНЕНИЯ В ГЛАВАХ

Глава 19. Анализ ценных бумаг, обеспеченных жилищной ипотекой (глава 18 в предыдущем издании)

Добавлены две иллюстрации из реальной практики, предоставленные компанией FactSet.

Глава 23. Моделирование кредитного риска (глава 21 в предыдущем издании)

Добавлен предоставленный компанией Kamakura Corporation пример использования моделей риска в анализе относительной стоимости.

ДЛЯ ПРЕПОДАВАТЕЛЕЙ

Для преподавателей доступны следующие дополнительные ресурсы:

Центр ресурсов для преподавателей (IRC)

Зарегистрируйтесь. Получите логин и пароль для доступа к дополнительным материалам.

С сайта Центра ресурсов для преподавателей (http://www.pearsonhighered.com/irc) можно скачать дополнительные материалы для занятий.

Более легкий доступ. После регистрации не нужно заполнять дополнительные формы и запоминать множество логинов и паролей для получения доступа к новым материалам и/или изданиям. Как зарегистрированный преподаватель, вы входите в систему и получаете прямой доступ к файлам и инструкциям по установке контента на сервере вашего кампуса.

Нужна помощь? Наша специализированная команда технической поддержки готова ответить на любые вопросы преподавателей относительно медиаприложений к настоящей книге. Зайдите на страницу http://247pearsoned.custhelp.com для получения ответов на часто задаваемые вопросы и информации по бесплатным телефонным линиям поддержки. Преподавателям доступны перечисленные ниже приложения. Их детальное описание предоставляется Центром ресурсов.

Электронное руководство для преподавателей с решениями

Руководство для преподавателей, подготовленное д-ром Робом Халлом из Школы бизнеса Уошбернского университета, содержит краткое изложение содержания и ответы на вопросы, приведенные в конце глав.

Презентация в формате PowerPoint

На слайдах PowerPoint, подготовленных д-ром Робом Халлом из Школы бизнеса Уошбернского университета, приведены основные моменты лекций, которые должны сопровождать текст. На слайдах воспроизводятся все численные показатели и таблицы из текста. Эти конспекты можно использовать как есть, а можно модифицировать в соответствии с конкретными потребностями.

Благодарности

В работе над этой книгой мне больше всех помогли:

Сенк Юрал (Barclays Capital), предоставивший примеры, использованные в главах 4, 25 и 26;

Картик Раманатан (Fidelity Management and Research Company/Pyramis Global Advisors), высказавший замечания по главе 9;

Уильям Берлинер (консультант), высказавший замечания по главе 10;

Ананд Бхаттачариа (Университет штата Аризона), высказавший замечания по главе 10;

Алекс Левин (Andrew Davidson & Co.), предоставивший комментарии по главе 19;

Эндрю Дэвидсон (Andrew Davidson & Co.), предоставивший комментарии по главе 19;

Билл Маккой (FactSet), предоставивший примеры для главы 19;

Орен Шейетт (Loomis Sayles), предоставивший комментарии по главе 19;

Джей Хайман (Barclays Capital), предоставивший комментарии по главе 21;

Лев Динкин (Barclays Capital), высказавший замечания по главам 21 и 26;

Джи Лью (Sentry Investments), внесший значительный вклад в главу 22, включая два примера с компаниями Sirius XM Holdings и the Sino Forest;

Джейн Хау, разрешившая мне использовать материалы нашей совместной работы в главе 22;

Дональд ван Девентер (Kamakura Corporation), разрешивший мне использовать его пример «Bank of America Corporation: вероятность дефолта и актуализация относительной стоимости» в главе 23, а также предоставивший отзыв об этой главе;

Брюс Фелпс (Barclays Capital), предоставивший комментарии по главе 26;

Питер Ру, подготовивший примеры хеджирования для глав 29 и 30;

Дональд Смит (Бостонский университет), предоставивший правильную методологию для оценки процентных кэпов и флоров в главе 31;

Марк Палтровиц (BlackRock Financial Management), предоставивший примеры для глав 29 и 31;

Харри Ким (Korea Fixed-Income Investment Advisory Co., Ltd), предоставивший перечень ошибок, замеченных в восьмом издании.

Я глубоко признателен коллегам, поделившимся со мной своими идеями относительно содержания данной книги: Сильвэну Фелдстайну (Guardian Life), Майклу Ферри, Серджио Фокарди (Stony Brook, SUNY), Лори Гудман, Дэвиду Хи, Клэр Джанс, Фрэнку Джоунзу (Университет штата Калифорния в Сан-Хосе), Эндрю Кэлотэю (Andrew Kalotay Associates), Мартину Лейбовицу (Morgan Stanley), Джеку Мэлви (BNY Mellon), Стивену Манну (Университет Южной Каролины), Лайонелу Мартеллини (EDHEC Business School), Уэсли Фоа (The Capital Group Companies), Филиппу Приоле (HSBC and University of Evry Val d'Essonne), Скотту Ричарду (Wharton), Рону Риану (Ryan ALM), Ричарду Уилсону, Дэвиду Юэну (Franklin Advisors) и Ю Шу (China Europe International Business School).

Я также получил много чрезвычайно полезных отзывов о книге от моих коллег из академической среды и хотел бы особенно поблагодарить за помощь при подготовке предыдущих изданий:

Сенай Агса (Университет Джорджа Вашингтона);
Майкла Алдерсона (Сент-Луисский университет);
Дэвида Брауна (Флоридский университет);
Джона Эдмундса (Бэбсон-колледж);
Филиппа Джилса (Колумбийский университет);
Мартина Хо (Колумбийский университет);
Гассема Хомайфара (Университет штата Теннесси);
Дебору Лукас (Массачусетский технологический институт);
Давиндера Малхотру (Филадельфийский университет);
Питера Ричкена (Университет Западного резервного района);
Джеффри Шулца (Христианский университет);
Шазеба Шейха (Университет Умео);
Джона Спитцера (Айовский университет);
Майкла Стутцера (Колорадский университет в Боулдере);
Джоэла Вандена (Дартмутский колледж);
Ин Вана (Университет штата Нью-Йорк в Олбани);
Расселла Вермера (Колорадский университет в Боулдере);
Берри Уилсона (Университет Пейс);
Сяоцин Элеонор Сюй (Университет Сетон-Холл).

ГЛАВА 1

Введение

В этой главе читателю будут представлены сведения:

- о фундаментальных характеристиках облигаций;
- о типах эмитентов;
- о сроках до погашения облигаций и их значимости;
- о ценных бумагах с плавающей и обратной плавающей ставкой;
- об облигациях с встроенными опционами и о влиянии встроенных опционов на денежный поток облигаций;
- о типах встроенных опционов;
- о конвертируемых облигациях;
- о видах рисков, которым подвергается инвестор, осуществляющий вложения в ценные бумаги с фиксированным доходом;
- о вторичном рынке облигаций.

Облигация — это долговой инструмент, обязывающий **эмитента** (называемого также **должником** или **заемщиком**) в течение установленного промежутка времени выплатить кредитору/инвестору взятую взаймы сумму плюс процент. Для типичного (*plain vanilla* — «простого») облигационного выпуска США устанавливаются: 1) фиксированная дата возврата долга (основной суммы) и 2) установленный размер процентных выплат, осуществляемых, как правило, раз в полгода. Дата, определенная для возврата основной суммы, носит название **даты погашения**. Если эмитент не объявил дефолт или не погасил выпуск раньше, чем предполагалось, инвестору, планирующему держать облигацию до даты погашения, обеспечен заранее известный денежный поток.

Целый ряд причин (подробнее о них речь пойдет далее в этой главе) обусловил с 1980-х гг. развитие многочисленных структур облигационных займов. В частности, существенные изменения претерпел рынок ипотечного кредитования, на котором появились новые типы облигаций. В настоящее время заметно расширилась практика объединения индивидуальных ипотечных кредитов в пулы для выпуска сквозных ипотечных бумаг. Используя базовые инструменты рынка ипотечного рынка (ипотечные и сквозные ипотечные ценные бумаги), эмитенты создают разнообразные производные инструменты, такие как облигации, обеспеченные ипотеками, и стрипы ипотечных ценных бумаг, удовлетворяющие нуждам широкого круга институциональных инвесторов.

СЕКТОРЫ РЫНКА ОБЛИГАЦИЙ США

Американский рынок облигаций — это крупнейший мировой рынок ценных бумаг с фиксированным доходом. Его принято делить на шесть секторов: казначейский сектор, сектор правительственных агентств, муниципальный сектор, корпоративный сектор, сектор ценных бумаг, обеспеченных активами, и, наконец, сектор ипотечного кредитования[1]. **Казначейский сектор** включает ценные бумаги, выпущенные правительством США. Это казначейские векселя, ноты и облигации. Данный сектор играет ключевую роль в оценке облигаций и установлении процентных ставок по всему миру.

Сектор **правительственных агентств** включает ценные бумаги, выпущенные организациями, имеющими федеральный статус, а также предприятиями, получающими спонсорскую помощь от государства. Разница между двумя типами эмитентов описана в главе 6. Ценные бумаги такого рода не имеют обеспечения и называются **необеспеченными облигациями правительственных агентств** (*agency debenture securities*). Данный сектор является наименьшим на рынке облигаций.

Муниципальный сектор служит для привлечения денежных средств в бюджет правительств штатов и местных органов власти. Этот сектор подразделяется на две части в зависимости от того, как проценты, получаемые инвесторами, облагаются налогами на федеральном уровне. Освобожденный от налогообложения рынок — это крупнейший сектор, в котором процентный доход, получаемый инвесторами, не облагается федеральным подоходным налогом. Исторически налогооблагаемый сектор составлял небольшую часть рынка муниципальных облигаций. На рынке муниципальных облигаций

[1] В последующих главах мы увидим, что организации, создающие облигационные индексы, выделяют более мелкие секторы.

существуют два вида структур: 1) облигации, обеспеченные налогами (*tax-backed bonds*), и 2) доходные облигации (*revenue bonds*).

Корпоративный сектор включает ценные бумаги, выпущенные американскими корпорациями, а также неамериканскими корпорациями в США. На корпоративном рынке эмитенты выпускают облигации, среднесрочные ноты, структурированные ноты и коммерческие бумаги. Помимо выпуска этих бумаг корпорации заимствуют средства у банков. Одно время коммерческие банки, предоставившие такие кредиты, держали их в своих кредитных портфелях. В наши дни определенные коммерческие кредиты торгуются на рынке. Корпоративный сектор поделен на сферы инвестиционного класса и неинвестиционного класса. Классификация осуществляется путем присвоения кредитного рейтинга сторонней коммерческой организацией. Кредитные рейтинги рассматриваются в главе 7.

Альтернативой корпоративному сектору, где коммерческие предприятия могут привлекать средства, является **сектор ценных бумаг, обеспеченных активами**. В данном секторе корпоративный эмитент объединяет в пулы кредиты или дебиторскую задолженность и использует эти пулы активов в качестве обеспечения выпуска ценных бумаг. Кэптивные финансовые компании, т. е. дочерние предприятия производственных компаний, предоставляющие финансирование клиентам материнской компании для приобретения выпускаемой продукции, являются типичными эмитентами ценных бумаг, обеспеченных активами. Примерами таких компаний являются Harley-Davidson Financial Services, Ford Motor Credit Company и Caterpillar Financial Services Corporation. Пожалуй самыми известными ценными бумагами, обеспеченными активами (хотя они и составляют лишь крошечную долю рынка), являются бумаги, выпускаемые такими артистами, как Дэвид Боуи, Эшфорд и Симпсон, а также Джеймс Браун, под будущие лицензионные отчисления от музыкальных произведений[1]. Типы ценных бумаг, обеспеченных активами, описаны в главе 15.

Ипотечный сектор — это ценные бумаги, обеспеченные ипотеками. Ипотечные кредиты могут использоваться заемщиками для покупки жилья или коммерческой недвижимости (т. е. недвижимости, генерирующей доход). Таким образом, сфера ипотечного кредитования поделена на два сектора, а именно: **сектор жилищной ипотеки** и **сектор коммерческой ипотеки**. Сектор жилищной ипотеки, который включает кредиты

---

[1] Дэвид Боуи был первым среди певцов, кто выпустил такие облигации в 1997 г. С тех пор их называют «облигациями Боуи». Этот выпуск 10-летних облигаций стоимостью $55 млн, приобретенный компанией Prudential, был обеспечен будущими лицензионными платежами по значительной части музыкального каталога Боуи.

на одно- — четырехсемейные дома, рассматривается в главах 10–13. Сектор коммерческой ипотеки, обеспеченной коммерческими кредитами на доходную недвижимость, такую как многоквартирные дома, офисные здания, промышленную недвижимость, торговые центры, гостиницы и медицинские заведения, является темой главы 14.

В главе 10 обсуждаются разные типы жилищных ипотечных кредитов и их классификация с точки зрения кредитного качества заемщиков: первоклассные кредиты и низкокачественные кредиты. Последние предоставляются заемщикам с низким кредитным рейтингом. Кредиты также классифицируются в зависимости от того, соответствуют ли они стандартам андеррайтинга федерального агентства или предприятия, спонсируемого правительством, которая объединяет жилищные кредиты в пулы для выпуска ипотечных ценных бумаг. Жилищные ипотечные ценные бумаги, выпускаемые федеральным агентством (Правительственной национальной ипотечной ассоциацией, или Ginnie Mae) или Fannie Mae и Freddie Mac (двумя спонсируемыми правительством предприятиями), называют **агентскими ипотечными ценными бумагами**. Глава 11 посвящена базовому типу таких ценных бумаг — **агентским сквозным ипотечным ценным бумагам**, а глава 12 охватывает ценные бумаги, создаваемые на основе агентских сквозных ипотечных ценных бумаг: **облигаций, обеспеченных ипотекой**, и **стрипы ипотечных ценных бумаг**.

Жилищные ипотечные ценные бумаги, выпускаемые не Ginnie Mae, Fannie Mae или Freddie Mac, называют **неагентскими ипотечными ценными бумагами**. Они являются предметом главы 13. В этом секторе выделяют ценные бумаги, обеспеченные первоклассными кредитами, и ценные бумаги, обеспеченные низкокачественными кредитами. У бумаг последней группы, называемых **низкокачественными ипотечными ценными бумагами**, основной проблемой являются дефолты. Обвал на финансовом рынке, вызванный дефолтами в этом секторе, называют «кризисом низкокачественных ипотек».

Рынок неамериканских облигаций включает в себя рынок еврооблигаций и рынки национальных облигаций. Речь о них пойдет в главе 9.

Инвесторы в облигации — индивидуальные и институциональные — могут вкладывать средства в объединенные инвестиционные компании вместо создания собственных портфелей и, таким образом, получать доступ к широкому рынку облигаций и/или к его конкретным секторам. Индивидуальным инвесторам использование объединенных фондов вместо прямого приобретения облигаций для создания портфеля дает следующие преимущества: 1) более высокую диверсификацию; 2) более высокую ликвидность и 3) профессиональное управление. Инвестиционные инструменты, называемые коллективными инвестиционными компаниями, рассматриваются в главе 16, включая акции инвестиционных компаний, акции биржевых фондов, хедж-фонды и инвестиционные трасты недвижимости.

ОСНОВНЫЕ ХАРАКТЕРИСТИКИ ОБЛИГАЦИЙ

Предлагаем читателю обзор наиболее существенных из присущих облигациям черт. Более подробное описание каждой из характеристик можно найти в последующих главах.

Типы эмитентов

Свойства каждой облигации определяются, в первую очередь, типом ее эмитента. Эмитенты облигаций делятся на три группы: федеральное правительство и его агентства, муниципальные органы власти, а также корпорации (американские и иностранные). Внутри муниципального и корпоративного рынков различают множество более мелких подгрупп, каждая из которых обладает характерными свойствами, позволяющими ей особым образом исполнять обязательства перед кредиторами.

Срок до погашения

Сроком до погашения принято называть число лет, в течение которых эмитент обязался исполнять закрепленные контрактом требования. Датой погашения считается день, в который долг перестает существовать, т. е. дата, установленная для выкупа облигации путем выплаты основной суммы. На рынке облигаций срок до погашения принято называть просто **сроком** (*maturity; term*). Мы покажем в дальнейшем, что контракт может включать положения, позволяющие либо эмитенту, либо держателю облигации менять ее срок.

Облигации, чей срок до погашения варьирует в промежутке от одного до пяти лет, считаются **краткосрочными**. Облигации со сроком от 5 до 12 лет называются **среднесрочными**, и, наконец, облигации, срок до погашения которых превышает 12 лет, носят название **долгосрочных**.

Срок до погашения имеет первостепенную важность при оценке любой облигации. Во-первых, он ограничивает временной период, в течение которого держатель получает купонные выплаты, и обозначает число лет, оставшееся до полного возвращения долга. Во-вторых, доходность облигации впрямую зависит от ее срока. В главе 5 приводится кривая доходности, наглядно демонстрирующая связь этих двух параметров. И наконец, изменения доходности, происходящие в течение срока жизни облигации, заставляют колебаться ее цену. В главе 4 подробно рассказано о том, какое влияние на волатильность цены оказывает срок до погашения. Заметим, что, при прочих равных, чем больше срок облигации, тем больше волатильность ее цены, обусловленная изменением рыночных доходностей.

Основная сумма и купонная ставка

Основная сумма (или попросту **номинал**) облигации — это сумма, которую эмитент обязуется выплатить держателю облигации в день **погашения.** Это количество денег называется иногда **основным долгом** или **лицевой стоимостью**.

Купонная ставка, известная также как **номинальная ставка**, представляет собой процентную ставку, которую ежегодно обязуется выплачивать эмитент. Ежегодная сумма процентных выплат, получаемых владельцем облигации в течение срока ее жизни, носит название **купона**[1]. Купонная ставка, помноженная на номинал, дает размер купона в денежной форме. Скажем, облигация с купонной ставкой, равной 8%, и номиналом $1000, обеспечит держателю ежегодные процентные выплаты в размере $80. В Соединенных Штатах и Японии широко распространена практика выплат купона двумя «порциями» раз в шесть месяцев. Облигации, выпущенные на некоторых европейских рынках, предполагают осуществление выплаты раз в год.

Заметим, что периодические купонные выплаты присущи всем типам облигаций, кроме одного. Держатель **облигации с нулевым купоном** получает свой «процент» за счет покупки облигации по цене более низкой, чем ее номинальная стоимость. «Процент» выплачивается в этом случае в момент погашения: его размер равен разнице между номиналом и ценой, по которой облигация была приобретена.

Облигации с плавающей ставкой — это облигационные выпуски, купонная ставка которых периодически (в назначенную дату) пересчитывается в соответствии с установленной формулой. Используемая формула носит название **формулы перерасчета купона** и выглядит следующим образом:

---

[1] Процент, выплачиваемый по облигации, называют «купоном» не без оснований. Когда-то держатель получал на руки бумажную облигацию, к которой прикреплялись купоны, где указывался причитающийся процент и дата его получения. Чтобы получить процентный платеж, держатель должен был предъявить купон в банке. Хотя в США большинство облигаций являются именными и не имеют физических «купонов», термин *купонный процент*, или *купонная ставка,* по-прежнему в ходу.

референсная ставка + котируемый спред.

Котируемый спред — это дополнительная процентная ставка, которую эмитент согласен выплачивать вдобавок к референсной ставке. Допустим, например, что в качестве референсной была выбрана месячная ставка предложения Лондонского межбанковского рынка (LIBOR) — процентная ставка, свойства которой мы подробнее опишем в следующих главах. Допустим также, что котируемый спред составляет 150 базисных пунктов. Подставим указанные значения в формулу перерасчета купона:

месячная LIBOR + 150 базисных пунктов.

Таким образом, если в дату перерасчета купона месячная LIBOR равна 3,5%, купонная ставка на этот период составит 5,0%.

Референсной ставкой для большинства ценных бумаг с плавающими купонными ставками является процентная ставка или индекс процентных ставок. В мире чаще всего используется **ставка предложения Лондонского межбанковского рынка депозитов**, известная как LIBOR. Это ставка, по которой первоклассные банки заимствуют друг у друга на лондонском межбанковском рынке. LIBOR рассчитывается Британской ассоциацией банков (BBA) совместно с агентством Reuters на основе процентных ставок, получаемых не менее чем от восьми банков каждый день в 11:00. В результате нередко в соглашениях о займах вместо LIBOR фигурирует BBA LIBOR. Ставка устанавливается для 10 валют[1]: доллар США (USD), британский фунт стерлингов (GBP), японская иена (JPY), швейцарский франк (CHF), канадский доллар (CAD), австралийский доллар (AUD), евро (EUR), новозеландский доллар (NZD), шведская крона (SEK) и датская крона (DKK). Так, AUD BBA LIBOR означает рассчитанную BBA ставку LIBOR для займа, деноминированного в австралийских долларах.

Существуют, однако, ценные бумаги с плавающей ставкой, где в качестве референсной ставки используется финансовый индекс, скажем доходность Standard & Poor's 500 или нефинансового индекса, такого как цены на биржевые товары. Одним из важных индексов, не связанных с процентными ставками, который используется все чаще, является темп инфляции. Облигации, процентные ставки по которым привязаны к темпу инфляции, обычно называют **индексированными**. Как будет показано в главе 6, Казначейство США выпускает индексированные облигации, которые получили название казначейских ценных бумаг, защищенных от инфляции (TIPS).

---

[1] В скобках после названия каждой валюты указывается ее трехбуквенный код в соответствии со стандартом Международной организации по стандартизации.

Купонные ставки облигаций с плавающим купоном, привязанным к процентным ставкам, как правило, растут с ростом выбранного в качестве ориентира инструмента или рынка и падают, если такой инструмент или рынок падают. Между тем существуют облигации, купонные ставки которых движутся в направлении, обратном направлению движения процентных ставок, принятых в качестве референсных. Такие облигации получили название **облигаций с обратной плавающей ставкой**.

В 1980-х гг. на рынке высокодоходных (бросовых) облигаций появились новые структуры, позволившие изменить привычный порядок осуществления купонных платежей. Одной из причин возникновения новых форм стали жесткие ограничения денежных потоков, дававшие себя знать в ходе поглощений компаний с использованием заемных средств или рекапитализаций, финансируемых за счет выпуска высокодоходных облигаций, требующих затем обременительных процентных выплат. Для ослабления нежелательного эффекта корпорации, вовлеченные в описанные процессы, начали выпуск **облигаций с отсроченными купонными платежами** — финансовый инструмент, позволяющий эмитенту в течение некоторого количества лет не тратить наличные средства на выплату процентов. Существуют три типа структур, предполагающих отсрочку платежей: 1) облигации с отсроченными купонными платежами; 2) «ступенчатые» облигации и 3) облигации с выплатой натурой. Еще одна распространенная на рынке высокодоходных облигаций структура предполагает перерасчет купонной ставки, совершаемый таким образом, чтобы облигация торговалась по установленной цене. Структуры облигаций с высокой доходностью составляют предмет главы 7.

Купонная ставка указывает не только на размер купонных платежей, которые держатель рассчитывает получать в течение срока до погашения облигации, — она характеризует также степень влияния изменений процентных ставок на цену облигации. Как следует из главы 4, при прочих равных, чем выше купонная ставка, тем меньше меняется цена с изменением рыночной доходности.

Амортизация

Выплата основной суммы облигационного выпуска может осуществляться одним из двух способов: либо целиком в дату погашения, либо по частям в течение жизни облигации. Во втором случае предполагается существование графика выплат основной суммы. Такой график получил название **графика амортизации**. Некоторые виды кредитов, например кредиты на покупку автомобилей и жилья для частных лиц, также имеют график амортизации основной суммы.

Далее в книге будут подробно описаны ценные бумаги, созданные на основе кредитов, имеющих график амортизации. Ценные бумаги с графиком периодических выплат номинала принято называть **амортизируемыми ценными бумагами**. Ценные бумаги, не имеющие графика периодических выплат номинальной стоимости, называют **неамортизируемыми**.

Срок облигации, в случае амортизируемой ценной бумаги, не является значимым параметром, поскольку дата погашения всего лишь обозначает момент последнего основного платежа. Погашение основной суммы производится в течение всего срока жизни такой облигации. Именно поэтому для амортизируемых ценных бумаг рассчитывают специальный показатель, получивший название **средневзвешенной продолжительности жизни** или просто **средней продолжительности жизни**. Формула подсчета данной величины будет приведена ниже, после того как читатель познакомится с двумя основными типами амортизируемых ценных бумаг: ипотечными ценными бумагами и ценными бумагами, обеспеченными активами.

Встроенные опционы

Выпуск облигации нередко сопровождают записанные в контракте положения, дающие держателю и/или эмитенту возможность совершать действия, противоречащие интересам другой стороны. Наиболее распространенный тип опционов, встроенных в облигации, — **право досрочного погашения**. Оно позволяет эмитенту полностью или частично вернуть долг до момента, обозначенного датой погашения. Такое право дает стороне, выпустившей облигацию, возможность заменить старый выпуск новым, с более низкими купонными ставками, что выгодно эмитенту в случае падения процентных ставок на рынке. Право досрочного погашения позволяет эмитенту с выгодой для себя изменить дату погашения облигации. Как будет показано ниже, опцион такого рода крайне невыгоден держателю облигации.

Право досрочного погашения долга действительно для большинства кредитов и, соответственно, большинства ценных бумаг, созданных на основе таких кредитов. Напомним, что заемщику, как правило, разрешено отдать долг — целиком или частично — в любое удобное для него время до даты погашения. Таким образом, заемщик имеет право по своему усмотрению менять график амортизации амортизируемых ценных бумаг.

Облигационный выпуск может также включать положение, позволяющее держателю менять срок облигации. Облигация с встроенным

правом обратной продажи гарантирует держателю возможность продать ценную бумагу эмитенту по номинальной стоимости в определенные даты. Такое право выгодно кредитору, поскольку в ситуации повышения процентных ставок на рынке и соответствующего уменьшения цены данной облигации, он может заставить эмитента выкупить облигацию по номиналу.

Конвертируемой облигацией называют облигацию, дающую держателю право обменять ее на указанное число обыкновенных акций. Опцион этого рода позволяет инвестору извлекать выгоду из благоприятного движения цен на акции эмитента. **Обмениваемая облигация** может быть обменена держателем на указанное число акций корпорации, не являющейся эмитентом. Этот тип облигаций описан в главе 20.

Некоторые облигационные выпуски предусматривают для эмитента или держателя право выбора валюты, в которой будет выплачиваться денежный поток. Этот опцион позволяет стороне, наделенной правом выбора, получить выгоду от благоприятного движения обменных курсов валют. Облигации данного типа описаны в главе 9.

Существование встроенных опционов заметно усложняет оценку облигации. Инвестору следует иметь представление о базовых принципах оценки опционов. Речь о них пойдет в главе 18 (облигации с правом досрочного погашения и обратной продажи) и главе 19 (ипотечные облигации и облигации, обеспеченные активами). Оценить облигацию со встроенным опционом бывает особенно трудно в случае, когда одна она связана с несколькими опционными правами. Скажем, облигационный выпуск может включать право досрочного погашения, право обратной продажи и в то же время быть конвертируемым — характеристики, значимость которых варьирует в зависимости от ситуации.

Описание облигационного выпуска

Количество облигационных выпусков исчисляется сотнями тысяч. Большинство ценных бумаг имеют девятисимвольный (буквенно-цифровой) идентификационный номер CUSIP. Аббревиатура CUSIP расшифровывается как Комитет по единым процедурам идентификации ценных бумаг. Для идентификации иностранных ценных бумаг используется Международная система нумерации CUSIP (CINS), в которой используются 12-символьные коды. Система нумерации CUSIP принадлежит Ассоциации американских банков и администрируется агентством Standard & Poor's. Номера CUSIP очень важны для нормального функционирования рынка ценных бумаг, поскольку они помогают участникам рынка правильно идентифицировать ценные бумаги, участвующие в сделках и в процессе клиринга/расчетов.

Номер CUSIP — это не случайный набор символов, он присваивается так, чтобы по нему можно было определять ключевые характеристики выпуска в единообразной структуре. Так, первые шесть символов идентифицируют эмитента: компания, правительственное агентство или муниципальный орган. Следующие два символа показывают, долговой или долевой это инструмент, и идентифицируют эмитента. Последний символ является контрольным, позволяющим проверять правильность номера, и его иногда отбрасывают. Таким образом, указываются только первые восемь символов.

Номера присваиваются следующим долговым инструментам:

- ценным бумагам, обеспеченным активами;
- банковским акцептам;
- депозитным сертификатам;
- облигациям, обеспеченным долговыми обязательствами;
- коммерческим бумагам;
- корпоративным облигациям;
- среднесрочным нотам;
- ипотечным ценным бумагам;
- муниципальным облигациям;
- структурированным продуктам;
- американским федеральным правительственным агентствам;
- американским казначейским ценным бумагам: облигациям, векселям и нотам.

Также номера имеют процентные и кредитные деривативы.

Обычно, когда говорят об облигациях в сделках или в портфелях, конкретный выпуск идентифицируют, называя эмитента, купонную ставку и дату погашения. Пример цитирования трех облигаций, выпущенных компанией Alcoa Inc., приведен в таблице ниже.

Купон	Срок погашения	
5,95%	1 февраля 2037 г.	Alcoa, 5.95%, due 2/1/2037 или Alcoa, 5.95s 2/1/2037
6,15%	15 августа 2020 г.	Alcoa, 6.15%, due 8/15/2020 или Alcoa, 6.15s 8/15/2020
6,75%	15 июля 2018 г.	Alcoa, 6.75%, due 7/15/2018 или Alcoa, 6.75s 7/15/2018

РИСКИ, СВЯЗАННЫЕ С ИНВЕСТИЦИЯМИ В ОБЛИГАЦИИ

Вкладывая деньги в облигации, инвестор подвергает свой капитал одному или нескольким из перечисленных ниже типов риска: 1) риск, связанный с процентными ставками; 2) риск, связанный с реинвестициями; 3) риск досрочного погашения; 4) кредитный риск; 5) риск инфляции; 6) риск, связанный с курсами валют; 7) риск ликвидности; 8) риск волатильности и 9) риск риска. Хотя каждый из этих рисков подробно рассматривается в последующих главах, мы приводим здесь их краткий обзор. В книге читатель найдет также информацию о других типах риска, таких как риск потери доходности, событийный риск и налоговый риск. Для контроля риска при формировании портфеля критически важным моментом является количественная оценка максимально возможного числа рисков. Мы увидим это в последующих главах, в частности в главе 25, где рассматриваются факторные модели.

Риск, связанный с процентными ставками

Цена типичной облигации движется в направлении, противоположном движению процентных ставок: рост процентных ставок обусловливает падение цены облигации; при падении процентных ставок цена на облигацию растет. Данное свойство облигации проиллюстрировано в главе 2. Если инвестор вынужден продать облигацию раньше даты ее погашения, рост процентных ставок приведет к реализации убытка (продажа облигации будет совершена по цене более низкой, чем цена покупки). Такой тип риска принято обозначать как **риск процентных ставок** или **рыночный риск**.

Мы уже отмечали, что чувствительность цены облигации к изменениям рыночных процентных ставок зависит от параметров выпуска, таких как купон и срок погашения. Она зависит также от встроенных опционов (например, права досрочного погашения и права обратного выкупа), поскольку, как будет показано далее, движение процентных ставок влияет на стоимость опционов.

Доход от реинвестиций и риск, связанный с реинвестициями

Как объясняется в главе 3, при расчете доходности облигации считается, что получаемый денежный поток реинвестируется. Доход, приносимый реинвестициями (иногда его называют **процент на процент**), зависит как от преобладающего на рынке в момент реинвестиции уровня процентных ставок, так и от самой стратегии реинвестирования. Колебание реинвестиционных ставок, связанное с изменением процентных ставок, носит название **риска реинвестиций**: инвестор рискует реинвестировать промежуточный денежный поток по более низким процентным ставкам. Риск реинвестиций более высок для долгосрочных облигаций, равно как и для облигаций с крупным промежуточным денежным потоком, т. е. для облигаций с высокими купонными ставками. Более детально этот тип риска рассмотрен в главе 3.

Следует заметить, что риск процентных ставок и риск реинвестиций, в принципе, способны сбалансировать друг друга. Риск процентных ставок — это риск роста процентных ставок, ведущий к понижению цен на облигации. Напротив, риск реинвестиций — это риск падения процентных ставок. Стратегия, основанная на эффекте взаимовлияния двух показателей, носит название **иммунизации**, ее описание приведено в главе 27.

Риск досрочного погашения

Мы уже писали о том, что облигационный контракт может давать эмитенту возможность погасить (*call* — отозвать) весь выпуск или его часть раньше, чем истечет установленный срок жизни облигации. Это право нужно эмитенту для обеспечения гибкого рефинансирования облигаций в условиях, когда процентные ставки начнут падать и опустятся ниже уровня купонной ставки.

С точки зрения инвестора, право досрочного погашения невыгодно в трех отношениях. Во-первых, кредитор не может заранее точно установить величину денежного потока, который принесет ему отзываемая облигация. Во-вторых, поскольку эмитент погасит выпуск в момент, когда процентные ставки упадут, капиталу инвестора грозит риск реинвестиций (инвестор вынужден будет реинвестировать полученную сумму по более низким ставкам). И наконец, потенциальный прирост капитала держателя такой облигации может быть невелик, так как цена отзываемой облигации часто не поднимается выше цены, при которой эмитент осуществляет досрочное погашение (причины этого объяснены в главе 18).

Несмотря на то что риск досрочного погашения, как правило, компенсируется более низкой ценой облигации или более высокой ее доходностью, инвестору не всегда легко определить, насколько размер компенсации удовлетворителен. В любом случае, доходность облигации с правом досрочного погашения может сильно отличаться от обычной облигации со сходными прочими характеристиками. Размер риска в данном случае зависит как от параметров положения о досрочном погашении, так и от ситуации на рынке. Методы анализа облигаций с правом досрочного погашения рассматриваются в главе 18.

Кредитный риск

Кредитный риск принято определять как риск невыполнения эмитентом взятых на себя при выпуске облигации обязательств своевременной выплаты процента и полного возвращения долга. Данная форма кредитного риска получила название **риска дефолта**. Участники рынка определяют степень риска дефолта данной облигации, сверяясь с кредитными рейтингами, присвоенными облигации рейтинговыми компаниями Standard & Poor's, Moody's и Fitch. Рейтинговые системы этих компаний (называемых также рейтинговыми агентствами) мы описываем в главе 7, а факторы, которые они учитывают при присвоении рейтингов, — в главе 22.

Кредитный риск, которому подвергает свой капитал инвестор, делающий вложения в облигации, не ограничивается риском дефолта. Даже если эмитенту не грозит дефолт, инвестора подстерегает опасность сделать вложения в ценные бумаги, рыночная стоимость которых упадет и/или цена окажется более низкой по сравнению с другим видом облигаций. Доходность облигационного выпуска складывается из двух параметров: 1) доходность казначейских облигаций с аналогичным сроком и 2) премия, компенсирующая риски, не характерные для казначейских облигаций, — величина, называемая спредом. Часть премии за риск, или часть спреда, получаемая инвестором как компенсация риска дефолта, получила название **кредитного спреда**. Измерению кредитного спреда целиком посвящена глава 21, а в главе 26 мы объясняем, как результаты этого измерения можно использовать в управлении портфелями корпоративных облигаций.

Изменение цены неказначейского долгового обязательства и приносимая им доходность на некотором инвестиционном горизонте зависит, в частности, от того, как меняется кредитный спред облигации. Если кредитный спред растет — инвесторы говорят, что он «расширяется», — рыночная цена облигационного выпуска падает. Риск, связанный с падением цены на облигацию, вызванным ростом кредитного спреда, принято называть **риском кредитного спреда**. Данный риск характерен для отдельных облигационных выпусков, для выпусков облигаций в определенной отрасли или экономическом секторе, а также для всех облигаций, эмитентом которых не является Казначейство США.

Установив кредитный рейтинг облигации, рейтинговое агентство проводит мониторинг кредитного качества эмитента и может изменить кредитный рейтинг при необходимости. Улучшение кредитного качества эмитента приводит к присвоению более высокого рейтинга, — происходит так называемое **повышение рейтинга**; ухудшение кредитного качества приводит к более низкой рейтинговой оценке — **снижению рейтинга**. Непредвиденное снижение рейтинга эмитента или облигационного выпуска увеличивает рыночный кредитный спред, приводя к падению цен на данное долговое обязательство. Данный риск носит название **риска снижения рейтинга.**

Кредитный риск, таким образом, включает три основных компонента: риск дефолта, риск кредитного спреда и риск снижения рейтинга. Помимо прочего, эти риски не исчезают даже при наличии финансовой гарантии неправительственной третьей стороны, например частной страховой компании. Участники рынка ясно поняли это в конце 2007 г., когда специализированные страховые компании, предоставлявшие гарантии, столкнулись с финансовыми трудностями и понижением собственного кредитного рейтинга.

Наконец, существует разновидность кредитного риска, связанная со сторонами сделки. Ее называют **контрагентским риском**. Вот два примера. Существуют стратегии, предполагающие заимствование средств для приобретения облигаций. Использование заемных средств для покупки облигаций, называемое рычагом или кредитным плечом, рассматривается в главе 24. В таких сделках лицо, предоставляющее средства, несет контрагентский риск, поскольку заемщик может не погасить кредит. Второй пример связан со сделками с производными инструментами. В последующих главах мы рассмотрим такие инструменты. Некоторые из них торгуются на бирже, и в сделках с ними конечным контрагентом становится сама биржа. В таких случаях рынок считает контрагентский риск минимальным. Однако в случае внебиржевых производных инструментов контрагентом является не биржа. Сделки с ними связаны со значительным контрагентским риском. К счастью существуют механизмы управления рисками, которые могут использоваться для минимизации контрагентского риска.

Риск инфляции

Риск инфляции, или **риск покупательной способности**, возникает в связи с возможностью изменения стоимости денежного потока, поступающего от вложений в ценную бумагу, т. е. в связи с возможностью инфляции с точки зрения покупательной способности. Скажем, инвестор приобретает облигацию, приносящую доходность в размере 7%. Если при этом уровень инфляции равен 8%, то покупательная способность денежного потока снижается. Риск инфляции значим для всех облигаций, кроме облигаций с плавающей купонной ставкой: только для них процентные ставки, устанавливаемые эмитентом, не фиксируются раз и навсегда для всего срока жизни облигационного выпуска. Облигации с плавающей ставкой в меньшей степени подвержены риску инфляции при условии, что изменение их купонной ставки отражает предполагаемое изменение инфляции.

Риск, связанный с курсами валют

Облигации, деноминированные не в американских долларах (т. е. облигации, выплаты по которым производятся в иностранной валюте), приносят инвестору денежный поток, размер которого в долларах заранее неизвестен. Долларовая величина денежного потока зависит от курса валюты в момент осуществления платежа. Допустим, например, что инвестор приобрел облигацию, выплаты по которой производятся в японских иенах. Если иена упадет по отношению к доллару, сумма в долларах окажется меньше. Риск подобного нежелательного события носит название **риска курсов валют**, или **валютного риска**. Очевидно, что рост иены относительно доллара США позволит инвестору получить бóльшую сумму в долларах.

Риск ликвидности

Риск ликвидности зависит от того, насколько легко будет инвестору продать облигацию по цене, близкой к ее справедливой стоимости. Основная мера ликвидности — это величина спреда между котируемыми дилером ценами продажи и покупки. Чем больше дилерский спред, тем выше риск ликвидности. Для индивидуального инвестора, планирующего держать облигацию до погашения и имеющего возможность осуществить свое намерение, риск ликвидности не имеет значения. Напротив, институциональным инвесторам периодически приходится переоценивать свои позиции по рынку. **Переоценивать позицию по рынку** — значит определять рыночную стоимость каждой облигации в портфеле. Получить цену, соответствующую справедливой стоимости, портфельный менеджер может только в ситуации, когда облигация торгуется достаточно активно.

В главе 26 рассматривает один из распространенных показателей риска ликвидности — кредитный скоринг Barclays Capital.

Риск волатильности

В главе 18 мы покажем, что на цены облигаций с определенными встроенными опционами влияют как уровень процентных ставок, так и факторы, определяющие стоимость встроенных опционов. Один из таких факторов — ожидаемая волатильность процентных ставок. Так, стоимость опциона растет, если повышается ожидаемая волатильность процентных ставок. В случае облигации с правом досрочного погашения или ипотечной ценной бумаги, в которой инвестор предоставляет заемщику опцион, цена снижается, поскольку отдает с опционом часть стоимости. Риск того, что изменение волатильности процентных ставок неблагоприятно скажется на цене облигации, принято называть **риском волатильности**. При рассмотрении факторных моделей в главе 25 мы увидим, что количественным показателем волатильности является *вега* и что этот показатель заимствован из опционной теории, которая обсуждается в главе 30.

Риск риска

На рынке облигаций постоянно появляются новые финансовые инструменты. К сожалению, далеко не все управляющие портфелями имеют ясное представление о характерных для многих инноваций соотношениях риск/доходность. **Риск риска** связан с тем, что инвестору неизвестно, какой риск несет ценная бумага. Отчеты о финансовых скандалах пестрят признаниями портфельных менеджеров и членов советов директоров, заявляющих, что «они понятия не имели, что такое возможно». Несмотря на то что ни управляющий портфелем, ни даже член совета директоров не в состоянии предсказать будущее, им безусловно должны быть заранее известны возможные последствия принятых инвестиционных решений.

Риск риска может быть уменьшен или устранен двумя способами. Первый путь — изучать современную специальную литературу, посвященную описанию методов анализа ценных бумаг. Чтение этой книги, безусловно, первый шаг в нужном направлении. Второй способ — избегать ценных бумаг, внутренняя структура которых вам неясна. К сожалению, наиболее интересные инвестиционные стратегии и наибольшая прибыль связаны именно с использованием сложных финансовых инструментов, а это возвращает нас к первому пути.

ОБЗОР КНИГИ

Следующие четыре главы содержат базовые аналитические сведения, необходимые для понимания принципов ценообразования облигаций и их инвестиционных характеристик. Процесс установления цены на облигацию описан в главе 2. Критический обзор способов измерения получаемой от облигации доходности приводится в главе 3; затем в главе 4 предлагается объяснение ценовых характеристик облигации, а также вводится понятие волатильности. В главе 5 читатель найдет перечень факторов, влияющих на доходность облигации. Здесь же обсуждается роль временной структуры процентных ставок (т. е. связь между сроком и доходностью).

Главы с 6 по 15 посвящены описанию различных секторов долгового рынка. Ориентиром, служащим для оценки всех типов облигаций, являются казначейские ценные бумаги — именно поэтому любой инвестор должен располагать самой подробной информацией о рынке казначейских ценных бумаг. Глава 6 содержит сведения о казначейских облигациях и производных казначейских ценных бумагах (казначейские ценные бумаги с нулевым купоном, или «стрипы» казначейских ценных бумаг), а также о ценных бумагах федеральных агентств. В главах 7–9 обсуждаются инвестиционные характеристики и специфические черты американских корпоративных долговых обязательств, муниципальных ценных бумаг и неамериканских облигаций.

Главы 10–13 призваны осветить положение дел на американском рынке ценных бумаг, обеспеченных жилищными ипотеками. Глава 10 представляет описание различных типов финансовых инструментов, связанных с жилищной ипотекой. Ипотечные сквозные ценные бумаги, выпускаемые Ginnie Mae, Freddie Mac и Fannie Mae, обсуждаются в главе 11, а производные ипотечные бумаги (облигации, обеспеченные ипотеками, и стрипы ипотечных бумаг) этих агентств — в главе 12. Главы 11 и 12 охватывают так называемые агентские ипотечные ценные бумаги, а глава 13 посвящена неагентским ипотечным ценным бумагам, включая низкокачественные ипотечные бумаги. В главе 14 обсуждаются коммерческие ипотечные кредиты и ценные бумаги, обеспеченные коммерческими ипотеками. Ценные бумаги, обеспеченные активами, рассматриваются в главе 15, а объединенные инвестиционные компании — в главе 16.

Следующие три главы описывают методологию оценки облигаций. В главе 17 представлены основы моделирования процентных ставок. В главе 18 читатель найдет сведения о биномиальном методе оценки облигаций со встроенными опционами, а в главе 19 — о возможностях применения к ценным бумагам, обеспеченным ипотеками и активами, численного метода Монте-Карло. Побочным продуктом перечисленных моделей оценки является спред с учетом опционов. Анализ конвертируемых облигаций представлен в главе 20.

Управление кредитным риском корпоративных облигаций рассматривается в главах 21–23. Глава 21 посвящена способам измерения кредитного риска, в ней представлены также эмпирические данные по одному из показателей. В главе 22 описан традиционный кредитный анализ. Глава 23 посвящена основам моделирования кредитного риска, в ней описываются две основные модели: структурные модели и редуцированные модели.

Стратегии управления портфелем — тема глав 24–28. В главе 24 приводится объяснение основополагающих принципов управления портфелем облигаций, здесь же дается описание типов инвесторов и различных портфельных стратегий. В главе 25 показано, как конструировать портфель с использованием факторной модели и как контролировать риск портфеля. Особенности управления портфелем корпоративных облигаций рассмотрены в главе 26. Стратегии, ориентированные на обязательства (стратегии иммунизации, стратегии уравнивания денежных потоков и стратегии управления пенсионными планами с фиксированными выплатами), — тема главы 27. Измерение и оценка инвестиционной результативности менеджера облигационного портфеля объясняется в главе 28.

Последние четыре главы посвящены описанию инструментов, использование которых позволяет сократить риск. Глава 29 предлагает информацию о процентных фьючерсах; глава 30 — сведения о процентных опционах; глава 31 — материалы о процентных свопах, кэпах и флорах. Изучив перечисленные главы, читатель получит представление о ценообразовании данных контрактов и их роли в управлении портфелем. Кредитным деривативам, а именно дефолтным свопам (один из видов кредитных деривативов) посвящена глава 32.

Вопросы

1. Какой денежный поток приносит 10-летняя облигация, у которой купонные платежи осуществляются раз в полгода, купонная ставка составляет 7%, а номинальная стоимость — $100 000?
2. Какой денежный поток приносит 7-летняя облигация без купонных платежей с номинальной стоимостью $10 000?
3. Назовите три причины, по которым важен срок погашения облигации.
4. Может ли инвестор, купивший облигацию с плавающей купонной ставкой, вычислить ее будущий денежный поток?

5. Предположим, формула перерасчета купона для облигации с плавающей ставкой такова:

   1-месячная LIBOR + 220 базисных пунктов.

   a. Что является референсной ставкой?
   b. Что является котируемым спредом?
   c. Допустим, в момент перерасчета купона месячная LIBOR составляет 2,8%. Какой будет купонная ставка на ближайший период?
6. Что такое облигация с отсроченным купонным платежом?
7. Что такое индексированная облигация?
8. a. Что означает амортизация облигаций?
   b. Почему для амортизируемых ценных бумаг срок погашения не является полезным показателем?
9. Что такое облигация со встроенным опционом?
10. Что такое облигация с правом досрочного погашения?
11. a. Чем выгодно право досрочного погашения эмитенту?
    b. Почему право досрочного погашения невыгодно держателю облигации?
12. Чем выгодна держателю облигация с правом обратного выкупа?
13. Export Development Canada выпустила облигации 17 марта 2009 г. Условия выпуска следующие:

Валюта: японская иена (JPY)

Номинал: JPY100 000 000

Срок погашения: 18 марта 2019 г., или факультативная дата погашения

Погашение/база платежа: погашение по номинальной стоимости

Даты процентных платежей: 18 марта и 18 сентября каждого года

Факультативные даты погашения: эмитент имеет право досрочно погасить инструменты в полной мере (но не частично) по номинальной стоимости, начиная с 18 марта 2012 г.

Процентная ставка:

Фиксированная ставка в течение первых трех лет вплоть до, но не включая 18 марта 2012 г.: 1,5%

18 марта 2012 г. — 18 сентября 2012 г. 1,75% — 6-месячная JPY LIBORBBA

18 сентября 2012 г. — 18 марта 2013 г. 1,75% — 6-месячная JPY LIBORBBA

18 марта 2013 г. — 18 сентября 2013 г. 2,00% — 6-месячная JPY LIBORBBA

18 сентября 2013 г. — 18 марта 2014 г. 2,00% — 6-месячная JPY LIBORBBA

18 марта 2014 г. — 18 сентября 2014 г. 2,25% — 6-месячная JPY LIBORBBA

18 сентября 2014 г. — 18 марта 2015 г. 2,25% — 6-месячная JPY LIBORBBA

18 марта 2015 г. — 18 сентября 2015 г. 2,50% — 6-месячная JPY LIBORBBA

18 сентября 2015 г. — 18 марта 2016 г. 2,50% — 6-месячная JPY LIBORBBA
18 марта 2016 г. — 18 сентября 2016 г. 2,75% — 6-месячная JPY LIBORBBA
18 сентября 2016 г. — 18 марта 2017 г. 2,75% — 6-месячная JPY LIBORBBA
18 марта 2017 г. — 18 сентября 2017 г. 3,00% — 6-месячная JPY LIBORBBA
18 сентября 2017 г. — 18 марта 2018 г. 3,00% — 6-месячная JPY LIBORBBA
18 марта 2018 г. — 18 сентября 2018 г. 3,25% — 6-месячная JPY LIBORBBA
18 сентября 2018 г. — 18 марта 2019 г. 3,25% — 6-месячная JPY LIBORBBA

  a. Что означает JPY LIBORBBA?
  b. Опишите характеристики купона этой облигации.
  c. Какие риски связаны с инвестированием в эту облигацию, если национальной валютой инвестора является не японская иена?

14. Какие облигации называются конвертируемыми и какие обмениваемыми?
15. Каким образом участники рынка оценивают риска дефолта по выпуску облигаций?
16. Прокомментируйте следующее высказывание: «Кредитный риск больше риска дефолта эмитента».
17. Объясните, почему вы согласны или не согласны с таким утверждением: «Поскольку моя облигация гарантирована страховой компанией, у меня нет кредитного риска».
18. a. Что такое контрагентский риск?
    b. Приведите два примера сделок, в которых существует контрагентский риск.
19. Есть ли у инвестора, купившего облигацию с нулевым купоном, риск реинвестиций?
20. Что означает переоценка позиции по рынку?
21. Что означает номер CUSIP и почему он важен?

ГЛАВА 2

Ценообразование облигаций

В этой главе читателю будут представлены сведения:

- о временнóй стоимости денег;
- о способах вычисления цены облигации;
- о том, что для установления цены облигации необходимо определить размер предполагаемых денежных потоков и величину доходности, с помощью которой должны быть дисконтированы предполагаемые денежные потоки;
- о том, почему цена облигации меняется в направлении, противоположном изменению требуемой доходности;
- о выпуклой кривой, выражающей соотношение между ценой и доходностью безопционной облигации;
- о взаимосвязи купонной ставки, требуемой доходности и цены;
- об изменении цены облигации по мере приближения к дате погашения;
- о причинах изменения цены облигации;
- о сложностях, связанных с ценообразованием облигаций;
- о ценообразовании облигаций с плавающей купонной ставкой и с обратной плавающей купонной ставкой;
- о понятии накопленного купонного дохода и о котировках цен на облигации.

В этой главе мы объясняем механизм ценообразования облигаций, в следующей — описываем способы измерения доходности. Понимание моделей ценообразования, а также мер доходности невозможно без уяснения основополагающего принципа функционирования финансового рынка, а именно — временнóй стоимости денег. Мы, таким образом, начинаем главу с объяснения этого базового положения.

ВРЕМЕННÁЯ СТОИМОСТЬ ДЕНЕГ

Понятие временнóй стоимости денег — важнейший принцип, лежащий в основе анализа любого финансового инструмента. Деньги обладают временнóй стоимостью, поскольку могут быть инвестированы под некий процент.

Будущая стоимость

Определить будущую стоимость любой суммы денег, инвестированной в настоящий момент, можно по формуле:

$$P_n = P_0(1 + r)^n, \qquad (2.1)$$

где:

n — число периодов;

P_n — будущая стоимость через n периодов, считая с настоящего момента (в долларах);

P_o — номинальная стоимость (в долларах);

r — процентная ставка на один период (в десятичных дробях).

Выражение $(1+r)^n$ представляет будущую стоимость одного доллара, инвестированного в настоящий момент на n периодов под процентную ставку r.

Предположим, что менеджер пенсионного фонда инвестирует $10 млн в финансовый инструмент, который в течение шести лет должен приносить 9,2% ежегодно. Будущая стоимость $10 млн будет равна $16 956 500, поскольку:

$$P_6 = \$10\,000\,000 \times 1{,}092^6 = \\ = \$10\,000\,000 \times 1{,}69565 = \\ = \$16\,956\,500.$$

Из приведенного примера видно, как подсчитывать будущую стоимость в случае, когда процент выплачивается один раз в год (т. е. величина периода равна числу лет). Если процент выплачивается чаще, чем раз в год, то как величина процентной ставки, так и число периодов, используемых для расчета будущей стоимости, должны быть уточнены следующим образом:

$$r = \frac{\text{ставка в процентах годовых}}{\text{количество процентных выплат в год}};$$

$$n = \text{ количество процентных выплат в год} \times \text{число лет.}$$

Допустим, что портфельный менеджер из первого примера инвестирует свои \$10 млн в финансовый инструмент, который в течение шести лет должен приносить 9,2% ежегодно, однако процентные выплаты осуществляются раз в шесть месяцев (т. е. дважды в год). В этом случае:

$$r = \frac{0{,}092}{2} = 0{,}046;$$

$$n = 2 \times 6 = 12$$

и

$$\begin{aligned} P_{12} &= \$10\,000\,000 \times 1{,}046^{12} = \\ &= \$10\,000\,000 \times 1{,}71546 = \\ &= \$17\,154\,600. \end{aligned}$$

Обратите внимание на то, что будущая стоимость \$10 млн в ситуации, когда процент выплачивается раз в полгода (\$17 154 600), больше, чем в случае процентных выплат раз в год (\$16 956 500), несмотря на то что обе инвестиции осуществляются под один и тот же годовой процент. Более высокая будущая стоимость суммы, вложенной под процент, выплачиваемый раз в полгода, отражает более выгодные возможности реинвестирования получаемых процентных платежей.

Будущая стоимость обычного аннуитета

Периодически инвестируемая неизменная сумма денег носит название **аннуитета**. Если первая инвестиция осуществляется через один период, считая от настоящего момента, принято говорить об **обычном аннуитете**. Будущая стоимость обычного аннуитета может быть найдена путем вычисления будущей стоимости каждой из инвестиций в момент окончания инвестиционного горизонта, а затем сложения полученных будущих стоимостей. Будущую стоимость обычного аннуитета легче, однако, рассчитать по формуле:

$$P_n = A\left[\frac{(1+r)^n - 1}{r}\right], \qquad (2.2)$$

где A — размер аннуитета (в долларах). Выражение в скобках — это **будущая стоимость обычного аннуитета**, равного \$1 на момент окончания n периодов.

Применение формулы хорошо иллюстрирует следующий пример: допустим, что портфельный менеджер приобретает облигации номинальной стоимостью \$20 млн, которые в течение 15 лет должны приносить 10% годовых. Эмитент осуществляет купонные выплаты раз в год, первый платеж будет совершен через год. Сколько получит портфельный менеджер при условии, что он: 1) останется держателем облигации до даты погашения, т. е. все 15 лет, и 2) будет инвестировать ежегодные купонные выплаты под годовую ставку 8%?

Через 15 лет портфельный менеджер станет обладателем:

1) \$20 млн в момент погашения облигации;
2) 15 ежегодных купонных выплат по \$2 000 000 каждая (0,10 × \$20 млн);
3) процента, полученного от инвестирования ежегодных купонных выплат под 8% годовых.

Сумму пунктов 2 и 3 можно вычислить, применив формулу (2.2). В нашем примере аннуитет составляет \$2 млн в год. Таким образом:

$$A = \$2\,000\,000$$
$$r = 0{,}08$$
$$n = 15$$

и

$$P_{15} = \$2\,000\,000\left[\frac{1{,}08^{15}-1}{0{,}08}\right] =$$
$$= \$2\,000\,000\left[\frac{3{,}17217-1}{0{,}08}\right] =$$
$$= \$2\,000\,000 \times 27{,}152125 =$$
$$= \$54\,304\,250.$$

Будущая стоимость обычного аннуитета, равного \$2 000 000 в год, в течение 15 лет инвестируемого под 8%, составляет \$54 304 250. Поскольку \$30 000 000 (15 × \$2 000 000) этой будущей стоимости представляют собой ежегодные купонные выплаты (в долларах), осуществляемые эмитентом и инвестируемые портфельным менеджером, баланс в размере \$24 304 250 (\$54 304 250 – \$30 000 000) — это процент, полученный от реинвестирования данных ежегодных купонных выплат. Таким образом, общая сумма (в долларах), которую портфельный менеджер получит через 15 лет от совершенных инвестиций, окажется равна:

Номинальная стоимость	\$20 000 000
Купонные выплаты	30 000 000
Процент от реинвестирования купонных выплат	24 304 250
Общая сумма в долларах	\$74 304 250

В главе 3 мы объясним, почему для определения относительной стоимости облигаций необходимо совершать подсчет общей будущей суммы в долларах на момент окончания установленного портфельным менеджером инвестиционного горизонта.

Давайте снова проведем анализ данной облигации, предположив на этот раз, что при той же годовой ставке купонные выплаты осуществляются раз в шесть месяцев; первая выплата произойдет через полгода и будет немедленно реинвестирована. Допустим, что получаемые раз в полгода купонные выплаты могут быть реинвестированы под 8% годовых.

Купонные выплаты, получаемые раз в полгода, составляют \$1 000 000 каждая. Будущая стоимость 30 полугодовых купонных выплат по \$1 000 000 плюс процент, получаемый от инвестирования купонных выплат, подсчитывается следующим образом:

$$A = \$1\,000\,000;$$

$$r = \frac{0{,}08}{2} = 0{,}04;$$

$$n = 15 \times 2 = 30;$$

$$P_{30} = \$1\,000\,000 \left[\frac{1{,}04^{30} - 1}{0{,}04} \right] =$$

$$= \$1\,000\,000 \left[\frac{3{,}2434 - 1}{0{,}04} \right] =$$

$$= \$1\,000\,000 \times 56{,}085 =$$

$$= \$56\,085\,000.$$

Поскольку купонные выплаты составляют \$30 000 000, процент, получаемый от реинвестирования купонных выплат равен \$26 085 000. Возможность более часто совершать реинвестирование купонных выплат — причина того, что полученная от реинвестиций сумма (\$26 085 000) оказалась больше, чем сумма (\$24 304 250), принесенная реинвестированием купонных выплат, осуществляемых раз в год.

Таким образом, общая сумма (в долларах), которую портфельный менеджер получит через 15 лет от совершенных инвестиций, окажется равна:

Номинальная стоимость	$20 000 000
Купонные выплаты	30 000 000
Процент от реинвестирования купонных выплат	26 085 000
Общая сумма в долларах	$76 085 000

Приведенная стоимость

Мы показали, как можно вычислить будущую стоимость инвестиций. Объясним теперь обратный процесс, а именно: как определить количество денег, которые надо вложить сегодня для получения определенной стоимости в будущем. Такая сумма денег получила название **приведенной стоимости**. Поскольку, как будет сказано далее в этой главе, цена *любого* финансового инструмента — это приведенная стоимость его предполагаемого денежного потока, понятие приведенной стоимости необходимо уяснить всякому инвестору, желающему разобраться в механизме ценообразования инструментов с фиксированным доходом.

Итак, мы хотим узнать, каким образом определить размер денежной суммы, которую надо инвестировать сегодня под процент r, выплачиваемый раз в период в течение n периодов, чтобы получить заданную будущую стоимость. Формула вычисления может быть получена из формулы (2.1), предназначенной для подсчета будущей стоимости инвестиции (P_o):

$$P_0 = P_n\left[\frac{1}{(1+r)^n}\right].$$

Заменим P_0 на приведенную стоимость (PV) и получим:

$$PV = P_n\left[\frac{1}{(1+r)^n}\right]. \tag{2.3}$$

Выражение в скобках — это приведенная стоимость одного доллара. Оно показывает, сколько должно быть вложено сегодня, для того чтобы через n периодов получить $1 при условии существования процентных ставок, равных r, в течение каждого периода.

Процесс вычисления приведенной стоимости носит название **дисконтирования**. Приведенная стоимость, таким образом, иногда называется **дисконтированной стоимостью**, а процентные ставки — **дисконтными ставками**.

Продемонстрируем действие формулы (2.3) на конкретном примере. Допустим, что портфельный менеджер может приобрести финансовый инструмент, который через семь лет принесет \$5 млн при отсутствии промежуточных денежных потоков. Портфельный менеджер хочет получать на свои инвестиции 10% годовых. Приведенная стоимость инвестиций должна быть подсчитана как:

$$r = 0{,}10;$$
$$n = 7;$$
$$P_7 = \$5\,000\,000;$$
$$PV = \$5\,000\,000\left[\frac{1}{1{,}10^7}\right] =$$
$$= \$5\,000\,000\left[\frac{1}{1{,}948717}\right] =$$
$$= \$5\,000\,000 \times 0{,}513158 =$$
$$= \$2\,565\,791.$$

Оказывается, что инвестирование в настоящий момент суммы \$2 565 791 под 10% годовых через семь лет принесет \$5 млн. Допустим, что данный финансовый инструмент продается дороже, чем за \$2 556 791. Это значит, что, купив его по цене, превышающей \$2 565 791, портфельный менеджер получит от своих инвестиций меньше чем 10% годовых. И наоборот: если финансовый инструмент продается дешевле, чем за \$2 565 791, портфельный менеджер получит от своих инвестиций больше чем 10% годовых.

Существуют два основных свойства приведенной стоимости, которые читатель должен себе уяснить. Во-первых: для данной будущей стоимости в установленный момент времени в будущем, чем выше процентные (или дисконтные) ставки, тем ниже приведенная стоимость. Причина падения приведенной стоимости с ростом процентных ставок легко объяснима: чем больше процентные ставки, под которые совершаются в настоящий момент инвестиции, тем меньшая сумма денег должна быть вложена, чтобы получить заданную будущую стоимость.

Второе свойство приведенной стоимости: при данных процентных (дисконтных) ставках, чем длиннее временной горизонт, по окончании которого должна быть получена будущая стоимость, тем ниже приведенная стоимость. Описанный эффект объясняется следующим образом: на более продолжительном отрезке времени успевает накопиться бóльшая сумма процентных выплат. Таким образом, начальная инвестируемая сумма может быть меньше.

Приведенная стоимость серии будущих стоимостей

В большинстве встречающихся в ходе управления портфелем ситуаций финансовый инструмент генерирует серию будущих стоимостей. Определить приведенную стоимость серии будущих стоимостей можно, если подсчитать сначала приведенную стоимость каждой из будущих стоимостей. Затем, для вычисления приведенной стоимости всей серии в целом, следует сложить полученные значения будущих стоимостей.

Формула в этом случае будет выглядеть так:

$$PV = \sum_{t=1}^{n} \frac{P_t}{(1+r)^t}. \qquad (2.4)$$

Предположим, например, что портфельный менеджер собирается купить финансовый инструмент, от которого следует ожидать следующие выплаты:

Количество лет с настоящего момента	*Обещанная эмитентом выплата*
1	$100
2	100
3	100
4	100
5	1100

Допустим, что портфельный менеджер хотел бы инвестировать под 6,25% годовых. Приведенная стоимость данной инвестиции может быть вычислена следующим образом:

Количество лет с настоящего момента	*Будущая стоимость выплаты*	*Приведенная стоимость $1 при ставке 6,25%*	*Приведенная стоимость выплаты*
1	$100	0,9412	$94,12
2	100	0,8858	88,58
3	100	0,8337	83,37
4	100	0,7847	78,47
5	1100	0,7385	812,35
		Приведенная стоимость =	$1156, 89

Приведенная стоимость обычного аннуитета

Неизменная сумма денег (в долларах), получаемая через равные промежутки времени или выплачиваемая раз в год, называется аннуитетом. Если первую выплату инвестор получает через один период, считая с настоящего момента, аннуитет называется обычным. Существует также форма немедленной выплаты, которую, однако, мы не будем здесь рассматривать: в данной книге речь пойдет только об обычном аннуитете.

Вычисление приведенной стоимости обычного аннуитета производится следующим образом: сначала подсчитываются приведенные стоимости каждой из будущих стоимостей, затем все полученные значения суммируются. Возможно также использование следующей формулы:

$$PV = A\left[\frac{1-\frac{1}{(1+r)^n}}{r}\right], \qquad (2.5)$$

где A — размер аннуитета (в долларах). Выражение в скобках — это приведенная стоимость обычного аннуитета, равного \$1, для n периодов.

Предположим, что от своих инвестиций инвестор в течение восьми лет рассчитывает получать по \$100 в конце каждого года; дисконтная ставка, используемая для дисконтирования, равна 9%. Приведенная стоимость такого обычного аннуитета составит:

$$A = \$100;$$
$$r = 0{,}09;$$
$$n = 8;$$

$$PV = \$100\left[\frac{1-\frac{1}{1{,}09^8}}{0{,}09}\right] =$$

$$= \$100\left[\frac{1-\frac{1}{1{,}99256}}{0{,}09}\right] =$$

$$= \$100\left[\frac{1-0{,}501867}{0{,}09}\right] =$$

$$= \$100 \times 5{,}534811 =$$
$$= \$553{,}48.$$

Приведенная стоимость в случае выплат, производимых чаще одного раза в год

Вычисляя приведенную стоимость, мы предполагали, что будущая стоимость будет выплачена или получена раз в год. В реальной практике между тем будущую стоимость инвестор может получать чаще, чем раз в год. В подобной ситуации формулу, принятую нами для установления значения приведенной стоимости, следует уточнить. Во-первых, годовая процентная ставка делится на количество выплат в год (в действительности, такой метод уточнения величины процентной ставки не является корректным. Научно обоснованный метод уточнения данного значения приводится в главе 3). Так, если будущие стоимости выплачиваются раз в полгода, годовая процентная ставка делится на 2; если они выплачиваются раз в квартал, годовую процентную ставку следует делить на 4. Во-вторых, число периодов, в течение которых инвестор будет получать будущую стоимость, должно быть уточнено путем умножения числа лет на количество выплат в год.

ЦЕНООБРАЗОВАНИЕ ОБЛИГАЦИИ

Цена любого финансового инструмента равна приведенной стоимости *предполагаемого* денежного потока от данного финансового инструмента. Таким образом, для определения цены следует знать:

1) размер предполагаемых денежных потоков;
2) величину подходящей требуемой доходности (требуемой ставки).

Предполагаемые денежные потоки для одних финансовых инструментов вычисляются легко, для других — с большей сложностью. Требуемая доходность — это величина, отражающая доходность финансовых инструментов со **сравнимым** риском, иными словами — доходность **альтернативных инвестиций**.

Первый шаг, который мы делаем, приступая к определению цены облигации, — определение ее денежных потоков. Денежные потоки от облигации, которую эмитент не имеет права погасить до установленной даты погашения (т. е. облигация без встроенных опционов[1]), состоят из:

[1] Ценообразование облигаций со встроенными опционами и конвертируемых облигаций описано в главе 18.

1) периодических купонных выплат, осуществляемых вплоть до даты погашения;
2) номинальной стоимости (стоимости погашения), получаемой в момент погашения облигации.

Для упрощения анализа механизма ценообразования облигаций, договоримся считать действительными три утверждения:

1. Купонные выплаты осуществляются раз в полгода (по большинству американских облигаций купон действительно выплачивается раз в шесть месяцев).
2. Ближайшая выплата купона состоится ровно через шесть месяцев.
3. Купонная ставка фиксирована на весь срок до погашения облигации.

Итак, денежный поток облигации без встроенных опционов состоит из аннуитета фиксированных купонных выплат, получаемых раз в полгода, и номинальной стоимости. 20-летняя облигация с купонной ставкой 10% и номиналом \$1000 от купонных выплат получит следующий денежный поток:

$$\text{купонная выплата за год} = \$1000 \times 0{,}10 = \$100;$$
$$\text{купонная выплата за полгода} = \$100/2 = \$50.$$

Таким образом, существует 40 денежных потоков по \$50, получаемых каждые полгода, и денежный поток, равный \$1000, который будет получен через 40 полугодовых периодов. Обратите внимание на то, как поступают с номинальной стоимостью. Мы *не* говорим, что получим ее через 20 лет. Номинал учитывают точно так же, как и купонные платежи, которые являются полугодовыми.

Требуемая доходность выясняется после изучения рыночных доходностей облигаций, сравнимых с нашей. Под сравнимыми понимаются облигации без встроенных опционов, имеющие то же кредитное качество и тот же срок до погашения[1]. Требуемая доходность, как правило, выражается в процентах годовых. В ситуации, когда денежные потоки поступают раз в полгода, в качестве процентной ставки для дисконтирования денежных потоков принято использовать половину годовой процентной ставки.

Размеры денежных потоков и требуемая доходность — аналитические данные, достаточные для вычисления цены облигации. Поскольку ценой

[1] В главе 4 вводится мера риска процентных ставок, известная как дюрация. Таким образом, сравнимыми мы будем в дальнейшем называть облигации с одинаковой дюрацией, а не сроком до погашения.

облигации является приведенная стоимость денежных потоков, ее значение вычисляется путем сложения следующих двух величин:

1) приведенной стоимости полугодовых купонных выплат;

2) приведенной стоимости номинала в момент погашения.

В общем случае формула подсчета цены выглядит следующим образом:

$$P = \frac{C}{1+r} + \frac{C}{(1+r)^2} + \frac{C}{(1+r)^3} + \ldots + \frac{C}{(1+r)^n} + \frac{M}{(1+r)^n}$$

или

$$P = \sum_{t=1}^{n} \frac{C}{(1+r)^t} + \frac{M}{(1+r)^n}, \tag{2.6}$$

где:

P — цена (в долларах);

n — число периодов до погашения (число лет, умноженное на 2);

C — полугодовая купонная выплата (в долларах);

r — процентная ставка, соответствующая периоду (требуемая годовая доходность, деленная на 2);

M — стоимость номинала;

t — количество периодов, оставшихся до получения платежа.

Полугодовые выплаты купона представляют собой обычный аннуитет, поэтому, используя формулу (2.5) для вычисления приведенной стоимости обычного аннуитета, получаем приведенную стоимость купонной выплаты, равную:

$$C\left[\frac{1-\frac{1}{(1+r)^n}}{r}\right]. \tag{2.7}$$

Для того чтобы читатель понял, как на практике осуществляется вычисление цены облигации, рассмотрим 20-летнюю облигацию с купоном, равным 10%, и номинальной стоимостью \$1000. Допустим, что требуемая доходность для этой облигации составляет 11%. Данная облигация приносит следующие денежные потоки:

1) 40 полугодовых купонных выплат по \$50 каждая;
2) \$1000 через 40 полугодовых периодов.

Полугодовая (соответствующая периоду) процентная ставка (или соответствующая периоду требуемая доходность) равна 5,5% (11% поделить на 2).

Приведенная стоимость 40 полугодовых купонных выплат по $50, дисконтированная по 5,5%, согласно результатам приведенных ниже вычислений, составляет $802,31:

$$\begin{aligned}
C &= \$50;\\
n &= 40;\\
r &= 0{,}055;\\
PV &= \$50\left[\frac{1-\dfrac{1}{1{,}055^{40}}}{0{,}055}\right]=\\
&= \$50\left[\frac{1-\dfrac{1}{8{,}51332}}{0{,}055}\right]=\\
&= \$50\left[\frac{1-0{,}117463}{0{,}055}\right]=\\
&= \$50\times 16{,}04613=\\
&= \$802{,}31.
\end{aligned}$$

Приведенная стоимость номинала в $1000, который будет получен *через 40 полугодовых периодов*, дисконтированная по 5,5%, равна, как видно из расчетов, приведенных ниже, $117,46:

$$\frac{\$1000}{1{,}055^{40}}=\frac{\$1000}{8{,}51332}=\$117{,}46.$$

Цена облигации, таким образом, равна сумме двух приведенных стоимостей:

Приведенная стоимость купонных платежей	$802,31
+ Приведенная стоимость номинала (стоимость погашения)	117, 46
Цена	$919,77

Предположим теперь, что требуемая доходность составляет не 11%, а 6,8%. Цена облигации в этом случае окажется равной $1347,04 (процесс вычисления значения цены описан ниже).

Приведенная стоимость купонных выплат при соответствующей периоду процентной ставке 3,4% (6,8%/2) равна:

$$\$50\left[\frac{1-\dfrac{1}{1{,}034^{40}}}{0{,}034}\right]=\$50\times 21{,}69029=\$1084{,}51.$$

Приведенная стоимость номинала в \$1000, который будет получен *через 40 полугодовых периодов*, дисконтированная по 3,4%, равна:

$$\frac{\$1000}{1{,}034^{40}}=\$262{,}53.$$

Цена облигации, таким образом, составит:

	Приведенная стоимость купонных платежей	\$1 084,51
+	Приведенная стоимость номинала (стоимость погашения)	262,53
	Цена	\$1347,04

Если требуемая доходность равна купонной ставке 10%, цена облигации будет равна ее номинальной стоимости, т. е. \$1000. Действительно, приведенная стоимость купонных выплат при соответствующей периоду процентной ставке 5% (10%/2) равна:

$$\$50\left[\frac{1-\dfrac{1}{1{,}050^{40}}}{0{,}050}\right]=\$50\times 17{,}15909=\$857{,}95.$$

Приведенная стоимость номинала в \$1000, который будет получен *через 40 полугодовых периодов*, дисконтированная по 5%, равна, согласно формуле:

$$\frac{\$1000}{1{,}050^{40}}=\$142{,}05.$$

Цена облигации, таким образом, составит:

	Приведенная стоимость купонных платежей	\$857,95
+	Приведенная стоимость номинала (стоимость погашения)	142,05
	Цена	\$1000,00

Ценообразование облигаций с нулевым купоном

Некоторые облигации не предполагают никаких периодических купонных выплат. Инвестор получает процентный доход за счет разницы между номинальной стоимостью и ценой покупки. Облигации этого типа носят название **облигаций с нулевым купоном**. Цена облигации с нулевым купоном вычисляется путем подстановки нуля вместо C в формулу (2.6):

$$P = \frac{M}{(1+r)^n}. \tag{2.8}$$

Формула (2.8) показывает, что цена облигации с нулевым купоном — это приведенная стоимость номинала. Заметим, однако, что при подсчетах такой приведенной стоимости число периодов, используемое для дисконтирования, равно не количеству лет до погашения облигации, а количеству лет, умноженному на 2. Дисконтная ставка в этом случае равна половине требуемой годовой доходности. Так, цена облигации с нулевым купоном и сроком до погашения 15 лет, номинал которой равен \$1000, а требуемая доходность — 9,4%, составит \$252,12:

$$\begin{aligned}
M &= \$1000;\\
r &= 0{,}047\left(=\frac{0{,}094}{2}\right);\\
n &= 30\,(=2\times 15);\\
P &= \frac{\$1000}{1{,}047^{30}} =\\
&= \frac{\$1000}{3{,}96644} =\\
&= \$252{,}12.
\end{aligned}$$

Связь цены и доходности

Одно из фундаментальных свойств облигации заключается в том, что цена всегда меняется в направлении, противоположном изменению требуемой доходности. Объяснение этому феномену следует искать в том факте, что цена облигации — это приведенная стоимость денежных потоков. Если требуемая доходность увеличивается, то приведенная стоимость денежных потоков падает; соответственно, падает и цена. И наоборот: падение требуемой доходности означает рост приведенной стоимости денежных потоков, а значит, и рост цены. Проверим справедливость этого утверждения на примере цены 20-летней 10%-ной облигации в случаях, когда требуемая доходность составляет 11%, 10% и 6,8%. В табл. 2.1 приводятся цены 20-летней облигации с 10%-ным купоном при разных требуемых доходностях.

Таблица 2.1. Связь цены и доходности для 20-летней облигации с 10%-ным купоном

Доходность	Цена (долл.)	Доходность	Цена (долл.)
0,045	1720,32	0,110	919,77
0,050	1627,57	0,115	883,50
0,055	1541,76	0,120	849,54
0,060	1462,30	0,125	817,70
0,065	1388,65	0,130	787,82
0,070	1320,33	0,135	759,75
0,075	1256,89	0,140	733,37
0,080	1197,93	0,145	708,53
0,085	1143,08	0,150	685,14
0,090	1092,01	0,155	663,08
0,095	1044,41	0,160	642,26
0,100	1000,00	0,165	622,59
0,105	958,53		

Изобразив связь цены и доходности любой облигации без встроенных опционов графически, мы обнаружим, что график имеет характерную изогнутую форму, показанную на рис. 2.1.

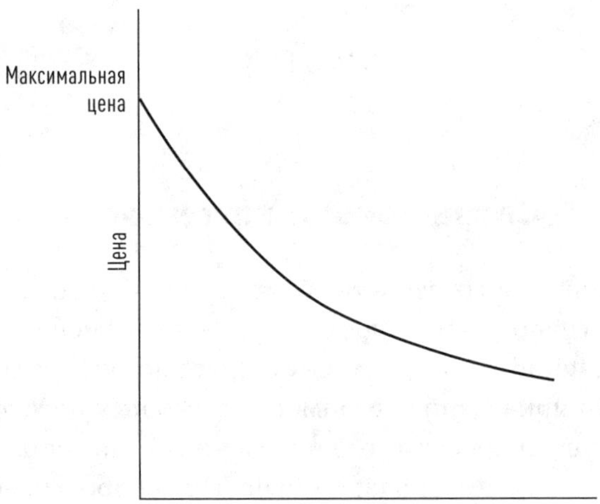

Рис. 2.1. Кривая зависимости цены и доходности

Кривая такой формы носит название *выпуклой*. Выпуклость кривой цена/доходность имеет важное значение при оценке инвестиционных характеристик облигации (подробнее об этом говорится в главе 4). Также обратите внимание на цену на рис. 2.1 в том месте, где кривая пересекает вертикальную ось. Эта цена является максимумом для облигации и соответствует стоимости недисконтированных денежных потоков, т. е. она равна сумме всех купонных платежей и номинальной стоимости.

Связь между купонной ставкой, требуемой доходностью и ценой

Рыночным доходностям свойственно меняться; единственная переменная, которая меняется, чтобы соответствовать новой требуемой доходности, — это цена облигации. Если купонная ставка равна требуемой доходности, цена акции будет равна ее номиналу — мы показали это на примере 20-летней облигации с купонной ставкой 10%.

Как только *в какой-то момент времени* рыночная доходность поднимается выше купонной ставки, цена облигации приспосабливается к новым условиям таким образом, чтобы инвестор, приобретающий облигацию, мог получить от покупки дополнительную выгоду. Если бы цена не менялась, инвесторы отказались бы от приобретения облигации, предлагающей доходность ниже рыночной. Таким образом, недостаток спроса приводит к падению цены и росту доходности облигации. Именно так происходит в реальности падение цены ниже уровня номинала.

Прирост капитала, реализуемый путем удерживания облигации до даты погашения, — форма компенсации, предлагаемой инвестору, владеющему облигацией с купонной ставкой ниже требуемой доходности. Если облигация продается по цене, более низкой, чем ее номинальная стоимость, говорят, что облигация была продана **с дисконтом**. Из приведенных выше расчетов видно, что в ситуации, когда требуемая доходность превышает купонные ставки, цена облигации всегда ниже номинала ($1000).

Если требуемая рыночная доходность меньше купонной ставки, облигация должна продаваться по цене более высокой, чем номинальная стоимость. Это происходит потому, что инвестор, приобрети он облигацию по номиналу, получил бы купонную ставку, превышающую справедливую рыночную доходность. В результате цена на облигацию со столь привлекательной доходностью пошла бы вверх. Цена может расти до тех пор, пока доходность облигации не совпадет с требуемой доходностью рынка. Про облигацию, цена которой превышает ее номинальную стоимость, говорят, что она продается **с премией**. Отношения между купонной ставкой, требуемой доходностью и ценой в общем виде можно записать следующим образом:

Купонная ставка < требуемая доходность <–> цена < номинал (облигация торгуется с дисконтом)
Купонная ставка = требуемая доходность <–> цена = номинал
Купонная ставка > требуемая доходность <–> цена > номинал (облигация с торгуется премией).

Связь между ценой облигации и временем при неизменных процентных ставках

Что происходит с ценой облигации, если в течение периода между приобретением облигации и датой погашения требуемая доходность не меняется? Для облигации, продающейся по номиналу, купонная ставка равна требуемой доходности. Дата погашения будет приближаться, но облигация по-прежнему будет продаваться по номинальной стоимости. Ее цена по мере приближения к дате погашения не изменится.

Цена облигации *не* останется прежней в случае, если облигация продается с дисконтом или с премией. В табл. 2.2 приведены данные о временном движении цены 20-летней облигации с купонной ставкой 10%, продающейся с дисконтом, а также данные о той же самой облигации, продающейся с премией. Заметим, что цена облигации, продающейся с дисконтом, при условии неизменной требуемой доходности растет. Обратный процесс происходит с ценой облигации, продающейся с премией. Цена обеих облигаций в момент погашения равняется номинальной стоимости.

Причины изменения цены облигации

Изменение цены облигации можно объяснить одной или несколькими из приведенных ниже причин:

1. Наблюдается изменение требуемой доходности, связанное с изменением кредитного качества эмитента.
2. Цена облигации, продающейся с премией или с дисконтом, меняется не под влиянием требуемой доходности, остающейся неизменной, а растет или падает по мере приближения даты погашения.

3. Наблюдается изменение требуемой доходности, связанное с изменением доходности сравнимых облигаций (т. е. изменение доходности, требуемое рынком).

Причины 2 и 3 подробно описаны в этой главе. Умение предсказать изменение кредитного качества эмитента (причина 1) до того, как это изменение будет признано рынком, — одна из важных составляющих успешного управления инвестициями.

СЛОЖНОСТИ ПРИ ОПРЕДЕЛЕНИИ ЦЕНЫ ОБЛИГАЦИИ

Описывая ценообразование облигаций, мы исходили из предположений о том, что:

1) следующая выплата купона состоится ровно через шесть месяцев;
2) денежные потоки известны;
3) соответствующая требуемая доходность может быть определена;
4) все денежные потоки дисконтируются по одной ставке.

Рассмотрим каждое из приведенных положений применительно к реальной практике.

Таблица 2.2. Данные о временном движении цены на 20-летнюю облигацию с купонной ставкой 10%, продающуюся с дисконтом и с премией

Год	Цена облигации с дисконтом, доходность 12%	Цена облигации с премией, доходность 7,8%
20,0	849,54	1221,00
19,5	850,51	1218,62
19,0	851,54	1216,14
18,5	852,63	1213,57
18,0	853,79	1210,90
17,5	855,02	1208,13
17,0	856,32	1205,24
16,5	857,70	1202,25
16,0	859,16	1199,14
15,5	860,71	1195,90

Окончание табл. 2.2

Год	Цена облигации с дисконтом, доходность 12%	Цена облигации с премией, доходность 7,8%
15,0	862,35	1192,54
14,5	864,09	1189,05
14,0	865,94	1185,43
13,5	867,89	1181,66
13,0	869,97	1177,74
12,5	872,17	1173,67
12,0	874,50	1169,45
11,5	876,97	1165,06
11,0	879,58	1160,49
10,5	882,36	1155,75
10,0	885,30	1150,83
9,5	888,42	1145,71
9,0	891,72	1140,39
8,5	895,23	1134,87
8,0	898,94	1129,13
7,5	902,88	1123,16
7,0	907,05	1116,97
6,5	911,47	1110,53
6,0	916,16	1103,84
5,5	921,13	1096,89
5,0	926,40	1089,67
4,5	931,98	1082,16
4,0	937,90	1074,37
3,5	944,18	1066,27
3,0	950,83	1057,85
2,5	957,88	1049,11
2,0	965,35	1040,02
1,5	973,27	1030,58
1,0	981,67	1020,78
0,5	990,57	1010,59
0,0	1000,00	1000,00

Следующая выплата купона состоится раньше, чем через шесть месяцев

Если инвестор приобретает облигацию, купонная выплата по которой должна состояться раньше чем через полгода, цена облигации может быть вычислена следующим образом:

$$P=\sum_{t=1}^{n}\frac{C}{(1+r)^{v}(1+r)^{t-1}}+\frac{M}{(1+r)^{v}(1+r)^{n-1}}, \tag{2.9}$$

где:

$$v=\frac{\text{количество дней между днем сделки и днем выплаты купона}}{\text{количество дней в шестимесячном периоде}}.$$

Обратите внимание на то, что при $v = 1$ (т.е. в случае, когда следующая выплата купона состоится ровно через шесть месяцев) формула (2.9) сводится к формуле (2.6).

Денежные потоки могут быть неизвестны

Для облигаций без встроенных опционов при отсутствии дефолтов денежные потоки известны. Между тем для большинства облигаций размер денежных потоков не может быть установлен с точностью. Причина — возможность отзыва облигаций эмитентом до наступления даты погашения. Для облигаций с правом досрочного погашения денежный поток в первую очередь зависит от уровня текущих процентных ставок в сравнении с величиной купонной ставки. Так, эмитент, скорее всего, воспользуется своим правом на досрочное погашение облигаций, если процентные ставки упадут существенно ниже купонных, и ему будет выгоднее выкупить облигационный выпуск, не дожидаясь даты погашения, а затем выпустить новые облигации с более низкой купонной ставкой. (Другой пример — ценные бумаги, обеспеченные жилищными ипотеками, подробно описанные в главах 11–13; индивидуальный заемщик имеет право досрочного погашения всех ипотечных обязательств или их части вне установленного графика.) Таким образом, денежные потоки облигаций, которые могут быть выкуплены до даты погашения, зависят от текущих рыночных процентных ставок.

Выяснение соответствующей требуемой доходности

Для всех требуемых доходностей эталоном являются доходности, предлагаемые казначейскими ценными бумагами, речь о которых пойдет в главе 5. Аналитический принцип, которым мы руководствуемся в книге, — разложение требуемой доходности облигации на составляющие, описание которых читатель найдет в следующих главах.

Одна дисконтная ставка для всех денежных потоков

Анализируя ценообразование облигаций, мы до сих пор исходили из предположения о том, что все денежные потоки дисконтируются с помощью одной дисконтной ставки. В главе 5 мы покажем, что любая облигация может рассматриваться как пакет облигаций с нулевым купоном, причем в каждом случае для определения приведенной стоимости конкретного денежного потока должна использоваться своя дисконтная ставка.

ЦЕНООБРАЗОВАНИЕ ОБЛИГАЦИЙ С ПЛАВАЮЩЕЙ КУПОННОЙ СТАВКОЙ И ОБЛИГАЦИЙ С ОБРАТНОЙ ПЛАВАЮЩЕЙ КУПОННОЙ СТАВКОЙ

Ни для ценной бумаги с плавающей ставкой, ни для ценной бумаги с обратной плавающей ставкой денежный поток заранее неизвестен: он зависит от поведения референсной ставки в будущем.

Цена облигации с плавающей ставкой

Купонная ставка ценной бумаги с плавающей ставкой равна сумме референсной ставки и некоторого спреда или маржи. Купонная ставка облигации с плавающей ставкой может быть получена, например, сложением ставки трехмесячного казначейского векселя (референсная ставка) и 50 базисных пунктов (спред). Цена облигации с плавающей ставкой определяется двумя факторами: 1) величиной спреда и 2) ограничениями, которые могут быть наложены на перерасчет купона. Так, облигация с плавающей купонной ставкой может иметь максимальную купонную ставку, называемую кэпом (cap), или минимальную купонную ставку, называемую флором (floor). Цена облигации с плавающей ставкой будет приближаться к номинальной стоимости, если: 1) справедливый рыночный спред остается неизменным и 2) не достигается ни кэп, ни флор[1].

Если требуемый рыночный спред будет увеличиваться (уменьшаться), цена облигации будет опускаться ниже (подниматься выше) номинала. Если купонная ставка не будет равна сумме референсной ставки и спреда из-за ограничений, накладываемых кэпом, облигация с плавающей ставкой будет торговаться по цене более низкой, чем номинал.

Ценообразование облигации с обратной плавающей купонной ставкой

Как правило, облигация с обратной плавающей ставкой создается на основе ценной бумаги с фиксированной ставкой[2]. Ценная бумага, с помощью которой создается облигация с обратной плавающей ставкой, носит название **обеспечения**. На основе обеспечения создаются две облигации: одна — с обычной плавающей купонной ставкой, другая — с обратной плавающей купонной ставкой. Процесс образования таких облигаций представлен на схеме (рис. 2.2).

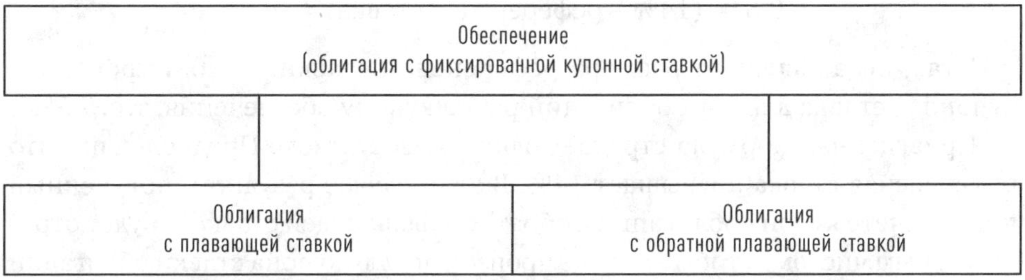

Рис. 2.2. Образование облигации с обратной плавающей ставкой

[1] В промежутке между датами перерасчета купона облигация с плавающей ставкой может торговаться ниже или выше номинала.

[2] Облигация с обратной плавающей ставкой может также создаваться на основе свопа процентных ставок (см. главу 31), в этом случае отпадает нужда в создании облигации с обычной плавающей ставкой.

Две облигации создаются таким образом, что: 1) общая купонная выплата по обеим облигациям в каждый из периодов меньше или равна купонной выплате обеспечения в тот же период и 2) общая номинальная стоимость двух облигаций меньше или равна номинальной стоимости обеспечения. Облигация с плавающей ставкой и облигация с обратной плавающей ставкой должны быть структурированы таким образом, чтобы денежный поток, поступающий от обеспечения, был достаточен для удовлетворения обязательств по обеим ценным бумагам.

Рассмотрим 10-летнюю облигацию с купоном, выплачиваемым раз в полгода и равным 7,5%. Допустим, что такие облигации в объеме $100 млн используются в качестве обеспечения для создания облигации с плавающей ставкой номинальной стоимостью $50 млн и облигации с обратной плавающей ставкой номинальной стоимостью $50 млн. Предположим, что купон пересчитывается каждые шесть месяцев в соответствии со следующей формулой:

$$\text{купон облигации с плавающей ставкой} = \text{референсная ставка} + 1\%;$$
$$\text{купон облигации с обратной плавающей ставкой} =$$
$$= 14\% - \text{референсная ставка}.$$

Напомним, что общая номинальная стоимость облигаций с обычной плавающей и обратной плавающей ставками равна номиналу обеспечения, т. е. $100 млн. Взвешенное среднее купонной ставки комбинации обеих облигаций равно:

$$0{,}5 \times (\text{референсная ставка} + 1\%) +$$
$$+ 0{,}5 \times (14\% - \text{референсная ставка}) = 7{,}5\%.$$

Итак, независимо от размера референсной ставки, комбинированная купонная ставка для двух облигаций равна купону обеспечения, т. е. 7,5%.

Приведенная формула страдает одним недостатком. Предположим, что референсная ставка превышает 14%. В этом случае результат, полученный при подсчете купона облигации с обратной плавающей ставкой, будет отрицательным числом. Чтобы этого не произошло, для купона ставки облигации с обратной плавающей ставкой устанавливают флор. Как правило, за флор принимается ноль. Существование флора приводит к необходимости ограничения купона облигации с обычной плавающей ставкой, поскольку купонные выплаты по обеим облигациям не должны превышать процентные выплаты обеспечения. В нашей гипотетической структуре максимальной процентной ставкой облигации с плавающей ставкой может быть 15%. Таким образом, при создании на основе обеспечения облигаций с плавающей и обратной плавающей ставками, для одной из них (облигации с обратной плавающей ставкой) устанавливается флор, а для другой (с обычной плавающей ставкой) — кэп.

Влияние кэпа и флора на ценообразование облигации пока нами не рассматривается. Для нас важно, что цена облигации с обратной плавающей ставкой определяется исходя из цены обеспечения и цены облигации с плавающей ставкой. Процесс можно записать в виде следующей формулы:

цена обеспечения = цена облигации с плавающей ставкой +
+ цена облигации с обратной плавающей ставкой,

а значит:

цена облигации с обратной плавающей ставкой =
= цена обеспечения – цена облигации с плавающей ставкой.

Заметим, что референсная ставка влияет на цену облигации с обратной плавающей ставкой постольку, поскольку она ограничивает процентную ставку облигации с плавающей ставкой. Этот вывод чрезвычайно важен для нас. Некоторые инвесторы ошибочно полагают, что при росте купонной ставки цена облигации с обратной плавающей ставкой будет расти, если референсная ставка падает. Это неверно. Для ценообразования облигации с обратной плавающей ставкой существенно влияние процентных ставок на цену обеспечения. Референсная ставка имеет значение только в качестве фактора, ограничивающего купон облигации с плавающей ставкой.

ОБОЗНАЧЕНИЕ (КОТИРОВКА) ЦЕНЫ И НАКОПЛЕННЫЙ КУПОННЫЙ ДОХОД

Обозначение цены

В этой главе мы выбрали в качестве образца для анализа облигацию с номиналом, равным $1000. Очевидно, что облигация может иметь номинал более высокий или более низкий, нежели $1000. Соответственно, обозначая цену, трейдеры котируют ее как процент от номинала.

Облигация, продающаяся по номиналу, котируется по 100, т. е. цена составляет 100% номинальной стоимости. Облигация, торгующаяся с дисконтом, будет продаваться меньше чем по 100; облигация, которая торгуется с премией, будет продаваться больше, чем по 100. В табл. 2.3 показано, каким образом котировка цены может быть переведена в цену в долларах.

В последующих главах описаны правила котирования конкретных типов ценных бумаг.

Таблица 2.3. Перевод котировки в цену в долларах

(1) Котировка цены	(2) В десятичных дробях [= (1)/100]	(3) Номинальная стоимость, долл.	(4) Цена в долларах [= (2) × (3)]
97	0,9700000	10000	9 700,00
$85\frac{1}{2}$	0,8550000	100 000	85 500,00
$90\frac{1}{4}$	0,9025000	5000	4 512,50
$80\frac{1}{8}$	0,8012500	10 000	8 012,50
$76\frac{5}{32}$	0,7615625	1 000 000	761 562,50
$86\frac{11}{64}$	0,8617188	100 000	86 171,88
100	1,0000000	50 000	50 000,00
109	1,0900000	1000	1 090,00
$103\frac{3}{4}$	1,0375000	100 000	103 750,00
$105\frac{3}{8}$	1,0537500	25 000	26 343,75
$103\frac{19}{32}$	1,0359375	100 0000	1 035 937,50

Накопленный купонный доход

Инвестор, приобретающий облигацию в момент между датами выплат купона, должен компенсировать продавцу купонный доход, накопленный за время, прошедшее со дня последней выплаты купона до дня сделки[1].

Эта сумма носит название **накопленного купонного дохода**. Вычисление накопленного купонного дохода проводится в зависимости от типа облигации. Для казначейских ценных бумаг (речь о них пойдет в главе 6) накопленный купонный доход рассчитывается исходя из реального числа дней, в течение которых продавец являлся держателем облигации. В случае корпоративных и муниципальных ценных бумаг вычисление накопленного купонного дохода ведется из расчета 360-дневного года и 30-дневного месяца.

Сумма, которую покупатель выплачивает продавцу, включает в себя как назначенную цену, так и накопленный купонный доход. Данная сумма часто называется **полной ценой** или **грязной ценой**. Цена облигации без учета накопленного купонного дохода носит название **чистой цены**.

---

1 Исключение составляют облигации, находящиеся в дефолте. Такие облигации котируются без учета накопленного купонного дохода.

Резюме

- Цена такой облигации — это приведенная стоимость ее предполагаемых денежных потоков при дисконтной ставке, равной предлагаемой доходности сравнимых облигаций на рынке. Для облигации без встроенных опционов денежные потоки состоят из купонных выплат и номинальной стоимости, выплачиваемой в дату погашения. Чем выше (ниже) требуемая доходность, тем ниже (выше) цена облигации.
- В случае облигации с нулевым купоном купонные выплаты отсутствуют. Цена, таким образом, будет равна приведенной стоимости номинала, причем число периодов, используемое для вычисления приведенной стоимости, — это удвоенное число лет, а дисконтная ставка — полугодовая доходность.
- Цена облигации меняется в направлении, противоположном изменению требуемой доходности. Причина в том, что с повышением (понижением) требуемой доходности приведенная стоимость денежного потока снижается (увеличивается).
- Облигация оценивается ниже номинала, по номиналу или выше номинала в зависимости от купонной ставки и доходности, требуемой инвесторами. Если купонная ставка равна требуемой доходности, облигация продается по номиналу. Если купонная ставка ниже (выше) требуемой доходности, облигация продается по цене более низкой (высокой), чем номинал.
- С течением времени цена облигации, торгующейся с премией или дисконтом, изменяется, даже если требуемая доходность остается неизменной. При условии, что кредитное качество эмитента не меняется, ценовые изменения всякой облигации частично зависят от колебаний требуемой доходности, частично — от приближения даты погашения.
- Цена облигации с плавающей купонной ставкой будет близка к номиналу, если требуемый рынком спред остается неизменным и на купонную ставку не накладывается ограничений.
- Цена облигации с обратной плавающей купонной ставкой зависит от цены обеспечения, на основе которого облигация была создана, и от цены облигации с обычной плавающей ставкой.
- Накопленный купонный доход — это сумма, которую покупатель, приобретающий облигацию в промежутке между купонными платежами, должен выплатить продавцу. Данная сумма представляет собой купонный доход, накопленный с момента выплаты предыдущего купона до дня сделки.

Вопросы

1. Менеджер пенсионного фонда инвестирует $10 млн в долговое обязательство, которое в течение четырех лет должно приносить по 7,3% ежегодно. Какова будущая стоимость этих $10 млн?
2. Предположим, что компания страхования жизни гарантировала пенсионному фонду выплату $14 млн через 4,5 года. Страховая компания получает от пенсионного фонда премию в размере $10,4 млн, которую может инвестировать на 4,5 года под годовой процент 6,25%. Будут ли средства, полученные от данной инвестиции, достаточны для исполнения обязательства по выплате обещанных $14 млн?
3. a. Портфельный менеджер фонда, не подлежащего налогообложению, собирается инвестировать $500 000 в долговой инструмент, который в течение четырех лет будет выплачивать по 5,7% годовых. По окончании четырехлетнего срока менеджер планирует реинвестировать полученные средства еще на три года и надеется, что в эти три года годовые процентные ставки для его инвестиции составят 7,2%. Какова будущая стоимость данной инвестиции?

   b. Предположим, что портфельный менеджер из вопроса 3a получает возможность инвестировать свои $500 000 на семь лет в долговой инструмент, который раз в полгода должен выплачивать процентную ставку в 6,1% годовых. Является ли эта инвестиция более выгодной, чем инвестиции из вопроса 3a?
4. Предположим, что портфельный менеджер приобретает восьмилетнюю облигацию с номиналом $10 млн и купоном 7%, выплачиваемым раз в год. Первая выплата купона состоится через год. Какую сумму получит менеджер, если: 1) додержит облигацию до даты погашения и 2) будет реинвестировать ежегодные купонные выплаты под годовой процент, равный 6,2%?
5. a. Что происходит с ценой долгового обязательства, если дисконтная ставка, используемая для вычисления приведенной стоимости денежного потока облигации, растет?

   b. Пусть дисконтная ставка, используемая для вычисления приведенной стоимости денежного потока долгового обязательства, равна x%. Допустим, денежные потоки для данного долгового обязательства представляют собой $200 000 через четыре года и $200 000 через пять лет. Для какого из денежных потоков приведенная стоимость будет больше?
6. Обязательство корпоративного пенсионного фонда рассчитывается как приведенная стоимость будущих денежных выплат бенефициарам.

Почему для проведения вычислений важно значение используемой для дисконтирования процентной ставки?

7. Менеджер пенсионного фонда знает, что у его фонда есть следующие обязательства по выплатам пенсий:

Через … лет	*Размер обязательства (млн долл.)*
1	2,0
2	3,0
3	5,4
4	5,8

Предположим, что менеджер пенсионного фонда хочет инвестировать некую сумму денег, достаточную для исполнения обязательств фонда. Известно, что любая сумма, инвестированная в настоящий момент, может принести 7,6% годовых. Сколько следует инвестировать сегодня, для того чтобы удовлетворить поток долговых обязательств?

8. Для каждой из облигаций вычислите цену номинальной стоимости, равной $1000, при условии купонных выплат, осуществляемых раз в полгода.

Облигация	*Купонная ставка (%)*	*Количество лет до погашения*	*Требуемая доходность (%)*
A	8	9	7
B	9	20	9
C	6	15	10
D	0	14	8

9. Рассмотрим облигацию, торгующуюся по номиналу $100 с купонной ставкой 6% и сроком до погашения 10 лет.
   a. Какова цена облигации, если требуемая доходность равна 15%?
   b. Какова цена облигации, если требуемая доходность с 15% возросла до 16%, и каково в этом случае процентное изменение цены?
   c. Какова цена облигации, если требуемая доходность равна 5%?
   d. Какова цена облигации, если требуемая доходность возрастет с 5% до 6%, и каково в этом случае процентное изменение цены?
   e. Проанализируйте результаты, полученные в пунктах b и d, и опишите волатильность цены облигации на рынке с высокими процентными ставками относительно ее волатильности на рынке, где процентные ставки низки.

10. Предположим, что три года назад вы приобрели долговое обязательство по номиналу в $100 000, причем срок до погашения составлял девять лет. Рыночная цена этого долгового обязательства в настоящее время равна $90 000. Назовите возможные причины падения цены, произошедшие в течение последних трех лет.
11. Вы просматриваете список цен облигаций и видите следующие значения цен (на $100 номинальной стоимости). Вам кажется, что в таблице есть несколько ошибок. Не подсчитывая точное значение цены каждой облигации, скажите, цены каких облигаций указаны неверно и почему.

Облигация	*Цена*	*Купонная ставка (%)*	*Требуемая доходность (%)*
U	90	6	9
V	96	9	8
W	110	8	6
X	105	0	5
Y	107	7	9
Z	100	6	6

12. Что такое максимальная цена облигации?
13. Что такое «грязная» цена облигации?
14. Вы согласны со следующим утверждением: «Цена облигации с плавающей купонной ставкой всегда равна номинальной стоимости»?
15. Вы согласны со следующим утверждением: «Цена облигации с обратной плавающей ставкой растет, если референсная ставка падает»?

ГЛАВА 3

Измерение доходности

В этой главе читателю будут представлены сведения:

- о способах подсчета доходности любой инвестиции;
- о подсчете текущей доходности, доходности к погашению, доходности к досрочному погашению, доходности к досрочному предъявлению, а также доходности денежного потока;
- о вычислении доходности портфеля в целом;
- о вычислении дисконтного спреда для ценной бумаги с плавающей ставкой;
- о трех возможных источниках прибыли от облигации;
- о сущности риска реинвестиций;
- о недостатках традиционных способов измерения доходности;
- о вычислении совокупной доходности облигации;
- о преимуществах использования совокупной доходности вместо традиционных показателей доходности;
- об анализе временны́х горизонтов как способе установления потенциальной доходности облигации;
- о способах измерения изменения доходности.

В главе 2 мы выяснили принципы ценообразования облигаций и описали взаимоотношения между ценой и доходностью. В настоящей главе речь пойдет о различных мерах доходности и об их значимости в процессе выбора наиболее выгодной с инвестиционной точки зрения облигации. Обсуждение этой темы мы начнем с описания способов подсчета доходности любой данной инвестиции.

ВЫЧИСЛЕНИЕ ДОХОДНОСТИ ИЛИ ВНУТРЕННЕЙ СТАВКИ ЛЮБОЙ ИНВЕСТИЦИИ

Доходность любой инвестиции — это процентная ставка, которая позволяет уравнять приведенную стоимость денежных потоков данной инвестиции с ценой (стоимостью) инвестиции. Таким образом, доходность инвестиции — это процентная ставка y, удовлетворяющая следующему уравнению:

$$P = \frac{\text{CF}_1}{1+y} + \frac{\text{CF}_2}{(1+y)^2} + \frac{\text{CF}_3}{(1+y)^3} + \ldots + \frac{\text{CF}_N}{(1+y)^N}.$$

В кратком виде эта формула может быть записана как:

$$P = \sum_{t=1}^{n} \frac{\text{CF}_t}{(1+y)^t}, \tag{3.1}$$

где:

CF_t — денежный поток в год t;

P — цена инвестиции;

N — количество лет.

Доходность, полученная из данного равенства, называется также **внутренней ставкой доходности** (*internal rate of return*).

Определение доходности y в данном случае проходит методом «проб и ошибок», иными словами, путем подбора. Цель процесса — нахождение значения процентной ставки, при котором приведенная стоимость денежных потоков будет равна цене. Приведем пример такой процедуры.

Предположим, что финансовый инструмент, продающийся по $903,10, обещает в будущем следующие годовые выплаты:

Через … лет	*Обещанные годовые выплаты (денежный поток, получаемый инвестором)*
1	$100
2	100
3	100
4	1000

Вычисление доходности сводится к поиску такой процентной ставки, при которой приведенная стоимость денежных потоков окажется равной $903,10 (т. е. цене данного финансового инструмента). Подстановка процентной ставки 10% дает следующий результат:

Через … лет	*Обещанные годовые выплаты (денежный поток, получаемый инвестором)*	*Приведенная стоимость денежного потока при 10%*
1	$100	$90,91
2	100	82,64
3	100	75,13
4	1000	683,01
		Приведенная стоимость = $931,69

Приведенная стоимость, вычисленная исходя из процентной ставки, равной 10%, превышает цену ($903,10). Таким образом, для уменьшения приведенной стоимости процентная ставка должна быть увеличена. Предположим, что она составляет 12%. В этом случае, как видно из таблицы, приведенная стоимость окажется равной $875,71:

Через … лет	*Обещанные годовые выплаты (денежный поток, получаемый инвестором)*	*Приведенная стоимость денежного потока при 12%*
1	$100	$89,29
2	100	79,72
3	100	71,18
4	1000	635,52
		Приведенная стоимость = $875,71

Мы видим, что при процентной ставке в 12% приведенная стоимость денежного потока меньше цены финансового инструмента. Для увеличения значения приведенной стоимости следует выбрать более низкую процентную ставку. Возьмем процентную ставку, равную 11%, и получим:

Через … лет	Обещанные годовые выплаты (денежный поток, получаемый инвестором)	Приведенная стоимость денежного потока при 11%
1	$100	$90,09
2	100	81,16
3	100	73,12
4	1000	658,73
		Приведенная стоимость = $903,10

При процентной ставке 11% приведенная стоимость денежного потока оказывается равной цене финансового инструмента. Доходность в данном случае составляет 11%.

Представленная выше формула вычисления доходности основана на величине денежных потоков, поступающих раз в год, однако она может быть уточнена в соответствии с количеством совершаемых ежегодно периодических выплат. Обобщенная формула выглядит следующим образом:

$$P = \sum_{t=1}^{n} \frac{CF_t}{(1+y)^t}, \qquad (3.2)$$

где:

CF_t — денежный поток в период t;

n — число периодов.

Напомним, что доходность, вычисляемая с помощью этой формулы, — это доходность в расчете на период. При поступлении денежных потоков раз в полгода мы получим полугодовую доходность. При поступлении денежных потоков раз в месяц речь пойдет о месячной доходности. Для вычисления обычной годовой процентной ставки доходность для периода умножается на число периодов в году.

Особый случай: инвестиция с единственным денежным потоком

Долгой и трудоемкой процедуры подбора при определении доходности удается избежать в единственном случае, а именно: если от инвестиции в будущем предполагается всего один денежный поток. Если инвестиция характеризуется одним денежным потоком в период n (CF_n), формула (3.2) сводится к следующему равенству:

$$P = \frac{CF_n}{(1+y)^n}.$$

Доходность y, таким образом, оказывается равной:

$$y = \left[\frac{CF_n}{P}\right]^{1/n} - 1. \quad (3.3)$$

Продемонстрируем действие формулы на конкретном примере. Допустим, что финансовый инструмент, цена которого в настоящий момент составляет \$62 321,30, должен через шесть лет принести \$100 000. Доходность данной инвестиции, согласно формуле (3.3), будет равна 8,20%, поскольку:

$$\begin{aligned} y &= \left[\frac{100\,000{,}00}{62\,321{,}30}\right]^{1/6} - 1 = \\ &= 1{,}60459^{1/6} - 1 = \\ &= 1{,}082 - 1 = \\ &= 0{,}082, \text{ или } 8{,}2\%. \end{aligned}$$

Обратите внимание на то, что отношение денежного потока в период n к цене финансового инструмента (т. е. CF_n/P) представляет собой будущую стоимость инвестиции в \$1.

Вычисление годовых доходностей

В главе 2 мы получали значение годовых процентных ставок, умножая доходность для периода на число периодов в году. Напомним, что данный результат носит название **обычной годовой процентной ставки**. Так, полугодовая доходность переводится в годовую умножением на 2. И наоборот: из годовой процентной ставки, поделив ее на 2, можно получить ставку для шести месяцев.

Такая упрощенная процедура вычисления годовой процентной ставки на основании данных о процентной ставке для периода (недели, месяца, квартала, полугода и т. д.) дает довольно приблизительный результат. Для получения точного значения годовой доходности из имеющейся доходности для периода должна быть использована следующая формула:

$$\text{эффективная годовая доходность} = (1 + \text{процентная ставка для периода})^{m} - 1,$$

где m — количество выплат в год. Предположим, например, что процентная ставка для периода составляет 4%, а выплаты совершаются дважды в год. Тогда:

$$\text{эффективная годовая доходность} = (1{,}04)^2 - 1 = 1{,}0816 - 1 = 0{,}0816, \text{ или } 8{,}16\%.$$

Если процент выплачивается раз в квартал, а процентная ставка для периода равна 2% (8%/4), эффективная годовая доходность составит 8,24%:

$$\text{эффективная годовая доходность} = (1{,}02)^4 - 1 = 1{,}0824 - 1 = 0{,}0824, \text{ или } 8{,}24\%.$$

Процентная ставка для периода, соответствующая данной годовой ставке, может быть получена из преобразования приведенной выше формулы. Преобразуем формулу вычисления эффективной годовой доходности и получим:

$$\text{процентная ставка для периода} = (1 + \text{эффективная годовая доходность})^{1/m} - 1.$$

Так, при эффективной годовой доходности, равной 12%, квартальная процентная ставка определяется следующим образом:

$$\text{процентная ставка для периода} = (1{,}12)^{1/4} - 1 = 1{,}0287 - 1 = 0{,}0287, \text{ или } 2{,}87\%.$$

ТРАДИЦИОННЫЕ МЕРЫ ДОХОДНОСТИ

Существует несколько мер доходности, традиционно используемых дилерами и портфельными менеджерами. В этом разделе мы опишем суть каждой из величин и продемонстрируем способ нахождения ее значения. Следующий раздел посвящен критическому анализу разных мер доходности и значимости их применения в процессе выбора наиболее выгодной для инвестирования облигации.

При иллюстрировании каждой меры сначала используется гипотетическая облигация, с тем чтобы не затрагивать проблему торговли между купонными датами. А затем демонстрируется мера доходности реальной облигации. С этой целью мы используем Iowa State Hospital Revenue Bond — облигацию, выпущенную под доходы клиники Университета штата Айова. Это муниципальная доходная облигация, структура которой описана в главе 8. Информация по данному облигационному выпуску следующая:

CUSIP: 46256QDN3
Цена на 5 ноября 2010 г.: 99,531
Купонная ставка: 4,5%
Срок погашения: 01/09/2036
Рейтинг облигации: Aa2 (Moody's); S&P (AA)
График досрочного погашения: первая дата досрочного погашения 1/9/2020 по номиналу (100) далее в любой момент с уведомлением за 30 дней
График выплат из фонда погашения:
1/9/2033 $1 675 000 по номиналу
1/9/2034 $1 750 000 по номиналу
1/9/2035 $1 850 000 по номиналу.

Текущая доходность

Текущая доходность — это отношение годовой купонной ставки к рыночной цене. Формула вычисления текущей доходности выглядит следующим образом:

$$\text{текущая доходность} = \frac{\text{годовая купонная ставка в долларах}}{\text{цена}}.$$

Так, текущая доходность 15-летней облигации с 7%-ным купоном, номиналом $1000 и ценой $769,42 равна 9,10%,:

$$\text{текущая доходность} = \frac{\$70}{\$769{,}40} = 0{,}0910, \text{ или } 9{,}10\%.$$

Для облигации Iowa State Hospital Revenue Bond текущая доходность при номинальной стоимости $100 составит:

$$\text{текущая доходность} = \frac{\$4{,}50}{\$99{,}531} = 4{,}52\%.$$

При вычислении текущей доходности в расчет принимаются только купонные выплаты. Никакие другие источники дохода, поступающего от облигации, не рассматриваются. Не учитывается, например, прирост капитала, реализованный инвестором, приобретающим облигацию с дисконтом и держащим ее до погашения; в то же время не признается и убыток, который терпит инвестор в случае, если он додержал до погашения облигацию, купленную с премией. Временная стоимость денег также не принимается в расчет.

Доходность к погашению

В начале этой главы мы показали, как вычисляется доходность или внутренняя ставка доходности любой инвестиции. Доходность определяется как процентная ставка, при которой приведенная стоимость денежных потоков равна цене (начальной инвестированной сумме). **Доходность к погашению** вычисляется так же, как и рассмотренная выше доходность (внутренняя ставка доходности); учитываются те денежные потоки, которые получает инвестор, держащий облигацию до погашения. Для того чтобы вычислить доходность к погашению облигации с купоном, выплачиваемым раз в полгода, прежде всего определяется y — значение процентной ставки для периода, удовлетворяющей следующему требованию:

$$P = \frac{C}{1+y} + \frac{C}{(1+y)^2} + \frac{C}{(1+y)^3} + \ldots + \frac{C}{(1+y)^n} + \frac{M}{(1+y)^n};$$
$$P = \sum_{t=1}^{n} \frac{C}{(1+y)^t} + \frac{M}{(1+y)^n}, \qquad (3.4)$$

где:

P — цена облигации;

C — *полугодовая* купонная ставка (в долларах);

M — номинальная стоимость (в долларах);

n — число периодов (число лет × 2).

Для облигации с купоном, выплачиваемым раз в полгода, доходность к погашению должна быть получена удвоением процентной ставки для периода или дисконтной ставки (y). Напомним, однако, тезис, обсуждавшийся нами в разделе, посвященном вычислению годовых доходностей: умножение процентной ставки для периода на число периодов не дает эффективной годовой доходности. Впрочем, на рынке принято считать доходностью к погашению именно такую, умноженную на два, процентную ставку y, удовлетворяющую равенству (3.4). Доходность к погашению, полученную с учетом этого рыночного соглашения, называют **доходностью, эквивалентной облигационной** (*bond-equivalent yield*).

Вычисление доходности к погашению проводится методом подбора. Продемонстрируем процедуру поиска значения на примере облигации, для которой выше была подсчитана текущая доходность. Денежный поток данной облигации представляет собой: 1) 30 купонных выплат по \$35, производимых каждые шесть месяцев, и 2) \$1000 — сумма, которая будет выплачена через 30 полугодовых периодов.

Для получения необходимого результата в формулу (3.4) подставляются разные значения y до тех пор, пока не будет найдено число, при котором приведенная стоимость денежных потоков окажется равной рыночной цене облигации, т. е. \$769,42. Приведенные стоимости денежных потоков облигации при разных процентных ставках для периодов показаны в таблице:

Годовая процентная ставка (%)	*Полугодовая ставка y (%)*	*Приведенная стоимость 30 выплат по \$35*[a]	*Приведенная стоимость \$1000 через 30 периодов*[b]	*Приведенная стоимость денежных потоков*
9,00	4,50	\$570,11	\$267,00	\$837,11
9,50	4,75	553,71	248,53	802,24
10,00	5,00	538,04	231,38	769,42
10,50	5,25	532,04	215,45	738,49
11,00	5,50	508,68	200,64	709,32

[a] Приведенная стоимость купонных выплат вычисляется по формуле:

$$\$35\left[\frac{1-\frac{1}{(1+y)^{30}}}{y}\right].$$

[b] Приведенная стоимость номинала вычисляется по формуле:

$$\$1000\left[\frac{1}{(1+y)^{30}}\right].$$

При полугодовой процентной ставке, равной 5%, приведенная стоимость денежных потоков составляет \$769,42. Таким образом, y равно 5% и доходность к погашению (доходность, эквивалентная облигационной) — 10%. Доходность к погашению для облигации с нулевым купоном подсчитать проще, поскольку в вычислениях может быть использована формула (3.3).

Денежный поток за период n равен номинальной стоимости M, а значит, формула (3.3) будет выглядеть следующим образом[1]:

$$y = \left[\frac{M}{P}\right]^{1/n} - 1. \tag{3.5}$$

Так, для 10-летней облигации с нулевым купоном и номинальной стоимостью $1000, торгующейся по цене $439,18, y равно 4,2%:

$$\begin{aligned} y = \left[\frac{\$1000}{\$439{,}18}\right]^{1/20} - 1 &= 2{,}27697^{0{,}05} - 1 = \\ &= 1{,}042 - 1 = \\ &= 0{,}042. \end{aligned}$$

Обратите внимание на то, что число периодов равно 20. Речь идет о полугодовых периодах, количество которых получается умножением числа лет на 2. Полугодовые периоды были выбраны для того, чтобы полученная доходность могла сравниваться с доходностью купонных облигаций. Получить годовую доходность, эквивалентную облигационной, можно, если удвоить y. В нашем случае результат составит 8,4%.

Доходность к погашению — это мера, которая позволяет оценить не только текущий купонный доход, но и размер прибыли или потерь, ожидающих капитал *инвестора, остающегося владельцем облигации до погашения*. Кроме того, доходность к погашению принимает в расчет временные параметры денежных потоков. Взаимосвязь между купонной ставкой, текущей доходностью и доходностью к погашению показана в таблице:

Облигация продается	*Взаимосвязь между величинами*
По номиналу	Купонная ставка = текущая доходность = доходность к погашению
С дисконтом	Купонная ставка < текущая доходность < доходность к погашению
С премией	Купонная ставка > текущая доходность > доходность к погашению

Облигационные калькуляторы

Хотя мы разобрали все этапы расчета доходности к погашению, а также определения цены облигации в предыдущей главе, на практике широко

[1] Напомним, что CF_n мы заменяем на M.

применяются программы расчета этих показателей. Помимо прочего, в большинстве случаев, когда брокер предлагает инвестору облигацию, он указывает доходность к погашению или другой показатель.

Например, Yahoo! Finance предлагает информацию по ценам на облигации в разделе http://c.finance.a1.b.yahoo.com/bonds/composite_bond_rates.

На этом веб-сайте можно найти большинство публично торгуемых облигационных выпусков. Там слева есть поле под заголовком Features: Bond Lookup: Find Bond by Name (Объекты: Поиск облигаций: Найти облигацию по названию). При вводе в него названия эмитента на экран выводится список выпущенных им облигаций. Допустим, мы ввели название Alcoa. На экране появляется список облигаций этой компании. Например, 28 августа 2014 г. в список входили восемь облигаций Alcoa[1]:

Цена	*Купон (%)*	*Срок погашения*	*Доходность к погашению (%)*
105,1	5,95	1-февр.-37	5,549
110,71	5,9	1-февр.-27	4,748
112,88	5,87	23-февр.-22	3,869
110,25	5,4	15-апр.-21	3,642
114,21	6,15	15-авг.-20	3,484
112,25	5,72	23-февр.-19	2,787
115,63	6,75	15-июль-18	2,483
109,9	5,55	1-февр.-17	1,361

В последней колонке показана доходность к погашению. Все облигации кроме одной выпущены без права досрочного погашения.

Когда нам нужна доходность при известной цене (или цена при известной доходности), расчет можно выполнить с помощью портативных калькуляторов, надстроек в электронных таблицах и онлайновых облигационных калькуляторов (последний вариант наиболее удобен). Это облегчает работу с облигациями, торгующимися между купонными периодами. Такой калькулятор есть, например, у Fidelity Investment (см. https://powertools.fidelity.com/fixedincome/yield.do).

Возьмем для примера первый облигационный выпуск Alcoa в таблице и воспользуемся калькулятором Fidelity Investment. Для получения результата нужно ввести купон, срок погашения и цену. Калькулятор дает значение 5,55%, что согласуется с доходностью к погашению, указанной в таблице.

---

[1] Yahoo! Finance получает данные от ValuBond, Inc.

Доходность к досрочному погашению

В главе 1 мы писали о том, что эмитент может иметь право отозвать (выкупить) облигацию, не дожидаясь установленной даты погашения. Сроки отзыва и его цена устанавливаются в момент выпуска облигации. Цена, по которой облигация может досрочно погашаться, носит название **цены отзыва** (*call price*). Для одних облигационных выпусков цена отзыва остается постоянной независимо от даты досрочного погашения. Для других облигаций цена отзыва меняется в соответствии с моментом досрочного погашения, т. е. существует **график досрочного погашения**, устанавливающий цену отзыва для каждой конкретной даты.

Для облигаций с правом досрочного погашения наряду с доходностью к погашению традиционно вычисляется значение доходности к досрочному погашению. Вычисления строятся на основании предположения о том, что эмитент в одну из установленных дат выкупит облигацию по установленной цене. Как правило, инвесторы рассчитывают значения **доходности к первому отзыву** или **доходности к следующему отзыву, доходности к первому отзыву по номиналу** и **доходности к рефинансированию**. Доходность к первому отзыву — мера, актуальная для облигационного выпуска, который не погашается в настоящий момент, тогда как доходность к следующему отзыву вычисляется для облигации, которая уже погашается. Доходность к рефинансированию рассчитывается исходя из предположения о том, что облигация погашается в дату, с которой выпуск становится рефинансируемым. (В главе 7 мы покажем, что облигационный выпуск может быть погашаемым досрочно, но при этом устанавливается период, в течение которого его нельзя отозвать за счет привлечения более дешевого финансирования, чем процентная ставка самой облигации. В этот период выпуск называется нерефинансируемым.)

Процедура вычисления доходности к любой из дат отзыва такая же, как для определения любой другой доходности, а именно: определяется процентная ставка, при которой приведенная стоимость предполагаемых денежных потоков равна цене облигации. В случае доходности к первому отзыву предполагаемые денежные потоки представляют собой купонные выплаты, произведенные до первой даты отзыва, а также установленную в графике цену отзыва. При вычислении доходности к первому отзыву по номиналу денежными потоками считаются купонные выплаты, совершенные до первой даты, в которую эмитент может погасить облигацию по номиналу, а также последний денежный поток в размере номинальной стоимости.

Формула вычисления доходности к досрочному погашению выглядит следующим образом:

$$P = \frac{C}{1+y} + \frac{C}{(1+y)^2} + \frac{C}{(1+y)^3} + \ldots + \frac{C}{(1+y)^{n^*}} + \frac{M^*}{(1+y)^{n^*}};$$
$$P = \sum_{t=1}^{n^*} \frac{C}{(1+y)^t} + \frac{M^*}{(1+y)^{n^*}}, \qquad (3.6)$$

где:

M^* — цена отзыва (в долларах);

n^* — число периодов до предполагаемой даты отзыва (число лет × 2).

Для облигации с купоном, выплачиваемым раз в полгода, удвоение процентной ставки для периода (y) дает доходность к досрочному отзыву, эквивалентную облигационной.

Рассмотрим 18-летнюю облигацию с купоном, равным 11%, номинальной стоимостью $1000 и ценой $1169. Предположим, что первый отзыв может быть произведен через 8 лет с настоящего момента, причем цена отзыва — $1055. Денежные потоки от такой облигации, отозванной через 13 лет, представляют собой: 1) 26 купонных выплат по $55 и 2) $1055 через 26 шестимесячных периодов с настоящего времени.

При подстановке искомого значения y в формулу (3.6) должно выполняться равенство правой и левой частей, т. е. приведенная стоимость денежных

Годовая процентная ставка (%)	*Полугодовая ставка y (%)*	*Приведенная стоимость 16 выплат по $55*[a]	*Приведенная стоимость $1055 через 16 периодов*[b]	*Приведенная стоимость денежных потоков*
8,000	4,0000	$640,88	$563,27	$1204,15
8,250	4,1250	635,01	552,55	1187,56
8,500	4,2500	629,22	542,05	1171,26
8,535	4,2675	628,41	540,59	1169,00
8,600	4,3000	626,92	537,90	1164,83

[a] Приведенная стоимость купонных выплат вычисляется по формуле:

$$\$55\left[\frac{1-\frac{1}{(1+y)^{16}}}{y}\right].$$

[b] Приведенная стоимость цены отзыва вычисляется по формуле:

$$\$1055\left[\frac{1}{(1+y)^{16}}\right].$$

потоков до первой даты отзыва должна быть равна цене облигации ($1169). Процедура определения значения доходности к первому отзыву аналогична вычислению доходности к погашению. Приведенные стоимости при разных процентных ставках для периодов даются в таблице выше.

Процентная ставка для периода, составляющая 4,2675%, соответствует приведенной стоимости денежных потоков, равной цене облигации, а это значит, что *y*, или доходность к первому отзыву, — это 4,2675%. Таким образом, доходность к первому отзыву, эквивалентная облигационной, равна 8,535%.

Предположим, что первая дата отзыва по номиналу для этой облигации наступает через 13 лет с настоящего момента. Тогда доходность к первому отзыву по номиналу — это процентная ставка, при которой приведенная стоимость $55, выплачиваемых каждые полгода в течение следующих 26 периодов, плюс номинальная стоимость $1000, которая будет получена через 26 полугодовых периодов, окажется равной цене, а именно $1169. Предлагаем читателю самостоятельно выполнить известную по прошлым примерам процедуру подбора и надеемся, что полученный результат совпадет с нашим: полугодовая процентная ставка, при которой приведенная стоимость денежных потоков равна цене, составляет 4,3965%. Таким образом, доходность к первому отзыву по номиналу равна 8,793%.

Для определения доходности к досрочному погашению для любой даты можно также использовать облигационный калькулятор. В этом случае вместо даты погашения берется дата отзыва, а вместо цены погашения — цена отзыва. Для облигации Iowa State Hospital Revenue Bond в целях иллюстрации используются две даты отзыва. Первая из них приходится на 1 сентября 2020 г., и облигация погашается по номиналу. Облигационный калькулятор Fidelity Investments дает доходность к досрочному погашению 1 сентября 2020 г., равную 4,56%. Если в качестве даты отзыва взять 1 сентября 2028 г., то доходность к досрочному погашению будет равна 4,54%.

Доходность к дате выплаты из фонда погашения

Как говорилось в главе 1, некоторые облигационные выпуски предполагают создание фонда погашения. В этом случае эмитент погашает определенное количество облигаций в установленные даты. Доходность, рассчитываемая при условии погашения облигаций в конкретные даты выплат из фонда погашения, называют **доходностью к дате выплаты из фонда погашения**. Она рассчитывается точно так же, как и доходность к погашению и доходность к досрочному погашению: используется дата выплаты процента из фонда погашения и цена выкупа из фонда погашения.

Для облигации Iowa State Hospital Revenue Bond установлены три даты выкупа из фонда погашения. Первая приходится на 1 сентября 2033 г. Калькулятор Fidelity Investments дает для нее доходность 4,53%.

Доходность к досрочному предъявлению

В главе 1 мы обсуждали облигации с правом обратного выкупа. Его суть состоит в следующем: держатель облигации имеет право заставить эмитента приобрести выпуск по установленной цене. Для облигации с правом обратного выкупа, так же как и для облигации с правом досрочного погашения, может существовать график предъявления для выкупа. График определяет, когда выпуск может быть предъявлен для выкупа, и цену, которую называют ценой выкупа (*put price*).

Для облигаций с правом обратного выкупа рассчитывается доходность к досрочному предъявлению. Это процентная ставка, при которой приведенная стоимость денежных потоков, поступающих до предполагаемой даты предъявления к выкупу, а также цена выкупа на эту дату, обозначенная в графике, в сумме равны цене облигации. Формула вычисления этой величины аналогична формуле (3.6): за M^* в данном случае принимается цена выкупа, а за n^* — число периодов до предполагаемой даты выкупа. Вычисления проводятся по той же схеме, что и при определении значений доходности к погашению и доходности к досрочному погашению.

Рассмотрим, например, ту же 18-летнюю облигацию с 11%-ным купоном, торгующуюся по $1169. Предположим, что ее можно предъявить эмитенту для выкупа по номиналу ($1000) через пять лет. Доходность к досрочному предъявлению — это процентная ставка, при которой $55, регулярно выплачиваемых в течение 10 полугодовых периодов, а также приведенная стоимость цены выкупа, составляющей $1000, равны в сумме $1169. Предоставляем читателю самостоятельно убедиться в том, что искомый результат равен 3,471%. Удвоив это значение, получаем 6,942% — доходность к досрочному предъявлению.

Наименьшая доходность

На рынке облигаций принято вычислять доходность к погашению, доходность ко всем возможным датам отзыва и ко всем возможным датам досрочного предъявления. Минимальное полученное значение носит название **наименьшей доходности**.

Для облигации Iowa State Hospital Revenue Bond рассчитывались доходность к погашению, доходность к датам досрочного погашения и доходность к датам выплаты из фонда погашения. Наименьшая доходность составляет 4,53%.

Доходность по денежному потоку

В следующих главах мы будем обсуждать ценные бумаги с фиксированным доходом, денежные потоки которых включают частичные выплаты основной суммы, осуществляемые до даты погашения. В каждый период денежный поток таких бумаг состоит как из процентных платежей, так и выплат части основной суммы. Ценные бумаги такого типа получили название **амортизируемых**. Их примером могут служить ценные бумаги, обеспеченные ипотеками, или ценные бумаги, обеспеченные активами. Кроме того, часть основной суммы, которую заемщик выплачивает в установленную дату, может превышать сумму, установленную графиком. Разница между выплаченной частью основной суммы и размером выплаты, установленной графиком, называется **досрочным платежом.** Таким образом, для амортизируемой ценной бумаги денежный поток в каждый период включает: 1) купонные платежи; 2) выплату части основной суммы, предусмотренную регламентом, и 3) досрочный платеж.

Оценивая доходность амортизируемой ценной бумаги, инвесторы подсчитывают **доходность по денежному потоку**. Эта величина представляет собой процентную ставку, при которой приведенная стоимость предполагаемых денежных потоков будет равна рыночной цене. Трудность в данном случае состоит прежде всего в выяснении возможного размера досрочного платежа для каждого периода. Подробное обсуждение этой темы читатель найдет в главе 11.

Доходность (внутренняя ставка доходности) портфеля в целом

Доходность портфеля облигаций — это не просто среднее или взвешенное среднее доходностей к погашению отдельных облигационных выпусков, входящих в портфель. Для ее вычисления следует определить размер поступающих от портфеля денежных потоков, а затем подобрать процентные ставки, при которых приведенная стоимость этих денежных потоков будет равна рыночной цене портфеля[1].

Рассмотрим портфель, в который входят три следующие облигации:

Облигация	*Купонная ставка (%)*	*Срок погашения (годы)*	*Номинальная стоимость ($)*	*Цена ($)*	*Доходность к погашению (%)*
A	7,0	5	10000000	9209000	9,0
B	10,5	7	20000000	20000000	10,5
C	6,0	3	30000000	28050000	8,5

Для упрощения вычислений предположим, что купонные выплаты по всем облигациям совершаются в один и тот же день. Общая рыночная стоимость портфеля составляет $57 259 000. Денежные потоки для каждой из облигаций в портфеле, а также для портфеля в целом суммированы в таблице:

Период	*Облигация A*	*Облигация B*	*Облигация C*	*Портфель*
1	$350 000	$1 050 000	$900 000	$2 300 000
2	350 000	1 050 000	900 000	2 300 000
3	350 000	1 050 000	900 000	2 300 000
4	350 000	1 050 000	900 000	2 300 000
5	350 000	1 050 000	900 000	2 300 000
6	350 000	1 050 000	30 900 000	32 300 000
7	350 000	1 050 000	—	1 400 000
8	350 000	1 050 000	—	1 400 000
9	350 000	1 050 000	—	1 400 000
10	10 350 000	1 050 000	—	11 400 000
11	—	1 050 000	—	1 050 000
12	—	1 050 000	—	1 050 000
13	—	1 050 000	—	1 050 000
14	—	21 050 000	—	21 050 000

Доходность (внутренняя ставка доходности) такого состоящего из трех облигаций портфеля определяется через нахождение процентной ставки, при

[1] В главе 4 мы вводим понятие дюрации. Довольно верное приближение доходности портфеля может быть получено при использовании дюрации для взвешивания доходностей к погашению отдельных облигаций, входящих в портфель.

которой приведенная стоимость денежных потоков из последней колонки таблицы будет равна $57 259 000 (общая рыночная цена портфеля). Приведенная стоимость денежных потоков будет равна $57 259 000 при процентной ставке 4,77%. Умножаем 4,77% на два и получаем 9,54%, т. е. эквивалентную облигационной доходность портфеля в целом.

Спред доходности для ценных бумаг с плавающей купонной ставкой

Купонная ставка ценной бумаги с плавающей купонной ставкой периодически пересчитывается по формуле перерасчета купона, основанной на значениях референсной ставки и котируемого спреда. Будущее значение референсной ставки заранее неизвестно, а это значит, что величина денежных потоков также не может быть определена. Таким образом, инвестор оказывается не в состоянии подсчитать доходность к погашению облигаций этого типа. Для ценных бумаг с плавающей ставкой участниками рынка традиционно используются меры спреда доходности, а именно: спред на время жизни или простой спред (*spread for life*, или *simple margin*), уточненный простой спред (*adjusted simple margin*), уточненный общий спред (*adjusted total margin*) и дисконтный спред (*discount margin*)[1].

Наиболее популярной величиной является дисконтный спред — именно его достоинства и недостатки мы собираемся обсудить. Данная величина — средний спред относительно референсной ставки, который инвестор может рассчитывать получить в течение жизни ценной бумаги. Дисконтный спред вычисляется следующим образом:

Этап 1. Определяется размер денежных потоков в случае, если референсные ставки останутся постоянными на все время жизни ценной бумаги.

Этап 2. Выбирается спред.

Этап 3. Денежные потоки, размер которых определен на этапе 1, дисконтируются на величину, равную сумме текущего значения референсной ставки и выбранного на этапе 2 спреда.

Этап 4. Приведенная стоимость денежных потоков, полученная на этапе 3, сравнивается с ценой. Если приведенная стоимость равна цене, то дисконтный спред равен спреду, найденному

---

[1] Подробнее об этих мерах спреда доходности см.: Frank J. Fabozzi, Steven V. Mann, Floating Rate Securities (New York: John Wiley & Sons, 2000), глава 3.

на этапе 2. Если приведенная стоимость отличается от цены, следует вернуться на этап 2 и выбрать другое значение спреда.

Для ценной бумаги, торгующейся по номиналу, дисконтный спред определяется просто — это используемый при пересчете купона котируемый спред.

В качестве примера рассмотрим шестилетнюю ценную бумагу с плавающей купонной ставкой, торгующуюся по 99,3098; купон рассчитывается исходя из значения референсной ставки плюс 80 базисных пунктов. Пересчет купона производится каждые полгода. Предположим, что текущее значение референсной ставки — 10%. В табл. 3.1 приведены данные, позволяющие вычислить для данной ценной бумаги дисконтный спред. В первой колонке мы видим текущее значение референсной ставки. Вторая колонка представляет денежные потоки, получаемые от ценной бумаги. Денежный поток в первые 11 периодов равен умноженной на 100 сумме половины текущего значения референсной ставки (5%) и полугодового спреда в 40 базисных пунктов. В двенадцатый полугодовой период денежный поток составляет 5,4 плюс номинальная стоимость 100. Верхний ряд последней пятой колонки демонстрирует выбранное значение спреда. В строках под выбранным спредом приводятся значения приведенных стоимостей для каждого денежного потока. Последний ряд — это суммарная приведенная стоимость денежных потоков.

Анализируя все пять выбранных спредов доходностей, обнаруживаем, что приведенная стоимость оказывается равной цене облигации с плавающей ставкой (99,3098) при спреде, равном 96 базисным пунктам. Таким образом, дисконтный спред для полугодового периода составляет 48 базисных пунктов, для года — 96 базисных пунктов. (Заметим, что в случае, когда облигация торгуется по номиналу, дисконтный спред равен котируемому спреду — 80 базисным пунктам).

Таблица 3.1. Вычисление дисконтного спреда ценной бумаги с плавающей ставкой

Ценная бумага с плавающей ставкой:
срок погашения — шесть лет;
купон = референсная ставка + 80 базисных пунктов;
перерасчет каждые полгода.

Период	Референсная ставка	Денежный поток[a]	Приведенная стоимость денежного потока при выбранном спреде доходности (в базисных пунктах)				
			80	*84*	*88*	*96*	*100*
1	10%	5,4	5,1233	5,1224	5,1214	5,1195	5,1185
2	10	5,4	4,8609	4,8590	4,8572	4,8535	4,8516
3	10	5,4	4,6118	4,6092	4,6066	4,6013	4,5987

Окончание табл. 3.1

Период	Референсная ставка	Денежный поток[a]	Приведенная стоимость денежного потока при выбранном спреде доходности (в базисных пунктах)				
			80	**84**	**88**	**96**	**100**
4	10	5,4	4,3755	4,3722	4,3689	4,3623	4,3590
5	10	5,4	4,1514	4,1474	4,1435	4,1356	4,1317
6	10	5,4	3,9387	3,9342	3,9297	3,9208	3,9163
7	10	5,4	3,7369	3,7319	3,7270	3,7171	3,7122
8	10	5,4	3,5454	3,5401	3,5347	3,5240	3,5186
9	10	5,4	3,3638	3,3580	3,3523	3,3409	3,3352
10	10	5,4	3,1914	3,1854	3,1794	3,1673	3,1613
11	10	5,4	3,0279	3,0216	3,0153	3,0028	2,9965
12	10	105,4	56,0729	55,9454	55,8182	55,5647	55,4385
		Приведенная стоимость =	100,0000	99,8269	99,6541	99,3098	99,1381

[a] Для периодов 1–11: денежный поток = 100 × (референсная ставка + выбранный спред) × (0,5); для периода 12: денежный поток = 100 × (референсная ставка + выбранный спред) × (0,5) + 100.

Недостаток дисконтного спреда как меры потенциальной прибыли от инвестиций в ценную бумагу с плавающей ставкой связан с лежащим в основе вычислений предположением о том, что референсная ставка не изменится за время жизни ценной бумаги. Кроме того, — и это второй существенный недостаток описываемой величины — не принимается в расчет существование кэпа или флора, характерного для ряда облигаций с плавающим купоном.

ПОТЕНЦИАЛЬНЫЕ ИСТОЧНИКИ ДОХОДА ОТ ОБЛИГАЦИИ

Инвестор, приобретающий облигацию, может ожидать получение дохода из одного или нескольких перечисленных ниже источников:

1. Периодические купонные выплаты, осуществляемые эмитентом.
2. Прирост капитала (или капитальный убыток — отрицательный доход) в момент, когда облигация погашается в срок, отзывается или продается.
3. Процентный доход, получаемый от реинвестиций периодически поступающих денежных потоков.

Последний компонент потенциального дохода носит название **дохода от реинвестиций**. Для стандартной облигации, по которой до даты погашения осуществляются только купонные выплаты и не предполагается выплат номинала, промежуточные денежные потоки состоят исключительно из купонных выплат. Для таких облигаций доход от реинвестиций — это процент, получаемый от реинвестирования процентных выплат. Описывая третий источник денежной прибыли от этих облигаций, принято говорить о **процентах на проценты** (сложные проценты). Для амортизируемых ценных бумаг доход от реинвестиций — это процентный доход от реинвестирования как купонных выплат, так и производимых до даты погашения выплат части номинала. Далее мы будем рассматривать источники дохода для неамортизируемых ценных бумаг (т. е. облигаций, у которых до даты погашения нет периодических частичных выплат номинала).

Очевидно, что мера потенциальной доходности облигации должна принимать в расчет все три источника возможного дохода. Напомним, однако, что текущая доходность учитывает только периодические выплаты купона, при этом не учитывается ни прирост капитала (или убыток), ни процент на процент. Доходность к погашению подсчитывается исходя из размера купонных выплат, а также возможного прироста (потерь) капитала. В расчет принимается также процент на процент. Между тем, как мы покажем в дальнейшем, в основе вычислений доходности к погашению лежит предположение о том, что купонные выплаты могут быть реинвестированы под ту же самую доходность. Доходность к погашению является, таким образом, *обещанной* доходностью: она реализуется, только если: 1) инвестор додержит облигацию до погашения и 2) купонные выплаты будут реинвестированы под данную доходность к погашению. Если либо первое, либо второе условие не соблюдается, доходность облигации в действительности оказывается больше или меньше доходности к погашению.

Доходность к досрочному погашению также учитывает все три возможных источника дохода от облигации с правом досрочного погашения. В этом случае предполагается, что купонные выплаты могут быть реинвестированы под доходность к досрочному погашению. Таким образом, доходность к досрочному погашению — мера, страдающая тем же недостатком, что и доходность к погашению. Кроме того, она оказывается реальной величиной только в ситуации, когда эмитент действительно отзывает облигационный выпуск в установленную дату.

При вычислении доходности по денежному потоку (об этой величине мы подробно поговорим в главе 11), так же как и при подсчете доходности к погашению, учитываются все три источника дохода. В этом случае процедура поиска значений строится на двух следующих предположениях: во-первых, периодические выплаты номинала должны быть реинвестированы под данную доходность по денежному потоку; во-вторых, досрочные выплаты, которые ожидаются, должны фактически реализоваться.

Определение размера дохода от «процента на процент»

Рассмотрим неамортизируемые ценные бумаги. Процент на процент может являться заметной частью дохода, ожидаемого от облигации. В абсолютном выражении потенциальный доход от всех купонных выплат и процента на процент подсчитывается по формуле вычисления будущей стоимости аннуитета, приведенной в главе 2. Допустим, что r — полугодовая ставка реинвестирования, тогда сумма процента на процент и всех купонных выплат равна:

$$\text{купонные выплаты} + \text{процент на процент} = C\left[\frac{(1+r)^n-1}{r}\right]. \qquad (3.7)$$

Величина (денежная) всех купонных выплат находится умножением полугодовой купонной выплаты на число периодов:

$$\text{величина всех купонных выплат} = nC.$$

Процент на процент представляет собой разницу между суммой купонных выплат и процента на процент и величиной всех купонных выплат. Результат выглядит следующим образом:

$$\text{процент на процент} = C\left[\frac{(1+r)^n-2}{r}\right]-nC. \qquad (3.8)$$

Напомним, что вычисление доходности к погашению строится на предположении о возможности реинвестировать купоны под данную доходность к погашению.

Рассмотрим теперь 15-летнюю облигацию с купоном 7% (мы анализировали ее, говоря о текущей доходности и доходности к погашению). Если цена облигации при номинале \$1000 составляет \$769,40, то ее доходность к погашению равна 10%. Примем за годовую ставку реинвестиций 10%. Соответственно, полугодовая ставка составит 5%. Тогда сумма процента на процент и купонных выплат, согласно формуле (3.7), равна:

$$\text{купонные выплаты} + \text{процент на процент} = \$35\left[\frac{1{,}05^{30}-1}{0{,}05}\right].$$

А процент на процент по формуле (3.8) составит:

$$\text{Процент на процент} = \$2325{,}36 - 30 \times \$35 = \$1275{,}36.$$

Доходность к погашению и риск реинвестиций

Представим теперь, что инвестор додержал такую облигацию до погашения. Как было указано выше, общий денежный доход от данной инвестиции поступает из трех источников:

1. Все купонные выплаты в размере $1050 (купонная выплата по $35 каждые полгода в течение 15 лет).
2. Процент на процент в размере $1275,36, полученный от осуществляемого каждые шесть месяцев реинвестирования полугодовых купонных выплат под 5%.
3. Прирост капитала, равный $230,60 ($1000 минус $769,40).

Таким образом, при условии реинвестирования купона под доходность к погашению 10% потенциальный общий денежный доход составит $2555,96.

Заметим, что инвестор, помести он деньги, потраченные на приобретение облигации ($769,40), на сберегательный счет, дающий по 5% каждые полгода в течение 15 лет, имел бы сбережения будущей стоимостью

$$\$769{,}40 \times (1{,}05)^{30} = \$3325{,}30.$$

При начальной стоимости инвестиций $769,40 общая прибыль составит $2555,90.

Итак, человек, инвестирующий $769,40 на 15 лет под 10% годовых (5% в полгода), рассчитывает по окончании 15 лет получить вложенный капитал в размере $769,40 плюс $2555,90. Именно такую величину (без учета погрешности округления) мы получили, анализируя денежный доход от облигации, предположив, что ставка реинвестиций будет равна доходности к погашению 10%. Очевидно, что доходность облигации сможет составить 10%, только если $1275,36 будут получены от реинвестирования купонных выплат. Это значит, что доходность к погашению 10% возможна лишь в ситуации, когда почти половина ($1275,36/$2555,96) общего денежного дохода от облигации поступает от реинвестирования купонных выплат.

Доходность к погашению, предполагаемая в момент покупки ценной бумаги, сможет стать реальностью, если инвестор додержит облигацию до погашения и если купонные выплаты будут реинвестированы под данную доходность к погашению. Существует риск, связанный с тем, что будущие ставки реинвестирования могут оказаться ниже, чем доходность к погашению в момент покупки облигации. Риск этого рода принято называть **риском реинвестиций**.

Значимость процента на процент как компонента дохода и, соответственно, степень риска реинвестиций определяются двумя характеристиками облигации: ее сроком и купоном. При одинаковых доходностях к погашению и одинаковых купонах общий денежный доход облигации, срок которой больше, сильнее зависит от величины процента на процент. Иными словами, чем больше срок облигации, тем выше риск реинвестиций. Очевидно, таким образом, что доходность к погашению — величина, малозначимая для участника рынка, инвестирующего в долгосрочные купонные облигации, поскольку плохо описывает потенциальный доход, который реализует инвестор, додержавший ценную бумагу до погашения. Для долгосрочных облигаций третья составляющая дохода — процент на процент — может давать до 80% общего размера дохода.

При одинаковых сроках и одинаковых доходностях к погашению облигации с более высокой купонной ставкой демонстрируют большую зависимость общего дохода от результатов реинвестиций купонных выплат. Таким образом, при равных сроках и доходностях к погашению облигации, торгующиеся с премией, в большей степени, чем облигации, продаваемые по номиналу, зависят от величины процента на процент. Облигация, торгующаяся с дисконтом, зависит от величины процента на процент меньше, чем облигация, которую приобрели по номиналу. Общая прибыль от облигаций с нулевым купоном никак не связана с величиной процента на процент — это значит, что додержанные до погашения облигации с нулевым купоном характеризуются нулевым риском реинвестиций. Таким образом, доходность облигации с нулевым купоном на момент погашения соответствует обещанной доходности к погашению.

Доходность по денежному потоку и риск реинвестиций

Для амортизируемых ценных бумаг риск реинвестиций характерен в большей степени, чем для неамортизируемых ценных бумаг. Объяснение простое: владельцу амортизируемой облигации приходится реинвестировать не только периодические купонные платежи, но и периодически выплачиваемые части номинала. Подробнее этот феномен мы опишем в главах, посвященных двум основным типам амортизируемых ценных бумаг — ипотечным ценным бумагам и ценным бумагам, обеспеченным активами. Денежные потоки от таких облигаций поступают ежемесячно, а не раз в шесть месяцев, как это принято в других случаях. Инвестору, во-первых, приходится в придачу к купонным выплатам реинвестировать периодически выплачиваемые части номинала, во-вторых, процедура реинвестирования повторяется чаще. Очевидно, что в такой ситуации риск реинвестиций растет.

Существует еще одно свойство амортизируемых ценных бумаг, из-за которого может увеличиваться риск реинвестиций. Как правило, заемщик имеет право ускорить периодические выплаты номинала, т. е. совершать досрочное погашение. Заемщик, скорее всего, совершит досрочное погашение, если процентные ставки упадут. Инвестор, таким образом, рискует оказаться перед необходимостью реинвестировать досрочно выплаченный номинал на рынке, где процентные ставки низки.

СОВОКУПНАЯ ДОХОДНОСТЬ

В предыдущем разделе мы уже отмечали, что доходность к погашению является **обещанной** доходностью. В момент покупки облигация обещает инвестору некую доходность, возможную в будущем при соблюдении двух условий:

1. Облигация держится до погашения.
2. Все купонные выплаты реинвестируются под данную доходность к погашению.

Мы подробно обсудили второе условие и показали, что размер процента на процент может существенно влиять на совокупную доходность от облигации. Таким образом, реинвестирование купонных выплат под ставку более низкую, чем доходность к погашению, сделает реальную доходность облигации ниже, чем доходность к погашению.

По-видимому, инвестору не следует рассчитывать на то, что купонные выплаты будут реинвестированы под доходность к погашению. Ему стоило бы на основании собственных рассуждений сделать заключение о будущих ставках реинвестирования. **Совокупная доходность** (*total return*) — это мера доходности, строящаяся на основе эксплицитных предположений инвестора относительно ставки реинвестирования.

Рассмотрим теперь первое условие: необходимость держать облигацию до момента погашения. Предположим, что инвестор, решивший вложить капитал на пять лет, выбирает одну из четырех облигаций:

Облигация	*Купон (%)*	*Срок погашения (годы)*	*Доходность к погашению (%)*
A	5	3	9,0
B	6	20	8,6
C	11	15	9,2
D	8	5	8,0

Какая из облигаций — при условии, что их кредитное качество не различается, — является наиболее выгодной для инвестора? Инвестор, выбравший облигацию C из-за ее наиболее высокой доходности к погашению, закрывает глаза на тот факт, что через пять лет облигация должна быть продана по цене, зависящей от доходности, которую в тот момент рынок потребует от 10-летней облигации с 11%-ным купоном. Очевидно, что в этой ситуации возможен либо прирост капитала, либо убыток, в результате чего доходность окажется выше или ниже обещанной в настоящий момент доходности к погашению. Кроме того, более высокий, по сравнению с прочими облигациями, купон облигации C, означает, что бóльшая часть дохода будет зависеть от реинвестиций получаемых купонных выплат.

Облигация A предлагает вторую по величине доходность к погашению. На первый взгляд, именно эта ценная бумага кажется наиболее привлекательной, поскольку ее владелец не рискует реализовать убыток в момент продажи облигации до даты погашения. Более того, в этом случае, как кажется, невысок риск реинвестиций — купонная ставка этой облигации ниже, чем трех остальных. Между тем риск реинвестиций для владельца такой облигации существует: через три года сумма, полученная при погашении, должна быть реинвестирована еще на два года. Доходность, которую получит инвестор, зависит от процентных ставок, которые установятся через три года на двухлетние облигации.

Похоже, что доходность к погашению не лучший критерий для выбора ценной бумаги. Как же совершить выбор? Ответ зависит от ожиданий инвестора и, в первую очередь, от его инвестиционного горизонта. Кроме того, в случае облигаций, срок погашения которых превышает инвестиционный горизонт, он зависит от того, какие предположения строит инвестор относительно требуемой рыночной доходности в момент окончания инвестиционного горизонта. Таким образом, любая из четырех облигаций может стать наилучшей: инвестору важно лишь определить свою точку зрения на ставки реинвестиций и будущую требуемую доходность. Величина совокупной доходности определяется исходя из сделанных предположений и позволяет, в соответствии с персональными ожиданиями инвестора, выявить лучший объект для вложения капитала.

Доходность к досрочному погашению страдает теми же недостатками, что и доходность к погашению. Во-первых, ее значение отражает действительное положение вещей только в случае, если инвестор додерживает облигацию до первой даты отзыва. Во-вторых, предполагается, что купонные выплаты могут быть реинвестированы под доходность к досрочному погашению. Если инвестиционный горизонт участника рынка является более коротким, чем время до первой даты отзыва, облигацию, возможно, придется продать по цене меньшей, чем цена покупки. Если же, напротив, инвестиционный горизонт длиннее времени до даты отзыва, участник рынка может оказаться перед необходимостью реинвестировать полученную в результате отзыва сумму на период, оставшийся до окончания временного горизонта. Таким образом, величина доходности к первой дате отзыва мало помогает инвестору, анализирующему облигацию. Совокупная доходность, в свою очередь, является чрезвычайно полезным аналитическим инструментом, в том числе при работе с облигациями с правом досрочного погашения.

Вычисление совокупной доходности облигации

Гипотеза, положенная в основу совокупной доходности, проста. Для начала вычисляют денежную сумму, которую в будущем принесут инвестиции в данную облигацию при определенной ставке реинвестирования. Затем совокупную доходность рассчитывают как процент, при котором начальное вложение в облигацию возрастает до требуемой денежной суммы.

Процедура подсчета совокупной доходности облигации на некоем временном горизонте может быть вкратце описана следующим образом. Инвестор делает предположение относительно будущей ставки реинвестирования, а затем на основании ее значения подсчитывает денежный доход, который в момент достижения временного горизонта принесут как купонные выплаты, так и процент на процент. Кроме того, по достижении запланированного временного горизонта инвестор должен получить либо номинальную, либо другую стоимость облигации (стоимость облигации в случае продажи вычисляется исходя из предположений о будущей требуемой рыночной доходности). Совокупная доходность — это процентная ставка, при которой сумма, инвестированная в облигацию (т. е. ее текущая рыночная стоимость плюс накопленный купонный доход), возрастет до денежной величины, ожидаемой в конце временного горизонта.

Ниже приводится план действий, которым следует руководствоваться при вычислении совокупной доходности облигации на запланированном временном горизонте:

1. На основании сделанного предположения о размере будущей ставки реинвестиций подсчитайте величину общих купонных выплат плюс процент на процент. Сумма купонных выплат и процента на процент может быть вычислена с помощью формулы (3.7). В этом случае в качестве ставки реинвестиций следует принять половину годовой ставки, под которую инвестор рассчитывает вложить купонные выплаты.
2. Определите цену продажи на момент достижения временного горизонта. Предполагаемая цена продажи зависит от предполагаемой требуемой доходности в конце планируемого отрезка времени. Предполагаемая цена равна приведенной стоимости оставшихся денежных потоков облигации, дисконтированных по предполагаемой требуемой доходности.
3. Сложите величины, полученные на этапах 1 и 2. Результатом явится общее будущее количество денег, которое может быть получено от инвестиций при условии наличия на запланированном временном горизонте требуемой доходности, а также существования определенных ставок реинвестиций[1].
4. Для получения полугодовой общей прибыли воспользуйтесь формулой:

$$\left[\frac{\text{общее будущее количество денег}}{\text{цена покупки облигации}}\right]^{1/h} - 1,$$

где h — количество полугодовых периодов в инвестиционном горизонте. Заметьте, что данная формула — вариант уравнения (3.3), т. е. доходность инвестиции с единственным денежным потоком.
5. Поскольку обычно предполагается, что процент выплачивается раз в полгода, результат, найденный на этапе 4, следует удвоить. Полученная процентная ставка — это искомая совокупная доходность облигации в годовом выражении.

---

[1] Общее будущее количество денег, вычисляемое на этом этапе, отличается от общего денежного дохода, подсчитанного нами в предыдущем разделе, где речь шла о значимости размера процента на процент. Общий денежный доход, который мы получили тогда, включал только прирост капитала (или убыток, если он имел место) и не был связан с ценой покупки, учитываемой при подсчете общего будущего количества денег. Таким образом:

общий денежный доход =
= общее будущее количество денег – цена покупки облигации.

В качестве примера рассмотрим инвестиционный горизонт, равный трем годам. Инвестор рассматривает целесообразность покупки 20-летней облигации с 8%-ным купоном за \$828,40. Доходность к погашению такой облигации составляет 10%. Инвестор надеется, что сумеет реинвестировать купонные выплаты под годовую ставку 6% и что в конце запланированного отрезка времени 17-летние облигации будут торговаться с доходностью к погашению 7%. Совокупная доходность облигации подсчитывается так:

1. Приняв ставку реинвестиций равной 6% (или 3% на полгода), вычисляем сумму всех купонных выплат и процента на процент. Купонные выплаты равны \$40 каждые шесть месяцев в течение трех лет (напомним, что речь идет о запланированном временном горизонте). Применяем формулу (3.7) и подсчитываем сумму всех купонных выплат и процента на процент:

$$\text{купонные выплаты} + \text{процент на процент} = \$40\left[\frac{1{,}03^6 - 1}{0{,}03}\right] =$$

$$= \$40\left[\frac{1{,}194052 - 1}{0{,}03}\right] =$$

$$= \$40 \times 6{,}4684 = \$258{,}74.$$

2. Определяем предполагаемую цену продажи через три года; напомним, что, по нашему допущению, требуемая доходность к погашению 17-летних облигаций в тот момент составит 7%. Вычисляем дисконтированные по 3,5% стоимость 34 купонных выплат по \$40 и стоимость номинала \$1000; результаты суммируем. Предполагаемая цена продажи составит \$1098,51[1].

---

[1] Приведенная стоимость 34 купонных выплат, дисконтированная по 3,5%, равна:

$$\$40\left[\frac{1 - \frac{1}{1{,}035^{34}}}{0{,}035}\right] = \$788{,}03.$$

Приведенная стоимость номинала, дисконтированная по 3,5%:

$$\frac{\$1000}{1{,}035^{34}} = \$310{,}48.$$

Предполагаемая цена продажи равна сумме \$788,03 и \$310,48, т. е. \$1098,51.

3. Сложение результатов, полученных на этапах 1 и 2, дает общее будущее количество денег — $1375,25.
4. Для получения полугодовой совокупной доходности воспользуемся формулой:

$$\left[\frac{\$1375,25}{\$828,40}\right]^{1/6} - 1 = 1,63840^{0,16667} - 1 = 1,0858 - 1 =$$

$$= 0,0858, \text{ или } 8,58\%.$$

5. Умножим 8,58% на два: совокупная доходность равна 17,16%.

При подсчетах подобного рода нет необходимости исходить из неизменности ставки реинвестиций на всем инвестиционном горизонте. Приведем пример, доказывающий, что совокупная доходность отлично функционирует и в ситуации предположительного изменения ставок.

Допустим, что инвестор избрал шестилетний инвестиционный горизонт. Рассматривается 13-летняя облигация с купоном 9%, торгующаяся по номиналу. Инвестор делает следующие предположения:

1. Первые четыре полугодовые купонные выплаты можно будет в момент их получения реинвестировать под простую годовую ставку 8% до конца инвестиционного горизонта.
2. Остальные восемь полугодовых купонных выплат могут быть реинвестированы под простую годовую ставку 10% на срок с момента их получения до конца инвестиционного горизонта.
3. Требуемая доходность к погашению для семилетних облигаций в момент окончания инвестиционного горизонта составит 10,6%.

Совокупная доходность вычисляется на основании этих трех предположений следующим образом:

1. В течение шести лет (продолжительность инвестиционного горизонта) инвестор каждые шесть месяцев будет получать купонные выплаты в размере $45 каждая. Купонные выплаты плюс процент на процент для первых четырех выплат при условии полугодовой ставки реинвестиций 4% дают:

$$\text{купонные выплаты} + \text{процент на процент} = \$45\left[\frac{1,04^4 - 1}{0,04}\right] = \$191,09.$$

Результат представляет собой сумму купонных выплат и процента на процент на момент окончания второго года (через четыре периода). Реинвестируем эту сумму под 4% на период до окончания инвестиционного горизонта, т. е. на четыре года (восемь периодов); \$191,09 возрастут до:

$$\$191{,}09 \times 1{,}04^8 = \$261{,}52.$$

Для последних восьми купонных выплат сумма купонных выплат и процента на процент, при условии полугодовой ставки реинвестиций 5%, составит:

$$\text{купонные выплаты} + \text{процент на процент} = \$45\left[\frac{1{,}05^8 - 1}{0{,}05}\right] = \$429{,}71.$$

Купонные выплаты плюс процент на процент для всех 12 периодов составят \$691,23 (\$261,52 + \$429,71).

2. Предполагаемая цена продажи облигации при условии требуемой доходности 10,6% равна \$922,31[1].
3. Общее будущее количество денег равно \$1613,54 (\$691,23 + \$922,31).
4. Проведем следующие вычисления:

$$\left[\frac{\$1634{,}34}{\$1000{,}00}\right]^{1/6} - 1 = 1{,}63434^{0{,}08333} - 1 = 1{,}0418 - 1 =$$
$$= 0{,}0418, \text{ или } 4{,}18\%.$$

5. Удвоим 4,18% и получим совокупную доходность в годовом выражении, равную 8,36%.

---

[1] Приведенная стоимость купонных выплат, дисконтированная по 5,3%, равна:

$$\$45\left[\frac{1 - \dfrac{1}{1{,}053^{14}}}{0{,}053}\right] = \$437{,}02.$$

Приведенная стоимость номинала, дисконтированная по 5,3%:

$$\frac{\$1000}{1{,}053^{14}} = \$485{,}29.$$

Предполагаемая цена продажи равна сумме \$437,02 и \$485,29, т. е. \$922,31.

Применение совокупной доходности для анализа (анализ временных горизонтов)

Совокупная доходность позволяет, исходя из собственных предположений о будущих ставках реинвестиций и будущей требуемой доходности, оценить эффективность вложения в облигацию на данном временном горизонте. Таким образом, управляющий портфелем получает возможность выбрать из нескольких возможных кандидатов облигацию, которая на запланированном временном горизонте покажет наилучший результат. Еще раз обратим ваше внимание на то, что доходность к погашению не может выполнять аналогичные функции, т. е. не является мерой относительной стоимости облигации.

Использование совокупной доходности для оценки эффективности вложений в облигацию на определенном инвестиционном горизонте называют анализом временных горизонтов. Совокупная доходность, вычисленная для данного временного горизонта, получила название **доходности на временном горизонте** (*horizon return*). В нашей книге термины «доходность на временном горизонте» и «совокупная доходность» взаимозаменяемы.

Анализ временных горизонтов используется и при оценке облигационных свопов. Облигационный своп предполагает обмен имеющейся в портфеле облигации на другую облигацию. Когда целью облигационного свопа является увеличение доходности портфеля на запланированном временном горизонте, управляющий может подсчитать совокупную доходность облигации, которую собирается приобрести, и сравнить результат с совокупной доходностью облигации, имеющейся в портфеле; таким образом производится оценка целесообразности замены. Конкретные стратегии облигационных свопов будут обсуждаться в главе 24.

Нередко говорят, что, применяя совокупную доходность, портфельный менеджер вынужден строить предположения относительно ставок реинвестиций и будущих доходностей, а также мыслить в категориях инвестиционного горизонта. К сожалению, часть управляющих портфелями предпочитают работать с доходностью к погашению и доходностью к досрочному погашению только потому, что вычисление этих величин не требует от них формулировки собственных прогнозов рынка. Между тем анализ временных горизонтов позволяет оценить облигацию в контексте разных рыночных сценариев, разных ставок реинвестиций и требуемых доходностей. Только изучив несколько сценариев, менеджер сможет понять, насколько чувствительна облигация к разным типам происходящих на рынке изменений. В главе 24 мы поговорим о том, каким образом включается в анализ информация о предполагаемых изменениях процентных ставок.

Расчет изменений доходности

Когда процентные ставки или доходности изменяются между двумя периодами, оценить изменения можно двумя способами: определить абсолютное изменение или относительное (процентное) изменение.

Абсолютное изменение доходности (также называемое **абсолютным изменением ставки**), измеряемое в базисных пунктах, представляет собой просто абсолютное значение разницы между двумя доходностями. Иными словами,

абсолютная доходность (в базисных пунктах) =
= |первоначальная доходность – новая доходность| × 100.

Например, возьмем следующие три доходности за три месяца:

месяц 1 — 4,45%;
месяц 2 — 5,11%;
месяц 3 — 4,82%.

Тогда абсолютное изменение доходности будет таким:

абсолютное изменение доходности между месяцем 1 и месяцем 2 =
= |4,45% – 5,11%| × 100 = 66 базисных пунктов;

абсолютное изменение доходности между месяцем 2 и месяцем 3 =
= |5,11% – 4,82%| × 100 = 29 базисных пунктов.

Относительное (или **процентное**) **изменение доходности** рассчитывают как натуральный логарифм отношения доходностей следующим образом:

относительное изменение доходности = 100 × ln
(новая доходность/начальная доходность),

где ln — натуральный логарифм.

Используя предыдущий пример, определим относительную доходность:

относительное изменение доходности между месяцем 1 и месяцем 2 =
= ln (5,11%/4,45%) = 13,83%;

относительное изменение доходности между месяцем 2 и месяцем 3 =
= ln (4,82%/5,11%) = –5,84%.

В главе 21 мы более детально рассмотрим изменение кредитных спредов и посмотрим, что лучше описывает историческое изменение доходности, абсолютное или относительное изменение.

Резюме

- Для любой инвестиции доходность, или внутренняя ставка доходности представляет собой процентную ставку, при которой приведенная стоимость денежных потоков равна цене инвестиции (или инвестированной сумме). Так определяется доходность любой облигации.
- К общепринятым мерам доходности, используемым участниками рынка облигаций, относятся текущая доходность, доходность к погашению, доходность к досрочному погашению, доходность к дате выплаты из фонда погашения, доходность к досрочному предъявлению, наименьшая доходность и доходность по денежному потоку.
- Тремя потенциальными источниками денежного дохода от инвестиции в облигации являются купонные платежи, доход от реинвестиций и прирост/убыток капитала.
- Ни одна из традиционных мер доходности не учитывает корректным образом все три источника дохода. Текущая доходность не принимает в расчет ни доход от реинвестиций, ни прирост/убыток капитала. Доходность к погашению учитывает все три источника дохода, однако строится на безосновательном предположении о том, что купонные выплаты могут быть реинвестированы под данную доходность к погашению. Риск, связанный с реинвестированием купонных выплат под ставки более низкие, чем доходность к погашению, называется риском реинвестиций.
- Доходность к досрочному погашению имеет аналогичные недостатки: предполагается, что купонные выплаты могут быть реинвестированы под доходность к досрочному погашению. Доходность по денежному потоку вычисляется на основании тех же предположений, что и доходность к погашению; кроме того, считается, что периодические выплаты номинала могут быть реинвестированы под доходность по денежному потоку и предполагаемое досрочное погашение фактически реализуется.
- Совокупная доходность — более приемлемая мера для оценки относительной привлекательности облигации с учетом ожиданий портфельного менеджера и планируемого временного горизонта.
- Изменение доходности между двумя периодами можно представить как абсолютное или относительное (процентное) изменение доходности.

Вопросы

1. Долговое обязательство обещает следующие выплаты:

Через … лет	*Денежный поток, получаемый инвестором*
1	$2000
2	2000
3	2500
4	4000

Предположим, что цена данного долгового обязательства составляет $7704. Какова доходность или внутренняя ставка доходности, обещанная данным долговым обязательством?

2. Какова эффективная годовая ставка, если полугодовая процентная ставка равна 4,3%?
3. Что такое доходность к погашению облигации?
4. Что такое доходность к погашению, эквивалентная облигационной?
5. a. Определите размер денежных потоков четырех облигаций, если известно, что каждая из них имеет номинальную стоимость $1000 и купон по ним выплачивается раз в полгода.

Облигация	*Купонная ставка (%)*	*Число лет до погашения*	*Цена ($)*
W	7	5	884,20
X	8	7	948,90
Y	9	4	967,70
Z	0	10	456,39

   b. Вычислите доходность к погашению четырех облигаций.
6. Портфельный менеджер хочет купить одну из двух облигаций. Облигация A будет погашена через три года, купон равен 10% и выплачивается раз в полгода. Облигация B имеет то же кредитное качество; ее срок до погашения — 10 лет, купон (выплачивается раз в полгода) — 12%. Обе облигации торгуются по номиналу.
   a. Предположим, что портфельный менеджер планирует держать облигацию три года. Какую из двух ценных бумаг ему лучше купить?

b. Предположим, что менеджер будет держать облигацию не три года, а шесть лет. Какую облигацию ему лучше приобрести в этом случае?
c. Допустим, что менеджер управляет активами страховой компании, которая выпустила пятилетний гарантированный инвестиционный контракт (GIC). Страховая компания обещала своим инвесторам выплачивать по 9% каждые полгода. Какую из двух облигаций менеджер должен купить, чтобы страховая компания осуществила выплаты по GIC и в то же время получила прибыль?

7. Рассмотрим облигацию со следующими параметрами:

   Купонная ставка = 11%
   Срок до погашения = 18 лет
   Номинальная стоимость = $1000
   Первый досрочный отзыв по номиналу — через 13 лет
   Единственная дата досрочного предъявления — через пять лет; исполнение по номиналу.

   Предположим, что рыночная цена этой облигации равна $1169.
   a. Докажите, что доходность к погашению этой облигации равна 9,077%.
   b. Докажите, что доходность к первому отзыву по номиналу равна 8,793%.
   c. Докажите, что доходность к досрочному предъявлению равна 6,942%.
   d. Предположим, что график отзыва этой облигации таков:
      - Она может быть выкуплена через восемь лет по $1055.
      - Она может быть выкуплена через 13 лет по $1000.

   Предположим также, что облигация может быть предъявлена эмитенту в единственную дату через пять лет с настоящего времени, а ее доходность к первому отзыву по номиналу составляет 8,535%. Какова наименьшая доходность этой облигации?

8. a. Что такое амортизируемая ценная бумага?
   b. Назовите три компонента денежного потока амортизируемой ценной бумаги.
   c. Что такое доходность по денежному потоку?
9. Как вычисляется внутренняя ставка доходности портфеля?
10. Каковы недостатки внутренней ставки как меры доходности портфеля?
11. Предположим, что купонная ставка ценной бумаги с плавающей ставкой пересчитывается каждые полгода со спредом к референсной ставке, равным 70 базисным пунктам. Допустим, что облигация

торгуется по цене, меньшей, чем номинал. Больше или меньше 70 базисных пунктов будет в этом случае дисконтный спред?

12. Инвестор собирается приобрести 20-летнюю облигацию с купоном 7%, торгующуюся по \$816 при номинале \$1000. Доходность к погашению облигации равна 9%.
    a. Каково общее количество денег, полученное от вложения \$816 на 20 лет под 9% годовых, с учетом реинвестиций, производимых каждые полгода?
    b. Какова сумма всех купонных выплат за время жизни облигации?
    c. Каково общее количество денег, которое инвестор получит к моменту окончания 20-летнего срока от купонных выплат и выплаты номинала?
    d. Допустим, что инвестор хочет получить общее количество денег, обозначенное в пункте a. Каков в этом случае должен быть размер процента на процент?
    e. Вычислите величину процента на процент при условии, что полугодовые купонные выплаты могут быть каждые шесть месяцев реинвестированы под 4,5%; заметим, что результат должен быть тот же, что и в пункте d.
13. Какова совокупная доходность 20-летней облигации с нулевым купоном и доходностью к погашению 8% при условии, что облигацию держат до погашения?
14. Объясните, почему совокупная доходность облигации, которую держат до погашения, — число, располагающееся между значениями доходности к погашению и ставкой реинвестирования.
15. Как вы думаете, к какому из двух значений — доходность к погашению или ставка реинвестирования — окажется ближе совокупная доходность долгосрочной высокодоходной купонной облигации, которую держат до погашения?
16. Предположим, что инвестор, запланировавший пятилетний инвестиционный горизонт, собирается купить по номиналу семилетнюю облигацию с 9%-ным купоном. Инвестор считает, что сможет реинвестировать купонные выплаты под годовую ставку 9,4%; кроме того, он полагает, что в момент окончания инвестиционного горизонта двухлетние облигации будут торговаться с доходностью к погашению 11,2%. Какова совокупная доходность облигации?
17. Два портфельных менеджера обсуждают инвестиционные характеристики амортизируемых ценных бумаг. Управляющий А полагает, что такие ценные бумаги выгоднее прочих, поскольку периодические выплаты наряду с купонными включают частичные выплаты номинала.

Таким образом, вкладывая капитал в эти облигации, можно получить больший доход от реинвестиций. Кроме того, выплаты, как правило, производятся ежемесячно — доход от реинвестиций, соответственно, возрастает. Управляющий B думает, что необходимость каждый месяц совершать реинвестиции, превышающие купонные выплаты, — недостаток амортизируемых ценных бумаг. С кем вы согласны и почему?

18. Рассмотрим следующие доходности:
 Неделя 1: 3,84%;
 Неделя 2: 3,51%;
 Неделя 3: 3,95%.
 a. Определите абсолютное и относительное изменение доходности для недель 1 и 2.
 b. Определите абсолютное и относительное изменение доходности для недель 2 и 3.

ГЛАВА 4

Волатильность цен на облигации

В этой главе читателю будут представлены сведения:

- о связи цены и доходности облигации без встроенных опционов;
- о факторах, определяющих волатильность цен при изменении доходностей;
- об общих выводах относительно волатильности цены облигации без встроенных опционов;
- о способе вычисления ценовой стоимости базисного пункта;
- о вычислении и интерпретации дюрации Маколея, модифицированной дюрации и долларовой дюрации облигации;
- о дюрации как мере чувствительности цены облигации к изменениям доходности;
- о дюрации спреда для облигаций с фиксированной и плавающей ставкой;
- о вычислении дюрации портфеля и о характеристиках портфельной дюрации;
- о недостатках дюрации как меры волатильности цены;
- о поправках, которые вносятся в значение дюрации как меры ценовых изменений с помощью понятия выпуклости;
- об аппроксимации значений дюрации и выпуклости облигации;
- о дюрации облигации с обратной плавающей ставкой;
- об измерении чувствительности портфеля к непараллельным изменениям процентных ставок (дюрации ключевых процентных ставок).

В главе 2 мы говорили о том, что основным риском при инвестировании в облигации является процентный риск. Таким образом, при реализации стратегий торговли облигациями и портфельных стратегий чрезвычайно важно количественно оценивать процентный риск позиции или портфеля. В связи с этим в настоящей главе мы преследуем две цели. Во-первых, объяснить свойства облигации в зависимости от волатильности цены. Во-вторых, представить несколько показателей, характеризующих процентный риск позиции или портфеля.

СВЯЗЬ ЦЕНЫ И ДОХОДНОСТИ ДЛЯ ОБЛИГАЦИИ БЕЗ ВСТРОЕННЫХ ОПЦИОНОВ

Как следует из главы 2, фундаментальным свойством облигаций без встроенных опционов является изменение цены в направлении, противоположном изменению требуемой доходности облигации. Феномен объясняется тем, что цена облигации равна приведенной стоимости предполагаемых денежных потоков. Рост (падение) требуемой доходности заставляет падать (расти) приведенную стоимость денежных потоков и тем самым уменьшает (увеличивает) цену. В табл. 4.1 приводятся соотношения доходности и цены шести гипотетических облигаций: цена указана для номинальной стоимости, равной $100, и купона, выплачиваемого раз в полгода.

1. Купон 9%, срок 5 лет.
2. Купон 9%, срок 25 лет.
3. Купон 6%, срок 5 лет.
4. Купон 6%, срок 25 лет.
5. Нулевой купон, срок 5 лет.
6. Нулевой купон, срок 25 лет.

Таблица 4.1. Связь цена — доходность для шести гипотетических облигаций

Требуемая доходность (%)	Цена при требуемой доходности (купон/срок в годах)					
	9%/5	9%/25	6%/5	6%/25	0%/5	0%/25
6,00	112,7953	138,5946	100,0000	100,0000	74,4094	22,8107
7,00	108,3166	123,4556	95,8417	88,2722	70,8919	17,9053
8,00	104,0554	110,7410	91,8891	78,5178	67,5564	14,0713
8,50	102,0027	105,1482	89,9864	74,2587	65,9537	12,4795
8,90	100,3966	100,9961	88,4983	71,1105	64,7017	11,3391

Окончание табл. 4.1

Требуемая доходность (%)	Цена при требуемой доходности (купон/срок в годах)					
	9%/5	9%/25	6%/5	6%/25	0%/5	0%/25
8,99	100,0395	100,0988	88,1676	70,4318	64,4236	11,0975
9,00	100,0000	100,0000	88,1309	70,3570	64,3928	11,0710
9,01	99,9604	99,9013	88,0943	70,2824	64,3620	11,0445
9,10	99,6053	99,0199	87,7654	69,6164	64,0855	10,8093
9,50	98,0459	95,2539	86,3214	66,7773	62,8723	9,8242
10,00	96,1391	90,8720	84,5565	63,4881	61,3913	8,7204
11,00	92,4624	83,0685	81,1559	57,6712	58,5431	6,8767
12,00	88,9599	76,3572	77,9197	52,7144	55,8395	5,4288

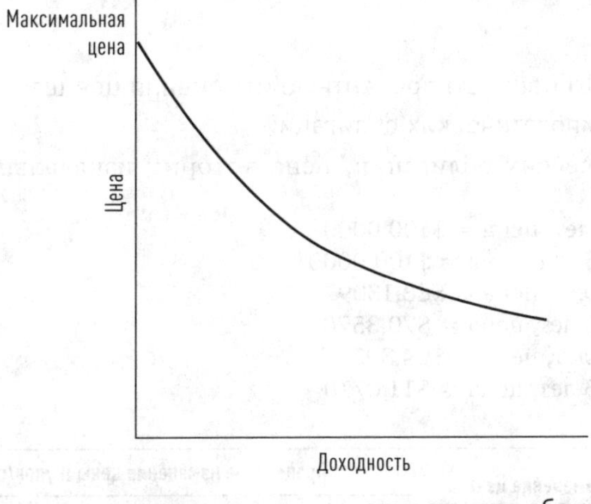

Рис. 4.1. Кривая зависимости цена — доходность для облигации без встроенных опционов

Изобразив зависимость цена — доходность для любой облигации без встроенных опционов графически, мы получим кривую, приведенную на рис. 4.1. Заметим, что при росте требуемой доходности цена облигации без встроенных опционов падает. Это соотношение, однако, нелинейно (его график не является прямой линией). Кривую, представляющую зависимость цена — доходность для любой облигации без встроенных опционов, принято называть **выпуклой**.

Зависимости цена — доходность, описываемые здесь, связаны с мгновенными изменениями требуемой доходности. Напомним (подробнее см.

главу 2), что изменения цены с течением времени являются также следствием: 1) изменения воспринимаемого кредитного качества эмитента; 2) приближения даты погашения (в случае облигации, купленной с дисконтом или премией) и 3) изменения рыночных процентных ставок.

ВОЛАТИЛЬНОСТЬ ЦЕНЫ ОБЛИГАЦИИ БЕЗ ВСТРОЕННЫХ ОПЦИОНОВ

В табл. 4.2 приведены значения процентного изменения цен на шесть гипотетических облигаций из табл. 4.1, связанного с изменениями требуемых доходностей (мы исходили из предположения о том, что начальная доходность всех облигаций составляла 9%). Анализ данных табл. 4.2 позволяет сделать несколько выводов о свойствах волатильности цен на облигации без встроенных опционов.

Таблица 4.2. Мгновенные процентные изменения цен шести гипотетических облигаций

Шесть гипотетических облигаций, цена которых изначально соответствует доходности 9%:
Купон 9%, срок 5 лет, цена = $100,0000
Купон 9%, срок 25 лет, цена = $100,0000
Купон 6%, срок 5 лет, цена = $88,1309
Купон 6%, срок 25 лет, цена = $70,3570
Купон 0%, срок 5 лет, цена = $64,3928
Купон 0%, срок 25 лет, цена = $11,0710

Доходность (%) изменилась до уровня:	Изменение цены в базисных пунктах	Процентное изменение цены (купон/срок в годах)					
		9%/5	9%/25	6%/5	6%/25	0%/5	0%/25
6	300	12,8	38,59	13,47	42,13	15,56	106,04
7	200	8,32	23,46	8,75	25,46	10,09	61,73
8	100	4,06	10,74	4,26	11,6	4,91	27,1
8,5	50	2	5,15	2,11	5,55	2,42	12,72
8,9	10	0,4	1	0,42	1,07	0,48	2,42
8,99	1	0,04	0,1	0,04	0,11	0,05	0,24
9,01	10	0,04	0,1	0,04	0,11	0,05	0,24
9,1	10	0,39	0,98	0,41	1,05	0,48	2,36
9,5	50	1,95	4,75	2,05	5,09	2,36	11,26

Окончание табл. 4.2

Доходность (%) изменилась до уровня:	Изменение цены в базисных пунктах	Процентное изменение цены (купон/срок в годах)					
		9%/5	9%/25	6%/5	6%/25	0%/5	0%/25
10	100	3,86	9,13	4,06	9,76	4,66	21,23
11	200	7,54	16,93	7,91	18,03	9,08	37,89
12	300	11,04	23,64	11,59	25,08	13,28	50,96

Свойство 1: Цены всех облигаций без встроенных опционов движутся в направлении, противоположном направлению движения требуемой доходности, однако процентные изменения цен для разных облигаций разнятся.

Свойство 2: При очень небольших изменениях требуемой доходности процентное изменение цены остается примерно одинаковым независимо от того, растет или падает требуемая доходность.

Свойство 3: В случае больших изменений требуемой доходности цена в процентном отношении при росте требуемой доходности меняется не так, как при ее падении.

Свойство 4: При сильном изменении требуемой доходности на определенное количество базисных пунктов процентный рост цены больше, чем ее процентное падение.

Суть свойства 4 на практике сводится к следующему: если инвестор держит облигацию (т. е. имеет длинную позицию в облигации), а требуемая доходность падает, то прибыль от повышения цены будет больше, чем убыток, который инвестор потерпит в случае роста требуемой доходности на то же число базисных пунктов. И наоборот: если инвестор открыл по облигации короткую позицию, потенциальный убыток при изменении требуемой доходности на данное число базисных пунктов окажется выше потенциальной прибыли.

Все четыре свойства волатильности цены могут быть объяснены, исходя из выпуклости зависимости цена — доходность. Более подробно данная тема будет рассмотрена в этой главе ниже.

Параметры облигации, определяющие волатильность ее цены

Волатильность цены облигации без встроенных опционов определяют два параметра: купон и срок до погашения.

Параметр 1. При данном сроке до погашения и начальной доходности волатильность цены облигации тем выше, чем ниже купонная ставка. Доказательством этого положения может служить сравнение поведения цен облигаций с купоном 9%, 6% и 0%, имеющих одинаковый срок до погашения.

Параметр 2. При данной купонной ставке и начальной доходности, чем больше срок до погашения, тем выше волатильность цены. Сравните приведенные в табл. 4.2 данные о ценах на пятилетнюю и 25-летнюю облигации с одинаковым купоном.

На практике второе положение может быть интерпретировано следующим образом: инвестор, ожидающий падения процентных ставок и желающий нарастить волатильность стоимости портфеля, должен держать в портфеле облигации с более долгим сроком до погашения. В ситуации ожидаемого роста процентных ставок уменьшить волатильность цены портфеля можно, включив в портфель облигации с более короткими сроками до погашения.

Влияние на волатильность доходности к погашению

Не следует забывать, что в зависимости от кредитного качества облигации, имеющие одинаковые купоны и длительности, торгуются с разными доходностями. Как, при прочих равных, влияет на волатильность цены доходность к погашению? Анализ показывает: чем выше доходность к погашению, тем ниже волатильность цены.

В табл. 4.3 приведены данные по 25-летней облигации с 9%-ным купоном, торгующейся с разными уровнями доходности. В первой колонке показан уровень доходности облигации, во второй — стартовая цена. Третья колонка показывает цену при изменении доходности на 100 базисных пунктов. Четвертая и пятая колонки демонстрируют долларовое и процентное изменение цены. Заметим, что чем выше начальный уровень доходности, тем ниже волатильность цены. Таким образом, при данном изменении доходностей волатильность цен выше на рынке, где уровни доходности низки, и наоборот: при высоких уровнях доходности волатильность невелика.

Таблица 4.3. Изменения цены при изменении доходности на 100 базисных пунктов (25-летняя облигация с купоном 9%, торгующаяся при разных уровнях доходности)

Уровень доходности (%)	Стартовая цена	Новая цена*	Падение цены	Падение (%)
7	$123,46	$110,74	$12,72	10,30
8	110,74	100,00	10,74	9,70
9	100,00	90,87	9,13	9,13
10	90,87	83,07	7,80	8,58
11	83,07	76,36	6,71	8,08
12	76,36	70,55	5,81	7,61
13	70,55	65,50	5,05	7,16
14	65,50	61,08	4,42	6,75

* В результате роста доходности на 100 базисных пунктов.

ИЗМЕРЕНИЕ ВОЛАТИЛЬНОСТИ ЦЕНЫ ОБЛИГАЦИИ

Управляющие портфелями, арбитражеры и трейдеры, которые хотят успешно применять разнообразные стратегии хеджирования и торговли, должны уметь измерять волатильность цены на облигацию. Существует три наиболее распространенные меры волатильности: 1) ценовая стоимость базисного пункта; 2) величина изменения доходности, соответствующая изменению цены, и 3) дюрация.

Ценовая стоимость базисного пункта

Ценовая стоимость базисного пункта, известная также как **долларовая стоимость 01** (dollar value of 01), — это изменение цены облигации при изменении требуемой доходности на один базисный пункт. Обратите внимание на то, что данная мера волатильности описывает **долларовую волатильность цены**, в отличие от волатильности процентной (изменение цены как процент от стартовой цены). Как правило, ценовая стоимость базисного пункта выражается в виде абсолютной величины изменения цены. Напомним, что, согласно свойству 2 взаимосвязи цена — доходность, волатильность при росте требуемой доходности на 1 базисный пункт равна волатильности при аналогичном падении требуемой доходности.

Вычисление ценовой стоимости базисного пункта мы продемонстрируем на примере шести облигаций, описанных нами в табл. 4.1. Для каждой облигации приведены значения стартовой цены, цены после увеличения требуемой доходности на 1 базисный пункт (с 9% до 9,01%) и ценовая стоимость базисного пункта (разность между двумя ценами).

Облигация	*Стартовая цена (доходность 9%)*	*Цена при 9,01%*	*Ценовая стоимость базисного пункта**
5 лет, купон 9%	100,0000	99,9604	0,0396
25 лет, купон 9%	100,0000	99,9013	0,0987
5 лет, купон 6%	88,1309	88,0945	0,0364
25 лет, купон 6%	70,3570	70,2824	0,0746
5 лет купон 0%	64,3928	64,3620	0,0308
25 лет, купон 0%	11,0710	11,0445	0,0265

* Абсолютная величина для номинала, равного $100

Данная мера волатильности цены отражает изменения цены в долларах. Деление ценовой стоимости базисного пункта на стартовую цену даст значение процентного изменения цены при изменении доходности на 1 базисный пункт.

Величина изменения доходности, соответствующая изменению цены

Другая мера волатильности цены облигации, используемая инвесторами, — это величина изменения доходности, соответствующая определенному изменению цены. Для ее вычисления прежде всего подсчитывают доходность к погашению облигации при падении цены облигации на *X* долларов. Затем находят разность между начальной доходностью и новой доходностью, т. е. изменение доходности, соответствующее изменению цены на *X* долларов. Чем меньше данная величина, тем выше долларовая волатильность цены, поскольку для изменения цены на *X* долларов достаточно будет меньшего изменения доходности.

Дюрация

В главе 2 мы писали о том, почему цена облигации, не имеющей встроенных опционов, может быть выражена в виде формулы[1]:

$$P = \frac{C}{1+y} + \frac{C}{(1+y)^2} + \ldots + \frac{C}{(1+y)^n} + \frac{M}{(1+y)^n}, \tag{4.1}$$

где:

P — цена облигации;

C — полугодовая купонная выплата (в долларах);

y — половина доходности к погашению или требуемой доходности;

n — число полугодовых периодов (число лет × 2);

M — номинальная стоимость (в долларах).

Для выяснения примерного изменения цены при небольшом изменении доходности следует вычислить первую производную выражения (4.1) по требуемой доходности:

$$\frac{dP}{dy} = \frac{(-1)C}{(1+y)^2} + \frac{(-2)C}{(1+y)^3} + \ldots + \frac{(-n)C}{(1+y)^{n+1}} + \frac{(-n)M}{(1+y)^{n+1}}. \tag{4.2}$$

Преобразовав формулу (4.2), получаем:

$$\frac{dP}{dy} = -\frac{1}{1+y}\left[\frac{1C}{1+y} + \frac{2C}{(1+y)^2} + \ldots + \frac{nC}{(1+y)^n} + \frac{nM}{(1+y)^n}\right]. \tag{4.3}$$

Выражение в скобках — это средневзвешенный срок до погашения денежных потоков облигации (взвешивание производится по приведенной стоимости денежного потока).

Формула (4.3) обозначает приблизительное долларовое изменение цены при небольшом изменении требуемой доходности. Деление обеих частей выражения (4.3) на P позволяет найти значение примерного процентного изменения:

---

[1] Формула (4.1) предполагает, что следующая купонная выплата состоится ровно через шесть месяцев с настоящего времени и накопленный купонный доход отсутствует. Как мы уже объясняли в главе 2, данную модель несложно приспособить к ситуации, когда купонная выплата ожидается менее чем через шесть месяцев, — цена должна быть уточнена с поправкой на накопленный купонный доход.

$$\frac{dP}{dy}\frac{1}{P} = -\frac{1}{1+y}\left[\frac{1C}{1+y} + \frac{2C}{(1+y)^2} + \ldots + \frac{nC}{(1+y)^n} + \frac{nM}{(1+y)^n}\right]\frac{1}{P}. \qquad (4.4)$$

Выражение в скобках, деленное на цену (в нашем случае умноженное на $1/P$), принято называть **дюрацией Маколея**[1], таким образом:

$$\text{дюрация Маколея} = \frac{\frac{1C}{1+y} + \frac{2C}{(1+y)^2} + \ldots + \frac{nC}{(1+y)^n} + \frac{nM}{(1+y)^n}}{P}$$

или

$$\text{дюрация Маколея} = \frac{\sum_{t=1}^{n}\frac{tC}{(1+y)^t} + \frac{nM}{(1+y)^n}}{P}. \qquad (4.5)$$

Подставив величину дюрации Маколея в формулу (4.4) для нахождения примерных процентных изменений цены, получим:

$$\frac{dP}{dy}\frac{1}{P} = -\frac{1}{1+y} \times \text{дюрация Маколея}. \qquad (4.6)$$

Отношение дюрации Маколея к $1 + y$ получило название **модифицированной дюрации**, таким образом:

$$\text{модифицированная дюрация} = \frac{\text{дюрация Маколея}}{1+y}. \qquad (4.7)$$

Подставив выражение (4.7) в формулу (4.6), получим:

$$\frac{dP}{dy}\frac{1}{P} = -\text{модифицированная дюрация}. \qquad (4.8)$$

---

[1] Фредерик Маколей впервые ввел этот термин в исследовании, опубликованном в 1938 г. Национальным бюро экономических исследований: данная мера была использована вместо срока до погашения для обозначения приблизительного значения средней продолжительности времени, в течение которого инвестиция в облигацию находится в обращении (см.: Frederick Macaulay, Some Theoretical Problems Suggested by the Movement of Interest Rates, Bond Yields, and Stock Prices in the U. S. Since 1856 (New York: National Bureau of Economic Research, 1938)). Исследуя чувствительность финансовых учреждений к изменению процентных ставок, Редингтон и Сэмюэльсон, независимо друг от друга, также пришли к концепции дюрации (см.: F. M. Redington, «Review of the Principle of Life Office Valuation», *Journal of the Institute of Actuaries*, 1952, pp. 286–340; и Paul A. Samuelson, «The Effect of Interest Rates Increases on the Banking System», *American Economic Review*, March 1945, pp.16–27).

Из формулы (4.8) видно, что модифицированная дюрация связана с примерным процентным изменением цены при данном изменении доходности. Поскольку для всех облигаций без встроенных опционов модифицированная дюрация является положительным числом, выражение (4.8) устанавливает обратную зависимость между модифицированной дюрацией и примерным процентным изменением цены при данном изменении доходности. Это закономерный результат: как известно, фундаментальный принцип движения цен на облигации гласит, что они изменяются в направлении, противоположном направлению движения процентных ставок.

В табл. 4.4 и 4.5 приводятся данные о дюрации Маколея и модифицированной дюрации двух пятилетних купонных облигаций. Дюрация здесь выражена в количестве периодов (а не лет). Таким образом, мы имеем дело с полугодовой дюрацией: денежные потоки данных облигаций поступают раз в полгода. Для получения значений годовой дюрации, приведенные значения следует поделить на 2 (см. примечания к табл. 4.4 и 4.5). Заметим, что при поступлении денежного потока m раз в году дюрация, выраженная в годах, уточняется путем деления на m, т. е.:

$$\text{дюрация в годах} = \frac{\text{дюрация в } m \text{ периодах в год}}{m}.$$

Таблица 4.4. Вычисление дюрации Маколея и модифицированной дюрации 5-летней облигации с купоном 9%, торгующейся при доходности 9%

Купонная ставка: 9,00%
Срок до погашения (годы): 5
Начальная доходность: 9,00%

Период, t	Денежный поток[a]	Приведенная стоимость \$1 при 4,5%	Приведенная стоимость денежного потока	t × приведенная стоимость денежного потока[b]
1	\$4,50	0,956937	4,306220	4,30622
2	4,50	0,915729	4,120785	8,24156
3	4,50	0,876296	3,943335	11,83000
4	4,50	0,838561	3,773526	15,09410
5	4,50	0,802451	3,611030	18,05514
6	4,50	0,767895	3,455531	20,73318
7	4,50	0,734828	3,306728	23,14709
8	4,50	0,703185	3,164333	25,31466

Окончание табл. 4.4

Период, t	Денежный поток[a]	Приведенная стоимость $1 при 4,5%	Приведенная стоимость денежного потока	t × приведенная стоимость денежного потока[b]
9	4,50	0,672904	3,028070	27,25262
10	104,50	0,643927	67,290443	672,90442
			100,000000	826,87899

[a] Денежный поток на $100 номинальной стоимости.

$$\text{Дюрация Маколея (в шестимесячных периодах)} = \frac{826{,}87899}{100{,}000000} = 8{,}27;$$

$$\text{дюрация Маколея (в годах)} = \frac{8{,}27}{2} = 4{,}13;$$

$$\text{модифицированная дюрация} = \frac{4{,}13}{1{,}0450} = 3{,}96.$$

[b] Значения округлены.

Таблица 4.5. Вычисление дюрации Маколея и модифицированной дюрации 5-летней облигации с купоном 6%, торгующейся при доходности 9%

Купонная ставка: 6,00%
Срок до погашения (годы): 5
Начальная доходность: 9,00%

Период, t	Денежный поток[a]	Приведенная стоимость $1 при 4,5%	Приведенная стоимость денежного потока	t × приведенная стоимость денежного потока[b]
1	$3,00	0,956937	2,870813	2,87081
2	3,00	0,915729	2,747190	5,49437
3	3,00	0,876296	2,628890	7,88666
4	3,00	0,838561	2,515684	10,06273
5	3,00	0,802451	2,407353	12,03676
6	3,00	0,767895	2,303687	13,82212
7	3,00	0,734828	2,204485	15,43139
8	3,00	0,703185	2,109555	16,87644
9	3,00	0,672904	2,018713	18,16841
10	103,00	0,643927	66,324551	663,24551
Итого			88,130923	765,89520

[a] Денежный поток на $100 номинальной стоимости.

$$\text{Дюрация Маколея (в шестимесячных периодах)} = \frac{765{,}89520}{88{,}130923} = 8{,}69;$$

$$\text{дюрация Маколея (в годах)} = \frac{8{,}69}{2} = 4{,}35;$$

$$\text{модифицированная дюрация} = \frac{4{,}35}{1{,}0450} = 4{,}16.$$

[b] Значения округлены.

Дюрация Маколея в годах и модифицированная дюрация для шести гипотетических облигаций, равны:

Облигация	*Дюрация Маколея (годы)*	*Модифицированная дюрация*
5 лет, купон 9%	4,13	3,96
25 лет, купон 9%	10,33	9,88
5 лет, купон 6%	4,35	4,16
25 лет, купон 6%	11,10	10,62
5 лет купон 0%	5,00	4,78
25 лет, купон 0%	25,00	23,92

Вместо того чтобы использовать выражение (4.5) для вычисления дюрации Маколея и формулу (4.7) для получения модифицированной дюрации, можно разработать альтернативное выражение, не требующее кропотливых вычислений, предполагаемых формулой (4.5). Цену облигации мы представим в виде следующих двух компонентов: 1) приведенная стоимость аннуитета, где аннуитет — это сумма купонных выплат, и 2) приведенная стоимость номинала. Таким образом, цена облигации, номинальной стоимостью \$100, будет равна[1]:

$$P = C\left[\frac{1-\frac{1}{(1+y)^n}}{y}\right]+\frac{100}{(1+y)^n}. \qquad (4.9)$$

Взяв первую производную выражения (4.9) и поделив результат на P, получим новую формулу вычисления модифицированной дюрации:

$$\text{модифицированная дюрация} = \frac{\frac{C}{y^2}\left[1-\frac{1}{(1+y)^n}\right]+\frac{n(100-\frac{C}{y})}{(1+y)^{n+1}}}{P}, \qquad (4.10)$$

где цена выражена в виде процента номинальной стоимости. Дюрация Маколея может быть получена посредством умножения выражения (4.10) на $(1 + y)$. В качестве иллюстрации рассмотрим 25-летнюю 6%-ную облигацию, торгующуюся по 70,357 при доходности 9%. В этом случае:

---

[1] Первый член в скобках в формуле (4.9) — это приведенная стоимость купонных выплат из формулы (2.7), дисконтированная по y.

$C = 3\ (0{,}06 \times 100 \times 1/2)$;
$y = 0{,}045\ (0{,}09 \times 1/2)$;
$n = 50$;
$p = 70{,}357$.

Подставим имеющиеся значения в формулу (4.10) и получим:

$$\text{модифицированная дюрация} = \frac{\dfrac{3}{0{,}045^2}\left[1-\dfrac{1}{1{,}045^{50}}\right]+\dfrac{50\left(100-\dfrac{3}{0{,}045}\right)}{1{,}045^{51}}}{70{,}357} =$$
$$= \frac{1481{,}481 \times 0{,}88929 + 176{,}5704}{70{,}357} =$$
$$= 21{,}23508.$$

Переведем значение в годы: поделим результат на 2 и получим 10,62 — модифицированную дюрацию. Умножим на 1,045 и получим 11,10, т. е. дюрацию Маколея.

Свойства дюрации

Как видно из анализа значений дюрации шести гипотетических облигаций, модифицированная дюрация и дюрация Маколея купонных облигаций меньше, чем их срок до погашения. Из формулы явствует также, что дюрация Маколея облигации с нулевым купоном равна ее сроку до погашения; модифицированная дюрация облигации с нулевым купоном, однако, меньше ее длительности. Кроме того, чем меньше купон, тем, как правило, больше дюрация Маколея и модифицированная дюрация облигации[1].

Существует определенная схожесть между свойствами волатильности, о которых мы писали выше, и свойствами модифицированной дюрации. Мы уже показали, что при прочих равных чем больше срок, тем выше волатильность цены. Говоря о модифицированной дюрации, следует отметить, что при прочих равных чем больше срок, тем больше модифицированная дюрация. Мы также обращали внимание читателя на то, что при прочих равных более низкие купонные ставки определяют более высокую

[1] Это утверждение не распространяется на долгосрочные облигации с большим дисконтом.

волатильность цены. То же свойство характерно и для модифицированной дюрации: она, как правило, выше при более низких купонных ставках. Таким образом, чем больше значение модифицированной дюрации, тем выше волатильность цены.

И наконец, еще один отмеченный нами ранее фактор, влияющий на волатильность цены облигации, — доходность к погашению. При прочих равных, чем выше уровень доходности, тем ниже волатильность цены. Так же обстоит дело и с модифицированной дюрацией. Пример тому — собранные в таблице данные о модифицированной дюрации 25-летней облигации с 9%-ным купоном при различных уровнях доходности:

Доходность (%)	*Модифицированная дюрация*
7	11,21
8	10,53
9	9,88
10	9,27
11	8,70
12	8,16
13	7,66
14	7,21

Аппроксимация процентного изменения цены

Умножив обе части выражения (4.8) на величину изменения требуемой доходности (dy), мы получим следующее отношение:

$$\frac{dP}{P} = -\text{ модифицированная дюрация} \times dy. \qquad (4.11)$$

Формула (4.11) может использоваться для аппроксимации процентных изменений цены при данных изменениях требуемой доходности.

В качестве примера рассмотрим 25-летнюю облигацию с купоном 6%, торгующуюся по цене 70,3570 при доходности 9%. Модифицированная дюрация облигации равна 10,62. Если доходность мгновенно возрастет с 9% до 9,10%, т.е. на +0,0010 (10 базисных пунктов), то *аппроксимированное* процентное изменение цены, согласно формуле (4.11), составит:

$$-10{,}62 \times 0{,}0010 = -0{,}0106, \text{ или } -1{,}06\%.$$

Из табл. 4.2 мы видим, что реальное процентное изменение цены составляет –1,05%. Если же доходность вдруг упадет с 9% до 8,90% (падение на 10 базисных пунктов), то аппроксимированное процентное изменение цены, согласно формуле (4.11), окажется равным +1,06%. Из табл. 4.2 мы знаем, что реальное процентное изменение цены равно +1,07%. Мы видим, таким образом, что при малых изменениях требуемой доходности модифицированная дюрация дает хорошую аппроксимацию процентных изменений цены.

Допустим теперь, что изменения требуемой доходности велики: она возросла на 200 базисных пунктов и с 9% увеличилась до 11% (изменение доходности на +0,02). Аппроксимированное процентное изменение цены по формуле (4.11) равно:

$$-10{,}62 \times 0{,}02 = -0{,}2124, \text{ или } -21{,}24\%.$$

Насколько точна данная аппроксимация? Из табл. 4.2 видим: реальное процентное изменение цены составляет всего –18,03%. Более того, если требуемая доходность падает на 200 базисных пунктов — с 9% до 7%, аппроксимированное процентное изменение цены, основанное на значении дюрации, составит +21,24%, в то время как реальное процентное изменение будет равно +25,46%. Модифицированная дюрация представляет процентные изменения цены, во-первых, неточно и, во-вторых, симметрично. Напомним, что выше мы писали о несимметричности взаимосвязи цена — доходность облигации при существенных изменениях доходности.

Формула (4.11) дает возможность по-новому интерпретировать модифицированную дюрацию. Предположим, что доходность некой облигации изменилась на 100 базисных пунктов. Тогда, подставив 100 базисных пунктов (0,01) в формулу (4.11), получим:

$$\frac{dP}{P} = -\text{ модифицированная дюрация} \times 0{,}01 = $$
$$= -\text{ модифицированная дюрация } (\%).$$

Модифицированная дюрация, таким образом, может быть интерпретирована как *аппроксимированное процентное изменение цены при изменении доходности на 100 базисных пунктов*.

Аппроксимация долларовых изменений цены

Модифицированная дюрация является приближением процентных изменений цены. Инвесторам, однако, интересно знать волатильность цены облигации в долларах. Напомним, что долларовая волатильность цены может быть найдена по формуле (4.2). Кроме того, умножение обеих частей равенства (4.8) на P дает:

$$\frac{dP}{dy} = -\text{модифицированная дюрация} \times P. \qquad (4.12)$$

Выражение справа принято называть **долларовой дюрацией**:

$$\text{долларовая дюрация} = -\text{модифицированная дюрация} \times P. \qquad (4.13)$$

Зная процентное изменение цены и стартовую цену, мы можем получить значение примерного изменения цены в долларах. Примерное изменение цены в долларах также может быть найдено посредством умножения обеих частей выражения (4.11) на P:

$$dP = -\text{модифицированная дюрация} \times P\,(dy).$$

Используя формулу (4.13), заменяем модифицированную дюрацию на долларовую. Получаем:

$$dP = -\text{долларовая дюрация} \times (dy). \qquad (4.14)$$

При малых изменениях требуемой доходности формула (4.14) дает неплохую оценку изменений цены. Рассмотрим, например, 25-летнюю 6%-ную облигацию, торгующуюся по 70,3570 при доходности 9%. Долларовая дюрация составит 747,2009. При росте требуемой доходности на 1 базисный пункт (0,0001), изменение цены для \$100 номинальной стоимости равно:

$$dP = -\$747{,}2009 \times 0{,}0001 = -\$0{,}0747.$$

Из табл. 4.1 видно, что реальная цена равна 70,2824. Реальное ценовое изменение составит, соответственно, 0,0746 (70,2824–70,3570). Заметим, что долларовая дюрация при изменении цены на 1 базисный пункт равна ценовой стоимости базисного пункта.

Рассмотрим теперь ту же облигацию в ситуации существенного изменения требуемой доходности. Если требуемая доходность возрастает с 9% до 11% (т. е. на 200 базисных пунктов), то аппроксимированное долларовое изменение цены для \$100 номинальной стоимости равно:

$$dP = -\$747{,}2009 \times 0{,}02 = -\$14{,}94.$$

Из табл. 4.1 мы знаем, что реальная цена этой облигации при требуемой доходности 11% равна 57,6712. Таким образом, реальное падение цены составляет 12,6858 (57,6712–70,3570). Приблизительное долларовое изменение цены оказывается больше реального изменения. Обратную картину наблюдаем в ситуации падения требуемой доходности. Полученный результат согласуется с утверждениями, высказанными нами ранее. При существенных изменениях требуемой доходности как долларовая, так и модифицированная дюрация не дают адекватной аппроксимации реакции цены. При росте требуемой доходности дюрация представляет результат бо́льшим, чем он есть в действительности, занижая тем самым новую цену. Если требуемая доходность падает, дюрация представляет ценовые изменения меньшими, чем они на самом деле являются, таким образом занижая новую цену.

Дюрация спреда

Показатель дюрации спреда, рассчитываемый участниками рынка, имеет разный смысл у облигаций с фиксированной ставкой и облигаций с плавающей ставкой.

В первом случае, как мы уже объясняли, дюрация является мерой изменения стоимости облигации при движении процентных ставок. Причем, когда говорят о движении ставок, имеют в виду ставку по казначейским бумагам. Как объясняется в следующей главе, доходность неказначейских облигаций устанавливается с некоторым спредом к доходности казначейских бумаг, который представляет своего рода компенсацию за кредитный риск. С ценой неказначейской облигации связан риск изменения спреда, так называемый риск кредитного спреда. В силу рыночных требований кредитный спред способен меняться даже в условиях неизменности казначейской доходности. Меру изменения цены неказначейской облигации с учетом изменения спреда под действием рыночных сил называют **дюрацией спреда**. Понятно, что у казначейской ценной бумаги дюрация спреда равна нулю.

Дюрация спреда используется по-разному даже в случае облигаций с фиксированной ставкой. Как будет показано далее, существуют различные показатели спреда[1]. Таким образом, при интерпретации этого показателя важно понимать, какой именно спред используется. Дюрация спреда облигации с фиксированной ставкой имеет следующий смысл: это примерное изменение цены при изменении спреда на 100 базисных пунктов.

Мы будем рассматривать дюрацию спреда в главе 21. Здесь же мы посмотрим, как изменения казначейских ставок влияют на изменения кредитных спредов и на дюрацию корпоративных облигаций.

---

[1] В частности, используются номинальный спред, спред нулевой волатильности и спред с учетом опциона.

Как говорилось в главе 2, чувствительность цены облигации с плавающей ставкой зависит от того, меняется ли требуемый рынком спред. Напомним, что спред отражается в котируемой марже в формуле пересчета купона. Котируемая маржа является фиксированной величиной на протяжении жизни типичной бумаги с плавающей ставкой. Дюрация спреда используется для оценки чувствительности цены облигации с плавающей ставкой к изменению спреда. Так, дюрация спреда 1,4 для облигации с плавающей ставкой означает, что при изменении требуемого рынком спреда на 100 базисных пунктов цена этой облигации изменяется примерно на 1,4%.

Дюрация портфеля

До сих пор мы анализировали дюрации конкретных облигаций. Дюрация портфеля — это взвешенное среднее дюраций отдельных облигаций, входящих в портфель. Дюрация каждой облигации взвешивается в этом случае по процентному содержанию облигации в портфеле. Рассмотрим, например, такой портфель из четырех облигаций с совокупной рыночной стоимостью \$100 млн, показанный в табл. 4.6.

Таблица 4.6. Портфель из четырех облигаций

Облигация	Рыночная стоимость	Вес в портфеле	Дюрация
A	\$10 000 000	0,10	4
B	\$40 000 000	0,40	7
C	\$30 000 000	0,30	6
D	\$20 000 000	0,20	2

Вес облигации в портфеле — это рыночная стоимость облигации, деленная на общую рыночную стоимость портфеля, т. е. на \$100 млн. Дюрация портфеля, таким образом, равна:

$$0{,}1 \times 4 + 0{,}4 \times 7 + 0{,}3 \times 6 + 0{,}2 \times 2 = 5{,}4.$$

Дюрация портфеля равна 5,4 и интерпретируется следующим образом: если доходности всех облигаций в портфеле изменятся на 100 базисных пунктов, то стоимость портфеля изменится примерно на 5,4%.

Портфельный менеджер рассматривает свои инвестиции в конкретную облигацию с точки зрения **вклада в портфельную дюрацию**. Эта величина вычисляется посредством умножения веса облигационного выпуска в портфеле на дюрацию конкретного выпуска, т. е.:

вклад в портфельную дюрацию =
= вес облигационного выпуска в портфеле ×
× дюрация облигационного выпуска.

Так, для портфеля из четырех облигаций (табл. 4.6), дюрация которого была подсчитана выше, вклад в портфельную дюрацию каждой из облигаций выглядит следующим образом (см. последнюю колонку табл. 4.7):

Таблица 4.7. Расчет вклада в портфельную дюрацию для портфеля из четырех облигаций

Облигация	Рыночная стоимость	Вес в портфеле	Дюрация	Вклад в портфельную дюрацию
A	$10 000 000	0,10	4	0,40
B	40 000 000	0,40	7	2,80
C	30 000 000	0,30	6	1,80
D	20 000 000	0,20	2	0,40
Всего	$10 000 0000	1,00		5,40

Кроме того, портфельные менеджеры изучают дюрации секторов рынка облигаций. Вклад сектора в портфельную дюрацию вычисляется так же, как вклад в портфельную дюрацию отдельного облигационного выпуска. Также можно определить дюрацию спреда для портфеля облигаций с фиксированной ставкой. В этом случае дюрация портфеля делится на две составляющие. Первая — это дюрация портфеля в отношении изменений уровня казначейских ставок, вторая — дюрация спреда.

Таблица 4.8. Распределение по секторам и вклад в дюрацию портфеля

Сектор	Вес в портфеле	Дюрация сектора	Вклад в портфельную дюрацию
Казначейские ценные бумаги	0,295	7,25	2,14
Облигации организаций, связанных с правительством	0,036	1,94	0,07
Корпоративные ценные бумаги	0,379	4,85	1,84
Агентские ипотечные ценные бумаги	0,290	5,17	1,50
Всего	1,000	—	5,55

Чтобы проиллюстрировать это, воспользуемся портфелем, который будет использоваться в главе 25, посвященной формированию портфеля облигаций. В табл. 4.8[1] показаны четыре сектора, в которые портфельный

[1] Этот портфель создал Сенк Юрал из Barclays Capital.

менеджер вложил средства. Мы рассмотрим каждый сектор по отдельности в последующих главах, а здесь отметим, что «агентские ипотечные ценные бумаги» означают агентские ценные бумаги, обеспеченные жилищными ипотеками, о которых мы будем говорить в главе 11; «корпоративные ценные бумаги» означают корпоративные облигации и другие формы корпоративного кредита. Во второй колонке таблицы показана доля каждого сектора в портфеле. Дюрация каждого сектора приведена в третьей колонке. Фактически дюрация каждого сектора за исключением казначейского рассчитывается с использованием более сложной модели, чем представленная в этой главе, для получения цен, подставляемых в формулу дюрации. Эта процедура будет обсуждаться в последующих главах. Как видно из последней строки в колонке вклада в портфельную дюрацию, дюрация портфеля составляет 5,55.

В главе 24 объясняется, что результативность менеджера оценивается относительно ориентира, обычно индекса облигаций. Допустим, у портфельного менеджера, создавшего показанный в табл. 4.8 портфель, в качестве ориентира принят индекс Barclays Capital U. S. Aggregate Index. В табл. 4.9 приведен вес индекса для этого ориентира и вклад в дюрацию индекса по секторам (соответственно вторая и третья колонки). Ориентир для портфеля показан в последней строке третьей колонки — 5,41.

Обратите внимание на то, что дюрации портфеля и индекса примерно одинаковы. Такой портфель называют **нейтральным по дюрации**. Это предполагает, что и то и другое должно измениться примерно на 5,5% при изменении процентных ставок на 100 базисных пунктов. Из таблицы видно, что в разных секторах разный риск. Как уже говорилось, для оценки риска в разных секторах можно использовать дюрацию спреда; при этом вклад дюрации спреда рассчитывается таким же образом, как и вклад в дюрацию для портфеля и индекса.

Таблица 4.9. Распределение по секторам и вклад в дюрацию для индекса Barclays Capital U. S. Aggregate Index

Сектор	Вес в индексе	Дюрация сектора	Вклад в дюрацию индекса
Казначейские ценные бумаги	0,333	5,32	1,77
Облигации организаций, связанных с правительством	0,068	5,88	0,40
Корпоративные ценные бумаги	0,266	6,50	1,73
Агентские ипотечные ценные бумаги	0,333	4,53	1,51
Всего	1,000	—	5,41

Аналитическая и эмпирическая дюрация

Цель расчета дюрации — оценка процентного риска облигации. Вместе с тем в более общем смысле риск, связанный с облигацией, состоит из двух элементов: кредитного риска и процентного риска. Для корпоративных облигаций, имеющих высокий кредитный рейтинг (т. е. для облигаций инвестиционного качества), доминирующим является процентный риск. В отличие от этого у корпоративных облигаций с низким кредитным рейтингом (т. е. для облигаций неинвестиционного качества или высокодоходных корпоративных облигаций) обычно доминирует кредитный риск. Таким образом, дюрация, рассчитанная по формуле, может не быть хорошим показателем процентного риска для таких облигаций. В главе 21 представлен метод оценки дюрации корпоративных облигаций с использованием статистического анализа, точнее говоря, регрессионного анализа. Дюрацию, рассчитываемую на основе исторических данных с помощью регрессионного анализа, называют *эмпирической дюрацией*. Во избежание путаницы мы будем называть дюрацию, определенную с помощью представленной в этой главе формулы, *аналитической дюрацией*.

ВЫПУКЛОСТЬ

Три меры волатильности цены, описанные нами в предыдущих разделах, с успехом применяются при небольших изменениях доходности или цены. Выше мы писали о взаимосвязи этих величин. Табл. 4.10 суммирует данную информацию.

Таблица 4.10. Меры волатильности цены облигации и их взаимосвязь

Обозначения:
D — дюрация Маколея;
D^* — модифицированная дюрация;
$PVBP$ — ценовая стоимость базисного пункта;
y — доходность к погашению в десятичных дробях;
Y — доходность к погашению в процентах ($Y = 100y$);
P — цена облигации;
m — число купонных выплат в год.

Взаимосвязь:

$D^* = \dfrac{D}{1 + y/m}$	по определению

$\frac{\Delta P / P}{\Delta y} \approx D^*$	для близкой аппроксимации при маленьких Δy
$\Delta P / \Delta Y \approx$ Наклон кривой цена — доходность	для близкой аппроксимации при маленьких ΔY
$PVBP \approx \frac{D^* \times P}{10\,000}$	для близкой аппроксимации
Для облигаций, цена которых равна (близка к) номиналу $PVBP \approx D^*/100$	для близкой аппроксимации
$D^* \approx \Delta P / \Delta Y$	для близкой аппроксимации при малых ΔY

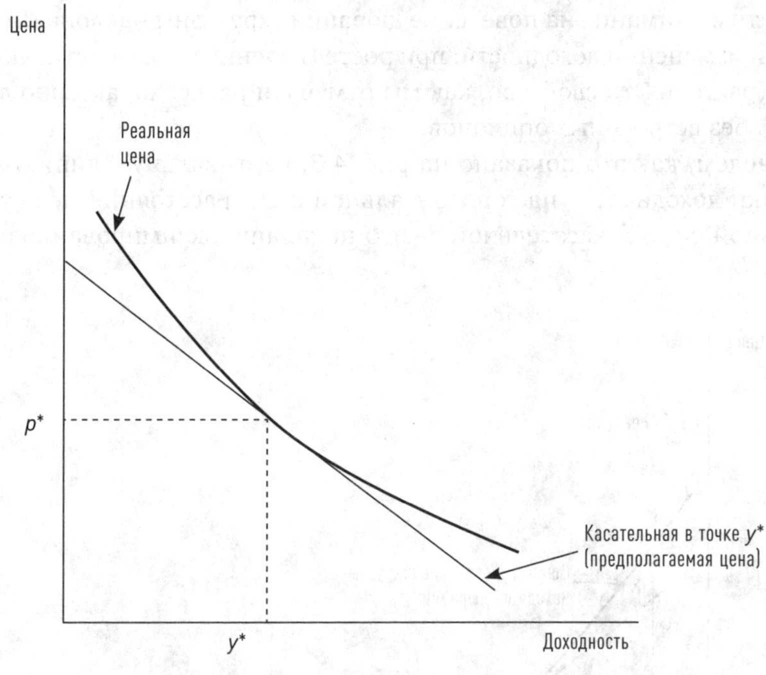

Рис. 4.2. Касательная к кривой зависимости цена — доходность

Все меры дюрации представляют собой аппроксимации для небольших изменений доходности и не отражают поэтому выпуклости кривой, описывающей зависимость цены от доходности в ситуации существенного изменения величины доходности. Для того чтобы выпуклость этой кривой была адекватно описана, нам следует уточнить соответствующим образом меру дюрации. В этом разделе мы покажем, как связаны между собой выпуклость кривой цена — доходность и описанные выше характеристики волатильности цены.

На рис. 4.2 представлена касательная, проведенная к линии цена — доходность через точку y^*. Касательная показывает скорость изменения цены в зависимости от изменения процентных ставок в данной точке (при данном уровне доходности). Наклон касательной непосредственно связан со значением ценовой стоимости базисного пункта. Таким образом, при данной стартовой цене касательная (описывающая скорость абсолютного изменения цены) тесно связана с дюрацией облигации (описывающей скорость процентных ценовых изменений). Чем круче наклон касательной, тем больше дюрация; чем меньше угол наклона — тем дюрация меньше. Очевидно, что при данной стартовой цене касательная и дюрация являются взаимозаменяемыми аналитическими инструментами, позволяющими с одинаковой точностью оценить скорость изменения цены.

Обратим внимание на поведение дюрации (крутизны наклона касательной) при изменении доходности: при росте (падении) доходности, дюрация падает (растет). Это свойство, как мы отмечали ранее, характерно для облигаций без встроенных опционов.

Проведем, как это показано на рис. 4.3, вертикальную линию из любой точки доходности (на горизонтальной оси): расстояние между горизонтальной осью и касательной — это цена, аппроксимированная путем

Рис. 4.3. Аппроксимация цены с помощью дюрации

использования дюрации при начальной доходности y^*. Аппроксимированный результат будет меньше реальной цены — феномен, который мы уже наблюдали, говоря об отношениях между дюрацией (касательной) и аппроксимированным ценовым изменением. При падении доходности предполагаемое изменение цены меньше реального, реальная цена, таким образом, недооценивается. И наоборот: если доходность растет, предполагаемое значение изменения цены будет больше, чем значение реального изменения — реальная цена опять окажется недооценена.

При небольших изменениях доходности линия касательной и дюрация дают хорошую аппроксимацию реальной цены. В то же время, чем дальше от точки начальной доходности y^*, тем хуже аппроксимация. Очевидно, что точность аппроксимации непосредственно связана с выпуклостью кривой, отражающей зависимость цена — доходность облигации.

Измерение выпуклости

Дюрация (модифицированная или долларовая) предполагает описание выпуклой функции с помощью прямой линии (касательной). Возможно ли найти математическую формулу, обеспечивающую лучшую аппроксимацию изменений цены на облигацию при изменении требуемой доходности?

Попробуем применить первые два члена ряда Тейлора и аппроксимировать ценовые изменения следующим образом[1]:

$$dP = \frac{dP}{dy}dy + \frac{1}{2}\frac{d^2P}{dy^2}dy^2 + \text{ошибка}. \qquad (4.15)$$

Делим обе части равенства (4.15) на P и получаем процентное изменение цены:

$$\frac{dP}{P} = \frac{dP}{dy}\frac{1}{P}dy + \frac{1}{2}\frac{d^2P}{dy^2}\frac{1}{P}dy^2 + \frac{\text{ошибка}}{P}. \qquad (4.16)$$

Первый член правой части равенства (4.15) — это выражение (4.14), т. е. долларовое изменение цены, измеренное на основе долларовой дюрации. Таким образом, первый член в выражении (4.15) — искомая аппроксимация абсолютных ценовых изменений на основе дюрации. В выражении (4.16)

[1] Ряд Тейлора, описание которого можно найти в учебниках по математическому анализу, используется для аппроксимации функций. В данном случае аппроксимируемой функцией является зависимость цены от доходности.

первый член правой части равенства — аппроксимация процентных изменений цены на основе модифицированной дюрации.

Вторые члены выражений (4.15) и (4.16) включают вторую производную функции цены (уравнение (4.1)). Это та самая вторая производная, которую мы используем в качестве поправки для учета влияния выпуклости зависимости цена — доходность. Вторую производную цены (уравнение (4.1)) принято называть **долларовой мерой выпуклости облигации.** Итак:

$$\text{долларовая мера выпуклости} = \frac{d^2P}{dy^2}. \tag{4.17}$$

Произведение долларовой меры выпуклости и квадрата изменения требуемой доходности является предполагаемым ценовым изменением, обусловленным выпуклостью. Таким образом, аппроксимированное изменение цены, обусловленное выпуклостью, равно:

$$dP = \text{долларовая мера выпуклости} \times (dy)^2. \tag{4.18}$$

Вторая производная, поделенная на цену, — это мера процентного изменения цены облигации, обусловленного выпуклостью; ее называют просто **мерой выпуклости**. Итак:

$$\text{мера выпуклости} = \frac{d^2P}{dy^2}\frac{1}{P}. \tag{4.19}$$

А процентное изменение цены, обусловленное выпуклостью, равно:

$$\frac{dP}{P} = \frac{1}{2} \times \text{мера выпуклости} \times (dy)^2. \tag{4.20}$$

Вторая производная цены как функции доходности, выраженной согласно формуле (4.1), равна:

$$\frac{d^2P}{dy^2} = \sum_{t=1}^{n} \frac{t(t+1)C}{(1+y)^{t+2}} + \frac{n(n+1)M}{(1+y)^{n+2}}. \tag{4.21}$$

В табл. 4.11 и 4.12 приведены значения второй производной [формула (4.21)], годовой долларовой меры выпуклости и годовой меры выпуклости для двух пятилетних купонных облигаций. Мера выпуклости выражена в квадратах периодов. Для перевода меры выпуклости в годы следует поделить выражения (4.17) и (4.19) на 4 (т. е. 2^2). Таким образом, если денежный поток поступает m раз в году, выпуклость выражается в годах следующим образом:

$$\text{мера выпуклости в годах} = \frac{\text{мера выпуклости в } m \text{ периодах в год}}{m^2}.$$

Годовая долларовая мера выпуклости и годовая мера выпуклости для наших шести гипотетических облигаций выглядят следующим образом:

Облигация (номинал $100)	*Вторая производная*	*Годовая мера выпуклости (на $100 номинала)*	*Годовая долларовая мера выпуклости*
5 лет, купон 9%	7781,02	19,45	$1945,26
25 лет, купон 9%	64288,42	160,72	16072,00
5 лет, купон 6%	7349,45	20,85	1837,36
25 лет, купон 6%	51476,26	182,92	12869,70
5 лет купон 0%	6486,30	25,18	1621,42
25 лет, купон 0%	25851,93	583,78	6463,02

Таблица 4.11. Вычисление меры выпуклости и долларовой меры выпуклости пятилетней облигации с купоном 9%, торгующейся при доходности 9%

Купонная ставка: 9,00%
Срок до погашения (годы): 5
Начальная доходность: 9,00%
Цена: $100

Период, t	**Денежный поток**[a]	$\frac{1}{(1{,}045)^{t+2}}$	$t(t+1)\,CF$[b]	$\frac{t(t+1)CF}{(1{,}045)^{t+2}}$
1	$4,50	0,876296	9	7,886
2	$4,50	0,838561	27	22,641
3	$4,50	0,802451	54	43,332
4	$4,50	0,767895	90	69,110
5	$4,50	0,734828	135	99,201
6	$4,50	0,703185	189	132,901
7	$4,50	0,672904	252	169,571
8	$4,50	0,643927	324	208,632
9	$4,50	0,616198	405	249,560
10	$104,50	0,589663	11495	6778,186
			12980	7781,020

[a] Денежный поток на $100 номинальной стоимости.
[b] CF — денежный поток.

$$\text{Вторая производная} = 7781{,}02;$$

$$\text{мера выпуклости (в шестимесячных периодах)} = \frac{7781{,}020}{100{,}0000} = 77{,}8102;$$

$$\text{мера выпуклости (в годах)} = \frac{77{,}8102}{4} = 19{,}4526;$$

$$\text{долларовая мера выпуклости} = 100 \times 19{,}4526 = 1945{,}26.$$

Вторая производная может быть также получена путем взятия второй производной от выражения (4.9). Таким образом, мы можем упростить выражение (4.21):

$$\frac{d^2P}{dy^2}=\frac{2C}{y^3}\left[1-\frac{1}{(1+y)^n}\right]-\frac{2Cn}{y^2(1+y)^{n+1}}+\frac{n(n+1)(100-C/y)}{(1+y)^{n+2}}. \qquad (4.22)$$

В качестве примера использования формулы (4.22) рассмотрим 25-летнюю облигацию с купоном 6%, торгующуюся по 70,357 при доходности 9%. Вторая производная равна:

$$\frac{2\times 3}{0{,}045^3}\left[1-\frac{1}{1{,}045^{50}}\right]-\frac{2\times 3\times 50}{0{,}045^2\times 1{,}045^{51}}+\frac{50\times 51\times(100-3/0{,}045)}{1{,}045^{52}}=$$

$$=65\,843{,}62\times 0{,}88929-15\,695{,}14+8\,617{,}31=$$

$$=51\,476{,}26.$$

Обратите внимание на то, что полученное значение совпадает с результатом, найденным ранее.

Таблица 4.12. Вычисление меры выпуклости и меры долларовой выпуклости пятилетней облигации с купоном 6%, торгующейся при доходности 9%

Купонная ставка: 6,00%
Срок до погашения (годы): 5
Начальная доходность: 9,00%
Цена: 88,1309

Период, t	Денежный поток[a]	$\frac{1}{(1{,}045)^{t+2}}$	$t(t+1)CF^b$	$\frac{t(t+1)CF}{(1{,}045)^{t+2}}$
1	$3,00	0,876296	6	5,257
2	$3,00	0,838561	18	15,094
3	$3,00	0,802451	36	28,888
4	$3,00	0,767895	60	46,073
5	$3,00	0,734828	90	66,134
6	$3,00	0,703185	126	88,601
7	$3,00	0,672904	168	113,047

Окончание табл. 4.12

Период, t	Денежный поток[a]	$\frac{1}{(1,045)^{t+2}}$	$t(t+1)\,CF^b$	$\frac{t(t+1)CF}{(1,045)^{t+2}}$
8	$3,00	0,643927	216	139,088
9	$3,00	0,616198	270	166,373
10	$103,00	0,589663	11 330	6 680,891
			12320	7349,446

[a] Денежный поток на $100 номинальной стоимости.
[b] CF — денежный поток.

$$\text{Вторая производная} = 7349{,}45;$$

$$\text{мера выпуклости (в шестимесячных периодах)} = \frac{7349{,}45}{88{,}1309} = 83{,}3924;$$

$$\text{мера выпуклости (в годах)} = \frac{83{,}3924}{4} = 20{,}8481;$$

$$\text{долларовая мера выпуклости} = 88{,}1309 \times 20{,}8481 = 1837{,}36.$$

Вычисление аппроксимированного процентного изменения цены с помощью дюрации и меры выпуклости

Из формулы (4.16) видно, что процентное изменение цены облигации может быть найдено с учетом двух величин: дюрации и меры выпуклости. Рассмотрим в качестве примера 25-летнюю облигацию с купоном 6%, торгующуюся при доходности 9%. Модифицированная дюрация облигации составляет 10,62, а мера выпуклости равна 182,92. Если требуемая доходность возрастет на 200 базисных пунктов — с 9% до 11%, то аппроксимированное процентное изменение цены облигации может быть получено следующим образом:

процентное изменение цены, обусловленное дюрацией,
по формуле (4.11) =

$$= -\text{модифицированная дюрация} \times dy =$$
$$= -10{,}62 \times 0{,}02 = -0{,}2124 = -21{,}24\%;$$

процентное изменение цены, обусловленное выпуклостью,
по формуле (4.20) =

$$= \frac{1}{2}\,(\text{мера выпуклости}) \times (dy)^2 =$$
$$= \frac{1}{2} \times 182{,}92 \times 0{,}02^2 = 0{,}0366 = 3{,}66\%.$$

Предполагаемое процентное изменение цены, обусловленное дюрацией и выпуклостью, равно:

$$-21{,}24\% + 3{,}66\% = -17{,}58\%.$$

Из табл. 4.2 мы знаем, что реальное изменение составляет –18,03%. Одновременное использование величин дюрации и меры выпуклости дает лучшую аппроксимацию реальных ценовых изменений при существенных изменениях требуемой доходности. Теперь представим, что требуемая доходность падает на 200 базисных пунктов. В этом случае аппроксимированное процентное изменение цены облигации может быть получено следующим образом:

процентное изменение цены, обусловленное дюрацией, по формуле (4.11) =

$$= -\text{модифицированная дюрация} \times dy =$$
$$= -10{,}62 \times -0{,}02 = 0{,}2124 = 21{,}24\%;$$

процентное изменение цены, обусловленное выпуклостью, по формуле (4.20) =

$$= \frac{1}{2}\,(\text{мера выпуклости}) \times (dy)^2 =$$
$$= \frac{1}{2}\,(182{,}92)\,(-0{,}02)^2 = 0{,}0366 = 3{,}66\%.$$

Предполагаемое процентное изменение цены, обусловленное дюрацией и выпуклостью, равно:

$$21{,}24\% + 3{,}66\% = 24{,}90\%.$$

Из табл. 4.2 мы знаем, что реальное изменение составляет 25,46%. Очевидно, что и в этом случае одновременное использование дюрации и меры выпуклости дает хорошую аппроксимацию процентных изменений цены облигации при значительных изменениях требуемой доходности.

Выпуклость: несколько замечаний

Анализируя выпуклость облигации и меру выпуклости, инвестор должен иметь в виду три особенности этих величин. Во-первых, следует помнить о различии понятия «выпуклости», относящегося к форме кривой, которая описывает зависимость между ценой и доходностью, и понятия «меры выпуклости», которое квалифицирует реакцию цены на изменение процентных ставок.

Во-вторых, важно уметь правильно интерпретировать полученные значения. Напомним, что интерпретация дюрации проста: дюрация, равная 4, например, представляет собой аппроксимированное процентное изменение цены на облигацию при изменении процентных ставок на 100 базисных пунктов. Каким образом следует интерпретировать меру выпуклости? Интерпретация не столь очевидна, поскольку аппроксимированное процентное изменение цены, обусловленное выпуклостью, как это видно из формулы (4.20), связано с квадратом изменения процентных ставок. Формула показывает, что аппроксимированное процентное изменение цены, связанное с выпуклостью, — это произведение трех величин: 1) ½; 2) меры выпуклости и 3) квадрата изменения процентных ставок.

И наконец, третье замечание: в реальной практике продавцы аналитических систем и исследователи применяют разные способы подсчета значения меры выпуклости. Причину подобных расхождений можно понять, обратившись к формуле (4.16) и рассмотрев второй член правой части равенства. Для описания меры выпуклости в формуле (4.19) мы использовали часть этого уравнения для определения меры выпуклости. Точнее, мы определяли меру выпуклости как произведение второй производной и обратного значения цены. Предположим теперь, что мы захотели бы выразить меру выпуклости через второй член равенства (4.16), т. е.:

$$\text{мера выпуклости} = \frac{1}{2}\frac{d^2P}{dy^2}\frac{1}{P}.$$

Полученная мера выпуклости равна половине меры выпуклости, получаемой по формуле (4.19). Существенно ли данное различие? Ни в коей мере. Важно, однако, соответствующим образом уточнить значение отношения аппроксимированного процентного изменения цены, обусловленного выпуклостью, к мере выпуклости. Формула (4.20) в этом случае должна выглядеть как:

$$\frac{dP}{P} = \text{мера выпуклости} \times (dy)^2.$$

Очевидно, что аппроксимированное процентное изменение цены, обусловленное выпуклостью, остается неизменным вне зависимости от того, используем ли мы формулу (4.20) или формулу, приведенную выше. Этот вывод возвращает нас ко второму замечанию: интерпретация меры выпуклости «самой по себе» невозможна, поскольку разные аналитические системы представляют ее в разном виде. Напомним еще раз, что необходимое условие получения верного значения меры выпуклости — установление ее связи с квадратом изменения доходности.

Стоимость выпуклости

До сих пор мы рассматривали выпуклость как подсобную величину, позволяющую улучшить аппроксимацию изменения цены облигации при данном изменении доходности. Между тем, как видно из рис. 4.4, выпуклость может иметь и другое применение в инвестиционном процессе. На рисунке показаны облигации А и В. Обе они имеют одинаковые дюрации и доходность; выпуклости их, однако, различны. Облигация В более выпукла (изогнута), чем облигация А.

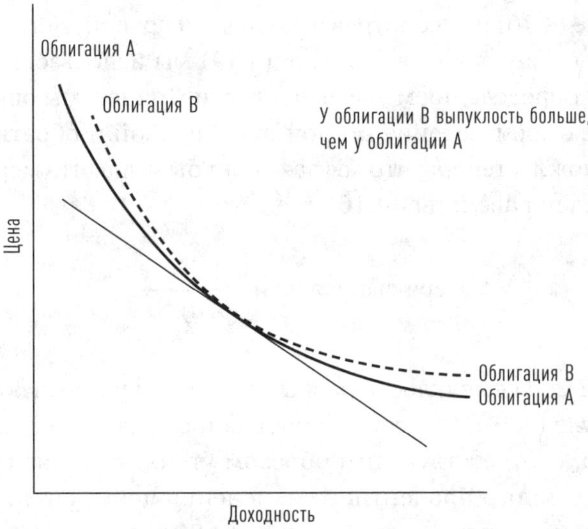

Рис. 4.4. Сравнение выпуклости двух облигаций

Что означает бóльшая выпуклость облигации В? Как при росте, так и при падении рыночных процентных ставок, цена облигации В оказывается более высокой. Таким образом, если требуемая доходность растет, убыток по облигации В будет меньше, чем по облигации А. Падение рыночных ставок приведет к более заметному росту цены облигации В по сравнению с облигацией А.

Как правило, рынок принимает в расчет бóльшую выпуклость В по сравнению с А: данное свойство облигаций отражается на их ценообразовании. Итак, рынок присваивает выпуклости определенную стоимость. Именно поэтому, хотя ситуация, представленная на рис. 4.4, в некоторые периоды действительно может иметь место, чаще всего рынок заставляет инвестора «платить» (принимая более низкую доходность) более высокую выпуклость облигации В.

Возникает вопрос: какова цена выпуклости, которую инвестор обязан платить по требованию рынка? Еще раз обратимся к рис. 4.4. Обратите внимание: если инвестор предполагает, что рыночные ставки изменятся мало (т.е. ожидается низкая волатильность процентных ставок), владеть облигацией В не выгоднее, чем облигацией А, поскольку при небольших изменениях доходности обе облигации имеют примерно одну цену. В этом случае инвестору незачем оплачивать выпуклость. Заметим, что на рынке, где выпуклость оценивается высоко, т.е. где А предлагает более высокую доходность, чем В, инвесторы, чьи планы строятся исходя из предположений о будущей низкой волатильности процентных ставок, склонны «продавать выпуклость» — продавать облигации В и приобретать А. И наоборот: если инвесторы ожидают высокую волатильность процентных ставок, облигация В, скорее всего, будет продаваться при заметно более низкой доходности, нежели А.

Выпуклость: характерные особенности

Для выпуклости всех облигаций без встроенных опционов характерны следующие три основных свойства:

Свойство 1. Если требуемая доходность растет (падает), выпуклость облигации падает (растет). Это свойство носит название **положительной выпуклости**.

На практике данный феномен выражается следующим образом: если рыночные ставки растут, цена облигации начинает падать. Падение цены замедляется уменьшением дюрации, связанным с ростом требуемой доходности. И наоборот: стоит рыночным ставкам упасть, дюрация возрастет, ускоряя процентное изменение цены. На рынке облигаций без встроенных опционов можно наблюдать оба описанных типа изменений дюрации.

Данное свойство мы изобразили на рис. 4.5. Угол наклона касательной уменьшается с ростом требуемой доходности. Меньший наклон соответствует меньшей дюрации, характерной для ситуации увеличения требуемой доходности. И наоборот: при уменьшении требуемой доходности наклон касательной растет, а значит, увеличивается и дюрация. Данное свойство характерно для всех без исключения облигаций, не имеющих встроенных опционов. Приведенный график позволяет также увидеть, что выпуклость действительно является мерой оценки скорости изменения долларовой дюрации, связанной с изменением рыночных доходностей.

Свойство 2. При данных доходности и сроке облигации более низкий купон обусловливает более высокую выпуклость облигации.

Подтверждением этому выводу могут служить значения выпуклости, полученные нами для шести гипотетических облигаций. Из трех пятилетних облигаций наибольшей выпуклостью обладает бескупонная, наименьшей — облигация с купоном, равным 9%. Тот же результат получаем, анализируя 25-летние облигации.

Свойство 3. При данных доходности и модифицированной дюрации, чем ниже купон, тем меньше выпуклость.

В инвестиционной практике свойство 3 интерпретируется следующим образом: при данной модифицированной дюрации наименьшая выпуклость характерна для облигаций с нулевым купоном.

Рис. 4.5. Изменения дюрации при изменении требуемой доходности

ДРУГИЕ ПРОБЛЕМЫ, СВЯЗАННЫЕ С ПРИМЕНЕНИЕМ ДЮРАЦИИ

Мы уже писали о том, что использование дюрации в качестве единственной меры волатильности цены облигации может вводить в заблуждение. Ниже мы обратимся к двум другим особенностям использования дюрации в инвестиционной практике.

Напомним, что, выясняя характер зависимости между модифицированной дюрацией и волатильностью цены облигации, мы начали анализ с ценового уравнения (4.1). Данная формула предполагает, что все денежные потоки облигации дисконтированы по единой ставке (целесообразность этого предположения мы обсуждаем в главе 5, говоря о кривой доходности). В целом, как формула (4.3), так и ее варианты предполагают, что кривая доходности является плоской и изменения доходности в любой ее части параллельны. В главе 24 мы показываем ограничения применимости дюрации в ситуации, когда изменения доходности в разных частях кривой не параллельны. Это особенно важно помнить инвесторам, пытающимся с помощью значения портфельной дюрации выяснить чувствительность стоимости портфеля к изменению процентных ставок. Если в портфель входят облигации с различными сроками, дюрация, как правило, не учитывает неодинаковые изменения процентных ставок для различных сроков. В конце этой главы мы предлагаем один из возможных способов измерения чувствительности портфеля в ситуации, когда процентные ставки для разных сроков меняются на разное число базисных пунктов.

Второй момент касается неприменимости дюрации к облигациям со встроенными опционами. Принципы, которые мы представили, относятся только к облигациям без опционов. Если изменение доходностей приводит к изменениям предполагаемых денежных потоков облигации (а именно так происходит с облигациями, имеющими встроенные опционы), меры дюрации и выпуклости применимы лишь в некоторых специфических случаях. Волатильность цен облигаций со встроенными опционами мы анализируем в главах 18 и 19.

Мера дюрации, о которой пойдет речь в этих главах, т. е. дюрация, принимающая в расчет встроенные опционы, получила название **эффективной дюрации.**

НЕ СЛЕДУЕТ СЧИТАТЬ ДЮРАЦИЮ МЕРОЙ ВРЕМЕНИ

Многие участники рынка, к сожалению, до сих пор не усвоили сути понятия дюрации, считая ее одной из мер взвешенной средней продолжительности жизни облигации. По-видимому, такая путаница происходит из-за первоначального использования термина самим Маколеем. Между тем данная интерпретация дюрации нередко приводит ее приверженцев в недоумение:

действительно, как можно объяснить тот факт, что дюрация облигации со сроком 20 лет превышает 20 лет? В главе 12, например, мы рассматриваем обеспеченные ипотеками облигации (*collateralized mortgage obligation, CMO*). У части CMO значение дюрации выше срока базовых ипотек. Так, CMO может иметь дюрацию, равную 40, несмотря на то что базовые ипотеки, на основе которых данная облигация была создана, будут погашены через 30 лет. Кроме того, для некоторых CMO характерна отрицательная дюрация. Как объяснить этот феномен?

Ответ несложно найти, если вспомнить, что дюрация — это аппроксимированное процентное изменение цены при малом изменении процентных ставок. Напомним, что мы предлагали рассматривать дюрацию как приближенное процентное изменение цены при изменении процентных ставок на 100 базисных пунктов.

Некоторые классы CMO являются инструментами с финансовым рычагом, чувствительность цены которых, или дюрация определяется как величина, кратная базовым ипотечным кредитам, лежащим в их основе. CMO с дюрацией 40 — это не облигация, «средний взвешенный срок жизни» которой равен 40 лет. Смысл величины таков: при изменении доходности на 100 базисных пунктов цена этой облигации изменится приблизительно на 40%.

Аналогичным образом должна интерпретироваться и дюрация опциона. Право досрочного погашения может иметь дюрацию 20 и срок истечения опциона один год[1]. Интерпретируя дюрацию как меру продолжительности жизни опциона, инвесторы попадают в тупик. В действительности, данное значение имеет следующий смысл: при изменении доходности соответствующей облигации на 100 базисных пунктов, стоимость опциона изменится примерно на 20%.

АППРОКСИМАЦИЯ ДЮРАЦИИ И МЕРЫ ВЫПУКЛОСТИ ОБЛИГАЦИИ

При объяснении смысла дюрации мы начинали с цены облигации без встроенных опционов, а затем определяли чувствительность облигации к изменению процентных ставок через первую и вторую производные. Первая производная связана с дюрацией. Ограничения расчета дюрации с использованием формул 4.4 или 4.5 обусловлены предположением, что денежные потоки известны. Вместе с тем, если не брать в расчет дефолты, это справедливо только для безопционных облигаций. В случае облигаций со встроенными

[1] Способы измерения дюрации опциона будут описаны в главе 30.

опционами денежные потоки неизвестны даже при отсутствии дефолтов. Для облигации с правом досрочного погашения, например, неизвестно, когда эмитент отзовет ее. Для облигации с правом досрочного предъявления неизвестно, когда держатель может использовать свое право. Для ценных бумаг, обеспеченных жилищными ипотеками, неизвестно, когда пул ипотечных кредитов будет досрочно погашен.

Инвестору, осознавшему, что значение дюрации связано с процентом изменения цены, несложно вычислить приближенное значение дюрации облигации, производного финансового инструмента или опциона. Нам нужно всего-навсего определить процентное изменение цены облигации при изменении процентных ставок на небольшую величину. Процедура вычисления искомого значения предельно проста[1]:

Этап 1. Увеличим доходность облигации на небольшое число базисных пунктов и определим новую цену, соответствующую этому новому уровню доходности. Новую цену обозначим как P_+.

Этап 2. Уменьшим доходность облигации на то же число базисных пунктов и определим новую цену. Новую цену обозначим как P_-.

Этап 3. Если исходная цена обозначена как P_0, дюрация может быть аппроксимирована по следующей формуле:

$$\text{аппроксимированная дюрация} = \frac{P_- - P_+}{2P_0 \Delta y}, \qquad (4.23)$$

где Δy — это изменение доходности, использовавшееся для вычисления новой цены (в десятичных дробях). Результатом является среднее процентное изменение цены (относительно начальной цены) при изменении доходности на 1 базисный пункт.

Для того чтобы выяснить, насколько хороша данная аппроксимация, проверим формулу на примере 25-летней облигации с купоном 6%, торгующейся при доходности 9%. Вся необходимая для вычислений информация представлена в табл. 4.2. Исходная цена (P_0) равна 70,3570. Искомое значение определяется следующим образом:

Этап 1. Увеличим доходность облигации на 10 базисных пунктов, т. е. с 9% до 9,1%. Таким образом, Δy составит 0,001. Новая цена (P_+) равна 69,6164.

---

[1] Напомним, что в дифференциальном исчислении первая производная касательной к кривой представляет собой лимит. Формула 4.23 — не более чем приближение к касательной к кривой.

Этап 2. Уменьшим доходность облигации на 10 базисных пунктов, т. е. с 9% до 8,9%. Новая цена ($P\_$) составит 71,1105.

Этап 3. При начальной цене P_0, равной 70,3570, аппроксимированная дюрация равна:

$$\text{аппроксимированная дюрация} = \frac{71,1105 - 69,6164}{2 \times 70,3570 \times 0,001} = 10,62.$$

Насколько хороша такая аппроксимация? Модифицированная дюрация, определенная с помощью формул (4.5) и (4.7), равна 10,62.

Итак, инвестор, решивший определить дюрацию какого-либо финансового инструмента, может смело пользоваться формулой (4.23). Заметим, однако, что верный результат невозможен при отсутствии надежной модели ценообразования, позволяющей провести операции 1 и 2. Такие модели мы анализируем в следующих главах. Подчеркнем: *дюрация — побочный продукт модели ценообразования. Если модель ценообразования работает плохо, полученное значение дюрации далеко от действительного.*

На практике ни в одной коммерческой программе не используются формулы 4.4 и 4.5, обычно в них закладывается формула 4.23. Разные разработчики устанавливают свои правила задания величины изменения процентных ставок при вычислении цен с помощью формулы 4.23. Для безопционных облигаций любое небольшое изменение процентных ставок дает примерно одно и то же значение. В случае облигаций со встроенными опционами изменение процентных ставок должно быть достаточным для демонстрации изменения стоимости опциона.

Мера выпуклости облигации может быть аппроксимирована согласно следующей формуле:

$$\text{аппроксимированная мера выпуклости} = \frac{P_+ + P_- - 2P_0}{P_0(\Delta y)^2}. \qquad (4.24)$$

В нашем случае аппроксимированная мера выпуклости составит:

$$\text{аппроксимированная мера выпуклости} = \frac{69,6164 + 71,1105 - 2 \times 70,3570}{70,3570 \times 0,001^2} = 183,3.$$

Напомним, что мера выпуклости, найденная согласно точной формуле, равна 182,92. Выражение (4.24), таким образом, дает хорошую аппроксимацию.

Как уже было отмечено, мера выпуклости измеряется различными способами. Выражение (4.24) может быть видоизменено таким образом, чтобы в делителе стояло 2. Обращаем ваше внимание на то, что при этом подсчет процентного изменения цены, связанного с выпуклостью, по формуле (4.20) должен проводиться без учета 1/2.

Дюрация облигации с обратной плавающей ставкой

В главе 2 мы обсуждали процесс создания облигации с обратной плавающей ставкой, а также основные особенности ее ценообразования. Данный раздел посвящен дюрации облигаций этого типа. Дюрация облигации с обратной плавающей ставкой обусловлена дюрацией обеспечения и дюрацией облигации с обычной плавающей купонной ставкой. Предположив, что дюрация облигации с плавающей ставкой близка к нулю, получим дюрацию облигации с обратной плавающей ставкой, равную[1]:

$$\text{дюрация облигации с плавающей ставкой} = (1 + L) \times \text{дюрация обеспечения} \times \frac{\text{цена обеспечения}}{\text{цена облигации с обратной плавающей ставкой}},$$

где L — отношение номинальной стоимости облигации с плавающей ставкой к номинальной стоимости облигации с обратной плавающей ставкой. Так, если для создания облигации с плавающей ставкой номиналом \$80 млн и облигации с обратной плавающей ставкой номиналом \$20 млн используется базовая облигация (обеспечение) номинальной стоимостью \$100 млн, L равно 4 (\$80 млн/\$20 млн).

Нетрудно заметить, что дюрация облигации с обратной плавающей ставкой пропорциональна дюрации базовой облигации. Предположим, что номинальная стоимость базовой облигации, равная \$100 млн, распределена следующим образом: \$80 млн — на облигацию с плавающей ставкой и \$20 — на облигацию с обратной плавающей ставкой. Предположим также, что и базовая облигация, и облигация с обратной плавающей ставкой торгуются по номиналу, так что отношение цен равно 1, а дюрация базовой облигации

---

[1] William R.Leach, «A Portfolio Manager's Perspective of Inverses and Inverse IO's», глава 9 в книге: Frank J. Fabozzi (ed.) «Advances in the Valuation and Management of Mortgage-Backed Securities» (New Hope, PA: Frank J. Fabozzi Associates, 1998).

равна 8. При изменении процентных ставок на 100 базисных пунктов цена базовой облигации упадет на 8%, т. е. на $8 млн (8% × $100 млн). При условии, что цена облигации с плавающей ставкой не меняется с ростом процентных ставок, падение на $8 млн должно обеспечиваться облигацией с обратной плавающей ставкой. Для того чтобы облигация с обратной плавающей ставкой стоимостью $20 млн могла упасть на $8 млн, ее дюрация должна быть равна 40: именно дюрация 40 приведет к изменению цены на 40%, или на $8 млн. Таким образом, дюрация облигации с обратной плавающей ставкой — это произведение дюрации базовой облигации на коэффициент 5 (8 × 5). Или же, поскольку $L = 4$, она равна (1+4), умноженному на дюрацию базовой облигации.

Заметьте: если срок обеспечивающей облигации равняется 30 годам, то дюрация облигации с обратной плавающей ставкой, равная 40, будет больше срока обеспечения. Инвестор, интерпретирующий дюрацию как средневзвешенную продолжительность жизни облигации, наверняка будет удивлен подобным фактом.

ОПРЕДЕЛЕНИЕ ЧУВСТВИТЕЛЬНОСТИ ПОРТФЕЛЯ К НЕПАРАЛЛЕЛЬНЫМ ИЗМЕНЕНИЯМ ПРОЦЕНТНЫХ СТАВОК

Говоря о сложностях использования дюрации в реальной инвестиционной практике, мы отмечали, что данная мера может давать неверное представление об изменении цен на облигацию или на весь портфель в ситуации, когда процентные ставки меняются не параллельно (подробнее на описании кривой доходности мы остановимся в главе 5). Особенно неутешительные результаты связаны в этом случае с оценкой чувствительности портфеля в целом. Нам, таким образом, необходимо исследовать способ измерения реакции портфеля облигаций на непараллельные изменения кривой доходности. Для измерения данной величины было предложено несколько методик. Двумя основными методиками являются дюрация при изменении формы кривой доходности и дюрация ключевых процентных ставок. Ниже мы опишем каждую из этих методик[1].

---

[1] Среди прочих мер может быть названа специфическая дюрация кривой доходности. Информацию о них читатель найдет в главе 7 книги: Frank J. Fabozzi, *Duration, Convexity, and Other Bond Risk Measures* (New Hope, PA: Frank J. Fabozzi Associates, 1999). Помещенное ниже описание дюрации ключевых процентных ставок представляет собой адаптированную версию указанной главы.

Дюрация при изменении формы кривой доходности

Первая методика основывается на чувствительности портфеля к изменению наклона кривой доходности. Первый шаг в применении этой методики заключается в определении того, что подразумевается под наклоном кривой доходности. Участники рынка используют различные определения. Некоторые считают наклоном разницу в кривой доходности казначейских ценных бумаг на двух уровнях сроков погашения. Например, наклон кривой доходности можно определить как разницу между доходностью долгосрочных (30-летних) казначейских облигаций и двухлетних казначейских облигаций последнего выпуска. Некоторые считают коротким сроком погашения 6 месяцев.

Одна из первых мер по данной методике была представлена тремя исследователями из инвестиционной компании Salomon Brothers (теперь называемой Salomon Smith Barney): Клаффки, Ма и Нозари[1]. Они назвали ее **дюрацией при изменении формы кривой доходности**. Они выбрали три срока погашения: 2 года, 10 лет и 30 лет. Используя эти три срока, они рассчитали спред между доходностью десятилетних и двухлетних облигаций и назвали его **спредом короткого конца кривой доходности** (SEDUR), спред между доходностью тридцатилетних и десятилетних облигаций называется **спредом длинного конца кривой доходности** (LEDUR). Однако эти концепции применимы и к другим точкам на кривой доходности.

Чтобы рассчитать SEDUR портфеля, сначала рассчитывается изменение в цене каждой ценной бумаги для:

1. увеличения крутизны кривой доходности в коротком конце на x базисных пунктов;
2. уменьшения крутизны кривой доходности в коротком конце на x базисных пунктов.

Доходность портфеля для кривой доходности рассчитывается путем сложения доходности каждой ценной бумаги портфеля после увеличения крутизны. Обозначим эту доходность как $V_{SE,S}$, где V означает доходность портфеля, SE — короткий конец, а S — увеличение крутизны. Точно так же доходность портфеля после уменьшения крутизны рассчитывается путем сложения доходности каждой ценной бумаги портфеля, а получившаяся доходность обозначается как $V_{SE,F}$, где F означает уменьшение крутизны. Тогда SEDUR рассчитывается следующим образом:

---

[1] Thomas E. Klaffky, Y. Y. Ma. and Ardavan Nozari, «Managing Yield Curve Exposure: Introducing Reshaping Durations,» *Jornal of Fixed Income* (December 1992), pp. 5–15.

$$SEDUR = \frac{V_{SE,S} - V_{SE,F}}{2(V_0)(\Delta y)},$$

где V_0 является первоначальной доходностью портфеля (доходностью до увеличения или уменьшения крутизны), а Δy — числом базисных пунктов, используемых для расчета увеличения или уменьшения крутизны кривой доходности (x).

Сравните приведенную выше формулу с формулой (4.23) для расчета аппроксимированной дюрации. Обратите внимание, что это та же самая формула, но вместо P используется V, и P_- и P_+ заменены на $V_{SE,S}$ и $V_{SE,F}$ соответственно.

Чтобы рассчитать LEDUR портфеля, сначала рассчитывается изменение в цене каждой ценной бумаги для:

1. уменьшения крутизны кривой доходности в длинном конце на x базисных пунктов;
2. увеличения крутизны кривой доходности в длинном конце на x базисных пунктов.

Доходность портфеля после каждого изменения обозначается как $V_{LE,F}$ и $V_{LE,S}$, где LE обозначает длинный конец кривой доходности. Затем рассчитывается LEDUR по следующей формуле:

$$LEDUR = \frac{V_{LE,F} - V_{LE,S}}{2(V_0)(\Delta y)},$$

SEDUR и LEDUR интерпретируются следующим образом. SEDUR является приблизительным процентным изменением доходности портфеля для изменения наклона короткого конца кривой доходности на 100 базисных пунктов. LEDUR является приблизительным процентным изменением доходности портфеля для изменения наклона длинного конца кривой доходности на 100 базисных пунктов.

Дюрация ключевых процентных ставок

Наиболее популярной мерой оценки чувствительности ценной бумаги или портфеля к изменениям кривой доходности является дюрация ключевых процентных ставок. Вычисление значения дюрации ключевых процентных ставок в общем сводится к следующему: изменяется доходность для определенной даты погашения на кривой доходности, а затем при прочих равных определяется чувствительность ценной бумаги или портфеля к этому изменению. Чувствительность, выражающаяся в изменении стоимости портфеля при определенном изменении доходности, носит название **дюрации процентной ставки**. Для каждой точки кривой доходности существует своя дюрация процентной ставки. Таким образом, можно говорить не об одном значении дюрации процентной ставки, а о векторе дюраций, охватывающем все даты погашения на кривой доходности. Общее изменение стоимости облигации или портфеля при изменении всех процентных ставок на одинаковое число базисных пунктов — это то самое значение дюрации, о котором шла речь выше в этой главе.

Идея использования множественных дюраций была предложена Дональдом Чамберсом и Виллардом Карлтоном в 1988 г.; исследователи назвали новую меру **вектором дюраций**[1]. Роберт Рейтано в нескольких статьях писал об аналогичных методиках; свою дюрацию он назвал частичной дюрацией[2]. Наибольшую популярность получило, однако, исследование Томаса Хоу 1992 г.: здесь речь шла о дюрациях процентных ставок[3].

Хоу предложил обратить особое внимание на 11 ключевых сроков погашения, расположенных на кривой казначейских ценных бумаг, речь о которых пойдет в главе 5. Специфическая кривая, использованная при анализе, получила название кривой казначейских спот-ставок: она показывает, как зависят от срока до погашения доходности бескупонных казначейских ценных бумаг (подробнее см. главу 5). Дюрации процентных ставок в этих точках были названы **дюрациями ключевых процентных ставок**. Сроки, для которых принято измерять значения дюрации ключевых процентных ставок, — 3 месяца, 1 год, 2 года, 3 года, 5 лет, 7, 10, 15, 20, 25 и 30 лет. Изменения ставок в промежутке между двумя ключевыми процентными ставками вычисляются с помощью линейной аппроксимации.

Дюрация ключевых процентных ставок для данного срока погашения интерпретируется следующим образом: при неизменной доходности для всех прочих сроков погашения, дюрация ключевой процентной ставки — это примерное процентное изменение стоимости портфеля (облигации) при

---

1 Donald Chambers and Willard Carleton «A Generalized Approach to Duration», Research in Finance 7 (1988).

2 См., например: Robert R. Reitano «Non-Parallel Yield Curve Shifts and Duration Leverage», Journal of Portfolio Management, Summer 1990, pp. 62–67, и Multivariate Approach to Duration Analysis, *ARCH* 2 (1989).

3 Thomas S.Y. Ho «Key Rate Durations: Measure of Interest Rate Risk», Journal of Fixed Income, September 1992, pp. 29–44.

изменении на 100 базисных пунктов доходности для определенного срока погашения. Дюрация ключевой процентной ставки, таким образом, находится через изменение доходности данного срока погашения и выяснения размера соответствующего изменения стоимости (цены). Иными словами, мы используем здесь формулу (4.23). Величины, обозначенные в ней как P_- и P_+, — это стоимости портфеля в случае измерения чувствительности портфеля в целом (доходность меняется только для срока погашения, для которого должна быть выяснена дюрация ключевой ставки; прочие процентные ставки оставляются без изменений).

Для того чтобы понятие дюрации ключевых процентных ставок стало в полной мере ясно читателю, обратимся к анализу трех реальных портфелей. Табл. 4.13 демонстрирует данные, относящиеся к трем портфелям, состоящим из казначейских бумаг с разными сроками (информация приводится на 22 марта 2006 г.). У всех портфелей одинаковая дюрация: она равна 4,26[1]. Дюрации ключевых процентных ставок разные для каждого портфеля. Рассмотрим дюрации ключевой процентной ставки для срока погашения 30 лет во всех трех портфелях. В первом портфеле дюрация ключевой процентной ставки для 30-летнего срока составляет 0,675. Это значит, что при изменении спот-ставки на 30-летние казначейские бумаги на 100 базисных пунктов (при неизменности спот-ставок для прочих сроков погашения) стоимость портфеля изменится примерно на 0,675%. Для второго портфеля дюрация ключевой процентной ставки для 30-летнего срока погашения близка к нулю. Таким образом, при изменении на 100 базисных пунктов спот-ставки на 30-летние казначейские бумаги (напомним, что спот-ставки для прочих сроков остаются прежними) стоимость второго портфеля не претерпит никаких изменений. Дюрация ключевой процентной ставки третьего портфеля для 30-летнего срока погашения составляет 0,594: при изменении на 100 базисных пунктов 30-летней спот-ставки (ставки для прочих сроков не меняются) стоимость этого портфеля изменится на 0,594%.

Таблица 4.13. Дюрации ключевых процентных ставок для трех портфелей казначейских ценных бумаг (22 марта 2006 г.)

Barbell Portfolio			Bullet Portfolio			Ladder Portfolio		
Казначейские бумаги		Вес (%)	Казначейские бумаги		Вес (%)	Казначейские бумаги		Вес (%)
2,625%	05/15/2008	3,71	3,875%	02/15/2013	0,50	14,000%	11/15/2011	36,47
4,000%	02/15/2015	14,95	3,875%	09/15/2010	69,73	10,375%	11/15/2012	13,92

[1] Названия, данные нами портфелям, — ladder portfolio, barbell portfolio и bullet portfolio — будут объяснены в главе 22.

Окончание табл. 4.13

Barbell Portfolio			Bullet Portfolio			Ladder Portfolio		
Казначейские бумаги		Вес (%)	Казначейские бумаги		Вес (%)	Казначейские бумаги		Вес (%)
4,250%	08/15/2015	9,12	4,250%	01/15/2011	29,41	12,000%	08/15/2013	7,81
4,500%	02/15/2036	6,90	4,500%	02/15/2036	0,35	12,500%	08/15/2014	8,57
4,625%	02/29/2008	65,31				6,000%	02/15/2026	6,06
						6,750%	08/15/2026	2,58
						5,375%	02/15/2031	2,89
						5,000%	08/15/2011	4,55
						4,000%	02/15/2015	7,74
						4,500%	02/15/2036	4,57
						4,500%	02/15/2016	4,85

Дюрации ключевых процентных ставок			
Максимум	Barbell	Bullet	Ladder
0,0833	0,0000	0,0000	0,0015
0,25	0,0017	0,0014	0,0045
0,50	0,0092	0,0087	0,1273
1	0,0662	0,0290	0,1768
2	1,2480	0,0744	0,2880
3	0,0513	0,1071	0,2430
4	0,0448	1,5132	0,1520
5	0,0790	2,4525	0,2280
7	0,5131	0,0287	0,3626
10	1,3210	0,0060	0,9770
20	0,2520	0,0120	1,1040
30	0,6750	0,0330	0,5940
Дюрация	4,2613	4,2660	4,2586

Примечание: настоящая таблица подготовлена для автора Дэном Синнриком и Ореном Шайеттом.

Вывод очевиден: несмотря на то что дюрации всех трех портфелей одинаковы (4.7), портфели по-разному отреагируют на изменение 30-летних спот-ставок. Из таблицы можно заключить, что реакция каждого из портфелей на изменения процентных ставок для того или иного срока будет различна.

Резюме

- Зависимости цена — доходность для всех облигаций без встроенных опционов являются выпуклыми функциями.
- Волатильность цен облигации, не имеющей встроенных опционов, характеризуется тремя особенностями: 1) при малых изменениях доходности процентные изменения цены симметричны; 2) при существенных изменениях доходности процентные изменения цены асимметричны, и 3) в случае существенных изменений доходности рост цены больше, чем ее падение при изменении доходности на ту же абсолютную величину.
- Волатильность цены облигации без встроенных опционов зависит от двух параметров облигации — ее срока и купона, а также от уровня доходности, при котором торгуется данная ценная бумага. При данных сроке и доходности, чем ниже купонная ставка, тем выше волатильность цен. При данных купонной ставке и доходности, чем больше срок, тем выше волатильность.
- При данной купонной ставке и сроке, чем ниже доходность, тем выше волатильность цен.
- Волатильность цены облигации может быть измерена с помощью двух величин: ценовой стоимости базисного пункта и дюрации.
- Модифицированная дюрация — это процентное изменение цены, соответствующее изменению доходности на 100 базисных пунктов. Под долларовой дюрацией понималось аппроксимированное изменение цены в долларах.
- Дюрация — удобная мера определения процентного изменения цены при малых изменениях доходности. Между тем в ситуации существенного изменения доходности данная величина оказывается не столь надежной. Аппроксимированное изменение цены, вычисляемое на основе дюрации, может быть уточнено благодаря использованию понятия «выпуклость». Дюрация и выпуклость, взятые вместе, позволяют получить прекрасную аппроксимацию изменений цены при значительных изменениях доходности.
- Дюрация — это аппроксимация ценовых изменений при условии параллельных смещений кривой доходности.
- Дюрацию не следует интерпретировать как средневзвешенный срок до погашения облигации. Для некоторых облигаций значение модифицированной дюрации может превышать срок до погашения.
- Для облигации с фиксированной ставкой дюрация спреда является мерой изменения цены неказначейской облигации с учетом изменения спреда под действием рыночных сил.

- Дюрация и выпуклость могут быть вычислены путем изучения поведения цены облигации при росте и падении доходности на небольшое число базисных пунктов.
- Для облигации с плавающей ставкой можно рассчитать дюрацию спреда.
- Дюрация облигации с обратной плавающей ставкой линейно зависит от дюрации облигации, являющейся обеспечением.
- Дюрация портфеля — это средневзвешенная дюрация облигаций, входящих в портфель. Менеджер, определяющий чувствительность портфеля к изменениям процентных ставок с помощью дюрации, исходит из предположения о том, что процентные ставки для всех сроков погашения меняются на одинаковое число базисных пунктов.
- Вклад в дюрацию портфеля показывает, какое влияние пакет облигаций или сектор оказывает на дюрацию портфеля, и определяется путем умножения веса выпуска (или сектора) в портфеле на дюрацию индивидуального выпуска (сектора).
- Для того чтобы выяснить, насколько чувствителен портфель к неодинаковым изменениям процентных ставок, используют два подхода. Первым является дюрация при изменении формы кривой доходности. Здесь рассчитывают два показателя: спред короткого конца кривой доходности и спред длинного конца кривой доходности. Первый характеризует чувствительность портфеля к изменению наклона короткого конца кривой доходности, а второй — к изменению наклона длинного конца кривой доходности. Наиболее популярной мерой оценки чувствительности ценной бумаги или портфеля к изменениям кривой доходности является дюрация ключевых процентных ставок.
- Дюрация процентных ставок — это приблизительное изменение стоимости портфеля (облигации) при изменении процентной ставки для конкретного срока до погашения при условии, что процентные ставки для прочих сроков остались без изменений. Инвестор может найти также значения дюрации ключевых процентных ставок, т. е. дюрации процентных ставок для ключевых сроков до погашения.

Вопросы

1. Ценовая стоимость базисного пункта не зависит от того, растет или падает доходность на 1 базисный пункт. В то же время ценовая стоимость

100 базисных пунктов (т. е. изменение цены при изменении процентных ставок на 100 базисных пунктов) одна, если доходность растет, и другая — если доходность падает. Почему?

2. Вычислите следующие величины для облигаций А и В (предположим, что обе облигации выплачивают купон раз в полгода):

	A	*B*
Купон	8%	9%
Доходность к погашению	8%	8%
Срок (в годах)	2	5
Номинал	\$100,00	\$100,00
Цена	\$100,00	\$104,055

   a. Ценовую стоимость базисного пункта.
   b. Дюрацию Маколея.
   c. Модифицированную дюрацию.
   d. Аппроксимированную дюрацию на основе упрощенной формулы, при изменении доходности на 20 базисных пунктов; сравните результат с модифицированной дюрацией, полученной в пункте с.
   e. Меру выпуклости.
   f. Аппроксимированную меру выпуклости на основе упрощенной формулы, при изменении доходности на 20 базисных пунктов; сравните результат с мерой выпуклости, подсчитанной в пункте е.

3. Можете ли вы на основе данной информации сделать вывод о том, какая из трех облигаций имеет более высокую волатильность цены (подразумевается, что все облигации торгуются с одинаковой доходностью к погашению)?

Облигация	*Купонная ставка (%)*	*Срок (годы)*
X	8	9
Y	10	11
Z	11	12

4. Для облигаций А и В из вопроса 2:
   a. Вычислите точную цену облигации при росте процентных ставок на 100 базисных пунктов.
   b. Пользуясь значением дюрации, сделайте приблизительный расчет цены облигации при изменении процентных ставок на 100 базисных пунктов.

c. Пользуясь одновременно и значением дюрации, и значением меры выпуклости, сделайте приблизительный расчет цены облигации при изменении процентных ставок на 100 базисных пунктов.
d. Сделайте вывод относительно точности результатов пунктов b и c и объясните, почему один результат ближе к реальному, чем другой.
e. Не прибегая к вычислениям, скажите, увеличится или уменьшится дюрация двух облигаций, если доходность к погашению составит не 8%, а 10%.

5. Объясните свое согласие или несогласие со следующим высказыванием: поскольку дюрация облигации с нулевым купоном равна ее сроку, чувствительность цены такой облигации к изменениям доходности не зависит от уровня процентных ставок.
6. Объясните свое согласие или несогласие со следующим утверждением: если процентные ставки низки, между величинами дюрации Маколея и модифицированной дюрации существует лишь небольшая разница.
7. Объясните свое согласие или несогласие со следующим высказыванием: если у двух облигаций одинаковые долларовые дюрации, доходности и цены, реакции их цен (в долларах) на данное изменение процентных ставок также будут одинаковы.
8. Объясните свое согласие или несогласие со следующим утверждением: при изменении доходности на 1 базисный пункт ценовая стоимость базисного пункта равна долларовой дюрации.
9. 26 ноября 1990 г. в *BondWeek* появилась статья «Van Kampen Merritt сокращает портфель». Вот начало статьи: «Петер Хегель, первый вице-президент Van Kampen Merritt Investment Advisory, сокращает свой $3-миллиардный портфель со 110% его обычной дюрации в размере шести лет до 103–105%, поскольку считает, что на краткосрочном горизонте рост облигаций подходит к концу». Объясните, во-первых, суть стратегии Хегеля и, во-вторых, опишите роль дюрации в этой стратегии.
10. Проанализируйте следующие две казначейские ценные бумаги:

Облигация	*Цена*	*Модифицированная дюрация (годы)*
A	$100	6
B	80	7

У какой из облигаций более высокая долларовая волатильность цены при изменении процентных ставок на 25 базисных пунктов?

11. Каковы недостатки дюрации как меры чувствительности цены к изменению процентных ставок?
12. Следующий параграф взят из статьи, озаглавленной «Denver Investment обменивает $800 млн казначейских ценных бумаг». Статья появилась 9 декабря 1991 г. на первой странице *BondWeek*. «Denver Investment Advisors обменивает $800 млн долгосрочных бескупонных казначейских облигаций на среднесрочные казначейские облигации… Такой своп сократит дюрацию $2,5-миллиардного портфеля ценных бумаг с фиксированным доходом…» Почему данный своп должен привести к уменьшению дюрации портфеля?
13. Вы портфельный менеджер, представляющий клиенту отчет. В отчете указывается дюрация каждой ценной бумаги, входящей в портфель. Одна из ценных бумаг имеет срок до погашения 15 лет и дюрацию 25 лет. Клиент полагает, что в отчете ошибка: он думает, что дюрация не может превышать срок облигации. Что вы ответите клиенту?
14. a. Предположим, что дюрация спреда для облигации с фиксированной ставкой равна 2,5. Каким будет приблизительное изменение цены облигации при изменении спреда на 50 базисных пунктов?
    b. Какая дюрация спреда у казначейской облигации?
15. Что означает дюрация спреда для облигации с плавающей ставкой?
16. Объясните, почему дюрация облигации с обратной плавающей ставкой является произведением дюрации базовой облигации (обеспечения) на определенный коэффициент.
17. Проанализируйте такой портфель:

Облигация	*Рыночная стоимость*	*Дюрация*
W	$13 млн	2
X	$27 млн	7
Y	$60 млн	8
Z	$40 млн	14

    a. Какова дюрация портфеля?
    b. Каким будет процентное изменение стоимости портфеля при изменении процентных ставок для всех сроков до погашения на 50 базисных пунктов?
    c. Каков вклад в портфельную дюрацию каждой из облигаций?
18. «Если у двух портфелей одинаковые дюрации, то величины изменения их стоимостей при изменении процентных ставок будут равны». Вы согласны с этим высказыванием? Почему?

19. Почему для корпоративной облигации с низким кредитным рейтингом аналитическая дюрация может иметь ограниченное применение в качестве меры процентного риска?
20. Некоторые авторы приводят следующую формулу вычисления аппроксимированной меры выпуклости:

$$\frac{P_{+} + P_{-} - 2P_0}{2P_0(\Delta y)^2},$$

где переменными обозначены те же величины, что и в формуле (4.24) настоящей главы. Сравните эту формулу с формулой вычисления аппроксимированной меры выпуклости (4.24). Какая из формул правильная?

21. a. Как рассчитывается дюрация короткого конца портфеля?
    b. Как рассчитывается дюрация длинного конца портфеля?
    c. Дайте определение короткого и длинного конца портфеля.
    d. Предположим, что SEDUR портфеля равен 3. Каково аппроксимированное изменение доходности портфеля, если наклон короткого конца кривой доходности изменился на 25 базисных пунктов?
22. a. Объясните, как следует интерпретировать 10-летнюю дюрацию ключевой процентной ставки, равную 0,35.
    b. Как вычисляется дюрация ключевой процентной ставки?

ГЛАВА 5

Факторы, определяющие доходности облигаций и временную структуру процентных ставок

В этой главе читателю будут представлены сведения:

- о доходности казначейской ценной бумаги как базовой процентной ставке;
- о факторах, обуславливающих спред доходности между двумя облигациями;
- о понятии кривой доходности;
- о спот-ставках и кривой спот-ставок;
- о вычислении теоретических спот-ставок на основе кривой доходности казначейских ценных бумаг в предположении невозможности арбитража;
- о временной структуре процентных ставок;
- о том, почему цена казначейской облигации должна быть основана на теоретических спот-ставках;
- о форвардных ставках и способах вычисления их значений;
- о взаимосвязи долгосрочных ставок, текущих краткосрочных ставок и краткосрочных форвардных ставок;
- о форвардных ставках как ставках хеджирования;
- о нескольких теориях, объясняющих типы временных структур процентных ставок: теории ожиданий, теории ликвидности, теории предпочтительной ниши и теории рыночной сегментации;

- об основных экономических факторах, влияющих на форму кривой доходности казначейских ценных бумаг;
- о кривой доходности свопа/LIBOR и причинах ее использования в качестве ориентира для процентной ставки.

Участники многочисленных мировых финансовых рынков знают: не существует единой доходности, с которой торговались бы все облигации. Доходность конкретной облигации зависит от множества причин, в том числе: от типа эмитента, характеристик облигационного выпуска и состояния экономики в целом. В этой главе мы исследуем факторы, обуславливающие доходности рынка облигаций. Глава начинается с изучения минимальной процентной ставки, которую инвестор рассчитывает получить, делая вложения в облигации, т. е. доходности американских казначейских ценных бумаг. Далее мы объясняем, почему доходность неказначейской ценной бумаги будет иной, чем доходность американских казначейских ценных бумаг. И наконец, мы подробно анализируем один из факторов, влияющих на размер доходности, — срок погашения облигации. Распределение процентных ставок ценных бумаг, имеющих одного эмитента, но разные сроки, принято называть временной структурой процентных ставок. Инвестору важно уметь анализировать временную структуру процентных ставок американских казначейских ценных бумаг. В последнем разделе этой главы рассматривается еще один важный ориентир для процентной ставки — кривая доходности свопа (кривая LIBOR).

БАЗОВАЯ ПРОЦЕНТНАЯ СТАВКА

Ценные бумаги, выпускаемые Казначейством США, обеспечены гарантиями американского правительства. Именно поэтому участники всех мировых рынков рассматривают их как ценные бумаги, вложения в которые не имеют кредитного риска, однако в последнее время такое представление было поставлено под сомнение. Процентные ставки на казначейские ценные бумаги являются ключевыми как для американской экономики, так и для международных рынков капитала. Другим важным ориентиром служит рынок процентных свопов, который будет рассмотрен далее в этой главе.

Минимальную процентную ставку, которую инвестор рассчитывает получить от капиталовложений, совершенных в неказначейские ценные бумаги, принято называть **базовой процентной ставкой** или **эталонной процентной ставкой**. Эта ставка представляет собой доходность к погашению (далее мы будем именовать ее просто «доходность») самой последней по времени выпуска (*on the run*) казначейской ценной бумаги аналогичной длительности. Когда речь идет о процентной ставке по облигации, мы имеем в виду доходность облигации. В главе 3 объяснялось, как определить эту доходность. В табл. 5.1 приведена доходность американских казначейских ценных бумаг на 22 мая 2014 г. Эта доходность представляет собой базовую процентную ставку. Так, если инвестор 22 мая 2014 г. хочет купить 10-летнюю облигацию, минимальная доходность, на которую он будет рассчитывать, составит 2,53% — 10-летняя доходность, показанная в табл. 5.1.

Таблица 5.1. Доходности казначейских ценных бумаг на 22 мая 2014 г.

Срок погашения	Доходность
3 месяца	0,01%
6 месяцев	0,04
2 года	0,34
3 года	0,77
5 лет	1,52
10 лет	2,53
30 лет	3,41

Источник: finance.yahoo.com. Исходный источник — *ValuBond*.

ЭТАЛОННЫЙ СПРЕД

Разницу между доходностями любых двух облигаций называют **спредом доходностей**. Возьмем, например, две облигации A и B. Для них спред доходности будет равен:

спред доходностей = доходность облигации A – доходность облигации B.

Обычно спред доходностей измеряются в базисных пунктах и ссылаются на него как на *абсолютный спред доходностей*.

Спред доходностей отражает разницу в рисках, связанных с облигациями. Хотя мы говорили о спреде доходностей индивидуальных облигаций, можно также определить спред доходностей для секторов рынка облигаций.

Когда облигация B является эталонной, а облигация A — не эталонной, спред доходностей называют эталонным спредом. Иными словами:

эталонный спред = доходность неэталонной облигации –
– доходность эталонной облигации.

Эталонный спред отражает компенсацию, которую рынок предлагает за принятие риска, связанного с неэталонной облигацией и отсутствующего у эталонной облигации. Таким образом, эталонный спред можно считать премией за риск.

Некоторые участники рынка измеряют премию за риск на относительной основе как отношение спреда доходностей к уровню доходности. Такой показатель получил название **относительного спреда доходности**:

$$\text{относительный спред доходности} = \\ = \frac{\text{доходность облигации А} - \text{доходность облигации В}}{\text{доходность облигации В}}.$$

Например, 22 мая 2014 г. 10-летняя корпоративная облигация с кредитным рейтингом АА торговалась с доходностью 3,22%. Поскольку 10-летние казначейские облигации в тот день торговались с доходностью 2,53% (см. табл. 5.1), относительный спред доходностей равен:

$$\text{относительный спред доходности} = \frac{3{,}22\% - 2{,}53\%}{2{,}53\%} = 0{,}27 = 27\%.$$

Иногда определяют отношение доходностей:

$$\text{отношение доходностей} = \frac{\text{доходность облигации А}}{\text{доходность облигации В}}.$$

Для 10-летней корпоративной облигации с кредитным рейтингом АА отношение доходностей будет равно:

$$\text{отношение доходности} = \frac{3{,}22\%}{2{,}53\%} = 1{,}27.$$

Какой из показателей спреда доходностей лучше: абсолютный или относительный спред доходностей? В главе 21, где рассматриваются кредитные спреды, мы наглядно покажем, какая из форм представления спреда доходностей лучше описывает поведение кредитных спредов.

Далее мы рассмотрим следующие факторы, влияющие на эталонную доходность выпуска:

1) тип эмитента;
2) воспринимаемое кредитное качество выпуска;
3) срок до погашения выпуска;
4) опционы, дающие определенные дополнительные права эмитенту или инвестору;

5) налогообложение полученного процентного дохода;
6) ожидаемая ликвидность выпуска.

Типы эмитентов

По типам эмитентов рынок облигаций делится на следующие **рыночные секторы**: сектор американских правительственных бумаг, сектор бумаг правительственных агентств, сектор ценных бумаг муниципальных правительств, кредитный сектор (внутренние и зарубежные корпорации) и сектор ценных бумаг иностранных правительств. Для каждого сектора характерно свое соотношение риска и вознаграждения. Часть секторов делится, в свою очередь, на группы в соответствии с общеэкономическими характеристиками эмитентов. Кредитный рыночный сектор подразделяется, например, на: 1) промышленный; 2) коммунальный; 3) финансовый и 4) некорпоративный. За исключением сектора казначейских ценных бумаг, прочие секторы характеризуются присутствием множества типов эмитентов, в разной степени способных удовлетворить взятые на себя контрактные обязательства. Именно поэтому, анализируя долговое обязательство, следует в первую очередь исходить из характера эмитента.

Спред между процентными ставками, предлагаемыми двумя секторами рынка для облигаций с одинаковыми сроками погашения, принято называть **межрыночным секторным спредом**. Наиболее популярный межрыночный секторный спред — это спред между сектором казначейских ценных бумаг и любым другим сектором, где торгуются облигации с тем же сроком. Спред между двумя облигационными выпусками внутри рыночного сектора называют **внутрирыночным секторным спредом**.

Воспринимаемое кредитное качество эмитента

Риск дефолта связан с тем, что эмитент облигации может оказаться не в состоянии вовремя осуществить основной и/или процентный платеж. Большинство участников рынка, оценивая риск дефолта эмитента, пользуются прежде всего материалами, поставляемыми коммерческими рейтинговыми компаниями. О коммерческих рейтинговых компаниях речь пойдет в главе 7.

Спред между казначейскими ценными бумагами и идентичными им во всех отношениях, за исключением кредитного качества, неказначейскими ценными бумагами принято называть **кредитным спредом**. Важно понимать, что мы имеем в виду, говоря об «идентичности во всех отношениях, за исключением качества». Как видно из глав 4 и 7, а также дальнейших глав, облигационный выпуск может включать опционы, от которых держатель облигации выигрывает или проигрывает. Если такие опционы отсутствуют в казначейской ценной бумаге и присутствуют в рассматриваемой неказначейской облигации, две бумаги не могут считаться идентичными: в этом случае спред будет отражать, в первую очередь, стоимость этих опционов.

Примеры кредитных спредов на 22 мая 2014 г. приведены в табл. 5.2. Доходности казначейских бумаг для вычисления кредитных спредов можно взять из табл. 5.1. Как видно, для определенного срока погашения чем выше кредитный рейтинг, тем меньше кредитный спред.

Таблица 5.2. Доходности корпоративных облигаций и премия за риск по отношению к доходности казначейских бумаг на 22 мая 2014 г.

Срок	Рейтинг	Доходность корпоративных облигаций (%)	Доходность казначейских облигаций (%)	Абсолютный спред доходностей (б. п.)	Цена (%)
5 лет	AA	1,92	1,52	40	26
5 лет	A	2,05	1,52	53	35
10 лет	AA	3,22	2,53	69	27
10 лет	A	3,43	2,53	90	36

Источник: finance.yahoo.com. Исходный источник — *ValuBond*.

Встроенные опционы

Облигационный выпуск нередко дает либо держателю бумаги, либо ее эмитенту право предпринимать некоторые действия, направленные против интересов другой стороны. Такого рода встроенные в облигацию опционы мы уже обсуждали и будем обсуждать в этой книге. Наиболее характерный для облигации опцион — это право досрочного погашения, позволяющее эмитенту частично или полностью выкупить долг до установленной даты погашения. Право досрочного погашения выгодно эмитенту, поскольку в ситуации падения процентных ставок на рынке дает ему возможность заменить старый облигационный выпуск на новый, с более низким купоном. Фактически право досрочного погашения дает эмитенту возможность изменять сроки погашения облигации. Напомним, что такой опцион невыгоден держателю облигации, поскольку предполагает реинвестицию полученных средств под более низкие ставки.

Наличие опциона влияет на размер эталонного спреда. Как правило, спред относительно казначейской облигации больше у той ценной бумаги, в которую встроен опцион, благоприятный для эмитента (например, право досрочного погашения). И наоборот, спред относительно казначейской облигации меньше у той облигации, в которую встроен опцион, благоприятный для держателя (например, право досрочного предъявления или конверсионный опцион). Случается даже, что доходность облигации со встроенным благоприятным для инвестора опционом ниже, чем доходность сопоставимого эталонного выпуска!

Поскольку часть спреда доходностей обусловлена стоимостью встроенного опциона, можно ли скорректировать спред так, чтобы удалить эту часть? Иными словами, если облигация выпущена с правом досрочного погашения, то у нее эталонный спред больше, чем у безопционной облигации, в результате того, что инвестору приходится принимать риск отзыва облигации, при падении процентных ставок ниже купонной ставки. Можно ли удалить часть компенсации в эталонном спреде, которая связана со стоимостью права досрочного погашения, предоставленного эмитенту? Ответ на этот вопрос утвердителен. В главе 18 мы рассмотрим аналитический показатель, называемый **спредом с учетом опциона** (option-adjusted spread — OAS). Как следует из названия, OAS — это спред (т. е. спред доходностей), скорректированный на стоимость встроенного опциона. В главе 19 мы покажем, как рассчитывается OAS для корпоративных облигаций, а в главе 20 — для ипотечных ценных бумаг. Этот расчет основывается на модели оценки облигаций со встроенными опционами.

Здесь же нам нужно лишь понимать, что эталонный спред включает в себя стоимость любого встроенного опциона, а OAS — это спред, из которого эта стоимость удалена. Это объясняет, почему, когда мы видим два эталонных спреда на рынке в любой отдельно взятый момент, они в первый момент сбивают с толку. Возьмем, например, две корпоративные облигации, одну с кредитным рейтингом AA, а другую с рейтингом AAA. Казалось бы, в отсутствие встроенных опционов облигация с более низким рейтингом должна иметь более высокий эталонный спред. Предположим, что на рынке наблюдается противоположная картина (т. е. облигация с более низким рейтингом имеет более низкий эталонный спред). Это может быть обусловлено одной или двумя причинами. Во-первых, облигация с более высоким рейтингом может иметь встроенный опцион досрочного погашения, что отражается в эталонном спреде. Во-вторых, облигация с более низким рейтингом может быть выпущена с правом досрочного предъявления или конвертирования. Любой из этих факторов (т. е. встроенный опцион) способен привести к понижению эталонного спреда облигации с более высоким рейтингом.

Налогообложение процентного дохода

Процентный доход — если только он не освобожден от налога федеральным налоговым законодательством — облагается федеральным подоходным налогом. Кроме этого инвестору, возможно, придется платить налоги в бюджет штата и в местный бюджет.

Федеральное законодательство освобождает от налогообложения процентный доход, приносимый квалифицированными выпусками муниципальных облигаций. У таких муниципальных облигаций доходность более низкая, чем доходность казначейских ценных бумаг с тем же сроком. Это ясно видно в табл. 5.3, где приводятся доходности муниципальных и корпоративных облигаций с рейтингом А для трех сроков (5, 10 и 20 лет на 22 мая 2014 г.) Вместо спреда доходностей для демонстрации разницы между муниципальными и корпоративными облигациями с одинаковым сроком и кредитным рейтингом используется отношение доходностей, описанное ранее. В последней колонке приведены значения отношения доходностей.

Таблица 5.3. Доходности муниципальных и корпоративных облигаций с рейтингом А на 22 мая 2014 г.

Срок погашения	Доходность муниципальных облигаций (%)	Доходность корпоративных облигаций (%)	Отношение доходностей
5 лет	2,05	1,25	0,61
10 лет	3,43	2,14	0,62
20 лет	4,44	3,53	0,80

Источник: finance.yahoo.com. Исходный источник — *ValuBond*.

Доходность облагаемого налогом облигационного выпуска после уплаты федерального подоходного налога называется **посленалоговой доходностью**:

$$\text{посленалоговая доходность} = \text{доходность до налогообложения} \times$$
$$\times\ (1 - \text{предельная} \quad \text{налогообложения}).$$

Очевидно, что налоговая ставка может меняться в зависимости от типа инвестора. Предположим, что подлежащая налогообложению облигация имеет доходность 5%; ее приобретает инвестор, предельная налоговая ставка для которого составляет 35%. В этом случае:

$$\text{посленалоговая доходность} = 0{,}05 \times (1 - 0{,}35) = 3{,}25\%.$$

Мы можем также вычислить доходность, при которой облагаемый налогом облигационный выпуск продемонстрирует ту же посленалоговую доходность, что и выпуск, не подлежащий налогообложению. Доходность такого рода принято называть **эквивалентной налогооблагаемой доходностью.**

$$\text{эквивалентная налогооблагаемая доходность} = \\ = \frac{\text{доходность облигации, не облагаемой налогом}}{1 - \text{предельная ставка налогообложения}}.$$

Предположим, что инвестор, для которого налоговая ставка составляет 35%, приобретает необлагаемую налогом облигацию с доходностью 3,4%. Эквивалентная налогооблагаемая доходность в этом случае равна:

$$\text{эквивалентная налогооблагаемая доходность} = \frac{0{,}034}{1-0{,}35} = 0{,}0523 = \\ = 5{,}23\%.$$

Заметим, что чем выше предельная налоговая ставка, тем больше и эквивалентная налогооблагаемая доходность. Так, если бы в нашем примере налоговая ставка составила не 35%, а 45%, то эквивалентная налогооблагаемая доходность была бы равна не 5,23%, а 6,18%:

$$\text{эквивалентная налогооблагаемая доходность} = \frac{0{,}034}{1-0{,}45} = \\ = 0{,}0618 = 6{,}18\%.$$

Рынок муниципальных облигаций поделен на два крупнейших сектора: облигации, обеспеченные налоговыми поступлениями, (самыми популярными являются облигации, обеспеченные общей гарантией) и доходные облигации. Сектор доходных облигаций делится на дополнительные подгруппы, которые рассматриваются в главе 8. Для рынка необлагаемых налогом облигаций эталоном для определения спредов служат не казначейские ценные бумаги. Это чаще всего облигации, обеспеченные общей гарантией с рейтингом AAA и соответствующими сроками.

Правительства штатов и местные органы власти могут облагать налогом процентный доход от облигационных выпусков, освобожденных от федеральных налогов. Одни муниципалитеты освобождают процентный доход всех муниципальных ценных бумаг от налога, другие не делают этого. Часть штатов освобождает от налога процентный доход от облигаций, выпущенных муниципалитетами, принадлежащими штату, и облагает налогом процентный доход от облигаций, выпущенных муниципалитетами за пределами штата. Как результат, две муниципальные ценные бумаги с одним кредитным качеством и одинаковым сроком торгуются со спредом, обусловленным различным спросом на муниципальные облигации в разных штатах. Так, в штате с высоким подоходным налогом, скажем, Нью-Йорке, спрос на муниципальные облигации приводит к более низким уровням их доходности, чем доходность аналогичных ценных бумаг во Флориде, где подоходный налог ниже. Муниципальным органам власти не позволено облагать налогом процентный доход от ценных бумаг, эмитентом которых является Казначейство США. Таким образом, часть спреда между казначейскими облигациями и облагаемыми налогом неказначейскими бумагами с тем же сроком отражает стоимость освобождения от налогов штата и местных налогов.

Ожидаемая ликвидность облигационного выпуска

Облигации торгуются при разных уровнях ликвидности. Чем выше ожидаемая ликвидность, тем ниже доходность, которую требует инвестор. Мы уже писали о том, что казначейские ценные бумаги являются наиболее ликвидными ценными бумагами в мире. Более высокая доходность неказначейских ценных бумаг относительно казначейских отражает разницу в ликвидности. Различия существуют, однако, и внутри самого рынка казначейских облигаций: так, облигации последнего выпуска имеют более высокую ликвидность, нежели облигации предыдущих выпусков. В одном из исследований отмечается, что, хотя подавляющая часть премии за риск у корпоративных облигаций относительно казначейских бумаг объясняется риском дефолта, на премию за риск значительно влияет также и ликвидность корпоративных облигаций[1].

Возможность привлечения финансирования под выпуск облигаций

Управляющий портфелем может использовать облигации в качестве обеспечения для привлечения средств. Привлекая финансирование, менеджер создает кредитное плечо. Данную стратегию мы подробно обсудим в главе 24. Рынок, на котором управляющие чаще всего осуществляют привлечение средств, используя в качестве обеспечения кредита ценные бумаги, — это рынок соглашений об обратной покупке, или рынок репо. Рынок репо и сделки репо мы рассматриваем в главе 24.

---

1 Francis A. Longstaff, Sanjay Mithal, and Eric Neis, “Corporate Yield Spreads: Default Risk or Liquidity? New Evidence from the Credit Default Swap Market,” *Journal of Finance* (October 2005), pp. 2213–2253.

Как правило, если управляющий портфелем собирается привлечь финансирование через сделку репо, то необходимое финансирование ему обеспечивает дилер. Процент, который требует дилер за свои услуги, принято называть ставкой репо. Не существует единой ставки репо: ее конкретный размер зависит от срока займа, а также от особенности облигации, под которую привлекаются деньги. В определенные периоды дилерам требуются конкретные облигации, чтобы покрыть свои короткие позиции. Если дилеру необходима конкретная облигация, он, скорее всего, согласится дать кредит под более низкую ставку репо, чем текущая рыночная ставка репо. Финансирование предоставляется на более выгодных условиях, поскольку сам дилер может использовать обеспечение (ту самую облигацию, в которой он нуждался) для того, чтобы на время действия соглашения репо покрыть короткую позицию. Поскольку данная облигация открывает привлекательные для клиента финансовые возможности, цена на нее вырастает, а доходность, соответственно, падает по сравнению с аналогичными облигационными выпусками. Спред между доходностью таких облигаций и доходностью облигаций, ставка репо по которым не ниже среднерыночной, отражает более выгодные возможности привлечения финансирования. Этот спред обычно наблюдается и на рынке казначейских бумаг между последним и предыдущими выпусками. Спред между имеющими близкие сроки облигациями последнего и предыдущих выпусков отражает, таким образом, не только разницу в ликвидностях, но и преимущества финансирования. Этот спред существует, впрочем, не только между облигациями последнего и предыдущих выпусков. В определенные периоды дилерам для их целей могут срочно требоваться облигации предыдущих выпусков.

Срок до погашения

В главе 2 мы писали о том, что цена облигации меняется в течение ее срока жизни в зависимости от изменения рыночных доходностей. Время, оставшееся до конца жизни облигации, принято называть **сроком до погашения** или просто **сроком**. В главе 4 было показано, что волатильность цены облигации зависит от ее срока до погашения. А именно, при прочих равных: чем больше срок до погашения, тем выше волатильность цены, связанная с изменением рыночных доходностей. Как правило, облигации распределяют на три сектора по срокам: облигации, срок до погашения которых составляет от 1 до 5 лет, считаются **краткосрочными;** те, чей срок до погашения — от 5 до 12 лет, называют **среднесрочными**; **долгосрочными** являются облигации со сроком до погашения больше 12 лет. Спред между любыми двумя секторами по срокам называют **спредом сроков погашения**. Взаимосвязь между доходностями ценных бумаг, отличающихся только сроком до погашения, носит название **временнóй структуры процентных ставок**.

ВРЕМЕННА́Я СТРУКТУРА ПРОЦЕНТНЫХ СТАВОК

Временна́я структура процентных ставок — понятие, без которого невозможна оценка стоимости облигации. Именно поэтому в нашей книге ее описанию отведен пространный раздел.

Кривая доходности

Графическим изображением взаимосвязи между доходностями облигаций, имеющих одинаковое кредитное качество и разные сроки до погашения, служит **кривая доходности**. В прошлом инвесторы, как правило, строили кривую доходности на основании наблюдений за ценами и доходностями на рынке казначейских облигаций. Это объясняется двумя факторами. Во-первых, инвестиции в казначейские ценные бумаги не связаны с риском дефолта, и разница в кредитном качестве не влияет на доходности. Финансовые инструменты, таким образом, оказываются сравнимыми. Во-вторых, поскольку рынок казначейских ценных бумаг чрезвычайно обширен и активен, на нем с меньшей остротой стоят проблемы неликвидной или редкой торговли. Заметим, однако, что доходности казначейских ценных бумаг нередко могут быть занижены, поскольку отражают более выгодные возможности финансирования.

На рис. 5.1 представлены три типичные кривые доходности, наблюдающиеся на рынке. Информацию по дневным кривым доходности можно найти в разных источниках в режиме реального времени. Историческая информация о дневных кривых доходности начиная с 1990 г. доступна на вебсайте Министерства финансов США[1].

С практической точки зрения ценность кривой доходности казначейских облигаций заключается в следующем: данная кривая служит эталоном при ценообразовании облигаций и определяет доходности в прочих секторах долгового рынка, т. е. на рынках банковских кредитов, ипотечного

---

[1] www.treasury.gov/resource-center/data-chart-center/interest-rates/Pages/TextView.aspx?data=yield.

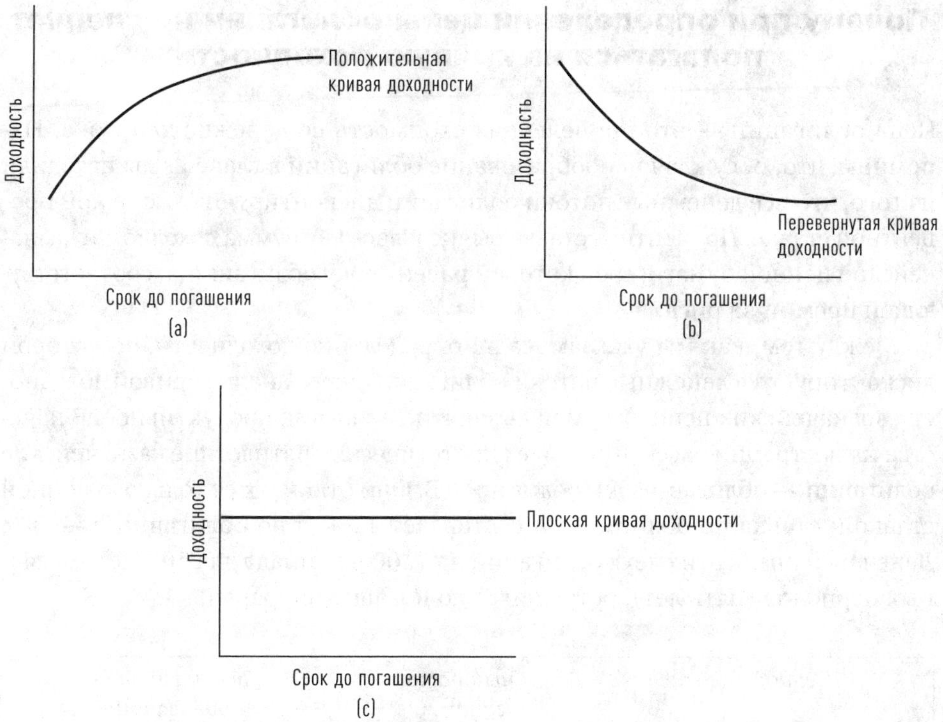

Рис. 5.1. Три формы наблюдающихся на рынке кривых доходности

кредитования, корпоративного долга и международных облигаций. Между тем в настоящее время участники рынка склонны считать традиционно выстраиваемую кривую доходности казначейских ценных бумаг неудовлетворительным аналитическим инструментом для нахождения связи между требуемой доходностью и сроком. Наиболее существенное возражение связано с тем, что в реальной практике у ценных бумаг с одинаковым сроком подчас бывает разная доходность. Далее мы покажем, что этот феномен отражает роль и влияние разницы в купонных ставках облигаций. Таким образом, нам требуется более точный и надежный способ построения кривой доходности казначейских ценных бумаг. В следующих разделах мы рассматриваем проблемы, связанные с традиционной кривой доходности казначейских облигаций, и предлагаем более корректный подход к ее построению. Суть подхода сводится к определению доходностей бескупонных облигаций: в этом случае влиянием купонной ставки на взаимосвязь доходность — срок можно пренебречь.

Почему при определении цены облигации не следует полагаться на кривую доходности

Цена облигации — это приведенная стоимость ее денежного потока. Напомним, что, обсуждая ценообразование облигаций в главе 2, мы исходили из того, что все денежные потоки облигации дисконтируются по одной процентной ставке. Процентная ставка вычислялась как сумма доходности казначейской ценной бумаги, срок которой равен сроку облигации, и соответствующей премии за риск.

Между тем, как мы уже замечали, определение доходности, по которой дисконтируются денежные потоки облигации, через анализ кривой доходности казначейских ценных бумаг — занятие не всегда продуктивное. В качестве иллюстрации рассмотрим две гипотетические пятилетние казначейские облигации — облигацию A и облигацию B. Они отличаются только купонной ставкой: ставка по облигации A составляет 12%, а по облигации B — 3%. Денежный поток этих двух облигаций на $100 номинала для 10 шестимесячных периодов (пять лет), оставшихся до погашения, равен:

Период	*Денежный поток облигации A*	*Денежный поток облигации B*
1–9	$6,00	$1,50
10	106,00	101,50

Ввиду разной структуры денежных потоков было бы неправильным использовать одну и ту же процентную ставку для дисконтирования всех денежных потоков. Разумнее было бы дисконтировать каждый из денежных потоков по особой ставке, соответствующей периоду времени, в который данный поток поступит к инвестору. Остается выяснить, каким образом определить значения процентных ставок для каждого из периодов.

Представим ценные бумаги A и B не как облигации, а как «пакеты» денежных потоков. Точнее говоря, это «пакеты» бескупонных инструментов. Заработанный инвестором процент по каждому из этих бескупонных инструментов будет равен разнице между номинальной стоимостью и ценой приобретения. Так, облигацию A можно рассматривать как 10 бескупонных инструментов: один имеет номинальную стоимость $6 и срок полгода; второй — номинальную стоимость $6 и срок год; третий — номинальную стоимость $6 и срок полтора года и т. д. Последний бескупонный долговой инструмент имеет срок погашения, равный 10 полугодовым периодам, его номинальная стоимость составляет $106. Облигация B также может рассматриваться как 10 бескупонных инструментов: первые девять будут иметь номинальную стоимость $1,50; последний — номинальную стоимость $101,50. Очевидно, что стоимость, или цена, каждой из купонных облигаций (A и B) будет равна общей сумме стоимостей ее бескупонных компонентов.

В качестве набора бескупонных инструментов может рассматриваться любая облигация. Сроком погашения бескупонного инструмента, входящего в «пакет», будет считаться дата осуществления купонной выплаты или, если речь идет о номинале, дата погашения самой облигации. Стоимость облигации будет равна сумме стоимостей всех входящих в состав пакета бескупонных компонентов. Если же это равенство на практике не выполняется, то участнику рынка предоставляется возможность «расщепить» (*strip*) облигацию и через продажу стрипов на рынке получить безрисковую прибыль (подробнее см. главу 6).

Для того чтобы верно определить стоимость каждого из бескупонных инструментов, инвестору необходимо знать доходность бескупонной казначейской ценной бумаги с таким же сроком. Такая доходность носит название **спот-ставки**, а графическое изображение взаимосвязи между спот-ставкой и сроком принято называть **кривой спот-ставок**. Поскольку наибольший срок бескупонных казначейских долговых обязательств — один год, такую кривую невозможно построить, исходя исключительно из наблюдений за реальной торговой активностью на рынке казначейских бумаг. Построение кривой спот-ставок основывается на теоретических выводах, сделанных на базе изучения доходностей реально торгующихся казначейских купонных долговых обязательств. Речь, таким образом, идет о **кривой теоретических спот-ставок**, являющейся наглядным отражением **временной структуры процентных ставок.**

Построение кривой теоретических спот-ставок казначейских ценных бумаг

Идеальная кривая теоретических спот-ставок может быть получена на основе значений доходностей казначейских долговых обязательств[1]. В качестве исходных данных выбираются данные о доходностях:

1) последнего выпуска казначейских облигаций;
2) последнего выпуска казначейских облигаций и избранных казначейских облигаций предыдущих выпусков;

[1] Текст раздела взят из главы 5 книги: Frank J. Fabozzi, *Fixed Income Analysis for the Chartered Financial Analyst* (New Hope, PA: Frank J. Fabozzi Associates, 2000).

3) всех казначейских купонных облигаций и векселей;
4) стрипов казначейских купонных ценных бумаг.

(Каждый из типов казначейских ценных бумаг подробно описан в следующей главе). После того как будут выбраны ценные бумаги, анализ которых даст возможность построить кривую теоретических спот-ставок, следует определить методологию построения кривой. Тип методологии зависит от вида ценных бумаг. Если в качестве материала используются стрипы купонных облигаций, процедура будет простой, поскольку наблюдаемые доходности равны спот-ставкам. Если кривая строится исходя из доходностей казначейских облигаций последнего выпуска (вместе с ними могут рассматриваться избранные казначейские облигации предыдущих выпусков), применяется методология, известная как «бутстреппинг» (*bootstrapping*). Если рассматриваются сразу все купонные казначейские облигации и векселя, приходится прибегать к помощи сложных статистических методов.

Последние выпуски казначейских облигаций

Последним называют выпуск казначейских облигаций с данным сроком, размещенный на аукционе в самое последнее время. К этой категории относятся казначейские векселя со сроком 3 месяца, 6 месяцев и 1 год; казначейские ноты со сроком 2 года, 5 лет и 10 лет; а также казначейские облигации со сроком 30 лет. Казначейские векселя являются бескупонными инструментами, ноты и облигации — это ценные бумаги с купонными выплатами.

Для каждой из ценных бумаг последнего выпуска известны наблюдаемые доходности. Для каждой из купонных ценных бумаг последнего выпуска находится значение доходности, необходимой для того, чтобы данная бумага торговалась по номиналу. Полученная кривая доходности казначейских облигаций последнего выпуска носит название **номинальной купонной кривой.**

Цель исследования — построение кривой теоретических спот-ставок с 60 полугодовыми спот-ставками: от полугодовой спот-ставки до ставки 30-летней. Казначейские облигации последнего выпуска дают нам всего восемь точек (трехмесячные векселя в расчет не принимаются). Недостающие 52 значения интерполируются из наиболее близких точек номинальной кривой доходности. Самый простой и наиболее часто употребляемый способ интерполяции — это линейная экстраполяция. Имея значения доходностей для двух сроков на номинальной купонной кривой, мы можем провести следующие вычисления:

$$\frac{\text{доходность для большего срока} - \text{доходность для меньшего срока}}{\text{число полугодовых периодов между двумя точками на шкале сроков} + 1}.$$

Доходности для всех промежуточных полугодовых точек на шкале сроков вычисляются путем прибавления к доходности для меньшего срока полученного согласно формуле результата.

Предположим, например, что на номинальной кривой доходности казначейских облигаций последнего выпуска значения доходностей для срока два года и пять лет составляют соответственно 6% и 6,6%. Между этими двумя точками на шкале сроков умещается шесть полугодовых периодов. Экстраполированные доходности для сроков 2; 2,5; 3; 3,5; 4 и 4,5 находятся следующим образом.

Сначала получим:

$$\frac{6{,}6\% - 6\%}{6} = 0{,}10\%.$$

Затем:

доходность для 2,5 лет = 6,00% + 0,10% = 6,10%;
доходность для 3,0 лет = 6,10% + 0,10% = 6,20%;
доходность для 3,5 лет = 6,20% + 0,10% = 6,30%;
доходность для 4,0 лет = 6,30% + 0,10% = 6,40%;
доходность для 4,5 лет = 6,40% + 0,10% = 6,50%.

Вычисления, основанные исключительно на облигациях последнего выпуска, неудобны с двух точек зрения. Во-первых, две точки на шкале сроков могут быть разделены значительным расстоянием, и метод линейной интерполяции, который будет применен для вычисления промежуточных доходностей, даст в этом случае весьма приблизительный результат. Данное замечание в первую очередь касается промежутков между сроками 5 и 10 лет и 10 и 30 лет. Вторая сложность связана с анализом самих наблюдаемых доходностей облигаций последнего выпуска: как мы знаем, большинство из них отражает благоприятные возможности финансирования, которые предоставляются таким ценным бумагам на рынке репо. Реальная доходность, таким образом, окажется выше котируемой (наблюдаемой).

Покажем теперь, каким образом с помощью метода бутстреппинга номинальная кривая доходности может быть превращена в кривую теоретических спот-ставок. Для упрощения процедуры мы будем строить кривую теоретических спот-ставок для временного промежутка, равного 10 годам.

Нам предстоит, следовательно, подсчитать значения 20 полугодовых спот-ставок. За номинальную кривую возьмем кривую, представленную в табл. 5.4[1].

Таблица 5.4. Срок и доходность к погашению 20 гипотетических казначейских облигаций[a]

Период	Годы	Доходность к погашению/купонная ставка (%)
1	0,5	5,25
2	1,0	5,50
3	1,5	5,75
4	2,0	6,00
5	2,5	6,25
6	3,0	6,50
7	3,5	6,75
8	4,0	6,80
9	4,5	7,00
10	5,0	7,10
11	5,5	7,15
12	6,0	7,20
13	6,5	7,30
14	7,0	7,35
15	7,5	7,40
16	8,0	7,50
17	8,5	7,60
18	9,0	7,60
19	9,5	7,70
20	10,0	7,80

[a] Все облигации, за исключением полугодовой и годовой, торгуются по номиналу (100). Для таких облигационных выпусков купонная ставка равна доходности к погашению. Облигации с сроком полгода и год являются бескупонными инструментами с ценой меньшей, чем номинал.

Процедура построения кривой теоретических спот-ставок на основе наблюдаемых доходностей казначейских ценных бумаг иллюстрируется на примере данных о цене, годовой доходности (доходности к погашению) и сроке 20 гипотетических казначейских облигаций, представленных в табл. 5.4. Предполагается, что рыночная цена каждой из облигаций равна ее номинальной

[1] Обратите внимание на то, что в табл. 5.4 для получения значений доходностей промежуточных точек срока метод линейной интерполяции не применялся.

стоимости. Таким образом, доходность к погашению и купонная ставка совпадают.

В ходе дальнейших рассуждений мы будем опираться на высказанное ранее утверждение: стоимость купонной казначейской ценной бумаги равна стоимости «пакета» бескупонных казначейских ценных бумаг, денежные потоки по которым имеют размер денежных потоков, поступающих от купонных выплат.

Рассмотрим представленный в табл. 5.4 казначейский вексель со сроком погашения шесть месяцев. В главе 6 мы расскажем о том, что казначейские векселя являются бескупонными инструментами; таким образом, годовая доходность в 5,25% равна в этом случае спот-ставке. Для казначейского векселя со сроком один год доходность 5,5% также равна годовой спот-ставке. На основании данных двух спот-ставок мы можем вычислить спот-ставку теоретической бескупонной казначейской облигации со сроком 1,5 года. Цена теоретической бескупонной казначейской ценной бумаги со сроком погашения 1,5 года будет равна приведенной стоимости трех денежных потоков реальной купонной казначейской облигации со сроком 1,5 года: доходность, используемая для дисконтирования в этом случае, и будет спот-ставкой, соответствующей данному денежному потоку. В табл. 5.4 приводится купонная ставка казначейской облигации со сроком 1,5 года; она равна 5,75%. При номинале в \$100 денежный поток для этой казначейской ценной бумаги может быть вычислен как:

0,5 года:	0,0575 × \$100 × 0,5	= \$2,875;
1 год:	0,0575 × \$100 × 0,5	= 2,875;
1,5 года:	0,0575 × \$100 × 0,5 + 100	= 102,875.

Тогда приведенная стоимость денежного потока будет равна:

$$\frac{2{,}875}{1+z_1}+\frac{2{,}875}{(1+z_2)^2}+\frac{102{,}875}{(1+z_3)^3},$$

где:

z_1 — половина шестимесячной теоретической спот-ставки, выраженной в процентах годовых;

z_2 — половина годовой теоретической спот-ставки;

z_3 — половина полуторагодовой теоретической спот-ставки, выраженной в процентах годовых.

Поскольку значения полугодовой и годовой спот-ставки составляют соответственно 5,25% и 5,50%, мы знаем, что:

$$z_1 = 0{,}02625, \text{ а } z_2 = 0{,}0275.$$

Приведенная стоимость полуторагодовой купонной казначейской облигации может быть вычислена как:

$$\frac{2{,}875}{1{,}02625}+\frac{2{,}875}{1{,}0275^2}+\frac{102{,}875}{(1+z_3)^3}.$$

Поскольку цена купонной казначейской облигации сроком 1,5 года составляет \$100, можно считать верным следующее равенство:

$$100=\frac{2{,}875}{1{,}02625}+\frac{2{,}875}{1{,}0275^2}+\frac{102{,}875}{(1+z_3)^3}.$$

Теоретическая полуторагодовая спот-ставка находится как:

$$100=2{,}801461+2{,}723166+\frac{102{,}875}{(1+z_3)^3};$$

$$94{,}47537=\frac{102{,}875}{(1+z_3)^3};$$

$$(1+z_3)^3=1{,}028798;$$

$$z_3=0{,}028798.$$

Удвоив эту доходность, получим доходность, эквивалентную облигационной, в размере 0,0576, т. е. 5,76%. Это и есть теоретическая спот-ставка для срока полтора года, т. е. ставка, с которой торговались бы на рынке полуторагодовые бескупонные ценные бумаги, если бы они существовали в действительности.

Зная теоретическую спот-ставку для полутора лет, мы можем найти теоретическую спот-ставку для срока 2 года. Денежный поток двухлетней купонной казначейской ценной бумаги, представленной в табл. 5.4, равен:

0,5 лет: $0{,}060 \times \$100 \times 0{,}5 = \$3{,}00;$
1 год: $0{,}060 \times \$100 \times 0{,}5 = 3{,}00;$
1,5 года: $0{,}060 \times \$100 \times 0{,}5 = 3{,}00;$
2 года: $0{,}060 \times \$100 \times 0{,}5 + 100 = 103{,}00.$

Тогда приведенная стоимость денежного потока равна:

$$\frac{3{,}00}{1+z_1}+\frac{3{,}00}{(1+z_2)^2}+\frac{3{,}00}{(1+z_3)^3}+\frac{103{,}00}{(1+z_4)^4},$$

где z_4 — половина теоретической спот-ставки для срока два года. Поскольку полугодовая спот-ставка, годовая спот-ставка и полуторагодовая спот-ставка составляют соответственно 5,25, 5,50 и 5,76%, то:

$$z_1 = 0{,}02625 \quad z_2 = 0{,}0275 \quad z_3 = 0{,}028798.$$

Таким образом, приведенная стоимость двухлетней купонной казначейской облигации будет равна:

$$\frac{3{,}00}{1{,}002625}+\frac{3{,}00}{1{,}0275^2}+\frac{3{,}00}{1{,}028798^3}+\frac{103{,}00}{(1+z_4)^4}.$$

Зная, что цена двухлетней купонной казначейской облигации составляет \$100, мы можем записать следующее отношение:

$$100=\frac{3{,}00}{1{,}002625}+\frac{3{,}00}{1{,}0275^2}+\frac{3{,}00}{1{,}028798^3}+\frac{103{,}00}{(1+z_4)^4}.$$

Теоретическая спот-ставка для срока два года вычисляется следующим образом:

$$100=2{,}92326+2{,}84156+\frac{103{,}00}{(1+z_4)^4};$$

$$91{,}48011=\frac{103{,}00}{(1+z_4)^4};$$

$$(1+z_4)^4=1{,}125927;$$

$$z_4=0{,}030095.$$

Удвоив полученную доходность, мы найдем значение доходности, эквивалентной облигационной, — иными словами, значение теоретической двухлетней спот-ставки, равное 6,02%.

Предлагаем читателю самостоятельно продолжить наши рассуждения и найти теоретическую спот-ставку для срока 2,5 года. Напомним, что для этого понадобятся полученные выше величины z_1, z_2, z_3, z_4 (спот-ставки для сроков 6 месяцев, год, полтора и два года), а также значение цены и купонов облигации со сроком погашения 2,5 года. Аналогичным образом могут быть получены теоретические спот-ставки для всех прочих 15 полугодовых промежутков.

Спот-ставки, вычисленные нами, собраны в табл. 5.5. Представленные здесь данные — это временна́я структура процентных ставок для длительностей до 10 лет в момент, соответствующий данным котировкам цены.

В табл. 5.5 приведены спот-ставки, используемые в этом процессе. Они представляют временную структуру процентных ставок для сроков до 10 лет на момент котирования цены облигаций.

Таблица 5.5. Теоретические спот-ставки

Период	Годы	Спот-ставка (%)
1	0,5	5,25
2	1,0	5,50

Окончание табл. 5.5

Период	Годы	Спот-ставка (%)
3	1,5	5,76
4	2,0	6,02
5	2,5	6,28
6	3,0	6,55
7	3,5	6,82
8	4,0	6,87
9	4,5	7,09
10	5,0	7,20
11	5,5	7,26
12	6,0	7,31
13	6,5	7,43
14	7,0	7,48
15	7,5	7,54
16	8,0	7,67
17	8,5	7,80
18	9,0	7,79
19	9,5	7,93
20	10,0	8,07

Казначейские облигации последнего выпуска и избранные казначейские облигации предыдущих выпусков

Как мы уже писали, один из недостатков использования исключительно казначейских облигаций последнего выпуска обусловлен существованием больших «провалов» между сроками погашения, в особенности после пяти лет. Для устранения этой проблемы часть дилеров используют некоторые казначейские облигации предыдущих выпусков. Как правило, в этом случае используются облигации сроком погашения 20 и 25 лет. Для заполнения оставшихся «пустот» используется метод линейной экстраполяции. Напомним, что номинальная кривая включает на этот раз данные об избранных казначейских бумагах предыдущих выпусков. Построение кривой теоретических спот-ставок проходит методом бутстреппинга.

Все казначейские купонные облигации и векселя

Используя для анализа только последние выпуски, даже дополненные предыдущими облигационными выпусками, инвестор оказывается не в состоянии учесть всю полноту информации о ценах на казначейские облигации. Часть исследователей полагает поэтому, что достоверная кривая теоретических спот-ставок может быть построена только исходя из данных обо всех казначейских облигациях и векселях. Некоторые специалисты, впрочем, не используют казначейские облигации с правом досрочного погашения[1].

Построение кривой теоретических спот-ставок на основании всех купонных казначейских облигаций и векселей проводится с помощью статистических методов: бутстреппинг не действует, поскольку для каждого срока может существовать более одного значения доходности. Для построения кривой спот-ставок в разное время было предложено несколько статистических техник. Наиболее распространенной является сплайн-аппроксимация[2]. В статистическую модель могут быть включены также поправки на характерные для американских казначейских ценных бумаг эффекты налогообложения и использования права досрочного отзыва. Обсуждение достоинств и недостатков данного статистического метода выходит за рамки данной главы[3].

Стрипы купонных казначейских облигаций

Из текста следующей главы мы узнаем, что стрипы купонных казначейских облигаций — это бескупонные казначейские финансовые инструменты. Было бы логично, вместо того чтобы идти по длинному и трудоемкому пути, описанному нами выше, строить кривую спот-ставок на основании реально наблюдаемых доходностей стрипов. Между тем исследователь,

---

1 Обычная практика фильтрации казначейских ценных бумаг предполагает исключение облигаций, позволяющих получить благоприятные возможности финансирования на рынке репо.

2 Willard R. Carleton and Ian Cooper «Estimation and Uses of the Term Structure of Interest Rates», *Journal of Finance*, September 1976, pp. 1067–1083; J Huston McCulloch, «Measuring the Term Structure of Interest Rates», *Journal of Business*, January 1971, pp. 19–31; McCulloch «The Tax Adjusted Yield Curve», *Journal of Finance*, June 1975, pp. 811–830.

3 См.: Oldrich A. Vasicek and Gifford Fong «Term Structure Modeling Using Exponential Splines», *Journal of Finance*, May 1982, pp. 339–358. В качестве примера дилерской модели советуем изучить: Arnold Shapiro et al., *Merrill Lynch Exponential Spline Model*, Merrill Lynch & Co., Global Securities Research & Economics Group, Fixed Income Analytics, August 8, 1994.

использующий в ходе анализа наблюдаемые доходности стрипов, сталкивается с тремя видами трудностей. Во-первых, ликвидность рынка стрипов не так высока, как ликвидность рынка казначейских купонных ценных бумаг. Наблюдаемые ставки, таким образом, отражают премию за ликвидность.

Во-вторых, налогообложение стрипов отличается от налогообложения казначейских купонных ценных бумаг. В частности, налогом облагается накопленный купонный доход от стрипов, даже если инвестор не получает при этом денежных средств. С точки зрения налогооблагаемых юридических лиц, эта ценная бумага дает, таким образом, отрицательный денежный поток — очевидно, что данное неудобство также отражается на доходности.

И наконец, стрипами определенных сроков активно торгуют некоторые неамериканские инвесторы, руководствующиеся в этом случае соображениями более выгодного налогообложения. Так, налоговые законодательства некоторых иностранных государств позволяют своим гражданам рассматривать разницу между номинальной стоимостью и ценой покупки как прирост капитала, который облагается налогом по щадящей ставке. Иногда такая щадящая ставка применяется только для стрипов, созданных на основе номинала, а не купона. Именно поэтому для построения кривой спот-ставок используются только стрипы купонных казначейских бумаг.

Применение кривой теоретических спот-ставок

Покажем теперь, каким образом спот-ставки помогают оценить облигацию. В главе 2 мы описали процесс ценообразования, исходя из предположения о том, что все денежные потоки дисконтируются по единой ставке. Табл. 5.6 демонстрирует возможность выявления действительной стоимости казначейской облигации с помощью теоретических спот-ставок. Облигация, о которой идет речь, — гипотетическая 10-летняя казначейская ценная бумага с купонной ставкой 10%.

Третья колонка таблицы дает представление о денежном потоке на $100 номинала в каждый из 20 полугодовых периодов. Четвертая колонка — теоретическая спот-ставка для каждого срока, представленного в табл. 5.5. Пятая колонка демонстрирует дисконтированную по теоретической спот-ставке из четвертой колонки стоимость $1. Последняя колонка показывает приведенную стоимость денежного потока, найденную умножением значений третьей и пятой колонок. Теоретическая цена нашей облигации складывается из сумм приведенных стоимостей, стоящих в последней колонке; она равна $115,4206.

Таблица 5.6. Определение теоретической стоимости 10-летней казначейской облигации с купоном 10% с использованием теоретических спот-ставок

Период	Годы	Денежный поток	Спот-ставка (%)	Стоимость $1, дисконтированного по спот-ставке	Приведенная стоимость денежного потока
1	0,5	5	5,25	0,974421	4,872107
2	1,0	5	5,50	0,947188	4,735942
3	1,5	5	5,76	0,918351	4,591756
4	2,0	5	6,02	0,888156	4,440782
5	2,5	5	6,28	0,856724	4,283619
6	3,0	5	6,55	0,824206	4,12103
7	3,5	5	6,82	0,790757	3,953783
8	4,0	5	6,87	0,763256	3,81628
9	4,5	5	7,09	0,730718	3,653589
10	5,0	5	7,20	0,701952	3,509758
11	5,5	5	7,26	0,675697	3,378483
12	6,0	5	7,31	0,650028	3,250138
13	6,5	5	7,43	0,622448	3,112238
14	7,0	5	7,48	0,597889	2,989446
15	7,5	5	7,54	0,573919	2,869594
16	8,0	5	7,67	0,547625	2,738125
17	8,5	5	7,80	0,521766	2,608831
18	9,0	5	7,79	0,502665	2,513325
19	9,5	5	7,93	0,477729	2,388643
20	10,0	105	8,07	0,453268	47,593170
				Теоретическая стоимость = 115,4206	

Мы установили, что цена казначейской облигации должна быть равна приведенной стоимости ее денежного потока, причем каждая из составляющих общего денежного потока дисконтируется по теоретической спот-ставке. Возникает вопрос: что заставляет казначейскую облигацию оцениваться в соответствии со спот-ставкой? Ответ прост: в качестве действующей силы здесь выступает арбитраж. Вспомним, что теоретическая цена $115,4206 может рассматриваться как стоимость «пакета» бескупонных инструментов: если наша 10-летняя казначейская ценная бумага с 10%-ным купоном будет куплена, а затем расщеплена и продана, то выручка от продажи составит $115,4206. Полученные ценные бумаги — стрипы — будут подробно описаны в главе 6.

Предположим теперь, что рынок оценил 10-летнюю казначейскую облигацию с 10%-ным купоном исходя из доходности к погашению 10-летних казначейских ценных бумаг, представленной на кривой доходности. Из табл. 5.4 видно, что доходность к погашению 10-летней казначейской ценной бумаги равна 7,8%. Если 10-летняя казначейская ценная бумага с купоном 10% оценивается с помощью дисконтной ставки 7,8%, ее цена равна $115,0826, что меньше ее теоретической стоимости. Дилер рынка казначейских бумаг, имеющий возможность приобрести казначейскую облигацию по $115,0826, купит ее, затем расщепит и продаст полученные бескупонные инструменты. Как мы только что видели, выручка от продажи стрипов в этом случае составит $115,4206. Дилер, таким образом, заработает арбитражную прибыль в размере $0,338 на $100 номинала. Стремление дилеров получить такую арбитражную прибыль приведет к движению цен на данную казначейскую облигацию. Арбитраж перестанет существовать только в момент, когда цена достигнет значения $115,4206, т. е. сравняется с теоретической стоимостью, предполагающей, что денежные потоки дисконтированы по теоретическим спот-ставкам. Наш пример наглядно демонстрирует механизм ценообразования казначейских облигаций исходя из теоретических спот-ставок.

Спот-ставки и базовая процентная ставка

Мы можем теперь вернуться к данному ранее определению базовой процентной ставки для данного срока. Говоря о базовой ставке, мы будем отныне иметь в виду не просто доходность казначейской облигации последнего выпуска определенного срока, но теоретическую спот-ставку для казначейских бумаг с этим сроком. Определяя стоимость неказначейской ценной бумаги, величину премии за риск следует прибавлять именно к значению теоретической спот-ставки.

Форвардные ставки

Мы видели, что на основании кривой доходности может быть проведена экстраполяция теоретических спот-ставок. Между тем нам следовало бы экстраполировать и другое значение, которое нередко называют «мнением рынка относительно будущих процентных ставок». Для того чтобы представить, насколько важно знать мнение рынка о будущих процентных ставках, рассмотрим две возможности вложения капитала, которые предоставляются инвестору с инвестиционным горизонтом в один год:

Возможность 1: купить финансовый инструмент со сроком погашения один год.

Возможность 2: купить инструмент со сроком шесть месяцев, а затем купить другой инструмент с тем же сроком.

Выбрав возможность 1, инвестор совершит капиталовложение под годовую спот-ставку — эта ставка заранее точно известна. Выбирая возможность 2, инвестор точно знает свою первую полугодовую спот-ставку и не имеет представления о второй — той, которая будет установлена через шесть месяцев с настоящего времени. Таким образом, в варианте 2 доходность, которую можно получить, инвестировав средства на год, заранее не ясна. Это положение наглядно представлено на рис. 5.2.

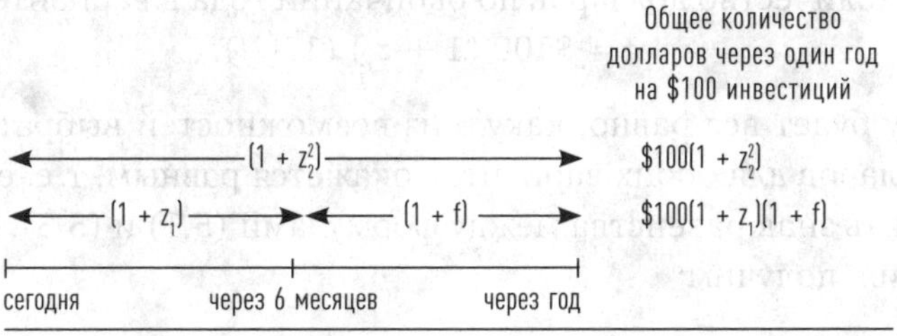

Рис. 5.2. Две возможности вложения капитала сроком на один год

Допустим, инвестор рассчитывает на то, что через шесть месяцев полугодовая ставка будет выше, чем в настоящее время. На первый взгляд, возможность 2 представляется в этой ситуации более привлекательной. Между тем такой вывод вполне может оказаться неверным. Почему? Продолжим наши рассуждения. Они приведут нас, в частности, к осознанию важности такого фактора, как мнение рынка о будущих процентных ставках.

Возможности 1 и 2 покажутся равно привлекательными инвестору, если по окончании временного горизонта в один год обе принесут одинаковое количество долларов. Допустим, что годовая спот-ставка известна; ставку на шестимесячный финансовый инструмент, приобретаемый через шесть месяцев с настоящего времени, которая позволит уравнять две возможности, обозначим как f.

Величину f можно без труда найти, зная теоретическую годовую спот-ставку и спот-ставку для полугода. Если инвестор вкладывает $100 в финансовый инструмент со сроком один год (возможность 1), общее количество долларов, которое он получит по окончании этого года, будет равно:

$$\text{общее количество долларов по окончании года в варианте 1} = \\ = \$100\,(1 + z_2)^2, \qquad (5.1)$$

где z_2 — годовая спот-ставка (напомним, что мы работаем с полугодовыми периодами; индекс 2 обозначает здесь два периода, равных шести месяцам, или один год).

Инвестиция, осуществленная на полгода, по полугодовой спот-ставке через шесть месяцев принесет следующее количество долларов:

$$\text{общее количество долларов по окончании полугода в варианте 2} = \$100\,(1 + z_1), \tag{5.2}$$

где z_1 — полугодовая спот-ставка. Если сумма, вычисленная по формуле (5.2), будет через шесть месяцев реинвестирована под полугодовую ставку, которую мы обозначили как f, общее количество долларов через год составит:

$$\text{общее количество долларов по окончании года в варианте 2} = \$100\,(1 + z_1)\,(1 + f). \tag{5.3}$$

Инвестору будет все равно, какую из возможностей выбрать, если количество долларов для обоих вариантов окажется равным, т. е. если можно будет поставить знак равенства между формулами (5.1) и (5.3). Приравняв два выражения, получим:

$$\$100\,(1 + z_2)^2 = \$100\,(1 + z_1)\,(1 + f). \tag{5.4}$$

Из формулы (5.4) очевидно, что:

$$f = \frac{(1+z_2)^2}{1+z_1} - 1. \tag{5.5}$$

Удваивая f, получаем эквивалентную облигационной доходность для полугодовой ставки, которая будет установлена на рынке через шесть месяцев.

Продемонстрируем применение формулы (5.5) на примере теоретических спот-ставок, представленных в табл. 5.5. Из таблицы известно, что:

полугодовая спот-ставка = 0,0525, т. е. $z_1 = 0{,}02625$;
годовая спот-ставка = 0,0550, т. е. $z_2 = 0{,}02750$.

Подставляем необходимые значения в формулу (5.5) и получаем:

$$f = \frac{1{,}02750^2}{1{,}02625} - 1 = 0{,}028752.$$

Следовательно, годовая эквивалентная облигационной ставка для f составит 5,75% (2,8752% × 2).

Анализ данного значения проводится следующим образом. Если через полгода шестимесячная ставка будет меньше чем 5,75%, выгоднее инвестировать в инструмент со сроком погашения один год (возможность 1). Если через полгода шестимесячная ставка будет больше, чем 5,75%, выгоднее инвестировать в инструмент со сроком полгода, а затем реинвестировать полученные деньги еще на полгода по установившейся новой полугодовой ставке (возможность 2). Очевидно, что, если через полгода полугодовая ставка составит 5,75%, обе возможности через год принесут равное количество долларов.

Мы получили интересовавшее нас значение f и знаем, как его следует интерпретировать, — вернемся же к проблеме, поставленной в начале раздела. Из табл. 5.6 известно, что полугодовая спот-ставка равна 5,25%. Допустим, инвестор предполагает, что через полгода полугодовая ставка составит 5,60%. Иными словами, инвестор считает, что полугодовая ставка поднимется на более высокий уровень. Следует ли, исходя исключительно из этого предположения, выбирать инвестиционную возможность 2? Ответ на вопрос должен быть отрицательным. Мы уже видели, что при ставке меньшей чем 5,75%, лучшим вариантом является возможность 1. Наш инвестор ожидает, что размер ставки составит 5,60% — это значит, что, несмотря на ожидаемое повышение полугодовой ставки, ему следует выбрать первую инвестиционную возможность.

Вывод может показаться неожиданным; между тем читателю не следует забывать о том, что рынок учитывает предположения основной массы инвесторов относительно будущих процентных ставок, отражая их в текущих ставках на инвестиции с различными сроками. Именно поэтому нам так важно знать мнение участников рынка о будущих ставках. Ставка, обозначенная как f, — это ставка на шестимесячные финансовые инструменты, которая, по мнению большинства, будет наблюдаться на рынке через полгода. Будущая процентная ставка, вычисленная на основе значений спот-ставок либо кривой доходности, носит название **форвардной ставки.**

Взаимосвязь форвардных ставок и спот-ставок

Взаимосвязь между спот-ставкой для t периодов, текущей полугодовой спот-ставкой и полугодовыми форвардными ставками можно выразить следующим образом:

$$z_2 = [(1 + z_1)(1 + f_1)(1 + f_2)(1 + f_3)\ldots(1 + f_{t-1})]^{1/t} - 1, \qquad (5.6)$$

где f_t — полугодовая форвардная ставка, которая установится на рынке через t полугодовых периодов с настоящего времени.

Продемонстрируем использование формулы (5.6) на примере взаимосвязи пятилетней (10-периодной) спот-ставки и полугодовых форвардных ставок. Полугодовые форвардные ставки были рассчитаны исходя из спот-ставок, приведенных в табл. 5.5. Значения, обозначенные нами как f_1 — f_9, приводятся ниже:

$$f_1 = 0{,}02875 \quad f_2 = 0{,}03140 \quad f_3 = 0{,}03670 \quad f_4 = 0{,}03945$$
$$f_5 = 0{,}04320 \quad f_6 = 0{,}03605 \quad f_7 = 0{,}04455 \quad f_8 = 0{,}04100$$
$$f_9 = 0{,}03885.$$

Полугодовая спот-ставка составляет 2,625% (5,25%, если говорить о доходности, эквивалентной облигационной). Подставив нужные значения в формулу (5.6), получим:

$$z_{10} = (1{,}02875 \times 1{,}02625 \times 1{,}03140 \times 1{,}03670 \times 1{,}03945 \times 1{,}04320 \times$$
$$\times 1{,}03605 \times 1{,}04455 \times 1{,}04100 \times 1{,}03855)^{1/10} - 1 = 0{,}036 = 3{,}6\%.$$

Заметим, что удвоение полученного результата дает значение пятилетней (10-периодной) спот-ставки, приведенное в табл. 5.5.

Прочие форвардные ставки

Ход рассуждений может быть продолжен. Инвестору незачем ограничиваться вычислением полугодовой форвардной ставки. С помощью значений спот-ставок мы в состоянии подсчитать форвардную ставку на любой момент времени в будущем для любого инвестиционного горизонта. Мы без труда узнаем, например:

- форвардную ставку, которая через пять лет установится на срок два года;
- форвардную ставку, которая через 10 лет установится на срок шесть лет;
- форвардную ставку, которая через три года установится на срок семь лет.

Форвардная ставка как хеджируемая ставка

В разговоре о форвардной ставке неизбежно возникает вопрос: насколько хорошо она предсказывает будущую процентную ставку? Исследования показали: форвардные ставки не в состоянии дать полноценную информацию о будущих процентных ставках[1]. Читатель вправе спросить: для чего тогда служит данная величина? Напомним приведенное выше описание двух инвестиционных возможностей: форвардные ставки помогают инвестору сравнить свои ожидания с ожиданиями большинства и таким образом принять верное решение относительно выбора типа капиталовложений.

Возможно, что полугодовая форвардная ставка, вычисленная в нашем примере, на рынке так и не установится. Для инвестора, однако, этот факт не имеет значения. Форвардная ставка служит своего рода знаком, указывающим верное направление движения: если вы ожидаете, что через полгода на рынке на полугодовой инструмент установится ставка меньшая, чем 5,75%, выбирайте возможность 1.

Читатель поймет теперь, почему часть участников рынка, говоря о форвардных ставках, предпочитает делать акцент не на их соотнесении с мнением большинства, а на необходимости их **хеджирования**. Так, приобретая ценную бумагу со сроком один год, инвестор хеджирует ставки, которые через полгода установятся на полугодовые долговые инструменты.

Факторы, влияющие на графический тип временной структуры процентных ставок

Каким образом будет выглядеть графическое изображение временной структуры процентных ставок — доходностей к погашению или спот-ставок для последовательных сроков? На рис. 5.1 приведены три наиболее характерных кривых, наблюдаемых на рынках американских казначейских ценных бумаг. В табл. 5.7 представлены данные по пяти дневным кривым доходности.

Таблица 5.7. Кривые доходности казначейских облигаций для пяти дат

Дата	3-мес.	6-мес.	1-летн.	2-летн.	3-летн.	5-летн.	7-летн.	10-летн.	20-летн.	30-летн.	Форма
23/04/2001	3,75	3,78	3,75	3,77	4,15	4,38	4,78	5,06	5,84	5,73	Нормальная
10/04/1992	3,74	3,88	4,12	5,16	5,72	6,62	7,03	7,37	Н.д.	7,89	Крутая
14/08/1981	Н.д.	Н.д.	16,71	16,91	15,88	15,34	15,04	Н.д.	14,74	13,95	Перевернутая
03/01/1990	7,89	7,94	7,85	7,94	7,96	7,92	8,04	7,99	Н.д.	8,04	Плоская
04/01/2001	5,37	5,20	4,82	4,77	4,78	4,82	5,07	5,03	5,56	5,44	Выпуклая

Примечание: данные для 23/04/2001, 10/04/1992, 03/01/1990 и 04/01/2001 получены из информации о дневных кривых доходностей, предоставляемой Казначейством США. Данные для 14/08/1981 получены из таблиц кривых казначейских доходностей, опубликованных Казначейством США.

[1] Eugene F. Fama, "Forward Rates as Predictors of Future Spot Rates," *Journal of Financial Economics*, Vol. 3, No. 4, 1976, pp. 361–377.

График (a) на рис. 5.1 — это растущая кривая: при увеличении срока доходность неизменно растет. Такая кривая получила название **положительной кривой доходности**. Участники рынка дифференцируют положительные кривые доходности по их крутизне, или наклону. Наклон обычно измеряют через спреды по срокам, где спред по срокам представляет собой разницу между долгосрочной и краткосрочной доходностями. Хотя для определения долгосрочной и краткосрочной доходностей можно выбрать множество различных сроков, мы используем в нашем примере спред между 6-месячной и 30-летней доходностями.

Первые две дневные кривые доходности в табл. 5.7 являются положительными. Обратите внимание на то, что 3-месячная и 6-месячная доходности примерно одинаковы для обеих дат. Вместе с тем степень наклона различна. Спред по срокам между 30-летней и 6-месячной доходностями (т. е. спред 30 лет/6 месяцев) составляет 195 базисных пунктов (5,73% – 3,78%) на 23.04.01 и 401 базисный пункт (7,89% – 3,88%) на 10.04.92. На рынке принято называть положительную кривую доходности, у которой спред по срокам между 6-месячной и 30-летней доходностью составляет 300 базисных пунктов или менее, **нормальной кривой доходности**; когда спред по срокам превышает 300 базисных пунктов, говорят о **крутой кривой доходности**.

Когда спред по срокам у кривой доходности растет (или, на рыночном жаргоне, «расширяется»), говорят, что кривая доходности становится *круче*; а когда уменьшается (т. е. «сужается»), говорят, что кривая доходности становится *более плоской*.

График (b) на рис. 5.1 — это **перевернутая кривая доходности**: при увеличении срока доходность падает. В недавней истории американского рынка казначейских бумаг не так уж много примеров, когда кривая доходности имела такой характер. Наиболее известен случай, произошедший в августе 1981 г. В табл. 5.7 приведены данные для кривой доходности в один из дней того месяца — 14 августа. Доходности казначейских бумаг в то время достигли исторического максимума. Доходность для 2-летнего срока составляла 16,91% и снижалась для каждого последующего срока, пока не достигала 13,95% для 30-летнего срока.

И, наконец, график (c) на рис. 5.1 — это **плоская кривая доходности**. Хотя из рисунка следует, что в случае плоской кривой доходности для всех сроков одинаковы, этого никогда не наблюдается на реальных рынках. Скорее, доходности для всех сроков являются сходными. Кривая доходности на 03.01.90 — плоская. Обратите внимание на очень маленький спред 6 месяцев/30 лет: 10 базисных пунктов. Разновидностью плоской кривой доходности является такая кривая, при которой доходности по краткосрочным и долгосрочным казначейским бумагам очень близки, а доходность среднесрочных казначейских бумаг ниже.

Для интерпретации наблюдаемых на рынке типов кривых доходности были созданы две основные теории: **теория ожиданий** и **теория рыночной сегментации**.

Теория ожиданий, в свою очередь, существует в нескольких формах: **теория чистых ожиданий, теория ликвидности** и **теория предпочтительной ниши**. Теория ожиданий строится на основании изучения поведения будущих краткосрочных ставок; предполагается также, что форвардные ставки на находящиеся в обращении долгосрочные облигации достаточно полно отражают мнение рынка относительно характера будущих краткосрочных ставок. Три подвида теории расходятся, однако, в вопросе о выборе факторов, влияние которых на форвардные ставки следует признавать существенным. Приверженцы теории чистых ожиданий заявляют, что на форвардные ставки не оказывают систематического влияния никакие факторы, кроме предположений участников рынка о будущих краткосрочных ставках. Теория ликвидности и теория предпочтительной ниши выделяют еще несколько значимых факторов, именно поэтому эти теории получили в ряде исследований название **«тенденциозных теорий ожидания»**. В табл. 5.8 наглядно представлена взаимосвязь всех теорий.

Таблица 5.8. Теории временных структур процентных ставок

Теория ожиданий

Утверждает, что поведение краткосрочных форвардных ставок и форвардных ставок для долгосрочных облигаций тесно связано с рыночными ожиданиями в отношении будущих краткосрочных ставок.

Теория чистых ожиданий: форвардные ставки представляют исключительно ожидаемые будущие ставки. Три интерпретации:

- Наиболее широкая интерпретация.
- Интерпретация локальных ожиданий (наиболее узкая интерпретация).
- Интерпретация ожиданий доходности к погашению.

Тенденциозная теория ожиданий: две теории

- **Теория ликвидности:** подразумеваемые форвардные ставки не являются объективной оценкой рыночных ожиданий будущих процентных ставок, поскольку включают в себя премию за ликвидность.
- **Теория предпочтительной ниши:** временная структура отражает ожидание будущих процентных ставок плюс премию за риск, учитывающую несбалансированность спроса и предложения средств в определенном диапазоне сроков.

Теория рыночной сегментации

Утверждает, что ни инвесторы, ни заемщики не хотят переходить из одного сектора сроков в другой для использования возможностей, появляющихся в результате разницы между ожиданиями и форвардными ставками.

Теория чистых ожиданий

Согласно теории чистых ожиданий форвардные ставки представляют не что иное, как ожидаемые в будущем ставки на финансовые инструменты. Вся временная структура, таким образом, отражает ожидаемые рынком в каждый данный момент времени будущие краткосрочные ставки. С этой точки зрения растущая временная структура, изображенная на графике (а) рис. 5.1, указывает на то, что рынок в ближайшем будущем ожидает рост краткосрочных ставок. Плоская временная структура говорит о том, что по мнению рынка будущие краткосрочные ставки в целом не изменятся; падающая кривая указывает на ожидаемое в будущем падение ставок.

Для иллюстрации этого теоретического положения рассмотрим следующую ситуацию: рынок ожидает, что краткосрочные ставки в будущем будут расти, мнение рынка определенным образом сказывается на поведении его участников, в результате кривая доходности растет. Допустим, что временная структура ставок изначально была плоской, а затем некие экономические новости позволили участникам рынка сделать предположение о будущем росте ставок.

1. Участники рынка, заинтересованные в долгосрочных инвестициях, не станут покупать долгосрочные облигации, поскольку, по их мнению, кривая доходности рано или поздно пойдет вверх, а значит, упадут цены на облигации и инвестиции окажутся убыточными. Они предпочтут инвестировать в краткосрочные долговые обязательства — рост доходности позволит им в будущем реинвестировать капитал под более высокие ставки.
2. Спекулянты, ожидающие роста ставок, предполагая, что цены на долгосрочные облигации упадут, захотят продать такие облигации и, возможно, «продать в короткую», т. е. продать не только те бумаги, которые находятся в их распоряжении, но и те, что будут взяты взаймы. (Если процентные ставки действительно поднимутся, цены на долгосрочные облигации упадут. Спекулянты, открывшие короткие позиции, смогут покрыть их, купив облигации на рынке по более низкой цене и тем самым обеспечив себе прибыль.)
3. Заемщики, желающие получить долгосрочные кредиты, будут более активны, поскольку промедление может стоить им денег.

Все три обстоятельства приведут к тому, что чистый спрос на облигации с большим сроком до погашения упадет (предложение вырастет); и наоборот, увеличится спрос на краткосрочные долговые обязательства. Доходности долгосрочных облигаций в такой ситуации вырастут относительно доходностей облигаций краткосрочных; совместные усилия инвесторов, спекулянтов и заемщиков будут толкать временную структуру вверх до тех пор, пока она не придет в соответствие с мнением о будущих более высоких ставках. Аналогичным образом неожиданное событие, указывающее на возможность падения ставок в будущем, приведет к падению кривой доходности.

К сожалению, теория чистых ожиданий страдает одним, но чрезвычайно серьезным недостатком. Она не учитывает риски, сопряженные с инвестициями в облигации и сходные с ними финансовые инструменты. Если бы форвардные ставки безошибочно предсказывали будущие процентные ставки, будущие цены на облигации были бы заранее известны. Прибыль на любом инвестиционном горизонте вычислялась бы заранее и не зависела ни от срока приобретенного финансового инструмента, ни от момента времени, в который инвестор захочет ликвидировать позицию. Между тем поскольку будущие процентные ставки, а значит, и цены, точно неизвестны, облигации оказываются рискованными финансовыми инструментами, т. е. инструментами, прибыль от которых при покупке подсчитать невозможно.

Невозможность узнать точное значение прибыли на данном инвестиционном горизонте связана с двумя типами риска: ценовым риском и риском реинвестиций. Первый отражает невозможность предсказать точное значение цены облигации на момент окончания временного горизонта. Предположим, инвестор планирует совершить инвестицию на пять лет и рассматривает три возможных варианта: 1) инвестировать в пятилетние облигации и держать их пять лет; 2) инвестировать в 12-летние облигации и продать их через пять лет; 3) инвестировать в 30-летние облигации и продать их через пять лет. Прибыль, которая может быть получена от инвестиций 2) и 3), заранее неизвестна, поскольку неизвестно, какое именно значение цены установится на долгосрочную облигацию через пять лет. В случае 12-летних облигаций цена будет зависеть от доходности семилетних долговых обязательств через пять лет; в случае 30-летних облигаций — от доходности 25-летних долговых инструментов через пять лет. Поскольку форвардные ставки, принятые в текущей временной структуре для 12- и 25-летних облигаций, не могут точно предсказать реальных будущих ставок, цена обеих облигаций через пять лет остается неизвестной. Это значит, что существует ценовой риск: цена в момент окончания временного горизонта может оказаться ниже предполагаемого в настоящий момент уровня. Как явствует из материалов главы 4, важное свойство ценового риска — его возрастание с увеличением срока облигации.

Второй тип риска связан с невозможностью заранее узнать процентные ставки, под которые в момент окончания временного горизонта будет реинвестирована прибыль от облигации. Этот тип риска получил название риска реинвестиций. Предположим, что инвестор, решивший совершить капиталовложение сроком на пять лет, рассматривает следующие три возможности: 1) инвестировать в пятилетние облигации и держать их пять лет; 2) инвестировать в инструмент со сроком полгода, затем реинвестировать капитал еще на шесть месяцев и т. д. в течение всего пятилетнего срока; 3) инвестировать в облигацию со сроком погашения два года, а затем реинвестировать капитал в финансовый инструмент со сроком три года. Риск во втором и третьем случае обусловлен неизвестным размером прибыли, которую можно получить через пять лет: ставки, под которые инвестор будет реинвестировать деньги, в настоящий момент неизвестны.

Экономистами было предложено несколько различных интерпретаций теории чистого ожидания. Эти интерпретации сильно разнятся и подчас противоречат друг другу. Частично такие несоответствия объясняются разными толкованиями двух типов риска, о которых мы писали выше[1].

Наиболее широкая интерпретация теории чистых ожиданий сводится к утверждению о том, что прибыль, которую ожидают получить инвесторы в момент окончания временного горизонта, не зависит от избранной ими стратегии сочетания сроков финансовых инструментов[2]. Вспомним нашего инвестора с пятилетним временным горизонтом. Согласно теории, не имеет значения, какую именно облигацию — пятилетнюю, 12-летнюю или 30-летнюю, — он купит и продержит пять лет: предполагаемая прибыль от всех трех инструментов одинакова. Основное возражение против такой интерпретации связано с существованием ценового риска: известно, что инвестировать в долговые обязательства со сроком, превышающим инвестиционный горизонт, опасно, поэтому предполагаемая прибыль от трех инвестиций наверняка будет существенно разниться[3].

Вторая интерпретация получила название **теории локальных ожиданий**. Это разновидность теории ожиданий, предполагающая, что на краткосрочном инвестиционном горизонте прибыль от облигаций с разными сроками будет одинаковой. Так, если инвестор с инвестиционным горизонтом в полгода купит 5-, 10- или 20-летнюю облигацию, по окончании шести месяцев он получит одну и ту же прибыль. Исследователи показали, что теория

---

1 Основные положения этой гипотезы суммированы в: John Cox, Jonathan Ingersoll, Jr., and Stephen Ross, «A Reexamination of Traditional Hypotheses about the Term Structure of Interest Rates», *Journal of Finance*, September 1981, pp. 769–799.

2 F. Lutz, «The Structure of Interest Rates», *Quarterly Journal of Economics*, 1940–41, pp. 36–63.

3 Cox, Ingesoll, and Ross, «A Reexamination of Traditional Hypotheses about the Term Structure of Interest Rates», pp. 774–775.

локальных ожиданий, будучи чрезвычайно узкой, — единственная достойная доверия интерпретация теории чистых ожиданий[1].

Третья и последняя интерпретация теории чистых ожиданий сводится, вкратце, к следующему утверждению: прибыль, которую по окончании установленного временного горизонта получит инвестор от переноса позиции из одних краткосрочных облигаций в другие, будет равна прибыли от держания бескупонной облигации со сроком, совпадающим с протяженностью инвестиционного горизонта. (Бескупонная облигация не связана с риском реинвестиций, а это значит, что будущие процентные ставки не влияют на прибыль.) Этот вариант получил название **«ожиданий доходности к погашению»**. Предположим, например, что инвестиционный горизонт составляет пять лет. Инвестор, купивший пятилетнюю бескупонную облигацию и продержавший ее до погашения, получит прибыль, равную отношению разности между номиналом и ценой облигации. Согласно теории ожиданий доходности к погашению, ту же прибыль получит инвестор, в течение пяти лет переводивший свои инвестиции из одной шестимесячной облигации в другую. В настоящее время верность такой интерпретации ставится под сомнение многими исследователями.

Теория ликвидности

Мы писали о том, что основной недостаток теории чистых ожиданий — пренебрежение риском, связанным с инвестициями в облигации. Держание долгосрочной облигации в течение некоего периода сопряжено с риском, который растет с увеличением срока, поскольку срок и волатильность цены находятся в прямой зависимости друг от друга.

Итак, прибыль по окончании временного горизонта неизвестна, а инвесторы, как правило, не любят неизвестности. Исходя из этого построили свою теорию некоторые экономисты и финансовые аналитики. Эта теория утверждает: инвестор будет держать более «длинные» облигации, если долгосрочные ставки окажутся выше среднего значения ожидаемых форвардных ставок на величину премии за риск, напрямую связанную со сроком до погашения[2]. Иными словами, форвардные ставки отражают как величину ожидаемых процентных ставок, так и премию за «ликвидность» (в дей-

---

1 Cox, Ingesoll, and Ross, «A Reexamination of Traditional Hypotheses about the Term Structure of Interest Rates», pp. 774–775.

2 John R. Hicks, *Value and Capital*, 2nd ed. (London: Oxford University Press, 1946), pp. 141–145.

ствительности, премию за риск), причем чем больше срок, тем выше должна быть премия.

Согласно этой теории, названной **теорией ликвидности,** форвардные ставки не являются непредвзятым отражением мнения рынка о будущих процентных ставках: временная структура несет также информацию о премиях за ликвидность. Таким образом, растущая кривая доходности может говорить о том, что: 1) либо на рынке ожидается рост процентных ставок; 2) либо ставки, по мнению большинства, останутся прежними или даже упадут, но премия за ликвидность с увеличением срока увеличивается настолько быстро, что кривая доходности получает восходящий наклон.

Теория предпочтительной ниши

Другая теория — теория предпочтительной ниши — также строится исходя из утверждения о том, что временная структура процентных ставок отражает ожидания рынка как относительно будущего изменения процентных ставок, так и относительно будущих премий за риск. В то же время сторонники этой теории не согласны с выводом о том, что премии за риск должны расти параллельно увеличению срока[1]. Сторонники теории предпочтительной ниши утверждают, что премия за риск будет расти вместе с увеличением срока, только если все инвесторы намереваются в кратчайшие сроки ликвидировать свои длинные позиции, а все заемщики хотят взять долгосрочные кредиты. Между тем это утверждение не может быть верным хотя бы потому, что периоды, в течение которых институциональные инвесторы держат облигации, зависят, в первую очередь, от характера их обязательств.

Теория предпочтительной ниши утверждает, что в той мере, в какой спрос и предложение для некоторых сроков до погашения не совпадают, часть кредиторов и заемщиков склонны выбирать облигации, сроки которых демонстрируют выгодный для них дисбаланс. Такой выбор должен быть компенсирован соответствующей премией за риск, размер которой зависит от степени готовности инвестора пойти на ценовой риск или риск реинвестиций.

Теория предпочтительной ниши объясняет форму кривой доходности как мнением рынка относительно будущих процентных ставок, так и риск-премией, положительной или отрицательной, подталкивающей инвестора к выходу из их предпочтительной ниши. Очевидно, что, согласно этой теории,

---

[1] Franco Modigliani and Richard Sutch, "Innovations in Interest Rate Policy", *American Economic Review,* May 1966, pp. 178–197.

кривая доходности может иметь как восходящий или нисходящий наклон, так и быть плоской или иметь неправильную форму.

Теория рыночной сегментации

Теория рыночной сегментации не отрицает, что у многих инвесторов есть предпочтительные ниши на шкале сроков до погашения, соответствующие характеру их обязательств. Эта теория также предполагает, что главной причиной изменения формы кривой доходности являются ограничения, связанные с управлением активами и пассивами (накладываемыми регулирующими органами или добровольно), а также с условиями, которые ставят кредиторы (заемщики), ограничивая свои кредиты (финансирование) определенными сегментами сроков[1]. В отличие от теории предпочтительной ниши, теория рыночной сегментации не предполагает у инвесторов и заемщиков желания перейти из одного сектора сроков в другой, получая таким образом выгоду от различий в ожиданиях и форвардных ставках. С точки зрения сторонников этой теории, форма кривой доходности обусловлена спросом и предложением на ценные бумаги внутри каждого сектора сроков.

ОСНОВНЫЕ ФАКТОРЫ, ВЛИЯЮЩИЕ НА ФОРМУ КРИВОЙ ДОХОДНОСТИ

В работах Антти Илманена содержится наиболее полное исследование основных факторов, влияющих на форму кривой доходности казначейских ценных бумаг[2]. Он установил, что тремя основными факторами являются:

1. Ожидания рынка относительно будущих изменений ставок.
2. Премии за риск облигаций.
3. Изменение выпуклости.

---

[1] Эта теория была предложена в: J. M. Culbertson, "The Term Structure of Interest Rates", *Quarterly Journal of Economics,* November 1957, pp. 489–504.

[2] Сначала исследование появилось в виде отчета, опубликованного инвестиционной компанией Salomon Brothers. Затем были опубликованы различные части этого отчета. См.: Antti Ilmanen. «Market's Rate Expectations and Forward Rates.» *Journal of Fixed Income* (September 1996). pp. 8–22; Antti Ilmanen, «Does Duration Extension Enhance Long-Term Expected Returns?" *Journal of Fixed Income* (September 1996), pp. 23–36: Antti Ilmanen, «Overview of Forward Rate Analysis.» Глава 8 в Frank J. Fabozzi (ed.). *The Handbook of Fixed Income Securities* (New York. NY: McGraw Hill, 2005).

Обсуждая временную структуру в разделе о теории чистых ожиданий, мы рассмотрели, как ожидания рынка относительно будущих изменений ставок влияют на форму кривой доходности. Теперь давайте поговорим о двух других факторах.

Премии за риск облигаций являются ожидаемыми дифференциалами доходности казначейских ценных бумаг с различными сроками погашения. Как объяснялось в предыдущем разделе, существуют теории временной структуры процентных ставок, в которых строятся гипотезы относительно того, почему ожидаемые доходности различаются в зависимости от срока погашения. Однако сторонники этих теорий расходятся во мнении о том, является ли премия за риск положительным или отрицательным фактором. Например, сторонники теории временной структуры ликвидности утверждают, что премия за риск должна увеличиваться с приближением срока погашения, а сторонники теории рыночной сегментации считают, что премия за риск облигаций может быть положительной или отрицательной.

Илманен исследовал влияние поведения премии за риск облигации с использованием средней исторической доходности казначейских ценных бумаг США. На рис. 5.3 показана средняя эмпирическая кривая доходности как функция средней дюрации (не срока) за период с 1952 по 2009 г. (Напомним из главы 4, что дюрация является мерой чувствительности цены облигации к изменению процентных ставок.) На рис. 5.3 также изображена

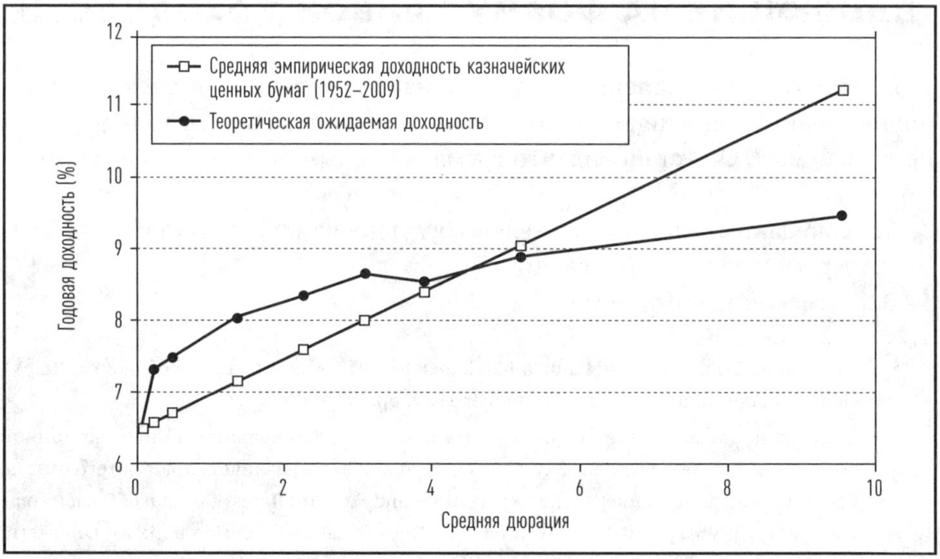

Рис. 5.3. Теоретические и эмпирические премии за риск облигаций

Источник: график предоставлен Антти Илманеном.

теоретическая кривая ожидаемой доходности, основанная только на ожиданиях (первый из перечисленных выше факторов). Обратите внимание, что эта линия прямая (т. е. ожидаемая доходность возрастает линейно с дюрацией). В отличие от нее эмпирические данные предполагают, что премии за риск растут нелинейно. Эмпирические же данные предполагают, что в передней части кривой доходности (т. е. при дюрации менее 3) премии за риск резко растут. Однако при дюрации более 3 премии за риск растут медленно. Илманен считает, что форма кривой доходности, показанная на рис. 5.3, «может отражать спрос на долгосрочные облигации со стороны пенсионных фондов и других держателей долгосрочных обязательств»[1].

Теперь давайте рассмотрим влияние изменения выпуклости, которое Илманен считает наименее известным из трех факторов. Вспомним концепцию выпуклости, описанную в главе 4. Когда процентные ставки меняются на большое число базисных пунктов, изменение цены казначейской ценной бумаги не будет одинаковым при их росте и падении. Если говорить конкретнее, рост цены будет более значительным при падении процентных ставок, чем ее сокращение при росте процентных ставок на то же число базисных пунктов. Например, если процентная ставка уменьшится на 100 базисных пунктов, цена казначейской ценной бумаги может увеличиться на 20%, но если процентная ставка увеличится на 100 базисных пунктов, цена той же самой казначейской ценной бумаги может уменьшиться всего на 15%. Этим привлекательным свойством, которое называется выпуклостью, облигация обязана взаимосвязи между ценой и доходностью, описанной в главе 4. Чем больше срок погашения облигации, тем большей выпуклостью она обладает. То есть долгосрочные казначейские ценные бумаги привлекательнее краткосрочных благодаря выпуклости. В результате инвесторы готовы платить больше за долгосрочные казначейские ценные бумаги и мирятся с их более низкой доходностью. Такое влияние на форму кривой доходности казначейских ценных бумаг называется **склонностью к выпуклости**.

КРИВАЯ ДОХОДНОСТИ ПРОЦЕНТНЫХ СВОПОВ

Процентные свопы будут рассматриваться только в главе 31, однако нам необходимо иметь представление об их основных элементах уже сейчас, поскольку они широко используются в качестве ориентира при определении процентных ставок. Хотя основное внимание в настоящей главе уделяется рынку казначейских бумаг как ориентиру для процентных ставок,

---

[1] Ilmanen, «Overview of Forward Rate Analysis,» p. 167.

по причинам, кратко изложенным в этом разделе, в качестве такого ориентира в большинстве стран все шире используется рынок процентных свопов несмотря на существование ликвидного рынка правительственных облигаций. Здесь мы кратко объясним, почему и как это происходит.

В обычном процентном свопе стороны обмениваются процентными платежами в определенные даты: одна сторона выплачивает фиксированную ставку, а другая — плавающую ставку в течение срока существования свопа. В типичном свопе в качестве плавающей принимается ставка-ориентир, как правило ставка предложения на Лондонском межбанковском рынке (LIBOR). LIBOR — это процент, который первоклассные банки в Лондоне выплачивают другим первоклассным банкам по депозитным сертификатам в долларах США.

Фиксированную процентную ставку, выплачиваемую на фиксированной стороне свопа, называют **своп-ставкой**. Дилеры на рынке свопов котируют своп-ставки для различных сроков. Взаимосвязь между своп-ставками и сроками свопов называют **кривой доходности свопов**, или чаще просто **своп-кривой**. Поскольку в качестве ставки-ориентира обычно выбирают LIBOR, своп-кривую также называют **LIBOR-кривой**.

Большинство стран имеют свою своп-кривую. Для процентных свопов в евро в качестве ставки-ориентира выбирают Европейскую межбанковскую ставку предложения (Euribor), которую один первоклассный банк предлагает другому первоклассному банку, банковские депозиты в странах, принявших евро и являющихся членами Европейского союза.

Своп-кривая используется в качестве эталона во многих странах за пределами США. В отличие от кривой доходности правительственных облигаций страны своп-кривая не является безрисковой. Она отражает кредитный риск контрагента по процентному свопу. Поскольку контрагентом по процентному свопу обычно является связанная с банковской сферой организация, своп-кривая отражает средний кредитный риск типичных банков, предоставляющих процентные свопы. Если говорить точнее, то своп-кривую можно рассматривать как *межбанковскую кривую доходности*. Ее также называют *кривой доходности с рейтингом АА* из-за того, что банки, которые заимствуют деньги друг у друга, имеют именно такой рейтинг или выше. Кроме того, своп-кривая отражает риск ликвидности. Однако в последние годы ликвидность процентных свопов повысилась до уровня, превышающего ликвидность рынка некоторых правительственных облигаций.

Можно предположить, что если в стране есть рынок правительственных облигаций, то доходности этого должны быть наилучшими ориентирами. Это, однако, не обязательно так. Использование своп-кривой вместо кривой доходности правительственных облигаций может иметь несколько преимуществ[1].

Во-первых, могут существовать технические причины, по которым на рынке правительственных облигаций некоторые процентные ставки представляют не истинную процентную ставку, а ставку, искаженную в силу некоторых характерных для данного рынка технических или регуляторных факторов. Например, участникам рынка нужно покрывать короткие позиции по конкретной правительственной облигации, и это повышает спрос на данную облигацию и снижает ее доходность. На рынке свопов ничего не поставляется, поэтому технические факторы оказывают на него меньшее влияние. Кроме того, могут существовать правительственные облигации, продающиеся выше номинальной стоимости. К тому же, как объяснялось ранее, такие облигации могут облагаться налогом иначе в том случае, когда их приобретают и держат до погашения. В результате доходности, с которыми торгуются данные облигации на рынке, отражают благоприятные или неблагоприятные налоговые особенности. Хотя такие факторы трудно оценить в текущий момент, следует иметь в виду, что наблюдаемая процентная ставка по правительственным ценным бумагам может не отражать истинную процентную ставку. В случае своп-ставок такое не наблюдается. Этот рынок не регулируется, а следовательно, своп-ставки представляют истинные процентные ставки. Вместе с тем нельзя забывать, что своп-ставки учитывают также кредитный риск и риск ликвидности.

Во-вторых, чтобы создать представительную кривую доходности правительственных облигаций, необходимо большое число сроков погашения. На большинстве рынков правительственных ценных бумаг, однако, доступно очень ограниченное число сроков погашения. Например, как мы увидим в следующей главе, где рассматриваются американские казначейские ценные бумаги, правительство США выпускает только четыре вида ценных бумаг, срок погашения которых составляет два года и более (2, 5, 10 и 30 лет). Хотя существует значительное число предыдущих выпусков, доступных для построения кривой доходности правительственных облигаций, доходности таких выпусков не обязательно отражают истинные процентные ставки по причинам, описанным выше. В отличие от этого, на рынке свопов существует широкий диапазон сроков погашения. На практике в какой-то момент в США выпуск 30-летних облигаций был приостановлен, и 30-летние

---

1 Для получения дополнительной информации по этому вопросу см.: Uri Ron, "A Practical Guide to Swap Curve Construction," Chapter 6 in Frank J. Fabozzi (ed.), *Interest Rate, Term Structure, and Valuation Modeling* (New York: John Wiley & Sons, 2002).

ставки по казначейским облигациям оказались недоступными, дилеры же по свопам продолжали котировать 30-летние своп-ставки.

Наконец, сравнение доходностей правительственных бумаг по странам затруднено из-за различия кредитных рисков стран. В то же время, как объяснялось выше, своп-кривая представляет собой межбанковскую кривую доходности, что значительно облегчает сравнение эталонных процентных ставок разных стран.

Резюме

- Любая экономика демонстрирует не одну, а несколько процентных ставок, составляющих вкупе определенного рода структуру.
- Разница между доходностями любых двух облигаций называется спредом доходностей. Когда из двух облигаций одна является базовой, спред доходностей называют базовым спредом. Такой спред отражает премию за риск.
- Самым распространенным ориентиром в США являются казначейские ценные бумаги.
- На величину спреда влияют такие факторы, как: 1) тип эмитента (правительственное агентство, корпорация, муниципалитет); 2) воспринимаемое кредитное качество эмитента, оцененное согласно рейтинговой системе коммерческой рейтинговой компании; 3) срок погашения финансового инструмента; 4) встроенные в облигационный выпуск опционы (например, право досрочного погашения, право досрочного предъявления или конвертируемость); 5) налогообложение процентного дохода на федеральном и муниципальном уровнях; 6) ожидаемая ликвидность облигации и 7) возможность финансирования выпуска.
- Кредитный спред — это спред доходностей или базовый спред, обусловленный кредитным риском. Спред с учетом встроенных опционов является показателем, используемым для учета влияния любых опционов, встроенных в облигационный выпуск.
- Взаимосвязь между доходностью и сроком принято называть временной структурой процентных ставок. Графическое изображение взаимосвязи между доходностями облигаций одного кредитного качества, но разных сроков называют кривой доходности.
- Использование кривой доходности казначейских ценных бумаг для выяснения ставки, по которой должны дисконтироваться все денежные потоки любой облигации, связано с определенными трудностями. Каждый денежный поток следует дисконтировать по своей процентной

ставке, соответствующей временному периоду, в который данный поток должен поступить. Любая облигация может рассматриваться как «пакет» бескупонных инструментов; таким образом, ее стоимость будет равна сумме стоимостей всех входящих в набор бескупонных компонентов. Ставка по бескупонной облигации носит название спот-ставки. Взаимосвязь между спот-ставкой и сроком называется временной структурой процентных ставок.

- Кривая теоретических безрисковых спот-ставок может быть построена исходя из доходностей казначейских бумаг следующих четырех типов: 1) только последние выпуски казначейских ценных бумаг; 2) последние выпуски казначейских ценных бумаг и избранные предыдущие выпуски казначейских ценных бумаг; 3) все казначейские купонные ценные бумаги и векселя; 4) стрипы купонных казначейских ценных бумаг. Для работы с облигациями первого и второго типа применяется метод, известный как бутстреппинг. Построение кривой на материале всех казначейских облигаций и векселей требует использования более сложных статистических методов.
- При определенных допущениях рыночное ожидание будущих процентных ставок может быть экстраполировано из кривой теоретических спот-ставок казначейских ценных бумаг. Полученная ставка носит название подразумеваемой форвардной ставки. Спот-ставка на определенный срок зависит как от текущей полугодовой спот-ставки, так и от подразумеваемых полугодовых форвардных ставок.
- Для интерпретации типов временных структур предложено несколько теорий: теория чистых ожиданий, тенденциозная теория ожиданий (теория ликвидности и теория предпочтительной ниши) и теория рыночной сегментации. Любая из теорий ожиданий предполагает, что одноопериодная форвардная ставка отражает ожидание рынка относительно реальных ставок в будущем. Теория чистых ожиданий утверждает, что мнение рынка о ставках — единственный фактор, определяющий их временную структуру. Прочие теории принимают в расчет другие факторы.
- Эмпирические данные свидетельствуют о том, что форма кривой доходности казначейских ценных бумаг определяется следующими тремя факторами: 1) рыночными ожиданиями относительно будущих изменений процентной ставки; 2) премией за риск; 3) склонности к выпуклости.
- Кривая доходности процентных свопов также несет информацию о процентных ставках в стране и используется в качестве ориентира процентных ставок. Кривая доходности процентных свопов, или просто

своп-кривая или LIBOR-кривая, не является безрисковой и отражает межбанковский кредитный риск. Во многих странах участники рынка используют своп-кривую в качестве ориентира процентных ставок вместо кривой доходности правительственных ценных бумаг.

Вопросы

1. На 31 декабря 2007 г. доступны следующие базовые казначейские бумаги США:

US/T	3,125	30/11/2009	3,133
US/T	3,375	30/11/2012	3,507
US/T	4,25	15/11/2017	4,096
US/T	4,75	15/02/2037	4,518

В тот же день осуществляются следующие сделки:

Эмитент	*Выпуск*	*Доходность (%)*
Time Warner Cable Inc.	TWC 6,55 01/05/2037	6,373
McCormick & Co. Inc.	MKC 5,75 15/12/2017	5,685
Goldman Sachs Group Inc.	GS 5,45 01/11/2012	4,773

Исходя из приведенных выше данных, заполните следующую таблицу:

Выпуск	*Доходность (%)*	*Базовая казначейская бумага*	*Базовый спред (б.п.)*	*Относительный спред доходностей*
TWC 6,55 01/05/2037	6,373			
MKC 5,75 15/12/2017	5,685			
GS 5,45 01/11/2012	4,773			

2. Спред доходностей между двумя корпоративными облигациями отражает не просто разницу в кредитном качестве компаний. На какие другие различия указывает такой спред?
3. Почему спред с учетом опционов более подходит для облигации со встроенным опционом, чем спред доходностей?
4. Допустим, клиент видит следующие два базовых спреда для двух облигаций:

- Выпуск U с рейтингом A: 150 базисных пунктов;
- Выпуск V с рейтингом BBB: 135 базисных пунктов.

Ваш клиент в замешательстве, поскольку, по его мнению, облигация с более низким рейтингом (облигация V) должна иметь более высокий базовый спред, чем облигация с более высоким рейтингом (облигация U). Объясните, почему у облигации U может быть более низкий базовый спред.

5. 29 мая 1992 г. в *Weekly Market Update* была опубликована следующая информация о некоторых необлагаемых налогом и имеющих высокий рейтинг облигациях (состояние на момент закрытия торгов в четверг 28 мая 1992 г.):

Срок (годы)	*Доходность (%)*	*Доходность в процентах от доходности казначейских бумаг*
1	3,20	76,5
3	4,65	80,4
5	5,10	76,4
10	5,80	78,7
30	6,50	82,5

   a. Что такое облигация, не облагаемая налогом?
   b. Что такое облигация с высоким рейтингом?
   c. Почему доходность необлагаемых налогом облигаций меньше доходности казначейских ценных бумаг с таким же сроком?
   d. Что такое эквивалентная налогооблагаемая доходность?
   e. В том же отчете вниманию читателя была предложена информация о межрыночном спреде доходностей. Что означает это понятие?

6. a. Что такое опцион, встроенный в облигационный выпуск?
   b. Приведите три примера разных типов опционов, встроенных в облигацию.
   c. Увеличивает или уменьшает встроенный опцион премию за риск относительно базовой процентной ставки?

7. a. Что такое кривая доходности?
   b. Почему участники рынка с особым вниманием изучают кривую доходности казначейских ценных бумаг?

8. Что такое спот-ставка?

Окончание таблицы

9. Объясните, почему не следует дисконтировать все денежные потоки финансового актива по одной процентной ставке.
10. Объясните, почему всякий финансовый инструмент можно рассматривать как «пакет» бескупонных инструментов.
11. Как спот-ставки связаны форвардными ставками?
12. Вы финансовый консультант. Как вы прокомментируете каждое из приведенных ниже замечаний вашего клиента по поводу процентных ставок, высказанные им в разное время?
    a. «Сегодня кривая доходности растет. Это значит, что большинство участников рынка в будущем ожидают увеличения процентных ставок».
    b. «Не могу понять, что случилось с временной структурой ставок. Для краткосрочных (меньше трех лет) облигаций спот-ставки растут с увеличением срока; для сроков от трех до восьми лет спот-ставки с увеличением срока до погашения падают; а для облигаций со сроком до погашения более восьми лет спот-ставки для разных сроков примерно равны. Временную структуру такой формы не объясняет ни одна из известных теорий».
    c. «Когда я хочу узнать мнение большинства о будущих процентных ставках, я вычисляю значения форвардных ставок».
13. Вам известны доходности следующих казначейских долговых обязательств (ниже приводятся доходности, эквивалентные облигационным):

Год	*Доходность к погашению (%)*	*Спот-ставка (%)*
0,5	5,25	5,25
1	5,5	5,5
1,5	5,75	5,76
2	6	?
2,5	6,25	?
3	6,5	?
3,5	6,75	?
4	7	?
4,5	7,25	?
5	7,5	?
5,5	7,75	7,97
6	8	8,27

Год	*Доходность к погашению (%)*	*Спот-ставка (%)*
6,5	8,25	8,59
7	8,5	8,92
7,5	8,75	9,25
8	9	9,61
8,5	9,25	9,97
9	9,5	10,36
9,5	9,75	10,77
10	10	11,2

Все облигации со сроком свыше полутора лет продаются по номиналу. Долговые обязательства со сроком полгода и год являются бескупонными инструментами.

a. Вычислите недостающие спот-ставки.

b. Какой должна быть цена шестилетней казначейской облигации с купоном 6%?

c. Какова шестимесячная форвардная ставка на период с начала шестого года?

14. Вам известны следующие значения доходностей казначейских долговых обязательств (ниже приводятся доходности, эквивалентные облигационным):

Год	*Доходность к погашению (%)*	*Спот-ставка (%)*
0,5	10,00	10,00
1,0	9,75	9,75
1,5	9,50	9,48
2,0	9,25	9,22
2,5	9,00	8,95
3,0	8,75	8,68
3,5	8,50	8,41
4,0	8,25	8,14
4,5	8,00	7,86
5,0	7,75	7,58
5,5	7,50	7,30

Год	*Доходность к погашению (%)*	*Спот-ставка (%)*
6,0	7,25	7,02
6,5	7,00	6,74
7,0	6,75	6,46
7,5	6,50	6,18
8,0	6,25	5,90
8,5	6,00	5,62
9,0	5,75	5,35
9,5	5,50	?
10,0	5,25	?

Все облигации со сроком свыше полутора лет продаются по номиналу. Долговые обязательства со сроком полгода и год являются бескупонными инструментами.

a. Вычислите недостающие спот-ставки.

b. Какой должны быть цена четырехлетней казначейской облигации с купоном 5%?

15. Какие казначейские облигационные выпуски служат материалом для построения кривой теоретических спот-ставок?
16. Почему использование для построения кривой теоретических спот-ставок исключительно последних выпусков казначейских долговых обязательств ставит перед исследователем ряд трудностей?
17. Какая методология используется для построения кривой теоретических спот-ставок на материале всех казначейских долговых обязательств?

    a. Каковы недостатки использования для построения кривой теоретических спот-ставок стрипов казначейских ценных бумаг?

    b. Почему для построения кривой теоретических спот-ставок используются только стрипы, созданные на основе купонных платежей?
18. Почему цена казначейской облигации совпадает с приведенной стоимостью денежных потоков, дисконтированных по спот-ставкам казначейских ценных бумаг?
19. Расскажите о значимости форвардных ставок в процессе принятия инвестиционных решений.
20. «Форвардные ставки плохо предсказывают реальные будущие ставки. Инвестору не имеет смысла вычислять их значения». Вы согласны с этим высказыванием? Почему?

21. Барт Симпсон выбирает между двумя инвестиционными сценариями. Первый вариант: инвестировать в инструмент со сроком до погашения два года. Вторая возможность: инвестировать в инструмент со сроком один год, а по окончании года реинвестировать полученную сумму в другой инструмент, срок которого также составляет год. По мнению инвестора, годовая процентная ставка через год будет выше, чем в настоящий момент, поэтому он склонен выбрать вариант номер два. Ваш совет Барту Симпсону?
22. a. В чем совпадают взгляды на поведение краткосрочных форвардных ставок приверженцев разных форм теории ожидания?
    b. Что такое ценовой риск и риск реинвестиций и что думают об этих двух типах риска сторонники чистой теории ожидания?
    c. Расскажите о трех интерпретациях чистой теории ожиданий.
23. a. В чем суть двух тенденциозных теорий ожидания? Каким образом их приверженцы анализируют временную структуру процентных ставок?
    b. Какие гипотезы лежат в основании этих двух теорий?
24. a. «В соответствии с эмпирическими данными в отношении премии за риск по облигациям, которая влияет на форму кривой доходности для казначейских бумаг, существует линейная зависимость между средней доходностью казначейский бумаги и их дюрацией». Согласны вы или не согласны с таким утверждением? В случае согласия объясните, каким является наблюдаемый тип взаимосвязи.
    b. Что подразумевается под влиянием «склонности к выпуклости» на форму кривой доходности казначейских бумаг?
25. a. Что означает понятие «своп-ставка»?
    b. Что означает понятие «своп-кривая»?
    c. Согласны вы или не согласны с таким утверждением: «Своп-кривая страны является безрисковой кривой доходности»?
26. Почему участники рынка в некоторых странах предпочитают использовать своп-кривую вместо кривой доходности правительственных облигаций?
27. Клиент видит, что базовый спред для корпоративной облигации с рейтингом AAA, которую он хочет купить, положителен, когда ориентиром являются американские казначейские облигации, и отрицателен, когда в качестве ориентира берется LIBOR-кривая. Он спрашивает, почему это происходит. Объясните ему, в чем дело.

ГЛАВА 6

Ценные бумаги Казначейства и правительственных агентств США

В этой главе читателю будут представлены сведения:

- о различных типах долговых обязательств, выпускаемых Казначейством США;
- о различиях между казначейскими ценными бумагами с фиксированной основной суммой и казначейскими ценными бумагами, защищенными от инфляции;
- о функционировании первичного рынка казначейских ценных бумаг;
- о вторичном рынке казначейских ценных бумаг;
- о котировках казначейских ценных бумаг на вторичном рынке;
- о рынке бескупонных казначейских долговых обязательств;
- о различии между компаниями, спонсируемыми государством, и организациями, имеющими федеральный статус;
- об эмитентах на рынке федеральных агентских ценных бумаг и типах выпускаемых ими ценных бумаг.

Второй по величине (после сектора ипотечного кредитования) сектор рынка облигаций — рынок американских казначейских долговых обязательств; самый маленький сектор — это сектор облигаций правительственных агентств. Оба сектора будут подробно рассмотрены в этой главе. Как видно из материалов главы 11, большинство облигаций, обеспеченных пулами ипотек, гарантируются спонсируемыми государством агентствами правительства США. Облигации этого типа, как правило, не относят к сектору ценных бумаг правительственных агентств: считается, что они принадлежат сектору рынка ипотечных ценных бумаг.

КАЗНАЧЕЙСКИЕ ЦЕННЫЕ БУМАГИ

Казначейские долговые обязательства выпускаются Казначейством США — они полностью гарантированы американским правительством. Таким образом, участники рынка считают, что с данными ценными бумагами связан минимальный кредитный риск, хотя в последние годы усиливаются опасения относительно роста дефицита федерального бюджета. Процентные ставки на казначейские бумаги США являются эталонными как для американской экономики, так и для международного рынка капитала. В главе 5 мы писали о важнейшей роли, принадлежащей казначейским долговым обязательствам на мировом рынке облигаций.

Огромное значение, которое имеют для рынка облигаций американские казначейские долговые обязательства, объясняется двумя факторами: их оборотом (с точки зрения находящихся в обращении долларовых сумм) и ликвидностью. Американское Казначейство — крупнейший эмитент долговых обязательств в мире. Огромный объем долга в целом и существенные размеры каждого конкретного облигационного выпуска — причина того, что рынок казначейских бумаг является наиболее активным, а значит, и наиболее ликвидным мировым рынком. Дилерский спред между ценой покупки и ценой предложения на этом рынке намного меньше спредов в прочих секторах[1].

Все казначейские долговые обязательства выпускаются без права досрочного погашения, поэтому инвесторы в эти ценные бумаги не подвергаются риску досрочного погашения.

Казначейские долговые обязательства являются бездокументарными ценными бумагами: права на них учитываются путем записи в реестре Федерального резервного банка. Это значит, что в качестве документа, удостоверяющего право владения бумагой, инвестор получает не документарный сертификат облигации, а выписку из реестра. Преимущество такого способа закрепления прав — легкость передачи облигации от одного владельца другому. Процентный доход от казначейского долгового обязательства

---

[1] Более подробную информацию о вторичном рынке казначейских долговых обязательств читатель найдет в книге: Frank J. Fabozzi and Michael J. Fleming «U.S. Treasury Securities», глава 7: Frank J. Fabozzi (ed.), *The Handbook of Financial Instruments* (Hoboken, NJ: John Wiley & Sons, 2002).

облагается налогом на федеральном уровне, но освобожден от налогов штатов и местных налогов.

Виды казначейских ценных бумаг

Казначейские долговые обязательства могут быть как рыночными, так и нерыночными. В этой главе мы будем обсуждать только рыночные ценные бумаги[1]. Рыночные казначейские ценные бумаги принято разделять на **ценные бумаги с фиксированной номинальной стоимостью** и **ценные бумаги с номинальной стоимостью, индексированной с учетом инфляции**. Ниже мы опишем оба типа.

Долговые обязательства с фиксированной номинальной стоимостью

Долговые обязательства с фиксированным номиналом включают казначейские векселя, казначейские ноты и казначейские облигации. По состоянию на середину 2014 г. по всем казначейским векселям и облигациям выплачивался фиксированный процент. В апреле 2014 г. Казначейство США предложило ноты с плавающей процентной ставкой.

Казначейские векселя выпускаются с дисконтом по отношению к номиналу, не имеют купонной ставки и погашаются по номиналу. Как правило, все ценные бумаги со сроком погашения один год и меньше Казначейство продает с дисконтом. Казначейские векселя, будучи дисконтными бумагами, не предполагают купонных выплат. Прибыль инвестору обеспечивает приобретение векселя с дисконтом относительно номинала; размер прибыли равен разности между номинальной стоимостью и ценой покупки.

Все казначейские ценные бумаги со сроком до погашения два года и больше являются купонными. Купонные ценные бумаги продаются по цене, близкой к номиналу, и, поскольку речь идет о бумагах с фиксированной номинальной стоимостью, по номиналу же погашаются. Казначейские купонные долговые обязательства со сроками от одного года до 10 лет носят название

---

[1] Нерыночные ценные бумаги, выпускаемые Казначейством США, включают сберегательные облигации, продаваемые частным лицам, а также серии для штатов и местных правительств (SLGS) — они продаются штатам и местным правительствам, являющимся эмитентами не облагаемых налогом долговых обязательств.

казначейских нот. Казначейские купонные долговые обязательства со сроком погашения, превышающим 10 лет, называются **казначейскими облигациями**. (В котировочных списках казначейские ноты обозначаются символом n. Специального символа для обозначения облигации не установлено.)

С мая 2014 г. Казначейство выпускает ноты как с фиксированной, так и с плавающей ставкой. (Ноты с плавающей ставкой обозначаются Казначейством как FRN.) В отличие от нот с фиксированной ставкой, проценты по которым выплачиваются раз в полгода, ноты с плавающей ставкой предполагают ежеквартальные выплаты. Проценты начисляются ежедневно. Купонная формула для определения процентной ставки на каждую квартальную дату пересмотра определяется следующим образом. Индексом является аукционная ставка по большинству недавних 13-недельных казначейских векселей до аукциона по FRN. Котируемая маржа, или спред по отношению к индексу определяется в ходе аукциона по FRN. Котируемая маржа может быть как положительной, так и отрицательной. Вместе с тем процентная ставка не может опуститься ниже нуля.

Казначейские ценные бумаги с защитой от инфляции

Казначейство США выпускает ценные бумаги, номинальная стоимость которых индексируется с учетом инфляции. Такие ценные бумаги принято именовать **казначейскими долговыми обязательствами, защищенными от инфляции** (*Treasury inflation protection securities — TIPS*).

TIPS устроены следующим образом. Купонная ставка на облигационный выпуск является фиксированной. Эта ставка устанавливается в ходе аукциона (процесс описан в следующем разделе главы). Купонная ставка называется «реальной ставкой», поскольку именно на эту ставку прибыль инвестора превышает инфляцию. Индекс, избранный правительством для определения размера поправки на инфляцию, — это не учитывающий сезонных изменений американский средний городской индекс потребительских цен на все товары (CPI-U).

Инфляция учитывается следующим образом. Номинальная стоимость, от которой зависят как долларовый размер купонных выплат, так и стоимость при погашении, уточняется раз в полгода. Такая стоимость носит название **номинала с учетом инфляции**. Предположим, например, что купонная ставка для TIPS составляет 3,5%, а инфляционная ставка в процентах годовых — 3%. Допустим также, что 1 января инвестор приобрел $100 000 номинала данного облигационного выпуска. Полугодовая ставка инфляции равна 1,5% (половина от 3%). Величина номинала с учетом инфляции на момент окончания первого полугодового периода определяется умножением начальной номинальной стоимости на единицу плюс полугодовой уровень инфляции. В нашем случае номинал с учетом инфляции на момент окончания первого полугодового периода будет равен $101 500. Именно этот номинал с учетом инфляции явится основой для вычисления размера купонной выплаты на эти полгода. Купон вычисляется умножением 1,75% (половины реальной ставки 3,5%) на величину номинала с учетом инфляции на момент купонной выплаты ($101 500). Купонная выплата, таким образом, составит $1776,25.

Давайте рассмотрим следующий шестимесячный период. В начале периода номинал с учетом инфляции будет равен $101 500. Предположим, что полугодовой уровень инфляции для второго шестимесячного периода будет равен 1%. Тогда к концу второго полугодового периода номинал с учетом инфляции (напомним, что на момент начала периода он составлял $101 500) возрастет на величину полугодового уровня инфляции (т. е. на 1%). Поправка на инфляцию — $1015 (1% от $101 500.) Итак, в конце второго полугодового периода (в нашем примере 31 декабря) номинал с учетом инфляции будет равен $102 515 ($101 500 + $1015). Величина купонной выплаты, которую получит инвестор во второй раз, может быть найдена умножением номинала с учетом инфляции на момент выплаты ($102 515) на половину реальной ставки (половину от 3,5%). Таким образом, купон окажется равным $1794,01.

Как видим, поправка на инфляцию частично осуществляется за счет купона, поскольку его размер вычисляется исходя из номинала с учетом инфляции. Однако правительство США приняло решение ежегодно облагать поправку налогом. Именно поэтому, с точки зрения налогооблагаемых юридических лиц, TIPS не является особенно выгодным финансовым инструментом.

Поскольку инфляция может как расти, так и падать, номинал с учетом инфляции в момент погашения иногда оказывается ниже начальной номинальной стоимости. На этот случай американским правительством предусмотрено следующее правило: обе стоимости — номинал с учетом инфляции и начальный номинал — сравниваются, и погашение TIPS производится по большей из величин.

Размер номинала с учетом инфляции должен быть определен и для момента совершения сделки. Номинал с учетом инфляции определяется с помощью отношения индексов инфляции, т. е. отношение CPI на дату сделки к CPI на дату размещения выпуска. Референсный CPI рассчитывается с трехмесячным запозданием. Так, референсный CPI для 1 мая — это CPI, обнародованный в феврале. Дневное отношение индексов CPI для каждого облигационного выпуска можно найти на сайте Казначейства США (www.publicdebt.treas.gov).

Проведение аукционов казначейских ценных бумаг

Казначейские ценные бумаги продаются на первичном рынке на аукционах с закрытыми заявками. Проведение аукциона объявляется за несколько дней в пресс-релизе или на пресс-конференции Казначейства. В объявлении говорится о характеристиках выпуска, в частности его размерах, сроке и типе ценной бумаги; описываются также правила проведения аукциона. Аукционы, проводимые Казначейством, открыты для всех юридических лиц.

Казначейство не только регулярно выставляет на аукцион новые ценные бумаги, но, случается, добавляет дополнительное количество бумаг, уже находящихся в обращении. Такая процедура называется «доразмещением» (*reopening*) облигации. Казначейством был установлен график регулярных доразмещений облигаций со сроком погашения 5 и 10 лет.

Аукцион казначейских ценных бумаг проводится на основе конкурса заявок на покупки. Желающие приобрести облигационный выпуск, в принципе, могут выставлять два типа заявок на покупку: неконкурентные заявки и конкурентные заявки. **Неконкурентные заявки** выставляют юридические лица, готовые купить ценную бумагу под доходность, которая определится в ходе аукциона.

Выставляя неконкурентную заявку, участник обозначает только нужное ему количество облигаций. Объем неконкурентной заявки не может превышать $5 млн. В **конкурентной заявке** обозначаются как нужное количество бумаг, так и доходность, под которую участник аукциона готов их приобрести.

Результаты аукциона выясняются следующим образом. Сначала подсчитывается объем неконкурентных заявок и непубличных покупок (к примеру, совершенных Федеральной резервной системой). Оставшиеся облигации — это бумаги, на которые имеют право юридические лица, выставившие конкурентные заявки. Конкурентные заявки распределяются в порядке увеличения запрашиваемой доходности — от меньшей к большей. (Иными словами, от наивысшей цены, которую готовы заплатить покупатели, до цены минимальной.) Заявки удовлетворяются начиная с тех, в которых была предложена наименьшая доходность. Процесс идет до тех пор, пока не распределяются все бумаги, оставленные на долю конкурентных участников. Наибольшая доходность, принятая Казначейством, называется **доходностью отсечения** — это доходность, выше которой облигации на аукционе не продаются. Участники, запросившие доходность выше, чем доходность отсечения, терпят неудачу: им не достается новых казначейских ценных бумаг. Участники, предложившие в заявке доходность, равную доходности отсечения (т. е. наивысшую, принятую Казначейством, доходность), получают бумаги, однако в соответствующей пропорции. Допустим, например, что по доходности отсечения участники были готовы купить облигаций на $2 млрд. Между тем после удовлетворения заявок тех, кто был готов совершить покупку по меньшей доходности, остался всего $1 млрд. В этом случае каждый участник аукциона, желающий приобрести облигации по доходности отсечения, получит 50% от указанного в заявке количества. Так, если юридическое лицо собиралось приобрести бумаг на $5 млн, оно получит их всего на $2,5 млн.

В течение часа после 13:00 — момента закрытия аукциона — Казначейство объявляет его результаты. Итоги аукциона — это доходность отсечения, соответствующая ей цена и процент ценных бумаг, получаемый теми, кто указал в заявке доходность отсечения. Кроме того, оглашается количество неконкурентных заявок, средняя предложенная в заявках доходность, а также отношение общего числа бумаг, которые хотели бы приобрести публичные участники аукциона, к реально распределенному между ними количеству (**отношение объема спроса к объему размещения**). Для нот и облигаций указывается также купонная ставка новой бумаги. Купонная ставка — это ставка (выраженная в 1/8 долях от 1%), соответствующая цене, наиболее близкой к номиналу, однако не превышающей его, при условии, что доходность облигации равна доходности, полученной успешными участниками аукциона.

Для выявления победителей заявки распределяют от низшей предложенной доходности к высшей. Наиболее высокая принятая Казначейством доходность считается победившей.

После определения победителей аукциона и количества бумаг, которое достанется им во владение, остается узнать, под какую доходность они получают выставленную на аукцион ценную бумагу. Все аукционы американских казначейских долговых обязательств являются аукционами **с единой ценой размещения**. На аукционах с единой ценой размещения все успешные участники получают ценные бумаги под наивысшую из запрошенных в удовлетворенных заявках доходностей (т. е. под доходность отсечения).

Вторичный рынок

Вторичный рынок казначейских долговых обязательств — это внебиржевой рынок, на котором группа американских правительственных дилеров постоянно котирует цены спроса и предложения на находящиеся в обращении казначейские ценные бумаги. Торговля казначейскими бумагами идет 24 часа в сутки. Три основных торговых центра — Нью-Йорк, Лондон и Токио. Нормальный период исполнения сделки на казначейскую ценную бумагу — рабочий день после осуществления трансакции (исполнение «следующим днем»).

Выпуск, аукцион на который был проведен в самое последнее время, называется **последним выпуском** или **текущим выпуском.** Ценные бумаги, на смену которым пришел последний выпуск, называют **предыдущими выпусками**. В каждый момент времени на рынке может обращаться более одного предыдущего выпуска с оставшимся до погашения сроком, примерно равным сроку последнего выпуска. Казначейские ценные бумаги начинают торговаться раньше, чем они выпускаются Казначейством. Рынок, на котором осуществляется торговля такого рода, получил название **рынка «до размещения»** (*when-issued market* или *wi market*). Торговля до размещения как векселями, так и купонными бумагами длится со дня объявления о предстоящем аукционе до дня размещения выпуска.

Правительственные дилеры совершают сделки как с инвестиционной публикой, так и с другими дилерскими фирмами. Торговля одного дилера с другим осуществляется через посредство так называемых **междилерских брокеров**. Дилеры размещают у брокеров твердые котировки на покупку-продажу; те через компьютерную сеть передают на мониторы, стоящие на всех торговых местах, наивысшую цену покупки и наименьшую цену предложения. Дилеры работают с брокерами, поскольку последние обеспечивают чрезвычайно быстрое и эффективное проведение сделок. Междилерские брокеры не разглашают имен дилеров, участвующих в торговле. Котировки, высвечивающиеся на экранах дилеров, обозначены как цены на «внутреннем» или «междилерском» рынке.

Котировка цен на казначейские векселя

Котировка цен на казначейские векселя отличается от котировок цен на купонные казначейские бумаги. На казначейские векселя цены покупки и продажи котируются особым образом. Стоимость казначейских векселей определяется не на основе цены, а на основе **банковского дисконта** — в этом состоит отличие векселей от облигаций, выплачивающих купонный процент. Доходность на основе банковского дисконта вычисляется следующим образом:

$$Y_d = \frac{D}{F} \times \frac{360}{t},$$

где Y_d — доходность на основе банковского дисконта в процентах годовых (выраженная в десятичных дробях);

D — долларовый дисконт, равный разности между номинальной стоимостью и ценой;

F — номинальная стоимость;

t — число дней, оставшихся до даты погашения.

Так, казначейский вексель, до погашения которого осталось 100 дней, номинальная стоимость которого составляет \$100 000, а цена \$99 100, на основе банковского дисконта будет котироваться по 3,24%, поскольку:

$$D = \$100\,000 - \$99\,100 = \$900.$$

А значит:

$$Y_d = \frac{\$900}{\$100\,000} \times \frac{360}{100} = 3{,}24\%.$$

Зная доходность на основе банковского дисконта, мы можем вычислить цену, получив из формулы для Y_d значение D (долларовый дисконт):

$$D = Y_d \times t/360.$$

Цена, таким образом, будет равна:

$$\text{цена} = F - D.$$

Для 100-дневного казначейского векселя с номиналом \$100 000 при доходности 3,24%, котируемой на основе банковского дисконта, D составит:

$$D = 0{,}0324 \times \$100\,000 \times 100/360 = \$900.$$

Это значит, что:

$$\text{цена} = \$100\,000 - \$900 = \$99\,100.$$

Доходность, котируемая на основе банковского дисконта, не является значимой мерой, пригодной для оценки размера прибыли от инвестиции в казначейский вексель. Во-первых, данная величина подсчитывается на основе номинальной стоимости инвестиций без учета реально вложенного количества долларов. Во-вторых, доходность выражается в процентах годовых исходя из 360-дневного, а не 365-дневного года, что осложняет сравнение доходностей казначейских векселей с доходностями казначейских нот и облигаций, выплачивающих купон исходя из года, равного 365 дням. Заметим, что приравнивание года к 360 дням — условность, принятая на денежном рынке для некоторых его инструментов. Однако, несмотря на недостатки данной меры как меры прибыли, описанный метод повсеместно используется дилерами для котировки цен на казначейские векселя. Во многих дилерских котировочных листах и некоторых отчетах приводятся данные о значении двух других мер доходности, чтобы котируемую доходность векселей можно было сравнить с доходностями купонных облигаций и доходностями инструментов денежного рынка.

Мера, позволяющая сравнивать параметры казначейских векселей с параметрами казначейских нот и облигаций, носит название **доходности, эквивалентной облигационной**, — речь о ней шла в главе 3. Для сравнения котируемой доходности векселей с котируемыми доходностями инструментов денежного рынка, выплачивающих процент из расчета 360-дневного года, используется мера **доходности, эквивалентной доходности депозитных сертификатов**. В этом случае в расчетах фигурирует не номинальная стоимость векселя, а его цена. Формула вычисления доходности, эквивалентной доходности депозитного сертификата, выглядит как:

$$\text{доходность, эквивалентная доходности депозитного сертификата} = \\ = \frac{360Y_d}{360 - tY_d}.$$

В качестве иллюстрации снова рассмотрим гипотетический казначейский вексель со сроком 100 дней, номиналом $100 000 и ценой $99 100; доходность на основе банковского дисконта равна 3,24%.

$$\text{Доходность, эквивалентная доходности депозитного сертификата} = \\ = \frac{360 \times 0{,}0324}{360 - 100 \times 0{,}0324} = 0{,}327 = 3{,}27\%.$$

Котировка цен на казначейские купонные долговые обязательства

Казначейские купонные ценные бумаги котируются не так, как казначейские векселя: котируется цена, а не доходность, при этом используются ценовые пункты — один пункт равен 1% номинальной стоимости[1]. Пункты поделены на 32 доли, так что котировка 96–14, например, говорит о цене, равной 96 целым и $^{14}/_{32}$, т.е. о цене 96,4375 на $100 номинала. Ниже приводится несколько примеров перевода котировок в цену на $100 номинала:

---

[1] В ходе торговли до размещения ноты и облигации котируются по доходности, поскольку купонные ставки новых нот и облигаций неизвестны до окончания аукциона.

Котировка	*Количество $^1/_{32}$*	*Цена на $100 номинала*
91–19	19	91,59375
107–22	22	107,6875
109–06	6	109,1875

Сами $^1/_{32}$ доли в свою очередь делятся — на это указывает знак «плюс» или стоящее рядом число. Плюс говорит о том, что к цене следует прибавить половину $^1/_{32}$ (т. е. $^1/_{64}$); число указывает на то, сколько именно восьмых долей $^1/_{32}$ (т. е. сколько $^1/_{256}$) добавлено к значению цены. Цена 96–14+ означает, таким образом, 96 плюс $^{14}/_{32}$ плюс $^1/_{64}$, т. е. 96,4453125, цена 96–142–96 плюс $^{14}/_{32}$ плюс $^2/_{256}$, т. е. 96,4453125. Ниже приводится несколько примеров перевода котировок в цену на $100 номинала:

Котировка	*Количество $^1/_{32}$*	*Количество $^1/_{64}$*	*Количество $^1/_{256}$*	*Цена на $100 номинала*
91–19+	19	1		91,609375
107–222	22		2	107,6953125
109–066	6		6	109,2109375

Рядом со значением цены, как правило, приводится величина доходности к погашению.

Если инвестор приобретает облигацию между купонными выплатами (при условии, что эмитент не терпит дефолта), покупатель должен компенсировать продавцу купонный процент, накопившийся со времени последней купонной выплаты. Такая сумма носит название **накопленного купонного дохода.**

Для вычисления размера накопленного купонного дохода инвестору следует знать три характеристики облигации: 1) число дней в периоде накопления купонного дохода; 2) число дней в периоде между купонными выплатами и 3) долларовый размер купона. Число дней в периоде накопления купонного дохода — это число дней, в течение которых инвестор накапливал свой доход. Зная все три значения, накопленный купонный доход (допустим, что выплаты осуществляются раз в полгода) можно вычислить следующим образом:

$$\text{накопленный купонный доход} = \frac{\text{годовой купон в долларах}}{2} \times$$

$$\times \frac{\text{дни в периоде накопления купонного дохода}}{\text{дни в периоде между купонными выплатами}}.$$

Предположим, например, что: 1) период накопления купонного дохода равен 50 дням; 2) период между купонными выплатами составляет 183 дня и 3) долларовый размер купона на \$100 номинала равен \$8. В этом случае накопленный купонный доход будет равен:

$$\text{накопленный купонный доход} = \frac{\$8}{2} \times \frac{50}{183} = \$1{,}0929.$$

Определение числа дней в периоде накопления купонного дохода и числа дней в периоде между купонными выплатами начинается с установления трех ключевых дат: даты сделки, даты расчета и даты предыдущей купонной выплаты. **Дата сделки** — день, в который произошла транзакция. **Дата расчета** — день завершения транзакции. Для казначейских ценных бумаг дата расчета — рабочий день, следующий за днем сделки. Процент от казначейской купонной бумаги накапливается с даты предыдущей купонной выплаты (включительно) до даты расчета (не включая ее).

Число дней в периоде накопления купонного дохода и число дней в периоде между купонными выплатами — это не всегда реальное число календарных дней между двумя датами. Для каждого типа ценных бумаг существует рыночное соглашение относительно того, как именно подсчитывать число дней между двумя датами. Такая рыночная условность носит название «договоренности о подсчете количества дней». Договоренность о подсчете количества дней для казначейских ценных бумаг отличается от аналогичной договоренности для ценных бумаг правительственных агентств, муниципальных облигаций и корпоративных долговых обязательств.

Для казначейских купонных ценных бумаг принято подсчитывать реальное число дней между двумя датами. Такой способ получил название **договоренности о подсчете реальных дней**. Рассмотрим, например, казначейскую купонную бумагу, предыдущая купонная выплата по которой осуществилась 15 мая. Следующая выплата купона придется на 15 ноября. Допустим, что дата расчета при покупке этой ценной бумаги — 10 сентября. Прежде всего нам предстоит выяснить количество дней, в течение которых накапливался купонный доход. Реальное число дней между 15 мая (дата предыдущей выплаты купона) и 10 сентября (дата расчета) составит 118 дней, поскольку:

С 15 мая по 31 мая	17 дней
Июнь	30 дней
Июль	31 день
Август	31 день
С 1 сентября по 10 сентября	9 дней
Реальное число дней	118 дней

Число дней в периоде между купонными выплатами — это реальное число дней между 15 мая и 15 ноября, т. е. 184 дня. Число дней между датой расчета (10 сентября) и следующей датой выплаты купона (15 ноября) — 66 дней (184–118). Обратите внимание: при подсчете количества дней с 15 по 31 мая, день 15 мая учитывается, а день расчета (10 сентября) нет.

СТРИПЫ КАЗНАЧЕЙСКИХ ЦЕННЫХ БУМАГ

Казначейство не выпускает бескупонных нот и облигаций. Между тем на рынке существует спрос на бескупонные инструменты, не связанные с кредитным риском, — такие инструменты создаются частными компаниями. Правительственные дилеры, занятые расщеплением («стриппингом») казначейских ценных бумаг, получают арбитражную прибыль, связанную с ошибками в ценообразовании облигации. Причину этого мы объяснили в главе 5.

Для демонстрации процесса, называемого **купонным стриппингом**, предположим, что 10-летняя казначейская нота с фиксированной основной суммой $500 млн и купонной ставкой 5% приобретается дилерской фирмой для создания бескупонных казначейских бумаг. Денежный поток от этой казначейской ноты представляет собой 20 полугодовых платежей по $12,5 млн каждый ($500 млн, умноженные на 0,05 и деленные на 2) и выплату номинала (называемого также **основной суммой**) размером $500 млн через 10 лет. Всего должно быть 11 выплат, для каждой из которых выпускается ценная бумага, представляющая собой фактически бескупонную облигацию. Номинальная стоимость каждой из таких ценных бумаг, обеспеченной конкретным платежом в счет купона или основной суммы, зависит от выплаты, которую должно осуществить Казначейство по соответствующей ноте. В нашем примере каждая из 20 бескупонных казначейских ценных бумаг имеет номинальную стоимость $12,5 млн, а одна, обеспеченная основной суммой, — $500 млн. Даты погашения каждой из этих бескупонных ценных бумаг соответствуют датам купонных выплат, осуществляемых Казначейством.

Первые бескупонные казначейские финансовые инструменты были созданы в августе 1982 г. фирмами-дилерами. Проблема заключалась в том, что они ассоциировались с конкретными дилерами, и, таким образом, имели низкую ликвидность. Кроме того, процесс выпуска включал расходы на юридическое обеспечение и страхование. В феврале 1985 г. Казначейство объявило о начале программы раздельной торговли зарегистрированными купонами и номинальными стоимостями ценных бумаг (Separate Trading of Registered Interest and Principal of Securities — STRIPS). Эта программа была призвана облегчить «расщепление» соответствующих казначейских ценных бумаг. В настоящее время стриппингу могут быть подвергнуты любые ноты и облигации (как с фиксированным номиналом, так и защищенные от инфляции). Бескупонные казначейские ценные бумаги, созданные в рамках программы STRIPS, гарантированы непосредственно правительством США. Более того: клиринг этих ценных бумаг проходит через клиринговую систему Федеральной резервной системы.

Употребление выражения «стрип казначейской бумаги» иногда становится причиной некоторого взаимного недопонимания. Когда мы сегодня говорим о казначейском стрипе, как правило, речь идет о финансовом инструменте, появившемся в ходе программы STRIP. Между тем, поскольку корпоративные и обычные казначейские инструменты до сих пор обращаются на рынке, говорящему стоит уточнить, какой именно финансовый продукт он имеет в виду. Далее в книге стрипами будут называться любые «расщепленные» казначейские ценные бумаги.

В дилерских котировочных листах и на экранах продавцов STRIPS различаются в зависимости от источника поступающего денежного потока: он может идти от купона (обозначение ci), номинала казначейской облигации (bp) или номинала казначейской ноты (np). Стрипы, созданные на основе купонов, называются стрипами купонов, а созданные на основе номинала — стрипами номинала. Разграничение стрипов купонов и стрипов номинала существенно с точки зрения налогообложения, принятого в некоторых зарубежных странах (речь об этом пойдет в следующем разделе).

Все ноты и облигации с фиксированным номиналом, выплачивающие купон в одну и ту же дату, получают одинаковый идентификационный номер (CUSIP). Предположим, что мы расщепили ноты и облигации, выплачивающие процент 15 апреля и 15 октября. У всех стрипов купонов, выплачиваемых в один день, будет один CUSIP-номер. В то же время каждому из стрипов номинала различных облигаций и нот присваивается особый CUSIP-номер. Стрипы номинала с разными идентификационными номерами, даже если выплаты осуществляются в один и тот же день, не являются взаимозаменяемыми.

Налогообложение

Недостаток инвестирования в стрипы казначейских ценных бумаг с точки зрения налогооблагаемого юридического лица — ежегодное налогообложение накопленного купонного дохода, осуществляемое несмотря на то, что купонные выплаты в данном случае отсутствуют. Данные инструменты приносят, таким образом, отрицательный денежный поток вплоть до даты погашения. Отрицательный денежный поток — результат необходимости платить налоги на накопленный, но не полученный наличными купонный доход. Стрипы купонов и стрипы номинала различают, в частности, потому, что некоторые иностранные покупатели отдают явное предпочтение стрипам номинала. Причина тому — налогообложение процента в их странах. Налоговое законодательство этих стран рассматривает процент, полученный от стрипов номинала, как прирост капитала, подлежащий более благоприятному налогообложению (к нему применяются более низкие налоговые ставки) по сравнению с налогообложением обычного процентного дохода, к которому приравнивается доход, полученный от купонных стрипов.

Реконституция облигации

В приведенном нами в главе 5 примере стриппинга купонной ценной бумаги цена казначейской облигации была меньше теоретической цены. Предположим теперь, что казначейская облигация имеет цену большую, нежели теоретическая. В этом случае инвестор имеет возможность приобрести на рынке пакет бескупонных казначейских ценных бумаг таким образом, чтобы денежный поток от пакета повторял денежный поток от неверно оцененной купонной казначейской бумаги. Тем самым инвестор реализует доходность более высокую, чем доходность купонной казначейской ценной бумаги. Такой процесс получил название **реконституции.**

Именно процесс стриппинга купонов и реконституции является причиной того, что кривая реально наблюдаемых спот-ставок на бескупонные казначейские ценные бумаги практически совпадает с кривой теоретических спот-ставок. Благодаря возможности стриппинга и реконституции спрос и предложение толкают спот-ставки к теоретическому уровню. Как рынок казначейских ценных бумаг, так и прочие мировые рынки государственных облигаций постоянно переживают подобного рода процессы.

ЦЕННЫЕ БУМАГИ ПРАВИТЕЛЬСТВЕННЫХ АГЕНТСТВ

Ценные бумаги правительственных агентств подразделяются в зависимости от типа эмитента: они могут выпускаться, с одной стороны, организациями, имеющими федеральный статус, с другой — компаниями, спонсируемыми государством. *Организации, имеющие федеральный статус*, являются правительственными агентствами. *Компании, спонсируемые государством*

(Government Sponsored Enterprises — GSE), находятся в частной собственности. Они являются агентами (не агентствами) правительства США, предоставляющего им, как и организациям с федеральным статусом, привилегии, которых нет у компаний частного сектора. Несмотря на это различие, в данной главе мы будем рассматривать компании, спонсируемые государством, как агентства.

По данным Morgan Stanley основными эмитентами являются:

Федеральная национальная ипотечная ассоциация (Federal National Mortgage Association — FNMA, или Fannie Mae);

Федеральная корпорация жилищного ипотечного кредита (Federal Home Loan Mortgage Corporation — FHLMC, или Freddie Mac);

Федеральный банк жилищного кредита (Federal Home Loan Bank — FHLB);

Администрация долины Теннесси (Tennessee Valley Authority — TVA);

Федеральные банки фермерского кредита (Federal Farm Credit Banks — FFCB).

Важным аспектом ценных бумаг федеральных агентств является их кредитное качество. По общепринятым представлениям, хотя агентские выпуски и не имеют прямой гарантии правительства США, такая гарантия подразумевается в результате возможности заимствования у Казначейства США. Так или иначе, несмотря на такое право заимствования и другие привилегии по сравнению с фирмами частного сектора, прямых или косвенных гарантий не существует. В то же время выпуски, которые пришлись на период кризиса, были прямо гарантированы правительством.

Из-за кредитного риска ценные бумаги федеральных агентств торгуются на рынке с более высокой доходностью, чем казначейские бумаги. Как и у казначейских ценных бумаг, у агентских бумаг имеется многодилерский внебиржевой вторичный рынок, однако объемы торговли на нем значительно меньше, чем на казначейском рынке. Объемы торговли агентскими долговыми ценными бумагами у первичных дилеров составляли в среднем 11% от дневного объема торговли американскими облигациями в 2000–2010 гг.

Существуют ценные бумаги двух типов. Первый — это обычная облигация, используемая другими эмитентами на рынке облигаций. Такие долговые обязательства называют *необеспеченными облигациями*. Другой тип, который, возможно, лучше всего известен участникам рынка облигаций, — это ценные бумаги, обеспеченные пулом жилищных ипотечных кредитов. Такие долговые обязательства называют *ипотечными ценными бумагами*, они являются предметом нескольких последующих глав. В этой же главе мы ограничимся рассмотрением агентских необеспеченных облигаций. Основной вопрос, который беспокоит инвесторов, рассматривающих возможности инвестирования в агентские ценные бумаги, является связанный с ними кредитный риск.

Далее мы подробно остановимся на ценных бумагах, выпускаемых тремя крупными активными эмитентами (Fannie Mae, Freddie Mac и Системой федеральных банков жилищного кредита) и тремя менее крупными активными эмитентами (Системой федеральных банков фермерского кредита, Федеральной сельскохозяйственной ипотечной корпорацией и Администрацией долины Теннесси). Заметим, что в период работы над настоящим изданием Конгресс предложил новые правила, регулирующие спонсируемые государством организации.

Fannie Mae и Freddie Mac

Мы рассматриваем Fannie Mae и Freddie Mac, двух крупнейших поставщиков средств на жилищный ипотечный рынок, вместе по той причине, что они выпускают сходные долговые инструменты, а также имеют в настоящее время одинаковые законодательные ограничения.

Fannie Mae выпускает эталонные векселя, эталонные ноты, эталонные облигации, эталонные ноты с правом досрочного погашения, субординированные эталонные ноты, инвестиционные ноты, ценные бумаги с правом досрочного погашения и структурированные ноты. Эталонные ноты и эталонные облигации не имеют встроенных опционов. Выпуски ценных бумаг Fannie Mae имеют сроки погашения 2, 3, 5, 10 и 30 лет. Freddie Mac является эмитентом референсных векселей, дисконтных нот, среднесрочных нот, референсных нот, референсных облигаций, референсных нот с правом досрочного погашения, референсных евронот (долговых обязательств, деноминированных в евро), а также глобальных облигаций. Референсные векселя и дисконтные ноты имеют сроки погашения один год и меньше, референсные ноты и облигации — от 2 до 30 лет, а референсные ноты с правом досрочного погашения — от 2 до 10 лет.

У обеих организаций есть и выпуски, которые определяются как структурированные ноты. Как объясняется в главе 7, эти долговые обязательства индивидуализируются в соответствии с запросами институциональных инвесторов. Структурированные ноты могут иметь плавающую и повышающуюся ставку, а также быть бескупонными. Выпуски деноминируются в долларах США и в различных иностранных валютах.

В результате сильного падения рынков жилья и кредитования, начавшегося в 2007 г., в сентябре 2008 г. Федеральное агентство жилищного финансирования (Federal Housing Finance Agency — FHFA), организация, регулирующая деятельность Fannie Mae и Freddie Mac, ввело внешнее управление в этих двух GSE. Это означает, что FHFA полностью контролирует их операции и активы. Федеральное правительство опасалось, что банкротство этих GSE приведет к прекращению функционирования рынка финансирования жилья и вызовет сильное потрясение глобального финансового рынка, где широко обращаются их ценные бумаги. Как результат, Казначейство США приняло соглашения о финансировании, гарантировавшие, что эти агентства продолжат обслуживать выпущенные ими долговые обязательства, а также гарантированные ценные бумаги, которые будут рассматриваться в главах 11 и 12.

Federal Farm Credit Bank System — FFCBS

Федеральная система банков фермерского кредита (FFCBS) была создана Конгрессом для облегчения кредитования сельскохозяйственного сектора экономики. FFCBS включает три юридических лица: Federal Land Banks (Федеральные земельные банки), Federal Intermediate Credit Banks (Федеральные банки среднесрочного кредита) и Banks for Cooperatives (Банки для кооперативов). Все финансирование FFCBS осуществляется через Federal Farm Credit Banks Funding Corporation (FFCBFC), которая и является эмитентом консолидированных долговых обязательств. Процентный доход *обычно* освобождается от подоходного налога штата и местных налогов.

FFCBFC выпускает долговые обязательства с широким диапазоном структур и сроков погашения. Дисконтные ноты FFCBFC аналогичны казначейским векселям со сроками погашения от одного дня до 365 дней. Целевые облигации могут иметь структуру без досрочного погашения и с досрочным погашением и сроки погашения от двух до 10 лет. Целевые облигации с правом досрочного погашения имеют только одну дату выкупа. Облигации FFCBFC могут индивидуализироваться для институциональных инвесторов как структурированные ноты. Мастер-ноты — это долговые обязательства, купоны которых индексируются в соответствии с референсной ставкой. По состоянию на февраль 2011 г. долговые обязательства FFCBFC имели рейтинг AAA.

Federal Agricultural Mortgage Corporation — Farmer Mac

Федеральная сельскохозяйственная ипотечная корпорация (Farmer Mac) обеспечивает функционирование вторичного рынка первых ипотечных кредитов на приобретение сельскохозяйственной недвижимости. Farmer Mac привлекает средства, продавая необеспеченные облигации и ипотечные ценные бумаги, обеспеченные купленными кредитами. Бумаги второго типа носят название **сельскохозяйственных ипотечных ценных бумаг** (AMBS). Необеспеченные долговые обязательства включают в себя дисконтные ноты и среднесрочные ноты.

Federal Home Loan Bank System — FHL Banks

Федеральная система банков жилищного кредита (FHL Banks) состоит из 12 региональных банков и их подразделений. Каждый банк выпускает облигации консолидированного долга, обеспеченные объединенными гарантиями 12 банков, входящих в FHL Banks. Долговые обязательства выпускаются как дисконтные ноты со сроками погашения от 1 до 360 дней, а также более долгосрочный долг, выпуски которого могут погашаться единовременно, иметь право досрочного погашения и плавающую ставку.

Tennessee Valley Authority — TVA

Администрация долины Теннесси (TVA) была создана Конгрессом в 1933 г. прежде всего для обеспечения безопасности жителей во время наводнений, осуществления надзора за навигацией, а также для развития в этом регионе сельского хозяйства и промышленности. TVA была призвана обеспечить более эффективное использование электроэнергии в долине Теннесси. Она является крупнейшей государственной энергетической системой США. Как самофинансируемое агентство правительства США TVA удовлетворяет свои потребности в денежных средствах за счет основной деятельности и выпуска долговых обязательств под энергетическую программу. Эта программа предполагает выпуск долга только в целях развития энергетики, в том числе для рефинансирования существующего долга. Хотя долговые обязательства TVA не гарантируются американским правительством, они имеют рейтинг AAA как ценные бумаги агентства, полностью принадлежащего правительству.

TVA предлагает облигационные выпуски как для индивидуальных инвесторов (розничное размещение), так и для институциональных инвесторов. *Дисконтные ноты TVA* имеют срок погашения один год и меньше. Их непрерывно предлагают инвесторам через дилеров и дилерские банки. Облигации TVA, известные как *энергетические облигации*, могут иметь срок погашения вплоть до 50 лет при разнообразных структурах. Они выпускаются в соответствии с двумя программами. Одна из них — TVA Electronotes[R] — ориентирована на индивидуальных инвесторов. Облигации, выпускаемые по этой программе, размещаются ежемесячно и имеют сроки погашения до 30 лет. Это стандартные облигации с правом досрочного погашения, имеющие любопытное право досрочного предъявления, называемое «наследственным». Это право позволяет предъявить облигацию для погашения по номинальной стоимости плюс накопленный процент в случае смерти держателя. Другая программа выпуска энергетических облигаций TVA, ориентированная на индивидуальных инвесторов, — это программа размещения ценных бумаг с автоматическим перерасчетом купона и правом досрочного предъявления (Putable Automatic Rate Reset Securities — PARRS). Эти облигации без права досрочного погашения имеют, однако, две другие особенности. Во-первых, в течение первых пяти лет на них установлена фиксированная купонная ставка. По прошествии этого срока начинает действовать правило перерасчета купона, предполагающее при определенных условиях уменьшение купонной ставки. Во-вторых, в случае уменьшения купонной ставки держатель имеет право предъявить эмитенту облигацию для выкупа по номинальной стоимости плюс накопленный процент. Облигации, выпускаемые по этой программе, торгуются на Нью-Йоркской фондовой бирже.

Для институциональных инвесторов TVA выпускает глобальные облигации без права досрочного погашения, деноминированные в долларах США и других основных валютах. Существуют также выпуски с правом досрочного предъявления, которые не подлежат досрочному погашению, выпуски, индексируемые с учетом инфляции.

Резюме

- Участники всех финансовых рынков с особым вниманием следят за положением дел на рынке американских казначейских ценных бумаг, поскольку процентные ставки на долговые обязательства Казначейства США являются эталонными для всех мировых рынков.
- Казначейство является эмитентом трех типов ценных бумаг: векселей, нот и облигаций. Казначейские векселя имеют срок погашения год и меньше, продаются с дисконтом относительно номинала и не приносят периодических процентных выплат. Казначейские ноты и облигации являются купонными ценными бумагами.
- Казначейские ноты выпускаются как с фиксированным номиналом, так и с номиналом, защищенным от инфляции.

- Казначейство выпускает купонные ценные бумаги с фиксированным номиналом и номиналом, защищенным от инфляции. Во втором случае размер номинала и, следовательно, купонные платежи привязываются к индексу потребительских цен (CPI); эти долговые обязательства носят название «ценных бумаг, защищенных от инфляции», или TIPS.
- Казначейские ценные бумаги размещаются через проводимый на конкурентной основе аукцион — существует регулярный цикл проведения таких аукционов. Вторичным рынком казначейских ценных бумаг является внебиржевой рынок, на котором дилеры заключают сделки с инвесторами и друг с другом.
- На вторичном рынке доходность казначейских векселей котируется на основе банковского дисконта; казначейские купонные ценные бумаги котируются на основе цены.
- Казначейство не выпускает бескупонные ценные бумаги, однако правительственные дилеры синтетически создают подобные инструменты — процесс их создания получил название купонного стриппинга. Бескупонные казначейские ценные бумаги создаются в рамках программы STRIPS. Выпуск новых долговых обязательств первого и второго типа в настоящее время прекращен; на рынке преобладают STRIPS Казначейства США.
- Ценные бумаги компаний, спонсируемых государством, и компаний, имеющих федеральный статус, образуют рынок агентских ценных бумаг. Если не указывается иное, то ценные бумаги, выпускаемые этими организациями, не имеют прямых или косвенных гарантий правительства США.

Вопросы

1. Чем отличаются друг от друга казначейские векселя, казначейские ноты и казначейские облигации?
2. Несколько вопросов, относящихся к ценным бумагам, защищенным от инфляции (TIPS):
   a. Что такое реальная ставка?
   b. Что такое номинал с учетом инфляции?
   c. Допустим, что купонная ставка для TIPS составляет 3%. Предположим также, что инвестор приобретает $10 000 номинальной стоимости (начального номинала); полугодовая ставка инфляции равна 1%.

(1) Какой купон (в долларах) будет выплачен через первые полгода?
(2) Чему будет равен номинал с учетом инфляции к концу полугодия?

d. Допустим, инвестор приобретает 5-летнюю TIPS в условиях дефляции на протяжении всего периода. Какой номинал будут выплачен Казначейством при погашении?
e. Зачем нужно дневное отношение индексов?
f. Как облагается налогом на федеральном уровне процентный доход по TIPS?

3. Что такое рынок до размещения?
4. Почему правительственные дилеры торгуют через междилерских брокеров?
5. Предположим, что цена казначейского векселя со сроком до погашения 90 дней и номиналом $1 млн равна $980 000. Чему равна доходность на основе банковского дисконта?
6. Доходности спроса и предложения на казначейский вексель котируются дилером как 5,91% и 5,89% соответственно. Можно ли объяснить разницу котировок цен спроса и предложения следующим образом: котировка спроса указывает на цену, по которой дилер хотел бы купить вексель, а котировка предложения — на цену, по которой он хотел бы его продать?
7. Вычислите цену в долларах на купонные ценные бумаги, имеющие следующие котировки (номинал равен $100 000):
   a. 84,14;
   b. 84,14+;
   c. 103,284;
   d. 105,059.
8. Вопросы, относящиеся к аукциону казначейских ценных бумаг:
   a. Кто такой неконкурентный участник?
   b. Что такое доходность отсечения?
9. Как устанавливается цена, которую должен заплатить за казначейскую бумагу конкурентный участник аукциона, с единой ценой?
10. Как устанавливается цена, которую должен заплатить за казначейскую бумагу неконкурентный участник аукциона, с единой ценой?
11. Предположим, что купонная казначейская ценная бумага была приобретена 8 апреля, а следующая выплата купона назначена на 15 февраля. Год, о котором идет речь, не является високосным.
    a. Сколько дней в периоде накопления купонного дохода?
    b. Каков размер накопленного купонного дохода, если купонная ставка на данную казначейскую ценную бумагу составляет 7%, а номинальная стоимость купленных облигаций — $1 млн?

12. a. Что означает отделение купона на рынке казначейских бумаг?
    b. Что создается в результате отделения купона на рынке казначейских бумаг?
13. Почему расщепленную казначейскую ценную бумагу идентифицируют на основе того, из чего она создана, на основе купона или номинала?
14. Как облагается подоходным налогом на федеральном уровне накопленный купонный доход по стрипам казначейских ценных бумаг?
15. Что такое спонсируемая государством компания?
16. Объясните, согласны вы или не согласны с утверждением: «Долг компаний в собственности правительства гарантируется правительством США, но это не относится к долгу спонсируемых государством компаний».
17. Осенью 2010 г. автор этой книги получил от брокера список предложений на очень краткосрочные казначейские векселя. Цена предложения на некоторые выпуски превышала стоимость казначейского векселя при погашении. Когда автор поинтересовался, не ошибка ли это, брокер заявил, что нет и что некоторые институциональные инвесторы покупают очень краткосрочные казначейские векселя по цене выше стоимости при погашении. Что это означает с точки зрения доходности, которую такие инвесторы были готовы получить в тот момент?

ГЛАВА 7

Корпоративные долговые инструменты

В этой главе читателю будут представлены сведения:

- о следующих типах корпоративных долговых обязательств: корпоративные облигации, среднесрочные ноты, коммерческие бумаги, банковские кредиты, конвертируемые корпоративные облигации и ценные бумаги, обеспеченные активами;
- о классах кредитов в структуре корпоративного капитала и их старшинстве в случае банкротства;
- об основных положениях закона о банкротстве и принципе абсолютного приоритета;
- о рейтингах корпоративных облигаций и о том, что такое облигации с инвестиционным и неинвестиционным рейтингом;
- о положениях, касающихся отзыва облигации эмитентом до установленной даты погашения;
- о структурах облигаций, используемых эмитентами рынка высокодоходных облигаций;
- о вторичном рынке корпоративных облигаций;
- о различиях торговли акциями и корпоративными облигациями;
- о причинах сокращения портфелей корпоративных облигаций у дилеров;
- о рынке частного размещения корпоративных облигаций;
- о среднесрочных нотах;
- о структурированных среднесрочных нотах и различных типах структурированных нот;

- о коммерческих бумагах и разнице между прямым размещением коммерческих бумаг и их размещением через дилера;
- о банковском кредите и разнице между банковским кредитом инвестиционного уровня и банковским кредитом с использованием заемных средств;
- об облигациях, обеспеченных кредитами;
- о риске дефолта по корпоративным облигациям, уровне дефолтов и уровне возмещения;
- о риске снижения стоимости корпоративных облигаций и матрице перехода в другую рейтинговую категорию;
- о риске спреда по корпоративным облигациям, о риске неблагоприятного события и о риске появления негативных новостей.

Корпоративные долговые инструменты — это финансовые обязательства корпораций, имеющие, в случае банкротства, приоритет перед обыкновенными и привилегированным акциями. Корпоративные долговые обязательства могут быть разбиты на следующие группы: 1) корпоративные облигации; 2) среднесрочные ноты; 3) коммерческие бумаги; 4) банковские кредиты, 5) конвертируемые корпоративные облигации и 6) ценные бумаги, обеспеченные активами. В настоящей главе рассматриваются только первые четыре категории долговых обязательств. Описание конвертируемых корпоративных облигаций мы отложим до главы 20, а ценных бумаг, обеспеченных активами, — до главы 15.

Корпоративные облигации принято классифицировать по секторам, которые включают в себя:

- **Коммунальный сектор**: находящиеся в собственности инвесторов компании, занимающиеся производством, передачей и распределением электроэнергии, газо- и водоснабжением;
- **Финансовый сектор**: различные финансовые институты — банки, страховые компании, фирмы, занимающиеся торговлей ценными бумагами, брокерские фирмы, ипотечные фирмы и финансовые компании;
- **Промышленный сектор**: компании, не являющиеся коммунальными или финансовыми.

Помимо типа долгового обязательства и корпоративного долгового сектора корпоративные инструменты классифицируются в зависимости от кредитного риска, определяемого крупными рейтинговыми компаниями. Мы уже кратко рассматривали кредитный риск и кредитные рейтинги в главе 1, а здесь мы расширим полученные знания. Как мы видели, долговые инструменты делятся на две большие категории — долг инвестиционного уровня и долг неинвестиционного уровня. Корпоративные долговые обязательства неинвестиционного уровня чаще называют «высокодоходными долговыми обязательствами».

СТАРШИНСТВО ДОЛГА В СТРУКТУРЕ КОРПОРАТИВНОГО КАПИТАЛА

Структура капитала фирмы — это отражение способа, который руководство фирмы выбрало для финансирования деятельности. В общих чертах структура капитала фирмы включает в себя обыкновенные акции, привилегированные акции и долг. В корпоративных финансах решение о структуре капитала является одним из важнейших вопросов, решаемых руководством фирмы. Вопрос — в настоящей главе он не рассматривается — заключается в том, является ли структура капитала оптимальной, т. е. максимизирует ли она рыночную стоимость собственного капитала. Другой вопрос при формировании структуры капитала фирмы касается того, как добиться оптимальной структуры долга. Эта проблема связана с преимуществом в случае банкротства одного класса кредиторов перед другими классами. Хотя оптимальная структура капитала и оптимальная структура долга являются очень важными вопросами в сфере корпоративных финансов и при моделировании кредитного риска, мы сконцентрируемся здесь исключительно на описании структуре старшинства.

Кредиторы имеют следующий приоритет:

- старший обеспеченный долг;
- старший необеспеченный долг;
- старший субординированный долг;
- субординированный долг.

Старший обеспеченный долг гарантируется той или иной формой обеспечения помимо общего финансового положения эмитента. В качестве обеспечения может использоваться либо недвижимость (через ипотеку), либо движимое имущество. Облигация, обеспеченная закладной на недвижимость, дает кредитору право удержания заложенных активов. Иными словами, кредитор имеет законное право продать заложенное имущество для удовлетворения причитающихся ему неоплаченных обязательств. На практике обращение взыскания и продажа заложенного имущества случается редко. Как объясняется в следующем разделе, реорганизация эмитента в случае его банкротства позволяет держателю облигации получить несколько меньше, чем причитающаяся ему сумма основного долга. Тем не менее право удержания залога имеет большое значение, поскольку дает держателю обеспеченной облигации сильное преимущество перед другими кредиторами при определении условий любой реорганизации.

У некоторых компаний нет основных средств или другой недвижимости, которую можно отдать в залог для обеспечения долга. Однако у них есть ценные бумаги других компаний — они являются холдингами, а другие компании — их дочерними предприятиями. Они отдают в залог акции, ноты, облигации и т. п. Облигации, обеспеченные такими активами, называют **облигациями, обеспеченными ценными бумагами других компаний**.

Долг, не имеющий обеспечения, естественно называют необеспеченным.

Старший необеспеченный долг не гарантируется залогом имущества, однако это не означает, что кредиторы, которые держат долговые обязательства этого типа, не имеют права на имущество эмитентов или их прибыли. Этот класс кредиторов имеет права обычных кредиторов на все активы эмитента, которые не переданы в залог для обеспечения другого долга. Кроме того, они имеют право на заложенные активы в той мере, в какой эти активы превышают стоимость, необходимую для удовлетворения требований старших обеспеченных кредиторов.

Кредиторы, которые держат **субординированный долг**, получают удовлетворение своих претензий на активы и прибыли после старших обеспеченных кредиторов, после старших необеспеченных кредиторов и нередко после некоторых непривилегированных кредиторов. В свою очередь субординированный долг делится на две категории. В этом классе долга существуют кредиторы, имеющие приоритет в удовлетворении требований перед другими субординированными держателями долга. Долг, имеющий приоритет в пределах субординированного долга, называют **старшим субординированным долгом**.

Важно понимать, что юридическое старшинство любого долгового обязательства не защищает кредиторов от финансового убытка в случае неспособности эмитента генерировать денежный поток, достаточный для погашения его обязательств.

БАНКРОТСТВО И ПРАВА КРЕДИТОРОВ

Как уже говорилось, в случае банкротства корпорации держатели корпоративных долговых инструментов имеют преимущество перед держателями акций; напомним, что среди самих держателей долговых обязательств одни категории также имеют преимущество перед другими. Закон США о банкротстве предоставляет должникам, неспособным погасить свои долговые обязательства, механизм принятия плана по урегулированию долгов через распределение активов между кредиторов[1]. Одна из целей принятия закона — установить правила, действующие в случае ликвидации или реорганизации компании.

Ликвидация корпорации означает, что все активы распределяются среди лиц, имеющих права требования к корпорации, а сама корпорация как юридическое лицо перестает существовать. Результатом **реорганизации** является образование нового юридического лица. Часть держателей требований к обанкротившейся компании получают в обмен на свои бумаги денежные средства; другой части выдаются новые ценные бумаги корпорации, появившейся в результате реорганизации; наконец, третья группа инвесторов получает комбинацию денег и новых ценных бумаг.

Другая цель закона о банкротстве — предоставить корпорации время, необходимое для того, чтобы решиться либо на ликвидацию, либо на реорганизацию, а затем время для разработки плана последующей ликвидации или реорганизации. Закон предоставляет компании, объявившей о банкротстве, защиту от кредиторов, настаивающих на немедленной выплате причитающихся им денежных сумм[2]. Компания, подпадающая под защиту закона о банкротстве, считается **должником во владении** и продолжает вести дела под надзором судебных органов.

Закон о банкротстве включает 15 глав, каждая из которых рассматривает определенный тип банкротства. Для нас наиболее интересными представляются две главы: глава 7 и глава 11. В главе 7 речь идет о ликвидации компании; в главе 11 — о ее реорганизации. Исторически ликвидация (глава 7) использовалась менее часто, чем реорганизация в соответствии с главой 11. После подачи компанией заявления о банкротстве прекращается выплата процентов и основных сумм кредиторам, а также выплата дивидендов акционерам[3].

---

[1] Конгресс принял Кодекс о банкротстве в соответствии со своим конституционным правом с тем, чтобы «установить… единообразное законодательство в сфере банкротства на всей территории Соединенных Штатов». Надзор за соблюдением закона и рассмотрение дел о банкротстве осуществляют суды по делам о банкротстве.

[2] Заявление об объявлении банкротства может быть подано как самой компанией (в этом случае речь идет о **добровольном банкротстве**), так и ее кредиторами — в такой ситуации говорят о **принудительном банкротстве**.

[3] «Подготовленное» банкротство и заранее подготовленный план являются менее затратными альтернативами подачи заявления в соответствии с главой 11 и могут быстрее подтверждаться судами.

Для управления и администрирования имуществом банкрота назначается конкурсный управляющий, которого называют **арбитражным управляющим**. Вместе с тем есть еще одно лицо, которое стоит за кулисами дела о банкротстве. Это подразделение Министерства юстиции США, созданное Конгрессом для наблюдения за процессом банкротства, известное как **U. S. Trustee Program**, или просто **U. S. Trustee**. Хотя U. S. Trustee выполняет в основном роль наблюдателя, оно имеет право направить своего представителя в суд по делам о банкротстве и принять активное участие в процессе. Чаще всего U. S. Trustee участвует в делах в соответствии со статьей 11.

При ликвидации после распределения ее активов между кредиторами — и, если их достаточно, между акционерами — компания прекращает свое существование. Распределение активов осуществляется в соответствии с **правилом абсолютного приоритета**. Правило абсолютного приоритета предполагает полную выплату старшим кредиторам до начала осуществления каких-либо выплат младшим. Кредиторы, владеющие обеспеченными долговыми обязательствами, равно как и кредиторы, являющиеся держателями необеспеченного долга, считаются старшими по отношению к держателям акций. Таким образом, в случае банкротства в соответствии со статьей 7 кредиторы с большей вероятностью могут получить что-то (а может быть, и все), чем акционеры.

В случае банкротства в соответствии со статьей 11 корпорация-банкрот старается выйти из процесса банкротства как действующее предприятие. В основном расчет делается на то, что в долгосрочной перспективе стороны могут получить больше, чем в случае ликвидации компании. Компания должна раскрыть не только все свои активы, но и предоставить перечень долговых обязательств, в отношении которых она ищет защиту.

Компания-банкрот должна представить план реорганизации, которая позволит погасить долг перед кредиторами. В определенной мере кредиторам приходится сражаться друг с другом. Конкурсный управляющий назначает комитет, представляющий необеспеченных кредиторов (в который входят держатели облигаций), и может даже назначить комитет, представляющий акционеров. Эти комитеты совместно с компанией-банкротом разрабатывают план реорганизации. План утверждается кредиторами и акционерами. Даже если акционеры отвергают этот план из-за номинального размера возмещения или его полного отсутствия, суд по делам о банкротстве может принять его.

РЕЙТИНГ КОРПОРАТИВНОГО ДОЛГА

С помощью разных аналитических методов профессиональные управляющие денежного рынка изучают информацию о компании и облигационном выпуске, пытаясь оценить способность эмитента исполнить в будущем взятые на себя контрактные обязательства. Деятельность такого рода получила название **кредитного анализа**, которому посвящена глава 20.

Некоторые крупные институциональные инвесторы и многие банки имеют собственные отделы кредитного анализа. Большинство же институциональных инвесторов сами не занимаются кредитным анализом, а опираются, несмотря на хорошо известные проблемы с кредитными рейтингами, на результаты исследований рейтинговых компаний и публикуемые ими рейтинги.

Организации, которые присваивают кредитные рейтинги и получили на это право от Комиссии по ценным бумагам и биржам (SEC), официально именуются национально признанными статистическими рейтинговыми организациями (NRSRO). Если говорить точнее, то Закон о ценных бумагах и биржах 1934 г. определяет NRSRO следующим образом:

> «...кредитное рейтинговое агентство, которое выпускает кредитные рейтинги, сертифицируется квалифицированными институциональными покупателями в соответствии со статьей 15E (a) (1) (B) (ix) Закона о биржах в отношении: i) финансовых институтов, брокеров или дилеров; ii) страховых компаний; iii) корпоративных эмитентов; iv) эмитентов ценных бумаг, обеспеченных активами (так, как этот термин определен в 17 CFR 229.1101 (c)); v) эмитентов правительственных ценных бумаг, муниципальных ценных бумаг или ценных бумаг, выпускаемых правительством иностранного государства; или vi) сочетания одной или нескольких категорий заемщиков, описанных в подпунктах i — v; и которые зарегистрированы в соответствии со статьей 15E Закона о биржах».

SEC ежегодно представляет Конгрессу отчет, в котором приводится список кредитных рейтинговых агентств, зарегистрированных как NRSRO, и категорий организаций, которым они могут присваивать кредитные рейтинги (т. е. категории i — v, перечисленные в приведенной выше выдержке). На 13 июня 2014 г. в их число входили:

A. M. Best Company, Inc.	Категории ii, iii и iv
DBRS, Inc.	Категории i — v
Egan-Jones Ratings Co.	Категории i — v
Fitch, Inc.	Категории i — v
HR Ratings de México, S. A. de C. V	
Japan Credit Rating Agency, Ltd.	Категории i, ii, iii и v

Окончание таблицы

Kroll Bond Rating Agency, Inc.	Категории i — v
Moody's Investors Service, Inc.	Категории i — v
Morningstar Credit Ratings, LLC	Категория iv
Standard & Poor's Ratings Services	Категории i — v

В Закон о ценных бумагах и биржах 1934 г. были внесены изменения в июле 2010 г. в соответствии с реформой Уолл-стрит Додда–Франка и Законом о защите прав потребителей, которые усилили регулирование и повысили подотчетность и прозрачность NRSRO. Для этого в SEC был учрежден Офис кредитных рейтингов.

Три крупнейшие NRSRO

Хотя всего существуют 10 NRSRO, в тройку крупнейших входят: 1) Moody's Investors Service, 2) Standard & Poor's Rating Services и 3) Fitch, Inc. Рейтинговые системы, используемые этими компаниями, приведены в табл. 7.1. Факторы, учитываемые рейтинговыми агентствами при присвоении кредитного рейтинга, рассматриваются в главе 22.

Таблица 7.1. Системы рейтингов корпоративных облигаций: символы и их расшифровка

Moody's	S&P	Fitch	Краткое описание
			Инвестиционный уровень: высокое кредитное качество
Aaa	AAA	AAA	Золотообрезные, первоклассное качество, максимум безопасности
Aa1	AA+	AA+	
Aa2	AA	AA	Очень высокий уровень надежности, высокое качество
Aa3	AA–	AA–	
A1	A+	A+	
A2	A	A	Высший средний уровень надежности
A3	A–	A–	
Baa1	BBB+	BBB+	
Baa2	BBB	BBB	Низший средний уровень надежности
Baa3	BBB–	BBB–	

Окончание табл. 7.1

	Явно спекулятивные: низкое кредитное качество		
Ba1	BB+	BB+	
Ba2	BB	BB	Низкий уровень надежности, спекулятивные
Ba3	BB–	BB–	
B1	B+	B+	
B2	B	B	Высокоспекулятивные
B3	B–	B–	
	В основном спекулятивные: существенный риск или дефолт		
	CCC+		
Caa	CCC	CCC	Существенный риск, в плохом состоянии
	CCC–		
Ca	CC	CC	Вероятен дефолт, крайне спекулятивные
C	C	C	Еще более спекулятивные, чем предыдущие
	CI		Доходные облигации; не выплачивают процент
		DDD	Дефолт
		DD	
	D	D	

Во всех рейтинговых системах термин «**высокий уровень надежности**» означает низкий кредитный риск и, соответственно, высокую вероятность будущих выплат. Облигации, имеющие наивысший уровень надежности, Moody's обозначает буквами Aaa, а Standard & Poor's и Fitch — AAA. Следующая градация уровня надежности — Aa или AA; для третьего уровня все компании приняли символ A. Далее следуют рейтинги Baa или BBB, Ba или BB и B. Существует также несколько рейтингов C. Standard & Poor's и Fitch пользуются знаками плюс и минус — они обеспечивают более тонкую градацию внутри одной рейтинговой группы; для тех же целей Moody's использует цифры 1, 2 и 3. Облигации, получившие три A (AAA или Aaa), принято называть **прайм**; бумаги с двойным A (AA или Aa) — **высококачественными**; одно A указывает на **высшее среднее качество**, а три B на **среднее качество**. Низкокачественные облигации различают в зависимости от того, насколько силен в них спекулятивный элемент.

Облигационные выпуски, имеющие рейтинги одной из первых четырех категорий, получили название **облигаций инвестиционного уровня** (*investment-grade*). Облигации, рейтинг которых не входит в первые четыре категории, считаются облигациями **неинвестиционного уровня** (*non-investment-grade*) — их принято называть **высокодоходными** (*high-yield*) или **бросовыми** (*junk*). Рынок корпоративных облигаций делится, таким образом, на два сектора: рынок облигаций инвестиционного и неинвестиционного уровня. Такое деление очень важно, поскольку правила функционирования институциональных инвесторов могут запрещать вложения в облигации неинвестиционного уровня.

Рейтинговые агентства проводят постоянный мониторинг облигаций и эмитентов, включенных в рейтинговую систему. Рейтинговое агентство может объявить о том, что в настоящий момент происходит пересмотр кредитного рейтинга одного из эмитентов: в результате пересмотра рейтинг может как повыситься, так и понизиться. О компании, рейтингом которой в данный момент занимается рейтинговое агентство, говорят, что «она состоит под кредитным надзором».

Корпоративные облигации

Корпоративные облигации — это долговые обязательства, выпускаемые компаниями. Большинство корпоративных облигаций имеет определенный **срок до погашения**: они обращаются в течение ряда лет, затем погашаются эмитентом. Все обязательства, которые не были исполнены до даты погашения, должны быть исполнены в момент погашения. Срок обращения может быть длинным или коротким. Облигации, погашаемые менее чем через 10 лет с момента выпуска, принято называть **нотами** (заметим, однако, что термин «нота» может употребляться также применительно к особого рода ценным бумагам, срок до погашения которых значительно превышает 10 лет). Корпоративные заимствования со сроком от 20 до 30 лет называют **облигациями**. На практике разница между нотами и облигациями несущественна. Облигации могут быть погашены эмитентом либо при истечении срока, либо до него, если такая возможность предусмотрена в условиях выпуска. У некоторых корпоративных облигаций определенные части основной суммы в установленные даты. Такие выпуски носят название **серийных облигаций**.

Обеспечение облигаций. В качестве обеспечения облигации кроме общего кредитного потенциала компании выступает как заложенная (с помощью ипотеки) недвижимость, так и другая частная собственность. Обеспеченная таким образом облигация гарантирует держателю право на заложенные активы: он имеет законное право требовать продажи заложенного имущества, чтобы получить невыплаченные по долговому обязательству денежные средства. На практике продажа заложенного имущества случается крайне редко. Как правило, в случае дефолта финансовая реорганизация эмитента дает возможность расплатиться с держателями облигаций. В то же время наличие обеспечения существенно, поскольку дает держателям облигаций, обеспеченных ипотеками, бо́льшие, чем прочим кредиторам, права на участие в реорганизации.

У некоторых компаний нет фиксированных активов или недвижимости, и им нечего заложить, чтобы обеспечить держателям своих облигаций безопасность на случай дефолта. В то же время эти компании владеют акциями других фирм, т. е. являются холдинговыми компаниями. Заботясь о безопасности держателей своих долговых обязательств, они закладывают находящиеся в их владении акции, ноты, облигации или другие ценные бумаги. Заложенные активы получают в этом случае статус **обеспечения**, а облигации называются **обеспеченными трастовыми облигациями**.

Когда-то железнодорожные компании изобрели новый по тем временам способ финансирования покупок вагонов и локомотивов (так называемые **акции подвижного состава** — *rolling stocks*), позволявший получать кредит по самым низким на корпоративном рынке облигаций ставкам. Долгое время именно железнодорожные акции подвижного состава считались наилучшим обеспечением для долговых обязательств. Подвижной состав имеет стандартные параметры, а значит, может использоваться на любой из железных дорог. Его легко транспортировать из депо одной железной дороги в депо другой; желающих арендовать или купить вагоны и локомотивы всегда много. Железные дороги, зная эти преимущества, разработали юридические соглашения, дающие инвесторам права на подвижной состав. Эти права отличаются от прав держателей ценных бумаг, обеспеченных ипотеками: как правило, они являются первоочередными. Право собственности на подвижной состав, согласно данным соглашениям, передается попечителю облигационного займа.

Процедура такова. Железнодорожная компания заказывает у производителя необходимые вагоны и локомотивы. Производитель передает юридическое право владения подвижным составом попечителю, который, в свою очередь, отдает вагоны и локомотивы в аренду железной дороге и одновременно размещает на рынке трастовые сертификаты на оборудование, получая тем самым возможность собрать деньги для оплаты работы производителя. Попечитель собирает арендные платежи с железнодорожников — эти суммы используются для выплат процентов и номинала сертификатов. Номинал выплачивается в установленную дату. Хотя такого рода соглашения были впервые применены владельцами железных дорог, их с успехом используют и прочие транспортные компании. Скажем, фирмы, занятые шоссейными перевозками, тем же способом финансируют покупку дорогостоящих трейлеров и грузовиков, авиационные компании получают деньги на приобретение транспортных самолетов, международные нефтяные компании — на покупку гигантских танкеров.

Необеспеченные облигации — это долговые обязательства, не обеспеченные конкретной отданной в залог собственностью. Между тем держатели таких облигаций также имеют право на собственность эмитента и его прибыль. Держатели необеспеченных облигаций, как и прочие кредиторы, имеют права на все активы эмитента, не заложенные для обеспечения других долговых обязательств; они имеют права и на заложенные активы — в случае, если стоимость таких активов превышает сумму, необходимую для осуществления установленных выплат владельцам обеспеченных облигаций. Держатели субординированных необеспеченных облигаций имеют на активы и прибыль компании меньше прав, чем держатели обеспеченных облигаций, простых необеспеченных облигаций и, нередко, чем часть кредиторов.

Расходы на обслуживание облигационного займа с точки зрения компании также зависят от типа облигаций. Облигации, обеспеченные ипотеками, потребуют меньше расходов, чем необеспеченные облигации, которые, в свою очередь, обойдутся дешевле, чем субординированные необеспеченные облигации.

Гарантированные облигации — это долговые обязательства, гарантированные юридическим лицом, не являющимся эмитентом. Степень риска, связанного с инвестициями в гарантированные облигации, определяется как состоянием финансовых возможностей эмитента, так и финансовыми возможностями гарантирующей стороны. По условиям соглашения гарантирующая сторона может обязываться гарантировать выплаты процента и/или номинала.

Важно помнить, что «старший», или первоочередной, юридический статус облигации не может застраховать инвестора от убытка в случае неспособности эмитента обеспечить поступление денежного потока, достаточного для осуществления выплат.

Положения о погашении облигации до наступления срока

Некоторые корпоративные облигации позволяют эмитенту выкупить весь выпуск или его часть до установленной даты погашения. Бывает, что облигации предполагают обязательное периодическое погашение части основной суммы. В следующих разделах мы рассмотрим варианты права досрочного погашения корпоративных облигаций.

1) *Стандартное положение об отзыве и рефинансировании*. Важным аспектом облигационного выпуска является наличие или отсутствие у эмитента права выкупа всех находящихся в обращении облигаций до даты погашения. Эмитенты, как правило, хотят иметь такое право, поскольку понимают, что в будущем общий уровень процентных ставок может понизиться относительно купонной ставки и, следовательно, им будет выгодно выкупить облигационный выпуск и заменить его другим, с более низким купоном. С точки зрения держателя, наличие такого права является недостатком облигации.

Цена отзыва — это цена, которую эмитент должен заплатить при досрочном погашении выпуска; это может быть отдельная цена или **график досрочных погашений**, где указываются цены в зависимости от сроков. Цену отзыва называют **регулярной ценой** или **обычной ценой отзыва** в отличие от **специальной цены погашения** для долга, выкупаемого через фонд погашения (о котором мы поговорим далее) или в соответствии с другими положениями, например с использованием доходов от конфискации имущества на основании права государства на принудительное отчуждение собственности.

Некоторые облигации с правом досрочного погашения требуют от эмитента уплаты премии по отношению к номинальной стоимости при исполнении опциона. Начальная премия по ряду выпущенных облигаций равна ставке купона плюс номинал или цене повторного предложения (в некоторых случаях более высокая из двух) и постепенно уменьшается по мере приближения к дате погашения.

Выпуск с правом досрочного погашения может содержать ограничения, не позволяющие эмитенту отзывать облигацию в течение установленного числа лет. Про такие облигации говорят, что они имеют **отложенное право отзыва**, а дату, в которую выпуск может быть отозван в первый раз, называют **датой первого отзыва**. Если же таких ограничений нет, то про такой выпуск говорят, что это **выпуск с текущим правом отзыва**.

Даже если новая облигация выпускается с текущим правом отзыва, на ранний выкуп все равно могут налагаться ограничения. Чаще всего запрещается рефинансировать облигации в течение определенного числа лет. **Рефинансирование** облигационного выпуска означает выкуп облигаций на средства, полученные от продажи нового выпуска облигаций. Облигации без права досрочного погашения на протяжении всего срока существования выпуска встречаются чаще, чем нерефинансируемые, но отзываемые облигации.

Инвесторы иногда смешивают понятия «**не подлежит отзыву**» (*noncallable*) и «**не подлежит рефинансированию**» (*nonrefundable*). Защита от досрочного погашения значительно более всеобъемлюща, чем защита от рефинансирования. **Рефинансирование** — это замещение старого долгового обязательства новым, имеющим, как правило, более низкие процентные ставки. Судья, разбиравший дело компании Florida Power & Light, отметил:

> «Термины *отзыв* и *рефинансирование* не являются синонимами. *Отзыв* — это выкуп облигации эмитентом. *Рефинансирование* имеет место, когда эмитент продает облигации с целью выкупа ранее размещенных долговых обязательств. Облигации, выпускаемые с целью рефинансирования, тесно связаны с выпуском облигаций, который эмитент хочет выкупить. Связь очевидна из условий выпуска и близости даты размещения нового займа с датой отзыва старого. В случае более позднего размещения эмитент подвергал бы себя риску, связанному с изменением рыночных условий, которое может произойти в период между отзывом более раннего выпуска и размещением более позднего»[1].

Несмотря на то что абсолютная или полная защита от возможности отзыва в ряде случаев недостижима (речь идет о фондах погашения или о выкупе долга, предусмотренном определенными обязательными для исполнения положениями соглашения об эмиссии облигаций), ограничения, касающиеся отзыва, лучше защищают от преждевременного и нежелательного выкупа облигаций эмитентом, чем ограничения, касающиеся рефинансирования. Запрет на рефинансирование всего-навсего предотвращает отзыв облигаций за счет денежных средств, поступающих из определенного источника, а именно за счет денег, полученных от продажи других долговых обязательств, размещенных по более низкой процентной ставке. Держатель облигации, таким образом, оказывается защищенным только от падения процентных ставок — ситуации, в которой заемщику легко было бы под меньшую доходность разместить новый выпуск и тем самым получить деньги на выкуп старого долга. Ничто не мешает компании отозвать облигации в период защиты от рефинансирования, если необходимые суммы поступят, скажем, от выпуска новых долговых обязательств, размещенных под более высокие ставки (ситуация маловероятная, однако теоретически возможная), или если деньги будут получены каким-либо иным способом. Известны случаи, когда держатели облигаций использовали судебную защиту от компаний, которые выкупали не подлежащие рефинансированию облигации, на основании того, что средства, использованные для выкупа выпуска, были фактически получены из более дешевого источника финансирования.

---

[1] *Lucas et al. v. Florida Power & Light Company*, Final Judgement, paragraph 77.

Начиная с 1986 г. промышленные компании стали выпускать долгосрочные долговые обязательства с расширенной защитой от отзыва, а не от рефинансирования. Часть таких облигаций не может быть выкуплена эмитентом в течение всего срока до погашения. Эти неотзываемые на протяжении всего срока существования выпуски получили название «**погашаемых единовременно** («**пулей**»)» (*bullet bonds*). Другие облигации не могут быть отозваны эмитентом в течение 15 лет. У эмитента, однако, остается возможность выкупить выпуск через тендерное предложение.

Облигации могут отзываться целиком (весь выпуск) или частично (определенное количество). Если выпуск отзывается не целиком, облигации, которые будут погашены, выбираются случайным образом или на пропорциональной основе.

2) *Положение о выкупе с полной компенсацией* (*make-whole call provision*). При стандартном положении о праве досрочного погашения цена отзыва является фиксированной и равной номиналу или номиналу на дату отзыва плюс премия. При выкупе с полной компенсацией платеж в момент отзыва определяется как приведенная стоимость оставшихся платежей, дисконтированных по доходности совпадающей по сроку казначейской ценной бумаги с небольшим спредом. Этот спред, не меняющийся на протяжении срока существования облигации, называют **компенсационной премией**. Поскольку спред невелик по отношению к рыночному спреду в момент выпуска, держатель облигации чаще всего выигрывает, когда эмитент исполняет этот опцион. Таким образом, термин «полная компенсация» неправильно отражает смысл данного положения. Высока вероятность того, что при исполнении опциона эмитентом держатель облигации получит больше, чем необходимо для полной компенсации действия эмитента. По состоянию на середину 2010 г. около 7% из 50 000 корпоративных облигаций имели положение о выкупе с полной компенсацией[1].

В качестве примера[2] рассмотрим выпуск Southern California Edison $5^1/_2$s с погашением в 2040 г. Цена отзыва этой облигации рассчитывается на момент выкупа на основе доходности совпадающей по сроку казначейской облигации плюс компенсационная премия 15 базисных пунктов. В момент

---

[1] Andrew Kalotay, "Making Sense of the Make-Whole Call, From Its Origins to BABs," *The Bond Buyer* (July 26, 2010).

[2] Настоящий пример заимствован из: Kalotay, "Making Sense of the Make-Whole Call, From Its Origins to BABs".

выпуска в 2010 г. эта облигация имела срок погашения 30 лет и продавалась со спредом 90 базисных пунктов к доходности 30-летней казначейской облигации. Это означает, что, пока спред для данного выпуска больше 15 базисных пунктов в момент исполнения опциона, держатель облигации получает больше справедливой рыночной цены облигации. Вероятность того, что держатель облигации проиграет в результате исполнения опциона, минимальна, поскольку это требует значительного сокращения рыночного спреда — в нашем примере с 90 базисных пунктов до 15.

Обратите внимание на то, что в отличие от стандартного положения о праве досрочного погашения здесь нет риска реинвестирования. Более того, положение о выкупе с полной компенсацией привлекательно для инвестора — как результат исполнение этого опциона эмитентом менее вероятно, чем исполнение стандартного опциона на досрочное погашение.

3) *Положение о фонде погашения*. Соглашение об эмиссии облигаций может включать условие, предусматривающее ежегодное погашение части облигационного выпуска эмитентом. Такое условие называют **положением о фонде погашения**. Цель положения — либо полная ликвидация корпоративного долга к дате погашения, либо частичная выплата этого долга к концу срока облигации. Если выплачивается только часть долга, остаток получает название **«баллона»** (*balloon maturity*). Смысл включения в соглашение об эмиссии положения о фонде погашения — снижение кредитного риска.

Как правило, эмитент выполняет обязательства, накладываемые на него таким положением, либо 1) выплачивая положенную часть номинала попечителю (попечитель проводит лотерею и определяет подлежащие отзыву облигации); либо 2) передавая попечителю купленные на рынке облигации, общая номинальная стоимость которых равна сумме, необходимой для предусмотренного отзыва части долга. Если облигации погашаются с помощью первого метода, выплата процентов прекращается в дату отзыва. Периодические платежи, осуществляемые согласно положению о фонде погашения, чаще всего в каждый период составляют одну и ту же сумму. Впрочем, иногда соглашение об эмиссии предусматривает переменные периодические платежи. Их величина в этом случае зависит от наличия специально оговоренных в документе условий. Некоторые соглашения об эмиссии корпоративных облигаций разрешают эмитенту передавать в фонд погашения суммы, превышающие минимально установленные. Положения этого рода получили название **положений об ускоренном фонде погашения**.

Как правило, если облигации изначально были размещены по номиналу, цена отзыва через фонд погашения равна номинальной стоимости. Если облигации первоначально размещались по цене, превышающей номинал, то цена отзыва сначала равна цене размещения, а затем, по мере приближения к дате погашения, опускается до значения номинальной стоимости.

Ковенанты

Обязательства эмитентов корпоративных облигаций и права инвесторов, покупающих их, детально излагаются в контрактах, называемых **соглашениями о выпуске облигаций**. Ковенанты, или ограничительные условия, касающиеся принципов управления компанией, являются важным аспектом при анализе кредитного риска, связанного с корпоративными облигациями, а также с банковскими кредитами. Ковенанты рассматриваются в главе 20.

Специальные структуры для высокодоходных корпоративных облигаций

Как уже говорилось, облигации неинвестиционного уровня с кредитными рейтингами ниже тройного В обычно называют высокодоходными или бросовыми корпоративными облигациями. Облигации данного сектора могли 1) уже в момент эмиссии относиться к классу неинвестиционных или 2) иметь в момент выпуска инвестиционный уровень, а затем опуститься до неинвестиционного уровня. Облигации первой категории называют **исходно высокодоходными.** Облигации второй категории — это либо выпуски, рейтинги которых упали, поскольку эмитент по собственной воле значительно увеличил размер долговых обязательств относительно собственного капитала (т. е. значительно повысил финансовый рычаг) в результате выкупа с использованием заемных средств или рекапитализации, либо выпуски, рейтинги которых упали под влиянием прочих причин. Такие облигации часто именуют **падшими ангелами**.

В первые годы существования рынка высокодоходных облигаций все долговые обязательства этого типа имели одну структуру: все они платили фиксированные купонные ставки, а погашение основного долга производилось в конце срока обращения. В наши дни на рынке корпоративных высокодоходных долговых обязательств появились новые, более сложные структуры, в частности для привлечения средств на финансирование LBO или рекапитализации. Описанные ниже облигационные структуры имеют некоторые свойства, более привлекательные для эмитентов. В случае осуществления LBO или рекапитализации высокие процентные выплаты, которые должна производить корпорация, накладывают существенные ограничения на денежные потоки компании. Для облегчения долгового бремени, фирмы, вовлеченные в LBO и рекапитализацию, выпускают **облигации с отсроченными купонными платежами.** Эти ценные бумаги позволяют эмитенту не использовать денежные средства для выплат процента в течение 3–7 лет. Существует три типа структур с отсроченными купонными платежами: 1) облигации с отложенным купоном (*deferred-interest bonds*); 2) облигации с повышающимся купоном (*step-up bonds*) и 3) облигации с выплатой «натурой» (*payment-in-kind — PIK*).

Облигации с отложенным купоном — наиболее распространенная структура. Они продаются с большим дисконтом и в течение начального периода, длящегося, как правило, от трех до семи лет, не выплачивают купона. (Поскольку в начальный период процентные выплаты отсутствуют, эти облигации относят иногда к категории бескупонных.) **Облигации с повышающимся купоном** выплачивают процент, однако купонная ставка чрезвычайно низка в начальный период, а затем нарастает. И наконец, **PIK-облигации** предлагают эмитенту выбор: в дату выплаты купона он может выплатить держателю либо наличные, либо предоставить облигацию с аналогичными характеристиками (т. е. с теми же купонной ставкой и номинальной стоимостью, равной размеру предполагаемого купонного платежа). Период, в течение которого эмитент имеет право расплачиваться «натурой», колеблется от 5 до 10 лет.

Другая структура высокодоходных облигаций позволяет эмитенту осуществлять перерасчет купона таким образом, чтобы облигация торговалась по заранее установленной цене[1]. Купонная ставка может подвергаться пересчету раз в год или чаще; ее могут менять всего единожды в течение срока жизни облигации. Как правило, новой купонной ставкой считают среднее двух ставок, предложенных третьей стороной, обычно двумя банками. Новая ставка отражает, таким образом: 1) уровень рыночных процентных ставок на дату пересчета и 2) кредитный спред, требуемый рынком для данного выпуска на дату пересчета. Структура этого типа получила название **расширенного пересчета.**

Обратите внимание на разницу между облигацией с расширенным пересчетом купона и облигациями с плавающей ставкой. Облигация с плавающей ставкой предполагает пересчет купона, основанный на фиксированном

---

[1] Большинство таких облигаций имеют формулу пересчета купона, предполагающую, что после пересчета облигация будет торговаться по цене $101.

спреде относительно установленного эталона (т. е. котируемой маржи). Размер спреда отражает рыночные условия в момент размещения облигационного выпуска. Расширенный пересчет купона, напротив, совершается исходя из рыночных условий непосредственно в момент пересчета. Новая купонная ставка отражает новый уровень процентных ставок на рынке и новый, требуемый инвесторами, спред.

Облигации с расширенным пересчетом купона выгодны эмитенту, так как позволяют обеспечить долгосрочное финансирование на основе краткосрочных ставок. С точки зрения инвестора, такие облигации привлекательны, поскольку купонная ставка в этом случае меняется в соответствии с изменением рыночных ставок: учитывается как уровень процентных ставок, так и размер кредитного спреда — цена в целом приближается к номиналу. В то же время облигации с расширенным пересчетом купона в последние годы, когда рынок высокодоходных облигаций переживает трудности, представляются не слишком эффективным финансовым инструментом. Резкое значительное увеличение риска дефолта свидетельствует о том, что увеличение ставок, необходимое для поддержания цены облигации на уровне ее номинальной стоимости, оказывается для компании непосильной задачей и способно привести к банкротству. Таким образом, увеличение купонной ставки часто оказывается недостаточным для удержания цены на установленном уровне.

Накопленный купонный доход

В главе 2 говорилось о том, что покупатель облигации помимо заранее оговоренной цены должен выплатить продавцу сумму накопленного купонного дохода. Рыночное соглашение относительно подсчета количества дней в периоде между датами купонных выплат и в периоде между датой последней купонной выплаты и датой исполнения сделки для корпоративных ценных бумаг отличается от аналогичного соглашения, установленного на рынке казначейских облигаций. Несмотря на то что календарный год включает 365 дней (високосный — 366), накопленный купонный доход корпоративных облигаций вычисляется, исходя из 360-дневного года. Каждый месяц в этом случае равен 30 дням, независимо от того, февраль это, апрель или август. Допустим, что корпоративная облигация с купоном 12% выплачивает на $1000 номинала $120 ежегодно: купонный доход в месяц нарастает на $10, в день — на $0,33333. За три месяца накопленный купонный доход составит $30, за три месяца и 25 дней — $38,33 и т.д. Корпоративный календарь принято условно обозначать как «30/360».

Вторичный рынок

Как и для других облигаций, основным вторичным рынком для корпоративных облигаций является внебиржевой рынок. Главная проблема заключается в прозрачности рынка. Меры по повышению прозрачности цен на рынке американского корпоративного долга привели к введению обязательной отчетности по сделкам на вторичном рынке корпоративных облигаций, которые отвечают определенным критериям. Система отчетности Trade Reporting and Compliance Engine (TRACE) требует, чтобы все брокеры/дилеры, являющиеся членами Агентства по регулированию деятельности финансовых институтов (Financial Industry Regulatory Authority — FINRA), отчитывались об операциях с корпоративными облигациями. В конце каждого торгового дня публикуется обобщенная статистика по активности на рынке корпоративных облигаций. Краткая информация включает в себя: 1) количество торгуемых ценных бумаг и их совокупный номинал; 2) изменения в сторону повышения и снижения, 52-недельные максимумы и минимумы; 3) 10 наиболее активных облигаций инвестиционного уровня, высокодоходных и конвертируемых облигаций в течение дня.

Сложность торговли корпоративными облигациями по сравнению с акциями связана с тем, что корпоративные облигации значительно более разнородны. В 1997 г. насчитывалось 8800 зарегистрированных акций, а впоследствии их число сократилось. В 2012 г. в обращении находилось 37 000 публично торгуемых учитываемых в системе TRACE корпоративных облигаций. В результате торговля акциями и корпоративными облигациями на наличном рынке имеет различия. Это ясно видно, если взглянуть на дневную торговую активность в 2012 г. В среднем американская акция торгуется почти 3800 раз в день. В отличие от этого 13 наиболее ликвидных американских корпоративных облигаций инвестиционного уровня торговались только 85 раз в день. Дневная торговля еще менее активна у 20 наиболее ликвидных американских высокодоходных корпоративных облигаций — 65 раз в день. По данным MarketAxess Research из 37 000 учитываемых в системе TRACE выпусков в 2012 г. 38% не торговались ни разу, а 23% торговались лишь несколько раз. Лишь 1% выпусков торгуется каждый день. Кроме этого, сумма сделки с акциями была намного меньше суммы сделки с корпоративными облигациями. Так, в 2012 г. средняя стоимость сделки с акциями составляла $7000, а сделки с корпоративными облигациями инвестиционного уровня и высокодоходными облигациями — $500 000 и $400 000 соответственно[1].

---

[1] Информация в этом абзаце заимствована из совместного исследования компаний McKinsey & Company и Greenwich Associates: Corporate Bond E-Trading: Same Game, New Playing Field, pp. 10–11.

Сегодня торговля на рынке наличных акций является электронной. Об облигациях этого сказать нельзя, несмотря на распространение платформ электронной торговли, которые будут рассмотрены ниже. Рынок облигаций по-прежнему опирается в значительной мере на традиционную торговлю, которая предполагает личное общение (т. е. переговоры) между трейдерами. Вместе с тем две причины обуславливают острую потребность в платформе электронной торговли. Во-первых, облигационные дилеры сократили свои позиции в портфелях корпоративных облигаций. Одно из исследований показывает, что с 2007 г. дилерские портфели облигаций инвестиционного уровня и высокодоходных облигаций сократились на 80%[1]. Облигационные дилеры сократили свои позиции из-за повышения требований регулирующих органов к достаточности капитала, которые привели к снижению рентабельности капитала. В результате этого заметно обеднел традиционный источник ликвидности/котировок на рынке корпоративных облигаций. Во-вторых, одновременно с сокращением портфелей дилеров колоссально вырос объем выпуска корпоративных облигаций на фоне низких процентных ставок после 2007 г. Выпуск новых корпоративных облигаций увеличился примерно на 50%. Таким образом, увеличение количества выпущенных корпоративных облигаций и сокращение капитала, поддерживающего торговлю со стороны облигационных дилеров, негативно повлияло на ликвидность. Остается надеяться на то, что платформы электронной торговли, которые в меньшей мере зависят от капитала дилеров, повысят ликвидность, а вместе с ней и прозрачность.

Электронная торговля облигациями: исторически торговля корпоративными облигациями осуществлялась на внебиржевом рынке по телефону и опиралась на брокеров-дилеров, которые за свой счет занимали позиции в корпоративных облигациях в целях исполнения приказов на покупку и продажу со стороны клиентов. Однако постепенно традиционная форма торговли облигациями уступает место электронной торговле. Основные преимущества электронной торговли по сравнению с традиционной торговлей облигациями заключаются в том, что она обеспечивает: 1) ликвидность рынков; 2) открытие цены (особенно для менее ликвидных рынков); 3) использование новых технологий и 4) эффективность управления торговлей и портфелями. Последнее преимущество достигается, например, в результате того, что портфельный менеджер может размещать приказы на покупку/продажу на веб-сайте, осуществлять сделки на их основе, а затем аннулировать эти приказы.

Существуют пять типов электронных систем торговли корпоративными облигациями:

---

1 Corporate Bond E-Trading: Same Game, New Playing Field, p. 6.

- аукционные системы;
- системы взаимного согласования;
- междилерские системы;
- мультидилерские системы;
- однодилерские системы.

Аукционные системы позволяют участникам рынка проводить электронные аукционы ценных бумаг как предложений новых выпусков на первичных рынках, так и предложений на вторичном рынке. Аукционные системы используются не часто. **Системы взаимного согласования** сводят вместе дилеров и институциональных инвесторов в электронных торговых сетях, где осуществляется поиск встречных заявок в реальном времени или на периодической основе. Совпадающие приказы на покупку и продажу исполняются автоматически. **Междилерские системы** позволяют дилерам осуществлять электронные сделки друг с другом через анонимные сервисы «брокеры брокеров». Клиенты дилеров не пользуются междилерскими системами. **Мультидилерские системы** позволяют клиентам выбирать нужное из множества котировок. Мультидилерские системы, называемые также системами клиент-дилер, обычно показывают клиентам наилучшую цену покупки или продажи из тех, что предлагаются всеми дилерами. Дилер-участник обычно действует в сделке как принципал. **Однодилерские системы** позволяют инвесторам осуществлять сделки напрямую с конкретным дилером по выбору. Этот дилер действует как принципал сделки, при этом инвестор получает доступ к дилеру через интернет. Однодилерские системы, таким образом, просто заменяют телефонный контакт между дилером и клиентом на контакт через интернет.

Рынок частного размещения корпоративных облигаций

Ценные бумаги, размещаемые частным образом, не подлежат регистрации в SEC, поскольку их выпуск не связан с публичным предложением. Правило 144A SEC разрешает торговые сделки с ценными бумагами, размещенными частным образом, между квалифицированными институциональными покупателями. Не все частные размещения осуществляются в соответствии с правилом 144A. Рынок частного размещения разбивается, таким образом, на два сектора: традиционный рынок частных размещений, на котором обращаются ценные, не соответствующие правилу 144A, и ценные бумаги, размещенные согласно правилу 144A.

Согласно правилу 144А, андеррайтерами размещаемых частным образом облигаций являются инвестиционные банки; эмиссия происходит на основе твердых заявок, как и случае публичного размещения. Облигации этого типа имеют характеристики, сходные с характеристиками публично размещаемых корпоративных облигаций. На деятельность заемщика, однако, налагается меньше ограничений, чем в традиционных частных размещениях. Объем частных размещений сопоставим с объемами размещений публичного долга.

В отличие от эмитентов публичного долга эмитенты облигаций, размещаемых частным образом, как правило, менее известны. В этом отношении рынок частного размещения напоминает рынок банковских кредитов, о котором речь пойдет дальше в главе. Заемщики рынка публичного размещения — это, как правило, крупные корпорации. Эмитенты облигаций, размещаемых частным образом, — корпорации средних размеров. Корпорации, занимающие деньги только у банков, как правило, являются небольшими. Несмотря на то что с момента вступления в силу правила 144А ликвидность рынка частных размещений возросла, она до сих пор не так велика, как ликвидность рынка публичного долга. Доходность облигаций, размещаемых частным образом, по-прежнему более высока, чем доходность облигаций, размещаемых публично. В то же время, по замечанию одного из обозревателей, премии, которые платят заемщики на рынке частного размещения, упали с тех пор, как инвестиционные банки стали предоставлять капитал и сотрудников для котирования рынка ценных бумаг, выпущенных в соответствии с правилом 144А.

СРЕДНЕСРОЧНЫЕ НОТЫ

Среднесрочные ноты (*medium-term notes — MTN)* — это корпоративные долговые инструменты; их специфика состоит в том, что они непрерывно предлагаются инвесторам агентами эмитентов. Инвесторам предлагается выбор из следующего набора сроков: от 9 месяцев до 1 года, от 1 года до 18 месяцев, от 18 месяцев до 2 лет и т. д. вплоть до 30 лет. Среднесрочные ноты подлежат регистрации в SEC, осуществляемой в соответствии с правилом 415 (правило «резервной» регистрации (*shelf registration*), максимально облегчающее корпорациям размещение облигационных выпусков на непрерывной основе). Хотя мы рассматриваем MTN в главе, посвященной американским корпоративным долговым обязательствам, их эмитентами являются также федеральные агентства (как говорилось в предыдущей главе), наднациональные организации и суверенные государства.

Термин «среднесрочные ноты», принятый для обозначения этого корпоративного долгового обязательства, порой вводит инвесторов в заблуждение. По традиции словом «нота» и выражением «среднесрочная нота» обозначают долговые инструменты, срок до погашения которых превышает 1 год, но меньше 15 лет. Очевидно, что такое определение неприменимо к MTN, поскольку их срок на момент размещения колеблется от 9 месяцев до 30 лет и даже больше[1]. В июле 1993 г., например, Walt Disney Corporation выпустила ценную бумагу, имеющую MTN-регистрацию, со сроком до погашения 100 лет.

Заемщики могут варьировать параметры MTN таким образом, чтобы ноты наилучшим образом удовлетворяли их потребности. Долговые обязательства могут иметь как фиксированную, так и плавающую ставку. Купонные платежи деноминируются и в долларах США, и в иностранной валюте. Выше мы описывали структуры корпоративных долговых обязательств — MTN существуют практически во всех видах, о которых шла речь.

Когда финансовый директор корпорации оценивает целесообразность выпуска MTN или корпоративной облигации, он принимает решение на основании двух факторов. Прежде всего определяется стоимость обслуживания долга с учетом затрат на регистрацию и размещение. Эта величина носит название **суммарной стоимости фондов** (*all-in-cost of funds*). Кроме того, оценивается гибкость структуры выпуска. Стремительный рост рынка MTN обусловлен более низкой, по сравнению с прочими долговыми инструментами, стоимостью фондов и более высокой гибкостью структур. В то же время есть параметры, по которым среднесрочные ноты не имеют абсолютных преимуществ. Об этом свидетельствует тот факт, что часть корпораций наряду с MTN выпускает облигации.

Среднесрочные ноты при первичном размещении распределяются среди инвесторов не так, как большинство облигаций. Среднесрочные ноты, как правило, размещаются небольшими партиями на непрерывной или интервальной основе, а облигации размещаются крупными дискретными выпусками. Корпорация, решившая выпустить MTN, должна пройти резервную регистрацию в SEC. Регистрируются MTN в размере от $100 млн до $1 млрд, однако, когда это количество продано, эмитент имеет право зарегистрировать ноты еще раз.

---

[1] MTN впервые были использованы компанией General Motors Acceptance Corporation в 1972 г. для финансирования автокредитов со сроками погашения пять лет и меньше. MTN должны были закрыть разрыв в финансировании между коммерческими бумагами и долгосрочными облигациями. Именно по этой причине их называют «среднесрочными».

Затем эмитент устанавливает ставки для каждого из сроков: от 9 месяцев до года, от года до 18 месяцев, от 18 месяцев до 2 лет и т.д. Чаще всего эмитент представляет ставки в виде спреда к казначейской ценной бумаге аналогичного срока. Для срока два-три года, например, ставка при размещении равна 35 базисным пунктам плюс ставка казначейской бумаги со сроком два года. Для сроков, которые эмитент не собирается размещать, ставки не указываются. Задача агентов — ознакомить со ставками инвесторов, заинтересованных в приобретении MTN. Инвестор, желающий купить MTN, обращается к агенту. Агент, в свою очередь, связывается с эмитентом и подтверждает условия сделки. Поскольку в списках ставок не уточняются конкретные даты погашения, инвестор имеет возможность выбрать их по своему усмотрению и согласовать с эмитентом. Минимальный объем покупки MTN при первичном размещении колеблется обычно от $1 млн до $25 млн.

Ставки, предлагаемые для данных сроков, могут быть в любой момент изменены эмитентом как под влиянием изменившихся рыночных условий, так и потому, что эмитент уже привлек необходимое количество денежных средств на определенный срок. Во втором случае эмитент либо вообще не указывает ставку для этой длительности, либо снижает ставку.

Структурированные MTN

В наши дни эмитенты MTN чаще всего подкрепляют свои среднесрочные ноты производными инструментами (такими как свопы или опционы) для создания ценных бумаг, называемых **структурированными нотами**. Структурированные ноты позволяют заемщикам создавать финансовые инструменты, наилучшим образом подходящие для инвестиционных нужд институциональных кредиторов, в частности тех, кому запрещено использовать свопы для хеджирования. Институциональные инвесторы, которым разрешено вкладывать капитал только в долговые обязательства инвестиционного класса, получают возможность инвестировать в другие активы, пользуясь спецификой этих финансовых инструментов. Так, инвестор, приобретающий MTN, купонная ставка которых привязана к индексу S&P 500, участвует в рынке акций, не являясь держателем акций. Если купонная ставка привязана к иностранному индексу акций, инвестор, не являясь владельцем иностранных акций, получает финансовый результат, зависящий от иностранного рынка. Создание структурированных нот выгодно и заемщику, поскольку позволяет сократить стоимость финансирования.

В дополнение к кредитному риску и риску, связанному с игрой, в которой хочет участвовать инвестор, структурированные ноты несут риск ликвидности, поскольку они редко торгуются на вторичном рынке.

Каким образом эмитенты или их агенты находят инвесторов, готовых вложить капитал в структурированные ноты? При размещении корпоративной облигации отдел продаж фирмы-андеррайтера привлекает к новому выпуску внимание своих клиентов. Наиболее действенным средством в этом случае является запрос. На рынке структурированных нот ситуация, как правило, складывается иначе. Поскольку размер выпуска мал, а возможности приспособить его параметры с использованием рынка свопов к нуждам конкретного инвестора велики, инвесторы нередко через агентов сами обращаются к эмитенту с просьбой создать подходящие для них MTN. Обращение инвестора к эмитенту или к его агенту с просьбой о создании ценной бумаги получило название **обратного запроса**.

К структурированным нотам относятся[1]:

- ноты с обратной плавающей ставкой;
- ноты, связанные с акциями;
- ноты, связанные с биржевыми товарами;
- ноты, связанные с валютой;
- кредитные ноты.

Мы рассматривали первый тип структурированных нот в главе 1, когда говорили о различных видах купонных платежей. Ниже приведено краткое описание других типов структурированных нот.

Ноты, связанные с акциями: **нота, связанная с акциями** (*equity-linked note — ELN*), отличается от обычной облигации тем, что основная сумма, купонный платеж или и то и другое привязано к результативности общепринятого фондового индекса, портфеля акций или отдельной акции. Сроки погашения варьируют от одного года до 10 лет. Крупные брокерские фирмы имеют собственную версию ELN-продукта. Кроме того, существуют зарегистрированные на бирже ноты, связанные с акциями, ориентированные на розничных инвесторов. Примерами являются ноты участия в акциях (EPN), ноты со ставкой на рост акций (SUN), структурированные расписки участия со ставкой на рост акций (SUPER) и синтетические высокодоходные связанные с акциями ценные бумаги (SHIEDS). Купон может быть

[1] Более детальное описание типов структурированных нот см. в: John D. Finnerty and Rachael Park, "Structured Notes and Credit-Linked Notes," in Frank J. Fabozzi (ed.), *The Handbook of Fixed Income Securities: 8th Edition* (New York: McGraw-Hill, 2012).

фиксированным или плавающим, а также деноминированным в любой валюте. Связанный с акцией платеж обычно равен 100% прироста акции, а выкуп при наступлении срока погашения осуществляется по номиналу облигации плюс прирост акции[1].

Типичная ELN экономически эквивалентна портфелю, состоящему из бескупонной облигации и колл-опциона на фондовый индекс, который является референсным активом ELN. Такая структурированная нота приносит следующие денежные потоки. При выпуске инвестор приобретает ELN, которая представляет начальный денежный поток. Периодические денежные потоки зависят исключительно от результативности связанного фондового индекса. Например, если индекс вырастает на 8% в год, а участие в акциях является 100%-ным, то при условной сумме $1 млн инвестор получит $80 000 в качестве периодического денежного потока. При наступлении срока погашения конечный денежный поток включает в себя возврат основной суммы и конечный платеж по акциям. Нередко, однако, на денежные потоки устанавливается потолок, ограничивающий участие в росте.

Ноты, связанные с биржевыми товарами: платежи по этим нотам привязываются к движению цены определенного биржевого товара (например, нефти, мазута, природного газа или драгоценного металла) или к корзине биржевых товаров. При наступлении срока погашения инвестор получает первоначальную основную сумму плюс доход в зависимости от процентного изменения цены определенного биржевого товара или корзины биржевых товаров.

В качестве примера приведем ноту, выпущенную в апреле 2010 г. банком Danske Bank и деноминированную в датских кронах. У этих нот отсутствуют купонные платежи, а срок погашения наступает 10 мая 2013 г. В момент выпуска они оценивались по 105, а погашение должно было произойти по цене, отражающей результативность индекса Dow Jones-UBS Commodity Index. Погашение этих нот не может происходить по цене ниже 80 или выше примерно 170 при верхней границе, равной 70% от первоначального уровня индекса. Ориентировочный уровень составляет 70%, однако он может и выше при определенных рыночных условиях. В предложении определено, что окончательный лимит будет зафиксирован 6 мая 2010 г. на основе рыночных условий.

Кредитные ноты: **кредитная нота** (CLN)[2] — ценная бумага, кредитный риск которой связан со вторым эмитентом (называемым референсным

---

[1] Участие в акциях является гибким и изменяется в зависимости от того, включает ли ELN купонный платеж.

[2] Хотя символы CLN присутствуют в названиях целого ряда структурированных нот, аббревиатуру CLN обычно относится к кредитным нотам.

эмитентом), а доходность привязана к результативности кредитов референсного эмитента. CLN могут быть очень сложными, поэтому мы ограничимся лишь базовой структурой. Базовая CLN практически аналогична стандартной облигации: у нее есть купонная ставка (фиксированная или плавающая), дата погашения и стоимость при погашении. Вместе с тем в отличие от стандартной облигации стоимость при погашении зависит от результативности референсного эмитента. Точнее говоря, если наступает кредитное событие в отношении референсного эмитента, то 1) по облигации происходит выплата, а 2) стоимость при погашении корректируется в сторону понижения. Как именно осуществляется корректировка, описывается в проспекте эмиссии. Компенсационная выплата инвестору, принимающему кредитный риск референсного эмитента, подкрепляется купонным платежом.

Обычно CLN имеют срок погашения от трех месяцев до нескольких лет, а наиболее вероятный срок действия кредитного риска составляет от одного до трех лет. Короткий срок жизни CLN отражает желание инвесторов иметь кредитную перспективу на такой период времени[1].

Ноты, связанные с валютой: доходность таких нот привязана к глобальному индексу валют. Обычно по таким структурированным нотам, которые являются краткосрочными, выплачивается фиксированная минимальная процентная ставка, зависящая от движения обменных курсов валют в течение срока жизни ноты. В дату погашения по ноте выплачивается первоначальная основная сумма плюс доходность, если она имеется.

По перечисленным выше структурированным нотам в случае отрицательной доходности базового референсного актива или индекса инвестор может получить меньше первоначального вложения. Структурированные ноты, по которым гарантируется возврат основной суммы (т. е. гарантируется минимальная доходность референсного актива или индекса), называют **нотами с защищенной основной суммой**. Эмитентом структурированных нот такого типа обычно является банк. Таким образом, инвестор принимает риск банка-эмитента.

КОММЕРЧЕСКИЕ БУМАГИ

Коммерческая бумага — это краткосрочный необеспеченный вексель, размещаемый на открытом рынке и представляющий долговые обязательства

[1] Дополнительную информацию по CLN см.: Mark J. P. Anson, Frank J. Fabozzi, Moorad Choudhry, and Ren-Raw Chen, *Credit Derivatives: Instruments, Applications, and Pricing* (Hoboken, NJ: John Wiley & Sons, 2004).

корпорации-эмитента. Минимальный стандартный лот на рынке коммерческих бумаг равен $100 000, впрочем, некоторые эмитенты продают свои коммерческие бумаги лотами по $25 000. Вторичный рынок коммерческих бумаг крайне узок. Как правило, инвесторы, приобретающие коммерческую бумагу, планируют держать ее до даты погашения. Такое поведение объясняется просто: инвестор имеет возможность приобрести коммерческую бумагу, заключая прямую сделку с эмитентом, устанавливающим срок до погашения, удобный для конкретного покупателя.

В США на рынке обращаются коммерческие бумаги, имеющие сроки до погашения от 1 дня до 270 дней. Срок коммерческой бумаги не превышает 270 дней в силу следующих обстоятельств. Закон о ценных бумагах 1933 г. предусматривает обязательную регистрацию ценных бумаг в SEC. Специальное положение закона 1933 г. освобождает от регистрации только коммерческие бумаги, срок которых не превышает 270 дней. Именно поэтому, стремясь избежать расходов, связанных с регистрацией, компании стараются не выпускать коммерческие бумаги со сроком более 270 дней. Еще одним фактором, определяющим срок коммерческой бумаги, является возможность использовать данную коммерческую бумагу в качестве обеспечения для получения банком кредита Федерального резервного банка. Для того чтобы такой кредит был получен, коммерческая бумага не может иметь срок до погашения, превышающий 90 дней. Доходность коммерческих бумаг, пригодных для этих целей, меньше, чем у прочих бумаг. Компании, таким образом, предпочитают выпускать коммерческие бумаги со сроками меньше 90 дней. Бумаги, пригодные для получения кредитов от Федерального резервного банка Нью-Йорка, не должны иметь срок больше 30 дней. Для выплаты сумм, причитающихся держателям коммерческих бумаг, достигших даты погашения, эмитенты, как правило, используют денежные средства, поступившие от продаж новых коммерческих бумаг. Этот процесс часто называют «ролловером» краткосрочных коммерческих бумаг. Риск, сопряженный с инвестициями в коммерческие бумаги, связан с потенциальной невозможностью выпустить новую коммерческую бумагу в момент погашения старой. В качестве меры защиты от **риска ролловера**, компании используют незадействованные банковские кредитные линии, выступающие в этом случае в роли обеспечения. Поскольку за предоставление кредитной линии банк взимает с эмитента комиссию, данная мера защиты увеличивает затраты на размещение коммерческой бумаги.

Существует три типа финансовых компаний: кэптивные финансовые компании, финансовые компании, связанные с банками, и независимые финансовые компании. Кэптивные финансовые компании являются дочерними фирмами компаний, занятых производством оборудования. Их основная задача — обеспечить финансирование материнской компании. Так, три крупнейших американских производителя автомобилей имеют кэптивные финансовые компании: General Motors Acceptance Corporation (GMAC), Ford Credit и Chrysler Financial. GMAC — это наиболее крупный эмитент коммерческих бумаг в США. Дочернюю фирму, являющуюся финансовой компанией, может иметь также банковская холдинговая компания. В этом случае выручка от выпуска коммерческих бумаг используется для предоставления кредитов частным лицам и организациям на приобретение самой разнообразной продукции. И наконец, независимыми считаются финансовые компании, не являющиеся дочерними фирмами ни фирм-производителей, ни банковских холдинговых компаний.

У трех рейтинговых агентств есть специальная система рейтингов для коммерческих бумаг, показанная в табл. 7.2. Как и прочие ценные бумаги, коммерческие бумаги разбиваются на два класса: **инвестиционный** и **неинвестиционный**.

Таблица 7.2. Рейтинги коммерческих бумаг[a]

	Рейтинговая компания		
Категория	**Fitch**	**Moody's**	**S&P**
Инвестиционный класс	F-1+		A-1+
	F-1	P-1	A-1
	F-2	P-2	A-2
	F-3	P-3	A-3
Неинвестиционный класс	F-S	NP (not prime)	B
			C
Дефолтные	D		D

[a] Символы, принятые для обозначения рейтинга, варьируют в зависимости от рейтинговой компании.

Источник: Mitchell A. Post, "The Evolution of the U.S. Commercial Paper Market Since 1980," *Federal Reserve Bulletin*, (December 1992), p. 882.

Прямое размещение коммерческих бумаг и размещение через дилера

Коммерческие бумаги различают в зависимости от того, каким образом они размещены: напрямую или через дилера. **Бумага, размещенная напрямую**, продается эмитентом инвестору без посредничества агентов или других сторон. (Для осуществления сделок эмитент может создать собственную дилерскую фирму.) Подавляющее большинство эмитентов бумаг, размещаемых напрямую, — это финансовые компании. Эти юридические лица испытывают постоянную потребность в деньгах, необходимых для кредитования клиентов. Создание отделов продаж, занятых распространением коммерческих бумаг непосредственно среди инвесторов, представляется таким эмитентам выгодным. Институциональные инвесторы узнают о ставках, предлагаемых эмитентами, через такие системы, как Bloomberg Financial Markets, Telerate/Bridge, Reuters и через интернет (cpmarket.com).

Примером корпорации, размещающей коммерческие бумаги напрямую, может служить General Electric Capital Corporation (GE Capital): компания занимается выпуском коммерческих бумаг более 50 лет. GE Capital обеспечивает финансирование General Electric Company и является в настоящий момент наиболее крупным и наиболее активным эмитентом размещаемых напрямую коммерческих бумаг в США. Корпоративное инвестиционное подразделение GE Capital координирует программы по выпуску коммерческих бумаг General Electric Company, GE Capital Services, GE Capital и другие подобные программы. Коммерческая бумага на непрерывной основе продается институциональным инвесторам через казначейство корпорации либо GECC Capital Markets Group, Inc. (зарегистрированная в NASD брокерско-дилерская фирма).

Коммерческая бумага, **размещаемая через дилера**, продается эмитентом при посредстве агента. Агент прилагает все усилия для размещения, однако не гарантирует его; в качестве андеррайтеров выступают коммерческие банки и фирмы ценных бумаг.

Коммерческие бумаги 1-го и 2-го эшелона

Наиболее активными инвесторами рынка коммерческих бумаг являются взаимные фонды денежного рынка. Напомним, однако, что SEC накладывает определенные ограничения на деятельность таких фондов. Так, правило 2a-7 закона об инвестиционных компаниях 1940 г. ограничивает риск, принимаемый на себя взаимными фондами денежного рынка, осуществляющими инвестиции в ценные бумаги: капитал может быть вложен фондами только в «приемлемые» бумаги. Приемлемыми признаются коммерческие бумаги, имеющие соответствующий кредитный рейтинг (см. табл. 7.2). Для того чтобы войти в разряд приемлемых, выпуск должен получить один из двух высших рейтингов («1» или «2») от как минимум двух признанных статистических рейтинговых агентств. **Бумагами 1-го эшелона** называют приемлемые коммерческие бумаги с рейтингом «1», выставленным по крайней мере двумя агентствами; **бумаги 2-го эшелона** — это приемлемые бумаги, не вошедшие в первый эшелон.

БАНКОВСКИЕ КРЕДИТЫ

Банковские кредиты корпоративным заемщикам делятся на две категории: кредиты инвестиционного уровня и рисковые кредиты. **Кредиты инвестиционного уровня** считаются кредиты, предоставляемые корпоративным заемщикам с инвестиционным рейтингом. Такие кредиты обычно включаются в портфели банков-оригинаторов. Причина в том, что эти кредиты представляют собой возобновляемые кредитные линии, где банки ограничивают максимальную сумму заимствования компанией, а компания может в любой момент использовать любую часть этой суммы и погасить долг. Из-за того, что корпоративный заемщик может погасить долг в любой момент, а также из-за отсутствия даты погашения кредита банк-оригинатор не продает такой кредит институциональным инвесторам.

В отличие от этого **рисковые кредиты** предоставляются компаниям с рейтингом ниже инвестиционного. Рисковый кредит имеет срок погашения и плавающую процентную ставку, привязанную к LIBOR. На практике, когда участники рынка говорят о корпоративных банковских кредитах, они обычно имеют в виду рисковые кредиты. Эти кредиты могут продаваться институциональным инвесторам. Компания может иметь в числе своих долговых обязательств и рисковые кредиты, и высокодоходные облигации.

Синдицированные банковские кредиты

С **синдицированным банковским кредитом** мы имеем дело, когда средства заемщику предоставляет группа (или синдикат) банков. Необходимость объединения банков связана с тем, что сумма кредита слишком велика для одного банка и создает для него неприемлемый кредитный риск. Как результат, синдицированными кредитами пользуются заемщики, которые хотят привлечь крупную сумму на кредитном рынке, не прибегая к выпуску ценных бумаг.

Такие кредиты называют **старшими банковскими кредитами** в результате их приоритета перед субординированными кредиторами (держателями облигаций) в отношении выплаты процента и основной суммы. Процентная ставка по синдицированному кредиту периодически переустанавливается в соответствии с референсной ставкой плюс спред. В качестве референсной ставки, как правило, берут LIBOR, хотя это может быть и прайм-рейт (т. е.

ставка, которую банк устанавливает для первоклассных клиентов) или ставка по депозитным сертификатам. Срок кредита является фиксированным. Синдицированный кредит обычно структурируется как амортизируемый в соответствии с определенным графиком кредит, причем погашение основной суммы начинается после истечения установленного числа лет (как правило, не более пяти-шести лет). Могут существовать также структуры, при которых основная сумма не выплачивается до даты погашения, в этом случае говорят о **кредитах с единовременным погашением**.

Синдицированный кредит организуется банком или фирмой по торговле ценными бумагами. Организатор формирует синдикат. Каждый банк в синдикате предоставляет средства, на которые он подписался. Банки в синдикате имеют право впоследствии продать свои доли в кредите другим банкам.

Синдицированные кредиты формируются двумя методами: путем переуступки или участия. Каждый метод имеет свои достоинства и недостатки, однако более желательным является метод переуступки.

Держатель кредита, который хочет продать свою долю, может сделать это путем передачи участия в кредите **методом переуступки**. Это процесс, в котором продавец передает все свои права цессионарию, называемому теперь **правопреемником**. Правопреемник, говорят, имеет **интерес в договоре** с заемщиком. Из-за ясности отношений между заемщиком и правопреемником переуступка является более желательным путем передачи собственности.

Участие предполагает «передачу» держателем права участия в конкретном кредите. Держатель права участия не становится стороной кредитного договора и взаимодействует не с заемщиком, а с продавцом права участия. В отличие от переуступки участие не дает интереса в договоре держателю права участия, хотя он может голосовать оп определенным юридическим вопросам, касающимся изменений кредитного договора. В их число входят изменения срока погашения, процентной ставки и обеспечения кредита. Поскольку синдицированные кредиты могут продаваться таким образом, они являются ликвидными.

Торговля банковскими кредитами не ограничивается *работающими кредитами*, которыми считаются такие кредиты, где заемщики исполняют договорные обязательства. Существует также рынок для торговли неработающими кредитами, т. е. кредитами, по которым заемщики допустили дефолт.

Вторичный рынок синдицированных банковских кредитов

Если в прошлом банки, предоставлявшие кредиты, держали их в своих портфелях, то сегодня такие кредиты могут торговаться на вторичном рынке или секьюритизироваться для создания облигаций, обеспеченных кредитами (которые рассматриваются ниже в этой главе), а значит требуют периодической переоценки по рынку.

Ассоциация синдицированного кредитования и торговли (LSTA) помогает формировать ликвидный и прозрачный вторичный рынок банковских кредитов, определяя приемлемую рыночную практику и операционные процедуры. Эта ассоциация предоставляет дилерские котировки на основе рыночных цен. Информация, распространяемая LSTA, включает в себя:

- список наиболее волатильных кредитов, оцениваемых LSTA/Thompson Reuters Market-to-Market Pricing на конец каждого торгового дня;
- список крупнейших победителей, крупнейших аутсайдеров, наиболее волатильных и последних сделок с точки зрения недельной ценовой волатильности, публикуемой каждую неделю на основе котировок трех и более индивидуальных брокеров/дилеров;
- в конце каждого месяца файл с перечнем всех пересчитанных по рынку цен на основе котировок трех и более индивидуальных брокеров/дилеров;
- в конце каждого квартала файл с перечнем всех пересчитанных по рынку цен на основе котировок пяти и более индивидуальных брокеров/дилеров.

LSTA вместе с Standard & Poor's Leveraged Commentary & Data (LCD) создала индекс рисковых кредитов (S&P/LSTA Leveraged Loan 100 Index) для отслеживания результативности различных секторов рынка синдицированных кредитов. Этот рыночно взвешенный индекс 100 крупнейших кредитов[1] на рынке рисковых кредитов представляет собой индекс совокупной доходности.

Высокодоходные облигации в сравнении с рисковыми кредитами

Рисковыми называют кредиты, которые предоставляются заемщикам с рейтингом неинвестиционного уровня. Таким образом, рисковые кредиты

[1] Банковский кредит может представлять собой краткосрочный кредит или кредитную линию (называемую также возобновляемым, или револьверным кредитов). Кредитная линия — это кредит, который заемщик может выбирать до достижения максимально разрешенной суммы.

и высокодоходные облигации являются альтернативными источниками долга для заемщиков неинвестиционного уровня. Ниже кратко перечисляются различия этих источников долгового финансирования.

Купонная ставка высокодоходных облигаций является обычно фиксированной. У рисковых кредитов ставка плавающая, привязанная чаще всего к трехмесячной LIBOR. Что касается сроков, то высокодоходные облигации обычно выпускаются на 10 лет и не допускают досрочного погашения в течение трех-пяти лет с момента выпуска. Рисковые кредиты имеют более короткие сроки, как правило от пяти до восьми лет, и могут быть отозваны в любой момент.

В структуре капитала рисковые кредиты характеризуются наивысшим старшинством, в то время как высокодоходные облигации являются субординированными по отношению к банковским кредитам. У рисковых кредитов более жесткие ковенанты, чем у высокодоходных облигаций — именно по этой причине корпоративные заемщики предпочитают выпускать облигации. Наконец, инвесторов интересует сумма возмещения, которую можно получить в случае дефолта. Исторически в среднем уровень возмещения по дефолтным рисковым кредитам был намного выше, чем по высокодоходным облигациям, как будет показано далее в этой главе.

Облигации, обеспеченные кредитами

Рисковые кредиты объединяются в пулы и используются в качестве обеспечения при выпуске **облигаций, обеспеченных кредитами** (*collateralized loan obligation — CLO*). CLO создаются с использованием технологии секьюритизации, описываемой в последующих главах. Здесь же приводится базовое описание CLO[1].

CLO выпускают специальные юридические лица (*special purpose vehicle — SPV*), а привлеченные средства вкладывают в портфель рисковых кредитов. Лицом, отвечающим за управление портфелем рисковых кредитов (т. е. обеспечением), является **менеджер обеспечения**. Инвесторы в долговые ценные бумаги, выпускаемые SPV, так называемые классы облигаций, или транши, имеют право на получение денежного потока от портфеля кредитов. Денежный поток распределяется между классами облигаций определенным образом с учетом старшинства обязательств. Правила распределения денежного

---

[1] Более детальное описание см. в: Chapter 4 in Stephen Antczak, Douglas J. Lucas, and Frank J. Fabozzi, *Leveraged Finance: Concepts, Methods, and Trading of High-Yield Bonds, Loans, and Derivatives* (John Wiley & Sons, 2009).

потока устанавливаются в соглашении о выпуске CLO. В дополнение к классам облигаций ценная бумага, называемая **остаточным траншем**, дает право на получение остаточных денежных потоков.

Структуру обязательств по CLO называют структурой капитала. Классы облигаций обычно обозначаются как класс A, класс B, класс C и т. д. в нисходящем порядке с точки зрения их приоритетности и кредитного рейтинга. Они включают в себя весь спектр облигаций от наиболее надежного класса с рейтингом AAA в структуре капитала до класса с низшим рейтингом. В табл. 7.3 показана упрощенная структура капитала для CLO. Класс A в структуре, имеющий рейтинг AAA, называют **старшим классом облигаций**. Остальные три класса — это **субординированные классы облигаций**. Обратите внимание на то, что у типичной CLO купонная ставка является плавающей, привязанной к референсной ставке (чаще всего LIBOR).

Таблица 7.3. Простая типовая структура капитала CLO

Класс облигации	Процентная доля в структуре капитала	Рейтинг	Купон
Класс A	80	AAA	LIBOR + 26
Класс B	8	A	LIBOR + 75
Класс C	3	BBB	LIBOR + 180
Класс D	2	BB	LIBOR + 475
Остаточный транш	7	Без рейтинга	Остаточный денежный поток

Кредитная структура денежного потока является основным механизмом повышения кредитного качества в большинстве CLO[1], поскольку особенности структуры денежного потока по CLO определяют кредитный риск, связанный с классами облигаций. Для получения представления о кредитной структуре денежного потока необходимо понять правила распределения обеспечительного интереса и основной суммы обеспечения. Эти правила, называемые **очередностью использования денежных средств**, определяют порядок, в котором классы облигаций получают выплаты и, таким образом, старшинство одной CLO перед другой.

Еще одной ключевой характеристикой CLO являются **критерии покрытия**, определенные в соглашении о выпуске облигаций. Их значение обусловлено тем, что эти критерии могут приводить к перенаправлению денежных средств, предназначенных для субординированных классов облигаций,

[1] Некоторые обращающиеся CLO имеют специализированное страхование, которое является формой повышения кредитного качества.

в пользу старших классов. Хотя существует несколько критериев покрытия, здесь мы опишем только один из них: **критерий покрытия номинала**[1]. Для каждого класса облигаций устанавливается следующий критерий покрытия номинала:

$$\text{критерий покрытия класса A} = \frac{\text{номинальная стоимость активов}}{\text{номинальная стоимость класса A}};$$

$$\text{критерий покрытия класса B} = \frac{\text{номинальная стоимость активов}}{\text{номинальная стоимость класса A} + \text{номинальная стоимость класса B}};$$

и т. д. для оставшихся классов облигаций в структуре капитала CLO.

Помимо этого важно понимать, что есть период времени, в течение которого основная сумма обеспечения не распределяется между классами облигаций или остаточным траншем, а реинвестируется менеджером обеспечения в приобретение дополнительных кредитов. Этот период называют **периодом реинвестирования**.

Посмотрим теперь, как реализуется очередность использования *процентных платежей* в сочетании с критериями покрытия и периодом реинвестирования. Существует типовая базовая очередность использования процентов, в соответствии с которой процентные платежи по обеспечению распределяются между классами облигаций:

1. Выплата доверительному управляющему базового вознаграждения за администрирование и расходов.
2. Выплата менеджеру обеспечения базового вознаграждения за администрирование.
3. Выплата процентных расходов классу A.
4. Если критерий покрытия для класса A не удовлетворяется, то проценты от обеспечения передаются классу A для погашения основной суммы до тех пор, пока не будет удовлетворяться критерий покрытия для класса A. Это приводит к сокращению суммы непогашенных обязательств по классу A.
5. Выплата процентных расходов классу B.
6. Если критерий покрытия для класса B не удовлетворяется, то проценты от обеспечения передаются самому старшему непогашенному

[1] Информацию о других критериях см. в: Antczak, Lucas, and Fabozzi, *Leveraged Finance: Concepts, Methods, and Trading of High-Yield Bonds, Loans and Derivatives.*

классу облигаций (это может быть класс A или, если класс A оплачен полностью, класс B) для погашения основной суммы до тех пор, пока не будет удовлетворяться критерий покрытия для класса B.

7. Выплата процентных расходов классу C.
8. Если критерий покрытия для класса C не удовлетворяется, то проценты от обеспечения передаются самому старшему непогашенному классу облигаций для погашения основной суммы до тех пор, пока не будет удовлетворяться критерий покрытия для класса C.

Пункты 7 и 8 повторяются для всех оставшихся классов облигаций.

9. Дополнительный критерий покрытия, который определяет, должна ли часть процентов от обеспечения реинвестироваться в дополнительное обеспечение в течение периода реинвестирования.
10. Выплата дополнительного вознаграждения доверительному управляющему.
11. Выплата дополнительного вознаграждения менеджеру обеспечения.

После этого, если есть остаточные проценты по обеспечению, то они выплачивается остаточному траншу в соответствии с соглашением об участии в прибылях с менеджером обеспечения.

Из приведенной выше очередности использования процентных выплат должно быть понятно, что от критерия покрытия зависит, будут ли проценты выплачиваться классу облигаций или они пойдут на погашение основной суммы самого старшего непогашенного класса, и как такое перенаправление средств повышает защиту старшего класса облигаций.

Ниже приведена очередность использования основных платежей по обеспечению между классами облигаций:

1. Основной платеж по обеспечению перенаправляется в той мере, в какой существует дефицит причитающихся сумм по пунктам 1–8 очередности использования процентных платежей.
2. В течение периода реинвестирования основные платежи используются менеджером обеспечения для приобретения новых кредитов.
3. После периода реинвестирования основные платежи используются для погашения основной суммы классов облигаций в соответствии с их приоритетом.
4. Выплата сумм, причитающихся по пунктам 9–11 очередности использования процентных платежей.
5. Остаток основных платежей выплачивается по остаточному траншу.

РИСК ДЕФОЛТА ПО КОРПОРАТИВНЫМ ДОЛГОВЫМ ИНСТРУМЕНТАМ

Как было показано в главе 1, кредитный риск имеет три компонента: риск дефолта, риск кредитного спреда и риск снижения рейтинга. По мере углубления представлений об облигациях мы рассматриваем эти риски более детально. В этом разделе мы сконцентрируем внимание на риске корпоративного дефолта, а в двух оставшихся разделах опишем два других компонента кредитного риска.

В случае корпоративных долговых обязательств риск дефолта представляет собой риск того, что компания, выпустившая долговой инструмент, окажется неспособной выполнять обязательства в отношении своевременной выплаты процентов и погашения заимствованной суммы. В главе 22 мы разберем факторы, учитываемые при анализе кредитного качества корпоративных долговых инструментов. Ориентиром для индивидуальных инвесторов являются кредитные рейтинги трех крупнейших коммерческих рейтинговых компаний: Moody's, Standard & Poor's и Fitch. Хотя многие институциональные инвесторы самостоятельно занимаются кредитным анализом на основе принципов, изложенных в главе 22, их ориентиром или стартовой точкой все равно является кредитный рейтинг, присвоенный одной или несколькими рейтинговыми агентствами.

Для оценки потенциальной доходности инвестирования в корпоративные долговые обязательства необходимо знать не только уровень дефолтов. Дело в том, что уровень дефолтов сам по себе не имеет определяющего значения. Портфель корпоративных долговых обязательств вполне может страдать от дефолтов и при этом переигрывать портфель американских казначейских бумаг, если, конечно, спред доходностей портфеля достаточно высок, чтобы компенсировать убытки от дефолтов.

Кроме того, держатели дефолтных облигаций обычно возвращают какую-то долю номинальной стоимости своих инвестиций; такую долю называют **уровнем возмещения**. Таким образом, важным показателем при оценке инвестиций в корпоративный долг является **уровень убытков от дефолтов**, определяемый следующим образом:

$$\text{уровень убытков от дефолтов} = \text{уровень дефолтов} \times$$
$$\times (100\% - \text{уровень возмещения}).$$

Например, уровень дефолтов 5% и уровень возмещения 30% дают уровень убытков от дефолтов всего 3,5% (5% × 70%). Как результат, фокусирование внимания исключительно на уровне дефолтов дает лишь наихудший из возможных результатов, который может показать диверсифицированный портфель корпоративных облигаций при условии, что по дефолтным облигациям инвестор не получает абсолютно ничего.

Далее мы проанализируем исторические данные по уровню дефолтов и уровню возмещения по корпоративным долговым инструментам (т. е. облигациям и кредитам).

Уровень дефолтов

Прежде чем браться за историю уровней дефолтов, стоит отметить два момента. Прежде всего, дефолты наступают по разным причинам: пропущенные платежи, банкротства и биржевые крахи. Все три причины учитываются кредитными рейтинговыми агентствами при определении исторических уровней дефолтов. Следует помнить также, что дефолты из-за пропуска платежей не обязательно означают банкротство эмитента. Точно так же объявление банкротства не обязательно означает пропуск платежей.

После того, как сформулировано определение дефолта, можно рассчитать уровень дефолтов и кумулятивный уровень дефолтов на основе средневзвешенного количества дефолтов. Веса определяются по числу эмитентов, допустивших дефолт, относительно общего числа эмитентов или долларового объема дефолтных выпусков по отношению к долларовому объему выпусков в обращении. Рейтинговые агентства фокусируются на статистике по дефолтам эмитентов, а их методологии сближаются со временем[1]. Обширное исследование, выполненное профессором Эдвардом Альтманом из Нью-Йоркского университета, ведущим ученым, который публиковал данные по дефолтам (а также статистику по возмещению), строится на основе долларового объема[2]. Исследования рейтинговых агентств показывают, что с 1981 по 2012 г. годовой уровень дефолтов для всех корпоративных облигаций составлял в среднем 1,5%. Для облигаций инвестиционного уровня и высокодоходных корпоративных облигаций годовой уровень дефолтов в среднем составляет 0,11% и 4,26% соответственно.

В двух исследованиях были идентифицированы три фактора, обусловливающие широкие колебания уровня дефолтов[3]. Во-первых, уровень де-

---

[1] David Hamilton and Richard Cantor, "Measuring Corporate Default Rates," Special Comment, Moody's Investors Service, Global Credit Research, November 2006.

[2] Edward I. Altman and Scott A. Nammacher, *Investing in Junk Bonds* (New York: Wiley, 1987).

[3] См.: Jerome S. Fons, "An Approach to Forecasting Default Rates," Moody's Special Report, August 1991; and Jon G. Jonsson and Martin Fridson, "Forecasting Default Rates on High Yield Bonds," *Journal of Fixed Income* (June 1996), pp. 69–77. Отличный обзор приведен

фолтов меняется, поскольку со временем изменяется кредитное качество высокодоходных облигаций. Точнее говоря, совокупный уровень дефолтов повышается в год, когда на рынке высокодоходных облигаций присутствует повышенная доля облигаций с низким рейтингом.

Во-вторых, совокупный уровень дефолтов изменяется в зависимости от состояния экономики. В периоды спадов уровень дефолтов повышается, а в периоды роста — снижается. Например, во время рецессии 1990–1991 гг. уровень дефолтов для высокодоходных корпоративных облигаций был близок к 11%. Во время рецессии 2008–2009 гг. уровень дефолтов по высокодоходным корпоративным облигациям составлял 7% и 13% соответственно в 2008 и 2009 г. В периоды восстановления экономики уровень дефолтов по высокодоходным корпоративным облигациям падает очень сильно: до 2% после рецессии 1990–1991 гг. и примерно до 2% в течение четырех лет после более близкой к нам рецессии 2008–2009 гг.

Наконец, было замечено, что дефолты с наибольшей вероятностью случаются через три года после выпуска высокодоходной облигации. Таким образом, период времени, в течение которого высокодоходные облигации находятся в обращении, влияет на уровень дефолтов. Это явление получило название «эффекта старения».

Уровень возмещения

Как и в случае уровня дефолтов, для вычисления уровня возмещения могут использоваться разные методы. В дату окончательного расчета кредитору поступают денежные средства плюс оценочная стоимость любой полученной ценной бумаги. Уровень возмещения можно определять на номинальной либо на дисконтированной основе. Номинальный уровень возмещения определяется по сумму, полученной кредитором в дату расчета (т. е. денежные средства плюс стоимость любой полученной ценной бумаги). Дисконтированный уровень возмещения — это приведенная стоимость суммы, полученной при окончательном расчете. Приведенная стоимость вычисляется путем обратного дисконтирования до даты, в которую была получена последняя денежная выплата, а не до даты дефолта по инструменту или до даты банкротства компании. В качестве ставки дисконтирования используют купонную ставку по инструменту. Дисконтированный уровень возмещения

в: Jean Helwege and Paul Kleiman, “Understanding Aggregate Default Rates of High Yield Bonds,” Current Issues in *Economics and Finance*, Federal Reserve Bank of New York, Vol. 1, No. 6 (May 1996), pp. 1–6.

является более предпочтительным, чем номинальный уровень возмещения, поскольку он более удобен для сравнения банкротств с различными сроками.

По данным S&P средний дисконтированный уровень возмещения составляет примерно 50% для всех высокодоходных долговых инструментов в период 1987–2013 гг. Для периода 1987–2009 гг. средний дисконтированный уровень возмещения составлял 51% по сравнению с 61% для более близкого к нам периода с 2010 г. до августа 2013 г.

Исследования свидетельствуют о том, что уровень возмещения варьирует в зависимости от отрасли, экономического цикла и старшинства долгового инструмента. Исследование Федерального резервного банка Канзаса показывает, как уровень возмещения меняется в зависимости от отрасли в течение 1970–2008 гг.[1] Понятно, что уровень возмещения более низок в периоды рецессий, чем в периоды восстановлений. Средний дисконтированный уровень возмещения в течение 2008 г. был равен 42%. S&P в процессе исследования обнаружило, что с восстановлением экономики средний уровень возмещения вырос до 60% в 2010 г. и до 70% в 2013 г.[2] Что касается старшинства инструментов, то дисконтированный уровень возмещения для периода 1987–2013 гг. по данным S&P в зависимости от типа инструмента (кредиты / кредитные линии и высокодоходные облигации) повышается с повышением старшинства. Эта информация подтверждается исследованием Федерального резервного банка Канзаса для периода 1970–2008 гг. по всем корпоративным долгам, а также привилегированным акциям. Исследование показало, что для всех ценных бумаг с фиксированным доходом средний и медианный уровень возмещения составлял 56 и 55% соответственно. В нижней части спектра приоритетности у младших субординированных кредиторов средний уровень возмещения был равен 27%, а медианный уровень возмещения — 15%.

У рейтинговых агентств есть службы, которые предоставляют другую информацию по дефолтам и возмещениям, полезную для инвесторов. Так, Moody's публикует для облигаций спекулятивного уровня и кредитов рейтинг ожидаемых убытков, оценки убытка в случае дефолта и для рейтингов по группам компаний — рейтинг вероятности дефолта.

Standard & Poor's и Fitch разработали системы рейтингов возмещения для корпоративных облигаций. Система рейтингов возмещения Fitch для спекулятивного корпоративного долга показана в табл. 7.4. Каждой категории рейтингов возмещения соответствует конкретный диапазон стоимости возмещения.

---

1 Nada Mora, "What Determines Creditor Recovery Rates?" *Economic Review*, Federal Reserve Bank of Kansas City, Second Quarter of 2012, pp. 70–109.

2 "Recovery Study (U.S.): Are Second Liens and Senior Unsecured Bonds Losing Ground as Recoveries Climb?" *RatingsDirect*, Standard & Poor's, December 16, 2013, p. 2.

Система рейтингов возмещения Fitch разработана для корпоративных облигаций с рейтингом B и ниже. В число факторов, учитываемых Fitch при присвоении рейтинга возмещения, входят: 1) обеспечение; 2) старшинство по отношению к другим обязательствам в структуре капитала и 3) ожидаемая стоимость эмитента с финансовыми проблемами. Система рейтингов возмещения не предназначена для точного предсказания уровня возмещения. Шкала рейтингов возмещения Fitch приведена в табл. 7.4. Fitch идентифицирует следующие ограничения своей шкалы рейтингов возмещения:

- рейтинги не предсказывают конкретный процент возмещения в случае дефолта;
- рейтинги не являются мнением о рыночной стоимости ценных бумаг или акций любого эмитента или о вероятности изменения этой стоимости;
- рейтинги не являются мнением о ликвидности ценных бумаг или акций любого эмитента;
- рейтинги не являются мнением о качестве профиля, связанного с эмитентом или сделкой, иным, чем мнением агентства об относительной серьезности убытка по обязательству с рейтингом в случае дефолта по нему[1].

Таблица 7.4. Система рейтингов возмещения Fitch

RR1:	*Выдающиеся перспективы по возмещению в случае дефолта*
	Ценные бумаги с рейтингом RR1 имеют характеристики, соответствующие ценным бумагам с историческим уровнем возмещения 91–100% от текущей основной суммы и соответствующего процента
RR2:	*Высокие перспективы по возмещению в случае дефолта*
	Ценные бумаги с рейтингом RR2 имеют характеристики, соответствующие ценным бумагам с историческим уровнем возмещения 71–90% от текущей основной суммы и соответствующего процента
RR3:	*Хорошие перспективы по возмещению в случае дефолта*
	Ценные бумаги с рейтингом RR3 имеют характеристики, соответствующие ценным бумагам с историческим уровнем возмещения 51–70% от текущей основной суммы и соответствующего процента
RR4:	*Средние перспективы по возмещению в случае дефолта*
	Ценные бумаги с рейтингом RR4 имеют характеристики, соответствующие ценным бумагам с историческим уровнем возмещения 31–50% от текущей основной суммы и соответствующего процента
RR5:	*Ниже среднего перспективы по возмещению в случае дефолта*
	Ценные бумаги с рейтингом RR5 имеют характеристики, соответствующие ценным бумагам с историческим уровнем возмещения 11–30% от текущей основной суммы и соответствующего процента

[1] Fitch Ratings, “Definitions of Ratings and Other Forms of Opinion,” January 2014, p. 22.

Окончание табл. 7.4

RR6:	*Низкие перспективы по возмещению в случае дефолта*
	Ценные бумаги с рейтингом RR6 имеют характеристики, соответствующие ценным бумагам с историческим уровнем возмещения 0–30% от текущей основной суммы и соответствующего процента

Источник: воспроизводится по *Fitch Ratings, Definitions of Ratings and Other Forms of Opinion, January 2014, p. 21.*

РИСК ПОНИЖЕНИЯ РЕЙТИНГА

Рейтинговые агентства отслеживают долговые обязательства и эмитентов, которым они присваивают рейтинги. Риск понижения рейтинга — это риск того, что рейтинг одного или нескольких долговых обязательств эмитента будет понижен.

Рейтинговые агентства накапливают статистику по изменению рейтингов в течение различных периодов. Таблицу, в которой представляют такую информацию, называют **матрицей перехода рейтингов**, или **таблицей перехода рейтингов**. В табл. 7.5 приведена гипотетическая матрица перехода рейтингов в течение одного года. Таблица интерпретируется следующим образом. В каждой строке представлен рейтинг в начале года. В колонках указаны рейтинги на конец года. Рассмотрим в качестве иллюстрации строку два: она демонстрирует изменение рейтинга облигации в течение года. Число 91,40 во второй строке говорит о том, что около 91,40% облигаций с рейтингом Aa к концу года сохранили свой Aa рейтинг. Значение 1,50 указывает на то, что около 1,50% облигаций с рейтингом Aa к концу года получили рейтинг Aaa. Число 0,50 означает, что около 0,50% облигаций, имевших в начале года рейтинг Aa, к концу года понизили кредитное качество до Baa. Из табл. 7.5 видно, что вероятность понижения рейтинга для облигаций инвестиционного уровня превышает вероятность повышения рейтинга. Данный феномен действительно наблюдается в большинстве реальных матриц перехода рейтингов.

Таблица 7.5. Гипотетическая годовая матрица перехода рейтингов

	Рейтинг в конце года							
Рейтинг в начале года	**Aaa**	**Aa**	**A**	**Baa**	**Ba**	**B**	**C или D**	**Всего**
Aaa	91,00	8,30	0,70	0,00	0,00	0,00	0,00	100,00
Aa	1,50	91,40	6,60	0,50	0,20	0,00	0,00	100,00
A	0,10	3,00	91,20	5,10	0,40	0,20	0,00	100,00
Baa	0,00	0,20	5,80	88,00	5,00	0,90	0,10	100,00

РИСК КРЕДИТНОГО СПРЕДА

Риск кредитного спреда — это риск того, что цена долгового обязательства снизится в результате увеличения кредитного спреда, требуемого рынку, для отдельного выпуска, отрасли или сектора. Иными словами, это риск расширения кредитного спреда.

Кредитные спреды могут изменить два риска: риск неблагоприятных событий и риск появления негативных новостей. Различие между этими рисками следующее: в случае **риска неблагоприятных событий** после объявления о том или ином событии почти незамедлительно понижается кредитный рейтинг компании, сектора или отрасли. Иначе говоря, риск неблагоприятных событий связан с риском снижения рейтинга. В случае **риска появления негативных новостей** объявление влечет за собой негативное изменение кредитного спреда, как и риск неблагоприятных событий, однако за этим не следует незамедлительное снижение рейтинга долга.

Примером риска неблагоприятных событий является поглощение или корпоративная реструктуризация. Конкретной иллюстрацией риска неблагоприятных событий служит поглощение в 1988 г. RJR Nabisco стоимостью $25 млрд с использованием заемных средств (*leveraged buyout — LBO*). Новая компания привлекла значительный долг для финансирования приобретения фирмы. В случае RJR Nabisco долг и собственный капитал составляли соответственно $29,9 и $1,2 млрд. Из-за необходимости обслуживать большой долг рейтинг облигаций компании снизился. Кредитное качество RJR Nabisco, присвоенный Moody's, упал с A1 до B3. Первоначальное объявление об LBO привело к увеличению кредитного спреда RJR Nabisco со 100 базисных пунктов до 350.

Риск неблагоприятных событий может затрагивать и другие фирмы. Возьмем опять выкуп RJR Nabisco с использованием заемных средств. LBO стоимостью $25 млрд считалось ранее нецелесообразным, однако сделка с RJR Nabisco показала, что размер не является препятствием, и у других крупных фирм, прежде не рассматриваемых в качестве кандидатов на LBO, увеличился кредитный спред.

Примером риска появления негативных новостей являются природные или техногенные катастрофы, которые могут отрицательно сказаться на экономическом положении компании. Так, авария на атомной электростанции, скорее всего, отрицательно повлияет на кредитный спред компании, в собственности которой находится АЭС. Как и в случае риска неблагоприятных событий, здесь могут наблюдаться сопутствующие эффекты.

Резюме

- Корпоративные долговые обязательства требуют от компании периодически выплачивать инвесторам процент, а в дату погашения вернуть всю номинальную стоимость. К ним относятся корпоративные облигации, среднесрочные ноты, коммерческие бумаги, банковские кредиты, конвертируемые корпоративные облигации и ценные бумаги, обеспеченные активами.
- На рынке корпоративного долга выделяют следующие секторы: коммунальный, финансовый и промышленный.
- Классы кредиторов в структуре корпоративного капитала включают в себя старших обеспеченных кредиторов, старших необеспеченных кредиторов, старших субординированных кредиторов и субординированных кредиторов.
- Закон о банкротстве регулирует процедуру объявления банкротства в США. Глава 7 закона описывает ликвидацию, глава 11 — реорганизацию компании. Кредиторы получают выплаты в соответствии с правилом абсолютного приоритета в той мере, в какой доступны активы. Старшие кредиторы получают выплаты в полной мере до того, как какие-либо средства будут выплачены младшим кредиторам. Как правило, абсолютный приоритет соблюдается в случае ликвидации. В случае реорганизации он, напротив, чаще нарушается.
- Кредитный риск корпоративного заемщика может быть оценен на основании рейтинга, который присваивает компании одна из трех признанных на национальном уровне рейтинговых компаний.
- Выпуски, имеющие четыре высших рейтинга всех рейтинговых агентств, считаются облигациями инвестиционного уровня. Выпуски с более низкими рейтингами считаются облигациями неинвестиционного уровня, высокодоходными, или мусорными облигациями.
- Положения, позволяющие осуществить выкуп облигации до наступления срока погашения, включают в себя традиционное право досрочного погашения и право рефинансирования, положение о выкупе с полной компенсацией и положение о выкупе с фондом погашения.
- Сектор высокодоходных корпоративных облигаций — это рынок корпоративных облигаций неинвестиционного уровня.
- Сектор высокодоходных корпоративных облигаций предлагает инвесторам целый ряд сложных облигационных структур. Сюда относятся облигации с отложенным купоном (облигации с отложенными процентными выплатами, облигации с повышающимся купоном

и облигации с выплатой «натурой»), а также облигации с расширенным пересчетом купона.

- После 2007 г. наблюдается снижение ликвидности в результате сокращения капиталовложений со стороны облигационных дилеров, державших портфели корпоративных облигаций, в сочетании с увеличением выпуска корпоративных облигаций на фоне низких процентных ставок.
- Профиль торговли акциями значительно отличается от профиля торговли облигациями. Корпоративные облигации торгуются намного реже в день, чем акции. Как минимум треть облигаций, учитываемых в системе TRACE, не торгуются вообще.
- Существуют пять типов электронных систем торговли облигациями: аукционные системы, системы взаимного согласования, междилерские системы, мультидилерские системы и однодилерские системы.
- Среднесрочные ноты (MTN) — это предлагаемые на непрерывной основе корпоративные долговые обязательства. Они регистрируются в SEC согласно правилу резервной регистрации и размещаются через агентов. Ставки MTN зависят от их сроков, варьирующих от 9 месяцев до 30 лет.
- Среднесрочные ноты могут быть структурированными, т. е. создаваться с использованием производных финансовых инструментов, в первую очередь свопов. Структурированные MTN создаются с учетом конкретных нужд инвесторов и пользуются популярностью среди участников рынка, которые хотели бы хеджировать свои капиталовложения или выйти на рынок, работа на котором напрямую им запрещена.
- В числе структурированных нот есть ноты с плавающей ставкой, ноты, связанными с акциями, ноты, связанные с биржевыми товарами, ноты, связанные с валютами, и кредитные ноты.
- Коммерческая бумага — это краткосрочный необеспеченный вексель, размещаемый на открытом рынке и являющийся долговым обязательством эмитента. Она продается с дисконтом. На практике сроки коммерческих бумаг не превышают 30 дней. Коммерческие бумаги выпускаются финансовыми и нефинансовыми корпорациями, причем первые доминируют на рынке. Размещаемая напрямую бумага продается эмитентом инвестору без посредничества дилера по ценным бумагам. Коммерческая бумага, размещаемая через дилера, предполагает использование услуг фирмы ценных бумаг при продаже долговых обязательств.
- Рынок коммерческих бумаг отличается низкой ликвидностью.
- Банковские кредиты являются альтернативой выпуску облигаций. Банковские кредиты компаниям классифицируются как кредиты инвестиционного уровня и рисковые кредиты. Последние продают институциональным инвесторам, они обращаются на вторичном рынке.

- Облигации, обеспеченные кредитами, создаются, когда рисковые банковские кредиты объединяют в пулы и используют в качестве обеспечения для выпуска долговых обязательств разного старшинства. Процесс создания этого продукта называют секьюритизацией.
- Потенциальная доходность инвестиций в корпоративный долг зависит от уровня дефолтов и уровня возмещения.
- Помимо присвоения кредитного рейтинга рейтинговые агентства предоставляют информацию по дефолтам и возмещению, которая полезна инвесторам.
- Для оценки риска понижения рейтинга инвесторы могут использовать матрицу перехода рейтингов, публикуемую всеми рейтинговыми агентствами.
- Риск кредитного спреда можно оценить по исторической волатильности изменений спредов.
- К изменению кредитных спредов могут приводить два независимых риска: риск неблагоприятных событий и риск появления негативных новостей.

Вопросы

1. В чем смысл обеспеченной позиции, если правило абсолютного приоритета обычно не соблюдается при реорганизации?
2. a. В чем разница между ликвидацией и реорганизацией?
   b. В чем разница между банкротством в соответствии с главой 7 и главой 11?
3. Что такое должник во владении?
4. Что такое принцип абсолютного приоритета?
5. Прокомментируйте следующее утверждение: «Старший обеспеченный кредитор имеет низкий риск реализации убытка в случае банкротства эмитента».
6. Что означает помещение выпуска или эмитента под кредитный надзор?
7. Прокомментируйте следующее высказывание: «Инвестор, приобретающий ипотечную облигацию компании, знает, что в случае банкротства компании сначала полную компенсацию получат держатели ипотечных облигаций и только затем будут произведены выплаты акционерам».
8. a. В чем разница между запретом на рефинансирование и запретом на досрочное погашение?

    b. Какой из запретов обеспечивает более надежную защиту инвестора от досрочного выкупа облигаций эмитентом?
9. a. Что такое облигация с погашением «пулей»?
    b. Может ли облигация, погашаемая «пулей», быть выкуплена эмитентом до установленной даты погашения?
10. a. Что означает положение о выкупе с полной компенсацией?
    b. Что такое компенсационная премия?
    c. Чем положение о выкупе с полной компенсацией отличается от традиционного положения о досрочном погашении?
    d. Почему положение о выкупе с полной компенсацией называется не вполне корректно?
11. a. В чем суть положения о фонде погашения?
    b. «Положение о фонде погашения выгодно инвестору». Вы согласны с этим утверждением?
12. В чем разница между «падшим ангелом» и изначально высокодоходной облигацией?
13. «И у ноты с плавающей ставкой, и у облигации с расширенным пересчетом купона купонные ставки периодически пересчитываются. Таким образом, два инструмента практически не отличаются друг от друга». Вы согласны с этим утверждением?
14. Что такое облигация с выплатой «натурой»?
15. a. Почему наблюдается снижение ликвидности корпоративных облигаций?
    b. Почему важна электронная торговля корпоративными облигациями, которая в меньшей степени связана с портфелями дилеров?
16. a. Чем MTN отличаются от корпоративных облигаций?
    b. Какие производные инструменты чаще всего используются при создании структурированных MTN?
17. Объясните, почему вы согласны или не согласны со следующими утверждениями:
    a. «Большинство MTN в момент размещения относятся к неинвестиционному классу».
    b. Как правило, размещая MTN, корпоративный эмитент указывает ставки для каждого срока погашения».
    c. Что такое обратный опрос?
18. Объясните, почему вы согласны или несогласны со следующими высказываниями, относящимися к рынку долговых обязательств, размещаемых частным образом:
    a. «С момента введения в действие правила 144A на рынке могут быть куплены или проданы все размещаемые частным образом облигационные выпуски».

b. «В настоящее время облигации, традиционно размещаемые частным образом, не отличаются от долговых обязательств с публичным размещением».

19. В дополнительном проспекте реального выпуска ценных бумаг Королевского банка Канады приведена следующая информация:

Референсный актив:	*Индекс SGI Smart Market Neutral Commodity Index (USD — Excess Return) (Тикер Bloomberg: SGICVMX). Описание референсного актива см. в разделе «Референсный актив» ниже*
Установленная валюта:	Доллар США
Минимальная инвестиция:	$1000
Деноминирование:	$1000
Дата установления цены:	26 января 2010 г.
Дата выпуска:	29 января 2010 г.
CUSIP:	78008HTY6
Выплачиваемый процент:	Нет
Платеж при погашении (если держать до погашения):	Платеж при погашении рассчитывается следующим образом: Если результативность референсного актива **больше** 0%, то вы получаете сумму, равную: основная сумма + (основная сумма × доходность референсного актива) × коэффициент участия. Если результативность референсного актива **меньше или равна** 0%, то вы получаете выплату, равную основной сумме ваших нот.
Результативность референсного актива:	Результативность референсного актива, выраженная в процентах и округленная до четвертого знака после запятой, рассчитывается по следующей формуле: $\frac{\text{окончательный уровень} - \text{начальный уровень}}{\text{начальный уровень}}$.
Коэффициент участия:	100%
Начальный уровень:	109,0694
Срок:	Примерно пять (5) лет

a. К какому типу относится эта структурированная нота?
b. Какой риск связан с инвестированием в эту структурированную ноту?

20. a. Почему корпорации рассматривают коммерческую бумагу в качестве альтернативы краткосрочному банковскому кредиту?
b. В чем разница между бумагой, размещенной напрямую, и бумагой, размещенной через дилера?
c. Что отражает спред доходностей между коммерческой бумагой и казначейским векселем с таким же сроком?
d. Почему срок коммерческой бумаги не превышает 270 дней?
e. Что такое коммерческие бумаги 1-го и 2-го эшелона?
21. a. Банковские кредиты классифицируют как кредиты инвестиционного уровня и рисковые кредиты. Объясните разницу между этими двумя типами кредитов.
b. Кредиты какого из двух типов обычно продаются и торгуются на вторичном рынке?
22. a. Что такое синдицированный банковский кредит?
b. Какая референсная ставка обычно используется для синдицированных банковских кредитов?
c. В чем разница между амортизируемым банковским кредитом и банковским кредитом с единовременным погашением?
23. Опишите два способа продажи банком своей позиции в синдицированном кредите.
24. Какая защита предусматривается для самого старшего класса облигаций, обеспеченных кредитами?
25. Почему уровень дефолтов, взятый отдельно, не может служить хорошим индикатором потенциальной результативности портфеля высокодоходных корпоративных облигаций?
26. В чем разница между кредитным рейтингом и рейтингом возмещения?
27. Что такое матрица перехода рейтингов?
28. В чем разница между риском неблагоприятных событий и риском появления негативных новостей?

ГЛАВА 8

Муниципальные ценные бумаги

В этой главе читателю будут представлены ведения:

- о двух основных структурах муниципальных ценных бумаг: облигациях, обеспеченных налоговыми поступлениями и доходных облигациях;
- о структуре денежных потоков по доходным облигациям;
- о муниципальных облигациях со смешанной структурой и специальной структурой, в частности о рефинансируемых и застрахованных облигациях;
- о различных типах освобожденных от налогов краткосрочных муниципальных ценных бумаг;
- о муниципальных облигациях со встроенным опционом;
- о риске дефолта по муниципальным ценным бумагам по сравнению с корпоративными облигациями;
- о причинах дефолтов по муниципальным облигациям;
- о цели главы 9 закона о банкротстве для муниципальных образований;
- о налоговом риске, с которым связаны инвестиции в муниципальные ценные бумаги;
- о спредах доходностей внутри муниципального рынка;
- о форме кривой доходности муниципальных долговых обязательств;
- о первичном и вторичном рынках муниципальных ценных бумаг;
- о рынке налогооблагаемых муниципальных облигаций.

Муниципальные ценные бумаги эмитируются правительствами штатов, местными органами власти, а также создаваемыми ими организациями. В число местных органов власти входят правительства городов и округов. В число административно-территориальных единиц муниципальных образований, которые выпускают ценные бумаги, входят школьные округа и специальные округа по пожарной охране, водоснабжению, канализации и т. д. В число муниципальных агентств и ведомств входят администрации и комиссии. Количество эмитентов муниципальных облигаций очень велико. В базе Bloomberg Financial Markets есть данные по более чем 50 000 активных эмитентов. Еще более значительно количество различных выпусков. В базе данных Bloomberg зарегистрированы более 1,5 млн выпусков с полным описанием. Для сравнения скажем, что выпусков казначейских ценных бумаг меньше 1000, а число выпусков корпоративных облигаций составляет примерно 5000.

Муниципальные облигации выпускаются для различных целей. Краткосрочные ноты обычно размещаются в ожидании налоговых поступлений или в ожидании получения выручки от продажи облигационных выпусков. Средства, полученные от продажи краткосрочных нот, позволяют муниципалитетам выравнивать сезонный и временный дисбаланс между расходами и налоговыми поступлениями. Долгосрочные муниципальные облигации эмитируются для финансирования: 1) долгосрочных проектов, таких как строительство школ, мостов, дорог и аэропортов; 2) долгосрочных бюджетных дефицитов, являющихся следствием текущих операций.

Привлекательность муниципальных ценных бумаг заключается в их налогообложении на уровне федерального подоходного налога. Хотя большинство выпущенных муниципальных облигаций не облагаются налогом, некоторые выпуски являются налогооблагаемыми на федеральном уровне. Налогообложение на уровне штатов и местном уровне варьирует. Налогообложение процентов по муниципальным облигациям в каждом штате может осуществляться следующим образом: 1) проценты полностью освобождаются от налога независимо от того, где находится эмитент — в штате или за его пределами; 2) проценты полностью облагаются налогом независимо от того, где находится эмитент — в штате или за его пределами; 3) проценты освобождаются от налога, если эмитент находится в штате, и облагаются налогом, если эмитент находится за пределами штата.

Исторически инвесторами в муниципальные облигации были взаимные фонды, трастовые департаменты банков, страховые компании, осуществляющие страхование от несчастных случаев и страхование имущества, а также состоятельные частные лица. Этих инвесторов интересует возможность освобождения от налога дохода от муниципальных облигаций.

В последнее время важными участниками рынка муниципальных облигаций стали хедж-фонды, арбитражеры, компании по страхованию жизни и иностранные банки. Их мало интересует возможность освобождения от налога, а интерес заключается в использовании заемных средств в целях генерирования прироста капитала.

В этой главе мы рассмотрим муниципальные ценные бумаги.

ТИПЫ И СВОЙСТВА МУНИЦИПАЛЬНЫХ ЦЕННЫХ БУМАГ

Существует два основных типа муниципальных долговых обязательств: облигации, обеспеченные налоговыми поступлениями, и доходные облигации.

Долговые обязательства, обеспеченные налоговыми поступлениями

Долговые обязательства, обеспеченные налоговыми поступлениями *(tax-backed debt)*, — это финансовые инструменты, выпускаемые штатами, округами, специальными районами, крупными городами, небольшими городами, а также школьными округами; все инструменты этого типа обеспечены одной из форм налоговых поступлений. Долговые обязательства, обеспеченные налоговыми поступлениями, делятся на: общие долговые обязательства; обязательства, обеспеченные обязательствами штатов, и долговые обязательства, обеспеченные программами поддержки публичного кредитования.

Общие долговые обязательства

Наиболее значимую группу муниципальных долговых обязательств, обеспеченных налоговыми поступлениями, представляют **общие долговые обязательства**. Обеспечение таких обязательств может быть как ограниченным, так и неограниченным. **Общие неограниченные налоговые долговые обязательства** являются более безопасными инструментами, поскольку их обеспечением служат всевозможные налоговые поступления в казну эмитента. Источниками налогов в этом случае являются налоги на прибыль корпораций, подоходный налог, налоги с продаж и налоги на имущество. О долговых обязательствах, имеющих неограниченное налоговое обеспечение, говорят, что они гарантированы репутацией и всеми доходами эмитента.

Общие ограниченные налоговые долговые обязательства имеют ограниченное налоговое обеспечение, поскольку для них существуют предельные установленные законом ставки налогов, поступления от которых служат обеспечением долга.

Часть общих долговых обязательств обеспечена, с одной стороны, поступлениями от налогов, которые эмитент собирает в свой общий фонд, с другой — выручкой от разного рода сборов, пошлин, грантов и комиссий, не поступающей в общий фонд. Подобные облигации получили название **облигаций с двойной защитой** (*double-barreled*) — название, отражающее двойственный характер их обеспечения. Так, долговые обязательства, эмитентом которых является специальная система обслуживания, могут обеспечиваться либо налогами на имущество, либо операционной прибылью от оказываемых услуг, либо и теми и другими средствами одновременно. В последнем случае они имеют двойную защиту.

Долговые обязательства, обеспеченные обязательствами штатов

Правительственные агентства и органы власти некоторых штатов выпускают облигации, обеспеченные обязательствами штатов перевести необходимые суммы эмитенту в случае потенциальной нехватки у него средств. Выделение средств из общего фонда налоговых поступлений должно быть в этом случае одобрено законодательными органами штата. Перевод денег, таким образом, не является безусловно гарантированным. Долговые обязательства, обеспеченные потенциальными правами на налоговые поступления, но не имеющие гарантии реализации таких прав, называют **облигациями моральных обязательств**. Цель морального обязательства, принимаемого на себя штатом, — повысить кредитное качество эмитента. Инвестор не может быть уверен в том, что средства будут переведены, — в то же время правительственный орган приложит к этому все усилия. Другой тип облигаций, обеспеченных обязательствами штатов, — долговые обязательства, обеспеченные лизинговыми операциями.

Долговые обязательства, обеспеченные программами поддержки публичного кредитования

Моральное обязательство — это форма кредитной поддержки, осуществляемой штатом; оно не является юридически обязывающей гарантией.

Существуют, однако, долговые обязательства, обеспеченные кредитной поддержкой, имеющей юридическую силу. Так, штат или местные власти могут брать на себя юридические обязательства в случае нехватки у эмитента средств на выплату долговых обязательств автоматически удерживать суммы, предназначенные правительством эмитенту, и направлять их на удовлетворение требований инвесторов. Как правило, такая форма общественной кредитной поддержки используется для обеспечения долговых обязательств школьной системы штата.

Один из примеров программ общественной кредитной поддержки — гарантийная программа штата Вирджиния: в случае дефолта муниципальных облигаций правительство штата обязано удержать предназначенные для эмитента суммы и направить их на выплаты процентов и номинала долговых обязательств. Конституция Южной Каролины предписывает штату обязательное удержание средств, предназначенных на поддержку школьной районной организации, в случае если эта организация оказывается не в состоянии осуществить выплаты по своим общим долговым обязательствам. В Техасе создан Permanent School Fund, гарантирующий своевременные выплаты процентов и номинала долговых обязательств зарегистрированных школьных районных организаций. Доход этот Фонд получает за счет сбора налогов на землю и полезные ископаемые, принадлежащие штату Техас.

Доходные облигации

Второй крупнейший структурный тип муниципальных долговых обязательств — доходные облигации (*revenue bonds*). Подобные облигации эмитируются для финансирования определенного проекта или предприятия: в качестве обеспечения выступает доход, поступающий от финансируемого проекта. Для выяснения возможности самоокупаемости проекта обязательно проводится предварительное исследование.

Муниципальное предприятие отдает свою выручку в залог под обеспечение доходных облигаций. Принципы распределения поступающей выручки подробно описываются в трастовом соглашении. Как правило, денежные поступления, обеспечивающие доходные облигации, структурированы следующим образом. Весь доход, поступающий от деятельности предприятия, помещается в доходный фонд. Из этого фонда затем выделяются средства, финансирующие следующие фонды: фонд материально-технического обеспечения и обслуживания, фонд погашения, резервный фонд обслуживания долга, фонд обновления и замены, резервный фонд материально-технического обеспечения и остаточный фонд[1].

Финансирование операционных расходов компании считается первоочередной задачей по сравнению с обслуживанием долга. Средства на операционные расходы компании поступают из доходного фонда в фонд материально-технического обеспечения и обслуживания. В качестве обеспечения доходных облигаций выступает только чистый доход, т. е. доход после вычета операционных расходов; этот чистый доход помещается в фонд погашения. Все держатели облигаций получают затем выплаты, согласно доле, установленной в трастовом соглашении. Оставшиеся неиспользованными наличные суммы переходят в резервный фонд. Задача резервного фонда обслуживания долга — накопление средств, которые затем, в случае если средств окажется недостаточно, можно будет использовать для обслуживания долговых обязательств. Размер суммы, которую эмитент обязан помещать в резервный фонд, уточняется в трастовом соглашении. Задача фонда обновления и замены — накопление средств для регулярно производимой замены и ремонта оборудования. Резервный фонд материально-технического обеспечения позволяет финансировать возможные внеплановые поломки и приобретения. И наконец, если после размещения средств в фондах операционного обслуживания, обслуживания долга и резерва остаются какие-то деньги, они помещаются в фонд нераспределенной прибыли. Суммы, накопленные в этом фонде, эмитент имеет право использовать любым образом по своему усмотрению.

В трастовое соглашение об эмиссии доходных облигаций включено несколько ограничительных положений, цель которых защита интересов инвесторов. Положение о тарифе или размере оплаты устанавливает размер платы за услуги или продукцию данной компании. Данное положение может определить минимальный размер оплаты, необходимый для удовлетворения как операционных расходов, так и затрат на обслуживание долга; кроме того, оно может предписывать повышение тарифов, необходимое для накопления резерва определенной величины. Положение о дополнительном выпуске определяет, может ли эмитент выпустить новые долговые обязательства с тем же залогом. Если дополнительный выпуск в принципе может быть осуществлен, в положении описываются условия, которые в этом случае должны быть соблюдены. Прочие ограничительные положения касаются

---

[1] Часть облигаций структурирована, однако, таким образом, что выручка от деятельности предприятия направляется в данные фонды не целиком и не в первую очередь. Так, выручка может сначала идти на погашение общих долговых обязательств муниципалитета-эмитента.

производственных мощностей, не подлежащих продаже, обязательного страхования, требований к ведению отчетности и аудиту деятельности компании независимыми аудиторскими фирмами, а также необходимости содержания оборудования в надлежащем состоянии.

В число доходных облигаций входят:

- доходные облигации аэропортов;
- доходные облигации колледжей и университетов;
- доходные облигации больниц;
- доходные облигации, обеспеченные ипотеками односемейных домов;
- доходные облигации, обеспеченные поступлениями от строительства многоквартирных домов;
- доходные облигации системы энергоснабжения;
- доходные облигации предприятий по переработке отходов;
- доходные облигации, обеспеченные студенческими кредитами;
- доходные облигации платных магистралей и налогов на топливо;
- доходные облигации водоснабжения;
- доходные облигации контроля загрязнения окружающей среды;
- доходные облигации промышленного развития.

Смешанные и специальные облигации

Часть муниципальных ценных бумаг, будучи общими долговыми обязательствами или облигациями, обеспеченными прочими поступлениями в бюджет, имеет, кроме того, ряд специфических структурных черт. К числу таких необычных бумаг относятся застрахованные облигации; облигации, пользующиеся поддержкой банков; рефинансированные облигации; обеспеченные активами облигации.

Застрахованные облигации

В качестве обеспечения застрахованных облигаций выступает не только выручка эмитента, но и страховые полисы, выданные коммерческими страховыми компаниями. Страховка муниципальной облигации — это обязательство страховой компании выплатить держателю облигации номинал и/или купон, который эмитент в установленную дату оказывается не в состоянии выплатить сам. Страховое соглашение обычно распространяется на весь срок до погашения и не может быть отменено по инициативе страхователя.

Одно время почти половина вновь выпущенных муниципальных облигаций страховалась узкоспециализированными страховщиками. Такое страхование устраивало инвесторов до ноября 2007 г., поскольку до этого момента ни у одного узкоспециализированного страховщика не было дефолтов или понижения кредитного рейтинга. Ситуация изменилась в конце 2007 г. в результате того, что узкоспециализированные страховщики участвовали в страховании бизнеса, связанного с низкокачественными ипотечными кредитами. Страхование ипотечных облигаций, так называемых ценных бумаг, обеспеченных низкокачественными ипотечными кредитами, привело к крупным убыткам и снижению кредитного рейтинга страховщиков. Как результат, кредитный рейтинг застрахованных ими муниципальных облигаций тоже понизился. Таким образом, узкоспециализированные страховщики потеряли свою роль на рынке муниципальных облигаций.

Муниципальные облигации, пользующиеся поддержкой банков

Муниципальные долговые обязательства все шире пользуются различными типами кредитной поддержки, предоставляемой коммерческими банками. Такого рода поддержка служит обеспечением, дополняющим получаемую эмитентом выручку. Банковская поддержка осуществляется в трех основных формах: безотзывная кредитная линия, возобновляемая кредитная линия и аккредитив. Согласно этому соглашению, в случае дефолта банк обязуется передать попечителю все необходимые для выплат инвесторам средства. **Безотзывная кредитная линия** не может служить гарантией выплат, хотя и обеспечивает определенный уровень безопасности. **Автоматически возобновляемая кредитная линия** — кредитный инструмент, позволяющий эмитенту получить деньги на выплаты по долговому обязательству в ситуации, когда прочие фонды оказываются недоступны. Возобновляемая кредитная линия может быть закрыта без предупреждения, если эмитент оказывается не в состоянии соблюсти определенные ограничительные положения; наличие обеспечения, таким образом, напрямую связано с кредитным качеством эмитента. **Аккредитив** — наиболее действенный вид поддержки, которую муниципальный эмитент может получить от коммерческого банка, и мы рассмотрим ее здесь более подробно.

У аккредитива три стороны-участницы: 1) эмитент аккредитива; 2) муниципальный эмитент и 3) доверенное лицо держателя облигации. Эмитентом аккредитива является банк, открывающий аккредитив и предоставляющий в распоряжение доверенного лица средства при наступлении одного из установленных событий. Муниципальный эмитент — это муниципальное образование, которое запрашивает предоставление аккредитива в связи с предложением облигаций. Муниципальный эмитент соглашается выполнить два условия: 1) возместить эмитенту аккредитива любые выплаты, осуществленные им в соответствии с соглашением, и 2) периодически выплачивать эмитенту аккредитива определенное вознаграждение. Аккредитив открывается на определенное время и имеет установленную сумму, например номинал облигационного выпуска плюс начисленный процент за определенное число дней. Вознаграждение за предоставление аккредитива обычно варьирует от 50 до 200 базисных пунктов от номинала облигационного выпуска.

Существуют три типа аккредитивов: 1) аккредитив с прямой выплатой; 2) резервный аккредитив и 3) подтвержденный аккредитив. **Аккредитив с прямой выплатой** предоставляет доверенном лицу право требовать от эмитента аккредитива выплаты основной суммы и/или процентов по обеспеченной аккредитивом муниципальной облигации при наступлении определенного события или в случае дефолта или неспособности муниципального эмитента осуществить процентные платежи или основной платеж в дату погашения. Доверенное лицо может затребовать средства у эмитента аккредитива без предварительного обращения к муниципальному эмитенту с требованием осуществить выплату. С точки зрения кредитного качества аккредитив с прямой выплатой предоставляет наибольшую защиту доверенному лицу и, следовательно, держателю облигации. В отличие от аккредитива с прямой выплатой другие два типа аккредитива (резервный и подтвержденный аккредитивы) требуют предварительного обращения к муниципальному эмитенту с требованием осуществить контрактный платеж.

Разница между **резервным аккредитивом** и **подтвержденным аккредитивом** заключается в том, что последний могут открывать небольшие местные банки, которые не имеют кредитного рейтинга, присвоенного рейтинговым агентством, а потому вынуждены обращаться к более крупным, имеющим рейтинг банкам-корреспондентам за подтверждением аккредитива. Если банк-корреспондент не платит по своему аккредитиву, то небольшой банк обязан сделать это. Иначе говоря, эмитентом аккредитива является небольшой банк, но базовый кредит предоставляется крупным банком. На практике эмитентом подтвержденного аккредитива может быть небанковская организация.

Рефинансированные облигации

Часть муниципальных облигаций, эмитируемая первоначально как общие долговые обязательства или доходные облигации, затем рефинансируется.

Рефинансирование имеет место, когда первоначально выпущенные долговые обязательства обеспечиваются прямыми долговыми обязательствами правительства США, т. е. в качестве обеспечения создается портфель ценных бумаг, гарантированных американским правительством. Портфель находится в доверительном управлении; он структурируется таким образом, чтобы денежный поток от него совпадал по срокам и по размеру с выплатами, которые должен осуществлять эмитент. Предположим, например, что муниципальная облигация с номиналом $100 млн имеет купон 7% и срок до погашения 12 лет. Муниципалитет обязан выплачивать по $3,5 млн каждые полгода в течение 12 лет, а затем, по окончании 12-летнего срока, ему предстоит выплатить $100 млн. Если эмитент желает рефинансировать такой выпуск, он должен купить портфель долговых обязательств правительства США, денежный поток от которых составляет $3,5 млн каждые шесть месяцев в течение 12 лет и $100 млн через 12 лет.

Если такой портфель с денежным потоком, совпадающим по размеру с выплатами эмитента, существует, обеспечение облигации отличается от обеспечения обычных общих муниципальных долговых обязательств или доходных облигаций. Обеспечением является в этом случае находящийся в доверительном управлении портфель ценных бумаг. Облигации, имеющие в качестве обеспечения ценные бумаги, гарантированные американским правительством, практически лишены кредитного риска. Инвестиции в них являются наиболее безопасными на рынке муниципальных ценных бумаг.

Фонд обеспечения рефинансированных муниципальных долговых обязательств нередко структурируется таким образом, что рефинансированные облигации подлежат досрочному погашению в первую из установленных дат отзыва или в последующую дату отзыва, установленную в соглашении об эмиссии. Долговые обязательства этого типа получили название **пререфинансированных муниципальных облигаций**. Хотя большинство рефинансированных облигаций досрочно погашается в первую или вторую даты отзыва, существуют структуры обеспечения, поддерживающие выпуск вплоть до погашения. Облигации такого рода принято называть **обеспеченными до погашения**.

Специалисты выделяют три основные причины рефинансирования. Большинство рефинансированных облигаций первоначально выпускаются как доходные облигации. Эмиссия подобных облигаций связана с необходимостью выполнения ряда ограничительных положений. Создание трастового фонда для осуществления выплат инвесторам позволяет законным образом обойти ограничения. Такого рода мотивация движет эмитентами рефинансированных облигаций, обеспеченных до погашения. Вторая причина рефинансирования — желание изменить график погашения. И наконец, третья причина: в ситуации, когда после эмиссии муниципальной бумаги произошло падение процентных ставок, существует возможность налогового арбитража, возникающего благодаря возможности платить существующим держателям облигаций более низкие ставки и за счет вырученных средств купить портфель правительственных ценных бумаг, приносящих более высокий процентный доход[1]. Именно эта мотивация движет эмитентами префинансированных облигаций.

Облигации, обеспеченные активами

В последнее время правительства штатов и местные органы власти начали выпуск долговых обязательств, выплаты по которым осуществляются за счет так называемых «особых статей дохода», а именно: налога с продаж, платежей производителей табачных изделий, комиссий и штрафов. Структура таких облигаций напоминает структуру ценных бумаг, обеспеченных активами, речь о которых пойдет в главе 15. Облигации, обеспеченные активами, носят название **облигаций, обеспеченных особыми статьями дохода,** и **структурированных облигаций.**

С инвестициями в эти облигации связан риск, не свойственный прочим капиталовложениям в рынок доходных облигаций. Рассмотрим в качестве примера облигации, обеспеченные соглашениями с производителями табачных изделий. В 1998 г. четыре крупнейшие табачные компании (Philip Morris, R.J. Reynolds, Brown & Williamson и Lorillard) заключили с 46 законными представителями штатов и муниципалитетов соглашения о выплате в течение ближайших 25 лет в общей сложности $206 млрд. Штаты и муниципалитеты начали выпуск облигаций, обеспеченных этими будущими поступлениями в бюджет. Пионером в этой области стал муниципалитет Нью-Йорка, эмитировавший в 1999 г. облигации номинальной стоимостью

[1] Возможность налогового арбитража возникает для муниципального эмитента при отсутствии особых ограничений в налоговом законодательстве в ситуации, когда проценты, выплачиваемые на взятые взаймы средства не так велики, как проценты, выплачиваемые по бумагам правительства США. Эмитент мог бы выпустить свою облигацию, а полученные в долг средства сразу же инвестировать в правительственные бумаги. Существуют, однако, положения налогового законодательства, препятствующие осуществлению подобного арбитража. Нарушение муниципальным эмитентом соответствующих пунктов закона приведет к тому, что Служба внутренних доходов США объявит выпуск налогооблагаемым. В то же время, если после эмиссии ставки упадут и эмитент сочтет выгодным отозвать облигацию, создание трастового фонда обеспечения поможет ему остаться в рамках закона.

$709 млн. Кредитный риск таких облигаций связан со способностью табачных компаний осуществлять платежи.

Вторым примером является выпуск Управлением по экономическому развитию штата Нью-Джерси серии облигаций, обеспеченных доходами от налога на сигареты, в 2004 г. Опасение здесь вызывает то, что после выпуска облигаций штат в 2007 г. повысил налог на сигареты и одновременно увеличил долю поступлений от этого налога, направляемую в фонд субсидирования здравоохранения. Таким образом, неизвестно, хватит ли средств после отчислений в этот фонд на выплаты держателям облигаций[1].

МУНИЦИПАЛЬНЫЕ ИНСТРУМЕНТЫ ДЕНЕЖНОГО РЫНКА

Не подлежащие налогообложению инструменты денежного рынка включают ноты и долговые обязательства с переменной ставкой.

Муниципальные ноты включают в себя ноты, обеспеченные будущими налоговыми поступлениями (*tax anticipation notes — TAN*); ноты, обеспеченные будущими неналоговыми поступлениями (*revenue anticipation notes — RAN*); ноты, обеспеченные будущими грантами (*grant anticipation notes — GAN)*, и ноты, обеспеченные будущими облигациями (*bonds anticipation notes — BAN*). Ноты — это займы, осуществляемые на средний срок штатами, местными правительствами и специальными юрисдикциями. Как правило, ноты выпускаются на 12 месяцев, хотя срок отдельных выпусков может сокращаться до 3 месяцев или растягиваться до 3 лет. TAN и RAN (известные также как TRAN) выпускаются в расчете на будущие налоговые поступления или другие доходы. Займы призваны компенсировать нерегулярность денежных потоков, поступающих в казну эмитента. Выпуск BAN осуществляется в расчете на поступления от продаж долгосрочных облигаций.

Долговые обязательства с переменной ставкой (*variable-rate demand obligation — VRDO*) — это ценные бумаги с плавающей ставкой, номинально являющиеся долгосрочными, но имеющие купонную ставку, пересчитываемую либо ежедневно, либо еженедельно. Инвестор имеет право вернуть облигацию попечителю в любой момент, предупредив о возврате за неделю. Цена права на досрочное предъявление равна сумме номинала и накопленного купонного дохода.

---

[1] "New Jersey Economic Development Authority's Cigarette Tax Revenue Bonds Rating Placed on Negative CreditWatch," *BondsOnLine*, September 12, 2006.

ЦЕННЫЕ БУМАГИ С ПЛАВАЮЩЕЙ/ОБРАТНОЙ ПЛАВАЮЩЕЙ КУПОННОЙ СТАВКОЙ

Наиболее распространенным производным инструментом на рынке муниципальных облигаций являются созданные на основе облигации с фиксированным купоном ценные бумаги с **плавающей** и с **обратной плавающей купонной ставкой**. Купонная ставка облигации с плавающей ставкой пересчитывается исходя из результатов голландского аукциона. Аукцион может проходить в любой момент в период с 7-го по 35-й день после предыдущего пересчета. Купонная ставка ценной бумаги с плавающей ставкой меняется в направлении изменения рыночных ставок. Облигация с обратной плавающей ставкой получает остаточный процент: купон, выплачиваемый по этой облигации, равен разности между фиксированной ставкой исходной облигации и купоном облигации с плавающей ставкой. Купонная ставка облигации с обратной плавающей ставкой меняется в направлении, противоположном изменению рыночных ставок.

Сумма процентных выплат по облигации с плавающей ставкой и облигации с обратной плавающей ставкой (плюс комиссионные, связанные с проведением аукциона) в любой момент времени должна быть равна купону облигаций с фиксированной ставкой, из которой производные инструменты были созданы. На величину купона облигации с обратной плавающей ставкой устанавливается нижняя граница (минимальный процент). Обычно она равна нулю. В свою очередь, на купон облигации с плавающей ставкой устанавливается верхняя граница (максимальный процент) таким образом, чтобы сумма нуля и этого максимального процента была равна купонной ставке облигации с фиксированным купоном.

Облигация с обратной плавающей ставкой создается одним из трех способов. Муниципальный дилер может купить на вторичном рынке муниципальную облигацию с фиксированной ставкой и поместить ее в траст. Затем траст размещает облигации с плавающей и обратной плавающей ставками. Второй метод аналогичен первому за исключением того, что для создания производных инструментов муниципальный дилер использует вновь размещенную облигацию (см. рис. 8.1). Третий способ — создание облигации с обратной плавающей ставкой без облигации с обычной плавающей ставкой. Эта процедура проходит на рынке свопов — мы описываем ее в главе 32.

Дилер определяет соотношение объемов облигаций с плавающей и обратной плавающей ставками. Предположим, что инвестиционная банковская фирма приобретает $100 млн облигаций с фиксированной ставкой на вторичном рынке и размещает $50 млн облигаций с плавающей ставкой и $50 млн облигаций с обратной плавающей ставкой. Дилер может установить и другое соотношение, скажем, 60/40 или любое иное. Соотношение объемов облигации с плавающей ставкой/облигации с обратной плавающей ставкой указывает на размер плеча для облигации с обратной плавающей ставкой и, таким образом, на волатильность ее цены в ситуации изменения процентных ставок. В главе 4 мы писали о том, что дюрация облигации с обратной плавающей ставкой равна произведению дюрации соответствующей облигации с фиксированной ставкой на определенный множитель. Величина множителя зависит от размера плеча. В настоящее время наиболее популярным соотношением облигаций с плавающей ставкой/облигаций с обратной плавающей ставкой является 50/50. В случае такого разбиения дюрация облигации с обратной плавающей ставкой равна удвоенной дюрации облигации с фиксированной ставкой. Размер плеча устанавливается исходя из нужд инвесторов на момент заключения сделки.

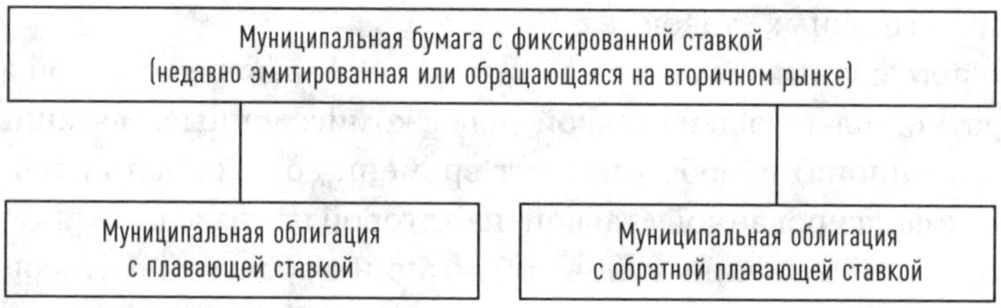

Рис. 8.1. Создание муниципальной ценной бумаги с обратной плавающей купонной ставкой

Инвестор, являющийся держателем облигации с обратной плавающей ставкой, может приобрести на аукционе созданную на той же основе облигацию с плавающей ставкой и, скомбинировав обе позиции, стать владельцем соответствующей ценной бумаги с фиксированным купоном. Подобная операция проводится, если процентные ставки растут и инвестор желает закрыть позицию по облигациям с обратной плавающей ставкой. Поскольку в такие моменты рынок облигаций с обратной плавающей ставкой обычно перестает быть ликвидным, данная сделка — самый простой способ перевести капитал в синтетический долговой инструмент с фиксированной ставкой. В будущем инвестор снова может расщепить выпуск, оставив себе только инструмент с обратной плавающей ставкой. Возможность действовать таким образом чрезвычайно ценна для инвестора. Именно поэтому доходность облигации, на основе которой были созданы подобные производные инструменты, нередко бывает ниже доходности аналогичной облигации с фиксированной ставкой, лишенной таких возможностей.

КРЕДИТНЫЙ РИСК

Муниципальные облигации рассматриваются как имеющие низкий кредитный риск. Это может показаться странным с учетом широко известных муниципальных банкротств последнего времени, вроде банкротства Детройта и финансовых проблем Пуэрто-Рико. Джеймс Эванс, директор по стратегиям налоговой оптимизации с использованием облигаций в Eaton Vance, предлагает интересный взгляд на необычное отношение инвесторов к рынку муниципальных облигаций в условиях возникновения финансовых трудностей у всем известного эмитента. Он отмечает:

«Когда General Motors и American Airline объявили о банкротстве, никого не беспокоило, что станет с их облигациями Procter & Gamble и Walmart. Однако возникновение изолированной проблемы с эмитентом муниципальных облигаций вызывает настолько острую реакцию, что кажется, будто это проблема рынка в целом»[1].

В этом разделе мы кратко рассмотрим уровень дефолтов по муниципальным облигациям.

Уровень дефолтов по муниципальным облигациям

Данные агентства Moody's свидетельствуют о том, что на протяжении всего 2012 г. уровень дефолтов по муниципальным облигациям был намного ниже уровня дефолтов по корпоративным облигациям с таким же начальным кредитным рейтингом. Кумулятивный уровень дефолтов (в процентах) по муниципальным и корпоративным облигациям через три и 10 лет после выпуска выглядит следующим образом:

	AAA		*AA*		*A*		*BBB*	
	Муниципальные	*Корпоративные*	*Муниципальные*	*Корпоративные*	*Муниципальные*	*Корпоративные*	*Муниципальные*	*Корпоративные*
Через 3 года	0,00	0,01	0,00	0,14	0,01	0,41	0,06	0,90
Через 10 лет	0,00	0,50	0,01	0,92	0,05	2,48	0,30	4,74

---

1 Clara Fried, "Municipal Bonds, Stung Again," *New York Times* (October 5, 2013). Available at http://www.nytimes.com/2013/10/06/business/mutfund/municipal-bonds-stung-again.html?_r=0.

Если взять сектора рынка муниципальных облигаций, то по данным Moody's наивысший уровень дефолтов в период с 1970 по 2012 г. демонстрировали домостроения и сектор больниц и здравоохранения. Уровень дефолтов в них составлял примерно 40% и 30% соответственно. Иначе говоря, на эти два сектора пришлось 70% дефолтов. Уровень дефолтов по общим долговым обязательствам составляет 6,8%, что намного ниже, чем у этих двух секторов.

Спиотто приводит исторические данные по дефолтам муниципальных облигаций наряду с причинами и характером дефолтов в 2008 г., в число которых входят[1]:

- *экономические условия*: дефолты, связанные со спадами в экономике и высокими процентными ставками;
- *вспомогательные услуги*: доходные облигации, выпущенные для финансирования услуг, которые больше не нужны;
- *жизнеспособность проектов и отраслей*: доходные облигации выпускаются после завершения оценки осуществимости проекта. Оценка осуществимости может оказаться слишком оптимистичной в отношении спроса на продукцию или себестоимости осуществления проекта;
- *мошенничество*: муниципальные власти не выполняют условия соответствующих документов;
- *плохое управление*: неспособность успешно управлять проектов;
- *нежелание платить*: муниципалитет может просто не хотеть платить (т. е. отказ от долговых обязательств);
- *стихийные бедствия*: опустошение муниципального бюджета (сокращение доходов и увеличение расходов) может быть результатом стихийного бедствия, например урагана.

Банкротство округа Ориндж, штат Калифорния, в 1994 г. было результатом краха инвестиционного пула Orange County (California) Investment Pool, который потерял $1,7 млрд из-за плохо продуманной стратегии инвестирования в ипотечные ценные бумаги. С точки зрения перечня причин банкротств, приведенного выше, это был результат мошенничества и нежелания платить, а не отказ от повышения местных налогов. Другим крупнейшим случаем был дефолт по облигациям Washington Public Power System (WPPS) в начале 1980-х гг. Проблема этих облигаций заключалась

[1] James E. Spiotto, "A History of Modern Municipal Defaults," Chapter 44 in Sylvan G. Feldstein and Frank J. Fabozzi (eds.), *The Handbook of Municipal Bonds* (Hoboken, NJ: John Wiley & Sons, 2008).

в том, что в технико-экономическом обосновании сильно переоценили спрос на электроэнергию. Кроме того, была использована юридически непроверенная облигационная структура, где отсутствовали четко определенные права держателей облигаций и обязательства эмитентов. Как результат, Верховный суд Вашингтона не удовлетворил претензии по правам держателей облигаций.

Муниципальные банкротства в соответствии с главой 9

Не забывайте, что дефолты не обязательно приводят к объявлению о банкротстве. Как уже говорилось, к корпоративным облигациям применяются две главы закона о банкротстве — глава 7 и глава 11. Банкротство муниципалитетов осуществляется в соответствии с главой 9, которая предусматривает реорганизацию, во многом сходную с корпоративной реорганизацией в соответствии с главой 11. В главе 9 нет положений об эквиваленте ликвидации, предусматриваемой главой 7. Дело в том, что ликвидация муниципалитета противоречит Десятой поправке к Конституции США, в соответствии с которой штаты суверенны в своих внутренних делах.

В результате роль суда по делам о несостоятельности при банкротстве по главе 9 не такая активная, как в случае реорганизации по главе 11. При банкротстве по главе 9 роль суда по делам о несостоятельности обычно имеет три аспекта: определение, имеет ли должник право на защиту путем объявления банкротства, утверждение плана урегулирования долга и обеспечение реализации этого плана.

Выше мы рассматривали причины дефолтов. Со стороны муниципалитетов в последние годы стало поступать больше заявлений о банкротстве из-за пенсионных обязательств, связанных с недофинансированными пенсионными планами с фиксированными выплатами. Мы рассмотрим такие пенсионные планы в главе 27. Хотя внимание в этой главе сконцентрировано на проблемах управления пенсионными планами с фиксированными выплатами, спонсируемыми компаниями, те же самые проблемы характерны для муниципальных спонсоров. Ситуация более серьезна на местном уровне, чем на уровне штатов. Так, объявление о банкротстве Детройта в 2014 г. стало крупнейшим банкротством американского города за всю историю. В момент подачи заявления о банкротстве долгосрочный долг города по оценкам составлял $18,2 млрд, причем почти наполовину он состоял из обязательств по финансированию пенсионных выплат.

Кредитный анализ

Как и в случае корпоративных облигаций, крупные институциональные инвесторы в рынок муниципальных облигаций полагаются на результаты собственного кредитного анализа при определении кредитного качества муниципальных выпусков. Остальные инвесторы полагаются на признанные в национальном масштабе рейтинговые компании. Двумя ведущими рейтинговыми компаниями являются Moody's и Standard & Poor's, система рейтингов которых аналогична той, что используется для корпоративных облигаций.

При оценке общих долговых обязательств коммерческие рейтинговые компании пользуются информацией четырех базовых категорий. К первой категории относится информация о структуре заимствований эмитента, позволяющая определить общую долговую нагрузку. Вторая категория — это информация о способности эмитента проводить здравую бюджетную политику и о его дисциплине при реализации такой политики. Внимание здесь обычно концентрируется на оборотных средствах и на поддержании сбалансированного бюджета в течение предыдущих трех или пяти лет. Третья категория — информация о конкретных местных налогах и межправительственных доходах, доступных эмитенту, а также историческая информация о собираемости налогов и зависимости локальных бюджетов от конкретных источников дохода. К четвертой категории относится информация, необходимая для оценки общей социоэкономической среды эмитента. Среди прочего здесь учитываются тенденции в местном распределении рабочих мест, темпы роста численности населения, оценочная стоимость недвижимости и уровень личных доходов[1].

РИСКИ, СВЯЗАННЫЕ С ИНВЕСТИЦИЯМИ В МУНИЦИПАЛЬНЫЕ ЦЕННЫЕ БУМАГИ

Инвестор, осуществляющий капиталовложения в рынок муниципальных долговых обязательств, подвергает свои инвестиции тому же риску, что и инвестор, торгующий на рынке корпоративных бумаг, плюс дополнительный риск — риск, который можно назвать **налоговым**. Покупатели необлагаемых налогом муниципальных долговых обязательств подвергают свои инвестиции налоговому риску двух типов. Во-первых, это риск, связанный с уменьшением федеральных ставок подоходного налога. Чем выше ставка налога, тем более ценится отсутствие налогообложения. Уменьшение налоговой ставки означает падение

[1] Полный анализ различных структур доходных облигаций см. в: Feldstein and Fabozzi (eds.), *The Handbook of Municipal Bonds*.

цены муниципальной облигации, не подлежащей налогообложению. В 1995 г., когда Конгресс рассматривал предложения по введению плоской шкалы налогообложения, цены необлагаемых налогом муниципальных облигаций упали.

Второй тип налогового риска связан с тем, что облигация, не подлежащая налогообложению в момент размещения, впоследствии может быть объявлена Службой внутренних доходов (IRS) налогооблагаемой. Подобный феномен вероятен, поскольку многие муниципальные доходные облигации имеют сложные структуры обеспечения, по отношению к которым Служба внутренних доходов и Конгресс США могут в будущем принять неблагоприятные для инвесторов меры. Потеря права на освобождение от налога приводит к снижению стоимости муниципальной облигации до уровня, обеспечивающего доходность на уровне доходности аналогичных налогооблагаемых облигаций. В качестве примера приведем размещение долговых обязательств Battery Park City Authority: в июне 1980 г. их было продано на сумму $97,315 млн — в момент размещения они на законных основаниях были освобождены от федерального подоходного налога. В ноябре 1980 г., однако, Служба внутренних доходов США постановила, что процентные выплаты по этим нотам от налога не освобождены. Дело тянулось вплоть до сентября 1981 г., когда эмитент и Служба внутренних доходов пришли к соглашению, сделавшему возможным освобождение процентного дохода от налогообложения.

Доходность муниципальных облигаций

Как говорилось в главе 5, обычной мерой доходности, служащей для сравнения доходностей освобожденной от налога муниципальной облигации и схожей облигации, подлежащей налогообложению, является эквивалентная налогооблагаемая доходность:

$$\text{эквивалентная налогооблагаемая доходность} = \frac{\text{доходность необлагаемой бумаги}}{1 - \text{предельная ставка налогообложения}}.$$

Предположим, что инвестор, чья ставка налога составляет 40%, хочет приобрести необлагаемую налогом муниципальную облигацию с доходностью 6,5%. Эквивалентная налогооблагаемая доходность в этом случае составит 10,83%, поскольку:

$$\text{эквивалентная налогооблагаемая доходность} = \frac{0{,}065}{1-0{,}40} = 0{,}1083.$$

При вычислении эквивалентной налогооблагаемой доходности следует помнить, что традиционно подсчитываемая доходность к погашению не является доходностью, освобожденной от налогов, если облигация продается с дисконтом, поскольку от федеральных налогов освобождается только процентный доход. Вместо обычной доходности к погашению в числителе формулы используется в этом случае значение доходности к погашению после выплаты предполагаемого налога на прирост капитала. Доходность к погашению после выплаты налога на прирост капитала вычисляется по традиционной формуле доходности к погашению (см. главу 3).

Спреды доходностей

Муниципальные облигации освобождены от налога — именно поэтому их доходность ниже доходности казначейских ценных бумаг с тем же сроком. Доходность муниципальной облигации сравнивается с доходностью казначейской облигации с тем же сроком путем вычисления следующего отношения:

$$\text{отношение доходностей} = \frac{\text{доходность муниципальной облигации}}{\text{доходность казначейской облигации с тем же сроком}}.$$

Отношение доходностей меняется с течением времени. Например, по данным Bloomberg, с начала 2001 г. до марта 2014 г. отношение доходностей 20-летних муниципальных общих долговых обязательств с рейтингом ААА варьировало от 82,5% по состоянию на 31 мая 2005 г. до максимума 101% по состоянию на 30 июня 2003 г. Как видно, отношение доходностей может иногда превышать 1.

Спреды доходностей, наблюдаемые внутри сектора муниципальных ценных бумаг, объясняются различиями в кредитном рейтинге эмитентов (кредитные спреды), различиями между секторами рынков (внутрирыночные спреды) и различиями в сроках до погашения (спреды по срокам).

Выводы, относящиеся к поведению кредитных спредов корпоративных облигаций внутри цикла процентных ставок, сделанные нами в главе 5, верны и для муниципального рынка. Действительно, в периоды рецессии ширина спредов увеличивается, тогда как периоды экономического подъема характеризуются сужением спредов. Другим фактором, приводящим к изменению кредитных спредов, является временное избыточное предложение внутри одного из секторов. Так, необычно большой объем новых высококачественных общих долговых обязательств штата может стать причиной уменьшения спреда между высококачественными и низкокачественными доходными облигациями. На слабом рынке легче разместить муниципальные бумаги с высоким рейтингом, чем бумаги с низким рейтингом. Таким образом, слабые рынки нередко переполняются первоклассными бумагами, в то время как предложение бумаг среднего и низкого качества присутствует на нем в меньшем объеме.

На рынке муниципальных облигаций существуют несколько эталонных кривых. Есть две службы, которые во второй половине каждого торгового дня предоставляют общие «шкалы» для различных сроков и кредитных рейтингов. Шкала — это просто кривая доходности. Одну из них, предоставляемую Thomson Municipal Market Data, называют **MMD-шкалой**. Другую предоставляет Municipal Market Advisors (MMA). Напомним, что на рынке казначейских ценных бумаг, а также на рынке корпоративных облигаций в разные периоды наблюдались кривые всех трех типов, представленных в главе 5. Кривая доходности муниципального рынка, как правило, имеет положительный наклон.

Облигации муниципальных эмитентов из определенных штатов могут иметь доходность значительно более низкую, чем аналогичные по качеству облигации из других штатов, размещенные на общем рынке. Феномен объясняется следующим образом: власти часто освобождают процентную прибыль от ценных бумаг, размещенных внутри своих штатов, от налогов штатов и местных налогов, в то время как доход держателей облигаций, эмитированных за пределами данного штата, подлежит обычному налогообложению. Таким образом, в штатах с высоким подоходным налогом, скажем в штате Нью-Йорк или штате Калифорния, высокий спрос на облигации эмитентов, зарегистрированных в данном штате, приводит к уменьшению доходности этих бумаг относительно доходности облигаций, выпущенных в штатах, где местный подоходный налог не высок (штат Флорида, например).

РЫНОК МУНИЦИПАЛЬНЫХ ОБЛИГАЦИЙ

Первичный рынок

Каждую неделю на рынке размещается множество выпусков муниципальных облигаций. Штаты и местные правительства могут проводить как публичное размещение нового выпуска — в этом случае долговые обязательства предлагаются всему инвестиционному сообществу, — так и частное размещение, предполагающее заключение сделок с ограниченным числом избранных инвесторов. При публичном размещении в качестве андеррайтеров, как правило, выступают инвестиционные банки и/или департаменты по работе с муниципальными облигациями коммерческих банков. Публичное предложение проводится либо через конкурсное размещение, либо через прямые переговоры с андеррайтерами. В случае конкурсного размещения долговые обязательства получает инвестор, предложивший лучшую цену покупки.

Обычно правительства штатов и местные правительства требуют, чтобы о конкурсной продаже было объявлено в одном из уважаемых финансовых изданий, скажем в *Bond Buyer* — издании, предоставляющем информацию о сделках на рынке муниципальных облигаций. Читатели *Bond Buyer* могут получить сведения о готовящемся аукционе, о заключенных сделках, а также о результатах торговли прошедшей недели.

Размещение облигаций, конкурсное и через прямые переговоры, стало более эффективным и электронным. Такой сервис для конкурсного размещения облигаций предоставляют две компании I–Deal/Ipreo, которая также предоставляет платформу для размещения путем прямых переговоров, и MuniAuction, которая специализируется на конкурсных размещениях.

Для каждого нового выпуска подготавливается **официальный меморандум**, содержащий описание облигационного выпуска и его эмитента. Выпуск муниципальных облигаций должен быть одобрен юридически; результаты такой юридической экспертизы также включаются в официальный меморандум. Юридическая экспертиза обеспечивает защиту инвестора в двух направлениях. Во-первых, облигационный совет устанавливает, имеет ли эмитент законное право на выпуск долговых обязательств. Во-вторых, совет проверяет, насколько хорошо подготовлен эмитент к началу размещения, а именно ввел ли он в действие требуемые нормативные акты, предписания и трастовые соглашения, и не нарушил ли каких-либо нормативных актов или законов.

Раскрытие информации стало более быстрым и доступным. Комиссией по ценным бумагам и биржам по состоянию на середину 2007 г. были назначены четыре информационные фирмы в качестве Национально признанных депозитариев информации по муниципальным ценным бумагам (NRMSIR). В них можно найти официальные меморандумы эмитентов и «заметки по существенным событиям». Хотя это не окончательное решение проблемы текущего раскрытия информации, поскольку определение «существенного» все еще обсуждается, это шаг в правильном направлении.

Вторичный рынок

Муниципальные облигации торгуются на внебиржевом рынке при посредничестве дилеров, работающих в разных частях страны. Рынки облигаций небольших эмитентов (**«местные кредиты»**) поддерживаются региональными брокерскими конторами, местными банками, а также некоторыми более крупными фирмами с Уолл-стрит. Торговлю облигациями крупных эмитентов ведут крупнейшие брокерские фирмы и банки, многие из которых сами оказывают эмитентам инвестиционно-банковские услуги. Брокеры нередко выступают в качестве посредников между дилерами и крупными институциональными инвесторами в сделках с большими блоками муниципальных облигаций. С 2000 г. облигации вторичного рынка, равно как и некоторые новые выпуски, размещаемые на конкурсной основе или через прямые переговоры, стали выставляться на аукционы и торговаться через интернет: крупные и мелкие брокеры продают долговые обязательства как институциональным, так и индивидуальным инвесторам.

На муниципальном рынке нестандартным лотом для розничных инвесторов считается лот размером $25 000 и меньше. Для институциональных инвесторов любой лот, имеющий номинальную стоимость меньше $100 000, рассматривается как нестандартный. Размеры дилерских спредов обусловлены несколькими факторами. Для розничных инвесторов спред может варьировать от минимума в одну четвертую процентного пункта ($12,50 на $5000 номинала) при сделках с крупными блоками активно торгуемых облигаций — до максимума в четыре пункта ($200 на $5000 номинала) при продаже нестандартных лотов неактивно торгуемых выпусков. Для институциональных инвесторов дилерский спред редко превышает половину пункта ($25 на $5000 номинала).

На рынке корпоративных и казначейских ценных бумаг принято котировать цены как процент от номинала. Муниципальные облигации, как правило, торгуются и котируются по доходности (доходности к погашению или доходности к досрочному погашению). Цена облигации носит в этом случае название **базисной цены**. Исключение составляют некоторые долгосрочные доходные облигации. Облигации, торгующиеся и котирующиеся в долларовых ценах (представленных в виде процента от номинала), называют **долларовыми облигациями**.

Главной проблемой вторичного рынка была ограниченная прозрачность ценообразования. В последние годы торговля и ценообразование стали намного более прозрачными. Информация по ценам и сделкам для конкретных муниципальных организаций доступна на ежедневной основе бесплатно через Интернет (www.investinginbonds.com). Это сайт Ассоциации участников фондового и финансового рынков. Источниками информации о торговле служат Municipal Securities Rulemaking Board и Standard & Poor's J. J. Kenny. Сведения поступают от участников междилерских сделок и сделок между дилерами и институциональными и индивидуальными клиентами.

Цены муниципальных облигаций, пересчитываемые по рынку в конце торгового дня, обновляются теперь ежедневно. Наиболее широко используются сервисы, предоставляемые компаниями FT Interactive Data и J. J. Kenny (Standard & Poor's Securities Evaluations)[1].

Существуют индексы муниципальных облигаций для измерения результативности портфелей и рынка. Такие индексы используются главным образом портфельными менеджерами регулируемых инвестиционных компаний (взаимных фондов и фондов закрытого типа) для оценки результативности и в качестве ориентира для биржевых фондов.

Институциональные инвесторы чаще всего используют индексы муниципальных облигаций, рассчитываемые Barclays Capital (который унаследовал их от Leman Brothers после его поглощения). Широкий индекс известен как Barclays Capital National Municipal Bond Index. Этот индекс охватывает долгосрочные необлагаемые налогом облигации инвестиционного уровня. Barclays также публикует High-Yield Municipal Index и индексы по конкретным штатам.

С 2005 г. публикуется индекс необлагаемых налогом облигаций, используемый в качестве ориентира инвесторами, для разрешенных инвестиций которых не подходит индекс Barclays Capital Municipal Bond Index. Иначе говоря, хотя Barclays Capital Municipal Bond Index дает рыночную картину, он не обязательно подходит некоторым институциональным инвесторам. Цель индекса Barclays Capital Managed Money Municipal Index — предоставить состоятельным индивидуальным инвесторам и небольшим институциональным инвесторам значимый ориентир для оценки результативности управления. У этого индекса есть и субиндексы, представляющие отдельные штаты и сроки погашения.

РЫНОК НАЛОГООБЛАГАЕМЫХ МУНИЦИПАЛЬНЫХ ОБЛИГАЦИЙ

Налогооблагаемые муниципальные облигации — это ценные бумаги, процент по которым облагается налогом на федеральном уровне. В связи с отсутствием налоговых выгод доходность таких облигаций превышает доходность облигаций, освобожденных от налога. Доходность данных долговых облигаций превышает также доходности правительственных бумаг, так как инвестор, осуществляющий капиталовложения в налогооблагаемые муниципальные бумаги подвергает инвестиции кредитному риску. Инвестиции в рынок налогооблагаемых муниципальных обязательств в основном

[1] Описание методологии и процесса, используемых FT Interactive Data, см. в: Gerard Brennan, "Evaluation of Municipal Bonds," Chapter 27 in *The Handbook of Municipal Bonds.*

рассматриваются как альтернатива инвестициям в рынок корпоративных бумаг.

Из-за отсутствия налогового преимущества эмитент должен предлагать более высокую доходность, чем у аналогичной необлагаемой налогом муниципальной облигации. Доходность должны быть выше и правительственных облигаций из-за кредитного риска, связанного с облагаемыми налогом муниципальными облигациями. Инвесторами в налогооблагаемые муниципальные облигации являются те, кто рассматривает их как альтернативу корпоративным облигациям.

Несмотря на превосходные результаты сектора муниципальных облигаций с точки зрения кредитного риска, в 2008 г. правительства штатов, местные правительства и их агентства столкнулись с финансовыми трудностями. С тем, чтобы помочь муниципальным органам, Закон об оздоровлении экономики США 2009 г. санкционировал выпуск нового типа налогооблагаемых муниципальных облигаций, *Build America Bond* (ВАВ). Это налогооблагаемые муниципальные облигации, где эмитенту компенсируют высокую стоимость выпуска путем выплат со стороны Министерства финансов США. В соответствии с этой программой платежи, осуществляемые федеральным правительством в пользу эмитента, составляют 35% процентных платежей. Выпуск ВАВ значительно увеличил размер налогооблагаемого сектора рынка муниципальных облигаций в 2009 и 2010 гг. Хотя данную программу прекратили, в обращении все еще находится значительное количество непогашенных ВАВ. В Конгресс поступают предложения возобновить программу.

Резюме

- Муниципальные долговые обязательства эмитируются местными правительствами и правительствами штатов. Существуют необлагаемые и облагаемые налогом муниципальных бумаг. «Необлагаемые налогом» означает, что проценты по муниципальным ценным бумагам освобождаются от федерального подоходного налога.
- Два основных структурных типа муниципальных бумаг — долговые обязательства, обеспеченные налоговыми поступлениями, и доходные облигации.
- Ценные бумаги, обеспеченные налоговыми поступлениями, выпускаются штатами, округами, специальными районами, крупными городами, небольшими городами и школьными округами и обеспечиваются одной из форм налоговых поступлений. Долговые обязательства, обеспеченные налоговыми поступлениями, делятся на: общие долговые

обязательства; обязательства, обеспеченные обязательствами штатов, и долговые обязательства, обеспеченные программами поддержки публичного кредитования.

- Общие долговые обязательства называют облигациями с двойной защитой, когда они обеспечиваются не только поступлениями от налогов, которые эмитент собирает в свой общий фонд, но и выручкой от разного рода сборов, пошлин, грантов и комиссий, не поступающей в общий фонд.
- Доходные облигации эмитируются для финансирования определенного проекта и обеспечиваются доходом от этого проекта.
- Муниципальные облигации с кредитной поддержкой включают в себя застрахованные облигации и облигации с поддержкой банков. В качестве обеспечения застрахованных облигаций выступает не только выручка эмитента, но и страховые полисы, выданные коммерческими страховыми компаниями. Облигации с поддержкой банков обеспечиваются разного рода кредитными инструментами коммерческих банков. Из-за сложностей, с которыми столкнулись специализированные страховщики, количество застрахованных муниципальных облигаций, выпускаемых сегодня, минимально.
- Префинансированные облигации больше не обеспечиваются как общие долговые обязательства или доходные обязательства при первоначальном выпуске, поддерживаются портфелем ценных бумаг в доверительном фонде. Если портфель состоит из ценных бумаг, гарантированных правительством США, то рефинансированные облигации являются самыми защищенными муниципальными облигациями. Фонд обеспечения рефинансированных муниципальных долговых обязательств структурируется так, что облигации подлежат досрочному погашению в первую из установленных дат отзыва или в последующую дату отзыва, установленную в соглашении об эмиссии.
- Ценные бумаги, обеспеченные активами, обеспечиваются выплатами за счет «особых статей дохода», а именно: налога с продаж, платежей производителей табачных изделий.
- Муниципальные ноты и долговые обязательства с переменной ставкой являются необлагаемыми налогом продуктами денежного рынка, выпускаемыми муниципалитетами.
- При инвестировании в муниципальные ценные бумаги инвесторы несут кредитный и налоговый риски. Из-за низкого исторического уровня дефолтов по муниципальным облигациям до недавнего времени кредитный считался небольшим. Рейтинговые агентства

оценивают кредитный риск, связанный с муниципальными ценными бумагами, точно так же, как они оценивают его по корпоративным облигациям.

- Уровень дефолтов по муниципальным облигациям ниже уровня дефолтов по корпоративным облигациям с таким же кредитным рейтингом в момент выпуска.
- Для муниципальных образований, прибегающих к защите по закону о банкротстве, процедура определяется главой 9.
- Банкротство по главе 9 позволяет урегулировать муниципальные долги.
- Налоговый риск, связанный с инвестированием в муниципальные облигации, заключается в возможности снижения федеральных ставок подоходного налога и, в результате этого, падения стоимости муниципальных облигаций. Другой налоговый риск связан с тем, что облигация, не подлежащая налогообложению в момент размещения, впоследствии может быть объявлена Службой внутренних доходов (IRS) налогооблагаемой.
- Из-за отсутствия налогообложения доходности муниципальных облигаций ниже доходностей сопоставимых налогооблагаемых ценных бумаг. На рынке муниципальных облигаций существуют кредитные спреды и спреды по срокам. Обычно кривая доходности муниципальных бумаг имеет положительный наклон. Кроме того, существуют спреды, связанные с различиями между выпусками внутри штата и выпусками широкого рынка.
- Хотя доминирующую позицию на рынке муниципальных ценных бумаг занимают облигации, освобожденные от налогов, часть выпусков является налогооблагаемой. В последнее время выпуск облигаций по программе Build America Bond привел к значительному увеличению рынка налогооблагаемых муниципальных облигаций. Однако выпуск облигаций по этой субсидируемой федеральным правительством программе больше не осуществляется в связи с прекращением программы в конце 2010 г.

Вопросы

1. Объясните свое согласие или несогласие со следующими высказываниями:
   a. «Все муниципальные облигации освобождены от федерального подоходного налога».

b. «Все муниципальные облигации освобождены от налогов штатов и местных налогов».

2. Предположим, что Конгресс меняет налоговое законодательство, увеличивая налоговые ставки. Что произойдет в этом случае с ценами муниципальных облигаций?
3. В чем разница между облигациями, обеспеченными налоговыми поступлениями, и доходными облигациями?
4. Какой тип муниципальных облигаций можно анализировать, применяя методы, аналогичные используемым при анализе рынка корпоративных облигаций?
5. В случае доходных облигаций, какой фонд имеет приоритет при распределении средств из резервного фонда: фонд материально-технического обеспечения и обслуживания или резервный фонд обслуживания долга?
6. «Застрахованная муниципальная облигация является более безопасным инструментом, чем незастрахованная муниципальная облигация». Вы согласны с этим высказыванием? Почему?
7. Кто является сторонами муниципальной облигации, обеспеченной аккредитивом, и каковы их обязанности?
8. a. Назовите три типа аккредитива, поддерживающего муниципальную облигацию, и их отличия.
   b. Какой тип облигаций с кредитной поддержкой обеспечивает наибольшую защиту инвесторов?
9. a. Что такое префинансированная облигация?
   b. Почему структурированная должным образом префинансированная муниципальная облигация не имеет кредитного риска?
10. Назовите две причины, по которым муниципальный эмитент может рефинансировать находящуюся в обращении облигацию?
11. Казначейство штата Айдахо опубликовало следующее заявление:
    Ежегодно с 1982 г. Казначейство штата Айдахо выпускало ноты, обеспеченные будущими налоговыми поступлениями TAN. Эти ноты являются процентными муниципальными долговыми обязательствами штата Айдахо со сроком один год. Отличительной характеристикой муниципальной ценной бумаги является освобождение процентного дохода от федерального подоходного налога. Муниципальные ценные бумаги штата Айдахо дополнительно освобождены от подоходного налога штата. TAN Айдахо выпускаются с номиналом, кратным $5000, который является суммой, выплачиваемой при погашении. TAN Айдахо имеют фиксированную процентную ставку.
    По какой причине муниципальные образования выпускают TAN?

12. Какие доходы используются для поддержки выпускаемых муниципальными образованиями облигации, обеспеченные активами?
13. Четыре крупнейшие американские табачные компании заключили с 46 законными представителями штатов и муниципалитетов соглашения о выплате в течение ближайших 25 лет в общей сложности $206 млрд.
    a. Штаты и муниципалитеты, первым из которых был Нью-Йорк, продали облигации, обеспеченные будущими выплатами табачных компаний. Как называются эти облигации?
    b. Какой кредитный риск связан с этими облигациями?
14. a. Объясните механизм создания муниципальной облигации с обратной плавающей ставкой.
    b. Кто определяет размер плеча облигации с обратной плавающей ставкой?
    c. Как определяется дюрация облигации с обратной плавающей ставкой?
15. Какими исторически были причины муниципальных банкротств?
16. Дефолтный своп — это производный инструмент, рассматриваемый в главе 32, который позволяет инвесторам покупать и продавать защиту от дефолта муниципального эмитента. Почему, на ваш взгляд, трудно найти инвесторов, желающих купить защиту от дефолта муниципального эмитента, однако много желающих продать такую защиту?
17. a. Почему банкротство муниципалитета по главе 9 не предусматривает ликвидацию?
    b. В чем заключается роль суда по делам о несостоятельности в случае банкротств по статье 9?
18. Что такое положение о катастрофном отзыве доходной облигации?
19. Что такое налоговый риск, связанный с инвестированием в муниципальные облигации?
20. a. Чему равна эквивалентная налогооблагаемая доходность, если налоговая ставка инвестора равна 40%, а не облагаемая налогом облигация, которую он покупает, торгуется под доходность 7,2%?
    b. Почему эквивалентная налогооблагаемая доходность не является безупречным инструментом сравнения относительных стоимостей необлагаемой налогом и налогооблагаемой облигаций?
21. Что вы можете сказать о типичной взаимосвязи доходностей краткосрочных и долгосрочных муниципальных облигаций?
22. Сравните крутизну наклона кривых доходностей казначейских ценных бумаг и долгосрочных муниципальных облигаций.

23. Объясните, почему рынок налогооблагаемых муниципальных ценных бумаг является с точки зрения поиска инвесторов конкурентом рынка корпоративных облигаций?
24. Что такое отношение доходностей и почему оно обычно меньше 1?
25. a. Что такое облигации Build America Bond?
    b. Каков текущий статус программы федерального правительства по выпуску таких облигаций?

ГЛАВА 9

Международные облигации

В этой главе читателю будут представлены сведения:

- о классификации глобальных финансовых рынков;
- о мотивах инвестирования в недолларовые облигации;
- о неамериканских эмитентах международных облигаций: суверенных правительствах, субсуверенных органах власти, наднациональных агентствах, финансовых институтах и компаниях;
- об инфраструктурном долге и его роли на международных рынках;
- о валютном риске инвестиций в облигации, не деноминированные в американских долларах;
- о характеристиках облигаций, выпущенных неамериканскими эмитентами: облигации «янки», частные размещения в соответствии с правилом 144A, еврооблигации, среднесрочные евроноты, глобальные облигации, неамериканские национальные облигации и облигации развивающихся рынков;
- о правиле S Комиссии по ценным бумагам и биржам и его значении для инвестирования в неамериканские облигации;
- о различных типах структур еврооблигаций;
- о способе сравнения доходностей облигаций США и еврооблигаций;
- о рынках облигаций неамериканских правительств;
- о европейских покрытых облигациях;
- о факторах, учитываемых при анализе суверенных облигаций развивающихся рынков.

В последние годы все больше американских инвесторов интересуются движением процентных ставок на зарубежных рынках и их связью с процентными ставками на рынке США. Кроме того, в настоящее время все больше иностранных государств либерализируют свои рынки облигаций, делая их более ликвидными и более доступными для инвесторов из других стран. Во многих случаях налоги, удерживаемые у источника, были снижены или упразднены. В ряде крупнейших стран появились рынки фьючерсов и опционов на правительственные облигации. Стратегии хеджирования и арбитража, таким образом, получили дальнейшее развитие. В целом масса американских инвесторов рассматривает неамериканский рынок облигаций как потенциальный источник увеличения доходности и/или снижения риска. Управляющие портфелями облигаций американских пенсионных фондов, взаимные фонды, а также другие институциональные инвесторы с особым вниманием изучают и применяют стратегии глобального инвестирования, предполагающие приобретение облигаций, эмитированных в разных странах мира.

Мы рассматриваем несколько причин, по которым американские инвесторы должны направлять часть своих вложений в инструменты с фиксированным доходом в недолларовые (т. е. деноминированные не в долларах) облигации. Идея заключается в том, что диверсифицированные вложения в облигации разных стран (особенно с хеджированной валютой) могут значительно сокращать риск. Это обычно демонстрируют с использованием современной портфельной теории, которая показывает, что инвесторы могут реализовать более высокую ожидаемую доходность при заданном уровне риска (измеряемого как стандартное отклонение доходности) при включении недолларовых облигаций в портфель американских облигаций. Хотя есть достаточно свидетельств того, что в 1980-х и начале 1990-х гг. это действительно было так, последние данные говорят, что снижение риска не так уж и велико[1].

В одном из исследований отмечается, что, хотя эффект диверсификации не обязательно велик, веским мотивом для американского инвестора вкладывать средства в недолларовые облигации является «повышение возможности получения выгоды от использования многих рынков», однако такие выгоды очень трудно поддаются количественной оценке, поскольку зависят от талантов инвестора[2]. Иными словами, недолларовые облигации (в хеджируемой валюте) позволяют играть на изменениях процентных ставок в разных странах и, таким образом, придают дополнительные измерения реаль-

---

[1] См.: Robert Litterman, “Nondollar Bond Markets: Opportunities for U. S. Portfolio Managers,” *Fixed Income Research* (New York: Goldman, Sachs & Co., April 1992); и Michael R. Rosenberg, “International Fixed Income Investing: Theory and Practice,” Chapter 49 in Frank J. Fabozzi (ed.), *The Handbook of Fixed Income Securities* (New York: McGraw-Hill, 2001).

[2] Litterman, “Nondollar Bond Markets,” pp. 2–3.

ным инвестиционным решениям или расширяют диапазон инвестиционных возможностей. Еще один аргумент в пользу инвестирования в недолларовые облигации заключается в том, что решение не хеджировать валютный компонент можно рассматривать как активную игру на валютном рынке.

В этой главе мы ограничимся рассмотрением международных рынков облигаций с точки зрения американского инвестора.

КЛАССИФИКАЦИЯ ГЛОБАЛЬНЫХ РЫНКОВ ОБЛИГАЦИЙ

Какой-то единой системы классификации секторов глобального рынка облигаций не существует и ниже мы предлагаем вниманию читателей одну из возможных классификаций. С точки зрения конкретной страны глобальный рынок облигаций может быть поделен на две части: внешний рынок и внутренний рынок. **Внутренний рынок облигаций** носит название **национального рынка облигаций**. Он, в свою очередь, также делится на две части: рынок местных облигаций и рынок иностранных облигаций. Эмитенты **рынка местных облигаций** являются резидентами страны, где облигация выпускается и затем торгуется.

Эмитенты **рынка иностранных облигаций** не имеют юридической регистрации в стране, в которой выпускается и торгуется облигация. Иностранный рынок США — это рынок, на котором облигации выпускаются юридическими лицами, не являющимися резидентами США. Облигации, торгующиеся на рынке иностранных облигаций США, получили в финансовых кругах название **облигаций янки**. Частью японского иностранного рынка являются деноминированные в иенах облигации, эмитируемые британскими корпорациями и затем торгующиеся в Японии. Деноминированные в иенах облигации, эмитентами которых являются не японские юридические лица, называют **самураями**. Облигации иностранного рынка Великобритании принято называть **бульдогами**, иностранного рынка Нидерландов — **рембрандтами**, а иностранного рынка Испании — **матадорами**.

Внешний рынок облигаций, называемый также **международным рынком**, включает облигации со следующими отличительными чертами:

- их андеррайтерами являются международные синдикаты;
- проводится одновременное их размещение среди инвесторов нескольких стран;
- они выпускаются вне юрисдикции какой-либо отдельной страны;
- они могут не регистрироваться.

Внешний рынок участники рынка нередко именуют **офшорным рынком** или **рынком еврооблигаций**. Напомним, что приведенная здесь классификация не является общепризнанной. Часть обозревателей делит внешний рынок на рынок иностранных облигаций и рынок еврооблигаций.

Другой способ классификации секторов мирового рынка облигаций — это классификация с точки зрения торговых блоков. Приверженцы такого типа классификации выделяют следующие торговые блоки: долларовый блок, европейский блок, Япония и развивающиеся рынки[1]. В **долларовый блок** входят США, Канада, Австралия и Новая Зеландия. **Европейский блок** делится на две группы: 1) блок еврозоны, имеющий общую валюту евро (Германия, Франция, Голландия, Бельгия, Люксембург, Австрия, Италия, Испания, Финляндия, Португалия и Греция); 2) страны, где не принято евро (Норвегия, Дания и Швеция). Великобритания иногда выделяется в самостоятельную торговую единицу, на экономику которой влияет как еврозона, так и США и собственно внутренние британские факторы.

Классификация, предполагающая деление на торговые блоки, продуктивна, поскольку позволяет сконцентрировать внимание на понятии рынка-эталона, определяющего движение цен в каждом из блоков. Инвесторам в рынок Дании, например, подчас важнее знать уровень спредов между Данией и Германией, чем абсолютный уровень доходностей внутри самой Дании.

НЕАМЕРИКАНСКИЕ ЭМИТЕНТЫ ОБЛИГАЦИЙ И СТРУКТУРЫ ОБЛИГАЦИЙ

В этом разделе мы приведем описание различных неамериканских эмитентов международных облигаций, типов структур облигаций и валют, в которых выпускаются международные облигации.

Неамериканские эмитенты облигаций

В число неамериканских эмитентов международных облигаций входят:

- суверенные правительства;
- субсуверенные органы власти;

---

[1] См.: Christopher B. Steward, J. Hank Lynch, and Frank J. Fabozzi, «International Bond Portfolio Management» в Frank J. Fabozzi (ed.), *Fixed Income Readings for the Chartered Financial Analysts Program* (New Hope, PA: Frank J. Fabozzi Associates, 2004).

- наднациональные агентства;
- финансовые институты;
- компании;
- специальные юридические лица для инфраструктурных проектов.

Суверенные облигации выпускаются центральными правительствами. Облигации, выпускаемые органами, которые стоят в иерархии ниже центрального правительства, называют **субсуверенными облигациями**. Такие эмитенты включают в себя регионы, провинции, штаты и муниципалитеты. **Наднациональное агентство** — это организация, созданная двумя или более центральными правительствами с помощью международных договоров. Целью создания наднационального агентства, называемого также **международной организацией**, является экономическое развитие стран-членов. Примерами наднациональных институтов служат Международный банк реконструкции и развития, обычно называемый Всемирным банком, и Межамериканский банк развития. Главной целью первого является повышение эффективности международных финансовых и вторичных рынков. Цель последнего — обеспечение экономического роста развивающихся стран Америки. **Финансовые институты** — это главным образом банки, а **компании** — это нефинансовые организации.

Сектором рынка, где ожидается значительный рост, является сектор **инфраструктурного долга**. Это выпущенные частным образом долговые обязательства, поступления от которых используются для финансирования инфраструктурных активов страны. Долговые инструменты выпускаются специальным юридическим лицом (*special-purpose entity — SPE*), о которых мы будем говорить в главе 15 при описании ценных бумаг, обеспеченных активами. SPE не разрешается заниматься какой-либо другой деятельностью, кроме финансирования инфраструктурного актива. До финансового кризиса инфраструктурный долг выпускался со страховым покрытием со стороны специализированного страховщика, представляющим собой форму повышения кредитного качества, которая одно время была популярной в секторе муниципальных облигаций, как говорилось в главе 8. Инфраструктурный актив находится в собственности эмитента, а кредиторы получают процентные и основные платежи из денежных потоков, генерируемых этим активом, обычно без права обращения взыскания на эмитента[1].

---

[1] О том, как оценивается инфраструктурный долг, см.: Frédéric Blanc-Brude and Omneia R. H. Ismail, “Measuring the Credit Risk of Unlisted Infrastructure Debt: Theoretical Framework and Cash Flow Reporting Requirements,” EDHEC Business School, EDHEC Risk Institute-Asia, October 2013.

Четкого определения, что именно считать «инфраструктурным активом», не существует, чаще всего его связывают с **проектным финансированием**[1]. Привлекательной стороной инфраструктуры для долгосрочных инвесторов является то, она предоставляет им инструмент с большим сроком до погашения, чем обычно чувствительный к кредитному качеству долг, доступный на долговом рынке.

Организации, собирающие данные по выпуску международного долга, используют разные определения для классификации принадлежности эмитентов. Так, Организация по экономическому сотрудничеству и развитию (ОЭСР) определяет в своем глоссарии статистических терминов развитые и развивающиеся страны следующим образом:

> «В системе Организации Объединенных Наций не существует общепринятого правила деления стран или регионов на “развитые” и “развивающиеся”. По сложившейся практике Японию в Азии, Канаду и США в Северной Америке, Австралию и Новую Зеландию в Океании, а также Европу считают “развитыми” регионами или областями. В международной торговой статистике Южноафриканский таможенный союз также считают развитым регионом, а Израиль — развитой страной; страны, образовавшиеся после распада Югославии считаются развивающимися; а страны Восточной Европы и бывшего СССР не включаются в состав ни развитых, ни развивающихся регионов».

Банк международных расчетов включает в число развитых стран Австрию, Бельгию, Канаду, Кипр, Данию, Финляндию, Францию, Германию, Грецию, Исландию, Ирландию, Италию, Японию, Люксембург, Нидерланды, Новую Зеландию, Норвегию, Португалию, Словакию, Испанию, Швецию, Швейцарию, Великобританию и США.

ОЭСР определяет офшорный финансовый центр, или офшорный центр, как:

> «Страны или юрисдикции с финансовыми центрами, которые включают финансовые институты, работающие главным образом с нерезидентами и/или с иностранной валютой в масштабе, сопоставимом с размером экономики страны нахождения. Принадлежащие или контролируемые нерезидентами институты играют значительную роль в таком центре. Его институты могут также иметь налоговые преференции, недоступные за пределами центра».

---

1 См. также: Frank J. Fabozzi and Carmel de Nahlik, *Project Finance: Eighth Edition* (London: Euromoney, 2012).

Банк международных расчетов относит к офшорным центрам остров Аруба, Багамы, Бермуды, Каймановы острова, Нидерландские Антильские острова, Панаму, Сингапур и Вест-Индию (Великобритания).

В предыдущих главах мы уже говорили о различных типах структур облигаций. Те же самые структуры имеют и международные облигации (облигации с плавающей ставкой, с фиксированной ставкой и облигации, связанные с акциями) наряду с большим разнообразием валют. По данным Банка международных расчетов на июнь 2010 г. подавляющее большинство международных облигаций имело фиксированную ставку, а на облигации с плавающей ставкой, выпускаемых в основном финансовыми институтами, приходилось около 30% совокупного выпуска. С точки зрения валют больше всего облигаций деноминируется в евро, очень близко вслед за ними идет доллар США, а на третьем месте с большим отставанием находится британский фунт[1].

ВАЛЮТНЫЙ РИСК И ДОХОДНОСТЬ ОБЛИГАЦИЙ

Ключевым фактором, влияющим на цену и доходность облигации, является валюта, в которой она деноминирована. С точки зрения американского инвестора, это означает, что на цене и доходности долларовой облигации, выпущенной неамериканским эмитентом, сильно сказываются процентные ставки США. Таким образом, управление портфелем, в который входят облигации американских эмитентов и долларовые облигации неамериканских эмитентов, не требует особого подхода. Включение неамериканских облигаций просто требует кредитного анализа иностранного эмитента.

Если же портфель содержит недолларовые выпуски неамериканских эмитентов, то необходимо учитывать два дополнительных фактора. Первый — это движение процентных ставок всех стран, в валютах которых деноминированы облигации. Второй — движение курсов этих валют. **Курс валюты** — это количество денежных единиц одной страны, которое может быть обменено на денежную единицу другой, или цена одной валюты в единицах другой. Стоимость валюты страны в данный день может остаться неизменной, подняться или упасть. Если валюта падает по отношению к валюте другой страны, принято говорить о ее **обесценивании**. И наоборот: если валюта выросла, говорят, что она **поднялась в цене** относительно другой валюты.

Американский инвестор, владеющий активами, деноминированными в иностранной валюте, не может знать заранее, какую сумму он получит в долларах США. Реальный размер долларового денежного потока зависит

---

[1] *BIS Quarterly Review*, December 2010.

от обменного курса доллара и соответствующей валюты — курса, который установится в момент получения суммы в иностранной валюте и обмена ее на доллары. Если иностранная валюта обесценится (упадет в цене) относительно доллара США, то долларовая стоимость денежного потока уменьшится. Риск этого типа принято называть **валютным риском**. Хеджировать такой риск можно на спот-рынке, а также на рынках валютных фьючерсов, форвардов, свопов и опционов (напомним, однако, что хеджирование потребует определенных затрат).

Доходность портфеля, содержащего недолларовые облигации, складывается из трех компонентов: 1) валовые поступления; 2) прирост/потеря капитала в местной валюте и 3) прирост/потеря иностранной валюты. Для получения представления о значимости этих компонентов заметим, что исторически валютные компоненты были крупнейшим фактором совокупной доходности портфеля, для которого характерна значительная волатильность.

ОБЛИГАЦИИ, ВЫПУСКАЕМЫЕ НЕАМЕРИКАНСКИМИ ЭМИТЕНТАМИ

В число облигаций, выпускаемых неамериканскими эмитентами, входят:

- облигации «янки»;
- частные размещения в соответствии с правилом 144A;
- еврооблигации;
- среднесрочные евроноты;
- глобальные облигации;
- неамериканские национальные облигации;
- облигации развивающихся рынков.

Рассмотрим каждую из этих ценных бумаг.

Облигации янки

Так называют выпущенные неамериканскими эмитентами облигации, которые регистрируются в Комиссии по ценным бумагам и биржам и торгуются на территории США. Эмитентами облигаций янки являются суверенные правительства, субсуверенные органы власти, наднациональные агентства, финансовые институты и компании.

Исторически более половины выпущенных облигаций янки приходилось на наднациональные агентства, канадские провинции (включая провинциальные коммунальные компании) и финансовые институты. В течение первого месяца 2011 г. Европейский инвестиционный банк (наднациональное агентство) и немецкий KIW выпустили облигации янки на $5 млрд. Всего за две первые недели 2011 г. европейские банки выпустили 54 облигации янки на сумму $36 млрд, что больше суммарной эмиссии европейских за весь 2010 г.[1] Европейские компании в последние годы были крупнейшими эмитентами облигаций янки. Так, в первые восемь месяцев 2010 г. примерно 20% выпущенных ими облигаций приходились на облигации янки[2]. Облигации янки, выпущенные европейскими компаниями, составляют около 43% корпоративных облигаций, выпущенных в США в 2010 г., и 37% — выпущенных в 2009 г.[3]

Частные размещения в соответствии с правилом 144A

Как говорилось в главе 7, в связи с тем, что выпуск таких облигации не связан со сделками, квалифицируемыми как публичное размещение, он не подлежит регистрации в SEC. Правило 144A SEC позволяет торговать ценными бумагами, размещенными частным образом, с квалифицированными институциональными покупателями. Из-за сокращенных требований к отчетности облигации, размещаемые в соответствии с правилом 144A, стали важным рынком для неамериканских заемщиков. Хотя основными их эмитентами являются американские компании, все чаще такой возможностью пользуются европейские и австралийские компании. Основная масса облигаций, выпущенных в соответствии с правилом 144A, деноминирована в долларах.

---

1 Helen Avery, "Yankee Bonds: European Banks Turn to Eager US Investors," Euromoney, February 2011, http://www.euromoney.com/Article/2759845/ChannelPage/8959/AssetCategory/14/Yankee-bonds-Europeanbanks-turn-to-eager-US-investors.html.

2 Richard Milne and Anousha Sakoui, "Europe Leads Way for Yankee Bond Sales," FT.com Financial Times, August 10, 2010, http://www.ft.com/cms/s/0/f781862a-ae0f-11df-bb55-00144feabdc0.html#axzz1FmsYjc4T.

3 Sapna Maheshwari, "Yankees Scoop Biggest Market Share in 10 Years: Credit Markets," Bloomberg, October 4, 2010, http://www.bloomberg.com/news/2010-10-03/yankees-scoop-biggest-market-share-in-10-years-creditmarkets.html.

Еврооблигации

Рынок еврооблигаций делится на сектора в зависимости от того, в какой валюте деноминирован выпуск. Так, еврооблигации, деноминированные в американских долларах, носят название **евродолларовых**. Рынок евродолларовых облигаций — крупнейший сектор рынка еврооблигаций.

В последние годы все труднее провести границу между иностранной облигацией и еврооблигацией: критерии, описанные нами выше, перестают быть безусловно релевантными. Мы говорили о том, что наиболее важной характеристикой еврооблигации является наличие синдиката, выступающего в роли андеррайтера. Между тем в настоящее время обычным явлением стали размещения с единственным андеррайтером. Облигационный выпуск, имеющий единственного андеррайтера и размещаемый на рынке, не являющемся национальным рынком ни андеррайтера, ни эмитента, согласно традиционной классификации нельзя отнести к еврооблигациям. Другая отличительная особенность еврооблигации: она не регулируется законами страны, валюта которой используется для выплат инвесторам. Однако на практике только США и Канада не накладывают ограничений на выпуски, деноминированные в канадских и американских долларах, продающиеся за пределами этих стран. Регулирующие органы прочих государств, валюта которых используется для выплат по еврооблигациям, осуществляют довольно жесткий надзор за этими долговыми обязательствами. Регулирование размещений выпусков еврооблигаций осуществляется через ограничения, накладываемые на операции по обмену валют и/или движения капитала.

Еврооблигации обычно регистрируются на национальных фондовых биржах — прежде всего, биржах Люксембурга, Лондона и Цюриха. Однако наибольшая часть сделок осуществляется на внебиржевом рынке. Внесение в листинги бирж подчас становится чисто формальной процедурой, обусловленной нуждами некоторых институциональных инвесторов, которым запрещено приобретать незарегистрированные на бирже ценные бумаги. Наиболее влиятельные эмитенты нередко размещают свои облигации частным образом, распределяя их среди международных институциональных инвесторов.

В отношении приобретения евродолларовых облигаций американскими инвесторами заметим, что американский закон о ценных бумагах накладывает ограничения на размещения за пределами США. Правило S Комиссии по ценным бумагам и биржам, принятое в апреле 1990 г., устанавливает порядок размещения ценных бумаг за пределами США без регистрации в соответствии с Законом о ценных бумагах 1933 г. Оно вводит два фундаментальных требования. Во-первых, сделка должна быть офшорной. Во-вторых, в пределах США не допускаются целенаправленные действия по продаже, связанные с размещением. Помимо этого есть и другие требования, зависящие от статуса эмитента в соответствии с правилом S. Существуют три категории эмитентов. Эмитент категории 1 — это неамериканский неправительственный эмитент в отношении долга в целях правила S, если у этого эмитента есть основания считать, что на американском рынке отсутствует значительный интерес к его долговым ценным бумагам, в противном случае ценные бумаги подлежат регистрации в SEC. Для эмитентов категории 1 больше не устанавливается никаких ограничений кроме двух названных выше. У эмитентов категории 2 есть ограничения на размещение. Если говорить конкретнее, то правило S устанавливает 40-дневный период запрета («период выдержки») на продажу ценных бумаг в США. Не отчитывающиеся американские эмитенты относятся к категории 3, для которой устанавливаются дополнительные ограничения помимо тех, что действуют для эмитентов категории 2. Из-за правила S на рынке новых выпусков доминируют европейские инвесторы, поскольку американские инвесторы обычно не могут выйти на него. Право выхода на вторичный рынок появляется у них только после истечения периода выдержки.

Основными покупателями евродолларовых облигаций являются инвесторы, которые планируют держать выпуск в своем портфеле. В результате, несмотря на значительный размер выпуска евродолларовых облигаций, они менее ликвидны, чем облигации янки.

Корпоративные облигации и ковенанты

Ковенанты для американских корпоративных облигаций рассматриваются в главе 22. Участники рынка еврооблигаций постоянно сетуют на недостаточную защиту, предоставляемую инвесторам существующими ковенантами. Основная причина этого — географическая разобщенность инвесторов. Участники рынка до сих пор не могут прийти к единому мнению о том, какие именно ковенанты могли бы обеспечить держателям еврооблигаций надежную защиту.

В настоящее время более или менее стандартизирована только документация, относящаяся к корпоративным еврооблигациям инвестиционного уровня. Факты, собранные Дэвидом Манвесом, позволяют выделить следующие положения большинства соглашений об эмиссии еврооблигаций.

- **Регулирующее законодательство.** Большинство транзакций регулируется законами Великобритании, хотя в некоторых случаях применяется законодательство штата Нью-Йорк.

- **Обеспечение.** Как правило, выпуск не обеспечивается активами компании.
- **Негативное обязательство.** Негативные обязательства являются обычным делом. Они запрещают эмитенту создавать обеспечительный интерес с использованием своих активов, если он не дает одинаковой защиты всем держателям облигаций.
- **Субординирование.** Большинство облигаций размещается как «старший» долг, исключение составляют облигации банков и страховых компаний.
- **Положение о кросс-дефолте.** Положение о кросс-дефолте гласит: в случае дефолта эмитента по другим заимствованиям облигации подлежат немедленному погашению. Понятие «других заимствований» в разных документах варьирует. Положение о кросс-дефолте относится, как правило, к заимствованиям выше определенного порога (например, $10 000) во избежание споров по небольшим сделкам или использования случайно пропущенного счета в качестве предлога для предъявления облигации к погашению.
- **Запрет на продажу существенных активов.** В целях защиты держателей облигаций большинство документов запрещает продажу или передачу третьим лицам существенных активов и дочерних компаний. Как и в случае положения о кросс-дефолте определение «существенных активов» варьирует от документа к документу[1].

Ценные бумаги, размещаемые на рынке еврооблигаций

На рынке еврооблигаций существует несколько новых структур, разработанных для удовлетворения нужд конкретных эмитентов и инвесторов. Кроме того, здесь обращаются обычные купонные облигации с фиксированной ставкой, так называемые **«простые» еврооблигации (Euro straights)**. Облигации этого рода, как правило, являются необеспеченными долговыми обязательствами юридических лиц, имеющих наивысшие рейтинги.

Купонные выплаты осуществляются раз в год, а не раз в полгода, из-за высокой стоимости распределения денежных средств среди инвесторов, проживающих в разных частях света. На рынке еврооблигаций также обращаются

---

[1] Воспроизводится с разрешения Wiley from David Munves, "The Eurobond Market," Chapter 6, in Frank J. Fabozzi and Moorad Choudhry (eds.), The Handbook of European Fixed Income Securities (Hoboken, NJ: John Wiley & Sons, 2003).

бескупонные облигации и облигации с отложенными купонными выплатами (и те и другие были описаны нами в предшествующих главах).

Ноты с плавающей купонной ставкой. На рынке еврооблигаций представлено множество типов нот с плавающей ставкой. Купонная ставка нот с плавающей ставкой вычисляется исходя из установленного значения спреда относительно ставки предложения Лондонского межбанковского рынка (LIBOR), ставки спроса Лондонского межбанковского рынка (LIBID) или арифметического среднего LIBOR и LIBID (величина, известная как LIMEAN). Размер спреда определяется кредитным риском эмитента, ставками на рынке синдицированных кредитов, а также ликвидностью выпуска. Как правило, купон подвергается пересчету либо каждые шесть месяцев, либо каждый квартал; в качестве референсных выбираются шестимесячные или трехмесячные ставки LIBOR. Таким образом, период пересчета и срок эталонного инструмента, используемого для пересчета, совпадают.

Для многих облигационных выпусков установлена как минимальная купонная ставка (флор), ниже которой купон не может опуститься, так и максимальная ставка (кэп), выше которой купон не поднимается (английский термин для обозначения облигаций, имеющих верхнюю и нижнюю границу купона, — *collared bonds*, т. е. *облигации с «ошейником»*). Часть облигаций предоставляет держателям право в определенный момент времени конвертировать плавающую ставку в фиксированную (облигации, автоматически меняющие плавающую ставку на фиксированную при определенных рыночных условиях, принято обозначать английским термином *drop-lock*).

Нота с плавающей ставкой может иметь установленную дату погашения; она также может быть **бессрочной** (т. е. не иметь установленной даты погашения). Срок до погашения нот с плавающей ставкой обычно превышает 5 лет: наиболее распространенными являются долговые обязательства со сроками до погашения между 7 и 12 годами. В ноты с плавающими ставками могут быть встроены опционы, дающие право на досрочное погашение или предъявление; часть выпусков имеет одновременно два опциона.

Двухвалютные облигации. Существуют облигации, процент по которым выплачивается в одной валюте, а номинал — в другой. Такие выпуски принято называть **двухвалютными облигациями.** Первый тип двухвалютных облигаций предполагает установление в момент размещения определенного курса обмена, по которому выплаты купона и номинала будут переводиться в валюту конкретной страны. Инвесторам во второй тип облигаций курс обмена заранее неизвестен: используется валютный курс, установившийся на момент поступления денежного потока (т. е. спот-курс на момент осуществления платежа). Третий тип предлагает либо эмитенту, либо инвестору выбор денежных единиц. Облигации этого типа принято называть **облигациями с опционом выбора валюты**.

Конвертируемые облигации и облигации с варрантами. Конвертируемые еврооблигации — это облигации, которые могут быть конвертированы в другой тип активов. Облигации с варрантами составляют заметную часть рынка еврооблигаций. Варрант предоставляет своему владельцу право вступить с эмитентом в другую финансовую транзакцию, если такая транзакция выгодна держателю варранта. Большинство варрантов могут быть «откреплены» от самой облигации: инвестор может продать варрант отдельно от долгового обязательства.

Существует широкий ассортимент варрантов: варранты на акции, долговые варранты и варранты на валюту. **Варранты на акцию** позволяют своим владельцам покупать акции эмитента по особой цене. **Долговые варранты** дают своим владельцам право приобретать у эмитента дополнительные облигации по цене и со ставкой исходной облигации с варрантом. Держателю облигации с долговым варрантом выгодно падение ставок, поскольку в этой ситуации у «своего» эмитента он сможет купить облигацию с более высоким, чем среднерыночный, купоном. **Варрант на валюту** позволяет держателю обменивать валюты по установленной цене (т. е. по фиксированному курсу). Такой варрант защищает держателя облигации от обесценивания иностранной валюты, в которой деноминированы денежные потоки облигации.

Облигации с повышающимся и понижающимся купоном. В главе 1 мы говорили о том, что купонная ставка может меняться в связи с изменением срока до погашения или изменением референсной процентной ставки. На рынке еврооблигаций существует уникальная структура, характерная прежде всего для крупных облигационных выпусков телекоммуникационных компаний и предполагающая повышение и понижение купонной ставки. Изменение ставки обуславливается изменением кредитного рейтинга эмитента: повышение рейтинга приведет к понижению купонной ставки, в то время как с понижением рейтинга связано повышение купона.

Сравнение доходностей облигаций США и евродолларовых облигаций

Прямое сравнение доходностей к погашению американских облигаций с фиксированной ставкой и евродолларовых облигаций с фиксированной ставкой возможно только с учетом того, что купон евродолларовых облигаций выплачивается не раз в полгода, а раз в год. Доходность, эквивалентная облигационной, подсчитывается на основании доходности к погашению евродолларовой облигации с фиксированной ставкой следующим образом:

доходность, эквивалентная облигационной, евродолларовой облигации =
= 2 [(1 + доходность к погашению евродолларовой облигации)$^{1/2}$ – 1].

Предположим, например, что доходность к погашению евродолларовой облигации составляет 6%. Тогда доходность, эквивалентная облигационной, будет равна:

$$2\,[(1{,}06)^{1/2} - 1] = 0{,}0591 = 5{,}91\%.$$

Заметим, что доходность, эквивалентная облигационной, у евродолларовой облигации всегда меньше доходности к погашению.

Чтобы осуществить обратную операцию, а именно перевести доходность американской облигации, эквивалентную облигационной, в еврооблигационную доходность, основанную на однократной годовой купонной выплате, можно использовать следующую формулу:

доходность к погашению при однократной купонной выплате в год =
= (1 + доходность к погашению, эквивалентная облигационной/2)^2.

Предположим, например, что доходность к погашению американской облигации, эквивалентная облигационной, составляет 5,5%. Соответствующая доходность к погашению для однократной купонной выплаты равна:

$$[(1{,}0275)^2 - 1] = 0{,}0558 = 5{,}58\%.$$

Доходность к погашению при однократной купонной выплате в год всегда выше доходности к погашению, эквивалентной облигационной.

Среднесрочные евроноты

В главе 8 мы рассматривали среднесрочные ноты (MTN). В США правило 415 SEC позволяет организациям создавать MTN-программы. **Среднесрочные евроноты** (EMTN) — это долговые обязательства, предназначенные для размещения главным образом за пределами США. Обычно EMTN предназначаются для европейских инвесторов. Они могут деноминироваться в любой валюте.

Программы EMTN регулируются в Европе прежде всего Директивой ЕС о проспекте эмиссии 2003/71/EC (или просто PD) и поправками, принятыми парламентом ЕС в середине 2010 г. В случае американских инвесторов, решивших вложить средства в EMTN, продажа этих долговых обязательств должна подпадать под освобождение от регистрации, предусмотренной правилом S в соответствии с Законом США о ценных бумагах 1933 г. Кроме того, на некоторые EMTN распространяется правило 144A, разрешающее продавать эти ценные бумаги только квалифицированным инвесторам. Как и американские MTN, EMTN могут сочетаться с производными инструментами с целью создания различных структурированных продуктов, описанных в главе 7.

Глобальные облигации

Глобальными считаются облигации, размещаемые одновременно на нескольких рынках облигаций по всему миру. Они могут выпускаться в любой валюте. Глобальные облигации обладают следующими характеристиками:

1. При выпуске они продаются одновременно на нескольких рынках облигаций по всему миру с одинаковой ценой размещения.
2. Они торгуются на многих рынках по всему миру без ограничений с порядком расчетов, аналогичным тому, что действует при торговле внутренними облигациями.
3. Выпуск имеет большой объем, позволяющий организовать эмиссию в виде нескольких траншей до срока погашения.

Под **траншем** понимается одна из нескольких связанных ценных бумаг, выпускаемых одновременно. Многие недавние выпуски глобальных облигаций имеют два транша, отличающиеся датой погашения и купонной ставкой.

Ниже приведены три примера глобальных облигаций, первые две из которых деноминированы в долларах, а третья в другой валюте.

В 2009 г. Республика Индонезия разметила крупнейший облигационный выпуск на сумму US$3 млрд в два транша: 5-летний транш (US$1 млрд) и 10 летний транш (US$2 млрд). В соответствии с пресс-релизом 55% 5-летнего транша были проданы инвесторам в Азии, 18% — в Европе и 27% — в США. Половина 10-летнего транша размещена в США, 30% в Азии и 20% — в Европе.

В январе 2010 г. Республика Филиппины выпустила облигации на US$1,5 млрд в два транша. Срок погашения первого транша на US$650 млн наступает в январе 2020 г. (10-летний транш); а второго на US$850 млн — в октябре 2034 г. (почти 24,5-летний транш). Географическое распределение 10-летнего транша было следующим: 23% — Филиппины, 25% — другие страны Азии, 35% — США и 17% — Европа. Географическое распределение второго транша было таким: 19% — Филиппины, 21% — другие страны Азии, 40% — США и 20% — Европа.

Примером недолларовой глобальной облигации является выпуск Всемирного банка в октябре 2009 г. с двумя траншами: 5-летний транш (срок погашения октябрь 2014 г.) и 10-летний транш (срок погашения в октябре 2019 г.). Оба транша деноминированы в австралийских долларах. Пятилетний транш размером A$800 млн был размещен среди институциональных инвесторов в Австралии (67%), Азии (20%), Северной Америке (6%) и Европы (7%); 10-летний транш размером A$600 млн был размещен среди институциональных инвесторов в Австралии (37%), Азии (32%), Северной Америке (20%) и Европе (11%). В пресс-релизе Всемирного банка от 7 октября 2009 г. говорилось, что «инвесторов привлекает раритетность эмитента на этом рынке, глобальное признание его имени, высокий кредитный рейтинг, выбор сроков, ликвидность и эталонный размер сделки».

Неамериканские рынки внутренних облигаций

Рынки внутренних облигаций по всему миру дают американским инвесторам возможность покупать облигации неамериканских эмитентов. По данным Банка международных расчетов на середину 2010 г. американский рынок внутренних долговых ценных бумаг составлял примерно 39% мирового рынка внутренних облигаций. Разница между выпущенными внутренними долговыми ценными бумагами всех стран и внутренними долговыми ценными бумагами США заключается в том, что они образуют неамериканский рынок. На неамериканском рынке внутренних облигаций 65% выпуска приходится на правительства, 25% — на финансовые институты и 10% — на компании.

В число других стран с пятью крупнейшими рынками внутреннего долга и выпущенными суммами по данным Банка международных расчетов на июнь 2010 г. (в долларах США) входили Япония ($12 456,9 млрд), Италия ($3191,6 млрд), Китай ($2843,0 млрд), Франция ($2850,1 млрд) и Германия ($2411,3 млрд). Далее мы рассмотрим неамериканские правительственные облигации — крупнейший сектор неамериканского рынка внутренних облигаций, а также европейский рынок ипотечных облигаций.

Рынки неамериканских правительственных облигаций

Практика обращения государственных ценных бумаг в каждой стране имеет свои особенности — характер различий влияет как на ликвидность рынков, так и на способы применения тех или иных стратегий, определяя конкретную инвестиционную тактику. Так, особенности размещения правительственных облигаций на первичном рынке могут определять характер ликвидности и поведение цен на конкретные облигации этого типа в данной стране. Состояние вторичного рынка определяет величину расходов на заключение сделок и другие трудности, возникающие при торговле. На выбор облигаций для торговли и долгосрочных инвестиций в каждой стране большое влияние оказывает возможность их сравнения с эталонными ценными бумагами (*benchmarks*). Кроме того, сами подсчеты доходностей в разных странах осуществляются с использованием разных методологий — особенность, которую следует учитывать, интерпретируя спреды. Разница в налоговых законодательствах также в немалой мере обуславливает характер глобальных инвестиционных стратегий.

Как говорилось в главе 6, ценные бумаги могут быть расщепленными, т. е. каждый из процентных платежей и один основной платеж могут разделяться и продаваться как отдельные ценные бумаги. Хотя многие правительственные еврооблигации могут расщепляться, их стрипы не так ликвидны, как стрипы американских казначейских бумаг. Суверенные правительства также выпускают индексируемые с учетом инфляции облигации. Как отмечалось в главе 6, Министерство финансов США выпускает казначейские ноты и облигации, привязанные к индексу потребительских цен. Эти ценные бумаги называют защищенными от инфляции казначейскими ценными бумагами (TIPS). Хотя США не выпускали индексируемые облигации до 1997 г., они на данный момент являются крупнейшим их эмитентом. За пределами США на первом месте среди эмитентов индексируемых облигаций находится правительство Великобритании, за которым следует правительство Франции. Эти облигации, называемые в Европе «линкерсами», обычно привязываются к индексу потребительских цен.

Способы размещения новых выпусков государственных ценных бумаг. Новые выпуски ценных бумаг центральных правительств могут размещаться четырьмя способами:

- посредством регулярных календарных аукционов / голландская система;
- посредством регулярных календарных аукционов / минимальная цена предложения;
- посредством специальных нерегулярных аукционов (аукционов ad hoc);
- через систему доразмещений.

Регулярная календарная система аукционов / голландская система предполагает регулярное проведение аукционов и предоставление ценных бумаг победителям с доходностью (по ценам), указанной в заявках.

Регулярная календарная система аукционов/минимальная цена предложения также предполагает регулярное проведение аукционов. Цена (доходность), по которой победителям предоставляются ценные бумаги определяется, однако, иначе, чем в голландском аукционе. Выигравшие участники получают бумаги не по той доходности (цене), которую они указали в заявках, а по наивысшей принятой правительством доходности (доходности отсечения). Так, если наивысшая доходность или доходность отсечения правительственной облигации на аукционе составляет 5,14%, а участник указывает в заявке 5,12%, то он получает облигацию с доходностью 5,14%. В главе 6 мы называли этот метод аукционом с единой ценой, он принят на рынке американских правительственных бумаг. Метод регулярных календарных аукционов с минимальной ценой принят в Германии и Франции.

Система специальных аукционов (аукционов ad hoc) не предполагает регулярного проведения аукционов. Аукцион объявляется правительственным эмитентом, только когда на рынке складываются благоприятные для размещения условия. Размер предложения и срок до погашения ценной бумаги оглашаются во время самого аукциона. Этот метод — один из любимых методов Банка Англии, занимающегося распространением британских правительственных облигаций. С точки зрения правительственного эмитента, аукционы ad hoc более приемлемы, чем регулярные аукционы, по двум причинам. Во-первых, аукцион ad hoc позволяет избежать высокой рыночной волатильности, связанной с регулярным календарным аукционом: как мы знаем, приближение заранее объявленной даты регулярного аукциона заставляет доходности расти, затем, по окончании аукциона, доходности падают. Во-вторых, регулярные календарные аукционы, по сравнению с аукционами специальными, являются менее гибким инструментом привлечения финансирования.

Система доразмещений предполагает выставление на аукцион дополнительных облигаций выпуска, уже обращающегося на рынке. Правительство периодически объявляет о своем намерении осуществить доразмещение.

Рейтинги суверенных облигаций. Суверенным долгом называют долговые обязательства центрального правительства страны. Долговые инструменты национальных правительств оцениваются рейтинговыми агентствами. По причинам, которых мы коснемся чуть позже, рейтинговые агентства выставляют каждому суверенному долгу по два рейтинга: рейтинг долговых обязательств в местной валюте и рейтинг долговых обязательств в иностранной валюте.

Рейтинги суверенных облигаций устанавливаются тремя агентствами: Standard & Poor's, Moody's и Fitch. Наиболее важными характеристиками при этом являются экономический и политический риски. Первый тип риска связан с потенциальной невозможностью исполнения правительством взятых на себя обязательств. При оценке экономического риска применяется как численный, так и качественный анализ. Политический риск связан с возможным нежеланием правительства отдавать свои долги. Очевидно, что государство может иметь все возможности, однако не иметь желания платить по долгам. Политический риск оценивается с помощью качественного анализа политических и экономических факторов, оказывающих влияние на экономическую политику страны. При рассмотрении суверенного долга развивающихся стран мы более детально проанализируем эти факторы.

Разграничение между рейтингами долга в местной валюте и рейтингами долга в валюте иностранной проводится, поскольку частота дефолтов зависит от валюты, в которой деноминированы долговые обязательства. Уровень дефолтов выше по долгам, деноминированным в иностранной валюте. Разница в частоте дефолтов для долга в местной и долга в иностранной валюте объясняется следующим образом: правительство, не боящееся увеличивать налоги и ужесточать контроль собственной финансовой системы, всегда в состоянии набрать нужное количество денег и погасить долг в местной валюте. С долгом, деноминированным в иностранной валюте, ситуация складывается иначе. Для погашения такого долга национальному правительству приходится покупать иностранную валюту, над обменным курсом которой невозможно установить жесткий контроль. Значительное обесценение местной валюты относительно валюты долга может затруднить обслуживание долга в иностранной валюте.

Именно эти факторы служат причиной того, что S&P оценивает кредитоспособность национального правительства в местной и иностранной валюте по-разному. Устанавливая способность суверенного эмитента исполнить свои долговые обязательства в местной валюте, например, в первую очередь оценивают особенности внутренней политики, затрудняющие или упрощающие своевременное обслуживание долга. При кредитном анализе долга, деноминированного в иностранной валюте, S&P сосредотачивает внимание на взаимодействии внешней и внутренней политики правительства. Анализируется платежный баланс страны и структура ее внешнеторгового баланса. Особый интерес представляют чистый государственный долг, общий чистый внешний долг и пассив по внешним операциям.

Европейский рынок покрытых облигаций

Одним из крупнейших секторов европейского рынка является рынок покрытых облигаций. **Покрытые облигации** выпускаются банками. В качестве обеспечения могут использоваться: 1) жилищные ипотечные кредиты; 2) коммерческие ипотечные кредиты и 3) кредиты государственного сектора. (Использование кредитов государственного сектора в последнее время сокращается.) Название таких облигаций связано с названием обеспечения, которое известно как пул покрытия. Пул покрытия не является статичным в течение жизни облигации, иначе говоря, его состав изменяется со временем.

Покрытые облигации работают следующим образом. Инвесторы в покрытые облигации получают два права. Во-первых, право на пул покрытия. В момент выпуска облигации пул покрытия юридически неотделим от активов банка. Вместе с тем если впоследствии банк-эмитент становится неплатежеспособным, то активы пула покрытия отделяются от активов в пользу инвесторов в покрытые облигации. Во-вторых, право требовать возмещение от банка-эмитента. Поскольку эмиссию осуществляют сильные банки и поскольку пулы покрытия включают в себя высококачественные ипотечные кредиты покрытые облигации считаются высоко защищенными, обычно они имеют рейтинг A или AA. Покрытые облигации могут выпускаться в любой валюте.

Во многих странах покрытые облигации создаются в процессе секьюритизации, который мы рассмотрим в последующих главах. По этой причине их нередко отождествляют с ценными бумагами, обеспеченными жилищной ипотекой (RBMS), ипотечными ценными бумагами, обеспеченными коммерческой недвижимостью (CMBS) и прочими ценными бумагами, обеспеченными активами (ABS). Вместе с тем эти ценные бумаги отличаются от покрытых облигаций по четырем пунктам. Во-первых, при выпуске банк, который предоставляет кредиты, продает пул кредитов специальному юридическому лицу (SPV). В результате этого банк удаляет пул кредитов из своего баланса. Эмитентом ценных бумаг является SPV. В случае покрытых облигаций банк-эмитент держит пул кредитов на своем балансе. Только в случае неплатежеспособности банка-эмитента его активы разделяются в пользу инвесторов в обеспеченные облигации. Во-вторых, инвесторы в RMBS/CMBS/ABS не имеют права обращения взыскания на банк, который продал пул кредитов SPV. В противоположность этому инвесторы в покрытые облигации имеют такое право. В-третьих, RMBS/CMBS/ABS обеспечиваются жилищной и коммерческой ипотекой, т. е. группой кредитов, которая после ее создания не меняется, а обеспечение покрытых облигаций нестатично. Наконец, покрытые облигации обычно имеют единственную дату погашения (т. е. это облигации с единовременным погашением), RMBS/CMBS/ABS обычно имеют классы с разными сроками погашения.

Выпуски покрытых облигаций в каждой стране должны регулироваться специальным законодательством. Двумя главными проблемами, которые должно решить законодательство, является определение; 1) приемлемости активов, которые могут включаться в пул покрытия, и 2) процедуры банкротства держателей покрытых облигаций. По данным отчета Европейского центрального банка в апреле 2010 г.[1], 24 страны в Европе разрешали финансовым институтам выпускать покрытые облигации[2]. В еврозоне крупнейшими эмитентами покрытых облигаций являются Германия, Франция и Испания.

Германский рынок ипотечных облигаций, именуемый рынком **Pfandbriefe**, является крупнейшим рынком покрытых облигаций. Он представляет примерно треть рынка облигаций в Германии и крупнейший тип активов на европейском рынке облигаций[3]. Облигации, обращающиеся на этом рынке — облигации Pfandbriefe, эмитируются банками ипотечного кредитования Германии. Существует два типа облигаций Pfandbriefe; их различие основано на разнице заемщиков, получающих ипотечные займы. *Ofentliche Pfandbriefe* обеспечены кредитами компаниям государственного сектора. Такие облигации носят название **публичных Pfandbriefe**. **Hypotheken,** или **ипотечные Pfandbriefe** — это облигации, обеспечение которых состоит из жилищных и коммерческих ипотек.

Рынок Pfandbriefe также делится на сектор **традиционных Pfandbriefe** и **«слоновьих» (джамбо) Pfandbriefe** (*Jumbo Pfandbriefe*). Первый из секторов предназначен для размещения выпусков малых размеров. Он традиционно является неликвидным и фрагментарным. Соответственно, интерес к нему иностранных инвесторов невелик. Для эмиссии традиционных Pfandbriefe используется метод довыпуска. Сектор рынка Pfandbriefe, привлекающий к себе неизменное внимание институциональных и индивидуальных инвесторов, живущих за пределами Германии, — это сектор джамбо Pfandbriefe. Он появился в 1995 г. и получил свое название джамбо из-за того, что минимальный размер выпуска составляет на нем €500 млн. Необычно большие объемы рынка привлекают на него институциональных инвесторов. Ликвидность рынка джамбо Pfandbriefe обеспечивается также обязательствами, принимаемыми на себя дилерами, участвующими в эмиссии.

---

1 *Financial Integration in Europe*.

2 Это Австрия, Болгария, Бельгия, Чешская Республика, Дания, Финляндия, Франция, Германия, Греция, Венгрия, Ирландия, Италия, Латвия, Люксембург, Нидерланды, Польша, Португалия, Румыния, Словакия, Словения, Испания, Швеция, Швейцария и Великобритания.

3 Данные с веб-сайта Ассоциации немецких Pfandbrief-банков: http://www.pfandbrief.de/cms/_internet.nsf/tindex/en_84.htm.

РЫНКИ ОБЛИГАЦИЙ РАЗВИВАЮЩИХСЯ СТРАН

Финансовые рынки Латинской Америки, Азии (за исключением Японии) и Восточной Европы принято рассматривать как развивающиеся. Единой точки зрения на то, какую страну следует считать развивающейся, не существует. В соответствии с одним определением страну относят к категории развивающихся, если она хотя бы раз не выполнила свои международные долговые обязательства. Второе определение исходит из определенных макроэкономических характеристик страны. А в соответствии с довольно свободным определением мира развивающихся рынков к ним относят все страны, которые не считаются промышленно развитыми или уже «развитыми» и, таким образом, называются «менее развитыми» или развивающимися. Так или иначе, даже в отсутствии официального определения институциональные и индивидуальные инвесторы знают, что понимается под развивающимся рынком.

Правительства развивающихся стран выпускают облигации Брейди, еврооблигации, глобальные облигации и внутренние облигации. Еврооблигации глобальные облигации мы рассматривали выше.

Облигации Брейди (Brady bonds). Эти облигации появились в результате реструктуризации проблемных банковских кредитов, выданных правительствам развивающихся стран, и превращения их в ликвидные ценные бумаги[1]. Сегодня большинство стран погасили выпущенные облигации Брейди и стали выпускать облигации трех других типов. Однако именно выпуск облигаций Брейди привел к тому, что облигации развивающихся рынков стали рассматривать как отдельный класс активов. Эти облигации приобретались институтами развивающихся стран и специализированными международными фондами развивающихся рынков. По мере развития этих рынков ими стали интересоваться высокодоходные инвестиционные фонды и институты. С появлением дефолтных свопов (они являются темой главы 32) на долги правительств развивающихся стран активизировалась торговля кредитным риском.

Одно время ценные бумаги, выпущенные правительствами развивающихся стран, деноминировались исключительно в долларах США или других основных валютах. Сегодня выпуски местных долговых бумаг на развивающихся

---

[1] Соглашение о реструктуризации таких кредитов было первоначально подписано между Мексикой и США; от американской стороны в качестве полномочного представителя выступал тогдашний глава Казначейства Николас Брейди, по фамилии которого и были затем названы облигации. Соглашение обязывало правительство США помочь Мексике в выплате немексиканским банкам-кредиторам части номинальной стоимости и процента при условии, что Мексика успешно проведет определенные структурные реформы экономики. Эта программа была затем распространена США и на долговые обязательства других развивающихся стран.

рынках деноминируются как в национальных валютах, так и в основных мировых валютах. Развитию местного рынка способствуют рост местных пенсионных фондов и интерес со стороны иностранных инвесторов.

Кредитный риск

Инвестирование в правительственные облигации развивающихся стран связано со значительно более высоким кредитным риском, чем инвестирование в облигации большинства промышленно развитых стран. Оценкой кредитного качества суверенного долга на развивающемся рынке занимаются агентства Standard & Poor's и Moody's. При оценке суверенного долга развивающихся стран необходимо учитывать как экономические, так и политические факторы. Экономический анализ предусматривает исследование фундаментальных макроэкономических показателей страны. Политический анализ позволяет учесть политические факторы. Лукс, Пеникук и Шиллхорн рассматривают в своей работе макроэкономические и политические факторов во времени, выделяя те, которые оказывают на кредитное качество непосредственное, среднесрочное и долгосрочное влияние[1].

Макроэкономические фундаментальные факторы. Их разделяют на три категории[2]:

- способность обслуживать долг: немедленное влияние;
- платежеспособность: немедленное влияние;
- структурные факторы: долгосрочное влияние.

Способность обслуживать долг определяется размером валютных запасов страны относительно ее долговых обязательств и ликвидностью. Для измерения этой способности используются два индикатора — **риск рефинансирования** и **базисный баланс**:

$$\text{риск рефинансирования} = \frac{\text{краткосрочный долг} + \text{процентные платежи} + \text{амортизация среднесрочного и долгосрочного долга}}{\text{резервы}};$$

1 Maria Mednikov Loucks, John A. Penicook, Jr., and Uwe Schillhorn, "A Disciplined Approach to Emerging Markets Debt Investing," Chapter 4 in Frank J. Fabozzi and Efstathia Pilarinu (eds.), *Investing in Emerging Market Fixed Income Markets* (Hoboken, NJ: John Wiley & Sons, 2002).

2 Там же.

$$\text{базисный баланс} = \frac{\text{сальдо текущего платежного баланса} + \text{прямые иностранные инвестиции}}{\text{Валовой внутренний продукт}}.$$

Риск рефинансирования характеризует размер долга страны, который необходимо рефинансировать путем внешних заимствований. Чем он меньше, тем ниже риск рефинансирования у страны. Базисный баланс отражает приток иностранной валюты в страну относительно ВВП. В числителе отношения находятся два источника поступления иностранной валюты в страну: поступления от торговли, представленные торговым балансом страны, и прямые иностранные инвестиции. Чем выше отношение, тем меньше риск неспособности обслуживать долг.

Платежеспособность характеризует способность правительства обслуживать внутренний и внешний долг. Отношения, которые можно использовать для оценки того, может ли страна выйти на внешние финансовые рынки для рефинансирования первоочередных долговых обязательств, — это **коэффициент внутренних заимствований**, **коэффициент внешнего долга**, коэффициент обслуживания внешнего долга и **потребность государственного сектора в заемных средствах**. Формулы для расчета четырех показателей платежеспособности приведены ниже:

$$\text{коэффициент внутренних заимствований} = \frac{(1 + \text{ожидаемый трехлетний рост внутреннего долга}) \times \text{внутренний долг}}{(1 + \text{ожидаемый трехлетний рост ВВП}) \times \text{ВВП}};$$

$$\text{коэффициент внешнего долга} = \frac{\text{внешний долг}}{\text{ВВП}};$$

$$\text{коэффициент обслуживания внешнего долга} = \frac{\text{процентные платежи} + \text{амортизация среднесрочного и долгосрочного долга}}{\text{экспорт товаров и услуг} + \text{доходные поступления}};$$

$$\text{потребность государственного сектора в заемных средствах} = \frac{\text{сальдо первичного бюджета} + \text{процентные платежи}}{\text{ВВП}}.$$

Идея коэффициента внутренних заимствований заключается в следующем. Если правительство эффективно распределяет заемные средства между продуктивными инвестициями, то со временем рост ВВП должен превзойти рост долга. Неспособность сделать это приведет к более низкому, чем необходимо, росту ВВП. Таким образом, чем меньше коэффициент внутренних заимствований, тем ниже риск неплатежеспособности. Лукс, Пеникук и Шиллхорн утверждают, что одной из причин азиатских кризисов в 1978 и 1997 гг. была неэффективность распределения внутренних заимствований. В те годы коэффициент внутренних заимствований Таиланда превышал 130%, а Малайзии и Южной Кореи — 1550%. Значения этого коэффициента снизились почти до 100% в результате политики, направленной на преобразование банковской системы.

Индикаторы размера долга страны и долгового бремени представлены коэффициентом обслуживания внешнего долга и коэффициентом внешнего долга. Чем ниже значение этих коэффициентов, тем меньше риск неспособности обслуживать долг.

В индикаторе потребности государственного сектора в заимствованиях первое слагаемое числителя (сальдо первичного бюджета) характеризует текущие бюджетные проблемы страны. Сохранение этих проблем повышает будущие процентные платежи страны. Второе слагаемое числителя — процентные платежи — отражает предыдущие бюджетные проблемы. Страна может иметь, например, профицит первичного бюджета, однако высокие процентные платежи, связанные с высокой стоимостью обслуживания предыдущего бюджетного дефицита. Именно это наблюдалось в Бразилии в 2000 г. Чем меньше потребности государственного сектора в заемных средствах, тем ниже риск неплатежеспособности.

Факторы, которые относятся к структурной категории, характеризуют долгосрочное здоровье страны и, хотя они не приводят напрямую к дефолтам суверенных образований, все же позволяют судить о вероятности развития экономических проблем. В их число входят зависимость от конкретных сырьевых товаров как источника экспортной выручки, индикаторы экономического благосостояния, такие как доход на душу населения, и меры по распределению доходов. Двумя макроэкономическими показателями, используемыми для оценки структурных рисков, являются 5-летний средний рост ВВП на душу населения и инфляция, как среднее изменение в годовом исчислении. Принципиальным моментом анализа структурных факторов является прогнозирование момента, когда рынок сконцентрирует на них внимание и, таким образом, повысит риски неспособности обслуживать долг и неплатежеспособности.

Политический анализ. В отличие от экономических факторов политические факторы трудно поддаются количественной оценке. В число этих факторов входят:

- выборы: немедленное влияние;
- системы/институты: среднесрочное влияние;
- геополитическая значимость: долгосрочное влияние.

В отношении выборов рассматриваются такие факторы, как справедливость выборов и программы политической оппозиции. Пример немедленного влияния этих факторов приводят Лукс, Пеникук и Шиллхорн. В мае 2000 г. на президентских выборах в Перу победил действующий президент Альберто Фухимори. Вместе с тем его обвиняли в фальсификациях. Во время его пребывания на посту спред по перуанским облигациям вырос на 200 базисных пунктов относительно спреда популярного индекса облигаций развивающихся рынков. В начале сентября 2000 г. выяснилось, что главный советник Фухимори по безопасности платил членам оппозиции в конгрессе за переход на сторону противника. Вскоре после этого Фухимори инициировал новые президентские и парламентские выборы и был переизбран. После серии других скандалов, связанных с главным советником по безопасности, в июне 2001 г. был проведен второй тур президентских выборов, где в числе кандидатов был Алан Гарсия, бывший президент Перу. В период нахождения у власти он в 1987 г. вверг Перу в долговой кризис. В результате неопределенности, связанной с возможностью избрания его на пост президента, спреды по перуанским облигациям вновь выросли на 200 базисных пунктов относительно спреда того же индекса облигаций развивающихся рынков.

Системы/институты характеризуют политическое лидерство, интеграцию регионов и стабильность социального состава. Сильное лидерство при решении экономических проблем, стоящих перед страной, и взаимодействии с международным финансовым сообществом имеет очень большое значение. Сантисо утверждает, что министерства финансов и экономики играют критическую роль в правительствах развивающихся стран при взаимодействии с международными финансовыми рынками и обеспечении их доверия[1]. По мнению Мозера, такой взгляд подкрепляется данными о результатах кабинетных перестановок в 12 латиноамериканских странах в 1992–2007 гг.[2] Его эмпирический анализ показывает, что: 1) политические новости немедленно приводят к увеличению спредов по облигациям и 2) спреды значительно возрастают в течение 40 дней с момента смены министра, а затем в последующие 40 дней выравниваются на более высоком уровне.

---

1 Javieer Santiso, *The Political Economy of Emerging Markets: Actors, Institutions and Crisis in Latin America* (New York: Palgrave, 2003).

2 Christoph Moser, "The Impact of Political Risk on Sovereign Bond Spreads—Evidence from Latin America," Department of Economics, University of Mainz, Germany, November 2007.

Словарь Free Dictionary определяет геополитику, как «исследование взаимосвязи между политикой и географией, демографией и экономикой особенно в отношении внешней политики государств». Когда развивающаяся страна сталкивается с серьезным бюджетным кризисом, значение геополитики становится очень важным. Если бюджетный кризис в развивающейся стране воспринимается как последствие глобальных потрясений, промышленно развитые страны и наднациональные агентства вмешиваются и выделяют значительные ресурсы для предотвращения экономического краха и политической нестабильности в этой стране. Таким образом, геополитика является важным фактором, который следует учитывать.

Резюме

- Глобальный рынок облигаций делится на две части: внутренний, или национальный рынок, состоящий из рынка собственных облигаций и рынка иностранных облигаций, и внешний, или международный рынок (рынок еврооблигаций).
- Хотя основной мотивацией инвестиций в неамериканские облигации нередко считают стремление к диверсификации, в реальности выгода от нее не слишком велика. Вложение капитала в неамериканские облигации имеет другие преимущества: оно позволяет инвестиционным менеджерам играть на факторах, влияющих на движение цен на неамериканских рынках, а также на курсах валют.
- В число неамериканских эмитентов международных облигаций входят суверенные правительства, субсуверенные органы власти, наднациональные агентства, финансовые институты и компании.
- Валюта, в которой деноминированы облигации, является ключевым фактором, влияющим на их цену и доходность. Если в портфель включаются недолларовые выпуски неамериканских эмитентов, то на его доходность влияет движение процентных ставок всех стран, в валютах которых деноминированы облигации, а также движение курсов всех валют, которые присутствуют в портфеле.
- Доходность портфеля, который содержит недолларовые облигации, складывается из трех компонентов: 1) валовые поступления; 2) прирост/потеря капитала в местной валюте и 3) прирост/потеря иностранной валюты.
- Облигации, выпускаемые неамериканскими эмитентами, включают в себя облигации «янки», частные размещения в соответствии с правилом 144A, еврооблигации, среднесрочные евроноты, глобальные

облигации, неамериканские национальные облигации и облигации развивающихся рынков 144А.

- «Янки» — это, выпущенные неамериканскими эмитентами облигации, которые регистрируются в Комиссии по ценным бумагам и биржам и торгуются на территории США.
- Из-за сокращенных требований к отчетности облигации, размещаемые в соответствии с правилом 144А, стали важным рынком для неамериканских заемщиков.
- Рынок еврооблигаций делится на сектора в зависимости от того, в какой валюте деноминирован выпуск. На нем представлены многие инновационные структуры облигаций.
- Среднесрочные евроноты — это долговые обязательства, предназначенные для размещения главным образом за пределами США.
- Глобальными считаются облигации, размещаемые одновременно на нескольких рынках облигаций по всему миру, они могут выпускаться в любой валюте.
- Рынки внутренних облигаций по всему миру дают американским инвесторам возможность покупать облигации неамериканских эмитентов. Правительственные облигации — крупнейший сектор рынка внутренних облигаций.
- Суверенные облигации — это долговые обязательства центрального правительства страны. Рейтинговые агентства присваивают отдельные рейтинги суверенным долговым обязательствам, деноминированным в местной валюте, и долговым обязательствам, деноминированным в валюте иностранной. Два важнейших параметра, принимаемых в расчет при выставлении рейтинга, — уровни политического и экономического рисков.
- Покрытые облигации выпускаются главным образом в Европе банками, использующими в качестве обеспечения жилищные и коммерческие ипотечные кредиты. Хотя их нередко отождествляют с ипотечными ценными бумагами и ценными бумагами, обеспеченными активами, они отличаются по кредитной защите и структуре.
- Правительства развивающихся стран выпускают облигации Брейди, еврооблигации, глобальные облигации и внутренние облигации. Сумма непогашенных облигаций Брейди невелика. Вместо них развивающиеся страны выпускают облигации других типов.
- Макроэкономические факторы, учитываемые при анализе облигаций правительств развивающихся стран, включают в себя способность обслуживать долг, платежеспособность и структурные факторы. В отличие от экономических факторов политические факторы трудно

поддаются количественной оценке. Они включают в себя выборы, системы/институты и геополитическую значимость.

Вопросы

1. Назовите торговые блоки, которые выделяют на мировом рынке облигаций.
2. Какому риску подвергает свои инвестиции американская компания страхования жизни, купившая британские правительственные облигации?
3. «Наиболее сильным побудительным мотивом инвестирования в недолларовые облигации является возможность диверсификации». Вы согласны с этим утверждением? Почему?
4. Какие выгоды предоставляет инвестирование в недолларовые облигации?
5. В чем разница между LIBID и LIMEAN?
6. Что такое рынок иностранных облигаций в стране?
7. Назовите ковенанты, действующие на рынке еврооблигаций.
8. Опишите структуру с повышающимися и понижающимися купонами на рынке еврооблигаций.
9. Предположим, что доходность к погашению еврооблигации равна 7,8%. Какова ее доходность, эквивалентная облигационной?
10. Приводимый ниже отрывок, посвященный бивалютным облигациям, взят из *International Capital Market* (публикация Европейского инвестиционного банка, 1989 г.):

    «Общее наименование "бивалютные облигации" относится к самым разным финансовым инструментам, отличительные особенности которых до сих пор не классифицированы. Под эту концепцию подходят и ноты со встроенным опционом выбора валют (*Index Currency Option notes — ICON*), и облигации с купоном в иностранной валюте (*foreign interest payment bonds — FIPS*), и облигации, привязанные к валютному рынку, и облигации типа «рай и ад» (*heaven and hell bonds*). Несмотря на их разнообразие, можно представить общую классификацию различных типов бивалютных облигаций.

    Первая категория — это облигации, деноминированные в одной валюте и использующие для выплат купона и номинала другую валюту, обмениваемую по курсу, установленному в момент размещения. Вторая категория — облигации, купонные выплаты и выплаты номинала по которым также осуществляются в валюте, отличной от валюты, в которой долг деноминирован, однако в этом случае обмен осуществляется по спот-курсу, действующему на рынке в момент платежа. Внутри этой второй категории различают такие разновидности, как облигации, привязанные к валютному рынку, облигации с купоном в иностранной валюте, а также облигации типа «рай и ад». Последняя категория — это облигации, предлагающая либо эмитенту, либо держателю выбор валюты, в которой будет осуществляться выплата купона и/или номинала (обмен ведется по будущему спот-курсу). Именно к этой разновидности следует относить облигации ICON, поскольку в них встроен опцион выбора валюты. Обычно эти ценные бумаги называют облигациями с валютным опционом.

Каждая из перечисленных категорий, независимо от присущих ей особенностей, подвергает эмитентов и держателей валютному риску… Ценообразование бивалютных облигаций должно, таким образом, рассматриваться как частный случай ценообразования опционов, поскольку каждое из таких долговых обязательств представляет собой комбинацию обычной облигации и валютного опциона. Стоимость обычного долгового компонента вычисляется с помощью традиционной модели оценки облигаций с фиксированной ставкой. Цена опционного компонента должна быть равна разности между ценой облигации и ценой ее обычного долгового компонента…»

a. Почему любая бивалютная облигация, «независимо от присущих ей особенностей подвергает эмитентов и держателей валютному риску»?

b. Согласны ли вы с тем, что ценообразование всех бивалютных облигаций должно рассматриваться как частный случай ценообразования опционов?

c. Почему цена опционного компонента должна быть равна «разности между ценой облигации и ценой ее обычного долгового компонента»?

11. a. Почему рейтинг, присваиваемый рейтинговыми агентствами долговым обязательствам суверенного эмитента, зависит от того, в какой именно — местной или иностранной — валюте деноминирован долг?

b. Какие две общих категории риска рассматриваются рейтинговыми агентствами при оценке суверенного рейтинга?

12. Опишите различные способы размещения правительственных ценных бумаг.

13. a. Что такое покрытые облигации?

b. Чем покрытые облигации отличаются от ценных бумаг, обеспеченных жилищной ипотекой, коммерческой ипотекой и активами?

c. Что такое рынок Pfandbriefe?

14. Что понимается под структурными факторами при анализе суверенных облигаций развивающихся рынков?
15. Почему геополитическая значимость так важна при анализе суверенных облигаций развивающихся рынков?
16. Почему коррупционные скандалы на президентских выборах или смену министра финансов в развивающейся стране можно рассматривать как риск негативных новостей? (Этот риск был рассмотрен в предыдущей главе.)
17. 9 января Reuters объявило о размещении облигаций на сумму US$2,6 млрд австралийской и новозеландской банковской группой. В сообщении приводятся следующие данные:

    Выпуск: US$2,6 млрд 144A правило S 2-, 3-летний.
    Выпуск содержит US$1,9 млрд 3-летних облигаций по 100 б.п./своп и US$700 млн 2-летних облигаций по 70 б.п./LIBOR.

    Участники: (до увеличения выпуска)
    45 инвесторов
    Для 3-летнего транша — 65% из Северной Америки, 10% из Европы, 20% из Азии и 10% прочие.
    Для 2-летнего транша — 40% из Северной Америки, 20% из Европы, 40% из Азии.

    Опишите это размещение облигаций.

18. 9 января Reuters объявило о размещении облигаций на сумму US$3,075 млрд банком Commonwealth Bank of Australia. В сообщении приводятся следующие данные:

    Выпуск: US$3,075 млрд 144A правило S цена по состоянию на 9 января.
    Выпуск содержит US$2,5 млрд 3-летних облигаций по 78 б.п./своп и US$575 млн 2-летних облигаций по 85 б.п./своп.

    Участники: почти 100 инвесторов из Азии, США и Европы.
    В число покупателей входят в основном инвестиционные менеджеры и банки.

    Опишите это размещение облигаций.

19. Что понимается под инфраструктурным долгом?

ГЛАВА 10

Жилищные ипотечные кредиты

В этой главе читателю будут представлены сведения:

- о сути ипотечного кредитования;
- о крупнейших оригинаторах жилищных ипотечных кредитов;
- о характеристиках заемщиков и недвижимости, учитываемых кредитором при оценке кредитного риска претендента на получение ипотечного кредита;
- об обслуживании ипотечных кредитов;
- о типах жилищных ипотечных кредитов с точки зрения статуса залога, кредитной классификации, процентной ставки, амортизации, кредитных гарантий и непогашенных остатков, а также о досрочном погашении и штрафах за досрочное погашение;
- о том, что такое досрочное погашение;
- о денежном потоке по ипотечному кредиту;
- о том, что такое штраф за досрочное погашение;
- о рисках, связанных с инвестициями в ипотеки;
- о значимости риска досрочного погашения.

Традиционная «американская мечта» — собственный дом — в наши дни, как правило, становится реальностью, однако, увы, на заемные деньги. Рынок, на котором заемщик получает деньги на приобретение жилья, называется ипотечным. **Ипотека** — это залог имущества в обеспечение выплаты долга. Под имуществом обычно понимается недвижимость. Если собственник недвижимости (залогодатель) перестает платить по кредиту, то кредитор (залогодержатель) имеет право обратить взыскание и арестовать недвижимость в целях погашения долга. Недвижимое имущество, которое может быть передано в залог, делится на две широкие категории: односемейная (в реальности от одной до четырех семей) жилая недвижимость и коммерческая недвижимость. К первой категории относятся индивидуальные дома, кондоминиумы, кооперативы и апартаменты. К коммерческой относят недвижимость, которая приносит доход: многосемейная недвижимость (т. е. многоквартирные дома), офисные здания, промышленная недвижимость (включая склады), торговые центры, гостиницы и объекты сферы здравоохранения (например, дома для престарелых).

Эта глава посвящена жилищным ипотечным кредитам, а три последующие главы — ценным бумагам, использующим в качестве обеспечения ипотеки. В главе 14 рассматривают коммерческие ипотечные кредиты, а также ценные бумаги, обеспеченные коммерческой ипотекой.

ПРОЦЕСС ИПОТЕЧНОГО КРЕДИТОВАНИЯ

Кредитора, предоставившего ипотечный кредит, называют **оригинатором**. Основными оригинаторами жилищных ипотечных кредитов являются сберегательные учреждения, коммерческие банки и ипотечные банки. Оригинаторы могут сами обслуживать выданные ими ипотечные кредиты, в этом случае они взимают **комиссию за обслуживание**. Обслуживание ипотечного кредита предполагает сбор ежемесячных платежей от заемщиков и передачу поступлений собственникам кредита, рассылку платежных извещений заемщикам, напоминание заемщикам о просроченных платежах, ведение учета непогашенных остатков, предоставление налоговой информации заемщикам, администрирование счета-эскроу для налогов с недвижимости и страхования, а также при необходимости инициирование процедуры обращения взыскания. Комиссия за обслуживание устанавливается в виде фиксированного процента от непогашенного остатка кредита, обычно от 25 до 100 базисных пунктов в год. Оригинатор ипотечного кредита может продать обслуживание ипотеки другой стороне, которая в этом случае является получателем комиссии за обслуживание.

Ниже перечислены доступные оригинаторам варианты распоряжения выданными кредитами, они могут:

- держать кредиты в собственном кредитном портфеле;
- продать ипотечные кредиты инвестору, который хочет держать их в своем портфеле или объединить в пул и использовать в качестве обеспечения выпуска ценных бумаг;

- самостоятельно использовать ипотечные кредиты в качестве обеспечения выпуска ценных бумаг.

Когда оригинатор намерен продать выданные ипотечные кредиты, он должен получить обязательство со стороны потенциального инвестора (покупателя). Покупкой ипотечных кредитов занимаются две организации, спонсируемые государством (GSE) и ряд частных компаний. Поскольку эти организации занимаются объединением кредитов в пулы и продажей их инвесторам, их называют **кондуитами**.

Использование ипотечных кредитов в качестве обеспечения для выпуска ценных бумаг называют **секьюритизацией**. В следующих трех главах мы рассмотрим процесс секьюритизации жилищных ипотечных кредитов.

Стандарты андеррайтинга

Желающий занять средства для приобретения дома подает заявку оригинатору ипотечных кредитов. Большинство ипотечных кредитов имеют первоначальный срок погашения 30 лет, хотя некоторые заемщики предпочитают более короткие сроки погашения, например 20, 15 или 10 лет. Потенциальный домовладелец заполняет заявление по определенной форме, где раскрывает информацию о своем финансовом положении и вносит плату за рассмотрение заявки; после этого оригинатор проводит кредитную оценку заявителя. Требования, предъявляемые оригинатором к заявителю, называют **стандартами подписки**.

Двумя основными показателями в стандартах являются:

- отношение размера выплат к размеру дохода;
- отношение размера кредита к стоимости залога.

Отношение размера выплат к размеру дохода

Отношение размера выплат к размеру дохода (*payment-to-income — PTI*), т. е. отношение ежемесячных выплат (учитываются как выплаты по ипотечному кредиту, так и выплаты налога на купленную недвижимость) к месячному доходу, является мерой возможности заявителя своевременно осуществлять платежи. Чем меньше данное отношение, тем выше вероятность того, что заявитель сможет выполнить взятые на себя платежные обязательства.

Отношение размера кредита к стоимости залога

Разница между ценой покупки недвижимости и размером кредита составляет величину первоначального взноса заемщика. **Отношение размера кредита к стоимости залога** (*loan-to-value ratio — LTV*) — это отношение размера кредита к рыночной (или оценочной) стоимости собственности. Чем ниже это отношение, тем более защищен кредитор в случае дефолта заемщика и вынужденной продажи недвижимости. Например, если заявитель хочет занять $225 000 при оценочной стоимости недвижимости $300 000, то LTV составит 75%. Допустим, что заявитель впоследствии допускает дефолт. Кредитор в этом случае может изъять недвижимость и продать ее для возмещения долга. Однако сумма, полученная кредитором, зависит от рыночной стоимости недвижимости. В нашем примере кредитор сможет получить необходимые средства, даже если стоимость недвижимости упадет на $75 000. Предположим теперь, что заемщик хочет получить $270 000 для приобретения той же недвижимости. LTV в этом случае составит 90%. Если кредитор обратит взыскание на заложенную недвижимость и продаст ее, то уровень его защиты будет ниже.

Многие исследования показывают, что LTV служит наиболее важным отдельным показателем вероятности дефолта. Идея проста: домовладельцы с высокой оплаченной долей стоимости недвижимости имеют низкую вероятность дефолта. Они либо стараются защитить эту долю, либо, если это не удается, продают дом или рефинансируют кредит. В любом случае кредитора защищают собственные интересы покупателя. Если же у заемщика небольшая доля оплаченной недвижимости, то стоимость дефолтного опциона значительно повышается. Фактические данные по поведению заемщиков после 2006 г. показывают, что у них возрастает склонность к прекращению платежей, если текущее LTV (определяемое как отношение текущего остатка по кредиту к оценочной рыночной стоимости) превышает 125%, даже когда они могут позволить себе ежемесячные выплаты. Такое поведение называют «стратегическим дефолтом».

ТИПЫ ЖИЛИЩНЫХ ИПОТЕЧНЫХ КРЕДИТОВ

Жилищные ипотечные кредиты можно классифицировать по следующим признакам:

- статус залога;
- кредитное качество;

- тип процентной ставки;
- тип амортизации;
- кредитные гарантии;
- непогашенный остаток;
- досрочное погашение и штрафы за досрочное погашение[1].

Статус залога

Статус залога по ипотечному кредиту указывает на очередность погашения кредита в случае принудительной продажи залога в результате дефолта заемщика. В случае ипотечного кредита, обеспеченного **первичным залогом**, кредитор имеет первоочередное право на поступления от продажи недвижимости, если на нее было обращено взыскание. Ипотечный кредит может также иметь **вторичный залог**, или **младший залог**, когда право кредитора на поступления от продажи недвижимости удовлетворяется после полного удовлетворения требований держателя залога первой очереди.

Кредитное качество

Кредит, выданный заемщику с высоким кредитным качеством (т. е. заемщику, имеющему стабильную работу и хорошую кредитную историю, достаточный для выполнения кредитных обязательств доход без риска для платежеспособности, а также значительную оплаченную долю базовой недвижимости), считается **стандартным кредитом**. Кредит, выданный заемщику более низкого кредитного качества или обеспеченный младшим залогом, считается **низкокачественным кредитом**. Предоставление низкокачественных кредитов сильно сократилось после 2006 г., когда стало очевидно, что с ними нередко связана низкая платежеспособность заемщиков, мошенничество и чрезмерная зависимость от роста цен на жилье. Между стандартным и низкокачественным секторами есть еще одна туманная категория, называемая **альтернативными А-кредитами**, или чаще **alt-A-кредитами**. Такие кредиты считаются вроде бы стандартными («А» означает класс, присваиваемый системами принятия решений о представлении кредита), однако некоторые их особенности либо повышают воспринимаемый кредитный риск,

---

[1] См. Frank J. Fabozzi, Anand K. Bhattacharya, and William S. Berliner, *Mortgage-Backed Securities: Products, Structuring, and Analytical Techniques* (Hoboken, NJ: John Wiley & Sons, 2007).

либо затрудняют оценку из-за недостаточности информации о доходе или активе. Предоставление alt-A-кредитов резко упало после 2006 г. в результате снижения цен на жилую недвижимость и результативности кредитов.

При оценке кредитного качества заявителя кредиторы анализируют различные показатели. Начальным этапом является определение кредитного скоринга заявителя. Ряд фирм собирают данные о платежных историях частных лиц, предоставляемые кредитными организациями, и с помощью статистических моделей оценивают кредитоспособность частного лица в количественной форме в виде кредитного скоринга. В принципе кредитный скоринг — это численная оценка кредитной истории заемщика. В число наиболее известных компаний, занимающихся определением кредитных скорингов, входят Experian, Transunion и Equifax. Хотя кредитные скоринги определяются на основе разных методологий, их обычно называют «скорингами FICO»[1]. Как правило, кредитор пользуется более чем одним скорингом, чтобы минимизировать влияние расхождения оценок различных провайдеров. Скоринги FICO варьируют от 350 до 850. Чем выше скоринг, тем ниже кредитный риск.

LTV считается хорошим предиктором дефолтов: чем выше LTV, тем выше вероятность дефолта. По определению LTV кредита на покупку является функцией первоначального платежа и цены объекта недвижимости. Вместе с тем заемщики рефинансируют кредиты при снижении процентных ставок. Когда кредитор оценивает заявку от заемщика на рефинансирование, LTV зависит от суммы нового кредита и рыночной стоимости недвижимости, определяемой путем оценки. Если запрашиваемая сумма превосходит размер первоначального кредита, то говорят об **избыточном рефинансировании**. Если же рефинансируется кредит, остаток которого не меняется, то говорят об **простом**, или **неизбыточном рефинансировании**. Иными словами, целью рефинансирования является либо получение более выгодной ставки, либо изменение срока кредита.

Кредиторы рассчитывают коэффициенты дохода вроде PTI для оценки способности заявителя платить по кредиту. Они позволяют сравнивать ежемесячные платежи, которые придется осуществлять заявителю в случае предоставления кредита, с его ежемесячным доходом. Самыми распространенными показателями являются коэффициент покрытия ипотечных платежей и коэффициент покрытия совокупных платежей. **Коэффициент покрытия ипотечных платежей** определяется путем деления суммарного месячного

---

[1] Такое название объясняется тем, что скоринговые фирмы обычно используют модель, разработанную компанией Fair, Isaac & Company. В этой модели кредитоспособность физического лица определяется на основании 45 критериев.

платежа (который включает процентный и основной платежи по кредиту плюс налог на недвижимость и страхование домовладельца) к месячному доходу заявителя до налогообложения. **Коэффициент покрытия совокупных платежей** определяется аналогичным образом. Разница заключается в том, что в расчет включаются другие платежи по долгам, таким как автокредит и задолженность по кредитной карте. Чтобы классифицировать кредит как «стандартный», значения этих коэффициентов не должны превышать 28 и 36% соответственно.

Кредитный скоринг — основной показатель, используемый для отнесения кредитов к категории стандартных или низкокачественных. Стандартные кредиты (кредиты А-уровня) обычно имеют скоринг FICO 660 или выше, коэффициенты покрытия ипотечных и совокупных платежей не более указанных выше 28 и 36%, а LTV — менее 90%. Для alt-A-кредитов диапазон показателей кредитного качества более широк, поскольку к ним относятся кредиты, варьирующие от близких к стандартным до практически низкокачественных. Хотя низкокачественные кредиты имеют скоринг FICO ниже 660, программы кредитования и рейтинги очень сильно зависят от кредитора. Один кредитор может относить кредит со скорингом FICO 620 к «кредитам В-уровня», а другой может оценивать его выше или ниже, особенно если другие характеристики (такие, как LTV) выше или ниже среднего уровня.

Тип процентной ставки

Процентная ставка, которую соглашается выплачивать заемщик, может быть фиксированной или изменяющейся в течение срока жизни кредита. В случае **ипотечного кредита с фиксированной ставкой** (*fixed-rate mortgage — FRM*) процентная ставка устанавливается при заключении кредитного договора и остается неизменной на протяжении всего срока существования кредита.

В случае **ипотечного кредита с изменяемой ставкой** (*adjustable-rate mortgage — ARM*), как следует из названия, ставка изменяется в течение срока жизни кредита. Ставка при этом привязывается к движению базовой ставки, называемой **индексом**, или **референсной ставкой**, и устанавливается со спредом к ней, называемым **маржей**. В ARM используются две категории референсных ставок: 1) рыночные ставки и 2) расчетные ставки, зависящие от стоимости средств для сберегательной организации. К рыночным ставкам относятся LIBOR, средняя доходность казначейских бумаг, до погашения которых остался один год (*constant maturity treasury — CMT*), и 12-месячная скользящая средняя — ставка, рассчитанная на основе однолетних CMT. Наиболее популярными расчетными ставками являются индексы Eleventh Federal Home Loan Bank Board District Cost of Funds Index (COFI) и National Cost of Funds Index. Депозитарные институты предпочитают держать в своих портфелях ARM, а не FRM, поскольку ARM лучше соответствуют их пассивам.

В базовом ARM помимо пересматриваемой периодически ставки нет никаких других условий, которые влияют ежемесячный ипотечный платеж. Обычно для ставки устанавливают: 1) периодический предел, кэп и 2) кэп и флор для всего срока существования кредита. **Периодический кэп** ограничивает величину, на которую процентная ставка может быть увеличена или понижена в дату пересмотра. Он обычно устанавливается в процентных пунктах. Большинство ARM имеют верхний лимит ипотечной ставки, которая может взиматься в течение срока существования кредита. Пожизненный кэп выражается в виде числа, кратного первоначальной ставке. ARM могут также иметь нижний предел (флор) процентный ставки, взимаемой в течение срока существования кредита.

С 2001 по 2007 г., когда выпуск ARM был максимальным, наибольшей популярностью пользовались **гибридные ARM**. У этих кредитов определенное число лет (3, 5–7 и 10) первоначальная ставка не менялась. По окончании периода с фиксированной ставкой процентная ставка пересматривалась так, как и в традиционных ARM.

Тип амортизации

Сумма месячного платежа по кредиту в счет погашения основного долга называется **амортизацией**. Традиционно и FRM, и ARM являются **полностью амортизируемыми кредитами**. Иными словами, размер ежемесячных ипотечных платежей таков, что они не только обеспечивают кредитору поступление установленного в договоре процента, но и достаточны для полного погашения основной суммы в момент поступления последнего месячного платежа. Так, для полной амортизации 30-летнего кредита в конце 360-го месяца последний должен быть достаточным для погашения любого остатка и обнуления причитающейся кредитору суммы.

Полностью амортизируемые кредиты с фиксированной ставкой предусматривают постоянную выплату в течение всего срока существования кредита. Например, предположим, что первоначальный остаток составляет \$200 000, процентная ставка 7,5%, а срок до погашения 30 лет. Тогда ежемесячный ипотечный платеж должен быть равным \$1398,43. Формула для расчета имеет следующий вид:

$$MP = MB_0\left[\frac{i(1+i)^n}{(1+i)^n-1}\right].$$

где

MP — ежемесячный ипотечный платеж ($);

MB_0 — первоначальный остаток ипотечного кредита ($);

i — процентная ставка, деленная на 12 (в виде десятичной дроби);

n — количество месяцев до конца срока кредита.

Предположим, что:

$$MB_0 = \$200\,000;\ i = 0{,}075/12;\ n = 360.$$

Тогда ежемесячный платеж составит:

$$MP = \$100000\left[\frac{0{,}00625\times1{,}00625^{360}}{1{,}00625^{360}-1}\right] = \$1398{,}43.$$

Для расчета остатка по ипотечному кредиту в конце любого месяца используют следующую формулу:

$$MB_t = MB_0\left[\frac{(1+i)^n-(1+i)^t}{(1+i)^n-1}\right],$$

где MB_t — остаток по ипотечному кредиту через t месяцев.

Предположим, что для 12-го месяца ($t = 12$) мы имеем:

$$MB_0 = \$200\,000;\ i = 0{,}00625;\ n = 360.$$

Тогда остаток ипотечного кредита в конце 12-го месяца составит:

$$MB_t = \$200\,000\left[\frac{1{,}00625^{360}-1{,}00625^{12}}{1{,}00625^{360}-1}\right] = \$198\,156{,}33.$$

Чтобы подсчитать часть месячного ипотечного платежа, приходящуюся на плановый основной платеж за месяц, используют следующую формулу:

$$SP_t = MB_0\left[\frac{i(1+i)^{t-1}}{(1+i)^n-1}\right],$$

где SP_t — плановый основной платеж за месяц t.

Например, для месяца 12 ($t = 12$) мы имеем:

$$MB_0 = \$200\,000;\ i = 0{,}00625;\ n = 360.$$

Тогда плановый основной платеж для месяца 12 равен:

$$SP_t = \$200\,000\left[\frac{1{,}00625 \times 1{,}00625^{12-1}}{1{,}00625^{360} - 1}\right] = \$158{,}95.$$

Предположим, что заемщик своевременно осуществил все месячные платежи, и после последнего ипотечного платежа непогашенный остаток равен нулю (т.е. кредит погашен). Это можно видеть в табл. 10.1, которую называют **графиком амортизации**. (Ради экономии места показаны не все 360 месяцев.) Столбец «Погашение основной суммы» — это и есть месячная амортизация кредита. Обратите внимание на то, что в 360-м месяце конечный остаток равен нулю. Также обратите внимание на то, что каждый месяц часть месячного ипотечного платежа, приходящаяся на проценты, уменьшается. Это происходит потому, что размер непогашенного остатка уменьшается каждый месяц.

Таблица 10.1. График амортизации

Начальный остаток: $200 000,00
Ставка: 7,50%
Срок до погашения: 30 лет
Месячный платеж: $1398,43

Месяц	Начальный остаток, $	Процентный платеж, $	Основной платеж, $	Конечный остаток, $
1	200000,00	1250,00	148,43	199851,57
2	199851,57	1249,07	149,36	199702,21
3	199702,21	1248,14	150,29	199551,92
4	199551,92	1247,20	151,23	199400,69
5	199400,69	1246,25	152,17	199248,52
6	199248,52	1245,30	153,13	199095,39
7	199095,39	1244,35	154,08	198941,31
8	198941,31	1243,38	155,05	198786,27
9	198786,27	1242,41	156,01	198630,25
10	198630,25	1241,44	156,99	198473,26
11	198473,26	1240,46	157,97	198315,29
12	198315,29	1239,47	158,96	198156,33
13	198156,33	1238,48	159,95	197996,38
14	197996,38	1237,48	160,95	197835,43
...	...	...	...	...
89	182656,63	1141,60	256,83	182399,81

Окончание табл. 10.1

Месяц	Начальный остаток, $	Процентный платеж, $	Основной платеж, $	Конечный остаток, $
90	182399,81	1140,00	258,43	182141,37
91	182141,37	1138,38	260,05	181881,33
...	...	...	...	...
145	165499,78	1034,37	364,06	165135,73
146	165135,73	1032,10	366,33	164769,40
147	164769,40	1029,81	368,62	164400,77
...	...	...	...	...
173	154397,69	964,99	433,44	153964,24
174	153964,24	962,28	436,15	153528,09
175	153528,09	959,55	438,88	153089,21
...	...	...	...	...
210	136417,23	852,61	545,82	135871,40
211	135871,40	849,20	549,23	135322,17
212	135322,17	845,76	552,67	134769,51
...	...	...	...	...
290	79987,35	499,92	898,51	79088,84
291	79088,84	494,31	904,12	78184,71
292	78184,71	488,65	909,77	77274,94
...	...	...	...	...
358	4143,39	25,90	1372,53	2770,85
359	2770,85	17,32	1381,11	1389,74
360	1389,74	8,69	1389,74	0,00

В случае ARM месячный ипотечный платеж периодически изменяется. Он должен пересчитываться в каждую дату изменения процента. Этот процесс называют **пересмотром условий кредита**. Возьмем, например, 30-летний кредит размером $200 000. Допустим, условия кредита пересматриваются ежегодно, а первоначальная ставка (т. е. ставка на первые 12 месяцев) составляет 7,5%. Какой непогашенный остаток мы будем иметь в конце первого года? Для этого нужно взглянуть на последний столбец («Конечный остаток») табл. 10.1 для месяца 12. Он составляет $198 156,33. (Можно также воспользоваться приведенной выше формулой.) Итак, пересмотр условий кредита связан с расчетом месячного ипотечного платежа, при котором сумма $198 156,33 полностью амортизируется за 29 лет (348 месяцев), поскольку по истечении одного года срок кредита становится равным 29 годам. Предположим, что новая ставка составляет 8,5%. Тогда месячный ипотечный платеж для полной амортизации кредита будет равен $1535,26, его и принимают для расчетов на следующие 12 месяцев.

В 2001–2007 гг. на ипотечном рынке популярность приобрели несколько нетрадиционных схем амортизации. Наиболее популярным стал **только процентный продукт**. В этом случае в течение определенного периода, называемого **периодом запрета на досрочное погашение**, выплачиваются только проценты. После истечения периода запрета условия кредита пересматриваются и устанавливаются ежемесячные ипотечные платежи, достаточные для полной амортизации первоначальной суммы кредита в оставшийся срок. Процентные продукты могут относиться к FRM, ARM или гибридным ARM.

Кредитные гарантии

Ипотечные кредиты можно классифицировать в зависимости от того, кем предоставлены кредитные гарантии — федеральным правительством, организацией, спонсируемой правительством, или частной организацией. Кредиты, гарантированные агентствами федерального правительства, называют в целом **правительственными кредитами**. Министерство жилищного строительства и городского развития (HUD) осуществляет надзор за двумя агентствами, гарантирующими правительственные кредиты. Первое из них, Федеральное управление жилищного строительства, созданное по решению Конгресса в 1934 г., стало частью HUD в 1965 г. Управление предоставляет гарантии по кредитам тех заемщиков, которые могут внести лишь небольшой первоначальный платеж и имеют сравнительно низкий уровень доходов. Второе — Администрация по делам ветеранов является частью Министерства по делам ветеранов США. Она гарантирует кредиты, предоставляемые ветеранам и резервистам.

Помимо правительственных кредитов есть еще кредиты, не имеющие прямых гарантий от федерального правительства. Такие кредиты получают в соответствии со «стандартной процедурой получения финансирования», поэтому на рынке их называют **стандартными кредитами**. Хотя такие кредиты не обязательно страхуются при предоставлении, они могут приравниваться к застрахованным при включении в пул ипотечных кредитов, используемый в качестве обеспечения ипотечных ценных бумаг. Если говорить точнее, то к таким бумагам относятся те, что выпускаются двумя спонсируемыми правительством организации Freddie Mac и Fannie Mae. Поскольку гарантии этих организаций не полностью поддерживаются правительством, такие кредиты не относят к правительственным. Мы рассмотрим этот вопрос подробнее в следующей главе.

Стандартный кредит может страховаться **частным ипотечным страховщиком**. С точки зрения инвестора надежность гарантии зависит от кредитного рейтинга страховщика.

Непогашенный остаток

Как объясняется в следующем разделе, для правительственных кредитов и кредитов, гарантированных Freddie Mac и Fannie Mae, устанавливаются лимиты на остатки. Максимальный размер кредита для одно- — четырехсемейных домов изменяется каждый год. Лимиты по кредитам, называемые **лимитами соответствия**, одинаковы для Freddie Mac и Fannie Mae, поскольку они установлены одним и тем же законом. Кредиты, превышающие лимиты соответствия, называют **крупными кредитами**. Закон об экономическом стимулировании 2008 г. временно предоставляет Freddie Mac и Fannie Mae право покупать кредиты, превышающие лимиты соответствия, в определенных высокозатратных областях.

Досрочное погашение и штрафы за досрочное погашение

Домовладельцы нередко погашают остаток по ипотечному кредиту полностью или частично раньше наступления срока. Платеж, осуществляемый сверх ежемесячного ипотечного платежа, называют **досрочным погашением**. Возьмем, например, 30-летний кредит размером $200 000 со ставкой 7,5%. Ежемесячный ипотечный платеж по нему составляет $1398,43. Допустим, домовладелец вносит $5398,43. Такой платеж превышает ежемесячный ипотечный платеж на $4000. Эта сумма представляет собой досрочное погашение и сокращает непогашенный остаток на $4000. Обратимся к табл. 10.1. Допустим досрочное погашение осуществляется в месяце 90. Без досрочного погашения остаток на конец месяца 90 составляет $182 141,37. В результате досрочного погашения остаток в конце месяца 90 уменьшается до $178 141,37.

Такой тип досрочного погашения, при котором остаток кредита погашается не полностью, называют **частичным досрочным погашением** или **сокращением**. В случае сокращения условия кредита не пересматриваются, а заемщик продолжает вносить тот же самый ежемесячный ипотечный платеж. В результате досрочного погашения более значительная часть ежемесячного ипотечного платежа идет на погашение основной суммы. Например, примем, что досрочное погашение в размере $4000 осуществляется в месяце 90. В следующем месяце, т. е. месяце 91, сумма процентного платежа будет исчисляться на основе остатка $178 141,37. Процент составит $1113,38 (7,5% разделить на 12 и умножить на $178 141,37), что меньше суммы, указанной в табл. 10.1. Таким образом, в месяце 91 основной платеж будет равен разнице между $1398,43 и процентом $1113,38, или $285,05, что меньше суммы $260,05, показанной в табл. 10.1. Чистый эффект досрочного погашения заключается в том, что кредит будет погашен раньше наступления планового срока. Иными словами, срок кредита «сокращается».

В более общем случае досрочно погашается весь остаток ипотечного кредита. В условия всех ипотечных кредитов включается положение о «погашении при продаже», в соответствии с которым остаток кредита подлежит погашению при продаже дома. Существующие ипотечные кредиты могут также рефинансироваться заемщиками, если уровень действующих ипотечных ставок снижается или появляются более привлекательные условия финансирования.

Фактически право заемщика досрочно погасить кредит полностью или частично без уплаты штрафа является опционом. Структура, при которой право заемщика на досрочное погашение ограничивается, называется **ипотечным кредитом со штрафом за досрочное погашение**. Такой кредит предусматривает штрафные санкции в случае досрочного погашения. Эта структура направлена на ограничение рефинансирования и требует уплаты комиссии в случае досрочного погашения в течение определенного периода после предоставления кредита. Она обычно позволяет заемщикам досрочно погашать до 20% кредита каждый год во время действия штрафных санкций и предусматривает уплату процентов за шесть месяцев при погашении оставшихся 80% кредита. В некоторых случаях штрафные санкции отменяются при продаже дома, поэтому их называют «мягкими». Жесткие штрафные санкции уплачиваются даже в случае продажи базовой недвижимости[1].

---

[1] Законы и правила, регулирующие взимание штрафов за досрочное погашение, устанавливаются на федеральном уровне и на уровне штатов. Обычно применимое законодательство для ипотечных кредитов с фиксированной ставкой определяется на уровне штатов. Есть штаты, которые не взимают штрафы за досрочное погашение первой ипотеки с фиксированной ставкой. В некоторых штатах введение штрафов разрешается, но ограничиваются их типы. В случае некоторых типов ипотек, например ипотек с изменяемой ставкой и «баллонных» ипотек, преимущественное действие имеют федеральные законы.

КВАЛИФИЦИРОВАННЫЕ КРЕДИТЫ

Как говорилось в главе 6, Freddie Mac и Fannie Mae являются спонсируемыми правительством организациями (GSE), в задачу которых входит обеспечение ликвидности и поддержка ипотечного рынка. Хотя Freddie Mac и Fannie Mae частные компании, федеральное правительство предоставляет им привилегии. GSE пользуются определенными преимуществами, которых нет у других компаний. Вместе с тем на их деятельность накладываются определенные ограничения. В сентябре 2008 г. они были взяты под внешнее управление правительства США.

Одним из путей достижения целей GSE является покупка и продажа ипотечных кредитов[1]. Они могут держать приобретенные кредиты в своих портфелях или переупаковывать для создания ипотечных ценных бумаг. Выпускаемые ими ценные бумаги рассматриваются в следующей главе. Хотя Freddie Mac и Fannie Mae могут покупать и продавать любые типы жилищных ипотечных кредитов, для выпуска ценных бумаг используются только правительственные кредиты и те кредиты, которые удовлетворяют определенным требованиям. Стандартные кредиты, удовлетворяющие требованиям, называют **квалифицированными кредитами**. Квалифицированный кредит — это кредит, который соответствует стандартам подписки Freddie Mac и Fannie Mae. Таким образом, на рынке существуют **квалифицированные стандартные кредиты** и **неквалифицированные стандартные кредиты**.

Одним из условий гарантирования кредита является его размер в момент выпуска. Как отмечалось в предыдущем разделе, стандартные кредиты, соответствующие требованиям двух GSE по размеру, называют удовлетворяющими установленным лимитам. Вместе с тем существуют и другие требования, в том числе[2]:

- тип недвижимости (основное жилье, загородный дом / второе жилье, инвестиционная недвижимость);
- тип кредита (например, с фиксированной ставкой, с изменяемой ставкой);

---

1 Две GSE должны приобретать определенный процент кредитов, предоставленных домохозяйствам с низким и средним доходом или обеспеченных недвижимостью в целевых районах, которые определяет Министерство жилищного строительства и городского развития. Такие кредиты классифицируются как «кредиты на доступное жилье».

2 См., например, январскую публикацию Fannie Mae 2007 г. *Guide to Underwriting with DU*, в которой рассматривается подписка на стандартные кредиты. DU — это автоматизированная система подписки Fannie Mae, предназначенная для оказания помощи ипотечным кредиторам в принятии решений по предоставлению кредитов.

- тип сделки (ставка и условия рефинансирования, выкупы с использованием оплаченной доли жилья, избыточное рефинансирование);
- отношение размера кредита к стоимости залога в зависимости от типа кредита;
- отношение размера кредита к стоимости залога в зависимости от типа кредита и типа сделки;
- кредитная история заемщика;
- документация.

Квалификация стандартного кредита важна как для заемщика, так и для оригинатора ипотечного кредита. Это связано с тем, что две GSE являются крупнейшими покупателям ипотечных кредитов в США. Таким образом, кредиты, относящиеся к группе квалифицированных, имеют больше шансов на приобретение Freddie Mac и Fannie Mae с целью выпуска ипотечных ценных бумаг. Как результат, они имеют более низкие процентные ставки, чем неквалифицированные стандартные кредиты.

РИСКИ, СВЯЗАННЫЕ С ИНВЕСТИРОВАНИЕМ В ИПОТЕЧНЫЕ КРЕДИТЫ

В число основных инвесторов в ипотечные кредиты входят сберегательные организации и коммерческие банки. Пенсионные фонды и компании по страхованию жизни тоже вкладывают средства в эти кредиты, однако их портфели невелики по сравнению с банками и сберегательными организациями. Вкладывая капитал в жилищные ипотечные кредиты, инвесторы несут риск четырех типов: 1) кредитный риск; 2) риск ликвидности; 3) ценовой риск и 4) риск досрочного погашения.

Кредитный риск

Кредитный риск — это риск дефолта домовладельца/заемщика. Для ипотечных кредитов, застрахованных Федеральным управлением жилищного строительства и Администрацией по делам ветеранов, риск минимален. Для ипотечных кредитов, застрахованных частными организациями, риск можно оценить по кредитному рейтингу частной страховой компании. У незастрахованных стандартных кредитов кредитных риск зависит от кредитного качества заемщика. Отношение LTV является хорошим показателем риска убытков по основной сумме в случае дефолта. При высоких значениях LTV дефолты более вероятны в силу того, что заемщик имеет небольшую оплаченную долю недвижимости.

Одно время при оценке кредитного риска инвесторы рассматривали LTV только в момент выдачи кредита (**начальное LTV**). Однако в период падения цен на жилье стало очевидно, что рассматривать следует в первую очередь **текущее LTV**. Текущее LTV — это величина, вычисляемая на основании текущего размера непогашенного остатка и оценочной текущей рыночной стоимости недвижимости. В период падения цен на жилье текущее LTV может существенно превышать начальное LTV, а это значит, что данная ипотека в настоящий момент является более рискованной, чем в момент выдачи кредита.

Риск ликвидности

Несмотря на существование вторичного рынка ипотечных кредитов, который мы рассмотрим в следующей главе, спреды бид-аск на нем более значительны по сравнению с прочими долговыми инструментами. Иными словами, ипотечные кредиты являются менее ликвидными из-за своих больших размеров и неделимости.

Ценовой риск

Как говорилось в главе 2, цена инструмента с фиксированной доходностью изменяется в направлении, противоположном движению рыночных процентных ставок. Таким образом, повышение процентных ставок приводит к снижению цены ипотечных кредитов.

Досрочное погашение и неопределенность денежного потока

Денежный поток по ипотечному кредиту складывается из трех компонентов:

- процентный платеж;
- погашение основной суммы (плановое погашение основной суммы, или амортизация);
- досрочное погашение.

Риск досрочного погашения связан с денежным потоком по ипотечному кредиту, обусловленным досрочным погашением. Точнее говоря, инвесторы опасаются, что заемщики погасят кредиты при падении текущих ипотечных ставок ниже начальной ставки по кредиту. Например, если начальная ставка по ипотечному кредиту, предоставленному пять лет назад, составляла 8%, а текущая ипотечная ставка (т. е. ставка, по которой можно получить новый кредит) равна 5,5%, то у заемщика появляется интерес рефинансировать кредит. Решение о рефинансировании зависит от ряда факторов, однако важнейший из них — текущий уровень ипотечных ставок по сравнению с начальной ставкой. Риск инвестора заключается в том, что поступления от досрочного погашения кредита ему придется реинвестировать под более низкую ставку.

Этот риск аналогичен риску инвестора в случае корпоративных или муниципальных облигаций с правом досрочного погашения. Вместе с тем в отличие от отзываемой облигации жилищный ипотечный кредит не предусматривает выплаты премии за досрочное погашение. Любая часть основной суммы, выплаченная до наступления срока погашения, выплачивается по номинальной стоимости. Исключением, конечно, являются кредиты со штрафами за досрочное погашение.

Резюме

- Ипотечный кредит предусматривает залог имущества для обеспечения погашения долга, при этом под имуществом обычно понимается какая-либо форма недвижимости.
- Недвижимое имущество, которое может быть передано в залог, делится на две широкие категории: односемейная (от одной до четырех семей) жилая недвижимость и коммерческая недвижимость.
- Жилищные ипотечные кредиты можно классифицировать по статусу залога (первичный и вторичный залог), кредитному качеству (стандартный и низкокачественный), типу процентной ставки (фиксированная и изменяемая), типу амортизации (полностью амортизируемый и только процентный продукт), кредитным гарантиям (правительственные и стандартные), непогашенному остатку и досрочному погашению и штрафам за досрочное погашение.
- Две GSE, Fannie Mae и Freddie Mac, могут приобретать любые типы кредитов, однако только квалифицированные стандартные кредиты (т. е. стандартные кредиты, удовлетворяющие стандартам подписки) разрешается секьюритизировать и создавать на их основе ипотечные ценные бумаги.
- Денежный поток по ипотечному кредиту складывается из процентного платежа, планового погашения основной суммы и досрочного погашения.

- Кредиторы несут риск четырех типов: 1) кредитный риск; 2) риск ликвидности; 3) ценовой риск и 4) риск досрочного погашения.
- Риск досрочного погашения связан с денежным потоком по ипотечному кредиту, обусловленным досрочным погашением.

Вопросы

1. Какой тип недвижимости используется в качестве обеспечения жилищного ипотечного кредита?
2. Какие два основных фактора учитываются при принятии решения о предоставлении заявителю жилищного ипотечного кредита?
3. Объясните, почему с повышением отношения размера кредита к стоимости залога растет кредитный риск, которому подвергается кредитор?
4. В чем разница между избыточным рефинансированием и простым рефинансированием?
5. Что такое коэффициент покрытия ипотечных платежей и коэффициент покрытия совокупных платежей, и чем они различаются?
6. В чем разница между стандартным кредитом и низкокачественным кредитом?
7. Как используется скоринг FICO в классификации кредитов?
8. Что такое alt-A-кредит?
9. Что такое кредит, застрахованный Федеральным управлением жилищного строительства?
10. Что такое стандартный кредит?
11. a. Что означают лимиты соответствия?
    b. Что такое крупный кредит?
12. a. Когда досрочно погашается не вся сумма кредита, что происходит с будущими месячными ипотечными платежами по кредиту с фиксированной ставкой?
    b. Какой эффект дает частичное досрочное погашение?
13. Рассмотрим ипотечный кредит с фиксированной ставкой и погашением равными частями, имеющий следующие характеристики:

    Срок — 360 месяцев

    Размер — $100 000

    Годовая ипотечная ставка — 10%

    a. Составьте график амортизации на первые 10 месяцев.
    b. Каким будет остаток по кредиту на конец 360-го месяца при отсутствии досрочного погашения?

c. Не составляя график амортизации, определите, каким будет остаток на конец 270-го месяца при отсутствии досрочного погашения.

d. Не составляя график амортизации, определите, каким будет плановый основной платеж на конец 270-го месяца при отсутствии досрочного погашения.

14. Объясните, почему в ипотеках с фиксированной ставкой часть ипотечного платежа, приходящаяся на проценты, с течением времени уменьшается, а часть, приходящаяся на основной платеж, растет.
15. Почему параметры денежного потока ипотеки заранее не известны?
16. Почему инвестор в ипотечный кредит в определенном смысле предоставляет заемщику (домовладельцу) право, аналогичное праву на досрочное погашение облигации?
17. Какое поведение называют стратегическим дефолтом?
18. Какое преимущество кредитору дает ипотечный кредит со штрафом за досрочное погашение?
19. Объясните, почему вы согласны или не согласны со следующими утверждениями:

    a. «Freddie Mac и Fannie Mae разрешается приобретать только квалифицированные стандартные кредиты».

    b. «При упаковке кредитов для создания ипотечных ценных бумаг Freddie Mac и Fannie Mae разрешается использовать только правительственные кредиты».

20. a. Какие особенности ипотечного кредита с изменяемой ставкой влияют на его денежный поток?

    b. Какие две категории референсных индексов используются в ипотечных кредитах с изменяемой ставкой?

21. a. Что такое начальное LTV ипотечного кредита?

    b. Что такое текущее LTV ипотечного кредита?

    c. Почему при оценке вероятности дефолта заемщика недостаточно знать начальное значение LTV?

22. Что такое риск досрочного погашения ипотечного кредита?

ГЛАВА 11

Агентские сквозные ипотечные бумаги

В этой главе читателю будут представлены сведения:

- о понятии ипотечной ценной бумаги;
- о различных секторах рынка ценных бумаг, обеспеченных жилищной ипотекой;
- о понятии сквозной ипотечной ценной бумаги;
- о денежном потоке сквозных ипотечных ценных бумаг;
- о важности прогноза темпов досрочного погашения при оценке размеров денежного потока сквозной ипотечной ценной бумаги;
- о WAC и WAM сквозной ипотечной ценной бумаги;
- о различных типах агентских сквозных ипотечных ценных бумаг;
- о шкале досрочного погашения PSA и о ее использовании для определения денежного потока сквозной ипотечной ценной бумаги;
- о факторах, влияющих на темпы досрочного погашения агентских сквозных ценных бумаг;
- о доходности по денежному потоку и ограничениях, связанных с ее использованием;
- о способе вычисления средней продолжительности жизни сквозной ипотечной ценной бумаги;
- о делении риска досрочного погашения на риск сокращения и риск удлинения;
- об условностях, принятых участниками рынка сквозных ипотечных ценных бумаг.

Ценные бумаги, обеспеченные жилищной ипотекой (*residential mortgage-backed security — RMBS*), создают на основе объединения жилищных ипотечных кредитов в пул и использования денежного потока, генерируемого этим пулом, в качестве обеспечения одного или нескольких выпусков долговых обязательств. «Обеспеченные» означает, что основные и процентные платежи, причитающиеся инвесторам в RMBS, формируются из платежей заемщиков, чьи кредиты входят в пул. Ипотечные кредиты, на основе которых выпускаются RMBS, называют **секьюритизированными**, а процесс создания RMBS — **секьюритизацией**.

В этой и двух последующих главах мы рассмотрим различные секторы рынка RMBS. В данной главе основное внимание уделяется агентским сквозным ипотечным ценным бумагам и общему описанию RBMS. Мы начнем с перечисления секторов рынка RBMS, это даст нам своего рода дорожную карту для настоящей главы и последующих двух глав.

СЕКТОРЫ РЫНКА ЦЕННЫХ БУМАГ, ОБЕСПЕЧЕННЫХ ЖИЛИЩНОЙ ИПОТЕКОЙ

Информация по рынку жилищных ипотечных кредитов, представленная в предыдущей главе, поможет нам понять различные секторы рынка RMBS. Как уже говорилось и как это видно на рис. 11.1, рынок жилищных ипотечных кредитов можно разделить на два подсектора в зависимости от кредитного качества заемщиков:

- рынок стандартных кредитов;
- рынок низкокачественных кредитов.

Сектор стандартных кредитов включает в себя: 1) кредиты, соответствующие стандартам подписки Ginnie Mae, Fannie Mae и Freddie Mac (т. е. квалифицированные кредиты), и 2) кредиты, которые не соответствуют этим стандартам по иным причинам, чем кредитное качество, или из-за того, что кредит является не первой ипотекой на недвижимость (т. е. неквалифицированные кредиты). Сектор низкокачественных ипотечных кредитов — это рынок кредитов, предоставленных заемщикам с низким кредитным рейтингом, или вторых ипотек. Такие кредиты, по определению, являются неквалифицированными.

Все эти кредиты могут секьюритизироваться в различных секторах рынка RMBS. Кредиты, которые соответствуют стандартам подписки агентств, обычно используются для создания RMBS, называемых **агентскими**

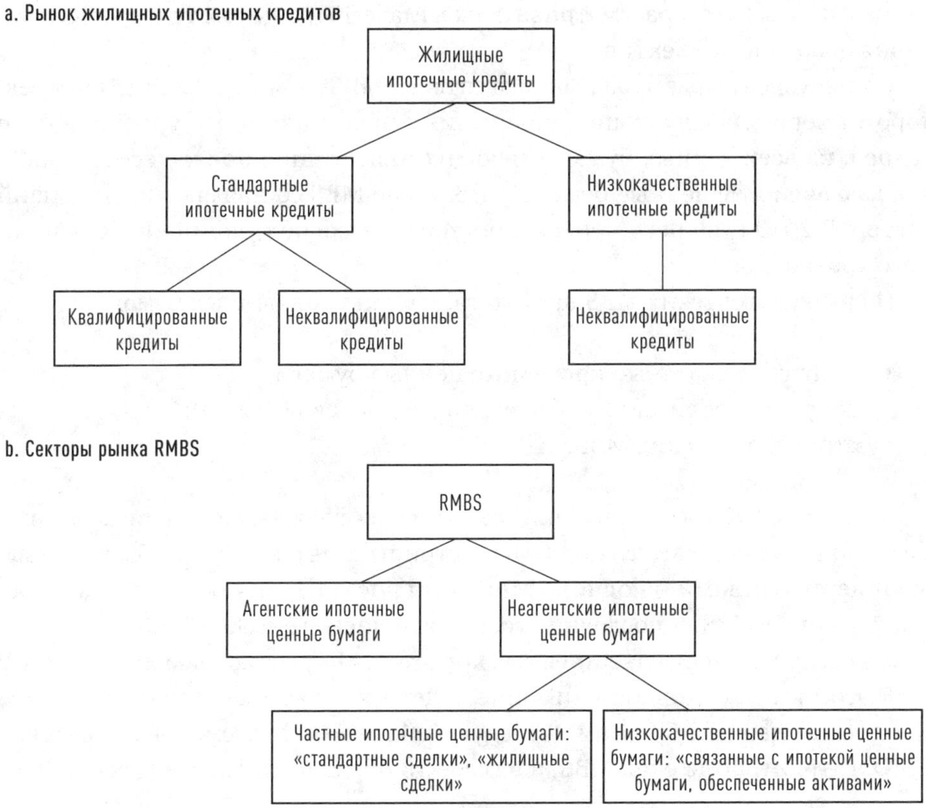

Рис. 11.1. Разбивка рынка жилищных ипотечных кредитов и секторы рынка RMBS

ипотечными ценными бумагами (или агентскими MBS). Все прочие кредиты используются для создания того, что в целом называют **неагентскими MBS**. Этот подсектор делится в свою очередь на **частные MBS** со стандартными кредитами в качестве обеспечения и **низкокачественные MBS** с низкокачественными кредитами в качестве обеспечения. Названия неагентским MBS присваиваются произвольно. Некоторые участники рынка называют частные MBS «жилищными сделками» или «стандартными сделками». Низкокачественные MBS называют также «связанными с ипотекой ценными бумагами, обеспеченными активами»[1]. На практике участники рынка нередко классифицируют агентские и частные MBS как часть рынка RMBS, а низкокачественные MBS — как часть рынка ценных бумаг, обеспеченных

[1] См.: Frank J. Fabozzi, Anand K. Bhattacharya, and William S. Berliner, *Mortgage-backed Securities: Products, Structuring, and Analytical Techniques*, 2nd ed. (Hoboken, NJ: John Wiley & Sons, 2010).

активами (мы будем рассматривать их в главе 15). В целом такая классификация довольно субъективна.

С точки зрения размера рынок агентских MBS является крупнейшим сектором американского рынка облигаций инвестиционного уровня. Иначе говоря, из всех ценных бумаг, имеющих инвестиционное качество (включая казначейские ценные бумаги), агентские MBS составляют крупнейший сектор. В 2010 г. на него приходилось 45% рынка облигаций инвестиционного уровня.

На рынке агентских MBS присутствуют три типа ценных бумаг:

- агентские сквозные ипотечные ценные бумаги;
- агентские облигации, обеспеченные ипотекой (CMO);
- стрипы агентских MBS.

Агентские CMO и стрипы MBS создаются из сквозных ипотечных ценных бумаг. В результате агентские CMO и стрипы агентских MBS обычно называют **деривативами на основе MBS**. Хотя рис. 11.1 дает общее представление о рынке RMBS, в последние годы появились агентские MBS, у которых пулы состоят из низкокачественных кредитов. Мы рассмотрим их в главе 12.

В этой главе основное внимание будет уделяться агентским сквозным ипотечным ценным бумагам. В следующей главе мы рассмотрим агентские CMO и стрипы агентских MBS, а в главе 13 обратимся к неагентским MBS.

ОБЩЕЕ ОПИСАНИЕ АГЕНТСКИХ СКВОЗНЫХ ИПОТЕЧНЫХ ЦЕННЫХ БУМАГ

Сквозная ипотечная ценная бумага, или просто сквозная ценная бумага, — это разновидность MBS, создаваемая путем объединения ипотечных кредитов в пул и выпуска сертификатов, дающих инвестору право получать пропорциональную долю денежного потока по пулу ипотечных кредитов, который служит обеспечением. Поскольку существует только один класс держателей облигаций, эти ценные бумаги иногда называют **MBS одного класса**. Как объясняется в следующей главе, отличительной особенностью сквозных ценных бумаг по сравнению с двумя другими типами агентских MBS — агентскими CMO и стрипами агентских MBS — является то, что один и тот же пул служит обеспечением для нескольких классов облигаций.

В качестве примера возьмем агентскую сквозную ценную бумагу Fannie Mae, выпущенную 1 мая 2007 г.: FNMS 05.5000 CL-918462. FNMS означает, что ценная бумага выпущена Fannie Mae. Следующий элемент обозначения,

05.5000, говорит о том, что купонная ставка ценной бумаги составляет 5,5%. Пул кредитов, который служит обеспечением ценной бумаги, — это пул Fannie Mae номер CL-918462, в который в момент выпуска входили 1103 кредита. Символы CL, стоящие перед номером пула, называют **префиксом пула**. Все агентские выпуски имеют индивидуальный префикс пула, указывающий на тип обеспечения. В случае Fannie Mae двухсимвольный префикс показывает: 1) являются ли кредиты стандартными, застрахованными правительством или гарантированными какой-либо организацией; 2) является ли начальная ставка по кредитам фиксированной или изменяемой, а также параметры изменения ставки в последнем варианте; 3) общий срок до погашения кредитов при выпуске. В нашем примере символы CL означают «стандартные долгосрочные, погашаемые равными долями ипотечные кредиты; односемейные; срок — 30 лет или меньше». Fannie Mae использует также другой префикс CI, который означает «стандартные среднесрочные погашаемые равными долями ипотечные кредиты; односемейные; срок — 15 лет или меньше», а также префикс A1, который означает, что обеспечением служат «ипотечные кредиты с изменяемой ставкой; односемейные; индексируется по однолетним CMT; 1%-ный лимит для каждого пересмотра процентной ставки; пожизненный кэп зависит от пула».

Совокупная основная сумма пула FNMS 05.5000 CL-918462 на дату выпуска составляла $285 296 859 (это значит, что средний остаток кредита на дату выпуска был равен примерно $259 000). Если инвестор в эту ценную бумагу покупает, скажем, $5 920 000 основной суммы при выпуске, то он получает 2,075% выпуска и имеет право на 2,075% денежного потока, доступного инвесторам.

В момент выпуска сквозной ценной бумаги основная сумма известна. Со временем в результате плановых платежей в погашение основной суммы и досрочных погашений непогашенный остаток пула уменьшается. Процентная доля первоначальной основной суммы, которая еще не погашена, называется **коэффициентом пула**. В момент выпуска коэффициент пула равен 1. Информация о коэффициенте пула публикуется ежемесячно.

Денежный поток сквозной ипотечной ценной бумаги зависит от денежного потока обеспечения, т. е. от ипотечных кредитов. В главе 10 мы писали о том, что денежный поток складывается из ежемесячных ипотечных платежей, представляющих процент, плановый основной платеж и досрочное погашение.

Каждый месяц владельцы ценной бумаги получают выплаты. Между тем ни размер, ни время возникновения денежных потоков от пула кредитов не совпадают с размерами и временем денежных потоков, передаваемых инвесторам. Месячный денежный поток по сквозной ценной бумаге меньше денежного потока от обеспечения на величину комиссионных, взимаемых, в частности, за обслуживание. Другая часть комиссионных взимается эмитентом или гарантом ипотечного пула за предоставляемые гарантии. Таким образом, купонная ставка сквозной ценной бумаги, называемая **сквозным ипотечным купоном**, меньше процентной ставки по соответствующему пулу ипотечных кредитов на величину комиссионных, взимаемых за предоставление гарантий и обслуживание. Для FNMS 05.5000 CL-918462 сквозной ипотечный купон составляет 5,5%.

Время возникновения денежных потоков также различно. Месячный ипотечный платеж выплачивается заемщиком первого числа каждого месяца, однако к держателям ценной бумаги он поступает с некоторым запозданием. Длительность задержки зависит от типа сквозной ценной бумаги.

Досрочные погашения не позволяют заранее с точностью определить размер денежного потока пула ипотек, оценку величины которого мы рассмотрим далее в этой главе.

Ипотечные кредиты, входящие в пул, используемый в качестве обеспечения, не обязательно имеют одинаковую начальную ставку и срок. Именно поэтому, характеризуя сквозную ценную бумагу, говорят о ее средневзвешенной купонной ставке и средневзвешенном сроке.

Средневзвешенная купонная ставка (*weighted-average coupon rate — WAC*) определяется взвешиванием начальных ставок всех ипотечных кредитов в пуле по размеру непогашенного долга. Средневзвешенный срок (*weighted-average maturity — WAM*) определяется через взвешивание срока до погашения каждого ипотечного кредита в пуле по общему размеру долга. Этот показатель называют также **средневзвешенным сроком кредита** (*weighted average loan term — WALT*). Для FNMS 05.5000 CL-918462 WAC при выпуске составляла 6,2%, а WAM — 360 месяцев. Такое значение WAM означает, что все ипотечные кредиты были вновь выпущенными.

После выпуска MBS WAM пула изменяется. Fannie Mae и Freddie Mac сообщают об оставшемся количестве месяцев до погашения для пула кредитов и называют этот показатель **средневзвешенным оставшимся сроком до погашения** (*weighted average remaining maturity — WARM*). Они также сообщают о средневзвешенном количестве месяцев после выпуска ценной бумаги. Этот показатель называют **средневзвешенным возрастом кредитов** (*weighted average loan age — WALA*).

Другая информация о пуле кредитов приводится в приложении к проспекту. Она помогает инвестору оценить стоимость ценной бумаги или, точнее, оценить уровень досрочных погашений, который можно ожидать по пулу.

ЭМИТЕНТЫ АГЕНТСКИХ СКВОЗНЫХ ЦЕННЫХ БУМАГ

Агентские сквозные ценные бумаги выпускают Governmental National Mortgage Association (Ginnie Mae), Federal National Mortgage Association (Fannie Mae) и Federal Home Loan Mortgage Corporation (Freddie Mac). Сквозные ценные бумаги, эмитируемые этими тремя организациями, называют следующим образом:

Ginnie Mae	ипотечные ценные бумаги (сокращенно MBS);
Fannie Mae	гарантированные ипотечные сквозные сертификаты, или MBS-сертификаты (сокращенно MBS);
Freddie Mac	ипотечные сертификаты участия (сокращенно PC).

Не путайте общий термин MBS со сквозными сертификатами, которые Ginnie Mae и Fannie Mae тоже называют MBS.

Ginnie Mae

Как говорилось в главе 6, Ginnie Mae — это институт федерального правительства, поскольку оно входит в состав Министерства жилищного строительства и городского развития. В результате сквозные ценные бумаги, которые оно гарантирует, обеспечены гарантией правительства США в отношении своевременности выплаты процентов и основной суммы. Иными словами, оно берет на себя выплату процентов и основной суммы при наступлении срока в случае дефолта заемщика.

В начале этого раздела мы называли Ginnie Mae эмитентом сквозных ценных бумаг. Строго говоря, это неправильно. Ginnie Mae предоставляет гарантии, но это агентство не является эмитентом. Сквозные ценные бумаги, несущие его гарантию и название, выпускаются одобренными эмитентами, такими как сберегательные организации, коммерческие и ипотечные банки. Таким образом, именно эти одобренные организации называют «эмитентами». Эти кредиторы получают разрешение только в том случае, если базовые кредиты удовлетворяют стандартам подписки, установленным Ginnie Mae. Гарантируя ценные бумаги, выпускаемые одобренными кредиторами, Ginnie Mae дает этим кредиторам возможность превращать неликвидные индивидуальные кредиты в ликвидные ценные бумаги, поддерживаемые правительством США. В результате Ginnie Mae выполняет свою цель — обеспечение средствами жилищного ипотечного рынка и создание активного вторичного рынка. За предоставление гарантии Ginnie Mae взимает вознаграждение, называемое **комиссией за гарантию**.

Fannie Mae и Freddie Mac

Хотя MBS, выпускаемые Fannie Mae и Freddie Mac, обычно называют агентскими, эти агентства являются акционерными компаниями, которым Конгресс поручил выполнять государственную функцию[1]. Их акции торгуются на Нью-Йоркской фондовой бирже. Они не получают правительственных субсидий или ассигнований и облагаются налогами точно так же, как и любая другая компания. Как говорилось в главе 6, Fannie Mae и Freddie Mac являются спонсируемыми правительством организациями (GSE). В 1992 г. Конгресс учредил Федеральное управление по надзору за жилищным сектором (OFHEO), которое контролирует Fannie Mae и Freddie Mac. Отвечает за безопасность и разумность их операций. В сентябре 2008 г. в обеих этих организациях было введено внешнее управление.

Задача этих GSE заключается в поддержке ликвидности и стабильности рынка ипотечных кредитов. Они добиваются этого путем: 1) покупки и продажи ипотечных кредитов; 2) создания сквозных ценных бумаг и гарантирования их и 3) покупки MBS. Ипотечные кредиты, которые Fannie Mae и Freddie Mac приобретают и держат в качестве инвестиций, включаются в портфель, называемый *собственным портфелем*. Вместе с тем выпускаемые ими MBS не имеют гарантий американского правительства. Платежи инвесторам в MBS обеспечиваются денежным потоком от базового пула кредитов, а потом корпоративной гарантией. Исторически, однако, эта корпоративная гарантия ничем не отличается от корпоративной гарантии другим кредиторам двух GSE. Дополнительная поддержка со стороны правительства была предоставлена в 2008 г. в рамках спасения этих двух GSE. Как и Ginnie Mae, обе GSE взимают комиссию за гарантию, поскольку они принимают на себя кредитный риск, связанный с неспособностью заемщиков выполнять свои кредитные обязательства.

При выпуске MBS GSE публикуют проспект эмиссии. В проспекте приводится общая информация о ценных бумагах, выпускаемых каждой GSE, и риске, связанном с инвестированием в ипотечные ценные бумаги в целом.

---

[1] Ценные бумаги, выпускаемые Fannie Mae и Freddie Mac, иногда называют «стандартными сквозными ценными бумагами». Это объясняется тем, что их обеспечением обычно служат стандартные кредиты, отвечающие стандартам подписки этих двух GSE, как говорилось в предыдущей главе.

Проспект периодически обновляется. В нем нет конкретной информации об обеспечении, т. е. о пуле кредитов. Эту информацию включают в приложение к проспекту, которое в случае Fannie Mae называют **приложением к проспекту**, а в случае Freddie Mac — **приложением по пулу**.

ПОРЯДОК ДОСРОЧНОГО ПОГАШЕНИЯ И ДЕНЕЖНЫЙ ПОТОК[1]

Для оценки стоимости сквозной ипотечной ценной бумаги необходимо спрогнозировать ее денежный поток. Проблема состоит в том, что размер денежного потока заранее неизвестен из-за возможности досрочного погашения. Единственный способ прогнозирования денежного потока — принятие допущений о **скорости досрочного погашения** в течение жизни базового пула ипотечных кредитов. Доходность, вычисляемая на основании прогнозируемого денежного потока, называется **доходностью по денежному потоку**.

Для того чтобы оценить величину денежного потока сквозной ценной бумаги, необходимо сделать допущение относительно уровня будущих досрочных погашений. Скорость досрочного погашения устанавливается на основании нескольких ориентиров: 1) данные Федерального управления по жилищному строительству (*Federal Housing Administration — FHA*); 2) условная скорость досрочного погашения и 3) шкала досрочного погашения Ассоциации дилеров по государственным ценным бумагам (*Public Securities Association — PSA*). Первая из величин в настоящее время не используется, мы, однако, опишем ее как имеющую историческое значение.

В первые годы существования рынка сквозных ценных бумаг размеры денежных потоков вычислялись исходя из предположения об отсутствии досрочного погашения в первые 12 лет, после которых досрочное погашение начинается сразу по всем ипотечным кредитам, входящим в пул. Такой наивный подход достаточно быстро сменился **методикой данных FHA**, которая в настоящее время также вышла из употребления. Размер скорости досрочного погашения устанавливался на основании одного из наиболее популярных в прошлые годы индексов — данных FHA о досрочном погашении 30-летних ипотечных кредитов. Проекция денежного потока строилась исходя из предположения о том, что скорость досрочного погашения равна скорости досрочного погашения, установленной FHA для 30-летних ипотечных кредитов.

---

[1] Текст этого и следующего разделов взят из главы 3 книги: Frank J. Fabozzi and Chuck Ramsey, *Collateralized Mortgage Obligations: Structures and Analysis* (New Hope, PA: Frank J. Fabozzi Associates, 1999).

Несмотря на широкую популярность, методика данных FHA, как стало ясно участникам рынка, оказалась небезупречна: опыт FHA не всегда релевантен исследуемому пулу ипотечных кредитов, в первую очередь потому, что досрочное погашение, зафиксированное FHA, относится к ипотечным кредитам, выданным при самых разных процентных ставках. Между тем скорость досрочного погашения теснейшим образом связана с циклами процентных ставок. Именно поэтому средняя скорость досрочного погашения, не соотносимая с конкретным циклом, не очень подходит для оценки досрочного погашения. Заметим также, что данные FHA периодически обновляются — обстоятельство, вносящее в процесс вычислений элемент неуверенности: неясно, какой именно материал принимать за основу. Наконец, не следует забывать о том, что в отличие от ипотек Fannie Mae, Freddie Mac и других неквалифицированных ипотечных кредитов, предусматривающих погашение в случае продажи недвижимости, ипотеки FHA предполагают возможность смены должника. Поэтому использование статистики FHA ведет к занижению скорости досрочного погашения ипотек других агентств. Данные FHA не дают возможности получить достоверную информацию о скорости досрочного погашения, а это значит, что полученная на базе такой методики проекция денежного потока не позволяет правильно оценивать сквозные ценные бумаги.

Условная скорость досрочного погашения

Другая величина, позволяющая определить уровень досрочных погашений и денежного потока сквозных ценных бумаг, вычисляется исходя из предположения о том, что каждый месяц в течение всей жизни пула некая часть его номинальной стоимости досрочно погашается. Скорость досрочного погашения для данного пула носит название **условной скорости досрочного погашения** (*conditional prepayment rate — CPR*): ее величина зависит как от характеристик самого пула (включая исторические данные по досрочному погашению), так и от текущего и предполагаемого в будущем состояния экономики. Скорость названа «условной», поскольку она зависит от непогашенного остатка на начало месяца.

Месячная скорость досрочного погашения

CPR — это годовая скорость досрочного погашения. Для оценки **месячной скорости досрочного погашения** (*single-monthly mortality rate — SMM*) следует привести CPR к месячному выражению. Для вычисления SMM при данной CPR существует следующая формула:

$$SMM = 1 - (1 - CPR)^{1/12}. \qquad (11.1)$$

Предположим, что CPR равна 6%. Тогда SMM составит:

$$SMM = 1 - (1 - 0{,}06)^{1/12} = 1 - 0{,}94^{0{,}08333} = 0{,}005143.$$

SMM и размер месячного досрочного погашения

SMM, равная *w*%, означает, что около *w*% непогашенного на начало месяца остатка кредита за вычетом планового основного платежа будут досрочно погашены в данном месяце, т. е.:

$$\text{досрочное погашение в месяц } t = SMM \times (\text{непогашенный на начало месяца } t \text{ остаток} - \text{плановый основной платеж в месяце } t). \qquad (11.2)$$

Допустим, например, что инвестор является держателем сквозных ценных бумаг, по которым на начало месяца непогашенный остаток составляет \$290 млн. Предположим, что SMM равна 0,5143%, а плановый основной платеж составляет \$3 млн, тогда предполагаемое для данного месяца досрочное погашение будет равно:

$$0{,}005143 \times (\$290\,000\,000 - \$3\,000\,000) = \$1\,476\,041.$$

Шкала досрочного погашения PSA

Шкала досрочного погашения Ассоциации дилеров по государственным ценным бумагам (PSA)[1] представляет собой месячный ряд годовых скоростей досрочного погашения[2]. Шкала PSA предполагает, что скорость досрочного

---

1 Хотя PSA изменила свое название на Ассоциацию участников рынка облигаций (BMA), а затем на Ассоциацию участников индустрии ценных бумаг и финансовых рынков (SIFMA), термин *шкала досрочного погашения PSA* по-прежнему используется.

2 Данную шкалу принято называть *моделью досрочного погашения* — определение, предполагающее использование ее для оценки уровня досрочных погашений. Мы не советовали бы, однако, рассматривать эту шкалу в качестве модели. Она является, скорее, отражением рыночного соглашения относительно характера досрочного погашения.

погашения вновь предоставленных ипотечных кредитов низка и увеличивается по мере выдержки ипотек.

Шкала PSA предполагает следующие значения CPR для 30-летних ипотек: 1) в первый месяц CPR равна 0,2% и возрастает на 0,2% ежемесячно в течение следующих 30 месяцев, достигая к концу этого периода 6% годовых; 2) в оставшиеся годы CPR равна 6%. Такая шкала обозначается как «100% PSA» или просто «100PSA»; графическое изображение шкалы приведено на рис. 11.2. Математически 100PSA можно представить следующим образом:

$$\text{при } t \leq 30 - \text{CPR} = 6\% \, (t/30);$$
$$\text{при } t > 30 - \text{CPR} = 6\%,$$

где t — число месяцев, прошедших с момента предоставления ипотечного кредита.

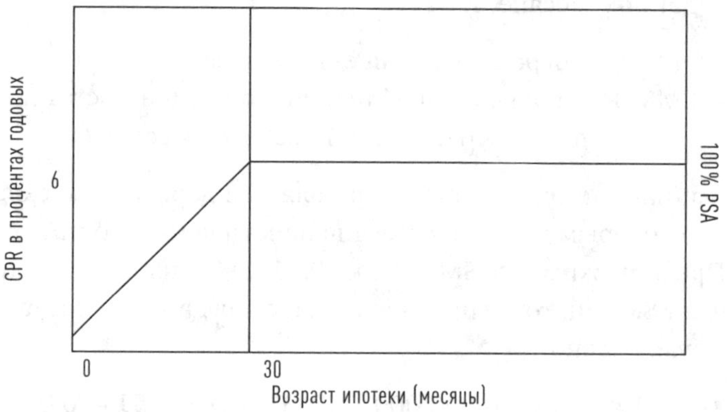

Рис. 11.2. Графическое представление 100PSA

Более высокие или более низкие скорости досрочного погашения выражаются в виде процента от PSA. Так, 50PSA — это половина CPR шкалы PSA; 150PSA — умноженная на 1,5 CPR шкалы PSA; 300PSA — умноженная на три CPR шкалы PSA. Скорость, равная 0PSA, означает, что досрочное погашение отсутствует.

CPR переводится в SMM по формуле (11.1). Попробуем, исходя из скорости досрочного погашения 100PSA, вычислить SMM для месяца 5, месяца 20 и месяцев с 31 по 360:

Для месяца 5:

$$\text{CPR} = 6\% \times (5/30) = 1\% = 0{,}01;$$
$$\text{SMM} = 1 - (1 - 0{,}01)^{1/12} =$$
$$= 1 - 0{,}99^{0{,}083333} = 0{,}000837.$$

Для месяца 20:

$$\begin{aligned}\text{CPR} &= 6\% \times (20/30) = 4\% = 0{,}04;\\ \text{SMM} &= 1 - (1 - 0{,}04)^{1/12} =\\ &= 1 - 0{,}96^{0{,}083333} = 0{,}0003396.\end{aligned}$$

Для месяцев 31–360:

$$\begin{aligned}\text{CPR} &= 6\%;\\ \text{SMM} &= 1 - (1 - 0{,}06)^{1/12} =\\ &= 1 - 0{,}94^{0{,}083333} = 0{,}005143.\end{aligned}$$

При 165PSA расчеты SMM для месяца 5, месяца 20 и месяцев с 31 по 360 проводятся следующим образом:

Для месяца 5:

$$\begin{aligned}\text{CPR} &= 6\% \times (5/30) = 1\% = 0{,}01;\\ \text{165PSA} &= 1{,}65 \times 0{,}01 = 0{,}0165;\\ \text{SMM} &= 1 - (1 - 0{,}0165)^{1/12} =\\ &= 1 - 0{,}9835^{0{,}083333} = 0{,}001386.\end{aligned}$$

Для месяца 20:

$$\begin{aligned}\text{CPR} &= 6\% \times (20/30) = 4\% = 0{,}04;\\ \text{165PSA} &= 1{,}65 \times 0{,}04 = 0{,}066;\\ \text{SMM} &= 1 - (1 - 0{,}066)^{1/12} =\\ &= 1 - 0{,}934^{0{,}083333} = 0{,}005674.\end{aligned}$$

Для месяцев 31–360:

$$\begin{aligned}\text{CPR} &= 6\%;\\ \text{165PSA} &= 1{,}65 \times 0{,}06 = 0{,}099;\\ \text{SMM} &= 1 - (1 - 0{,}099)^{1/12} =\\ &= 1 - 0{,}901^{0{,}083333} = 0{,}007828.\end{aligned}$$

Обратите внимание на то, что SMM при 165PSA не равно SMM при 100PSA, умноженную на 1,65. Данное равенство верно, однако, для CPR.

Построение месячного денежного потока

Представим теперь процедуру построения месячного денежного потока гипотетической сквозной ценной бумаги на основании шкалы PSA. Для упрощения работы мы предположили, что наш пул составлен из ипотечных кредитов с фиксированной ставкой и погашением равными долями;

WAC равен 8,125%. Купон сквозной ценной бумаги равен 7,5%, а WAM — 357 месяцам.

В табл. 11.1 приведены размеры денежного потока избранных месяцев для 100PSA. Денежный поток разбит на три компонента: 1) процент (на базе купона сквозной ценной бумаги); 2) регулярное плановое погашение основной суммы; 3) досрочное погашение при 100PSA.

Проведем анализ каждого из столбцов табл. 11.1.

Столбец 1. Порядковый номер месяца.

Столбец 2. Здесь приводится величина непогашенного остатка ипотечного кредита на начало месяца. Она равна непогашенному остатку на начало предыдущего месяца минус суммарное погашение основной суммы в прошлом месяце.

Столбец 3. Здесь приводятся SMM при 100PSA. Изучая этот столбец, следует обратить внимание на две его особенности. Во-первых, SMM месяца 1 равна SMM сквозной ценной бумаги, выпущенной три месяца назад, т. е. CPR равна 0,8%. Причина тому — WAM, равный 357. Во-вторых, начиная с месяца 27, SMM составляет 0,00514 — значение, соответствующее CPR 6%.

Столбец 4. Здесь приводится суммарный месячный ипотечный платеж. Заметим, что с течением времени и уменьшением непогашенного остатка в результате досрочного погашения величина месячного ипотечного платежа сокращается. Существует формула, позволяющая при данном уровне досрочного погашения определять размер непогашенного остатка для каждого месяца[1].

Столбец 5. Здесь приводится сумма месячного процентного платежа, выплачиваемого инвестору в сквозную ценную бумагу. Эта величина находится путем умножения непогашенного остатка на начало месяца на купон в 7,5% и деления результата на 12.

Столбец 6. Дает размер регулярных плановых основных платежей. Значение равно разности между суммарным месячным ипотечным платежом (столбец 4) и валовым купонным платежом за месяц. Валовый купонный платеж равен 8,125%,

[1] Формула приводится в главе 22 книги: Frank J. Fabozzi, *Fixed Income Mathematics: Analytical and Statistical Techniques,* 4th ed. (New York: McGraw-Hill, 2006).

умноженным на непогашенный остаток на начало месяца и деленным на 12.

Столбец 7. Здесь приводится величина досрочного погашения для данного месяца. Размер досрочного погашения находится по формуле 11.2. Так, если в месяц 100 начальный непогашенный остаток равен $231 249 776, плановый основной платеж равен $332 928, а SMM при 100PSA составляет 0,00514301 (в таблице за неимением места приводится значение 0,0514), то размер досрочного погашения равен:

$$0{,}00514301 \times (\$231\,249\,776 - \$332\,928) = \$1\,187\,608.$$

Столбец 8. Совокупный основной платеж, т. е. сумма значений столбца 6 и столбца 7.

Столбец 9. Здесь приведен прогнозный месячный денежный поток сквозной ценной бумаги. Месячный денежный поток является суммой процента, выплачиваемого инвесторам (столбец 5), и совокупного основного платежа за месяц (столбец 8).

В табл. 11.2 приводятся размеры денежных потоков в избранные месяцы для такой же сквозной ценной бумаги при 165PSA.

Таблица 11.1. Месячный денежный поток сквозной ценной бумаги при основной сумме $400 млн и купоне 7,5%. WAC равен 8,125%, WAM — 357 месяцам (100PSA)

Месяц	Непогашенный остаток	SMM	Ипотечный платеж	Процент	Плановый основной платеж	Досрочное погашение	Совокупный основной платеж	Денежный поток
1	2	3	4	5	6	7	8	9
1	400 000 000	0,00067	2 975 868	2 500 000	267 535	267 470	535 005	3 035 005
2	399 464 995	0,00084	2 973 877	2 496 656	269 166	334 198	603 364	3 100 020
3	398 861 631	0,00101	2 971 387	2 492 885	270 762	400 800	671 562	3 164 447
4	398 190 069	0,00117	2 968 399	2 488 688	272 321	467 243	739 564	3 228 252
5	397 450 505	0,00134	2 964 914	2 484 066	273 843	533 493	807 335	3 291 401
6	396 643 170	0,00151	2 960 931	2 479 020	275 327	599 514	874 841	3 353 860
7	395 768 329	0,00168	2 956 453	2 473 552	276 772	665 273	942 045	3 415 597
8	394 826 284	0,00185	2 951 480	2 467 664	278 177	730 736	1 008 913	3 476 577
9	393 817 371	0,00202	2 946 013	2 461 359	279 542	795 869	1 075 410	3 536 769

Продолжение табл. 11.1

Месяц	Непогашенный остаток	SMM	Ипотечный платеж	Процент	Плановый основной платеж	Досрочное погашение	Совокупный основной платеж	Денежный поток
1	2	3	4	5	6	7	8	9
10	392 741 961	0,00219	2 940 056	2 454 637	280 865	860 637	1 141 502	3 596 140
11	391 600 459	0,00236	2 933 608	2 447 503	282 147	925 008	1 207 155	3 654 658
12	390 393 304	0,00254	2 926 674	2 439 958	283 386	988 948	1 272 333	3 712 291
13	389 120 971	0,00271	2 919 254	2 432 006	284 581	1 052 423	1 337 004	3 769 010
14	387 783 966	0,00288	2 911 353	2 423 650	285 733	1 115 402	1 401 134	3 824 784
15	386 382 832	0,00305	2 902 973	2 414 893	286 839	1 177 851	1 464 690	3 879 583
16	384 918 142	0,00322	2 894 117	2 405 738	287 900	1 239 739	1 527 639	3 933 378
17	383 390 502	0,00340	2 884 789	2 396 191	288 915	1 301 033	1 589 949	3 986 139
18	381 800 553	0,00357	2 874 992	2 386 253	289 884	1 361 703	1 651 587	4 037 840
19	380 148 966	0,00374	2 864 730	2 375 931	290 805	1 421 717	1 712 522	4 088 453
20	378 436 444	0,00392	2 854 008	2 365 228	291 678	1 481 046	1 772 724	4 137 952
21	376 663 720	0,00409	2 842 830	2 354 148	292 503	1 539 658	1 832 161	4 186 309
22	374 831 559	0,00427	2 831 201	2 342 697	293 279	1 597 525	1 890 804	4 233 501
23	372 940 755	0,00444	2 819 125	2 330 880	294 005	1 654 618	1 948 623	4 279 503
24	370 992 132	0,00462	2 806 607	2 318 701	294 681	1 710 908	2 005 589	4 324 290
25	368 986 543	0,00479	2 793 654	2 306 166	295 307	1 766 368	2 061 675	4 367 841
26	366 924 868	0,00497	2 780 270	2 293 280	295 883	1 820 970	2 116 852	4 410 133
27	364 808 016	0,00514	2 766 461	2 280 050	296 406	1 874 688	2 171 092	4 451 144
28	362 636 921	0,00514	2 752 233	2 266 481	296 879	1 863 519	2 160 398	4 426 879
29	360 476 523	0,00514	2 738 078	2 252 978	297 351	1 852 406	2 149 758	4 402 736
30	358 326 766	0,00514	2 723 996	2 239 542	297 825	1 841 347	2 139 173	4 378 715
...								
100	231 249 776	0,00514	1 898 682	1 445 311	332 928	1 187 608	1 520 537	2 965 848
101	229 729 239	0,00514	1 888 917	1 435 808	333 459	1 179 785	1 513 244	2 949 052
102	228 215 995	0,00514	1 879 202	1 426 350	333 990	1 172 000	1 505 990	2 932 340
103	226 710 004	0,00514	1 869 538	1 416 938	334 522	1 164 252	1 498 774	2 915 712
104	225 211 230	0,00514	1 859 923	1 407 570	335 055	1 156 541	1 491 596	2 899 166
105	223 719 634	0,00514	1 850 357	1 398 248	335 589	1 148 867	1 484 456	2 882 703
...								
200	109 791 339	0,00514	1 133 751	686 196	390 372	562 651	953 023	1 639 219
201	108 838 316	0,00514	1 127 920	680 239	390 994	557 746	948 740	1 628 980

Окончание табл. 11.1

Месяц	Непогашенный остаток	SMM	Ипотечный платеж	Процент	Плановый основной платеж	Досрочное погашение	Совокупный основной платеж	Денежный поток
1	2	3	4	5	6	7	8	9
202	107 889 576	0,00514	1 122 119	674 310	391 617	552 863	944 480	1 618 790
203	106 945 096	0,00514	1 116 348	668 407	392 241	548 003	940 243	1 608 650
204	106 004 852	0,00514	1 110 607	662 530	392 866	543 164	936 029	1 598 560
205	105 068 823	0,00514	1 104 895	656 680	393 491	538 347	931 838	1 588 518
...								
300	32 383 611	0,00514	676 991	202 398	457 727	164 195	621 923	824 320
301	31 761 689	0,00514	673 510	198 511	458 457	160 993	619 449	817 960
302	31 142 239	0,00514	670 046	194 639	459 187	157 803	616 990	811 629
303	30 525 249	0,00514	666 600	190 783	459 918	154 626	614 545	805 328
304	29 910 704	0,00514	663 171	186 942	460 651	151 462	612 113	799 055
305	29 298 591	0,00514	659 761	183 116	461 385	148 310	609 695	792 811
...								
350	4 060 411	0,00514	523 138	25 378	495 645	18 334	513 979	539 356
351	3 546 432	0,00514	520 447	22 165	496 435	15 686	512 121	534 286
352	3 034 311	0,00514	517 770	18 964	497 226	13 048	510 274	529 238
353	2 524 037	0,00514	515 107	15 775	498 018	10 420	508 437	524 213
354	2 015 600	0,00514	512 458	12 597	498 811	7 801	506 612	519 209
355	1 508 988	0,00514	509 823	9 431	499 606	5 191	504 797	514 228
356	1 004 191	0,00514	507 201	6 276	500 401	2 591	502 992	509 269
357	501 199	0,00514	504 592	3 132	501 199	0	501 199	504 331

Таблица 11.2. Месячный денежный поток сквозной ценной бумаги при основной сумме $400 млн и купоне 7,5%. WAC равен 8,125%, WAM — 357 месяцам (165PSA).

Месяц	Непогашенный остаток	SMM	Ипотечный платеж	Процент	Плановый основной платеж	Досрочное погашение	Совокупный основной платеж	Денежный поток
1	2	3	4	5	6	7	8	9
1	400 000 000	0,00111	2 975 868	2 500 000	267 535	442 389	709 923	3 209 923
2	399 290 077	0,00139	2 972 575	2 495 563	269 048	552 847	821 896	3 317 459
3	398 468 181	0,00167	2 968 456	2 490 426	270 495	663 065	933 560	3 423 986
4	397 534 621	0,00195	2 963 513	2 484 591	271 873	772 949	1 044 822	3 529 413

Продолжение табл. 11.2

Месяц	Непогашенный остаток	SMM	Ипотечный платеж	Процент	Плановый основной платеж	Досрочное погашение	Совокупный основной платеж	Денежный поток
1	2	3	4	5	6	7	8	9
5	396 489 799	0,00223	2 957 747	2 478 061	273 181	882 405	1 155 586	3 633 647
6	395 334 213	0,00251	2 951 160	2 470 839	274 418	991 341	1 265 759	3 736 598
7	394 068 454	0,00279	2 943 755	2 462 928	275 583	1 099 664	1 375 246	3 838 174
8	392 693 208	0,00308	2 935 534	2 454 333	276 674	1 207 280	1 483 954	3 938 287
9	391 209 254	0,00336	2 926 503	2 445 058	277 690	1 314 099	1 591 789	4 036 847
10	389 617 464	0,00365	2 916 666	2 435 109	278 631	1 420 029	1 698 659	4 133 769
11	387 918 805	0,00393	2 906 028	2 424 493	279 494	1 524 979	1 804 473	4 228 965
12	386 114 332	0,00422	2 894 595	2 413 215	280 280	1 628 859	1 909 139	4 322 353
13	384 205 194	0,00451	2 882 375	2 401 282	280 986	1 731 581	2 012 567	4 413 850
14	382 192 626	0,00480	2 869 375	2 388 704	281 613	1 833 058	2 114 670	4 503 374
15	380 077 956	0,00509	2 855 603	2 375 487	282 159	1 933 203	2 215 361	4 590 848
16	377 862 595	0,00538	2 841 068	2 361 641	282 623	2 031 931	2 314 554	4 676 195
17	375 548 041	0,00567	2 825 779	2 347 175	283 006	2 129 159	2 412 164	4 759 339
18	373 135 877	0,00597	2 809 746	2 332 099	283 305	2 224 805	2 508 110	4 840 210
19	370 627 766	0,00626	2 792 980	2 316 424	283 521	2 318 790	2 602 312	4 918 735
20	368 025 455	0,00656	2 775 493	2 300 159	283 654	2 411 036	2 694 690	4 994 849
21	365 330 765	0,00685	2 757 296	2 283 317	283 702	2 501 466	2 785 169	5 068 486
22	362 545 596	0,00715	2 738 402	2 265 910	283 666	2 590 008	2 873 674	5 139 584
23	359 671 922	0,00745	2 718 823	2 247 950	283 545	2 676 588	2 960 133	5 208 083
24	356 711 789	0,00775	2 698 575	2 229 449	283 338	2 761 139	3 044 477	5 273 926
25	353 667 312	0,00805	2 677 670	2 210 421	283 047	2 843 593	3 126 640	5 337 061
26	350 540 672	0,00835	2 656 123	2 190 879	282 671	2 923 885	3 206 556	5 397 435
27	347 334 116	0,00865	2 633 950	2 170 838	282 209	3 001 955	3 284 164	5 455 002
28	344 049 952	0,00865	2 611 167	2 150 312	281 662	2 973 553	3 255 215	5 405 527
29	340 794 737	0,00865	2 588 581	2 129 967	281 116	2 945 400	3 226 516	5 356 483
30	337 568 221	0,00865	2 566 190	2 109 801	280 572	2 917 496	3 198 067	5 307 869
…								
100	170 142 350	0,00865	1 396 958	1 063 390	244 953	1 469 591	1 714 544	2 777 933
101	168 427 806	0,00865	1 384 875	1 052 674	244 478	1 454 765	1 699 243	2 751 916
102	166 728 563	0,00865	1 372 896	1 042 054	244 004	1 440 071	1 684 075	2 726 128
103	165 044 489	0,00865	1 361 020	1 031 528	243 531	1 425 508	1 669 039	2 700 567

Окончание табл. 11.2

Месяц	Непогашенный остаток	SMM	Ипотечный платеж	Процент	Плановый основной платеж	Досрочное погашение	Совокупный основной платеж	Денежный поток
1	2	3	4	5	6	7	8	9
104	163 375 450	0,00865	1 349 248	1 021 097	243 060	1 411 075	1 654 134	2 675 231
105	161 721 315	0,00865	1 337 577	1 010 758	242 589	1 396 771	1 639 359	2 650 118
...								
200	56 746 664	0,00865	585 990	354 667	201 767	489 106	690 874	1 045 540
201	56 055 790	0,00865	580 921	350 349	201 377	483 134	684 510	1 034 859
202	55 371 280	0,00865	575 896	346 070	200 986	477 216	678 202	1 024 273
203	54 693 077	0,00865	570 915	341 832	200 597	471 353	671 950	1 013 782
204	54 021 127	0,00865	565 976	337 632	200 208	465 544	665 752	1 003 384
205	53 355 375	0,00865	561 081	333 471	199 820	459 789	659 609	993 080
...								
300	11 758 141	0,00865	245 808	73 488	166 196	100 269	266 465	339 953
301	11 491 677	0,00865	243 682	71 823	165 874	97 967	263 841	335 664
302	11 227 836	0,00865	241 574	70 174	165 552	95 687	261 240	331 414
303	10 966 596	0,00865	239 485	68 541	165 232	93 430	258 662	327 203
304	10 707 934	0,00865	237 413	66 925	164 912	91 196	256 107	323 032
305	10 451 827	0,00865	235 360	65 324	164 592	88 983	253 575	318 899
...								
350	1 235 674	0,00865	159 202	7 723	150 836	9 384	160 220	167 943
351	1 075 454	0,00865	157 825	6 722	150 544	8 000	158 544	165 266
352	916 910	0,00865	156 460	5 731	150 252	6 631	156 883	162 614
353	760 027	0,00865	155 107	4 750	149 961	5 277	155 238	159 988
354	604 789	0,00865	153 765	3 780	149 670	3 937	153 607	157 387
355	451 182	0,00865	152 435	2 820	149 380	2 611	151 991	154 811
356	299 191	0,00865	151 117	1 870	149 091	1 298	150 389	152 259
357	148 802	0,00865	149 809	930	148 802	0	148 802	149 732

Условности, принятые участниками рынка

Напомним, шкала досрочного погашения PSA — это всего лишь условность, принятая участниками рынка. Она — результат исследований, проведенных PSA на базе данных о досрочном погашении FHA. Данные, проанализированные PSA, позволили предположить, что ипотечные кредиты становятся выдержанными (т. е. скорость их досрочного погашения перестает расти) после 30 месяцев: с этого момента CPR, как правило, застывает возле отметки 6%. Каким образом PSA определяет значения CPR для месяцев с 1 по 29? Они выводятся не на основании эмпирических данных — предполагается линейная зависимость CPR от номера месяца, нарастающая таким образом, чтобы к месяцу 30 достигнуть 6%. Важно помнить и то, что шкала не учитывает тип обеспечения: не различаются ипотечные кредиты со сроками 15 и 30 лет, кредиты с фиксированной и изменяемой ставкой, стандартные кредиты и кредиты, застрахованные VA/FHA.

Профессиональный инвестиционный управляющий знает, что CPR — приблизительная, условная величина, позволяющая участникам рынка котировать доходность и/или цену, однако не дающая полного представления о стоимости ценной бумаги.

Факторы, влияющие на досрочное погашение и моделирование досрочного погашения

Модель досрочного погашения — это статистическая модель, используемая для прогнозирования досрочных погашений. Ее создание начинают с моделирования статистической взаимосвязи факторов, которые, как предполагается, влияют на досрочное погашение. Разработкой моделей занимаются фирмы с Уолл-стрит, продающие MBS, и независимые исследовательские фирмы.

Одно время из-за недостатка данных по индивидуальным кредитам в пуле, используемом в качестве обеспечения ипотечной ценной бумаги, модели досрочного погашения рассматривали заемщиков, как нечто единообразное за исключением двух аспектов:

1) реакции заемщиков, в среднем, на возможности рефинансирования, которые определяются разницей между ипотечной ставкой, выплачиваемой домовладельцем, и рыночной ставкой на ипотечные кредиты, а также возрастом кредита (т. е. периодом времени с начала погашения);
2) видом кредита (т. е. с фиксированной процентной ставкой и с изменяемой ставкой).

Сегодня доступно гораздо больше данных по заемщикам и характеристикам кредитов, особенно по неагентским MBS. Характеристики, значимые на рынке неагентских ипотечных ценных бумаг, также используются при моделировании досрочного погашения по агентским MBS в случаях, если данные об отдельных кредитах в пуле ипотек, обеспечивающем эти ценные бумаги, отсутствуют. Таким образом, сегодня при вычислении досрочного погашения используется больше переменных, описывающих рефинансирование и оборот домов.

Существуют различные модели досрочного погашения агентских и неагентских ипотечных ценных бумаг. Вместе с тем по агентским MBS данных относительно заемщиков и кредитов намного меньше, чем по неагентским MBS. В результате модели досрочного погашения создаются на уровне пулов, а не на уровне кредитов.

Модель досрочного погашения обычно состоит из трех элементов:

- оборот домов;
- избыточное рефинансирование;
- простое рефинансирование.

В данном разделе мы рассмотрим эти факторы применительно к агентским MBS. Хотя факторы, влияющие на досрочное погашение в моделях, обычно не меняются со временем (за исключением случаев, когда доступны более детальные данные), относительная важность значений этих факторов изменяется.

Оборот домов

Оборот домов — это текущий объем продаж жилья. На этот показатель влияют два фактора:

- перемена места жительства по профессиональным мотивам или в связи с изменением семейного статуса (например, при изменении количества человек в семье или при разводе);
- продажа жилой недвижимости в связи с изменением процентных ставок, доходов и цен.

В целом оборот домов не зависит от уровня ипотечных ставок.

В число факторов, используемых при прогнозировании досрочных погашений в результате оборота домов, обычно входят: 1) фактор старения; 2) повышения цен на жилье; 3) сезонные факторы.

В связи с тем, что покупка дома в кредит связана с определенными операционными издержками и расходами на переезд, домовладелец вряд ли будет продавать купленное жилье вскоре после его приобретения. В модели

PSA эта точка зрения отражена с помощью наклонной линии, описывающей досрочное погашение в течение первых 30 месяцев после оформления ипотеки. Однако благодаря периодам значительного роста рефинансирования (т. е. волнам рефинансирования) были получены данные, доказывающие, что принцип 30 месяцев неприемлем при описании процесса старения ипотеки, так как он не учитывает срок, на протяжении которого заемщик владеет недвижимостью (этот срок необязательно совпадает с возрастом кредита). Например, домовладелец, который проживает в доме уже 10 лет, но рефинансирование провел только 6 месяцев назад, будет смотреть на продажу своей собственности иначе, чем тот, кто переехал в дом 6 месяцев назад. Следовательно, данный параметр должен приниматься в расчет.

Одновременно с удорожанием жилья происходит изменение отношения LTV кредита. Это связано с амортизацией кредита и изменением стоимости недвижимости. Как уже говорилось, если стоимость жилья со временем увеличивается, то появляется стимул провести избыточное рефинансирование (рассматриваемое ниже). Таким образом, при моделировании досрочного погашения в связи с удорожанием жилья необходим показатель, описывающий изменение LTV пула. Этот показатель был получен путем составления комбинированного *индекса удорожания жилья* (*home appreciation index — HPI*).

Наконец, существует четкая зависимость досрочных погашений от времени года. Эта зависимость называется **фактором сезонности**. Она связана с повышением или понижением активности на первичном рынке жилья: покупка домов набирает темпы весной, достигая максимума к концу лета. Приобретение жилья затухает в течение осени и зимы. Скорость досрочного погашения отражает поведение этого рынка, поскольку домовладельцы продают старую и покупают новую недвижимость, как правило, весной и летом. Уровень досрочного погашения мал в зимние месяцы, он начинает нарастать в конце зимы и достигает пика летом. Заметим, однако, что процесс передачи досрочных платежей держателям переводных ипотечных ценных бумаг может затягиваться таким образом, что максимальное количество досрочных платежей нередко наблюдается только в первый месяц осени.

Избыточное рефинансирование

Избыточное рефинансирование осуществляется заемщиком ради монетизации роста цены жилья. Очевидно, что досрочное погашение в результате избыточного рефинансирования зависит от роста цен на жилье в стране или в том регионе, где расположено жилье. Дополнительным стимулом для заемщиков является благоприятное налогообложение прироста капитала.

Таким образом, избыточное рефинансирование может быть экономически целесообразным, даже несмотря на рост ипотечной ставки и значительные транзакционные издержки. В принципе избыточное рефинансирование довольно похоже на рефинансирование, связанное с оборотом домов, поскольку оно привязано к ценам на жилье и нечувствительно к ипотечным ставкам. Приблизительной мерой роста цен в моделях досрочного погашения является HPI.

Простое рефинансирование

Простое рефинансирование означает, что заемщик получает новый ипотечный кредит на существующую недвижимость с целью снижения процентных выплат или сокращения срока кредита без увеличения месячного платежа. Стимулом для рефинансирования служит прогнозная приведенная стоимость экономии на процентных платежах в денежном выражении, получаемая в результате снижения ипотечной процентной ставки за вычетом расчетной транзакционной стоимости рефинансирования.

Каким образом заинтересованность в простом рефинансировании учитывается в моделях досрочного погашения? Одним из самых простых показателей служит разница между текущей ипотечной ставкой и начальной ставкой по кредиту домовладельца. Однако он является довольно грубым. Причина в том, что разница в 100 базисных пунктов между начальной ставкой домовладельца и текущей ипотечной ставкой дает намного больший эффект, если начальная ставка домовладельца равна 11%, а не 6%. Разработчики моделей считают, что более подходящим, хотя и не идеальным, показателем заинтересованности в рефинансировании является отношение начальной ставки заемщика к текущей ипотечной ставке. Это отношение называют **коэффициентом рефинансирования**. Для агентских кредитов числителем является WAC. Коэффициент рефинансирования меньше 1 означает, что ипотечная ставка заемщика меньше текущей ипотечной ставки, и заинтересованность в простом рефинансировании отсутствует. Коэффициент рефинансирования, равный 1, означает, что заемщик не заинтересован в рефинансировании в силу равенства его ставки и текущей рыночной ставки. Заинтересованность в рефинансировании появляется только при коэффициенте рефинансировании больше 1.

Заемщик принимает решение о проведении рефинансирования не только на основе соотношения начальной и текущей рыночной ставки, но и с учетом целого ряда других обстоятельств. Это отражено в **S-кривой досрочного погашения**, представленной на рис. 11.3. Форма кривой обусловлена тем, что по мере увеличения коэффициента рефинансирования CPR (т. е. скорость досрочного погашения) также увеличивается. Однако при определенном значении коэффициента скорость досрочного погашения выравнивается. Это связано с тем, что на данном этапе в пуле остаются только те заемщики, которые не могут получить рефинансирования или у которых есть веские причины этого не делать.

Для моделирования простого рефинансирования недостаточно использовать лишь S-кривую, так как она не отражает так называемый фактор выгорания. **Выгорание** происходит вследствие изменения со временем состава заемщиков в пуле. Если точнее, то по мере снижения ипотечной ставки заемщики, наиболее чувствительные к ее уровню, начинают совершать досрочное погашение. И хотя оставшиеся в пуле заемщики менее чувствительны к уровню ипотечной ставки, с ее снижением они все равно погашают кредиты досрочно. При дальнейшем снижении ипотечной ставки темпы досрочного погашения снижаются, и в какой-то момент стимул для рефинансирования «выгорает».

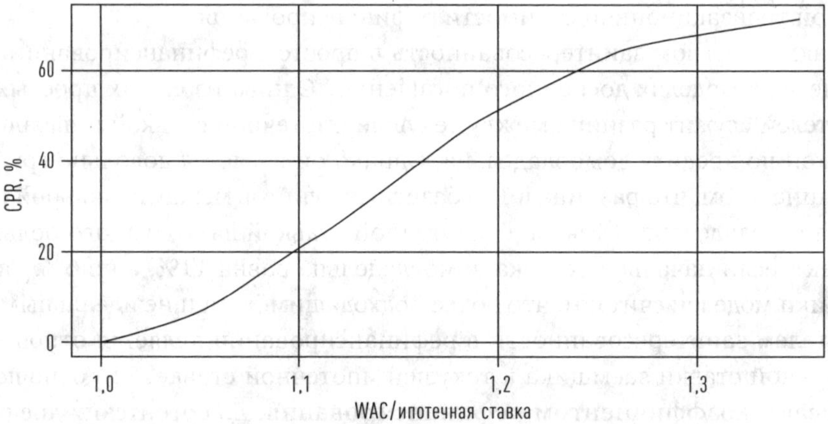

Рис. 11.3. Пример S-кривой для досрочного погашения

ДОХОДНОСТЬ ПО ДЕНЕЖНОМУ ПОТОКУ

Зная прогнозный денежный поток и цену сквозной ценной бумаги, можно вычислить доходность. Доходностью является процентная ставка, которая уравнивает приведенную стоимость ожидаемого денежного потока с ценой. Доходность, рассчитываемая таким образом, носит название **доходности по денежному потоку**.

Доходность, эквивалентная облигационной

В случае сквозной ценной бумаги доходность, позволяющая уравнять приведенную стоимость денежного потока и цену, представляет собой месячную процентную ставку. Следующим этапом вычислений является представление месячной ставки в годовом исчислении. Согласно рыночному соглашению, для сравнения доходности сквозной ценной бумаги с доходностью казначейской или корпоративной облигации недостаточно умножить месячную доходность на 12. Причина проста: как казначейская, так и корпоративная облигации выплачивают процент раз в полгода, тогда как сквозная ценная бумага приносит ежемесячный денежный поток. Реинвестируя ежемесячные денежные поступления, держатель сквозной ценной бумаги может получить больший процент, чем держатель облигации с купоном, реинвестируемым только раз в полгода. Итак, доходность сквозной ценной бумаги должна вычисляться методом, позволяющим осуществить ее правомерное сравнение с доходностью к погашению обычной облигации.

Значение, получаемое в результате соответствующих расчетов, носит название **доходности, эквивалентной облигационной**. В главе 3 мы писали о том, что данная величина — результат рыночного соглашения, обусловленного необходимостью вычисления годовой доходности инструментов с фиксированным доходом, выплачивающих процент чаще чем раз в год. Доходность, эквивалентная облигационной, находится путем удвоения полугодовой доходности. Полугодовая доходность сквозной ценной бумаги равна:

$$\text{полугодовая доходность по денежному потоку} = (1 + y_{м})^6 - 1,$$

где $y_{м}$ — месячная процентная ставка, позволяющая уравнять приведенную стоимость прогнозируемого месячного денежного потока сквозной ценной бумаги с ее ценой. Доходность, эквивалентная облигационной, может быть получена через удвоение полугодовой доходности по денежному потоку, т. е.:

$$\text{доходность, эквивалентная облигационной} = 2 \times [(1 + y_{м})^6 - 1].$$

Ограничения использования доходности по денежному потоку

Выявление доходности, соответствующей цене, строится на предположении об уровне досрочного погашения. Хотя доходность цитируется очень часто, следует помнить, что она основана на допущении об уровне досрочного погашения. Предположим, что доходность, равная 9%, вычислена на базе

150% PSA — такая доходность может дать верное представление об облигации, только если уровень досрочного погашения базовых кредитов действительно будет равен 150% PSA.

Впрочем, даже если предположение об уровне досрочного погашения не будет ошибочным, доходность едва ли окажется величиной, полезной при оценке относительной стоимости сквозной ценной бумаги. Реальная доходность соответствует числу, полученному на основании предположения о размере PSA, только в случае соблюдения трех условий: 1) инвестор реинвестирует все денежные потоки под данную доходность; 2) инвестор должен держать сквозную ценную бумагу до погашения всех ипотечных кредитов, составляющих пул, и 3) предположение об уровне досрочного погашения остается верным в течение всей жизни сквозной ценной бумаги. Только соблюдение всех перечисленных условий гарантирует инвестору вычисленную по формуле доходность. В случае отсутствия твердой уверенности в возможности выполнения данных требований к значению доходности по денежному потоку сквозной ценной бумаги следует относиться с осторожностью.

Спред доходностей относительно казначейских ценных бумаг

Несмотря на то что доходность сквозной ценной бумаги не является величиной, заслуживающей безусловного доверия, можно не сомневаться в том, что она выше доходности казначейских ценных бумаг. Как правило, сравнение проводится между сквозными ценными бумагами Ginnie Mae и казначейскими облигациями, поскольку и те и другие лишены риска дефолта. Предполагается, что разница между двумя доходностями отражает в первую очередь величину риска досрочного погашения. Инвестору следует выяснить, насколько премия, получаемая им за риск, соответствует степени риска. Именно на этом этапе аналитического процесса применяется модель ценообразования опционов. Модель ценообразования опционов позволяет установить, в какой мере премия по сквозной ценной бумаге компенсирует риск досрочного погашения.

Приступая к сравнению доходности сквозной ипотечной ценной бумаги с доходностью сопоставимых казначейских ценных бумаг, мы должны хорошо представлять смысл определения «сопоставимый». Срок до погашения, установленный для сквозной ипотечной ценной бумаги, не является из-за досрочных погашений значимой величиной. Вместо этой меры участники рынка обычно используют две другие: дюрацию Маколея и среднюю продолжительность жизни. Как говорилось в главе 4, дюрация Маколея является средневзвешенным сроком до погашения — взвешивание проводится по приведенной стоимости денежных потоков. Более употребительной является, однако, другая величина — средняя продолжительность жизни.

Средняя продолжительность жизни

Средняя продолжительность жизни ипотечной ценной бумаги — это среднее время до получения основной суммы (плановые основные платежи и предполагаемые досрочные погашения), взвешенное по размеру предполагаемой основной суммы. Формула вычисления средней продолжительности жизни выглядит следующим образом:

$$\text{средняя продолжительность жизни} = \sum_{t=1}^{T} \frac{t \times \text{основная сумма, полученная в месяце } t}{12 \times \text{совокупная основная сумма}}$$

где T — число месяцев. Средняя продолжительность жизни сквозной ценной бумаги зависит от предполагаемого уровня досрочного погашения PSA. Чтобы показать это, в табл. 11.3 приведена средняя продолжительность жизни для разной скорости досрочного погашения сквозных ценных бумаг, использованной для определения денежного потока в табл. 11.1 и 11.2.

Таблица 11.3. Средняя продолжительность жизни сквозной ценной бумаги для разных предположений о скорости досрочного погашения PSA

Скорость PSA	50	100	165	200	300	400	500	600	700
Средняя продолжительность жизни	15,11	11,66	8,76	7,68	5,63	4,44	3,68	3,16	2,78

РИСК ДОСРОЧНОГО ПОГАШЕНИЯ И УПРАВЛЕНИЕ АКТИВАМИ/ПАССИВАМИ

Инвестор, являющийся держателем сквозной ценной бумаги, не знает размера будущего денежного потока, зависящего от досрочных погашений. Риск, связанный с этим, носит название **риска досрочного погашения**. Для того чтобы понять суть этого типа риска, представим себе инвестора, приобретающего бумагу Ginnie Mae с купоном 10% в момент, когда рыночные ипотечные ставки равны 10%. Предположим теперь, что ипотечные ставки опустились до 6%. Такая ситуация вызовет двоякие последствия негативного характера. Прежде всего, как это известно из анализа фундаментальных свойств ценных бумаг с фиксированной ставкой, цена облигации без встроенных опционов будет расти. Однако рост цены сквозной ценной бумаги будет менее заметен, чем рост цены любой другой облигации без встроенного опциона, поскольку падение ставок на рынке приведет к увеличению числа желающих досрочно погасить ипотечный кредит и рефинансировать долг под более низкий процент. Инвестор в переводную ипотечную облигацию, таким образом, окажется в ситуации, сходной с ситуацией держателя корпоративной или муниципальной облигации с правом досрочного погашения. Рост цены на эти долговые инструменты, так же, как и рост цены на сквозную ценную бумагу, ограничен. В главе 18 мы обозначим эту характеристику как **отрицательную выпуклость**. Это неудивительно, поскольку ипотечный кредит фактически предоставляет заемщику право досрочного погашения по номинальной стоимости. Второе отрицательное последствие, связанное с падением рыночных ставок, — необходимость реинвестировать денежный поток под более низкие ставки. Оба описанных типа негативных последствий получили название **риска сокращения** срока жизни ипотечных кредитов.

Рассмотрим теперь ситуацию повышения ставок до 15%. Цена сквозной ценной бумаги, наподобие цены любой другой облигации, упадет. Однако она упадет сильнее, чем цены прочих долговых обязательств, поскольку из-за высоких рыночных ставок упадет число досрочных погашений и, следовательно, увеличится размер капитала, инвестированного под более низкую купонную ставку, чем среднерыночная. Количество досрочных погашений снижается благодаря тому, что домовладельцы не хотят рефинансировать или осуществлять частичное досрочное погашение кредитов в момент, когда среднерыночные ставки выше начальной ставки в 10%. Очевидно, что инвесторам, напротив, было бы выгодно увеличение количества досрочных погашений именно в этот период, поскольку они дали бы возможность реинвестировать полученные средства под более высокий процент. Это негативное последствие роста рыночных ипотечных ставок носит название **риска удлинения** срока жизни ипотечных кредитов.

Итак, риск досрочного погашения включает риск сокращения и риск удлинения. Существование риска досрочного погашения делает сквозные ценные бумаги непривлекательными для ряда финансовых организаций, стремящихся осуществлять эффективное управление активами/пассивами. Приведем несколько причин, из-за которых сквозные ценные бумаги не пользуются популярностью среди некоторых типов институциональных инвесторов:

1. Сберегательные и коммерческие банки стремятся зафиксировать спред относительно стоимости привлечения капитала. Фонды этих учреждений привлекаются на небольшие сроки. Инвестиция в сквозные ценные бумаги с фиксированной ставкой приведет к дисбалансу, поскольку они достаточно долгосрочный инструмент. Депозитарные институты особенно подвергаются риску удлинения при инвестировании в сквозные ценные бумаги.
2. Сквозные ценные бумаги не могут удовлетворить инвестиционные нужды страховых компаний. Рассмотрим, например, компанию, занятую страхованием жизни, выпустившую четырехлетние GIC. Неуверенность относительно размера денежного потока по сквозным ценным бумагам, а также возможный в ситуации низкой скорости досрочного погашения долгосрочный характер финансового инструмента обуславливают непривлекательность сквозных ценных бумаг для подобного рода инвесторов. Страховая компания, являющаяся держателем сквозных ценных бумаг, подвергает свой капитал риску удлинения.
3. Рассмотрим теперь пенсионный фонд, который собирается обеспечить исполнение своих долгосрочных долговых обязательств, зафиксировав текущие процентные ставки. Покупая сквозные ценные бумаги, фонд рискует оказаться в ситуации, когда из-за повышения скорости досрочного погашения срок погашения инвестиций заметно уменьшится. Досрочное погашение ускоряется, если падают процентные ставки, а значит, и реинвестиции придется производить под более низкий процент. В этом случае пенсионный фонд подвергает свои капиталовложения риску сокращения.

Мы видим, что для одних институциональных инвесторов покупка сквозных ценных бумаг связана с риском удлинения, для других — с риском сокращения. Возможно ли изменить денежный поток сквозных ценных бумаг так, чтобы снизить риск сокращения или риск удлинения? В главе 12 дается утвердительный ответ на этот вопрос.

Следует помнить, что досрочное погашение не обязательно вредит инвестору. Влияние досрочного погашения на капитал будет определяться тем, как — с премией или с дисконтом — была приобретена сквозная ценная бумага. Если она была куплена с дисконтом, то ее доходность в случае досрочного погашения увеличится, и вот почему. Во-первых, инвестор фиксирует прирост капитала, равный разнице между номиналом и заплаченной ценой. Во-вторых, сквозная ценная бумага торгуется с дисконтом, только если ее купонная ставка ниже текущей купонной ставки вновь выпущенных сквозных ценных бумаг. Таким образом, досрочное погашение позволит инвестору реинвестировать полученную сумму под более высокий купон. И наоборот: сквозная ценная бумага, приобретенная с премией относительно номинала, в случае досрочного погашения принесет меньшую доходность, поскольку: 1) инвестор фиксирует убыток, равный разнице между ценой покупки и номиналом, и 2) полученные суммы должны быть реинвестированы под более низкие купонные ставки.

ТОРГОВЛЯ НА ВТОРИЧНОМ РЫНКЕ

Сквозные ценные бумаги котируются наподобие купонных ценных бумаг Казначейства США. Котировка 94–05 означает 94 целых и 5/32 номинальной стоимости, или 94,15625% номинальной стоимости. Напомним, что доходность, соответствующая цене, может являться значимой величиной только при верном предположении относительно скорости досрочного погашения.

Как уже говорилось, сквозные ценные бумаги идентифицируются префиксом пула и номером пула, устанавливаемым правительственными агентствами. Префикс указывает на тип обеспечения. Номер пула служит ссылкой на конкретные ипотеки, служащие обеспечением ценной бумаги, а также на эмитента ценной бумаги.

Многие сделки заключаются в момент, когда характеристики пула еще не определены. Этот тип сделок известен как сделки TBA (*to be announced*), условия которых будут объявлены. Предположим, что инвестор приобретает $1 млн GNMA 4 в сделке TBA. В этом случае он может получить до трех пулов, номера которых будут объявлены незадолго до даты исполнения сделки. Количество пулов для гипотетической TBA-сделки устанавливается в соответствии со стандартами PSA — в нашем случае число пулов равно трем[1]. Выбор пулов для продажи предоставлен продавцу — они могут быть любыми, лишь бы параметры пула и сделки соответствовали требованиям PSA. Заметим, что далеко не все сделки со сквозными ценными бумагами являются сделками TBA. В случае обычной сделки транзакция предусматривает продажу специфицированного пула, номер которого известен заранее.

В каждый момент времени на рынке обращается по нескольку выдержанных выпусков каждого из агентств, и многие выпуски имеют одинаковые

---

1 Public Securities Association, *Uniform Practices for the Clearance and Settlement of Mortgage-Backed Securities* (New York: SIFMA, 2008). Для номинальной стоимости $1 млн предусматривается максимум в три пула; при купоне 12% или выше максимум равен четырем пулам.

купонные ставки. Одна сквозная ценная бумага может быть обеспечена пулом ипотек на жилье, располагающееся исключительно в Калифорнии, другая может иметь в качестве обеспечения пул ипотечных кредитов домовладельцам из Миннесоты, третья может обеспечиваться пулом ипотек на дома, разбросанные по всей стране. Какой же пул имеют в виду дилеры, говоря о Ginnie Mae 4? Никакой конкретный пул не имеется в виду — речь идет о «родовой» ценной бумаге. Таким образом, несмотря на то что скорости досрочного погашения ипотечных кредитов в разных частях США различны, дилерские фирмы приводят прогнозируемые скорости досрочного погашения для родовых сквозных ценных бумаг. Скорость досрочного погашения конкретного купленного пула может заметно отличаться от той, что устанавливается для родовой бумаги. Кроме того, при сделке, предполагающей покупку пула, номер которого заранее не уточнен, продавец может предоставить инвестору пулы с наихудшими возможными характеристиками внутри границ стандартов.

Вплоть до марта 1999 г. стандарты PSA позволяли продавцу в сделке TBA недопоставку или перепоставку в размере 1% на $1 млн. Таким образом, при продаже номинала в $1 млн по номинальной стоимости продавец мог поставить не меньше чем $990 000, однако не больше чем $1 010 000. Конкретный размер объема поставки выбирается продавцом в зависимости от преобладающих рыночных цен. Данное право являлось в сделке TBA значимым преимуществом для продавца TBA и не менее существенным недостатком для покупателя. В марте 1999 г. PSA изменила свои стандарты таким образом, что продавец в сделке TBA получил право недопоставки или перепоставки в размере, не превышающем 0,1%. Ценность этого опциона для продавца в настоящее время сведена к минимуму.

Резюме

- На рынке ценных бумаг, обеспеченных жилищной ипотекой, существуют два сектора: агентские MBS и неагентские MBS.
- Ценные бумаги, обеспеченные жилищной ипотекой, создаются путем объединения жилищных ипотечных кредитов в пул и выпуска одной или нескольких ценных бумаг, обязательства по которым погашаются из денежного потока, генерируемого пулом кредитов.
- Сквозная ипотечная ценная бумага — это одна из разновидностей RMBS, создаваемых, когда один или несколько держателей ипотечных кредитов объединяют эти кредиты в пул и продают единое долговое обязательство, погашаемое из денежного потока от конкретного

пула кредитов, при этом каждый инвестор имеет право на пропорциональную долю этого денежного потока.

- Агентские MBS включают в себя агентские сквозные ипотечные ценные бумаги, агентские облигации, обеспеченные ипотекой и стрипы агентских ипотечных ценных бумаг. Денежный поток последних двух типов MBS генерируется первым типом ценных бумаг, поэтому их называют производными инструментами на основе MBS.
- Месячный денежный поток сквозной ипотечной ценной бумаги зависит от денежного потока по базовым ипотечным кредитам и складывается из месячного ипотечного платежа, представляющего процент, планового погашения основной суммы и любых досрочных погашений. Этот денежный поток меньше денежного потока по базовым ипотечным кредитам на сумму, равную комиссионным, выплачиваемым за обслуживание и гарантирование.
- Как и в случае индивидуальных ипотечных кредитов, в результате досрочного погашения денежный поток сквозной ценной бумаги является неопределенным. Агентские MBS, выпускаются агентствами Ginnie Mae, Fannie Mae и Freddie Mac. Сквозные ценные бумаги Ginnie Mae полностью гарантируются правительством США и, следовательно, считаются безрисковыми с точки зрения риска дефолта. Fannie Mae и Freddie Mac — это спонсируемые правительством организации, а следовательно, они не имеют гарантии правительства США.
- Оценка денежного потока от сквозных ипотечных ценных бумаг связана с прогнозированием уровня досрочных погашений. В соответствии с текущим правилом в качестве ориентира используется шкала PSA, представляющая собой ряд условных скоростей досрочного погашения.
- Создание модели досрочного погашения начинается с моделирования статистической взаимосвязи между факторами, предположительно влияющими на скорость досрочного погашения. Ключевыми компонентами модели досрочного погашения агентских ценных бумаг являются оборот домов, избыточное рефинансирование и простое рефинансирование.
- Зная прогнозный денежный поток и цену сквозной ценной бумаги, можно вычислить доходность по денежному потоку. Поскольку скорость досрочного погашения PSA является условным показателем, позволяющим участникам рынка котировать доходность и/или цену, применение этого показателя имеет ограничения при определении стоимости сквозной ценной бумаги. Спред доходностей котируется как разница между доходностью по денежному потоку и доходностью к погашению сопоставимой казначейской ценной бумаги.

- Для определения продолжительности жизни сквозной ценной бумаги обычно используется показатель средней продолжительности жизни.
- Риск досрочного погашения, связываемый с инвестированием в сквозные ипотечные ценные бумаги, можно разделить на риск сокращения и риск удлинения. Риск досрочного погашения делает сквозные ипотечные ценные бумаги непривлекательными для некоторых финансовых институтов с точки зрения управления активами/пассивами.
- Сквозные ипотечные ценные бумаги котируются так же, как и купонные казначейские ценные бумаги.
- Сквозные ипотечные ценные бумаги идентифицируются по префиксу и номеру пула. Сделка TBA имеет место в ситуации, когда характеристики пула заранее не определены и, следовательно, в момент сделки информация о пуле недоступна. В этом случае продавец имеет право по своему усмотрению поставить сквозные ипотечные ценные бумаги, обеспеченные пулами, которые удовлетворяют стандартам PSA.

Вопросы

1. a. Объясните, что такое ценная бумага, обеспеченная жилищной ипотекой.
   b. Опишите секторы рынка ценных бумаг, обеспеченных жилищными ипотеками.
2. Что такое сквозная ипотечная ценная бумага?
3. Какие два типа частных сквозных ипотечных ценных бумаг вы знаете?
4. Что такое низкокачественные ипотечные ценные бумаги?
5. Что понимается под производной ипотечной ценной бумагой?
6. Опишите денежный поток сквозной ипотечной ценной бумаги.
7. a. Что такое WAC и WAM сквозной ценной бумаги?
   b. После выпуска ипотечной ценной бумаги WAM изменяется. Какие показатели используют Fannie Mae и Freddie Mac для описания срока до погашения кредитов, оставшихся в пуле?
8. Хотя нередко говорят, что Ginnie Mae выпускает ипотечные ценные бумаги, почему это, строго говоря, неверно?
9. Назовите типы агентских сквозных ценных бумаг.
10. Чем гарантии по ипотечным ценным бумагам Ginnie Mae отличаются от гарантий по ипотечным ценным бумагам, выпускаемым Fannie Mae и Freddie Mac?
11. Fannie Mae выпустила 1 октября 2005 г. сквозную ипотечную ценную бумагу, в проспекте эмиссии которой говорилось следующее:

FANNIE MAE[1]

Программа выпуска ипотечных ценных бумаг

Приложение к проспекту эмиссии от 1 июля 2004 г.

$464 927 576,00

Дата выпуска 1 октября 2005 г.

Описание ценной бумаги FNMS 05.0000 CL-844801

5,0000% сквозная ставка

Пул Fannie Mae номер CL-844801

CUSIP 31407YRW1

Основная сумма и процент выплачиваются 25 числа каждого месяца

Начиная с 25 ноября 2005 г.

Статистика по пулу

Продавец	WELLS FARGO BANK, N. A.
Сервисер	WELLS FARGO BANK, N. A.
Количество ипотечных кредитов	1986
Средний размер кредита	$234 312,06
Срок погашения	01.10.2035
Средневзвешенная купонная ставка	5,7500%
Средневзвешенный возраст кредита	1 мес.
Средневзвешенный срок погашения кредита	360 мес.
Средневзвешенный срок, оставшийся до погашения	359 мес.
Средневзвешенное LTV	73%
Средневзвешенный кредитный скоринг	729

a. Что означает «сквозная ставка» 5% для этой ценной бумаги?
b. Что такое средняя начальная ставка, выплачиваемая заемщиками в кредитной пуле этой ценной бумаги?
c. Почему сквозная ставка отличается от средней начальной ставки, выплачиваемой заемщиками в кредитном пуле этой ценной бумаги?
d. Какой номер имеет пул этой ценной бумаги, и почему номер пула так важен?
e. Какой префикс у этой ценной бумаги, и что обозначает этот префикс?

---

[1] Источник Fannie Mae.

f. «Срок погашения» этой ценной бумаги обозначен как «01.10.2035». Инвестора в эту ценную бумагу может беспокоить такой большой срок до погашения (30 лет). Почему дата погашения является не слишком достоверным показателем срока погашения ценной бумаги?
g. Если инвестор приобретает $15 млн из основной суммы этой ценной бумаги, и в каком-то месяце денежный поток, доступный для выплат держателям ценной бумаги (после уплаты всех комиссий) составляет $12 млн, то выплату какого размера он имеет право получить?
h. Каждый месяц публикуется коэффициент пула для этой ценной бумаги. Если коэффициент пула в какой-то месяц составляет 0,92, то каков непогашенный остаток пула кредитов в этом месяце?
i. Почему средневзвешенный срок погашения кредитов отличается от средневзвешенного срока, оставшегося до погашения?
j. Wells Fargo Bank, N. A. определен как продавец и сервисер. Что это означает?
k. Что означают следующие фразы: «Программа выпуска ипотечных ценных бумаг. Приложение к проспекту эмиссии от 1 июля 2004 г.»?

12. Почему предполагаемая скорость досрочного погашения необходима для прогнозирования денежного потока по сквозной ценной бумаге?
13. Что означает условная скорость досрочного погашения, равная 8%?
14. Вы согласны со следующим высказыванием: «Шкала PSA — это модель для предсказания скорости досрочного погашения сквозных ценных бумаг»?
15. a. Заполните приведенную ниже таблицу:
CPR при следующих предположениях:

Месяц	*100% PSA*	*70% PSA*	*320% PSA*
1			
4			
9			
27			
40			
120			
340			

b. Заполните приведенную ниже таблицу:
SMM при следующих предположениях:

Месяц	*100% PSA*	*70% PSA*	*320% PSA*
1			
4			
9			
27			
40			
120			
340			

16. Заполните приведенную ниже таблицу (в тысячах долларов), исходя из предположения о скорости досрочного погашения 165PSA.

    Начальный остаток: $100 000 000
    Сквозная ставка: 9,0%
    WAM: 360 месяцев

Месяц	*Непогашенный остаток*	*SMM*	*Ипотечный платеж*	*Процент*	*Плановый основной платеж*	*Досрочное погашение*	*Совокупная основная сумма*	*Денежный поток*
1	100 000	841						
2	99 934	841						

17. Что означают досрочные погашения в результате:
    a. Оборота домов?
    b. Избыточного рефинансирования?
    c. Простого рефинансирования?
18. a. Какой фактор можно использовать в качестве индикатора стимула к избыточному рефинансированию?
    b. Почему досрочные погашения, связанные с избыточным рефинансированием, обычно нечувствительны к изменениям ипотечных ставок?
19. Что такое S-кривая досрочного погашения? Объясните причины такой формы у этой кривой.
20. Что такое эффект выгорания?
21. a. Что такое доходность по денежному потоку сквозной ипотечной ценной бумаги?
    b. Какие ограничения на использование доходности по денежному потоку существуют у сквозной ипотечной ценной бумаги?

22. Какой будет доходность, эквивалентная облигационной, если месячная доходность по денежному потоку составляет 0,7%?
23. Что такое средняя продолжительность жизни сквозной ценной бумаги и от чего она зависит?
    a. Что такое риск сокращения и риск удлинения?
    b. Почему сквозная ценная бумага с WAM 350 месяцев является непривлекательным инвестиционным инструментом для ссудо-сберегательной ассоциации?
24. a. Что такое сделка TBA?
    b. Какие опционы имеет продавец в сделке TBA?

ГЛАВА 12

Агентские облигации, обеспеченные ипотекой, и стрипы ипотечных ценных бумаг

В этой главе читателю будут представлены сведения:

- о причинах и принципах создания агентских облигаций, ипотечных ипотекой;
- о том, что такое REMIC и почему CMO называют REMIC, или REMIC-структурой;
- о CMO с последовательной выплатой;
- о сравнении средней продолжительности жизни CMO с последовательной выплатой и средней продолжительности жизни обеспечения;
- о накопительном транше и о его влиянии на среднюю продолжительность жизни транша с последовательной выплатой в структурах CMO;
- о создании на базе CMO инструментов с плавающей и с обратной плавающей ставками;
- о транше с плановой амортизацией и о принципах его создания;
- об изменении с течением времени средств защиты от досрочного погашения транша с плановой амортизацией;
- о транше поддержки и о риске досрочного погашения, связанном с инвестициями в этот транш;
- об вспомогательной облигации, имеющей график;
- об IO с подразумеваемым номиналом;

- о создании стрипов агентских ценных бумаг, обеспеченных ипотеками;
- о различных типах стрипов агентских ценных бумаг, обеспеченных ипотеками;
- об инвестиционных характеристиках стрипов агентских ценных бумаг, обеспеченных ипотеками.

В этой главе мы рассмотрим две агентские ипотечные ценные бумаги, создаваемые на основе агентских сквозных ценных бумаг: агентские облигации, обеспеченные ипотекой, и стрипы ипотечных ценных бумаг. На рынках агентских ипотечных ценных бумаг эти инструменты называют производными ипотечными продуктами, поскольку их денежный поток генерируется обеспечением — сквозной ценной бумагой или пулом сквозных ценных бумаг. В отличие от сквозных ценных бумаг, где существует лишь один класс облигаций, производные ипотечные продукты имеют несколько классов облигаций с одним и тем же обеспечением.

Эти ипотечные продукты выпускаются теми же организациями, которые выпускают агентские сквозные ценные бумаги: Ginnie Mae, Fannie Mae и Freddie Mac. Кредитный риск, связанный с такими ипотечными продуктами, аналогичен риску агентских сквозных ценных бумаг. Структура с несколькими классами облигаций, обеспеченных пулом кредитов CMO, для агентских сделок, которые мы рассмотрим в этой главе, аналогична структуре неагентских сделок, рассматриваемой в следующей главе. Существенная разница между ними и причина, по которой мы посвящаем им отдельные главы, заключается в том, что неагентские сделки требуют более сложного структурирования из-за более высокого кредитного риска. При создании разных классов неагентских сделок должны использоваться механизмы дополнительной поддержки классов облигаций помимо той, что обеспечивается пулом кредитов.

АГЕНТСКИЕ ОБЛИГАЦИИ, ОБЕСПЕЧЕННЫЕ ИПОТЕКОЙ[1]

В последних разделах главы 11 мы писали о риске досрочного погашения, связанном с инвестициями в агентские сквозные ценные бумаги, а именно о риске сокращения и риске удлинения. Мы обратили внимание на то, что одну часть институциональных инвесторов больше волнует риск удлинения,

[1] Раздел сформирован на основе глав 1–7 книги: Frank J. Fabozzi and Chuck Ramsey, *Collateralized Mortgage Obligations: Structures and Analysis*, 3rd ed. (New Hope, PA: Frank J. Fabozzi Associates, 1999).

а другую — риск сокращения. Перераспределение денежного потока сквозных ценных бумаг между различными облигационными классами позволяет перераспределить риск досрочного погашения в интересах инвесторов, желающих снизить его. Очевидно, однако, что изменение денежного потока не может полностью устранить риск досрочного погашения. Следовательно, нужно найти инвесторов, желающие принять на себя нежелательный риск досрочного погашения.

Облигации, обеспеченные ипотекой (*collateralized mortgage obligations — CMO*), — это облигационные классы, созданные путем перераспределения денежных потоков ипотечных продуктов с целью снижения риска досрочного погашения. Само по себе создание CMO не может устранить риск досрочного погашения: оно позволяет лишь перераспределить формы этого риска между различными классами держателей облигаций. Перераспределение денежных потоков от купона и основной суммы базовых ипотечных продуктов между облигационными классами, т. е. создание классов CMO с купонной ставкой, отличной от ставки обеспечения, позволяет создать долговые инструменты с разными характеристиками риска-доходности, наилучшим образом приспособленные к запросам отдельных инвесторов. Таким образом, инвесторы, традиционно вкладывающие капитал в облигации, получают стимул для приобретения ипотечных продуктов.

Облигационные классы принято называть **траншами**. Основные платежи от обеспечения используются для погашения траншей на основании установленного приоритета в соответствии со сроками, указанными в проспекте.

Все три организации, выпускающие агентские сквозные ценные бумаги, выпускают также и CMO, причем Ginnie Mae позднее всех вышла на рынок, впервые выпустив CMO только в 1994 г. Заметим, что облигации, обеспеченные ипотекой тих эмитентов, называют не CMO, а **REMIC**, или **REMIC-структурами**. REMIC — это ипотечный инвестиционный кондуит (*Real Estate Mortgage Investment Conduit*), так называется положение Закона о налоговой реформе 1986 г. Это положение в налоговом законодательстве открывает путь для создания структурированных CMO. В результате эмитенты, как агентства, так и другие организации, структурируют свои сделки с CMO так, чтобы на них распространялся налоговый режим REMIC, и предпочитают называть эти бумаги не CMO, а REMIC.

Транши с последовательной выплатой

Первые CMO, созданные в 1983 г., были структурированы таким образом, что каждый класс облигации погашался последовательно, в свою очередь.

Эти структуры получили название **СМО с последовательной выплатой**. В качестве иллюстрации, позволяющей выявить базовые черты СМО с последовательной выплатой, рассмотрим сделку с гипотетическими FJF-01[1]. Обеспечением наших СМО будет гипотетическая сквозная ценная бумага с общей номинальной стоимостью $400 млн и следующими характеристиками: 1) купонная ставка — 7,5%; 2) средневзвешенный купон (WAC) — 8,125%; 3) средневзвешенный срок (WAM) — 357 месяцев. Напомним, что эту сквозную ценную бумагу мы уже анализировали в главе 11, говоря о денежном потоке сквозной ценной бумаги с использованием шкалы PSA.

На основе обеспечения размером $400 млн были созданы четыре облигационных класса, или транша. Их характеристики мы суммировали в табл. 12.1. Общая номинальная стоимость четырех траншей равна номинальной стоимости обеспечения (т. е. номиналу сквозной ценной бумаги). В этой простой структуре у всех траншей одинаковая купонная ставка, равная купону обеспечения. Такая ситуация в реальности складывается не слишком часто: как правило, каждый транш имеет собственную купонную ставку.

Таблица 12.1. FJF-01: гипотетическая структура из четырех траншей с последовательной выплатой[a]

Транш	Номинал	Купонная ставка (%)
A	$194 500 000	7,5
B	36 000 000	7,5
C	96 500 000	7,5
D	73 000 000	7,5
	$400 000 000	

[a] Правила выплат:

1. Для выплаты купонного процента: распределение купона между траншами производится на основе размера непогашенного основной суммы на начало периода.

2. Для выплаты номинальной стоимости: номинал выплачивается траншу А до тех пор, пока транш не погашается целиком. После полного погашения транша А, номинал выплачивается траншу В до тех пор, пока и этот транш не погашается полностью. После того как транш В будет полностью погашен, номинал выплачивается траншу С до тех пор, пока транш не погашается целиком. После полного погашения транша С номинал распределяется среди держателей транша D до тех пор, пока транш D не погашается полностью.

Напомним, что СМО создается через перераспределение денежных потоков — процента и номинала — между траншами на основе установленных правил выплаты. Правила, приведенные под табл. 12.1, описывают способ распределения денежного потока от сквозной ценной бумаги (обеспечения)

[1] Все структуры СМО имеют имена. Воображаемую структуру мы назвали FJF по инициалам автора этой книги.

между четырьмя траншами CMO. Существуют особые правила для выплат купона и выплат номинала, состоящих из плановых основных платежей и досрочных погашений.

В FJF-01 каждый из траншей получает периодические купонные выплаты пропорционально размеру непогашенного остатка на начало месяца. Распределение номинала подчиняется иным законам. Транш не может получить номинал до тех пор, пока предшествующий ему транш не получит свой номинал целиком. А именно: траншу A выплачивается номинал, пока этот облигационный класс не получает всю положенную ему сумму в размере $194 500 000; затем номинал начинает выплачиваться траншу B — выплата идет до тех пор, пока целиком не погашается весь облигационный класс в размере $36 000 000. Затем номинал выплачивается классу C, а после окончания выплаты — классу D.

Правила приоритета при распределении номинальной стоимости известны, однако точный размер погашения номинала в каждый период заранее неясен. Он зависит от денежного потока, т. е. от поступления номинала обеспечения, зависящего, в свою очередь, от свойственной данному пулу скорости досрочного погашения. Предположение, сделанное на основе скорости PSA, позволяет спроецировать денежный поток. В табл. 12.2 показан денежный поток (процент; плановый основной платеж; досрочные погашения) при условии 165PSA. Если предположить, что обеспечение погашается досрочно со скоростью 165PSA, то денежный поток всех четырех траншей FJF-01 будет равен денежному потоку, представленному в табл. 12.2.

Таблица 12.2. Месячный денежный поток для избранных месяцев по FJF-01 при скорости досрочного погашения 165PSA

	Транш A			Транш B		
Месяц	**Остаток**	**Номинал**	**Процент**	**Остаток**	**Номинал**	**Процент**
1	194 500 000	709 923	1 215 625	36 000 000	0	225 000
2	193 790 077	821 896	1 211 188	36 000 000	0	225 000
3	192 968 181	933 560	1 206 051	36 000 000	0	225 000
4	192 034 621	1 044 822	1 200 216	36 000 000	0	225 000
5	190 989 799	1 155 586	1 193 686	36 000 000	0	225 000
6	189 834 213	1 265 759	1 186 464	36 000 000	0	225 000
7	188 568 454	1 375 246	1 178 553	36 000 000	0	225 000
8	187 193 208	1 483 954	1 169 958	36 000 000	0	225 000
9	185 709 254	1 591 789	1 160 683	36 000 000	0	225 000

Продолжение табл. 12.2

	Транш А			Транш В		
Месяц	**Остаток**	**Номинал**	**Процент**	**Остаток**	**Номинал**	**Процент**
10	184 117 464	1 698 659	1 150 734	36 000 000	0	225 000
11	182 418 805	1 804 473	1 140 118	36 000 000	0	225 000
12	180 614 332	1 909 139	1 128 840	36 000 000	0	225 000
75	12 893 479	2 143 974	80 584	36 000 000	0	225 000
76	10 749 504	2 124 935	67 184	36 000 000	0	225 000
77	8 624 569	2 106 062	53 904	36 000 000	0	225 000
78	6 518 507	2 087 353	40 741	36 000 000	0	225 000
79	4 431 154	2 068 807	27 695	36 000 000	0	225 000
80	2 362 347	2 050 422	14 765	36 000 000	0	225 000
81	311 926	311 926	1 950	36 000 000	1 720 271	225 000
82	0	0	0	34 279 729	2 014 130	214 248
83	0	0	0	32 265 599	1 996 221	201 660
84	0	0	0	30 269 378	1 978 468	189 184
85	0	0	0	28 290 911	1 960 869	176 818
95	0	0	0	9 449 331	1 793 089	59 058
96	0	0	0	7 656 242	1 777 104	47 852
97	0	0	0	5 879 138	1 761 258	36 745
98	0	0	0	4 117 880	1 745 550	25 737
99	0	0	0	2 372 329	1 729 979	14 827
100	0	0	0	642 350	642 350	4 015
101	0	0	0	0	0	0
102	0	0	0	0	0	0
103	0	0	0	0	0	0
104	0	0	0	0	0	0
105	0	0	0	0	0	0
	Транш С			**Транш D**		
1	96 500 000	0	603 125	73 000 000	0	456 250
2	96 500 000	0	603 125	73 000 000	0	456 250
3	96 500 000	0	603 125	73 000 000	0	456 250
4	96 500 000	0	603 125	73 000 000	0	456 250
5	96 500 000	0	603 125	73 000 000	0	456 250

Продолжение табл. 12.2

	Транш C			Транш D		
Месяц	**Остаток**	**Номинал**	**Процент**	**Остаток**	**Номинал**	**Процент**
6	96 500 000	0	603 125	73 000 000	0	456 250
7	96 500 000	0	603 125	73 000 000	0	456 250
8	96 500 000	0	603 125	73 000 000	0	456 250
9	96 500 000	0	603 125	73 000 000	0	456 250
10	96 500 000	0	603 125	73 000 000	0	456 250
11	96 500 000	0	603 125	73 000 000	0	456 250
12	96 500 000	0	603 125	73 000 000	0	456 250
95	96 500 000	0	603 125	73 000 000	0	456 250
96	96 500 000	0	603 125	73 000 000	0	456 250
97	96 500 000	0	603 125	73 000 000	0	456 250
98	96 500 000	0	603 125	73 000 000	0	456 250
99	96 500 000	0	603 125	73 000 000	0	456 250
100	96 500 000	1 072 194	603 125	73 000 000	0	456 250
101	95 427 806	1 699 243	596 424	73 000 000	0	456 250
102	93 728 563	1 684 075	585 804	73 000 000	0	456 250
103	92 044 489	1 669 039	575 278	73 000 000	0	456 250
104	90 375 450	1 654 134	564 847	73 000 000	0	456 250
105	88 721 315	1 639 359	554 508	73 000 000	0	456 250
175	3 260 287	869 602	20 377	73 000 000	0	456 250
176	2 390 685	861 673	14 942	73 000 000	0	456 250
177	1 529 013	853 813	9 556	73 000 000	0	456 250
178	675 199	675 199	4 220	73 000 000	170 824	456 250
179	0	0	0	72 829 176	838 300	455 182
180	0	0	0	71 990 876	830 646	449 943
181	0	0	0	71 160 230	823 058	444 751
182	0	0	0	70 337 173	815 536	439 607
183	0	0	0	69 521 637	808 081	434 510
184	0	0	0	68 713 556	800 690	429 460
185	0	0	0	67 912 866	793 365	424 455
350	0	0	0	1 235 674	160 220	7 723
351	0	0	0	1 075 454	158 544	6 722

Окончание табл. 12.2

	Транш C			Транш D		
Месяц	Остаток	Номинал	Процент	Остаток	Номинал	Процент
352	0	0	0	916 910	156 883	5 731
353	0	0	0	760 027	155 238	4 750
354	0	0	0	604 789	153 607	3 780
355	0	0	0	451 182	151 991	2 820
356	0	0	0	299 191	150 389	1 870
357	0	0	0	148 802	148 802	930

Для того чтобы читателю стало ясно, как работают правила приоритета в FJF-01, в табл. 12.2 приведены денежные потоки избранных месяцев при скорости досрочного погашения 165PSA. Для каждого транша в таблице даются значения: 1) остатка в начале месяца; 2) выплаченного номинала (плановые основные платежи плюс досрочное погашение), а также 3) процента. В месяц 1 денежный поток обеспечения состоит из выплаты номинала в размере $709 923 и процента в размере $2,5 млн (0,075 умножить на $400 млн и поделить на 12). Процент распределяется между четырьмя траншами исходя из суммы непогашенного остатка. Так, транш A получает купон в размере $1 215 625 (0,075 умножить на $194 500 000 и поделить на 12) из $2,5 млн. Номинал между тем целиком переходит к траншу A. Итак, денежный поток транша A в месяц 1 равен $1 925 548. Сумма непогашенного остатка на конец месяца 1 составляет для этого транша $193 790 076 (начальный остаток минус выплата номинала, равная $709 923). Остальные три транша не получают выплат номинальной стоимости, поскольку транш A еще целиком не погашен. Та же ситуация сохранится в период с месяца 1 до месяца 80.

После месяца 81 сумма непогашенного остатка по траншу A будет равна нулю. Денежный поток обеспечения в месяц 81 равен $3 318 521, из которых $2 032 196 приходится на выплаты номинала, а $1 286 325 — на процент. К началу месяца 81 (к концу месяца 80) размер непогашенного остатка для транша A составляет $311 926. Итак, $311 926 из $2 032 196 номинала, поступившего от обеспечения, будут переданы держателям транша A. После осуществления этого платежа траншу не полагается никаких дополнительных выплат, поскольку сумма непогашенного остатка становится равной нулю. Остальная часть номинала, поступившего от обеспечения, поступает к траншу B. При скорости досрочного погашения 165PSA транш B будет получать выплаты номинала начиная с месяца 81.

Из табл. 12.2 видно, что транш B целиком погашается к месяцу 100 — с этого момента выплаты номинала переходят к траншу C. Транш C полностью погашается в месяц 178 — месяц, когда оставшиеся выплаты номинала начинает получать облигационный класс D. Срок (т. е. время до полного погашения номинальной стоимости) при 165PSA для транша A составит 81 месяц, транша B — 100 месяцев, транша C — 178 месяцев и транша D — 357 месяцев.

Окно выплаты номинала транша — это период времени между началом и окончанием погашения номинальной стоимости данного облигационного класса. Для транша A окно выплаты номинала при 165PSA расположено в промежутке между 1 и 81 месяцами. Для транша B оно разместится между месяцем 82 и месяцем 100. Принято говорить о длине (размере) окна, т. е. об интервале между началом и концом выплат номинала. Размер окна A равен 80 месяцам, окна B — 19 месяцам.

Рассмотрим теперь преимущества, предоставляемые инвесторам CMO. В главе 11 мы писали, что при скорости досрочного погашения 165PSA средний срок жизни изучаемой сквозной ценной бумаги равен 8,76 года. В табл. 12.3 приведены данные о средних сроках жизни обеспечения и четырех траншей при разных скоростях досрочного погашения. Заметим, что средние сроки жизни траншей могут быть как длиннее, так и короче среднего срока жизни обеспечения. Таким образом, данный финансовый инструмент оказывается привлекательным для инвесторов, заинтересованных в инвестировании в облигацию со сроком жизни, отличным от срока жизни обеспечения.

Таблица 12.3. Средняя продолжительность жизни обеспечения и четырех траншей FJF-01

Скорость досрочного погашения (PSA)	Средняя продолжительность жизни				
	Обеспечение	Транш A	Транш B	Транш C	Транш D
50	15,11	7,48	15,98	21,02	27,24
100	11,66	4,90	10,86	15,78	24,58
165	8,76	3,48	7,49	11,19	20,27
200	7,68	3,05	6,42	9,60	18,11
300	5,63	2,32	4,64	6,81	13,36
400	4,44	1,94	3,70	5,31	10,34
500	3,68	1,69	3,12	4,38	8,35
600	3,16	1,51	2,74	3,75	6,96
700	2,78	1,38	2,47	3,30	5,95

Наибольший недостаток СМО — высокая изменчивость продолжительностей жизни траншей. Способы устранения этого недостатка описаны нами в дальнейшем. Заметим, однако, что транши в определенной степени защищены от риска досрочного погашения. Установленный приоритет (особые правила) выплаты номинала эффективно защищают более краткосрочный транш A от риска удлинения. Защита должна откуда-то исходить — в нашем случае ее источником являются остальные транши. Транши C и D обеспечивают защиту от риска удлинения траншей A и B и сами тоже защищены: от риска сокращения их предохраняют транши A и B.

Накопительные облигации

Правила выплаты купона FJF-01 предполагают ежемесячные выплаты процента каждому из траншей. Между тем во многих структурах СМО с последовательной выплатой хотя бы один транш не получает положенный ему текущий процент. Процент не выплачивается, а накапливается, затем добавляется к номинальной стоимости. Этот облигационный класс известен на рынке как накопительная облигация, или **Z-облигация** (от zero — ноль, поскольку облигация близка по своим свойствам к бескупонной). Процент, который мог бы быть выплачен облигации накопительного класса, используется для ускорения выплат номинала впереди стоящих траншей.

Рассмотрим в качестве примера FJF-02 — гипотетическую структуру СМО с тем же обеспечением, что и у FJF-01, и теми же четырьмя траншами, каждый с купонной ставкой в 7,5%. Вторую структуру отличает, однако, наличие Z-транша, т. е. накопительного облигационного класса. Структура FJF-02 представлена в табл. 12.4.

Табл. 12.5 демонстрирует денежные потоки в избранные месяцы для траншей A и B. Проанализируем данные месяца 1 и сравним их с месяцем 1 в табл. 12.2. Оба денежных потока вычисляются исходя из 165PSA. Основной платеж равен $709 923. В FJF-01 эта сумма равна выплате номинала транша A. В FJF-02 процент четвертого транша, транша Z, составляющий $456 250, не выплачивается инвесторам данного облигационного класса, а используется для выплат номинала транша A. Номинальная выплата по траншу A составит таким образом $1 166 173 (основной платеж от обеспечения $709 923 плюс процент Z-транша $456 250).

Следствием наличия Z-транша является сокращение сроков до полного погашения траншей A, B и C. Облигационный класс A полностью погашается не через 81 месяц, а через 64; класс B — не через 100 месяцев, а через 77; класс C — не через 178 месяцев, а через 112.

Таблица 12.4. FJF-02: гипотетическая структура из четырех траншей с последовательной выплатой и накопительным облигационным классом[a]

Транш	Номинал	Купонная ставка (%)
A	$194 500 000	7,5
B	36 000 000	7,5
C	96 500 000	7,5
Z (накопительный)	73 000 000	7,5
	$400 000 000	

[a] Правила выплат:

1. *Для выплаты купонного процента:* распределение купона между траншами A, B и C производится пропорционально размеру непогашенного долга на момент начала периода. Процент транша Z накапливается: процент, сумма которого определяется на основании непогашенного к моменту начала периода номинала транша Z, прибавляется к проценту предшествующего месяца. Процент транша Z выплачивается предшествующим траншам в качестве выплат номинала.

2. *Для выплаты номинальной стоимости:* номинал выплачивается траншу A до тех пор, пока транш не погашается целиком. После полного погашения транша A номинал выплачивается траншу B до тех пор, пока и этот транш не погашается полностью. После того как транш B будет полностью погашен, номинал выплачивается траншу C до тех пор, пока транш не погашается целиком. После полного погашения транша C номинал распределяется среди держателей транша Z до тех пор, пока им не будет полностью выплачен размер номинала и накопленного купонного процента.

Таблица 12.5. FJF-02: ежемесячные денежные потоки избранных месяцев для траншей A и B при 165PSA

	Транш A			Транш B		
Месяц	Остаток	Номинал	Процент	Остаток	Номинал	Процент
1	194 500 000	1 166 173	1 215 625	36 000 000	0	225 000
2	193 333 827	1 280 997	1 208 336	36 000 000	0	225 000
3	192 052 829	1 395 531	1 200 330	36 000 000	0	225 000
4	190 657 298	1 509 680	1 191 608	36 000 000	0	225 000
5	189 147 619	1 623 350	1 182 173	36 000 000	0	225 000
6	187 524 269	1 736 446	1 172 027	36 000 000	0	225 000
7	185 787 823	1 848 875	1 161 174	36 000 000	0	225 000
8	183 938 947	1 960 543	1 149 618	36 000 000	0	225 000
9	181 978 404	2 071 357	1 137 365	36 000 000	0	225 000
10	179 907 047	2 181 225	1 124 419	36 000 000	0	225 000
11	177 725 822	2 290 054	1 110 786	36 000 000	0	225 000
12	175 435 768	2 397 755	1 096 474	36 000 000	0	225 000
60	15 023 406	3 109 398	93 896	36 000 000	0	225 000
61	11 914 007	3 091 812	74 463	36 000 000	0	225 000

Окончание табл. 12.5

	Транш А			Транш В		
Месяц	Остаток	Номинал	Процент	Остаток	Номинал	Процент
62	8 822 195	3 074 441	55 139	36 000 000	0	225 000
63	5 747 754	3 057 282	35 923	36 000 000	0	225 000
64	2 690 472	2 690 472	16 815	36 000 000	349 863	225 000
65	0	0	0	35 650 137	3 023 598	222 813
66	0	0	0	32 626 540	3 007 069	203 916
67	0	0	0	29 619 470	2 990 748	185 122
68	0	0	0	26 628 722	2 974 633	166 430
69	0	0	0	23 654 089	2 958 722	147 838
70	0	0	0	20 695 367	2 943 014	129 346
71	0	0	0	17 752 353	2 927 508	110 952
72	0	0	0	14 824 845	2 912 203	92 655
73	0	0	0	11 912 642	2 897 096	74 454
74	0	0	0	9 015 546	2 882 187	56 347
75	0	0	0	6 133 358	2 867 475	38 333
76	0	0	0	3 265 883	2 852 958	20 412
77	0	0	0	412 925	412 925	2 581
78	0	0	0	0	0	0

Средняя продолжительность жизни траншей A, B и C для FJF-02 короче, чем для FJF-01 благодаря наличию накопительного транша. При 165PSA средние продолжительности жизней равны:

Структура	*Транш A*	*Транш B*	*Транш C*
FJF-02	2,90	5,86	7,87
FJF-01	3,48	7,49	11,19

Укорачивание срока жизни ненакопительных траншей связано с тем, что процент, который мог бы быть выплачен накопительному траншу, передается прочим облигационным классам. Заметим, однако, что транш Z в FJF-02 будет иметь продолжительность жизни бо́льшую, чем транш D в FJF-01.

Итак, включение в облигацию накопительного транша позволяет удлинять и укорачивать сроки жизни облигационных классов. Накопительные облигации — привлекательный финансовый инструмент для инвесторов, не желающих принимать на себя риск реинвестиций. Поскольку в данном случае купонные выплаты отсутствуют, их не приходится реинвестировать, а значит, риска реинвестиций до момента выплаты остальных траншей удается избежать.

Транши с плавающей ставкой

Структуры CMO, описанные выше, предлагали фиксированную процентную ставку на все транши. Если бы классы CMO создавались только с фиксированными купонами, рынок CMO был бы весьма ограничен. Многие финансовые институты предпочитают активы с плавающей процентной ставкой, которые лучше соответствуют их пассивам.

Из траншей с фиксированной ставкой можно получить транши с плавающей ставкой путем создания долговых обязательств с плавающей и обратной плавающей ставками. Проиллюстрируем создание облигационных классов с плавающей и обратной плавающей ставками на примере структуры CMO FJF-02, т.е. четырехтраншевой структуры с последовательным погашением и накопительным облигационным классом. Транши с плавающей и с обратной плавающей ставкой могут быть созданы на основе любого из четырех траншей. Заметим, что ценные бумаги этого типа могут быть созданы на основе нескольких траншей, а также части одного транша.

В нашем случае транши с плавающей и с обратной плавающей ставками были созданы на основе одного транша — транша C. Номинальная стоимость этого транша составляет $96,5 млн; таким образом, общая номинальная стоимость новых двух траншей также составит $96,5 млн. CMO с траншами с плавающей и с обратной плавающей ставкой мы будем называть FJF-03. Она состоит из пяти траншей — A, B, C, FL, IFL и Z, где FL — транш с плавающей ставкой, а IFL — транш с обратной плавающей ставкой. Описание FJF-03 приводится в табл. 12.6. Для создания траншей с плавающей и с обратной плавающей ставкой может быть выбрана любая референсная ставка. Купон FL и IFL в FJF-03 вычисляется на базе месячной LIBOR.

Размер транша с плавающей ставкой должен быть равен части номинала транша C ($96,5 млн). Эта сумма может быть разделена между траншем с плавающей ставкой и траншем с обратной плавающей ставкой множеством способов: выбор в данном случае определяется исключительно потребностями группы инвесторов, для которой предназначена ценная бумага. В нашей структуре FJF-03 на облигацию с плавающей ставкой приходится $72 375 000, или 75% от номинала транша C (от $96,5 млн). Купонная ставка транша равна месячной LIBOR плюс 50 базисных пунктов. Так, если LIBOR в дату пересчета равна 3,75%, то купонная ставка транша с плавающей ставкой составит 3,75% + 0,5%, т. е. 4,25%. Для купонной ставки транша с плавающей ставкой установлен кэп (см. дальше).

В отличие от ноты с плавающей ставкой, обращающейся на рынке корпоративных облигаций, номинал нашего транша не остается неизменным в течение всего срока жизни финансового инструмента: по мере выплат долга его номинальная стоимость уменьшается. Выплаты номинала инструмента с плавающей ставкой зависят от выплат номинала по траншу, из которого этот облигационный класс был создан, а именно от выплат номинала по траншу С.

Таблица 12.6. FJF-03: гипотетическая структура с пятью траншами с последовательной выплатой, включающая облигационные классы с плавающей и обратной плавающей ставками, а также накопительный класс[a]

Транш	Номинал	Купонная ставка (%)
A	$194 500 000	7,50
B	36 000 000	7,50
FL	72 375 000	месячная LIBOR + 0,50
IFL	24 125 000	28,50–3 × месячная LIBOR
Z (накопительный)	73 000 000	7,50
	$400 000 000	

[a] Правила выплаты:

1. *Для выплаты купонного процента:* распределение купона между траншами A, B, FL и IFL производится на основе размера непогашенного долга на момент начала периода. Процент транша Z накапливается: процент, сумма которого определяется на основании непогашенного к моменту начала периода долга, прибавляется к проценту предшествующего месяца. Процент транша Z выплачивается предшествующим траншам в моменты выплат номинала. Максимальная купонная ставка FL равна 10%; минимальная купонная ставка IFL равна 0%.

2. *Для выплаты номинальной стоимости:* уоминал выплачивается траншу A до тех пор, пока транш не погашается целиком. После полного погашения транша A номинал выплачивается траншу B до тех пор, пока и этот транш не погашается полностью. После того как транш B будет полностью погашен, номинал выплачивается траншам FL и IFL до тех пор, пока они не погашаются целиком. Распределение номинала между траншами FL и IFL производится следующим образом: 75% приходится на транш FL, 25% — на транш IFL. После полного погашения траншей FL и IFL номинал распределяется среди держателей транша Z до тех пор, пока им не будет полностью выплачен размер номинала и накопленного купонного процента.

Поскольку номинальная стоимость транша с плавающей ставкой равна $72 375 000 из $96,5 млн, разность двух величин составит номинал транша с обратной плавающей ставкой. Если в качестве референсной ставки была выбрана ставка LIBOR, то купон облигационного класса с обратной плавающей ставкой можно вычислить по следующей формуле:

$$K - L \times \text{месячная LIBOR}.$$

В FJF-03 значение K равно 28,50%, а L равно 3. Итак, если месячная LIBOR составляет 3,75%, то купон класса с обратной плавающей ставкой в данном месяце будет равен:

$$28{,}50\% - 3 \times 3{,}75\% = 17{,}25\%.$$

K — это кэп или максимальная купонная ставка класса с обратной плавающей ставкой. В FJF-03 кэп транша с обратной плавающей ставкой находится на уровне 28,50%.

Величина L, или множитель в формуле вычисления купонной ставки облигации с обратной плавающей ставкой носит название **купонного левериджа**. Чем больше купонный леверидж, тем более заметно меняется купон транша с обратной плавающей ставкой при данном изменении месячной LIBOR. Купонный леверидж, равный трем, может интерпретироваться следующим образом: при изменении месячной LIBOR на 100 базисных пунктов купонная ставка транша с обратной плавающей ставкой изменится на 300 пунктов; купонный леверидж, равный 0,7, означает: купон изменится на 70 базисных пунктов, если месячная LIBOR изменится на 100 пунктов. На рынке представлены облигационные классы с обратными плавающими ставками, имеющие самые разные купонные левериджи. Участники рынка обычно называют низким купонный леверидж L в промежутке от 0,5 до 2,1; средний купонный леверидж — это леверидж от 2,1 до 4,5; высокий леверидж — леверидж, превышающий 4,5. В момент выпуска долгового обязательства эмитент устанавливает значение левериджа, исходя из пожеланий инвестора. Напомним, что в FJF-03 купонный леверидж равен 3.

Посмотрим теперь, каким образом распределяется между траншами с плавающей и обратной плавающей ставками купонная ставка облигационного класса, на базе которого наши транши были созданы, — мы знаем, что она равна 7,5%. Купонная ставка транша с плавающей ставкой равна:

$$\text{месячная LIBOR} + 0{,}50.$$

Купон транша с обратной плавающей ставкой равен:

$$28{,}50 - 3 \times \text{месячная LIBOR}.$$

На транш с плавающей ставкой приходится 75% номинала, на транш с обратной плавающей ставкой — 25%. Таким образом, средневзвешенная купонная ставка равна:

$$0{,}75 \times \text{купон транша с плавающей ставкой} +$$
$$+\ 0{,}25 \times \text{купон транша с обратной плавающей ставкой.}$$

Средневзвешенная ставка, независимо от значения LIBOR, равна 7,5%. Так, если месячная LIBOR составляет 9%, то:

$$\text{купонная ставка транша с плавающей ставкой} = 9{,}0\% + 0{,}5\% = 9{,}5\%;$$

$$\text{купонная ставка транша с обратной плавающей ставкой} = 28{,}5\% - 3 \times 9{,}0\% = 1{,}5\%.$$

Средневзвешенная купонная ставка равна:

$$0{,}75 \times 9{,}5\% + 0{,}25 \times 1{,}5\% = 7{,}5\%.$$

Итак, купонная ставка облигационного класса, из которого были созданы наши транши, обеспечивает поддержку совокупного процента, выплачиваемого им обоим. Выплаты номинала класса с обратной плавающей ставкой, так же как и выплаты номинала класса с плавающей ставкой, являются частью выплат номинала облигационного класса С.

Значение месячной LIBOR всегда положительно, и купонная ставка, выплачиваемая держателям облигационного класса с обратной плавающей ставкой, также не может быть отрицательной. Между тем при отсутствии ограничений, накладываемых на купон этого транша, ставка может стать отрицательным числом. Для предотвращения подобного стечения обстоятельств, для купона устанавливается флор, т. е. его минимальное значение. В большинстве структур такой минимум устанавливается на нуле. Если для купона транша с обратной плавающей ставкой устанавливается флор, то для купона облигационного класса с плавающей ставкой неизбежно должен быть установлен кэп. В FJF-03 флор равен нулю. При такой нижней планке кэп или максимальная ставка класса с плавающей ставкой должен быть равен 10%. Уровень кэпа определяется подстановкой нуля вместо купонной ставки транша с обратной плавающей ставкой в формуле вычисления средневзвешенной купонной ставки — ставки, которая, как мы помним, равна 7,5%.

Кэп траншей с плавающей и обратной плавающей ставкой, флор транша с обратной плавающей ставкой, купонный леверидж и котируемый спред — взаимосвязанные величины. Зная значения четырех из них, мы всегда можем вычислить значение пятой.

Облигационные классы с плановой амортизацией

Описанные в предыдущих разделах инновационные структуры СМО сделали рынок ценных бумаг, обеспеченных ипотеками, привлекательным для множества институциональных инвесторов, которые прежде либо избегали инвестировать в финансовые инструменты этого типа, либо размещали в них минимальную часть портфеля облигаций. Между тем, хотя покупатели, приобретавшие некогда только корпоративные облигации, начали активно торговать СМО, часть инвесторов по-прежнему опасалась работать с данными облигационными структурами, полагая, во-первых, что, снижая риск досрочного погашения, СМО не позволяют полностью его избежать и, во-вторых, что изменчивость средней продолжительности жизни траншей является существенным недостатком СМО.

В середине 1980-х гг. две тенденции, наблюдавшиеся на рынке корпоративных облигаций, заметно усилили потенциальный спрос на СМО, имеющие более предсказуемый денежный поток. Первая из этих тенденций — рост событийного риска, к которому инвесторы корпоративного рынка стали особенно чувствительны после поглощения с использованием заемных средств RJR Nabisco в 1988 г. Вторая тенденция — уменьшение числа корпоративных облигационных выпусков с рейтингом ААА. Постоянные покупатели рынка корпоративных облигаций хотели бы инвестировать в финансовый инструмент, имеющий, с одной стороны, характеристики корпоративной ценной бумаги (либо погашение «пулей», либо график погашения из фонда погашения), с другой — высокое кредитное качество. Существовавшие в тот момент СМО, удовлетворяя второму условию, не отвечали первому.

В марте 1987 г. в СМО, эмитированные M. D. C. Mortgage Funding Corporation, вошла серия 0, включающая облигационный класс, названный **стабилизированными ипотечными облигациями с сокращенным сроком до погашения** (*stabilized mortgage reduction term bonds — SMRT*); другой облигационный класс СМО, вошедший в серию Р, был назван **облигационным классом с плановой амортизацией** (*planned amortization class bonds — PAC*). Эмитированные Oxford Acceptance Corporation СМО III серии С включали облигационный класс, именуемый **облигациями с плановым погашением** (*planned redemption obligation bonds — PRO*). Общей чертой всех трех типов облигаций была предсказуемость денежного потока, изменения которого при условии колебаний уровня досрочного погашения в определенных границах можно вычислить с большой долей точности.

Более высокая предсказуемость этого облигационного класса, в настоящее время называемого «облигациями РАС», обусловлена обязательным для соблюдения графиком выплат номинала. Держатели РАС имеют преимущества перед держателями всех прочих траншей выпуска СМО при распределении выплат номинальной стоимости, поступающей от обеспечения. Высокая степень уверенности в размерах будущего денежного потока РАС обеспечивается за счет прочих облигационных классов, называемых **облигациями поддержки,** или **вспомогательными облигациями**. Именно на эти транши переносится основной груз риска досрочного погашения. Поскольку облигации РАС защищены как от риска сокращения, так и от риска удлинения, о них говорят, как о финансовых инструментах, обеспеченных **двусторонней защитой от риска досрочного погашения**.

В качестве примера процедуры создания облигаций РАС рассмотрим СМО на базе сквозных ценных бумаг в $400 млн с купонной ставкой 7,5%, WAC — 8,125% и WAM — 357 месяцев. Второй столбец табл. 12.7 демонстрирует значения выплат номинала (плановый основной платеж плюс досрочное погашение) для избранных месяцев при скорости досрочного погашения 90PSA; в следующем столбце даны размеры выплат номинала для избранных месяцев при условии, что скорость досрочного погашения сквозных бумаг составляет 300PSA.

Последний столбец табл. 12.7 представляет *минимальное значение* из возможных выплат номинала при скоростях 90PSA и 300PSA в месяцы с 1 по 349. (После месяца 346 при скорости досрочного погашения в интервале от 90PSA до 300PSA номинальная стоимость будет полностью возвращена.) Так, в первый месяц при скорости досрочного погашения 90PSA выплата номинала составит $508 169,52, а при скорости 300PSA — $1 075 931,20. Таким образом, как это видно из последнего столбца табл. 12.7, минимальная выплата номинала равна $508 169,52. В месяц 103 минимальный размер выплат номинала также будет равен выплатам при скорости досрочного погашения 90PSA, т. е. $1 446 761 (при 300PSA выплаты номинала составят $1 458 618,04). В месяц 104, однако, скорость досрочного погашения 300PSA приведет к выплатам номинала меньшим, чем выплаты при скорости 90PSA: $1 433 539,23 против $1 440 825,55. Таким образом, в последнем столбце таблицы мы найдем значение $1 433 539,23. Заметим, что с месяца 104 минимальные выплаты номинала равны выплатам при скорости досрочного погашения 300PSA.

Напомним: если скорость досрочного погашения равна *любому* числу в интервале между 90PSA и 300PSA, то минимальные выплаты номинала — сумма, приведенная в последнем столбце табл. 12.7. Так, если предположить, что обеспечение будет досрочно погашаться со скоростью 200PSA, то о минимально возможных выплатах номинала нам скажет последний столбец таблицы: с месяца 1 по 103 он будет равен выплатам номинала при 90PSA, затем, с месяца 104 — выплатам номинала при 300PSA.

Предполагая, что обеспечение в течение срока своей жизни будет досрочно погашаться со скоростью от 90PSA до 300PSA, мы можем создать на его основе облигации РАС. Установим график выплат номинала, которые держатели РАС будут получать раньше, чем держатели всех не-РАС траншей СМО. Месячные выплаты номинала будут осуществляться на базе данных последнего столбца нашей таблицы, т. е. на базе минимальных значений выплат номинала. Разумеется, у нас не может быть твердой уверенности в том, что скорость досрочного погашения обязательно будет колебаться в данном интервале PSA, однако облигационный класс PAC структурируется исходя из этого предположения, взятого в качестве бесспорного.

В табл. 12.8 представлена структура CMO FJF-04, созданная на основе сквозных ценных бумаг с номиналом $400 млн, купоном 7,5%, WAC 8,125% и WAM 357 месяцев. В этой облигационной структуре всего два класса: облигации PAC с купоном 7,5%, базирующиеся на предположении о PSA в интервале от 90 до 300, с номиналом $243,8 млн и облигации поддержки с номиналом $156,2 млн. Два значения скорости досрочного погашения, используемые для создания PAC, называются **начальными планками PAC** (или **начальными границами PAC**): в нашем случае нижняя планка установлена на уровне 90PSA, верхняя — 300PSA.

В табл. 12.9 приводятся средние продолжительности жизни облигаций PAC и облигаций поддержки FJF-04 при *реальных* скоростях досрочного погашения. Заметим, что при PSA в интервале от 90 до 300, средняя продолжительность жизни облигаций PAC стабильно равна 7,26 года. При более высоких скоростях PSA или более низких, чем предполагалось, график нарушается и средняя продолжительность жизни меняется — удлиняется при скорости, меньшей чем 90PSA, и укорачивается при скорости, большей чем 300PSA. Следует обратить внимание на то, что изменчивость сроков жизни облигаций поддержки существенно выше, чем облигаций PAC.

Таблица 12.7. Месячные выплаты номинала для выпуска сквозных ценных бумаг в размере $400 млн с купоном 7,5%, WAC 8,125% и WAM 357; скорости досрочного погашения 90PSA и 300PSA

Месяц	90% PSA	300% PSA	Минимальная выплата номинала — график PAC
1	508 169,52	1 075 931,20	508 169,52
2	569 843,43	1 279 412,11	569 843,43
3	631 377,11	1 482 194,45	631 377,11
4	692 741,89	1 683 966,17	692 741,89
5	753 909,12	1 884 414,62	753 909,12
6	814 850,22	2 083 227,31	814 850,22
7	875 536,68	2 280 092,68	875 536,68
8	935 940,10	2 474 700,92	935 940,10
9	996 032,19	2 666 744,77	996 032,19
10	1 055 784,82	2 855 920,32	1 055 784,82

Окончание табл. 12.7

Месяц	90% PSA	300% PSA	Минимальная выплата номинала — график PAC
11	1 115 170,01	3 041 927,81	1 115 170,01
12	1 174 160,00	3 224 472,44	1 174 160,00
13	1 232 727,22	3 403 265,17	1 232 727,22
14	1 290 844,32	3 578 023,49	1 290 844,32
15	1 348 484,24	3 748 472,23	1 348 484,24
16	1 405 620,17	3 914 344,26	1 405 620,17
17	1 462 225,60	4 075 381,29	1 462 225,60
18	1 518 274,36	4 231 334,57	1 518 274,36
101	1 458 719,34	1 510 072,17	1 458 719,34
102	1 452 725,55	1 484 126,59	1 452 725,55
103	1 446 761,00	1 458 618,04	1 446 761,00
104	1 440 825,55	1 433 539,23	1 433 539,23
105	1 434 919,07	1 408 883,01	1 408 883,01
211	949 482,58	213 309,00	213 309,00
212	946 033,34	209 409,09	209 409,09
213	942 601,99	205 577,05	205 577,05
346	618 684,59	13 269,17	13 269,17
347	617 071,58	12 944,51	12 944,51
348	615 468,65	12 626,21	12 626,21
349	613 875,77	12 314,16	3 432,32
350	612 292,88	12 008,25	0
351	610 719,96	11 708,38	0
352	609 156,96	11 414,42	0
353	607 603,84	11 126,28	0
354	606 060,57	10 843,85	0
355	604 527,09	10 567,02	0
356	603 003,38	10 295,70	0
357	601 489,39	10 029,78	0

Таблица 12.8. Структура CMO FJF-04 с одной облигацией PAC и одной облигацией поддержки[a]

Транш	Номинальная стоимость	Купонная ставка (%)
P (PAC)	$243 800 000	7,5
S (Поддержка)	156 200 000	7,5
	$400 000 000	

[a] Правила выплат:

1. Для выплаты купонного процента: периодические выплаты купона каждому траншу осуществляются исходя из размера невыплаченного долга на момент начала периода.

2. Для выплат номинальной стоимости: выплаты номинала траншу P осуществляются согласно графику выплат номинала. Транш P имеет приоритет по текущим и будущим выплатам номинала в соответствии с установленным графиком. Излишки номинальной стоимости, т. е. суммы, оставшиеся после необходимых выплат номинала траншу P в данный месяц, выплачиваются траншу S. После полной выплаты транша S вся номинальная стоимость обеспечения поступает траншу P вне зависимости от графика.

Таблица 12.9. Средняя продолжительность жизни облигаций PAC и облигаций поддержки в FJF-04 при различных скоростях досрочного погашения

Скорость досрочного погашения (PSA)	Облигации PAC (P)	Облигации поддержки (S)
0	15,97	27,26
50	9,44	24,00
90	7,26	18,56
100	7,26	18,56
150	7,26	12,57
165	7,26	11,16
200	7,26	8,38
250	7,26	5,37
300	7,26	3,13
350	6,56	2,51
400	5,92	2,17
450	5,38	1,94
500	4,93	1,77
700	3,70	1,37

Создание серий облигаций PAC

Многие структуры CMO имеют по нескольку PAC-классов. Мы включили в FJF-04 шесть облигаций PAC и назвали новую структуру FJF-05. Информация об этой структуре CMO приводится в табл. 12.10. Общая номинальная стоимость шести облигаций PAC равна $243,8 млн, т. е. размеру одной облигации PAC в FJF-04.

В табл. 12.11 приведены средние продолжительности жизни шести облигаций PAC и облигации поддержки в FJF-05 при разных скоростях досрочного погашения. На основе облигации PAC в FJF-04 со средней продолжительностью жизни 7,26 при скоростях досрочного погашения от 90PSA до 300PSA нами были созданы шесть облигаций PAC, минимальная продолжительность жизни которых при скоростях досрочного погашения от 90PSA до 300PSA составляет 2,58 года (транш P-A), а максимальная — 16,92 года (транш P-F).

Как и в случае FJF-04 средняя продолжительность жизни FJF-05 остается неизменной, если скорость досрочного погашения не выходит за рамки предполагаемого интервала. Заметим, однако, что даже вне указанных границ часть траншей PAC имеют стабильную продолжительность жизни. Так, срок жизни облигации PAC P-A не меняется, даже если скорость досрочного погашения возрастает до 400PSA. Средняя продолжительность жизни PAC P-B остается такой же, как и внутри начальных планок, до тех пор пока скорость досрочного погашения не превысит 350PSA. У читателя может возникнуть вопрос: почему с меньшим сроком жизни PAC более надежно защищены от быстрого досрочного погашения?

Для того чтобы решить поставленную задачу, напомним: $156,2-миллионный выпуск облигаций поддержки защищает $85-миллионный выпуск PAC P-A. Таким образом, если скорость досрочного погашения выходит за верхнюю планку, соблюдение графика остается возможным за счет достаточного количества сопровождающих облигаций. Как видно из табл. 12.11, даже если скорость досрочного погашения в течение срока жизни обеспечения достигает 400PSA, средняя продолжительность жизни транша остается неизменной.

Рассмотрим теперь транш PAC P-B. Облигации поддержки обеспечивают защиту как $85 млн PAC P-A, так и $93 млн PAC P-B. Из табл. 12.11 видно: скорость досрочного погашения достигает 350PSA, между тем средняя продолжительность жизни транша не меняется. Таблица наглядно демонстрирует: степень защиты от риска расширения нарастает с уменьшением срока PAC. Таким образом, хотя начальные планки могут располагаться на 90PSA и 300PSA, **эффективные планки** тем шире, чем короче срок до погашения транша PAC. В табл. 12.12 приводятся эффективные планки для шести траншей PAC FJF-05.

Таблица 12.10. Структура CMO FJF-05 с шестью облигациями PAC и одной облигацией поддержки[a]

Транш	Номинальная стоимость	Купонная ставка (%)
P-A	$85 000 000	7,5
P-B	8 000 000	7,5
P-C	35 000 000	7,5
P-D	45 000 000	7,5
P-E	40 000 000	7,5
P-F	30 800 000	7,5
S	156 200 000	7,5
	$400 000 000	

[a] Правила выплат:

1. *Для выплаты купонного процента:* периодические выплаты купона каждому траншу осуществляются исходя из размера невыплаченного долга на момент начала периода.

2. *Для выплат номинальной стоимости:* выплаты номинала траншам P-A — P-F осуществляются согласно их графикам выплат номинала. Транш P-A имеет приоритет по текущим и будущим выплатам номинала в соответствии с установленным графиком. Излишки номинальной стоимости, т. е. суммы, оставшиеся после необходимых выплат номинала траншу P-A в данный месяц, выплачиваются траншу S. После полной выплаты транша P-A приоритет переходит к траншу P-B, затем к траншу P-C и т. д. После полной выплаты транша S вся номинальная стоимость обеспечения поступает оставшимся траншам PAC в порядке приоритета вне зависимости от графика.

Таблица 12.11. Средняя продолжительность жизни шести облигаций PAC в FJF-05 при различных скоростях досрочного погашения

Скорость досрочного погашения (PSA)	Облигации PAC					
	P-A	P-B	P-C	P-D	H-E	P-F
0	8,46	14,61	16,49	19,41	21,91	23,76
50	3,58	6,82	8,36	11,30	14,50	18,20
90	2,58	4,72	5,78	7,89	10,83	16,92
100	2,58	4,72	5,78	7,89	10,83	16,92
150	2,58	4,72	5,78	7,89	10,83	16,92
165	2,58	4,72	5,78	7,89	10,83	16,92
200	2,58	4,72	5,78	7,89	10,83	16,92
250	2,58	4,72	5,78	7,89	10,83	16,92
300	2,58	4,72	5,78	7,89	10,83	16,92
350	2,58	4,72	5,49	6,95	9,24	14,91
400	2,57	4,37	4,91	6,17	8,33	13,21
450	2,50	3,97	4,44	5,56	7,45	11,81
500	2,40	3,65	4,07	5,06	6,74	10,65
700	2,06	2,82	3,10	3,75	4,88	7,51

Таблица 12.12. Эффективные планки для каждого PAC-транша FJF-05

Номинальная стоимость облигаций поддержки: $156,2 млн	
Транш	**Эффективные планки**
P-A	90–450 PSA
P-B	90–350 PSA
P-C	90–300 PSA
P-D	90–300 PSA
P-E	90–300 PSA
P-F	90–300 PSA

Окно PAC

Как мы уже писали, период, в течение которого совершаются установленные графиком выплаты номинала, называется окном. Окно PAC может быть широким или узким. Чем у́же окно PAC, тем более этот облигационный класс напоминает корпоративную облигацию с погашением «пулей». Покупатели PAC, как правило, предпочитают узкие окна, при этом институциональные инвесторы, имеющие график выплат по собственному долгу, как правило, выбирают окно, как можно лучше соответствующее их пассивам. Величину окна, определяемую эмитентом, диктуют потребности инвесторов. Сами эти потребности, в свою очередь, определяются характером пассивов инвестирующих организаций.

Эффективные планки и реальные скорости досрочного погашения

Повторим еще раз: создание ценной бумаги, обеспеченной ипотекой, не позволяет полностью избежать риска досрочного погашения. Это утверждение верно не только для сквозных ценных бумаг, но и для CMO. Очевидно, что сокращение риска досрочного погашения в облигациях PAC (как риска сокращения, так и риска удлинения) должно вестись за счет каких-либо других инструментов.

Каким образом защищаются облигации PAC от досрочного погашения? Источник защиты — облигации поддержки. Если досрочное погашение обеспечения происходит более медленно, чем предполагалось, именно облигации поддержки обеспечивают необходимые выплаты номинала:

они не получают никаких выплат номинальной стоимости до тех пор, пока облигации PAC не получат суммы, положенные им в соответствии с графиком. Таким образом, они защищают облигации PAC от риска удлинения. И наоборот: эти же облигации принимают на себя весь излишек, если скорость досрочного погашения слишком велика. Таким образом, облигации PAC получают защиту от риска сокращения. *Итак, уровень защиты облигации PAC от риска досрочного погашения зависит прежде всего от объема находящегося в обращении транша облигаций поддержки. Если облигации поддержки в результате более высокой, чем предполагалось, скорости досрочного погашения целиком получают свою номинальную стоимость, то облигации PAC остаются без средств защиты.* Если облигациям поддержки в FJF-05 будет целиком выплачен их номинал, наша структура сведется к обычной CMO с последовательным погашением.

Облигации поддержки — это своеобразные телохранители облигаций PAC. Когда летит пуля (совершается досрочное погашение), она попадает не в хозяина, а в телохранителя. Задача телохранителя — принять на себя возможный удар. Если все телохранители убиты (облигациям поддержки в результате более быстрого, чем предполагалось, досрочного погашения целиком выплачен номинал) облигации PAC остаются с опасностью один на один: все пули отныне летят только в них.

В верхней части табл. 12.13 показана судьба средних сроков жизни всех PAC-траншей FJF-05 через год с настоящего момента в ситуации, когда скорость досрочного погашения в течение первых 12 месяцев равна указанному значению, а в последующие 12 месяцев она остается неизменной. Предположим, например, что в первые 12 месяцев обеспечение погашается досрочно со скоростью 165PSA, а затем скорость досрочного погашения остается постоянной. В этом случае средняя продолжительность жизни транша P-A через год составит 1,81 года. Заметим, что внутри начальных планок сроки жизни всех PAC-облигаций остаются неизменными. В нижней части таблицы приводятся значения средних сроков жизни через год с настоящего момента в ситуации, когда обеспечение в первые 12 месяцев погашается со скоростью 42 CPR, а затем скорость изменяется на указанную. Значение 42 CPR было выбрано, поскольку именно при такой скорости номинальная стоимость облигаций поддержки будет полностью выплачена к концу первого года. Наша структура превращается, таким образом, в CMO с последовательным погашением, и, как видно из таблицы, средняя продолжительность жизни траншей PAC становится изменчивой. Сравнение верхней и нижней частей таблицы делает очевидной роль облигаций поддержки.

Таблица 12.13. Средние сроки жизни траншей PAC FJF-05 через год с настоящего момента при различных скоростях досрочного погашения в первые 12 месяцев

Скорость в первые 12 месяцев	далее	P-A	P-B	P-C	P-D	P-E	P-F
90PSA	90PSA	1,81	3,72	4,77	6,89	9,82	15,91
100PSA	100PSA	1,81	3,72	4,77	6,89	9,82	15,91
165PSA	165PSA	1,81	3,72	4,77	6,89	9,82	15,91
200PSA	200PSA	1,81	3,72	4,77	6,89	9,82	15,91
300PSA	300PSA	1,81	3,72	4,77	6,89	9,82	15,91
400PSA	400PSA	1,80	3,37	3,90	5,17	7,32	12,21
600PSA	600PSA	1,41	2,16	2,50	3,29	4,65	7,83
800PSA	800PSA	1,09	1,56	1,79	2,34	3,28	5,48

Скорость в первые 12 месяцев	далее	P-A	P-B	P-C	P-D	P-E	P-F
42 CPR	90PSA	2,73	6,17	8,26	12,78	18,86	25,42
42 CPR	100PSA	2,52	5,69	7,63	11,92	17,93	24,92
42 CPR	165PSA	1,70	3,77	5,06	8,08	12,91	21,07
42 CPR	200PSA	1,46	3,19	4,28	6,83	11,03	18,94
42 CPR	300PSA	1,05	2,24	2,96	4,69	7,61	13,97
42 CPR	400PSA	0,84	1,74	2,28	3,55	5,72	10,67
42 CPR	600PSA	0,60	1,23	1,57	2,37	3,73	6,92
42 CPR	800PSA	0,47	0,97	1,22	1,77	2,71	4,92

Попробуем теперь ответить еще на два вопроса, встающих перед покупателями CMO (для плодотворного их обсуждения желательно, чтобы читатель держал в уме предложенное нами сравнение облигаций поддержки с телохранителями):

1. Будет ли соблюдаться график выплат номинала в случае, если скорость досрочного погашения выйдет за начальную верхнюю планку?

2. Будет ли график выплат номинала неизменно соблюдаться в ситуации, когда скорость досрочного погашения остается внутри начальных планок?

Рассмотрим сначала первый вопрос. Верхняя начальная планка для FJF-05 установлена на уровне 300PSA. Допустим, что в течение семи последовательных месяцев реальная скорость досрочного погашения составляет 500PSA. Будет ли в этом случае нарушен установленный график выплат номинала? Ответ: при одном стечении обстоятельств — нет, при другом — да.

Для того чтобы понять, как будут развиваться события, нам надо обладать следующей информацией: во-первых, в какой момент скорость достигает

500PSA; во-вторых, как именно происходило досрочное погашение до момента, когда его скорость поднялась до 500PSA. Предположим, например, что скорость 500PSA была отмечена через шесть лет с начального момента. Допустим также, что в течение этих шести лет скорость досрочного погашения для каждого месяца составляла 90PSA. Очевидно, что в этом случае облигации PAC имеют больше телохранителей (облигаций поддержки), чем предполагалось при создании CMO, в момент установления начальной верхней планки. Устанавливая график выплат номинала, эмитенты предполагали, что телохранители будут убиты при 300PSA, однако реальная скорость досрочного погашения показала, что смертельные выстрелы совершались только на уровне 90PSA. Таким образом, через шесть лет после эмиссии, когда скорость поднялась до 500PSA, телохранителей осталось больше, чем предполагалось. Именно поэтому скорость досрочного погашения, равная 500PSA, сохраняющаяся в течение семи последовательных месяцев, может не сказаться отрицательно на соблюдении графика досрочного погашения.

Рассмотрим другой сценарий: реальная скорость досрочного погашения в течение шести месяцев составляет 300PSA (верхняя начальная планка PAC). В этом случае «запасных» телохранителей у облигации PAC не остается. Именно поэтому выход скорости досрочного погашения за начальную верхнюю планку — в нашем случае эта скорость достигает 500PSA — осложняет соблюдение прежнего графика и увеличивает риск удлинения. График не обязательно будет **сломан** (*busted* — термин, употребляемый на рынке CMO при нарушении графика), однако степень защиты от досрочного погашения обязательно снизится.

Наш пример показывает: начальные планки не являются величинами, позволяющими точно определить степень защиты облигации PAC от риска досрочного погашения. Эту аксиому следует помнить всем инвесторам рынка CMO. Заметим, что, проводя сравнение различных PAC-структур, участники рынка порой наивно полагают, что более широкий интервал между планками неизменно обеспечивает бóльшую защиту от риска. Такой подход в корне неверен: уровень защиты, а также ожидаемая скорость досрочного погашения обеспечения определяются, в первую очередь, фактической скоростью досрочного погашения.

Действенным методом выяснения степени защиты от риска досрочного погашения можно считать вычисление значений эффективных планок выдержанной облигации PAC. Эффективные планки облигации PAC — это наибольшая и наименьшая потенциальные скорости, при которых график выплат номинала не будет сломан.

Эффективные планки изменяются каждый месяц. Чем продолжительнее период, в течение которого уровень досрочного погашения находится ниже верхней границы начального интервала скоростей, тем выше будет располагаться верхняя эффективная планка. Причина — большее число сохранившихся телохранителей. Чем продолжительнее период с более низкой, чем нижняя планка, скоростью погашения, тем выше нижняя эффективная планка облигации PAC. Этот феномен объясняется тем, что к изначально предполагаемым досрочным погашениям в будущем, скорее всего, прибавятся досрочные погашения, не совершенные в предшествующий период.

График выплат номинала PAC может быть сломан, даже если скорости досрочного погашения неизменно находятся внутри установленных планок. Этот вывод может показаться нелогичным, ведь наш анализ показал: на какой бы из границ ни находилось значение скорости, средняя продолжительность жизни транша остается неизменной. Напомним, однако: все наши рассуждения в предыдущих разделах строились, исходя из предположения о том, что скорость PSA в течение жизни структуры остается постоянной.

Векторный анализ позволяет понять, как ведут себя эффективные планки, если скорость досрочного погашения остается на верхней начальной границе в течение нескольких месяцев. В табл. 12.14 приведены значения средней продолжительности жизни облигации PAC в FJF-04 через два года с настоящего момента при условии, что первые 24 месяца скорость досрочного погашения равнялась 300PSA. Если отмеченная в последующие месяцы скорость располагается в интервале от 115PSA до 300PSA, то средняя продолжительность жизни остается неизменной и равняется шести годам. Эффективная нижняя планка PAC, таким образом, смещается относительно начальной вверх. Итак, через два года с настоящего момента защита PAC может быть обеспечена только в интервале от 115PSA до 300PSA, который уже начального, несмотря на то, что скорость ни разу не поднялась выше верхней границы.

Таблица 12.14. Средняя продолжительность жизни облигаций PAC в FJF-04 через два года с настоящего момента при скорости досрочного погашения 300PSA для первых 24 месяцев

PSA, начиная от года 2 и далее	Средний срок жизни (годы)
95	6,43
105	6,11
115	6,01
120	6,00
125	6,00
300	6,00
305	5,62

Повышение защиты облигаций РАС от досрочного погашения

Защиту облигаций РАС от досрочного погашения можно усилить одним из двух способов: введением запрета на досрочные погашения и созданием обратных РАС структур. Один из наиболее очевидных способов обеспечения более высокой защиты — выпуск облигаций РАС в объеме меньшем, чем объем облигаций поддержки. Так в FJF-05 вместо $243,8 млн номинальной стоимости, использованной нами для создания шести облигаций РАС, мы могли бы использовать всего $158,8 млн из $400 млн обеспечения. Другая возможность — не выпускать один из облигационных классов РАС. Как правило, этим отсутствующим классом становится наиболее краткосрочный. Допустим, что в нашей структуре FJF-05 было создано не шесть, а пять облигаций РАС. $85 млн, приходившихся на РАС Р-А, могут быть в этом случае использованы для увеличения размера поддержки. Структуры СМО, не предполагающие выплаты номинала облигациям РАС в первые после выпуска годы, называют **структурами с периодом запрета досрочных погашений.**

Структура с периодом запрета досрочных погашений обеспечивает более высокую степень защиты от досрочных погашений всем облигациям РАС в СМО. Один из методов обеспечения более надежной защиты избранным траншам РАС — изменение правил выплаты номинальной стоимости для выплат номинала в период после погашения всех облигаций поддержки. Напомним, что после того, как все облигации поддержки погашаются, наша структура FJF-05 становится обычной СМО с последовательным погашением. Очевидно, что в этом случае транш РАС Р-А защищен от риска удлинения (он получает выплаты номинала раньше, чем остальные пять облигаций РАС), но не от риска сокращения.

Для обеспечения более надежной защиты транша РАС Р-А правила выплаты номинала в период после полного погашения облигаций поддержки могут быть изменены: все суммы, превышающие установленные графиком выплаты номинала данному траншу, должны передаваться последней облигации РАС — траншу P-F. Транш P-F, подвергаясь более высокому риску сокращения, защищает от этого вида риска остальные пять облигаций РАС. Правила выплаты номинала могут включать также положение о том, что после полного погашения облигаций поддержки и транша P-F все непредусмотренные графиком излишки будут поступать к предпоследнему РАС-траншу — в нашем примере траншу Р-Е.

Структуры СМО, предполагающие в период после погашения облигаций поддержки выплаты излишков номинальной стоимости, не предусмотренных графиком, более долгосрочным РАС-классам, называют **обратными РАС-структурами**.

Прочие типы PAC-траншей

Выше мы писали о том, как на основе обеспечения могут быть созданы СМО с накопительными траншами, траншами с плавающей и обратной плавающей ставками. Кроме того, транши могут быть созданы исключительно на основе процента или исключительно на основе номинала (подробнее о них см. ниже). Транши всех этих типов могут быть созданы и на основе облигаций PAC. Транши, созданные на базе облигаций PAC, имеют единственную отличительную черту: они предоставляют держателям более полную защиту от риска досрочного погашения.

Облигационный класс с целевой амортизацией

Облигационный класс с целевой амортизацией (*targeted amortization class bond — TAC*) так же, как и облигации PAC, имеет график выплат номинала. Отличие облигаций PAC состоит в том, что они имеют достаточно широкий интервал PSA, внутри которого график выплат номинала защищен от риска сокращения и риска удлинения. Для облигаций TAC существует лишь одна скорость PSA, при которой график выплат номинала защищен от досрочного погашения. Защита, предоставляемая облигациями TAC, таким образом, является более слабой, чем защита, гарантируемая облигациями PAC.

Облигация, имеющая график выплат номинала, построенный на основе одной скорости досрочного погашения, позволяет защитить инвестиции от риска сокращения, но не от риска удлинения. Таким образом, в то время как облигации PAC называют обычно инструментами с двусторонней защитой от досрочного погашения, облигации TAC можно считать инструментами с односторонней защитой от этого вида риска. Облигации данного типа популярны среди институциональных инвесторов, готовых принять определенный риск удлинения, однако менее терпимых к риску сокращения.

Существуют институциональные инвесторы, заинтересованные в защите от риска удлинения, но не возражающие против потенциального риска сокращения. Это группа инвесторов с интересами, противоположными интересам инвесторов TAC. Нужды этих инвесторов удовлетворяют **обратные TAC-структуры.**

Облигации с более точным сроком до погашения

Накопительные облигации или Z-облигации используются в СМО структурах в качестве поддержки для **облигаций с более точным сроком до погашения** (*very accurately determined maturity — VADM),* называемых также **облигациями с гарантированным сроком** (*garanteed final maturity bonds*). В структурах этого рода накапливаемый (не выплачиваемый) процент Z-транша используется для выплат процента и номинала облигации VADM. В этом случае держателям обеспечена эффективная защита от риска удлинения даже в ситуации замедления темпов досрочного погашения: накопленный процент Z-транша достаточен для покрытия установленных графиком сумм номинала и процента, положенных траншу VADM. Срок до погашения такого транша может быть установлен с очень высокой степенью точности. Заметим, однако, что при ускорении досрочного погашения и более быстром погашении облигационного класса Z срок до погашения облигаций VADM может сокращаться.

Структура VADM по своим характеристикам близка к обратным TAC. Между тем при одинаковом обеспечении VADM обеспечивают большую защиту от риска удлинения. Кроме того, у большинства VADM даже при ускорении досрочного погашения срок до погашения укорачивается не слишком заметно. Сравнение обратных TAC и VADM, имеющих одинаковое обеспечение, показывает, что структуры второго типа лучше защищены от риска сокращения. Сравнение VADM с PAC дает следующий результат: облигации VADM обладают более высокой защищенностью от риска удлинения, и хотя, как было указано выше, эти облигации не слишком надежно защищены от риска сокращения, для структур, в состав которых входят VADM-транши, риск сокращения, как правило, незначителен.

Транши на базе процента и транши на базе номинала

Как будет видно из дальнейшего, в стрипах ипотечных ценных бумаг полного объема номинала выплачивается одному облигационному классу, а полный объем процента — другому. Два этих облигационных класса получили название **облигаций на базе номинала** (*principal-only — PO*) и **облигаций на базе процента** (*interest-only — IO*). Их инвестиционные характеристики мы подробно обсудим далее в этой главе.

Аналогичным образом могут строиться и структуры CMO: один из траншей может получать либо весь процент, либо весь номинал. Вспомним нашу структуру FJF-01. Транш B в ней может быть поделен на два транша: транш на базе номинала и транш на базе процента.

IO с условным номиналом

В предыдущих разделах мы рассматривали СМО, в которых все транши имеют одинаковую купонную ставку (7,5%), равную купону обеспечения. В реальной практике разные транши получают разные купонные ставки. Размер купона зависит от временной структуры процентных ставок и средней продолжительности жизни транша, а также от некоторых других причин.

В годы становления рынка СМО разница между купонной ставкой транша и купоном обеспечения выплачивалась облигационному классу, называемому **остаточным СМО**. В наше время ситуация изменилась. Излишек купона получает сегодня особый транш, называемый **облигационным классом на базе процента с условным номиналом** (*notional IO*), известный также как **структурированный IO**.

Для иллюстрации процесса создания IO с условным номиналом обратимся к структуре СМО, представленной в табл. 12.15. Эта структура напоминает FJF-02; различие состоит в том, что купонные ставки варьируют от транша к траншу; кроме того, в данной СМО присутствует *IO*-класс, о котором, собственно, и пойдет далее речь.

Заметим, что номинальная стоимость *IO*-класса в нашем примере — $52 566 666, а купонная ставка — 7,5%. Поскольку класс создан исключительно на базе процента, он в действительности не имеет номинальной стоимости. Указанный номинал — это не сумма, которая будет выплачена держателям транша, а всего лишь величина, определяющая размер процентов. Именно поэтому она получила название **условного номинала**.

Таблица 12.15. FJF-06: гипотетическая структура с пятью траншами, последовательной выплатой, накопительным траншем и траншем на базе процента[a]

Транш	Номинальная стоимость	Условный номинал	Купонная ставка (%)
A	$194 500 000		6,00
B	36 000 000		6,50
C	96 500 000		7,00
Z	73 000 000		7,25
IO		52 566 666	7,50
	$400 000 000		

[a] Правила выплаты:

1. Для выплаты купонного процента: распределение купона между траншами А, В и С производится пропорционально размеру непогашенного долга траншей на начала периода. Процент транша Z накапливается: процент, сумма которого определяется на основании непогашенного к началу периода долга транша, прибавляется к проценту предшествующего месяца. Процент транша Z выплачивается предшествующим траншам в качестве выплат номинала. Процентные выплаты траншу IO осуществляются на основе подразумеваемого номинала на начало периода.

2. Для выплаты номинальной стоимости: номинал выплачивается траншу A до тех пор, пока транш не погашается целиком. После полного погашения транша A, номинал выплачивается траншу B до тех пор, пока и этот транш не погашается полностью. После того как транш B будет полностью погашен, номинал выплачивается траншу C до тех пор, пока транш не погашается целиком. После полного погашения транша C номинал распределяется среди держателей транша Z, пока им не будет полностью выплачен размер номинала и накопленного купонного процента.

Объясним теперь, каким образом вычисляется условный номинал. Рассмотрим прежде всего транш A. Номинальная стоимость этого транша равна $194,5 млн, купонная ставка — 6%. Купонная ставка обеспечения равна 7,5% — излишек, таким образом, составляет 150 базисных пунктов (1,5%). Очевидно, что на основе транша A может быть создан *IO* с купоном 1,5% и условным номиналом $194,5 млн. Этот *IO* будет эквивалентен *IO* с условным номиналом $38,9 млн и купонной ставкой 7,5%. Формула подсчета в этом случае выглядит следующим образом:

$$\text{условный номинал для } IO \text{ с купоном } 7{,}5\% = \\ = \frac{\text{номинальная стоимость транша} \times \text{излишек процента}}{0{,}075},$$

где:

$$\text{излишек процента} = \text{купонная ставка обеспечения} - \\ - \text{купонная ставка транша.}$$

Так, для транша A:

$$\text{излишек процента} = 0{,}075 - 0{,}060 = 0{,}015;$$

$$\text{номинальная стоимость транша} = \$194\,500\,000;$$

$$\text{условный номинал для } IO \text{ с купоном } 7{,}5\% = \\ = \frac{\$194\,500\,000 \times 0{,}015}{0{,}075} = \$38\,900\,000.$$

Аналогичным образом из транша B с номиналом $36 млн и излишком процента 100 базисных пунктов (1%) может быть создан *IO* с купоном 1% и подразумеваемым номиналом $36 млн. Этот *IO* будет эквивалентен *IO* с купоном 7,5% и условным номиналом $4,8 млн. Процедура образования *IO* от всех траншей описана нами в таблице:

Транш	*Номинальная стоимость*	*Излишек процента (%)*	*Условный номинал для IO с купоном 7,5%*
A	$194 500 000	1,50	$38 900 000
B	36 000 000	1,00	4 800 000
C	96 500 000	0,50	6 433 333
Z	73 000 000	0,25	2 433 333
	Условный номинал для *IO* с купоном 7,5%		$52 566 666

ОБЛИГАЦИИ ПОДДЕРЖКИ

Облигации поддержки — облигации-телохранители — это инструменты, обеспечивающие защиту PAC-траншей от досрочных погашений. Очевидно, что сами они в большей степени подвержены этому типу риска. Это обстоятельство заставляет инвесторов с особой тщательностью анализировать особенности денежного потока облигаций поддержки — процедура, необходимая для устранения нежелательного влияния на портфель потенциальных досрочных погашений.

Облигации поддержки разделены на несколько облигационных классов. В качестве облигаций поддержки на рынке обращаются все описанные нами ранее типы структур, включая облигации поддержки с последовательной выплатой, облигационные классы поддержки с плавающей и обратной плавающей ставками, облигации поддержки с накопительным процентом.

Облигации поддержки, в свою очередь, могут подвергаться разделению: на их основе создаются облигационные классы поддержки с графиком выплат номинала. Таким образом, мы можем встретить на рынке облигации поддержки, структурированные наподобие PAC. В CMO, имеющих PAC-транш и транш поддержки, структурированный по принципу PAC, первый транш носит название PAC I, или PAC уровня I; второй называют PAC II, или PAC уровня II. Несмотря на то что облигации типа PAC II лучше защищены от досрочного погашения, чем облигации поддержки, не имеющие графика выплат номинала, инвестиции в любые облигации поддержки ограждены от риска досрочного погашения менее эффективно, чем капиталовложения в облигации PAC уровня I.

Пример реального выпуска

Теперь, когда мы получили представление о CMO, рассмотрим один из реальных выпусков. В качестве примера возьмем ценную бумагу Ginnie Mae.

Выпуск, который мы опишем, — это Ginnie Mae REMIC Trust 2008–004. Первые пять страниц дополнения к проспекту предложения приведены в табл. 12.16. Поскольку Ginnie Mae — агентство федерального правительства, проспект не требует регистрации в Комиссии по ценным бумагам и биржам.

На первой странице приложения к проспекту предложения указываются предлагаемые транши (классы REMIC). Совокупный первоначальный остаток основной суммы составляет $375 млн. Обратите внимание на то, что данное предложение — это дополнение к «Базовому проспекту предложения от 1 октября 2004 г.». В базовом проспекте приводится более детальное описание ценных бумаг. В табл. 12.17 приведены четыре страницы из базового проспекта предложения: 1) титульная страница; 2) содержание (на двух страницах) и 3) Приложение I, где перечисляются стандартные сокращения, присваиваемые Ginnie Mae различным типам бумаг. Обратите внимание на то, что дополнение к проспекту предложения отсылает читателей к Приложению I базового проспекта предложения за определениями типов ценных бумаг — на базе номинала и на базе процента.

Таблица 12.16. Некоторые страницы из дополнения к проспекту предложения Ginnie Mae REMIC Trust 2008–004

Дополнение к проспекту предложения
(к Базовому проспекту предложения от 1 октября 2004 г.)

$375 000 000

Правительственная национальная ипотечная ассоциация
GINNIE MAE®

Гарантированные сквозные ценные бумаги и ипотечные ценные бумаги **REMIC**
Ginnie Mae REMIC Trust 2008–004

Ценные бумаги

Траст выпускает Классы ценных бумаг, перечисленные на первой странице обложки настоящего дополнения к проспекту предложения.

Класс REMIC	Начальный остаток основной суммы (2)	Процентная ставка	Тип основной суммы (3)	Тип процента (3)	CUSIP	Дата последней выплаты (4)
FA	$100 000 000	(5)	PT	FLT	38375PEQ0	Январь 2038
FB	50 000 000	(5)	PT	FLT	38375PER8	Январь 2038
FC	100 000 000	(5)	PT	FLT	38375PES6	Январь 2038
FI	3 019 154	6,50%	NTL (SEQ)	FIX/IO	38375PET4	Февраль 2008
FJ	250 000	(5)	NTL (PT)	FTL/INV/IO/SP (6)	38375PEU1	Январь 2038
HA	12 500 000	5,25	SUP	FIX	38375PEV9	Октябрь 2037
HB	5 000 000	5,50	SUP	FIX	38375PEW7	Май 2037
HC	3 643 000	5,25	SUP	FIX	38375PEX5	Май 2037
HD	1 357 000	5,50	SUP	FIX	38375PEY3	Декабрь 2037

Продолжение табл. 12.16

Гарантия Ginnie Mae

Ginnie Mae гарантирует своевременную выплату основной суммы и процентов по ценным бумагам. Гарантия Ginnie Mae полностью обеспечивается правительством Соединенных Штатов Америки.

Траст и его активы

Траст имеет в собственности Сертификаты Ginnie Mae.

Класс REMIC	Начальный остаток основной суммы (2)	Процентная ставка	Тип основной суммы (3)	Тип процента (3)	CUSIP	Дата последней выплаты (4)
HG	1 201 000	5,50	SUP	FIX	38375PEZ0	Декабрь 2037
HI	165 591	5,50	NTL (SUP)	FIX/IO	38375PFA4	Май 2037
HT	12 500 000	5,75	SUP	FIX	38375PFB2	Октябрь 2037
PF	59 686 786	(5)	PAC I	FTL	38375PFC0	Январь 2038
PO (1)	16 278 214	0,00	PAC I	PO	38375PFD8	Январь 2038
PY (1)	59 686 786	(5)	NTL (PAC I)	INV/IO	38375PFE6	Январь 2038
QA	3 933 000	5,50	PAC II	FIX	38375PFF3	Январь 2038
SA	250 000 000	(5)	NTL (PT)	INV/IO	38375PFG1	Январь 2038
UA	7 500 000	5,50	SUP	FIX	38375PFH9	Декабрь 2037
UB	1 401 000	5,50	SUP	FIX	38375PFJ5	Январь 2038
Остаточный RR	0	0,00	NPR	NPR	38375PFK2	Январь 2038

(1) Эти Ценные бумаги можно обменять на Ценные бумаги класса MX, описанные в Приложении I.

(2) Может быть увеличен, как описано в разделе «Увеличение размера» настоящего Дополнения. Сумма, показанная для каждого Условного класса (обозначенного как NTL в колонке «Тип основной суммы»), является Первоначальным условным остатком и не представляет основную сумму, которая подлежит выплате.

(3) Как определено в колонке «Тип класса» в Приложении I Базового проспекта предложения. Тип класса, у которого условный остаток каждого Условного класса уменьшается, указан в скобках.

(4) См. «Доходность, Срок погашения и Особенности досрочного погашения — Дата последней выплаты» в настоящем Дополнении.

(5) См. «Основные условия — Процентные ставки» в настоящем Дополнении.

(6) Класс FJ имеет обозначение SP (Special) в Типе на основе процента, поскольку его Процентная ставка значительно изменяется при определенных уровнях LIBOR. См. «Основные условия — Процентные ставки» в настоящем Дополнении.

Эти ценные бумаги могут быть неподходящим объектом для ваших инвестиций. Вам необходимо тщательно оценить риски, связанные с инвестированием в них.
См. «Факторы риска» в начале с. S-6, где указываются некоторые из этих рисков.
Спонсор выпуска и Коспонсор периодически предлагают эти ценные бумаги для размещения на договорной основе по разным ценам. Ожидаемая дата завершения размещения — 30 января 2008 г.
Вам следует прочитать Базовый проспект предложения наряду с настоящим Дополнением.
Эти ценные бумаги не подлежат регистрации в соответствии с Законом о ценных бумагах 1933 г. и являются «ценными бумагами, освобожденными от регистрации» в соответствии с Законом о ценных бумагах и биржах 1934 г.

Citi **Guzman & Company**

Дата настоящего Дополнения к проспекту предложения — 23 января 2008 г.

Продолжение табл. 12.16

ДОСТУПНАЯ ИНФОРМАЦИЯ

Приобретать эти ценные бумаги следует только в том случае, если вы прочитали и поняли содержание следующих документов:

- настоящее Дополнение к проспекту предложения (далее «настоящее Дополнение»);
- и Базовый проспект предложения.

Базовый проспект предложения доступен на веб-сайте Ginnie Mae http://www.ginniemae.gov.
Если у вас нет доступа к Интернету, обратитесь в Bank of New York, который является информационным агентом Траста, (800) 234-GNMA, и запросите у него экземпляр Базового проспекта предложения.

Пользуйтесь стандартными аббревиатурами Типа классов, которые включены в Приложение I Базового проспекта предложения, и Глоссарием, который включен в Приложение II Базового проспекта предложения и содержит определения терминов, начинающихся с прописной буквы.

СОДЕРЖАНИЕ

С.

Продолжение табл. 12.16

ОСНОВНЫЕ УСЛОВИЯ

Настоящие основные условия содержат ограниченную информацию для справки. Вам следует прочитать настоящее Дополнение, в частности «Факторы риска», и все другие документы, перечисленные в разделе «Доступная информация».

Спонсор: Citigroup Global Markets Inc.

Доверительный управляющий: Wells Fargo Bank, N. A.

Налоговый администратор: Доверительный управляющий

Дата закрытия: 30 января 2008 г.

Дата распределения: 20-е число каждого месяца или, если 20-е число не является Рабочим днем, первый Рабочий день после этого числа, начиная с февраля 2008 г.

Активы Траста:

Тип актива Траста	Процентная ставка Сертификата	Начальный Срок до погашения (годы)
Ginnie Mae II	6,5%	30

Предполагаемые характеристики ипотечных кредитов, лежащих в основе Активов Траста[1]:

Остаток основной суммы[2]	Средневзвешенный оставшийся срок до погашения (в месяцах)	Средневзвешенный возраст кредитов (в месяцах)	Средневзвешенная ипотечная ставка[3]
$375 000 000	358	2	6,922%

[1] По состоянию на 1 января 2008 г.

[2] Без учета Активов Траста, которые добавляются для выплаты комиссии Доверительному управляющему.

[3] По Ипотечным кредитам, лежащим в основе Активов Траста, могут выплачиваться проценты от 0,25% до 1,5% годовых выше Процентной ставки Сертификата.

Фактический оставшийся срок до погашения, возраст кредитов и Ипотечные ставки многих Ипотечных кредитов отличаются от средневзвешенных показателей, приведенных выше, возможно, значительно. См. «Активы Траста — Ипотечные кредиты» в настоящем Дополнении.

Выпуск ценных бумаг: Ценные бумаги, иные, чем Остаточные ценные бумаги, первоначально выпускаются в бездокументарной форме через систему учета федеральных резервных банков США (система учета Fedwire). Остаточные ценные бумаги выпускаются в полностью зарегистрированной, подтвержденной сертификатом форме. См. «Описание Ценных бумаг — Формы ценных бумаг» в настоящем Дополнении.

Модификация и обмен: если вы держите обмениваемые Ценные бумаги, то у вас есть право после уведомления и уплаты комиссии за обмен обменять их на пропорциональной основе на связанные Ценные бумаги, указанные в Приложении I к настоящему Дополнению. См. «Описание Ценных бумаг — Модификация и Обмен» в настоящем Дополнении.

Классы с увеличенным минимальным номиналом: все Классы, включая класс только на основе номинала, класс только на основе процента, класс с Обратной плавающей ставкой или Специальный класс. См. «Описание Ценных бумаг — Формы ценных бумаг» в настоящем Дополнении.

Процентные ставки: Процентные ставки для Классов с Фиксированной ставкой приведены на первой странице обложки настоящего Дополнения.

Продолжение табл. 12.16

По Классам с Плавающей ставкой и Обратной плавающей ставкой выплачивается процент в годовом исчислении на основе месячной LIBOR (далее именуется LIBOR) в следующем размере:

Класс	Формула расчета процентной ставки (1)	Начальная процентная ставка (2)	Минимальная ставка	Максимальная ставка	Задержка (в днях)	LIBOR для минимальной процентной ставки
FA	LIBOR + 0,48%	4,99500000%	0,48%	7,00000000%	0	0,000%
FB	LIBOR + 0,48%	4,89125000%	0,48%	7,00000000%	0	0,000%
FC	LIBOR + 0,49%	4,86063000%	0,49%	7,00000000%	0	0,000%
FJ	(3)	0,00000000%	0,00%	2,40000000%	0	(4)
PA	13,36% — LIBOR × 2,00	4,72124000%	0,00%	13,36000000%	0	6,680%
PB	13,36% — LIBOR × 2,25	5,31139500%	0,00%	15,03000000%	0	6,680%
PC	13,36% — LIBOR × 2,50	5,90155000%	0,00%	16,70000000%	0	6,680%
PD	13,36% — LIBOR × 2,75	6,49170500%	0,00%	18,37000000%	0	6,680%
PE	13,36% — LIBOR × 3,00	7,08186000%	0,00%	20,04000000%	0	6,680%
PF	LIBOR + 0,32%	4,63938000%	0,32%	7,00000000%	0	0,000%
PG	21,71% — LIBOR × 3,25	7,67201500%	0,00%	21,71000000%	0	6,680%
PH	23,38% — LIBOR × 3,50	8,26217000%	0,00%	23,38000000%	0	6,680%
PS	24,49333333% — LIBOR × 3,66666667	8,65560665%	0,00%	24,49333333%	0	6,680%
PY	6,68% — LIBOR	2,36062000%	0,00%	6,68000000%	0	6,680%
SA	6,516% — LIBOR	2,00100000%	0,00%	6,51600000%	0	6,516%

(1) LIBOR устанавливается в соответствии с данными Британской банковской ассоциации, как указано в разделе «Описание Ценных бумаг — Распределение процентов — Классы с Плавающей ставкой и Обратной плавающей ставкой» настоящего Дополнения.

(2) Начальная процентная ставка действует в течение первого Периода начисления; после этого Процентная ставка пересматривается ежемесячно.

(3) Если LIBOR меньше или равна 6,516%, то LIBOR × 400–2604,0%; если LIBOR больше 6,516%, то 3912,0% — LIBOR × 600.

(4) Меньше или равна 6,51% или больше или равна 6,52%.

Распределение Основной суммы: в каждую Дату распределения определенный процент Распределяемой основной суммы выплачивается в качестве Комиссии Доверительному управляющему, а оставшаяся часть Распределяемой основной суммы (далее «Скорректированная распределяемая основная сумма») распределяется следующим образом:

1. 66,6666666667% — одновременно классам FA, FB и FC на пропорциональной основе до полного погашения;
2. 33,3333333333% — в следующей очередности:

a. Одновременно классам PF и PO на пропорциональной основе до достижения Совокупного планового остатка основной суммы на эту Дату распределения;

b. Классу QA до достижения Совокупного планового остатка основной суммы на эту Дату распределения;

c. Одновременно следующим образом:

i. 17,1620786710% — классу UA до полного погашения;

ii. 22,8227715613% — в следующей очередности:

1. Одновременно классам HB и HC на пропорциональной основе до полного погашения;

2. Классу HD до полного погашения;

Окончание табл. 12.16

iii. 59,9551497677% — в следующей очередности:

1. Одновременно классам HA и HT на пропорциональной основе до полного погашения;

2. Классу HG до полного погашения;

d. Классу UB до полного погашения;

e. Классу QA независимо от его Планового остатка основной суммы до полного погашения;

f. Одновременно классам PF и PO на пропорциональной основе независимо от их Совокупного планового остатка основной суммы до полного погашения.

Плановые остатки основной суммы: Плановые остатки основной суммы или Совокупные плановые остатки основной суммы для Классов, перечисленных ниже, включены в Приложение II к настоящему Дополнению. Они рассчитываются с использованием, помимо прочего, следующих Структурных диапазонов:

Класс	Структурный диапазон
PF и PO (в совокупности)	от 125% PSA до 400% PSA
QA	от 140% PSA до 400% PSA

Классы с условной основной суммой: Классы с условной основной суммой не получают распределений основной суммы, однако имеют Условный остаток основной суммы для удобства описания их права на получение процента. Условный остаток основной суммы для каждого Класса с условной основной суммой представляет собой процент, указанный ниже, и уменьшает на эту величину указанные Остатки основной суммы:

Класс	**Начальный условный остаток основной суммы**	**Представляет приблизительно**
FI (1)	$798 077	1,5961538462% от FB (Класс PT)
	2 221 077	2,2210769231% от FC (Класс PT)
	$3 019 154	
FJ	$250 000	0,1% от FA, FB и FC (Класс PT)
HI	$165 591	4,5454545455% от HC (Класс SUP)
PY	$59 686 786	100% от PF (Класс PAC I)
SA	$250 000 000	100% от FA, FB и FC (Класс PT)

(1) Для Даты распределения в феврале 2008 г.; таким образом, Условный остаток основной суммы Класса FI

Налоговый статус: Серия REMIC. См. «Некоторые последствия обложения Федеральным подоходным налогом» в настоящем Дополнении и в Базовом проспекте предложения.

Регулярный и Остаточный классы: Класс RR является Остаточным траншем и составляет Остаточный процент выпуска REMIC и объединения REMIC в пул; все остальные Классы ценных бумаг REMIC являются Регулярными классами.

Источник: заимствовано из Offering Circular Supplement for Ginnie Mae REMIC Trust 2008–004, pages S-1 through S-5. Ginnie Mae и логотип Ginnie Mae являются зарегистрированными знаками Правительственной национальной ипотечной ассоциации и используются с разрешения.

Таблица 12.17. Некоторые страницы из Базового проспекта предложения Ginnie Mae гарантированных сквозных ценных бумаг от 1 октября 2004 г.

Базовый проспект предложения
1 октября 2004 г.
Правительственная национальная ипотечная ассоциация

GINNIE MAE®

Гарантированные сквозные ценные бумаги **REMIC**
(выпускаются сериями)

Гарантированные сквозные ценные бумаги REMIC Правительственной национальной ипотечной ассоциацией, которые периодически выставляются на продажу в виде одной или нескольких серий, представляют собой капитал в отдельных учреждаемых время от времени Ginnie Mae REMIC Трастах. Правительственная национальная ипотечная ассоциация (далее Ginnie Mae), находящееся в полной собственности Соединенных Штатов Америки агентство, входящее в Министерство жилищного строительства и городского развития, гарантирует своевременную выплату основной суммы и процентов по каждому Классу ценных бумаг. Гарантия Ginnie Mae полностью обеспечивается правительством Соединенных Штатов Америки.

Условия выпуска каждой Серии изложены в Дополнении к проспекту предложения. Каждый Траст держит в основном (i) сертификаты «полностью модифицированных сквозных ценных бумаг», в отношении которых Ginnie Mae гарантирует своевременную выплату основной суммы и процентов в соответствии с Программой I Ginnie Mae или Программой II Ginnie Mae, (ii) сертификаты, обеспеченные Сертификатами MBS Ginnie Mae, в отношении которых Ginnie Mae гарантирует своевременную выплату основной суммы и процентов в соответствии с Программой Platinum Ginnie Mae, (iii) ранее выпущенные REMIC или сопоставимые с ними ипотечные сертификаты или Базовые ценные бумаги с правом досрочного погашения, или (iv) ранее выпущенные Стрипы ипотечных ценных бумаг, гарантированные Ginnie Mae, в каждом случае подтверждающие, что капитал трастов состоит главным образом прямо или косвенно из Сертификатов Ginnie Mae, как показано далее в соответствующем Дополнении к проспекту предложения. Ипотечные кредиты, лежащие в основе Сертификатов Ginnie Mae, представляют собой жилищные ипотечные кредиты на одно- — четырехсемейную недвижимость, которые застрахованы или гарантированы Федеральной жилищной администрацией (далее FHA), Администрацией по делам ветеранов (далее VA), Министерством жилищного строительства и городского развития (далее HUD) или Службой по сельскому жилищному строительству (далее RHS), бывшей Администрацией по строительству жилья для фермеров. См. «Сертификаты Ginnie Mae».

Каждая Серия выпускается с двумя или более Классами. Каждый Класс ценных бумаг в Серии является свидетельством участия в будущих основных и/или процентных платежах по Активам трастов, включенных в соответствующий Траст, или по группе Активов в соответствующем Трасте. Держатели одного или нескольких Классов ценных бумаг Серии имеют право на распределения основной суммы, процентов, прочих доходов или любой их комбинации прежде Держателей одного или нескольких других Классов ценных бумаг этой серии, или после наступления определенных событий, в каждом случае, как определено в соответствующем Дополнении к проспекту предложения.

Средневзвешенный срок жизни каждого Класса ценных бумаг может зависеть от скорости выплаты основной суммы (включая досрочные погашения и выплаты некоторых других сумм в результате дефолтов) Ипотечных кредитов, лежащих в основе соответствующих Активов траста, и срока получения этих выплат, как описано в настоящем Базовом проспекте предложения и связанном с ним Дополнении.

Каждый Траст или определенные активы каждого Траста могут рассматриваться как один или несколько ипотечных инвестиционных кондуита в целях обложения федеральным подоходным налогом. См. «Некоторые последствия обложения Федеральным подоходным налогом» в Базовом проспекте предложения.

ПРАВИТЕЛЬСТВЕННАЯ НАЦИОНАЛЬНАЯ ИПОТЕЧНАЯ АССОЦИАЦИЯ ГАРАНТИРУЕТ СВОЕВРЕМЕННУЮ ВЫПЛАТУ ОСНОВНОЙ СУММЫ И ПРОЦЕНТОВ ПО ЦЕННЫМ БУМАГАМ. ГАРАНТИЯ GINNIE MAE ПОЛНОСТЬЮ ОБЕСПЕЧИВАЕТСЯ ПРАВИТЕЛЬСТВОМ СОЕДИНЕННЫХ ШТАТОВ АМЕРИКИ. ЭТИ ЦЕННЫЕ БУМАГИ НЕ ПОДЛЕЖАТ РЕГИСТРАЦИИ В СООТВЕТСТВИИ С ЗАКОНОМ О ЦЕННЫХ БУМАГАХ 1933 Г. И ЯВЛЯЮТСЯ «ЦЕННЫМИ БУМАГАМИ, ОСВОБОЖДЕННЫМИ ОТ РЕГИСТРАЦИИ» В СООТВЕТСТВИИ С ЗАКОНОМ О ЦЕННЫХ БУМАГАХ И БИРЖАХ 1934 Г.

Предложение Ценных бумаг может осуществляться одним или несколькими способами, включая предложение через Спонсора, как это более полно описано в соответствующем Дополнении к проспекту предложения. Продажа Ценных бумаг на основе настоящего Базового проспекта предложения не допускается, если вы не получили соответствующее Дополнение к проспекту предложения. Датой выпуска настоящего Базового проспекта предложения является 1 октября 2004 г.

Базовый проспект предложения — односемейные дома

Продолжение табл. 12.17

Содержание

Базовый проспект предложения — односемейные дома

Продолжение табл. 12.17

Приложение I

ТИПЫ КЛАССОВ

Приведенный ниже перечень содержит стандартные аббревиатуры, используемые для обозначения определенных типов классов. Определение типов классов можно найти в Приложении II. Определения не являются описанием существенных рисков, связанных с каким-либо Классом. Описание рисков, связанных с конкретными типами классов, см. в разделе «Факторы риска — особенности инвестирования в разные классы» соответствующего Дополнения к проспекту предложения.

Стандартная аббревиатура	Категория определения класса
Типы на основе номинала	
AD	Направленная передача накоплений (Accretion Directed)
CC	Класс с правом досрочного погашения (Callable Class)
CPT	Компонент (Component)
JMP	Прыжок (Jump)
NPR	Без выплаты остаточных средств (No Payment Residual)
NSJ	Невынужденный прыжок (Non-Sticky Jump)
NTL	Условный (Notional)
PAC	PAC (или класс с плановой амортизацией)
PT	Сквозная (Pass-Through)
SC	Структурированное обеспечение (Structured Collateral)
SCH	Плановая (Scheduled)
SEQ	Последовательная выплата (Sequential Pay)
SJ	Вынужденный прыжок (Sticky Jump)
STP	Стрип (Strip)
SUP	Поддерживающие (или компаньоны) (Support or Companion)

Продолжение табл. 12.17

TAC	TAC (класс с целевой амортизацией)
XAC	Распределение в зависимости от индекса (Index Allocation)
Типы на основе процента	
ARB	Увеличивающаяся ставка (Ascending Rate)
DLY	Задержка (Delay)
DIF	Дифференциальная (Differential)
DRB	Понижающаяся ставка (Descending Rate)
EXE	Избыток (Excess)
FIX	Фиксированная ставка (Fixed Rate)
FLT	Плавающая ставка (Floating Rate)
INV	Обратная плавающая ставка (Inverse Floating Rate)
IO	Только проценты (Interest Only)
NPR	Без выплаты остаточных средств (No Payment Residual)
PO	Только номинал (Principal Only)
PZ	Частично накопительная (Partial Accrual)
WAC	WAC (или средневзвешенный купон)
Z	Накопительная (Accrual)
Прочие типы	
SP	Специальные (Special)

Базовый проспект предложения — односемейные дома

Источник: воспроизведено со с. 1, 3 и 44 Ginnie Mae Guaranteed Pass-Through Securities Base Offering Circular, October 1, 2004. Ginnie Mae и логотип Ginnie Mae являются зарегистрированными знаками Правительственной национальной ипотечной ассоциации и используются с разрешения.

На с. S-3, S-4 и S-5 дополнения к проспекту предложения приводятся основные условия выпуска. На с. S-3 и S-4 определяются ценные бумаги *с плавающей и обратной плавающей ставкой.* На с. S-4 и S-5 объясняются принципы распределения основной суммы между классами. На с. S-5 объясняются диапазоны для структурирования PAC-облигаций. Для классов PF и PO *начальный диапазон* PAC *(т. е. диапазон структурирования) составляет 125–400%* PSA; для класса QA — 140–400% PSA. Также на с. S-5 приводится краткая информация по классам с условным номиналом.

В табл. 12.18 из другой публикации Ginnie Mae *приводятся правила использования аббревиатур для различных типов классов.*

Таблица 12.18. Правила обозначения классов ценных бумаг Ginnie Mae

Ginnie Mae устанавливает следующие правила, которыми следует руководствоваться при определении назначения классов.

Тип	Наименование[1]
Накопительные	Z, ZA, ZB, ZC и т. д.
На основе процента, отделенные от всего выпуска[2]	IO
На основе номинала, отделенные от всего выпуска[3]	PO
С плавающей ставкой	F, FA, FB и т. д.
С обратной плавающей ставкой	S, SA, SB и т. д.; в соответствии с бумагами, имеющими плавающую ставку[4]
PAC1[5]	PA, PB, PC и т. д.[6]
PAC1 с плавающей ставкой	PF
PAC1 с обратной плавающей ставкой	PS
PAC1 накопительные	PZ, PU, PV, PW, PX, PY
Все остальные[7]	Начиная с A до X (кроме F, I, Q, R и S)
Компонент[8]	Числовые суффиксы — A1 и A2
Сертифицированный регулярный класс (первоначальный выпуск)	Суффикс Q — AQ, ZQ, SQ и т. д.
Остаточные	R, RI, RP, RR[9]

Источник: воспроизведено из *Government National Mortgage Association, Multiclass Structure Guide: Part I: Ginnie Mae REMIC and MX Transactions: Guidelines and Selected Transaction Documents, January 1, 2002, p. I-5–1. Ginnie Mae. Ginnie Mae и логотип Ginnie Mae являются зарегистрированными знаками Правительственной национальной ипотечной ассоциации и используются с разрешения*[1].

1 Использование трех букв не допускается.

2 IO, отделенные от класса (ов), обозначаются буквой, следующей по порядку за классом(ами), к которым они относятся. Например, PAC1 IO, у которых условный остаток основной суммы класса определяется как процент от PA, PB и PC, обозначаются PD.

3 PO, отделенные от класса(ов), обозначаются буквой, следующей по порядку за классом(ами), к которым они относятся. Например, PAC1 PO, у которых основная сумма определяется как процент от PA, PB и PC, обозначаются PD.

4 Например, если F выплачивается с S и SA, то FA пропускается. Следующим классом с плавающей ставкой должен быть FB, который выплачивается с SB.

5 Диапазон PAC должен быть как минимум на 30% PSA выше и ниже PSA для ценообразования. Диапазон PAC2, хотя и уже диапазона PAC1, все равно должен быть на 30% PSA выше и ниже PSA для ценообразования. «PAC», которые не удовлетворяют этим критериям, называют плановыми классами.

6 Воздерживайтесь от использования PO и PQ во избежание путаницы с классами на основе номинала и сертифицированными регулярными классами; воздерживайтесь от использования PP, поскольку двойные буквы, за исключением RR, не допускаются.

7 I не используется для обозначения никаких классов за исключением IO. R не может использоваться для обозначения никаких классов кроме остаточных ценных бумаг (Residual Security).

8 Единственные компоненты, которые разрешено использовать, должны быть буквенно-цифровыми; использование дефиса не допускается.

9 R — остаточный транш одной REMIC-структуры (Single REMIC Residual), RI — остаточный транш выпускающей REMIC-структуры (Issuing REMIC Residual), PR — остаточный транш образующей пул REMIC-структуры (Pooling REMIC Residual), RR — парный остаточный транш (Stapled Residual).

СТРИПЫ АГЕНТСКИХ ИПОТЕЧНЫХ ЦЕННЫХ БУМАГ

Стрипы агентских ипотечных ценных бумаг (*stripped mortgage-backed securities — SMBS*) — это еще один пример производных ипотечных инструментов. Сквозная ценная бумага предполагает пропорциональное распределение денежного потока от базового пула ипотечных кредитов между всеми держателями. SMBS создается на основе отказа от пропорциональности распределения номинальной стоимости и процента. Часть созданных таким образом ценных бумаг имеет отношение цена/доходность, иное чем у самого пула ипотек.

Существуют три типа SMBS:

- сквозные ценные бумаги с синтетическим купоном;
- ценные бумаги на основе процента/номинала;
- стрипы CMO.

Сквозные ценные бумаги с синтетическим купоном

Первым поколением SMBS стали сквозные ценные бумаги с синтетическим купоном, где по двум ценным бумагам выплачивался и процент, и номинал от сквозной бумаги, но их распределение было неравным. В результате получались две ценные бумаги с синтетической купонной ставкой, отличной от ставки базовой сквозной ценной бумаги.

Для иллюстрации того, что делалось (далее мы объясним, почему), возьмем сквозные ценные бумаги с номиналом $1 млрд и купоном 6%. Предположим, что действующая ипотечная ставка составляет 6% и создаются две ценные бумаги A-1 и A-2 со следующими характеристиками:

A-1 получает 75% процентных платежей и 50% основных платежей;
A-2 получает 25% процентных платежей и 50% основных платежей.

Это означает, что номинал двух ценных бумаг и процент при выпуске составляют:

номинал A-1 и A-2 = $1 млрд × 0,5 = $500 млн;
процент A-1 = 0,06 × 0,75 × $1 млрд = $45 млн;
процент A-2 = 0,06 × 0,25 × $1 млрд = $15 млн.

Тогда синтетический купон для двух ценных бумаг будет равен:

синтетический купон А-1 = \$45 млн/\$500 млн = 9%;
синтетический купон А-2 = \$15 млн/\$500 млн = 3%.

Как эти ценные бумаги торгуются на рынке? Допустим, действующая рыночная ставка составляет 6% (что равно купонной ставке по сквозной ценной бумаге, на основе которой созданы две новые ценные бумаги). Ценная бумага А-1 будет продаваться на рынке с премией (т. е. выше номинальной стоимости), поскольку ее синтетическая купонная ставка выше рыночной. Ценная бумага А-2 будет продаваться на рынке с дисконтом к номинальной стоимости, поскольку ее синтетическая купонная ставка ниже рыночной.

Такая финансовая структура довольно интересна. Прежде всего, следует помнить, что купон обеспечения (т. е. 6%-ных сквозных ценных бумаг с номиналом \$1 млрд) составляет 6%. Допустим, инвестор считает, что у этого обеспечения более низкая скорость досрочного погашения, чем ожидает рынок. Если он приобретает А-1 и, таким образом, получает купонную ставку (9%) выше рыночной (6%), то может рассчитывать на ее получение в течение более длительного времени, чем предполагал рынок при оценке этой ценной бумаги. Предположим теперь, что другой инвестор предполагает прямо противоположное: досрочное погашение будет происходить намного быстрее, чем ожидает рынок. В этом случае А-2 дает возможность быстро получить номинальную стоимость, приобретенную с дисконтом. Таким образом, две ценные бумаги позволяют инвесторам иметь разные точки зрения на скорость досрочного погашения одного и того же обеспечения (т. е. 6%-ных сквозных ценных бумаг).

Ценные бумаги на основе процента/номинала

Если в случае синтетического купона по каждой из двух создаваемых ценных бумаг выплачивается определенная часть процента и номинала, то в случае ценной бумаги на основе процента (IO) и ценной бумаги на основе номинала (PO) весь процентный платеж передается IO, а весь основной платеж — PO. Эти две SMBS называют **ипотечными стрипами**.

Ценная бумага PO приобретается с существенным дисконтом относительно номинальной стоимости. Доходность, которую получит инвестор, зависит от скорости досрочного погашения. Чем выше скорость досрочного погашения, тем выше доходность. В предельном случае, если все домовладельцы в пуле базовых ипотечных кредитов решат немедленно погасить свой долг, инвесторы в PO сразу получат весь номинал сквозной ценной бумаги.

Попробуем представить, как изменятся цены на РО с изменением рыночных ипотечных ставок. Если ипотечные ставки на рынке опустятся ниже купонной ставки, досрочное погашение, скорее всего, ускорится, а вместе с ним и выплаты держателям РО. Таким образом, денежный поток РО становится более интенсивным (номинал будет получен раньше). Из-за падения рыночных ипотечных ставок денежный поток ценной бумаги будет дисконтирован по более низкой ставке. В результате с падением рыночных ипотечных ставок цена РО возрастет. Рост рыночных ипотечных ставок выше уровня купонной ставки замедлит скорость досрочного погашения. Денежный поток станет менее интенсивным (полная выплата номинальной стоимости займет больше времени). Рост рыночных ипотечных ставок приведет к повышению дисконтной ставки и падению цен на РО.

Как известно, IO не имеет номинальной стоимости. В отличие от инвесторов в РО, инвесторы в IO рассчитывают на то, что скорость досрочного погашения будет низкой. Напомним, что инвестор в IO получает только процент по непогашенной основной сумме. Досрочное погашение уменьшает размер непогашенной основной суммы и тем самым сокращает процент в денежном выражении. Случается, что из-за слишком высокой скорости досрочного погашения денежный поток IO оказывается меньшим, чем сумма, которую инвестор затратил на приобретение финансового инструмента.

Рассмотрим процесс изменения цен IO в связи с ростом или падением рыночных ипотечных ставок. Если рыночная ипотечная ставка падает ниже купонной ставки, скорость досрочного погашения, как правило, увеличивается. Денежный поток IO, таким образом, иссякает. Несмотря на то что дисконтирование денежного потока производится по более низким ставкам, чистым результатом в большинстве случаев является более низкая цена IO. Если рыночные ипотечные ставки поднимаются выше уровня купонной ставки, то предполагаемый денежный поток увеличивается, однако его дисконтирование осуществляется по более высокой процентной ставке. Чистым результатом в такой ситуации может быть как падение, так и рост цены на IO. Как видим, IO обладают одним интересным свойством: их цена движется в том же направлении, что и рыночные ипотечные ставки. Данный эффект обнаруживается: 1) в моменты падения рыночных ставок ниже уровня купонной ставки; 2) в определенном диапазоне превышения ипотечными ставками уровня купонной ставки.

Иллюстрацией нашего вывода может служить рис. 12.1, где представлена зависимость цен от ипотечных ставок для: 1) сквозной ценной бумаги; 2) РО, созданной на основе этой сквозной ценной бумаги, и 3) IO, созданной на основе этой сквозной ценной бумаги. Заметим, что падение ипотечных ставок ниже определенного уровня (а именно, уровня купонной ставки сквозной ценной бумаги) не вызывает заметной реакции со стороны самой сквозной ценной бумаги. Объяснением данного феномена может служить присущая сквозной ценной бумаге отрицательная выпуклость. Цена PO неизменно падает при росте ипотечных ставок. Цена IO при ипотечных ставках выше некоторого уровня падает при росте ипотечных ставок. При ипотечных ставках ниже этого уровня цена IO падает по мере снижения ипотечных ставок. Изменение рыночных ипотечных ставок вызывает высокую волатильность цен как на PO, так и на IO. Более высокая волатильность цен на PO и IO, чем волатильность цен на сквозную ценную бумагу, проявляется в более крутом наклоне касательных к кривой изменения цен при любой ипотечной ставке.

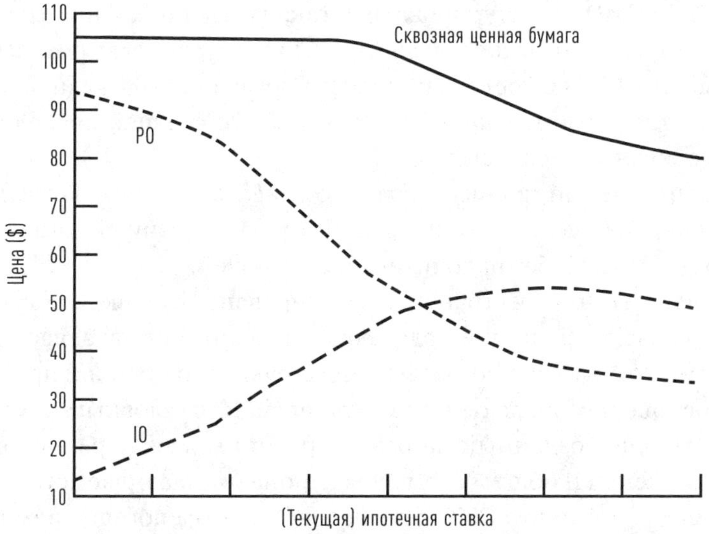

Рис. 12.1. Влияние рыночных ипотечных ставок на цены сквозной ценной бумаги, PO и IO

Стрипы облигаций, обеспеченных ипотекой

Один из облигационных классов в составе CMO-структур может быть создан на основе номинала или на основе процента. Ценные бумаги такого рода получили название стрипов CMO, или структурированных IO. Принципы создания траншей стрипов мы рассматривали в предшествующих разделах.

Резюме

- Агентские CMO, называемые REMIC выпускающими их агентствами, — это классы облигаций, создаваемые на основе перенаправления денежных потоков финансовых инструментов, обеспеченных ипотеками (сквозных ипотечных ценных бумаг).
- Создание CMO не позволяет полностью устранить риск досрочного погашения, задача этих структур — перераспределение различных форм риска между классами облигаций (траншами).
- Кредитный риск агентской CMO аналогичен кредитному риску агентской сквозной ценной бумаги.
- Выплаты процентов и номинала, поступающие от обеспечения CMO, совершаются согласно установленным правилам.
- Первые CMO структурировались так, чтобы погашение траншей осуществлялось последовательно, — ценные бумаги этого типа получили название CMO с последовательным погашением. Средняя продолжительность жизни траншей не совпадает со средней продолжительностью жизни обеспечения.
- Накопительный транш позволяет создавать транши с более продолжительным и более коротким средним сроком жизни, чем тот, что характерен для CMO без накопительных траншей.
- На основе любого из траншей с фиксированной ставкой могут быть созданы классы облигаций с плавающей и обратной плавающей ставками.
- Кроме того можно создать ценные бумаги на основе процента или на основе номинала одного из траншей. IO с условным номиналом — это транш, созданный на основе разницы между размером купона обеспечения и общим размером купона, выплачиваемого траншам.
- Несмотря на то что CMO с последовательным погашением и накопительными траншами позволяют перераспределять риск досрочного погашения, этот риск по-прежнему сохраняется в значительной мере. Иначе говоря, каждый данный транш по-прежнему имеет высокую степень изменчивости средней продолжительности жизни. Преодолеть это нежелательное влияние позволяют облигационные классы с плановой амортизацией. Для данного типа CMO характерна низкая вариативность средних продолжительностей сроков жизни.
- Входящие в состав CMO облигационные классы, предназначенные для защиты для PAC-траншей от досрочного погашения, называются траншами поддержки или траншами-компаньонами. Существует несколько способов повышения защиты от досрочного погашения некоторых или всех PO-траншей в составе CMO. В число особенно широко

используемых методов входит создание структур с периодом запрета на досрочное погашение и обратных PAC-структур.

- Облигационный класс с целевой амортизацией способен обеспечить инвестициям защиту от риска сокращения, но не от риска удлинения. Обратные TAC также обеспечивают одностороннюю защиту: они защищают капиталовложения от риска удлинения, но не от риска сокращения. Облигации с более точным сроком до погашения тоже призваны обеспечить инвестициям защиту от риска удлинения.
- Облигации поддержки — наиболее рискованные транши в составе структур CMO. На основе облигаций поддержки, в свою очередь, могут создаваться новые типы ценных бумаг. Так, облигация поддержки может быть расщеплена таким образом, чтобы в нее вошел транш поддержки с плановым погашением номинальной стоимости. Структуры этого типа получили название PAC II, или облигации PAC уровня II.
- SMBS создаются через неравное распределение процента и номинала базовой сквозной ценной бумаги между двумя облигационными классами. В результате эти классы имеют иное отношение цена/доходность, чем у базовых сквозных ценных бумаг.
- Существуют три типа SMBS: 1) сквозные ценные бумаги с синтетическим купоном; 2) ценные бумаги на основе процента/номинала; 3) стрипы CMO.

Вопросы

1. Как CMO изменяет денежный поток от ипотек для перераспределения риска досрочного погашения между различными классами инвесторов?
2. В чем разница между REMIC и CMO?
3. a. «Создавая CMO, эмитент устраняет риск досрочного погашения, связанный с базовыми ипотечными кредитами». Вы согласны с этим высказыванием?

   b. На Уолл-стрит CMO нередко называют «ценными бумагами, приспособленными к нуждам клиента». Как вы думаете, почему?
4. Говоря о рынке CMO, популярная пресса иногда отзывается о нем, как о наиболее рискованном секторе рынка ипотечных ценных бумаг, а о секторе сквозных ценных бумаг, как о наиболее безопасном. Ваше мнение на этот счет.
5. Каким образом включение накопительного транша влияет на среднюю продолжительность жизни структуры с последовательной выплатой?

6. Для каких типов инвесторов привлекательны накопительные облигации?
7. Предположим, что транш, на основе которого был создан облигационный класс с обратной плавающей ставкой, имеет среднюю продолжительность жизни пять лет. Какой будет средняя продолжительность жизни облигационного класса с обратной плавающей ставкой?
8. Приведенная ниже цитата взята из *BondWeek* 1991 г.:
   «"Банк First Interstate Bank of Texas рассматривает возможность покупки разных типов облигаций, обеспеченных ипотеками, в рамках недавно разработанной программы, запуск которой намечен на второй квартал 1991 г.", — заявил Жюль Поллард. Достигшие срока погашения сквозные ипотечные ценные бумаги с изменяемой ставкой будут заменяться краткосрочными траншами поддержки и облигационными классами с плановой амортизацией. Этот процесс вице-президент Поллард объяснил тем, что ARMS стали слишком дорогими… Поллард не уточнил сумму предполагаемых инвестиций, размер которых будет выбран в соответствии с размером пассивов банка. В качестве объектов инвестирования Поллард предпочитает ценные бумаги, либо гарантированные государством, либо подразумевающие такие гарантии».
   a. Перечислите характерные черты ценных бумаг, которые продает и покупает Поллард.
   b. Каким эмитентам отдаст предпочтение банк (вспомните последнее предложение цитаты)? С какими эмитентами банк не захочет сотрудничать?
9. Объясните, каким образом создается график выплат для облигации PAC.
10. Опишите роль транша поддержки в структуре CMO.
11. Какую цель ставили перед собой создатели облигаций PAC?
12. Предположим, что ссудо-сберегательная ассоциация хочет инвестировать в ипотечные ценные бумаги. Рассматриваются две возможные инвестиции: 1) сквозные ценные бумаги Freddie Mac с WAM 340 месяцев и 2) облигация PAC, входящая в структуру CMO Freddie Mac, со средней продолжительностью жизни два года. Какое из долговых обязательств является более выгодным с точки зрения управления активами/пассивами?
13. Предположим, что облигация PAC создана на основании предположения о скоростях досрочного погашения 80PSA и 350PSA. Какой будет средняя продолжительность жизни данного PAC-транша, если скорость досрочного погашения обеспечения в течение всего срока до погашения будет составлять 100PSA?

14. Предположим, то сквозные ценные бумаги номиналом $1 млрд используются для создания CMO с облигацией PAC номиналом $700 млн и облигацией поддержки с номиналом $300 млн.
    a. У какой из перечисленных ценных бумаг изменчивость среднего срока жизни окажется выше: 1) у обеспечения; 2) у облигации PAC; 3) у облигации поддержки? Почему?
    b. У какой из перечисленных ценных бумаг изменчивость среднего срока жизни окажется самой низкой: 1) у обеспечения; 2) у облигации PAC; 3) у облигации поддержки? Почему?
15. Предположим, что $1 млрд обеспечения из вопроса 14 был поделен между облигацией PAC с номинальной стоимостью $800 млн и облигацией поддержки с номинальной стоимостью $200 млн. Будет ли облигация PAC в этой CMO-структуре более защищена от риска досрочного погашения, чем аналогичная облигация из вопроса 14?
16. Предположим, что сквозные ценные бумаги номиналом $1 млрд используются для создания CMO-структуры с облигацией PAC, номинал которой составляет $700 млн (PAC I), облигацией поддержки с графиком выплат (PAC II), имеющей номинал $100 млн, и облигацией поддержки без графика выплат — ее номинальная стоимость равна $200 млн.
    a. У какого из траншей — PAC I или PAC II — будет более низкая изменчивость среднего срока жизни? Почему?
    b. У какого из траншей — облигации поддержки без графика выплат или PAC II — будет более высокая изменчивость среднего срока жизни? Почему?
17. Объясните, почему после полного погашения облигаций поддержки в составе CMO с несколькими облигациями PAC данная CMO становится обычной структурой с последовательными выплатами?
18. Допустим, что в первые четыре года после эмиссии CMO скорость досрочного погашения остаются внутри начальных планок. Что в такой ситуации произойдет с эффективной верхней планкой?
19. Рассмотрим следующую структуру CMO с обеспечением, купон которого равен 8%:

Транш	*Номинальная стоимость (в млн)*	*Купонная ставка (%)*
A	$300	6,50
B	250	6,75
C	200	7,25
D	250	7,75

Предположим, что клиенту нужны IO с условным номиналом и купоном 8%. Вычислите размер условного номинала для этого IO.

20. Эмитент собирается выпустить две структуры CMO:

Структура I:

Транш	*Номинальная стоимость (в млн)*	*Купонная ставка (%)*
A	$150	6,50
B	100	6,75
C	200	7,25
D	150	7,75
E	100	8,00
F	500	8,50

Транши с A по E являются облигациями PAC I, транш F — облигация поддержки.

Структура II:

Транш	*Номинальная стоимость (в млн)*	*Купонная ставка (%)*
A	$150	6,50
B	100	6,75
C	200	7,25
D	150	7,75
E	100	8,00
F	200	8,25
G	300	?

Транши с A по E — облигации PAC I, транш F — облигация PAC II, а транш G — облигация поддержки без графика выплат.

a. Транш G в структуре II создан на основе транша F из структуры I. Какова купонная ставка транша G, если общая купонная ставка траншей F и G в структуре II равна 8,5%?

b. Как повлияло на стоимость и на среднюю продолжительность жизни траншей A — E включение в структуру II облигаций PAC II?

c. Как будут различаться степени изменчивости средней продолжительности жизни транша G в структуре II и транша F в структуре II?

21. a. Каков смысл периода запрета на досрочное погашение в структурах CMO?

b. Объясните, почему в обратных PAC-структурах после погашения всех облигаций поддержки роль поддержки может выполнять облигация с наибольшей средней продолжительностью жизни.

22. Какой тип защиты от досрочного погашения предлагает каждая из следующих структур: 1) облигация TAC; 2) обратная TAC-облигация; 3) VADM?

23. a. Что такое ценная бумага PO? Что такое ценная бумага IO?
    b. Как меняется цена облигации на основе процента при изменении рыночных процентных ставок?

24. Предположим, что сквозная ценная бумага с купоном 8% расщеплена на два облигационных класса. Класс X-1 получает 75% номинала и 10% процента. Класс X-2 получает 25% номинала и 90% процента.
    a. К какому из типов SMBS следует отнести полученные ценные бумаги?
    b. Какова синтетическая купонная ставка класса X-1?
    c. Какова синтетическая купонная ставка класса X-2?

ГЛАВА 13

Неагентские ценные бумаги, обеспеченные жилищной ипотекой

В этой главе читателю будут представлены сведения:

- о том, что такое неагентская ценная бумага, обеспеченная жилищной ипотекой;
- о том, как рынок неагентских ценных бумаг, обеспеченных жилищной ипотекой, изменился после 2007 г. вслед за крахом рынка низкокачественных ипотечных кредитов;
- о типах кредитов, используемых в качестве обеспечения неагентских ценных бумаг, обеспеченных жилищной ипотекой;
- о необходимости повышения кредитного качества;
- о трех типах механизмов повышения кредитного качества (структурном, обеспечиваемым оригинатором, обеспечиваемом третьей стороной);
- о денежном потоке от ценной бумаги, обеспеченной жилищной ипотекой, и о важности уровня дефолтов, уровня возмещения и сроков возмещения;
- о показателях просрочки и уровня дефолтов для пула кредитов.

Как говорилось в главе 11, рынок ценных бумаг, обеспеченных жилищной ипотекой (RMBS), делится на два сектора: агентские RMBS и неагентские RMBS. Ценные бумаги, выпускаемые на рынке агентских RMBS, рассматривались в главах 11 и 12. RMBS, выпускаемые на рынке неагентских ценных бумаг, требуют повышения кредитного качества для защиты от убытков по пулу кредитов.

Рынок неагентских RMBS подразделяется в свою очередь на сектор частных RMBS и сектор низкокачественных RMBS. Частные RMBS, называемые также стандартными, или жилищными, сделками, обеспечиваются стандартными ипотечными кредитами. Низкокачественные RMBS, обеспечиваемые низкокачественными ипотечными кредитами, до 2007 г. обычно рассматривались как часть сектора ценных бумаг, обеспеченных активами, и именовались связанными с ипотекой ценными бумагами, обеспеченными активами. До кризиса на рынке низкокачественных кредитов, который начался летом 2007 г. и сопровождался крахом рынка жилья, частные RMBS и низкокачественные RMBS считались совершенно разными продуктами и торговались на отдельных рынках. Однако из-за большого количества проблем с базовыми жилищными ипотечными кредитами у обоих типов неагентских RMBS рынок больше не разделяет эти два продукта. Аналогичным образом поступаем и мы в этой главе.

Неагентские RMBS, иногда называемые неагентскими облигациями, обеспеченными ипотеками (неагентскими CMO), выпускаются коммерческими банками, сберегательными организациями и так называемыми частными кондуитами. Частный кондуит приобретает неквалифицированные ипотечные кредиты, объединяет их в пул, а затем продает CMO, в качестве обеспечения которых используется пул неквалифицированных ипотечных кредитов. Частные кондуиты, выпускающие RMBS, делают то же самое, что и кондуиты правительственных агентств делают с квалифицированными кредитами, однако без каких-либо гарантий (прямых или косвенных) со стороны правительства США. Неагентские RMBS подлежат регистрации в Комиссии по ценным бумагам и биржам. Их кредитный рейтинг оценивают те же рейтинговые агентства, что оценивают корпоративные и муниципальные облигации. Обеспечение продается специальному юридическому лицу (*special-purpose entity — SPE*), роль которых более детально рассматривается в главе 15. Именно SPE, называемые также трастами, выпускают неагентские RMBS.

В 2006 г. были выпущены неагентские RMBS на сумму более $1 трлн. Затем проблемы с обеспечением и резкое падение цен на жилые дома привели к значительному падению объема выпуска в 2007 г. и крайне малому выпуску этих бумаг в последующие три года. Хотя аналитики не сомневаются в том, что рынок неагентских RMBS, обеспеченных стандартными кредитами, восстановится, мало кто верит в восстановление сделок с низкокачественными кредитами в обозримом будущем. Правила, регулирующие выпуск RMBS, установлены законом Додда–Франка о реформе Уолл-стрит и защите прав потребителей. Этот закон в той части, которая имеет отношение к RMBS, требует, чтобы организации, занимающиеся секьюритизацией кредитов, держали определенную долю этих кредитов, и налагает массу ограничений на ипотечное кредитование. Если говорить точнее, то в сфере ипотечного кредитования были установлены детальные требования в отношении компенсации, которую могут получить оригинаторы и андеррайтеры, требования к сервисерам, а также стандарты подписки. Цель этих требований — не допустить нового кризиса на рынке неагентских RMBS.

Несмотря на ожидаемое сокращение объема выпуска, публично торгуется достаточно неагентских RMBS, чтобы рассматривать этот сектор рынка облигаций. По состоянию на конец 2010 г. в обращении находились неагентские RMBS совокупной стоимостью $1,46 трлн[1]. С точки зрения винтажа, т. е. сделок с бумагами определенного года, наиболее активными были 2005 и 2006 гг. На третьем месте находится 2007 г., однако объем выпуска в этом году значительно уступает объему двух предыдущих лет.

В настоящей главе мы рассматриваем рынок неагентских RMBS, фокусируя внимание на структуре создаваемых ценных бумаг, в частности на методах повышения кредитного качества. Здесь мы представим вашему вниманию разные формы повышения кредитного качества и продолжим их анализ в главе 15, посвященной ценным бумагам, обеспеченным неипотечными кредитами. Различие между частными RMBS и низкокачественными RMBS связана со сложностью структуры, обеспечивающей повышение кредитного качества, которое требуется в связи с более высоким кредитным риском низкокачественных ипотечных кредитов. Все остальные вопросы секьюритизации кредитов рассматриваются в главе 15.

ТИПЫ ОБЕСПЕЧЕНИЯ

Как говорилось в главе 10, существуют квалифицированные и неквалифицированные ипотечные кредиты. Первые обычно используются в качестве обеспечения агентских RMBS, а вторые — неагентских RMBS. Мы также называли некоторые типы ипотечных кредитов, относящихся к категории неквалифицированных. Описание обеспечения неагентских RMBS приводится в проспекте эмиссии. В основе сделки, как правило, лежит комбинация нескольких типов обеспечения.

Ниже приведены объемы неагентских RMBS, находившихся в обращении в конце 2010 г., по типам обеспечения:

---

[1] Dapeng Hu and Robert Goldstein, "Non-Agency Residential Mortgage-Backed Securities," Chapter 31 in Frank J. Fabozzi (ed.), *The Handbook of Fixed Income Securities: 8th edition* (New York: McGraw-Hill, 2011).

- стандартные кредиты — $319 млрд;
- низкокачественные кредиты — $395 млрд;
- Alt-A-кредиты — $432 млрд;
- вторичные ипотечные кредиты — $156 млрд;
- кредиты с изменяемой ставкой и встроенным опционом — $158 млрд.

Стандартными считаются кредиты, предоставленные заемщикам, которые имеют: 1) высокое кредитное качество с точки зрения наличия постоянной работы и кредитной истории, а также дохода, достаточного для выполнения обязательств по кредиту без риска ухудшения платежеспособности заемщика; 2) значительную долю оплаченной базовой собственности. К низкокачественным относят кредиты, которые; 1) предоставлены заемщикам с низким кредитным качеством или 2) не являются первичным ипотечным кредитом. Обратите внимание на то, что в нашем перечне обращающихся неагентских RMBS выше низкокачественные и вторичные кредиты выделены в отдельные категории. Alt-A-кредиты — довольно расплывчатая группа кредитов между стандартной и низкокачественной категориями.

В главе 10 мы говорили об ипотечных кредитах с изменяемой ставкой (ARM). Одним из популярных типов ARM в 2001–2007 гг., когда выпуск ARM находился на пике, были гибридные ARM-кредиты, называемые также кредитами с изменяемой ставкой и встроенным опционом (ARM-кредиты с опционом). Этот продукт позволял заемщикам получать кредиты в тех случаях, когда они не удовлетворяли требованиям для получения традиционных ипотечных кредитов. В таких кредитах ставка фиксируется на оговоренное в кредитном договоре число лет (три, пять, семь или 10 лет). По окончании первоначального периода с фиксированной ставкой условия кредита пересматриваются аналогично тому, как это делается в обычных ARM-кредитах. Причина, по которой в название таких кредитов включают слова «с опционом», связана с тем, что заемщику предоставляется возможность выбирать варианты платежа.

ПОВЫШЕНИЕ КРЕДИТНОГО КАЧЕСТВА

Из-за отсутствия правительственных гарантий или гарантий спонсируемой правительством организации неагентские RMBS для получения рейтинга инвестиционного уровня должны структурироваться с дополнительной кредитной поддержкой. Кредитная поддержка необходима для компенсации ожидаемых убытков от дефолтов по базовому кредитному пулу. Такую кредитную поддержку называют повышением кредитного качества. В этом разделе мы кратко рассмотрим существующие формы повышения кредитного качества.

Рейтинговые агентства при присвоении рейтинга классам облигаций в выпуске неагентских RMBS должны проанализировать кредитный риск, связанный с базовым пулом кредитов. Например, пул кредитов может состоять из стандартных заемщиков или низкокачественных заемщиков. Очевидно, что от пула стандартных заемщиков следует ожидать более низкие убытки в виде процента от суммы кредитов, чем от пула низкокачественных заемщиков. С учетом кредитного качества заемщиков в пуле и других факторов, таких как структура сделки, кредитное агентство определяет долларовую сумму кредитной поддержки, необходимой для того, чтобы конкретный класс облигаций получил конкретный кредитный рейтинг. Процесс определения кредитными агентствами суммы кредитной поддержки, необходимой для получения конкретного рейтинга называют классификацией сделки.

Существуют стандартные механизмы повышения кредитного качества неагентских RMBS. Мы рассмотрим их вкратце. При секьюритизации стандартных кредитов используют простые механизмы повышения кредитного качества, и, как следствие, структуры получаются не очень сложными. В отличие от этого структуры при секьюритизации низкокачественных кредитов значительно сложнее, поскольку здесь требуется существенное повышение кредитного качества. Такие более сложные структуры встречаются в некоторых типах ценных бумаг, обеспеченных активами (ABS). По этой причине участники рынка считали секьюритизации низкокачественных кредитов частью рынка ABS (напомним, что их называли ABS, связанными с ипотеками) до 2007 г.

Процентные деривативы, такие как процентные свопы и процентные кэпы, часто используются в структурах неагентских RMBS, что не допускается в структурах агентских RMBS. Мы не будем касаться процентных деривативов в настоящей главе. Здесь мы просто подчеркнем, что они используются в случаях несоответствия между характером денежных потоков по пулу кредитов и характером денежных выплат по классам облигаций. Так, некоторые или все классы облигаций могут иметь плавающую ставку, а кредиты — фиксированную.

Существуют три формы повышения кредитного качества:

- структурная;
- предоставляемая оригинатором/продавцом;
- предоставляемая третьей стороной.

Рассмотрим каждую из них[1].

[1] Более детальное рассмотрение этого вопроса см. в: Chapter 7 in Frank J. Fabozzi and Vinod Kothari, *Introduction to Securitization* (Hoboken, NJ: John Wiley & Sons, 2008).

СТРУКТУРНОЕ ПОВЫШЕНИЕ КРЕДИТНОГО КАЧЕСТВА

Структурное повышение кредитного качества предполагает перераспределение кредитного риска между облигационными классами, входящими в структуру, таким образом, что один класс облигаций обеспечивает повышение кредитного качества других классов. Это достигается путем создания классов облигаций с другими приоритетами в отношении денежного потока и называется структурой соподчиненных классов.

В структуре соподчиненных классов создаются две категории облигационных классов: старший класс облигаций и субординированный класс облигаций. Например, возьмем следующую гипотетическую структуру неагентских RMBS с обеспечением размером $400 млн:

Класс облигаций	*Основная сумма, $ млн*	*Кредитный рейтинг*
X1	350	AAA
X2	20	AA
X3	10	A
X4	5	BBB
X5	5	BB
X6	5	B
X7	5	Без рейтинга

В целом классы облигаций, образующие структуру, называют **структурой капитала** сделки. Структура капитала здесь имеет тот же самый смысл в отношении приоритета выплат, что и стандартная структура корпоративной облигации, которую мы рассматривали в главе 7. Иначе говоря, старший обеспеченный долг имеет приоритет перед необеспеченным долгом, а последний имеет приоритет перед субординированным долгом, привилегированными акциями и обыкновенными акциями. Вместе с тем, как отмечалось в главе 7, в случае банкротства в соответствии с главой 11 приоритет кредиторов обычно нарушается. Этого не происходит в случае неагентских RMBS (как и в случае ABS, которые рассматриваются в главе 15), где приоритет жестко закреплен в структуре капитала.

Облигационный класс в структуре капитала с наивысшим рейтингом называют **старшим классом облигаций. Субординированные классы облигаций** в структуре капитала — это все, что находится ниже старшего класса. Правила распределения денежного потока (процентных и основных платежей) между классами облигаций, а также распределения убытков объясняются в проспекте эмиссии. Эти правила называют **водопадом платежей**, или просто водопадом. Обычно убытки распределяются в зависимости от позиции класса облигаций в структуре капитала. Убытки начинают распределяться с нижних классов (с нижнего класса, или класса без рейтинга) и постепенно доходят до старшего класса облигаций. Например, если в течение жизни нашей неагентской RMBS убытки не превышают $5 млн, то они поглощаются только классом X7. Если убытки составляют $15 млн, то они поглощаются классами X7, X6 и X5.

Обратите внимание на несколько особенностей данной структуры. Во-первых, повышение кредитного качества облигационных классов обеспечивается другими классами облигаций в структуре. Так, старший класс облигаций X1 защищен от убытков размером до $50 млн. Это объясняется тем, что убытки начинают относиться на класс X1 только после того, как они достигнут $50 млн. Класс X3 имеет кредитную поддержку $20 млн, поскольку он начинает принимать убытки только после достижения убытка по обеспечению размером $20 млн.

Во-вторых, сравните то, что делается для распределения кредитного риска в этой неагентской RMBS, с тем, что делается в агентской облигации, обеспеченной ипотекой (CMO). В агентской CMO нет кредитного риска, поскольку это структура, выпускаемая Ginnie Mae, а кредитный риск кредитного пула для структур, выпускаемых Fannie Mae и Freddie Mac, считался до недавнего времени небольшим. Что делается при создании различных классов облигаций в агентских CMO, так это перераспределение риска досрочного погашения. В отличие от этого в неагентских RMBS присутствует и кредитный риск, и риск досрочного погашения. В результате создания соподчиненных классов облигаций происходит перераспределение кредитного риска в структуре. Таким образом, происходящее называют кредитным траншированием. Можно ли также перераспределить риск досрочного погашения? Это обычно делается в неагентских RMBS, но только на уровне старшего класса. Иначе говоря, $350-миллионный старший облигационный класс в нашей структуре гипотетической неагентской RMBS можно разделить для создания нескольких старших классов облигаций с различным уровнем риска досрочного погашения.

Наконец, когда классы облигаций продаются на рынке, они имеют разную доходность. Очевидно, чем ниже кредитный рейтинг класса облигаций, тем выше доходность, с которой он должен предлагаться.

Рейтинг большинства классов облигаций уровня AAA снизился после 2007 г. В зависимости от типа обеспечения понижение рейтинга затронуло к концу 2010 г. следующие доли классов облигаций уровня AAA:

стандартные — 85%; низкокачественные — 94%; Alt-A — 97%; ARM с опционом — 99%[1]. Многие классы были понижены с уровня AAA до уровня ниже инвестиционного. В результате к концу 2010 г. лишь небольшое число непогашенных неагентских RMBS сохранили рейтинг инвестиционного уровня[2].

Механизм изменения процента в структуре соподчиненных классов

Поскольку основное беспокойство вызывают сделки с низкокачественными RMBS, а защищать нужно старший класс облигаций, большинство структур соподчиненных классов, обеспеченных низкокачественными кредитами, включают в себя механизм изменения процента. Он позволяет перенаправлять досрочные погашения от субординированного класса к старшему классу в соответствии с установленным графиком. Идея заключается в том, чтобы иметь достаточно непогашенных субординированных классов для покрытия будущих кредитных убытков.

Больше всего инвесторов беспокоит в отношении кредитного качества старшего класса облигаций то, что несмотря на определенный уровень кредитной защиты, обеспечиваемый субординированными классами при совершении сделки, этот уровень может понижаться со временем в результате досрочного погашения и определенных ликвидационных поступлений. Цель — распределить эти выплаты основной суммы так, чтобы кредитная защита старшего класса облигаций не ухудшалась с течением времени.

Процентная доля непогашенного остатка основной суммы субординированного класса относительно непогашенного остатка всей сделки называется **уровнем субординирования**, или **процентом субординирования.** Чем выше процент, тем выше уровень защиты старшего класса облигаций. Процент субординирования изменяется после совершения сделки в результате досрочного погашения, отсюда и название «механизм изменения процента». Целью механизма изменения процента является поддержание приемлемого уровня защиты старшего класса облигаций.

---

[1] Hu and Goldstein, "Non-Agency Residential Mortgage-Backed Securities."

[2] В начале 2010 г. эти классы облигации с пониженным рейтингом из разных сделок были использованы для создания нового продукта. Поскольку он создавался на основе уже секьюритизированных продуктов, его называли «ресекьюритизацией». В этих сделках создавалась простая облигационная структура со старшим и младшим классами. Основная сумма выплачивается старшему классу до тех пор, пока он не будет полностью погашен. Таким образом, повышение кредитного качества здесь является структурным.

В проспекте эмиссии указывается, как различные плановые основные платежи и досрочные погашения распределяются между старшим классом и субординированными классами. Плановые основные платежи распределяются на основе процентной доли старшего класса, или процента старшего класса, который определяется как отношение непогашенного остатка старшего класса к остатку всей сделки и равен 100% за вычетом процента субординирования. Таким образом, если в каком-то месяце процент старшего класса составляет 82%, а плановый основной платеж равен $1 млн, то старший класс получает $820 000 (0,82 × $1 000 000), а субординированный класс — $180 000 ($1 000 000 – $820 000).

Распределение досрочных погашений осуществляется на основе **процента досрочного погашения старшего класса** (в некоторых сделках это называют **процентом ускоренного распределения**). Это можно представить следующим образом:

процент досрочного погашения старшего класса + (изменение процента в процентном выражении × процент субординирования).

«Изменение процента в процентном выражении» указывается в проспекте эмиссии. Для иллюстрации применения формулы предположим, что в некоем месяце процент старшего класса составляет 82%, процент субординирования — 18%, а изменение процента — 70%. Тогда процент досрочного погашения старшего класса для этого месяца будет равен:

$$82\% + 0{,}70 \times 18\% = 94{,}6\%.$$

Таким образом, если досрочные погашения за месяц составляют $1 000 000, то $946 000 распределяются старшему классу облигаций, а $54 000 — субординированному классу.

В проспекте приводится таблица значений изменения процента в процентном выражении для расчета процента досрочного погашения старшего класса. Обычно эта таблица имеет следующий вид:

Год после выпуска	*Изменение процента в процентном выражении*
1–5	100
6	70
7	60
8	40
9	20
После года 9	0

Таблица, приводимая в проспекте, является «базовой». Она может меняться со временем в зависимости от результативности обеспечения. Если результативность такая, что кредитная защита ухудшается или может ухудшиться, то базовое изменение процента в процентном выражении модифицируется так, чтобы более значительная доля досрочных погашений передавалась старшему классу облигаций. Доверительный управляющий выполняет анализ результативности обеспечения и по его результатам принимает решение об изменении базовой таблицы. Анализ результативности является в этом смысле тестом, и, если обеспечение или структура не проходят его, то это событие инициирует изменение базовой таблицы. Тесты будут рассмотрены далее.

Хотя структура с изменением процента выгодны держателю старшего класса облигаций с точки зрения кредитного качества, она изменяет характеристики денежного потока старшего класса даже в отсутствии дефолтов. Размер субординирования также имеет значение. Более крупный субординированный класс перенаправляет более значительную долю досрочных погашений старшему классу и, таким образом, сокращает средний срок жизни еще больше.

Положения об уменьшении кредитной поддержки сделки

Важным моментом при анализе структуры соподчиненных классов облигаций или сделок, обеспеченных жилищной ипотекой, являются **положения об уменьшении кредитной поддержки.** Эти положения позволяют сокращать кредитную поддержку со временем. Как уже говорилось, инвесторов в старший класс облигаций беспокоит, что в случае ухудшения результативности обеспечения положения об уменьшении кредитной поддержки должны изменяться. Положения, которые предотвращают уменьшение кредитной поддержки, называют «триггерами». Основные платежи по субординированным классам облигаций начинают передаваться старшему классу в случае достижения триггера. Масштабы перенаправления основных платежей варьируют от эмитента к эмитенту. Наиболее консервативный подход — полностью прекратить распределение основных платежей субординированным классам. Некоторые эмитенты, однако, позволяют субординированным классам облигаций получать регулярно плановые основные платежи (амортизацию) на пропорциональной основе, но перенаправляют все досрочные погашения старшему классу.

Уменьшение кредитной поддержки происходит в том случае, если достигаются два триггера, основанные на уровне кредитной результативности:

триггер просрочки и триггер убытков. Триггеры представляют в форме критериев, устанавливаемых для каждого периода. **Критерий просрочки** в наиболее широко используемой форме предотвращает понижение кредитной поддержки до тех пор, пока 60-дневный уровень просрочки не превысит определенного процента от текущего остатка пула. **Критерий убытка по основному долгу** предотвращает понижение кредитной поддержки до тех пор, пока кумулятивный убыток не превысит определенной части (которая меняется с течением времени) первоначального баланса.

Помимо триггеров, устанавливаемых на основе результативности обеспечения, существует еще **критерий остатка**. Он строится на основе сравнения изменения старшего процента с момента заключения сделки до текущего месяца. Если старший процент увеличился, критерий остатка не удовлетворяется, что влечет за собой пересмотр базовой таблицы для передачи основных платежей от субординированных классов старшему классу. В отличие от триггера, который увеличивает выплаты старшему классу облигаций, есть критерии остатка, которые повышают выплаты субординированным классам облигаций. Это может происходить в случае значительного увеличения субординированного процента. Такая величина указывается в проспекте эмиссии. Например, в проспекте может устанавливаться, что в случае удвоения субординированного процента базовая таблица изменяется для увеличения выплат субординированному классу облигаций.

Повышение кредитного качества, предоставляемое оригинатором/продавцом

Оригинатор/продавец обеспечения специальному юридическому лицу может предоставить кредитную поддержку сделки одним из трех способов или путем их сочетания:

- избыточный спред;
- денежное обеспечение;
- избыточное обеспечение.

Избыточный спред

Наиболее естественной формой повышения кредитного качества является процент от обеспечения, который не используется для покрытия обязательств (т. е. для осуществления процентных платежей по классам облигаций в структуре) и комиссионных вознаграждений (таких, как комиссии за обслуживание и администрирование ипотечных кредитов). Сумму, на которую процентный платеж от обеспечения превышает сумму, подлежащую выплате по классам облигаций в качестве процента и в качестве комиссионных вознаграждений, называют избыточным спредом, или избыточным процентом. Например, допустим, пул кредитов имеет средневзвешенную процентную ставку 8%, а оригинатор взимает комиссию за обслуживание в размере 1%. Если средневзвешенная стоимость выпущенных обязательств составляет 5%, то избыточный спред равен 2% (8% – 1% – 5%).

Месячный избыточный спред может: 1) направляться продавцу обеспечения специальному юридическому лицу (SPE); 2) использоваться для покрытия убытков, реализованных обеспечением за месяц; 3) удерживаться SPE, накапливаться на резервном счете и использоваться для покрытия не только текущих убытков по обеспечению, но и будущих убытков, или 4) использоваться всеми перечисленными способами в любом сочетании. Когда избыточный спред удерживается и накапливается на резервном счете, то говорят, что он «связан» в сделке. Избыточный спред, оставшийся после погашения последнего обязательства по сделке, выплачивается продавцу обеспечения. При определенных условиях и в случае достижения определенного уровня денежного резерва проспект эмиссии может разрешать дополнительную выплату избыточного спреда продавцу обеспечения.

В стандартных RMBS-сделках избыточный спред обычно невелик. В отличие от этого в сделках с низкокачественными RMBS ставки по низкокачественным кредитам значительно превышают ставки по стандартным кредитам из-за более крупных ожидаемых убытков. В результате избыточный спред становится важным источником повышения кредитного качества низкокачественных RMBS.

Денежное обеспечение

Только что рассмотренный нами избыточный спред — это один из трех способов, с помощью которых оригинатор/продавец обеспечения может создать денежную подушку для поглощения убытков по обеспечению. Есть еще два способа. Первый — размещение денежных средств на депозите в момент продажи обеспечения SPE и использование их в случае, если другие формы повышения кредитного качества окажутся недостаточными для покрытия убытков по обеспечению. Второй — предоставление SPE субординированного кредита.

Избыточное обеспечение

В нашей гипотетической неагентской СМО, рассмотренной выше, обязательства, составляющие $400 млн, предположительно соответствуют сумме обеспечения. Допустим теперь, что обеспечение имеет номинальную стоимость $410 млн. Это означает, что активы превышают обязательства на $10 млн. Такое превышение называют **избыточным обеспечением**, и его можно использовать для покрытия убытков по обеспечению. Таким образом, мы получаем форму кредитной поддержки.

Избыточное обеспечение чаще используется как форма кредитной поддержки в низкокачественных сделках. Именно по этой причине такие сделки более сложны — в их структуру должен быть встроен ряд критериев, определяющих, когда можно высвобождать обеспечение.

Предоставление кредитной поддержки третьей стороной

До 2007 г. одной из форм повышения кредитного качества, обычно используемой в сочетании с другими двумя упомянутыми выше формами, была кредитная поддержка третьей стороны. Гарантии, как правило, включали в себя одно из следующего: страхование, аккредитив и гарантии связанной стороны. Конечно, гарантии надежны настолько, насколько надежен предоставивший их гарант. Иными словами, с кредитной поддержкой третьей стороны связан кредитный риск этой стороны — риск того, что рейтинг третьей стороны будет понижен или третья сторона не сможет выполнить свои обязательства.

Сегодня мало какие, если какие-то вообще, сделки поддерживаются страховкой от специализированных страховщиков, банковским аккредитивом или гарантией связанной стороны. Специализированные страховщики, как говорилось в главе 8, где рассматривались покрытые муниципальные облигации, опустились с точки зрения кредитного рейтинга настолько, что не могут гарантировать классы с рейтингом ААА. Требования к достаточности капитала с учетом риска сделали аккредитивы непривлекательными для банков. Наконец, связанные стороны становятся гарантами очень редко, поскольку материнские компании оригинаторов/продавцов обычно имеют рейтинг ниже ААА.

ДЕНЕЖНЫЙ ПОТОК ПО НЕАГЕНТСКИМ ЦЕННЫМ БУМАГАМ, ОБЕСПЕЧЕННЫМ ИПОТЕКОЙ

У агентских RMBS дефолты не оказывают влияния на денежный поток, т. е. они не приводят к уменьшению основной суммы некоторых классов облигаций. Дефолтную основную сумму компенсирует агентство в рамках своей гарантии. У неагентских RMBS дефолты могут затрагивать один или несколько классов облигаций, а следовательно, их нужно учитывать при оценке денежного потока по облигационному классу. Точнее говоря, необходимо прогнозировать уровень дефолтов, величину потерь (т. е. сколько потеряет непогашенный номинал в случае дефолта) и задержку во времени между дефолтом и возмещением.

В главе 11 мы рассматривали факторы, влияющие на скорость досрочного погашения RMBS, но для агентских ценных бумаг. В их число входили оборот домов, избыточное рефинансирование и простое рефинансирование. Внимание досрочному погашению в результате дефолтов не уделялось. До кризиса рынка низкокачественных кредитов инвесторы считали, что старшие облигации с рейтингом AAA в структуре неагентских RMBS подвергаются минимальному кредитному риску. Вместе с тем результативность кредитов, обеспечивающих неагентские RMBS, оказывается критически важной для оценки факторов, влияющих на уровень дефолтов.

Кризис рынка низкокачественных ипотечных кредитов ясно показал, что дефолты связаны не только с уровнем экономической активности, но и с уровнем цен на жилье. Экономические трудности у заемщиков в сочетании с ростом цен давали кредиторам сильную позицию в обеспечении, пока отношение размера кредита к стоимости залога (LTV) было невысоким. Мягкие правила кредитования и высокое LTV в момент предоставления кредита (в результате раздутой оценочной стоимости) создавали ситуацию, в которой рост цен на жилье был критически важен для кредиторов для возмещения непогашенного остатка ипотечного кредита в случае дефолта заемщика. Рост цен на жилье фактически устранял дефолтный сценарий и позволял заемщику продать недвижимость и погасить кредит. В статистических данных по уровню досрочного погашения такие ситуации избежания дефолта просто отражались как часть оборота домов.

Возможность продажи недвижимости для погашения кредита исчезает, если ее стоимость падает ниже непогашенного остатка ипотечного кредита (т. е. текущее LTV превышает 1, или, эквивалентно, заемщик имеет отрицательную стоимость оплаченной доли недвижимости). В таких ситуациях заемщик может воспользоваться возможностью передачи недвижимости кредитору. У кредитора нет права обращения взыскания на активы заемщика для покрытия дефицита между чистыми поступлениями от продажи конфискованной недвижимости и непогашенным остатком ипотечного кредита. Как говорилось в главе 11, ситуацию, когда так поступает заемщик, который способен осуществлять ипотечные платежи, но не видит экономического смысла делать это, называют стратегическим дефолтом. Такая практика получила распространение, особенно в регионах, где цены на жилье резко упали. В штате Невада, например, где цены на жилые дома снизились на 60%, по данным одного из исследований почти четверть домовладельцев, дома которых были конфискованы, вполне могли платить по ипотечным кредитам[1].

Понимание того, как представляются дефолты в отчетности, очень важно для анализа результативности обеспечения. Отчетность по дефолтам для агентских и неагентских RMBS неодинакова. У первых серьезная просрочка по кредитам классифицируется как неработающие кредиты. Такие кредиты затем выкупаются гарантом пула за полную стоимость непогашенного остатка. Основная сумма, выплачиваемая инвесторам, в этом случае классифицируется и как амортизация (т. е. плановое погашение причитающейся части), и как внеплановый основной платеж в размере выплаченного остатка. Таким образом, внеплановый основной платеж должен рассматриваться в агентских RMBS как часть нормального оборота домов.

У неагентских RMBS отчетность иная. Как только кредит переходит из категории просроченных в категорию дефолтных, заемщик теряет право собственности на недвижимость, а собственником становится сервисер ипотечного кредита с целью продажи этой недвижимости. Поступления, полученные сервисером и уменьшенные на издержки реализации недвижимости, называют **взысканной основной суммой**. Сервисер должен раскрывать в отчетности отдельно традиционные досрочные погашения, которые называют **добровольными досрочными погашениями**, и связанные с кредитным риском досрочные погашения, которые называют **принудительными досрочными погашениями**. Причина такого подхода связана с необходимостью определения основных платежей старшим классам облигаций и определения убытков (т. е. дефицита между остатком ипотечного кредита и взысканной основной суммой), которые распределяются между субординированными классами облигаций.

Показатели просрочки

Чтобы кредит можно было классифицировать как дефолтный, должна существовать просрочка. Кредиты классифицируются как **текущие кредиты**

---

[1] Nevada Association of Realtors, “The Face of Foreclosure: An Analysis of the Nevada Foreclosure Crisis,” 2010.

и **просроченные кредиты**. К текущим относят те кредиты, по которым заемщик осуществил все причитающиеся ипотечные платежи. Просроченным кредит становится, если заемщик не осуществляет своевременно один или несколько платежей. В определенный момент просроченный кредит классифицируют как **дефолтный кредит**.

Просрочки в пуле кредитов могут группироваться по серьезности по усмотрению сервисера. Существуют два метода классификации, из которых сервисер может выбирать: метод Управления надзора за сберегательными учреждениями (*Office of Thrift Supervision — OTS*) и метод Ассоциации ипотечных банков (*Mortgage Bankers Association — MBA*). Метод MBA более строгий, чем метод OTS, и, следовательно, может давать иные результаты по просрочке по пулу кредитов. Дело в том, что в соответствии с методом OTS в случае пропуска одного платежа кредит остается текущим, а в соответствии с методом MBA тот же самый кредит становится просроченным. Для стандартных выпусков RMBS обычно используется метод MBA (т. е. более строгая оценка). Метод OTS обычно применяется в случае низкокачественных RMBS. Даже незначительные различия в определениях просрочки имеют большое значение при моделировании дефолтов[1].

Измерение уровня дефолтов

Для количественной оценки уровня дефолтов в пуле кредитов используются два показателя:

- условный уровень дефолтов;
- кумулятивный уровень дефолтов.

Условный уровень дефолтов (*conditional default rate — CDR*) — это годовой размер невыплаченного остатка основной суммы кредитов, ставших дефолтными в течение месяца, как процент от непогашенного остатка пула (до планового основного платежа) на начало месяца. Расчет начинается с определения **месячного уровня дефолтов** (*monthly default rate — MDR*). Месячный уровень дефолтов для месяца t равен:

$$MDR_t = \\ = \frac{\text{остаток по дефолтным кредитам в месяце } t}{\text{начальный остаток в месяце } t - \text{плановый основной платеж в месяце } t}.$$

[1] Kyle G. Lundstedt and Andrew Davidson, “Modeling Mortgage Risk: Definitional Issues,” Andrew Davidson & Co., Inc., April 2005.

Затем эта величина приводится к годовому исчислению для получения CDR:

$$CDR_t = 1 - (1 - \text{уровень дефолтов в месяце } t)^{12}.$$

Месячный уровень дефолтов рассматривается как показатель уровня принудительного досрочного погашения, а CDR — показатель скорости принудительного досрочного погашения для неагентских RMBS. **Кумулятивный уровень дефолтов**, обозначаемый как CDX во избежание путаницы с CDR, — это совокупная номинальная стоимость кредитов в пуле, по которым объявлен дефолт, в процентном выражении от совокупной номинальной стоимости пула.

Стандартная кривая дефолтов

Стандартный ориентир для уровня дефолтов установила Ассоциация дилеров по государственным ценным бумагам (PSA). Стандартная кривая дефолтов PSA (*standard default assumption — SDA*) — это представление годового уровня дефолтов для пула ипотечных кредитов как функции от возраста кредитов. Эталонная SDA, или 100 SDA означает следующее:

1. Уровень дефолтов в месяце 1 составляет 0,02% и растет на 0,02% вплоть до месяца 30 так, что в месяце 30 уровень дефолтов достигает 0,60%.
2. С месяца 30 по месяц 60 уровень дефолтов остается равным 0,60%.
3. С месяца 61 по месяц 120 уровень дефолтов снижается с 0,60% до 0,03%.
4. С месяца 120 и далее уровень дефолтов остается постоянным и равным 0,03%.

Эта кривая приведена на рис. 13.1.

Как и в случае ориентира PSA для досрочного погашения уровень дефолтов выражается в виде процента от эталонной кривой. Например, 200 SDA означает следующее:

1. Уровень дефолтов в месяце 1 составляет 0,04% и растет на 0,04% вплоть до месяца 30 так, что в месяце 30 уровень дефолтов достигает 1,20%.
2. С месяца 30 по месяц 60 уровень дефолтов остается равным 1,20%.
3. С месяца 61 по месяц 120 уровень дефолтов снижается с 1,20% до 0,06%.

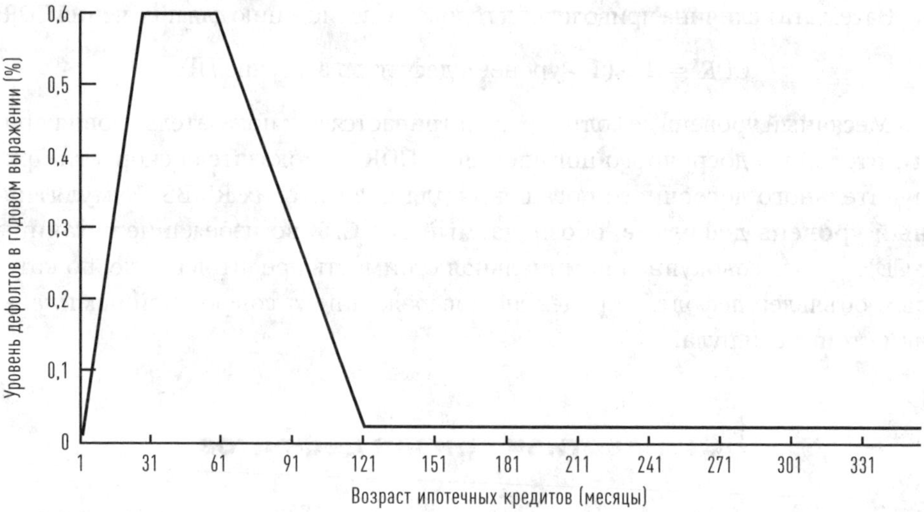

Рис. 13.1. Эталонная кривая дефолтов PSA (100 SDA)

4. С месяца 120 и далее уровень дефолтов остается постоянным и равным 0,06%.

При 0 SDA дефолты отсутствуют.

Показатели досрочного погашения

Уровень досрочного погашения характеризуется условной скоростью досрочного погашения (*conditional prepayment rate — CPR*). При оценке скорости досрочного погашения по конкретной сделке необходимо учитывать характеристики заемщиков и процесс старения пула кредитов. В проспекте предложения указывается базовое допущение о скорости досрочного погашения — начальная скорость и время, необходимое для того, чтобы обеспечение стало выдержанным. Таким образом, эталонная кривая скорости досрочного погашения индивидуальна для каждого эмитента. Эталонную скорость, указываемую в проспекте, называют проспектной кривой досрочного погашения (*prospectus prepayment curve — PPC*). Более низкая или более высокая скорость досрочного погашения кратна PPC.

Например, в проспекте предложения низкокачественной ипотечной сделки базовое допущение о скорости досрочного погашения для ипотечных кредитов с фиксированной ставкой в пуле может выглядеть следующим образом:

«...100%-ное допущение о досрочном погашении предполагает, что условная скорость досрочного погашения составляет 5% годовых от непогашенного остатка основной суммы ипотечных кредитов в первый месяц жизни этих кредитов и дополнительно 1% годовых в каждый последующий месяц вплоть до месяца 12. С месяца 12 в течение всей оставшейся жизни ипотечных кредитов 100%-ное допущение о досрочном погашении предполагает, что условная скорость досрочного погашения составляет 16% годовых в каждом месяце».

Таким образом, если инвестор анализирует сделку на основе 200% PPC, это означает удвоение CPR, приведенную в выдержке из проспекта, и использование 12-месячного периода выдержки.

В случае неагентских RMBS прогнозируются две скорости досрочного погашения: **скорость добровольного досрочного погашения и скорость принудительного досрочного погашения.** Скорость добровольного досрочного погашения (VPR) рассчитывается аналогично CPR. Сначала определяют месячную скорость добровольного досрочного погашения VMM аналогично определению месячной скорости досрочного погашения (SMM), описанному в главе 11. Месячную скорость затем приводят к годовому исчислению и получают VPR. Скорость принудительного досрочного погашения определяется как CDR, описанный выше. SMM для месяца равна сумме VMM и MDR для этого месяца.

Особенности сделок, влияющие на денежный поток

В число конкретных особенностей сделок, которые влияют на денежный поток по неагентским RMBS, входят авансы сервисера и модифицированные кредиты.

Авансы сервисера

В сделке с неагентскими RMBS сервисер играет очень важную роль не только с точки зрения сбора платежей, причитающихся с заемщиков в пуле кредитов, принятия и продажи недвижимости в случае дефолта, но с точки зрения авансовой выплаты основной суммы и процентов по просроченным кредитам. В отчете Fitch об обслуживании ипотечных кредитов отмечено, что на пике рынка в 2006 г. сервисеры осуществляли авансовые выплаты по 90% просроченных кредитов. По данным Fitch на ноябрь 2010 г. сервисеры выплачивали авансы по 63% просроченных низкокачественных кредитов, 88% просроченных Alt-A-кредитов и 96% просроченных стандартных кредитов.

Вместе с тем есть особые условия, когда сервисеру не обязательно осуществлять такие авансовые платежи. В большинстве сделок сервисер не должен выплачивать авансом какие-либо суммы, которые считаются «невозмещаемыми» путем конфискации недвижимости. Интерпретация термина «невозмещаемые» зависит от политики сервисера в отношении продолжительности авансирования платежей по кредитам с серьезной просрочкой и величины текущего LTV. Поскольку прогнозный уровень возмещения основной суммы зависит от текущего LTV, сервисеры обычно прекращают выплачивать авансы по кредитам, у которых текущее LTV выше определенного порога.

Модификация кредитов

Модифицированным считается кредит, условия которого были изменены с тем, чтобы помочь заемщику удовлетворять ежемесячные ипотечные обязательства. До возникновения проблем на рынке сделки позволяли сервисеру модифицировать кредит, однако не определяли, как следует подходить к модификации.

Программы модифицирования кредитов предлагал целый ряд правительственных агентств, кроме этого существовали и финансовые стимулы, вроде Программы модификации для повышения доступности жилья (HAMP), принятой в 2009 г. Основной целью этой программы было сокращение ежемесячных ипотечных платежей заемщиков с финансовыми затруднениями так, чтобы они не превышали 31% их дохода. Это достигалось сочетанием снижения процентной ставки, увеличения срока погашения и отсрочки платежей. Несмотря на признание неэффективности данной программы с точки зрения помощи заемщикам[1], значительное число кредитов в сделках было модифицировано. Фактически к концу 2010 г. модифицированию подверглись 1,2 млн кредитов.

Ключевой вопрос заключается в том, как сервисер учитывает модифицированные кредиты, поскольку это влияет и на старшие, и на субординированные классы. В качестве примера рассмотрим кредит в пуле, где основная

---

1 Уровень рецидивов (т. е. уровень дефолтов модифицированных кредитов) остался высоким. Например, исследование Управления контролера денежного обращения показало, что более половины заемщиков, кредиты которых были модифицированы, пропустили как минимум один платеж через шесть месяцев после модифицирования их кредитов. Другие исследования демонстрируют аналогичные результаты.

сумма была модифицирована с целью отсрочки ее выплаты. Вопрос в том, следует ли сразу списать этот кредит как убыток, что выгодно старшим классам облигаций, или не признавать отсрочки до тех пор, пока убыток по основной сумме не будет признан трастом, что приведет к получению большего числа процентных платежей субординированными классами, у которых основная сумма подлежит списанию.

Резюме

- Неагентские RMBS выпускаются такими организациями, как коммерческие банки, ссудо-сберегательные учреждения и частные кондуиты. Обеспечение продается специальному юридическому лицу, которое впоследствии выпускает ценные бумаги.
- Хотя исторически неагентские RMBS классифицировались как частные RMBS и низкокачественные RMBS и торговались на разных рынках, после кризиса рынка низкокачественных ипотечных кредитов в 2007 г. и краха рынка жилья эти два сектора перестали разделять.
- Хотя выпуск новых бумаг резко сократился после 2008 г., в обращении остается значительная сумма неагентских RMBS, обеспеченных стандартными кредитами, низкокачественными кредитами, Alt-A-кредитами, вторичными ипотечными кредитами и ARM-кредитами с опционом.
- В отличие от агентских RMBS неагентские RMBS оцениваются национально признанными рейтинговыми агентствами и требуют той или иной формы повышения кредитного качества для получения рейтинга.
- Размер кредитной поддержки, необходимой для получения конкретного кредитного рейтинга, определяется рейтинговыми агентствами и называется классификацией сделки.
- Существуют три формы повышения кредитного качества: 1) структурная (структура соподчиненных классов); 2) предоставляемая оригинатором (избыточный спред, денежный резерв, избыточное обеспечение); 3) представляемая третьей стороной.
- Денежный поток по неагентским RMBS зависит от уровня дефолтов и досрочных погашений.
- Для измерения уровня дефолтов используются условный уровень дефолтов и кумулятивный уровень дефолтов. Стандартный ориентир для уровня дефолтов предоставляется PSA. Стандартная кривая дефолтов PSA представляет годовой уровень дефолтов для пула ипотечных кредитов как функцию от возраста ипотечных кредитов.

- Для измерения уровня досрочного погашения используется условная скорость досрочного погашения. Для конкретного эмитента можно создать индивидуальный эталон досрочного погашения, который называют проспектной кривой досрочного погашения.
- При оценке денежного потока от обеспечения необходимо прогнозировать добровольные досрочные погашения и принудительные досрочные погашения.
- Порядок учета авансов и модифицированных кредитов сервисерами имеет значение для классов облигаций в неагентской сделке RMBS.

Вопросы

1. a. По какой причине неагентской ценной бумаге, обеспеченной ипотекой, необходима кредитная поддержка?
   b. Кто определяет необходимый размер кредитной поддержки?
2. В чем разница между частной и низкокачественной ценной бумагой, обеспеченной ипотекой? Не забудьте упомянуть о том, как они отличаются с точки зрения кредитной поддержки.
3. a. Что такое ARM-кредит с опционом?
   b. Почему маловероятно, что кредиты такого типа будут выпускаться в будущем?
4. a. Одно время стандартные и низкокачественные RMBS торговались на разных рынках. Почему?
   b. Почему после 2007 г. стандартные и низкокачественные RMBS рассматриваются как один класс активов?
5. a. Что такое структура соподчиненных классов?
   b. Почему структура соподчиненных классов является формой повышения кредитного качества?
6. Каким образом избыточный спред повышает кредитное качество?
7. a. В чем разница между кредитным траншированием и траншированием по досрочному погашению?
   b. Почему в неагентских сделках должны использоваться оба типа траншировавния, а в агентских сделках только один?
8. a. Что такое условный уровень дефолтов?
   b. Что такое кумулятивный уровень дефолтов?
9. Зачем была разработана стандартная кривая дефолтов PSA?
10. Зачем процентные деривативы, такие как процентные свопы и процентные кэпы, используются в сделках по секьюритизации жилищных ипотечных кредитов?

11. Для чего служит механизм изменения процента в сделках по секьюритизации, когда обеспечением являются жилищные ипотечные кредиты?
12. Допустим, при секьюритизации с использованием механизма изменения процента есть следующая информация для определенного месяца:

субординированный процент = 25%;
изменение процента в процентном выражении = 85%;
регулярный плановый основной платеж = $3 000 000;
досрочное погашение = $1 200 000.

   a. Каким является старший процент досрочного погашения для этого месяца?
   b. Какую часть регулярного планового основного платежа в размере $3 000 000 направляют старшему классу?
   c. Какую часть $1 200 000 направляют старшему классу?
13. В чем состоит цель положения об уменьшении кредитной поддержки при секьюритизации?
14. Что такое проспектная кривая досрочного погашения?
15. a. Что такое принудительное досрочное погашение?
   b. Почему разделение добровольного и принудительного досрочного погашения важно для неагентских RMBS?
16. Когда сервисер ипотечных кредитов не авансирует основные и процентные платежи?
17. Почему учет модифицированных кредитов в сделке с неагентскими RMBS оказывает влияние на классы облигаций?
18. Некоторые ипотечные кредиты являются шаровыми. Это означает, что при наступлении срока погашения существует остаток, который требует финансирования. Заемщик обязан осуществить рефинансирование. Какой дополнительный риск создают шаровые кредиты, включенные в пул?
19. Предположим, что кредиты в базовом пуле неагентской RMBS имеют плавающую ставку. Какой риск связан с выпуском облигационного класса с фиксированной ставкой?
20. Какая опасность связана с включением ипотечных кредитов с фиксированной ставкой в базовый пул, когда долговые бумаги имеют плавающую ставку?
21. Процентный кэп позволяет покупателю получать компенсацию, если процентные ставки поднимаются выше референсной ставки. Покупатель должен периодически выплачивать премию за получение такой защиты. Когда RMBS-сделка обеспечивается пулом кредитов с плавающей ставкой, какой тип защиты дает процентный кэп?

ГЛАВА 14

Коммерческие ипотечные кредиты и ценные бумаги, обеспеченные коммерческой недвижимостью

В этой главе читателю будут представлены сведения:

- о различиях коммерческого и жилищного ипотечного кредитования;
- о различных типах коммерческой недвижимости, для приобретения которой берутся ипотечные кредиты;
- о двух коэффициентах погашаемости, используемых для оценки коммерческих ипотечных кредитов: коэффициенте покрытия долга и отношении размера кредита к стоимости залога;
- о типах защиты от досрочного погашения, используемых в ипотечном кредитовании коммерческой недвижимости и в структурах ценных бумаг, обеспеченных коммерческой недвижимостью;
- о понятии «шарового риска» применительно к коммерческому ипотечному кредитованию и ценным бумагам, обеспеченным коммерческой недвижимостью;
- о различиях в структурировании выпусков ценных бумаг, обеспеченных коммерческой недвижимостью, и ценных бумаг, обеспеченных жилищной ипотекой;
- о структурных особенностях выпусков ценных бумаг, обеспеченных коммерческой недвижимостью;

- о распределении премий за досрочное погашение между держателями ценной бумаги, обеспеченной коммерческой недвижимостью;
- о разнице между сделками «один заемщик/множественная собственность» и кондуитными сделками;
- о различных типах сервисеров, участвующих в сделках с ценными бумагами, обеспеченными коммерческой недвижимостью;
- об анализе обеспечения ценных бумаг, обеспеченных коммерческой недвижимостью.

Рынок ипотечного кредитования включает кредиты на приобретение жилья и кредиты на приобретение коммерческой недвижимости. Жилищные ипотечные кредиты предоставляются на покупку помещений для проживания от одной до четырех семей. Ценные бумаги, обеспеченные жилищными ипотеками, были подробно описаны нами в предыдущих двух главах. В этой главе мы обратимся к коммерческим ипотекам и рассмотрим **ценные бумаги, обеспеченные коммерческой недвижимостью** (*commercial mortgage-backed securities — CMBS*).

КОММЕРЧЕСКИЕ ИПОТЕЧНЫЕ КРЕДИТЫ

Коммерческими называют ипотечные кредиты, используемые для приобретения недвижимости, приносящей доход ее владельцу. К такой недвижимости относятся:

- многосемейное жилье;
- многоквартирные дома;
- офисные здания;
- производственная недвижимость (в том числе товарные склады);
- торговые центры;
- гостиницы;
- больничные комплексы (в том числе дома престарелых).

Коммерческий ипотечный кредит может использоваться либо для приобретения коммерческой недвижимости, либо для рефинансирования более раннего ипотечного обязательства. Коммерческие ипотечные кредиты выпускаются без права регресса. Это означает, что кредитор может рассчитывать только на денежные потоки от доходной недвижимости для покрытия процентов и погашения основного долга.

Коэффициенты погашаемости кредита

Поскольку коммерческие ипотечные кредиты не имеют права регресса, кредитору следует представлять себе, способна ли собственность, на покупку которой дается кредит, обеспечить денежный поток, достаточный для выплат номинальной стоимости и процента. В случае дефолта выплаты кредитору производятся только из сумм, поступивших от продажи коммерческой недвижимости, — ни одна из частей долга не может быть погашена за счет прочих средств заемщика. Инвестиции в каждый тип коммерческой недвижимости предполагают наличие особых видов риска. Далее читатель найдет описание этих видов риска на примере реальных сделок с CMBS.

Заметим, однако, что существуют два показателя, которые могут рассматриваться как коэффициенты, позволяющие оценить потенциальную погашаемость кредита, — это коэффициент покрытия долга и отношение размера кредита к стоимости залога.

Коэффициент покрытия долга (*debt-to-service coverage ratio — DSC*) — это отношение **чистого операционного дохода** (*net operating income — NOI*) к стоимости обслуживания долга. NOI определяется как поступления от арендной платы, уменьшенные на величину операционных расходов (с учетом резерва замены). Коэффициент, превышающий 1, означает, что денежный поток от недвижимости достаточен для покрытия затрат на обслуживание долга. Чем выше коэффициент, тем выше вероятность того, что заемщик сумеет с помощью денежного потока от недвижимости обслужить кредит.

Как и в случае жилищных ипотечных кредитов ключевым индикатором дефолтов является **отношение размера кредита к стоимости залога** (*loan-to-value — LTV*). Для жилищных ипотечных кредитов «стоимостью» является либо рыночная, либо оценочная стоимость. Стоимость доходной недвижимости вычисляется исходя из фундаментальных оценочных принципов: стоимость актива равна приведенной стоимости ожидаемого денежного потока. Оценка предполагает прогнозирование денежного потока от актива и последующее дисконтирование по определенной процентной ставке. При оценке коммерческой недвижимости за размер денежного потока принимается будущий NOI. Приведенная стоимость будущего NOI вычисляется на основе дисконтной ставки (единой ставки), называемой ставкой капитализации и отражающей возможный для денежного потока риск. Из-за неоднозначности определения дисконтной ставки и будущего NOI оценки рыночной стоимости недвижимости могут варьировать очень значительно. Именно поэтому большинство аналитиков скептически относится к возможности выяснения реальной рыночной стоимости и, соответственно, значимых величин LTV коммерческой недвижимости.

Защита от досрочного погашения

На рынке жилищных ипотечных кредитов защиту от досрочного погашения предоставляют только кредиты со штрафом за досрочное погашение. В случае коммерческих ипотечных кредитов защита от досрочного погашения принимает следующие формы:

- период запрета на досрочное погашение;
- соглашение об условиях ликвидации долга;
- штрафные пункты за досрочное погашение;
- плата за поддержание доходности.

Период запрета на досрочное погашение

Периодом запрета на досрочное погашение (*prepayment lockout*) называют записанное в контракте положение, запрещающее досрочное погашение в течение установленного периода времени. Период запрета может составлять от 2 до 10 лет. По окончании периода запрета защита от досрочного погашения, как правило, принимает форму штрафных пунктов за досрочное погашение или платы за поддержание доходности. Период запрета, равно как и соглашение об условиях ликвидации долга (подробнее см. ниже) являются наиболее сильными формами защиты от досрочного погашения.

Соглашение об условиях ликвидации долга

В рамках **соглашения об условиях ликвидации долга** (*defeasance*) заемщик предоставляет достаточный объем средств для создания портфеля казначейских ценных бумаг, денежный поток которого идентичен денежному потоку кредита в отсутствие досрочного погашения[1]. Например, в мае 2005 г. был ликвидирован долг Fountainbleau Hilton в Майами. По причине, которая объясняется ниже при описании CMBS, эта форма защиты от досрочного погашения стала наиболее популярной.

---

[1] Данный метод применяется эмитентами муниципальных долговых обязательств для досрочного рефинансирования облигационного выпуска.

Штрафные пункты за досрочное погашение

Штрафные пункты за досрочное погашение (*prepayment penalty points*) — это установленный заранее штраф, который должен выплатить желающий рефинансировать долг заемщик. Обычная структура штрафных пунктов выглядит следующим образом: 5-4-3-2-1. Запись расшифровывается следующим образом: заемщик, решивший осуществить досрочное погашение в течение первого года, платит 5%-ный штраф (т. е. чтобы погасить долг в размере $100, он должен заплатить $105); на второй год штраф составит 4% и т. д.

Аналитики полагают, что штрафные пункты не являются надежным способом защиты от рефинансирования. В то же время на рынке с растущими ставками этот метод является более эффективным, нежели плата за поддержание доходности. Очевидно, что досрочное погашение происходит даже при росте ставок. При поддержании доходности в этой ситуации штраф равен нулю (если только контрактом не предусмотрен флор поддержания доходности, предусматривающий минимальные штрафные санкции). Штрафные пункты за досрочное погашение позволяют штрафовать заемщика даже на рынке с растущими ставками.

Плата за поддержание доходности

Цель **платы за поддержание доходности** (*yield maintenance charge)* в простейшей ее форме — сделать кредитора нечувствительным к времени досрочного погашения. Плата за поддержание доходности, называемая также платой за досрочное погашение, делает для заемщика невыгодным рефинансирование, чья единственная цель — получение более низких ипотечных ставок. Наиболее простая и наиболее строгая форма платы за поддержание доходности (простое казначейское поддержание доходности) устанавливает штраф для заемщика исходя из разницы между ипотечным купоном и текущей ставкой казначейских бумаг.

Для вычисления размера платы за поддержание доходности на практике используются несколько методов. В число этих методов входят: простая модель, модель единовременного погашения («пулей»), модель единого дисконтирующего коэффициента, модель множественных дисконтирующих коэффициентов, модель разницы процентных ставок, а также усеченная модель разницы процентных ставок[1]. Для обеспечения более надежной защиты кредитора может устанавливаться флор, определяющий минимальный размер платы.

---

[1] Подробное описание перечисленных методов см. в: Da Cheng, Adrian Cooper, and Jason Huang, “Understanding Prepayments in CMBS Deals,” Chapter 8 in Frank J. Fabozzi and David Jacob, *The Handbook of Commercial Mortgage-Backed Securities* (Hoboken, NJ: John Wiley & Sons, 1999).

Положение о «шаровом» погашении

Коммерческие ипотечные кредиты в большинстве своем являются шаровыми, предполагающими при окончании срока существенный основной платеж. Заемщик, оказавшийся не в состоянии осуществить шаровой платеж, считается допустившим дефолт. В такой ситуации кредитор может продлить срок кредита и при этом, как правило, модифицировать начальные условия. На период продления кредита обычно устанавливаются более высокие процентные ставки, так называемые дефолтные **процентные ставки**.

Риск, связанный с невозможностью осуществления шарового платежа заемщиком, который либо не в состоянии рефинансировать свой долг в дату шарового платежа, либо не может продать недвижимость для получения необходимых средств, называется шаровым **риском**. Поскольку срок до погашения кредита в этом случае обычно увеличивается, этот риск получил также названия **риска удлинения**.

ЦЕННЫЕ БУМАГИ, ОБЕСПЕЧЕННЫЕ КОММЕРЧЕСКОЙ НЕДВИЖИМОСТЬЮ

Многие типы коммерческих кредитов продаются оригинаторами как первичные кредиты или структурируются в ценные бумаги, обеспеченные коммерческой недвижимостью (CMBS). CMBS — это **ценная бумага**, **обеспеченная одним или несколькими коммерческими ипотечными кредитами**. Рынок первичных кредитов, на котором преобладают страховые компании и банки, сконцентрирован вокруг кредитов величиной от $10 млн до $50 млн, выданных на покупку традиционных типов недвижимости (многоквартирных домов, магазинов, офисов, производственных помещений). Сделки с CMBS, в свою очередь, возможны с использованием кредитов любой величины (от небольших, размером $1 млн, до крупных размером $200 млн), связанных с приобретением любой доходной недвижимости.

Эмитенты ценных бумаг, обеспеченных коммерческой недвижимостью

CMBS аналогично ценным бумагам, обеспеченным жилищными ипотеками (*residential mortgage-backed securities — RMBS*), могут выпускаться агентствами Ginnie Mae, Fannie Mae, Freddie Mac или частными компаниями. Все ценные бумаги, выпускаемые Ginnie Mae, Fannie Mae и Freddie

Mac, должны соответствовать их миссии — предоставлять финансовые ресурсы рынку жилой недвижимости. В их число входят ценные бумаги, выпущенные под проекты строительства домов для престарелых и медицинских учреждений.

Ценные бумаги, выпущенные Ginnie Mae, обеспечиваются застрахованными Федеральной жилищной администрацией (FHA) кредитами на многосемейное жилье. Эти кредиты называются проектными кредитами. На их основе Ginnie Mae создает проектные сквозные ценные бумаги. Такие бумаги могут обеспечиваться одним проектным кредитом на завершенный проект или одним или несколькими проектными кредитами. Freddie Mac и Fannie Mae приобретают многосемейные кредиты у одобренных кредиторов и либо держат их в своих портфелях, либо используют в качестве обеспечения для ценных бумаг. Это ничем не отличается от того, что эти две спонсируемые правительством организации делают с односемейными ипотечными кредитами.

Если ценные бумаги, обеспеченные Ginnie Mae и выпущенные двумя другими спонсируемыми правительством организациями, составляют крупнейший сектор на рынке RMBS, то на рынке CMBS преобладают ценные бумаги, выпущенные частными организациями. Обычно они составляют менее 3% рынка в целом. В этой главе основное внимание уделяется CMBS частных организаций.

Торговля CMBS на рынке

Вполне можно предположить, что раз и CMBS, и RMBS обеспечены ипотечными кредитами, то они должны торговаться сходным образом на рынке. Однако это не так. Основная причина в том, что инвесторы в CMBS получают более серьезную защиту от досрочных погашений, чем инвесторы в RMBS. Мы описывали такую защиту на уровне кредитов. Как будет показано далее, на структурном уровне (т. е. при объединении коммерческих ипотечных кредитов в пул для создания CMBS) можно создать транши, имеющие еще более сильную защиту от досрочного погашения. В результате торговля CMBS больше похожа на торговлю корпоративными облигациями[1].

---

[1] См.: Brian P. Lancaster, "Introduction to Commercial Mortgage–Backed Securities," Chapter 23 in Frank J. Fabozzi (ed.), *The Handbook of Nonagency Mortgage–Backed Securities* (Hoboken, NJ: John Wiley & Sons, 1999).

Различия в структурировании CMBS и неагентских RMBS

Структура выпусков CMBS напоминает структуру неагентских RMBS. Большинство структур включают несколько облигационных классов (траншей) с разными рейтингами, и устанавливаются правила распределения процентных и основных выплат между классами облигаций. Вместе с тем есть три существенных отличия, связанные с характером базовых кредитов[1].

Во-первых, как упоминалось ранее, условия досрочного погашения коммерческих и жилищных ипотечных кредитов значительно отличаются. В первом случае взимается штраф или налагаются ограничения на досрочное погашение. Хотя жилищные ипотечные кредиты со штрафом за досрочное погашение и существуют, на них приходится лишь малая доля рынка[2]. При структурировании CMBS устанавливаются правила распределения штрафов за досрочное погашение среди держателей облигаций. Кроме того, если существует положение о ликвидации долга, кредитный риск CMBS практически исчезает, потому что тогда они обеспечиваются казначейскими бумагами США. Благодаря тому, что инвесторам понравилось использовать положение о ликвидации долга в условиях предоставления коммерческих ипотечных кредитов, используемых в качестве обеспечения CMBS, оно стало наиболее популярным типом защиты от досрочного погашения.

Второе различие в структурировании связано со значительной разницей роли сервисера в случае дефолта по коммерческим и жилищным ипотечным кредитам. В случае дефолта, угрозы дефолта или нарушения ковенантов заемщиком по коммерческому ипотечному кредиту сервисер может перевести кредит *специальному* сервисеру. Основное здесь то, что он переводится в случае угрозы дефолта. Специальный сервисер осуществляет модифицирование условий кредита в случае угрозы дефолта с тем, чтобы снизить его вероятность. В случае угрозы дефолта по жилищному ипотечному кредиту такой услуги не предусмотрено. Действия, которые может предпринять специальный сервисер коммерческого ипотечного кредита, по-разному сказываются на разных классах облигаций в структуре CMBS. Кроме того, дефолт может

---

1 David P. Jacob, James M. Manzi, and Frank J. Fabozzi, "The Impact of Structuring on CMBS Bond Class Performance," Chapter 51 in Frank J. Fabozzi (ed.), *The Handbook of Mortgage-Backed Securities*, 6th ed. (New York: McGraw-Hill, 2006).

2 В RMBS с ипотеками со штрафами за досрочное погашение выплаченные штрафы раньше удерживались сервисером независимо от секьюритизации. Более современная тенденция заключается в том, чтобы создавать транш, через который штраф передается инвестору (который может являться как частным инвестором, так и сервисером). Инвесторы в ценные бумаги на основе только процента предпочитают их в качестве хеджа.

произойти, если заемщик оказывается не в состоянии осуществить шаровой платеж. Таким образом, при структурировании выпусков CMBS следует принимать во внимание шаровой риск, который из-за значительного размера платежа может оказывать значительное воздействие на денежный поток структуры. С шаровым риском не сталкиваются при структурировании RMBS.

Третье различие в структурировании CMBS и RMBS связано с ролью покупателей при создании структуры. Если говорить более конкретно, прежде чем структурировать сделку, эмитент обычно сначала ищет потенциальных покупателей облигаций младших классов. Потенциальные покупатели сначала изучают предлагаемый пул ипотечных кредитов и в процессе изучения могут потребовать, в зависимости от рыночного спроса на CMBS, удалить из пула некоторые кредиты. Эта фаза процесса структурирования, отсутствующая в выпуске RMBS, обеспечивает дополнительный слой защиты для покупателей старших классов, особенно потому, что среди покупателей младших классов часто встречаются опытные инвесторы в недвижимость.

Особенности структуры CMBS-сделки

Чтобы понять особенности структуры выпуска CMBS, рассмотрим гипотетическую сделку. В табл. 14.1 показана гипотетическая структура. Она включает 18 траншей. Для каждого из них в табл. 14.1 приводятся следующие характеристики: рейтинги, остаток основной суммы транша, купонная ставка и общее описание.

Транши подразделяются на старшие, мезонинные и младшие. В число старших сертификатов входят класс A-1, класс A-2, класс A-2F и класс X. Все транши, кроме одного старшего транша и транша на основе процента, имеют фиксированную купонную ставку. Будем считать, что все коммерческие ипотечные кредиты, составляющие обеспечение облигационного выпуска, имеют фиксированную ставку. Таким образом, существует несоответствие между процентными обязательствами класса A-2F и процентными выплатами обеспечения. В нашем выпуске несоответствие устраняется через использование процентного свопа — производного инструмента, речь о котором пойдет в главе 31[1].

Основные и процентные платежи распределяются в убывающем порядке следующим образом. Сначала старшим классам — классу A-1, классу A-2,

---

[1] Использование процентных свопов является обычным для структурированных продуктов.

классу A-2F с регулярным процентом и классу X. Затем выплаты производятся классу B, после этого — классу C и т. д.

Убытки, приносимые ипотечными кредитами, распределяются между облигационными классами по возрастающей. В нашей гипотетической сделке класс X — это ценная бумага на основе процента, поэтому она не получает ни основных платежей, ни убытки по ипотечным кредитам. В то же время условный номинал класса X уменьшается с каждым основным платежом или с каждым убытком по кредиту.

Кредитная поддержка, о которой мы писали применительно к неагентским RMBS в предыдущей главе, может использоваться и в структурах CMBS. Основной формой кредитной поддержки является структура соподчиненных классов, такая как в гипотетической сделке, представленной в табл. 14.1.

Таблица 14.1. Коммерческие ипотечные кредиты Национального банка

Ипотечные бумаги					
Облигация	Кредитный рейтинг	Остаток ($)	Кредитная поддержка (%)	Купонная ставка (%)	Описание
A-1	AAA	161 603 149	22,01	6,09	Старшая с фиксированной ставкой
A-2	NA	527 811 659	22,01	6,50	Старшая с фиксированной ставкой
A-2F	NA	50 000 000	22,01	2,16	Старшая с плавающей ставкой
B	AA	35 576 642	18,26	6,67	Мезонинная с фиксированной ставкой
C	A+	21 345 985	16,01	6,77	Мезонинная с фиксированной ставкой
D	A	18 974 209	14,01	6,85	Мезонинная с фиксированной ставкой
E	A—	9 487 105	13,01	6,97	Мезонинная с фиксированной ставкой
F	BBB+	9 487 105	12,01	7,22	Мезонинная с фиксированной ставкой
G	BBB	18 974 209	10,01	7,32	Мезонинная с фиксированной ставкой
H	BBB—	14 230 657	8,51	7,51	Мезонинная с фиксированной ставкой
J	NA	13 281 946	7,10	6,13	Младшая с фиксированной ставкой
K	NA	23 480 584	4,63	6,13	Младшая с фиксированной ставкой
L	NA	2 134 598	4,40	6,13	Младшая с фиксированной ставкой
M	NA	5 538 842	3,82	6,13	Младшая с фиксированной ставкой
N	NA	6 788 329	3,10	6,13	Младшая с фиксированной ставкой
O	NA	5 883 218	2,48	6,13	Младшая с фиксированной ставкой
P	NA	23 532 872	0	6,13	Младшая с фиксированной ставкой
X	AAA	948 131 109	0,99	1,09	Старшая с плавающей ставкой на основе процента

Защита от досрочного погашения и распределение премий за досрочное погашение

Структуры CMBS снабжены двумя уровнями защиты от досрочного погашения. Один находится на уровне самих кредитов. Как уже говорилось, существуют различные формы защиты от досрочного погашения на этом уровне (период запрета на досрочное погашение; соглашение об условиях ликвидации долга; штрафные пункты за досрочное погашение; положение о поддержании доходности). Второй тип защиты осуществляется на структурном уровне. Так, старшие транши могут получать последовательные выплаты аналогично CMO с последовательным погашением, описанным в главе 12.

В случае досрочного погашения в соответствии с соглашением о ликвидации долга выплаты держателям облигаций не производятся. Так как в этом случае штрафные санкции отсутствуют, проспект CMBS не устанавливает порядок распределения штрафов между держателями ценных бумаг. В случае штрафных пунктов за досрочное погашение устанавливаются правила распределения штрафов между держателями CMBS. Если структура CMBS создана на основе кредитов, предусматривающих поддержание доходности, то распределение штрафных сумм между держателями облигаций может производиться несколькими способами, причем часть методов предусматривает безубыточность кредитов лишь для некоторых групп держателей. В число указанных методов входят: метод аллокации номинала, базовый процентный метод, метод поддержания доходности облигации, а также метод приведенной стоимости потери доходности[1]. Штрафы за досрочное погашение и плату за поддержание доходности называют премией за досрочное погашение.

Шаровой риск в сделках с CMBS

Выше мы говорили о том, что коммерческие ипотечные кредиты имеют положение о шаровом погашении. Шаровой риск, или риск удлинения, — это риск, связанный с неспособностью заемщика рефинансировать кредит для осуществления шарового платежа. CMBS со структурой соподчиненных классов подвергают инвесторов риску, обусловленному необходимостью рефинансирования всех кредитов для осуществления выплат старшим классам. Шаровой риск большинства старших траншей, таким образом, может ничем не отличаться от шарового риска самого младшего класса выпуска.

---

1 Подробное описание каждого из методов см. в: Cheng, Cooper, and Huang, “Understanding Prepayments in CMBS Deals.”

Структуры CMBS включают два типа защитных механизмов, позволяющих снизить шаровой риск: внутренний интервал и внешний интервал. **Внутренний интервал** (*internal tail*) требует от заемщика предоставления документации, подтверждающей его стремление провести рефинансирование в течение года, на который приходится дата шарового погашения. За шесть месяцев до истечения срока шарового погашения заемщик должен подписать договор о рефинансировании. **Внешний интервал** (*external tail*) предполагает, что срок до погашения выпуска CMBS будет более продолжительным, чем срок шарового погашения пула коммерческих ипотечных кредитов. Поскольку этот метод предоставляет заемщику дополнительное время на организацию рефинансирования и позволяет избежать дефолта по долговым обязательствам, он является более предпочтительным с точки зрения рейтинговых агентств.

Закрывающий опцион

В каждой CMBS-сделке предусматривается положение о закрывающем опционе, которое позволяет выпущенным классам облигаций выкупить остаточные ипотечные кредиты в трасте. Цель закрывающего опциона во всех случаях секьюритизации заключается в ликвидации сделки, когда остаток основной суммы слишком мал, чтобы оправдывать текущую комиссию за администрирование. Обычно закрывающий опцион ограничивается случаями, когда остаток основной суммы в пуле ипотечных кредитов составляет 1–3% от первоначального остатка сделки. Как правило, цена, по которой можно выкупить оставшиеся кредиты, равна непогашенному остатку ипотечных кредитов плюс накопленный процент.

ТИПЫ СДЕЛОК

Сделки с CMBS подразделяются на две основные категории: сделки типа «один заемщик/множественная недвижимость» и кондуитные сделки с множественной недвижимостью.

Сделки типа «один заемщик/ множественная недвижимость»

Как видно из названия этого класса транзакций, в них принимает участие один заемщик и несколько единиц недвижимости. Для сделок этого типа характерны три основные черты: перекрестное обеспечение, кросс-дефолт и положение о высвобождении недвижимости.

Перекрестное обеспечение — это механизм, позволяющий недвижимости, обеспечивающей конкретный ипотечный кредит в пуле, служить обеспечением любому другому входящему в пул кредиту. **Кросс-дефолт** дает кредитору право потребовать погашения всех кредитов при дефолте заемщика по одной единице недвижимости. Включение этих двух механизмов позволяет использовать основные и процентные платежи по всей доступной недвижимости для выполнения долговых обязательств по всем кредитам. Очевидно, что невыплата по конкретному кредиту не приведет к задержке выплат по ценной бумаге, если только основные и процентные платежи по прочим кредитам в пуле не меньше величины недостачи[1].

Поскольку в сделке участвует всего один заемщик, он может удалить из пула лучшую недвижимость, продав ее после досрочного погашения. Подобного рода действия привели бы к ослаблению структурной защиты, предоставляемой держателям облигаций. Цель **положения о высвобождении недвижимости** — защитить инвестора от риска этого рода. В качестве иллюстрации приведем два положения о высвобождении собственности: 1) если какая-либо из единиц недвижимости продается, заемщик должен погасить сумму, превышающую начальную долю данной собственности в пуле (например, 125%); 2) продажа запрещается, если коэффициент DSC после предполагаемой продажи окажется меньше, чем до продажи.

Сделки с несколькими заемщиками

Второй тип сделок предполагает наличие кондуита. Кондуит — это юридическое лицо, создаваемое с единственной целью предоставления обеспечения для секьюритизации; сделки с CMBS, предполагающие участие такого юридического лица, носят название **кондуитных**. Рейтинговые агентства называют кондуитные сделки **сделками с несколькими заемщиками**. Если кондуитная сделка включает один крупный объект недвижимости стоимостью более $50 млн и несколько мелких кредитов, о ней говорят как о смешанной кондуитной сделке. В кондуитной сделке могут участвовать несколько оригинаторов.

---

[1] Примеры благотворного влияния двух описанных положений см. в: Frank J. Fabozzi and John N. Dunlevy, *Real Estate-Backed Securities* (Hoboken, NJ: John Wiley & Sons, 2001), pp. 139–140.

Сервисеры

Как и в случае неагентских RMBS, в транзакциях с CMBS участвуют сервисеры. В обязанности сервисера входит сбор ежемесячных выплат по кредитам; составление отчетности, касающихся платежей; предоставление необходимой документации налоговым и страховым организациям; мониторинг состояния недвижимости, являющейся обеспечением долга; подготовка отчетов доверительному управляющему, а также передача собранных средств доверительному управляющему для последующей выплаты держателям облигаций.

Разные выпуски CMBS предполагают участие разных типов сервисеров. Чаще всего с CMBS работают субсервисеры, основные сервисеры и специальные сервисеры. **Субсервисеры** собирают все платежи, а также получают информацию о недвижимости. И то и другое передается затем основному сервисеру. **Основной сервисер** отвечает за: 1) надзор за проведением транзакции; 2) надзор за исполнением всех соглашений об обслуживании; 3) своевременные выплаты процента и номинальной стоимости. Последний пункт чрезвычайно важен для транзакций с CMBS. В случае дефолта по одному из кредитов именно основной сервисер выплачивает авансы на обслуживание долга. Очевидно, что основной сервисер должен располагать достаточными фондами, позволяющими ему осуществлять эту функцию.

Специальный сервисер начинает действовать, только если кредит оказывается просроченным более чем на 60 дней. В этом случае специальный сервисер обычно имеет право: 1) продлить кредит; 2) модифицировать кредит; 3) реструктурировать кредит; 4) изъять обеспечивающую кредит недвижимость и продать ее.

Анализ обеспечения

Коммерческие ипотечные кредиты не предполагают обращения взыскания на все имущество должника. Инвестору, таким образом, приходится рассматривать каждую единицу недвижимости как отдельное предприятие, которое должно быть оценено с помощью описанных в предыдущих разделах показателей (отношений LTV и DSC). Существуют фундаментальные методы оценки кредитного риска, применимые к любому виду недвижимости, однако принципы оценки кредитного риска обеспечения CMBS традиционно отличаются от анализа обеспечения неагентских RMBS. В случае неагентских RMBS аналитики, основываясь на наличии ряда общих черт, объединяют кредиты в группы; предположения об уровне дефолтов и скорости досрочного погашения делаются затем не для кредита, а для группы в целом.

В случае коммерческого ипотечного кредитования уникальный экономический характер каждой из единиц доходной недвижимости в пуле, обеспечивающем CMBS, заставляет аналитиков проводить анализ каждого кредита в отдельности. Такое исследование осуществляется не только в момент выпуска, но и продолжается затем в течение всей жизни пула. Стартовой точкой анализа становится исследование андеррайтерских стандартов оригинаторов кредитов в пуле ипотек.

Для всех единиц собственности, обеспечивающих выпуск CMBS, вычисляется средневзвешенное отношение DSC и средневзвешенное LTV. Анализ кредитного качества структуры CMBS также включает изучение дисперсии отношений DSC и LTV базовых кредитов. Например, можно подсчитать, какой процент выпуска имеет отношение DSC ниже определенного уровня.

При анализе обеспечения следует обратить внимание на типы доходной недвижимости, представленные в его составе. Как правило, инвесторы предпочитают облигационные выпуски, обеспечение которых не сконцентрировано вокруг единственного типа недвижимости. Инвесторы заинтересованы также в широком географическом разбросе единиц недвижимости. Считается, что концентрация недвижимости в одном географическом регионе может быть опасной для инвестора в ситуации экономического спада, происходящего в конкретном регионе.

Стресс-тестирование структур

Как уже говорилось, анализ кредитного качества траншей в составе CMBS предполагает изучение каждого из составляющих обеспечение коммерческих кредитов. Оценивая степень кредитного риска, рейтинговые агентства и аналитики проводят также стресс-тесты структур, при этом за основу берется комбинация предположений относительно уровня дефолтов и скорости досрочного погашения.

Стресс-тест риска дефолта строится на базе трех ключевых предположений. Первое — годовой уровень дефолтов, выраженный как условный уровень дефолтов (*conditional default rate* — *CDR*). Эталонные CDR, применяемые большинством рейтинговых агентств и аналитиков, — это CDR, значения которых вычислены на основе опыта дефолтов коммерческих кредитов в 1970-х и 1980-х гг. Так, для стресс-теста сильных облигационных выпусков нередко принимается CDR, равный 2%, для анализа более слабых — 3%[1].

---

[1] См.: Patrick Corcoran and Joshua Phillips, "Stress and Defaults in CMBS Deals: Theory and Evidence," *JP Morgan Credit Research* (18 июня 1999), p.1.

Между тем Патрик Коркоран и Джошуа Филлипс установили, что по ряду причин опыт дефолтов 1970-х и 1980-х гг. не подходит для проведения стресс-тестов риска дефолта современных структур CMBS. Исследователи полагают, что «сегодняшний рынок CMBS более дисциплинирован, благодаря жесткому надзору, осуществляемому правительством; кроме того, на его состоянии благоприятно сказывается деятельность рейтинговых агентств»[1]. В частности, на сегодняшнем рынке наблюдается более полное денежное покрытие выпусков при уменьшении денежных потоков недвижимости.

Второе предположение касается времени дефолтов. Дефолт может произойти в самом начале срока кредита или вблизи даты шарового погашения (предполагающего рефинансирование). Чем раньше случится дефолт, тем негативнее он скажется на результативности сделки. Третье важное предположение — предположение о доле невыплаченного долга, которая будет потеряна в случае дефолта. Этот показатель получил название «величина потерь».

Резюме

- Коммерческие ипотечные кредиты выдаются на приобретение доходной недвижимости. Таким образом, оценивая вероятность погашения кредита, кредитор может рассчитывать только на денежный поток самой доходной недвижимости, а в случае дефолта только на выручку от продажи этой недвижимости.
- При оценке перспективы погашения коммерческого ипотечного кредита большое значение имеют такие два показателя, как коэффициент покрытия долга и отношение размера кредита к стоимости залога.
- Защита от досрочного погашения коммерческого ипотечного кредита принимает следующие формы: период запрета на досрочное погашение; соглашение об условиях ликвидации долга; штрафные пункты за досрочное погашение; плата за поддержание доходности.
- Коммерческие ипотечные кредиты обычно являются шаровыми, предполагающими крупные выплаты основной суммы в дату шарового погашения. Если заемщик оказывается не в состоянии осуществить шаровой платеж, он терпит дефолт. Шаровой риск, называемый также риском удлинения, связан с потенциальным неосуществлением шарового платежа, когда заемщик либо не может организовать

[1] Corcoran and Phillips, “Stress and Defaults in CMBS Deals: Theory and Evidence”, p.1.

рефинансирование, либо не в состоянии продать недвижимость и получить средства, достаточные для погашения шарового остатка.

- CMBS выпускаются Ginnie Mae, Fannie Mae, Freddie Mac и частными компаниями.
- Структура облигационного выпуска напоминает структуру неагентской ценной бумаги, обеспеченной жилищной ипотекой, с несколькими траншами, имеющими разные рейтинги.
- Распределение процентов и основной суммы, а также распределение убытков между облигационными классами производится согласно установленным правилам. Вместе с тем структура сделок варьирует в зависимости от скорости досрочного погашения, роли специального сервисера в случае неминуемого дефолта и роли потенциальных инвесторов.
- CMBS предполагают защиту от досрочных погашений как на уровне самих кредитов, так и на структурном уровне. В случае существования премий за досрочное погашение (т. е. штрафных пунктов за досрочное погашение или платы за поддержание доходности), их распределение между держателями ценных бумаг проводится в соответствии со специально оговоренными правилами.
- Выпуск CMBS может включать два типа защиты от шарового риска: внутренний интервал и внешний интервал.
- Торговля CMBS ведется по принципам, сходным с принципами торговли корпоративными облигациями; CMBS в меньшей степени напоминают неагентские RMBS, поскольку имеют мощную защиту от досрочного погашения на уровне кредитов и на уровне структуры.
- Сделки с CMBS разбиваются на две основных категории. Первая — это сделки с одним заемщиком / множественной недвижимостью. Основными структурными чертами этой группы являются перекрестное обеспечение, положение о кросс-дефолте и положение о высвобождении собственности.
- Вторая категория сделок с CMBS — это сделки с несколькими заемщиками, также именуемые кондуитными сделками. Кондуит — это юридическое лицо, занятое организацией коммерческих кредитов и созданное с единственной целью предоставления обеспечения для секьюритизации.
- Существует несколько видов сервисеров, различающихся в зависимости от типа облигационного выпуска. Чаще всего это субсервисер, основной сервисер и специальный сервисер.
- Невозможность обращения взыскания на имущество заемщика делает обязательным для кредитора анализ каждого из ипотечных кредитов

в отдельности. Уникальные экономические характеристики каждой единицы доходной недвижимости, составляющей пул обеспечения выпуска CMBS, обуславливают необходимость изучения кредитов не только в момент их выпуска, но и в течение всего срока до погашения. Стартовая точка анализа — выявление стандартов андеррайтинга оригинаторов ипотек, составляющих пул.

- Изучение кредитного качества структуры CMBS включает также анализ дисперсии DSC и LTV обеспечения, типов доходной недвижимости и географического распределения единиц недвижимости.
- Рейтинговые агентства и аналитики проводят стресс-тестирование структур на основе предположений об уровне дефолтов и скорости досрочного погашения.

Вопросы

1. Как вычисляется чистый операционный доход (NOI) коммерческой недвижимости?
2. Почему часть инвесторов скептически относится к отношению LTV как к величине, позволяющей оценить эффективность коммерческого ипотечного кредита?
3. Объясните суть положения о поддержании доходности.
4. Какие формы защиты от досрочного погашения предполагают выплату премий?
5. FitchRatings сделало следующее утверждение в специальном отчете «Commercial Mortgage Special Report» (September 19, 2005. p. 2): «Положение об условиях ликвидации долга в сделке CMBS является положительным кредитным событием».
   Объясните, почему.
6. В статье Мэтта Хаджинса «Все больше заемщиков CMBS погашают шаровые кредиты вовремя», опубликованной 18 августа 2010 г. (http://nreionline.com/finance/news/cmbs_borrowers_pay_balloon_mortgages_0818/#), приведена следующая информация:
   «По данным нью-йоркской компании Trepp LLC, порядка 49,9% секьюритизированных кредитов, срок которых истек в июле, были успешно погашены шаровым платежом, что близко к данным рынка ценных бумаг, обеспеченных коммерческой ипотекой (CMBS). Это на 11 процентных пунктов выше уровня предыдущего месяца (38,7%) и является максимумом в конце 2008 г.»

Далее в статье встречается такая информация:

«По данным Trepp, до четвертого квартала 2008 г., когда финансовые рынки рухнули вслед за банкротством Lehman Brothers, среднемесячный уровень своевременных шаровых платежей составлял более 70%.

С начала 2009 г. не было ни одного месяца, в котором хотя бы половина заемщиков по CMBS-кредитам с наступившим сроком была способна осуществить шаровой платеж. Средний уровень в последние 12 месяцев составлял 32,2%».

Объясните, является ли, на ваш взгляд, эта информация полезной для инвесторов в CMBS.

7. Объясните, согласны вы или не согласны с каждым из следующих утверждений:
   a. «Крупнейший сектор рынка CMBS — это ценные бумаги, выпущенные агентствами и организациями, спонсируемыми правительством».
   b. «Большинство сделок с CMBS обеспечиваются вновь выпущенными коммерческими ипотечными кредитами».
   c. «Смешанная сделка с CMBS имеет только одного крупного заемщика».
8. Почему торговля CMBS на рынке больше похожа на торговлю корпоративными облигациями, чем на торговлю RMBS?
9. В чем состоит основное различие между структурированием сделок с CMBS и RMBS?
10. Что беспокоит держателей ценной бумаги, обеспеченной коммерческой ипотекой, когда заемщик выплачивает премию за досрочное погашение?
11. На сайте консалтинговой компании Chatham Financial размещено следующее сообщение:

    «21 июня 2010 г. — Chatham Financial объявила сегодня, что она рекомендовала Primus Capital ликвидировать долг в размере $76,9 млн, обеспеченный 12 объектами недвижимости в двух CMBS секьюритизациях. Ликвидация кредитов, срок которых истекает в 2018 г., обеспечивается продажей 12 кинотеатров».

    Объясните, что подразумевается под ликвидацией кредитов.
12. Объясните, почему ценная бумага, обеспеченная коммерческой ипотекой, торгуется на рынке не так, как ценная бумага, обеспеченная жилищной ипотекой.
13. Что означает в связи со снижением шарового риска:

   a. Внутренний интервал?
   b. Внешний интервал?

14. Опишите суть каждой из следующих черт CMBS с одним заемщиком / множественной недвижимостью и расскажите об их значимости:
   a. Перекрестное обеспечение;
   b. Кросс-дефолт;
   c. Соглашение о высвобождении собственности.
15. a. Чем отличается сделка с одним заемщиком / множественной собственностью от кондуитной сделки?
   b. Что такое смешанная кондуитная сделка?
16. Какие обязанности принимает на себя специальный сервисер?
17. В чем различие анализа ценной бумаги, обеспеченной коммерческой ипотекой, и анализа ценной бумаги, обеспеченной жилищной ипотекой?
18. Почему потенциальная эффективность транзакции с CMBS не может быть определена на основании значений средневзвешенного DSC и средневзвешенного LTV для пула коммерческих ипотечных кредитов?
19. Почему анализ транзакции с CMBS должен строиться на основе изучения типов собственности и географического распределения объектов недвижимости?

ГЛАВА 15

Ценные бумаги, обеспеченные активами

В этой главе читателю будут представлены сведения:

- о создании ценных бумаг, обеспеченных активами;
- об основной структуре секьюритизации;
- об участниках секьюритизации;
- об основной причине привлечения денежных средств с помощью секьюритизации;
- о роли специального юридического лица;
- о двухступенчатой секьюритизации;
- о различных типах структур: самоликвидирующейся и возобновляемой структуре;
- о различных формах кредитной поддержки;
- о разных условиях досрочного погашения облигаций;
- о структуре основных типов ценных бумаг, обеспеченных активами, иными чем жилищные ипотечные кредиты;
- о кредитных рисках, связанных с ценными бумагами, обеспеченными активами, и способах их анализа;
- о значении для секьюритизации Закона Додда–Франка о реформе Уолл-стрит и защите прав потребителей;
- об облигациях, обеспеченных долговыми обязательствами, о ценных бумагах, обеспеченных облигациями, и облигациях, обеспеченных кредитами;
- о структуре облигаций, обеспеченных долговыми обязательствами, и роли менеджера обеспечения.

В главах 11–13 мы рассмотрели ценные бумаги, обеспеченные пулом ипотечных кредитов на жилую недвижимость, в предыдущей главе — ценные бумаги, обеспеченные коммерческой ипотекой. Ценные бумаги, обеспеченные какими-либо другими, неипотечными, кредитами, принято называть **ценными бумагами, обеспеченными активами** *(asset-backed securities — ABS)*. Как вы помните, в главе 11 говорилось, что рынок одно время классифицировал ценные бумаги, обеспеченные низкокачественными ипотечными кредитами, как ABS, связанные с ипотеками.

Два типа активов, которые можно использовать в качестве обеспечения ABS, — это существующие активы / существующие права требования и активы / права требования, которые появятся в будущем. Секьюритизацию с использованием существующего обеспечения называют секьюритизацией существующих активов. Секьюритизацию с использованием активов / прав требования, которые возникнут в будущем, называют секьюритизацией будущего потока.

По видам секьюритизированных активов выделяют две общие категории ценных бумаг: 1) ценные бумаги, обеспеченные потребительскими активами, и ценные бумаги, обеспеченные низкокачественными жилищными ипотечными кредитами (MBS); 2) ценные бумаги, обеспеченные коммерческими активами. В первой категории в целях секьюритизации используются:

- кредиты под залог жилья;
- автомобильные кредиты и поступления от аренды;
- поступления по кредитным картам;
- поступления от оплаты услуг коммунальных компаний по конкурентным тарифам;
- кредиты, обеспеченные домами заводского изготовления;
- студенческие кредиты;
- другие потребительские кредиты, например кредиты на улучшение жилищных условий.

Во второй категории в целях секьюритизации используются:

- дебиторская задолженность (например, задолженность по платежам в систему здравоохранения);
- поступления от долгосрочной аренды оборудования;
- операционные активы (например, самолеты, контейнеры для морской перевозки грузов);
- развлекательные активы (например, права на экранизацию, лицензионные платежи);

- кредиты на приобретение франшизы;
- кредиты малому бизнесу.

Широкие индексы рынка облигаций включают в себя сектор ABS. Этот сектор состоит из пяти крупнейших подсекторов: 1) ABS, обеспеченные поступлениями по кредитным картам; 2) ABS, обеспеченные поступлениями по автомобильным кредитам; 3) ABS, обеспеченные поступлениями по кредитам под залог жилья; 4) облигации с уменьшающейся процентной ставкой и 5) ABS, обеспеченные поступлениями по кредитам, обеспеченным домами заводского изготовления. Ипотечные ценные бумаги, обеспеченные коммерческой недвижимостью, о которых шла речь в главе 14, рассматриваются в широких индексах как отдельный сектор облигационного рынка.

В этой главе мы рассмотрим основные характеристики ценных бумаг, обеспеченных активами, и опишем пять названных выше основных типов этих ценных бумаг. Одним из продуктов, который создается на основе секьюритизации, является облигация, обеспеченная долговыми обязательствами (*collateralized debt obligation — CDO*). Мы кратко остановимся на CDO в конце этой главы, хотя, за исключением одной из форм — облигации, обеспеченной кредитами (CLO), которая рассмотрена в главе 8, выпуск этого продукта прекратился после 2007 г.

СОЗДАНИЕ ЦЕННОЙ БУМАГИ, ОБЕСПЕЧЕННОЙ АКТИВАМИ

Чтобы объяснить, как создается ABS, и кто принимает в этом участие, приведем конкретный пример. Представим, что компания Exceptional Dental Equipment, Inc. занимается производством высококачественного стоматологического оборудования. Часть продукции реализуется за наличные денежные средства, однако значительный объем оборудования продается в рассрочку. Договор о продаже стоматологического оборудования в рассрочку — это кредит, выдаваемый покупателю (т. е. стоматологическому кабинету), по условиям которого покупатель обязуется за определенный период времени выплатить Exceptional Dental Equipment, Inc. стоимость оборудования плюс проценты. В качестве обеспечения кредита выступает приобретаемое стоматологическое оборудование. Предположим, что все кредиты выдаются на пять лет.

Решение о том, предоставить клиенту кредит или нет, принимает кредитный отдел Exceptional Dental Equipment, Inc. То есть кредитный отдел получает от потенциального клиента заявку на предоставление кредита и затем рассматривает ее в соответствии с критериями, принятыми в компании. Критерии, по которым принимается решение о выдаче кредита, называются **андеррайтерские стандарты** *(underwriting standards)*. Так как Exceptional Dental Equipment, Inc. предоставляет кредит, то компанию называют **оригинатором** *(originator)* кредита.

Помимо этого, в Exceptional Dental Equipment, Inc. может быть отдел, занимающийся обслуживанием кредитов. Как уже говорилось в предыдущих главах, обслуживание кредитов подразумевает сбор выплат по кредитам, уведомление заемщиков и при необходимости обращение взыскания и продажа обеспечения по кредиту (т. е. стоматологического оборудования в нашем примере), если заемщик не выполняет свои обязательства. Организация, обслуживающая кредит, иначе называемая сервисером, необязательно является его оригинатором. Однако в нашем примере мы исходим из того, что сервисер — это Exceptional Dental Equipment, Inc.

Теперь посмотрим, как эти кредиты используются в сделке секьюритизации. Предположим, Exceptional Dental Equipment, Inc. продала в рассрочку оборудование на сумму $300 млн. Также предположим, что компания хотела бы получить $300 млн. Вместо того, чтобы выпускать корпоративные облигации, управляющий финансами Exceptional Dental Equipment, Inc. принимает решение о привлечении дополнительных средств в бюджет компании за счет секьюритизации активов. Для этого создается **специальное юридическое лицо** *(special purpose vehicle — SPV)*. На данном этапе мы не будем подробно останавливаться на роли SPV, но далее мы объясним, почему при секьюритизации крайне важно его создать. В нашем примере специальное юридическое лицо, учрежденное Exceptional Dental Equipment, Inc., называется DE Asset Trust (DEAT). Учредив SPV, компания Exceptional Dental Equipment, Inc. передает DEAT кредиты на сумму $300 млн, а затем получает от нее $300 млн денежными средствами, в которых нуждается. DEAT получает $300 млн, продав ценные бумаги, обеспеченные кредитами на сумму в $300 млн. Эти ценные бумаги и называются ценными бумагами, обеспеченными активами, о которых мы говорили выше.

Участники секьюритизации

Давайте еще раз уточним, кто участвует в секьюритизации активов. В нашем примере Exceptional Dental Equipment, Inc. не является эмитентом ABS (хотя иногда такую компанию называют эмитентом, так как именно она в конечном счете получает средства от выпуска ценных бумаг). Exceptional Dental Equipment, Inc. является оригинатором кредитов. Следовательно, в данной сделке она выступает в роли «продавца», так как продает свою дебиторскую задолженность DEAT. Кроме того, Exceptional Dental Equipment, Inc. называют «оригинатором», так как именно она предоставила кредиты. SPV в проспекте эмиссии называют «эмитентом» или «трастом».

В нашем примере секьюритизации Exceptional Dental Equipment, Inc. произвела стоматологическое оборудование и предоставила кредиты, однако существует еще один вид секьюритизации, в котором участвует **кондуит** *(conduit)*, т.е. компания, скупающая кредиты и проводящая секьюритизацию. Представим, например, что компания Dental Equipment Financing Corporation занимается финансированием производителей стоматологического оборудования, которые реализуют свою продукцию в рассрочку. Тогда Equipment Financing Corporation наладила бы деловые связи с производителями стоматологического оборудования (такими, как Exceptional Dental Equipment, Inc.) и покупала бы у них дебиторскую задолженность. Затем компания держала бы у себя эти кредиты до тех пор, пока их количество не стало бы достаточным для продажи SPV, которое выпускает ABS.

В облигационном соглашении также принимает участие трасти, в обязанности которого входит защита интересов владельцев облигаций и контроль за соблюдением условий займа. В случае дефолта трасти принимает меры, предусмотренные в документах, регулирующих данную сферу[1].

Двухступенчатая секьюритизация

Процесс секьюритизации с перечисленными выше участниками называют «одноступенчатой секьюритизацией». По определенным причинам, не имеющим значения для инвесторов, в секьюритизации может потребоваться участие двух SPV, чтобы сделка рассматривалась в налоговых целях как действительная продажа. Одно SPV, называемое промежуточным, является дочерней компанией в полной собственности оригинатора, и на его деятельность налагаются ограничения[2]. Именно промежуточное SPV приобретает активы у оригинатора. Затем промежуточное SPV продает активы SPV, которое выпускает ценные бумаги, обеспеченные активами (т.е. является эми-

---

1 Подробнее о роли трасти в секьюритизации см. в: Karen Cook, F. Jim Della Salla «The Role of the Trustee in Asset-Backed Securities», глава 7 в книге: Frank J. Fabozzi (ed.) *Handbook of Structured Financial Products* (Hoboken, NJ: John Wiley & Sons, 1998).

2 Точнее говоря, 1) ему разрешается заниматься только приобретением, владением и продажей прав требования и 2) оно пользуется ограниченным правом добровольного объявления банкротства.

тентом). В проспекте сделки секьюритизации промежуточное SPV называют депонентом.

Такой тип сделок секьюритизации, называемый «двухступенчатой секьюритизацией», в настоящее время распространен очень широко. Причиной его популярности после 1997 г. стали требования к финансовой отчетности, установленные стандартом FASB 125. Таким образом, в проспектах и дополнениях к проспектам более старых сделок секьюритизации продавца обеспечения называют «Продавец», а в настоящее время при двухступенчатой секьюритизации ту же самую организацию называют «Депонент».

Рассмотрим пример реальной сделки секьюритизации. Harley-Davidson Credit Corp. предоставляет кредиты и использует их для секьюритизации. Одной из таких сделок является Harley-Davidson Motorcycle Trust 2007–3. При одноступенчатой секьюритизации Harley-Davidson Credit Corp. продала бы кредиты SPV (Harley-Davidson Motorcycle Trust 2007–3), которое выпустило бы под них ценные бумаги. Вместо этого, однако, Harley-Davidson Credit Corp. продала кредиты Harley-Davidson Customer Funding Corp., промежуточному SPV. Затем кредиты были проданы Harley-Davidson Motorcycle Trust 2007–3. Таким образом, участники сделки идентифицируются следующим образом:

Продавец: Harley-Davidson Credit Corp.;
Депонент: Harley-Davidson Customer Funding Corp.;
Эмитент: Harley-Davidson Motorcycle Trust 2007–3.

В этой сделке кредиты обслуживал продавец.

Структура транзакции

При секьюритизации создание различных облигационных классов (или траншей) осуществляется в соответствии с правилами распределения суммы основного долга и процентов. Как объяснялось в главах 12 и 13, создание различных облигационных классов приводит к появлению ценных бумаг с разными показателями риска и доходности. Структура транзакции разрабатывается таким образом, чтобы полученные облигационные классы обладали наиболее привлекательными с точки зрения институциональных инвесторов характеристиками. Благодаря этому компания, нуждающаяся в денежных средствах, может получить наилучшую цену за ценные бумаги, которые она продает (это называется «наилучшим исполнением»).

В главе 13 мы говорили о том, что у неагентских MBS есть кредитная поддержка, которая может принимать две основные формы: она бывает внутренней и внешней. У всех ценных бумаг, обеспеченных активами, также есть кредитная поддержка. Ее уровень зависит от желаемого рейтинга ценной бумаги, который присваивается ей рейтинговыми агентствами. Как правило, при секьюритизации выпускается, как минимум, два класса облигаций: старший и субординированный. Такая структура называется структурой соподчиненных классов. Мы описывали ее в главе 13.

Роль специального юридического лица

Чтобы понять, какую роль при секьюритизации играет SPV, необходимо разобраться, почему для привлечения дополнительных денежных средств компании предпочитают секьюритизировать активы, а не выпускать корпоративные облигации. Такое предпочтение может быть вызвано четырьмя основными причинами. Компании секьюритизируют активы для того, чтобы

1. Снизить стоимость финансирования;
2. Диверсифицировать источники финансирования;
3. Увеличить прибыль в целях отражения в финансовых отчетах;
4. Снизить требования к капиталу, если речь идет о компании, деятельность которой регулируется государством.

В этой книге мы остановимся только на первой причине для того, чтобы показать, насколько важную роль при секьюритизации играет SPV[1].

Предположим, кредитный рейтинг Exceptional Dental Equipment, Inc. равен BB (т. е. он ниже инвестиционного). Тогда, если компания решит привлечь дополнительные денежные средства, выпустив корпоративные облигации на $300 млн, то стоимость финансирования будет равна доходности любой эталонной казначейской облигации плюс кредитный спред для эмитентов с рейтингом BB. Теперь представим, что Exceptional Dental Equipment, Inc. использует свои договоры о продаже оборудования в рассрочку (т. е. кредиты клиентам) на $300 млн в качестве обеспечения выпуска облигаций. Чему будет равна стоимость финансирования? Вероятно, она будет такой же, как и при выпуске корпоративных облигаций. Однако проблема заключается в том, что в случае дефолта Exceptional Dental Equipment, Inc. по любому из ее непогашенных долговых обязательств кредиторы предъявят права на все активы компании, включая кредиты клиентам.

---

[1] Обсуждение остальных причин см. в: W. Alexander Roever, Frank J. Fabozzi «Primer on Securitization», *Journal of Structured and Project Finance,* Summer 2003, pp. 5–19.

Предположим, Exceptional Dental Equipment, Inc. может создать юридическое лицо и продать ему свои кредиты. Эта организация и будет специальным юридическим лицом. В нашем примере функцию SPV выполняет DEAT. Если сделка между Exceptional Dental Equipment, Inc. и DEAT заключается с соблюдением всех необходимых требований[1], то владельцем дебиторской задолженности по закону будет DEAT, а не Exceptional Dental Equipment, Inc. В результате, в случае банкротства Exceptional Dental Equipment, Inc. кредиторы компании не смогут предъявить права на ее непогашенные кредиты, так как по закону они принадлежат DEAT.

Когда DEAT выпустит ABS, обеспеченные кредитами, потенциальные инвесторы будут оценивать кредитный риск, связанный со сбором кредитных платежей, независимо от кредитного рейтинга Exceptional Dental Equipment, Inc. Кредитный рейтинг присваивается облигационным классам, созданным при секьюритизации, и зависит от того, как рейтинговые агентства оценят кредитный риск обеспечения (т. е. кредитов). Последнее, в свою очередь, зависит от кредитной поддержки каждого облигационного класса. Таким образом, благодаря SPV, качеству обеспечения и кредитной поддержке, при секьюритизации кредитный рейтинг отдельных облигационных классов может быть выше рейтинга компании-продавца. Следовательно, совокупная стоимость финансирования будет ниже, чем при выпуске корпоративных облигаций.

Кредитная поддержка

В главе 13 мы вкратце рассказали о различных формах кредитной поддержки неагентских MBS. Она может быть структурной, предоставляться оригинатором или третьей стороной. Первые две формы повышения кредитного качества называют внутренней кредитной поддержкой, а третью — внешней. Также в главе 13 говорилось, что кредитная поддержка третьей стороны стала редкостью после 2007 г. Различные формы кредитной поддержки используются как по отдельности, так и в сочетании друг с другом в зависимости от типа кредитов, обеспечивающих ценные бумаги.

Внешняя кредитная поддержка включает гарантии третьей стороны. При этой форме поддержки возникает риск того, что в результате возможного падения рейтинга гаранта, рейтинг соответствующего облигационного класса также снизится. Наиболее распространенным видом внешней кредитной поддержки является **страхование облигации,** которое называют

[1] Если точнее, кредиты должны быть проданы по справедливой рыночной цене.

поручительской гарантией. Страхование облигации — это финансовая гарантия со стороны специализированного страховщика того, что при невозможности выплаты суммы основного долга и процентов из денежного потока кредитного пула, обеспечивающего ценную бумагу, выплаты будет производить страховщик. Выплата основного долга будет осуществляться без сокращения срока исполнения обязательств, если страховщик не предпочтет иное.

Внутренняя кредитная поддержка более сложна, чем внешняя; она может менять характеристики денежного потока даже при отсутствии дефолта. Уровень кредитной поддержки в рамках одной сделки определяется рейтингом облигационных классов, который эмитент хотел бы получить от рейтинговых агентств. Это называется «подгонкой» транзакции. В основе «подгонки» лежат ожидания рейтинговых агентств относительно кредитов, обеспечивающих сделку.

При заключении большинства сделок по продаже секьюритизированных ценных бумаг с внутренней кредитной поддержкой выплата основной суммы и процентов осуществляется по определенному графику. Этот график, описываемый в проспекте сделки, называется **«водопадом» платежей** или просто **«водопадом».** В верхней части «водопада» находятся платежи, направляемые держателям старших облигаций (основной долг и проценты, в зависимости от графика выплат номинала), а также некоторые стандартные комиссии и издержки (например, комиссия за администрирование и обслуживание). После того, как обязательства в верхней части «водопада» выполнены, денежный поток направляется держателям облигаций более низкого класса (с рейтингом AA, A, BBB и т. д.). Денежные потоки, остающиеся у эмитента после выполнения всех обязательств, предусмотренных графиком, называются **избыточным спредом.** Избыточный спред — это один из основных способов защиты от кредитных убытков. Большой избыточный спред в структуре выпуска может покрыть относительно серьезные кредитные убытки. Если избыточный спред исчерпывается полностью, то убытки по кредитам начинают относиться на следующий класс с низшим рейтингом.

Наиболее распространенными формами внутренней кредитной поддержки являются структура соподчиненных классов, избыточное обеспечение и резервные фонды. В главе 13 мы описали каждую из них.

Условия досрочного погашения

При выпуске ценных бумаг, обеспеченных активами, трасти может предоставляться право на их досрочное погашение. Существуют несколько видов досрочного погашения: при определенном проценте обеспечения, при определенном проценте траншей, в назначенную дату или после нее, при определенном проценте обеспечения либо в назначенную дату, после аукциона, по требованию страховщика.

Досрочное погашение при определенном проценте обеспечения позволяет выкупить непогашенные облигации по номинальной стоимости, если непогашенный остаток обеспечения меньше заранее установленного процента от первоначального уровня. Чаще всего данное условие досрочного погашения оговаривается при выпуске ценных бумаг, обеспеченных амортизируемыми активами; процент обеспечения, при котором предоставляется право выкупа облигаций, составляет, как правило, 10%.

На похожих условиях осуществляется **досрочное погашение при определенном количестве облигаций,** основанное на количестве непогашенных облигаций в процентах по отношению к первоначальному количеству облигаций в выпуске. **Досрочное погашение при определенном проценте траншей** основано на номинальной стоимости непогашенных траншей в процентах по отношению к их номинальной стоимости при эмиссии.

Досрочное погашение в назначенную дату или после нее действует так же, как стандартное условие досрочного погашения облигаций. **Досрочное погашение при определенном проценте обеспечения либо в назначенный день** позволяет выкупить непогашенные облигации, 1) если остаток обеспечения достиг заранее установленного уровня до даты досрочного погашения, оговоренной в соглашении, либо 2) при наступлении даты досрочного погашения, даже если остаток обеспечения не достиг заранее установленного уровня. **Досрочное погашение после аукциона** предоставляется в определенную дату, если непогашенное обеспечение продано на аукционе по цене, превышающей его номинальную стоимость. Премия сверх номинальной стоимости обеспечения удерживается трасти и затем выплачивается продавцу.

Помимо названных выше условий досрочного погашения, касающихся трасти, существует еще досрочное погашение по требованию страховщика. **Такое погашение** позволяет страховщику выкупить облигации в случае, если совокупные убытки по обеспечению с даты выпуска достигли заранее установленного уровня.

ТИП ОБЕСПЕЧЕНИЯ И СТРУКТУРА СЕКЬЮРИТИЗАЦИИ

Структура секьюритизации зависит от особенностей базовых активов. В данном разделе мы обсудим, какое влияние на структуру оказывают две характеристики активов: амортизация и ставка процента. Если точнее, на структуру влияет то, 1) какими активами обеспечены ценные бумаги: амортизируемыми или неамортизируемыми, и 2) какая процентная ставка установлена на обеспечение: фиксированная или плавающая.

Амортизируемые и неамортизируемые активы

Обеспечением секьюритизированной ценной бумаги могут служить амортизируемые или неамортизируемые активы. **Амортизируемые активы** — это кредиты, периодические выплаты по которым, совершаемые в течение всей жизни кредита, состоят из плановых основных и процентных платежей. График погашения основного долга носит название **график амортизации**. Стандартный жилищный ипотечный кредит относится именно к этой категории обеспечения. Амортизируемыми активами являются также автомобильные кредиты и часть кредитов, выданных под залог жилья (а именно невозобновляемые кредиты, выданные под залог жилья, — речь о них пойдет далее в этой главе).

График амортизации обеспечения может быть составлен как на уровне пула, так и на уровне отдельных кредитов. Анализ на уровне пула исходит из предположения об идентичности всех кредитов, составляющих обеспечение. График амортизации амортизируемых активов базируется на значениях **валовой средневзвешенной купонной ставки** *(gross weighted average coupon rate — GWAC)* и **средневзвешенного срока** *(weighted average maturity — WAM)* каждого из кредитов. Анализ на уровне пула можно использовать, если входящие в пул кредиты однородны. Анализ на уровне отдельных кредитов включает изучение амортизации каждого кредита (или групп однородных кредитов).

Как уже говорилось в главе 11, досрочное погашение — это разница между выплаченной частью основной суммы и плановым основным платежом. Для амортизируемого актива прогнозирование денежного потока требует прогнозирования досрочного погашения. В отличие от амортизируемых активов, **неамортизируемые активы** не имеют графика, согласно которому заемщик должен производить периодическое погашение основного долга. Неамортизируемые активы предполагают наличие минимальных периодических платежей. Если размер реальной выплаты меньше размера процентного платежа по непогашенному остатку кредита, то недостача прибавляется к непогашенному долгу. Если периодическая выплата больше необходимого процентного платежа, то непогашенный долг уменьшается на величину разницы. В связи с тем, что для неамортизируемых активов не существует графика выплат основного долга (т. е. графика амортизации), к ним не применимо понятие досрочного погашения. Примером неамортизируемых активов могут служить поступления по кредитным картам.

Как правило, при секьюритизации амортизируемых активов обеспечение остается фиксированным на протяжении всей жизни структуры. Другими словами, покупка новых активов не происходит. Состав обеспечения не изменяется за исключением досрочного погашения и дефолтов. Такая структура носит название **самоликвидирующаяся структура** *(self-liquidating structure)*. При секьюритизации неамортизируемых активов в течение некоторого периода времени, называемого **закрытым периодом** *(lockout period)* или **периодом возобновления** *(revolving period),* платежи в погашение основного долга используются для покупки дополнительного обеспечения. То есть в обеспечение ценных бумаг добавляются новые активы. Такая структура известна как **структура возобновления** *(revolving structure)*. По окончании закрытого периода платежи в погашение основного долга распределяются между облигационными классами. Этот период называется **периодом амортизации** *(amortization period)*.

Активы с фиксированной и плавающей процентной ставкой

Секьюритизированные активы могут иметь фиксированную или плавающую процентную ставку. Эта характеристика влияет на структуру через купонную ставку облигаций. Например, держатели облигаций с плавающей процентной ставкой, обеспеченных активами только с фиксированной ставкой процента, подвергаются процентному риску. При увеличении референсной ставки может возникнуть отрицательная разница между выплатами процента по обеспечению и совокупными выплатами процента, которые необходимо направить в облигационные классы. Если обеспечение состоит из активов только с плавающей ставкой и по облигациям установлена фиксированная ставка процента, тогда при снижении референсной ставки процент, выплачиваемый заемщиками, может оказаться ниже совокупных процентных выплат, которые необходимо держателям облигаций.

Чтобы решить проблемы, возникающие из-за несоответствий между характеристиками денежных потоков активов и облигаций, при секьюритизации используются процентные деривативы. Чаще всего в этой роли выступают процентные свопы и процентные кэпы, которые рассматриваются в главе 31[1].

---

[1] Объяснение того, как при секьюритизации используются процентные деривативы, см. в: Frank J. Fabozzi, Raymond Morel, and Brian D. Crow, «Use of Interest Rate Derivatives in Securitization Transactions», *Journal of Structured Finance,* Summer 2005, p. 22–27.

КРЕДИТНЫЙ РИСК, СВЯЗАННЫЙ С ИНВЕСТИРОВАНИЕМ В ЦЕННЫЕ БУМАГИ, ОБЕСПЕЧЕННЫЕ АКТИВАМИ

Инвестиции в ABS связаны с кредитным риском, оценкой которого занимаются три рейтинговых агентства. У каждого из них свой подход к присвоению рейтингов, однако все проводят анализ исходя из одних и тех же параметров. Например, в агентстве Moody's в расчет принимаются следующие факторы: 1) риск активов; 2) структурный риск; 3) сторонние участники[1]. Каждый из факторов подробно описан далее. Кроме того, рейтинговые агентства анализируют специальное юридическое лицо (т. е. SVP). Мы также обсудим юридический аспект секьюритизации в общем.

Риск активов

Оценка риска активов подразумевает анализ кредитного качества обеспечения. Рейтинговые компании оценивают возможности заемщика совершать выплаты по кредиту и размер доли собственного капитала заемщика в активах. Последняя величина чрезвычайно существенна для проецирования будущего поведения заемщика: от нее зависит, объявит ли заемщик дефолт или продаст активы и выплатит долг. Рейтинговые компании изучают опыт оригинаторов кредитов и оценивают, соответствуют ли характеристики кредитов, служащих обеспечением ценной бумаги, характеристикам, заявленным продавцом.

Изучается также концентрация кредитов. При секьюритизации активов принято исходить из предположения о том, что большое число заемщиков в пуле уменьшает кредитный риск через диверсификацию. Если несколько крупных заемщиков составляют существенную долю пула, то диверсификация является незначительной, а кредитный риск — высоким. Данный тип риска получил название **риска концентрации.** В подобных случаях рейтинговые компании устанавливают лимиты концентрации, ограничивающие размер или процентную долю обеспечения, приходящегося на одного заемщика, регион или отрасль (для коммерческих активов). Если при эмиссии ценных бумаг лимит концентрации превышен, то некоторые или все классы облигаций получают более низкий кредитный рейтинг по сравнению с тем, который они получили бы, если бы концентрация активов

---

[1] Andrew A. Silver, «Rating Structured Securities», глава 5 в книге: Frank J. Fabozzi (ed.), *Issuer Perspectives on Securities* (Hoboken, NJ: John Wiley & Sons, 1998).

находилась в установленных пределах. Превышение лимита концентрации после эмиссии также может привести к снижению кредитного рейтинга облигационных классов.

С помощью статистического анализа рейтинговые компании оценивают наиболее вероятный размер убытков по облигационным классам в результате низкой погашаемости обеспечения. Оценка убытков проводится путем анализа различных сценариев. На основе полученных результатов в рейтинговых компаниях вычисляются средневзвешенный убыток и дисперсия убытка для каждого класса облигаций. Последний параметр не менее важен при оценке ABS. Предположим, что класс облигаций имеет защиту от убытка по стоимости обеспечения в результате дефолта в 7%. Упростим данный пример и представим, что рейтинговая компания анализирует два одинаково вероятных сценария. В первом сценарии убыток равен 6%, во втором — 4%. Тогда средневзвешенный убыток равен 5%, что меньше 7% — величины убытка, от которого у облигационного класса есть защита. В этом случае рейтинговая компания сочтет, что по данному классу облигаций реализация убытка вряд ли произойдет. Теперь изменим результаты анализа. Предположим, что согласно первому сценарию убыток составит 8%, второму — 2%. Несмотря на то, что средневзвешенный убыток по-прежнему равен 5%, дисперсия убытка значительно увеличилась. По сути, если события будут развиваться по первому сценарию с убытком в 8%, тогда класс облигаций реализует убыток в 1% (8% убытка согласно сценарию минус защита в 7%).

Структурные риски

Структуру секьюритизации выбирает эмитент. Затем рейтинговые агентства изучают, может ли денежный поток обеспечения покрыть все выплаты по облигационным классам в выпуске. Денежный поток обеспечения ABS состоит из основных и процентных платежей. Данный денежный поток должен быть использован для выплат процента и основного долга инвесторам, выплат комиссионных за обслуживание, а также для удовлетворения всех прочих денежных обязательств эмитента. Все выплаты описываются «водопадом» платежей структуры. Рейтинговые агентства тестируют финансовую структуру, выясняя, насколько размер денежного потока соответствует размеру выплат, которые обязан совершить эмитент. Тесты строятся на основе предположений о величине убытков и просрочек при разных сценариях изменения процентных ставок с учетом кредитных поддержек.

Анализируя структуру соглашения, рейтинговые агентства изучают: 1) распределение убытков (как распределяются убытки между облигационными классами в выпуске); 2) распределение денежного потока (т. е. «водопад» платежей); 3) спред между процентом по обеспечению и процентом по облигационным классам плюс комиссионные за обслуживание; 4) вероятность ранней амортизации (см. далее) и 5) возможные изменения кредитной поддержки со временем.

Сторонние участники

В секьюритизации участвует несколько сторонних организаций, а именно: поручитель по кредитам (чаще всего страховщик облигаций), сервисер, трасти, советники эмитента, поставщик инвестиционных контрактов (эта организация обеспечивает реинвестирование приемлемых для инвестиций активов) и аудиторы. Рейтинговое агентство изучает всех сторонних участников секьюритизации. Что касается поручителя по кредитам, то в центре внимания оказывается его платежеспособность.

Каждый кредит нуждается в обслуживании. В обслуживание кредита входит сбор платежей, уведомление заемщиков-задолжников и обращение взыскания и продажа обеспечения в случае, если заемщик не выполняет свои обязательства в установленный срок. За эти мероприятия отвечает сервисер. Несмотря на то, что сервисер рассматривается как «сторонний» участник секьюритизации, очень часто эту функцию выполняет оригинатор кредитов, служащих обеспечением ценных бумаг.

Помимо администрирования портфеля кредитов, сервисер несет ответственность за распределение полученных от заемщиков средств между держателями разных облигационных классов в соответствии с «водопадом» платежей. Если в выпуске есть облигации с плавающей процентной ставкой, то сервисер устанавливает ее величину на ближайший период. Кроме того, на нем может лежать ответственность за внесение авансовых платежей, когда в результате просрочки выплат по кредитам (которые в будущем, скорее всего, будут собраны) образуется временная нехватка средств для выполнения эмитентом своих обязательств перед держателями облигаций.

Сервисер играет при секьюритизации ключевую роль. Поэтому рейтинговые агентства перед тем, как присваивать выпуску облигаций какой-либо рейтинг, внимательно изучают, сможет ли он справиться с соответствующими функциями. Оценивая качество обслуживания, рейтинговое агентство может опираться на следующие параметры: история сервисера, опыт работы, андеррайтерские стандарты для предоставления кредита, предоставляемые услуги, персонал, финансовое состояние и рост/конкуренция/состояние отрасли в целом. Если у рейтингового агентства возникают сомнения в качестве обслуживания, то ценным бумагам не присваивается рейтинг либо агентство может потребовать привлечения еще одного сервисера.

В последнее время рейтинговые агентства стали уделять еще больше внимания сфере, в которой работает продавец/оригинатор, состоянию сервисера и денежному потоку обеспечения. В основном это связано с двумя недавними «разоблачениями»: в мошенничестве были обвинены компания National Century Financial Enterprises (NCFE), купившая дебиторскую задолженность по платежам в систему здравоохранения, а затем выпустившая под них ценные бумаги, и компания DVI, занимающаяся секьюритизацией соглашений по лизингу медицинского оборудования. Кроме того, эти два случая подчеркнули, что при снижении качества обслуживания трасти должен занимать более активную позицию. Другими словами, трасти должен играть заметную роль в секьюритизации, а не просто регулярно тестировать обеспечение ценных бумаг. Именно это предусмотрено в некоторых недавних сделках, где при определенных обстоятельствах функции трасти расширяются. Это называется **триггером трасти.**

Возможные юридические трудности

Считается, что инвесторы в ABS защищены от требований кредиторов продавца обеспечения. То есть если продавец обеспечения передает свои кредиты в траст (SVP), данная сделка является «действительной продажей», и, следовательно, при банкротстве продавца суд по делам о несостоятельности не сможет обязать траст вернуть обеспечение или денежный поток обеспечения. Тем не менее справедливость этого утверждения оставалась недоказанной до недавнего дела о банкротстве LTV Steel Company. Руководство компании пыталось убедить суд в том, что секьюритизации активов компании не являлись «действительной продажей», и, следовательно, имеет право на денежные потоки, направляемые в траст. Несмотря на то, что соглашения все-таки были признаны «действительными», суд разрешил LTV использовать спорные денежные потоки, что вызывает немалое беспокойство инвесторов.

Беспокойство инвесторов также вызвало банкротство Conseco Finance. Фирма объявила о своей несостоятельности в декабре 2002 г. К тому времени Conseco Finance была одной из крупнейших компаний, выдающей кредиты, обеспеченные домами заводского изготовления, а также создающей другие типы ABS. На момент банкротства Conseco обслуживала свои выпуски ABS, взимая комиссионные в размере 50 базисных пунктов. Суд по делам о несостоятельности счел, что такая ставка комиссионных слишком низкая, и обязал компанию увеличить размер комиссионных (до 115 базисных пунктов).

Это увеличение было покрыто за счет избыточного спреда в секьюритизациях, которые Conseco обслуживала. Как результат, кредитная поддержка нескольких выпусков была сокращена, а субординированные транши в них получили более низкий рейтинг[1].

ОБЗОР ОСНОВНЫХ ТИПОВ ЦЕННЫХ БУМАГ, ОБЕСПЕЧЕННЫХ АКТИВАМИ

На рынке ABS выделяют три крупнейших сектора ценных бумаг, обеспеченных иными активами, чем жилищные ипотечные кредиты: 1) ценные бумаги, обеспеченные поступлениями по кредитным картам; 2) ценные бумаги, обеспеченные автокредитами и 3) облигации с возрастающей процентной ставкой. Мы завершаем данную главу обзором этих типов ABS.

Ценные бумаги, обеспеченные поступлениями по кредитным картам

Кредитные карты (например, Visa и MasterCard) эмитируются банками, торговыми фирмами (например, JC Penney и Sears) и ведущими глобальными платежными и туристическими компаниями (например, American Express). Денежный поток от пула кредитных карт складывается из:

- комиссии за предоставление средств;
- платежей в погашение основного долга;
- комиссии за обслуживание.

Комиссия за финансирование представляет собой периодически взимаемый с заемщика по кредитной карте процент, начисляемый на непогашенный остаток после льготного периода.

Структура сделки

У эмитентов кредитных карт множество карточных счетов, которые можно передать в залог трасту. Процесс структурирования сделки начинается с того,

---

[1] Дальнейшее обсуждение последствий банкротства Conseco Finance см. в: Frank J. Fabozzi, «The Structured Finance Market: An Investor's Perspective», *Financial Analysts Journal,* May-June 2005, p. 27–40

что эмитент карт учреждает траст и передает ему в залог карточные счета. В сделках с кредитными картами тип используемого траста обычно называют главным трастом (*master trust*), в проспекте его именуют трастовым портфелем. Для включения счета в портфель главного траста, этот счет должен отвечать определенным требованиям. Если карточный счет в главном трасте генерирует дебиторскую задолженность, то она принадлежит главному трасту.

Каждая серия — это отдельная сделка с кредитными картами, и траст может выпускать различные классы ценных бумаг или облигаций. Например, серия может иметь старший класс облигаций и два субординированных класса. Вместе с тем каждая серия имеет свой уровень кредитной поддержки. Выплаты, причитающиеся классам облигаций всех серий, осуществляются из денежного потока от трастового портфеля.

Поскольку права требования по кредитным картам являются неамортизируемым активом, структура должна быть револьверной. В течение некоторого периода времени, называемого **револьверным, или закрытым периодом** *(lockout period),* платежи в погашение основного долга, производимые владельцами кредитных карт, составляющих пул, удерживаются трасти и реинвестируются в дополнительную дебиторскую задолженность для поддержания размера пула. Револьверный период может длиться от 18 месяцев до 10 лет. Таким образом, в течение револьверного периода выплаты производятся из комиссионных за предоставление средств и обслуживание. По окончании револьверного периода наступает **период амортизации основного долга**, когда платежи в погашение основного долга не реинвестируются, а выплачиваются держателям облигаций. Существуют разные способы погашения основного долга в период амортизации.

Ценные бумаги, обеспеченные поступлениями по кредитным картам, включают положения, предусматривающие более раннюю амортизацию основного долга при наступлении определенных событий, которые называют триггерами выплат (*pay-out events*). Подобные положения, именуемые положениями о **ранней,** или **быстрой, амортизации,** призваны защищать кредитное качество выпуска. Денежный поток описываемой ценной бумаги может измениться только в случае наступления триггера выплат. В случае ранней амортизации погашение облигаций происходит последовательно (т. е. сначала погашаются облигации с наивысшим рейтингом, затем с более низким и т. д.). Погашение облигаций завершается благодаря тому, что платежи в погашение основного долга направляются в конкретный класс облигаций, а не на покупку дополнительной задолженности. Период, за который происходит полное погашение основного долга, сильно зависит месячной ставки выплат, которую мы опишем в следующем разделе.

Доходность портфеля дебиторской задолженности

Следующие понятия используются при оценке доходности портфеля дебиторской задолженности и размера денежного потока обеспечения, необходимого эмитенту для погашения обязательств по выплате основного долга и процентов перед держателями облигаций: валовая доходность портфеля, списания, чистая доходность портфеля, просроченные задолженности и месячная скорость погашения.

Валовая доходность портфеля включает комиссию за предоставление средств и комиссию за обслуживание. **Списания** — это задолженности, исключенные из баланса как безнадежные. **Чистая доходность портфеля** равна валовой доходности за вычетом списаний. Чистая доходность портфеля является важным показателем, так как именно из этих средств производятся процентные платежи по облигациям. Так, если средневзвешенная купонная ставка всех облигационных классов в структуре равна 6%, а чистая доходность портфеля — 5%, то существует риск невыполнения эмитентом своих обязательств перед держателями облигаций.

Просроченные задолженности — это процент задолженностей с просроченными на определенное количество месяцев платежами, обычно учитываются платежи, просроченные на 30, 60 и 90 дней. Данные параметры считаются показателем будущих списаний.

Месячная скорость погашения *(monthly payment rate — MPR)* выражает месячные выплаты (включающие выплаты основного долга и комиссионные за предоставление средств и обслуживание) по портфелю задолженности по кредитным картам как процент от невыплаченного долга на предшествующий месяц. Предположим, например, что портфель долга по кредитным картам, равный в феврале $600 млн, в марте получил $60 млн выплат. В этом случае MPR за март составит 10% ($60 млн разделить на $600 млн). Значимость показателя MPR определяется двумя основными причинами. Во-первых, при достижении MPR крайнего низкого уровня существует высокий риск затягивания погашения основного долга. Во-вторых, при очень низких MPR существует вероятность недостаточности денежного потока для погашения основного долга. Это одно из событий, которые могут инициировать раннюю амортизацию.

Ценные бумаги, обеспеченные автокредитами

Ценные бумаги, обеспеченные автокредитами *(auto loan-backed)*, эмитируются финансовыми дочерними компаниями производителей автомобилей, коммерческими банками, независимыми финансовыми компаниями и небольшими финансовыми организациями, специализирующимися на автомобильных кредитах. Денежный поток ценных бумаг, обеспеченных автокредитами, состоит из регулярных, осуществляемых согласно графику, ежемесячных выплат по кредиту (процент и основной долг), а также из досрочных платежей. Досрочное погашение по ценным бумагам, обеспеченным автокредитами, является результатом: 1) продаж машин и обменов старых машин на новые, возможных при условии полной выплаты кредита; 2) перехода прав собственности на автомобиль к кредитору и последующей продажи автомобиля; 3) угона или разрушения автомобиля; 4) раннего погашения кредита для экономии на процентах; 5) рефинансирования долга под более низкую ставку. Рефинансирование, будучи основной причиной досрочного погашения по ипотечным кредитам, не является значимым фактором при оценке скорости досрочного погашения по кредитам на покупку автомобилей.

Досрочное погашение ценных бумаг, обеспеченных автокредитами, измеряется с помощью **абсолютной скорости досрочного погашения** *(absolute prepayment speed — ABS)*[1]. ABS — это месячная скорость, выраженная как процент от начальной величины обеспечения. Как объяснялось в главе 11, SMM (месячная CPR) описывает скорость досрочного погашения исходя из размера невыплаченного на конец предыдущего месяца долга. Между ABS и SMM существует математическая зависимость. При заданной SMM (выраженной десятичной дробью), ABS (выраженная десятичной дробью) вычисляется по следующей формуле:

$$ABS = \frac{SMM}{1 + SMM \times (M - 1)},$$

где M — число месяцев после предоставления (т. е. возраст кредита).

Предположим, например, что в 32-м месяце SMM равна 2,1%, или 0,021. Тогда ABS будет равна:

$$ABS = \frac{0{,}021}{1 + 0{,}021 \times (32 - 1)} = 0{,}0127 = 1{,}27.$$

При заданной ABS, SMM вычисляется по следующей формуле:

$$SMM = \frac{ABS}{1 + ABS \times (M - 1)}.$$

[1] Аббревиатура ABS используется, возможно, потому, что это был первый показатель досрочного погашения для ценных бумаг, обеспеченных активами.

Затем, подставив полученное значение SMM в формулу из главы 11, можно вычислить CPR.

Предположим, что в 26-м месяце ABS равна 1,5%, или 0,015. Тогда SMM будет равна:

$$SMM = \frac{0{,}015}{1 - 0{,}015 \times (26 - 1)} = 0{,}024 = 2{,}4\%.$$

Иллюстрация: выпуск DaimlerChrysler Auto Trust 2007-A

В качестве иллюстрации сделки, обеспеченной автокредитами, приведем выпуск DaimlerChrysler Auto Trust 2007-A. Информация о сделке показана ниже и представлена графически на рис. 15.1.

Выпускающая организация: DaimlerChrysler Auto Trust 2007-A.

Спонсор, оригинатор, депонент и сервисер: DaimlerChrysler Financial Services Americas LLC.

Месячная комиссия за обслуживание: 1/12 часть от 1% годовых на совокупный остаток основной суммы задолженности по состоянию на первый день предыдущего календарного месяца.

Пул состоит из поступлений по кредитам на легковые автомобили и малотоннажные грузовики, приобретенные непосредственно у DaimlerChrysler Financial Services Americas LLC.

Основная сумма сделки составляла $1 689 500 000. В сделке выпущены следующие классы облигаций: A-1, A-2a, A-2b, A-3a, A-3b, A-4a, A-4b, B, C и D. Все классы облигаций, имеющие в обозначении символ «А», являлись старшими. Публике предлагались только классы A-2a, A-2b, A-3a, A-3b, A-4a и A-4b. Класс A-1 представлял собой краткосрочную облигацию со сроком погашения примерно через год после выпуска. Основная сумма предлагаемых старших облигационных классов, приведена ниже:

Класс	*Основная сумма, $*
A-2a и A-2b	836 000 000
A-3a и A-3b	405 000 000
A-4a и A-4b	448 500 000

Облигационные классы A-2a, A-3a и A-4a имеют фиксированную процентную ставку. Классы A-2b, A-3b и A-4b — это классы с плавающей процентной ставкой и 1-месячной LIBOR в качестве референсной ставки.

Поскольку все кредиты в пуле имеют фиксированную процентную ставку, возникает несоответствие денежного потока (основанного на фиксированной

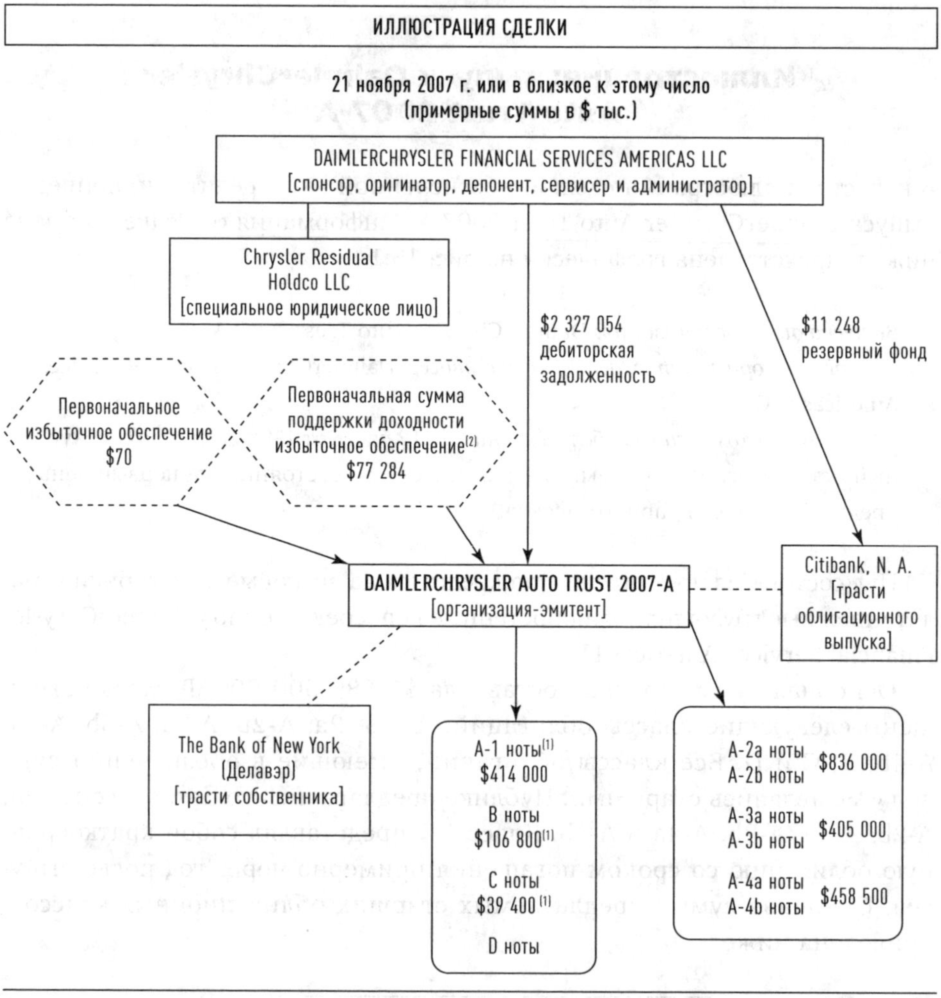

(1) Не предлагается публично или в этом документе.

(2) Избыточное обеспечение для поддержания доходности начинается с этой суммы и снижается, как указано на с. S-45 этого документа.

Рис. 15.1. Страница из дополнения к проспекту с обобщенными данными по сделке DaimlerChrysler Auto Trust 2007-A

Источник: Chrysler Financial. Prospectus Supplement Dated November 21, 2007, DaimlerChrysler Auto Trust 2007-A, p. S-5.

ставке) и выплат по облигационным классам A-2b, A-3b и A-4b, у которых ставка плавающая. Для устранения риска несоответствия траст вошел в процентный своп для каждого класса облигаций с плавающей ставкой. Мы будем рассматривать процентные свопы в главе 31, а здесь лишь отметим то, что они используются. В процентном свопе траст должен платить контрагенту фиксированную ставку (которую он получает от пула кредитов) и получать от него плавающую ставку. Контрагентом **в этом свопе являлась** Goldman Sachs Mitsui Marine Derivative Products, L. P.

Кредитную поддержку старшим нотам обеспечивали классы B, C и D наряду с первоначальной кредитной поддержкой в форме избыточного обеспечения и резервного фонда. Кроме того, в сделке имелся избыточный спред, который в дополнении к проспекту называют «избыточной инкассацией процентов».

Дополнение к проспекту также содержит информацию о средневзвешенном сроке жизни старших облигационных классов при разной абсолютной скорости досрочного погашения (ABS). В табл. 15.1 показан процент первоначальной основной суммы нот на каждую дату выплат по старшим классам на основе разных допущений об ABS, представленных в дополнении к проспекту.

Облигации «снижения тарифа»

Облигации «снижения тарифа» *(rate reduction bonds)* обеспечены особой платой (тарифом), включаемой в счета за коммунальные услуги. Эта плата, называемая **платой за переход к конкурентному рынку** *(competitive transition charge — CTC)*, по закону является активом. Она появилась в результате того, что государство перестало регулировать деятельность электроэнергетических компаний, которые до этого были обязаны устанавливать такие тарифы на электроэнергию, чтобы активы, находящиеся у них на балансе, приносили высокую прибыль. После прекращения государственного регулирования такой принцип установления тарифов стал неприемлем. В итоге у многих компаний этой отрасли осталось значительное количество приобретенных до дерегулирования активов, которые в новых условиях стали нерентабельными. Компании-поставщики электроэнергии больше не могли взимать высокую плату за свои услуги для того, чтобы покрывать затраты по содержанию активов, которые получили название «неокупаемых активов». Затраты, связанные с ними, называются «неокупаемыми затратами». По этой причине облигации «снижения тарифа» также известны, как **облигации неокупаемых затрат** *(stranded cost bonds)* или **облигации неокупаемых активов** *(stranded asset bonds)*. Некоторые называют данный сектор рынка ABS сектором «коммунальных услуг».

Таблица 15.1. Страница из дополнения к проспекту по сделке DaimlerChrysler Auto Trust 2007-A, показывающая процентную долю основной суммы нот для старших классов в даты выплат при разных ABS

Процент первоначальной основной суммы нот при разных ABS

	А-1 ноты						А-2 ноты					
Дата выплаты	0,00%	0,50%	1,20%	1,40%	1,60%	1,80%	0,00%	0,50%	1,20%	1,40%	1,60%	1,80%
Дата закрытия	100,00%	100,00%	100,00%	100,00%	100,00%	100,00%	100,00%	100,00%	100,00%	100,00%	100,00%	100,00%
Декабрь 2007	90,13%	87,27%	82,94%	81,60%	80,17%	78,11%	100,00%	100,00%	100,00%	100,00%	100,00%	100,00%
Январь 2008	81,23%	75,60%	67,07%	64,44%	61,65%	58,07%	100,00%	100,00%	100,00%	100,00%	100,00%	100,00%
Февраль 2008	72,28%	63,97%	51,38%	47,52%	43,43%	38,78%	100,00%	100,00%	100,00%	100,00%	100,00%	100,00%
Март 2008	63,27%	52,37%	35,87%	30,82%	25,50%	19,80%	100,00%	100,00%	100,00%	100,00%	100,00%	100,00%
Апрель 2008	54,23%	40,83%	20,56%	14,37%	7,90%	1,14%	100,00%	100,00%	100,00%	100,00%	100,00%	100,00%
Май 2008	45,15%	29,33%	5,44%	0,00%	0,00%	0,00%	100,00%	100,00%	100,00%	99,09%	95,34%	91,48%
Июнь 2008	36,02%	17,88%	0,00%	0,00%	0,00%	0,00%	100,00%	100,00%	95,30%	91,19%	86,93%	82,56%
Июль 2008	26,84%	6,48%	0,00%	0,00%	0,00%	0,00%	100,00%	100,00%	88,01%	83,41%	78,67%	73,80%
Август 2008	17,84%	0,00%	0,00%	0,00%	0,00%	0,00%	100,00%	97,69%	80,89%	75,81%	70,58%	65,20%
Сентябрь 2008	8,80%	0,00%	0,00%	0,00%	0,00%	0,00%	100,00%	92,19%	73,86%	68,47%	62,93%	57,23%
Октябрь 2008	0,00%	0,00%	0,00%	0,00%	0,00%	0,00%	99,86%	87,00%	67,78%	61,97%	55,99%	49,84%
Ноябрь 2008	0,00%	0,00%	0,00%	0,00%	0,00%	0,00%	96,07%	82,39%	61,79%	55,56%	49,16%	42,58%
Декабрь 2008	0,00%	0,00%	0,00%	0,00%	0,00%	0,00%	92,34%	77,78%	55,88%	49,26%	42,46%	35,46%
Январь 2009	0,00%	0,00%	0,00%	0,00%	0,00%	0,00%	88,58%	73,19%	50,05%	43,05%	35,87%	28,49%
Февраль 2009	0,00%	0,00%	0,00%	0,00%	0,00%	0,00%	84,79%	68,61%	44,29%	36,95%	29,41%	21,66%
Март 2009	0,00%	0,00%	0,00%	0,00%	0,00%	0,00%	80,97%	64,05%	38,62%	30,94%	23,06%	14,97%
Апрель 2009	0,00%	0,00%	0,00%	0,00%	0,00%	0,00%	77,12%	59,50%	33,03%	25,04%	16,85%	8,44%
Май 2009	0,00%	0,00%	0,00%	0,00%	0,00%	0,00%	73,25%	54,97%	27,52%	19,24%	10,75%	2,05%
Июнь 2009	0,00%	0,00%	0,00%	0,00%	0,00%	0,00%	69,34%	50,44%	22,09%	13,54%	4,79%	0,00%

	A-1 ноты						A-2 ноты					
Июль 2009	0,00%	0,00%	0,00%	0,00%	0,00%	0,00%	65,50%	46,03%	16,81%	8,00%	0,00%	0,00%
Август 2009	0,00%	0,00%	0,00%	0,00%	0,00%	0,00%	61,63%	41,63%	11,61%	2,57%	0,00%	0,00%
Сентябрь 2009	0,00%	0,00%	0,00%	0,00%	0,00%	0,00%	57,74%	37,24%	6,49%	0,00%	0,00%	0,00%
Октябрь 2009	0,00%	0,00%	0,00%	0,00%	0,00%	0,00%	53,81%	32,87%	1,46%	0,00%	0,00%	0,00%
Ноябрь 2009	0,00%	0,00%	0,00%	0,00%	0,00%	0,00%	49,85%	28,51%	0,00%	0,00%	0,00%	0,00%
Декабрь 2009	0,00%	0,00%	0,00%	0,00%	0,00%	0,00%	45,86%	24,17%	0,00%	0,00%	0,00%	0,00%
Январь 2010	0,00%	0,00%	0,00%	0,00%	0,00%	0,00%	41,84%	19,84%	0,00%	0,00%	0,00%	0,00%
Февраль 2010	0,00%	0,00%	0,00%	0,00%	0,00%	0,00%	37,79%	15,53%	0,00%	0,00%	0,00%	0,00%
Март 2010	0,00%	0,00%	0,00%	0,00%	0,00%	0,00%	33,70%	11,24%	0,00%	0,00%	0,00%	0,00%
Апрель 2010	0,00%	0,00%	0,00%	0,00%	0,00%	0,00%	29,59%	6,96%	0,00%	0,00%	0,00%	0,00%
Май 2010	0,00%	0,00%	0,00%	0,00%	0,00%	0,00%	25,44%	2,69%	0,00%	0,00%	0,00%	0,00%
Июнь 2010	0,00%	0,00%	0,00%	0,00%	0,00%	0,00%	21,26%	0,00%	0,00%	0,00%	0,00%	0,00%
Июль 2010	0,00%	0,00%	0,00%	0,00%	0,00%	0,00%	17,04%	0,00%	0,00%	0,00%	0,00%	0,00%
Август 2010	0,00%	0,00%	0,00%	0,00%	0,00%	0,00%	12,95%	0,00%	0,00%	0,00%	0,00%	0,00%
Сентябрь 2010	0,00%	0,00%	0,00%	0,00%	0,00%	0,00%	8,90%	0,00%	0,00%	0,00%	0,00%	0,00%
Октябрь 2010	0,00%	0,00%	0,00%	0,00%	0,00%	0,00%	4,82%	0,00%	0,00%	0,00%	0,00%	0,00%
Ноябрь 2010	0,00%	0,00%	0,00%	0,00%	0,00%	0,00%	0,71%	0,00%	0,00%	0,00%	0,00%	0,00%
Декабрь 2010	0,00%	0,00%	0,00%	0,00%	0,00%	0,00%	0,00%	0,00%	0,00%	0,00%	0,00%	0,00%
Средневзвешенная продолжительность жизни (годы)[1]	0,46	0,36	0,27	0,25	0,23	0,21	1,99	1,61	1,19	1,10	1,02	0,94

(1) Средневзвешенная продолжительность жизни ноты определяется: a) умножением суммы каждого основного платежа по ноте на количество лет с даты выпуска этой ноты до соответствующей даты выплаты; b) сложением полученных результатов и c) делением суммы на размер первоначального номинала ноты.

Эта таблица **ABS** составлена на основе допущений, описанных выше (включая допущения относительно характеристик и погашаемости дебиторской задолженности, которые отличаются от фактических характеристик и погашаемости), и должна читаться совместно с ними.

Продолжение табл. 15.1

Таблица 15.1. Страница из дополнения к проспекту по сделке DaimlerChrysler Auto Trust 2007-A, показывающая процентную долю основной суммы нот для старших классов в даты выплат при разных ABS (продолжение)

Процент первоначальной основной суммы нот при разных ABS

	А-3 ноты						А-4 ноты					
Дата выплаты	0,00%	0,50%	1,20%	1,40%	1,60%	1,80%	0,00%	0,50%	1,20%	1,40%	1,60%	1,80%
Дата закрытия	100,00%	100,00%	100,00%	100,00%	100,00%	100,00%	100,00%	100,00%	100,00%	100,00%	100,00%	100,00%
Декабрь 2007	100,00%	100,00%	100,00%	100,00%	100,00%	100,00%	100,00%	100,00%	100,00%	100,00%	100,00%	100,00%
Январь 2008	100,00%	100,00%	100,00%	100,00%	100,00%	100,00%	100,00%	100,00%	100,00%	100,00%	100,00%	100,00%
Февраль 2008	100,00%	100,00%	100,00%	100,00%	100,00%	100,00%	100,00%	100,00%	100,00%	100,00%	100,00%	100,00%
Март 2008	100,00%	100,00%	100,00%	100,00%	100,00%	100,00%	100,00%	100,00%	100,00%	100,00%	100,00%	100,00%
Апрель 2008	100,00%	100,00%	100,00%	100,00%	100,00%	100,00%	100,00%	100,00%	100,00%	100,00%	100,00%	100,00%
Май 2008	100,00%	100,00%	100,00%	100,00%	100,00%	100,00%	100,00%	100,00%	100,00%	100,00%	100,00%	100,00%
Июнь 2008	100,00%	100,00%	100,00%	100,00%	100,00%	100,00%	100,00%	100,00%	100,00%	100,00%	100,00%	100,00%
Июль 2008	100,00%	100,00%	100,00%	100,00%	100,00%	100,00%	100,00%	100,00%	100,00%	100,00%	100,00%	100,00%
Август 2008	100,00%	100,00%	100,00%	100,00%	100,00%	100,00%	100,00%	100,00%	100,00%	100,00%	100,00%	100,00%
Сентябрь 2008	100,00%	100,00%	100,00%	100,00%	100,00%	100,00%	100,00%	100,00%	100,00%	100,00%	100,00%	100,00%
Октябрь 2008	100,00%	100,00%	100,00%	100,00%	100,00%	100,00%	100,00%	100,00%	100,00%	100,00%	100,00%	100,00%
Ноябрь 2008	100,00%	100,00%	100,00%	100,00%	100,00%	100,00%	100,00%	100,00%	100,00%	100,00%	100,00%	100,00%
Декабрь 2008	100,00%	100,00%	100,00%	100,00%	100,00%	100,00%	100,00%	100,00%	100,00%	100,00%	100,00%	100,00%
Январь 2009	100,00%	100,00%	100,00%	100,00%	100,00%	100,00%	100,00%	100,00%	100,00%	100,00%	100,00%	100,00%

Продолжение табл. 15.1

	A-3 ноты						A-4 ноты					
Февраль 2009	100,00%	100,00%	100,00%	100,00%	100,00%	100,00%	100,00%	100,00%	100,00%	100,00%	100,00%	100,00%
Март 2009	100,00%	100,00%	100,00%	100,00%	100,00%	100,00%	100,00%	100,00%	100,00%	100,00%	100,00%	100,00%
Апрель 2009	100,00%	100,00%	100,00%	100,00%	100,00%	100,00%	100,00%	100,00%	100,00%	100,00%	100,00%	100,00%
Май 2009	100,00%	100,00%	100,00%	100,00%	100,00%	100,00%	100,00%	100,00%	100,00%	100,00%	100,00%	100,00%
Июнь 2009	100,00%	100,00%	100,00%	100,00%	100,00%	91,35%	100,00%	100,00%	100,00%	100,00%	100,00%	100,00%
Июль 2009	100,00%	100,00%	100,00%	100,00%	97,90%	78,80%	100,00%	100,00%	100,00%	100,00%	100,00%	100,00%
Август 2009	100,00%	100,00%	100,00%	100,00%	86,16%	66,55%	100,00%	100,00%	100,00%	100,00%	100,00%	100,00%
Сентябрь 2009	100,00%	100,00%	100,00%	94,28%	74,68%	54,60%	100,00%	100,00%	100,00%	100,00%	100,00%	100,00%
Октябрь 2009	100,00%	100,00%	100,00%	83,48%	63,46%	42,95%	100,00%	100,00%	100,00%	100,00%	100,00%	100,00%
Ноябрь 2009	100,00%	100,00%	92,79%	72,89%	52,50%	31,60%	100,00%	100,00%	100,00%	100,00%	100,00%	100,00%
Декабрь 2009	100,00%	100,00%	82,75%	62,52%	41,80%	20,57%	100,00%	100,00%	100,00%	100,00%	100,00%	100,00%
Январь 2010	100,00%	100,00%	72,88%	52,37%	31,37%	9,84%	100,00%	100,00%	100,00%	100,00%	100,00%	100,00%
Февраль 2010	100,00%	100,00%	63,19%	42,45%	21,20%	0,00%	100,00%	100,00%	100,00%	100,00%	100,00%	99,48%
Март 2010	100,00%	100,00%	53,67%	32,74%	11,30%	0,00%	100,00%	100,00%	100,00%	100,00%	100,00%	90,14%
Апрель 2010	100,00%	100,00%	44,34%	23,27%	1,68%	0,00%	100,00%	100,00%	100,00%	100,00%	100,00%	80,97%
Май 2010	100,00%	100,00%	35,20%	14,02%	0,00%	0,00%	100,00%	100,00%	100,00%	100,00%	92,95%	72,11%
Июнь 2010	100,00%	96,79%	26,23%	5,00%	0,00%	0,00%	100,00%	100,00%	100,00%	100,00%	84,44%	63,55%
Июль 2010	100,00%	88,05%	17,46%	0,00%	0,00%	0,00%	100,00%	100,00%	100,00%	96,58%	76,20%	55,30%
Август 2010	100,00%	79,61%	9,04%	0,00%	0,00%	0,00%	100,00%	100,00%	100,00%	88,71%	68,32%	47,43%

Продолжение табл. 15.1

	А-3 ноты						А-4 ноты					
Сентябрь 2010	100,00%	71,34%	0,90%	0,00%	0,00%	0,00%	100,00%	100,00%	100,00%	81,11%	60,75%	39,91%
Октябрь 2010	100,00%	63,10%	0,00%	0,00%	0,00%	0,00%	100,00%	100,00%	93,52%	73,72%	53,45%	32,69%
Ноябрь 2010	100,00%	54,89%	0,00%	0,00%	0,00%	0,00%	100,00%	100,00%	86,22%	66,54%	46,40%	25,77%
Декабрь 2010	92,91%	46,71%	0,00%	0,00%	0,00%	0,00%	100,00%	100,00%	79,10%	59,58%	39,61%	19,15%
Январь 2011	84,29%	38,57%	0,00%	0,00%	0,00%	0,00%	100,00%	100,00%	72,15%	52,84%	33,08%	12,85%
Февраль 2011	75,60%	30,47%	0,00%	0,00%	0,00%	0,00%	100,00%	100,00%	65,38%	46,32%	26,83%	6,86%
Март 2011	66,84%	22,40%	0,00%	0,00%	0,00%	0,00%	100,00%	100,00%	58,78%	40,03%	20,84%	1,19%
Апрель 2011	58,01%	14,36%	0,00%	0,00%	0,00%	0,00%	100,00%	100,00%	52,37%	33,96%	15,12%	0,00%
Май 2011	49,11%	6,37%	0,00%	0,00%	0,00%	0,00%	100,00%	100,00%	46,15%	28,12%	9,68%	0,00%
Июнь 2011	40,14%	0,00%	0,00%	0,00%	0,00%	0,00%	100,00%	98,56%	40,11%	22,51%	4,51%	0,00%
Июль 2011	31,10%	0,00%	0,00%	0,00%	0,00%	0,00%	100,00%	91,22%	34,25%	17,14%	0,00%	0,00%
Август 2011	22,48%	0,00%	0,00%	0,00%	0,00%	0,00%	100,00%	84,18%	28,77%	12,13%	0,00%	0,00%
Сентябрь 2011	13,96%	0,00%	0,00%	0,00%	0,00%	0,00%	100,00%	77,28%	23,53%	7,39%	0,00%	0,00%
Октябрь 2011	5,37%	0,00%	0,00%	0,00%	0,00%	0,00%	100,00%	70,42%	18,47%	2,87%	0,00%	0,00%
Ноябрь 2011	0,00%	0,00%	0,00%	0,00%	0,00%	0,00%	97,03%	63,60%	13,59%	0,00%	0,00%	0,00%
Декабрь 2011	0,00%	0,00%	0,00%	0,00%	0,00%	0,00%	88,88%	56,80%	8,89%	0,00%	0,00%	0,00%
Январь 2012	0,00%	0,00%	0,00%	0,00%	0,00%	0,00%	80,62%	50,05%	4,38%	0,00%	0,00%	0,00%
Февраль 2012	0,00%	0,00%	0,00%	0,00%	0,00%	0,00%	72,30%	43,32%	0,05%	0,00%	0,00%	0,00%
Март 2012	0,00%	0,00%	0,00%	0,00%	0,00%	0,00%	63,92%	36,64%	0,00%	0,00%	0,00%	0,00%

Окончание табл. 15.1

			A-3 ноты						A-4 ноты			
Апрель 2012	0,00%	0,00%	0,00%	0,00%	0,00%	0,00%	55,46%	29,99%	0,00%	0,00%	0,00%	0,00%
Май 2012	0,00%	0,00%	0,00%	0,00%	0,00%	0,00%	46,94%	23,38%	0,00%	0,00%	0,00%	0,00%
Июнь 2012	0,00%	0,00%	0,00%	0,00%	0,00%	0,00%	38,36%	16,80%	0,00%	0,00%	0,00%	0,00%
Июль 2012	0,00%	0,00%	0,00%	0,00%	0,00%	0,00%	29,70%	10,27%	0,00%	0,00%	0,00%	0,00%
Август 2012	0,00%	0,00%	0,00%	0,00%	0,00%	0,00%	20,98%	3,77%	0,00%	0,00%	0,00%	0,00%
Сентябрь 2012	0,00%	0,00%	0,00%	0,00%	0,00%	0,00%	15,34%	0,00%	0,00%	0,00%	0,00%	0,00%
Октябрь 2012	0,00%	0,00%	0,00%	0,00%	0,00%	0,00%	9,64%	0,00%	0,00%	0,00%	0,00%	0,00%
Ноябрь 2012	0,00%	0,00%	0,00%	0,00%	0,00%	0,00%	3,90%	0,00%	0,00%	0,00%	0,00%	0,00%
Декабрь 2012	0,00%	0,00%	0,00%	0,00%	0,00%	0,00%	0,00%	0,00%	0,00%	0,00%	0,00%	0,00%
Средневзвешенная продолжительность жизни (годы)[1]	3,50	3,06	2,38	2,20	2,03	1,88	4,48	4,18	3,49	3,24	2,99	2,75
Средневзвешенная продолжительность жизни до отзыва (годы)[1] [2]	N/A	N/A	N/A	N/A	N/A	N/A	4,47	4,17	3,47	3,22	2,98	2,75
Наиболее ранняя возможная дата отзыва	N/A	N/A	N/A	N/A	N/A	N/A	Окт. 2012	Июль 2012	Дек. 2011	Авг. 2011	Май 2011	Февр. 2011

(1) Средневзвешенная продолжительность жизни ноты определяется: a) умножением суммы каждого основного платежа по ноте на количество лет с даты выпуска этой ноты до соответствующей даты выплаты; b) сложением полученных результатов и c) делением суммы на размер первоначального номинала ноты.

Источник: Prospectus Supplement Dated November 21, 2007, DaimlerChrysler Auto Trust 2007-A, pp. S-27–28.

СТС взимается компанией, оказывающей коммунальные услуги, за определенный период времени. Так как по закону на СТС распространяется право собственности, она может быть продана специальному юридическому лицу и секьюритизирована. Именно благодаря такому статусу СТС, облигации «снижения тарифа» отличаются от обычных ценных бумаг, обеспеченных активами.

Первоначально СТС вычисляется на основе прогноза объема оказанных услуг и дохода компании. Однако реальные показатели могут отличаться от спрогнозированных. По этой причине при секьюритизации СТС предусматривается «регулировка» тарифа, которая позволяет компании — поставщику коммунальных услуг регулярно, основываясь на реальных выплатах, пересматривать СТС в течение всего периода секьюритизации. Преимущество «регулировки» для держателей старших облигаций заключается в том, что она обеспечивает стабильность денежному потоку и служит своеобразной формой кредитной поддержки.

ЗАКОН ДОДДА–ФРАНКА О РЕФОРМЕ УОЛЛ-СТРИТ И ЗАЩИТЕ ПРАВ ПОТРЕБИТЕЛЕЙ

Потрясения, произошедшие на рынке секьюритизации и в связанных с ним секторах финансового рынка, вынудили Конгресс принять в июле 2010 г. **Закон Додда–Франка о реформе Уолл-стрит и защите прав потребителей.** Хотя эти законы затрагивают много других аспектов помимо секьюритизации, мы ограничимся здесь рассмотрением только секьюритизации.

Ключевые аспекты этого закона, затрагивающие секьюритизацию, включают в себя:

1. Требование, чтобы «секьюритизаторы»[1] принимали на себя часть кредитного риска сделки.
2. Требования в отношении стандартов отчетности и раскрытия информации по сделке секьюритизации.
3. Необходимость предоставления заявлений и заверений в отношении сделок секьюритизации и введение механизмов их исполнения.
4. Требование о проведении процедуры «дью дилидженс» в отношении кредитов, передаваемых в обеспечение сделок секьюритизации.

---

[1] Закон определяет секьюритизатора либо как эмитента сделки ABS, либо как лицо, которое организует и инициирует сделку ABS путем продажи или передачи активов, прямо или косвенно, в том числе и через аффилированное лицо эмитенту.

Конкретные детали относительно того, как эти требования должны исполняться, в законе не определяются. Вместо этого Конгресс делегировал ответственность за их исполнение трем федеральным банковским агентствам (Совету управляющих Федеральной резервной системы, Управлению контролера денежного обращения и Федеральной корпорации по страхованию депозитов), а также Комиссии по ценным бумагам и биржам (SEC). В отношении неагентских RMBS совместные правила должны определяться тремя федеральными банковскими агентствами, Федеральным агентством жилищного финансирования (FHFA) и Министерством жилищного строительства и городского развития (HUD).

Правила, определяющие размер и форму кредитного риска, который секьюритизаторы должны принимать на себя, различаются для сделок, не имеющих «квалифицированных жилищных ипотечных кредитов», и сделок, полностью обеспечиваемых такими ипотечными кредитами. Для сделок, полностью основанных на «квалифицированных жилищных ипотечных кредитах», требования по принятию риска не устанавливаются. Определением того, что должно считаться «квалифицированными жилищными ипотечными кредитами», занимаются три федеральных банковских агентства, SEC, FHFA и HUD, при этом они исходят из особенностей андеррайтинга и характеристик кредитов, а также из их исторической погашаемости.

Секьюритизаторам, которые должны принимать на себя кредитный риск, не разрешается хеджировать (прямо или косвенно) или передавать этот риск.

ОБЛИГАЦИИ, ОБЕСПЕЧЕННЫЕ ДОЛГОВЫМИ ОБЯЗАТЕЛЬСТВАМИ

В начале формирования рынка ABS существовал долговой продукт, создаваемый путем формирования диверсифицированного пула определенного типа активов и выпуска ценных бумаг, обеспеченных денежным потоком от этого пула активов. Такой долговой продукт называют облигациями, обеспеченными долговыми обязательствами (*collateralized debt obligation — CDO*). CDO отличаются от ABS, которые рассматривались ранее в этой главе, тем, что пулом активов активно управляет организация, называемая менеджером обеспечения.

Хотя в качестве обеспечения CDO используется множество типов активов, основными являются следующие:

- корпоративные облигации инвестиционного уровня;
- высокодоходные корпоративные облигации;

- облигации развивающихся рынков;
- неагентские ценные бумаги, обеспеченные жилищной ипотекой (неагентские RMBS);
- ценные бумаги, обеспеченные коммерческой недвижимостью (CMBS);
- рисковые банковские кредиты;
- облигации, обеспеченные долговыми обязательствами.

CDO, обеспеченные первыми тремя типами активов, называют **ценными бумагами, обеспеченными облигациями**; CDO, обеспеченные неагентскими RMBS и CMBS, — **CDO на основе структурированных финансовых продуктов**. CDO, обеспеченные рисковыми банковскими кредитами, называют **облигациями, обеспеченными кредитами** (CLO), мы рассматривали их в главе 8. Наконец, CDO, обеспеченные другими CDO, называют **CDO в квадрате**, или **CDO^2**.

Хотя выпуск CDO быстро рос с середины 1990-х гг. до начала 2007 г., впоследствии выпуск всех этих бумаг, кроме CLO, прекратился из-за катастрофически низкой результативности этого продукта. По мнению аналитиков, рассчитывать на восстановление рынка других CDO, кроме CLO, не стоит. Именно по этой причине мы ограничиваемся рассмотрением лишь основных характеристик этого продукта[1]. Наш краткий обзор также сделает очевидными разницу между ABS и CDO.

Структура CDO

В структуре CDO существует менеджер обеспечения, отвечающий за управление портфелем долговых обязательств. Портфель долговых обязательств, в которые инвестирует менеджер, называют **обеспечением**. Отдельные активы, входящие в обеспечение, называют **обеспечивающими активами**.

Средства для приобретения обеспечивающих активов получают в результате выпуска долговых обязательств. Как и в случае с ABS, долговые обязательства называют **траншами**, или **классами облигаций**.

Транши могут быть:

- старшими;
- мезонинными;
- субординированными/остаточными.

[1] В предыдущем издании этой книги CDO была посвящена целая глава. В ней раскрывались мотивы создания CDO с точки зрения эмитента.

CDO не обязательно содержат мезонинный транш.

Все транши за исключением субординированного/остаточного имеют рейтинг. Для старших траншей стараются получить как минимум рейтинг A, для мезонинных траншей — рейтинг BBB, но не ниже B. Субординированный/остаточный транш получает остаточный денежный поток, а следовательно, ему не присваивается рейтинг. Существуют определенные ограничения на то, что может делать менеджер обеспечения, кроме того, CDO должны удовлетворять определенным критериям, чтобы поддерживать кредитный рейтинг, присвоенный в момент выпуска.

Способность менеджера обеспечения осуществлять процентные платежи траншам и погашать транши при наступлении срока зависит от результативности обеспечения. Денежные средства, необходимые для удовлетворения обязательств перед траншами CDO (проценты и погашение основной суммы), могут поступать от:

- процентных платежей по купонам обеспечивающих активов;
- погашения обеспечивающих активов при наступлении срока;
- продажи обеспечивающих активов.

В типичной структуре один или несколько траншей имеют плавающую ставку. За исключением сделок, обеспеченных банковскими кредитами с плавающей ставкой, менеджер обеспечения инвестирует в облигации с фиксированной ставкой. Это создает проблему в случае выплат инвесторам в транши с плавающей ставки и инвестирования в активы с фиксированной ставкой. Для решения данной проблемы менеджер обеспечения использует производные инструменты, позволяющие конвертировать часть выплат по фиксированной ставке от активов в денежный поток, соответствующий плавающей ставке, для выплат по траншам, имеющим плавающую ставку. В частности, используются процентные свопы. Этот инструмент, описываемый в главе 31, позволяет участникам рынка обменивать фиксированные платежи на плавающие и наоборот. Из-за несоответствия характера денежных потоков долговых обязательств, в которые инвестирует менеджер обеспечения, и плавающих обязательств по каким-либо траншам, менеджер обеспечения обязан входить в процентный своп. Рейтинговые агентства требуют использования свопов для устранения несоответствия.

Менеджер обеспечения должен непрерывно контролировать обеспечение, чтобы гарантировать его соответствие определенным критериям. Рейтинговые агентства применяют два вида критериев: критерии качества и критерии покрытия. При оценке сделки их, в частности, интересует диверсификация активов, а потому они устанавливают критерии диверсификации. Такие критерии называют **критериями качества**. Менеджер обеспечения не может осуществить операцию, которая приводит к невыполнению любого критерия качества. Существуют также критерии, гарантирующие, что результативность обеспечения достаточна для осуществления выплат различным траншам. Их называют критериями покрытия, и, как будет показано далее, в случае невыполнения таких критериев доход от обеспечения направляется на погашение старших траншей.

Правила распределения

Существуют три соответствующих периода. Первый из них — **период формирования обеспечения**. Этот период начинается после даты завершения сделки, когда менеджер обеспечения начинает инвестировать средства, полученные от продажи выпущенных долговых обязательств. Обычно он длится от одного до двух лет. **Период реинвестирования**, или **револьверный период** — это время реинвестирования поступления от основных платежей, обычная продолжительность его составляет пять лет и более. В финальный период обеспечение продают и погашают обязательства перед держателями долга.

Распределение дохода

Доход появляется в результате процентных выплат по обеспечивающим активам и прироста капитала. Доход используется следующим образом. Сначала производятся выплаты трасти и администраторам, а затем старшему менеджеру обеспечения. После этого выплачиваются проценты по старшим траншам. В этот момент, чтобы были осуществлены какие-либо другие платежи, должны выполняться определенные критерии. Такие критерии называют критериями покрытия, как говорилось выше. В случае выполнения критериев покрытия проценты выплачиваются мезонинным траншам. Вслед за ними выплачиваются проценты субординированную/остаточному траншу.

Если критерии покрытия не выполняются, то платежи направляются старшим траншам. Оставшийся после выплаты комиссионных и процента старшим траншам доход используется для погашения старших траншей (т. е. выплаты основной суммы) до тех пор, пока не будут удовлетворяться критерии покрытия. Если при этом старшие транши погашаются полностью, то любой оставшийся доход используется для погашения мезонинных траншей. После этот остатки направляются на погашение субординированного/остаточного транша.

Распределение основных платежей

Основной денежный поток распределяется следующим образом после выплаты комиссионных трасти, администраторам и старшим менеджерам. Если процентов недостаточно для выплат старшим траншам, то основные платежи используются для покрытия дефицита. При выполнении критериев покрытия в период реинвестирования основные платежи реинвестируются. После периода реинвестирования или в случае невыполнения критериев покрытия основные платежи направляются на погашение старших траншей до тех пор, пока не будут удовлетворяться критерии покрытия. После полного погашения старших траншей начинается погашение мезонинных траншей, а вслед за ними — субординированного/остаточного транша.

В случае удовлетворения всех долговых обязательств, если это допускается, выплаты осуществляются инвесторам в остаточный транш. Кроме того, руководителям выплачивается вознаграждение в зависимости от результатов деятельности. Обычно в начале сделки для остаточных инвесторов устанавливается целевая доходность. Руководство затем может осуществлять пропорциональные выплаты при достижении целевой доходности.

Резюме

- Ценные бумаги, обеспеченные активами, создаются объединением в пулы кредитов или дебиторской задолженности. Этот процесс называется секьюритизацией.
- Основными участниками секьюритизации являются продавец/оригинатор (организация, пытающаяся привлечь средства), специальное юридическое лицо и сервисер.
- Причиной того, что компании предпочитают выпускать ABS, а не корпоративные облигации, является возможное снижение стоимости финансирования. Ключевую роль при экономии средств играет специальное юридическое лицо.
- Ценные бумаги, обеспеченные активами, имеют кредитную поддержку, которая защищает классы облигаций от дефолтов. Кредитная поддержка может быть двух типов: внутренней и внешней.

- Внутренняя кредитная поддержка может быть структурной (структура соподчиненных классов облигаций) и обеспечиваемой оригинатором (денежные резервные фонды, избыточный спред и избыточное обеспечение).
- Внешняя кредитная поддержка — это гарантии третьей стороны, которые исторически чаще всего предоставляются в виде страхования облигации. Такой вид кредитной поддержки в сделках перестал использоваться после 2007 г.
- При анализе кредитных рисков рейтинговые агентства изучают риски активов, структурные риски и сторонних участников секьюритизации. На основе полученных результатов рейтинговые агентства определяют уровень кредитной поддержки, необходимый тому или иному классу облигаций для получения определенного кредитного рейтинга.

Вопросы

1. Почему организация, пытающаяся получить денежные средства с помощью секьюритизации, называется «продавцом» или «оригинатором»?
2. Почему для эмиссии ценной бумаги, обеспеченной активами, организуется SVP?
3. В чем разница между сервисером и SVP?
4. a. В чем разница между одноступенчатой и двухступенчатой секьюритизацией?
   b. Что такое «депонент» в секьюритизации?
5. Что такое «водопад» платежей?
6. Объясните, что происходит с основными платежами в самоликвидирующейся структуре и револьверной структуре.
7. Что такое: a) револьверный период и b) положение о ранней амортизации?
8. a. Почему при секьюритизации требуется кредитная поддержка?
   b. Какая организация определяет количество ценных бумаг, необходимых при секьюритизации?
9. Почему при рассмотрении ценных бумаг, обеспеченных поступлениями по кредитным картам, важно учитывать MPR?
10. В чем недостаток гарантий третьей стороны как формы кредитной поддержки?
11. Ценная бумага, обеспеченная активами, получила кредитную поддержку в форме аккредитива от банка, имеющего кредитный

рейтинг A. Сможет ли данный выпуск получить рейтинг AAA, если эта кредитная поддержка окажется единственной? Почему?

12. Эмитент облигационного выпуска, обеспеченного пулом автокредитов, сравнивает преимущества двух типов кредитной поддержки. Общая номинальная стоимость активов равна $300 млн.

Номинальная стоимость ($ млн)	*Структура I*	*Структура II*
Пула автомобильных кредитов	304	301
Старшего класса	250	270
Субординированного класса	50	30

   a. Какая из структур получит более высокий кредитный рейтинг и почему?
   b. Какая форма кредитной поддержки используется в обеих структурах?
13. a. Что такое риск концентрации?
   b. Как рейтинговые агентства пытаются ограничить риск концентрации пула кредитов?
14. В чем разница между анализом на уровне пула и анализом на уровне отдельных кредитов?
15. Чем отличаются опциональные условия досрочного выкупа при секьюритизации от условия досрочного погашения стандартной корпоративной облигации?
16. Какие факторы принимают во внимание рейтинговые агентства, анализируя структурный риск при секьюритизации?
17. Зачем в структуре секьюритизации используются процентные деривативы?
18. Следующие вопросы касаются ценных бумаг, обеспеченных автокредитами.
   a. Из чего состоит денежный поток ценных бумаг, обеспеченных автокредитами?
   b. Почему для ценных бумаг, обеспеченных автокредитами, значимость досрочного погашения невелика?
   c. Как измеряется досрочное погашение пула автокредитов?
19. Следующие вопросы касаются ценных бумаг, обеспеченных поступлениями по кредитным картам.
   a. Что происходит с основным долгом, выплачиваемым владельцами кредитных карт, в течение периода запрета на досрочное погашение?
   b. Какова роль положения о ранней амортизации в структуре ценных бумаг, обеспеченных поступлениями по кредитным картам?

c. Каким образом можно изменить денежный поток ценных бумаг, обеспеченных поступлениями по кредитным картам, до начала периода амортизации основного долга?
d. Почему, принимая решение об инвестировании в ценные бумаги, обеспеченные поступлениями по кредитным картам, необходимо учитывать месячный уровень платежей?

20. Следующие вопросы касаются облигаций «снижения тарифа».
    a. Какой актив обеспечивает данные ценные бумаги?
    b. Что такое «регулировка» тарифа при выпуске ценных бумаг данного типа?
21. Что Закон Додда–Франка о реформе Уолл-стрит и защите прав потребителей требует в отношении принятия кредитного риска секьюритизатором в сделке секьюритизации?
22. Чем сделки CDO отличаются от сделок ABS?
23. a. Если процентных платежей недостаточно для выплат старшим траншам CDO, то как покрывают возникший дефицит?
    b. Если у CDO не выполняются критерии покрытия, то как используются основные платежи, получаемые от обеспечения?

ГЛАВА 16

Компании коллективных инвестиций в инструменты с фиксированным доходом

В этой главе читателю будут представлены сведения:

- о компаниях коллективных инвестиций, которые вкладывают средства в облигации и другие долговые инструменты;
- о преимуществах, которые компании коллективных инвестиций дают инвестору;
- о чистой стоимости активов компании коллективных инвестиций и взаимосвязи между чистой стоимостью активов и рыночной стоимостью доли участия;
- о типах инвестиционных компаний / зарегистрированных инвестиционных компаний: открытых фондах (взаимных фондах) и закрытых фондах закрытого типа;
- об определении цены долей участия в инвестиционных компаниях;
- о недостатках инвестиционной компании как инвестиционного инструмента;
- о биржевых фондах и их использовании при управлении облигационным портфелем;
- о сходствах и различиях биржевых фондов и фондов закрытого типа;
- о создании долей биржевых фондов и их выкупе;
- о хедж-фондах, их основных характеристиках и типах хедж-фондов, инвестирующих в облигации;

- об инвестиционных трастах недвижимости и о характеристиках ипотечного траста недвижимости;
- о налоговых выгодах инвестиционных трастов недвижимости.

До сих пор мы рассматривали индивидуальные долговые инструменты. В этой главе речь пойдет об инструментах коллективного инвестирования, которые известны как **компании совместных инвестиций**, или **компании коллективных инвестиций**. В их число входят паи инвестиционных компаний, акции биржевых фондов, хедж-фонды и инвестиционные трасты недвижимости.

ИНВЕСТИРОВАНИЕ В КОМПАНИИ КОЛЛЕКТИВНЫХ ИНВЕСТИЦИЙ

Инвесторы в облигации — индивидуальные и институциональные — могут вложить средства в компанию коллективных инвестиций вместо формирования собственного портфеля и самостоятельного выхода на широкий рынок облигаций и/или на его конкретные секторы. Для индивидуальных инвесторов выгоды использования компаний коллективных инвестиций заключаются в следующем: 1) более высокая диверсификация для достижения желаемого риска; 2) более высокая ликвидность и 3) профессиональное управление инвестициями.

Институциональные инвесторы в облигации используют компании коллективных инвестиций для выхода в определенные секторы облигационного рынка, где у них нет достаточного опыта. Например, как будет показано в главе 24, при управлении портфелем облигаций в качестве ориентира может использоваться индекс широкого рынка. При этом у портфельного менеджера не обязательно есть опыт работы во всех без исключения секторах. Так, портфельный менеджер может хорошо разбираться в корпоративных облигациях, но не обладать опытом работы с ипотечными ценными бумагами. Вместо того, чтобы набирать команду специалистов в сфере MBS, он может использовать компанию коллективных инвестиций, управляемую командой экспертов по MBS. Менеджер может выйти в сектор MBS через нее. Другая причина использования компаний коллективных инвестиций менеджерами институциональных портфелей облигаций заключается в том, что размер фонда может быть недостаточно большим для приобретения такого количества облигаций, которое оправдывает отслеживание сектора. Помимо прочего некоторые компании коллективных инвестиций позволяют использовать кредитный рычаг и осуществлять короткие продажи на рынке облигаций.

Инвестор в компанию коллективных инвестиций приобретает пропорциональную долю стоимости портфеля. Стоимость портфеля равна рыночной стоимости активов в портфеле фонда за вычетом обязательств фонда. Деление этой разницы на количество долей участия (паев или акций) в фонде дает **чистую стоимость активов** (NAV).

$$NAV = \frac{\text{рыночная стоимость активов в портфеле} - \text{обязательства}}{\text{количество долей участия в обращении}}.$$

Допустим, например, что компания коллективных инвестиций с 5 млн долей участия имеет портфель с рыночной стоимостью \$320 млн и обязательства размером \$20 млн. Тогда NAV будет равна:

$$NAV = \frac{\$320\,000\,000 - \$20\,000\,000}{5\,000\,000} = \$60.$$

В процессе рассмотрения различных компаний коллективных инвестиций взаимосвязь между NAV фонда и его рыночной стоимостью станет очевидной. Одни компании торгуются по NAV. Другие могут торговаться с премией (т. е. выше NAV) или с дисконтом (т. е. ниже NAV).

Федеральное законодательство США по ценным бумагам распространяется и на компании коллективных инвестиций. Мы будем рассказывать о применимом законодательстве наряду с налоговыми аспектами по мере рассмотрения этих компаний. Менеджеры компаний коллективных инвестиций могут придерживаться активной или пассивной стратегии, как объясняется в главе 25. Компании коллективных инвестиций, целью которых является следование тому или иному облигационному индексу, называют **пассивными** (или **индексными**) **фондами**, а также **бета-продуктом.** Компании коллективных инвестиций, которые стремятся превзойти облигационный индекс, называют **активными фондами**, а также **альфа-продуктом**.

Менеджеры облигационных портфелей, которые управляют коллективными инвестициями, получают вознаграждение в форме комиссионных. **Плата за управление**, называемая также **платой за инвестиционное консультирование**, зависит от размера активов, находящихся в управлении, и может также зависеть от результатов относительно ориентира. Компания коллективных инвестиций может иметь скользящую шкалу платы за управление в зависимости от размера фонда. Другим видом вознаграждения является **плата за результаты**, которая дополняет плату за управление и зависит от результатов деятельности.

ДОЛИ УЧАСТИЯ В ИНВЕСТИЦИОННОЙ КОМПАНИИ

Инвестиционные компании продают свои доли участия публике и вкладывают поступления в диверсифицированный портфель финансовых активов. Мы сосредоточимся на компаниях, которые инвестируют в долговые инструменты, такие как облигации, банковские кредиты и продукты секьюритизации (ценные бумаги, обеспеченные активами, жилищные MBS и коммерческие MBS). Как уже говорилось, акция фонда представляет пропорциональный интерес в чистых активах, в которые вкладываются средства.

Инвестиционная компания определяется в соответствии с Законом о ценных бумагах и биржах 1940 г. как «эмитент, который осуществляет или позиционирует себя как занимающийся в основном, или предполагающий заниматься в основном, инвестированием, реинвестированием или торговлей “ценными бумагами”». Если компания коллективных инвестиций удовлетворяет этому определению, то они должна пройти регистрацию в Комиссии по ценным бумагам и биржам (SEC). По этой причине их более уместно называют зарегистрированными инвестиционными компаниями (*registered investment company — RIC*). Инвестиционные компании классифицируют как компании по управлению инвестициями и паевые инвестиционные трасты. Здесь мы рассматриваем только управляющие компании.

Типы управляющих компаний

Управляющие компании делятся на **открытые компании** (**открытые фонды**) и **закрытые компании** (**закрытые фонды**). Хотя управляющие компании обоих типов обычно называют «взаимными фондами», строго говоря, только открытые фонды являются взаимными. Управляющие компании обычно как компании или трасты. Под надзором совета директоров или совета доверительных управляющих финансовый консультант управляет компанией.

Открытые облигационные фонды — это портфели облигаций, NAV которых или цена определяется только раз в день при закрытии торговой сессии. Количество паев не является фиксированным, оно возрастает или уменьшается по мере того, как фонд продает или выкупает выпущенные паи. Паи фонда продаются и выкупаются по NAV закрытия.

Паи **закрытых облигационных фондов** аналогичны акциям компаний. Новые паи первоначально выпускаются андеррайтером, и после выпуска количество паев не меняется. Иначе говоря, после первоначального выпуска фонд не производит продажу или обязательный выкуп паев[1]. Эти паи торгуются на вторичном рынке, а следовательно, их можно покупать на марже, продавать в короткую, и использовать такие же типы приказов, которые необходимы для открытия позиций в акциях (например, стоп-приказы и лимитные приказы). В отличие от открытых облигационных фондов NAV закрытых фондов устанавливается на основе предложения и спроса на рынке, где торгуются паи этих фондов, а сделки с ними требуют уплаты брокерской комиссии. Поскольку цена фонда определяется рынком, она может отличаться от NAV. Про фонд, цена которого выше NAV, говорят, что он «торгуется с премией», а про фонд, цена которого ниже NAV, — что он «торгуется с дисконтом».

Таким образом, у открытых облигационных фондов есть два принципиальных отличия от закрытых облигационных фондов. Во-первых, количество паев открытых фондов меняется в результате продажи новых паев и выкупа существующих. Во-вторых, цена паев открытых облигационных фондов всегда равна NAV фонда. В противоположность этому у закрытых облигационных фондов количество выпущенных паев остается фиксированным, а цену фонда определяет рынок.

Многочисленные исследования объясняют причины существенного отличия рыночной цены закрытых фондов от их NAV. BlackRock Financial Management, один из крупнейших спонсоров закрытых облигационных фондов, называет несколько факторов, приводящих к расхождению рыночной цены и NAV. Эти факторы связаны со спросом и предложением и включают в себя:

- текущую доходность цены/NAV (относительно других закрытых фондов/инвестиционных продуктов);
- текущий дисконт/премия;
- снижение/повышение дивидендов;
- результаты фонда (относительно других закрытых фондов/инвестиционных продуктов);
- результаты сектора закрытых фондов (относительно других закрытых фондов/инвестиционных продуктов);
- предпочтения инвесторов;
- перспективы рынка;
- перспективы сектора;
- доступность сопоставимых продуктов[2].

---

[1] Закрытые фонды выкупают свои паи в добровольном порядке аналогично тому, как компании выкупают свои акции.

[2] Доступно на сайте http://www2.blackrock.com/us/individual-investors/insight-education/investing-basics/understanding-discounts-and-premiums.

В следующем разделе мы рассмотрим другой тип компаний коллективных инвестиций — биржевые фонды (exchange-traded fund — ETF), который представляет угрозу для обоих типов управляющих компаний. Строго говоря, в соответствии с федеральным законодательством по ценным бумагам ETF являются формой регулируемых инвестиционных компаний. В принципе, ETF — это гибрид закрытого фонда, который торгуется на бирже, но очень близко к NAV.

Плата, взимаемая в фондах

Инвесторы в паи управляющих компаний несут два вида издержек. Первый — это **плата за получение пая**, обычно называемая **платой за продажу**. Это «разовый» платеж, взимаемый с инвестора за осуществление конкретной операции, например приобретение, выкуп или обмен паев. Эта плата зависит от того, как фонд продается или распределяется. Фонд, который не взимает плату за продажу, называют фондом «без нагрузки». При наличии такой платы во взаимном фонде может предоставляться опцион на ее уплату в момент приобретения (плата при покупке) или продаже паев (плата при продаже). Бывает, что фонд утверждает, что он без нагрузки, однако взимает другую плату.

Второй вид издержек — **годовые операционные издержки**. Операционные издержки списываются спонсором фонда ежегодно с остатка средств инвестора. Существуют три основные категории годовых операционных издержек: комиссия за управление, комиссия за распределение и прочие издержки. **Комиссию за управление**, называемую также **комиссией за инвестиционное консультирование**, взимает инвестиционный консультант за управление портфелем фонда. Размер комиссии за управление варьирует в зависимости от типа фонда, в частности от сложности классов активов и вида стратегии. Например, комиссия за управление в фонде с пассивной стратегией (бета-продукт) меньше, чем комиссия в фонде с активной стратегией (альфа-продукт). В некоторых фондах комиссия за управление снижается с увеличением размера вложенных средств.

Во многих взаимных фондах взимается также фиксированная годовая плата для покрытия издержек, связанных с годовыми распределениями и маркетингом. Эта плата, называемая **платой 12b-1**, обычно является альтернативой плате при продаже. Нередко подавляющая часть этой платы поступает лицу или организации, продающей паи инвестору, в качестве квазикомиссии. Максимальный размер платы 12b-1 составляет 1%.

Прочие издержки включают в себя стоимость: 1) депозитарного хранения (депонирования денежных средств и ценных бумаг фонда); 2) услуг трансфертного агента (например, перевода денежных средств и ценных бумаг между покупателями и продавцами ценных бумаг, а также распределений фонда); 3) вознаграждения независимого сертифицированного аудитора и 4) вознаграждения директоров.

Совокупные годовые операционные издержки фонда, называемые **коэффициентом расходов**, представляют собой сумму годовой комиссии за управление, платы 12b-1 (при ее наличии) и всех других годовых издержек. В проспекте фонда приводится информация по всем издержкам. По данным Института инвестиционных компаний в 2012 г. взвешенный по активам средний коэффициент расходов у активно управляемых облигационных фондов составлял 65 базисных пунктов против 12 базисных пунктов у индексных облигационных фондов[1].

Взаимный фонд может иметь структуру с несколькими классами, которая позволяет инвестору выбирать структуру комиссий и издержек по своему усмотрению. Например, структура может включать в себя паи класса A, класса B и класса C. По сравнению с другими классами в структуре фонда паи класса A имеют нагрузку при покупке, но более низкую плату 12b-1 и более низкие годовые издержки. У класса B обычно отсутствует нагрузка при покупке, но есть условная отложенная нагрузка при продаже, а также плата 12b-1 и прочие годовые издержки. У класса C есть плата 12b-1 и прочие годовые издержки. У него есть также нагрузка либо при покупке, либо при продаже, но она ниже, чем у паев классов A и B.

Типы облигационных фондов в зависимости от инвестиционных целей

Управляющие компании, которые инвестируют в продукты с фиксированным доходом, имеют широкий спектр инвестиционных целей. Фонд может быть активно или пассивно управляемым. Существуют разные подходы к классификации фондов. Наиболее широко они делятся на налогооблагаемые фонды и необлагаемые налогом фонды (называемые также фондами муниципальных облигаций). По данным Института инвестиционных компаний. Простой средний коэффициент расходов (взвешенный по активам коэффициент расходов) для налогооблагаемых и необлагаемых налогом облигационных фондов составлял в 2012 г. соответственно 103 (62) и 97 (60) базисных пунктов[2].

1 Figure 5.6, Chapter 5, in *2013 Investment Company Fact Book, 53rd Edition*, Investment Company Institute. См. http://www.icifactbook.org/fb_ch5.html.

2 Figure 5.7, Chapter 5, in *2013 Investment Company Fact Book, 53rd Edition*.

Фонды налогооблагаемых облигаций

В **фондах правительственных облигаций** не менее 90% портфеля составляют выпуски правительственных облигаций. **Фонды облигаций инвестиционного уровня** инвестируют в корпоративные облигации и другие выпуски инвестиционного уровня, такие как транши неагентских ипотечных ценных бумаг и ценных бумаг, обеспеченных активами, с кредитным рейтингом не ниже инвестиционного. Облигационный фонд, не менее 65% активов которого вложены в облигации неинвестиционного уровня (т. е. имеющие рейтинг ниже BBB/Baa), называют **фондом высокодоходных облигаций**. Облигационные фонды, относимые к разряду **фондов защищенных от инфляции облигаций**, инвестируют главным образом в долговые ценные бумаги, основная сумма которых корректируется с учетом уровня инфляции. Большинство таких облигаций выпускается Министерством финансов США, как говорилось в главе 6, хотя существуют и корпоративные облигации с такими же свойствами. Облигационные фонды банковских кредитов вкладывают средства главным образом в банковские кредиты; как отмечалось в главе 7, банковские кредиты имеют плавающую процентную ставку. **Мультисекторные облигационные фонды** инвестируют в широкий спектр классов облигаций: американские правительственные облигации, иностранные облигации и высокодоходные долговые ценные бумаги, выпускаемые американскими организациями. **Фонды конвертируемых облигаций** осуществляют вложения как в конвертируемые облигации, так и в конвертируемые привилегированные акции.

Существуют специализированные облигационные фонды, называемые инверсными фондами и фондами с рычагом. Менеджер **инверсного облигационного фонда** придерживается стратегии, которая ориентирована на игру против индекса-ориентира. Фактически такой фонд продает индекс в короткую, а потому его называют также **коротким облигационным фондом**. Менеджер **облигационного фонда с рычагом** использует заемные средства для повышения доходности индекса-ориентира.

Фонды правительственных облигаций и фонды облигаций инвестиционного уровня подразделяют на долгосрочные, среднесрочные и краткосрочные в зависимости от дюрации портфеля или среднего эффективного срока портфеля следующим образом:

долгосрочные	дюрация > 6	или	средний эффективный срок > 10 лет
среднесрочные	3,5 ≤ дюрация < 6	или	4 года ≤ средний эффективный срок < 10 лет
краткосрочные	1 ≤ дюрация < 3,5	или	1 год ≤ средний эффективный срок < 4 года

Фонд, у которого дюрация портфеля меньше единицы или средний эффективный срок меньше одного года, называют **ультракраткосрочным облигационным фондом**. **Облигационный фонд с ограниченной дюрацией** обычно имеет портфель, дюрация которого не превышает трех. Облигационные фонды, называемые **трастами с целевым сроком**, представляют собой структурированные закрытые фонды. В таком трасте устанавливается дата окончания, или погашения. Менеджер траста стремится обеспечить возврат первоначальной цены выпуска плюс конкурентную доходность на протяжении жизни траста.

Есть облигационные фонды, которые ограничиваются инвестированием в ценные бумаги, выпускаемые американскими организациями. Если фонд вкладывает как минимум 40% своих активов в иностранные облигации, торгующиеся на иностранных рынках, то его называют **глобальным облигационным фондом**, или **мировым облигационным фондом**. Такие фонды могут либо принимать на себя валютный риск, либо хеджировать этот риск. **Фонды облигаций развивающихся рынков** вкладывают не менее 65% активов в облигации, выпускаемые предприятиями в развивающихся странах.

Фонды необлагаемых налогом облигаций (муниципальных облигаций)

Фонды необлагаемых налогом, или муниципальных облигаций инвестируют в муниципальные облигации, процентный доход по которым освобожден от федерального подоходного налога. Налогообложение на уровне штатов варьирует. Облигационные фонды этой категории делятся на муниципальные национальные фонды и фонды штатов.

Муниципальные национальные фонды не концентрируются в своих вложениях на каком-либо конкретном штате. Они дополнительно делятся на группы в зависимости от кредитного качества ценных бумаг, включаемых в портфель. Так, **фонды высокодоходных муниципальных облигаций** вкладывают как минимум 50% своих активов в муниципальные ценные бумаги, которые либо не имеют рейтинга, либо оцениваются как BBB/Baa или ниже. **Фонды муниципальных облигаций штатов** инвестируют в бумаги какого-то одного штата и должны держать не менее 80% своего портфеля в муниципальных бумагах этого штата. Существуют фонды облигаций Калифорнии, Массачусетса, Миннесоты, Нью-Джерси, Нью-Йорка, Огайо и Пенсильвании.

Фонды муниципальных облигаций подразделяют на долгосрочные, среднесрочные и краткосрочные в зависимости от дюрации портфеля или среднего эффективного срока портфеля следующим образом:

долгосрочные	дюрация ≥ 7	или	средний эффективный срок > 12 лет
среднесрочные	4,5 ≤ дюрация < 7	или	5 лет ≤ средний эффективный срок < 12 лет
краткосрочные	дюрация < 4,5	или	средний эффективный срок < 5 лет

Налогообложение RIC

Для получения статуса RIC с тем, чтобы не платить налоги на уровне фонда, а не только на уровне индивидуального держателя (т. е. вкладчика), облигационный фонд должен удовлетворять определенным критериям. Например, облигационный фонд должен выплачивать вкладчикам не менее 90% чистого инвестиционного дохода (купоны облигаций и дивиденды привилегированных акций) за исключением любого реализованного прироста капитала или убытков, тогда он может не платить налоги на уровне фонда до выплат вкладчикам.

Прирост капитала, как долгосрочный, так и краткосрочный (в зависимости от того, как долго фонд держит ценную бумагу — год или больше), должен выплачиваться ежегодно. Обычно такая выплата осуществляется в конце финансового года фонда. Поскольку инвесторы фонда не имеют контроля над размерами этих выплат, время и размеры налогов, уплачиваемых на их вложения в фонд, практически от них не зависят. Особые сложности возникают, когда инвесторы изымают свои вложения, — в зависимости от размера изъятия от менеджера фонда может потребоваться продажа части портфеля. В результате такое изъятие может привести к реализации прироста капитала и возникновению налоговых обязательств у оставшихся инвесторов.

Когда инвестор приобретает паи или акции фонда, у него могут возникнуть налоговые обязательства даже при отсутствии реализованного прироста капитала. Это самое серьезное неблагоприятное налоговое последствие инвестирования в RIC. Причина в том, что в дату выплаты каждый вкладчик получает дивиденды за весь год вместе с распределением прироста капитала, даже если он держал акции всего один день.

БИРЖЕВЫЕ ФОНДЫ

Биржевые фонды (*exchange-traded fund — ETF*) — это компания коллективных инвестиций, являющаяся в соответствии с федеральным законодательством по ценным бумагам формой инвестиционной компании. Доли участия в ETF торгуются на бирже непрерывно на протяжении всего торгового дня точно так же, как акции любой публичной компании. Более того, паи ETF можно приобрести на марже и продать в короткую, а приказы исполняются с использованием тех же типов сделок, что при открытии позиции в любой акции (например, стоп-приказы и лимитные приказы). Существуют даже фьючерсы и опционы, основанные на ETF.

Управление ETF осуществляется с использованием индекса-ориентира. В первом поколении ETF стремились к тому, чтобы доходность портфеля была как можно ближе к доходности ориентира. Иначе говоря, целью менеджера портфеля ETF было достижение той же самой совокупной доходности, что и у индекса-ориентира. Таким образом, и первые ETF, и те, что доминируют на рынке в сегодня, представляют собой индексные продукты, или бета-продукты. ETF второго поколения — активно управляемые фонды, которые нацелены на переигрывание индекса. Следовательно, они представляют собой альфа-продукты.

Хотя ETF в чем-то схожи с открытыми и закрытыми фондами, они более привлекательны в качестве инструмента коллективных инвестиций. Фактически резкое распространение ETF после их появления в 1993 г. объясняется недостатками, присущими структуре открытых и закрытых фондов. Чтобы понять, почему, вспомните об особенностях паев управляющих компаний (т. е. открытых и закрытых фондов).

Цена пая открытого фонда — это цена закрытия. Это означает, что сделку (т. е. покупку и продажу) нельзя осуществить по внутридневным ценам — только по ценам закрытия. Закрытый фонд, в отличие от этого, торгуется на бирже и сделки с ним можно осуществлять по внутридневным ценам. Паи ETF, как и паи закрытых фондов, могут торговаться по внутридневным ценам. В этом отношении ETF сходны с закрытыми фондами. Однако, в отличие от закрытых фондов, рыночная цена которых может быть значительно ниже NAV, механизм создания и выкупа ETF, рассматриваемый ниже, позволяет ETF торговаться очень близко к NAV.

Две особенности делают ETF более привлекательными, чем открытые и закрытые фонды. Первая — это неблагоприятные налоговые последствия выкупа паев других инвесторов в компании коллективных инвестиций, которые мы описали выше применительно к открытым фондам. Выкуп может заставить менеджеров открытого фонда продать ценные бумаги (если наличная позиция недостаточна для финансирования выкупов) и, таким образом, реализовать прирост или убыток капитала для тех, кто держит свои паи. Из-за того, что в закрытых фондах паи не выкупаются, такая проблема у них не возникает. Не возникает она и у ETF, но уже по другой причине. Менеджеру ETF не нужно продавать ценные бумаги из портфеля, поскольку выкуп осуществляется путем натурального обмена паев ETF на корзину ценных бумаг, составляющих портфель, а это необлагаемое событие для инвесторов в соответствии с федеральным налоговым кодексом США. Держатели паев ETF в результате реализуют прирост капитала только при продаже своих паев (по цене выше цены приобретения). Конечно, ETF выплачивают дивиденды и могут распределять ограниченные суммы реализованного прироста капитала, и такие выплаты подлежат налогообложению. Как и в случае открытых фондов, которые следуют индексной стратегии, пассивно управляемые ETF избегают реализации прироста капитала и его налогообложения в результате небольшого оборота портфеля. Вместе с тем, в отличие от закрытых фондов, которые следуют индексной стратегии, действия менеджеров ETF не приводят к возникновению потенциально больших обязательств по налогу на прирост капитала, который начисляется на тех, кто держит свои позиции, при выкупе паев в результате особого метода выкупа.

Наконец, преимуществом ETF по сравнению с открытыми и закрытыми фондами является более низкий коэффициент расходов.

Типы облигационных ETF и спонсоры

В табл. 16.1 приведены четыре классификации облигационных ETF различные типы облигационных ETF в пределах каждого класса на основе данных из базы ETF Database[1]. По состоянию на декабрь 2013 г. в соответствии с этой базой данных насчитывалось 522 ETF. Типы фондов, идентифицированные в табл. 16.1, те же, что и у открытых и закрытых фондов. В табл. 16.2 показаны крупнейшие по активам ETF в некоторых классах облигационных ETF.

Таблица 16.1. Облигационные ETF (522 облигационных ETF по состоянию на декабрь 2013 г.)

Классификация по (в скобках указано количество ETF)

Дюрация (242)	Тип активов (налогооблагаемые) (203)	Страна (13)	Тип активов (необлагаемые налогом) (29)	Прочие типы (35)
Все сроки (95)	Банковские кредиты (4)	Австралийские облигации (2)	Калифорнийские муниципальные облигации (3)	Инверсные облигационные ETF (14)
Среднесрочные (61)	Build America (3)	Канадские облигации (1)	Высокодоходные муниципальные облигации (2)	ETF облигаций с рычагом (21)

[1] http://etfdb.com/.

Окончание табл. 16.1

Дюрация (242)	Тип активов (налогооблагаемые) (203)	Страна (13)	Тип активов (необлагаемые налогом) (29)	Прочие типы (35)
Долгосрочные (30)	Конвертируемые (1)	Китайские облигации (2)	Муниципальные облигации (21)	
Краткосрочные (51)	Покрытые облигации (1)	Немецкие облигации (4)	Нью-йоркские муниципальные облигации (3)	
Ультракратко-срочные (5)	Облигации развивающихся рынков (13)	Японские облигации (4)		
	Европейские облигации (1)			
	Облигации с плавающей ставкой (3)			
	Международные корпоративные облигации (4)			
	Международные казначейские облигации (6)			
	Корпоративные облигации инвестиционного уровня (41)			
	Бросовые облигации (29)			
	Облигации денежного рынка (4)			
	Ипотечные облигации (5)			
	TIPS (16)			
	Весь облигационный рынок (19)			
	Казначейские ценные бумаги (52)			
	Американские агентские ценные бумаги (1)			

*Примечание: эта таблица составлена автором на основе информации, опубликованной на сайте базы данных ETF Database web site (*http://etfdb.com/*). Классификация по пяти колонкам принадлежит автору. Названия типов ETF соответствуют названиям в базе данных. «Бросовые» означает высокодоходные. TIPS означает казначейские ценные бумаги, защищенные от инфляции.*

Таблица 16.2. Пять крупнейших в своем классе ETF по состоянию на декабрь 2013 г.

Символ	Название фонда	Активы ($ тыс.)
	ETF облигационной дюрации	
BND	Vanguard Total Bond Market ETF	17 637 955
HYG	iShares iBoxx $ High Yield Corporate Bond Fund	15 650 843
LQD	iShares iBoxx $ Investment Grade Corporate Bond Fund	15 365 701

Окончание табл. 16.2

Символ	Название фонда	Активы ($ тыс.)
AGG	iShares Core Total U. S. Bond Market ETF	15 209 718
BSV	Vanguard Short-Term Bond ETF	14 028 368
	ETF казначейских облигаций	
SHY	iShares Barclays 1–3 Year Treasury Bond Fund	8 235 825
TBT	ProShares UltraShort 20 Year Treasury	4 455 365
IEF	iShares Barclays 7–10 Year Treasury Bond Fund	3 584 208
SHV	iShares Barclays Short Treasury Bond Fund	3 317 923
IEI	iShares Barclays 3–7 Year Treasury Bond Fund	2 746 927
	ETF корпоративных облигаций инвестиционного уровня	
LQD	iShares iBoxx $ Investment Grade Corporate Bond Fund	15 365 701
CSJ	iShares Barclays 1–3 Year Credit Bond Fund	11 638 966
VCSH	Vanguard Short-Term Corporate Bond ETF	7 267 260
CIU	iShares Barclays Intermediate Credit Bond Fund	5 422 102
VCIT	Vanguard Intermediate-Term Corporate Bond Index Fund	
	ETF высокодоходных облигаций	
HYG	iShares iBoxx $ High Yield Corporate Bond Fund	15 650 843
JNK	SPDR Barclays Capital High Yield Bond ETF	9 721 478
HYS	PIMCO 0–5 Year US High Yield Corporate Bond Index Exchange-Traded Fund	3 552 775
SJNK	SPDR Barclays Capital Short Term High Yield Bond	2 917 226
BSJF	Guggenheim BulletShares 2015 High Yield Corporate Bond ETF	705 304
	ETF муниципальных облигаций	
MUB	iShares S&P National Municipal Bond Fund	3 038 331
SHM	SPDR Nuveen Barclays Capital Short Term Municipal Bond ETF	2 079 990
TFI	SPDR Nuveen Barclays Capital Municipal Bond ETF	915 509
SUB	iShares S&P Short Trm National Muni Bond	753 381
ITM	Market Vectors Intermediate Municipal Index ETF	575 239

Источник: таблица составлена автором на основе информации из базы данных ETF Database.

Крупнейшими спонсорами облигационных ETF являются AdvisorShares, Guggenheim, Invesco PowerShares, iShares, PIMCO, ProShares, State Street SPDR, Van Eck, Vanguard и WisdomTree. Крупнейший создатель облигационных ETF с точки зрения их количества — это iShares, находящийся под управлением BlackRock Inc. Шесть крупнейших облигационных ETF iShares по состоянию на декабрь 2013 г. включали в себя:

iShares iBoxx $ Investment Grade Corporate Bond Fund	(LQD)	$15 365 701 000
iShares Core Total U. S. Bond Market ETF	(AGG)	$15 209 718 000
iShares Barclays Treasury Inflation Protected Securities Fund	(TIP)	$12 962 600 000
iShares Dow Jones Select Dividend Index Fund	(DVY)	$12 628 550 000
iShares Barclays 1–3 Year Credit Bond Fund	(CSJ)	$11 638 966 000
iShares Barclays 1–3 Year Treasury Bond Fund	(SHY)	$8 235 825 000

Кроме BlackRock крупнейшим создателем облигационных взаимных фондов и крупнейшим инвестором в облигационный рынок является PIMCO. Шесть крупнейших по совокупным активам спонсируемых этой компанией ETF по состоянию на декабрь 2013 г. включали в себя:

PIMCO Enhanced Short Maturity ETF	(MINT)	$3 847 229 000
PIMCO Total Return ETF	(BOND)	$3 596 631 000
PIMCO 0–5 Year US High Yield Corporate Bond Index ETF	(HYS)	$3 552 775 000
PIMCO 1–5 Year US TIPS Index ETF	(STPZ)	$1 297 844 000
PIMCO Intermediate Municipal Bond ETF	(MUNI)	$197 891 000
PIMCO Investment Grade Corporate Bond Index ETF	(CORP)	$167 597 000

Как уже говорилось, облигационные ETF могут быть пассивно и активно управляемыми. Например, два крупнейших ETF, спонсируемых PIMCO, представляют собой крупнейшие активно управляемые облигационные ETF. PIMCO Intermediate Municipal Bond ETF — также активно управляемый фонд.

Создание и выкуп паев пассивно управляемых ETF

В случае активно управляемого ETF целью менеджера является создание портфеля, который предельно близко воспроизводит результаты индекса-ориентира. Мы будем рассматривать сложности индексирования облигационного портфеля в главе 24. Во избежание недостатка закрытого фонда, где рыночная цена может быть ниже NAV, инвестор хочет, чтобы рыночная цена ETF не отклонялась значительно от его NAV. Для достижения этого необходимо вмешательство третьей стороны, которая отвечает за устранение расхождений между NAV фонда и ценой пая ETF.

Процесс устранения несоответствия, выполняемой этой третьей стороной, следующий. Рассмотрим два сценария:

Сценарий 1: цена пая ETF выше NAV.
Сценарий 2: цена пая ETF ниже NAV.

В сценарии 1 цена пая ETF является относительно дорогой. Третья сторона должна в этом случае купить базовый портфель ETF и продать пай ETF. Результатом такого действия является прибыльный арбитраж и снижение цены пая ETF до тех пор, пока она не приблизится к NAV, а возможность прибыльного арбитража не исчезнет.

В сценарии 2 цена пая ETF является относительно дешевой. Третья сторона должна в этом случае продать базовый портфель ETF и купить пай ETF. Как и в сценарии 1 это действие третьей стороны приводит к прибыльному арбитражу. Цена пая ETF должна при этом повышаться до тех пор, пока она не приблизится к NAV и пока не исчезнет возможность прибыльного арбитража.

Как следует из сказанного, третья сторона играет критически важную роль в процессе поддержания цены ETF на уровне, близком к NAV фонда. Третьей стороной в этом процессе является группа крупных институциональных инвесторов, занимающихся арбитражем и называемых **арбитражерами**. Поскольку спонсор ETF привлекает их к осуществлению описанного выше процесса и поддержания примерного равенства цены пая ETF и его NAV путем создания и выкупа паев ETF, они также считаются **уполномоченными участниками** (authorized participants — AP).

Только AP разрешено создавать паи ETF путем предоставления спонсору ETF определенной корзины ценных бумаг и получения в обмен паев ETF, называемых **единицами создания** (creation unit). Такие единицы — это обязательно крупные, фиксированные количества паев ETF. Действие, предпринимаемое AP в сценарии 1, приводит к появлению единиц создания. Когда AP передает спонсору ETF фиксированное количество паев ETF в обмен на определенную корзину ценных бумаг, возникают **единицы выкупа** (redemption unit). В сценарии 2 действие AP приводит к появлению единиц выкупа.

В случае активно управляемого ETF процесс арбитража, описанный выше, усложняется. Причина в том, что AP не знает состава базового портфеля, который может отклоняться от индекса-ориентира. В результате возрастает риск того, что цена пая ETF отклонится от NAV фонда.

Отслеживание результатов облигационных ETF

Насколько хорошо пассивно управляемые ETF следуют за выбранным индексом-ориентиром? Исследованием этого вопроса занимались Бьютоу и Хендерсон, наблюдая за широкой выборкой ETF, торгуемых на американских биржах[1]. В эту выборку входили американские ETF, у которых можно было идентифицировать в проспекте индекс-ориентир и получить данные по доходности как ETF, так и индекса. Мы ограничимся рассмотрением только 87 облигационных ETF из этой выборки.

Используя дневные доходности, Бьютоу и Хендерсон наблюдали за тремя показателями для выяснения, насколько близко ETF следуют за своим индексом. Два из них — дневное отклонение и абсолютное отклонение. Дневное отклонение определялось следующим образом:

дневное отклонение = доходность ETF – доходность индекса-ориентира.

Дневное отклонение может иметь как положительное, так и отрицательное значение. В результате усреднения дневного отклонения происходит взаимозачет положительных и отрицательных величин. В случае абсолютного дневного отклонения этого не происходит[2].

Бьютоу и Хендерсон обнаружили, что у облигационных ETF, индекс-ориентир которых включал менее ликвидные облигации, три показателя имели более высокие значения. Например, индекс американских казначейских облигаций более ликвиден, чем индекс облигаций, обеспеченных кредитами инвестиционного уровня, и правительственных облигаций, который, в свою очередь, более ликвиден, чем индекс высокодоходных облигаций. Результаты исследования соответствуют этому соотношению: ETF американских казначейских облигаций имеют среднее абсолютное дневное отклонение 15 базисных пунктов, ETF облигаций, обеспеченных кредитами инвестиционного уровня и правительственными кредитами, — 20 базисных пунктов, а ETF высокодоходных облигаций — 80 базисных пунктов.

Дополнительные данные на основе годового отклонения (с использованием третьего показателя) для каждого года исследования подтверждают такую взаимосвязь между отклонением и ликвидностью. ETF высокодоходных облигаций (т. е. ETF с ориентиром, включающим наименее ликвидные бумаги на рынке налогооблагаемых облигаций) получили в период кризиса 2008 г. крупные убытки, когда различные индексы-ориентиры, используемые этими фондами, упали более чем на 23%. Возьмем, например, результаты двух крупнейших ETF в этом секторе из табл. 16.2 (iShares HYG

---

1 Gerald W. Buetow and Brian J. Henderson, "An Empirical Analysis of Exchange-Traded Funds," *Journal of Portfolio Management* (Summer 2012), pp. 112–127.

2 Обратите внимание на то, что в главе 25, где речь идет об управлении облигационным портфелем, отклонение определяется иначе. Оно представляется как одно стандартное отклонение разницы между доходностью портфеля и доходностью индекса-ориентира. Это третий показатель, использованный в исследовании.

и State Street JNK). Доходность iShares HYG составила –18% против доходности индекса-ориентира (iBoxx U. S. High Yield Index) –23,9% — отклонение 5,9%. State Street JNK, который отслеживал Barclays U. S. High Yield Very Liquid Index, показал доходность –24,7% против доходности индекса –28,4% (отклонение 3,7%). Таким образом, оба этих ETF высокодоходных облигаций продемонстрировали положительное отклонение. В 2009 г., когда кредитных кризис продолжился, эти два фонда показали отрицательное отклонение. Доходность iShares HYG составила 28,6% при отклонении от индекса-ориентира –15,9%; а доходность State Street JNK составила 37,5% при отклонении –25,9%.

Бьютоу и Хендерсон объясняют эти наблюдаемые большие отклонения у ETF высокодоходных облигаций с точки зрения неликвидности рынка высокодоходных облигаций во время финансового кризиса. В периоды финансового кризиса кредитные рынки становятся менее ликвидными, чем в нормальных условиях[1]. Как мы говорили, поддержание рыночной цены ETF на уровне, близком к NAV, с помощью механизма создания/выкупа паев ETF требует от AP осуществления операций с облигационным портфелем ETF. При очень высоких кредитных спредах на рынке высокодоходных облигаций во время финансового кризиса сделки по созданию/выкупу становятся дорогими и рискованными для AP в силу высоких спредов и неопределенности, связанной с возможностью осуществления сделок с базовыми облигациями. Все это и приводит к наблюдаемым высоким отклонениям.

ХЕДЖ-ФОНДЫ

Еще одной группой компаний коллективных инвестиций, где портфель может состоять из облигаций являются **хедж-фонды**. Строго юридического определения, что является хедж-фондом, не существует. SEC определяет эту форму компаний коллективных инвестиций следующим образом:

> «Хедж-фонд» — общий неюридический термин, используемый для обозначения частных, нерегистрируемых инвестиционных пулов, которые традиционно работают с опытными, состоятельными инвесторами. Хедж-фонды — это *не* взаимные фонды, и на них как таковых *не* распространяется регулирование, применяемое к взаимным фондам в целях защиты

[1] В главе 26 мы рассмотрим ликвидность и ее влияние на управление портфелем корпоративных облигаций.

инвесторов, включая нормы, требующие обеспечения определенной ликвидности, возможности выкупа паев взаимных фондов в любой момент, исключения конфликта интересов, обеспечения справедливого ценообразования паев фондов, раскрытия информации, ограничения использования кредитного рычага и т. п.[1]

Хотя такое определение хедж-фонда было достаточным в соответствии с законодательством о ценных бумагах до принятия Закона Додда–Франка о реформе Уолл-стрит, после его принятия некоторые аспекты определения изменились. Этот закон ввел регистрацию хедж-фондов, от которой они раньше были освобождены в силу того, что относились к «частным консультантам». Помимо регистрации появились требования к отчетности и ведению учета.

Справедливое описание особенностей хедж-фондов выглядит так:

1. Слово «хедж» в термине «хедж-фонд» вводит в заблуждение.
2. Хедж-фонды используют разнообразные торговые стратегии и методы в стремлении добиться высокой доходности. Эти стратегии могут включать в себя: использование заемных средств, короткую продажу, арбитраж (т. е. одновременную покупку и продажу связанных финансовых инструментов с целью извлечения прибыли из временного несоответствия их цен) и управление риском (что является более общим понятием, чем хеджирование, и нередко связано с использованием таких финансовых инструментов, как деривативы, для снижения риска убытков).
3. Структура вознаграждения за управление представляет собой сочетание комиссии за управление и платы за результаты.

При оценке хедж-фондов инвесторы фокусируют внимание на абсолютной реализованной доходности, а не на относительной доходности. **Абсолютная доходность** хедж-фонда — это просто реализованная доходность; **относительной доходностью** хедж-фонда называют разницу между абсолютной доходностью и доходностью того или иного ориентира или индекса. Использование абсолютной доходности вместо относительной при оценке результатов хедж-фонда очень сильно отличается от критериев, используемых при оценке результатов деятельности менеджеров в других типах компаний коллективных инвестиций, описанных ранее в этой главе.

---

[1] http://www.sec.gov/investor/pubs/inwsmf.htm.

Типы хедж-фондов

Хедж-фонды инвестируют в разные классы активов. Те, что вкладывают средства в облигации (мы будем называть их облигационными хедж-фондами), делятся на два типа: проводящие стратегию схождения и инвестирующие в проблемные активы.

Облигационные хедж-фонды стратегии схождения

Чтобы понять хедж-фонды, проводящие стратегию схождения, необходимо знать, что некоторые соотношения доходностей, наблюдаемые на рынке облигаций, считаются традиционными. Например, предположим, что разница между спредами доходности двух типов облигаций исторически оказывается в определенном диапазоне в подавляющем числе случаев. Если наблюдаемое соотношение доходностей двух облигаций нарушается, но по ожиданиям должно вернуться к историческому, то появляется возможность игры на этих ожиданиях. Чтобы такая стратегия была успешной, воспринимаемое рассогласование доходностей должно вернуться к ожидаемому соотношению, или «сойтись» с ним. Именно поэтому такие облигационные хедж-фонды называют фондами *стратегии схождения*.

Менеджеры хедж-фондов считают, что игра на отклонении принесет прибыль при небольшом риске, и нередко называют такую стратегию «стратегией рискового арбитража». Это некорректная классификация стратегии схождения, поскольку арбитраж предполагает отсутствие риска.

В группу облигационных хедж-фондов, проводящих стратегию схождения, входят хедж-фонды, занимающиеся арбитражем на рынке инструментов с фиксированным доходом, хедж-фонды, занимающиеся арбитражем на рынке конвертируемых облигаций, и хедж-фонды, играющие на относительной стоимости.

Облигационные хедж-фонды, инвестирующие в проблемные активы

Облигационные хедж-фонды, проводящие стратегию инвестирования в проблемные активы, занимают позиции в расчете на получение выгоды от предполагаемого влияния банкротства на стоимость облигаций. Они могут вложить средства в компанию, которая проходит процедуру банкротства в соответствии с главой 11, или, по ожиданиям менеджера хедж-фонда, будет вынуждена объявить о банкротстве в соответствии с главой 11. Стратегия, однако, не ограничивается случаями корпоративного банкротства. Хедж-фонды являются также ключевыми игроками рынка долгов обанкротившихся муниципалитетов и муниципалитетов с высокой вероятностью банкротства. Банкротство — не единственная ситуация, в которой есть возможность получить привлекательную доходность. Компания, допустившая дефолт по обязательствам, также может быть перспективной, поскольку цена ее облигаций при этом падает. Хорошим примером являются суверенные эмитенты. Облигации организаций, проходящих процедуру банкротства, а также эмитентов, допустивших дефолт, называют *проблемными ценными бумагами*. Цель менеджера хедж-фонда — идентифицировать проблемные ценные бумаги, которые недооценены по отношению к ожидаемому менеджером результату процедуры банкротства.

Чтобы получить представление об активности облигационных хедж-фондов в сфере проблемных ценных бумаг, достаточно посмотреть на последние муниципальные банкротства. Банкротство Детройта было крупнейшим муниципальным банкротством в июне 2014 г. Облигационные хедж-фонды покупали пенсионные облигации и облигации, обеспеченные общей гарантией Детройта и застрахованные специализированными страховыми компаниями, которые, по мнению менеджеров хедж-фондов, были недооцененными. Пенсионные облигации, например, можно было приобрести по цене 41 (т. е. 41 цент за доллар). Всего через две недели после подачи Детройтом заявления о банкротстве запасы таких облигаций на рынке иссякли.

Облигации не обязательно должны продаваться с очень большим дисконтом, чтобы менеджеры облигационных хедж-фондов увидели привлекательную возможность. Возьмем, например, случай о. Пуэрто-Рико, который в 2014 г. столкнулся с серьезными финансовыми трудностями. Пуэрто-Рико продал в апреле 2014 г. муниципальные облигации на $3,5 млрд сразу после того, как три крупнейших рейтинговых агентства понизили его рейтинг с инвестиционного до неинвестиционного. Понижение рейтинга было связано с финансовыми трудностями этой американской территории. Облигации имели срок погашения в 2035 г., купонную ставку 8% и продавались по 93 при доходности к погашению 8,727%. По данным финансовой прессы, нетрадиционные инвесторы (т. е. хедж-фонды) приобрели 70% выпуска[1]. Как долго облигации Пуэрто-Рико оставались в портфелях хедж-фондов, неизвестно.

---

[1] Matt Wirz, "Big Hedge Funds Roll Dice on Puerto Rico Debt," *Wall Street Journal* (April 9, 2014), http://online.wsj.com/news/articles/SB10001424052702303873604579491992862363698.

Однако, по данным Совета по регулированию рынка муниципальных ценных бумаг, $1,7 млрд этих облигаций торговались уже вскоре после выпуска.

ИНВЕСТИЦИОННЫЕ ТРАСТЫ НЕДВИЖИМОСТИ

Инвестиционный траст недвижимости (*real estate investment trust — REIT*) — это организация, выпускающая акции, представляющие доли в каком-либо из пулов:

- пул недвижимости (называемый **долевым REIT**);
- пул ипотечных кредитов (называемый **ипотечным REIT**);
- пул, состоящий из недвижимости и ипотечных кредитов (называемый **гибридным REIT**).

Около 90% торгующихся REIT являются долевыми. Поскольку в этой главе мы уделяем основное внимание компаниям коллективных инвестиций, в основе которых лежит долговой А-продукт, здесь будут рассматриваться только второй тип REIT — ипотечные REIT, представляющие небольшой сектор рынка REIT. Сначала, однако, мы остановимся на общих характеристиках REIT.

Общие характеристики REIT

REIT сходны с закрытыми фондами, поскольку их акции публично торгуются, а рыночная цена может отличаться от NAV. Как и в случае других компаний коллективных инвестиций, основное преимущество инвестирования в ипотечный REIT заключается в том, что они: 1) предоставляют инвесторам доступ к классу неликвидных активов, прямое инвестирование в которых сложно для индивидуальных инвесторов; 2) обеспечивают более высокую диверсификацию, чем та, что достигается индивидуальными инвесторами, и 3) обеспечивают более высокий профессиональный уровень оценки и отбора заемщиков, включаемых в портфель.

У компаний, квалифицируемых как REIT, есть и налоговые преимущества. В частности, в соответствии с федеральным налоговым кодексом США дивиденды, выплачиваемые компанией, не могут уменьшать налоговую базу при исчислении подоходного налога, что приводит к двойному налогообложению корпоративной прибыли (т. е. налоги уплачиваются на корпоративном уровне, а затем еще раз при выплатах акционерам). Этот недостаток устранен у компании, квалифицируемой как REIT, — она может вычитать дивиденды, выплачиваемые акционерам, при определении налогооблагаемой корпоративной прибыли. Акционеры платят налог, только когда дивиденды выплачиваются им. Такой же налоговый статус REIT имеют и в большинстве штатов. В результате во избежание двойного налогообложения большинство REIT выплачивают акционерам всю налогооблагаемую прибыль и не платят налог на корпоративном уровне.

Чтобы компания квалифицировалась как REIT в соответствии с федеральным законодательством, она должна удовлетворять определенным требованиям. Подавляющая часть их активов должна представлять собой инвестиции в недвижимость. Что касается прибыли, то она должна генерироваться в основном инвестициями в недвижимость, и как минимум 90% налогооблагаемой прибыли должны выплачиваться акционерам ежегодно в форме дивидендов.

Типы ипотечных REIT

Ипотечные REIT не держат в портфеле недвижимость. Вместо этого они выпускают и держат различные типы долговых инструментов, которые используются для приобретения недвижимости или различных типов связанных с ипотекой инструментов, в частности MBS. Таким образом, портфель ипотечного REIT состоит из долговых инструментов, обеспечивающих финансирование собственников, застройщиков и покупателей недвижимости. Инвесторы получают доход в виде процентов, начисляемых на предоставляемое ими финансирование.

Ипотечные REIT классифицируются по типу недвижимости, которую они финансируют: жилая недвижимость и коммерческая недвижимость. Жилая недвижимость включает в себя односемейные дома. Коммерческая недвижимость включает в себя другие типы объектов, описанные в главе 14, где рассматривались коммерческие MBS.

Резюме

- Компании коллективных инвестиций представляют долевое участие в портфеле активов.
- Менеджер компании коллективных инвестиций получает комиссию за управление, зависящую от размера активов под управлением, и, возможно, плату за результаты деятельности.

- Чистая стоимость активов компании коллективных инвестиций определяется путем деления стоимости чистых активов (рыночная стоимость активов минус обязательства) на количество долей участия.
- NAV фонда не обязательно равна цене паев фонда на рынке.
- С точки зрения инвестора, компании коллективных инвестиций имеют три преимущества по сравнению с прямым инвестированием в те же активы, что находятся в портфеле фонда: более высокая диверсификация портфеля, более высокая ликвидность и профессиональное управление.
- Некоторые типы компаний коллективных инвестиций имеют налоговые преимущества.
- В число компаний коллективных инвестиций, вкладывающих средства в облигации, входят инвестиционные компании, биржевые фонды, хедж-фонды и инвестиционные трасты недвижимости.
- Инвестиционные компании должны регистрироваться в SEC, и поэтому их называют зарегистрированными инвестиционными компаниями, при этом одним из типов инвестиционных компаний в соответствии с федеральным законодательством о ценных бумагах являются управляющие компании.
- Управляющие компании, создаваемые как корпорации или трасты, классифицируются как открытые фонды (называемые также взаимными фондами) и закрытые фонды.
- Инвестиционные цели инвестиционной компании описываются в проспекте фонда.
- Управляющие компании, инвестирующие в продукты с фиксированным доходом, имеют широкий спектр инвестиционных целей и классифицируются в самом общем плане как налогооблагаемые фонды и необлагаемые налогом фонды (называемые также фондами муниципальных облигаций).
- Фонд может быть активно управляемым (альфа-продукт) или пассивно управляемым (бета-продукт).
- Инвесторы в паи управляющих компаний несут два вида издержек: плата за получение пая (обычно называемую платой за продажу) и годовые операционные издержки (которые включают в себя комиссию за управление, плату за распределение и прочее).
- Управляющие компании могут быть открытыми компаниями (открытыми фондами или взаимными фондами) и закрытыми компаниями (закрытыми фондами).
- Открытый облигационный фонд представляет собой портфель облигаций, у которого NAV, или цена определяется при закрытии дня,

а количество паев не фиксировано, поскольку фонд продает новые паи или выкупает существующие.

- В отличие от открытого фонда рыночная цена закрытого фонда зависит от предложения и может быть выше или ниже NAV. Существует целый ряд причин, по которым цена пая на рынке может отличаться от NAV.
- Биржевые фонды — это компании коллективных инвестиций, лишенные двух недостатков открытых фондов, которые торгуются только по ценам закрытия и не могут похвастаться налоговой эффективностью.
- ETF похожи на открытые фонды тем, что торгуются на основе чистой стоимости активов, но в отличие от них торгуются подобно акциям.
- На рынке доминируют пассивно управляемые ETF, которые стараются как можно ближе следовать за выбранным ориентиром.
- Ключевым игроком в ETF является уполномоченный участник, чья роль заключается в арбитражном устранении расхождений между NAV фонда и рыночной ценой и поддержании рыночной цены паев ETF на уровне, близком к NAV.
- Изучение данных о том, насколько близко рыночная цена следует за NAV, показало, что разница тем больше, чем ниже ликвидность облигаций в индексе-ориентире.
- Общей особенностью компаний коллективных инвестиций, называемых хедж-фондами, является использование значительного кредитного рычага, короткой продажи, арбитража и управления риском в стремлении получить более высокую доходность, которую обычно измеряют в абсолютном выражении.
- Несмотря на слово «хедж» в названии, хедж-фонды не хеджируют полностью свои позиции.
- Облигационные хедж-фонды следуют двум стратегиям: стратегии схождения и стратегии инвестирования в проблемные активы.
- Инвестиционные трасты недвижимости — это организация, выпускающая акции, представляющие доли в базовом пуле связанных с недвижимостью инвестиций.
- NAV REIT определяется как NAV закрытого фонда: спросом и предложением. Следовательно, рыночная цена REIT может отличаться от его NAV.
- Одним из типов REIT является ипотечный REIT, который обеспечивает финансирование недвижимости путем выпуска или приобретения кредитов и инвестирования в связанные с ипотекой ценные бумаги.
- Ипотечные REIT делятся в зависимости от типа ипотечного долга на жилищные и коммерческие.

- Компания, квалифицируемая как REIT, имеет налоговые преимущества, например устраняет двойное налогообложение генерируемой прибыли.

Вопросы

1. В чем заключаются преимущества компаний коллективных инвестиций по сравнению с прямым приобретением активов с фиксированным доходом?
2. Открытая инвестиционная компания имеет активы стоимостью $510 млн, обязательства размером $10 млн и 50 млн выпущенных паев.
   a. Какова ее NAV?
   b. Предположим, что фонд погашает свои обязательства, а стоимость его активов при этом удваивается. Сколько паев получит инвестор, вкладывающий $50 000?
3. «NAV открытого фонда определяется непрерывно на протяжении всего торгового дня». Объясните, почему вы согласны или не согласны с этим утверждением.
4. Почему цена пая закрытого фонда отличается от NAV?
5. Почему взаимные фонды имеют различные классы паев?
6. Какие затраты несет инвестор, приобретающий взаимный фонд?
7. В чем заключаются недостатки взаимных фондов?
8. В чем преимущества биржевого фонда по сравнению с открытой и закрытой инвестиционной компанией?
9. Какую роль играют уполномоченные участники ETF?
10. «Цена пая пассивно управляемого ETF на рынке отличается не более чем на 1% от NAV». Объясните, почему вы согласны или не согласны с этим утверждением.
11. Почему сложно добиться, чтобы цена пая активно управляемого ETF следовала NAV?
12. Какие две основные стратегии используются облигационными хедж-фондами?
13. Некоторые хедж-фонды называют свои стратегии «стратегиями рискового арбитража». Что это означает?
14. Чем структура комиссии за управление в хедж-фонде от структуры комиссии за управление менеджера взаимного фонда?
15. В чем заключается налоговое преимущество компании, квалифицируемой как REIT?

16. Два инвестора спорят о типах инвестиций, осуществляемых инвестиционными трастами недвижимости. Один считает, что REIT инвестируют в недвижимость. Другой уверен, что они предоставляют финансирование для приобретения недвижимости. Они просят рассудить их — кто прав? Что бы вы ответили этим инвесторам?
17. Какие два типа ипотечных REIT вы знаете?

ГЛАВА 17

Модели процентных ставок

В этой главе читателю будут представлены сведения:

- о том, что представляют собой модели процентных ставок;
- о математическом представлении модели процентных ставок;
- о характеристиках модели процентных ставок: смещении, волатильности, возвращении к среднему;
- о том, что представляет собой однофакторная модель процентных ставок;
- о разнице между безарбитражной и равновесной моделями;
- о различных видах безарбитражных моделей процентных ставок, а также об их использовании на практике;
- о разнице между нормальной и логнормальной моделями;
- об эмпирических данных по изменению процентных ставок;
- об основаниях для выбора модели процентных ставок;
- о способах вычисления исторической волатильности.

Осуществление любой стратегии управления портфелем облигаций невозможно без выполнения двух важных операций. Во-первых, менеджеру необходимо определить, справедлива ли цена, установившаяся на облигации, которые он собирается купить или продать. Это касается также процентных деривативов, которые менеджер, возможно, будет использовать для управления процентным риском или увеличения доходности. Во-вторых, менеджеру необходимо определить доходность портфеля при различных сценариях изменения процентных ставок в будущем. При выполнении обеих этих операций следует полагаться на модели процентных ставок.

Безусловно, никто не знает, как изменятся процентные ставки в будущем. Эта неопределенность в отношении будущих процентных ставок математически описывается с помощью модели процентных ставок. Если точнее, **модель процентных ставок** — это вероятностное описание изменения процентных ставок с течением времени. В этой главе мы дадим общий обзор основных моделей процентных ставок. В центре нашего внимания будут *номинальные,* а не *реальные* (т. е. с учетом темпов инфляции) процентные ставки. В конце главы мы посмотрим, как с помощью фактических данных за прошлый период можно вычислить волатильность процентных ставок.

МАТЕМАТИЧЕСКОЕ ОПИСАНИЕ ОДНОФАКТОРНЫХ МОДЕЛЕЙ ПРОЦЕНТНЫХ СТАВОК

Модели процентных ставок должны учитывать статистические свойства колебаний процентных ставок. К этим свойствам относятся: 1) смещение; 2) волатильность и 3) возвращение к среднему. Далее мы подробнее остановимся на каждом из этих свойств. Как правило, математически колебание процентных ставок описывается с помощью **стохастического дифференциального уравнения,** которое учитывает все названные выше свойства. Для того чтобы правильно использовать модели процентных ставок, необходимо понимать эту специализированную математическую тему. Так как стохастические дифференциальные уравнения обычно не затрагиваются в финансовых дисциплинах (за исключением финансового инжиниринга), в этой главе мы коснемся основных понятий данной темы. Следует также заметить, что стохастические уравнения используются при определении цен на опционы, например в самой известной модели — модели Блэка–Шоулза, которая будет описана в главе 30.

Чаще всего при моделировании поведения процентных ставок предполагается, что колебание краткосрочных процентных ставок происходит в соответствии с неким статистическим процессом и что остальные процентные ставки во временной структуре изменяются в соответствии с изменением краткосрочных ставок. Предполагается, что на процентные ставки бумаг с другими сроками погашения влияют только краткосрочные ставки. Поэтому такие модели называются **однофакторными.** После определения краткосрочной процентной ставки можно с помощью моделей с учетом арбитража точно определить остальные ставки временной структуры.

Помимо этого в литературе описаны многофакторные модели. Наиболее известной многофакторной моделью является двухфакторная модель, в которой в качестве второго фактора выступает долгосрочная процентная ставка. Однако на практике в основном используются однофакторные модели, так как применение даже двухфакторной модели довольно сложно. Кроме того, в пользу применения однофакторных моделей говорит высокая корреляция между изменениями процентных ставок ценных бумаг с различными сроками погашения, а также эмпирические данные, доказывающие, что колебание доходности в основном происходит в результате равномерного изменения процентных ставок[1]. Именно поэтому мы также в основном будем говорить об однофакторных моделях.

Несмотря на неопределенность величины краткосрочной процентной ставки в будущем, представление о характере ее изменения с течением времени составить можно. В статистике характер таких изменений, или поведение процентных ставок называется **стохастическим процессом.** Таким образом, описание динамики краткосрочной процентной ставки означает определение стохастического процесса, который описывает колебание этой ставки. Считается, что краткосрочная процентная ставка является непрерывной случайной переменной. Следовательно, стохастический процесс, используемый для ее описания, является **непрерывным стохастическим процессом.**

Существуют различные виды непрерывных стохастических процессов. Далее мы описываем те из них, которые применяются в моделировании изменений процентных ставок. В связи с тем, что время является непрерывной переменной, во всех моделях *d* означает «изменение в какой-либо переменной». Например, в приведенных ниже моделях:

r — краткосрочная процентная ставка. Следовательно, *dr* означает изменение в краткосрочной процентной ставке;

t — время. Следовательно, *dr* — изменение времени, или длительность временного интервала (длительность интервала *dt* невелика);

z — случайный член уравнения, а *dz* — случайный процесс.

Основное уравнение непрерывного стохастического процесса

Давайте начнем с основного уравнения непрерывного стохастического процесса, описывающего динамику краткосрочной процентной ставки:

$$dr = b\,dt + \sigma dz, \qquad (17.1)$$

[1] Однофакторную модель не следует использовать при определении цен на финансовые инструменты, выплаты по которым зависят не только от уровня процентных ставок, но и от формы кривой спот-ставок. Примерами таких инструментов являются двухиндексные облигации с плавающей купонной ставкой и опционы на базе кривой доходности.

где *dr, dt* и *dt* определены выше;

σ — стандартное отклонение изменений краткосрочной процентной ставки;

b — ожидаемое направление изменения ставки.

Ожидаемое направление изменения краткосрочной процентной ставки (*b*) называется **смещением,** а σ **— волатильностью**[1]**.**

Таким образом, согласно уравнению (17.1), изменение краткосрочной процентной ставки *(dr)* за период *(dt)* зависит от:

1) ожидаемого направления изменения краткосрочной процентной ставки *(b)*;
2) случайного процесса *(dz),* на который влияет волатильность.

Случайный характер изменения краткосрочной процентной ставки следует из случайности процесса *dz*.

Допустим, что:

1) случайный член уравнения *z* определяется нормальным распределением со средним значением, равным нулю, и стандартным отклонением равным единице (т. е. является стандартизированным нормальным распределением);
2) изменение краткосрочной процентной ставки пропорционально случайному члену уравнения, который зависит от стандартного отклонения изменения краткосрочной ставки;
3) изменения ставки в любые два коротких интервала времени не зависят друг от друга.

На основе приведенных выше допущений можно сделать вывод о некоторых важных свойствах уравнения (17.1). Ожидаемое изменение краткосрочной ставки процента равно смещению *b*. Обратите внимание, что в частном случае, когда смещение равно нулю, ожидаемое изменение процентной ставки, согласно уравнению (17.1), равно нулю. Это значит, что ожидаемое значение краткосрочной ставки равно ее текущему значению. Кроме того, в частном случае уравнения (17.1), когда смещение равно нулю, а отклонение единице, можно доказать, что отклонение изменения краткосрочной

[1] Частный случай стохастического дифференциального уравнения (17.1), в котором *b* равно нулю, а σ — единице, называется стандартным винеровским процессом и является обязательным элементом при моделировании в непрерывном времени.

ставки процента за определенный промежуток времени T равно T, и, следовательно, стандартное отклонение равно квадратному корню из T.

Процесс Ито

Обратите внимание, что в уравнении (17.1) ни смещение, ни стандартное отклонение изменения краткосрочной ставки не зависят от значения краткосрочной ставки и времени. Предположим, например, что текущая краткосрочная ставка составляет 3%, тогда, согласно стохастическому дифференциальному уравнению (17.1), при текущей ставке в 12% значение b остается неизменным. Существуют определенные экономические причины, по которым ожидаемое направление изменения процентной ставки может зависеть от ее текущего значения. То же самое справедливо и для σ.

Мы можем изменить динамику смещения и волатильности, сделав эти параметры зависимыми от уровня краткосрочной процентной ставки и/или времени. Обозначим зависимость смещения от уровня процентной ставки и времени: $b\ (r, t)$. Точно так же мы можем обозначить стандартное отклонение: $\sigma\ (r, t)$. Тогда уравнение выглядит следующим образом:

$$dr = b\ (r, t)\ dt + \sigma\ (r, t)\ dz. \tag{17.2}$$

Непрерывная стохастическая модель, представленная уравнением (17.2), называется **процессом Ито.**

Динамика смещения

Для того чтобы задать динамику смещения, можно указать, что оно зависит от уровня краткосрочной процентной ставки. Сделать это можно, допустив, что колебания ставки процента происходят в рамках **процесса возвращения к среднему.** Возвращение к среднему подразумевает, что у краткосрочной процентной ставки существует некое среднее стабильное значение. Мы обозначим это значение как $\bar{r}$. Таким образом, если r больше $\bar{r}$, то ставка процента будет уменьшаться в сторону среднего значения, и наоборот. Однако, задавая в уравнении процесс возвращения к среднему, необходимо указать скорость, с которой краткосрочная процентная ставка будет двигаться (стремиться) к своему среднему значению. Этот параметр называется **скоростью приспособления.** Мы обозначим его как α. Следовательно, процесс возвращения к среднему, который определяет смещение, выглядит следующим образом:

$$b\ (r, t) = -\alpha\ (r - \bar{r}). \tag{17.3}$$

Динамика волатильности

Существует несколько формульных выражений динамики волатильности. Если волатильность не зависит от времени, тогда $\sigma(r, t) = \sigma(r)$. В общем случае динамику волатильности можно представить следующим образом:

$$\sigma r^{\gamma} dz, \qquad (17.4)$$

где γ — **постоянная эластичность дисперсии.** Уравнение (17.4) называется **моделью постоянной эластичности дисперсии.** Благодаря данной модели мы можем записать динамику волатильности для разных моделей процентных ставок.

Рассмотрим случаи, когда γ равна 0, 1 и $^1/_2$. Подставив эти значения в уравнение (17.4), мы получим следующие модели, названные по именам исследователей, которые впервые их предложили:

Модель Васичека[1]	$\gamma = 0$: $\sigma(r, t) = \sigma$,
Модель Дотана[2]	$\gamma = 1$: $\sigma(r, t) = \sigma r$,
Модель Кокса–Ингерсолла–Росса[3]	$\gamma = {}^1/_2$: $\sigma(r, t) = \sigma\sqrt{r}$.

В модели Васичека волатильность, как и в уравнении (17.1), не зависит от уровня краткосрочной ставки. Эта модель называется **нормальной моделью.** В нормальной модели возможны отрицательные значения процентных ставок. В модели Дотана волатильность пропорциональна краткосрочной ставке. Эта модель называется **моделью пропорциональной волатильности.** Согласно модели Кокса–Ингерсолла–Росса, волатильность пропорциональна квадратному корню из краткосрочной ставки процента, поэтому данная модель называется **моделью квадратного корня.** В модели квадратного корня отрицательные значения процентных ставок невозможны.

Если подставить в уравнение (17.1) выражения для динамики смещения и волатильности, то получим следующую широко распространенную модель процентных ставок:

$$dr = -\alpha\left(r - \bar{r}\right)dt + \alpha\sqrt{r}dz. \qquad (17.5)$$

---

1 Oldrich A. Vasicek, “An Equilibrium Characterization of the Term Structure,” *Journal of Financial Economics* (1977), pp. 177–188.

2 L. Uri Dothan, «On the Term Structure of Interest Rates», *Journal of Financial Economics,* 1978, pp. 59–69.

3 John C. Cox, Jonathan E. Ingersoll, Jr, and Stephen A. Ross. «A Theory of the Term Structure of Interest Rates», *Econometrica,* 1985, pp. 385–407.

Обратите внимание, что в этой модели смещение задано с учетом процесса возвращения к среднему и волатильность пропорциональна квадратному корню из краткосрочной процентной ставки. Модель, представленная уравнением (17.5), называется **моделью квадратного корня и возвращения к среднему.**

ВЫБОР МЕЖДУ БЕЗАРБИТРАЖНЫМИ И РАВНОВЕСНЫМИ МОДЕЛЯМИ

Модели процентных ставок делятся на две основные категории: безарбитражные модели и равновесные модели. В этом разделе мы опишем обе эти категории.

Безарбитражные модели

В **безарбитражных моделях**, или в **моделях с отсутствием арбитража,** при анализе используются фактические рыночные цены на какой-либо набор финансовых инструментов, например на инструменты денежного рынка или процентные деривативы. Эти инструменты называются **эталонными инструментами** или **базовым набором.** Основное предположение относительно эталонных инструментов заключается в том, что на них установлены справедливые цены. Предполагается, что временная структура процентных ставок определяется случайным процессом, в котором учитываются смещение и волатильность процентных ставок. Методика вычисления временной структуры (т. е. кривой спот-ставок) основывается на уравнении случайного процесса и принятом значении смещения. В ходе вычислений используемая методика должна воспроизводить фактические рыночные цены на эталонные инструменты. Такая модель называется безарбитражной, потому что результаты вычислений соответствуют фактическим ценам на эталонные инструменты. Другими словами, с помощью такой модели невозможно получить прибыль от перепродажи ценных бумаг, основываясь на результатах вычислений и фактических рыночных ценах. Стоимость финансовых инструментов, которые не входят в базовый набор, определяется при помощи полученной временной структуры процентных ставок и принятого значения волатильности.

В следующей главе мы подробно опишем всю процедуру. Мы начнем с оценки эталонных облигаций, составим кривую спот-ставок, которая соответствует рыночным ценам на них, и затем определим теоретическую стоимость облигаций, которые не входят в базовый набор. Безарбитражная модель также используется при оценке некоторых деривативов (опционов, кэпов, флоров и свопционов) в рамках единой системы оценки финансовых инструментов денежного рынка. В главе 30 мы остановимся на использовании безарбитражной модели для определения цен на опционные деривативы.

Наиболее известными безарбитражными моделями процентных ставок являются[1]:

- модель Хо–Ли (Ho–Lee model);
- модель Халла–Уайта (Hull–White model);
- модель Калотайя–Уильямса–Фабоцци (Kalotay–Williams–Fabozzi model);
- модель Блэка–Карасински (Black–Karasinski model);
- модель Блэка–Дермана–Тойя (Black–Derman–Toy model);
- модель Хита–Джарроу–Мортона (Heath–Jarrow–Morton model).

Первая безарбитражная модель процентных ставок была представлена в 1986 г. Томасом Хо и Сангом Ли[2]. В модели Хо–Ли не учитывается возвращение ставки к среднему значению, и волатильность не зависит от текущего значения процентной ставки. Следовательно, это нормальная модель [т. е. в уравнении (17.4) $\gamma = 0$]. Модель Халла–Уайта также является нормальной моделью[3]. Однако, в отличие от модели Хо–Ли, в модели Халла–Уайта делается поправка на возвращение к среднему. Таким образом, модель Халла–Уайта является первой безарбитражной нормальной моделью с возвращением к среднему.

Следующие три модели из приведенного выше списка являются логнормальными. В модели Калотайя–Уильямса–Фабоцци[4] изменения краткосрочной процентной ставки моделируются с помощью натурального логарифма краткосрочной ставки *r*; возвращение к среднему не учитывается. Мы будем использовать именно эту модель при определении стоимости облигаций

---

1 Более подробное обсуждение данных моделей, включая решение, можно найти в следующих источниках: Gerald W. Buetow, Frank J. Fabozzi, and James Sochacki, «A Review of No Arbitrage Interest Rate Models», глава 3 в книге: Frank J. Fabozzi (ed.), *Interest Rate, Term Structure, and Valuation Modeling* (Hoboken, NJ: John Wiley & Sons, 2002).

2 Thomas Ho and Sang Lee, «Term Structure Movements and Pricing Interest Rate Contingent Claims», *Journal of Finance,* 1986, pp. 1011–1029.

3 John Hull and Alan White, «Pricing Interest Rate Derivative Securities», *Review of Financial Studies,* 1990, pp. 573–592.

4 Andrew Kalotay, George Williams, and Frank J. Fabozzi, «A Model for the Valuation of Bonds and Embedded Options», *Financial Analyst Journal,* May-June 1993, pp. 35–46.

со встроенными опционами в следующей главе. В модели Блэка–Карасински[1] поправка на возвращение к среднему делается, и, следовательно, она является обобщением модели Калотайя–Уильямса–Фабоцци. Таким образом, модель Блэка–Карасински является логарифмическим расширением модели Калотайя–Уильямса–Фабоцци. Точно так же модель Халла–Уайта является расширением нормальной модели Хо–Ли. В модели Блэка–Дермана–Тойя[2] возвращение ставки к среднему значению учитывается. Однако в отличие от модели Блэка–Карасински, в ней процесс возвращения к среднему носит эндогенный по отношению к модели характер и определяется условиями рынка.

Модель Хита–Джарроу–Мортона[3] является обобщенной непрерывной многофакторной моделью процентных ставок. В финансовой литературе и среди специалистов ей уделялось довольно много внимания. Было доказано, что многие безарбитражные модели являются частными случаями данной модели. При использовании модели Хита–Джарроу–Мортона предположения относительно предпочтений инвестора не требуются. Однако вместо них необходимо описание структуры волатильности форвардных процентных ставок. Частным случаем однофакторной модели Хита–Джарроу–Мортона является модель, полученная А. Джеффри[4].

Равновесные модели

Если вкратце, то безарбитражные модели можно охарактеризовать как модели процентных ставок, с помощью которых можно на основе какого-либо набора рыночных цен воспроизвести временную структуру процентных ставок при условии, что данные цены справедливы. **Равновесные модели** — это модели, описывающие временную структуру процентных ставок с помощью основных экономических переменных, которые влияют на формирование

[1] Fisher Black and Piotr Karasinski, «Bond and Option Pricing When Short Rates are Lognormal», *Financial Analyst Journal,* July-August 1991, pp. 52–59.

[2] Fischer Black, Emanuel Derman, and William Toy, «A One Factor Model of Interest Rates and Its Application to the Treasury Bond Options», *Financial Analyst Journal,* январь- февраль 1990, pp. 33–39.

[3] David Heath, Robert A. Jarrow, and Andrew J. Morton, «Bond Pricing and the Term Structure of Interest Rates: A New Methodology for Contingent Claims Valuation», *Econometrica*, 60 (1992), pp. 77–105.

[4] Andrew Jeffrey, “Single Factor Heath-Jarrow-Morton Term Structure Models Based on Spot Interest Rate Dynamics,” *Journal of Financial and Quantitative Analysis*, 30 (1995), pp. 619–642.

ставок процента. С помощью наложения определенных ограничений и моделирования взаимосвязей выводятся равновесные цены облигаций и других процентных деривативов. В равновесных моделях 1) процентная волатильность представлена в виде функции, и 2) делаются предположения относительно роста и падения ставок с течением времени.

Для того чтобы понять разницу между безарбитражными и равновесными моделями, нужно обратить внимание на то, какая роль в той или иной модели отводится временной структуре процентных ставок, т. е. задается данная модель в соответствии с какой-либо исходной временной структурой или параметризация подразумевает определенную структуру ставок. Недостаток безарбитражных моделей заключается в том, что в них исходная временная структура ставок является скорее вводимым параметром, а не объясняется самой моделью. В сущности, перед безарбитражными и равновесными моделями ставятся разные задачи.

Разработкой равновесных моделей занимались многие исследователи. Тем не менее наиболее известными моделями являются модели Васичека и Кокса–Ингерсолла–Росса, упомянутые выше. Помимо них, распространение получили модели Бреннана и Шварца[1], а также Лонгстаффа и Шварца[2]. Для использования данных моделей необходимы параметры предполагаемых изменений процентных ставок, в том числе параметры функции волатильности для процентных ставок. Оценка данных параметров может быть получена при помощи эконометрических методов с использованием кривых исторической волатильности без учета того, воспроизводит ли модель какие-либо рыночные цены.

При использовании равновесных моделей необходимо учитывать два момента. Во-первых, множество экономических теорий начинаются с предположения относительно класса функций полезности, описывающих то, как инвесторы делают выбор. Равновесные модели не исключение: при их использовании необходимо задать класс функций полезности. Во-вторых, как уже говорилось, равновесные модели не соответствуют ситуации на рынке, т. е. цены, полученные в результате их использования, могут привести к появлению в текущей временной структуре возможностей арбитража[3]. Нако-

---

1 Michael Brennan and Eduardo Schwartz, «A Continuous Time Approach to the Pricing of Bonds,» *Journal of Banking and Finance,* 1979, pp. 133–155; «An Equilibrium Model of Bond Pricing and a Test of Market Efficiency», *Journal of Financial and Quantitative Analysis,* 1982, pp. 301–329.

2 Francis Longstaff and Eduardo Schwartz, «Interest Rate Volatility and the Term Structure: A Two-Factor General Equilibrium Model,» *Journal of Finance,* 1992, pp. 1259–1282.

3 В этом случае Ф. Дибвиг предложил подход, используемый некоторыми продавцами аналитических систем. См.: Philip Dybvig, «Bond and Bond Option Pricing Based on the Current Term Structure», в книге Michael A.H. Dempster and Stanley Pliska (eds.), *Mathematics of Derivatives Securities* (Cambridge, U.K.: Cambridge University Press, 1997).

нец, в равновесных моделях волатильность не может быть вычислена при помощи фактических цен на какие-либо финансовые инструменты.

ЭМПИРИЧЕСКИЕ ДАННЫЕ ПО ИЗМЕНЕНИЮ ПРОЦЕНТНЫХ СТАВОК

Теперь, когда мы познакомились с различными видами моделей процентных ставок, изучим эмпирические данные, касающиеся исторических колебаний ставок процента. Благодаря этому мы сможем оценить разные безарбитражные модели. А точнее, мы сможем осветить те проблемы, с которыми столкнулись во время рассмотрения разных моделей процентных ставок. К этим проблемам относятся:

1) выбор модели: нормальные модели (в которых волатильность не зависит от уровня процентных ставок) или логарифмические;
2) учитывая крайне низкую вероятность того, что процентные ставки приобретают отрицательные значения, модели, допускающие отрицательные значения, возможно, менее точно описывают изменения процентных ставок.

В соответствии с этим мы приводим эмпирические данные относительно:

- соотношения волатильности процентных ставок и их уровня;
- отрицательных процентных ставок.

В главе 3 мы говорили о том, что изменение ставки процента можно выразить при помощи абсолютного изменения (абсолютное значение изменения спреда в базисных пунктах за два промежутка времени) либо при помощи процентного выражения изменения ставки (вычисляется как натуральный логарифм от соотношения доходности за два промежутка времени).

Волатильность и уровень процентных ставок

Вначале мы будем рассматривать исторические колебания ставок, чтобы выяснить, влияет или нет уровень процентных ставок на процентную волатильность. Если волатильность процентных ставок зависит от их уровня, тогда, чем выше ставка процента, тем выше процентная волатильность. То есть между уровнем процентных ставок и процентной волатильностью существует положительная корреляция. Если оба параметра не зависят друг от друга, тогда корреляция между ними будет низкой.

Зависимость волатильности от уровня процентных ставок изучалась несколькими исследователями. Самые первые работы были посвящены краткосрочным процентным ставкам. В них применялась статистическая модель временного ряда, которая называется «обобщенная авторегрессионная условная гетероскедастия»[1]. Однако выводы, к которым пришли исследователи, были неокончательными.

Орен Шейэт из компании MSCI Barra, напротив, вместо того чтобы концентрировать внимание только на краткосрочных ставках, изучил спот-ставки по всем облигациям Казначейства США за период с 1977 по 1996 г. Для такого продолжительного временного интервала характерно большое разнообразие процентных ставок и политических курсов Федеральной резервной системы США. В итоге Шейэт пришел к выводу, что для разных исторических периодов характерна разная степень зависимости волатильности от уровня процентных ставок. (В данном исследовании изменения процентных ставок выражались с помощью абсолютных изменений ставок.) А именно: в период высоких, свыше 10%, процентных ставок в конце 1970-х — начале 1980-х гг. между процентной волатильностью и уровнем процентных ставок наблюдалась положительная корреляция. Однако, когда процентные ставки были ниже 10%, эта зависимость была незначительной. Следовательно, согласно выводам О. Шейэта, начиная с 1980-х гг. процентная волатильность не зависит от уровня процентных ставок. К таким же выводам пришел А. Левин после изучения 10-летних казначейских облигаций в период с 1980 по 2003 г. и своп-ставок с 1989 по 2003 г.[2]

Таким образом, при моделировании процентных ставок можно исходить из предположения, что процентная волатильность не зависит от уровня ставок, если он менее 10%. Следовательно, в этом случае можно использовать нормальную модель.

---

[1] См., например: K. C. Chan, G. A. Karolyi, Francis A. Longstaff, and Anthony B. Sanders, «An Empirical Comparison of Alternative Models of the Short Rate», *Journal of Finance* 47:3, 1992, pp. 1209–1227; Robin J. Brenner, Richard H. Harjes, and Kenneth F. Kroner, «Another Look at Alternative Models of the Short-Term Interest Rate,» *Journal of Financial and Quantitative Analysis,* 31, 1996, pp. 85–107; и Yacine Ait-Sahalia, «Testing Continuous Time Models of the Spot Interest Rate», *Review of Financial Studies,* 9:2, 1996. pp. 385–426.

[2] Oren Cheyette, «Interest Rate Models», глава 1 в кн.: *Interest Rate, Term Structure, and Valuation Modeling.*

Отрицательные процентные ставки

В этом разделе мы будем говорить о номинальных процентных ставках. Как известно, реальные ставки (ставки с учетом инфляции) могут принимать отрицательные значения. В то же время считается, что номинальная ставка не может быть отрицательной, так как в противном случае инвесторы просто не будут покупать долговые обязательства. Тем не менее в некоторых странах были периоды, когда на короткий промежуток времени процентные ставки становились отрицательными. Такие примеры опровергают утверждение о том, что при отрицательных ставках инвесторы не захотят вкладывать капитал в облигации.

Например, во время Великой депрессии в США были зафиксированы периоды, когда казначейские облигации торговались при отрицательных процентных ставках. Еще один такой пример можно найти в истории Японии. В начале ноября 1998 г. западные банки взимали с японских банков процент в размере от 3 до 6 базисных пункта за размещение 2- или 3-месячных депозитов в иенах, которые японские банки не хотели размещать в местных институтах в связи с очевидной нестабильностью японской финансовой системы. В один из торговых дней в ноябре 1998 г. доходность государственных японских облигаций с 3-месячным сроком погашения упала до –5 базисных пунктов, хотя на момент закрытия их доходность была положительной.

Справедливости ради нужно заметить, что, несмотря на то что процентные ставки могут быть отрицательными, вероятность такого развития событий остается низкой. Поэтому вполне разумно требовать того, чтобы модель процентных ставок не допускала отрицательных значений (либо чтобы отрицательные значения не превышали нескольких базисных пунктов). Тем не менее отрицательные ставки возможны в моделях, в которых волатильность измеряется базисными пунктами, как, например, в нормальной модели. В то же время, если волатильность измеряется в процентах изменения доходности (т. е. с помощью логарифма соотношения доходности), то процентные ставки не могут принимать отрицательные значения. Следовательно, преимущество модели процентных ставок, в которой волатильность зависит от их уровня, заключается в том, что в этой модели невозможны отрицательные ставки. Насколько это важно при выборе между нормальной или логнормальной моделями? Мы обсудим этот вопрос в следующем разделе.

ВЫБОР МОДЕЛИ ПРОЦЕНТНЫХ СТАВОК

Шейэт дает несколько рекомендаций относительно выбора модели процентных ставок. Он пишет:

«Может показаться, что основными критериями при выборе модели процентных ставок должны служить точность, с которой данная модель описывает эмпирическую волатильность временной структуры ставок, а также способность модели воспроизводить рыночные цены на некоторые деривативы, например опционы при своих или свопционы. Безусловно, это важные показатели, однако далеко не единственные. Первый из них довольно сложно определить, так как он сильно зависит от исторического периода, для которого проводится исследование. Второму критерию могут удовлетворять большинство широко используемых моделей, если допустить (несмотря на то, что это нежелательно), что будущая волатильность зависит от времени. Таким образом, несмотря на то что перечисленные выше показатели важны, значительно сузить выбор моделей с их помощью вряд ли удастся»[1].

Кроме того, по словам Шейэта, не менее важным критерием при выборе модели процентных ставок является то, насколько просто применять ту или иную модель на практике. Мы уже описали несколько моделей процентных ставок, однако вопрос об их практическом использовании все еще остается открытым. Немаловажной характеристикой методов оценки инвестиций является их последовательность и согласованность. В связи с этим портфельному менеджеру требуется такая модель процентных ставок, которую можно было бы использовать для всех финансовых инструментов, входящих в состав портфеля. На практике чаще всего «трудно или даже невозможно» составить эффективные алгоритмы оценки всех финансовых инструментов портфеля с применением некоторых моделей, описанных в литературе[2].

На основе эмпирических данных Шейэт и Левин пришли к выводу, что всем названным параметрам в большей степени соответствует нормальная модель процентных ставок. По мнению О. Шейэта, при типичных исходных кривых спот-ставок, а также параметрах волатильности вероятность того, что нормальная модель воспроизведет отрицательные ставки, относительно невелика[3]. С практической точки зрения крайне важно не то, воспроизводит или нет нормальная модель отрицательные процентные ставки, а то, могут ли отрицательные ставки серьезно повлиять на ценообразование финансовых инструментов. Для того чтобы это проверить, Шейэт определил цену колл-опциона на облигацию с нулевым купоном. В результате он пришел к следующему выводу: «Как выяснилось, негативное влияние отрицательных процентных ставок на ценообразование опционов сильно преувели-

[1] Cheyette, «Interest Rate Models», p. 4.

[2] Там же.

[3] Cheyette, «Interest Rate Models», p. 10.

чено в связи с тем, что их вероятность крайне низка при разумных значениях параметров модели и исходной временной структуры ставок»[1].

Левин занимался изучением данной проблемы на примере ипотечных ценных бумаг. Он также пришел к выводу, что оптимальной моделью процентных ставок является нормальная модель, особенно модель Халла–Уайта. Он пишет: «Даже в худших случаях нормальная модель процентных ставок не приведет к ошибкам в определении стоимости облигаций»[2]. Однако, по его словам, «данный вывод, безусловно, необходимо регулярно перепроверять»[3].

ОПРЕДЕЛЕНИЕ ПРОЦЕНТНОЙ ВОЛАТИЛЬНОСТИ НА ОСНОВЕ ИСТОРИЧЕСКИХ ДАННЫХ

Как мы видели, одним из параметров, вводимых в модель процентных ставок, является процентная волатильность. Где же можно получить значение процентной волатильности для моделирования ставок? Участники рынка определяют ее одним из двух возможных способов. Первый способ — это оценка исторической процентной волатильности. При этом методе оценки для вычисления стандартного отклонения колебаний ставок процента используются их значения за определенный отрезок времени в прошлом. По очевидным причинам оценка волатильности, полученная с помощью данного метода, называется **исторической волатильностью.** Второй способ определения процентной волатильности сложнее объяснить на данном этапе. Он подразумевает использование моделей ценообразования деривативов опционного вида. Как правило, в любой модели ценообразования опциона волатильность является единственным неизвестным параметром. Вначале делается предположение, что фактическая цена на какой-либо опционный дериватив сложилась согласно одной из моделей ценообразования опциона. Затем проводятся необходимые вычисления и устанавливается, какое значение волатильности приводит к тому, что модель ценообразования опциона воспроизводит рыночную цену опционного дериватива. В связи с тем, что при использовании данного метода значение процентной волатильности вычисляется «наоборот», эта величина называется **подразумеваемой волатильностью.**

Далее мы используем данные из табл. 17.1 для того, чтобы показать, как вычисляется историческая волатильность, т. е. стандартное отклонение

---

1 Cheyette, «Interest Rate Models», p. 25.

2 Levin, «Interest Rate Model Selection», p. 85.

3 Там же.

абсолютного изменения ставки и изменения ставки в процентном выражении. Процентные ставки в табл. 17.1 — это недельная доходность одномесячной LIBOR в период с 30.07.04 по 29.07.05. Данные основаны на бид-ставках по евродолларовым депозитам, взимаемых приблизительно в 9:30 по восточноевропейскому времени[1]. Все вычисления можно проводить в электронных таблицах. *Недельное* стандартное отклонение приводится в таблице. Что касается абсолютного изменения ставок, оно равно 2,32 базисного пункта; в процентном выражении изменение ставок составляет 1,33%.

Недельные показатели должны быть представлены в годовом исчислении. Формула для перевода недельного стандартного отклонения в годовое исчисление следующая[2]:

$$\text{недельное стандартное отклонение} \times \sqrt{52}.$$

Таблица 17.1. Данные для расчета исторической волатильности: ставки по одномесячным депозитам с 30.07.04 по 29.07.05.

Дата	Месячная LIBOR (%)	Абсолютное изменение ставки (базисные пункты)	Процентное изменение ставки (%)
30/7/2004	1,43		
6/8/2004	1,49	6	4,110
13/8/2004	1,51	2	1,333
20/8/2004	1,52	1	0,660
27/8/2004	1,54	2	1,307
3/9/2004	1,59	5	3,195
10/9/2004	1,67	8	4,909
17/9/2004	1,73	6	3,530
24/9/2004	1,77	4	2,286
1/10/2004	1,77	0	0,000
8/10/2004	1,78	1	0,563
15/10/2004	1,81	3	1,671
22/10/2004	1,86	5	2,725
29/10/2004	1,9	4	2,128

[1] Данные взяты из статистического релиза ФРС H.15.

[2] В формуле для перевода в годовое исчисление при использовании квадратного корня из числа периодов времени в году сделано допущение о том, что корреляция между изменениями процентных ставок во времени незначительна. Термин *сериальная корреляция* применяется лишь для описания этой корреляции.

Продолжение табл. 17.1

Дата	Месячная LIBOR (%)	Абсолютное изменение ставки (базисные пункты)	Процентное изменение ставки (%)
5/11/2004	1,98	8	4,124
12/11/2004	2,03	5	2,494
19/11/2004	2,06	3	1,467
26/11/2004	2,11	5	2,398
3/12/2004	2,24	13	5,979
10/12/2004	2,3	6	2,643
17/12/2004	2,35	5	2,151
24/12/2004	2,34	1	–0,426
31/12/2004	2,34	0	0,000
7/1/2005	2,34	0	0,000
14/1/2005	2,39	5	2,114
21/1/2005	2,44	5	2,070
28/1/2005	2,5	6	2,429
4/2/2005	2,53	3	1,193
11/2/2005	2,53	0	0,000
18/2/2005	2,53	0	0,000
25/2/2005	2,59	6	2,344
4/3/2005	2,66	7	2,667
11/3/2005	2,71	5	1,862
18/3/2005	2,77	6	2,190
25/3/2005	2,79	2	0,719
1/4/2005	2,81	2	0,714
8/4/2005	2,85	4	1,413
15/4/2005	2,89	4	1,394
22/4/2005	2,95	6	2,055
29/4/2005	3,01	6	2,013
6/5/2005	3,04	3	0,992
13/5/2005	3,03	1	–0,329
20/5/2005	3,02	1	–0,331
27/5/2005	3,03	1	0,331
3/6/2005	3,08	5	1,637
10/6/2005	3,12	4	1,290

Окончание табл. 17.1

Дата	Месячная LIBOR (%)	Абсолютное изменение ставки (базисные пункты)	Процентное изменение ставки (%)
17/6/2005	3,19	7	2,219
24/6/2005	3,25	6	1,863
1/7/2005	3,28	3	0,919
8/7/2005	3,29	1	0,304
15/7/2005	3,32	3	0,908
22/7/2005	3,38	6	1,791
29/7/2005	3,44	6	1,760
Среднее значение		3,98	1,690
Недельная дисперсия		6,84	1,780
Недельное стандартное отклонение		2,62	1,330
Стандартное отклонение в годовом исчислении		18,86	9,620

Приведение в годовое исчисление двух значений волатильности:

Абсолютное изменение ставки: $2{,}62 \times \sqrt{52} = 18{,}89$ базисного пункта;

Логарифмическое изменение в процентах: $1{,}33 \times \sqrt{52} = 9{,}62\%$.

Для приведения в годовое исчисление дневного или месячного стандартного отклонения необходимо воспользоваться формулой:

$$\text{месячное стандартное отклонение} \times \sqrt{12};$$

$$\text{дневное стандартное отклонение} \times \sqrt{\text{число торговых дней в году}}.$$

Обратите внимание на то, что для приведения в годовое исчисление дневного стандартного отклонения необходимо определить количество торговых дней в году, которое может быть разным. Обычно это значение равно 250 или 260 дням. У трейдеров, использующих для оценки волатильности дневные процентные ставки, результаты вычислений могут значительно отличаться в зависимости от принятого количества торговых дней в году. Если точнее, коэффициент умножения дневного стандартного отклонения за день в зависимости от количества торговых дней равен:

Количество торговых дней	*Квадратный корень из количества торговых дней*
250	15,81
260	16,12

Резюме

- Модель процентных ставок — это вероятностное описание изменения процентных ставок с течением времени. Математически колебания процентных ставок описываются с помощью стохастического дифференциального уравнения, которое учитывает все их статистические свойства (смещение, волатильность и возвращение к среднему).
- На практике для описания поведения процентных ставок используются однофакторные модели. В них предполагается, что колебание краткосрочных процентных ставок происходит в соответствии с неким статистическим процессом и что остальные процентные ставки во временной структуре изменяются в соответствии с изменением краткосрочных ставок.
- В однофакторной модели стохастическое дифференциальное уравнение описывает изменение процентных ставок как изменение краткосрочной ставки за некий промежуток времени с использованием двух параметров: 1) ожидаемого направления изменения краткосрочной ставки процента (смещения) и 2) случайного процесса (волатильности).
- Модели процентных ставок делятся на две категории: безарбитражные модели и равновесные модели.
- В безарбитражных моделях при анализе используются фактические рыночные цены на эталонные инструменты, эти цены считаются справедливыми. С их помощью вычисляется соответствующая временная структура процентных ставок. Такая модель называется безарбитражной, потому что результаты вычислений соответствуют фактическим ценам на эталонные инструменты.
- Равновесные модели описывают временную структуру процентных ставок с помощью основных экономических переменных, которые влияют на формирование ставок процента.
- В связи со сложностью применения равновесных моделей на практике используются безарбитражные модели.
- Классификация моделей на нормальные и логнормальные основана на динамике случайного члена стохастического дифференциального уравнения. В нормальных моделях предполагается, что процентная волатильность не зависит от уровня ставок. Следовательно, в этих моделях возможны отрицательные процентные ставки. В логнормальных моделях предполагается, что процентная волатильность пропорциональна уровню ставок. Следовательно, в них отрицательные ставки невозможны.

- Практические эксперименты показали, что отрицательные процентные ставки почти не влияют на ценообразование финансовых инструментов при уровне процентных ставок ниже 10%. Однако при процентных ставках выше 10% они все же оказывают влияние. Таким образом, при процентных ставках ниже 10% нормальная модель лучше описывает поведение процентных ставок, чем логнормальная модель.
- Кроме того, практические эксперименты показали, что отрицательные процентные ставки почти не влияют на ценообразование финансовых инструментов. Поэтому тот факт, что нормальная модель допускает возможность отрицательных ставок, не должен учитываться.
- Процентную волатильность можно оценить с помощью исторической и подразумеваемой волатильности.
- Историческая волатильность вычисляется на основе фактических ставок за определенный промежуток времени в прошлом. При вычислении исторической волатильности с использованием дневных данных значение волатильности в годовом исчислении зависит от предполагаемого количества операционных дней в году. Подразумеваемая волатильность вычисляется с помощью модели ценообразования опциона и фактических цен на опционные деривативы.

Вопросы

1. Что такое модель процентных ставок?
2. Объясните следующие три свойства модели процентных ставок:
   a. смещение;
   b. волатильность;
   c. возвращение к среднему.
3. Какой математический инструмент, в котором учитываются все три свойства модели процентных ставок, обычно используется для описания их изменений?
4. a. Почему наиболее распространенной моделью процентных ставок является однофакторная модель?
   b. Какой фактор влияет на процентные ставки согласно однофакторной модели?
5. Что такое:
   a. нормальная модель процентных ставок?
   b. логнормальная модель?
6. Объясните, как в следующих моделях процентных ставок толкуется динамика волатильности:

   a. модель Васичека;
   b. модель Дотана;
   c. модель Кокса–Ингерсолла–Росса.
7. Что такое безарбитражная модель процентных ставок?
8. a. Дайте общую характеристику безарбитражной модели Хо–Ли.
   b. В чем отличие модели Хо–Ли от модели Халла–Уайта?
9. Что такое равновесная модель процентных ставок?
10. Объясните, почему на практике чаще используются безарбитражные модели, а не равновесные.
11. a. Какие эмпирические данные существуют о соотношении волатильности и уровня процентных ставок?
    b. Объясните, в пользу применения какой модели говорят исторические факты: нормальной или логарифмически нормальной.
12. Прокомментируйте следующее высказывание: «Если модель процентных ставок допускает отрицательные значения, то ее нет смысла использовать».
13. a. Что такое историческая волатильность?
    b. Что такое подразумеваемая волатильность?
14. Представьте, что значения недельной процентной волатильности равны:

    абсолютное изменение ставок = 3,85 базисного пункта;
    изменение ставок в процентах = 2,14%.

    a. Чему равна годовая процентная волатильность для абсолютного изменения ставок?
    b. Чему равна годовая волатильность для изменения ставок в процентах?

ГЛАВА 18

Анализ облигаций со встроенными опционами

В этой главе читателю будут представлены сведения:

- о недостатках традиционного анализа спреда доходностей;
- о понятии статичного спреда и условиях, определяющих отличие этого спреда от традиционного спреда доходностей;
- о недостатках облигации с правом досрочного погашения с позиций инвестора;
- о наименьшей доходности и пробелах в традиционном подходе к вычислению стоимости отзывных облигаций;
- о зависимости цена–доходность отзывной облигации;
- об отрицательной выпуклости и ситуациях, в которых ее демонстрирует отзывная облигация;
- о разбиении стоимости облигации со встроенным опционом на составляющие;
- о методе решетки и его использовании для оценки облигаций со встроенными опционами;
- о конструировании биномиального дерева процентных ставок на основе цен последних облигационных выпусков и предположений о волатильности;
- об уточненном на опцион спреде и вычислении его значений с помощью биномиального метода;
- о сложностях, связанных с использованием модифицированной дюрации и стандартной выпуклости в качестве мер чувствительности цены облигации со встроенным опционом;

- об отличии эффективной дюрации от модифицированной дюрации;
- о вычислении на основе биномиального метода значений эффективной дюрации и эффективной выпуклости.

До сих пор мы обсуждали ценообразование, меры доходности и ценовую волатильность облигаций, не имеющих встроенных опционов. Как следует из главы 2, цена облигации вычисляется на основе приведенной стоимости ее денежного потока. Облигации со встроенным опционом — это долговое обязательство, дающее либо эмитенту, либо держателю право (опцион) внести изменения в денежный поток. В этой главе мы опишем принципы анализа облигаций со встроенными опционами. Наиболее популярный из опционов — это право досрочного погашения: именно поэтому мы обратим особое внимание на изучение отзывных облигаций. Мы начнем с рассмотрения недостатков традиционного анализа спреда доходностей. Хотя в главе используются примеры корпоративных облигаций, выводы, сделанные на их основании, применимы в равной мере к агентским и муниципальным ценным бумагам. В следующей главе речь пойдет в основном об анализе ипотечных ценных бумаг.

НЕДОСТАТКИ ТРАДИЦИОННОГО АНАЛИЗА СПРЕДОВ ДОХОДНОСТЕЙ

Традиционный анализ спреда доходности неказначейской ценной бумаги предполагает вычисление разницы между доходностью к погашению (или доходностью к досрочному погашению) данной ценной бумаги и доходностью казначейской бумаги с аналогичным сроком. Последнее значение получается на основе изучения кривой доходности казначейских ценных бумаг. Рассмотрим, например, две 25-летние облигации с купоном 8,8%:

Облигационный выпуск	*Цена ($)*	*Доходность к погашению (%)*
Казначейский	96,6133	9,15
Корпоративный	87,0798	10,24

Спред доходностей между этими двумя облигациями при вычислении традиционным методом составит 109 базисных пунктов (10,24% минус 9,15%). Между тем описанный метод имеет ряд недостатков, а именно: 1) доходность облигаций представлена без учета временной структуры процентных ставок и 2) если облигация выпущена с правом досрочного погашения и/или предъявления, то ожидаемая волатильность процентных ставок может стать причиной изменения денежного потока. Попробуем для начала разобраться с первой из проблем: отсутствием учета временной структуры процентных ставок.

СТАТИЧНЫЙ СПРЕД КАК АЛЬТЕРНАТИВА СПРЕДУ ДОХОДНОСТЕЙ

Проводя традиционный анализ спреда доходностей, инвестор сравнивает доходность к погашению облигации с доходностью к погашению казначейской бумаги последнего выпуска, имеющей сходный срок. Это значит, что и доходность к погашению 25-летней бескупонной корпоративной облигации, и доходность к погашению 25-летней облигации с купоном 8,8% будут сравниваться с доходностью одной и той же эталонной казначейской бумаги. Очевидно, что подобное сравнение не является обоснованным, поскольку характеристики денежных потоков двух корпоративных облигаций существенно отличаются от характеристик денежного потока ценной бумаги, выпущенной Казначейством.

Адекватный способ анализа неказначейских облигаций с одинаковым сроком, но с разными купонными ставками — это сравнение их с портфелем казначейских ценных бумаг, имеющим аналогичный денежный поток. Рассмотрим, например, 25-летнюю облигацию с купоном 8,8%, продающуюся по $87,0798. Денежный поток на $100 номинала для данной корпоративной ценной бумаги при условии неизменности процентных ставок (статичных процентных ставок) равен 49 полугодовым выплатам по $4,40 каждая и одной выплате через 25 лет (50 полугодовых периодов) в размере $104,40. Для создания портфеля, способного генерировать такой денежный поток, потребуется 50 бескупонных казначейских бумаг со сроками до погашения, соответствующими денежным потокам корпоративной облигации. Стоимость корпоративной облигации равна приведенной стоимости всех денежных потоков.

Стоимость корпоративной облигации при условии отсутствия рисков для денежных потоков равна приведенной стоимости созданного нами портфеля казначейских ценных бумаг. Стоимость описанных денежных потоков, таким образом, может быть вычислена исходя из казначейских спот-ставок. В табл. 18.1 показан метод вычисления цены безрисковой 25-летней облигации с купоном 8,8% на основе кривой казначейских спот-ставок, приведенной в таблице. Цена будет равна $96,6134. Реальная цена корпоративной облигации составляет $87,0798, что меньше, чем цена набора бескупонных казначейских бумаг. Это объясняется желанием инвесторов получить премию за риски, связанные с инвестированием в корпоративную облигацию.

Таблица 18.1. Вычисление цены 25-летней облигации с купоном 8,8% на основе казначейских спот-ставок

Период	Денежный поток	Казначейская спот-ставка (%)	Приведенная стоимость
1	4,4	7,00000	4,2512
2	4,4	7,04999	4,1055
3	4,4	7,09998	3,9628
4	4,4	7,12498	3,8251
5	4,4	7,13998	3,6922
6	4,4	7,16665	3,5622
7	4,4	7,19997	3,4351
8	4,4	7,26240	3,3077
9	4,4	7,33315	3,1820
10	4,4	7,38977	3,0611
11	4,4	7,44517	2,9434
12	4,4	7,49135	2,8302
13	4,4	7,53810	2,7200
14	4,4	7,57819	2,6141
15	4,4	7,61959	2,5112
16	4,4	7,66205	2,4111
17	4,4	7,70538	2,3139
18	4,4	7,74391	2,2207
19	4,4	7,78888	2,1291
20	4,4	7,83434	2,0404
21	4,4	8,22300	1,8879
22	4,4	8,33333	1,7923
23	4,4	8,40000	1,7080
24	4,4	8,50000	1,6204
25	4,4	8,54230	1,5465
26	4,4	8,72345	1,4500
27	4,4	8,90000	1,3581
28	4,4	9,00000	1,2829
29	4,4	9,01450	1,2252
30	4,4	9,23000	1,1367
31	4,4	9,39000	1,0611
32	4,4	9,44840	1,0045
33	4,4	9,50000	0,9514

Окончание табл. 18.1

Период	Денежный поток	Казначейская спот-ставка (%)	Приведенная стоимость
34	4,4	9,50000	0,9083
35	4,4	9,50000	0,8671
36	4,4	9,50000	0,8278
37	4,4	9,55000	0,7833
38	4,4	9,56000	0,7462
39	4,4	9,58000	0,7095
40	4,4	9,58000	0,6771
41	4,4	9,60000	0,6436
42	4,4	9,70000	0,6020
43	4,4	9,80000	0,5625
44	4,4	9,90000	0,5251
45	4,4	10,00000	0,4897
46	4,4	10,10000	0,4563
47	4,4	10,30000	0,4154
48	4,4	10,50000	0,3774
49	4,4	10,60000	0,3503
50	104,4	10,80000	7,5278
			Теоретическая цена = 96,6134

Статичный спред (*static spread*), называемый также **спредом нулевой волатильности**, — это мера спреда, который реализует инвестор относительно всей кривой казначейских спот-ставок, если держать облигации до погашения. Такой спред в отличие от традиционного спреда доходностей не является спредом относительно одной точки на кривой казначейских процентных ставок. Статический спред вычисляется как спред, который сделает приведенную стоимость денежного потока корпоративной облигации, дисконтированного по казначейским спот-ставкам плюс данный спред, равной рыночной цене корпоративной облигации. Статичный спред определяется методом подбора.

В качестве иллюстрации метода рассмотрим корпоративную облигацию из первого примера. Выберем спред, например, 100 базисных пунктов. Прибавим 100 базисных пунктов к каждому из значений казначейской спот-ставки, приведенных в табл. 18.2. Так, 14-летняя (28 полугодовых периодов) спот-ставка составит 10% (9% плюс 1%). Сумма спот-ставки и 100 базисных пунктов служит затем основой для вычисления приведенной стоимости, которая составляет

$88,5474. Поскольку приведенная стоимость не равна цене ($87,0796), статичный спред не равен 100 базисным пунктам. Выберем спред в 110 базисных пунктов: из предпоследнего столбца табл. 18.2 видно, что приведенная стоимость в этом случае составляет $87,8029; приведенная стоимость снова не равна цене, а это значит, что статичный спред не равен 110 базисным пунктам. Последний столбец таблицы демонстрирует значение приведенной стоимости при спреде в 120 базисных пунктов. Приведенная стоимость в этом случае равна цене. Таким образом, статичный спред равен 120 базисным пунктам, в то время как традиционный спред доходностей составляет 109 базисных пунктов.

Таблица 18.2. Вычисление статичного спреда для 25-летней корпоративной облигации с купоном 8,8%

Период	Денежный поток	Казначейская спот-ставка (%)	Приведенная стоимость при спреде, равном:		
			100 б. п.	110 б. п.	120 б. п.
1	4,4	7	4,2308	4,2287	4,2267
2	4,4	7,04999	4,0661	4,0622	4,0583
3	4,4	7,09998	3,9059	3,9003	3,8947
4	4,4	7,12498	3,7521	3,7449	3,7377
5	4,4	7,13998	3,6043	3,5957	3,5871
6	4,4	7,16665	3,4607	3,4508	3,4408
7	4,4	7,19997	3,3212	3,3101	3,299
8	4,4	7,2624	3,1828	3,1706	3,1584
9	4,4	7,33315	3,0472	3,034	3,021
10	4,4	7,38977	2,9174	2,9034	2,8895
11	4,4	7,44517	2,7917	2,777	2,7624
12	4,4	7,49135	2,6715	2,6562	2,6409
13	4,4	7,5381	2,5552	2,5394	2,5236
14	4,4	7,57819	2,444	2,4277	2,4115
15	4,4	7,61959	2,3366	2,3198	2,3032
16	4,4	7,66205	2,2327	2,2157	2,1988
17	4,4	7,70538	2,1325	2,1152	2,0981
18	4,4	7,74391	2,0368	2,0193	2,002
19	4,4	7,78888	1,9435	1,9259	1,9085
20	4,4	7,83434	1,8536	1,8359	1,8184
21	4,4	8,223	1,7072	1,6902	1,6733
22	4,4	8,33333	1,6131	1,5963	1,5796
23	4,4	8,4	1,53	1,5132	1,4967

Окончание табл. 18.2

Период	Денежный поток	Казначейская спот-ставка (%)	Приведенная стоимость при спреде, равном:		
			100 б. п.	110 б. п.	120 б. п.
24	4,4	8,5	1,4446	1,4282	1,4119
25	4,4	8,5423	1,3722	1,3559	1,3398
26	4,4	8,72345	1,2806	1,2648	1,2492
27	4,4	8,9	1,1938	1,1785	1,1635
28	4,4	9	1,1224	1,1075	1,0929
29	4,4	9,0145	1,0668	1,0522	1,0378
30	4,4	9,23	0,9852	0,9712	0,9575
31	4,4	9,39	0,9154	0,902	0,8888
32	4,4	9,4484	0,8625	0,8495	0,8367
33	4,4	9,5	0,8131	0,8004	0,788
34	4,4	9,5	0,7725	0,7601	0,748
35	4,4	9,5	0,734	0,7219	0,71
36	4,4	9,5	0,6974	0,6855	0,6739
37	4,4	9,55	0,6568	0,6453	0,6341
38	4,4	9,56	0,6227	0,6116	0,6007
39	4,4	9,58	0,5893	0,5785	0,5679
40	4,4	9,58	0,5597	0,5492	0,5389
41	4,4	9,6	0,5295	0,5193	0,5093
42	4,4	9,7	0,4929	0,4832	0,4737
43	4,4	9,8	0,4585	0,4492	0,4401
44	4,4	9,9	0,426	0,4172	0,4086
45	4,4	10	0,3955	0,3871	0,3789
46	4,4	10,1	0,3668	0,3588	0,3511
47	4,4	10,3	0,3323	0,325	0,3179
48	4,4	10,5	0,3006	0,2939	0,2873
49	4,4	10,6	0,2778	0,2714	0,2652
50	104,4	10,8	5,9416	5,803	5,6677
		Общая приведенная стоимость =	88,5474	87,8029	87,0796

В табл. 18.3 продемонстрированы значения статичного спреда и традиционного спреда доходностей для облигаций с различными сроками и ценами, вычисленные на основе казначейских спот-ставок из табл. 18.1. Заметим, что более короткие сроки до погашения облигации приводят к меньшей разнице между статичным спредом и традиционным спредом доходностей. Величина разницы между традиционным спредом доходностей и статичным спредом зависит также от формы кривой доходности. Чем круче наклон кривой доходности, тем больше разница при данном купоне и сроке.

Не очень большая разница спредов двух типов в табл. 18.3 объясняется также тем обстоятельством, что при наступлении срока корпоративная облигация погашается «пулей». Разница между статичным спредом и традиционным спредом доходностей на рынке с крутым наклоном кривой доходности заметно больше у облигаций с фондом погашения и у ипотечных ценных бумаг.

Таблица 18.3. Сравнение традиционного спреда доходностей и статичного спреда для различных облигаций[a]

Облигация	Цена	Доходность к погашению (%)	Спред (базисные пункты)		
			традиционный	статичный	разница
25-летние облигации с купоном 8,8%					
Казначейская	96,6133	9,15	—	—	—
A	88,5473	10,06	91	100	9
B	87,8031	10,15	100	110	10
C	87,0798	10,24	109	120	11
15-летние облигации с купоном 8,8%					
Казначейская	101,9603	8,57	—	—	—
D	94,1928	9,54	97	100	3
E	93,4639	9,63	106	110	4
F	92,7433	9,73	116	120	4
10-летние облигации с купоном 8,8%					
Казначейская	107,4906	7,71	—	—	—
G	100,6137	8,71	100	100	0
H	99,9585	8,81	110	110	0
I	99,3088	8,91	120	120	0
5-летние облигации с купоном 8,8%					
Казначейская	105,9555	7,36	—	—	—
J	101,7919	8,35	99	100	1
K	101,3867	8,45	109	110	1
L	100,9836	8,55	119	120	1

[a] На базе кривой казначейских спот-ставок, представленной в табл. 18.1.

ОТЗЫВНЫЕ ОБЛИГАЦИИ И ИХ ИНВЕСТИЦИОННЫЕ ХАРАКТЕРИСТИКИ

Определив первую проблему, связанную с использованием традиционного спреда доходностей, перейдем к анализу второй и обсудим облигации с правом досрочного погашения. Начнем с описания основных характеристик отзывных облигаций. Держатель облигации с правом досрочного погашения разрешает эмитенту отозвать ценную бумагу в дату, предшествующую установленной дате погашения. Наличие такого опциона связано с двумя недостатками для держателя облигации.

Во-первых, инвестируя в отзывные облигации, участник рынка подвергает свой капитал риску реинвестирования, поскольку эмитент может отозвать облигацию в момент, когда доходность облигаций на рынке ниже данной купонной ставки. Предположим, например, что купонная ставка отзывной корпоративной облигации составляет 13%, а текущая рыночная ставка — 7%: очевидно, что для эмитента выгодно отозвать выпуск с купоном 13% и выпустить новое долговое обязательство с купоном 7%. Инвестору подобное стечение обстоятельств невыгодно, поскольку полученную в ходе погашения сумму он должен будет реинвестировать под более низкую ставку.

Второй недостаток связан с фактом, который мы подробнее обсудим далее в этой главе, а именно с тем, что на рынке с падающими процентными ставками потенциальное увеличение цены отзывной облигации носит ограниченный характер. Феномен объясняется следующим образом: цены на облигацию не растут, поскольку в условиях падающих ставок участники рынка ожидают скорого погашения облигации по цене исполнения колл-опциона. Такой феномен получил название **сжатия цены** *(price compression)*.

Из-за этих «недостатков» отзывных облигаций для многих из них устанавливают период защиты от отзыва — отрезок времени после эмиссии, в течение которого право досрочного погашения не может использоваться. И все же почему, несмотря на риск сжатия и риск реинвестирования, отзывные облигации популярны среди инвесторов? Инвестор готов принять риск, связанный с правом досрочного погашения, если за все неудобства он получит компенсацию, выраженную в форме более высокой потенциальной доходности.

Традиционный метод оценки стоимости отзывных облигаций

Для отзывных облигаций принято рассчитывать **наименьшую доходность.** Как сказано в главе 3, это меньшая из двух величин: доходности к погашению и доходности к досрочному погашению. Наименьшая доходность должна, с точки зрения приверженцев традиционных методов, использоваться при анализе относительной стоимости отзывной облигации.

В главе 3 мы писали о недостатках **доходности к досрочному погашению** как меры потенциальной прибыльности ценной бумаги. Доходность к досрочному погашению принимает в расчет все три источника прибыли от владения ценной бумаги. Данная величина предполагает, однако, что все денежные потоки вплоть до погашения могут быть реинвестированы под расчетную доходность, в нашем случае — доходность к досрочному погашению. Кроме того, доходность к досрочному погашению основывается на предположениях о том, что: 1) инвестор будет держать облигацию до установленной даты отзыва и 2) эмитент отзовет облигацию в установленную дату.

Очевидно, что данные предположения не отражают действительного положения вещей — в первую очередь потому, что они не принимают в расчет возможности реинвестирования, открывающиеся перед инвестором после отзыва облигации. Рассмотрим две облигации — M и N. Предположим, что доходность к погашению облигации M — пятилетней неотзывной облигации— составляет 10%, а доходность к досрочному погашению облигации N, вычисленная на основе предположения о ее отзыве через три года, — 10,5%. Какое из долговых обязательств, с точки зрения инвестора, окажется более выгодным на пятилетнем временном горизонте? Исходя из приведенных данных ответить на этот вопрос невозможно. Если в намерения инвестора входит держать бумагу пять лет, а эмитент отзовет ее через три года, то общая долларовая прибыль через пять лет будет зависеть от процентных ставок, под которые удастся реинвестировать капитал на период с даты отзыва до даты окончания инвестиционного горизонта.

Взаимосвязь цена-доходность для отзывной облигации

Как следует из главы 4, взаимосвязь цена-доходность облигации, не имеющей встроенных опционов, характеризуются выпуклостью. На рис. 18.1 изображена взаимосвязь цена-доходность для облигации без права досрочного погашения и для той же облигации, являющейся отзывной. Кривая выпуклости *a-a'* представляет взаимосвязь цена-доходность для не имеющей встроенных опционов (неотзывной) облигации. Кривая необычной формы, обозначенная *a-b,* отображает взаимосвязь цена-доходность для отзывной облигации.

Форма кривой взаимосвязи цена-доходность для отзывной облигации объясняется следующим образом. На рынке, где преобладающие ставки на схожие облигации выше купонной ставки, эмитент едва ли отзовет облигацию. Предположим, например, что купонная ставка облигации равна 8%, а преобладающая доходность схожих облигаций — 16%. Существует весьма небольшая вероятность того, что эмитент отзовет облигации с 8%-ным купоном и выпустит долговые обязательства с купоном 16%. Облигация не будет отозвана, а это значит, что при значении рыночных процентных ставок, превышающих y^*, для отзывной облигации будет действовать та же связь между ценой и доходностью, что и для неотзывной. Между тем когда купонная ставка чуть ниже преобладающих рыночных ставок, инвесторы отказываются платить за отзывную облигацию ту же цену, что и за обычное долговое обязательство, поскольку существует вероятность дальнейшего падения ставок, влекущего за собой отзыв облигации эмитентом.

С падением рыночных ставок вероятность дальнейшего падения увеличивается; таким образом, увеличивается и вероятность отзыва. Конкретный уровень рыночных ставок, при котором инвесторы начинают серьезно опасаться отзыва облигации, может быть нам неизвестен, однако такой уровень, безусловно, существует. На рис. 18.1 на уровне y^* и ниже зависимость цена-доходность для отзывной облигации начинает отличаться от аналогичной зависимости для облигации без права досрочного отзыва. Предположим, что облигация может быть отозвана по 104. Если на основе рыночной доходности неотзывная облигация будет оценена в 109, то разумный инвестор не станет платить 109 за отзывную облигацию. Если он все-таки совершит сделку и облигация будет отозвана, он получит 104 (цену исполнения права отзыва) за ценную бумагу, которую приобрел по 109.

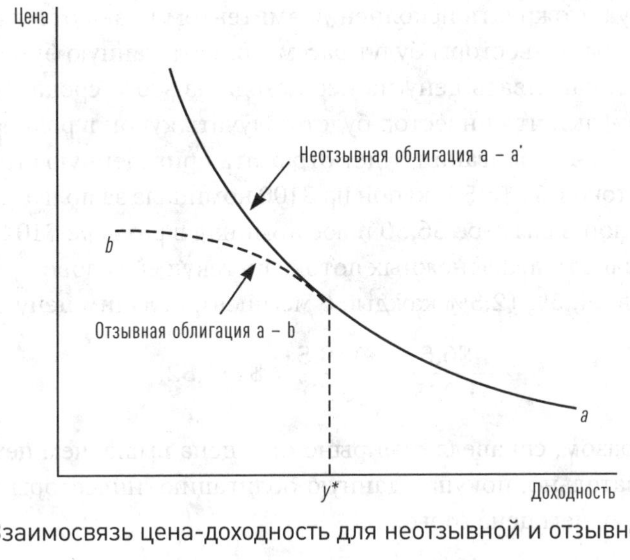

Рис. 18.1. Взаимосвязь цена-доходность для неотзывной и отзывной облигаций

Заметим, что при всех доходностях ниже y^* наблюдается сжатие цены, т. е. при падении доходности рост цены имеет ограниченный характер. О расположенной ниже уровня y части кривой зависимости цена-доходность отзывной облигации говорят, что она характеризуется отрицательной выпуклостью.

Отрицательная выпуклость означает, что возможный рост цены при заметном изменении доходности на определенное число базисных пунктов будет меньше ее возможного падения. Для облигации без встроенных опционов и с положительной выпуклостью рост цены при заметном изменении доходности будет больше ее падения. Изменения цен облигаций, демонстрирующих положительную и отрицательную выпуклость, представлены в табл. 18.4.

Таблица 18.4. Изменения цены как результат положительной и отрицательной выпуклости

Изменение процентных ставок	Абсолютное изменение цены в процентных пунктах	
	Положительная выпуклость	**Отрицательная выпуклость**
– 100 базисных пунктов	*X*%	Меньше, чем *Y*%
+ 100 базисных пунктов	Меньше, чем *X*%	*Y* %

Важно понимать, что облигация может торговаться выше цены отзыва, даже если существует высокая вероятность того, что она будет отозвана. К примеру, рассмотрим 10-летнюю облигацию с правом досрочного погашения и купоном 13%. Облигация может быть отозвана через 1 год по цене 104. Предположим, что доходность 10-летних облигаций равна 6%, а доходность облигаций со сроком 1 год равна 5%. В условиях доходности 6% на 10 лет инвесторы будут ожидать исполнения эмитентом права отзыва данной бумаги через 1 год. Инвесторы будут рассматривать данную бумагу как однолетнюю и устанавливать цену на нее исходя из этого срока. Цена должна отражать тот факт, что инвестор будет получать купон в размере 13% в течение 1 года. Цена облигации будет отражать приведенную стоимость двух денежных потоков: 1) \$6,50 (купон на \$100 номинала за полгода) через 6 месяцев и 2) купон в размере \$6,50 плюс номинал в размере \$104 через 1 год. Дисконтировав эти два денежных потока по текущей годовой рыночной доходности, равной 5% (2,5% каждые 6 месяцев), получим цену:

$$\frac{\$6{,}5}{1{,}025}+\frac{\$110{,}5}{(1{,}025)^2}=\$111{,}52.$$

Таким образом, справедливая рыночная цена выше, чем цена права отзыва. Следовательно, покупая данную облигацию, инвесторы платят цену более высокую, чем цена отзыва.

КОМПОНЕНТЫ ОБЛИГАЦИЙ СО ВСТРОЕННЫМ ОПЦИОНОМ

Для успешного проведения анализа облигаций со встроенными опционами такие облигации следует прежде всего разбить на составляющие их компоненты. **Отзывные облигации** (облигации с правом досрочного погашения) — это облигации, держатели которых продали эмитентам опцион, позволяющий эмитенту выкупить денежные потоки облигации в период, начинающийся в первую дату отзыва и заканчивающийся в дату погашения.

Рассмотрим две облигации: 1) отзывную облигацию с купоном 8%, сроком до погашения 20 лет, которая становится отзывной через пять лет по цене 104; 2) 10-летнюю облигацию с купоном 9%, подлежащую немедленному отзыву по номиналу. В первом случае держатель является владельцем пятилетней неотзывной облигации; кроме того, он продал опцион, дающий эмитенту право изъять у держателя через пять лет 15-летние денежные потоки по цене 104. Во втором случае инвестор является владельцем 10-летней неотзывной облигации; кроме того, он продал эмитенту право немедленного изъятия всего денежного потока, существующего на момент отзыва, по цене 100.

Очевидно, что владелец отзывной облигации вступает в две независимые друг от друга транзакции. Во-первых, он покупает у эмитента неотзывную облигацию и платит за нее определенную цену. Во-вторых, сам продает эмитенту колл-опцион, за который в свою очередь получает некоторую сумму.

Таким образом, цена отзывной облигации состоит из цен двух ее компонентов, а именно:

цена отзывной облигации = цена неотзывной облигации –
– цена колл-опциона.

Цена колл-опциона вычитается из цены неотзывной облигации, поскольку при продаже колл-опциона держатель не платит деньги, а получает их. Графически это изображено на рис. 18.2. Разница между ценами неотзывной и отзывной облигаций при данной доходности равна цене встроенного колл-опциона[1].

[1] В реальности все не так просто. Эмитент может получить право отозвать облигацию в первую дату отзыва и в любой момент вплоть до истечения срока до погашения; он может также иметь возможность отзывать ее только в первую дату отзыва, но и в несколько последующих дат. Наш инвестор продал эмитенту колл-опцион американского типа, но цена исполнения может варьировать в зависимости от даты исполнения опциона. Напомним, что график отзыва облигации предусматривает разные цены отзыва в разные даты. Кроме того, следует помнить, что облигация,

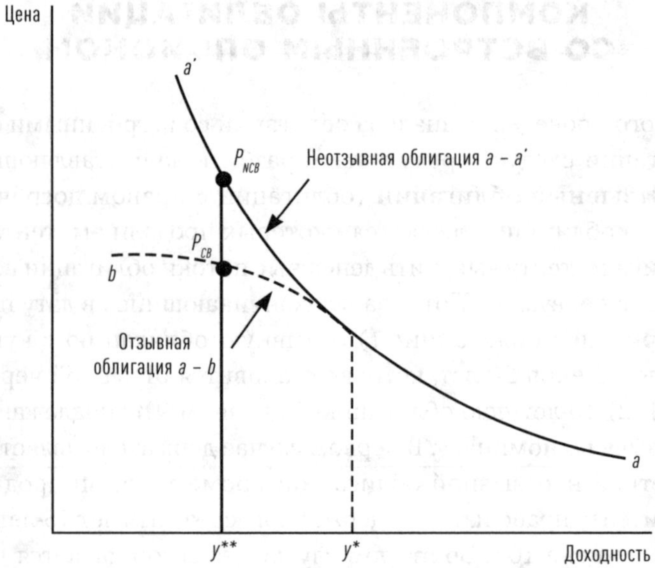

Примечание: на уровне доходности y^* P_{NCB} = цена неотзывной облигации;

P_{CB} = цена отзывной облигации; $P_{NCB} - P_{CB}$ = цена колл-опциона.

Рис. 18.2. Составляющие цены отзывной облигации

Рассуждения будут аналогичными и в случае облигации с правом досрочного предъявления. Облигацию со встроенным пут-опционом держатель имеет право продать эмитенту в установленное время по установленной цене. Эта облигация также разбивается на два компонента. В ходе первой транзакции инвестор покупает облигацию без встроенного пут-опциона. В ходе второй — приобретает у эмитента опцион, позволяющий продать облигацию эмитенту. Цена облигации с правом досрочного предъявления:

цена облигации с пут-опционом = цена облигации без пут-опциона + + цена пут-опциона.

на которую продается колл-опцион, — это долговой инструмент, купонные выплаты по которому равны оставшимся купонным выплатам, которые эмитент совершил бы, если бы инструмент не был отозван. Для простоты иллюстрации, демонстрирующей инвестиционные характеристики отзывной корпоративной облигации, будем считать, что инвестор занимает длинную позицию в неотзывной облигации и короткую в колл-опционе.

МОДЕЛЬ ОЦЕНКИ СТОИМОСТИ[1]

До сих пор мы описывали теоретические принципы, лежащие в основе облигаций со встроенным опционом. В частности, мы писали о том, что стоимость отзывной облигации равна разности стоимости идентичной неотзывной облигации и стоимости колл-опциона. В этом разделе читателю будет представлена модель оценки стоимости облигации, имеющей опцион.

Мы будем опираться на принципы определения стоимости, рассматривавшиеся нами ранее. Особенно важной в связи с этим является глава 5. Наиболее существенный из представленных в ней выводов сводится к следующему: дисконтирование всех денежных потоков облигации не должно проводиться по единой ставке. Ставка, по которой будет дисконтироваться каждый денежный поток, — это теоретическая спот-ставка. Такое дисконтирование аналогично дисконтированию по серии форвардных ставок.

Теперь необходимо понять, каким образом на стоимость облигации через присутствующий в ней опцион влияет волатильность процентных ставок. Существует три типа моделей оценки стоимости, используемых для анализа ценных бумаг, имеющих различную структуру. Первая модель применяется при изучении стоимости облигаций, не обеспеченных ипотеками или активами; в течение их жизни существует несколько возможных дат исполнения опциона. Примером может служить 10-летняя корпоративная облигация: она может быть отозвана не ранее чем через три года, в любую годовщину выплаты купона. В этом разделе мы рассмотрим модель вычисления стоимости именно такой облигации. Вторая модель применяется для работы с облигациями со встроенным опционом, который может быть исполнен в единственную установленную дату. Примером этой категории ценных бумаг служит отзывная облигация с единственной датой отзыва. Облигации такого типа эмитируются спонсируемыми правительством организациями — Fannie Mae и Freddie Mac. Вычислению стоимости этих облигаций мы посвятим последующие разделы главы. Наконец, третья модель строится на материале ценных бумаг, обеспеченных ипотеками, и части ценных бумаг, обеспеченных активами. Модель Монте-Карло подробно описана и проиллюстрирована в следующей главе.

А теперь напомним читателю основные принципы вычисления стоимости безопционной облигации.

---

[1] Модель, представленная в этом разделе, была впервые описана в: Andrew J. Kalotay, George O. Williams, and Frank J. Fabozzi, «A Model for the Valuation of Bonds and Embedded Options», *Financial Analysts Journal,* май-июнь 1993, pp. 35–46.

Вычисление стоимости облигации, не имеющей опционов

В главе 5 мы писали о том, что цена облигации, не имеющей опционов, равна приведенной стоимости ее денежных потоков, дисконтированных по спот-ставкам. В качестве примера рассмотрим следующую гипотетическую кривую доходности:

Срок (годы)	*Доходность к погашению (%)*	*Рыночная стоимость*
1	3,50	100
2	4,00	100
3	4,50	100

Предположим для простоты рассуждений, что облигация выплачивает купон раз в год. Применив метод бутстреппинга, описанный в главе 5, получим значения спот-ставок и форвардных ставок на год:

Год	*Спот-ставка (%)*	*Годовая форвардная ставка (%)*
1	3,500	3,500
2	4,010	4,523
3	4,541	5,580

Рассмотрим теперь не имеющую опционов облигацию со сроком до погашения три года и купонной ставкой 5,25%. Цена такой облигации может быть вычислена одним из двух способов, дающих одинаковый результат. Во-первых, можно дисконтировать купонные платежи по спот-ставкам:

$$\frac{\$5{,}25}{1{,}035}+\frac{\$5{,}25}{1{,}0401^2}+\frac{\$100+\$5{,}25}{1{,}04541^3}=102{,}075.$$

Во-вторых, можно дисконтировать их по годовым форвардным ставкам:

$$\frac{\$5{,}25}{1{,}035}+\frac{\$5{,}25}{1{,}035\times1{,}04523}+\frac{\$100+\$5{,}25}{1{,}035\times1{,}04523\times1{,}05580}=102{,}075.$$

Введение понятия волатильности процентных ставок

Изучая облигации со встроенными опционами, необходимо учитывать волатильность процентных ставок. Нам следует, таким образом, построить

дерево процентных ставок, иначе называемое **решеткой процентных ставок.** Дерево процентных ставок — это не что иное, как графическое изображение возможных изменений с течением времени форвардных ставок на один период, построенное на основе избранной модели процентных ставок и сделанного предположения о волатильности процентных ставок.

Модель процентных ставок

Модель процентных ставок — это вероятностное описание изменений процентных ставок за время жизни изучаемого финансового инструмента. Модель процентных ставок строится на основе предположений о взаимосвязях, установившихся между: 1) уровнем краткосрочных процентных ставок и 2) волатильностью процентных ставок. В качестве меры волатильности процентных ставок используется их стандартное отклонение.

Наиболее популярными являются модели процентных ставок, построенные на основе предположения об отсутствии арбитража, позволяющие представить, как эволюционируют с течением времени краткосрочные процентные ставки. Модели процентных ставок, базирующиеся исключительно на движении краткосрочных процентных ставок, называются однофакторными моделями и описаны в главе 16.

Решетка процентных ставок

На рис. 18.3 представлен наиболее простой вид решетки, или дерева, процентных ставок — **биномиальное дерево процентных ставок.** Оно построено на базе **биномиальной модели,** которая предполагает, что в каждый следующий период процентная ставка может принять одно из двух возможных значений. Модель вычисления стоимости, которую мы опишем в этой главе, также является биномиальной. Модели вычисления стоимости, строящиеся на основе предположения о том, что в каждый последующий период процентная ставка может принять одно из трех возможных значений, называются **триномиальными.** Существуют и более сложные модели, предполагающие, что в каждый последующий период процентная ставка может принять одно из более чем трех значений.

Вернемся, однако, к нашей биномиальной модели, представленной на рис. 18.3. Каждый **узел** (черный кружок) представляет период времени, на год отстоящий от узла слева. Каждый узел обозначен литерой *N* (*node* — узел) и нижним индексом, демонстрирующим путь, по которому к этому

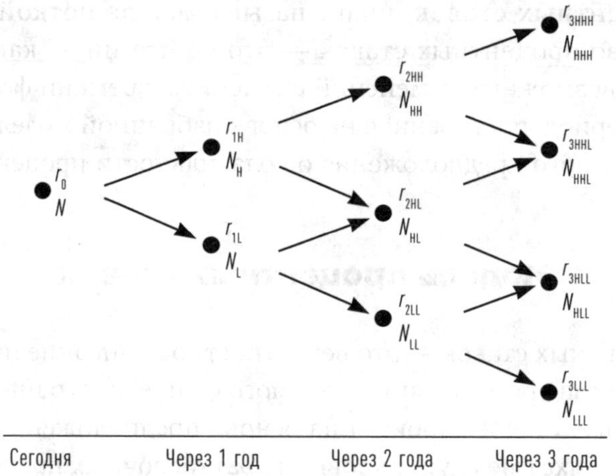

Рис. 18.3. Трехлетнее биномиальное дерево процентных ставок

узлу пришли форвардные ставки; *H* означает верхнюю *(higher),* а *L* — нижнюю *(lower)* из двух форвардных ставок предыдущего года. Так, узел N_{HH} означает, что форвардные ставки проделали до данного значения следующий путь: в первый год была реализована верхняя из двух форвардных ставок на год, во второй год — также верхняя из двух форвардных ставок на год[1].

Начнем с узла *N* на рис. 18.3. Это корень дерева, т. е. текущая годовая ставка или, иначе говоря, текущая форвардная ставка на год, обозначенная нами как r_0. Мы будем работать с однофакторной моделью. Модель строится из предположения о том, что годовые форвардные ставки могут при известной волатильности эволюционировать с течением времени случайным образом, подчиняясь законам **логнормального[2] случайного блуждания.**

Для описания дерева в первый год применим следующую формулу. Пусть:

σ — предполагаемая волатильность годовой форвардной ставки;

r_{1L} — нижняя годовая ставка через год с настоящего времени;

r_{1H} — верхняя годовая ставка через год с настоящего времени.

Связь между r_{1L} и r_{1H} выражается следующим образом:

$$r_{1H} = r_{1L} \times e^2\sigma,$$

---

1 Обратите внимание на то, что N_{HL} обозначает ту же самую точку, что и N_{LH} во второй год; в третий год N_{HHL} эквивалентно N_{HLH} и N_{LHH}, а N_{HLL} — это то же самое, что N_{LLH}. Мы решили не загромождать рисунок ненужной информацией и выбрали поэтому по одному обозначению для каждого из узлов.

2 Случайная величина имеет логнормальное распределение, если ее натуральный логарифм имеет нормальное распределение. — *Прим. науч. ред.*

где e — основание натурального логарифма, равное 2,71828. Предположим, например, что r_{1L} равно 4,074%, а σ — 10% в год, тогда:

$$r_{1H} = 4{,}074\% \times e^{2\times 0{,}10} = 4{,}976\%.$$

Во второй год годовая ставка может иметь три возможных значения, которые мы обозначим следующим образом:

r_{2LL} — годовая ставка во второй год при нижней ставке в первый год и нижней ставке во второй год;

r_{2HH} — годовая ставка во второй год при верхней ставке в первый год и верхней ставке во второй год;

r_{2HL} — годовая ставка во второй год при верхней ставке в первый год и нижней ставке во второй год или нижней ставке в первый год и верхней ставке во второй год.

Взаимосвязь между r_{2LL} и прочими двумя годовыми ставками выглядит следующим образом:

$$r_{2HH} = r_{2LL} \times e^4\sigma$$

и

$$r_{2HL} = r_{2LL} \times e^2\sigma.$$

Так, если r_{2LL} равно 4,53%, а σ по-прежнему составляет 10%, то:

$$r_{1HH} = 4{,}53\% \times e^{4\times 0{,}10} = 6{,}757\%$$

и

$$r_{2HL} = 4{,}53\% \times e^{2\times 0{,}10} = 5{,}532\%.$$

На рис. 18.3 демонстрируется обозначение узлов биномиального дерева процентных ставок в третий год. Упростим картину, обозначив нижнюю годовую форвардную ставку через t лет с настоящего момента через r_t. Все остальные форвардные ставки через t лет с настоящего момента зависят от этого значения. На рис. 18.4 показано дерево процентных ставок после принятого нами упрощения.

Прежде чем мы покажем, каким образом это дерево может использоваться для вычисления стоимости облигации, остановимся на двух немаловажных деталях. Во-первых, что именно выражает параметр волатильности σ в выражении $e^2\sigma$? Во-вторых, как определить стоимость облигации в каждом узле?

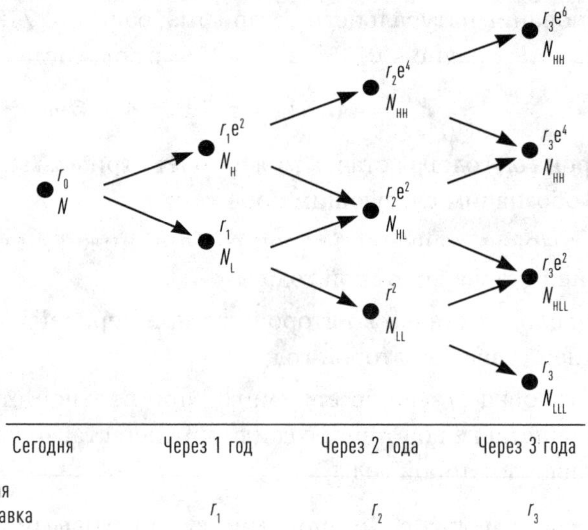

Рис. 18.4. Трехлетнее биномиальное дерево процентных ставок с годовыми форвардными ставками

Волатильность и стандартное отклонение

Можно доказать, что стандартное отклонение годовой форвардной ставки равно $r_0\sigma$[1]. Стандартное отклонение является статистической единицей меры волатильности. Важно помнить, что процесс построения биномиального дерева процентных ставок (или форвардных ставок) проходит на основе измерения волатильности относительно текущего уровня ставок. Так, если σ равна 10%, а годовая ставка (r_0) равна 4%, то стандартное отклонение годовой форвардной ставки составит 4% × 10% = 0,4%, или 40 базисных пунктов. Если текущая годовая ставка равна 12%, стандартное отклонение годовой форвардной ставки равно: 12% × 10%, т.е. 120 базисных пунктов.

[1] Доказательством может служить хотя бы тот факт, что $e^2\sigma \approx 1 + 2\sigma$. В этом случае стандартное отклонение форвардной ставки на один период составляет

$$\frac{re^{2\sigma}-r}{2} \approx \frac{r+2\sigma r-r}{2} = \sigma r.$$

Определение значения стоимости в узле

Попробуем теперь ответить на второй вопрос и выяснить, каким образом определяется стоимость облигации в узле. Прежде всего следует получить стоимость облигации в двух узлах, расположенных справа от узла, для которого мы рассчитываем стоимость. Предположим, например, что мы хотим узнать стоимость облигации в узле N_H (рис. 18.4). Для этого следует определить стоимости в узлах N_{HH} и N_{HL}. Не будем пока уточнять, каким образом получаются эти два значения. Заметим только, что, как будет видно из дальнейшего, процесс поиска этих величин начинается с последнего года дерева.

В данный момент важно усвоить следующую информацию: значение стоимости в узле зависит от размера будущих денежных потоков. Размер денежных потоков, в свою очередь, определяется: 1) стоимостью облигации через год с настоящего времени и 2) купонными выплатами через год с настоящего времени. Первая из величин зависит от того, какая из ставок — верхняя или нижняя — установится через год. Стоимость облигации, зависящая от выбора рынком верхней или нижней ставки, приведена в двух узлах, расположенных справа от изучаемого — именно эти узлы должны стать центром внимания исследователя. Итак, денежный поток в узле может быть равен либо 1) стоимости облигации при верхней краткосрочной ставке плюс купон, либо 2) стоимости облигации при нижней краткосрочной ставке плюс купон. Предположим, например, что нас интересует стоимость облигации в узле N_H. Денежный поток будет равен либо стоимости облигации в N_{HH} плюс купон, либо стоимости облигации в N_{HL} плюс купон.

Для получения значения цены облигации в узле воспользуемся фундаментальным правилом вычисления стоимости: цена равна приведенной стоимости ожидаемого денежного потока. Дисконтной ставкой в нашем случае будет годовая форвардная ставка в узле. Напомним, что мы получим два значения приведенной стоимости: приведенная стоимость при установившейся через год верхней ставке и приведенная стоимость при установившейся через год нижней ставке. Поскольку предполагается, что вероятности обеих ставок равны, нам следует получить среднее двух приведенных стоимостей. Ход наших рассуждений графически представлен на рис. 18.5. Годовую форвардную ставку в интересующем нас узле мы обозначили как r_*; кроме того, были приняты следующие обозначения:

V_H — стоимость облигации при верхней ставке через год;

V_L — стоимость облигации при нижней ставке через год;

C — купонная выплата.

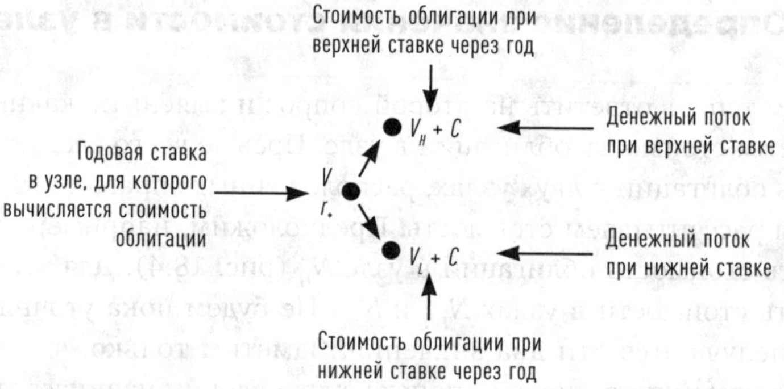

Рис. 18.5. Получение значения стоимости в узле

Таким образом, денежный поток в узле равен:

V_H + C при верхней ставке либо V_L + C при нижней ставке.

Приведенная стоимость двух денежных потоков при годовой ставке в узле, равной r_*, составит:

$$\frac{V_{\text{H}}+C}{1+r_*} = \text{приведенная стоимость при верхней ставке;}$$

$$\frac{V_L+C}{1+r_*} = \text{приведенная стоимость при верхней ставке.}$$

Стоимость облигации в узле находится следующим образом:

$$\text{стоимость в узле} = \frac{1}{2}\left[\frac{V_{\text{H}}+C}{1+r_*} + \frac{V_{\text{L}}+C}{1+r_*}\right].$$

Построение биномиального дерева процентных ставок

Попробуем построить биномиальное дерево процентных ставок при текущих доходностях облигаций последнего выпуска, принятых нами ранее. Мы будем считать, что волатильность σ равна 10%; модель двухлетняя, а материалом послужат двухлетние облигации с купонной ставкой 4%.

На рис. 18.6 биномиальное дерево процентных ставок представлено более детально: для каждого из узлов указывается значение размера денежных потоков. Из дальнейшего текста раздела будет видно, каким образом эти значения были получены. Корневая ставка дерева r_0 — это текущая годовая ставка, равная 3,5%.

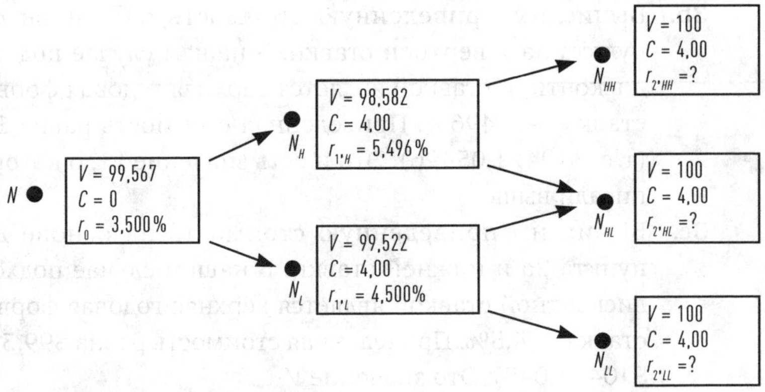

Рис. 18.6. Вычисление годовых форвардных ставок для года 1 с использованием двухлетних облигаций последнего выпуска с купоном 4%. Первая попытка

В первый год существуют две возможные форвардные ставки на год — верхняя и нижняя. Мы хотим найти две форвардные ставки, которые будут удовлетворять предположению о величине волатильности ставок, процессу, предположительно генерирующему форвардные ставки, а также наблюдаемой рыночной стоимости облигации. Очевидно, что в этом случае нам не удастся найти некую простую формулу вычислений. Значения могут быть получены только путем подбора (проб и ошибок). Этапы поиска описаны ниже.

Этап 1. Выберем значение для r_1 — нижней годовой форвардной ставки через год с настоящего времени. В этой первой попытке мы *произвольно* принимаем значение, равное 4,5%.

Этап 2. Находим соответствующее значение верхней годовой форвардной ставки. Напомним, что эта ставка связана с нижней годовой форвардной ставкой следующим образом: $r_1 e^2\sigma$. Поскольку r_1 равна 4,5%, верхняя форвардная ставка составит 5,496% (т. е. 4,5% $\times e^{2\times 0,10}$). Это значение приведено на рис. 18.6 в узле N_H.

Этап 3. Вычислим стоимость облигации через год. Эта величина находится следующим образом.

3а. Вычисляется стоимость облигации через два года. В нашем примере это сделать легко. Мы рассматриваем двухлетнюю облигацию, значит, ее стоимость будет равна номинальной стоимости ($100) плюс последняя купонная выплата ($4). Она равна, следовательно, $104.

3b. Вычислим приведенную стоимость на основе данных пункта 3a и верхней ставки. В нашем случае подходящей дисконтной ставкой является верхняя годовая форвардная ставка — 5,496%. Приведенная стоимость равна $98,582 (т. е. $104/1,05496). Это и есть значение V_H, о котором мы писали выше.

3c. Вычислим приведенную стоимость на основе данных пункта 3a и нижней ставки. В нашем случае подходящей дисконтной ставкой является верхняя годовая форвардная ставка — 4,5%. Приведенная стоимость равна $99,522 (т. е. $104/1,045). Это значение V_L.

3d. Прибавим к V_H и V_L величину купона и получим размеры денежных потоков в N_H и N_L. В нашем примере для верхней ставки денежный поток равен $102,582; для нижней — $103,522.

3e. Вычислим приведенную стоимость двух денежных потоков, используя годовую форвардную ставку, равную r_*. На данном этапе вычислений r_* — это корневая ставка, т. е. 3,50%. Таким образом:

$$\frac{V_H + C}{1 + r_*} = \frac{\$102{,}582}{1{,}035} = \$99{,}113$$

и

$$\frac{V_L + C}{1 + r_*} = \frac{\$103{,}522}{1{,}035} = \$100{,}021.$$

Этап 4. Вычисляем среднюю приведенную стоимость двух денежных потоков из этапа 3. Это значение, названное нами ранее стоимостью в узле, равно

$$\frac{1}{2}\left[\frac{V_H + C}{1 + r_*} + \frac{V_L + C}{1 + r_*}\right].$$

В нашем примере

стоимость в узле = $^1/_2$ ($99,113 + $100,021) = $99,567.

Этап 5. Сравним значение, найденное на этапе 4, с рыночной стоимостью облигации. Если обе величины равны, значит, r_1, использованное в этой попытке, — искомый результат. Это годовая форвардная ставка, которую следует использовать в биномиальной модели дерева процентных ставок в качестве нижней ставки; вторая из найденных ставок должна использоваться в качестве верхней. Если же, напротив, значение, полученное на этапе 4, не равно рыночной стоимости облигации, то величина r_l использованная в этой попытке, не является однопериодной форвардной ставкой, принимающей в расчет: 1) предполагаемую волатильность 10%; 2) процесс генерирования годовых форвардных ставок и 3) наблюдаемую рыночную стоимость облигации. В этом случае пять этапов повторяются снова на базе иного значения r_1.

В нашем примере при r_1 равном 4,5%, значение, полученное на этапе 4, составляет $99,567, т. е. величину, меньшую, нежели наблюдаемая рыночная стоимость, равная $100. Таким образом, ставка 4,5% слишком велика и нам следует повторить пять этапов, приняв за r_1 новое, меньшее число.

Покажем теперь, как проходятся все пять этапов при верном значении r_1. Это верное значение — 4,074%. Соответствующее биномиальное дерево процентных ставок изображено на рис. 18.7.

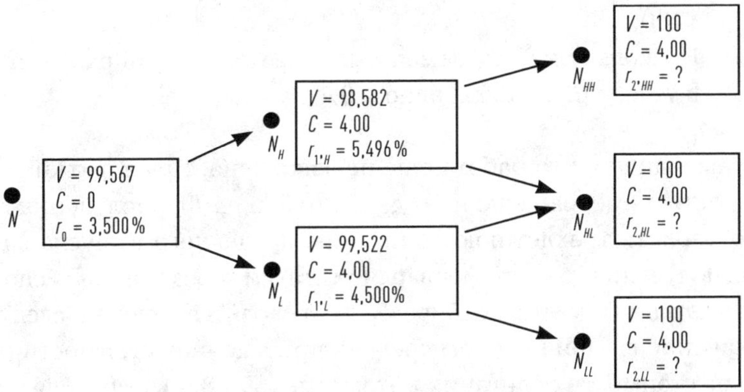

Рис. 18.7. Вычисление годовых форвардных ставок для года 1 с использованием двухлетних облигаций последнего выпуска с купоном 4%

Этап 1. В этой попытке за r_1 было принято 4,074%.

Этап 2. Соответствующее значение верхней годовой форвардной ставки равно 4,976% (4,074% $\times e^{2\times 0,10}$).

Этап 3. Стоимость облигации через год с настоящего времени вычисляется следующим образом:

3а. Стоимость облигации через два года, как и в первой попытке, составит $104.

3b. Приведенная стоимость на основе значения из пункта 3a при верхней ставке (V_H) равна \$99,070 (\$104/1,04976).

3c. Приведенная стоимость на основе значения из пункта 3a при нижней ставке (V_L) равна \$99,929 (\$104/1,04074).

3d. Прибавив к V_H и V_L купон, получим \$103,071 (денежный поток при верхней ставке) и \$103,929 (денежный поток при нижней ставке).

3e. Приведенная стоимость двух денежных потоков при годовой форвардной ставке в ближайшем слева узле, т. е. при 3,5%, равна:

$$\frac{V_H + C}{1 + r_*} = \frac{\$103{,}071}{1{,}035} = \$99{,}586$$

и

$$\frac{V_L + C}{1 + r_*} = \frac{\$103{,}929}{1{,}035} = \$100{,}414.$$

Этап 4. Средняя приведенная стоимость, т. е. стоимость в узле, составит \$100.

Этап 5. Поскольку наблюдаемая рыночная стоимость равна стоимости в узле, т. е. \$100, r_1 равно 4,074%.

Заметим, однако, что работа еще не закончена. Предположим, что нам надо «нарастить» дерево еще на год, т. е. найти r_2. Для получения r_2 мы будем использовать трехлетнюю облигацию последнего выпуска с купоном 4,5%. Для получения годовой форвардной ставки через два года используется тот же пятиэтапный метод подбора. Задача сводится теперь к следующему: найти значение r_2, при котором средняя приведенная стоимость в узле N_H будет равна стоимости облигации в этом узле (\$98,074), а средняя приведенная стоимость в узле N_L будет равна стоимости в этом узле (\$99,926). Когда такая величина найдена, очевидно, что при найденном ранее r_1 стоимость облигации в корне будет равна \$100, т. е. будет эквивалентна наблюдаемой рыночной стоимости.

Наши расчеты показали, что искомое значение r_2 составит 4,530%. На рис. 18.8 представлено полное биномиальное дерево процентных ставок. Именно это дерево мы будем использовать для оценки всех облигаций без встроенных опционов и облигаций с опционами.

Построенное биномиальное дерево процентных ставок принято называть **деревом, исключающим арбитраж**. Название подчеркивает справедливый характер цен на облигации последнего выпуска.

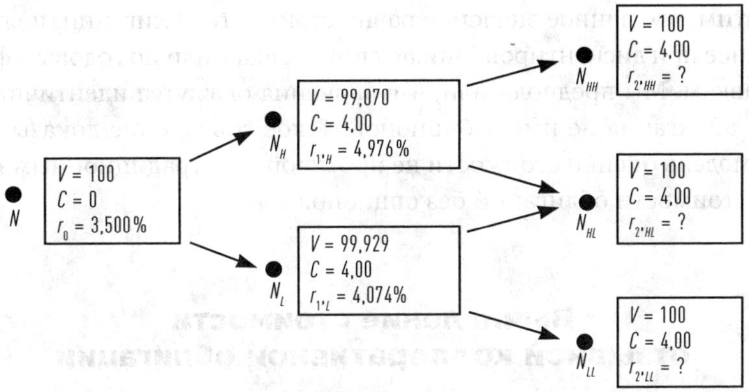

Рис. 18.8. Вычисление годовых форвардных ставок для года 2 с использованием трехлетних облигаций последнего выпуска с купоном 4,5%

Применение дерева для вычисления стоимости облигаций без опционов

В качестве примера использования биномиального дерева процентных ставок рассмотрим безопционную корпоративную облигацию с купоном 5,25% и сроком до погашения два года. В качестве кривой доходности облигаций последнего выпуска примем кривую, приведенную ранее. Таким образом, нужное нам биномиальное дерево процентных ставок — это дерево на рис. 18.8. На рис. 18.9 представлены значения, полученные в процессе дисконтирования и приведшие к стоимости облигации, равной $102,075.

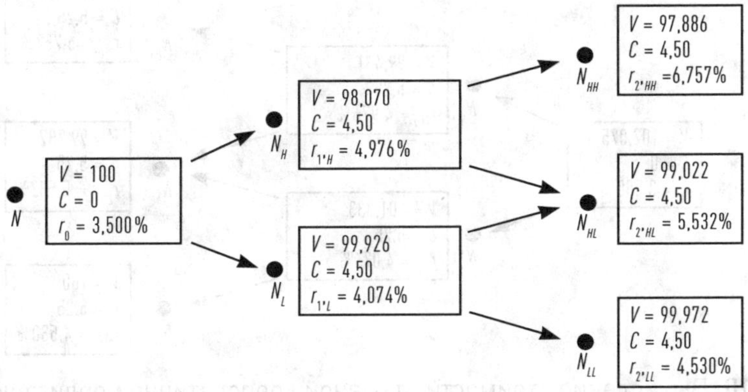

Рис. 18.9. Вычисление стоимости безопционной корпоративной облигации со сроком до погашения три года и купоном 5,25%

Заметим, что данное значение равно стоимости облигации, полученной нами ранее при дисконтировании по спот-ставкам или по годовым форвардным ставкам. Мы предполагали, что значения окажутся идентичными, поскольку облигация не имеет опционов. Такое совпадение доказывает, что данная модель оценки стоимости не противоречит традиционным моделям оценки стоимости облигаций без опционов.

Вычисление стоимости отзывной корпоративной облигации

Продемонстрируем теперь использование биномиального дерева процентных ставок для вычисления стоимости отзывной корпоративной облигации. Процесс вычисления ее стоимости совпадает с процессом вычисления стоимости облигации без опционов за одним исключением: в моменты, когда эмитент имеет право осуществить досрочное погашение, стоимость облигации в узле должна изменяться таким образом, чтобы отражать минимальное из двух возможных значений — цену в случае неисполнения опциона (т. е. значение, полученное на основе рекурсивной формулы вычисления стоимости, описанной выше) и цену отзыва.

Рассмотрим, например, корпоративную облигацию с купоном 5,25% и сроком до погашения три года; облигация может быть отозвана через год по $100. На рис. 18.10 представлены значения в каждом из узлов биномиального дерева процентных ставок. Процесс дисконтирования отличается

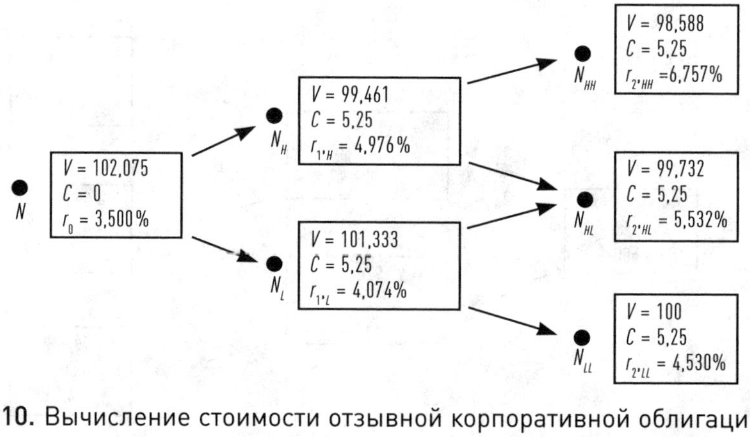

Рис. 18.10. Вычисление стоимости отзывной корпоративной облигации со сроком до погашения три года и купонной ставкой 5,25%; отзыв может быть произведен через год по $100

от процесса, продемонстрированного на рис. 18.9 только в двух точках: в узлах N_L и N_{LL} значения, полученные на основе рекурсивной формулы ($101,001 для N_L и $100,689 для N_{LL}), превышают цену отзыва ($100), а значит, эти значения должны быть заменены величиной, равной $100. Всякий раз, когда значение, полученное на основе рекурсивной формулы, заменяется, процесс определения стоимости облигации в этом узле должен проводиться заново, начинаясь на один период правее. Стоимость нашей отзывной облигации будет равна $101,432.

Вопрос, не поставленный в нашем рисунке, но, тем не менее, принципиально важный, звучит следующим образом: при каких условиях эмитент отзовет облигацию? Ответ на этот вопрос не входит в наши задачи. Заметим только, что это зависит в первую очередь от размера прибыли, которую после вычета налогов получит от отзыва эмитент.

Влияние волатильности ожидаемой процентной ставки на цену

Как уже говорилось, волатильность ожидаемой процентной ставки — это один из ключевых входных параметров при оценке облигаций со встроенными опционами. Для демонстрации ее влияния на цену облигации с правом досрочного погашения на рис. 18.11 представлены цены на четыре 5%-ных

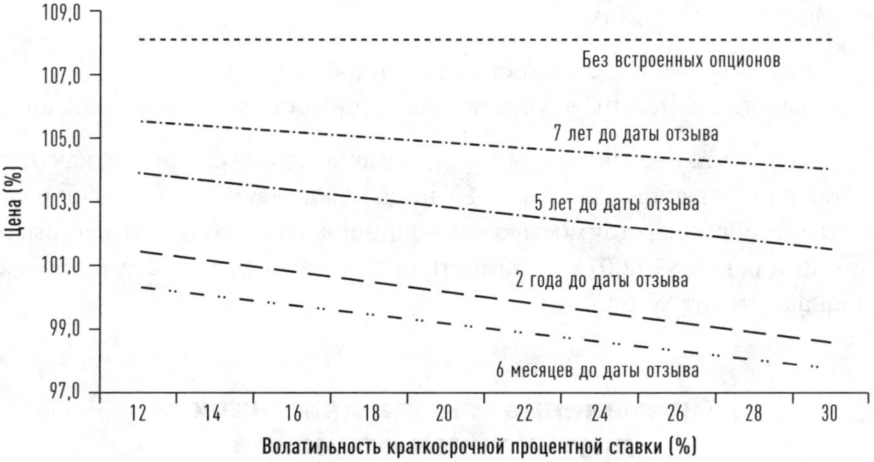

Примечание: цены рассчитаны с использованием данных Andrew Kalotay Associates BondOAS™.

Рис. 18.11. Влияние волатильности процентных ставок и времени до даты отзыва на цены 5%-ной 10-летней облигации с правом досрочного погашения

10-летних облигации с разной структурой отсрочки (6 месяцев, 2 года, 5 лет и 7 лет) при разных допущениях относительно ожидаемой волатильности краткосрочных процентных ставок. На рисунке также показана цена 5%-ной 10-летней облигации без встроенных опционов. Из этого рисунка следует, что:

- Цена облигации без встроенных опционов остается постоянной независимо от предполагаемой волатильности процентных ставок. Это вполне ожидаемое поведение, поскольку встроенные опционы, на которые может влиять волатильность процентных ставок, отсутствуют.
- При заданной волатильности процентных ставок чем больше отсрочка на досрочное погашение, тем выше цена облигации. Как и следует ожидать, облигация без опционов имеет наивысшую цену.
- Цена облигации с правом досрочного погашения движется в обратном направлении по отношению к предполагаемой волатильности процентных ставок.

Вычисление стоимости колл-опциона (величины расходов на опцион)

Стоимость отзывной облигации выражается как разность между стоимостью облигации без опционов и стоимостью колл-опциона. Это можно представить следующим образом:

стоимость колл-опциона =
= стоимость облигации без опционов – стоимость отзывной облигации.

Мы только что видели, каким образом вычисляются стоимости как отзывной, так и неотзывной облигаций. Разница между двумя значениями и является, таким образом, стоимостью колл-опциона. Если стоимость неотзывной облигации равна $102,075, стоимость отзывной — $101,432, то стоимость опциона составит $0,643.

Применение метода для анализа других типов опционов

Метод вычисления стоимости облигации, описанный в этой главе, может быть распространен на анализ прочих опционов, в частности пут-опциона, кэпа и флора для нот с плавающей ставкой, а также опциона ускоренного погашения, предоставляемого эмитенту, выполняющему требование организации фонда погашения[1]. Рассмотрим в качестве примера облигацию с правом досрочного предъявления. Допустим, что корпоративная облигация с купоном 5,25% и сроком до погашения три года имеет пут-опцион, который может быть исполнен через год по номиналу ($100). Предположим также, что для эмитента облигации может быть построено биномиальное дерево процентных ставок в том виде, в каком оно представлено на рис. 18.8. Рисунок 18.12 демонстрирует биномиальное дерево процентных ставок со значениями стоимостей, измененными в двух узлах (N_{HH} и N_{LH}), так как в этих узлах стоимости облигаций не превышают $100 — цену, по которой пут-опцион может быть исполнен. Стоимость такой облигации с пут-опционом равна $102,523.

Поскольку стоимость облигации без опционов может быть представлена как разность стоимости облигации с пут-опционом и стоимости пут-опциона, сам пут-опцион оценивается как:

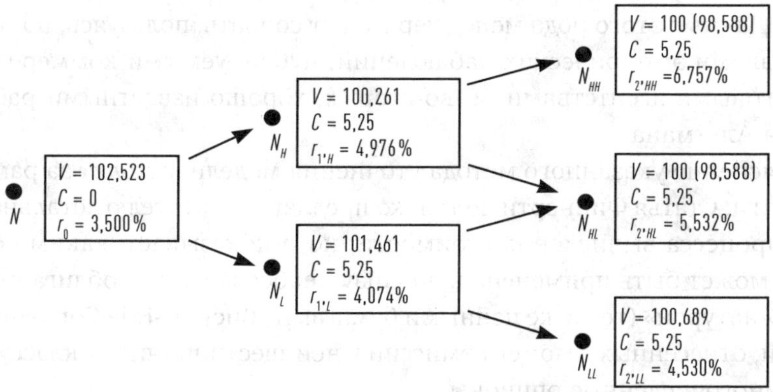

Рис. 18.12. Вычисление стоимости корпоративной облигации с пут-опционом, имеющей срок до погашения три года и купонную ставку 5,25%; опцион может быть исполнен через год по 100

стоимость пут-опциона =
= стоимость облигации без опциона –
– стоимость облигации с пут-опционом.

В нашем примере, где стоимость облигации с пут-опционом равна $102,523, а стоимость соответствующей облигации без пут-опциона

[1] Andrew Kalotay and George O. Williams, «The Valuation and Management of Bonds with Sinking Fund Provisions», *Financial Analysts Journal*, March-April 1992, pp. 59–67.

составляет $102,075, стоимость пут-опциона равняется –$0,448. Знак минус указывает на тот факт, что эмитент продал опцион, а инвестор его приобрел.

Тот же метод может быть использован для вычисления стоимости облигации с несколькими опционами. Стоимости облигаций в каждом из узлов следует менять в зависимости от того, исполняются опционы или нет.

Включение риска дефолта

Джон Финнерти расширил базовую биномиальную модель, описанную в предыдущих разделах, таким образом, чтобы в ней был учтен риск дефолта[1]. Расширение проводилось через уточнение ожидаемых денежных потоков на основе вероятности дефолта платежей и размеров возмещения. Менеджер, таким образом, должен иметь данные: 1) об историческом опыте дефолтов облигаций со сходным рейтингом и 2) ожидаемом уровне возмещения. Данные этого рода менеджер может собрать, пользуясь, во-первых, материалами эмпирических наблюдений, публикуемыми коммерческими рейтинговыми агентствами, и, во-вторых, хорошо известными работами Эдварда Альтмана.

Объяснение указанного метода уточнения модели выходит за рамки нашей книги. Статья Финнерти не только предлагает читателю детальное описание процесса вычисления стоимости, но и показывает, каким образом модель может быть применена к анализу необеспеченных облигаций с выплатой «натурой» (теми же ценными бумагами) Bucyrus-Erie Company — облигаций, отнесенных в момент эмиссии к неинвестиционному классу и имеющих многочисленные опционы.

Риск моделирования

Пользователь любой из моделей оценки стоимости подвергается риску моделирования. Риск связан с возможной некорректностью результатов модели — некорректностью, обусловленной ложностью положений, лежащих в основе рассуждений. Важно, таким образом, чтобы результаты, даваемые моделью вычисления стоимости, проходили стресс-тест риска моделирования, основанный на изменении базовых предположений.

---

1 John D. Finnerty, «Adjusting the Binomial Model for Default Risk», Journal of Portfolio Management, Winter 1999, pp. 93–104.

Наиболее значимым из базовых предположений является предположение о волатильности. В ходе анализа отзывной облигации более высокая (низкая) волатильность даст более низкое (высокое) значение стоимости. Для облигации с пут-опционом более высокая (низкая) волатильность послужит основой более высокого (низкого) значения цены.

Проблема реализации

Чтобы трансформировать базовое дерево процентных ставок в практический инструмент, необходимо выполнить ряд требований. Прежде всего, расстояние между узлами дерева должно быть намного меньше. Вместе с тем это неприемлемо, если нужно оценить, скажем, 30-летние облигации. Хотя можно использовать интервал, зависящий от времени, делать это необходимо осторожно, чтобы не исказить временную структуру волатильности. Другой практической трудностью является управление денежными потоками, которые находятся между двумя узлами.

СПРЕД С УЧЕТОМ ОПЦИОНА

Цель любого инвестора — приобретение ценной бумаги, справедливая стоимость которой превышает ее рыночную цену. Модель вычисления стоимости, подобная той, что была описана выше, позволяет оценить стоимость ценной бумаги и, таким образом, составить представление о справедливости текущей цены. Пользуясь моделью, инвестор может сказать, что данная облигация продается на один, два, три пункта дешевле, чем должна стоить.

Впрочем, этим задачи модели не исчерпываются. Разница между ценой, наблюдаемой на рынке, и стоимостью, вычисленной на основе модели, должна быть представлена в форме спреда доходностей. Это следующий шаг представленных нами рассуждений; его необходимость обусловлена предпочтениями инвесторов, считающих более целесообразным не изучение разницы цен, а анализ спреда доходностей.

Спред с учетом опциона (*option-adjusted spread — OAS*) был разработан как мера спреда доходностей (в базисных пунктах), используемая для конвертирования долларовой разницы между справедливой стоимостью и ценой. Итак, цель OAS — представить соотношение стоимости и рыночной цены. Почему же речь идет о «спреде»? OAS — это спред относительно кривой спот-ставок или эталона, использованного для вычисления стоимости. Название «с учетом опциона» обусловлено тем, что денежный поток ценной бумаги, стоимость которой вычисляется, был уточнен с целью учета данного опциона.

В случае использования биномиального метода OAS является спредом относительно биномиального дерева процентных ставок. Часть участников рынка строит биномиальное дерево процентных ставок, пользуясь спот-ставками казначейских ценных бумаг. В такой ситуации OAS отражает относительную дороговизну или дешевизну корпоративной бумаги плюс кредитный спред. Другие участники рынка предпочитают использовать для построения биномиального дерева процентных ставок кривую спот-ставок эмитента. В этом случае в анализе заранее учитывается кредитный риск, а значит, OAS отражает только относительную дороговизну или дешевизну. Очевидно, таким образом, что для интерпретации результатов необходимо знать, какие именно последние облигационные выпуски были использованы при построении биномиального дерева процентных ставок.

Перевод OAS в теоретическую стоимость

OAS является продуктом модели вычисления стоимости. Между тем процесс может иметь обратное направление. Для данного OAS модель оценки стоимости в состоянии установить теоретическую стоимость ценной бумаги, соответствующую такому OAS. Как и теоретическая стоимость, OAS зависит от предположения, сделанного относительно уровня волатильности. Чем выше (ниже) предполагаемая волатильность процентных ставок, тем ниже (выше) OAS.

Стоимость опциона, выраженная через спред

Мы уже писали о том, каким образом вычисляется долларовая стоимость опциона. Стоимость опциона, выраженная через спред, может быть получена следующим образом:

стоимость опциона (в базисных пунктах) = статичный спред – OAS.

Эффективная дюрация и выпуклость

Как следует из главы 4, управляющих портфелями интересует также чувствительность цены облигации к изменению процентных ставок.

Модифицированная дюрация — это мера чувствительности цены облигации к изменению процентных ставок, вычисленная исходя из *предположения о том, что потенциальный денежный поток при изменении процентных ставок не меняется*. Очевидно, что модифицированная дюрация не подходит для анализа облигаций, имеющих опционы, поскольку изменение процентных ставок нередко влечет за собой изменение денежных потоков таких долговых обязательств. Так, если процентные ставки падают, предполагаемый денежный поток отзывной облигации может стать другим. Изменение предполагаемого денежного потока облигации с пут-опционом возможно в случае роста процентных ставок.

Модифицированная дюрация не является безупречной мерой, позволяющей определить степень чувствительности цены к изменению процентных ставок. Между тем существует мера дюрации, которая может быть с успехом применена к анализу облигаций, имеющих опционы. Дюрация измеряет реакцию цены на изменение процентных ставок, поэтому дюрацию облигаций с опционами следует вычислять, меняя процентные ставки на небольшое число базисных пунктов, увеличивая и уменьшая их относительно преобладающего уровня доходности и анализируя сопутствующие изменения цены. Как было объяснено в главе 4, в целом дюрация любой облигации может быть аппроксимирована следующим образом:

$$\text{дюрация} = \frac{P_- - P_+}{2P_0 \Delta y},$$

где:

P_- — цена при уменьшении доходности на x базисных пунктов;

P_+ — цена при увеличении доходности на x базисных пунктов;

P_0 — начальная цена (на \$100 номинальной стоимости);

Δy — изменение ставки, используемое для вычисления цены (x базисных пунктов в форме десятичной дроби).

В главе 4 было показано, как на основании такой формулы получается значение модифицированной дюрации безопционной облигации, денежные потоки которой не меняются при изменении доходностей.

Когда формула вычисления аппроксимированной дюрации применяется к облигации, имеющей опцион, то новые значения цен при увеличении и уменьшении доходности должны вычисляться на основе модели ценообразования облигации, аналогичной описанным выше. Дюрация, найденная таким образом, носит название **эффективной дюрации** или **дюрации с учетом опциона**.

В общих чертах взаимосвязь между дюрацией, модифицированной дюрацией и эффективной дюрацией можно представить следующим образом. Дюрация является наиболее общим понятием, разработанным для определения степени чувствительности цены к изменению процентных ставок. Модифицированная дюрация — это дюрация, не предполагающая изменения денежного потока при изменении процентных ставок. И наоборот: эффективная дюрация представляет собой меру чувствительности цены к изменению процентных ставок, построенную на основе предположения о вызванном присутствием опциона изменении будущих денежных потоков вместе с изменением ставок на рынке. Разница в значениях модифицированной и эффективной дюрации для облигации, имеющей опцион, может быть весьма значительной. Так, отзывная облигация может иметь модифицированную дюрацию 5 и эффективную дюрацию 3. Некоторые обеспеченные ипотеками ценные бумаги с большим плечом имеют модифицированную дюрацию 7, а эффективную дюрацию 50! Отличия модифицированной и эффективной дюраций в общем виде представлены на рис. 18.13.

Стандартная выпуклость также не является инструментом, применимым к анализу облигации, имеющей опцион, поскольку такая мера не принимает в расчет возможность изменения денежного потока в связи с изменением процентных ставок на рынке. В главе 4 мы писали о том, что выпуклость любой облигации может быть аппроксимирована согласно следующей формуле:

$$\frac{P_+ + P_- - 2P_0}{P_0(\Delta y)^2}.$$

Если цены, используемые в формуле, определены исходя из предположения о неизменности денежных потоков облигации в условиях изменяющихся рыночных доходностей, то полученное значение выпуклости является хорошей аппроксимацией стандартной выпуклости облигации, не имеющей опционов. Если же цены учитывают изменения денежных потоков при изменении ставок, то полученная выпуклость носит название **эффективной выпуклости**.

Процедура вычисления величины P_+, необходимой для получения эффективной дюрации, проводится на основе использования биномиального метода и выглядит следующим образом.

Этап 1. Вычисляется OAS исследуемой облигации.

Этап 2. Кривая доходности облигации последнего выпуска смещается на небольшое число базисных пунктов.

Этап 3. На основе новой кривой доходности, полученной на этапе 2, строится биномиальное дерево процентных ставок.

Этап 4. Для получения уточненного дерева к каждой из краткосрочных ставок на биномиальном дереве процентных ставок прибавляется значение OAS.

Этап 5. На основе уточненного дерева, полученного на этапе 4, вычисляется стоимость ценной бумаги, представляющая собой P_+.

Значение P_- получается аналогичным образом: в этом случае на этапе 2 кривая доходности облигаций последнего выпуска смещается на небольшое число базисных пунктов вниз.

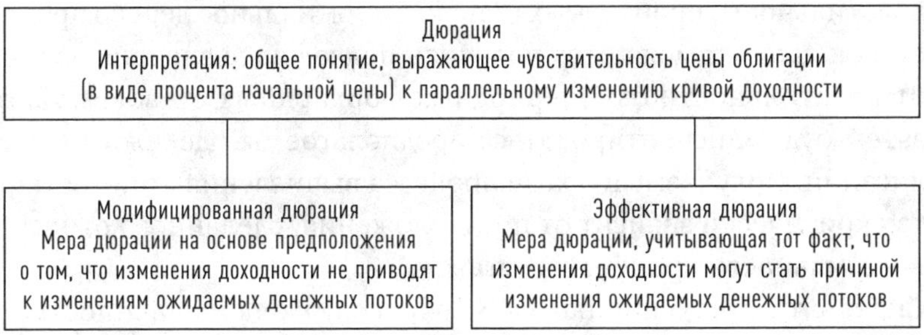

Рис. 18.13. Модифицированная дюрация в сравнении с эффективной дюрацией

Резюме

- Традиционный метод анализа спреда доходностей строится без учета трех немаловажных факторов, а именно: 1) временной структуры процентных ставок; 2) наличия опционов и 3) предполагаемой волатильности процентных ставок. Статичный спред является мерой спреда относительно кривой спот-ставок казначейских ценных бумаг; спред вычисляется на базе предположения о неизменности текущих процентных ставок в будущем.
- Потенциальный инвестор в отзывные облигации рассчитывает на компенсацию риска, связанного с возможностью досрочного отзыва облигации эмитентом. Два типа риска, которым подвергает свои капиталовложения такой инвестор, определяют как риск реинвестирования и риск ограничения роста цены при падении доходности (отрицательная выпуклость).
- Традиционный способ вычисления стоимости облигации, имеющей опционы, строится на вычислении наименьшей доходности. Недостатки такого метода сегодня очевидны. Кроме того, традиционная

методология не принимает в расчет влияния на стоимость опциона будущей волатильности процентных ставок.

- Приступая к вычислению стоимости облигации, имеющей опцион, важно понимать, что такая облигация может быть разбита на два компонента: безопционный компонент и сам опцион.
- Для установления значения цены облигации со встроенным опционом может применяться биномиальный метод. Он состоит в построении биномиального дерева процентных ставок на основе: 1) кривой доходности эмитента; 2) модели процентных ставок и 3) предполагаемой волатильности процентных ставок. Биномиальное дерево процентных ставок дает возможность получить подходящее значение зависящей от волатильности одноПериодных форвардных ставок, по которым затем будет дисконтироваться предполагаемый денежный поток облигации. Получаемый в ходе процесса вычисления стоимости результат критически зависит от предположения, сделанного относительно волатильности процентных ставок.
- Спред с учетом опциона (OAS) переводит недооцененность или переоцененность облигации в форму спреда относительно возможной в будущем кривой спот-ставок. Спред называется «с учетом опциона», поскольку его значение учитывает влияние на денежные потоки облигации предполагаемой волатильности процентных ставок.
- Модифицированная дюрация и стандартная выпуклость, позволяющие измерить чувствительность цены безопционной облигации к изменению процентных ставок, не подходят для анализа облигаций со встроенными опционами, так как строятся на основе предположения о неизменяемости денежных потоков в условиях изменения процентных ставок.
- Значения дюрации и выпуклости могут быть аппроксимированы для любой облигации, как имеющей, так и не имеющей опционов. Аппроксимация позволяет понять, как меняется цена на облигацию при повышении или понижении процентных ставок на небольшое число базисных пунктов. Если вычисления строятся на основании предположения о том, что денежные потоки облигации при изменении процентных ставок не меняются, то полученные величины являются модифицированной дюрацией и стандартной выпуклостью. Если, напротив, в основе вычислений лежит предпосылка об изменении денежных потоков в условиях изменения рыночных ставок, то полученные величины — это эффективная дюрация и эффективная выпуклость.

Вопросы

1. Каковы два недостатка традиционного подхода к определению стоимости облигации со встроенным опционом?
2. Какому из значений — 50, 100 или 120 базисных пунктов — равен статичный спред трехлетней корпоративной облигации с купоном 9%, продающейся по $105,58, при условии представленных ниже теоретических казначейских спот-ставок?

Месяц	*Спот-ставка (%)*
1	4,0
2	4,2
3	4,9
4	5,4
5	5,7
6	6,0

3. При каких условиях традиционный спред доходностей окажется примерно равен статичному спреду?
4. Почему инвестиции в отзывную облигацию связаны с риском реинвестирования?
5. Что такое отрицательная выпуклость?
6. Какую — положительную или отрицательную — выпуклость демонстрирует отзывная облигация?
7. Предположим, что у вас имеется следующая информация о двух отзывных облигациях, которые могут быть отозваны немедленно:

Предполагаемое процентное изменение цены при изменении процентных ставок на:		
	–100 базисных пунктов	+100 базисных пунктов
Облигация ABC	+5	–8
Облигация XYZ	+22	–16

Вам известно, что облигации имеют одинаковые сроки до погашения; купон одной из них равен 7%, купон другой — 13%. Допустим, что кривая доходностей обеих облигаций горизонтальна на уровне 8%. Используя эту информацию, определите, какая из облигаций обладает меньшим купоном, а какая большим. Почему?

8. Теоретическая стоимость неотзывной облигации равна $103; теоретическая стоимость отзывной— $101. Определите теоретическую стоимость опциона.
9. Вы согласны со следующим утверждением: «Стоимость облигации с пут-опционом никогда не превышает стоимость сходной облигации, не имеющей опционов»? Почему?
10. Вы согласны со следующим высказыванием: «Инвестор не согласится платить за облигацию, которая может быть отозвана, больше, чем цену отзыва»? Обоснуйте свое мнение.
11. В статье Роберта Литтермана, Джоза Шейнкмана и Лоренса Вайсса «Волатильность и кривая доходности» (*Journal of Fixed Income*, Premier Issue, 1991, p. 49) высказывается следующая мысль: «Многие ценные бумаги с фиксированным доходом (речь идет об отзывных облигациях) содержат опционы, цены которых чувствительны к уровню волатильности. Моделирование влияния волатильности на стоимость купона позволяет лучше понять поведение цен на эти бумаги». Объясните почему.
12. Предположим, что инвестор на основе биномиальной модели оценил справедливую цену последнего выпуска облигаций эмитента. Как будет теоретическая стоимость облигации отличаться от реальной рыночной цены?
13. Текущие доходности облигаций последнего выпуска Ramsey Corporation выглядят следующим образом:

Срок (годы)	*Доходность к погашению (%)*	*Рыночная цена*
1	7,5	100
2	7,6	100
3	7,7	100

Допустим, что все облигации выплачивают купон раз в год. Облигации торгуются по номиналу, так что их купонная ставка равна доходности к погашению.

а. Пользуясь методом бутстреппинга, заполните таблицу:

Год	*Спот-ставка (%)*	*Годовая форвардная ставка (%)*
1		
2		
3		

b. Исходя из значений спот-ставок вычислите стоимость безопционной облигации с купоном 8,5% данного эмитента.
c. Исходя из годовых форвардных ставок вычислите стоимость безопционной облигации с купоном 8,5% данного эмитента.
d. Исходя из биномиальной модели (предполагающей, что годовые ставки меняются в соответствии с принципами логнормального случайного блуждания при волатильности σ) покажите, что если σ равна 10%, то нижняя годовая форвардная ставка через год не может равняться 7%.
e. Докажите, что при σ, равной 10%, нижняя годовая форвардная ставка через год составит 6,944%.
f. Докажите, что при σ, равной 10%, нижняя годовая форвардная ставка через два года составит приблизительно 6,437%.
g. Постройте биномиальное дерево процентных ставок, которое будет использоваться для оценки стоимости любой облигации этого эмитента.
h. На базе построенного в пункте g биномиального дерева процентных ставок вычислите стоимость безопционной облигации данного эмитента с купоном 8,5%.
i. Вычислите стоимость облигации с купоном 8,5%, которая может быть отозвана по номиналу (100); допустим, что облигация будет отозвана, если цена превысит номинал.

14. Объясните, почему при росте ожидаемой волатильности процентных ставок стоимость отзывной облигации может уменьшиться.
15. a. Что такое спред с учетом опциона?
    b. Относительно чего измеряется такой спред?
16. «Спред с учетом опциона измеряет спред доходности относительно кривой доходности казначейских ценных бумаг последнего выпуска». Вы согласны с этим утверждением? Почему?
17. Как влияет увеличение ожидаемой волатильности процентных ставок на спред ценной бумаги с учетом опциона?
18. Приведенный ниже отрывок взят из статьи «Колл-опционов становится меньше» (*BondWeek*, January 27, 1992, p. 2):

    «В прошлом году число выпущенных долгосрочных облигаций с правом досрочного погашения заметно снизилось: падение ставок лишило эмитентов стимула платить за включение опциона в выпуск, — замечают специалисты Уолл-стрит.

    Перенос акцента на неотзывные облигации, начавшийся в конце 1980-х гг., отразил нежелание инвесторов терпеть риск досрочного погашения, а кроме того, убеждение корпораций в том, что процентные ставки достигли своего минимума и цикл роста должен возобновиться...»

a. О каком «стимуле» идет речь в первом абзаце?
b. Почему эмитенты не хотят больше платить за право досрочного погашения?

19. Приведенный ниже отрывок взят из статьи «Eagle нацелился на отзывные корпоративные облигации с высоким купоном» (*BondWeek*, January 20, 1992, p. 7):

«Если рынок облигаций продолжит расти, Eagle Asset Management зафиксирует прибыль от замены $8 млн казначейских ценных бумаг со сроками до погашения от семи до 10 лет корпоративными ценными бумагами с рейтингом А, высоким купоном и правом отзыва через два-четыре года, — заявил Джозеф Блантон, вице-президент фирмы. По его мнению, однако, рост уже завершен.
Корпоративные долговые обязательства будут с 95%-ной вероятностью отозваны через два-четыре года; по словам Блантона, при вычислении дюрации портфеля они рассматриваются как бумаги со сроками до погашения два-четыре года».

a. Почему модифицированная дюрация не подходит для анализа отзывных корпоративных облигаций с высоким купоном?
b. Какую меру следует использовать вместо модифицированной дюрации?
c. Почему замена 10-летних казначейских бумаг отзывными корпоративными облигациями с высоким купоном снизит дюрацию портфеля?

ГЛАВА 19

Анализ ценных бумаг, обеспеченных жилищной ипотекой[1]

В этой главе читателю будут представлены сведения:

- о методологии доходности по денежному потоку, применяемой для анализа ценных бумаг, обеспеченных жилищной ипотекой;
- о недостатках метода доходности по денежному потоку;
- о вычислении эффективной дюрации и выпуклости в рамках метода доходности по денежному потоку;
- о величине, позволяющей оценить чувствительность к досрочному погашению;
- о применении метода Монте-Карло для оценки стоимости ценных бумаг, обеспеченных жилищной ипотекой;
- о моделировании «пути» процентных ставок в методе Монте-Карло;
- о вычислении с помощью метода Монте-Карло теоретической стоимости ценных бумаг, обеспеченных жилищной ипотекой;
- о вычислении спреда с учетом опциона, эффективной дюрации и эффективной выпуклости в рамках метода Монте-Карло;
- о сложностях при моделировании облигаций, обеспеченных ипотекой;
- о недостатках спреда с учетом опциона;

[1] Текст главы взят из глав 9 и 10 Frank J. Fabozzi, Chuch Ramsey and Frank Ramirez, Collateralized Mortgage Obligations: Structures and Analysis (Buckingham, PA: Frank J. Fabozzi Associates, 1994).

- о риске моделирования и его стресс-тестах;
- о подсчете совокупной доходности ценных бумаг, обеспеченных жилищной ипотекой;
- о трудностях, встающих перед инвестором, использующим метод совокупной доходности для ценных бумаг, обеспеченных жилищной ипотекой.

Существует два подхода к анализу ценных бумаг, обеспеченных жилищной ипотекой (включая сквозные ценные бумаги, облигации, обеспеченные ипотекой, и стрипы ценных бумаг, обеспеченных жилищной ипотекой): 1) методология статичной доходности по денежному потоку и 2) метод моделирования Монте-Карло. Метод моделирования Монте-Карло позволяет определить теоретическую стоимость ценных бумаг, обеспеченных жилищной ипотекой. Таким образом, этот метод можно назвать моделью оценки стоимости. Результатом моделирования, как и результатом прочих моделей оценки стоимости, является спред с учетом опциона (OAS). В этой главе мы рассмотрим статическую методологию доходности по денежному потоку, представим ее недостатки, а затем перейдем к описанию метода моделирования Монте-Карло. Принципы, изложенные здесь, применимы к анализу агентских и неагентских ценных бумаг, обеспеченных жилищной ипотекой.

Методология статичной доходности по денежному потоку[1]

Методология статичной доходности по денежному потоку чрезвычайно проста в применении; между тем ее достоинства в определении относительной стоимости ценных бумаг, обеспеченных жилищной ипотекой (RMBS), как мы увидим далее, весьма сомнительны. Вычисления начинаются с определения доходности по денежному потоку — процедура, описанная нами в главе 11, посвященной сквозным ценным бумагам. Значение доходности по денежному потоку может быть получено только на основе предположения о скорости досрочного погашения.

В качестве иллюстрации вычисления доходности денежного потока рассмотрим одну из структур CMO, представленных в главе 12, а именно FJF-06. В обобщенном виде структура демонстрируется в табл. 12.15. В табл. 19.1

[1] Более детальное описание методов моделирования стоимости ипотечных продуктов см. в: Andrew Davidson and Alexander Levin, *Mortgage Valuation Models: Embedded Options, Risk, and Uncertainty* (New York: Oxford University Press, 2014).

представлены доходности по денежному потоку, вычисленные на основе различных предположений о скорости досрочного погашения PSA для четырех траншей при условии разных цен покупки. Заметим, чем больше дисконт, с которым был куплен транш, тем больше выгоды принесет траншу быстрое досрочное погашение. Обратный вывод верен для траншей, приобретенных с премией. Чем больше скорость досрочного погашения, тем ниже доходность по денежному потоку.

Таблица 19.1. Таблица цен и доходностей по денежному потоку для четырех траншей в составе FJF-06

Транш A: начальный номинал $194 500 000; тип: последовательное погашение; купон: 6,0% (фиксированный)								
Если цена покупки равна:	**50 PSA**	**100 PSA**	**165 PSA**	**250 PSA**	**400 PSA**	**500 PSA**	**700 PSA**	**1000 PSA**
90–24	08,37	09,01	09,76	10,61	11,87	12,59	13,88	15,63
91–24	8,09	8,66	9,32	10,07	11,17	11,81	12,94	14,47
92–24	7,82	8,31	8,88	9,53	10,49	11,03	12,01	13,33
93–24	7,56	7,97	8,45	9,00	9,81	10,27	11,10	12,22
94–24	7,29	7,63	8,03	8,48	9,14	9,52	10,20	11,12
95–24	7,03	7,30	7,61	7,97	8,49	8,79	9,32	10,04
96–24	6,78	6,97	7,20	7,46	7,85	8,06	8,45	8,98
97–24	6,53	6,65	6,80	6,97	7,21	7,35	7,60	7,94
98–24	6,28	6,34	6,40	6,48	6,59	6,65	6,76	6,91
99–24	6,04	6,02	6,01	6,00	5,97	5,96	5,94	5,91
100–24	5,79	5,72	5,62	5,52	5,37	5,28	5,13	4,92
101–24	5,56	5,41	5,24	5,05	4,77	4,61	4,33	3,95
102–24	5,33	5,12	4,87	4,59	4,18	3,95	3,54	2,99
103–24	5,10	4,82	4,50	4,14	3,61	3,30	2,77	2,05
104–24	4,87	4,53	4,14	3,69	3,04	2,66	2,01	1,12
105–24	4,65	4,25	3,78	3,25	2,47	2,03	1,26	0,21
106–24	4,42	3,96	3,42	2,81	1,92	1,41	0,52	–0,68
107–24	4,21	3,69	3,07	2,38	1,37	0,80	–0,21	–1,57
108–24	3,99	3,41	2,73	1,96	0,83	0,20	–0,93	–2,44
109–24	3,78	3,14	2,39	1,54	0,30	–0,40	–1,64	–3,29
Средняя продолжительность жизни	5,09	3,80	2,93	2,33	1,79	1,58	1,31	1,07
Модифицированная дюрация	4,12	3,22	2,57	2,09	1,64	1,46	1,22	1,00
Погашение через	9,40	7,15	5,40	4,15	3,07	2,65	2,24	1,82

Векторный анализ

Один из способов, который применяют участники рынка, желая компенсировать недостатки индекса PSA, строится на основе предположения о возможности изменения PSA с течением времени. Данная техника получила название **векторного анализа**. Под вектором принято понимать набор чисел. Говоря о досрочном погашении, мы будем анализировать вектор скоростей досрочного погашения. Векторный анализ особенно актуален для изучения траншей CMO, для которых характерно либо снижение скорости досрочного погашения в начальный период с последующим скачком вверх, либо, наоборот, высокая начальная скорость с последующим медленным досрочным погашением.

Таблица 19.1. (Продолжение)

Транш B: начальная номинальная стоимость $36 000 000; тип: последовательное погашение; купон: 6,50% (фиксированный)								
Если цена покупки равна:	**50 PSA**	**100 PSA**	**165 PSA**	**250 PSA**	**400 PSA**	**500 PSA**	**700 PSA**	**1000 PSA**
90–31	7,85	8,12	8,49	8,95	9,69	10,13	10,89	11,83
91–31	7,69	7,93	8,25	8,66	9,31	9,70	10,36	11,18
92–31	7,54	7,75	8,02	8,37	8,94	9,27	9,84	10,55
93–31	7,39	7,57	7,80	8,09	8,57	8,85	9,33	9,92
94–31	7,24	7,39	7,58	7,82	8,20	8,43	8,82	9,31
95–31	7,10	7,21	7,35	7,54	7,84	8,02	8,32	8,70
96–31	6,95	7,03	7,14	7,27	7,49	7,61	7,83	8,10
97–31	6,81	6,86	6,92	7,00	7,13	7,21	7,34	7,51
98–31	6,67	6,69	6,71	6,74	6,79	6,82	6,86	6,92
99–31	6,53	6,52	6,50	6,48	6,45	6,42	6,39	6,35
100–31	6,39	6,35	6,29	6,22	6,11	6,04	5,92	5,78
101–31	6,26	6,19	6,09	5,97	5,77	5,66	5,46	5,22
102–31	6,13	6,02	5,89	5,72	5,44	5,28	5,00	4,66
103–31	5,99	5,86	5,69	5,47	5,12	4,91	4,55	4,12
104–31	5,86	5,70	5,49	5,22	4,79	4,54	4,11	3,58
105–31	5,74	5,55	5,30	4,98	4,48	4,18	3,67	3,04
106–31	5,61	5,39	5,10	4,74	4,16	3,82	3,23	2,51
107–31	5,48	5,24	4,91	4,50	3,85	3,46	2,80	1,99
108–31	5,36	5,08	4,72	4,27	3,54	3,11	2,38	1,48
109–31	5,24	4,93	4,54	4,04	3,24	2,76	1,96	0,97
Средняя продолжительность жизни	10,17	7,76	5,93	4,58	3,35	2,89	2,35	1,90
Модифицированная дюрация	7,23	5,92	4,78	3,84	2,92	2,56	2,11	1,74
Погашение через	10,90	8,40	6,49	4,99	3,65	3,15	2,49	1,99

В табл. 19.2 представлены полученные с помощью векторного анализа значения доходностей по денежному потоку для четырех траншей FJF-06. Верхняя строчка таблицы демонстрирует доходность по денежному потоку при 165 PSA. Далее показаны девять векторов: предполагается, что PSA остается неизменной с месяца 1 по 36, затем меняется с месяца 37 до 138 и еще раз меняется в период с месяца 139 по 357.

Недостатки доходности по денежному потоку

Таблица 19.1. (Продолжение)

Транш C: начальная номинальная стоимость $96 500 000; тип: последовательное погашение; купон: 7,00% (фиксированный)								
Если цена покупки равна:	50 PSA	100 PSA	165 PSA	250 PSA	400 PSA	500 PSA	700 PSA	1000 PSA
90–03	8,34	8,53	8,80	9,15	9,77	10,16	10,89	11,85
91–03	8,20	8,37	8,61	8,92	9,47	9,81	10,46	11,31
92–03	8,06	8,21	8,42	8,70	9,17	9,48	10,05	10,79
93–03	7,92	8,06	8,24	8,47	8,88	9,14	9,63	10,27
94–03	7,79	7,90	8,05	8,25	8,60	8,81	9,22	9,76
95–03	7,66	7,75	7,87	8,03	8,31	8,49	8,82	9,25
96–03	7,53	7,60	7,69	7,82	8,03	8,17	8,42	8,76
97–03	7,40	7,45	7,52	7,61	7,76	7,85	8,03	8,26
98–03	7,28	7,31	7,35	7,40	7,48	7,54	7,64	7,78
99–03	7,15	7,16	7,17	7,19	7,21	7,23	7,26	7,30
100–03	7,03	7,02	7,01	6,98	6,95	6,93	6,88	6,83
101–03	6,91	6,88	6,84	6,78	6,69	6,63	6,51	6,36
102–03	6,79	6,74	6,67	6,58	6,43	6,33	6,14	5,90
103–03	6,67	6,61	6,51	6,39	6,17	6,03	5,78	5,45
104–03	6,56	6,47	6,35	6,19	5,92	5,74	5,42	5,00
105–03	6,44	6,34	6,19	6,00	5,67	5,46	5,07	4,56
106–03	6,33	6,21	6,03	5,81	5,42	5,17	4,72	4,12
107–03	6,22	6,08	5,88	5,62	5,18	4,89	4,37	3,69
108–03	6,11	5,95	5,73	5,43	4,94	4,62	4,03	3,26
109–03	6,00	5,82	5,57	5,25	4,70	4,34	3,69	2,84
Средняя продолжительность жизни	12,77	10,16	7,98	6,24	4,54	3,87	3,04	2,37
Модифицированная дюрация	8,18	7,04	5,92	4,89	3,76	3,28	2,65	2,12
Погашение через	14,57	11,90	9,57	7,65	5,57	4,74	3,65	2,82

Мы уже отмечали, что доходность к погашению как мера потенциальной доходности облигации имеет два основных недостатка: 1) она строится исходя из положения о том, что купонные платежи могут быть реинвестированы под ставку, равную доходности к погашению, и 2) предполагается, что облигацию держат до погашения. Теми же недостатками страдает и доходность по денежному потоку: предполагается, 1) что будущий денежный поток реинвестируется под вычисленную доходность по денежному потоку и 2) что RMBS держат до последней выплаты, совершенной в дату, установленную исходя из предположения о скорости досрочного погашения. Между тем риск реинвестирования, т. е. риск, связанный с возможным реинвестированием денежного потока под ставку более низкую, чем доходность по денежному потоку, особенно присущ RMBS — бумагам, выплаты по которым совершаются ежемесячно. Заметим также, что значение доходности по денежному потоку отражает реальность только в том случае, если ожидаемый денежный поток совпадает с действительным, т. е. если предположение о скорости досрочного погашения оказалось верным. Если же реальная скорость досрочного погашения отличается от предполагаемой, то доходность по денежному потоку не будет реализована.

Таблица 19.1. (Окончание)

Транш Z: начальная номинальная стоимость $73 000 000; тип: последовательное погашение; купон: 7,35% (фиксированный)								
Если цена покупки равна:	**50 PSA**	**100 PSA**	**165 PSA**	**250 PSA**	**400 PSA**	**500 PSA**	**700 PSA**	**1000 PSA**
90–01	7,87	7,96	8,09	8,27	8,61	8,84	9,33	10,10
91–01	7,82	7,89	8,00	8,16	8,47	8,68	9,11	9,79
92–01	7,76	7,83	7,93	8,07	8,33	8,51	8,89	9,49
93–01	7,71	7,76	7,85	7,97	8,20	8,35	8,68	9,20
94–01	7,65	7,70	7,77	7,87	8,06	8,19	8,47	8,90
95–01	7,60	7,63	7,69	7,77	7,93	8,04	8,26	8,61
96–01	7,54	7,57	7,62	7,68	7,80	7,88	8,05	8,33:
97–01	7,49	7,51	7,54	7,59	7,67	7,73	7,85	8,04
98–01	7,44	7,45	7,47	7,49	7,54	7,58	7,65	7,76
99–01	7,38	7,39	7,39	7,40	7,42	7,43	7,45	7,49
100–01	7,33	7,33	7,32	7,31	7,29	7,28	7,26	7,21
101–01	7,28	7,27	7,25	7,22	7,17	7,14	7,06	6,95
102–01	7,23	7,21	7,18	7,13	7,05	6,99	6,87	6,68
103–01	7,18	7,15	7,11	7,05	6,93	6,85	6,68	6,42
104–01	7,13	7,09	7,04	6,96	6,81	6,71	6,49	6,16

Транш Z: начальная номинальная стоимость $73 000 000; тип: последовательное погашение; купон: 7,35% (фиксированный)								
Если цена покупки равна:	**50 PSA**	**100 PSA**	**165 PSA**	**250 PSA**	**400 PSA**	**500 PSA**	**700 PSA**	**1000 PSA**
105–01	7,08	7,04	6,97	6,88	6,69	6,57	6,31	5,90
106–01	7,04	6,98	6,90	6,79	6,58	6,43	6,13	5,65
107–01	6,99	6,93	6,84	6,71	6,46	6,29	5,94	5,39
108–01	6,94	6,87	6,77	6,62	6,35	6,16	5,77	5,15
109–01	6,89	6,82	6,70	6,54	6,24	6,03	5,59	4,90
Средняя продолжительность жизни	22,39	19,57	16,21	12,78	9,01	7,46	5,49	3,88
Модифицированная дюрация	19,42	16,68	13,81	11,08	8,06	6,78	5,11	3,67
Погашение через	29,74	29,74	29,74	29,74	29,74	29,74	29,74	24,24

Примечание: вычислено с использованием программного обеспечения SFW Software, copyright © 1989 Wall Street Analytics, Inc.

Спред доходностей относительно казначейских ценных бумаг

Следует помнить, что в момент покупки RMBS инвестор не может установить точное значение доходности бумаги: доходность зависит от скорости досрочного погашения входящих в пул ипотек. Мы знаем, однако, что участники рынка инструментов с фиксированным доходом условились измерять доходность любой неказначейской ценной бумаги как спред относительно доходности «похожей» казначейской ценной бумаги.

Совершаемые с течением времени основные платежи делают неуместным сравнение RMBS с казначейской бумагой, имеющей установленный срок до погашения. Вместо спреда доходностей участники рынка используют две другие меры — дюрацию Маколея (см. главу 4) и среднюю продолжительность жизни (см. главу 11).

Таблица 19.2. Векторный анализ доходности по денежному потоку для четырех траншей FJF-06 и обеспечения

	Купон (%)	Цена	Доходность по денежному потоку при 165 PSA (%)
Транш A	6,00	99–24	6,00
Транш B	6,50	99–31	6,50
Транш C	7,00	100–03	7,00
Транш Z	7,25	100–01	7,25
Обеспечение	7,50	100–00	?

Окончание табл. 19.2

		Купон (%)		Цена			Доходность по денежному потоку при 165 PSA (%)			
		PSA векторный сценарий								
	Месяцы	(1)	(2)	(3)	(4)	(5)	(6)	(7)	(8)	(9)
	1–36	165	165	165	165	165	165	165	165	165
Транш	37–138	50	50	300	400	400	400	400	500	600
Параметр	139–357	250	400	400	200	700	500	165	200	1000
Транш A										
Доходность по денежному потоку		6,02	6,02	6,01	6,00	6,00	6,00	6,00	6,00	6,00
Средний срок жизни		3,51	3,51	2,71	2,63	2,63	2,63	2,63	2,58	2,54
Модифицированная дюрация		2,97	2,97	2,40	2,34	2,34	2,34	2,34	2,30	2,27
Транш B										
Доходность по денежному потоку		6,52	6,52	6,48	6,48	6,48	6,48	6,48	6,47	6,46
Средний срок жизни		8,51	8,51	4,82	4,39	4,39	4,39	4,39	4,11	3,91
Модифицированная дюрация		6,35	6,35	4,02	3,71	3,71	3,71	3,71	3,50	3,36
Транш C										
Доходность по денежному потоку		7,03	7,03	6,98	6,97	6,97	6,97	6,97	6,96	6,95
Средний срок жизни		11,15	11,07	6,24	5,52	5,52	5,52	5,52	5,04	4,68
Модифицированная дюрация		7,50	7,47	4,89	4,43	4,43	4,43	4,43	4,11	3,87
Транш D										
Доходность по денежному потоку		7,26	7,25	7,21	7,19	7,19	7,20	7,20	7,17	7,14
Средний срок жизни		17,08	15,29	11,47	10,49	9,55	11,42	10,65	8,92	7,49
Модифицированная дюрация		15,44	14,19	10,28	9,19	8,76	9,56	9,26	8,01	6,98
Обеспечение										
Доходность по денежному потоку		7,54	7,53	7,50	7,49	7,49	7,49	7,49	7,48	7,47
Средний срок жизни		10,90	10,05	6,31	5,68	5,40	5,95	5,72	5,02	4,48
Модифицированная дюрация		6,47	6,25	4,50	4,14	4,07	4,21	4,16	3,82	3,55

Примечание: вычислено с использованием программного обеспечения SFW Software, copyright © 1989 Wall Street Analytics, Inc.

Статичный спред

Как было сказано в главе 18, к амортизируемым облигациям не может применяться метод вычисления спреда относительно одной точки на кривой доходности казначейских ценных бумаг, даже если волатильность процентных ставок отсутствует. Для анализа этих бумаг имеет смысл использовать понятие статичного спреда — спреда доходности облигации при статичном сценарии (в отсутствие волатильности процентных ставок) относительно всей теоретической кривой спот-ставок казначейских бумаг.

В главе 18 мы писали о том, что разница между значением традиционного спреда доходностей и значением статичного спреда доходностей зависит от угла наклона кривой доходности: чем круче идет кривая, тем больше разница между двумя величинами. В случае горизонтальной кривой доходности разница между традиционным и статичным спредами будет мала.

Существует два метода вычисления статичного спреда для RMBS. Первый способ — использовать для дисконтирования будущих денежных потоков сегодняшнюю кривую доходности и фиксировать будущие ипотечные ставки рефинансирования на уровне сегодняшних ипотечных ставок. Поскольку ипотечная ставка рефинансирования предполагается постоянной, инвестор может установить приемлемую скорость досрочного погашения на все время жизни ценной бумаги. На основе установленной скорости досрочного погашения можно вычислить будущий денежный поток облигации. Использование такого подхода к вычислению статичного спреда позволяет учитывать разную стоимость долларов, которые инвестор получит в будущем. Это приводит к корректному дисконтированию денежных потоков при предположении фиксированных ипотечных ставок. Иными словами, сегодняшние цены указывают на то, какими станут дисконтные ставки в будущем, однако лучшим приближением будущих ставок являются ставки сегодняшние.

Второй метод вычисления статичного спреда допускает рост ипотечных ставок вдоль кривой, построенной исходя из значений форвардных процентных ставок. Подобную процедуру называют иногда **OAS нулевой волатильности**. В этом случае для получения вектора будущих скоростей досрочного погашения, обусловленного вектором будущих ставок рефинансирования, разрабатывается модель досрочного погашения. Использующий в аналитической деятельности понятие статичного спреда менеджер сам решает, какой из методов вычисления избрать.

Эффективная дюрация

Модифицированная дюрация — это мера чувствительности цены облигации к изменению процентных ставок, вычисляемая на базе предположения об отсутствии изменений денежного потока, связанных с изменением процентных ставок на рынке. Модифицированная дюрация, таким образом, не является величиной, позволяющей верно анализировать ипотечные ценные бумаги: досрочное погашение обусловливает изменение денежных потоков на рынке, где меняются процентные ставки. При падении (росте) процентных ставок уровень досрочных погашений, как правило, растет (падает). В результате падение (рост) процентных ставок может уменьшить (увеличить) дюрацию, а не увеличить (уменьшить) ее. Этот феномен, описанный нами в главе 18, получил название **отрицательной выпуклости**.

Отрицательная выпуклость оказывает на цены RMBS то же влияние, что и на цены отзывной облигации (см. главу 18). При падении процентных ставок облигация с правом досрочного погашения — а именно к этой группе следует отнести RMBS — приносит меньше прибыли, чем облигация без опционов. Модифицированная дюрация не поможет нам выяснить степень чувствительности цен такой облигации к изменению процентных ставок. Для учета влияния изменения скорости досрочного погашения на денежный поток используется другая величина. Эта величина носит название **эффективной дюрации**, т. е. дюрации, вычисляемой на основе предположения о возможности изменения денежных потоков на рынке, где меняются процентные ставки.

Продемонстрируем методику вычисления эффективной дюрации CMO на примере все тех же FJF-06. Структура описана в верхней части табл. 19.3. Вторая часть таблицы представляет данные, необходимые для вычисления значений модифицированной и эффективной дюрации четырех траншей и обеспечения. Здесь показаны значения доходности по денежному потоку и соответствующие начальные цены траншей при скорости досрочного погашения 165 PSA. Два следующих столбца представляют новые цены, соответствующие росту или падению доходности по денежному потоку на 25 базисных пунктов при изменения скорости досрочного погашения: при увеличении доходности по денежному потоку на 25 базисных пунктов скорость падает до 150 PSA, при уменьшении доходности по денежному потоку на 25 базисных пунктов скорость вырастает до 200 PSA.

В табл. 19.3 представлены также значения модифицированной и эффективной дюрации. Продемонстрируем порядок вычислений на примере транша C. Данные, необходимые для получения модифицированной дюрации по формуле аппроксимации, — это:

$$P_- = 102{,}1875;\ P_+ = 98{,}4063;\ P_0 = 100{,}2813;\ \Delta y = 0{,}0025.$$

Таблица 19.3. Вычисление эффективной дюрации и выпуклости для FJF-06

Структура FJF-06						
Класс	**Номинальная стоимость**	**Купонная ставка (%)**				
A	$194 500 000	6,00				
B	36 000 000	6,50				
C	96 500 000	7,00				
Z	73 000 000	7,25				
Обеспечение	$400 000 000	7,50				
			Новая цена: 165 PSA		**Новая цена: доходность денежного потока**	
Класс	**Доходность денежного потока (%)**	**Начальная цена**	**Изменение доходности денежного потока (б. п.)**		**Изменение(б. п.)/новый PSA**	
			+25 б. п.	**–25 б. п.**	**+25/150**	**–25/200**
A	6,00	99,7813	99,0625	100,5313	99,0313	100,4375
B	6,50	100,0313	98,6250	101,5000	98,5625	101,2813
C	7,00	100,2813	98,4063	102,1875	98,3438	101,9063
Z	7,25	100,6250	98,0625	103,2500	98,0313	103,0313
Обеспечение	7,50	100,1250	98,7500	101,5000	98,7188	101,3438
Модифицированная дюрация/выпуклость и эффективная дюрация/выпуклость						
Класс	**Модифицированная дюрация**	**Эффективная дюрация**	**Стандартная выпуклость**	**Эффективная выпуклость**		
A	2,94	2,82	25,055	–75,164		
B	5,75	5,44	49,984	–174,945		
C	7,54	7,11	24,930	–249,299		
Z	10,31	9,94	49,689	–149,068		
Обеспечение	5,49	5,24	0	–149,813		

Подставим значения в формулу дюрации и получим:

$$\text{модифицированная дюрация} = \frac{102{,}1875 - 98{,}4063}{2 \times 100{,}2813 \times 0{,}0025} = 7{,}54.$$

Эффективная дюрация того же облигационного класса вычисляется следующим образом:

$$P_{-} = 101{,}9063 \text{ (при 200 PSA)}; P_{+} = 98{,}3438$$
$$\text{(при 150 PSA)}; P_{0} = 100{,}2813; \Delta y = 0{,}0025.$$

Подставим значения в формулу и получим:

$$\text{эффективная дюрация} = \frac{101{,}9063 - 98{,}3438}{2 \times 100{,}2813 \times 0{,}0025} = 7{,}11.$$

Заметим, что для всех траншей и обеспечения эффективная дюрация оказывается меньше модифицированной.

Расхождение между значениями эффективной и модифицированной дюраций более заметно для облигационных классов, торгующихся с большим дисконтом относительно номинальной стоимости или с большой премией относительно номинала. Для того чтобы наглядно представить этот феномен, создадим еще одну гипотетическую структуру CMO, отличающуюся от FJF-06 наличием PO-класса и IO-класса, созданных на базе транша C. Вычислим дюрацию PO-класса. При условии, что доходность по денежному потоку PO-класса составляет 7%, а скорость досрочного погашения — 165 PSA, получим следующие цены:

	Новая цена			Новая цена
Начальная цена	165 PSA 7,25% CFY	165 PSA 6,75% CFY	150 PSA 7,25% CFY	200 PSA 6,75% CFY
60,3125	59,2500	61,3750	57,6563	64,5938

Модифицированная дюрация этих PO составляет 7,05. Эффективная дюрация равна 23,01. Как видим, разница между двумя значениями весьма существенна.

Эффективная выпуклость

В табл. 19.3 даны значения стандартной выпуклости и эффективной выпуклости для четырех траншей FJF-06 и их обеспечения. Проиллюстрируем формулу вычисления выпуклости на примере уже рассматривавшегося транша C в FJF-06. Стандартная выпуклость аппроксимируется следующим образом:

$$\frac{98{,}4063 - 102{,}1875 - 2 \times 100{,}2813}{100{,}2813 \times 0{,}0025^2} = 24{,}930.$$

Эффективная выпуклость может быть получена через:

$$\frac{98{,}3438+101{,}9063-2\times100{,}2813}{100{,}2813\times0{,}0025^2}=-249{,}299.$$

Обратите внимание на разницу двух значений, представленных здесь и в табл. 19.3. Значение стандартной выпуклости указывает на положительную выпуклость всех четырех траншей, тогда как из значения эффективной выпуклости можно заключить, что выпуклость траншей — отрицательная. Разница значений еще более очевидна для облигаций, торгующихся не по номиналу. Для PO, созданного из транша C, стандартная выпуклость приближается к нулю, в то время как эффективная выпуклость составляет 2155! Это значит, что при изменении доходности на 100 базисных пунктов процентное изменение цены, обусловленное выпуклостью, будет равно:

$$2155 \times 0{,}01^2 \times 100 = 21{,}6\%.$$

Чувствительность к досрочному погашению

Стоимость RMBS зависит от скорости досрочного погашения. Для выяснения чувствительности цены бумаги к досрочному погашению участники рынка используют следующую единицу измерения: изменение цены RMBS в базисных пунктах при росте скорости досрочного погашения на 1%. Чувствительность к досрочному погашению выражается, таким образом, через следующие величины:

P_0— начальная цена (на $100 номинала) при предполагаемой скорости досрочного погашения;

P_s — цена (на $100 номинала) при росте скорости досрочного погашения на 1%;

$$\text{чувствительность к досрочному погашению} = (P_s - P_0) \times 100.$$

Предположим, например, что для некой RMBS при 300 PSA цена составляет 106,10. Рост скорости досрочного погашения PSA на 1% означает, что PSA с 300 PSA увеличится до 303 PSA. Допустим, что с помощью модели оценки стоимости мы получим значение цены при 303 PSA, равное 106,01. Итак,

$$P_0 = 106{,}10;\ P_s = 106{,}01;$$

$$\text{чувствительность к досрочному погашению} = (106{,}01 - 106{,}10) \times 100 = -9.$$

Обратите внимание на то, что ценная бумага, на которую рост скорости досрочного погашения влияет неблагоприятным образом, имеет отрицательную чувствительность к досрочному погашению, в то время как бумага, которая выигрывает от роста скорости досрочного погашения, имеет положительную чувствительность к досрочному погашению.

МЕТОД МОДЕЛИРОВАНИЯ МОНТЕ-КАРЛО[1]

Периодические денежные потоки некоторых инструментов с фиксированным доходом и их производных **зависят от характера пути, пройденного процентными ставками.** Это значит, что размеры денежных потоков, получаемых в определенный период, определяются не только текущими и будущими уровнями процентных ставок, но и характером пути, который проделали процентные ставки для того, чтобы добраться до этих уровней.

В случае сквозных ценных бумаг следует помнить, что от пути процентных ставок зависит уровень досрочных погашений: скорость досрочного погашения в данном месяце определяется наличием или отсутствием возможностей рефинансирования в предшествующие месяцы существования соответствующих ипотек. Решение корпоративного эмитента о рефинансировании выпуска в момент, когда рыночные ставки опускаются ниже купонной, в отличие от решения заемщика ипотечного кредита, не зависит от того, как двигались ставки в предшествующие периоды времени.

Скорость досрочного погашения сквозных ценных бумаг с изменяемой ставкой (ARM) также зависят от характера пути, проделанного рыночными процентными ставками. Более того, периодические купонные ставки зависят от истории референсных ставок, на основе которых рассчитывается купон. Этот феномен объясняется наличием в AMR периодических или пожизненных кэпов и флоров. Так, AMR с купоном, пересчитываемым раз в год, может иметь следующие ограничения, налагаемые на купонную ставку: 1) ставка не может меняться более чем на 200 базисных пунктов в год и 2) ставка не может более чем на 500 базисных пунктов превышать начальную купонную ставку.

---

1 Часть этого и часть следующего разделов взяты из: Frank J. Fabozzi and Scott F. Richard, «Valuation of CMOs», в: Frank J. Fabozzi (ed.) *CMO Portfolio Management* (Summit, NJ: Frank J. Fabozzi Associates, 1994). В финансовой литературе было предложено несколько рекурсивных моделей ценообразования (например, модели оценки облигаций с встроенными опционами, описанные в предыдущей главе), однако на практике эти модели не используются.

Пулы сквозных ценных бумаг используются в качестве обеспечения для облигаций, обеспеченных ипотекой (CMO). Таким образом, денежные потоки траншей CMO имеют двоякую зависимость от характера пути процентных ставок. С одной стороны, от характера пути процентных ставок зависит скорость досрочного погашения обеспечения — об этом мы писали выше. С другой — денежный поток, который в данный месяц должен поступить траншу CMO, зависит от размера невыплаченного долга прочих входящих в структуру траншей. Для вычисления размера этого долга нужно знать историю досрочных погашений.

Для анализа RMBS, денежный поток которых зависит от характера проделанного процентными ставками пути, применяется не статичный метод, описанный в главе 18, а метод моделирования Монте-Карло.

Концепция, лежащая в основе оценки стоимости сквозных ценных бумаг с помощью метода Монте-Карло, проста. На практике, однако, применение метода связано с серьезными сложностями. Моделирование предполагает генерирование наборов денежных потоков на основе промоделированных будущих ипотечных ставок рефинансирования — процедура, в свою очередь предполагающая моделирование скорости досрочного погашения.

Моделирование стоимости CMO похоже на моделирование стоимости сквозных ценных бумаг, хотя в этом случае количество трудностей возрастает, поскольку, как мы объяснили в главе 12, эмитент раздробил как риск досрочного погашения, так и риск процентных ставок на небольшие компоненты, называемые траншами. Чувствительность сквозных ценных бумаг, из которых складывается обеспечение, к двум типам риска не распределяется в равных долях между траншами. Часть траншей оказывается более чувствительной к риску досрочного погашения и риску процентных ставок, чем обеспечение, другая часть — куда менее чувствительной.

Цель управляющего портфелем — понять, каким образом стоимость обеспечения передается траншам CMO. В частности, важно представлять, куда идет стоимость и куда — риск, и выбрать для покупки транши с наименьшим риском при наибольшей стоимости. Спешим обрадовать читателя: такие транши обычно существуют в каждом облигационном выпуске. Впрочем, в каждом выпуске есть также транши с низкой стоимостью и высоким риском.

Использование моделирования для генерирования пути процентных ставок и денежных потоков

Типичная модель, используемая специалистами Уолл-стрит и разработчиками коммерческого программного обеспечения для генерирования случайного блуждания процентных ставок, берет в качестве исходных данных текущую структуру процентных ставок и предположение о волатильности. Временная структура процентных ставок — это кривая теоретических спот-ставок (или нулевого купона) на базе находящихся в настоящий момент в обращении казначейских ценных бумаг. Предположение о волатильности определяет дисперсию будущих процентных ставок в модели. Модель должна быть нормализована таким образом, чтобы средняя смоделированная цена бескупонной казначейской облигации равнялась сегодняшней реальной цене.

Для каждой модели существует собственный метод вычисления будущих процентных ставок и собственное предположение о волатильности. Как правило, разные дилерские фирмы и разные продавцы программного обеспечения используют схожие методы вычисления будущих процентных ставок, в то время как их предположения о волатильности обычно заметно разнятся.

Случайный путь процентных ставок может быть представлен исходя из будущей временной структуры процентных ставок, полученной с помощью модели отсутствия арбитража. Под моделью отсутствия арбитража мы понимаем модель, которая на входе имеет сегодняшнюю временную структуру процентных ставок (входящие данные модели) и не предполагает возможностей арбитража ни для какой даты в будущем.

Суть модели — разработка нескольких сценариев возможных будущих путей процентных ставок. Для каждого месяца сценария генерируются значения месячных процентных ставок и ипотечной ставки рефинансирования. Месячные процентные ставки используются для дисконтирования проецируемых денежных потоков. Ипотечная ставка рефинансирования нужна для установления размера месячного денежного потока. Она показывает, насколько желательным будет в этот месяц рефинансирование ипотеки.

Если ставки рефинансирования окажутся высокими относительно контрактной ставки, заемщик ипотечного кредита не будет стремиться к рефинансированию — возможно, он всеми силами постарается его избежать (скажем, домовладелец не станет переезжать, чтобы не рефинансировать долг). Если ставка рефинансирования низка по сравнению с контрактной ставкой, заемщик с удовольствием рефинансирует свой ипотечный кредит.

Проецирование уровня досрочных погашений ведется путем включения в модель досрочного погашения ставки рефинансирования и характеристик кредитов, в частности их возраста. В случае неагентского облигационного выпуска досрочные погашения могут иметь вынужденный характер. Говоря о вынужденном досрочном погашении, мы имеем в виду случаи дефолтов домовладельцев. Моделирование таких досрочных погашений предполагает проецирование дефолтов. Моделирование досрочных погашений, связанных с дефолтами, строится на основе данных о размере потерь от дефолтов (т. е. об уровне возмещения) и времени дефолтов. Имея проекцию досрочных погашений (добровольных или вынужденных), можно установить величину денежного потока, обусловленного данным путем процентных ставок.

Поясним наши рассуждения на примере только что эмитированной сквозной ипотечной ценной бумаги со сроком до погашения 360 месяцев. В табл. 19.4 представлены N смоделированных сценариев путей движения процентных ставок. Каждый сценарий представляет собой путь движения 360 смоделированных будущих месячных процентных ставок. Сколько именно путей движения дает каждая модель, мы объясним в последующих разделах. Табл. 19.5 демонстрирует пути движения смоделированных ипотечных ставок рефинансирования, соответствующих сценариям, представленным в табл. 19.4. На базе ставок рефинансирования для каждого из сценариев вычислены денежные потоки — их читатель найдет в табл. 19.6.

Таблица 19.4. Смоделированные пути движения будущих месячных процентных ставок

Месяц	Номер пути движения процентных ставок[a]				
	1	2	3	...n...	N
1	$f_1(1)$	$f_1(2)$	$f_1(3)$	$f_1(n)$	$f_1(N)$
2	$f_2(1)$	$f_2(2)$	$f_2(3)$	$f_2(n)$	$f_2(N)$
3	$f_3(1)$	$f_3(2)$	$f_3(3)$	$f_3(n)$	$f_3(N)$
4	$f_4(1)$	$f_4(1)$	$f_4(3)$	$f_4(n)$	$f_4(N)$
...					
t	$f_t(1)$	$f_t(2)$	$f_t(3)$	$f_t(n)$	$f_t(N)$
...					
358	$f_{358}(1)$	$f_{358}(2)$	$f_{358}(3)$	$f_{358}(n)$	$f_{358}(N)$
359	$f_{359}(1)$	$f_{359}(2)$	$f_{359}(3)$	$f_{359}(n)$	$f_{359}(N)$
360	$f_{360}(1)$	$f_{360}(2)$	$f_{360}(3)$	$f_{360}(n)$	$f_{360}(N)$

[a] *Примечание:* $f_t(n)$ — будущая месячная процентная ставка для месяца t на пути n; N — общее количество возможных путей движения процентных ставок.

Таблица 19.5. Смоделированные пути движения ипотечных ставок рефинансирования

Месяц	Номер пути движения процентных ставок[a]				
	1	2	3	...n...	N
1	$r_1(1)$	$r_1(2)$	$r_1(3)$	$r_1(n)$	$r_1(N)$
2	$r_2(1)$	$r_2(2)$	$r_2(3)$	$r_2(n)$	$r_2(N)$

Окончание табл. 19.5

Месяц	Номер пути движения процентных ставок[a]				
	1	2	3	...*n*...	*N*
3	$r_3(1)$	$r_3(2)$	$r_3(3)$	$r_3(n)$	$r_3(N)$
4	$r_4(1)$	$r_4(2)$	$r_4(3)$	$r_4(n)$	$r_4(N)$
...					
t	$r_t(1)$	$r_t(2)$	$r_t(3)$	$r_t(n)$	$r_t(N)$
...					
358	$r_{358}(1)$	$r_{358}(2)$	$r_{358}(3)$	$r_{358}(n)$	$r_{358}(N)$
359	$r_{359}(1)$	$r_{359}(2)$	$r_{359}(3)$	$r_{359}(n)$	$r_{359}(N)$
360	$r_{360}(1)$	$r_{360}(2)$	$r_{360}(3)$	$r_{360}(n)$	$r_{360}(N)$

[a] *Примечание:* $r_t(n)$ — ипотечная ставка рефинансирования для месяца t на пути n; N — общее количество возможных путей движения процентных ставок.

Таблица 19.6. Смоделированные денежные потоки для каждого из путей движения процентных ставок

Месяц	Номер пути движения процентных ставок[a]				
	1	2	3	...n...	*N*
1	$C_1(1)$	$C_1(2)$	$C_1(3)$	$C_1(n)$	$C_1(N)$
2	$C_2(1)$	$C_2(2)$	$C_2(3)$	$C_2(n)$	$C_2(N)$
3	$C_3(1)$	$C_3(2)$	$C_3(3)$	$C_3(n)$	$C_3(N)$
4	$C_4(1)$	$C_4(2)$	$C_4(3)$	$C_4(n)$	$C_4(N)$
...					
t	$C_t(1)$	$C_t(2)$	$C_t(3)$	$C_t(n)$	$C_t(N)$
...					
358	$C_{358}(1)$	$C_{358}(2)$	$C_{358}(3)$	$C_{358}(n)$	$C_{358}(N)$
359	$C_{359}(1)$	$C_{359}(2)$	$C_{359}(3)$	$C_{359}(n)$	$C_{359}(N)$
360	$C_{360}(1)$	$C_{360}(2)$	$C_{360}(3)$	$C_{360}(n)$	$C_{360}(N)$

[a] *Примечание:* $C_t(n)$ — денежный поток для месяца t на пути n; N — общее количество возможных путей движения процентных ставок.

Вычисление приведенной стоимости для сценария движения процентных ставок

Имея данные о размере денежного потока в каждом из путей движения процентных ставок, мы можем вычислить приведенную стоимость такого денежного потока. Дисконтной ставкой, позволяющей определить приведенную стоимость, является смоделированная спот-ставка для каждого месяца внутри пути движения процентных ставок плюс необходимый спред. Спот-ставка для данного пути движения может быть получена на основе смоделированных будущих месячных ставок. Взаимосвязь между смоделированной спот-ставкой для месяца T пути n и смоделированной будущей месячной ставкой можно представить следующим образом:

$$z_T(n) = \{[1 + f_1(n)][1 + f_2(n)] \ldots [1 + f_T(n)]\}^{1/T} - 1,$$

где:

$z_T(n)$ — смоделированная спот-ставка для месяца T пути n;

$f_j(n)$ — смоделированная будущая месячная ставка месяца j пути n.

Таким образом, путь движения смоделированных будущих месячных ставок может быть представлен как путь движения смоделированных месячных спот-ставок, приведенных в табл. 19.7.

Таблица 19.7. Смоделированные пути движения месячных спот-ставок

Месяц	Номер пути движения процентных ставок[a]				
	1	2	3	...n...	N
1	$z_1(1)$	$z_1(2)$	$z_1(3)$	$z_1(n)$	$z_1(N)$
2	$z_2(1)$	$z_2(2)$	$z_2(3)$	$z_2(n)$	$z_2(N)$
3	$z_3(1)$	$z_3(2)$	$z_3(3)$	$z_3(n)$	$z_3(N)$
4	$z_4(1)$	$z_4(2)$	$z_4(3)$	$z_4(n)$	$z_4(N)$
...					
t	$z_t(1)$	$z_t(2)$	$z_t(3)$	$z_t(n)$	$z_t(N)$
...					
358	$z_{358}(1)$	$z_{358}(2)$	$z_{358}(3)$	$z_{358}(n)$	$z_{358}(N)$
359	$z_{359}(1)$	$z_{359}(2)$	$z_{359}(3)$	$z_{359}(n)$	$z_{359}(N)$
360	$z_{360}(1)$	$z_{360}(1)$	$z_{360}(3)$	$z_{360}(n)$	$z_{360}(N)$

[a] *Примечание:* $z_t(n)$ — денежный поток для месяца tна пути n; N — общее количество возможных путей движения процентных ставок.

Итак, приведенная стоимость денежного потока месяца T на пути движения процентных ставок n, дисконтированного по ставке, равной смоделированной спот-ставке для месяца T плюс спред, вычисляется по формуле:

$$PV[C_T(n)] = \frac{C_T(n)}{[1 + z_T(n) + K]^T},$$

где:

$PV [C_T(n)]$ — приведенная стоимость денежного потока месяца T сценария n;

$C_T(n)$ — денежный поток месяца T на пути n;

$z_T(n)$ — спот-ставка месяца T на пути n;

K — необходимый спред с учетом риска.

Приведенная стоимость для всего пути n — это сумма приведенных стоимостей денежных потоков каждого месяца. А именно:

$$PV[\text{путь}(n)] = (1/360) \times \{\text{PV}[C_1(n)] + PV[C_2(n)] + ... + PV[C_{360}(n)]\},$$

где PV [путь (n)] — приведенная стоимость пути движения процентных ставок n.

Вычисление теоретической стоимости

Приведенная стоимость данного пути движения процентных ставок может в случае реализации такого сценария рассматриваться как теоретическая стоимость сквозной ценной бумаги, которая может быть получена через вычисление среднего значения теоретических стоимостей всех сценариев:

$$\text{теоретическая стоимость} = \\ = 1/N \times \{PV[\text{путь } (1)] + PV[\text{путь } (2)] + ... + PV[\text{путь } (N)]\}.$$

Подобная процедура определения стоимости сквозной ценной бумаги проводится и для траншей CMO. Денежный поток каждого месяца на каждом пути движения процентных ставок вычисляется исходя из правил выплаты номинальной стоимости и распределения процента, установленных для данного выпуска. Для проведения расчетов создается модель структуры CMO. Успех анализа CMO прежде всего зависит от качества модели структуры.

Распределение стоимостей для разных путей движения процентных ставок

Теоретическая стоимость, вычисляемая с помощью метода Монте-Карло, является средней стоимостью всех путей. Инвестору, однако, стоит представлять себе, каким образом распределяются стоимости по разным путям. Рассмотрим, например, хорошо защищенную PAC-облигацию. Если теоретическая стоимость, полученная с помощью метода моделирования Монте-Карло, равна 88, а стандартное отклонение стоимостей путей составляет 1 пункт, то дисперсия стоимостей путей невелика. Предположим теперь, что для транша поддержки модель дает значение теоретической стоимости 77, а стандартное отклонение стоимостей путей равно 10 пунктам. Очевидно, что в этом случае будет наблюдаться заметная дисперсия стоимостей путей — инвестору следует принять во внимание возможную высокую изменчивость результатов модели[1].

Смоделированная средняя продолжительность жизни

В главе 11 мы ввели величину средней продолжительности жизни, предназначенную для анализа ценной бумаги, обеспеченной ипотеками. Средняя продолжительность жизни, являющаяся результатом применения метода моделирования Монте-Карло, — это среднее значение средних сроков жизни, соответствующих различным путям движения процентных ставок. Прежде всего вычисляется средняя продолжительность жизни для каждого из путей. Затем находится среднее значение этих средних продолжительностей жизни. Как и в случае теоретической стоимости, инвестору важно обладать дополнительной информацией, касающейся распределения средних сроков жизни по путям. Чем выше стандартное отклонение средних сроков жизни, тем ниже точность предсказания среднего срока жизни ценной бумаги.

Спред с учетом опциона

Как видно из главы 18, спред с учетом опциона — это спред доходностей, который может быть использован для выражения долларовой разницы между стоимостью и ценой. Речь идет о спреде относительно кривой спот-ставок эмитента или относительно индекса.

При рассмотрении метода Монте-Карло мы обозначаем OAS буквой *K*. Если найдено правильное значение *K*, то, складывая его со всеми спот-ставками на всех путях движения процентных ставок, мы приравниваем среднюю приведенную стоимость сценариев к наблюдаемой рыночной цене

---

[1] Иллюстрации можно найти в: Robert W. Kopprasch, «A Further Look at Option-Adjusted Spread Analysis», глава 30 в: Frank J. Fabozzi (ed.), *The Handbook of Mortgage-Backed Securities* (Burr Ridge, IL: Irwin Professional Publishing, 1995).

(плюс накопленный процент). OAS, таким образом, — это спред, который удовлетворяет следующему равенству:

$$\text{рыночная цена} = 1/N \times \{PV[\text{путь } (1)] + PV[\text{путь } (2)] + \ldots + PV[\text{путь } (N)]\},$$

где N — число путей движения процентных ставок.

Стоимость опциона

Стоимость опциона, встроенного в любую RMBS, может быть вычислена как разность между статичным спредом и величиной OAS при предполагаемой волатильности процентных ставок:

$$\text{стоимость опциона} = \text{статичный спред} - \text{спред с учетом опциона}.$$

Объясним суть формулы. На рынке с неизменными процентными ставками инвестор получал бы статичный спред. Между тем неопределенность будущих ставок уменьшает значение спреда, поскольку домовладельцы имеют возможность (опцион) досрочного погашения; OAS является отражением спреда с учетом такого опциона. Это значит, что стоимость опциона представляет собой разницу между спредом, который инвестор получал бы на рынке со статичными процентными ставками (статичный спред), и спредом после учета имеющегося у домовладельцев опциона.

Как правило, стоимость опциона отдельного транша является более устойчивой к изменениям рынка, чем его OAS. Знание этой интересной особенности позволяет сократить расходы, связанные с трудоемкими вычислениями OAS. При небольших движениях рынка OAS транша может быть аппроксимирован путем пересчета статичного спреда (относительно простая и нетрудоемкая процедура) и последующего вычитания стоимости опциона.

Эффективная дюрация и выпуклость

В главе 18 мы писали о том, каким образом вычисляются эффективная дюрация и эффективная выпуклость ценной бумаги. Данные величины могут быть получены на основе метода Монте-Карло следующим образом. Прежде всего исходя из текущей временной структуры процентных ставок находится значение OAS облигации. Затем облигация переоценивается при сохранении постоянного OAS и смещениях временной структуры процентных ставок. Для получения цен, необходимых при вычислении эффективной дюрации и эффективной выпуклости, проводятся два сдвига: в первом случае доходности увеличиваются, во втором — уменьшаются.

Выбор числа сценариев движения процентных ставок

Ответим теперь на вопрос о количестве сценариев движения процентных ставок или числе *N*, на основании которого может быть оценена RMBS. Типичный OAS вычисляется на основе *N*, расположенного в промежутке от 512 до 1024. Сценарии, генерируемые на основе метода моделирования, выглядят весьма реалистично. Кроме того, они отражают текущую кривую казначейских ценных бумаг. Использование предложенной техники строится на предположении о том, что казначейские бумаги на текущий момент оценены справедливо. Метод затем позволяет выяснить, насколько дешевы или дороги относительно казначейских бумаг данные RMBS.

Число путей движения процентных ставок показывает, насколько «качественна» полученная оценка, однако не по отношению к реальности, а к самой модели. Чем больше путей движения, тем стабильнее становится средний спред. При создании модели, таким образом, мы имеем дело с проблемой статистической выборки.

Большинство методов моделирования Монте-Карло предусматривает ту или иную форму **уменьшения дисперсии**, позволяющую сократить число путей движения, необходимых для получения хорошей статистической выборки. Методы уменьшения дисперсии дают возможность получать значение цены с точностью до тика. А именно: если с помощью той же модели генерируется большее число путей, то полученное в результате моделирования уточненное значение цены не меняется больше, чем на тик. Так, если для получения значения предполагаемой цены транша использовалось 1024 сценария, включение дополнительных сценариев не позволит существенно уточнить результат. (Уточнение цены на тик через использование большего числа сценариев может иметь смысл лишь для некоторых особо чувствительных траншей CMO.)

Недостатки OAS

Использование OAS позволяет давать относительную оценку MBS-продуктов и значительно лучше некоторых показателей, которые исторически использовались (и, к сожалению, продолжают использоваться) портфельными менеджерами. Традиционные показатели не учитывают наличие встроенных опционов. Тем не менее методология OAS также не лишена недостатков. Дэвидсон и Левин описывают в своей работе проблемы, связанные с OAS, которые «обычно игнорируются, недооцениваются или просто неизвестны практикам»[1].

Первый недостаток, рассматриваемый ими, заключается в неопределенности модели досрочного погашения. OAS может быть интерпретирован как дополнительная доходность, на которую инвестор может рассчитывать сверх безрисковой ставки. Существует альтернативная интерпретация. Дэвидсон и Левин отмечают, что, поскольку методология OAS предполагает использование безарбитражного подхода (напомним, что пути движения процентных ставок корректируются так, чтобы модель соответствовала эталонному выпуску), OAS может интерпретироваться как «гарантированная доходность», если, конечно, у инвестора есть возможность захеджировать процентный риск. Вместе с тем эта «гарантированная доходность» зависит от принятой модели досрочного погашения и, следовательно, может оказаться под вопросом.

Второй недостаток связан с тем, что при оценке MBS могут быть использованы разные уровни OAS. В результате портфельные менеджеры не могут быть уверены в том, что оцененная с помощью OAS ценная бумага действительно дешевая или что «дешевизна» является следствием ошибки рынка, а не факторов, влияющих на методологию. Примером таких факторов может быть ликвидность ценной бумаги, которая влияет на OAS, но не учитывается методологией.

Проблема постоянства OAS

Дэвидсон и Левин также обнаружили проблему, возникающую при расчете таких показателей, как чувствительность цены к процентным ставкам и досрочному погашению, с использованием методологии OAS[2]. Напомним, что при измерении эффективной дюрации и эффективной выпуклости расчеты осуществляются на основе предположения о неизменности OAS и смещения пути процентных ставок на определенное число базисных пунктов. После прибавления OAS к новым путям движения процентных ставок ценная бумага переоценивается для получения двух величин, используемых в формулах расчета эффективной дюрации и выпуклости. Проблему, связанную с пред-

[1] Davidson and Levin, *Mortgage Valuation Models,* pp. 218.

[2] Davidson and Levin, *Mortgage Valuation Models,* pp. 219–220.

положением о неизменности OAS, можно продемонстрировать на простом примере[1].

В главе 12 мы говорили о MBS, создаваемых только на основе процента (IO) и на основе номинала (PO). (Такие продукты называют стрипами MBS.) Они создаются из сквозных ценных бумаг путем простого перенаправления процента и номинала в два траста. В результате с точки зрения оценки сумма стоимости IO и стоимости PO должна быть равной стоимости сквозной ценной бумаги, из которой были созданы эти IO и PO.

На рынке же все три MBS-продукта оцениваются при разных уровнях OAS. Так, IO может иметь очень большой положительный OAS, PO — отрицательный OAS, а сквозная ценная бумага — OAS, лежащий где-то между ними. В случае падения процентных ставок стоимость IO снизится, и их доля в пуле уменьшится. OAS сквозной ценной бумаги, таким образом, приблизится к OAS PO. В случае роста процентных ставок произойдет обратное: OAS сквозной ценной бумаги отдалится от OAS PO. Таким образом, у трех торгуемых MBS-продуктов при соблюдении паритета стоимости уровни OAS не могут изменять параллельно.

Это серьезный удар по идее постоянства OAS при измерении чувствительности цены к изменению процентных ставок и уровня досрочных погашений. Хотя в нашем примере фигурировали IO, PO и сквозная ценная бумага, сказанное в равной мере относится к другим случаям создания нескольких инструментов на основе одного. Так, стоимость обеспечения CMO равна сумме траншей, входящих в CMO. Точно так же можно сказать, что стоимость портфеля MBS равна сумме MBS, входящих в портфель. Во всех этих случаях проблема не в самом OAS, а в использовании разных уровней OAS для разных инструментов. Если бы IO, PO и сквозная ценная бумага имели один и тот же уровень OAS с самого начала, то приведенный выше пример потерял бы смысл. Как отмечают Дэвидсон и Левин, из сказанного можно вынести лишь одно — идею о том, что необходимо скорректировать модель досрочного погашения так, чтобы она уравнивала уровни OAS.

Примеры

В этом разделе мы приводим три примера применения метода моделирования Монте-Карло. Первый — это более детальный анализ нескольких классов облигаций простого выпуска агентских CMO с последовательным погашением. В двух других примерах описываются два ипотечных продукта:

---

[1] Этот пример был любезно предоставлен нам Эндрю Дэвидсоном и Алексом Левиным.

типичная сквозная ценная бумага и облигационный класс неагентской CMO с использованием модели оценки FactSet[1].

Агентская CMO с последовательным погашением

В качестве простой структуры CMO с последовательным погашением мы возьмем выпуск FNMA 89–97. Диаграмма структуры распределения номинальной стоимости представлена на рис. 19.1. CMO включает пять траншей — A, B, C, D и Z, а также остаточный транш[2]. Транш Z является накопительным облигационным классом, а транш D — это транш IOette[3]. Наше внимание будет сосредоточено на анализе траншей A, B, C и Z.

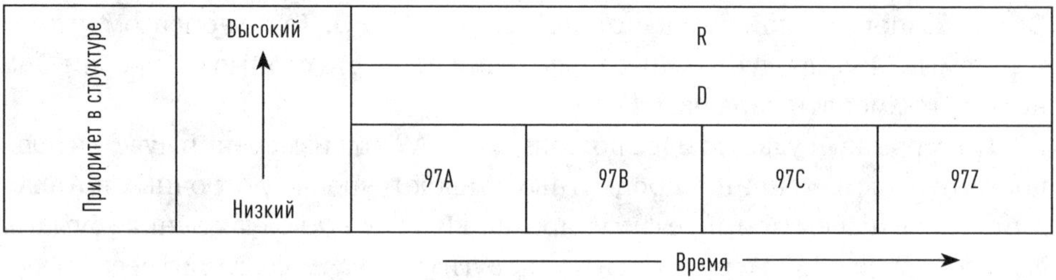

Рис. 19.1. Распределение номинала в структуре FNMA 89–97

Верхняя часть табл. 19.8 демонстрирует значения OAS и стоимости опционов для обеспечения и четырех траншей в составе структуры CMO. OAS обеспечения равен 70 базисным пунктам. Поскольку стоимость опциона равна 45 базисным пунктам, статичный спред составляет 115 базисных пунктов (70 базисных пунктов плюс 45 базисных пунктов). Средневзвешенный OAS всех траншей (включая остаточный) равен OAS обеспечения.

В момент проведения анализа, т. е. 27 апреля 1990 г., кривая доходности казначейских ценных бумаг не демонстрировала крутого наклона. Как было

---

1 Анализ выполнен Биллом Маккоем из компании FactSet.

2 Этот пример взят из книги: Frank J. Fabozzi, Scott F. Richard, and David S. Horovitz, "Valuation of Mortgage-Backed Securities," глава 25 в: Frank J. Fabozzi (ed.), *The Handbook of Mortgage-Backed Securities*, 5th ed. (New York: McGraw-Hill, 2001).

3 Это форма транша на базе процента, имеющего реальный номинал. До 1992 г. все транши в составе CMO должны были иметь некоторую номинальную стоимость. В главе 12 мы говорили о том, что в настоящее время эмитенты осуществляют выпуск IO с условным номиналом.

отмечено выше, на рынке с такой кривой доходности статичный спред не отличается заметно от традиционного спреда доходностей. Итак, для четырех траншей, представленных в табл. 19.8, статичные спреды равны: 52 для A, 87 для B, 95 для C и 124 для D.

Таблица 19.8. Анализ FNMA 89–97, классы A,B,C и Z (на 27.04.90)

Базовый сценарий (при волатильности процентных ставок 12%)				
	Спред с учетом опциона (базисные пункты)		**Стоимость опциона (базисные пункты)**	
Обеспечение	70		45	
Транши				
A	23		29	
B	46		41	
C	59		36	
Z	74		50	
Модель предоплат: предоплаты 80 и 120% (при волатильности процентных ставок 12%)				
	Новый спред с учетом опциона (базисные пункты)		**Изменения цены на $100 номинала (при постоянном OAS)**	
	80%	120%	80%	120%
Обеспечение	70	71	$0,00	$0,04
Транши				
A	8	40	–0,43	0,48
B	31	65	–0,86	1,10
C	53	73	–0,41	0,95
Z	72	93	–0,28	2,70
Волатильность процентных ставок 8 и 16%				
	Новый спред с учетом опциона (базисные пункты)		**Изменения цены на $100 номинала (при постоянном OAS)**	
	8%	**16%**	**8%**	**16%**
Обеспечение	92	46	$1,03	–$1,01
Транши				
A	38	5	0,42	–0,51
B	67	21	1,22	–1,45
C	77	39	1,22	–1,36
Z	99	50	3,55	–3,41

Обратите внимание на то, что OAS не распределен между траншами в равных долях. То же утверждение верно и для стоимости опциона. Стоимость имеет тенденцию переходить к более долгосрочным траншам — феномен, наблюдаемый в большинстве типичных облигационных выпусков. Как статичный спред, так и стоимость опциона возрастают по мере увеличения срока. Единственные транши, которые выпадают из этой схемы, — транши B и C. Управляющий портфелем, собирающийся приобрести один из средних траншей, заметит, что транш C имеет более высокий OAS, чем B, и в то же время, судя по стоимости опциона, является менее рискованным. Впрочем, управляющему, возможно, не удастся приобрести этот транш из-за ограничений, налагаемых на состав его портфеля и касающихся срока погашения, дюрации или средних сроков жизни.

Рассмотрим риск моделирования. Представить взаимодействие траншей в структуре и понять, какие из них являются наиболее рискованными, нам поможет изучение чувствительности траншей к изменениям скорости досрочного погашения и волатильности процентных ставок.

Начнем с анализа досрочного погашения. Сохраним пути движения процентных ставок, исходя из которых были получены OAS в базовом случае (верхняя часть табл. 19.8), при этом уменьшим скорость досрочного погашения для каждого из сценариев до 80%.

Как видно из второй части табл. 19.8, снижение скорости досрочного погашения не меняет ни OAS обеспечения, ни его цену. Объяснением служит то обстоятельство, что обеспечение торгуется по цене, близкой к номиналу. Между тем созданные на основе обеспечения транши ведут себя иначе. Анализируя таблицу, можно сделать два вывода относительно чувствительности облигационных классов. Во-первых, изменение скорости досрочного погашения влечет за собой изменение OAS. Во-вторых, при постоянном OAS наблюдаются изменения цены.

Чтобы понять, каким образом информация, полученная из второй части таблицы, помогает управляющему портфелем в работе, рассмотрим транш A. При 80%-ной скорости досрочного погашения OAS этого облигационного класса падает с 23 базисных пунктов до 8 базисных пунктов. Если OAS остается постоянным, то покупатель транша A, как видно из таблицы, теряет $0,43 на $100 номинала.

Обратите внимание на то, что убыток наблюдается по четырем траншам, представленным в табл. 19.8. Почему снижение скорости досрочного погашения при неизменной стоимости обеспечения приводит к убытку по всем четырем траншам? Дело в том, что выигрывают от снижения скорости досрочного погашения транши D и остаточный транш R, информация о которых не представлена в таблице. Заметим, что транш Z действительно хорошо защищен: в результате снижения скорости досрочного погашения убытки по нему незначительны. На транше B это, напротив, сказывает очень сильно.

В той же второй части таблицы показаны результаты другого нашего эксперимента, позволяющего протестировать чувствительность к досрочному погашению, а именно увеличения скорости досрочного погашения до 120% относительно базового сценария. Напомним, что наше обеспечение торгуется близко к номиналу, а значит, его реакция на изменение скорости досрочного погашения невелика: цена на $100 номинала меняется примерно на 4 цента. Заметим, однако, что поскольку в действительности обеспечение торгуется чуть ниже номинальной стоимости, то увеличение скорости досрочного погашения идет ему на пользу, в то время как OAS увеличивается только на 1 базисный пункт.

Рассмотрим теперь четыре транша. В описанной ситуации все они выигрывают. Согласно данным таблицы, наибольшую прибыль от повышения скорости досрочного погашения получает управляющий, отдавший предпочтение наиболее долгосрочным траншам, в частности траншу Z. Поскольку все четыре транша, а также обеспечение выигрывают от увеличения скорости досрочного погашения, транши D, IOette и остаточный транш испытывают негативное воздействие. Как правило, повышение скорости досрочного погашения всегда невыгодно для траншей IO-типа.

Проанализируем чувствительность траншей к предположению о волатильности процентных ставок (напомним, что в базовом сценарии волатильность равнялась 12%). Мы проделали два эксперимента: уменьшили предполагаемую волатильность до 8% и увеличили до 16%. Результаты представлены в третьей части табл. 19.8.

Уменьшение волатильности до 8% увеличивает долларовую цену обеспечения на $1; OAS с 70 в базовом сценарии возрастает до 92. Заметим, однако, что данное увеличение цены не распределяется равномерно между всеми траншами. Наибольшее увеличение стоимости приходится на долгосрочные транши. Прирост OAS каждого из траншей в принципе пропорционален дюрации этих траншей. Этот феномен вполне объясним: чем больше дюрация, тем выше риск — падение волатильности связано с увеличением премии за риск.

Увеличение волатильности до 16% крайне негативно влияет на обеспечение. Убытки обеспечения распределяются среди траншей следующим образом: чем больше дюрация, тем выше убыток. В такой ситуации меньше всего страдают транш D и остаточный транш.

Итак, на основе анализа OAS, полученного с помощью метода моделирования Монте-Карло, мы можем сделать следующий вывод относительно этой простой структуры: базовый сценарий описывает ее достаточно верно.

Исключение составляют, пожалуй, лишь транши В и С. В целом, однако, увеличение дюрации предполагает повышение премии за этот риск.

Агентская ипотечная сквозная ценная бумага

В качестве второго примера в модели FactSet для бумаг с фиксированным доходом использована типичная 4%-ная MBS Freddie Mac (FHLMC). Ценная бумага была выпущена 1 мая 2012 г. с фиксированной купонной ставкой и основной суммой при выпуске $27 131 762 848. Анализ был выполнен 28 мая 2014 г. Непогашенный остаток на 1 мая 2014 г. составлял $21 402 150 315 (т. е. коэффициент пула был равен 0,79). Цена и накопленный процент на момент анализа составляли 106,087 и 0,300 соответственно. Информация по обеспечению приведена ниже:

Тип обеспечения	*30-летние односемейные ипотечные кредиты*
Чистая WAC	4,000
Валовая WAC	4,493
Первоначальный WAM	355
Текущий WAM	327
WALA	24
Текущий средний непогашенный остаток по кредитам	$209 569,53
Первоначальный средний непогашенный остаток по кредитам	$241 250,90
Скоринг FICO	736
Среднее отношение размера кредита к стоимости залога (%)	81
Срок жизни при исторической CPR	9,392

В этом случае использовалась модель FactSet досрочного погашения 30-летней FHLMC. Эта модель даст новую CPR каждый месяц. Постоянная CPR — среднеарифметическое значение месячных CPR, взвешенных по непогашенному остатку основной суммы. В нашем примере используется скорость 10,639% CPR. В качестве PSA используется среднеарифметическое значение месячных PSA (полученных на основе их CPR-эквивалентов), взвешенных по непогашенному остатку основной суммы. В нашем примере применяется 178,639 PSA.

Доходность к погашению (термин FactSet) равна 2,939%. Доходность к погашению — это статичная доходность по денежному потоку, как было определено выше в настоящей главе. Напомним, что это показатель доходности имеет довольно сомнительные достоинства с учетом допущений о реализации денежных потоков и способности реинвестировать промежуточные денежные потоки (основные платежи и проценты). Спред относительно казначейских ценных бумаг составлял 94,4 базисного пункта, а Z-спред был равен 71,9 базисного пункта. Средний срок жизни определялся как средний срок жизни на основе статичных денежных потоков.

При анализе по методу Монте-Карло использовались 200 путей движения процентных ставок. Единая волатильность процентных ставок не применялась, вместо нее FactSet использует временную структуру волатильности краткосрочных ставок. Ее получают на рынке процентных кэпов[1].

При анализе по методу Монте-Карло для определения OAS применялись две референсные процентные ставки — ставки по казначейским ценным бумагам и LIBOR. Относительно казначейских ставок OAS составлял 65,5 базисного пункта; относительно LIBOR — 55,3 базисного пункта.

Показатели чувствительности цены по данным FactSet были следующими:

Модифицированная дюрация	5,677;
Эффективная дюрация	5,489;
Эффективная выпуклость	0,284;
Частичная дюрация — 6 месяцев	–0,041;
Частичная дюрация — 1 год	–0,056;
Частичная дюрация — 2 года	0,554;
Частичная дюрация — 5 лет	1,604;
Частичная дюрация — 10 лет	2,735;
Частичная дюрация — 30 лет	0,692;
Дюрация спреда	5,588.

У этой ценной бумаги эффективная и модифицированная дюрация почти одинаковы. Ожидается, что ценная бумага будет иметь небольшую отрицательную выпуклость[2]. «Частичная дюрация» — это то же самое, что и дюрация ключевой ставки, описанная в главе 4, и мера чувствительности к движению казначейской спот-кривой относительно выбранных точек. Дюрация спреда характеризует чувствительность процентной ставки к изменениям OAS.

---

1 Процентные кэпы рассматриваются в главе 30.

2 Напомним, в главе 4 мы говорили о том, что выпуклость можно оценивать разными способами.

Неагентская RMBS

В нашем последнем примере с модели FactSet анализируется один облигационный класс низкокачественного выпуска RMBS — Wells Fargo Home Equity Asset-Backed Securities 2004–2 Trust. В момент выпуска 29 сентября 2004 г. публике были предложены 22 облигационных класса (сертификата). В табл. 19.9 для каждого из 22 классов показаны первоначальный размер основной суммы, купонная ставка, тип основной суммы и рейтинги от четырех рейтинговых агентств (Standard & Poor's, Moody's, Fitch и DBRS). Мы сосредоточимся на классе AI-8, старшем облигационном классе с последовательным погашением. Анализ выполнялся 28 мая 2014 г. К моменту анализа никаких основных выплат по классу AI-8 не было, поэтому остаток основной суммы был таким же, как и при выпуске — $196 162 000. Рыночная цена облигационного класса составляла 99,413, поэтому рыночная стоимость класса была равной $195 010 529 ($196 162 000 × 0,99413), а накопленный процент — $790 057. Таким образом, инвестиционная стоимость составляла $195 800 585.

Ориентиром являлись американские казначейские процентные ставки на 30 апреля 2014 г. Предположения относительно досрочного погашения были следующими:

Средневзвешенная CPR основной суммы — 17,544%;
Средневзвешенная PSA основной суммы — 292,408;
Условный уровень дефолтов (CDR) — 2,60%[1].

Таблица 19.9. Wells Fargo Home Equity Asset-Backed Securities 2004–2 Trust: классы облигаций, предлагаемые при выпуске (сентябрь 2004 г.)

Облигация	Первоначальная основная сумма	Купон		Рейтинг			
Класс	Остаток ($)	Ставка (%)	Тип основной суммы	S&P	Moody's	Fitch	DBRS
AI-1A	336 661 000	FR	Старший, последовательная выплата с плавающей ставкой	AAA	Aaa	AAA	AAA
AI-1B	75 000 000	2,940	Старший, последовательная выплата с фиксированной ставкой	AAA	Aaa	AAA	AAA
AI-2	81 688 000	3,450	Старший, последовательная выплата с фиксированной ставкой	AAA	Aaa	AAA	AAA
AI-3	247 199 000	3,970	Старший, последовательная выплата с фиксированной ставкой	AAA	Aaa	AAA	AAA

[1] Об условном уровне дефолтов мы говорили в главе 13.

Окончание табл. 19.9

Облигация	Первоначальная основная сумма	Купон		Рейтинг			
Класс	**Остаток ($)**	**Ставка (%)**	**Тип основной суммы**	**S&P**	**Moody's**	**Fitch**	**DBRS**
AI-4	56 870 000	4,430	Старший, последовательная выплата с фиксированной ставкой	AAA	Aaa	AAA	AAA
AI-5	180 369 000	4,890	Старший, последовательная выплата с фиксированной ставкой	AAA	Aaa	AAA	AAA
AI-6	160 165 000	5,000	Старший, последовательная выплата с фиксированной ставкой	AAA	Aaa	AAA	AAA
AI-7	85 036 000	5,000	Старший, последовательная выплата с фиксированной ставкой	AAA	Aaa	AAA	AAA
AI-8	196 152 000	5,000	Старший, последовательная выплата с фиксированной ставкой	AAA	Aaa	AAA	AAA
AI-9	157 682 000	4,980	Старший, с периодом запрета на досрочное погашение с фиксированной ставкой	AAA	Aaa	AAA	AAA
AII-1A	1 010 967 000	FR	Суперстарший, сквозной с плавающей ставкой	AAA	Aaa	AAA	AAA
AII-1B	252 742 000	FR	Суперстарший вспомогательный, сквозной с плавающей ставкой	AAA	Aaa	AAA	AAA
AIII-1	571 857 000	FR	Старший, последовательная выплата с плавающей ставкой	AAA	Aaa	AAA	AAA
AIII-2	715 171 000	FR	Старший, последовательная выплата с плавающей ставкой	AAA	Aaa	AAA	AAA
AIII-3	183 573 000	FR	Старший, последовательная выплата с плавающей ставкой	AAA	Aaa	AAA	AAA
M-1	106 478 000	FR	Субординированный с плавающей ставкой	AA+	Aa1	AA+	AA (макс.)
M-2	96 574 000	FR	Субординированный с плавающей ставкой	AA	Aa2	AA+	AA
M-3	56 953 000	FR	Субординированный с плавающей ставкой	AA —	Aa3	AA	AA (мин.)
M-4	54 477 000	FR	Субординированный с плавающей ставкой	A+	A1	AA —	A (макс.)
M-5	49 525 000	FR	Субординированный с плавающей ставкой	A	A2	A+	A
M-6	74 287 000	FR	Субординированный с плавающей ставкой	A	Baa1	A	A (мин.)
M-7	54 478 000	FR	Субординированный с плавающей ставкой	BBB+	Baa3	BBB+	BBB (макс.)

FR — облигационный класс с плавающей ставкой. Формула для расчета купона здесь не приводится.

При моделировании методом Монте-Карло использовались две сотни путей движения процентных ставок. Были получены следующие результаты моделирования в виде доходностей и спредов (как предоставлено моделью FactSet):

Доходность к погашению	5,11%;
I-спред	335 базисных пунктов;
Z-спред	330 базисных пунктов;
Спред с учетом опциона	296 базисных пунктов.

«I-спред» — это номинальный спред, описанный в этой главе (т. е. разница между статичной доходностью по денежному потоку и доходностью сопоставимой казначейской ценной бумаги). Два последних спреда также были описаны выше в этой главе.

Показатели чувствительности цены по данным модели были следующими:

Средний срок жизни	5,271;
Модифицированная дюрация	4,379;
Эффективная дюрация	6,530;
Эффективная выпуклость	0,196;
Дюрация спреда	5,293.

Обратите внимание на то, что этот облигационный класс имеет положительную выпуклость.

АНАЛИЗ СОВОКУПНОЙ ДОХОДНОСТИ

Ни метод статичного денежного потока, ни метод моделирования Монте-Карло не помогут управляющему портфелем дать ответ на вопрос, будут ли достигнуты конкретные инвестиционные задачи. Оценка доходности RMBS предполагает задание инвестиционного горизонта, протяженность которого для большинства финансовых институтов диктуется характером их обязательств.

Мерой, позволяющей оценить доходность капиталовложений в ценную бумагу или портфель на некотором инвестиционном горизонте, является совокупная доходность — понятие, введенное нами в главе 3. Суммарные денежные поступления от инвестирования в RMBS складываются из:

1) предполагаемого денежного потока от предполагаемых процентных платежей и основных платежей (плановых и досрочных);
2) процента, получаемого от реинвестирования предполагаемых процентных и основных платежей;
3) предполагаемой цены RMBS в конце инвестиционного горизонта.

Вычисление размеров денежного потока на данном временном горизонте осуществляется на основе предположения, сделанного относительно скорости досрочного погашения. Второй этап работы — установление ставки реинвестиций. Наконец, на основании необходимого набора предположений и с помощью одного из представленных выше методов — метода доходности по денежному потоку или метода моделирования Монте-Карло — находится значение цены на момент окончания инвестиционного горизонта. В число предположений, требуемых для обоих методов, входят предположение о скорости досрочного погашения и ставках казначейских бумаг (кривой доходности казначейских бумаг) на момент окончания инвестиционного горизонта. Метод доходности по денежному потоку использует значение предполагаемого спреда относительно сходных казначейских ценных бумаг. Эта величина позволяет вычислить требуемую доходность по денежному потоку, которая затем используется для проецирования цены. Метод моделирования Монте-Карло работает на базе предположения об OAS для инвестиционного горизонта. Предположение об OAS позволяет затем получить проекцию цены горизонта.

Проверка чувствительности совокупной доходности к изменению базовых предположений является следующим этапом исследования. Заметим, однако, что такая проверка, к сожалению, в состоянии учесть лишь небольшое число возможных сценариев и не позволяет принять во внимание ни динамику изменений кривой доходности, ни динамику структуры выпуска.

Цена горизонта для траншей CMO

Наиболее сложной частью оценки совокупной доходности является проецирование цены для даты окончания горизонта. В случае транша CMO цена зависит от характеристик транша, а также от спреда относительно казначейских ценных бумаг в дату окончания инвестиционного горизонта. Ключевыми детерминантами служат «качество» транша, его средний срок жизни (или дюрация) и выпуклость.

Понятие «качества» связано с типом транша CMO. Предположим, например, что инвестор покупает транш CMO, являющийся облигацией PAC, но способный в результате досрочных погашений стать траншем последовательной выплатой. Другой пример: облигация PAC является траншем, имеющим в обратной PAC-структуре наибольший средний срок жизни. Досрочные погашения, однако, могут превратить этот облигационный класс в транш поддержки. Возможна и обратная ситуация, т. е. улучшение, а не ухудшение качества транша с течением времени. Так, эффективные границы купонной ставки транша могут расшириться в момент окончания горизонта за счет увеличения номинальной стоимости находящихся в обращении траншей поддержки в результате досрочных погашений.

Совокупная доходность и OAS

Величина совокупной доходности и величина OAS могут быть скомбинированы для получения проекции цены на момент окончания инвестиционного горизонта. Прежде всего устанавливается величина, на которую изменится OAS в течение периода до окончания инвестиционного горизонта. Затем на основе метода моделирования Монте-Карло вычисляется цена.

Предположение о значении OAS на момент окончания инвестиционного горизонта каждый управляющий портфелем делает исходя из собственного рыночного опыта. Нередко предполагается, что OAS на дату окончания горизонта будет равен OAS на момент приобретения облигационного выпуска. Совокупная доходность, вычисленная на основе такого предположения, нередко называют **совокупной доходностью постоянного OAS**. Менеджеры, предпочитающие активные стратегии, исходят из предположения о будущем изменении — расширении или сужении — OAS. В рамках вычисления совокупной доходности менеджер проверяет, насколько чувствительной окажется доходность RMBS к изменениям OAS.

Резюме

- Для анализа всех типов RMBS (агентских и неагентских) используется обычно один из двух методов: метод доходности по денежному потоку и метод моделирования Монте-Карло.
- Доходность по денежному потоку — это процентная ставка, при которой приведенная стоимость предполагаемого денежного потока RMBS равна его рыночной цене. Метод доходности по денежному потоку строится исходя из предположений о том, что: 1) все денежные потоки могут быть реинвестированы под ставку, равную доходности

по денежному потоку; 2) RMBS держат до погашения; 3) скорость досрочного погашения, используемая при проецировании денежных потоков, будет реализована в действительности. Кроме того, методология доходности по денежному потоку не принимает в расчет возможные изменения денежного потока под влиянием изменения будущих процентных ставок.

- Модифицированная дюрация не является надежной мерой ценовой волатильности RMBS, поскольку она предполагает, что изменение доходности не влечет за собой изменения денежного потока. Эффективная дюрация принимает в расчет характер воздействия изменений доходности на скорость досрочного погашения и, таким образом, на денежный поток.
- RMBS — это ценная бумага, денежный поток которой зависит от пути движения процентных ставок. Денежный поток, поступающий в некий период, обусловливается не только уровнями текущих и будущих процентных ставок, но и путем, пройденным процентными ставками до достижения настоящего уровня.
- Метод, который позволяет проанализировать ценные бумаги с денежными потоками, зависящими от путей движения процентных ставок, — это метод моделирования Монте-Карло. Метод состоит в случайном генерировании многочисленных сценариев движения процентных ставок на базе предположения относительно будущей их волатильности. Случайные пути движения процентных ставок должны генерироваться на основе модели отсутствия арбитража в будущей временной структуре процентных ставок. Метод моделирования Монте-Карло применительно к RMBS включает случайное генерирование набора денежных потоков на базе смоделированных будущих ипотечных ставок рефинансирования.
- Теоретическая стоимость ценной бумаги на каком-либо из путей — это приведенная стоимость денежного потока пути, где в качестве спот-ставок используются спот-ставки соответствующего пути.
- Теоретическая стоимость ценной бумаги — это среднее значение теоретических стоимостей всех путей. Информация о распределении стоимостей по путям важна для понимания возможной точности значения теоретической стоимости.
- Получаемое в результате моделирования значение среднего срока жизни — это среднее значение средних продолжительностей жизни для каждого пути; управляющему портфелем важно располагать также информацией о распределении по путям средних продолжительностей жизни.

- Используемый методом Монте-Карло спред с учетом опциона — это спред, который при сложении со всеми спот-ставками всех путей движения процентных ставок позволяет приравнять среднюю приведенную стоимость путей к наблюдаемой рыночной цене (плюс накопленный процент).
- Эффективная дюрация и эффективная выпуклость вычисляются на основе метода Монте-Карло при сохранении постоянного OAS и смещении временной структуры процентных ставок вверх и вниз.
- Использование OAS в качестве относительной меры стоимости имеет определенные недостатки.
- Одна из проблем использования постоянного OAS при определении чувствительности к процентной ставке заключается в отсутствии теоретических основания для такого допущения.
- Совокупная доходность является надежной мерой, позволяющей оценивать доходность траншей CMO на определенном инвестиционном горизонте.
- Процесс вычисления совокупной доходности может включать методологию статичной доходности по денежному потоку или метод моделирования Монте-Карло, позволяющие определить цену ипотечной ценной бумаги в момент окончания временного горизонта.
- Один из способов оценки риска, связанного с инвестированием в RMBS, — анализ сценариев развития процентных ставок.

Вопросы

1. Вы знаете, что доходность по денежному потоку некой сквозной ценной бумаги равна 9%; вы хотели бы инвестировать в облигацию с доходностью большей, чем 8,8%.
   a. Какой дополнительной информацией вам следовало бы располагать, чтобы принять обоснованное решение об инвестировании капитала в эту облигацию?
   b. Каковы недостатки доходности по денежному потоку как меры потенциальной доходности инвестиций в RMBS?
2. Методология доходности по денежному потоку предполагает вычисление спреда относительно сходной казначейской ценной бумаги. Что такое «сходная казначейская ценная бумага»?
3. Что такое векторный анализ?
4. Для чего служит модель досрочного погашения в процессе вычисления значений эффективной дюрации и эффективной выпуклости?

5. Приведенный ниже отрывок взят из статьи «Fidelity рассматривает возможность инвестиции $250 млн в PAC и IO» *(BondWeek,* January 27, 1992, pp. 1 and 21):

   «Три инвестиционных ипотечных фонда Fidelity собираются инвестировать в этом квартале в общей сложности $250 млн в облигации, обеспеченные ипотекой, с плановой амортизацией, а также в стрипы на базе процента, — рассказал нам Джим Уолфсон, управляющий портфелем… Уолфсон собирается приобретать в первую очередь PAC, обеспеченные 9–10%-ными сквозными ценными бумагами Federal Home Loan Mortgage Corp. и Federal National Mortgage Association. Эти бумаги имеют более высокий спред с учетом опциона, чем регулярные агентские сквозные ценные бумаги или торгующиеся с той же премией PAC, гарантированные Government National Mortgage Association. Управляющий портфелем надеется, что результаты IO улучшатся после снижения скорости досрочного погашения в конце квартала. Более высокие доходности IO и PAC компенсируют их высокий риск досрочного погашения, — заявил Уолфсон. «Соглашаясь на отрицательную выпуклость, вы получаете высокую доходность», — сказал он. По его мнению, скорость досрочного погашения не должна возрасти».

   a. Почему PAC и стрипы на базе процента предлагают более высокую доходность на рынке, где ожидается рост скорости досрочного погашения или существует значительная неопределенность относительно будущей скорости?
   b. Что имеет в виду Уолфсон, говоря: «Соглашаясь на отрицательную выпуклость, вы получаете высокую доходность»?
   c. Какую меру использует Уолфсон, оценивая степень риска, связанного с досрочным погашением?
6. В статье «CUNA Mutual ищет неотзывные корпоративные облигации», напечатанной в *BondWeek* 4 ноября 1991 г. (с. 6), приводится следующее утверждение Джо Голья, портфельного менеджера CUNA Mutual: «Инвестиции в облигационные классы с плановой амортизацией менее подвержены риску досрочного погашения и имеют большую положительную выпуклость, чем прочие бумаги, обеспеченные ипотеками». Верно ли это утверждение?
7. Что такое «ценная бумага, денежный поток которой зависит от пути движения процентных ставок»?
8. Почему сквозная ценная бумага является ценной бумагой, денежный поток которой зависит от пути движения процентных ставок?

9. Приведите два аргумента в подтверждение мнения о том, что транши CMO являются ценными бумагами, денежные потоки которых зависят от пути движения процентных ставок.
10. Расскажите, как на основе денежных потоков для смоделированных путей движения процентных ставок вычисляется теоретическая стоимость RMBS.
11. Расскажите, как на основе денежных потоков для смоделированных путей движения процентных ставок вычисляется средняя продолжительность жизни RMBS.
12. Предположим, что мы анализируем облигацию поддержки с помощью метода моделирования Монте-Карло. Теоретическая стоимость на базе 1500 путей движения процентных ставок равна 88. Наименьшая стоимость для одного пути равна 50, наибольшая — 115. Стандартное отклонение составляет 15 пунктов. Насколько надежным кажется вам значение теоретической стоимости, равное 88?
13. Сравните распределение приведенных стоимостей и средних продолжительностей жизни по путям движения процентных ставок в хорошо защищенной PAC-структуре и в облигации поддержки той же CMO?
14. Допустим, что для каждого из предположений о скорости досрочного погашения справедливы следующие стоимости RMBS:

Предположение PSA	*Стоимость ценной бумаги*
192	112,10
194	111,80
200	111,20
202	111,05
210	110,70

Предположим также, что при 200 PSA рыночная стоимость бумаги равна 111,20. Какова чувствительность этой ценной бумаги к досрочному погашению?
15. Анализ структуры CMO с помощью метода Монте-Карло на базе предположения о волатильности 12% дал следующие результаты:

	OAS (б. п.)	Статичный спред (б. п.)
Обеспечение	80	120
Транш		
PAC I A	40	60

	OAS (б. п.)	Статичный спред (б. п.)
PAC I B	55	80
PAC I C	65	95
PAC II	95	125
Поддержка	75	250

a. Вычислите стоимость опциона для каждого транша.
b. Какой транш явно переоценен?
c. Что произойдет со статичным спредом каждого транша, если предполагаемая волатильность будет равна 15%?
d. Что произойдет с OAS каждого транша, если предполагаемая волатильность будет равна 15%?

16. Почему разные дилерские фирмы приводят разные значения спреда с учетом опциона?
17. Расскажите, от чего зависит число путей движения процентных ставок, используемых в методе моделирования Монте-Карло.
18. Вы согласны со следующим высказыванием: «При использовании метода Монте-Карло для установления стоимости RMBS для всех путей движения процентных ставок используется единое предположение о PSA»? Обоснуйте свое мнение.
19. a. Какие предположения об OAS делаются при вычислении эффективной дюрации и эффективной выпуклости RMBS?
    b. Насколько оправданны эти предположения?
20. Каковы недостатки спреда с учетом опциона?
21. На основании каких предположений вычисляется потенциальная совокупная доходность RMBS?
22. С какими сложностями сталкивается управляющий портфелем, желающий вычислить потенциальную совокупную доходность траншей CMO?
23. 1 июля 2013 г. выпуск FHLMC 30-Year Generic 4% 2012 был проанализирован с помощью модели FactSet с использованием метода Монте-Карло. На момент анализа цена бумаги составляла 104,644 с накопленным процентом 0,300 (на $100 номинальной стоимости). Краткая информация об этой ценной бумаге приведена ниже:

Купон (%)	4,000
Дата погашения	1 октября 2041 г.
Дата выпуска	1 мая 2012 г.

Первоначальный остаток основной суммы ($)	26 885 718 052,11
Текущий остаток основной суммы ($)	23 341 475 489,50
Дата выкупа	1 июня 2013 г.

Были получены следующие результаты моделирования с использованием 200 путей движения процентной ставки:

Доходность к погашению (%)	2,981
Средний срок жизни	5,307
Модифицированная дюрация	4,551
Эффективная дюрация	4,135
Эффективная выпуклость	–1,905
Частичная дюрация — 6 месяцев	–0,088
Частичная дюрация — 1 год	0,097
Частичная дюрация — 2 года	0,516
Частичная дюрация — 5 лет	1,500
Частичная дюрация — 10 лет	1,806
Частичная дюрация — 30 лет	0,304
Дюрация спреда	4,338
Спред (TRSY)	1,585
Z-спред	97,232
OAS (TRSY)	95,158
OAS (LIBOR)	77,909
Прогнозная CPR (PB WAVG)	14,870
Прогнозная PSA (PB WAVG)	278,342

a. Объясните смысл каждой из мер, приведенных выше.

b. Учитывая вычисленную выпуклость, какой будет доходность этой сквозной ценной бумаги по сравнению с сопоставимой казначейской ценной бумагой, если временная структура казначейских ставок снижается практически параллельно?

ГЛАВА 20

Анализ конвертируемых облигаций

В этой главе читателю будут представлены сведения:

- о понятии конвертируемой облигации;
- об обмениваемой облигации;
- об основных характеристиках конвертируемой ценной бумаги;
- о типах конвертируемых ценных бумаг;
- о стоимости конверсии, рыночной конверсионной цене, конверсионной премии на акцию, отношении конверсионных премий, а также о премии относительно простой стоимости конвертируемой облигации;
- об инвестиционных характеристиках конвертируемой облигации;
- о минимальной стоимости конвертируемой облигации;
- о периоде, за который окупается премия;
- о риске падения, связанном с конвертируемой облигацией;
- о параметрах из опционной теории, которые применяются к конвертируемым облигациям: дельта, гамма и вега;
- обо всех «за» и «против» инвестиций в конвертируемую облигацию;
- о профиле конвертируемой облигации;
- о методе ценообразования опционов применительно к оценке стоимости конвертируемой облигации;
- о том, почему верная оценка конвертируемой облигации невозможна без применения принципов ценообразования опционов.

Мы уже рассматривали конвертируемые облигации в главе 7. Здесь мы объясним методы их анализа, начиная с основных особенностей конвертируемых облигаций.

ПОЛОЖЕНИЯ О КОНВЕРТИРУЕМОСТИ ОБЛИГАЦИЙ

Положение о конвертируемости корпоративной облигации дает ее держателю право конвертировать облигацию в установленное число обыкновенных акций эмитента. Итак, **конвертируемая облигация** *(convertible bond)* — это корпоративная облигация с правом на покупку обыкновенных акций эмитента. **Обмениваемая облигация** *(exchangeable bond)* гарантирует ее держателю право обменять облигацию на акции компаний, не являющихся эмитентами данной облигации.

Число обыкновенных акций, которые держатель одной конвертируемой или обмениваемой облигации получит, исполнив колл-опцион, называется **коэффициентом конверсии** *(conversion ratio)*. Положение о конвертируемости может распространяться на все время жизни облигации или на его часть; установленный коэффициент конверсии может с течением времени уменьшаться. Коэффициент конверсии всегда уточняется пропорционально расщеплению акций и дивидендам по акциям. Некоторые конвертируемые облигации могут иметь начальный период запрета на конвертирование. Его продолжительность варьирует от шести до 12 месяцев.

В результате конвертирования держатель обычно получает от эмитента соответствующие акции. Такая процедура получила название **физической конверсии** *(physical settle)*. Часть облигаций кроме физической конверсии предусматривает, по желанию эмитента, **денежные расчеты по конверсии** *(cash settle)*: эмитент обладает правом выплатить держателю стоимость акций наличными.

Очевидно, что в момент эмиссии конвертируемой облигации эмитент гарантирует держателю право приобрести обыкновенную акцию по цене, равной:

$$\frac{\text{номинальная стоимость конвертируемой облигации}}{\text{коэффициент конверсии}}.$$

Большинство конвертируемых облигаций выпускаются также с правом досрочного погашения в определенную дату. Такой стандартный тип права отзыва конвертируемой облигации называют **незащищенным коллом**.

Существует и другой тип права отзыва: облигация может досрочно погашаться только в том случае, если цена базовых акций (или средняя цена акций за определенное число дней) превысит установленную пороговую цену. Такой тип права отзыва называют **защищенным коллом**. Часть конвертируемых облигаций выпускается с правом досрочного предъявления. Пут-опционы подразделяются на жесткие и мягкие. **Жесткий пут** *(hard put)* — это опцион, согласно которому конвертируемая ценная бумага может быть погашена эмитентом только денежными средствами. **Мягкий пут** *(soft put)* дает эмитенту возможность погасить конвертируемую ценную бумагу деньгами, обыкновенными акциями, субординированными нотами или комбинацией трех элементов. Большинство конвертируемых облигаций предусматривают еще одну возможность досрочного предъявления — в случае смены контроля над компанией. Обычно инвестор может досрочно предъявить облигацию по номиналу или по цене чуть выше номинала, если определенная процентная доля акций (как правило 51%) приобретается другой компанией. Выкуп в этом случае осуществляется за денежные средства (т. е. это жесткий пут).

Еще один тип конвертируемых облигаций, выпускавшихся одно время из-за благоприятного налогового режима, имел **положение об условной оплате** (*contingent payment provision*). Такие облигации называли кратко CoPa. В отличие от традиционных конвертируемых облигаций с фиксированным на протяжении всей их жизни купоном, по облигациям CoPa выплачивалась более высокая ставка, если цена базовых акций достигала определенного порога (скажем, 125% от цены конверсии).

Специальные положения о конверсии

Инвестору следует внимательно следить за наличием прав на конвертирование, поскольку не у всех облигаций они так очевидны, как сказано выше. До 2008 г. существовали два типа облигаций, допускавших отступление от традиционного права конвертирования, — конвертируемая облигация с нетто-расчетом акциями и конвертируемая облигация с условным опционом.

Когда держатель конвертируемой облигации исполняет право на конвертирование, традиционно эмитент обменивает ее на такое количество акций, которое определено коэффициентом конверсии. В случае конвертируемой облигации с **положением о нетто-расчете акциями** при исполнении опциона эмитент выплачивает номинал денежными средствами в целях погашения, однако облигация торгуется выше номинальной стоимости. Как мы покажем далее в этой главе, облигация имеет конверсионную стоимость. Разница между конверсионной стоимостью и номиналом должна компенсироваться дополнительно. Эту разницу эмитент покрывает путем предоставления акциями держателю облигации. В некоторых конвертируемых выпусках эмитент имеет право производить расчет с использованием комбинации денежных средств и акций. Интерес эмитента в выпуске таких конвертируемых облигаций заключается в том, что с точки зрения финансового учета конвертируемые облигации с положением о нетто-расчете акциями положительно сказываются на показателе прибыли на акцию. Однако изменения правил финансового учета, введенные в 2008 г., лишили этот вид финансирования привлекательности для компаний. В доказательство популярности таких облигаций до 2008 г. скажем, что с 2005 г., когда они стали широко использоваться, на них пришлось $120 млрд из $171 млрд американских конвертируемых облигаций с таким положением[1].

Если в случае традиционной конвертируемой облигации держатель имеет право осуществить конвертацию в любой момент, то в случае **положения об условном конвертировании** (*contingent convertible provision*) это можно сделать, только когда цена базовой акции превзойдет будет выше установленного порогового значения в течение определенного числа торговых дней[2]. Обычно порог устанавливается на уровне 130% от цены конверсии. (О цене конверсии мы расскажем позже.) До этого момента держатель облигации не имеет права на конвертирование. Облигации такого типа, называемые CoCo, появились в конце 1999 г., и к 2003 г. на них приходилось более 70% новых выпусков конвертируемых облигаций[3]. Причина популярности конвертируемых облигаций с таким положением заключалась в налоговых и учетных преимуществах для эмитента. Эти преимущества исчезли с изменением налогового законодательства и требований к финансовой отчетности.

КЛАССИФИКАЦИЯ КОНВЕРТИРУЕМЫХ ЦЕННЫХ БУМАГ

Американский рынок конвертируемых облигаций является без сомнения крупнейшим в мире. Большинство американских конвертируемых облигаций выпускаются путем частного размещения в соответствии с правилом 144A Комиссии по ценным бумагам и биржам. Lehman Brothers публикует индексы американских конвертируемых облигаций Barclays Capital. Основной

---

[1] "No More Net-Share Settle," *International Financing Review* (March 23, 2011), http://www.ifre.com/no-morenet-share-settle/552214.article.

[2] Тем, кто знаком с опционами, такой опцион известен как «опцион входа».

[3] Mihir Bhattacharya, "Convertible Securities and Their Valuation," глава 60 в книге: Frank J. Fabozzi (ed.), *Handbook of Fixed Income Securities*, 7th ed. (New York: McGraw-Hill, 2005).

индекс — Barclays Capital Convertible Composite Index. Ниже перечислены различные субиндексы этого индекса для различных подсекторов или категорий рынка конвертируемых облигаций.

Тип:
- облигации с денежным платежом;
- с нулевым купоном/выпускаемые с дисконтом;
- привилегированные;
- с обязательным конвертированием.

Базовая рыночная капитализация:
- малая капитализация;
- средняя капитализация;
- крупная капитализация.

Кредитное качество:
- инвестиционного качества;
- промежуточного качества;
- высокодоходные;
- без рейтинга.

Профиль:
- стандартные;
- чувствительные к акциям;
- убыточные;
- проблемные.

Существует также дополнительная разбивка по отраслевым секторам.

В категории «тип» по **облигациям с денежным платежом**, называемым также традиционными конвертируемыми облигациями, выплачивается купон. **Конвертируемые облигации с нулевым купоном** аналогичны любым другим бескупонным облигациям. Популярным типом бескупонных облигаций является продукт Merrill Lynch, называемый LYON. Эта аббревиатура расшифровывается как Liquid Yield Option Note, т. е. ликвидная доходная облигация с опционом. Выпускаемые с дисконтом конвертируемые облигации, выпускаются с дисконтом к номиналу, но имеют купон, процентная ставка которого ниже рыночной. **Конвертируемая привилегированная** — это привилегированная акция, которая может быть конвертирована в обыкновенную акцию. Наконец, ценная бумага **с обязательным конвертированием** автоматически конвертируется при истечении срока в обыкновенные акции эмитента. Облигации с автоматической конверсией отличаются от конвертируемых облигаций, у которых конверсия является опциональной.

«Базовая рыночная капитализация» означает рыночную стоимость собственного капитала эмитента конвертируемых облигаций. Рыночная стоимость компании равна произведению количества выпущенных обыкновенных акций на цену одной акции. Кредитное качество — это просто рейтинг конвертируемого выпуска.

Смысл «профиля» мы объясним позднее в этой главе.

БАЗОВАЯ АНАЛИТИКА И КОНЦЕПЦИИ ДЛЯ АНАЛИЗА КОНВЕРТИРУЕМЫХ ОБЛИГАЦИЙ

В этом разделе мы опишем некоторые базовые параметры и концепции, используемые при анализе конвертируемых облигаций. В наших примерах используется следующая гипотетическая конвертируемая облигация:

Конвертируемая облигация — облигация XYZ;
Срок погашения — 10 лет;
Купонная ставка — 10%;
Коэффициент конверсии — 50;
Номинальная стоимость — 1 $1000;
Текущая рыночная стоимость облигации XYZ — $950;
Текущая рыночная стоимость обыкновенной акции XYZ — $17;
Дивиденды на акцию — $1.

Будем исходить из того, что эта конвертируемая облигация не имеет встроенных опционов колл или пут.

Конверсионная цена облигации XYZ равна:

$$\text{конверсионная цена} = \frac{\$1000}{50} = \$20\ .$$

Минимальная стоимость конвертируемой облигации

Конверсионная стоимость *(conversion value)* конвертируемой облигации — это стоимость облигации в случае ее немедленной конверсии[1]. Таким образом:

[1] Строго говоря, стандартное определение конверсионной стоимости, приведенное здесь, теоретически некорректно, поскольку по мере того, как держатели облигаций конвертируют свои облигации, цена акции падает. С точки зрения теории конверсионная

конверсионная стоимость =
= рыночная цена обыкновенной акции × коэффициент конверсии.

Минимальная цена конвертируемой облигации представляет собой большее из двух следующих значений[1]:

1) конверсионная стоимость или
2) стоимость такой же корпоративной облигации без конверсионного опциона, т. е. стоимость, вычисленная на основе денежных потоков облигации в случае отсутствия конверсии. Такую стоимость принято называть **простой стоимостью** *(straight value)*.

Для вычисления простой стоимости следует прежде всего найти значение требуемой доходности для неконвертируемой облигации с тем же кредитным рейтингом и сходными инвестиционными характеристиками. Имея значение требуемой доходности, мы получим величину простой стоимости, т. е. приведенной стоимости денежных потоков облигации, дисконтированных по данной доходности.

Если конвертируемая облигация не продается по цене, равной большей из двух указанных стоимостей, то для инвестора открываются возможности арбитража. Предположим, например, что конверсионная стоимость превышает простую стоимость, а облигация торгуется по простой стоимости. Инвестор может купить облигацию по простой стоимости и конвертировать ее. Тем самым инвестор реализует прибыль, равную разности между конверсионной и простой ценой. Предположим теперь, что простая стоимость больше, нежели конверсионная, и облигация торгуется по конверсионной стоимости. Купив конвертируемую облигацию по конверсионной стоимости, инвестор реализует доходность более высокую, нежели инвестор, купивший схожую простую облигацию.

Пример

Конверсионная стоимость конвертируемой облигации XYZ равна:

конверсионная стоимость = $17 × 50 = $850.

стоимость должна быть равна произведению коэффициента конверсии на цену акции *после* конвертирования.

[1] Если конверсионная стоимость равна большему из двух значений, то конвертируемая облигация может торговаться ниже конверсионной стоимости. Это может произойти по следующим причинам: 1) существуют ограничения, которые мешают инвестору осуществить конвертирование, 2) базовая акция неликвидна и 3) предполагаемая вынужденная конверсия приведет к потере накопленного процента в выпуске с высоким купоном. См.: Mihir Bhattacharya, “Convertible Securities and Their Valuation,” p. 1395.

Для получения значения простой стоимости следует выяснить, как торгуются на рынке сходные облигации. Допустим, что сходные облигации торгуются с доходностью 14%. Простая стоимость равна в этом случае цене 10-летней облигации с купоном 10%, торгующейся с доходностью 14%. Цена такой облигации составляет $788[1].

На основании конверсионной стоимости, равной $850, и простой стоимости, составляющей $788, получим минимальное значение стоимости облигации XYZ: оно составляет $850. Для того чтобы понять, что это действительно так, рассмотрим следующую ситуацию. Предположим, что облигация продается не по конверсионной, а по простой стоимости. В этом случае инвестор может купить облигацию по $788 и одновременно продать 50 акций XYZ по $17 за акцию. Когда короткая позиция по акциям будет покрыта за счет конверсии облигации, транзакция принесет арбитражную прибыль в размере $62 на купленную облигацию XYZ. Единственный способ устранить возможность такого арбитража — продавать облигацию XYZ по $850, т. е. по конверсионной стоимости.

Допустим теперь, что сходная неконвертируемая облигация торгуется с доходностью 11,8%. В этом случае простая стоимость облигации XYZ составит $896. В такой ситуации минимальной ценой облигации становится ее простая стоимость, поскольку она выше конверсионной стоимости, равной $850. Для того чтобы это стало очевидным, установим рыночную цену облигации на уровне $850. При такой цене доходность конвертируемой облигации составит около 12,7%, что на 90 базисных пунктов выше доходности сходной неконвертируемой облигации. Инвесторы начнут скупать нашу облигацию. По мере покупки цена будет подниматься, пока доходность не составит те же 11,8%.

Рыночная конверсионная цена

Цена, которую инвестор в действительности платит за обыкновенную акцию, покупая и затем конвертируя конвертируемую облигацию, называется **рыночной конверсионной ценой**[2] *(market conversion price)*. Она может быть найдена следующим образом:

$$\text{рыночная конверсионная цена} = \frac{\text{рыночная цена конвертируемой облигации}}{\text{коэффициент конверсии}}.$$

[1] В реальности она равна $788,10, но в нашем примере мы примем значение $788.

[2] Ее называют также **конверсионной паритетной ценой** *(conversion parity price)*.

Рыночная конверсионная цена является значимым индикатором: если реальная цена акции на рынке поднимается выше рыночной конверсионной цены, всякое дальнейшее повышение цены на акцию повлечет за собой рост стоимости конвертируемой облигации как минимум на ту же процентную величину. Таким образом, рыночная конверсионная цена может рассматриваться как точка безубыточности.

Инвестор, покупающий не акцию, а конвертируемую облигацию, обычно платит премию. Иными словами, он платит за акцию больше, чем заплатил бы, приобретая ее по текущей рыночной цене. Величина такой премии на акцию равна разнице между рыночной конверсионной ценой и текущей рыночной ценой обычной акции:

$$\text{рыночная конверсионная премия на акцию} =$$
$$= \text{рыночная конверсионная цена} - \text{текущая рыночная цена}.$$

Рыночная конверсионная премия на акцию, как правило, выражается в виде процента от текущей рыночной цены следующим образом:

$$\begin{matrix}\text{коэффициент рыночной} \\ \text{конверсионной премии}\end{matrix} = \frac{\text{конверсионная премия на акцию}}{\text{рыночная цена обыкновенной акции}}.$$

Почему инвесторы согласны платить премию, чтобы купить акцию? Вспомним: минимальная цена конвертируемой облигации — это большее из двух значений: конверсионная стоимость или простая стоимость. Итак, даже если цена акции упадет, цена конвертируемой облигации не опустится ниже простой стоимости. Простая стоимость является флором цены конвертируемой облигации.

Очевидно, что рыночная конверсионная премия на акцию может рассматриваться в этом контексте как цена колл-опциона. В главе 30 мы покажем, что покупатель колл-опциона ограничивает риск убытка размером премии опциона. В случае конвертируемой облигации держатель ограничивает риск падения цены уровнем простой стоимости облигации. Разница между положением покупателя колл-опциона и положением покупателя конвертируемой облигации заключается в следующем: первый в точности знает долларовый размер максимально возможного убытка, в то время как второму известно только, что наибольший возможный убыток будет равен разнице между ценой покупки конвертируемой облигации и ее простой ценой. Сама будущая простая стоимость между тем неизвестна: стоимость облигации меняется с изменением процентных ставок.

Пример

Представим, что рыночная цена конвертируемой облигации XYZ равна $950, цена акции составляет $17, коэффициент конверсии — 50. Рыночная конверсионная цена, рыночная конверсионная премия на акцию и коэффициент рыночной конверсионной премии вычисляются в этом случае следующим образом:

$$\text{рыночная конверсионная цена} = \frac{\$950}{50} = \$19,$$

$$\text{рыночная конверсионная премия на акцию} = \$19 - \$17 = \$2,$$

$$\text{коэффициент рыночной конверсионной премии} = \frac{\$2}{\$17} = \$0{,}118,$$

или 11,8%.

Текущий доход конвертируемой облигации в сравнении с доходом акции

Инвестор, приобретающий вместо обычной акции конвертируемую облигацию, в качестве компенсации за выплаченную рыночную конверсионную премию получает обычно от выплат купонного процента облигации текущий доход, превышающий тот, который он мог бы получить в виде дивидендов по количеству акций, равному коэффициенту конверсии. Аналитики, оценивая конвертируемую облигацию, обычно рассчитывают время, необходимое для возмещения затрат на премию; полученная величина называется **периодом возмещения премии** *(premium payback period)* или **временем безубыточности** *(break-even time)* и вычисляется следующим образом:

$$\frac{\text{рыночная конверсионная премия на акцию}}{\text{оптимальный дифференциал дохода на акцию}},$$

где оптимальный дифференциал дохода на акцию равен[1]:

$$\frac{\text{купонный доход облигации} - (\text{коэффициент конверсии} \times \text{дивиденд на акцию})}{\text{коэффициент конверсии}}.$$

Заметим, что при расчете периода возмещения премии *не* учитывается временная стоимость денег.

---

[1] Более точный метод вычисления оптимального дохода от владения конвертируемой облигацией представлен в: Luke Knecht and Mike McCowin, «Valuing Convertible Securities», в: Frank J. Fabozzi (ed.), *Advances and Innovations in Bonds and Mortgage Markets* (Chicago: Probus Publishing, 1989). В большинстве случаев простая формула, приведенная в настоящей книге, достаточна.

Пример

Рыночная конверсионная премия на акцию для конвертируемой облигации XYZ равна $2. Оптимальный дифференциал дохода на акцию вычисляется на основе следующих значений:

$$\text{купонный доход облигации} = 0{,}10 \times \$1000 = \$100;$$

$$\text{коэффициент конверсии} \times \text{дивиденды на акцию} = 50 \times \$1 = \$50.$$

Таким образом:

$$\begin{array}{c}\text{оптимальный дифференциал}\\ \text{дохода на акцию}\end{array} = \frac{\$100 - \$50}{50} = \$1$$

и

$$\text{период возмещения премии} = \frac{\$2}{\$1} = 2 \text{ года}.$$

Если не принимать во внимание временную стоимость денег, можно считать, что инвестор окупит рыночную конверсионную премию на акцию за два года.

Риск падения конвертируемой облигации

Как правило, в качестве меры риска падения конвертируемой облигации используется значение простой стоимости: стоимость облигации не может опуститься ниже этого уровня. Простая стоимость служит *текущим* флором цены конвертируемой облигации. Риск падения представляется в виде процента простой стоимости; он вычисляется следующим образом:

$$\begin{array}{c}\text{премия относительно}\\ \text{простой стоимости}\end{array} = \frac{\text{рыночная цена конвертируемой облигации}}{\text{простая стоимость}} - 1.$$

Чем выше премия относительно простой стоимости, тем при прочих равных менее привлекательна конвертируемая облигация.

Между тем, хотя описанная величина нередко используется в реальной практике, ее нельзя назвать безупречной: напомним, что изменение процентных ставок приводит к смещению флора (изменение простой стоимости). Если процентные ставки растут (падают), то простая стоимость падает (растет), заставляя флор опускаться (подниматься). Таким образом, с изменением процентных ставок меняется риск падения.

Пример

Как мы помним, на рынке, где сходные неконвертируемые облигации торгуются с доходностью 14%, простая стоимость облигации XYZ составляет $788. Премия относительно простой стоимости равна:

$$\text{премия относительно простой стоимости} = \frac{\$950}{\$788} - 1 = 0{,}21, \text{ или } 21\%.$$

Если доходность сходной неконвертируемой облигации составляет не 14%, а 11,8%, то простая стоимость равна $896, а значит, премия относительно простой стоимости равняется:

$$\text{премия относительно простой стоимости} = \frac{\$950}{\$896} - 1 = 0{,}06, \text{ или } 6\%.$$

ОПЦИОННЫЕ ПАРАМЕТРЫ

Наличие в конвертируемой облигации встроенного колл-опциона на базовые обыкновенные акции позволяет оценивать чувствительность цены этой облигации с использованием параметров из опционной теории. Эти параметры будут детально рассматриваться в главе 30, а здесь мы коснемся лишь некоторых показателей, которые используются на практике для управления риском опционов на обыкновенные акции. Далее мы посмотрим, как эти показатели применяются в арбитражных стратегиях с конвертируемыми облигациями.

Здесь мы рассмотрим такие показатели, как:

- дельта;
- гамма;
- вега;
- подразумеваемая волатильность.

В целом эти показатели связаны с факторами, которые влияют на стоимость опциона и рассматриваются в главе 30. Первые три показателя характеризуют чувствительность цены опциона к изменению определенных факторов, которые влияют на цену. В число таких факторов в случае опционов на акции входят:

- цена базовой акции;
- ожидаемая волатильность цены базовой акции;
- время до истечения опциона.

Эти показатели рассчитываются с использованием теоретической модели оценки цены опциона (самой известной моделью для обыкновенных акций является модель ценообразования опционов Блэка–Шоулза, описанная в главе 30) и дают представление о том, как изменяется теоретическая стоимость при изменении одного из факторов (при постоянстве всех остальных факторов).

Дельта

Дельта опциона характеризует чувствительность цены опциона к изменению цены базового инструмента. В случае опциона на акции базовым инструментом являются обыкновенные акции. Когда мы имеем дело с конвертируемой облигацией, базовый инструмент — это обыкновенные акции эмитента. Таким образом, дельта конвертируемой облигации характеризует чувствительность ее стоимости к изменению цены базовой акции. (Дельту иначе называют **коэффициентом хеджирования** или **нейтральным коэффициентом хеджирования**.) Точнее дельта — это отношение изменения стоимости конвертируемой облигации к изменению цены базовых акций.

Дельта используется для оценки влияния изменения цены базовой акции на стоимость конвертируемой облигации следующим образом:

$$\text{примерное изменение стоимости конвертируемой облигации} =$$
$$= \text{изменение цены акции} \times \text{коэффициент конверсии} \times \text{дельта}.$$

Возьмем, например, нашу гипотетическую конвертируемую облигацию XYZ. Коэффициент конверсии у нее равен 50. Допустим, дельта равна 0,60. При изменении цены акции на \$0,125 примерное изменение стоимости конвертируемой облигации составит:

$$\$0{,}125 \times 50 \times 0{,}60 = \$3{,}75.$$

Дельта изменяется в диапазоне от 0 до 1. Она помогает описать характер конвертируемой облигации. Если дельта равна 0, то облигация является простой, поскольку изменение цены базовой акции не влияет на ее цену. На другом конце этого диапазона дельта, равная 1, означает, что конвертируемая облигация повторяет движение базовой акции.

В опционной теории дельту также называют коэффициентом хеджирования, поскольку она устанавливает для опциона количество базового инструмента, который необходимо продать в короткую так, чтобы суммарно длинная позиция в опционе и короткая позиция в базовом инструменте была нейтральной в случае небольшого изменения цены базового инструмента. В случае конвертируемой облигации коэффициент хеджирования — это число акций, которое нужно продать в короткую, чтобы при владении конвертируемой облигацией и соответствующей коэффициенту хеджирования короткой позицией в акциях стоимость суммарной позиции не менялась вслед за небольшим изменением цены акций. Объединенную позицию — длинная в конвертируемой облигации плюс короткая в акциях — называют **дельта-хеджированной**, **дельта-нейтральной** или **рыночно-нейтральной**.

Так, у нашей гипотетической конвертируемой облигации дельта равна 0,60. Произведение дельты и коэффициента конверсии дает 30. Это означает, что для получения рыночно-нейтральной позиции необходимо продать в короткую 30 акций. Предположим, например, что цена базовой акции повышается на $0,125. Как результат короткая позиция из 30 акций теряет $3,75. Это та же самая сумма, как показано выше, на которую вырастает длинная позиция в конвертируемой облигации. Таким образом, по объединенной позиции нет ни прибыли, ни убытка.

С дельтой связаны два важных момента, которые следует знать. Во-первых, как и дюрация, которую мы рассматривали в главе 4, дельта является лишь приближением. Иными словами, дюрация — это приближение изменения цены облигации при небольшом изменении процентных ставок, а дельта — это приближение изменения стоимости конвертируемой облигации при небольшом изменении цены акции.

Во-вторых, дельта опциона меняется со временем. Это происходит в результате изменения цены базовых акций и других факторов, которые влияют на стоимость опциона, например время, оставшееся до истечения опциона. Поэтому, если инвестор хочет иметь захеджированную позицию (т. е. рыночно-нейтральную позицию) в конвертируемой облигации, то короткая позиция в акциях должна изменяться по мере изменения дельты.

Гамма

Вспомним опять наше обсуждение дюрации и выпуклости в главе 4. Дюрация — это первое приближение к тому, как цена облигации изменится при изменении процентных ставок. Выпуклость показывает для более значительного изменения процентных ставок, каким будет дополнительное изменение цены облигации. По существу, выпуклость характеризует выигрыш, связанный со значительным движением процентных ставок или волатильности процентных ставок. В опционной теории **гамма** играет ту же роль, что и выпуклость. В случае конвертируемой облигации гамма — это дополнительное изменение стоимости конвертируемой облигации при значительном изменении цены базовых акций.

Вега

Вега опциона — это чувствительность цены опциона к изменению ожидаемой волатильности базовой акции. В случае конвертируемой облигации она представляет собой оценку чувствительности цены конвертируемой облигации к изменению ожидаемой волатильности цены акции.

Подразумеваемая волатильность

В целом, чем выше ожидаемая волатильность, тем больше стоимость опциона. В модели ценообразования опционов единственным неизвестным входным параметром, который необходимо оценить, является ожидаемая волатильность. Практики определяют ожидаемую волатильность на основе исторической волатильности, называемой также реализованной волатильностью и фактической волатильностью. Обычной рыночной практикой является «выведение» ожидаемой волатильности из наблюдаемой цены для опциона и модели ценообразования опционов. Волатильность, полученную таким образом, называют **подразумеваемой волатильностью**.

Разница между подразумеваемой и исторической волатильностью нередко служит основой для торговых стратегий на опционном рынке, а также используется в этих целях и на рынке конвертируемых облигаций. Если подразумеваемая волатильность меньше исторической, опцион считается дешевым. В случае конвертируемых облигаций облигационный выпуск считается дешевым, если подразумеваемая волатильность меньше исторической.

Следует заметить, что моделирование волатильности нельзя назвать простым делом, и торговые стратегии на основе волатильности исходят из того, что волатильность оценена должным образом.

ПРОФИЛЬ КОНВЕРТИРУЕМОЙ ОБЛИГАЦИИ

При описании подходов к классификации конвертируемых ценных бумаг в начале главы мы отметили, что конвертируемые облигации можно классифицировать по профилю. Под профилем мы понимаем факторы, определяющие доходность конвертируемых ценных бумаг, такие как цена акций эмитента или уровень процентных ставок и спредов. Ныне почивший инвестиционный банк Lehman Brothers выделял, например, следующие категории конвертируемых облигаций: 1) стандартные; 2) чувствительные к акциям; 3) убыточные и 4) проблемные.

Бхаттачариа называет конвертируемые ценные бумаги **сбалансированными** и определяет следующим образом:

> Конвертируемые ценные бумаги с конверсионной премией 25–40% и инвестиционной премией 15–25% существенно реагируют на изменения цены базовых акций, а также процентных ставок и кредитных спредов. Таким образом, конвертируемые ценные бумаги, имеющие такие характеристики при выпуске или приобретающие их впоследствии в результате эволюции цены акций, называют *сбалансированными* конвертируемыми ценными бумагами. Их коэффициенты хеджирования или, эквивалентно, их корреляция с изменениями цены акций колеблется примерно от 55% до 80%[1].

Чувствительные к акциям конвертируемые ценные бумаги, называемые также конвертируемыми ценными бумагами, заменяющими акции, представляют собой такие бумаги, у которых цена базовых акций превышает конверсионную цену. Таким образом, движение цены акции вызывает движение цены конвертируемой бумаги, а изменения доходности и спредов доходностей оказывают не такое сильное влияние. Конверсионная премия у таких выпусков низкая, а на языке опционного рынка про такие конвертируемые бумаги говорят, что они «в деньгах».

Когда цена базовых акций намного ниже конверсионной цены, конвертируемые ценные бумаги называют **убыточными**. В число факторов, которые сильнее всего влияют на стоимость убыточных конвертируемых бумаг, входят доходность и спреды доходностей. Убыточные конвертируемые бумаги обычно имеют высокую конверсионную премию и называются на языке опционного рынка «глубоко вне денег».

Проблемные конвертируемые ценные бумаги можно рассматривать как особый вид убыточных конвертируемых бумаг, у которых цена базовой акции падает настолько ниже конверсионной цены, что эмитент вынужден объявить о банкротстве. Кредитный рейтинг таких выпусков понижается.

«ЗА» И «ПРОТИВ» ИНВЕСТИРОВАНИЯ В КОНВЕРТИРУЕМУЮ ОБЛИГАЦИЮ

В предыдущих разделах мы описали несколько величин, позволяющих проводить анализ конвертируемой облигации. В этой части главы на примере

---

[1] Mihir Bhattacharya, "Convertible Securities and Their Valuation," глава 60 в: Frank J. Fabozzi (ed.), *Handbook of Fixed Income Securities*, 7th ed. (New York: McGraw-Hill, 2005), p. 1409.

конвертируемой облигации XYZ мы представим возможные «за» и «против» инвестирования в этот тип долговых инструментов.

Предположим, что инвестор собрался купить либо акцию, либо конвертируемую облигацию. Акция может быть приобретена на рынке по $17. Становясь владельцем конвертируемой облигации, инвестор на самом деле покупает акцию по $19 (за счет рыночной конверсионной премии на акцию).

Рассмотрим эффективность инвестиций на момент окончания месячного горизонта; допустим, что акции XYZ поднялись за это время до $34. Инвестор, купивший акцию, реализует на каждые $17 прибыль, равную $17 (т. е. $34 – $17). Иными словами, он получит 100%-ную доходность. Конверсионная стоимость облигации составит $1700 ($34 × 50). Поскольку цена облигации XYZ на момент покупки была равна $950, доходность инвестора окажется равной примерно 79%. В действительности доходность может быть несколько выше, так как конвертируемая облигация иногда торгуется с небольшой премией относительно ее конверсионной стоимости. Более низкая доходность конвертируемой облигации объясняется тем, что, покупая ее, инвестор заплатил за каждую акцию на $2 больше. Таким образом, доходность инвестора базируется не на цене $17 за акцию, а на цене $19.

В описанной ситуации, т. е. при росте цен на акцию, выигрывает владелец акции, а не конвертируемой облигации. Рассмотрим теперь возможное падение цены: предположим, что она снизилась до $7. Инвестор, купивший акцию, реализует убыток в размере $10 на акцию или доходность, равную –59%. Конверсионная стоимость облигации XYZ также понизится и составит $350 ($7 × 50). Ее цена, однако, не сможет опуститься так низко. Напомним сделанный нами ранее вывод: минимальная цена конвертируемой облигации равна большему из двух значений — конверсионной стоимости или простой стоимости. Если простая стоимость была равна $788 и не изменилась за месяц, то стоимость облигации XYZ не упадет ниже $788. Убыток, таким образом, составит для владельца конвертируемой облигации всего 17%. В действительности потери окажутся еще меньше, так как конвертируемая облигация, как правило, торгуется с премией относительно ее простой стоимости.

В приведенных выше рассуждениях мы исходили из предположения о том, что простая стоимость за исследуемый период не меняется. Между тем, как видно из главы 2, существует множество причин, способных обусловить ее изменение. В частности, если в экономике в целом наблюдается рост процентных ставок, простая стоимость падает. Если ставки не растут, уменьшение простой стоимости может быть обусловлено ухудшением кредитного качества эмитента, приводящим к росту требуемой инвесторами доходности. В действительности цена акции и доходность, требуемая инвесторами облигации, не являются независимыми величинами. Как только цена на акцию заметно падает (скажем, с $17 до $7, как в нашем примере), рынок замечает ухудшение кредитного качества эмитента и заставляет простую стоимость падать. И все же, как бы ни опускалась простая стоимость, она остается флором (хотя и движущимся) цены конвертируемой облигации. В нашем примере для того, чтобы убыток от облигации сравнялся с убытком, который терпит владелец акции, простая стоимость должна опуститься до $390 (убыток в 59% на $950).

Наш пример ясно показывает: инвестиции в конвертируемые облигации имеют как достоинства, так и недостатки. Недостатком является уменьшение потенциальной прибыли при росте цен на акцию, обусловленное необходимостью выплаты премии на акцию. Положительная сторона сделки — ограничение риска падения (обеспеченное наличием простой стоимости), а также вероятность возмещения уплаченной премии за счет более высокого дохода.

Портфельного менеджера интересует совокупная доходность владения конвертируемой облигацией. Индикатором, позволяющим оценить совокупную доходность, является результативность инвестиций в соответствующие обыкновенные акции. Оценивать совокупную доходность менеджеру следует, таким образом, используя анализ сценариев.

Риск отзыва

Конвертируемые облигации могут быть отозваны эмитентом. Такой опцион является очень ценным для эмитента, который полагает, что на текущем рынке его акция сильно недооценена и ее прямая продажа приведет к разводнению капитала нынешних акционеров. В этом случае компания предпочтет привлечь средства за счет выпуска долговых обязательств. Итак, она эмитирует конвертируемую облигацию, установив коэффициент конверсии на базе приемлемой для себя цены на акцию. Когда рыночная цена достигнет точки конверсии, компания захочет провести конверсию, опасаясь, что цена в будущем может упасть. Это соображение может заставить эмитента форсировать конверсию, что является недостатком, с точки зрения держателя конвертируемой облигации, на цену которой наличие колл-опциона влияет отрицательно.

Риск поглощения

Корпоративное поглощение — еще один фактор риска для инвестора, вкладывающего капитал в конвертируемую облигацию. Если эмитент поглощается другой компанией или собственным руководством (в случае проводимого менеджментом выкупа с использованием заемных средств), цена акции может не вырасти так сильно, как этого хотелось бы инвестору, рассчитывающему получить прибыль от конверсии. Поскольку акция поглощенной компании может после поглощения перестать торговаться, инвестор рискует оказаться владельцем облигации, выплачивающей меньший купон, чем корпоративные облигации с той же степенью риска.

АРБИТРАЖ С КОНВЕРТИРУЕМЫМИ ОБЛИГАЦИЯМИ

Инвестиционные характеристики конвертируемых облигаций, рассмотренные в этой главе, позволяют создавать разные позиции и извлекать выгоду из их неправильной оценки. Стремление сыграть на воспринимаемых ошибках в оценке выпуска конвертируемых облигаций называют **арбитражем с конвертируемыми облигациями**. Здесь, как и во многих других случаях управления инвестициями, термин «арбитраж» используется сравнительно вольно и не в смысле безрискового арбитража, фигурирующего в финансовой теории.

Большое число способов игры на неправильной оценке конвертируемых облигаций — одна из причин их популярности у менеджеров хедж-фондов. Как результат, множество арбитражных стратегий с конвертируемыми облигациями направлено на использование различных факторов, влияющих на ценообразование конкретных конвертируемых облигаций.

Первым шагом в любой арбитражной стратегии с конвертируемыми облигациями является идентификация облигаций, которые торгуются по иной цене, чем теоретическая стоимость, вытекающая из принятой модели оценки конвертируемой облигации. Таким образом, данный процесс сильно зависит от этой модели. При выявлении конвертируемой облигации, оценка которой рынком существенно отличается от показателей модели, занимают позиции в этой облигации, в базовых обыкновенных акциях и производных инструментах с тем, чтобы хеджировать рыночные риски, способные в противном случае негативно сказаться на целях арбитражной стратегии. Мы уже рассматривали дельта-хеджирование, предназначенное для защиты от неблагоприятных движений цены базовой акции. Хеджирование от других рыночных рисков включает в себя занятие позиций в процентных деривативах (обычно в процентных свопах) и кредитных деривативах (обычно в дефолтных свопах)[1].

---

[1] Процентные и дефолтные свопы рассматриваются в главах 31 и 32 соответственно.

Характеристики выпусков, используемых в арбитражных стратегиях с конвертируемыми облигациями

При составлении списка перспективных выпусков для арбитражных стратегий с использованием конвертируемых облигаций менеджер отбирает те, в которых базовые обыкновенные акции и сами конвертируемые облигации обладают определенными характеристиками. В целях арбитража для конвертируемых облигаций желательны следующие характеристики: 1) хорошая ликвидность; 2) низкая конверсионная премия; 3) высокая выпуклость и 4) низкая подразумеваемая волатильность[1].

Для базовых обыкновенных акций желательны такие характеристики, как 1) высокая ожидаемая волатильность цены; 2) легкость заимствования и 3) низкие дивиденды или их отсутствие. По существу, желательность первой характеристики у базовых обыкновенных акций связана с тем, что для арбитражных стратегий с конвертируемыми облигациями нужны значительные ценовые движения. Дело в том, что более высокая ожидаемая волатильность цены акций повышает стоимость встроенного колл-опциона. Желательность второй характеристики объясняется частым созданием коротких позиций в базовых обыкновенных акциях. На фондовом рынке не всегда удается легко продать в короткую ту или иную акцию. Существует рынок заимствования акций, называемый рынком кредитования ценными бумагами. Одни акции легко заимствуются на рынке кредитования ценными бумагами, в то время как стоимость заимствования других очень высока[2]. Последняя характеристика желательная, чтобы при заимствовании базовой акции через сделку кредитования ценными бумагами кредитору не выплачивалось ничего (в случае акции без дивидендов) или осуществлялись небольшие выплаты (в случае акции с низкими дивидендами).

Типы стратегий

Стефанини выделяет следующие восемь арбитражных стратегий с конвертируемыми облигациями, используемые менеджерами хедж-фондов: арбитраж на денежных потоках, торговля волатильностью, гамма-торговля, кредитный арбитраж, асимметричный арбитраж, игра на валютных парах с большой

---

1 Filippo Stefanini, “Convertibile Bond Arbitrage,” глава 48 в: Frank J. Fabozzi (ed.), *The Handbook of Finance: Volume II* (Hoboken, NJ: John Wiley & Sons, 2008).

2 Описание рынка кредитования ценными бумагами см. в: Frank J. Fabozzi and Steven V. Mann (eds.), *Securities Finance* (Hoboken, NJ: John Wiley & Sons, 2005).

разницей в процентных ставках, игра на рефинансировании и игра на поздней реструктуризации[1]. Некоторые из этих стратегий сходны со стратегиями торговли опционами. Рассмотрим кратко первые три из них.

Как говорилось выше в этой главе, денежный поток от конвертируемой облигации отличается от денежного потока от акции. Идея, лежащая в основе **арбитража на денежных потоках**, заключается в создании эквивалентных позиций в конвертируемой облигации и в базовой акции с целью получения любых дополнительных денежных потоков или снижения рисков. Если говорить конкретнее, то конвертируемую облигацию покупают на средства, полученные от короткой продажи базовой акции.

В арбитражных сделках с конвертируемыми облигациями обычно длинную позицию открывают в конвертируемой облигации, а короткую — в базовой акции. Количество акций, продаваемых в короткую, должно быть таким, чтобы любое изменение стоимости конвертируемой облигации было равно изменению позиции в проданных в короткую акциях. Как уже говорилось, такое соотношение определяется дельтой конвертируемой облигации, а итоговую позицию называют рыночно-нейтральной.

Цель **стратегии торговли волатильностью** заключается в том, чтобы независимо от изменения цены базовой акции стоимость неправильно оцененной конвертируемой облигации превосходила стоимость короткой позиции в базовой акции. Таким образом, данная арбитражная стратегия является ненаправленной. Иначе говоря, результаты стратегии зависят исключительно от волатильности цены базовой акции, а не от направления ее движения. Фактически это ставка на волатильность базовой акции, отсюда и название арбитражной стратегии — торговля волатильностью.

Как и в большинстве опционных стратегий, позиция в этой стратегии должна меняться с изменением цены базового инструмента. Как результат, при реализации такой стратегии необходимо учитывать транзакционные издержки, связанные с короткой продажей акций. Эта стратегия сопряжена с рисками, которые можно количественно оценить с помощью показателей, взятых из опционной теории, которая рассматривается в главе 30.

Существуют опционные стратегии, основанные на ожидаемом изменении дельты опциона. Как уже говорилось, гамма — это показатель изменения дельты опциона, или, в случае конвертируемой облигации, изменения ее дельты при движении цены базовой акции. Как мы только что отмечали, в стратегии торговли волатильностью короткая позиция в базовой акции должна периодически изменяться для поддержания рыночной нейтральности

---

[1] Stefanini, "Convertible Bond Arbitrage," и Filippo Stefanini, *Investment Strategies of Hedge Funds* (Chichester, UK: John Wiley & Sons, 2006).

совокупной позиции. В **стратегии гамма-торговли** конвертируемыми облигациями вместо корректировки короткой позиции в базовой акции по факту изменения дельты менеджер занимает позицию на основе ожидаемого изменения дельты. Ожидание строится в расчете на получение дополнительного дохода при изменении цены акции.

МЕТОД ЦЕНООБРАЗОВАНИЯ ОПЦИОНОВ

Обсуждая конвертируемые облигации, мы до сих пор не касались следующих вопросов:

1. Как определить справедливый размер конверсионной премии на акцию?
2. Как анализировать конвертируемую облигацию, имеющую колл- и/или пут-опцион?
3. Как изменение процентных ставок влияет на цену акции?

Ответить на эти вопросы нам поможет применение к анализу конвертируемых облигаций метода ценообразования опционов, описанного в главе 18. Рассмотрим сначала конвертируемую облигацию, не имеющую колл- и/или пут-опционов. Инвестор, приобретающий эту облигацию, совершает две отдельные сделки: 1) покупает не имеющую колл- и/или пут-опциона простую облигацию и 2) приобретает колл-опцион (или варрант) на акцию, где число акций, на которые могут быть приобретены, определяется коэффициентом конверсии.

Возникает вопрос: какова справедливая стоимость колл-опциона? Справедливая стоимость зависит от нескольких величин (подробнее о них — в главе 30), определяющих цену колл-опциона. Один из ключевых факторов — ожидаемая волатильность цены акции: чем больше ожидаемая волатильность ее цены, тем выше стоимость колл-опциона. Теоретическая стоимость колл-опциона может быть получена с помощью модели ценообразования опционов Блэка–Шоулза[1] или биномиальной модели ценообразования опционов[2]. В качестве первого приближения к стоимости конвертируемой облигации может служить следующая формула:

---

1 Fisher Black and Myron Scholes, «The Pricing of Corporate Liabilities», *Journal of Political Economy,* May-June 1973, pp. 637–659.

2 John C. Cox, Stephen A. Ross, and Mark Rubinstein, «Option Pricing: A Simplified Approach», *Journal of Financial Economics,* September 1979, pp. 229–263, Richard J. Rendleman and Brit J. Bartter, «Two-State Option Pricing», *Journal of Finance,* December 1979, pp. 1093–1110, и William F. Sharpe, *Investments* (Upper Saddle River, NJ: Prentice Hall, 1981), Chapter 16.

$$\text{стоимость конвертируемой облигации} = \text{простая стоимость} + \text{цена колл-опциона на акцию.}$$

Цена колл-опциона прибавляется к простой стоимости, поскольку инвестор приобретает колл-опцион на акцию.

Рассмотрим теперь ситуацию, обычную на рынке конвертируемых облигаций, а именно право эмитента на отзыв облигации. Эмитент может провести принудительную, с точки зрения инвестора, конверсию, отозвав облигацию. Допустим, например, что цена отзыва составляет $1030 на $1000 номинала, а конверсионная стоимость равна $1700. Если эмитент отзовет облигацию, то оптимальной стратегией для инвестора будет конверсия и получение акций стоимостью $1700[1]. Заметим, однако, что инвестор теряет в этом случае премию относительно конверсионной стоимости, отраженную в рыночной цене. Таким образом, анализ конвертируемой облигации должен включать стоимость права эмитента на отзыв облигации. Эта стоимость, в свою очередь, зависит от: 1) будущей волатильности процентных ставок и 2) экономических факторов, обусловливающих желание эмитента отозвать облигационный выпуск.

Модель ценообразования опционов Блэка–Шоулза не в состоянии описать подобную ситуацию. Наряду с ней для одновременной оценки стоимости колл-опциона на акции, предоставленного держателю облигации, и права отзыва облигаций, имеющегося у эмитента, должна использоваться биномиальная модель ценообразования опционов. В ту же модель может быть включен и имеющийся у держателя пут-опцион. Для того чтобы связать воедино процентные ставки и цены на акции (третий вопрос, который мы подняли в начале раздела), в модель включается статистический анализ исторического движения этих двух переменных.

Метод ценообразования опционов оказывается при анализе конвертируемых облигаций чрезвычайно плодотворным — это показали самые первые модели, разработанные еще в 1977 г.[2] Насколько известно автору, наиболее сложные из применяемых на практике моделей используют метод Блэка–

---

[1] Фактически конверсионная стоимость будет меньше $1700, поскольку стоимость на акцию после конверсии падает.

[2] См., например: Michael Brennan and Eduardo Schwartz, «Convertible Bonds: Valuation and Optimal Strategies for Call and Conversion», *Journal of Finance,* December 1977, pp. 1699–1715; Jonathan Ingresoll, «A Contingent-Claims Valuation of Convertible Securities», *Journal of Financial Economics,* May 1977, pp. 189–322; Michael Brennan and Eduardo Schwartz, «Analysing Convertible Bonds», *Journal of Financial and Quantitative Analysis,* November 1980, pp. 907–929, и Georges Constantinides, «Warrant Exercise and Bond Conversion in Competitive Markets», *Journal of Financial Economics,* September 1984, pp. 371–398.

Шоулза и проводят тестирование чувствительности к факторам, влияющим на прочие опционы[1].

Резюме

- Конвертируемая облигация дает держателю право обменять облигацию на определенное число обыкновенных акций эмитента. Это число акций называют коэффициентом конверсии.
- Конвертируемые облигации, выпущенные до 2008 г., имеют положения, о которых должен знать инвестор: положение о нетто-расчете акциями и положение об условном конвертировании.
- Оценка конвертируемой облигации предполагает вычисление конверсионной стоимости, простой стоимости, рыночной конверсионной цены, коэффициента рыночной конверсионной премии, а также периода возмещения премии.
- Риск падения конвертируемой облигации оценивается обычно вычислением размера премии относительно простой стоимости. Недостаток такого метода связан с изменением простой стоимости (флора) в связи с изменением процентных ставок на рынке.
- Поскольку конвертируемая облигация имеет встроенный опцион на приобретение базовой акции, для описания ее инвестиционных характеристик может использоваться опционная теория и ее параметры. Такими параметрами являются дельта, гамма, вега и подразумеваемая волатильность.
- Конвертируемые облигации классифицируются в соответствии с их инвестиционным профилем: стандартные конвертируемые облигации (также называемые сбалансированными), чувствительные к акциям конвертируемые облигации (также называемые заменяющими акции), убыточные конвертируемые облигации и проблемные конвертируемые облигации.
- Для игры на неправильной воспринимаемой оценке конвертируемых облигаций могут использоваться несколько стратегий. Их называют арбитражными стратегиями с конвертируемыми облигациями.

---

[1] См., например: Mihir Bhattacharya and Yu Zhu, «Valuation and Analysis of Convertible Securities», глава 36 в: Frank J. Fabozzi and T. Dessa Fabozzi (eds.), *The Handbook of Fixed Income Securities* (Burr Ridge, IL: Irwin Professional Publishing, 1995); и Frank J. Fabozzi, *Valuation of Fixed Income Securities and Derivatives* (New Hope, PA: Frank J. Fabozzi Associates, 1995), глава 9.

- Метод опционного ценообразования может использоваться для определения справедливой стоимости встроенного колл-опциона. Стоимость колл-опциона оценивается в этом случае при помощи таких моделей ценообразования опционов на акции, как модель Блэка–Шоулза.

Вопросы

1. Краткий проспект от 26 октября 1992 г. 5%-ных конвертируемых субординированных необеспеченных облигаций Staples с погашением в 1999 г. включал следующее положение: «Конвертируется в обыкновенную акцию по конверсионной цене $45 за акцию». Каким будет коэффициент конверсии, если номинальная стоимость равна $1000?
2. В чем разница между жестким и мягким путом?
3. При исполнении опциона, встроенного в конвертируемую облигацию, все эмитенты должны обменивать акции на облигацию. Объясните, согласны вы с таким утверждением или нет.
4. Что такое ценная бумага с обязательным конвертированием?
5. Следующий отрывок взят из статьи «Caywood в погоне за конверсией», появившейся 13 января 1992 г. в *BondWeek* (с. 7):

   «Caywood Christian Capital Management добавит в свой $400-миллионный высокодоходный портфель конвертируемых облигаций, новую порцию “убыточных конвертируемых бумаг” (с рейтингом BB и BBB), — рассказал нам Джеймс Кейвуд. Эти ценные бумаги нравятся Кейвуду тем, что они торгуются с дисконтом и едва ли будут отозваны».

   a. Что такое убыточные конвертируемые ценные бумаги?
   b. Какова премия относительно простой стоимости, с которой будут торговаться эти бумаги?
   c. Почему господина Кейвуда интересуют конвертируемые ценные бумаги с достаточно высоким рейтингом?
   d. Почему господин Кейвуд заинтересован в защите от отзыва?
6. В чем заключаются недостатки премии относительно простой стоимости как меры риска падения конвертируемой облигации?
7. Следующий отрывок взят из статьи «Bartlett по душе конвертируемые облигации», появившейся 7 октября 1991 г. в *BondWeek* (с. 7):

   «Bartlett & Co. изыскивают возможности инвестировать в конвертируемые облигации, торгующиеся недорого благодаря тому, что акции эмитента упали в цене, — заявил Дейл Рабинер, директор отдела долговых инструментов $800-миллионного фонда, расположенного в Цинциннати. Рабинер сказал, что предпочитает 5-летние конвертируемые облигации компаний, которые, по его мнению, ожидает рост; его интересуют облигации, торгующиеся с доходностью, сравнимой с доходностью простых облигаций».

Объясните, в чем суть этой стратегии инвестирования в конвертируемые облигации.

8. Рассмотрим конвертируемую облигацию со следующими характеристиками:

номинальная стоимость = $1000;
купонная ставка = 9,5%;
рыночная цена конвертируемой облигации = $1000;
коэффициент конверсии = 37,383;
предполагаемая простая стоимость облигации = $510;
доходность к погашению простой облигации = 18,7%.

Предположим, что цена обыкновенной акции составляет $23, а дивиденды на акцию равны $0,75 в год.

a. Вычислите следующие величины:
   1. Конверсионную стоимость.
   2. Рыночную конверсионную цену.
   3. Конверсионную премию на акцию.
   4. Коэффициент конверсионной премии.
   5. Премию относительно простой стоимости.
   6. Оптимальный дифференциал дохода на акцию.
   7. Период возмещения премии.
b. Предположим, что цена обыкновенной акции возрастает с $23 до $46.
   1. Какой будет примерная прибыль от инвестиций в конвертируемую облигацию?
   2. Какой была бы прибыль, если бы $23 были инвестированы в обыкновенные акции?
   3. Почему в данном случае прибыль от прямых инвестиций в акции превышает прибыль от инвестиций в конвертируемые облигации?
c. Предположим, что цена обычной акции упала с $23 до $8.
   1. Какой будет примерная прибыль от инвестиций в конвертируемую облигацию?
   2. Каким был бы результат, если бы $23 были инвестированы в обыкновенные акции?

3. Почему в данном случае прибыль от инвестиций в конвертируемые облигации превышает прибыль от прямых инвестиций в акции?

9. Ноты Merrill Lynch, известные как ликвидные доходные облигации с опционом (LYON), — это бескупонные инструменты, которые могут быть конвертированы в обыкновенные акции эмитента. Коэффициент конверсии зафиксирован на все время жизни облигаций. Если инвестор желает получить акции эмитента, он должен обменять LYON на акции. Конверсионная цена облигации вырастает с течением времени. Почему?
10. a. Предположим, что конвертируемая облигация имеет коэффициент конверсии 20 и дельту 0,70. При изменении цены акции на $0,125 насколько примерно изменится стоимость конвертируемой облигации?
    b. Сколько акций необходимо продать в короткую, чтобы создать рыночно-нейтральную позицию в конвертируемой облигации и проданных в короткую акциях?
11. Почему следует ожидать, что дельта проблемной конвертируемой облигации будет равна нулю?
12. Предположим, что цена базовой акции у конвертируемой облигации значительно выше, чем конверсионная цена. Какой, по вашим ожиданиям, должна быть дельта конвертируемой облигации?
13. Приведенные ниже отрывки взяты из Mihir Bhattacharya, «Convertible Securities and Their Valuation», глава 51 в Frank J. Fabozzi (ed.), *The Handbook of Fixed Income Securities: Sixth Edition* (New York: McGraw-Hill, 2001).
    a. «Растущая волатильность рынка долговых обязательств позволила в полной мере осознать *риск дюрации,* свойственный всем ценным бумагам с фиксированным доходом, в том числе конвертируемым облигациям. Возросшая волатильность спредов (относительно казначейских бумаг или других индексов процентных ставок) повысила чувствительность инвесторов к надежности *флора,* или *облигационной стоимости,* конвертируемых долговых обязательств». Какую мысль пытается донести до читателей автор?
    b. «Конвертируемые облигации имеют опционы на процентные ставки и опционы на акции, а также валютные опционы. Эмитенты и инвесторы сегодня более остро, чем прежде, осознают, что стоимость опционов зависит среди прочего от: 1) волатильности акций; 2) волатильности процентных ставок; 3) волатильности

спредов. В некоторых случаях опционы легко могут быть разделены и оценены отдельно друг от друга. Однако в большинстве случаев они взаимодействуют между собой таким образом, что разделить их практически невозможно. Инвестор должен хорошо представлять себе все опасности, связанные с попыткой оценки опционов в предположении, что они являются независимыми инструментами». Объясните, почему перечисленные факторы влияют на стоимость конвертируемой облигации и почему эти факторы взаимодействуют друг с другом.

14. Почему стратегия торговли волатильностью считается ненаправленной стратегией?
15. В чем разница между убыточными и проблемными конвертируемыми облигациями?
16. В чем заключается стратегия арбитража на денежных потоках с использованием конвертируемых облигаций?

ГЛАВА 21

Измерение влияния кредитного спреда корпоративных облигаций

В этой главе читателю будут представлены сведения:

- о двух способах измерения кредитного спреда: абсолютное изменение и процентное (относительное) изменение;
- об эмпирическом определении наилучшего способа измерения корпоративных кредитных спредов;
- о двух показателях для оценки чувствительности корпоративной облигации к кредитному спреду: дюрация спреда и дюрация, умноженная на спред;
- о том, почему дюрация, умноженная на спред, лучше характеризует чувствительность корпоративной облигации к кредитному спреду;
- о важности тщательной оценки дюрации для высокодоходных облигаций;
- об альтернативных методах корректировки дюрации корпоративных облигаций;
- об эмпирической дюрации и ее измерении;
- о теоретической взаимосвязи аналитической и эмпирической дюрации;
- о важности корреляции между изменениями казначейских ставок и корпоративных кредитных спредов при расчетной дюрации корпоративной облигации;
- о том, что такое мультипликатор дюрации.

В главе 4 мы уделяли основное внимание измерению чувствительности облигации и облигационного портфеля к изменению уровня казначейских ставок и изменению наклона кривой доходности казначейских ценных бумаг. В этой главе мы сосредоточимся на процентном риске корпоративных облигаций, связанном с изменениями либо казначейских ставок, либо кредитных спредов.

ИЗМЕРЕНИЕ ИЗМЕНЕНИЙ КРЕДИТНЫХ СПРЕДОВ

Кредитный спред облигации, подверженной кредитному риску, — это разница между доходностью этой облигации и доходностью сопоставимой казначейской ценной бумаги. Важным фактором результативности портфеля, включающего подверженные кредитному риску облигации, является изменение кредитного спреда. Измерять изменения кредитного спреда можно двумя путями: определением абсолютного изменения и определением процентного изменения. Обозначим кредитный спред облигации i как s_i, а изменение кредитного спреда этой облигации как Δs_i, тогда:

$$\text{абсолютное изменение кредитного спреда} = \Delta s_i;$$

$$\text{процентное изменение кредитного спреда} = \frac{\Delta s_i}{s_i}.$$

Обратите внимание на то, что, используя процентный показатель для измерения изменения кредитного спреда, мы допускаем, что изменение кредитного спреда пропорционально уровню кредитного спреда. Иными словами, ценные бумаги с широкими спредами должны демонстрировать более значительные изменения спреда, чем ценные бумаги с узкими спредами.

Принятие решения о том, какой показатель — абсолютное или процентное изменение — использовать при управлении рискованными портфелями, является важным моментом, как будет показано в главе 26. Таким образом, возникает вопрос о том, какой показатель лучше описывает историческое изменение кредитных спредов. Всестороннее исследование на основе обширной базы данных по компаниям, включающее в себя более 560 000 наблюдений в период с сентября 1989 г. по январь 2005 г., показало, что изменения кредитных спредов пропорциональны уровню кредитного спреда[1].

---

[1] Arik Ben Dor, Lev Dynkin, Jay Hyman, Patrick Houweling, Erik van Leeuwen, and Olaf Penninga, "DTSSM (Duration Times Spread)," Journal of Portfolio Management, 33, 2 (2007), pp. 77–100.

ИЗМЕРЕНИЕ ЧУВСТВИТЕЛЬНОСТИ К КРЕДИТНЫМ СПРЕДАМ

В главе 4 мы объяснили, как измерять чувствительность облигации к изменениям уровня доходности казначейских ценных бумаг с использованием дюрации и изменений формы кривой доходности казначейских бумаг. Вместе с тем, когда мы имеем дело с облигациями, подверженными кредитному риску, и портфелем таких облигаций, необходимо учитывать также чувствительность к изменению кредитных спредов. С этой целью применяются два показателя: дюрация спреда и дюрация, умноженная на спред. Мы рассмотрим эти показатели, а затем обсудим эмпирические данные, показывающие, какой из них лучше работает с использованием исторических данных.

Дюрация спреда

В портфель обычно включают облигации из разных секторов облигационного рынка. Распределение этих секторов в портфеле с точки зрения их рыночного веса (т. е. доли рыночной стоимости сектора, деленной на рыночную стоимость портфеля) мало что говорит о дюрации портфеля. Два портфеля с одинаковым распределением по секторам облигационного рынка могут иметь совершенно разные дюрации. Именно по этой причине была введена описанная в главе 4 концепция портфельной дюрации, которая используется при формировании портфеля из облигаций различных секторов облигационного рынка. Вклад в портфельную дюрацию зависит от влияния облигации или сектора на дюрацию портфеля при параллельном смещении кривой доходности казначейских ценных бумаг. Расчет начинается с определения дюрации каждой облигации в портфеле.

Соответствующий показатель используется для облигаций, облигационных секторов и портфелей, содержащих облигации, подверженные кредитному риску: дюрация спреда. **Дюрация спреда** — это чувствительность облигации, облигационного сектора или облигационного портфеля к параллельному сдвигу кредитных спредов. Ее интерпретация аналогична интерпретации дюрации, описанной в главе 4: это примерное процентное изменение цены облигации при изменении кредитного спреда на 100 базисных пунктов. Имея дюрацию спреда для облигаций или облигационных секторов, можно определить **вклад в портфельную дюрацию спреда**.

Расчет дюрации спреда аналогичен расчету дюрации для определения чувствительности к параллельному сдвигу кривой доходности казначейских ценных бумаг. Формула для определения аппроксимированной дюрации следующая (см. формулу 4.23):

$$\text{аппроксимированная дюрация } = \frac{P_- - P_+}{2P_0\Delta y}, \qquad (21.1)$$

где

P_- — цена облигации после снижения казначейской доходности;
P_+ — цена облигации после повышении казначейской доходности;
Δy — изменение доходности, используемое для расчета новых цен (в десятичной форме) P_- и P_+.

При расчете дюрации спреда формула принимает следующий вид:

$$\text{аппроксимированная дюрация спреда} = \frac{P_- - P_+}{2P_0\Delta s}, \qquad (21.2)$$

где P_0 — та же самая величина, что и в формуле 21.1; P_- и P_+ теперь представляют цены облигации после снижения или повышения кредитного спреда при неизменной казначейской доходности; Δs — изменение кредитного спреда, используемое для расчета новых цен (в десятичной форме).

Возьмем ту же облигацию, что мы использовали в предыдущей главе, для расчета аппроксимированной дюрации: 25-летняя облигация с 6%-ным купоном, торгующаяся по 70,3570 с доходностью 9%. Предположим, что это корпоративная облигация, а доходность 25-летней казначейской облигации составляет 7,5%. Это означает, что кредитный спред нашей облигации равен 150 базисных пунктов (9% – 7,5%). Дюрацию можно получить, уменьшая и увеличивая казначейскую доходность, скажем, на 10 базисных пунктов (как мы делали в главе 4) и вычисляя соответствующие цены P_- и P_+. Новая доходность для расчета этих двух цен составляет 8,9% и 9,1%, при этом для поддержания кредитного спреда на уровне 150 базисных пунктов изменим казначейскую доходность (7,5%) на 10 базисных пунктов. В результате мы получим $P_- = 71{,}1104$ и $P_+ = 69{,}6164$. Подставим значения $P_0 = 70{,}3570$ и $\Delta y = 0{,}001$ в формулу 21.1 и получим аппроксимированную дюрацию, равную 10,62.

Теперь посмотрим, как рассчитывается дюрация спреда с помощью формулы 21.2. В случае дюрации спреда производится небольшое изменение кредитного спреда, скажем, на 10 базисных пунктов при неизменности казначейской доходности. Для нашей гипотетической облигации это означает сохранение казначейской доходности на уровне 7,5% и определение P_- и P_+ при кредитном спреде 140 и 160 базисных пунктов соответственно. Иначе говоря, P_- и P_+ рассчитываются с использованием доходности 8,9% (7,5% + 140 базисных пунктов) и 9,1% (7,5% + 160 базисных пунктов). Это те же самые доходности, что использовались нами при определении аппроксимированной дюрации. С учетом того, что сдвиг кредитного спреда составляет 10 базисных пунктов (Δs), т. е. такой же, как и изменение казначейской доходности (Δy), все значения, используемые в формуле 21.2 для расчета дюрации спреда, равны значениям, используемым в формуле 21.1 для расчета дюрации. Иными словами, аппроксимированная дюрация и дюрация спреда одинаковы. Это важный момент, которым мы будем пользоваться далее в этой главе.

Так как следует интерпретировать эти два показателя, дюрацию и дюрацию спреда? Они одинаковы, 10,62. Допустим, в случае нашей гипотетической облигации доходность, требуемая инвесторами, изменяется на 50 базисных пунктов. Независимо от того, чем обусловлено это изменение, изменением казначейской доходности или изменением кредитного спреда, примерное изменение цены облигации составит 5,31%. Предположим, что изменение, равное 50 базисным пунктам, складывается из изменения казначейской доходности на 40 базисных пунктов и изменения в том же направлении кредитного спреда на 10 базисных пунктов. Тогда 5,31%-ное изменение цены облигации будет складываться из 4,2%-ного изменения в результате движения казначейской доходности и 1,1%-ного изменения, обусловленного движением кредитного спреда.

Прежде чем рассматривать другой показатель, стоит отметить два момента. Во-первых, в приведенном выше упрощенном примере расчета дюрации спреда предполагается, что все денежные потоки дисконтируются по единой доходности. Именно поэтому нет никакой разницы между дюрацией (чувствительностью к изменению доходности), дюрацией процентной ставки (чувствительностью к изменению ставок) и дюрацией спреда (чувствительностью к изменению спреда). Но раз так, то зачем рассматривать их как разные величины? На практике распределение становится более значимым, когда денежные потоки дисконтируются при постоянном спреде относительно казначейской кривой, как было показано в главе 5. В главе 4 мы рассматривали дюрацию спреда для облигации с плавающей ставкой. Различие между дюрацией спреда и казначейской дюрацией становится важным фактором при рассмотрении корпоративных облигаций с плавающей ставкой с близким к нулю процентным риском, но значительной дюрацией спреда.

Во-вторых, существуют основания для использования других показателей, которые будут рассмотрены далее в этой главе. В нашем примере мы предполагали, что казначейская доходность и кредитный спред изменяются в одном направлении. Факты, однако, показывают, что в некоторых ситуациях между изменением уровня казначейских доходностей и изменением кредитных спредов наблюдается обратная корреляция. Такой эффект второго порядка необходимо учитывать при определении чувствительности портфеля к изменениям процентных ставок, как будет показано далее.

Дюрация, умноженная на спред

Альтернативный показатель для определения вклада облигационного сектора в дюрацию портфельного спреда был предложен компанией Barclays Research. Этот показатель называется дюрацией, умноженной на спред (*duration times spread — DTS*)[1]. *DTS* представляет собой произведение двух элементов: дюрации спреда и кредитного спреда. Предположим, например, что облигация имеет дюрацию спреда 4 и кредитный спред 90 базисных пунктов. Тогда:

$$\text{DTS} = 4 \times 0{,}009 = 0{,}036 = 3{,}6\%.$$

Вклад облигации или облигационного сектора в портфель, называемый **вкладом в портфельную DTS**, является произведением DTS и веса этой облигации или облигационного сектора в портфеле. Предположим, например, что у облигации, имеющей DTS 3,6%, вес в портфеле составляет 3%, тогда ее вклад в портфельную DTS равен:

$$\text{вклад в портфельную DTS} = 0{,}03 \times 0{,}036 = 0{,}00108 = \\ = 10{,}8 \text{ базисных пунктов.}$$

Проиллюстрируем идею, лежащую в основе DTS. Используем следующую систему обозначений:

D_{spread} — дюрация спреда;

$\dfrac{\Delta P_{spread}}{P}$ — процентное изменение цены облигации, подверженной кредитному риску, или сектора в результате изменения кредитного спреда;

Δs — изменение кредитного спреда.

Мы знаем, что процентное изменение цены в результате изменения кредитного спреда является произведением дюрации спреда на изменение кредитного спреда. Иными словами:

---

[1] Ben Dor et al., “DTS[SM] (Duration Times Spread)”.

$$\frac{\Delta P_{spread}}{P} = -D_{spread}(\Delta s). \tag{21.3}$$

Появление знака минус объясняется тем, что изменение кредитного спреда приводит к изменению цены в противоположном направлении.

Чтобы определить чувствительность цены к изменению кредитного спреда с помощью формулы 21.3, умножим дюрацию спреда на абсолютное изменение кредитного спреда. Напомним, что абсолютное изменение кредитного спреда — это один из способов измерения изменений кредитного спреда, и что этот показатель не так хорош, как относительное изменение кредитного спреда.

Можно ли тогда использовать относительное изменение кредитного спреда? Умножим числитель и знаменатель правой части формулы 21.3 на s и получим:

$$\frac{\Delta P_{spread}}{P} = -D_{spread}\, S\, \frac{(\Delta s)}{s}. \tag{21.4}$$

Теперь мы выразили изменение цены в результате изменения кредитного спреда как произведение дюрации спреда, кредитного спреда и относительного изменения кредитного спреда. Обратите внимание на то, что первые два члена в правой части формулы представляют собой произведение дюрации и кредитного спреда. Отсюда и название этого показателя — дюрация, умноженная на спред.

Формулы 21.3 и 21.4 дают один и тот же результат для чувствительности цены к изменению спреда. Почему же тогда формула 21.4, где фигурирует DTS, лучше? Причину здесь, как и при сравнении абсолютного и относительного показателя изменения спреда, нужно искать в том, что лучше описывает исторические взаимосвязи, наблюдаемые на кредитном рынке.

Для выяснения этого представим формулы 21.3 и 21.4 через волатильность избыточной доходности (т. е. доходности сверх казначейских ставок). Волатильность избыточной доходности можно примерно выразить через абсолютное изменение спреда и относительное изменение спреда следующим образом:

$$\sigma_{return} = D_{spread}\sigma_{abs} \tag{21.5}$$

и

$$\sigma_{return} = D_{spread} S \sigma_{rel}, \tag{21.6}$$

где

σ_{return} — волатильность избыточной доходности;

σ_{abs} — волатильность абсолютного кредитного спреда;

σ_{rel} — волатильность относительного кредитного спреда.

Теперь можно проанализировать историческую волатильность избыточной доходности для определения того, что лучше характеризует ее, абсолютная или относительная волатильность спреда. То же самое исследование, где изучались сравнительные достоинства и недостатки абсолютного и относительного кредитного спреда, показывает, что DTS (на основе относительного кредитного спреда) лучше кредитного спреда (на основе абсолютного кредитного спреда) в результате устойчивой взаимосвязи, позволяющей объяснять волатильность избыточной доходности. Точнее говоря, волатильность избыточной доходности возрастает линейно с DTS, что соответствует формуле 21.4. Кроме того, исследование показало, что портфели с разными кредитными спредами и дюрацией спреда, но с одинаковыми DTS имеют одну и ту же волатильность избыточной доходности. На практике такая картина наблюдается не только у американских корпоративных облигаций (как инвестиционного уровня, так и высокодоходных), но и у европейских корпоративных облигаций.

Ключевой вывод с точки зрения управления портфелями корпоративных облигаций и стратегий, которые рассматриваются в главе 26, заключается в том, что DTS и вклад в портфельную DTS являются более приемлемыми показателями чувствительности портфеля к кредитному спреду различных секторов. Иными словами, профилирование портфеля по вкладам в дюрацию спреда не так эффективно, как использование вкладов в DTS при оценке чувствительности портфеля к изменению кредитных спредов.

Эмпирическая дюрация для корпоративных облигаций

Два фактора риска влияют на движение цены корпоративной облигации: чувствительность к процентным ставкам и подверженность риску собственного капитала. Насколько важен каждый из факторов, зависит от кредитного риска, связанного с эмитентом облигации. Разумно ожидать, что для корпоративных облигаций инвестиционного уровня доминирующим будет процентный риск. Риск собственного капитала становится более значимым у высокодоходных корпоративных облигаций, особенно с низким кредитным рейтингом. По этой причине инвесторы называют высокодоходные корпоративные облигации ценными бумагами, подобными акциям. Кроме того, в фактор процентного риска у корпоративных облигаций складывается из двух составляющих: риск казначейской доходности и риск кредитного спреда. Можно предположить, что с понижением кредитного риска корпоративной облигации значимость риска казначейской доходности возрастает.

Как более высокий риск собственного капитала и риск кредитного спреда высокодоходных облигаций сказывается на чувствительности выпуска корпоративных облигаций к процентным ставкам? Конечно, в аналитических целях можно использовать стандартную формулу 4.23 из главы 4, которая позволяет определить модифицированную дюрацию при известной купонной ставке, сроке и доходности. Вместе с тем будет ли полученная модифицированная дюрация хорошо предсказывать, как изменится цена облигации при движении процентных ставок? Если принять во внимание, что аналитическая модифицированная дюрация не учитывает риск собственного капитала и возможность изменения кредитного спреда, то вряд ли она будет очень полезна.

Портфельные менеджеры по-другому подходят к оценке дюрации высокодоходных облигаций, поскольку они менее чувствительные к изменениям казначейских ставок[1]. Первый подход основан на эмпирическом правиле, предполагающем уменьшение аналитической модифицированной дюрации на некоторую величину. Например, если аналитическая модифицированная дюрация для высокодоходной облигации равна 5, то портфельный менеджер может принять решение о ее сокращении на 75% и использовать модифицированную дюрацию, равную 1,25 (5 × 0,25).

Второй подход — это эмпирическая оценка чувствительности высокодоходных облигаций к изменениям процентных ставок с использованием регрессионного анализа. Оценка модифицированной дюрации, полученная на основе регрессии, называется **эмпирической дюрацией**. Для высокодоходной облигации простая регрессия ее цены по изменению казначейской доходности за предыдущие 30 дней (или 60, или 90) дает подходящую оценку эмпирической дюрации. Как и в случае любых численных методов, прямой расчет эмпирической дюрации очень чувствителен к отклонениям в ценовых данных. Можно рассчитать эмпирическую дюрацию для множества облигаций для множества периодов, а затем сравнить результаты с оценками на основе характеристик облигации, таких как спред или кредитный рейтинг.

---

[1] См.: Madhur Ambastha, Arik Ben Dor, Lev Dynkin, Jay Hyman, and Konstantinovsky, “Empirical Duration of Corporate Bonds and Credit Market Segmentation,” Journal of Fixed Income 20, 1 (Summer 2010), pp. 5–27.

В одной из работ с помощью регрессионного анализа исследовалась чувствительность корпоративных облигаций с различными кредитными рейтингами к процентным ставкам[1]. Использовались дневные данные с августа 1998 г. по ноябрь 2009 г. для шести кредитных рейтинговых категорий Barclays Capital Corporate Investment Grade и High Yield Indices (Aaa/Aa, A, Baa, Ba, B и Caa). Первые три категории (Aaa/Aa, A и Baa) являются рейтингами инвестиционного уровня. Последние три категории (Ba, B и Caa) — рейтинги высокодоходных облигаций. Для измерения изменений казначейской доходности использовалась 10-летняя доходность. Регрессионный анализ показал, что у корпоративных облигаций с низким рейтингом цена менее чувствительна к изменению уровня процентных ставок (определяемого по 10-летней казначейской ставке).

В пределах каждой рейтинговой категории была установлена явная зависимость от спредов: облигации с более высокими спредами имели более низкую эмпирическую дюрацию. Как будет показано далее в этой главе, этот эффект согласуется с DTS-подходом. Однако эмпирическая дюрация высокодоходных облигаций оказалась ниже, чем у облигаций инвестиционного уровня даже после учета более высоких спредов. Одним из объяснений более низкой чувствительности высокодоходных облигаций к процентным ставкам может быть то, что они продаются на рынке главным образом на ожиданиях дефолта/возмещения.

Важность корректной оценки дюрации высокодоходных облигаций

Продемонстрируем необходимость корректно оценивать дюрацию высокодоходных облигаций в портфеле на примере общей проблемы, с которой сталкиваются портфельные менеджеры, желающие добавить высокодоходные облигации в портфель облигаций инвестиционного уровня. Будем исходить из следующего:

- В текущий момент портфель имеет аналитическую дюрацию, равную 6, а портфельный менеджер хочет снизить ее до 5,5 (т. е. целевая дюрация составляет 5,5).
- В текущем портфеле нет корпоративных облигаций из высокодоходного сектора.

---

[1] Ambastha et al., "Empirical Duration of Corporate Bonds and Credit Market Segmentation."

- При перебалансировке портфеля для получения целевой дюрации портфельный менеджер решает увеличить долю сектора высокодоходных корпоративных облигаций до 15%, а аналитическая дюрация облигаций из этого сектора равна 5.
- Портфель после продажи облигаций в количестве, необходимом для приобретения высокодоходных корпоративных облигаций, имеет дюрацию 5,8 без учета высокодоходных облигаций.

Аналитическая дюрация портфеля после включения в него 15% высокодоходных корпоративных облигаций составляет:

$$0{,}85 \times 5{,}8 + 0{,}15 \times 5{,}0 = 5{,}68.$$

Поскольку целевая дюрация равна 5,5, это означает, что, исходя из аналитической дюрации, портфельному менеджеру необходимо изменить состав портфеля и снизить дюрацию с 5,68 до 5,5. Это предполагает перебалансировку невысокодоходной части портфеля. Иначе говоря, нужно получить следующее:

$$0{,}85 \times X + 0{,}15 \times 5{,}0 = 5{,}5.$$

Решив это уравнение, мы получаем X = 5,59. Таки образом, дюрацию невысокодоходной части портфеля необходимо снизить с 5,8 до 5,59.

Однако нам известно эмпирически, что у высокодоходных корпоративных облигаций, в которые портфельный менеджер вложил средства, истинная дюрация ниже аналитической дюрации, равной 5. Допустим, она составляет 25% от аналитической дюрации (исходя из эмпирического правила, упомянутого выше). Это означает, что дюрация высокодоходных корпоративных облигаций равна 1,25 (0,25 × 5), а дюрация портфеля составляет:

$$0{,}85 \times 5{,}8 + 0{,}15 \times 1{,}25 = 5{,}12.$$

Истинная дюрация, таким образом, ниже целевого значения 5,5. Как результат, портфельному менеджеру необходимо увеличить дюрацию невысокодоходной части портфеля до 6,25:

$$0{,}85 \times Y + 0{,}15 \times 1{,}25 = 5{,}5.$$

Y = 6,25. Это значение требует совсем других действий. Таким образом, действия портфельного менеджера сильно зависят от корректности определения истинной дюрации высокодоходных корпоративных облигаций.

Теоретическая разница между аналитической и эмпирической дюрацией

Посмотрим на теоретическую разницу между аналитической и эмпирической дюрацией[1]. Для этого возьмем простую двухфакторную модель с двумя факторами риска, связанными с процентными ставками:

- параллельный сдвиг кривой казначейской доходности (Δy);
- изменение кредитного спреда (Δs).

Примерное процентное изменение цены под влиянием этих двух факторов ($\Delta P/P$) можно представить следующим образом:

$$\frac{\Delta P}{P} \approx \frac{\Delta P_{Trea}}{P} + \frac{\Delta P_{spread}}{P}, \tag{21.7}$$

где ΔP_{Trea} — изменение цены в результате параллельного изменения казначейской доходности, а ΔP_{spread} — изменение цены в результате изменения кредитного спреда.

Примерное процентное изменение цены в результате параллельного сдвига кривой казначейской доходности равно модифицированной дюрации, умноженной на изменение казначейской доходности:

$$\frac{\Delta P_{Trea}}{P} \approx -D_{mod} \Delta y, \tag{21.8}$$

где D_{mod} — модифицированная дюрация, а Δy — изменение казначейской доходности. Знак минус указывает на обратную зависимость между процентным изменением цены и изменением доходности.

Примерное процентное изменение в результате изменения кредитного спреда можно получить из формулы 21.4 с использованием DTS. Добавив уравнение 21.4 к уравнению 21.8, мы получим:

$$\frac{\Delta P}{P} \approx -D_{mod} \times \Delta y - (D_{spread} \times s) \times \frac{\Delta s}{s}. \tag{21.9}$$

Как уже говорилось в этой главе, модифицированная дюрация приблизительно равна дюрации спреда, поэтому, обозначив модифицированную дюрацию просто как D, перепишем уравнение 21.9 следующим образом:

---

[1] Эти рассуждения с небольшими изменениями аналогичны тем, что представлены в: Ambastha et al., “Empirical Duration of Corporate Bonds and Credit Market Segmentation.”

$$\frac{\Delta P}{P} \approx -D \times \Delta y - (D \times s) \times \frac{\Delta s}{s}. \tag{21.10}$$

Для простоты обозначим относительное изменение кредитного спреда как:

$$\Delta s_{rel} = \frac{\Delta s}{s},$$

после чего уравнение 21.10 можно переписать следующим образом:

$$\frac{\Delta P}{P} \approx -D \times \Delta y - (D \times s) \times \Delta s_{rel}. \tag{21.11}$$

Разделив обе части уравнения 21.11 на Δy, получим:

$$\frac{1}{P}\frac{\Delta P}{\Delta y} \approx -D - (D \times s) \times \frac{\Delta s_{rel}}{\Delta y}. \tag{21.12}$$

Посмотрите на левый член формулы 21.12. Это математическое определение дюрации. Теперь обратите внимание на правую сторону формулы 21.12: изменение относительного кредитного спреда, деленное на изменение казначейской доходности. Простым приближением к этому изменению является:

$$\frac{\Delta s_{rel}}{\Delta y} \approx \frac{\partial s_{rel}}{\partial y} = \frac{cov(\Delta y, \Delta s_{rel})}{var(\Delta y)}, \tag{21.13}$$

где

$\text{cov}(\Delta y, \Delta s_{rel})$ — ковариация между изменением в параллельных сдвигах казначейской доходности и изменением в кредитных спредах;

$\text{var}(\Delta y)$ — дисперсия изменения в параллельных сдвигах казначейской доходности.

Приняв, что

σ_y — стандартное отклонение изменения казначейской доходности;

σ_s — стандартное отклонение относительного изменения кредитного спреда;

$\rho_{y,s}$ — корреляция между изменениями казначейской доходности и кредитным спредом,

подставим эти величины в формулу 21.13 и получим:

$$\frac{\partial s_{rel}}{\partial y} = \frac{\rho_{y,s}\sigma_y\sigma_s}{\sigma_y^2}, \tag{21.14}$$

что упрощается до:

$$\frac{\partial s_{rel}}{\partial y} = \rho_{y,s} \frac{\sigma_s}{\sigma_y}. \tag{21.15}$$

Таким образом, существуют три показателя, необходимые для определения взаимосвязи в соответствии с формулой 21.15:

- корреляция между параллельным сдвигом казначейских доходностей и изменением кредитных спредов;
- стандартное отклонение относительного изменения кредитных спредов;
- стандартное отклонение изменения параллельных сдвигов казначейских доходностей.

Аналитических выражений для определения этих трех показателей не существует. Их необходимо оценивать эмпирически. Мы представим информацию о них далее в настоящей главе.

Подставив формулу 21.15 в формулу 21.12, мы получим:

$$\frac{1}{P}\frac{\Delta P}{\Delta y} \approx -D - (D \times s) \times \rho_{y,s} \frac{\sigma_s}{\sigma_s}, \tag{21.16}$$

которую можно представить следующим образом:

$$\frac{1}{P}\frac{\Delta P}{\Delta y} \approx -D\left[1 + s \times \rho_{y,s} \frac{\sigma_s}{\sigma_y}\right]. \tag{21.17}$$

Из формулы 21.17 следует, что процентное изменение цены облигации при параллельном сдвиге казначейской доходности зависит от модифицированной дюрации корпоративной облигации с учетом изменения кредитного спреда в результате изменения казначейской доходности.

Как это изменение влияет на изменение, вызванное параллельным сдвигом казначейской доходности? Ответ зависит от величины и знака корреляции $\rho_{y,s}$. Наличие корреляции между изменением казначейских ставок и изменением корпоративных кредитных спредов вытекает из того, что и то и другое зависит от состояния экономики. Так, при ослаблении экономики казначейские ставки падают, а при ее укреплении растут. Корпоративные кредитные спреды движутся в противоположном направлении в ответ на изменения состояния экономики. Иначе говоря, при ослаблении экономики корпоративные кредитные спреды расширяются, а при укреплении сужаются. Таким образом, логично предположить, что изменения казначейских ставок имеют отрицательную корреляцию с изменениями корпоративных кредитных спредов.

В табл. 21.1 приведены оценочные рыночные значения, необходимые для теоретического расчета члена формулы 21.17 в квадратных скобках, в зависимости от кредитного рейтинга. Например, для корпоративных облигаций с рейтингом А он равен:

$$\left[1+1{,}50\times(-1{,}017)\frac{0{,}0180}{0{,}064}\right]=0{,}93.$$

Таблица 21.1. Казначейский коэффициент хеджирования (мультипликатор дюрации) для корпоративных облигаций в зависимости от кредитного рейтинга

	Aaa — Aa	A	Baa	Ba	B	Caa
Константа (*a*)	0,94	0,92	0,85	0,41	0,15	0,07
Коэффициент спреда (*b*)	–0,05	–0,05	–0,02	–0,05	–0,03	–0,02
Средний спред (%)	1,04	1,50	2,16	3,92	5,77	10,75
Средний коэффициент хеджирования (мультипликатор дюрации)	0,88	0,85	0,80	0,22	–0,03	–0,15

Источник: табл. 1, часть А из Madhur Ambastha, Arik Ben Dor, Lev Dynkin, Jay Hyman, and Vadim Konstantinovsky, "Empirical Duration of Corporate Bonds and Credit Market Segmentation," *Journal of Fixed Income* 20, 1 (Summer 2010). Воспроизводится с разрешения Institutional Investor LLC.

Формула 21.17 дает теоретическое основание для представления чувствительности облигации к процентным ставкам в виде линейной функции спреда. Иначе говоря, мы видим, что истинную дюрацию можно представить как величину, кратную аналитической дюрации:

$$\frac{1}{P}\frac{\Delta P}{\Delta y}\approx -DM,$$

где M принимает форму:

$$M = a + bs. \tag{21.18a}$$

В табл. 21.2 приведены значения a и b, которые получены на основании регрессионного анализа дневных цен и изменений доходности корпоративных облигаций с разными кредитными рейтингами в период с 1998 по 2009 г. Эти результаты дают простую линейную зависимость для оценки мультипликатора дюрации на основе спреда облигации и кредитного рейтинга. Для облигаций с рейтингом А, например, таблица дает следующее примерное значение:

$$M = 0{,}92–0{,}05s,$$

так что облигация со спредом 100 базисных пунктов получает мультипликатор 0,87, а облигация со спредом 150 базисных пунктов (средний спред для рейтинга А, как показывает таблица) — 0,85. Обратите внимание на то, что, несмотря на довольно близкие значения мультипликаторов дюрации (казначейских коэффициентов хеджирования) для трех рейтингов инвестиционного уровня, у высокодоходных облигаций эти значения значительно ниже — они близки к нулю и даже отрицательны. Эта линейная аппроксимация на основе спреда позволяет легко получить примерные значения мультипликатора дюрации для конкретной облигации в конкретных рыночных условиях без необходимости оценивать все параметры формулы 21.17.

Таблица 21.2. Казначейский коэффициент хеджирования для корпоративных облигаций в зависимости от кредитного рейтинга

	Aaa — Aa	A	Baa	Ba	B	Caa
Волатильность изменений казначейской доходности (%/день)	0,064	0,064	0,064	0,064	0,064	0,064
Волатильность относительных изменений спреда (%/день)	2,30%	1,80%	1,60%	2,50%	2,00%	1,80%
Корреляция между изменениями доходностей и спредов	–0,14	–0,17	–0,23	–0,50	–0,56	–0,40
Средний спред (%)	1,04	1,50	2,16	3,92	5,77	10,75
Теоретический коэффициент хеджирования при среднем уровне спреда*	0,95	0,93	0,88	0,24	–0,04	–0,23

* Рассчитано с использованием формулы 21.17.

Источник: табл. 1, часть B из Madhur Ambastha, Arik Ben Dor, Lev Dynkin, Jay Hyman, and Vadim Konstantinovsky, "Empirical Duration of Corporate Bonds and Credit Market Segmentation," *Journal of Fixed Income* 20, 1 (Summer 2010). Воспроизводится с разрешения Institutional Investor LLC.

В табл. 21.3 приведена корреляция между изменениями уровня казначейских ставок и изменениями корпоративных кредитных спредов. Чтобы понять, как интерпретировать корреляцию, представленную в таблице, воспользуемся данными банковского и брокерского сектора по выпускам с рейтингом А. Корреляция составляет –33%. Интерпретируется она следующим образом: при типичном восходящем движении казначейских ставок кредитный спред облигаций банков и брокерских фирм с рейтингом А сужается примерно на 0,33 от типичного движения кредитного спреда. Сужение происходит потому, что корреляция отрицательна.

Таблица 21.3. Корреляция спредов отраслевых портфелей со сдвигом кривой казначейских доходностей (июнь 2013 г.)

	AAA/AA	A	BBB
ФИНАНСОВЫЙ СЕКТОР			
Банки и брокерские фирмы	−32%	−33%	−31%
Финансовые компании, страховые компании и REITS	−26%	−33%	−38%
ПРОМЫШЛЕННЫЙ СЕКТОР			
Тяжелая промышленность и производство товаров промышленного назначения	−32%	−35%	−35%
Потребительские товары циклического характера	−38%	−34%	−30%
Потребительские товары нециклического характера	−35%	−32%	−30%
Коммуникационные и технологические компании	−31%	−34%	−36%
Энергетические и транспортные компании	−37%	−37%	−38%
КОММУНАЛЬНЫЙ СЕКТОР	−24%	−35%	−34%
НЕКОРПОРАТИВНЫЙ СЕКТОР	−32%	−34%	−36%

Источник: табл. 3 в Antonio B. Silva, "Insights from Point (R) Global Risk Model: Credit in a Turning Rates Environment," *Barclays Index, Portfolio and Risk Solutions Research/Portfolio Modeling,* November 21, 2013. Эти результаты также воспроизводятся в Arthur Berd, Elena Ranguelova, and Antonio B. Silva, "Credit Portfolio Management in a Turning Rates Environment," *Journal of Investment Strategies,* 3, 1 (December 2013). Воспроизводится с разрешения Barclay's Capital.

Мультипликаторы дюрации

Вместо использования переменных показателей для корректирования дюрации высокодоходных корпоративных облигаций в портфеле можно воспользоваться эмпирической дюрацией или рассмотренными выше аналитическими приемами, где параметры оцениваются эмпирически. Истинную дюрацию портфеля, содержащего корпоративные облигации, можно также представить следующим образом[1]:

$$\frac{1}{P}\frac{\Delta P}{\Delta y} \approx -DM,$$

где

$$M = \left[1 + \rho_{y,s}\frac{\sigma_s}{\sigma_y}\right]. \qquad (21.18)$$

[1] Arthur Berd, Elena Ranguelova, and Antonio B. Silva, "Credit Portfolio Management in a Turning Rates Environment," Journal of Investment Strategies, 3, 1 (December 2013).

Поскольку корреляция $\rho_{y,s}$ исторически отрицательна, M корпоративной облигации меньше единицы и уменьшает модифицированную дюрацию. Формула 21.18 практически эквивалентна формуле 21.17 за исключением того, что она выражена в абсолютном изменении спреда, а не в относительном.

Например, стандартное отклонение для казначейских доходностей (т. е. σ_y) в соответствии с моделью риска Barclays составляет 24 базисных пункта в месяц. Стандартное отклонение кредитного спреда в соответствии с моделью риска Barclays составляет 10,1 базисного пункта в месяц для корпоративных облигаций с рейтингом AAA/A, 18,2 базисного пункта в месяц для корпоративных облигаций с рейтингом A и 29,6 базисного пункта в месяц для корпоративных облигаций с рейтингом BBB. В табл. 21.3 приведена корреляция ($\rho_{y,s}$) для облигаций с рейтингом AAA/A, A и BBB в этой отрасли. Подставляя эти значения в формулу 21.18, мы получаем следующие мультипликаторы дюрации:

$$M \text{ для корпоративных облигаций с рейтингом AAA/A} = \left[1+(-0{,}38)\frac{0{,}00101}{0{,}00240}\right]=0{,}84;$$

$$M \text{ для корпоративных облигаций с рейтингом A} = \left[1+(-0{,}34)\frac{0{,}00182}{0{,}00240}\right]=0{,}74;$$

$$M \text{ для корпоративных облигаций с рейтингом } BBB = \left[1+(-0{,}34)\frac{0{,}00296}{0{,}00240}\right]=0{,}63.$$

Как видно, чем ниже кредитный рейтинг, тем сильнее следует сокращать аналитическую дюрацию D.

Резюме

- Риск облигации, подверженной кредитному риску, необходимо измерять как с точки зрения изменений казначейских процентных ставок, так и с точки зрения изменения кредитных спредов.
- Изменения кредитных спредов можно измерять как в абсолютном (базисные пункты), так и в относительном (процентном) выражении.

- Эмпирические данные свидетельствуют о том, что риск кредитного спреда для корпоративных облигаций лучше всего представлять как относительное изменение кредитного спреда.
- Для измерения чувствительности корпоративной облигации к изменениям кредитного спреда можно использовать два показателя — дюрацию спреда и дюрацию, умноженную на спред.
- Дюрация спреда — это чувствительность облигации, облигационного сектора или облигационного портфеля к параллельному сдвигу кредитных спредов. Ее можно интерпретировать как примерное процентное изменение цены облигации при изменении кредитного спреда на 100 базисных пунктов.
- Вклад облигации (облигационного сектора) в дюрацию спреда портфеля вычисляют путем умножения дюрации спреда на вес облигации (или облигационного сектора) в портфеле.
- Дюрация, умноженная на спред (DTS), — альтернатива дюрации спреда, определяется как произведение дюрации спреда и кредитного спреда.
- Вклад облигации (облигационного сектора) в DTS портфеля вычисляют путем умножения DTS на вес облигации (или облигационного сектора) в портфеле.
- Эмпирические данные свидетельствуют о том, что DTS является более эффективным показателем кредитного риска, чем дюрация спреда.
- Два фактора риска влияют на движение цены корпоративной облигации: чувствительность к процентным ставкам и подверженность риску собственного капитала.
- Относительная значимость каждого из двух факторов риска зависит от кредитного риска, связанного с эмитентом облигации.
- По ожиданиям, подтверждаемым эмпирическими данными, у корпоративных облигаций инвестиционного уровня доминирует процентный риск; у высокодоходных корпоративных облигаций более значимым становится риск собственного капитала.
- Для любой корпоративной облигации можно вычислить аналитическую (т. е. определенную на основе формулы) дюрацию, однако это не означает, что корпоративная облигация будет иметь реальную чувствительность к изменению процентных ставок, равную расчетной.
- На практике при оценке дюрации высокодоходных облигаций портфельные менеджеры используют два подхода: 1) эмпирическое правило, предполагающее уменьшение аналитической модифицированной дюрации на некоторую величину, и 2) эмпирическую оценку дюрации.

- Оценка дюрации, полученная на основе простого регрессионного анализа изменения цены корпоративной облигации в зависимости от изменения казначейской доходности в течение некоторого периода, называется эмпирической дюрацией.
- Отсутствие должного учета дюрации корпоративных облигаций с низким кредитным рейтингом в портфеле может привести к слепой игре на процентных ставках (иначе говоря, истинная дюрация портфеля может отличаться от расчетной).
- Можно рассчитать теоретическую разницу между аналитической и эмпирической дюрацией.
- Разница между аналитической и эмпирической дюрацией зависит от следующих трех факторов, которые оцениваются эмпирически: 1) корреляции между параллельным сдвигом казначейских доходностей и изменением кредитных спредов; 2) стандартного отклонения относительного изменения кредитных спредов и 3) стандартного отклонения изменения параллельных сдвигов казначейских доходностей.
- Эмпирическая дюрация уменьшается с расширением спредов. В результате простую линейную зависимость от спреда можно использовать для получения приблизительного значения мультипликатора дюрации.
- Эмпирические данные свидетельствуют о том, что между параллельными сдвигами казначейской доходности и изменениями кредитных спредов существует обратная корреляция.
- Мультипликатор дюрации тем ниже, чем ниже кредитный рейтинг корпоративной облигации.
- Из-за отрицательной корреляции между параллельным сдвигом казначейских доходностей и изменением кредитных спредов, наблюдаемой на рынке корпоративных облигаций, мультипликатор дюрации меньше единицы, а истинная дюрация, определенная путем умножения на мультипликатор дюрации, меньше аналитической дюрации.

Вопросы

1. Какое допущение делают при использовании процентного изменения кредитного спреда в качестве показателя изменения спреда?
2. Что можно сказать на основе эмпирических данных о поведении корпоративных кредитных спредов относительно предпочтительности использования абсолютного и относительного показателя?
3. Что означает дюрация спреда и вклад в дюрацию спреда?

4. Когда все денежные потоки дисконтируются по единой доходности, почему нет разницы между дюрацией (чувствительностью к доходности), процентной дюрацией (чувствительностью к процентным ставкам) и дюрацией спреда (чувствительностью к спредам)?
5. Допустим, у нас имеется корпоративная облигация A со следующими характеристиками:

   дюрация спреда — 5;
   кредитный спред — 100 базисных пунктов;
   вес в портфеле — 6%.

   a. Какая у облигации A дюрация, умноженная на спред?
   b. Каков вклад облигации A в дюрацию, умноженную на спред?
6. Почему использование дюрации, умноженной на спред, лучше использования дюрации спреда при оценке чувствительности к изменению корпоративного кредитного спреда?
7. a. Цены корпоративных облигаций подвержены процентному риску и риску собственного капитала. Почему?
   b. Какой тип корпоративных облигаций более чувствителен к риску собственного капитала, облигации инвестиционного уровня или высокодоходные облигации? Объясните почему.
8. Какие существуют подходы к оценке дюрации высокодоходных облигаций?
9. a. Что такое эмпирическая дюрация корпоративной облигации?
   b. Как оценивается эмпирическая дюрация корпоративной облигации?
10. Портфельный менеджер в текущий момент имеет портфель, состоящий только из корпоративных облигаций инвестиционного уровня с аналитической дюрацией 6,6. Портфельный менеджер хочет продать 20% портфеля и вложить поступления в высокодоходные корпоративные облигации. Клиент дал на это свое согласие. Дюрация портфеля облигаций инвестиционного уровня после продажи равна 6,2 (т. е. портфеля без учета высокодоходных облигаций). Кроме того, портфельный менеджер хочет снизить портфельную дюрацию с 6,6 до 6,0 (т. е. целевая дюрация равна 6,0). Аналитическая дюрация покупаемых высокодоходных корпоративных облигаций составляет 5,4.
    a. Какой будет аналитическая дюрация портфеля после добавления в него 20% высокодоходных облигаций?
    b. Почему у высокодоходных корпоративных облигаций, которые купил портфельный менеджер, истинная дюрация меньше аналитической, составляющей 5,4?

c. Допустим, портфельный менеджер считает, что у высокодоходных корпоративных облигаций дюрация составляет 25% от аналитической дюрации. Исходя из этого допущения, определите, какой будет истинная дюрация портфеля, состоящего из корпоративных облигаций инвестиционного уровня и высокодоходных облигаций?

d. Что должен сделать портфельный менеджер для достижения целевой дюрации?

11. Используя данные из приведенной ниже таблицы для корпоративных облигаций, определите средний коэффициент хеджирования (мультипликатор дюрации) при среднем уровне спреда для трех кредитных рейтингов (M_1, M_2 и M_3):

	Aaa–Aa	*A*	*Baa*
Константа (*a*)	1,04	0,95	0,91
Коэффициент спреда (*b*)	−0,08	−0,08	−0,04
Средний спред (%)	1,15	1,70	1,80
Средний коэффициент хеджирования (мультипликатор дюрации)	M_1	M_2	M_3

12. Используя данные из приведенной ниже таблицы для корпоративных облигаций, определите теоретический коэффициент хеджирования при среднем уровне спреда для трех кредитных рейтингов (*X*, *Y* и *Z*):

	Aaa–Aa	*A*	*Baa*
Волатильность изменений казначейской доходности (%/день)	0,074	0,074	0,074
Волатильность относительных изменений спреда (%/день)	2,80%	2,00%	1,80%
Корреляция между изменениями доходностей и спредов	−0,20	−0,27	−0,32
Средний спред (%)	1,15	1,70	2,30
Теоретический коэффициент хеджирования при среднем уровне спреда	*X*	*Y*	*Z*

13. Используя корреляцию для коммуникационных и технологических компаний из табл. 21.3, рассчитайте мультипликатор дюрации для трех кредитных рейтингов, представленных в таблице.

14. a. Если корреляция между изменениями казначейских ставок и изменениями кредитного спреда равна нулю, каким будет мультипликатор дюрации?
    b. Если в течение некоторого периода корреляция между изменениями казначейских ставок и изменениями кредитного спреда будет положительной, то что произойдет с мультипликатором дюрации?

ГЛАВА 22

Анализ кредитного качества корпоративных облигаций

В этой главе читателю будут представлены сведения:

- об основных объектах анализа облигаций: условия эмиссии, обеспечение, платежеспособность эмитента;
- о необходимости анализа условий эмиссии;
- о факторах, которые необходимо учитывать при оценке способности эмитента выполнить долговые обязательства;
- о факторах, учитываемых при оценке коммерческого риска компании;
- о том, почему анализ компании должен проводиться с учетом отрасли, в которой она действует;
- о том, почему важны риски корпоративного управления и как они могут быть сведены к минимуму;
- о ключевых финансовых коэффициентах;
- о сходствах и различиях анализа корпоративных облигаций и обыкновенных акций.

Как мы уже выясняли в главе 1, кредитные риски включают в себя три типа рисков: риск дефолта, риск кредитного спреда и риск снижения рейтинга. Поскольку рейтинговые агентства (Moody's Investors Service, Standard & Poor's и Fitch Ratings) располагают детально разработанными методиками анализа риска дефолта по корпоративным облигациям, в этой главе мы опишем факторы, на которые они обращают внимание. Назовем структуру анализа, описываемую в настоящей главе, «традиционным анализом кредитного качества». В конце главы приведены два конкретных примера, иллюстрирующих все ключевые элементы традиционного анализа кредитного качества[1]. В главе 23 мы расскажем о моделях кредитных рисков, позволяющих оценивать эти риски, а также рассмотрим, насколько полезными могут быть эти модели для оценки кредитных рейтингов.

ОБЩЕЕ ПРЕДСТАВЛЕНИЕ ОБ АНАЛИЗЕ КОРПОРАТИВНЫХ ОБЛИГАЦИЙ

При анализе риска дефолта как корпоративного эмитента, так и конкретных выпусков облигаций аналитики исследуют три важные области:

1) защита, предоставляемая держателю облигаций и обеспечиваемая условиями эмиссии, ограничивающими свободу действий менеджмента;
2) обеспечение, на которое сможет претендовать держатель облигаций в случае неспособности эмитента произвести требуемые выплаты;
3) способность эмитента производить выплаты держателям облигаций в соответствии с заключенными соглашениями.

В этом разделе мы вкратце рассмотрим все три упомянутые области анализа.

Анализ условий эмиссии

Анализ соглашения об эмиссии является частью оценки кредитного качества корпоративных облигаций. Условия такого соглашения (ковенанты) устанавливают правила, касающиеся действий корпоративного менеджмента в ряде важных вопросов. Эти условия защищают держателя облигаций. Условия соглашения об эмиссии следует исследовать самым тщательным образом. Обычно эти условия содержатся в проспекте эмиссии компании. Однако нередко случается и так, что условия соглашения предоставляются лишь в виде краткого резюме. Часто они носят неоднозначный характер. Аналитик должен чрезвычайно внимательно изучить все термины и определения

---

[1] Значительный вклад в подготовку этой главы внес Цзе Лю. Он предоставил два примера с компанией Sirius XM Holdings. Пример с компанией Sino Forest, представленный здесь, заимствован из: Jie Liu and Frank J. Fabozzi, "Investing in China's High-Yield Debt Markets: A Proposed Credit Analysis Framework" (Forthcoming in Special Issue on China, *Journal of Portfolio Management*).

в соглашении, поскольку в разных случаях они варьируют в значительной степени.

Роберт Левин, известный своей эффективностью инвестиционный менеджер, сформулировал важность понимания условий эмиссии следующим образом:

> Ковенанты позволяют глубже понять стратегию компании. При работе над оценкой кредитного качества необходимо рассматривать ковенанты в контексте корпоративной стратегии эмитента. Для этого недостаточно просто нанять юриста, чтобы тот просмотрел условия эмиссии, потому что юрист может пропустить ключевые для принятия решения факторы. Кроме того, лазейки в ковенантах часто раскрывают истинные намерения руководства[1].

Существуют два типа ковенантов. **Позитивные ковенанты** обязывают эмитента обещать предпринять определенные шаги и действия. **Негативные ковенанты,** называемые также **ограничительными ковенантами,** требуют от эмитента, напротив, не совершать определенных действий. Число вариантов ограничений, которые могут быть наложены на эмитента в форме негативных ковенантов, практически не ограничено.

Некоторые из наиболее распространенных ограничительных ковенантов включают в себя различные ограничения, касающиеся возможностей компании принимать на себя дополнительные долговые обязательства, поскольку ничем не сдерживаемые заимствования могут крайне негативно отразиться на держателях облигаций. Поэтому держатели облигаций могут пожелать установления лимита на размер долга в абсолютном долларовом выражении или же потребовать ввести определенный тип проверки коэффициента покрытия фиксированных расходов. Ниже в этой главе мы рассмотрим различные виды таких коэффициентов. Наиболее распространены два типа проверок: первый тип — **тест поддержания** (*maintenance test*) — требует, чтобы уровень дохода заемщика, из которого осуществляется выплата процентов или фиксированных платежей, был равен по меньшей мере, определенной минимальной величине на каждую установленную отчетную дату (типа квартальной или годовой) за определенный предшествующий период. Другой тип — **тест накопления задолженности** (*debt incurrence test*) — используется только тогда, когда компания желает произвести дополнительное заимствование. Для этого нужно, чтобы величина покрытия процентов

---

[1] Robert Levine, «Unique Factors in Managing High-Yield Bond Portfolios», in Frank K. Reilly (ed.), *High-Yield Bonds: Analysis and Risk Assessment* (Charlottesville, VA: Association for Investment Management and Research, 1990), p. 35.

или фиксированных расходов, скорректированная на новый уровень долга, находилась на определенном минимальном уровне за определенный период до финансирования. Накопительные тесты обычно считаются менее строгими, чем положение о поддержании. Могут также использоваться тесты или **требования к денежному потоку,** а также **положения о поддержании уровня оборотного капитала.**

Некоторые соглашения об эмиссии могут запрещать дочерним компаниям осуществлять заимствование у любых компаний, кроме материнской. Соглашения об эмиссии нередко классифицируют дочерние компании как ограниченные и неограниченные. К ограниченным дочерним компаниям относятся те, которые считаются консолидированными для целей финансового теста; неограниченные дочерние компании (зачастую иностранные или определенные специальные компании) — это те, которые исключены из ограничительных положений, регулирующих деятельность материнской компании. Нередко дочерние компании классифицируются как неограниченные, чтобы дать им возможность финансировать свою деятельность из внешних источников.

Анализ обеспечения

Корпоративные долговые обязательства могут быть обеспеченными или необеспеченными. В случае ликвидации корпорации суммы, вырученные в процессе банкротства, распределяются между кредиторами на основании правила абсолютного приоритета. В противоположность этому при реорганизации, как уже говорилось в главе 7, правило абсолютного приоритета применяется редко. В таких случаях события обычно разворачиваются следующим образом: держатели необеспеченных обязательств могут получить долю, полностью покрывающую их финансовые претензии, требования держателей обыкновенных акций могут быть удовлетворены частично, в то время как держатели обеспеченных обязательств могут рассчитывать на удовлетворение небольшой части своих претензий. «Обеспеченные» кредиторы в данном случае соглашаются передать приоритет в распределении средств необеспеченным кредиторам и держателям обыкновенных акций для того, чтобы добиться от них одобрения планов реорганизации — планов, которые должны быть одобрены всеми участвующими сторонами.

Здесь возникает вопрос: что же означает «обеспеченная позиция» в случае реорганизации, коль скоро при реорганизации правило абсолютного приоритета не выполняется? Права «обеспеченного» кредитора имеют значение в процессе переговоров. Однако вследствие того, что правило абсолютного приоритета не выдерживается, а окончательное распределение средств при реорганизации зависит от умения участвующих сторон торговаться, некоторые аналитики придают меньшее значение обеспечению в сравнении с условиями эмиссии и коммерческими рисками.

Оценка платежеспособности эмитента

Оценивая способности эмитента обслуживать свои долговые обязательства (например, своевременно выплачивать процентную ставку и номинал), многие сразу же настраиваются на то, чтобы дотошно изучать и анализировать цифры, взятые из финансовой отчетности корпорации-эмитента. Безусловно, это вопрос огромной важности, однако оценка способности эмитента генерировать положительный поток денежных средств выходит далеко за рамки расчетов и анализа бесчисленного множества финансовых коэффициентов и движения денежных потоков, которые могут использоваться для оценки финансовых рисков компании разве что в первом приближении. Для анализа платежеспособности эмитента аналитики также внимательно рассматривают и качественные факторы, такие как коммерческие риски эмитента и риск корпоративного управления.

Таким образом, оценка платежеспособности эмитента включает в себя анализ следующих факторов:

1) коммерческих рисков;
2) риска корпоративного управления;
3) финансового риска.

В последующих разделах мы поясним, что представляет собой анализ каждого из указанных факторов.

АНАЛИЗ КОММЕРЧЕСКОГО РИСКА

Коммерческий риск определяется как риск, связанный с операционными денежными потоками. Нельзя определенно судить о денежных потоках, поскольку текущие доходы и расходы также трудно предсказуемы. Доходы зависят как от ситуации в экономике в целом, ситуации в отрасли, в которой работает компания, так и от действий менеджмента самой компании и ее конкурентов. Текущие расходы включают в себя переменные и постоянные составляющие, которые в свою очередь также зависят от величайшего множества факторов.

Анализ коммерческого риска начинается с составления представления о том, как компания зарабатывает деньги. Это кажется настолько простым, что «опытные» инвесторы так и норовят перепрыгнуть через этот самый первый этап и погрузиться в «углубленный» анализ. Однако без четкого представления о том, как работает бизнес-модель компании[1], дальнейшие выводы нередко становятся шаткими. Sino-Forest Corporation, которая фигурирует в одном из примеров в конце этой главы, очень наглядно показывает, почему критически важно понимать бизнес-модель компании.

Оценивая предпринимательские риски, три ведущих рейтинговых агентства исследуют одни и те же наиболее важные области. Standard & Poor's (S&P) при анализе коммерческих рисков рассматривает страновой риск, характеристики отрасли, рыночные позиции компании, портфель продуктов и их маркетинг, технологии, эффективность управления затратами, компетентность стратегического и оперативного менеджмента, а также прибыльность в сравнении с сопоставимыми по положению и роду деятельности компаниями[2]. Moody's исследует тренды в отрасли, политическую обстановку и регулятивную активность государства, качество менеджмента и его склонность к риску, а также базисные принципы функционирования компании и ее конкурентоспособность[3]. Fitch анализирует тренды в отрасли, деловую среду, положение компании на рынке и состояние ее менеджмента[4].

Анализ трендов в отрасли важен потому, что вне отраслевого контекста анализ компании теряет смысл. Предположим, например, что темп экономического роста компании за последние три года составлял 20% в год. Взятый сам по себе, этот факт может показаться примером вполне впечатляющего роста. А теперь предположим, что за этот же период в отрасли, к которой относится рассматриваемая компания, наблюдался рост 45% в год. Может существовать множество факторов, объясняющих расхождение между относительными показателями, однако уже можно сделать заключение, что в плане конкурентоспособности компания явно слаба. Оценки же отрасли

---

1 Какого-то стандартного определения, что понимать под бизнес-моделью, не существует. Остервальдер и Пинье утверждают, что «бизнес-модель описывает идею о том, как организация создает, предоставляет и получает стоимость». См.: Александр Остервальдер, Ив Пинье. Построение бизнес-моделей: Настольная книга стратега и новатора. Пер. с англ. — М.: Альпина Паблишер, 2016.

2 Standard & Poor's Corporation, *Corporate Rating Criteria,* 2005, p. 20.

3 Moody's Investors Service, *Industrial Company Rating Methodology,* July 1998, p. 3.

4 Fitch Ratings, Corporate Rating Methodology, undated, pp. 1–2.

следует делать в глобальном контексте. Для примера возьмем автомобильную промышленность. Оценка конкурентной позиции компании в отрасли будет недостаточно обоснована без учета ее конкурентной позиции на мировом рынке. С устранением барьеров в международной торговле для многих компаний конкурентоспособность на глобальном рынке стала необходимостью.

Выше мы уже говорили об областях исследования, позволяющих кредитному аналитику выстроить систему точек отсчета для адекватной интерпретации экономических перспектив компании. К ним относятся: экономическая цикличность, перспективы роста, расходы на исследования и разработки, конкуренция, источники поставок, уровень регулятивной активности и рабочая сила[1]. Эти сферы перекрывают большую часть проблем, которыми занимаются рейтинговые агентства при оценке предпринимательских рисков. Коснемся вкратце каждой из этих областей.

Одним из первых шагов в анализе является исследование того, насколько последовательно ситуация в отрасли следует за ростом валового внутреннего продукта (ВВП). Это делается для того, чтобы лучше понять экономическую цикличность данной отрасли. Следует, однако, отметить, что экономический рост, измеряемый ростом ВВП, не всегда может служить надежным ориентиром для оценки потенциального роста отрасли. Есть отрасли, чутко реагирующие на многие другие экономические факторы, и нередко различные секторы той или иной отрасли движутся в противофазе по отношению к общей экономической ситуации или по меньшей мере с различной степенью запаздывания. В некоторых отраслях рост в определенной степени зависит от общего роста экономики, но в еще большей степени зависит от изменений в демографии. С анализом экономической цикличности тесно связаны оценки перспектив роста рассматриваемой отрасли. Для этого требуется анализ того, прогнозируется ли в будущем для данной отрасли рост и последующее закрепление на достигнутых позициях, или же предполагается ее экономический спад. Аналитики разрабатывают сценарии такого роста, чтобы оценить влияние роста отрасли на ситуацию в отдельно взятой компании.

Чтобы оценить перспективы роста, кредитному аналитику необходимо исследовать, насколько влияют расходы на исследования и разработки *(R&D)* на рыночную позицию компании. Анализируемая компания в данный момент времени может быть вполне успешна в своей отрасли, однако нехватка финансовых средств для поддержания технологического лидерства или отсутствие финансирования, достаточного хотя бы для поддержания

---

[1] Frank J. Fabozzi, «Credit Analysis for Corporate Bonds», chapter 32. В: Frank J. Fabozzi (ed.). *The Handbook of Fixed Income Securities* (New York, NY: McGraw-Hill, 2005), p. 735.

достигнутого технологического уровня, в долгосрочной перспективе могут привести к ухудшению рыночной позиции компании.

Изучая проблему ценообразования, аналитик должен исследовать рыночную структуру отрасли (нерегулируемая монополия, олигополия и т. д.), так как она ощутимо влияет на ценовую эластичность. Более того, рыночная структура особенно важна, если она оказывает влияние на одну из характеристик отрасли, о которой мы уже упоминали выше: на ресурсную базу. Компания, которая не самодостаточна в факторах производства, но занимает в своей отрасли положение, достаточно прочное для того, чтобы выдержать без потерь рост затрат, находится в более сильной позиции, чем компания, работающая в отрасли, где увеличившиеся расходы перекладываются на потребителя, да и то только в том случае, если это удается сделать.

Что касается регулирования как такового, дело не в его наличии или отсутствии в отрасли. Внимание следует уделить направлению регулятивной активности и тому воздействию, которое она может оказать на текущую или будущую прибыльность компании. Регулирование часто сопровождается вмешательством государства в деятельность компании за пределами США.

Ключевой компонент в структуре расходов любой отрасли — расходы на оплату труда. Анализируя ситуацию с рабочей силой, кредитный аналитик прежде всего смотрит, в какой степени отрасль охвачена профсоюзами. Если степень такой охваченности высока, то далее аналитик изучает следующие вопросы: 1) располагает ли менеджмент достаточной свободой сокращать число работающих; 2) когда подлежит возобновлению стандартный трудовой договор; 3) данные о забастовках, имевших место ранее. В компаниях, где профсоюзное влияние отсутствует, кредитный аналитик рассматривает перспективы потенциального вовлечения работающих в профсоюзы. При анализе отрасли изучаются также потребности в конкретных специалистах.

РИСК КОРПОРАТИВНОГО УПРАВЛЕНИЯ

Анализируемые составляющие корпоративного управления включают следующие моменты: 1) структуру собственности данной корпорации; 2) управленческую политику; 3) политику в отношении раскрытия финансовой информации. Стремление корпоративного менеджмента представить акционерам и рынку результаты работы в наиболее выгодном свете стало ключевым фактором в ряде корпоративных скандалов последних лет. Генеральный директор, финансовый директор и совет директоров несут прямую ответственность за раскрытие информации в финансовой отчетности и корпоративные решения.

При рассмотрении многих вопросов корпоративного управления в качестве основополагающей экономической теории используется теория «принципала — агента», определяющая отношения между высшим менеджментом и акционерами в корпорациях[1]. На агента, т. е. на высшее руководство корпорации, возлагается обязанность действовать от лица принципала, т. е. акционеров корпорации. В отношениях «принципал — агент» для агента существует возможность действовать не в интересах принципала, а выстраивать корпоративную политику в собственных интересах.

Существуют механизмы, позволяющие снизить вероятность того, что менеджмент будет действовать в собственных интересах. Эти механизмы делятся на две основные категории. Сущность первой из них заключается в том, чтобы более надежно связать интересы менеджмента с интересами акционеров. Такой результат достигается тем, что менеджмент наделяется экономически значимым участием в капитале компании. Вознаграждение высшему руководству корпорации может быть также увязано с динамикой акций компании на рынке.

Вторую категорию механизмов составляют системы внутреннего корпоративного контроля компании, которые могут обеспечить эффективный мониторинг результативности менеджмента и его способов принятия решений. Например, это может помочь совету директоров, считающему, что деятельность генерального директора не соответствует интересам акционеров, своевременно отстранить его от исполнения обязанностей. В общем и целом существует несколько характеристик такой системы внутреннего корпоративного контроля, которые критически необходимы для эффективного мониторинга менеджмента. Как выяснилось, общей чертой громких корпоративных скандалов стало то, что в каждом случае крах систем внутреннего корпоративного контроля привел к серьезным проблемам в корпорации и к разорению акционеров.

Вследствие важности той роли, которую играет совет директоров, его структура и состав становятся жизненно важной проблемой для эффективного управления корпорацией. Ключевой задачей здесь является устранение влияния генерального директора и высшего руководства на членов совета директоров. Этого можно достичь несколькими способами. Во-первых, поскольку не существует ограничений в численном составе совета, чем больше в нем членов, тем менее вероятно влияние генерального директора на совет.

---

1 Основополагающим трудом, описывающим отношение «принципал — агент» в корпоративных финансах, является следующая работа: Michael Jensen and William Meekling, «Theory and the Firm: Managerial Behavior. Agency Costs and Ownership Structure», *Journal of Financial Economics* (October 1976), pp. 315–360.

С большим количеством членов совета можно создать большее число комиссий, работающих с ключевыми вопросами[1]. Во-вторых, в составе совета большинство должны составлять независимые директора, а в состав комиссий следует включать только их[2]. И, наконец, ряд специалистов по корпоративному управлению считает, что генеральный директор не должен быть председателем совета директоров, поскольку такая практика позволяет ему иметь слишком большое влияние на членов совета и на принятие важных корпоративных решений[3].

Для обеспечения лучших методов организации эффективного корпоративного управления разработаны определенные стандарты и кодексы[4]. Эти стандарты и кодексы выходят за рамки применимых законов о ценных бумагах. Смысл их заключается в том, что принятие лучших методов организации корпоративного управления посылает инвесторам сигнал о принципах действий менеджмента данной корпорации. Существуют эмпирические доказательства, подтверждающие связь между характером корпоративного управления и рейтингом (а соответственно и доходностью) облигаций[5].

Ряд организаций предлагает свои услуги в оценке корпоративного управления, которая затем выражается в форме рейтинга. Как правило, эти рейтинги становятся общедоступными с разрешения компании, заказавшей такую оценку. Сервис подобного рода предлагает и S&P, публикуя «балл корпоративного управления», основанный как на общедоступной информации,

---

1 Как минимум должны существовать: аудиторская комиссия, комиссия по назначениям (членов совета) и комиссия по вознаграждениям.

2 Существует два класса членов совета директоров. Директора, являющиеся наемными работниками, представителями менеджмента, а также имеющие определенную экономическую заинтересованность, как это определено *SEC* (например, бывший работник, пользующийся пенсионным фондом, родственник одного из топ-менеджеров или представитель банка, являвшегося андеррайтером ценных бумаг корпорации), называются «внутренними директорами». Члены совета, не попадающие в категорию «внутренних директоров», называются «внешними директорами» или «независимыми директорами».

3 Такова позиция Комиссии по ценным бумагам и биржам.

4 Стандарты лучших методов организации, принятые многими в качестве эталона, были предложены Организацией экономического сотрудничества и развития в 1999 г. Другими организациями, устанавливающими стандарты и кодексы корпоративного управления, являются Ассоциация корпоративного управления стран Британского Содружества), Международная сеть корпоративного управления и «Круглый стол бизнеса». Отдельные страны, используя принципы *ОЭСР,* также приняли собственные кодексы и стандарты.

5 См.: Sanjeev Bhojraj and Partha Sengupta, «Effect of Corporate Governance on Bond Ratings and Yields: The Role of Institutional Investors and Outside Directors», *Journal of Business,* 76, 2003, pp. 455–476.

интервью с топ-менеджментом и директорами, так и на конфиденциальной информации, которую S&P может использовать из своих корпоративных кредитных рейтингов. Баллы присваиваются по шкале от 10 (высший балл) до 1 (низший балл)[1].

В дополнение к корпоративному управлению кредитные аналитики оценивают качество менеджмента, исходя из оценок платежеспособности корпорации. Оценивая качество менеджмента Moody's, например, старается понять практику и стратегию бизнеса, сформулированные этим менеджментом. При этом Moody's рассматривает следующие факторы: 1) стратегическое направление, 2) финансовую философию, 3) консерватизм, 4) прошлые достижения, 5) планирование преемственности и 6) системы контроля.

Финансовый риск

Оценив и поняв корпоративный предпринимательский риск и риск корпоративного управления, аналитик готов к тому, чтобы заняться оценкой финансового риска. Этот процесс включает в себя традиционный анализ коэффициентов, равно как и анализ других факторов, влияющих на финансовую обеспеченность компании. Ниже мы вкратце скажем о том, что представляют собой некоторые из наиболее важных финансовых показателей: коэффициент покрытия процентов, леверидж, поток денежных средств, чистые активы и оборотный капитал. После того как эти показатели определены, необходимо проанализировать их абсолютные значения по отношению к показателям отрасли в целом.

Прежде чем заниматься анализом финансового отчета, аналитик должен определиться с тем, имеет ли отрасль, в которой функционирует рассматриваемая им компания, какие-то особые приемы ведения бухгалтерского учета, как, например, в страховом бизнесе. Если это действительно так, то аналитику стоит освоить эти приемы и правила. Более того, аналитик должен проанализировать учетную политику, чтобы определить, какой стратегии — либеральной или консервативной — придерживается менеджмент, пользуясь общепринятыми принципами бухгалтерского учета (*Generally Accepted Accounting Principles — GAAP)*. Аналитику следует знать об изменениях, внесенных в GAAP компанией, а также о причинах таких изменений. Поскольку анализируются исторические данные, аналитику необходимо уметь распознавать, когда компании подправляют результаты предыдущих лет, чтобы покрыть прекращаемые виды деятельности, и видеть те изменения в ведении

---

1 Standard & Poor's, *Corporate Governance Evaluations & Scores* (2004), p. 3.

бухгалтерии, которые могут скрывать неблагоприятные тенденции. Этого можно достичь, сравнивая скорректированные и нескорректированные результаты деятельности компании.

Покрытие процентов

Коэффициент покрытия процентов показывает, во сколько раз прибыль до уплаты налогов превышает объем процентных выплат. Как правило, используемые и публикуемые коэффициенты покрытия процентов вычисляются до налогообложения, поскольку выплаты по процентам относятся к доналоговым расходам. **Доналоговый коэффициент покрытия процентов** рассчитывается путем деления доналоговой прибыли вместе с уплаченными процентами на подлежащий выплате процент. Чем выше этот коэффициент, тем меньше — при равенстве прочих факторов — кредитный риск. Если доналоговый коэффициент покрытия процентов компании меньше единицы, это означает, что ей придется занимать финансовые средства, задействовать денежные потоки от текущей деятельности или средства от продажи фондов, чтобы покрыть необходимые выплаты по процентам. Альтернативно в качестве числителя используют прибыль до уплаты процентов, налогов и вычета амортизации *(EBITDA)* и получают коэффициент покрытия процентов, который выше обычного коэффициента, поскольку в числитель добавляются амортизационные отчисления.

Расчет простого доналогового покрытия процентов может ввести в заблуждение, если у компании, помимо выплаты процента, существуют и другие значительные постоянные обязательства. В этом случае более адекватный коэффициент покрытия должен включать в себя и эти фиксированные обязательства, а полученный в результате коэффициент называется **коэффициентом покрытия постоянных затрат.** Примером таких значительных постоянных обязательств могут быть арендные платежи. Аналитик должен также быть в курсе того, существуют ли в исследуемой им ситуации иные условные обязательства, такие как гарантии данной компании по долгам другой компании.

Аналитик должен также обратить внимание на показатель расходов на выплату процентов в отчетности. Компании стремятся показывать процентные расходы за вычетом капитализированных процентов и процентного дохода в отчете о прибылях и убытках. Чистый показатель расходов на выплату процентов занижает истинные обязательства компаний по уплате процентов. Разумнее использовать валовые процентные расходы при расчете коэффициента покрытия процентов.

Вместо прибыли до налогообложения может быть использован денежный поток, а рассчитанный на его основе коэффициент называется **коэффициентом денежного потока.** Позже мы обсудим различные виды этого коэффициента.

Леверидж

Второй важный коэффициент — **коэффициент финансового левериджа.** Единого определения этого термина нет, однако наиболее распространенная трактовка определяет его как отношение совокупного долга к совокупной капитализации компании[1]. Чем выше уровень долга, тем большую долю операционных доходов придется использовать на покрытие фиксированных долговых обязательств. При расчете левериджа обычно используется структура капитализации компании в том виде, в котором она представлена в последнем балансе. Для уточнения этого показателя аналитику следует рассчитывать капитализацию исходя из рыночной аппроксимации стоимости акций компании.

В дополнение к отношению совокупного долга к совокупной капитализации для оценки левериджа компании используют два других отношения: 1) отношение совокупного долга к EBITDA и 2) отношение совокупного долга к EBIT. Если отношение совокупного долга к совокупной капитализации показывает процентную долю капитальной структуры компании, финансируемую за счет заимствований, то два другие показателя характеризуют способность генерировать денежный поток относительно долговых обязательств.

При анализе компании с высоким уровнем левериджа необходимо определить маржу ее безопасности. **Маржа безопасности** определяется как процент (доля), на который может сократиться операционная прибыль, оставаясь при этом достаточной для того, чтобы компания могла покрывать взятые на себя фиксированные долговые обязательства. В различных отраслях уровень левериджа и маржа безопасности варьируют в очень широких пределах.

Следует уделить внимание и операционному лизингу компании. Такой лизинг является альтернативой финансированию активов с помощью заемных средств. Иначе говоря, наличие существенного операционного лизинга

---

1 Совокупный долг — это сумма долгосрочного и краткосрочного долга. Хотя в большинстве случаев краткосрочный долг намного меньше долгосрочного, иногда он бывает значительным, особенно у эмитентов высокодоходных облигаций. Включение краткосрочного долга объясняется также тем, что совокупная капитализация в знаменателе включает и долгосрочный, и краткосрочный долг. Таким образом, использование совокупного долга более корректно.

может дать заниженную оценку левериджа компании. Чтобы получить реальный уровень левериджа, нужно внести операционный лизинг в схему капитализации компании.

Необходимо рассмотреть еще два фактора: структуру сроков погашения долгов и способы банковского кредитования (кредитные линии). В отношении первого из них аналитику следует выяснить, какая часть долга подлежит выплате в течение ближайших пяти лет и как будет рефинансирован долг. Что касается второго фактора, то следует заметить, что банковские кредитные линии часто составляют значительную часть совокупного долга компании. Нужно тщательно изучить способы банковского кредитования для того, чтобы определить, какой маневренностью обладает компания. Банковские кредитные линии следует оценивать с точки зрения как неиспользованных возможностей, так и с точки зрения залогового права, т. е. прав кредиторов. Анализ банковского кредитования включает в себя также рассмотрение вопроса о том, содержит ли структура такого кредитования оговорку относительно «существенных неблагоприятных изменений», в соответствии с которой банк может закрыть предоставленную им кредитную линию.

Поток денежных средств

Кредитные аналитики сходятся во мнении, что анализа денежного потока компании критически важен для оценки кредитного риска. Это особенно справедливо для эмитентов спекулятивного уровня, поскольку они больше зависят от собственных средств во времена дефицита наличности.

К сожалению, не существует единообразного определения денежного потока. S&P, например, рассматривает четыре концепции потока денежных средств: операционный денежный поток, свободный операционный денежный поток, дискреционный денежный поток и предварительно профинансированный денежный поток. Если денежный поток известен, то по нему рассчитываются коэффициенты денежного потока[1]. Эти коэффициенты, по сути, являются разновидностью коэффициентов покрытия, описанных ранее.

Компании обязаны включать отчет о движении денежных средств в свою финансовую отчетность вместе с отчетом о прибылях и убытках и балансом. Отчет о движении денежных средств представляет собой суммарную сводку по денежному потоку компании за определенный период, разделенному на операционную, инвестиционную и финансовую составляющие. Аналитики затем изменяют формат этой информации, комбинируя ее с информацией

---

1 Standard & Poor's Corporation, Corporate Rating Criteria (2003), p. 27.

из отчета о прибылях и убытках с тем, чтобы получить более детальную картину деятельности компании. В S&P, например, сначала рассчитывают то, что они называют **средствами от операций** (определяемые как чистая прибыль с учетом амортизации и другие неденежные расходы и доходы).

Операционный денежный поток представляет собой средства, полученные от операций за вычетом пополнения оборотного капитала (текущие активы минус текущие обязательства). Операционный денежный поток нередко называют **денежным потоком от операций**. Вычитание из этой величины суммы капитальных затрат дает показатель, который S&P определяет как **свободный операционный денежный поток**, или просто **свободный денежный поток**. Аналитик должен тщательно учитывать капитальные затрата при определении свободного денежного потока. Капитальные затраты компании обычно складываются из капитальных затрат на обеспечение деятельности и капитальных затрат на обеспечение роста. Первые служат для поддержания существующих операций, а вторые — для обеспечения будущего роста. Аналитик должен на основе своего суждения определять, какие именно капитальные затраты использовать при расчете свободного денежного потока. Именно из этого потока выплачиваются дивиденды и осуществляются поглощения. Вычитание денежных дивидендов из свободного операционного денежного потока дает в результате **дискреционный денежный поток.** После внесения поправок в дискреционный денежный поток на относящиеся к ведению менеджмента решения, такие как приобретение других компаний, использование активов (например, на новые направления бизнеса или на дочерние компании), а также на иные источники поступлений или расходования денежных средств получают предварительно профинансированный денежный поток. По определению S&P, **предварительно профинансированный денежный поток** «представляет собой величину того, насколько финансовых средств компании, поступавших из всех внутренних источников, оказалось достаточно, чтобы покрыть все ее внутренние потребности»[1].

Показатели денежного потока могут затем использоваться для расчета различных коэффициентов денежного потока. Конкретные коэффициенты зависят от типа исследуемой компании.

Чистые активы

Четвертым важным коэффициентом является отношение чистых активов к совокупному долгу. При анализе этого коэффициента особое внимание

---

1 Standard & Poor's Corporation, *Corporate Rating Criteria,* p. 27.

следует уделить ликвидационной стоимости активов. Ликвидационная стоимость нередко может разительным образом отличаться от стоимости активов, указанной в балансовом отчете. Нередко для оценки рыночной стоимости активов, генерирующих денежный поток, используют **стоимость предприятия**. Она определяется как рыночная стоимость собственного капитала плюс совокупный долг минус денежные средства. В дополнение к рыночной стоимости активов, определенное внимание должно уделяться и их ликвидности.

Компания, чьи активы в значительной степени представляют собой денежные средства и легко реализуемые ценные бумаги, находится в гораздо более сильной позиции с точки зрения активов, чем компания, чьи основные активы составляет неликвидная недвижимость. И, наконец, следует уделить внимание и ряду других финансовых показателей, таких как нематериальные активы, пенсионные обязательства, а также возраст и состояние основных средств.

Оборотный капитал

Оборотный капитал определяется как разность между краткосрочными активами и краткосрочными обязательствами. Оборотный капитал считается ключевым показателем финансовой маневренности компании. Другие показатели этого же ряда включают в себя *коэффициент текущей ликвидности* (краткосрочные активы, деленные на краткосрочные обязательства) и *коэффициент мгновенной ликвидности* (денежные средства, легко реализуемые ценные бумаги и дебиторская задолженность, деленные на краткосрочные обязательства). Чем сильнее показатели ликвидности данной компании, тем устойчивее она к экономическим спадам и сокращению денежного потока.

Оценивая этот показатель, следует рассматривать нормальные потребности в оборотном капитале как компании, так и отрасли в целом. Должны быть проанализированы и составляющие оборотного капитала. Хотя дебиторская задолженность считается ликвидной, увеличение среднего срока погашения дебиторской задолженности может быть показателем того, что для сохранения эффективности операций компании может потребоваться более значительный оборотный капитал. Вдобавок, компании часто получают финансирование под дебиторскую задолженность, иногда с правом регресса. В таких ситуациях сопоставление компаний в рамках одной и той же отрасли может давать искаженную картину.

ИНВЕСТИЦИОННОЕ РЕШЕНИЕ

Любая инвестиция имеет свою цену. Именно она нередко является решающим фактором. При инвестировании в высокодоходные инструменты руководствоваться необходимо таким правилом: никогда не жертвуйте безопасностью ради доходности. Кредитный риск — нелинейная величина, и инвесторы редко получают достаточную компенсацию за снижение безопасности в условиях несимметричности риска и вознаграждения. Типичным примером является оценка возможностей инвестирования в разные облигации, выпущенные одной и той же компанией. Младший долг обычно имеет более высокую доходность (в диапазоне нескольких сотен базисных пунктов в зависимости от ситуации с субординированием) по сравнению со старшим долгом в новом выпуске. Это делается с целью привлечения инвесторов. Получить нескольких дополнительных сотен базисных пунктов — очень соблазнительная перспектива для инвесторов в долговые инструменты. Однако в случае неблагоприятного события разница в убытках младших и старших держателей долга может десятикратно превышать разницу в первоначальных доходностях. Если цена опускается значительно ниже внутренней стоимости, неизбежно появляется асимметрия риска и вознаграждения. Низкая цена — самый эффективный путь создания запаса на ошибку. Маржу безопасности можно создать либо за счет высокого качества, либо за счет достаточно низкой цены. Например, инвесторы в проблемный долг чаше всего создают маржу безопасности за счет низкой цены. Однако инвесторы в высокодоходные долговые инструменты могут играть и на высоком качестве активов, и на разумной цене. Говорят, что инвестирование — это сочетание искусства и науки, однако искусства в нем, пожалуй, больше, чем науки.

АНАЛИЗ КРЕДИТНОГО КАЧЕСТВА КОРПОРАТИВНЫХ ОБЛИГАЦИЙ И АНАЛИЗ АКЦИЙ

Анализ коммерческого риска, риска корпоративного управления и финансового риска, описанный выше, включает в себя те же приемы, которыми пользуются и аналитики, работающие с обыкновенными акциями. Менеджеры, занимающиеся инвестициями в инструменты с фиксированным доходом, в большинстве своем убеждены, что анализ корпоративных облигаций, и особенно высокодоходных облигаций, должен вестись с позиций фондового аналитика. Стивен Эссер в связи с этим пишет:

Использование подхода, присущего анализу акций, или по меньшей мере понимание гибридной природы высокодоходных облигаций, может или подтвердить, или опровергнуть результаты традиционного кредитного анализа, что вынудит аналитика зарыться в проблему глубже[1].

И далее:

Невозможно переоценить значение динамического, ориентированного на исследование акций, анализа для тех, кто работает с инвестициями в высокодоходные облигации, независимо от того, выпущены ли они публичными или частными компаниями. Если аналитик пытается определить, стоит ли покупать высокодоходные акции какой-либо компании, у него есть полезный практический метод решения этой проблемы, поскольку, когда стоимость этих бумаг идет вверх, таким же образом ведет себя и капитал компании, под который заимствовались средства. В этом случае у облигаций — при прочих равных условиях — повышается кредитное качество, и их стоимость должна расти относительно конкурирующих долговых инструментов[2].

ПРИМЕР: КРЕДИТНЫЙ АНАЛИЗ SIRIUS XM HOLDINGS INC.

В этом примере мы рассмотрим облигации Sirius XM 5,25% 2022 (далее мы будем называть их «облигации 2022»), которые имеют значительно более серьезную защиту по сравнению с другими облигациями компании. Учитывая важность ковенантов компании, мы приводим их анализ в следующем примере. Как мы увидим, ковенанты — один из самых значимых факторов более высокой доходности облигаций 2022 по сравнению с другими облигациями компании.

Анализ был проведен в 2012 г. и обновлен в целях нашего примера в 2014 г. с учетом новой информации. Облигации 2022 были выпущены в 2012 г. с доходностью на 362 базисных пункта выше, чем у сопоставимых по сроку казначейских бумаг (1,75% 15/05/2022), с кредитным рейтингом B1 и BB от Moody's и Standard & Poor's, соответственно. Рейтинг был повышен в 2014 г. до Baa3 и BBB– агентствами Moody's и Standard & Poor's, соответственно. За время

---

1 Stephen F. Esser, «High-Yield Bond Analysis: The Equity Perspective», in Ashwinpaul C. Sondhi (ed.), *Credit Analysis of Nontraditional Debt Securities* (Charlottesville. VA: Association for Investment Management and Research, 1995), p. 47.

2 Esser, "High-Yield Bond Analysis: The Equity Perspective," p. 54.

владения облигациями с момента их выпуска в 2012 г. (21 месяц на момент настоящего анализа) совокупная доходность составила 17,6%. На наш взгляд, хотя это и неплохо в условиях очень низких процентных ставок, с учетом кредитного риска компании рост от текущего уровня очень незначителен. В ожидании досрочного погашения облигаций в 2017 г. мы рассматриваем облигации 2022 как трехлетнее вложение с расчетной доходностью 3,4%, т. е. как неплохой объект для инвестирования в нынешней ситуации очень низких доходностей. Исходя из того, что облигации 2022 действительно будут досрочно погашены через три года, их оценка относительно 3-летних американских казначейских бумаг дает спред на уровне 250 базисных пунктов, что очень привлекательно для облигации с рейтингом BBB– на момент анализа.

В табл. 22.1 приведены рассмотренные выше финансовые коэффициенты для Sirius в 2009–2013 финансовых годах.

Таблица 22.1. Финансовый анализ Sirius XM Holdings Inc.

	31.12.09 ($ млн)	31.12.10 ($ млн)	31.12.11 ($ млн)	31.12.12 ($ млн)	31.12.13 ($ млн)
Анализ баланса					
Рыночная капитализация	2330	6412	6831	15 208	21 276
Деньги и денежные эквиваленты	383	587	774	521	135
Привилегированные акции и прочее	0,04	0,01	0,01	0,01	0,00
Совокупный долг	3077	3218	3014	2435	3602
Стоимость предприятия	5023	9042	9071	17 123	24 743
Анализ отчета о прибылях и убытках					
Выручка	2473	2817	3015	3402	3799
Стоимость обслуживания	1064	1099	1121	1229	1395
Амортизация	307	271	265	264	251
Валовая прибыль	1409	1718	1893	2173	2405
Валовая прибыль, %	57,0%	61,0%	62,8%	63,9%	63,3%
Операционные расходы	1148	1189	1217	1301	1360
EBITDA	568	800	941	1136	1295
EBITDA, %	23,0%	28,4%	31,2%	33,4%	34,1%
EBIT	261	529	676	872	1044
Процентные расходы	306	301	305	265	205
Анализ денежного потока					
Денежный поток от операций	434	513	544	807	1103

Окончание табл. 22.1

	31.12.09 ($ млн)	31.12.10 ($ млн)	31.12.11 ($ млн)	31.12.12 ($ млн)	31.12.13 ($ млн)
Капитальные затраты	–249	–312	–137	–97	–174
Свободный денежный поток	185	201	406	709	929
Анализ кредитоспособности					
Покрытие долга активами					
Стоимость предприятия/чистый долг	1,9	3,4	4,0	8,9	7,1
Леверидж					
Долг/EBITDA	5,4	4,0	3,2	2,1	2,8
Долг/EBIT	11,8	6,1	4,5	2,8	3,4
Денежный поток от операций/долг	14,1%	15,9%	18,0%	33,1%	30,6%
Покрытие процентов					
EBITDA/процентные расходы	1,9	2,7	3,1	4,3	6,3
EBIT/процентные расходы	0,9	1,8	2,2	3,3	5,1

Основные моменты

Sirius XM — единственная в США спутниковая радиовещательная компания, модель которой основана на использовании подписки. Компания, таким образом, занимает монопольное положение с очень низким показателем оттока клиентов. Как только бизнес достиг критической массы в 2009 г. после слияния двух компаний Sirius и XM, он стал генерировать стабильный и положительный свободный денежный поток. Компания использует мало капитала (менее 5% от выручки) в те годы, когда ей не приходится вводить в строй новые спутники. У нее высокая маржа прибыли и привлекательная рентабельность капитала. На наш взгляд, компания может генерировать положительный и стабильный свободный денежный поток размером примерно $1 млрд в течение трех лет, начиная с 2014 г. Мы считаем бизнес-модель Sirius XM привлекательной.

В результате благожелательного в отношении акционеров управления компания в последнее время увеличила долг до 4,0 EBITDA или до 4,5 EBIT. В целом такая финансовая политика не очень устраивает держателей облигаций. Вместе с тем текущий уровень заемных средств не вызывает беспокойства с учетом способности компании генерировать стабильный денежный поток. Кроме того, покрытие процентов и финансовая ликвидность остаются очень хорошими, на наш взгляд.

В более долгосрочной перспективе компании угрожает конкуренция со стороны технологии в рамках концепции *подключенных к сети автомобилей*. Пока еще рано говорить о ее потенциальном воздействии на операционную деятельность компании и ее прибыльность. Причиной для беспокойства, однако, может стать дальнейшее увеличение доли заемных средств на восходящей фазе экономического цикла. Это может уменьшить финансовую подушку, необходимую для смягчения возросшего долгового бремени в неблагоприятной ситуации. Держатели облигаций могут пострадать в результате возвращения значительного капитала акционерам.

Бизнес-модель и конкурентная позиция

Sirius XM — крупнейшая радиовещательная компания, работающая по подписке, и единственная в США компания, имеющая право вести трансляцию через спутники. У нее около 26 млн подписчиков. Она осуществляет трансляцию высококачественного аудиоконтента по 150 каналам непосредственно подписчикам, вносящим плату ежемесячно.

Эта модель отличается от основной конкурирующей модели, наземного радиовещания, по двум критически важным аспектам. Во-первых, она строится на базе подписки и, таким образом, совершенно не зависит от рекламы. Это позволяет Sirius XM эффективно монетизировать ее контент с достаточной очевидностью дохода в отличие от наземного радиовещания, которое зависит от сезонных колебаний и долгосрочных трендов на рынке радиорекламы. Во-вторых, спутниковая телекоммуникационная инфраструктура эффективна с точки зрения капиталовложений и легко масштабируется, что позволяет обслуживать публику в масштабах страны в отличие от наземного радиовещания, которое ограничено зоной распространения радиосигнала. Эти два отличия служат для Sirius XM платформой для создания высококачественных премиальных программ, которые в свою очередь обеспечивают значительное конкурентное преимущество перед наземным радиовещанием.

Sirius XM ориентируется на клиентов, имеющих автомобили, поскольку 50% радиопередач прослушиваются во время поездок в автомобилях. Основной целевой клиент компании — покупатель нового автомобиля, однако она все больше охватывает покупателей автомобилей на вторичном рынке. В случае новых автомобилей компания имеет договор с OEM-производителями, которые устанавливают оборудование Sirius XM в автомобили, предлагают покупателям пробную подписку и обеспечивают Sirius XM информацией о клиентах в обмен на скидки или долю дохода от подписки. В случае автомобилей с пробегом компания имеет договоры с автодилерами о предоставлении информации о клиентах в обмен на бесплатное пробное прослушивание программ. На обоих конечных рынках срок пробного бесплатного прослушивания или скидок колеблется от 3 до 12 месяцев. После истечения пробного периода компания пытается превратить клиента в платного подписчика. Подписка на спутниковое радио варьирует от $9,99 до $18,99 в месяц в зависимости от пакета, а платными подписчиками компании обычно становятся 40% потенциальных клиентов.

Хотя бизнес имеет очень прочную основу, новая технология на основе интернет-протокола может ослабить его позицию в будущем. Конкуренты прорабатывают возможности использования этой технологии, и наиболее заметными в этом плане являются интернет-сервисы Pandora и Songza. В настоящее время данная технология не может обеспечить генерирование достаточной выручки для этих компаний. Так, стоимость данных может быть очень высокой, когда потребители используют Интернет для скачивания аудиоконтента. Ситуация, однако, может измениться довольно быстро. Одним из ключевых и часто используемых терминов является *подключенный автомобиль*, который обозначает неизбежное встраивание операционной системы, LTE-подключения и, возможно, прикладных программ в каждый автомобиль. Если конкурирующее оборудование начнет вторгаться в сферу автомобильной монополии Sirius XM, то ее ценообразовательная способность и доля слушателей может существенно сократиться. Мы, однако, полагаем, что этого не должно произойти в ближайшее будущее, исходя из нашей оценки текущего рыночного состояния Sirius XM и технологического прогресса.

Выручка

Sirius XM получает примерно 85% своей совокупной выручки от подписки, а оставшуюся часть — из других источников, таких как реклама, выплата роялти и продажа оборудования. Ее выручка зависит от показателя средней выручки на абонента (ARPU) и совокупного числа подписчиков. ARPU определяется в основном ценами, а число подписчиков — продажами автомобилей, уровнем проникновения автомобилей, уровнем привлечения новых клиентов и уровнем оттока клиентов. Цены, уровень оттока и уровень привлечения клиентов требуют тщательной балансировки, поскольку цены имеют отрицательную корреляцию с уровнем привлечения новых клиентов и положительную корреляцию с уровнем оттока. В перспективе выручка, по ожиданиям, продолжит рост по мере добавления подписчиков, при этом темпы прироста числа подписчиков среди покупателей новых автомобилей будут снижаться, а среди покупателей автомобилей с пробегом — повышаться. Уровень охвата покупателей новых автомобилей, по всей видимости, достиг пика, а уровень привлечения новых клиентов и ARPU могут снижаться в результате большей чувствительности покупателей автомобилей с пробегом к цене.

Затраты

Sirius XM имеет следующую структуру затрат: 20% — разделение выручки и роялти; 22% — административно-хозяйственные расходы; 20% — себестоимость привлечения подписчика; 13% — обслуживание клиентов; 12% — программное обеспечение; 7% — техническая поддержка и оборудование. В целом на покрытие денежных операционных затрат уходило 67% выручки в последние 12 месяцев, завершившихся в первом квартале 2014 г., что дает EBITDA примерно на уровне 33%. Этот уровень очень высок по сравнению со многими компаниями, выпускающими высокодоходные долговые инструменты.

Выручка компании росла быстрее, чем операционные затраты, в результате чего маржа прибыли росла на протяжении последних трех лет (2011–2013 гг.). Мы ожидаем продолжения этого тренда в течение нескольких следующих лет, начиная с 2014 г., в результате эффекта масштаба, обеспечиваемого бизнес-моделью. При этом, на наш взгляд, прибыльность компании в скором времени достигнет пика, поскольку наблюдения показывают, что уровень охвата компанией продаж новых автомобилей приближается к пику. Вместе с тем у компании должны остаться возможности наращивания выручки и прибыли в силу продолжающегося роста рынка автомобилей с пробегом.

Финансовый анализ: баланс

Покрытие долга активами

Отношение совокупного долга Sirius XM к совокупному капиталу составляло примерно 56% на конец первого квартала 2014 г., отражая повышение доли долга в структуре капитала. Вместе с тем отношение чистого долга к стоимости предприятия было на уровне лишь 15% в результате того, что акции компании торговались со значительной премией к балансовой стоимости. Мы предпочитаем ориентироваться на рыночную, а не балансовую стоимость при оценке покрытия долга активами компании. Значение имеет стоимость активов компании в данный момент и, что важнее, в будущем, а не в прошлом. Таким образом, долг Sirius XM с запасом покрывается активами, что обеспечивает держателям долга значительную маржу безопасности.

Гудвилл и нематериальные активы

По нашим данным, стоимость гудвилла и нематериальных активов Sirius XM суммарно составляла $4,9 млрд по состоянию на 31 марта 2014 г. Инвесторы должны уделять очень большое внимание нематериальным активам, таким как гудвилл, поскольку они нередко приводят к завышению стоимости активов компании. В случае Sirius XM гудвилл в размере $2,2 млрд в основном состоит из премии, уплаченной компанией Sirius при приобретении компании XM за $4,6 млрд. Что касается ее нематериальных активов стоимостью $2,7 млрд, то лицензия Федеральной комиссии по связи, дающая право на поставку аудиоконтента через спутники, оценивается в $2,1 млрд. На наш взгляд, лицензия Федеральной комиссии по связи — очень ценный и критически необходимый актив для занятия ведущей позиции на рынке. Таким образом, несмотря на значительность суммы, нас не очень беспокоит существенное будущее обесценение или списание стоимости гудвилла и нематериальных активов.

Ликвидность

В конце первого квартала 2014 г. компания располагала ликвидными средствами в размере $2 млрд для выплаты долга в размере $500 млн, срок погашения которого наступает в течение следующих 12 месяцев. Источниками ликвидности являются прогнозный свободный денежный поток в 2014 г., неиспользованные кредитные инструменты и остаток денежных средств. Вместе с тем не похоже, что компания стремится погасить свой долг, учитывая целевой показатель левериджа 4,0. По нашему мнению, компания продолжит выпускать долговые инструменты для рефинансирования истекающих долгов и выплаты вознаграждения инвесторам в долевые ценные бумаги путем выкупа акций и выплаты дивидендов.

Финансовый анализ: прибыльность, леверидж, коэффициенты покрытия и свободный денежный поток

Прибыльность

Маржа валовой прибыли компании и EBITDA стабильно находятся на соответственно 60% и 30% в последние три года (2011–2013 гг.), что свидетельствует о высокой прибыльности компании. Рентабельность капитала также очень привлекательна и находится на уровне между 10 и 20. С достижением зрелости бизнеса в сфере рынка новых автомобилей мы прогнозируем достижение пика прибыльности, однако прибыльность останется высокой на протяжении еще нескольких лет.

Свободный денежный поток

Компания генерирует положительный и все возрастающий свободный денежный поток с 2009 г., когда бизнес достиг критической массы после слияния компаний Sirius и XM, непрерывно на протяжении пяти лет. Высокий коэффициент преобразования свободного денежного потока является результатом высокой маржи EBITDA и относительно низких капитальных расходов, необходимых для ведения бизнеса. Компании не требуются значительные расходы на физическую инфраструктуру по сравнению с другими коммуникационными компаниями, такими как телекоммуникационные и кабельные компании. Ее капитальные расходы на техническое переоснащение в среднем не превышают 5% от выручки, однако могут превысить в зависимости от времени создания новых спутников. Она затратила около $200 млн на спутник в 2011–2013 гг., и ей не придется заменять его по крайней мере до 2017 г. Даже в наиболее капиталоемкие годы капитальные расходы не превышали $350 млн. Компания в настоящий момент генерирует EBITDA более $1 млрд. Таким образом, мы ожидаем, что она продолжит генерировать значительный свободный денежный поток в предстоящие годы.

Леверидж и коэффициенты покрытия

После того как компания выпустила 10-летние облигации на $1,5 млрд 01.05.14, ее финансовый леверидж, измеряемый как долг/EBITDA, достиг целевого уровня 4,0. Даже при использовании более консервативного показателя «валовой долг/EBIT» леверидж остается на приемлемом уровне порядка 4,5, учитывая способность компании генерировать стабильный свободный денежный поток. При этом нам обычно не нравится, когда облигации компании имеют доходность меньше ее левериджа. В данном случае некоторые облигации Sirius XM имеют доходность ближе к 4%, что является негативным фактором при левередже на уровне 4.

По нашим ожиданиям, компания продолжит увеличивать EBITDA и денежный поток в ближайшем будущем, а следовательно, она продолжит выпускать долг, если руководство решит поддерживать леверидж на уровне 4,0 или выше.

Коэффициент EBIT / процентные расходы на уровне 3,5 достаточен, по нашему мнению. Мы предпочитаем использовать EBIT вместо EBITDA при расчете левериджа и коэффициентов покрытия.

Мы забеспокоились бы, если бы компания стала выплачивать подавляющую часть своего свободного денежного потока акционерам и при этом наращивать заимствования теми же темпами, что и на фазе экономического подъема. Это могло бы привести к образованию у компании огромного долга и небольшой финансовой подушки к моменту ухудшения экономических условий в случае усиления конкуренции в результате развития технологий. Хотя такой вариант не является базовым для нас, и на его реализацию может потребоваться много лет, технологические прорывы иногда происходят намного быстрее, чем можно подозревать. Сила созидательного разрушения в результате технологических инноваций проявлялась не раз в последнее десятилетие.

Руководство

Руководство Sirius XM имеет достаточный отраслевой опыт в сфере управления средствами массовой информации и родственными видами деятельности.

Г-н Джеймс Мейер является генеральным директором Sirius XM с декабря 2012 г. С мая 2004 г. по декабрь 2012 г. он занимал должность президента по операциям и продажам и отвечал за надзор и управление производством автомобильных компонентов, онлайн-услугами, розничными рынками, сбытом и техническими функциями. До прихода в Sirius г-н Мейер был президентом Aegis Ventures, консалтинговой фирмы, оказывавшей услуги компании Sirius. До Aegis он в течение 25 лет занимал ряд руководящих должностей в секторе потребительской электроники, в том числе был исполнительным вице-президентом подразделения Digital Media Solutions компании Thompson, мирового лидера в сфере потребительской электроники, и полностью отвечал за работу этого подразделения — глобального бизнеса по обслуживанию индустрии развлечений, радиовещания, создания и распространения контента. До прихода в компанию Thompson г-н Мейер занимал руководящие должности в General Electric и RCA.

Г-н Дэвид Фрир пришел в Sirius в июне 2003 г. в качестве исполнительного вице-президента и финансового директора. До этого он был исполнительным вице-президентом, финансовым директором и директором в SAVVIS Communications, глобального поставщика сетевых услуг, осуществлявшего операции в 44 странах. Г-н Фрир также занимал должность первого вице-президента и финансового директора в Orion Network Systems после реструктуризации Millicom, где он работал финансовым директором.

Г-н Скотт Гринштейн, директор по контенту Sirius XM, занимал руководящие должности в различных медиакомпаниях, в том числе был председателем совета директоров в USA Films, сопрезидентом October Films и работал на разных руководящих должностях в Viacom.

Г-жа Дара Альтман, вице-президент и директор по административным вопросам, работает в Sirius с 2006 г., а до этого занималась деловыми связями в Discovery Communications. Она занимала различные руководящие должности в HBO.

Руководство Sirius XM ясно заявляет о своем намерении управлять компанией дружественным по отношению к акционерам образом. В последние годы оно значительно ускорило процесс выкупа акций и выпуска долговых инструментов. Руководство намерено использовать балансовые активы Sirius XM и почти весь свободный денежный поток для возврата денег акционерам. Одним из ярких примеров этого является предоставление обеспечения для 5,25%-ных облигаций 2022, с тем чтобы обойти ковенанты, ограничивающие выплату дивидендов и выкуп акций.

Структура собственности

Через Liberty Media г-н Джон Малоун владеет более чем 50% обыкновенных акций Sirius XM. Г-н Малоун, известный магнат в сфере телекоммуникаций и кабельного телевидения, предпочитает инвестировать в компании с очень лояльным отношением к акционерам и финансовым левериджем в пределах от 4 до 5. Характер управления Sirius XM соответствует предпочтениям Джона Малоуна.

Заключение

Мы считаем, что при спреде 300+ базисных пунктов для срока менее 10 лет старшие необеспеченные облигации Sirius XM являются привлекательными. Наше мнение основано, главным образом, на привлекательности бизнес-модели компании с учетом монопольного положения на рынке в сочетании с использованием подписки. С момента достижения критической массы в 2009 г. компания генерирует приемлемые и постоянно улучшающиеся финансовые результаты. Особенно впечатляет ее маржа валовой прибыли более 60% и маржа EBITDA более 30%, что вместе с умеренными капитальными расходами, необходимыми для осуществления деятельности, дает положительный свободный денежный поток. Финансовый потенциал в определенной мере снижается чрезвычайно лояльной в отношении акционеров политикой руководства. Так или иначе, нас устраивает целевой уровень левериджа 4,0 в результате способности компании генерировать хороший и стабильный свободный денежный поток. Мы признаем, что технический прогресс может привести к усилению конкуренции и значительно ослабить конкурентное преимущество в долгосрочной перспективе. Вместе с тем наш базовый сценарий не предполагает, что это произойдет довольно быстро и подорвет способность компании выполнять существующие долговые обязательства.

Анализ ковенантов Sirius XM Holding Inc.

Выпущенные Sirius XM 5,25%-ные облигации со сроком погашения 15.08.22 значительно превосходят по доходности другие облигации компании, особенно после решения предоставить им обеспечение в начале апреля 2014 г. Наименьшая доходность облигаций 2022 примерно на 150–200 базисных пунктов ниже, чем у других старших необеспеченных облигаций компании на всем протяжении кривой доходности. В такой ситуации ковенанты становятся самым важным фактором, влияющим на доходность.

Среди различных выпущенных компанией облигаций выпуск 5,25%-ных облигаций со сроком погашения 15.08.22 объемом $400 млн является единственным траншем со стандартным набором ковенантов, характерных для высокодоходных бумаг. Эти ковенанты обычно имеют ограничительный характер и устанавливают критерии «допустимых уровней», которые ограничивают возможности компании, например по дополнительному заимствованию, выплате дивидендов или продаже активов, если леверидж превышает установленный уровень.

Ковенанты для всех других облигаций компании напоминают ковенанты выпусков инвестиционного уровня, которые обычно минимальны и считаются «облегченными» (см. табл. 22.2). В целях наглядности мы сравним 4,25%-ный выпуск со сроком погашения 15.05.20 стоимостью $500 млн с 5,25%-ными облигациями 2022.

Таблица 22.2. Выпущенные облигации Sirius по состоянию на 02.05.14

Название выпуска	Тикер	Купон	Срок погашения	Рейтинг	Тип	Дата выпуска	Валюта	Сумма выпуска (млн)
Sirius XM Radio Inc.	SIRI	7,00	01.12.14	Без рейтинга	Конвертируемые	29.07.08	USD	502,37
Sirius XM Radio Inc.	SIRI	4,25	15.05.20	BB –	Отзывные	02.05.13	USD	500,00
Sirius XM Radio Inc.	SIRI	5,88	01.10.20	BB –	Отзывные	19.09.13	USD	650,00
Sirius XM Radio Inc.	SIRI	5,75	01.08.21	BB –	Отзывные	29.07.13	USD	600,00
Sirius XM Radio Inc.	SIRI	5,25	15.08.22	BBB –	Отзывные	08.08.12	USD	400,00
Sirius XM Radio Inc.	SIRI	4,63	15.05.23	BB –	Отзывные	02.05.13	USD	500,00
Sirius XM Radio Inc.	SIRI	6,00	15.07.24	BB –	Отзывные	01.05.14	USD	1500,00

Источник: Bloomberg.

Sirius XM генерирует значительный свободный денежный поток при высокой рентабельности капитала. Компания намеревается повысить леверидж с 2,5 до 4,0 и выплачивать почти все привлеченные в результате этого средства, а также годовой свободный денежный поток держателям акций. Вместе с тем выпуск 5,25%-ных облигаций 2022 содержит ковенанты, которые ограничивают выплаты акционерам, если леверидж превысит 3,5. Поскольку облигации не могут досрочно погашены до 15.08.17, «единственный» выход для компании заключается в выкупе облигаций по цене казначейских облигаций +50 базисных пунктов, если она хочет поднять леверидж выше 3,5, и сделать выплаты акционерам до даты отзыва. Это, однако, очень затратно. Стимулы — очень действенное средство. Sirius XM использует их очень изобретательно. Она решила предоставить обеспечение 5,25%-ным облигациям 2022 и, таким образом, сделать их «контрактно старшими» по отношению ко всем прочим старшим необеспеченным облигациям. Как результат, три крупнейшие рейтинговые агентства повысили рейтинг высокодоходных 5,25%-ных облигаций 2022 до инвестиционного уровня. Это привело к вступлению в силу положения о приостановке действия ковенантов и освободило компанию практически от всех ограничений, предусмотренных в соглашении о выпуске 5,25%-ных облигаций 2022.

Облигации 2022 всегда торговались с премией относительно других старших необеспеченных облигаций из-за наличия более строгих ограничений. Решение предоставить обеспечение этим облигациям для снятия ковенантов сразу же вызвало повышение цены на $4. Другие же облигации компании подешевели, поскольку инвесторы ожидали ускорения выкупа акций за счет выпуска дополнительного долга. Не удивительно, что компания выпустила облигации на $1,5 млрд 1 мая 2014 г., меньше чем через месяц после снятия ограничений.

Старшинство, обеспечение и гарантии дочерних компаний

Обе облигации изначально гарантировались как необеспеченные бумаги компанией Sirius XM и ее действующими дочерними компаниями. Гарантии дочерних компаний позволяли облигациям, выпущенным на уровне материнской компании, претендовать на активы дочек эмитента в той же мере, что и облигации, выпущенные непосредственно на уровне дочерних компаний. Таким образом устранялось то, что называют *структурным субординированием*. В отличие от обеспеченного требования, необеспеченное требование не позволяет кредитору арестовывать активы предприятия, в котором он имеет обеспечительный интерес. Необеспеченные кредиторы получают равное (или с равной очередностью) распределение активов фирмы при ликвидации после удовлетворения обеспеченных интересов в обремененных активах.

Как показывает пример Sirius XM, обеспеченное требование значительно более благоприятно для кредитора, чем необеспеченное.

Смена контроля

Обе облигации Sirius XM имеют стандартное положение, известное как *право досрочного предъявления при смене контроля* (*change of control put*), которое дает держателям облигаций требовать их досрочного выкупа по цене 101% от цены выпуска в случае смены контроля над компанией. Цель этого ковенанта — предоставить держателям облигаций возможность выхода, если компанию приобретает новый собственник, который может оказаться недружелюбным к кредиторам, например в случае выкупа с использованием заемных средств.

Определение того, что такое смена контроля, может варьировать в зависимости от жесткости пакета ковенантов. Обычно смена контроля происходит, когда иные, чем определено в ковенанте, люди получают более установленного процента голосов в компании. У обеих облигаций Sirius XM эта величина составляла 50%, вместе с тем, в более жестких ковенантах она может опускаться вплоть до 35%.

Обычно для активирования права досрочного предъявления должна произойти смена контроля, а одно или несколько рейтинговых агентств должны понизить кредитный рейтинг компании.

Критерий допустимого уровня долга

Только 5,25%-ные облигации 2022 имеют ковенант, ограничивающий возможности компании выпускать долг определенным уровнем. Облигации 2022 не разрешают увеличивать долг, если леверидж достигает 6,0. Условия этого ковенанта могут смягчаться «оговорками», допускающими исключения в некоторых случаях. Так, ковенант для облигаций 2022 позволяет привлекать кредит размером $1 млрд с превышением 6,0 лимита левериджа при условии, что этот кредит будет старшим по отношению к облигациям.

Ограничение выплат

Только 5,25%-ные облигации 2022 имеют ковенант, ограничивающий выплаты из денежного потока в пользу акционеров в форме дивидендов или выкупа акций. Ограниченные выплаты допускаются только в том случае, если:

- выполняется критерий допустимого уровня долга; и
- суммарные выплаты акционерам из денежного потока не превышают кумулятивного операционного денежного потока за месяц, предшествующий текущему, за вычетом 1,3 кумулятивного процентного расхода.

Как и критерий допустимого уровня долга, ограничения выплат могут смягчаться оговорками. Облигации 2022 допускают неограниченные выплаты до тех пор, пока леверидж ниже 3,5. Несмотря на это, ограничения все же существуют, и компании приходится изыскивать способы их устранения.

Отказ от залога активов или ограничение залога

Условия выпуска обеих облигаций Sirius XM содержат стандартный ковенант, называемый *отказом от залога*, который ограничивает возможность компании предоставлять обеспечительный интерес на активы любой другой стороне без предоставления такого же обеспечения этим облигациям. Как уже говорилось, обеспеченное требование позволяет кредиторам напрямую претендовать на определенные активы.

Такой ковенант необходим, поскольку у типичной облигации имеется лишь необеспеченное право на активы компании, а это означает, что это право ограничено контрактным субординированием. Ковенант может смягчаться с помощью разнообразных исключений, называемых *разрешенным залогом*. В случае 4,25%-ных облигаций 2020 имеется исключение, позволяющее создавать залог, равный тому, что больше 1) $1,4 млрд или 2) 1,5 денежного потока, а в случае 5,25%-ных облигаций 2022 — 1) $3 млрд или 2) обеспеченный коэффициент левериджа 3,5.

Приостановка действия ковенантов

Облигации 2022 имеют положение, позволяющее приостанавливать действие ковенантов, включая критерий допустимого уровня долга и ограничение выплат, в случае повышения кредитного рейтинга облигаций до инвестиционного уровня двумя или более кредитными агентствами.

Заключение

Sirius XM с помощью комбинации мер по приостановке действия ковенантов и снятию ограничений на залог активов успешно освободилась от большинства ограничительных ковенантов, устанавливаемых для эмитентов высокодоходных бумаг. Ковенанты входят в число важнейших факторов, учитываемых держателями облигаций. В случае Sirius XM ковенанты были ключевой особенностью, отличающей 5,25%-ные облигации 2022 от всех остальных облигаций компании. Вместе с тем ковенанты сами по себе недостаточны для защиты держателей облигаций. Качество бизнеса эмитента остается самым важным фактором кредитного анализа. Мягкие ковенанты нередко заставляют осмотрительных инвесторов отказываться от сделки. Но жесткость ковенантов не может служить оправданием для вложения капитала в слабый бизнес. Успешные инвестиции требуют тщательного анализа всех значимых факторов.

ПРИМЕР: SINO-FOREST CORPORATION

Sino-Forest Corporation — китайская коммерческая лесоводческая компания. Она начала действовать в 1994 г. и в 1995 г. получила регистрацию на Фондовой бирже Торонто (TSX) и биржевой символ TRE. Это была одна из первых китайских компаний, ставших публичными на иностранном фондовом рынке, и одна из крупнейших — по состоянию на 31 марта 2011 г. ее стоимость составляла C$7,2 млрд. Компания представила свою последнюю финансовую отчетность за квартал, завершившийся 30 июня 2011 г., и подала заявление о банкротстве в марте 2012 г., менее чем через год после получения максимальной оценки. Ее акционерам грозила 100%-ная потеря вложений, а уровень возмещения по облигациям ожидался в диапазоне 10–15% на основе рыночных котировок.

Компания выбрана в качестве примера из-за уникальных бизнес-характеристик — китайская лесозаготовительная компания, крупная, с длительной историей и значительным рыночным влиянием[1]. Она выбрана также из-за нашего реального опыта анализа этой компании. Компания в настоящее время проходит процесс реструктуризации, и держателям облигаций удалось защитить свои активы в 11 провинциях Китая. Конечный результат, однако, остается крайне неопределенным, поскольку зарегистрированным за рубежом китайским холдинговым компаниям традиционно крайне сложно отстоять свое право собственности и монетизировать активы в Китае.

Цель этого примера — продемонстрировать принципы кредитного анализа, рассмотренные выше в этой главе. Анализ дефолтного эмитента также помогает аргументировать нашу инвестиционную философию, нацеленную на избежание вложения средств в проблемные компании. По нашему мнению, при наличии четкого аналитического процесса и при строгом его применении значительно легче отделить победителей от проигравших. Компанию нельзя считать успешной, если у нее по большей части все в порядке, но высока вероятность банкротства или ошибок. С точки зрения инвесторов, это означает, что для уверенного вложения средств в компании в порядке должно быть абсолютно все, а для отказа от вложения достаточно одного-двух красных флажков.

---

[1] После обвинения Sino-Forest в мошенничестве исследовательской фирмой Muddy Waters в июне 2011 г. на широком китайском рынке высокодоходных долговых инструментов, деноминированных в американских долларах, началась активная распродажа. Месяц спустя, в июле 2011 г., Moody's выпустила отчет, озаглавленный «Красные флаги для компаний развивающихся рынков: в центре внимания Китай». Красный флажок был присвоен почти всем китайских компаниям из тех, что имели кредитный рейтинг (их на тот момент насчитывалось 61) на рынке высокодоходных долговых инструментов.

В нашу задачу не входит разбирательство, действительно ли компания занималась мошенничеством, как заявлял короткий продавец, фирма Muddy Waters, чей 39-страничный отчет, опубликованный 2 июня 2011 г., спровоцировал крах компании. Наш анализ строится исключительно на информации, публично раскрытой компанией. Самыми последними источниками являются годовой отчет за 2010 г. и годовой информационный отчет (AIF)[1], подаваемый в систему Sedar, Канада. Мы признаем важность проверки, выполненной фирмой Muddy Waters. Мы хотим, однако, показать, что у инвесторов есть возможность принять правильное решение, пользуясь только публичной информацией. Главное выполнить необходимый кредитный анализ на основе тщательной процедуры «дью дилидженс».

Бизнес-модель

Начнем с бизнес-модели компании. Первый этап любого инвестиционного анализа — составление представления о том, как компания рассчитывает получать прибыль. Инвестору нужно получить ответ на три базовых вопроса относительно компании: 1) что она делает; 2) откуда берется ее выручка и 3) какие затраты у нее возникают. На эти вроде бы простые вопросы на деле ответить не так просто.

Из первой страницы годового отчета компании следует:

> Sino-Forest — ведущее коммерческое лесоводческое хозяйство в Китае. Его основная деятельность заключается во владении и управлении лесными массивами, продажа древесины на корню и круглого леса, сопутствующее производство лесотехнической продукции[2].

Исходя из этого заявления, ответы на наши три вопроса выглядят так: 1) компания выращивает лес, продает древесину и сопутствующие продукты; 2) она получает выручку от продажи древесины и сопутствующих продуктов и 3) она несет затраты, связанные с выращиванием леса, производством и продажей древесины и сопутствующих продуктов. На первый взгляд, все вроде бы понятно. Важнее всего в этой информации то, что основная продукция компании — это древесина и сопутствующие продукты. Естественно предположить, что компания производит стандартный сырьевой товар, мало чем отличающийся от товара, предлагаемого конкурентами.

---

1 AIF — это эквивалент отчета по форме 10K, подаваемого в SEC в США.

2 Выдержка с первой страницы годового отчета компании за 2010 г.

Следующее действие инвестора — проверить первоначальные находки с помощью фактов. Дальнейший анализ позволяет выявить ряд особенностей, которые заставляют усомниться в бизнес-модели компании:

1. Лесные угодья под управлением компании, как показывают данные, более чем на 90% являются *купленными*, и лишь менее чем на 10% высаженными самостоятельно. Заявление компании о том, что «подавляющая часть древесины на корню и круглого леса, которые мы продаем, происходит из наших собственных лесных угодий», таким образом, вводит в заблуждение, хотя фактически это правда. Собственность компании создается в основном путем приобретений, а не самостоятельного выращивания. Ответы на наши первый и третий вопросы относительно бизнес-модели должны, следовательно, выглядеть так: 1) компания покупает и продает древесину и сопутствующие продукты и 3) подавляющая часть ее затрат связана с приобретением леса. Правильнее будет определить эту компанию не как коммерческое лесоводческое хозяйство, а как посредника в покупке и продаже леса.
2. Компания осуществляет покупку и продажу через дилеров, которые именуются «уполномоченными посредниками». Таким образом, компания не взаимодействует напрямую ни с поставщиками сырья, ни с потребителями. Она имеет дело только с уполномоченными посредниками. Помимо прочего подавляющее число сделок приходится всего на четыре-пять таких уполномоченных посредников[1]. Еще более точное описание бизнес-модели компании должно выглядеть так: Sino-Forest — это посредник посредников по продаже древесины.
3. По заявлению компании, после вырубки приобретенных лесных угодий земельные участки остаются у нее в долгосрочной аренде, и она восстанавливает лесонасаждения. Земля после этого классифицируется как засаженные угодья, на которые приходится 10% всех площадей, находящихся в управлении. Похоже, что компания не 100%-ный посредник — она еще занимается лесовосстановительными работами. Однако тщательное изучение информации показывает, что значительную часть этих работ компания проводит не сама. В отчете AIF за 2010 г. значится: «Мы передаем третьим сторонам все полевые операции по высаживанию деревьев. Операции, выполняемые сторонними поставщиками услуг, включают в себя: подготовку участков,

[1] На пять ее крупнейших поставщиков и клиентов (которые являются уполномоченными посредниками) приходилось 60,6% совокупной стоимости продаж и 71,3% выручки в 2010 г. по данным отчета AIF.

высаживание деревьев, управление угодьями, внесение удобрений и лесоразработка».

Теперь мы лучше понимаем бизнес-модель компании: она получает прибыль путем покупки и продажи леса через очень небольшое число дилеров, что превращает компанию в лесоторговца, практически не контролирующего стороны, участвующие в торговле. Компания не раскрывает своих первичных поставщиков или конечных клиентов. Она может и не знать, кто они, с учетом того, что торговля ведется через дилеров. В остальной своей деятельности она также не имеет контроля над сторонами, поскольку пользуется услугами сторонних поставщиков. Насколько мы понимаем, деятельность, связанная с восстановлением леса в Китае, осуществляется в основном местными фермерами. Это поощряется властями Китая, которые заинтересованы в защите интересов фермеров. Таким образом, подход компании понятен. Однако, с точки зрения инвестора, приемлемая причина не оправдывает негативную бизнес-практику.

Следующее действие — продолжить анализ с учетом новой информации о бизнес-модели с тем, чтобы определить, удовлетворяет ли компания первому критерию: надежность бизнес-модели.

Прежде всего инвесторы должны иметь базовые представления о лесозаготовительной отрасли. В целом она имеет циклический характер. Предложение определяется жизненным циклом деревьев, которые высаживаются и вырубаются. Спрос очень сильно зависит от экономического цикла: 1) промышленный спрос напрямую зависит от экономических подъемов и спадов; 2) спрос со стороны населения определяется процессом формирования домохозяйств, который является движущей силой на рынках строительства и мебели. Формирование домохозяйств зависит от финансового положения людей и, следовательно, от экономического цикла. В Китае лесозаготовительная отрасль высоко фрагментирована. Там действует большое число операторов с относительно короткой историей. Поскольку древесина является однородным товаром, конкуренция на этом рынке очень жесткая.

С учетом цикличности и сильной конкуренции в отрасли инвестор должен задать важный вопрос: есть ли у компании конкурентное преимущество, способное обеспечить стабильность прибылей в среднесрочной и долгосрочной перспективе? Как мы показываем в приведенных ниже рассуждениях, ответ — твердое «нет».

Если взять пять сил Майкла Портера[1] для оценки конкурентной позиции компании, то компания проигрывает как минимум по четырем пози-

[1] Michael E. Porter, Competitive Advantage (New York, NY: Free Press, 1985).

циям: 1) у нее слабая позиция в переговорах с ограниченным набором поставщиков; 2) у нее слабая позиция в переговорах с ограниченным набором клиентов; 3) существующая рыночная конкуренция очень жесткая в силу однородности продукта и 4) барьеры для входа новичков сравнительно низки опять в силу однородности продукта ограниченных регуляторных преград. Альтернативные лесоматериалы — пожалуй, единственная область, где у лесной промышленности есть некоторая защита.

Что можно сказать о широко рекламируемом хорошем доступе компании к глобальным рынкам финансирования? По словам компании, он является значительным барьером для входа в результате сравнительно высоких начальных вложений. Уоррен Баффетт однажды рассказал, как оценить конкурентную силу компании. В качестве примера он использовал Coca-Cola, сказав, что если сегодня ему дадут $20 млрд для создания конкурента этой компании, то ему вряд ли удастся достичь этой цели. Причиной невозможности поставить под угрозу ключевую компетенцию компании являются не только доступные конкуренту финансовые ресурсы. По этой же причине финансовые ресурсы сами по себе не создают конкурентного преимущества, если бизнес-модель вызывает сомнения.

Итак, компания провалила первый тест, связанный с бизнес-моделью. Если есть сомнения в отношении фундаментальной бизнес-модели компании, неважно, насколько хороши ее текущие финансовые показатели, они могут испариться при возникновении неблагоприятных условий.

Лучше отказаться от инвестиционной возможности, если она не удовлетворяет критерию надежности бизнес-модели, поскольку это фундаментальный элемент, определяющий будущее любой компании. Так или иначе, в целях настоящего примера мы продолжим исследовать следующий по важности показатель кредитного качества.

Леверидж на основе EBITDA и коэффициенты покрытия

Компания демонстрировала на протяжении ряда лет очень устойчивый и удовлетворительный кредитный профиль с использованием традиционных показателей на основе EBITDA. Так, совокупный коэффициент левериджа, определяемый как отношение «долг/EBITDA», составлял всего 1,5 в 2010 г., а в предыдущие три года был еще ниже. Коэффициент покрытия, определяемый как отношение «EBITDA/процентные расходы», был вполне достаточным на уровне 10,4 в 2010 г., а в предыдущие три года даже выше. Выручка и EBITDA росли на десятки процентов год от года в течение всех

15 лет с момента регистрации на Фондовой бирже Торонто, за редкими исключениями. Прибыльность компании также была очень высокой по всем трем показателям: валовой прибыли, EBITDA и чистой прибыли, которые составляли в 2010 г. соответственно 34,6, 69,2 и 23,9%. Традиционный подход на основе EBITDA определенно давал благоприятный результат для вложений в компанию.

Вместе с тем дальнейшее исследование EBITDA и денежного потока выявило серьезную проблему: у компании ни разу не было положительного свободного денежного потока за все 15 лет с момента регистрации на Фондовой бирже Торонто в 1995 г. Это должно быть удивительным с точки зрения инвестора, поскольку несмотря на все фантастические неденежные показатели компания за 15 лет не вернула инвесторам ни цента. Более того, ей пришлось просить у инвесторов дополнительные средства для финансирования дефицита наличности: за 15 лет компания привлекла чистыми около $3 млрд. У инвестора должен возникнуть закономерный вопрос, когда это кончится? К сожалению в данном случае концом стало банкротство.

В чем здесь дело? Разве EBITDA не является хорошим измерителем денежного потока от операций? Все зависит от ситуации. Для зрелой компании, которая использует мало капитала в текущей деятельности, ответ «да». Однако для большинства компаний капитальные расходы абсолютно необходимы. В EBITDA не учитывается амортизация по той причине, что это неденежная статья. Мы допускаем, что амортизация относится к неденежным операционным затратам, однако с целью поддержания состояния основных средств и т. п. компания должна нести капитальные расходы хотя бы для покрытия амортизации. Эти капитальные расходы называют затратами на техническое перевооружение, и они необходимы для поддержания конкурентоспособности. Таким образом, EBIT или, точнее, «EBITDA — затраты на техническое перевооружение» является значительно более корректным показателем способности компании устойчиво получать прибыль. Если компания растущая, как Sino-Forest, то она должна нести дополнительные капитальные затраты на рост. Это, как считается, увеличивает будущие прибыли, но неизбежно сокращает существующий денежный поток, поскольку выгоды могут быть реализованы только в последующие годы. Консервативный подход для компании заключается в финансировании капитальных затрат на техническое перевооружение и рост из денежного потока, генерируемого внутри. Периодически допустимо финансировать капитальные затраты на рост из внешнего капитала, если будущий прирост прибыли позволит вернуть этот капитал инвесторам. Однако совершенно неприемлемо постоянно использовать внешние средства для ведения операционной деятельности.

Sino-Forest зависела от внешнего капитала в течение 15 лет. В ее последней финансовой отчетности на 2011 г. был заложен бюджет капитальных расходов размером $1,9 млрд. Однако он не был реализован по той причине, что в 2011 г. нормальная деятельность компании была приостановлена. Иными словами, компания собиралась продемонстрировать шестнадцатый год подряд отрицательный свободный денежный поток и обратиться к инвесторам за новыми вложениями в размере не менее нескольких сот миллионов долларов для закрытия финансовой дыры 2011 г. Вместо того, чтобы генерировать положительный денежный поток для выплат инвесторам, компания превратилась в денежную дыру. Она не прошла тест на соответствие критерию денежного потока.

Sino-Forest определенно не проходит в 2010 г. процесс негативного отбора с использованием предложенного нами кредитного анализа. Мы пришли бы к тому же самому выводу, если бы анализировали компанию и до 2010 г., поскольку ее бизнес-модель и ситуация с финансированием всегда были одними и теми же. Как можно видеть, наш анализ строился исключительно на публичной информации, а ключевые показатели было не так уж и сложно определить. Почему же тогда по-прежнему вкладываются и теряются миллиарды долларов? Мы объясняем это отсутствием строгого кредитного анализа. Незнание базовых фактов в сочетании с принятием на веру того, что есть, снижают действенность кредитного анализа.

Кредитные рейтинговые агентства

Учитывая роль кредитных рейтингов на долговых рынках, мы сочли необходимым рассмотреть этот вопрос. Кредитные рейтинги имеют особую значимость для китайских эмитентов высокодоходных ценных бумаг, которые хотят получить доступ на международные долговые рынки. Международные инвесторы в большей мере полагаются на анализ и суждения рейтинговых агентств в силу того, что намного хуже знают иностранных эмитентов. Рейтинговые агентства обычно проводят анализ китайских компаний, используя свои местные отделения в Гонконге, Сингапуре и Китае, а следовательно, по общему мнению, должны обладать более полной информацией об этих компаниях и лучше понимать их деятельность. Большинство, если не все, китайские эмитенты высокодоходного долларового долга получают рейтинги как минимум одного из трех основных агентств: Standard & Poor's, Moody's и Fitch.

Рейтинговые агентства играют очень важную роль в ценообразовании новых выпусков. Существует явная зависимость стоимости финансирования от кредитного рейтинга: компании с более высоким рейтингом могут выпускать долговые инструменты с более низким купоном. Вместе с тем на вторичном рынке наблюдается заметное несоответствие доходности и кредитных рейтингов. Долг с более высоким рейтингом может торговаться со значительно большей доходностью, чем долг с более низким рейтингом. Цель нашего обсуждения заключается не в исследовании качества кредитных рейтингов. Однако, как инвестор, вы должны выискивать и идентифицировать ошибки в оценках кредитного качества корпоративного долга и оборачивать их в свою пользу. Действительно, рейтинговые агентства по большей части оказываются правыми при оценке нефинансовых компаний на основе исторических данных. В то же время при инвестировании в высокодоходные инструменты именно их редкие ошибки приводят к потере вложений. Как следствие, инвесторы должны уметь оценивать кредитное качество эмитента независимо от рейтинговых агентств.

И Moody's, и S&P присвоили высокодоходному долгу Sino-Forest второй после высшего кредитный рейтинг (BB от S&P и Ba2 от Moody's), а Fitch не поскупилось даже на высший рейтинг BB+. Единодушное отнесение долга всеми тремя агентствами к категории BB сильно повысило доверие инвесторов к компании. Ни одно из трех агентств не смогло своевременно предупредить инвесторов о риске дефолта. Акции и долговые инструменты компании сильно упали, прежде чем агентства начали наперегонки понижать рейтинги. Sino-Forest подала заявление о банкротстве всего через несколько месяцев после того, как рейтинговые агентства увидели свою ошибку.

Кредитное качество компании не ухудшается в одно мгновение. Предполагается, что агентства присваивают кредитные рейтинги с учетом долгосрочной перспективы. Дефолт Sino-Forest также не был результатом одномоментного события. Сомнительная бизнес-модель в сочетании с многолетним отрицательным свободным денежным потоком определили компании задолго до этого. Все три рейтинговые агентства просто проглядели это. Инвесторы, которые полагались на кредитные рейтинги при принятии инвестиционных решений в отношении китайского высокодоходного долга вместо выполнения независимого анализа, имели очень мало шансов избежать провала.

Исследование на стороне продавца

Было бы несправедливо не упомянуть фирмы, продающие ценные бумаги, если уж мы рассмотрели роль рейтинговых агентств. В конце концов именно эти участники рынка продали инвесторам ценные бумаги компании на миллиарды долларов. Наша цель здесь опять заключается не в разборе практики андеррайтинга в инвестиционных банках. Мы также не собираемся ставить под вопрос качество анализа на стороне продавца. Наш опыт показывает, что финансовые стимулы — очень действенная вещь. Это важно помнить инвесторам, которые платят инвестиционным банкам и рейтинговым агентствам. На все вопросы существует только один ответ — качество эмитента. Это все знают, и это не должно удивлять ни одного инвестора.

В конце 2010 и начале 2011 г. подавляющее большинство фирм-продавцов относили акции Sino-Forest к категории «превосходят рынок» и давали рекомендацию «покупать». Единственные несколько исключений были обусловлены тем, что акция выглядела слишком дорогой, а не слабыми фундаментальными показателями. Никто никогда не обращал внимания на то, что компания по своей бизнес-модели фактически является трейдером лесоматериалов и не занимается посадкой и вырубкой деревьев. В ряде отчетов поднимался вопрос высоких капитальных расходов и отрицательного свободного денежного потока. Однако беспокойство меркло на фоне высоких темпов роста и перспективы генерирования денежного потока в будущем. В результате выводы были неизменно бычьими. Чтобы подкрепить наше мнение, ниже приведены несколько реальных инвестиционных заключений исследовательских департаментов фирм-продавцов.

«Мы уверены (сейчас больше, чем прежде), что Sino-Forest является образцом первоклассного управления лесными угодьями в Китае. Мы продолжаем считать, что компания имеет все возможности (и является самым низкозатратным менеджером/собственником лесных угодий в мире) для развития в условиях роста дефицита древесины в Китае», — писал один из аналитиков в феврале 2011 г.

«По нашему мнению, Sino-Forest остается уникальной инвестиционной возможностью в сфере лесозаготовок. Присутствие TRE в Китае — самое значительное отличие этой компании от других игроков на рынке леса. В долгосрочной перспективе TRE должна выиграть от дисбаланса спроса и предложения лесоматериалов в Китае», — писал другой аналитик в ноябре 2010 г.

«Sino-Forest — крупнейший лесной оператор в иностранной собственности в Китае и контролирует около 4% внутреннего рынка пиломатериалов. Его быстрый рост гарантирован и рыночная доля будет расти», — писал третий аналитик в ноябре 2010 г.

«Sino-Forest демонстрирует долгую историю роста и успешной реализации своей стратегии по удовлетворению растущего спроса на пиломатериалы в Китае. Мы считаем, что компания способна продолжить расширение своего ключевого бизнеса, учитывая ее доступ на рынки капитала и прочные связи с местным правительством», — писал четвертый аналитик в ноябре 2010 г.

Независимость мышления — еще одна важнейшая характеристика разумного инвестора, особенно в условиях рыночного единодушия, как в случае Sino-Forest.

Резюме

- Анализ кредитного качества корпоративных облигаций включает в себя оценку защиты держателя облигаций, изложенной в соглашении об эмиссии, оценку обеспечения, доступного для держателя облигаций на случай неспособности эмитента осуществлять необходимые выплаты, а также оценку способности эмитента выполнять обязательства по платежам.
- Ковенанты, изложенные в соглашении об эмиссии, налагают ограничения на деятельность менеджмента и, таким образом, обеспечивают защиту интересов держателей облигаций.
- Хотя анализ обеспечения является важным моментом, остается вопрос о том, что означает «обеспеченная позиция» в случае реорганизации, если правило абсолютного приоритета в ходе реорганизации не будет выполняться.
- Оценивая способность эмитента обслуживать долг, аналитик рассматривает как множество финансовых коэффициентов, так и качественные факторы, такие как коммерческий риск эмитента и риск корпоративного управления.
- Оценивая способность эмитента обслуживать долг, аналитик рассматривает коммерческий риск эмитента, риск корпоративного управления и финансовый риск.
- Коммерческий риск — это риск, связанный с управлением операционным денежным потоком, и его оценка начинается с составления представлений о бизнес-модели компании.
- При оценке коммерческого риска рассматриваются такие ключевые факторы, как характеристики отрасли и тенденции ее развития, позиция компании на рынке и ее конкурентоспособность, характеристики менеджмента, а также национальный политический климат и регулятивная активность государства.
- Риск корпоративного управления включает в себя оценки 1) структуры собственности корпорации; 2) ее управленческой практики и 3) политики в отношении раскрытия финансовой информации.
- Оценка финансового риска включает в себя анализ традиционных финансовых коэффициентов и прочих факторов, влияющих

на финансовую обеспеченность компании. К числу наиболее важных финансовых коэффициентов, используемых в анализе, относятся коэффициенты покрытия процентов, финансового левериджа, коэффициенты денежного потока, чистых активов и оборотного капитала.

- Некоторые менеджеры портфелей инструментов с фиксированным доходом убеждены, что анализ корпоративных облигаций должен вестись с позиций фондового аналитика. Это особенно справедливо в случае анализа высокодоходных облигаций.

Вопросы

1. a. В чем разница между позитивным и негативным ковенантом?
   b. В чем состоит цель анализа ковенантов при оценке кредитного риска эмитента?
2. a. Что такое тест поддержания?
   b. Что такое критерий допустимого уровня долга и когда в нем возникает необходимость?
3. Некоторые кредитные аналитики уделяют меньшее внимание обеспечению в сравнении с ковенантами и коммерческим риском. Объясните почему.
4. Почему кредитные аналитики, оценивая коммерческий риск корпоративного эмитента, начинают с анализа отрасли?
5. С какой целью кредитный аналитик исследует рыночную структуру отрасли (нерегулируемая монополия, олигополия и т.д.)?
6. На чем должен сосредоточить внимание аналитик, исследуя уровень регулирования в какой-либо отрасли?
7. Что должен исследовать кредитный аналитик, анализируя ситуацию с рабочей силой в отрасли, в которой ведет деятельность эмитент?
8. Базисной экономической теорией, относящейся ко многим проблемам корпоративного управления, является теория отношений «принципал — агент», т.е. отношений между высшим руководством и акционерами компании. Объясните характер этих отношений.
9. Какие механизмы в корпоративном управлении могут снизить вероятность того, что менеджмент будет действовать в собственных интересах?
10. Почему критически важно понимать бизнес-модель компании?
11. Поясните, что должен сделать кредитный аналитик, готовясь к анализу финансовой отчетности.

12. a. С какой целью рассчитывается коэффициент покрытия процентов?
    b. Что означает коэффициент покрытия процентов, равный 1,8?
    c. Почему коэффициенты покрытия процентов, как правило, рассчитываются на основе значений до налогообложения?
    d. Почему коэффициент покрытия постоянных затрат должен существенно отличаться от коэффициента покрытия процентов?
13. a. С какой целью рассчитывается коэффициент левериджа?
    b. Как используются для определения коэффициента левериджа показатель совокупной капитализации?
    c. Что представляет собой показатель маржи безопасности?
14. Почему аналитики занимаются исследованием банковских кредитных линий, открытых для анализируемой компании?
15. Объясните смысл каждого из терминов:
    a. средства от операций;
    b. операционный денежный поток;
    c. свободный операционный денежный поток;
    d. дискреционный денежный поток;
    e. предварительно профинансированный денежный поток.
16. Какие факторы должны быть рассмотрены при анализе чистых активов?
17. a. Что понимается под оборотным капиталом?
    b. Почему важен анализ оборотного капитала?
18. Почему аналитики высокодоходных корпоративных облигаций считают, что их анализ следует проводить с позиций анализа обыкновенных акций?

ГЛАВА 23

Моделирование кредитного риска

В этой главе читателю будут представлены сведения:

- о сложностях измерения кредитного риска в сравнении с измерением процентного риска (риска процентной ставки);
- о двух основных типах моделей кредитного риска: структурных моделях и об упрощенных моделях;
- о том, что такое структурная модель и как она связана с опционной теорией;
- об основной структурной модели (модели Блэка–Шоулза–Мертона) и ее вариациях (модели Геске и модели времени первого достижения границы);
- о корреляции дефолтов и об использовании связок в измерении кредитного риска портфеля облигаций;
- об основных характеристиках упрощенных моделей;
- о роли пуассоновского процесса в упрощенных моделях;
- о различиях между двумя основными видами упрощенных моделей: моделью Джарроу–Тернбулла и моделью Даффи–Синглтона;
- о моделях неполной информации.

Модели кредитного риска используются в финансах для измерения, мониторинга и контроля кредитного риска портфеля ценных бумаг. В анализе ценных бумаг с фиксированным доходом они используются также для расчета цен долговых инструментов повышенного риска. Модели кредитного риска в общем виде подразделяются на структурные и упрощенные. Вопрос о том, какой тип модели лучше применим к тому или иному случаю, постоянный предмет дискуссий. Однако характер этих дискуссий далек от академического. Нередко участниками их становятся разработчики, продающие эти модели фирмам, управляющим активами, и финансовым организациям, нуждающимся в системах управления кредитными рисками.

В этой главе мы представим вам основные элементы структурных моделей и упрощенных моделей. Наряду с ними существуют гибридные модели, сочетающие черты и первых, и вторых. Одну из таких моделей, а именно модель неполной информации, мы рассмотрим более детально. Обсуждение вопроса о том, как оцениваются параметры моделей кредитного риска, выходит за рамки данной главы.

СЛОЖНОСТИ МОДЕЛИРОВАНИЯ КРЕДИТНОГО РИСКА

В главе 4 мы рассмотрели вопрос о том, как измеряется процентный риск облигации и портфеля облигаций. Моделирование процентного риска, которое применяется для бумаг со сложной структурой, связано с появлением дополнительного риска моделирования, однако количественная оценка процентного риска менее сложна, чем моделирование. Происходит это по трем причинам.

1. Дефолт является довольно редким событием, и в результате массив исторических данных, которые необходимо ввести для расчета модели кредитного риска (например, уровень дефолтов и уровень возмещения), оказывается гораздо меньшим, чем объем данных, доступных для моделирования процентного риска. Так, дневные ценовые данные по ценным бумагам Казначейства США доступны за целый ряд десятилетий.
2. Даже в тех случаях, когда данные по дефолтам доступны, сделать осмысленные и по возможности имеющие предсказательную силу выводы о вероятности дефолта оказывается гораздо более сложной задачей из-за большого разнообразия рассматриваемых корпораций (в плане сектора индустрии, размера компании, левериджа) и недостатка исчерпывающей информации об их корпоративной политике и стратегии.
3. Существует множество причин, которые могут привести корпоративного заемщика к дефолту, — от факторов микроэкономического характера (таких, как непрофессиональный менеджмент)

до макроэкономических факторов (таких, как высокая ставка процента и рецессия). Все это делает прогнозирование весьма сложной задачей.

Стоит также заметить, что в этой главе мы рассматриваем моделирование кредитного риска для американских корпораций, а приложение этих моделей к организациям за пределами США осложняется тем, что дефолт не является некоей однозначно определенной и повсеместно принятой концепцией. В каждой стране существует собственный кодекс о банкротстве со своей трактовкой дефолта. Более того, нет никаких гарантий того, что осуществляющие исполнение закона о банкротстве лица (судьи по делам о банкротстве в США и т. д.) будут применять этот закон в полном соответствии с кодексом о банкротстве. Так (мы уже обсуждали это в главе 7), в случае ликвидации корпорации кодекс о банкротстве США настаивает на том, чтобы кредиторы получали компенсацию, основываясь на «правиле абсолютного приоритета» в рамках всех доступных активов. Правило абсолютного приоритета гласит, что старшие кредиторы должны получить полную компенсацию до того, как субординированные кредиторы получат вообще хоть что-нибудь. Обеспеченным и необеспеченным кредиторам правило абсолютного приоритета гарантирует их старшинство по отношению к держателям акций. В случае ликвидации компаний это правило в общем и целом выдерживается. В то же время, и тому есть множество свидетельств, суды не стремятся обеспечивать выполнение правила абсолютного приоритета при корпоративных реорганизациях.

Из сказанного можно сделать вывод о невысокой вероятности того, что моделирование кредитного риска обеспечит весомую и значимую информацию. Тем не менее модели кредитного риска с давних пор применяются в сфере финансов и страховом деле. Более ранние модели сосредоточивались на том, чтобы спрогнозировать потенциальный уровень дефолтов, кредитные рейтинги и кредитные спреды (измеряемые по отношению к казначейским ценным бумагам)[1]. С точки зрения портфеля облигаций основное допуще-

[1] Одним из таких подходов была модель кредитных оценок, разработанная Эдвардом Олтманом в 1968 г., в которой использовался множественный дискриминантный анализ: Edward I. Altman, «Financial Bankruptcies, Discriminant Analysis and the Prediction of Corporate Bankruptcy», *Journal of Finance* (September 1968), pp. 589–609. Впоследствии появились модернизированные версии этой модели. См.: Edward I. Altman, Robert G. Haldeman, and Paul Narayann, «Zeta Analysis: A New Model to Identify Bankruptcy Risk of Corporations», *Journal of Banking and Finance* (June 1977), pp. 29–54, а также главы 8 и 9 в: Edward I. Altman, *Corporate Financial Distress and Bankruptcy: A Complete Guide to Predicting and Avoiding Distress and Profiting from Bankruptcy* (New York, NY: John Wiley & Sons, 1993).

ние заключалось в том, что дефолт для корпоративных облигаций является событием достаточно уникальным и, следовательно, его риск может быть диверсифицирован в больших портфелях, содержащих облигации различных корпораций. Моделирование кредитного риска для эмиссий отдельно взятых корпораций и показатели соотношения риска–доходности (такие, как коэффициент Шарпа) использовались в основном для оценки наблюдаемых кредитных спредов[1].

С середины 1990-х гг. для инвестиционных менеджеров стали доступными более сложные подходы к моделированию кредитного риска. В одной из таких продаваемых систем теоретический базис модели был разработан еще в начале 1970-х гг.

ОБЩИЙ ОБЗОР МОДЕЛИРОВАНИЯ КРЕДИТНОГО РИСКА[2]

Моделирование кредитного риска используется для:

- оценки вероятности дефолта;
- определения цены индивидуальных корпоративных облигаций;
- определения кредитного риска портфеля облигаций.

Вероятность дефолта — это вероятность того, что в какой-то момент в течение срока существования долгового обязательства заемщик допустит дефолт. Под дефолтом понимается неисполнение заемщиком условий заключенного соглашения, например неосуществление основного или купонного платежа, предусмотренного договором, или же нарушение ковенанта. Вероятность дефолта иногда называют также **ожидаемой частотой дефолтов.**

---

[1] См.: H. Gifford Fong and Frank J. Fabozzi. *Fixed Income Portfolio Management* (Homewood, IL: Dow Jones-Irwin, 1985). Одной из проблем в использовании индекса Шарпа для оценки доходности корпоративных облигаций было то, что он предполагал симметричное распределение доходности. Однако доходность корпоративных облигаций асимметрична в отношении риск–доходность. В результате традиционные показатели риска-доходности, такие, как коэффициент Шарпа, основанные на вариационном анализе, не слишком хорошо работали в сфере облигаций, особенно тех из них, которые являлись кандидатами на переход в другую категорию — из группы высокодоходных облигаций в группу инвестиционного уровня.

[2] Детальное рассмотрение целей и задач процесса моделирования кредитного риска дано в: Donald R. van Deventer and Kenji Imai, *Credit Risk Models and the Basel Accords* (Hoboken, NJ: John Wiley & Sons, 2003).

Для оценки вероятности дефолта за какой-то период (например, года, пять лет и т. д.) модель кредитного риска требует следующее: 1) определение дефолтного события; 2) модель инвесторской неопределенности (т. е. в какой информации у нас нет уверенности) и 3) как эта информация может измениться с течением времени[1].

При наличии модели кредитного риска, фактических рыночных цен корпоративных облигаций и/или кредитных деривативов, таких как дефолтные свопы, рассматриваемые в главе 32, а также при наличии кредитного рейтинга или других кредитных характеристик, может быть получена приблизительная оценка кредитного спреда для неликвидных или неоцененных корпоративных облигаций. Рассчитанный таким образом кредитный спред называется **справедливым рыночным кредитным спредом.** Справедливый рыночный кредитный спред затем используется для оценки рискованных кредитных активов со схожими характеристиками. Для расчета справедливого рыночного кредитного спреда в модель кредитного риска должны быть включены: 1) модель оценки возмещения в случае дефолта; 2) модель, демонстрирующая приемлемый для инвесторов кредитный спред, при котором они согласны принять системный кредитный риск и нефакторный риск, — такой спред определяется в основном неопределенностью момента дефолта для конкретной компании; 3) модель безрисковой процентной ставки[2].

Оценка кредитного риска портфеля бумаг требует применения модели, связывающей дефолты различных корпоративных облигаций. Может показаться, что такую связь можно получить путем анализа корреляции дефолтов для корпоративных эмитентов в различных секторах рынка облигаций. Однако, как мы увидим далее, для этой цели применяется другой статистический инструмент.

КРЕДИТНЫЕ РЕЙТИНГИ В СРАВНЕНИИ С МОДЕЛЯМИ КРЕДИТНОГО РИСКА

Мы знаем, что рейтинг долгосрочного кредита — это прогноз вероятности дефолта эмитента или выпуска, а также масштаба возможных потерь. Тогда почему бы просто не полагаться на кредитные рейтинги как на предиктор возможного дефолта? Ван Девентер из Kamakura Corporation,

---

1 Tim Backshall, Kay Giesecke, and Lisa Goldberg, «Credit Risk Modeling», глава 33 в: Frank J. Fabozzi (ed.), *The Handbook of Fixed Income Securities* (New York, NY: McGraw-Hill, 2004), p. 779.

2 Backshall, Giesecke, and Goldberg, «Credit Risk Modeling», pp. 779–780.

компании-разработчицы моделей кредитного риска, приводит следующие аргументы[1]. Во-первых, рейтинги представляют собой дискретные величины с ограниченным набором классов (как говорилось в главе 7). В отличие от рейтингов вероятности дефолтов являются непрерывными величинами и колеблются в диапазоне от 0% до 100%. Во-вторых, в то время как рейтинги обновляются очень редко, вероятности дефолтов могут рассчитываться в режиме реального времени. Ван Девентер приводит пример снижения рейтинга компании Merck (с AAA до AA–) в 2004 г. Это снижение произошло спустя три недели после отзыва одного из основных ее лекарств, который существенно повлиял на стоимость акций Merck. И, наконец, у кредитного рейтинга нет четкой зависимости от срока. Хотя существуют краткосрочные и долгосрочные рейтинги, модели кредитного риска прямо увязывают вероятность дефолта со сроком погашения (т. е. дают временную структуру вероятностей дефолта). Это позволяет получить более глубокое понимание вероятностей дефолта для различных фаз бизнес-цикла.

СТРУКТУРНЫЕ МОДЕЛИ

В 1973 г. Фишер Блэк и Майрон Шоулз разработали модель для определения цены опционов на обыкновенные акции[2]. В конце своей статьи авторы коснулись применимости их модели ценообразования опционов для определения стоимости корпоративных облигаций. Они пояснили, что держатели акций могут рассматриваться как обладатели колл-опциона на стоимость активов с теми же правами, что и у держателей облигаций. Спустя год после публикации этой новаторской статьи Роберт Мертон расширил структуру, предложенную Блэком и Шоулзом, для анализа несущих кредитных риск ценных бумаг, таких как корпоративные облигации[3]. Ниже мы приводим основные принципы модели, которую теперь принято называть моделью Блэка–Шоулза–Мертона *(BSM)*. Исследуя модель, мы увидим, что она содержит целый ряд упрощающих допущений. Существуют расширенные версии модели BSM, делающие ее более реалистичной. Ниже мы вкратце остановимся и на них.

---

1 Donald R. van Deventer, «An Introduction to Credit Risk Models». Глава 14 в: Frank J. Fabozzi, Lionel Martellini, and Philippe Priaulet (eds), *Advanced Bond Portfolio Management: Best Practices in Modeling and Strategies* (Hoboken, NJ: John Wiley & Sons, 2006).

2 Fischer Black and Myron Scholes, «The Pricing of Options and Corporate Liabilities», *Journal of Political Economy,* 81 (1973), pp. 637–654.

3 Robert Merton, “On the Pricing of Corporate Debt: The Risk Structure of Interest Rates,” Journal of Finance, 29 (1974), pp. 449–470.

Модель BSM и ее расширенные версии называются **структурными моделями.** Фундаментальная характеристика, присущая всем структурным моделям, заключается в том, что дефолт рассматривается как некий опцион, который владельцы акций имеют на активы фирмы, и что этот опцион запускается в действие (т. е. корпорация оказывается в дефолте), когда стоимость активов корпорации падает ниже определенного уровня[1]. Такое приложение теории ценообразования опционов не включает в модель рисковую премию и пытается использовать иные ликвидные ценные бумаги для определения цены опциона. Применение теории ценообразования опционов дает серьезные преимущества по сравнению с традиционными методами оценки корпоративных облигаций. Результаты структурного моделирования показывают, в какой степени кредитный риск корпоративной облигации является функцией левериджа эмитента и волатильности его активов. Выходные данные этих моделей, кроме того, дают информацию о том, как хеджировать риск дефолта. Такую информацию невозможно получить с помощью традиционных методов.

Структурные модели используются как банками при принятии кредитных решений, так и инвестиционными менеджерами. Как считает Уэсли Фоу из Capital Groups Companies, структурные модели могут использоваться инвестиционными менеджерами в следующих целях[2]:

1) для оценки риска дефолта корпоративной облигации;
2) для прогноза изменений рейтинга (повышения или понижения его, особенно понижения);
3) для определения вариантов относительной стоимости в случае корпоративного эмитента, в долговой структуре которого заложено несколько эмиссий;
4) для прогнозирования изменений кредитных спредов корпоративных облигаций;
5) для определения вариантов стоимости по отношению к рынку корпоративных облигаций в целом;
6) для оценки чувствительности кредитных спредов корпоративной облигации к изменению цены акций.

---

[1] Из-за этой характеристики структурные модели известны также под названием «моделей стоимости фирмы».

[2] Wesley Phoa, "Implications of Merton Models for Corporate Bond Investors," глава 16 в: Frank J. Fabozzi, Lionel Martellini, and Philippe Priaulet (eds.), Advanced Bond Portfolio Management: Best Practices in Modeling and Strategies (Hoboken, NJ: John Wiley & Sons, 2006).

Оценивая достоинства структурных моделей, следует иметь в виду их потенциальное использование. Структурные модели могут хорошо проявить себя в приложении к управлению портфелем облигаций, но оказаться бесполезными в других случаях. Решая вопрос о потенциальном использовании структурных моделей, важно понимать допущения, лежащие в основе модели, поскольку они могут ограничивать полезность модели для тех или иных областей ее применения из числа описанных выше.

Принципы, лежащие в основе модели Блэка–Шоулза–Мертона[1]

В модели BSM принимаются следующие допущения:

Допущение 1. Корпорация в своей долговой структуре имеет только один тип выпущенных облигаций.

Допущение 2. Выпущенная облигация является облигацией с нулевым купоном, срок погашения которой истекает через *T* лет.

Допущение 3. Безрисковая процентная ставка остается постоянной в течение всего срока жизни облигации.

Допущение 4. Выплаты держателям облигаций в случае дефолта корпорации производятся в соответствии с принципом абсолютного приоритета.

Допущение 5. Волатильность в течение всего срока остается постоянной.

Совершенно очевидно, что Допущение 1 нереалистично, и расширенные версии модели BSM, о которых пойдет речь позже, позволяют рассматривать выпуск корпорациями разных типов облигаций. Допущение 2 весьма существенно, поскольку исключает возможность дефолта корпорации до истечения срока погашения облигаций с нулевым купоном. Такое допущение сделано из тех соображений, что никаких регулярных выплат делать не приходится, и, следовательно, никакого дефолта вследствие пропущенных выплат не может быть, если непогашенный долг представляет собой облигации с нулевым купоном. Таким образом, что бы ни происходило с ценой бескупонной облигации, выпущенной данной корпорацией, в промежутке между датой выпуска и сроком погашения, это не имеет ничего общего с тем, что могло бы привести к дефолту упомянутой облигации. Очевидно, что и данное

---

[1] Численные иллюстрации модели *BSM* см. в главе 8 в: Mark J. P. Anson, Frank J. Fabozzi, Moorad Choudhry, and Ren-Raw Chen, Credit Derivatives: Instruments, Pricing, and *Applications* (John Wiley & Sons, 2004).

допущение нереалистично, поэтому существуют модели, допускающие дефолт до срока погашения.

Для описания модели введем следующие обозначения:

$E(t)$ — стоимость акционерного капитала корпорации в момент t;

$A(t)$ — стоимость активов корпорации в момент t;

K — стоимость облигации с нулевым купоном, выпущенной корпорацией, на дату погашения.

К сроку погашения T облигации с нулевым купоном стоимость акционерного капитала корпорации составляет $E(T)$, а стоимости ее активов — $A(T)$.

Теперь посмотрим, что может произойти к сроку погашения облигации с нулевым купоном. На момент T могут существовать только три сценария:

Сценарий 1. Совокупная стоимость активов превосходит стоимость погашения бескупонных облигаций, т. е. $A(T) > K$.

Сценарий 2. Совокупная стоимость активов меньше, чем стоимость погашения бескупонных облигаций, т. е. $A(T) < K$.

Сценарий 3. Совокупная стоимость активов равна стоимости погашения бескупонных облигаций, т. е. $A(T) = K$.

Стоимость акционерного капитала в момент T, т. е. $E(T)$, представляет собой разность между стоимостью активов $A(T)$ и стоимостью погашения бескупонной облигации K. Иначе говоря,

$$E(T) = A(T) - K.$$

В Сценарии 1(совокупная стоимость активов превосходит стоимость погашения бескупонной облигации) получаем:

$$E(T) = A(T) - K > 0.$$

Иначе говоря, стоимость акционерного капитала выражается положительным числом, и акционеры компании способны рассчитаться с держателями облигаций и сохранить компанию.

В Сценарии 2(совокупная стоимость активов меньше стоимости погашения бескупонной облигации) получаем:

$$E(T) = A(T) - K < 0.$$

В этом сценарии акционеры оказываются в ситуации дефолта, и держатели облигаций получат сумму меньше стоимости облигации на момент погашения. В результате держатели облигаций становятся владельцами корпорации.

В Сценарии 3 (совокупная стоимость активов равна стоимости погашения бескупонной облигации) стоимость акционерного капитала равна нулю. В этом случае акционеры выплатят свой долг держателям облигаций полностью и останутся владельцами корпорации с нулевым капиталом.

Если мы обозначим через $B(T)$ цену корпоративной облигации с нулевым купоном, тогда ее цену на день погашения можно выразить следующей формулой:

$$B(T) = A(T) - \max\,[A(T) - K,\ 0]. \qquad (23.1)$$

Выражение max $[A(T) — K,\ 0]$ означает наибольшее значение двух чисел в квадратных скобках, которое может быть либо $A(T) - K$, либо нулем. В Сценарии 1 значение $A(T) — K$ положительно, а цена облигации оказывается равной K, т. е.:

$$B(T) = A(T) - [A(T) - K] = K.$$

В сценарии 2 значение $A(T) - K$ отрицательно, а значит, max $[A(T) - K,\ 0]$ равно нулю. Следовательно, цена облигации будет равной:

$$B(T) = A(T) - 0 = A(T).$$

В Сценарии 3 цена облигации просто равна K.

Если мы внимательно посмотрим на формулу (23.1), то поймем, почему Блэк и Шоулз говорили о стоимости корпоративной облигации с точки зрения стоимости опциона. Член max $[A\ (T) - K,\ 0]$ формулы (23.1) представляет собой доход от колл-опциона с ценой страйк, равной K, дата истечения которого равна T, и базовым активом которого являются активы корпорации. Поскольку рассматриваемый член входит в формулу со знаком минус, это означает короткую позицию в колл-опционе (т. е. продажу колл-опциона). Таким образом, ситуация, описанная формулой (23.1), означает, что держатель облигаций занимает длинную позицию в активах корпорации и продает колл-опцион на активы корпорации держателям обыкновенных акций. Стоимость корпоративной облигации рассчитывается соответствующим образом: она представляет собой совокупную стоимость всех активов минус стоимость колл-опциона. Стоимость же самого колл-опциона может быть определена с помощью модели ценообразования опционов — такой, как модель Блэка–Шоулза.

Если мы преобразуем формулу (23.1), то получим еще одну полезную для нас интерпретацию. Формула может быть преобразована следующим образом:

$$B(T) = K - \max\,[K - A(T),\ 0]. \qquad (23.2)$$

Результат для каждого из трех сценариев, естественно, будет тем же, что и для формулы(23.1). Выражение max $[K - A(T), 0]$ здесь снова означает наибольшее значение двух чисел в квадратных скобках, которое может быть либо $K - A(T)$, либо нулем. В Сценарии 1 $K - A(T)$ представляет собой отрицательное число, поэтому максимумом является ноль, а цена облигации на дату погашения равна K. В Сценарии 2 выражение $K - A(T)$ положительно, следовательно, max $[K - A(T), 0]$ равен $K - A(T)$. Таким образом, цена облигации становится равной

$$B(T) = K - [K - A(T)] = A(T).$$

В Сценарии 3 цена облигации просто равна K.

Член формулы $[K - A(T)]$ представляет собой доход от пут-опциона с датой истечения T на активы корпорации с ценой страйк, равной K. Поскольку он входит в формулу (23.2) со знаком минус, это доход от короткой позиции в пут-опционе. Ситуацию, выраженную формулой (23.2), можно трактовать как позицию в безрисковой облигации за вычетом цены пут-опциона на активы корпорации, который держатели акций продали владельцам облигаций.

Для оценки опциона с использованием рассмотренного подхода к оценке корпоративных облигаций по опционной модели ценообразования, необходимо располагать следующими данными:

1) структура корпоративного капитала;
2) рыночная стоимость корпорации (выводимая, как правило, из цены ее акций);
3) волатильность рыночной стоимости корпорации (выводимая, как правило, из волатильности цены ее акций).

Расширенные версии модели BSM

Расширенные версии модели BSM были созданы разработчиками для того, чтобы сделать допущения модели менее жесткими. Математические операции, с помощью которых получаются выводы из модели, стали более сложными. Более того, тип опциона, право на который предоставляется держателям обыкновенных акций владельцами облигаций, уже не представляет собой обычный колл-опцион, а является сложным или экзотическим опционом. Исходя из этих соображений, мы вкратце опишем здесь расширенные версии модели и упомянем о решаемых ими задачах, предоставив ссылки на первоисточники для тех, кто хотел бы изучить данную проблему глубже.

Рассмотрим для начала Допущение 1 (корпорация выпускает только один тип облигаций). Если компания выпустила несколько серий облигаций с нулевым купоном с разными сроками погашения, то для модели BSM несложно просчитать дефолтные события для разных отрезков времени. Геске продемонстрировал, как это можно сделать с помощью модели «сложного опциона»[1]. Сложный опцион — это опцион на другой опцион. Сущность модели Геске заключается в том, что дефолты могут быть описаны как ряды условных событий, и более поздние дефолты зависят от того, предшествовал ли им какой-либо дефолт. Основываясь на этой предпосылке, слои обусловленных дефолтов выстраиваются в ряды последовательных сложных опционов, каждый из которых связан с другими.

Еще один ряд моделей был предложен для того, чтобы расширить модель BSM для случаев, когда дефолт может произойти не только при наступлении срока погашения, но и в любое предшествующее этому моменту время. Лежащий в основе этих моделей юридический принцип заключается в том, что в типовых соглашениях об эмиссии существуют типовые ковенанты, дающие держателям облигаций право реструктурировать корпорацию, если стоимость корпоративных активов упадет ниже определенного уровня, который называется **барьером дефолта**. Эти модели называются моделями **времени первого достижения границы**. Впервые такая модель была предложена Блэком и Коксом[2]. Во всех этих моделях определяется порог (барьер дефолта), а дефолт происходит тогда, когда стоимость корпоративных активов пересекает этот порог. В данном случае дефолт рассматривается как разновидность барьерного опциона[3]. Барьерный опцион — это опцион по-

---

1 См.: Robert Geske, «The Valuation of Corporate Liabilities as Compound Options», *Journal of Financial and Quantitative Analysis,* 12 (1977), pp. 541–552. См. также: Robert Geske and Herbert Johnson, «The Valuation of Corporate Liabilities as Compound Options: A Correction», *Journal of Financial and Quantitative Analysis,* 19 (1984), pp. 231–232. Численные иллюстрации модели Геске см. в главе 8 в: Anson, Fabozzi, Choudhry, and Chen, *Credit Derivatives: Instruments, Pricing, and Applications.*

2 Fischer Black and John Cox. «Valuing Corporate Securities: Some Effects of Bond Indenture Provisions», *Journal of Finance,* 31 (1976), pp. 351–367.

3 Другие модели, рассматривающие дефолт как барьерный опцион, описаны в: Francis Longstaff and Eduardo Schwartz, «A Simple Approach to Valuing Risky Fixed and Floating Rate Debt», *Journal of Finance,* 50 (1995), pp. 789–819; Eric Briys and Francois de Varenne, «Valuing Risky Fixed Rate Debt: An Extension,» *Journal of Financial and Quantitative Analysis,* 32, (1997), pp. 239–248; Chunsheng Zhou, «An Analysis of Default Correlations and Multiple Defaults», *Review of Financial Studies* (2001), pp. 555–576; Ming Huang and Jay Huang, «How Much of the Corporate-Treasury Yield Spread Is Due to Credit Risk?» working paper, Stanford University, 2002.

следовательности цен. Для таких опционов как прибыль, так и возможность достижения опционом установленной даты истечения зависят от того, достигнет ли цена базового актива определенного уровня в течение срока существования опциона[1].

Для смягчения условий Допущения 3 (неизменная безрисковая процентная ставка) Шимко, Теджима и ван Девентер расширили модель BSM, включив в нее возможность стохастических изменений процентной ставки[2].

Преимущества и недостатки структурных моделей

С теоретической точки зрения структурные модели анализируют дефолт, основываясь на рациональном постулате, гласящем, что дефолт является результатом падения стоимости активов корпоративного эмитента ниже величины его долга. Помимо расчета вероятностей дефолта, эти модели позволяют инвестиционному менеджеру видеть, в какой степени кредитный риск корпорации является функцией левериджа и волатильности активов эмитента. Это позволяет оценить влияние выпуска нового пакета акций или эмиссии новых облигаций, меняющей структуру капитала корпорации.

Хотя структурные модели превосходят по уровню существовавшие ранее разработки, есть два момента, вызывающих определенную озабоченность пользователей: трудность калибровки и перегруженность расчетами. Мы уже касались калибровки моделей по рыночным данным, когда говорили о моделях процентной ставки в главе 17. Калибровка — это обязательный первый шаг в торговле бумагами с фиксированным доходом, поскольку она позволяет трейдеру отчетливо видеть *относительные цены* и выстраивать безрисковую торговую стратегию. Калибровка структурной модели по цене корпоративной облигации требует калибровки по волатильности активов, по стоимости активов, по номинальной величине долга корпоративного эмитента, по барьеру дефолта (в случае моделей времени первого достижения

---

1 Эта форма барьерного опциона называется также опционом «вниз и без». Существуют два типа барьерных опционов: опционы выхода и опционы входа. Первый тип представляет собой опцион, который теряет силу, когда стоимость базовых активов достигает определенного уровня. Второй тип — это опцион, который начинает действовать тогда, когда стоимость базовых активов достигает определенного уровня. Более детальное объяснение барьерных опционов см. в: John Hull, Options, Futures, and Other Derivatives (New York: Prentice Hall, 2002).

2 David C. Shimko, Naohiko Tejima, and Donald R. van Deventer, «The Pricing of Risky Debt When Interest Rates Are Stochastic», *Journal of Fixed Income* (September 1993), pp. 58–66.

границы) и по безрисковой процентной ставке[1]. Одни параметры, необходимые для калибровки, могут быть выведены из рыночных данных (например, путем использования казначейских бумаг для оценки безрисковой процентной ставки), но другие параметры либо неочевидны, либо труднодоступны. Стоимость корпорации оценивается исходя из цены ее публично котируемых акций. Определение номинальной величины корпоративного долга может показаться нетрудной задачей, однако сделать это для сложных структур капитала, включающих в себя многочисленные выпуски облигаций, банковские кредиты, гарантии по долгам других компаний, пенсионные обязательства, лизинговые обязательства и процентные деривативы, оказывается задачей весьма непростой. Для моделей времени первого достижения границы должен быть определен соответствующий барьер дефолта. В связи с этими сложностями принято считать, что структурные модели не подходят для частой переоценки долговых бумаг по рынку.

То, что мы только что описали, относится к проблеме калибровки отдельно взятого выпуска облигаций. При оценке кредитного риска портфеля облигаций с применением структурных моделей возникают новые сложности. Возникает необходимость оценить корреляцию между различными эмитентами в портфеле. Ниже мы расскажем о статистическом инструменте, используемом для данной цели.

С точки зрения расчетов определение цены, например корпоративной облигации с нулевым купоном, производится так же, как и определение цены опциона на облигацию, — тема, которой мы займемся в главе 30. Однако для купонных облигаций такой расчет превращается в решение задачи о цене сложного опциона, а эта задача гораздо более сложна. Чтобы оценить субординированную облигацию, необходимо одновременно дать оценку всем старшим долговым обязательствам (облигациям и кредитам). В результате некоторые участники рынка не слишком охотно прибегают к структурным моделям в ситуациях, когда необходимо быстро и точно определить цену корпоративных облигаций.

Таким образом, главным приложением структурных моделей на практике является область анализа кредитных рисков. Профессионалы рынка ценных бумаг утверждают, что структурные модели с большей надежностью прогнозируют кредитные качества корпоративных ценных бумаг, чем упрощенные модели, о которых речь пойдет ниже. Кроме того, структурные модели дают гораздо более свежую информацию, чем данные, получаемые от рейтинговых агентств или в результате фундаментального анализа, описанного

[1] Чтобы действительно оценить облигацию (в реальном мире), нам необходимо знать и премию за риск, поскольку стандартная модель BSM дает нейтральные к риску спреды.

в предыдущей главе. В результате банки считают структурные модели весьма полезными как при открытии кредитных линий для корпораций, так и при анализе риска портфеля корпоративных бумаг.

Оценка кредитного риска портфеля: корреляция дефолтов и связки

До сих пор мы занимались исследованием вопроса о том, как можно использовать структурные модели в оценке кредитного риска отдельно взятой корпорации. В случае портфеля корпоративных облигаций существует риск того, что какое-то событие, ставшее триггером дефолта одной из корпоративных облигаций в портфеле, может негативно повлиять на другую корпоративную облигацию в портфеле, увеличивая тем самым вероятность дефолта этой второй корпорации. Широко используемая статистическая концепция для измерения зависимости между двумя переменными — корреляция. В управлении кредитными рисками такой тип риска называется корреляцией дефолтов. Можно предполагать, что для корпоративных эмитентов из одного и того же сектора **корреляция дефолтов** будет весьма высока.

Разработчикам моделей кредитных рисков необходима оценка корреляций дефолта для оценки кредитного риска портфеля и кредитных деривативов. Для подобной оценки корреляции дефолтов используются различные методики. Так, Moody's в своем анализе использует метод Монте-Карло для интерпретации исторических данных об изменении рейтингов и дефолтов. Другое рейтинговое агентство, Fitch Ratings, пользуется корреляцией движения цен акций.

Мы только что отметили, что корреляция является количественным показателем связи между двумя переменными. Следует, однако, подчеркнуть, что иногда бытует неверное представление о том, что любая зависимость между двумя переменными и есть корреляция. Но корреляция является лишь одним из статистических инструментов, количественно описывающих структуру зависимости, и есть достаточные основания полагать, что именно этот инструмент не слишком подходит для моделирования кредитных рисков. Причина заключается в том, что независимость двух переменных предполагает коэффициент корреляции, равный нулю. В то же время нулевой коэффициент корреляции вовсе не обязательно предполагает независимость переменных.

Чтобы проиллюстрировать отношение рассмотренной нами концепции к управлению кредитными рисками, предположим, что существует достаточное количество поставщиков определенной запчасти для автомобильной промышленности. Предположим, что ABC Company одна из таких фирм-поставщиков. С точки зрения ABC Company дефолты компаний в автомобильной отрасли скорее всего будут иметь крайне негативные экономические последствия для нее самой, вплоть до банкротства. Понятно, что для держателя облигаций ABC Company существует тесная связь риска дефолта между ABC Company и автомобильной промышленностью. Однако с точки зрения держателя корпоративных облигаций корпораций, производящих автомобили, маловероятно, что дефолт ABC Company окажет негативное влияние на ситуацию этих фирм. Иными словами, с позиций автомобильной промышленности влияние такого события на риск дефолта с большой вероятностью будет нулевым.

Из-за подобной асимметричной зависимости и прочих недостатков корреляции как меры риска многие разработчики моделей кредитных рисков используют другие измерители зависимости для более глубокого понимания многовариантных взаимосвязей между всеми облигациями в портфеле. Комбинация индивидуальных вероятностей дефолта (или распределение дефолта) и их взаимная зависимость в математике называется «связкой». Детальное обсуждение данной математической концепции выходит за рамки этой работы. Для нас важно понять следующее: используя для исследования природы зависимости двух переменных связки, а не простые корреляционные зависимости, разработчик сможет с большей эффективностью моделировать экстремальные ситуации.

УПРОЩЕННЫЕ МОДЕЛИ

Упрощенные модели появились в середине 1990-х гг. Двумя наиболее известными из них являются модель Джарроу–Тернбулла[1] и модель Даффи–Синглтона[2].

Основное различие между упрощенными моделями и структурными моделями заключается в понимании дефолта. Как и все экономические модели, структурные и упрощенные модели есть не более чем математическое представление отношений между экономическими переменными. Переменные, используемые в экономической модели, делятся на эндогенные и экзогенные. Эндогенная переменная — это такая переменная, значение которой

---

1 Robert Jarrow and Stuart Turnbull, «Pricing Derivatives on Financial Securities Subject to Default Risk», *Journal of Finance,* 50 (1995), pp. 53–86.

2 Darrell Duffie and Kenneth Singleton, «Modeling the Term Structure of Defaultable Bonds», *Review of Financial Studies,* 12 (1999), pp. 687–720. Название «упрощенные модели» было дано Даррелом Даффи, чтобы отличать их от структурных моделей.

определяется внутри экономической модели. Ее называют также «зависимой» переменной, поскольку ее величина зависит от других переменных в экономической модели. Экзогенная переменная это переменная, величина которой определяется вне экономической модели. Ее также называют «независимой» переменной, потому что ее величина принимается независящей от других переменных в экономической модели. Для структурных моделей дефолт является эндогенной переменной. В упрощенных моделях это экзогенная переменная. Как оказалось, определение дефолта в качестве экзогенной величины значительно упрощает моделирование кредитных рисков, поскольку позволяет игнорировать необходимость определения, вызывающего дефолт. Вместо этого модель занимается самим дефолтом. Цены корпоративных облигаций с различными сроками погашения также могут рассматриваться как независимые — в отличие от структурных моделей, где дефолты корпоративных облигаций с более длительным сроком погашения, выпущенные каким-либо эмитентом, зависимы от дефолтов более краткосрочных облигаций того же эмитента.

Ключевые элементы в упрощенных моделях таковы: 1) время дефолта; 2) уровень возмещения и 3) безрисковая процентная ставка. Модели, описываемые ниже, отличаются в том, как в них моделируется момент наступления дефолта и, в случае его наступления, как происходит процесс возмещения. Точное моделирование процесса возмещения при банкротстве является нетривиальной задачей[1].

Весьма серьезным является вопрос о компромиссе между удобством аналитического манипулирования моделью и ее практической применимостью. Разработчиками был предложен вариант закрытой формы для упрощенных моделей, который базируется на ограничивающих допущениях относительно динамики дефолта и процессов возмещения.

Теоретической основой упрощенных моделей является пуассоновский процесс. Мы приводим краткое объяснение этого несложного стохастического процесса.

Пуассоновский процесс

В главе 17 при описании моделирования ставки процента, мы объясняли, что представляет собой стохастический процесс. Пуассоновский процесс является

[1] Для моделирования процесса возмещения были предложены три модели: 1) возмещение рыночной стоимости; 2) возмещение номинальной стоимости и накопленного процента и 3) возмещение по стоимости казначейской облигации.

одним из наиболее важных классов стохастических процессов. Чтобы понять, что собой представляет пуассоновский процесс, мы начнем с последовательности цифр или счетчика, который придает номер (1, 2 и т. д.) каждому событию, имевшему место после начальной точки отсчета во времени. Обозначим «показания» этого счетчика в момент времени t как N_t. То есть

$$N_t = \text{число событий, имевших место в интервале от 0 до } t.$$

Таким образом, N_t будет увеличиваться на 1 при каждом наступлении определенного нами события. Это увеличение называется «инкрементом».

Вероятность того, что событие произойдет в малом интервале времени dt между одним целым числом и другим, следующим за ним, выражается формулой[1]:

$$\text{Вероятность } [N_{t+dt} + N_{t-1} = 1] = \lambda dt,$$

где параметр λ называется *параметром интенсивности* пуассоновского процесса. Аналогичным образом, вероятность того, что в течение того же интервала времени события не произойдет, выражается так:

$$\text{Вероятность } [N_{t+dt} + N_{t-1} = 0] = 1 - \lambda dt.$$

В упрощенных моделях событие в пуассоновском процессе определено как дефолт. Параметр интенсивности в упрощенных моделях называется **интенсивностью дефолтов** и является ключевым параметром модели. Кстати говоря, упрощенные модели называют также **моделями интенсивности** и **моделями стохастического уровня дефолтов**. В контексте такой модели интенсивность дефолтов в момент времени t носит вероятностный характер. В более строгом определении это *условная* вероятность дефолтов в единицу времени при условии, что корпорация прежде в ситуации дефолта еще не была[2]. Таким образом, пуассоновский процесс в принципе описывает ближайший или краткосрочный риск дефолта корпорации.

Параметр интенсивности может быть введен в пуассоновский процесс тремя способами. Первый способ: параметру присваивается постоянное значение, не зависящее от времени t. Второй способ: параметр интенсивности детерминирован временем t и является функцией t. И, наконец,

---

[1] Вспомните, что было обозначено через dt при обсуждении нами стохастических дифференциальных уравнений в главе 17: dt представляет собой изменение во времени или эквивалентную длительность временного интервала, причем предельно малого временного интервала.

[2] Поскольку наличие или отсутствие у корпорации дефолта в прошлом сугубо индивидуально, эта вероятность и была названа условной.

интенсивность может быть определена как случайная переменная, зависящая от некоторых определенных экзогенных факторов. Например, процесс дефолта может коррелировать с процессами изменения безрисковой ставки процента[1]. Большинство упрощенных моделей, используемых в практике, включают в себя параметр стохастической интенсивности для моделирования процесса дефолта.

Если мы примем, что параметр интенсивности является постоянной величиной, то можно показать, что время до наступления первого дефолта, т. е. **время дефолта**, изменяется по закону экспоненциального распределения, выражаемого формулой:

$$\text{Вероятность } (T > t) = e^{-\lambda\,(T-t)}.$$

Модель Джарроу–Тернбулла

Модель Джарроу–Тернбулла представляет собой простую модель дефолта и возмещения. Предполагается, что независимо от того, когда произойдет дефолт, возмещение выплачивается при наступлении срока погашения. Делая допущение о том, что выплата возмещения производится в момент погашения, Джарроу и Тернбулл устранили зависимость между ценой облигации и условной вероятностью дефолта.

Базисная модель Джарроу–Тернбулла была расширена Джарроу, Лэндо и Тернбуллом[2] с тем, чтобы включить в нее различные кредитные рейтинги, а не просто два крайних состояния (дефолт и выживание). Иначе говоря, вместо единственного состояния для дефолта (и выживания) может существовать целый ряд вероятностей, каждая из которых является вероятностью перехода из одного кредитного рейтинга в другой. Это делается путем включения вероятностей таких рейтинговых переходов. В главе 7 мы говорили о том, что такие вероятности могут быть получены из таблиц рейтинговых переходов, которые периодически публикуются рейтинговыми агентствами.

---

[1] В таких случаях используется специальный тип пуассоновского процесса, известный как процесс Кокса (или удвоенный стохастический пуассоновский процесс). Для более детального знакомства с процессом Кокса см. главу 10 в: Svetlozar T. Rachev, Christian Menn, and Frank J. Fabozzi, Fat-Tailed and Skewed Asset Return Distributions: Implications for Risk Management, Portfolio Selection, and Option Pricing (Hoboken, NJ: John Wiley & Sons, 2005).

[2] Robert Jarrow, David Lando, and Stuart Turnbull, «A Markov Model for the Term Structure of Credit Spreads», *Review of Financial Studies,* 10 (1997), pp. 481–532.

Таким образом, эти расширенные упрощенные модели оценивают не столько риск дефолта, сколько риск миграции кредитного рейтинга.

Модель Даффи–Синглтона

Допущение о выплате возмещения только при достижении даты погашения, а не тогда, когда дефолт произошел (или вскоре после этого), в модели Джарроу–Тернбулла делает решение весьма нереалистичным. Второй недостаток ее заключается в том, что размер возмещения может случайным образом колебаться во времени. Размер возмещения подвержен флуктуациям потому, что он зависит от ликвидационной стоимости корпорации на момент дефолта. В результате в модели Джарроу–Тернбулла возможны сценарии, при которых возмещение может превосходить цену облигаций к моменту дефолта, потому что уровень возмещения представляет в ней экзогенно определенный процент безрисковых облигаций.

В отличие от рассмотренной выше модели модель Даффи–Синглтона 1) допускает выплату возмещения в любое время и 2) ограничивает размер возмещения фиксированной долей додефолтовой цены облигации к моменту дефолта. Из-за второго допущения модель Даффи–Синглтона называется **моделью частичного возмещения** или **моделью частичного возмещения додефолтной рыночной стоимости.** Смысл этого допущения заключается в том, что по мере падения кредитного качества корпоративных облигаций падает и цена облигации. В момент дефолта выплачиваемая стоимость будет представлять собой часть преобладающей цены, предшествовавшей дефолту. В результате исключается уже упомянутый недостаток модели Джарроу–Тернбулла, когда цена после дефолта может оказаться выше той, что была непосредственно перед дефолтом.

Достоинства и недостатки упрощенных моделей

Поскольку вероятности дефолта и уровень возмещения в модели определены экзогенно, становится возможным использовать ряд рискованных бескупонных облигаций для калибровки кривой вероятности дефолта и кривой кредитного спреда. Возможность быстрой калибровки по рынку, позволяющая трейдерам взвесить относительные цены и выстроить безрисковую стратегию торговли, стала одной из основных причин того, что упрощенные модели пользуются большой популярностью у практиков, работающих на рынке кредитных деривативов[1].

Недостатки этих моделей кроются в том же свойстве, которое сторонники подхода считают их достоинством. Этот подход не проясняет экономические факторы, ставшие причиной дефолта, — просто потому, что рассматривает дефолт как экзогенное событие. Будущие версии упрощенных моделей скорее всего позволят включать в моделирование уровня интенсивности и уровня потерь также факторы, ведущие к дефолту. Примером такого подхода может быть увязывание параметра интенсивности со стоимостью корпорации[2]. Кроме того, недостатком упомянутых моделей является то, что в них дефолт всегда рассматривается как неожиданность. В реальности так происходит весьма редко. Исследования, проведенные рейтинговыми агентствами, показывают, что только в единичных случаях корпоративные облигации инвестиционного уровня обрушиваются сразу в дефолт, минуя серию последовательных понижений рейтинга. Следовательно, дефолт для корпоративных облигаций в определенной степени можно предвидеть.

ЭМПИРИЧЕСКИЕ ДАННЫЕ: КРЕДИТНЫЕ РЕЙТИНГИ, СТРУКТУРНЫЕ МОДЕЛИ И УПРОЩЕННЫЕ МОДЕЛИ

В ряде академических исследований была предпринята попытка оценить относительную результативность предсказаний кредитного риска с использованием кредитных рейтингов и моделей кредитного риска (т. е. структурных и упрощенных моделей).

В исследовании Хилшера и Уилсона, например, исследуется взаимосвязь кредитного рейтинга и вероятности дефолта[3]. Хотя, по их данным, кредитные рейтинги нельзя считать точным измерителем вероятности дефолта, и они доминируют при прогнозировании дефолтов с использованием простой модели кредитного риска на основе публично доступной финансовой информации, кредитные рейтинги все же дают полезные сведения. По мне-

---

[1] Мы рассмотрим кредитные деривативы в главе 32. В качестве иллюстрации процесса калибровки для модели Джарроу–Тернбулла см. главу 9 в: Anson, Fabozzi, Choudhry, and R. Chen. *Credit Derivatives: Instruments, Applications, and Pricing.*

[2] Sanjiv Das and Peter Tufano, «Pricing Credit — Sensitive Debt When Interest Rates, Credit Ratings, and Credit Spreads Are Stochastic», *Journal of Financial Engineering, 5* (1996), pp. 161–198.

[3] Jens Hilscher and Mungo Ivor Wilson, "Credit Ratings and Credit Risk: Is One Measure Enough?" (March 7, 2013), AFA 2013 San Diego Meetings Paper, available at SSRN: http://ssrn.com/abstract=1474863 or http://dx.doi.org/10.2139/ssrn.1474863.

нию авторов, это объясняется тем, что кредитные рейтинги связаны с величиной общего (и недиверсифицируемого) разброса вероятности дефолта. Они считают, что в результате многомерности природы кредитного риска одно измерение не может отразить всю необходимую информацию.

В двух исследованиях сравнивалась предсказательная сила подхода на основе структурной модели Мертона и на основе упрощенной модели. Из работы Кэмпбелла, Хилшера и Силадьи следует, что, несмотря на важные аспекты корпоративных банкротств, отражаемые структурным подходом, упрощенный подход позволяет лучше предсказывать банкротства[1]. Этот вывод совпадает с данными Бхаратха и Шамуэя[2]. Вместе с тем в недавнем исследовании Афика, Арада и Галила оспаривается его справедливость и указывается на то, что модель Мертона в том виде, в каком она использовалась в работе Бхаратха и Шамуэя, является упрощенной и пришла в академические исследования из практики[3].

ПРИМЕНЕНИЕ МОДЕЛИРОВАНИЯ КРЕДИТНОГО РИСКА

Мы завершаем эту главу демонстрацией того, как моделирование кредитного риска может использоваться для анализа относительной стоимости на рынке корпоративных облигаций. Хотя модели кредитного риска предлагаются целым рядом софтверных/консалтинговых компаний, мы в целях иллюстрации применяем систему управления риском Kamakura Corporation. Модель Kamakura не ограничивается кредитным риском и включает в себя также процентный риск.

Эта модель позволяет рассчитать вероятность дефолта эмитента корпоративных облигаций либо с использованием структурного подхода на основе модели Мертона, либо с использованием упрощенного подхода. Выбор подхода остается за пользователем. По словам Дональда ван Девентера, президента Kamakura Corporation, более 90% опытных пользователей программного обеспечения компании выбирают упрощенный подход из-за его гарантированной точности.

---

1 John Y. Campbell, Jens Hilscher, and Jan Szilagyi, "In Search of Distress Risk," Journal of Finance 63, 6 (2008), pp. 2899–2939. Аналогичные выводы сделаны в работе John Y. Campbell, Jens Dietrich Hilscher, and Jan Szilagyi, "Predicting Financial Distress and The Performance of Distressed Stock," Journal of Investment Management 9, 2 (2011), pp. 14–34.

2 Sreedhar T. Bharath and Tyler Shumway, "Forecasting Default with the Merton Distance to Default Model." Review of Financial Studies 21 (2008), pp. 1339–1369.

3 Zvika Afik, Ohad Arad and Koresh Galil, "Using The Merton Model: An Empirical Assessment of Alternatives," Discussion Paper No. 12-02, Monaster Center for Economic Research, Ben-Gurion University of the Negev (April 2012).

Здесь мы демонстрируем применение модели Kamakura Corporation для определения вероятности дефолта по выпускам облигаций Bank of America Corporation (BAC) по состоянию на 11 июня 2014 г., а также для определения их относительной стоимости[1]. По состоянию на 10 июня 2014 г. облигации BAC были самыми активно торгуемыми на американском рынке инструментов с фиксированным доходом, а на предыдущей неделе они были единственными несуверенными референсными бумагами среди 20 наиболее часто используемых на рынке дефолтных свопов[2]. С 211 облигационными выпусками BAC была осуществлена 951 сделка с совокупным дневным объемом $394 млн. В целях представленного здесь анализа сделки со всеми нестаршими/неотзывными облигациями были опущены. В результате число сделок снизилось до 313 по 91 облигационному выпуску BAC, а объем — до $369 млн.

Kamakura оценила вероятность дефолта BAC в годовом исчислении по состоянию на 10 июня 2014 г. следующим образом:

Вероятность дефолта BAC (%)	
Один месяц	0,33
Три месяца	0,28
Шесть месяцев	0,23
Один год	0,21
Два года	0,25
Три года	0,21
Четыре года	0,30
Пять лет	0,36
Семь лет	0,41
10 лет	0,56

Хотя эти вероятности и являются информативными, как инвесторы могут использовать их? Вероятности дефолта используются наряду с кредитными

[1] Этот пример взят из: Donald van Deventer, "Bank of America Corporation: Default Probabilities and Relative Value Update," June 11, 2014, http://www.kamakuraco.com/Blog/tabid/231/EntryId/670/Bankof-America-Corporation-Default-Probabilities-and-Relative-Value-Update.aspx.

[2] Чтобы дать представление о размере чрезвычайных консолидированных заимствований BAC или вливаний капитала со стороны правительства США, скажем, что во время недавнего кризиса они достигали $48,1 млрд. Такой объем заимствований почти в два раза больше того, что Lehman Brothers запрашивал у ФРС, но так и не получил, перед подачей заявления о банкротстве 14 сентября 2008 г.

спредами для получения характеристики доходность–риск. Показатель представляет собой отношение кредитного спреда (доходность) к вероятности дефолта (риск). Выше приведена вероятность дефолта в зависимости от срока. Поэтому, если говорить точнее, то наш показатель является отношением кредитного спреда к вероятности дефолта с учетом срока. Инвестор может, таким образом, выбрать выпуск с наивысшим кредитным спредом на базисный пункт риска дефолта для каждого срока.

Что нам требуется, так это оценка кредитного спреда для каждого срока в каждом облигационном выпуске. Ее получают в два этапа. Сначала получают следующие доходности по сделкам, учитываемым в системе TRACE, для облигации BAC, торговавшейся в тот день: минимальную доходность, средневзвешенную по сделкам доходность и максимальную доходность. Помимо этого рассчитывается доходность, соответствующая наиболее подходящему взвешенному по сделкам кредитному спреду.

Затем вычисляют кредитный спред относительно какого-либо ориентира. В анализе Kamakura есть два потенциальных ориентира:

- доходность к погашению казначейских облигаций, интерполированная по статистическому релизу H15 ФРС на этот день, которые в точности соответствуют по сроку торгуемым облигациям BAC;
- расчетная доходность, которая преобладала бы, если бы все инвесторы приняли представленный выше взгляд на вероятность дефолта при условии, что: 1) возмещение в случае дефолта будет нулевым и 2) инвесторы не требуют премию за ликвидность сверх безрисковой доходности с учетом дефолта.

В табл. 23.1 приведена следующая информация по выборке из 91 выпуска облигаций BAC, которые торгуются и используются для анализа. В первых трех столбцах приводятся данные по каждому облигационному выпуску: купон, дата погашения и оставшийся срок до погашения. В следующих четырех столбцах показаны кредитные спреды для каждого облигационного выпуска на основе минимальной доходности, средневзвешенной по сделкам доходности, максимальной доходности, а также подогнанный кредитный спред. Подходящая по сроку казначейская облигация приведена в столбце после четырех кредитных спредов, а за ней следует рассчитанная Kamakura вероятность дефолта для каждого облигационного выпуска. После этого приводятся показатель процента, отношение кредитного спреда к вероятности дефолта с учетом срока погашения, определенные на основе кредитных спредов для минимальной доходности, средневзвешенной по сделкам доходности и максимальной доходности. Отношение варьирует от 1,15 до 5,9.

Таблица 23.1. Анализ отношения кредитного спреда к вероятности дефолта для облигационных выпусков Bank of America Corporation (частичный перечень) по состоянию на 10 июня 2014 г.

			Кредитный спред						Спред/вероятность дефолта				
Купон облигации	Дата погашения	Лет до погашения	Мин.	Средневзвеш.	Макс.	Подогнанный кредитный спред	Подходящая казначейская облигация	Вероятность дефолта по данным Kamakura	Мин.	Средневзвеш.	Макс.	К-во сделок	Объем сделки ($)
5,450	15 июля 2014	0,096	0,370	0,376	0,469	0,437	0,040	0,329	1,126	1,143	1,426	5	180 000
5,125	15 нояб. 2014	0,433	0,454	0,569	0,991	0,461	0,055	0,245	1,857	2,326	4,051	5	316 000
5,000	15 янв. 2015	0,600	0,412	0,566	1,115	0,472	0,070	0,230	1,795	2,465	4,855	13	943 000
4,050	15 февр. 2015	0,684	0,521	0,624	0,703	0,479	0,078	0,227	2,298	2,753	3,105	4	100 000
4,400	15 мар. 2015	0,761	1,162	1,329	1,496	0,484	0,086	0,224	5,195	5,940	6,686	2	40 000
4,500	01 апр. 2015	0,808	0,118	0,472	0,708	0,487	0,091	0,222	0,532	2,127	3,187	11	3 839 000
4,000	15 апр. 2015	0,846	1,011	1,193	1,766	0,490	0,095	0,221	4,583	5,406	8,003	8	26 000
4,250	15 мая 2015	0,928	0,615	0,669	0,722	0,496	0,103	0,218	2,829	3,073	3,318	2	22 000
4,750	01 авг. 2015	1,142	0,551	0,589	1,594	0,512	0,158	0,219	2,510	2,685	7,269	4	595 000
3,400	15 авг. 2015	1,180	1,183	1,268	1,353	0,514	0,171	0,221	5,364	5,749	6,134	2	10 000
1,476	17 авг. 2015	1,185	0,706	0,748	0,834	0,515	0,173	0,221	3,197	3,390	3,777	3	75 000
3,700	01 сент. 2015	1,227	0,443	0,483	1,051	0,518	0,187	0,222	1,996	2,177	4,732	10	6 680 000
5,350	15 сент. 2015	1,265	0,617	0,655	0,694	0,521	0,200	0,223	2,762	2,935	3,108	2	20 000
—	—	—	—	—	—	—	—	—	—	—	—	—	—
6,500	01 авг. 2016	2,144	0,163	0,588	0,720	0,586	0,519	0,241	0,677	2,444	2,991	8	510 000
3,650	15 авг. 2016	2,182	0,943	0,943	0,943	0,589	0,537	0,239	3,942	3,942	3,942	2	200 000
5,450	15 сент. 2016	2,267	1,095	1,112	1,164	0,595	0,578	0,236	4,640	4,714	4,933	4	20 000
3,750	15 сент. 2016	2,267	0,707	0,774	1,144	0,595	0,578	0,236	2,999	3,279	4,851	6	106 000

Окончание табл. 23.1

			Кредитный спред						Спред/вероятность дефолта				
Купон облигации	Дата погашения	Лет до погашения	Мин.	Средневзвеш.	Макс.	Подогнанный кредитный спред	Подходящая казначейская облигация	Вероятность дефолта по данным Kamakura	Мин.	Средневзвеш.	Макс.	К-во сделок	Объем сделки ($)
5,150	15 сент. 2016	2,267	0,894	0,972	1,020	0,595	0,578	0,236	3,789	4,121	4,324	5	41 000
5,625	14 окт. 2016	2,346	0,236	0,639	0,801	0,601	0,616	0,233	1,014	2,744	3,442	9	2 661 000
3,550	15 нояб. 2016	2,434	0,534	0,841	1,217	0,608	0,658	0,229	2,327	3,665	5,305	3	75 000
1,350	21 нояб. 2016	2,450	0,322	0,570	0,583	0,609	0,666	0,229	1,406	2,492	2,547	10	713 000
5,000	15 мар. 2017	2,762	1,020	1,173	1,364	0,633	0,816	0,217	4,708	5,410	6,291	15	440 000
3,875	22 мар. 2017	2,782	0,385	0,537	0,624	0,634	0,825	0,216	1,782	2,486	2,890	16	9 673 000
6,000	15 авг. 2017	3,181	0,968	0,968	0,968	0,665	1,001	0,225	4,310	4,310	4,310	2	2 000
6,400	28 авг. 2017	3,217	0,710	0,759	0,935	0,667	1,015	0,228	3,114	3,327	4,100	17	494 000
6,000	01 сент. 2017	3,228	0,343	0,710	0,854	0,668	1,019	0,229	1,498	3,102	3,730	11	280 000
—	—	—	—	—	—	—	—	—	—	—	—	—	—
4,200	15 мая 2032	17,930	1,148	1,209	1,270	1,593	3,084	0,555	2,068	2,177	2,287	2	16 000
4,000	07 авг. 2032	18,160	1,824	1,905	1,986	1,599	3,097	0,555	3,285	3,431	3,577	2	40 000
10,250	11 июля 2033	19,086	7,539	7,539	7,539	1,620	3,149	0,555	13,579	13,579	13,579	1	25 000
10,000	06 авг. 2033	19,157	7,535	7,535	7,535	1,621	3,153	0,555	13,571	13,571	13,571	3	47 000
5,875	07 февр. 2042	27,663	1,299	1,300	1,301	1,407	3,407	0,555	2,340	2,342	2,343	2	10 000 000
5,000	21 янв. 2044	29,615	1,202	1,246	1,249	1,233	3,460	0,555	2,165	2,245	2,250	7	1 960 000
4,875	01 апр. 2044	29,810	1,086	1,249	1,265	1,213	3,465	0,555	1,957	2,249	2,279	11	19 955 000

Источник: Donald van Deventer, "Bank of America Corporation: Default Probabilities and Relative Value Update" (June 11, 2014), http://www.kamakuraco.com/Blog/tabid/231/EntryId/670/Bank-of-America-Corporation-Default-Probabilities-and-Relative-Value-Update.aspx. Воспроизводится с разрешения.

В главе 26 будет рассматриваться анализ относительной стоимости корпоративных облигаций. Здесь же мы демонстрируем использование конкретной модели кредитного риска для идентификации относительной стоимости облигационных выпусков одного и того же эмитента. Этот же анализ можно применить и для оценки относительной стоимости облигаций других эмитентов. Это сделано в примере с облигациями BAC через определение, являются ли отношения доходности и риска «нормальными», т. е. определение того, выше они или ниже среднего уровня. С этой целью необходимо сравнить отношения доходности и риска с отношениями кредитного спреда к вероятности дефолта совокупности сходных облигаций, выпущенных другими компаниями. В нашем случае это означает старшие неотзывные облигации с фиксированной ставкой, поскольку мы анализировали облигации BAC именно с такими характеристиками. Кроме того, совокупность облигаций, выпущенных другими компаниями, должна иметь объем торговли более $5 млн и срок до погашения не менее одного года по состоянию на 10 июня 2014 г. (дату анализа).

На эту дату необходимым критериям отвечает 431 торгующаяся облигация. В эту совокупность входят 15 облигаций BAC. Для всех 431 выпусков был рассчитан кредитный спред. Медианный и средний кредитный спред для 431 облигационного выпуска составлял соответственно 77 и 104,2 базисного пункта. Отношение медианного кредитного спреда к вероятности дефолта для этих 431 сделок составляло 7,952, а отношение среднего кредитного спреда — 13,641. В составе 431 сделки на 10 июня 2014 г. 15 облигационных выпусков BAC имели следующий рейтинг на основе отношения кредитного спреда к вероятности дефолта: 359, 360, 363, 364, 367, 373, 374, 380, 381, 383, 386, 387, 388, 388 и 391. Иначе говоря, 358 облигаций имели лучшее отношение кредитного спреда к вероятности дефолта, чем наибольшее отношение для любой облигации BAC, с объемом торговли не менее $5 млн. Таким образом, активно торгуемые облигационные выпуски BAC находились в нижних 17% выборки по отношению доходности и риска, т. е. отношению кредитного спреда и вероятности дефолта. Из этого следует, что на основе относительной стоимости ни один из облигационных выпусков BAC не является привлекательным.

В связи с этим возникает следующий вопрос: почему инвесторы покупают эти облигации несмотря на непривлекательность отношения доходности и риска? Дело в том, что многие инвесторы полагаются на кредитные рейтинги, присвоенные рейтинговыми агентствами. Поскольку цены облигаций продолжают сильно зависеть от рейтинга, размера эмитента, и привлекательности его «бренда», инвесторы, которые ориентируются исключительно на риск и доходность, имеют довольно хорошие возможности обыграть традиционных инвесторов, полагающихся на модели кредитного риска.

Модели неполной информации

Как в структурных моделях, так и в упрощенных моделях вопрос о том, что информация, используемая инвесторами, может быть не вполне достоверной, не рассматривается вообще. В структурных моделях, например, стоимость фирмы основывается на том, что рынок правильно и точно оценивает стоимость компании. Такая оценка может в результате учета за балансом деривативов, финансового лизинга, пенсионных обязательств и т. д. не отражать реального положения дел. Более того, корпоративные скандалы, связанные с Enron, Tyco, WorldCom и Parmalat напоминают о том, что финансовая информация, предоставляемая компаниями, может не показывать истинного состояния дел. Например, в моделях времени первого достижения границы требуется установить, как уже объяснялось выше, барьер дефолта. Использование информации таких компаний, как Enron, Tyco и WorldCom дало бы в результате совершенно неверные уровни барьеров дефолта.

Модели неполной информации принимают в расчет неточность информации, содержащейся в финансовой отчетности. Модели неполной информации были разработаны различными исследователями[1]. Интерес может представлять модель, предложенная Гизеке и Голдберг, представляющая собой гибрид структурной и упрощенной моделей с заложенным в нее принципом неполной информации[2]. Эта разработка, использующаяся в MSCI Barra, является моделью времени первого достижения границы, причем предполагается, что инвестору не известен барьер дефолта. Такой подход позволяет инвестиционному менеджеру или кредитному аналитику включать свои оценки финансового благополучия компании в калибровку модели по рыночным данным.

Резюме

- Модели кредитного риска используются для измерения, мониторинга и управления кредитным риском портфеля, а также для оценки долговых инструментов, несущих кредитный риск.

---

[1] Darrell Duffie and David Lando, «Term Structures of Credit Spreads with Incomplete Accounting Information», *Econometrica,* 69 (2001), pp. 633–664; Umut Cetin, Robert A. Jarrow, Philip Protter, and Yildiray Yildirim, «Modeling Credit Risk with Partial Information», *Annals of Applied Probability,* 14 (2004), pp. 1167–1178; and Kay Giesecke, «Correlated Default with Incomplete Information», *Journal of Banking and Finance* 28 (2004), pp. 1521–1545.

[2] Kay Giesecke and Lisa Goldberg, «Forecasting Default in the Face of Uncertainty,» *Journal of Derivatives* 12 (2004), pp. 14–25. Для более детального знакомства с этой моделью см.: Backshall, Giesecke, and Goldberg, «Credit Risk Modeling», pp. 794–797.

- Модели кредитного риска делятся на структурные и упрощенные модели.
- Опционная теория является основой всех структурных моделей.
- Основная идея структурных моделей заключается в том, что компания допускает дефолт по своим долговым обязательствам тогда, когда стоимость ее активов падает ниже определенного дефолтного уровня, и в том, что стоимость корпоративной облигации можно смоделировать в виде опциона на эти активы. Используя этот подход, исследователи смогли применить принципы, используемые при ценообразовании опционов, к оценке корпоративных облигаций, опираясь при этом на цену акций эмитента и его балансовые отчеты.
- Структурная модель Блэка–Шоулза–Мертона базируется на нескольких упрощающих допущениях. Существует ряд модификаций и расширенных версий этой модели.
- Упрощенные модели не исследуют микроэкономические показатели компании. Вместо этого они впрямую моделируют вероятность дефолта или риск миграции (перехода).
- Теоретической базой этих моделей является пуассоновский процесс.
- К двум наиболее известным моделям этого типа относятся модель Джарроу–Тернбулла и Даффи–Синглтона.
- Как структурные, так и упрощенные модели строятся на предположении, что информация, сообщаемая компаниями-эмитентами, верна. Однако корпоративные банкротства последних лет, вызванные мошенничеством и непрозрачными/неточными отчетными данными, привели практикующих аналитиков к осознанию того факта, что при моделировании кредитного риска следует принимать во внимание возможность неадекватности информации. Это привело к разработке моделей неполной информации.
- Одна из таких моделей, сочетающая свойства структурных и упрощенных моделей, и одновременно допускающая неполноту информации, была предложена Гизеке и Голдберг.

Вопросы

1. Почему моделирование кредитного риска является более сложной задачей, чем моделирование ставки процента?
2. Некий управляющий портфелем корпоративных облигаций однажды спросил: «Зачем мне модель кредитного риска? Я могу получить

информацию о вероятности дефолта из кредитных рейтингов». Что бы вы ответили ему на этот вопрос?

3. Что является характерной особенностью всех структурных моделей?
4. Дайте две интерпретации стоимости облигации с точки зрения опционов.
5. Поясните, каким образом была усовершенствована модель Блэка–Шоулза–Мертона для включения множественных эмиссий в долговую структуру компании.
6. Поясните, каким образом была усовершенствована модель Блэка–Шоулза–Мертона для исключения допущения о том, что дефолт может произойти только при наступлении срока погашения.
7. Как структурные модели могут быть использованы менеджерами облигационных портфелей?
8. Чем отличаются определения дефолта в структурных и упрощенных моделях?
9. Чем отличаются упрощенные модели Джарроу–Тернбулла и Даффи–Синглтона?
10. Чем отличается модель Джарроу–Тернбулла–Лэндо от базисной модели Джарроу–Тернбулла?
11. a. Дайте определение события в пуассоновском процессе.
    b. Что означает параметр интенсивности в пуассоновском процессе?
12. a. Каков смысл параметра интенсивности дефолтов в упрощенных моделях?
    b. Какими способами параметр интенсивности дефолтов используется в упрощенных моделях?
13. Что такое корреляция дефолтов?
14. В чем недостаток параметра корреляции дефолтов и какой альтернативный параметр используется в оценке кредитного риска портфеля?
15. Какой показатель подходит для оценки кредитного риска на относительной основе при принятии решений об относительной стоимости?
16. Что явилось причиной разработки моделей неполной информации для оценки кредитных рисков?
17. Почему калибровка модели кредитного риска по рынку важна для инвестиций в бумаги с фиксированным доходом?

ГЛАВА 24

Стратегии управления портфелями облигаций

В этой главе читателю будут представлены сведения:

- о том, что такое распределение активов;
- о составе команды по управлению портфелем;
- о подходах «сверху вниз» и «снизу вверх» в управлении портфелем облигаций;
- о спектре стратегий портфельного управления;
- о том, что такое основная/вспомогательная стратегия;
- о разнице между индексом облигационного рынка и ориентиром;
- о том, как создаются индексы облигаций, взвешенные по рыночной капитализации, и проблемы с использованием таких индексов в качестве ориентиров;
- о том, что такое индивидуализированные и альтернативные индексы облигаций;
- о различных типах стратегий активного управления портфелем облигаций: стратегиях на основе ожидания изменения процентных ставок, стратегиях на основе кривой доходности, стратегиях на основе спреда доходностей, стратегиях на основе спреда с учетом опциона, а также стратегиях выбора индивидуальных ценных бумаг;
- о «пулевых» стратегиях, стратегиях-«гантелях» и стратегиях-«лесенках»;
- о недостатках использования дюрации и выпуклости для оценки потенциальной результативности стратегий управления портфелем облигаций;

- о необходимости применения долларовой дюрации в сочетании со стратегией спреда доходностей;
- о смарт-бета стратегии и причинах ее использования;
- о причинах, побуждающих менеджеров и трейдеров использовать леверидж, а также о связанных с этим рисках и вознаграждениях;
- о том, как использовать рынок репо.

В этой главе, равно как и в двух последующих, мы обсудим стратегии управления портфелями облигаций. Мы начнем с обзора портфельных стратегий, в которых ориентиром для оценки результатов менеджера является индекс облигаций. В следующей главе речь пойдет о том, как сформировать портфель с использованием факторных моделей, а в главе 27 будут рассмотрены стратегии, ориентированные на обязательства.

Прежде чем обсуждать стратегии управления облигационными портфелями, мы остановимся на принятии решения о распределении активов в двух контекстах: распределение средств между классами активов на рынках капитала и распределение средств в пределах рынка облигаций. Кроме этого мы поговорим о составе команды по управлению портфелями.

РЕШЕНИЕ О РАСПРЕДЕЛЕНИИ АКТИВОВ

В этой книге мы уделяем основное внимание управлению облигационными портфелями. Другими словами, учитывая, что портфельный менеджер получает право на управление определенными средствами, вложенными в продукты с фиксированным доходом, мы стараемся выяснить, как эта задача должны быть выполнена. Несмотря на существование институциональных инвесторов, перед индивидуальным инвестором/клиентом всегда стоят два важных вопроса:

1. Сколько средств нужно выделить для вложения в облигации?
2. Кто должен управлять средствами, предназначенными для вложения в облигации?

Сколько средств нужно выделить для вложения в облигации

Решение о том, сколько средств вложить в основные классы активов, называют **решением о распределении активов**. Это первое решение, которое должен принять инвестор. Решение о распределении активов должно приниматься исходя из цели инвестирования, которая зависит от типа инвестора.

У таких институтов, как пенсионные фонды, инвестиционная цель заключается в генерировании достаточного денежного потока для удовлетворения пенсионных обязательств. У компаний по страхованию жизни основная цель — покрытие обязательств, предусмотренных страховыми полисами, и генерирование прибыли. Большинство страховых продуктов гарантируют денежную выплату или поток денежных платежей в определенный момент в будущем. Премия, которую компания по страхованию жизни взимает с держателя полиса за один из своих продуктов, зависит от процентов, которые компания может получить на свои инвестиции. Для получения прибыли компания по страхованию жизни должна получать более высокую доходность на вкладываемую премию, чем подразумеваемый (или реальный) процент, который компания гарантировала клиенту.

Такие институты, как банки и сберегательные учреждения, получают средства от выпуска депозитных сертификатов, краткосрочных инструментов денежного рынка или нот с плавающей ставкой. Эти средства затем инвестируются в кредиты и ликвидные ценные бумаги. Цель в этом случае заключается в получении доходности на вложенные средства, которая превышает стоимость привлечения средств. У таких институтов инвестиционные цели определяются главным образом характером их обязательств — обязательств перед получателями пенсий, держателями полисов и вкладчиками. У инвестиционных компаний (взаимных фондов и закрытых фондов) инвестиционные цели раскрываются в проспектах. Обычно фонд устанавливает целевую дивидендную выплату. Учитывая важность характера обязательств при определении инвестиционных целей, мы рассматриваем этот вопрос более детально в главе 27.

Кто должен управлять облигационным портфелем

Допустим инвестор принял решение вложить определенную сумму в сектор ценных бумаг с фиксированным доходом. Следующее решение, которое он должен принять, связано с тем, кому поручить управление этой суммой, внутренним или внешним менеджерам. Вариантов здесь три: 1) использовать только внутренних менеджеров; 2) использовать только внешних менеджеров или 3) использовать комбинацию внутренних и внешних менеджеров. Некоторые пенсионные фонды, например, не имеют внутренних менеджеров и, следовательно, должны привлекать внешних. В случае найма внешних менеджеров необходимо решить, к каким менеджерам (т. е. к какой фирме по управлению активами) обратиться.

На практике термин *распределение активов* используется в двух контекстах. Первый — это распределение средств между основными классами активов[1]. Мы уже говорили о том, что к основным классам активов относятся облигации и акции, однако сейчас существует еще одна группа активов, называемая **альтернативными активами**.

Краткость нашего рассмотрения решения о распределении активов не следует воспринимать как следствие его низкой важности. На практике исследования показали, что решение о распределении активов является критическим для обеспечения результативности вложений. Просто детальное обсуждение этого решения выходит за рамки настоящей книги.

Второй контекст использования термина *распределение активов* — это распределение средств между различными секторами класса активов, после того как было принято решение об инвестировании в этот класс. Например, в случае акций клиент подходит к ним не как к одному крупному классу активов. Он разбивает его по рыночной капитализации (т. е. акции крупных, средних и малых компаний) и по другим признакам, таким как акции роста и акции стоимости. Секторы рынка облигаций мы рассматривали в предыдущих главах. Далее в настоящей главе и в последующих главах мы будем говорить о распределении активов только во втором контексте.

Распределение активов между секторами облигационного рынка происходит на двух уровнях. На первом клиент должен выбрать секторы, а на втором, если привлекается внешний инвестиционный управляющий, — определить, как управлять активами и какую сумму вложить в каждый из них.

КОМАНДА ПО УПРАВЛЕНИЮ ПОРТФЕЛЕМ

На протяжении всей книги мы называем лицо, принимающее инвестиционные решения, «менеджером» или «портфельным менеджером». На практике, хотя всегда есть тот, кто принимает окончательное решение о составе и, следовательно, экспозиции портфеля, это решение является результатом рекомендаций и исследования, проведенного командой по управлению портфелем.

---

[1] Класс активов можно определить с точки зрения инвестиционных характеристик, которыми обладают в целом активы этого класса. Такие характеристики включают в себя 1) ключевые экономические факторы, влияющие на стоимость членов этого класса активов; 2) сходность взаимосвязи риск-доходность для членов этого класса активов и 3) общая юридическая структура. С учетом этих характеристик корреляция доходностей членов одного класса активов должна быть высокой, а корреляция доходностей разных классов активов должна быть низкой.

Фирма по управлению активами, или «офис», может управлять не только облигационными портфелями. Фирма может управлять несколькими классами активов — облигациями, акциями и альтернативными инвестициями. Клиентами могут быть корпоративные и местные пенсионные фонды, пенсионные фонды штатов и Тафта–Хартли, состоятельные лица и страховые компании. Фирма может также управлять регулируемыми инвестиционными компаниями (взаимными и закрытыми фондами), хедж-фондами и биржевыми фондами.

На вершине организационной структуры инвестиционной группы находится директор по инвестициям, который отвечает за все портфели. Директор по инвестициям может управлять конкретным портфелем, но это не обязательно. Помимо директора по инвестициям за все портфели отвечает директор по регулированию и контролю. Это лицо следит за тем, чтобы вложения соответствовали инвестиционным правилам фонда и чтобы действия менеджеров не нарушали законодательства по ценным бумагам на федеральном уровне и уровне штатов или не шли вразрез с инвестиционной политикой. Данная функция чрезвычайно важна и небрежность при ее исполнении является одной из причин крупных проблем у компаний. В маркетинговой литературе фирмы по управлению активами ключевым параметром продажи нередко является самая жесткая норма внутреннего контроля.

В фирме также работают аналитики и трейдеры. Аналитики отвечают за разные секторы и отрасли. Трейдеры исполняют сделки, санкционированные портфельным менеджером. Аналитики и трейдеры могут поддерживать все портфели, находящиеся в управлении, или только определенные портфели. Например, фирма, работающая с облигациями и акциями, нанимает аналитиков и трейдеров, специализирующихся на этих двух классах активов. Аналитикам по облигациям могут быть переданы для обслуживания все или только некоторые облигационные портфели. Если фирма, скажем, управляет портфелями облигаций инвестиционного уровня и портфелями высокодоходных облигаций, то аналитики по высокодоходным бумагам могут заниматься только последними. Конечно, информация, получаемая в результате анализа высокодоходных бумаг, может использоваться и другими группами специалистов в пределах фирмы, например фондовыми аналитиками и аналитиками по корпоративным бумагам инвестиционного уровня.

В штате крупной фирмы может быть экономист или экономический отдел, который занимается поддержкой портфелей, находящихся в управлении.

На уровне индивидуального портфеля существует либо ведущий портфельный менеджер (иногда его называют старшим портфельным менеджером), либо коменеджеры. Ведущий менеджер или коменеджеры обычно отвечают за несколько портфелей. Именно ведущий менеджер или коменеджеры принимают решения относительно процентов по портфелю и распределению активов по странам (если разрешены иностранные инвестиции), секторам и отраслям. Эти решения принимаются на основе макроэкономических перспектив, определенных поддерживающими портфель аналитиками.

СПЕКТР ПОРТФЕЛЬНЫХ СТРАТЕГИЙ

Портфельная стратегия выбирается инвестором или клиентом в зависимости от инвестиционных целей и принятой политики. В целом портфельные стратегии можно разделить на три группы:

1) стратегии на основе ориентира;
2) стратегии на основе абсолютной доходности;
3) стратегии на основе обязательств.

Стратегии на основе ориентира

Существует множество стратегий управления облигационным портфелем для инвестора или клиента, который выбрал облигационный индекс в качестве ориентира. Кеннет Волперт, руководитель группы по налогооблагаемым облигациям в Vanguard Group, классифицирует стратегии на основе ориентира следующим образом[1]:

- простое соответствие облигационному индексу;
- улучшенное индексирование: соответствие основным факторам риска;
- улучшенное индексирование: незначительное отклонение по факторам риска;
- активное управление: значительное отклонение по факторам риска;
- активное управление: полномасштабная активность.

Риск этих стратегий варьирует от низкого в верхней части перечня до высокого в нижней части. Обратите внимание на то, что такая классификация строится исходя из того, насколько портфельный менеджер отклоняется от основных факторов риска. (Ниже мы покажем, что понимается под «основными факторами риска».) В принципе ориентир (облигационный

[1] Kenneth E. Volpert, "Introduction to Bond Portfolio Management," глава 49 в Frank J. Fabozzi (ed.), The Handbook of Fixed Income Securities, 8th ed. (New York: McGraw-Hill, 2012).

индекс) можно рассматривать как пакет факторов риска. Отнесение стратегии к той или иной категории зависит от того, насколько портфельному менеджеру позволено отойти от количественного показателя риска ориентира. Поэтому важно понимать не только то, что представляют собой факторы риска, но и как их оценивать количественно.

Хотя основные факторы риска будут рассматриваться несколько позже, мы можем взять для примера один из них прямо сейчас. Как говорилось в главе 4, основным фактором риска является чувствительность ориентира или портфеля к изменению уровня процентных ставок. Количественным показателем этого риска служит дюрация, именно по этой причине ей посвящена целая глава в нашей книге. В первых трех стратегиях из приведенного выше перечня портфельному менеджеру не разрешается отклоняться от дюрации ориентира. Иначе говоря, даже если при улучшенном индексировании допускаются незначительные отклонения от основных факторов риска, то это не относится к дюрации. Допустим, в качестве ориентира выбран индекс Barclays Capital U. S. Aggregate Index, и дюрация у этого индекса составляет 5. Тогда портфельный менеджер, в рамках первых трех индексных стратегий, не может сформировать портфель, дюрация которого отличается от 5.

Последние две стратегии являются активными. Они отличаются друг от друга тем, насколько в их рамках разрешается отклоняться от ориентира. Например, первая из двух активных стратегий допускает небольшие отклонения дюрации. Поэтому, если дюрация ориентира равна 5, то дюрация портфеля может отклониться от нее, скажем, на плюс или минус 10%. Иначе говоря, менеджеру разрешается сформировать портфель с дюрацией в пределах от 4,5 до 5,5, если дюрация ориентира составляет 5. В случае полностью активной стратегии управления у портфельного менеджера нет ограничений по дюрации. Важно понимать, что даже при осуществлении активной стратегии менеджер может выбрать дюрацию, равную дюрации ориентира (т. е. **стратегию соответствия дюрации**). В таких ситуациях менеджер повышает экспозицию по другим основным факторам риска.

На практике следовать первой стратегии чрезвычайно трудно: стратегия чистого индексирования облигаций совершенно непохожа на такую же стратегию на рынке акций. Причины этого мы рассмотрим в следующей главе.

В наши дни портфельные менеджеры чаще проводят то, что называется **основной / вспомогательной стратегией**[1]. Такая стратегия предполагает

---

[1] Дополнительную информацию по этой стратегии см. в: Noël Almenc, Philippe Malaise, and Lionel Martelinni, “Revisiting Core-Satellite Investing—A Dynamic Model of Relative Risk Management,” EDHEC Risk and Asset Management Research Centre, 2004.

создание смешанного портфеля с использованием индексной и активной стратегии. Ключевым компонентом является низкорискованный портфель, сформированный с использованием какой-либо индексной стратегии. В качестве ориентира для ключевого портфеля выбирается широкий индекс рынка ликвидных облигаций, и ключевой компонент обеспечивает широкую рыночную экспозицию примерно с таким же основным фактором риска, как и у ориентира. Вспомогательный компонент формируется с использованием активной стратегии на основе специализированного ориентира вместо широкого индекса рынка ликвидных облигаций. Именно в этом компоненте портфеля менеджер делает ставки на основные факторы риска (т. е. играет, опираясь на свое мнение).

Ключевой компонент имеет широкую рыночную экспозицию и, следовательно, несет системный рыночный риск или то, что обычно называют «бетой». В отличие от этого, активная доходность — обычно именуемая «альфой» — генерируется в активно управляемом вспомогательном портфеле. Преимущество основной/вспомогательной стратегии заключается в том, что она является эффективным средством контроля риска портфеля относительно ориентира. (Как будет показано в следующей главе, этот относительный риск называют ошибкой следования.)

Стратегии на основе абсолютной доходности

В случае **стратегии на основе абсолютной доходности** портфельный менеджер стремится получать положительную доходность в определенном промежутке времени независимо от рыночных условий. В отношении основных факторов риска устанавливаются определенные ограничения. Стратегии на основе абсолютной доходности характерны для менеджеров хедж-фондов, использующих заемные средства. Другие менеджеры, ориентированные на абсолютную доходность, устанавливают целевую доходность в годовом выражении на уровне 150–400 базисных пунктов сверх доходности денежного рынка, в связи с чем такие стратегии называют **стратегиями на основе денежной абсолютной доходности**. «Денежная» означает использование той или иной референсной ставки денежного рынка, например 3-месячной LIBOR. Обычно эти стратегии предполагают использование деривативов с фиксированным доходом (т. е. процентных деривативов и кредитных деривативов).

Облигационные стратегии на основе абсолютной доходности применяются также в качестве дополнения к стратегиям на основе обязательств, которые мы рассмотрим далее.

Стратегии на основе обязательств

При **инвестировании на основе обязательств** (liability-driven investing — LDI) первостепенную роль играет контроль инвестиционного риска, а в качестве ориентира для оценки результативности берутся не активы, не сопоставимые группы, а финансовые обязательства клиента. Такие стратегии связаны с управлением как активами, так и обязательствами (или серией обязательств клиента) с целью получения целевой доходности. Компании по страхованию жизни используют LDI-стратегии, называемые иммунизацией и сопоставлением денежных потоков, для целого ряда выпускаемых ими продуктов: аннуитеты, гарантированные инвестиционные контракты и структурированные контракты, гарантирующие минимальную ставку. LDI-стратегии все шире применяются пенсионными планами с фиксированными выплатами. Мы рассмотрим LDI-стратегии в главе 27 в плане возможностей их использования пенсионными планами с фиксированными выплатами.

ОРИЕНТИРЫ ДЛЯ ОБЛИГАЦИЙ

Обычно результативность менеджеров облигационных портфелей оценивается относительно какого-либо ориентира. Ориентир представляет собой портфель, имеющий наивысшую ожидаемую доходность при желательном для клиента риске. Формирование ориентира требует выработки набора правил определения, какие именно выпуски, существующие на рынке облигаций, следует включать в портфель и исключать из него.

Исторически в качестве ориентиров клиенты предпочитали выбирать индексы рынка облигаций. Проблема, однако, в том, обеспечивают ли индексы рынка облигаций наивысшую доходность при желаемом риске. По причинам, которые будут рассмотрены далее, с начала нового столетия стали возникать сомнения в пригодности индексов рынка облигаций для использования в качестве ориентиров. Это привело к созданию индивидуализированных и альтернативных индексов облигаций. Здесь мы опишем индексы рынка облигаций, индивидуализированные и альтернативные индексы.

Индексы рынка облигаций

Исторически индексы облигаций использовались для оценки результативности облигационного рынка. В этом разделе мы 1) рассматриваем различные типы индексов облигационного рынка, 2) описываем характеристики риска этих индексов и 3) обсуждаем ограничения, присущие индексам облигационного рынка. В главе 26, посвященной управлению портфелями корпоративных облигаций, мы расскажем о характеристиках риска и стабильности индексов рынка корпоративных облигаций.

Индексы рынка американских облигаций классифицируются по одной или нескольким следующим характеристикам облигаций, включаемых в индекс: 1) охватываемые секторы (т. е. правительственные облигации, корпоративные облигации, секьюритизированные продукты), 2) кредитный рейтинг (т. е. облигации инвестиционного уровня и высокодоходные облигации) и 3) срок погашения (т. е. краткосрочные, среднесрочные и долгосрочные облигации).

Облигационные индексы, взвешенные по рыночной капитализации

После того, как облигационные выпуски идентифицированы, встает вопрос об определении их веса в портфеле. В обычном индексе рынка облигаций взвешивание происходит на основе рыночной капитализации. Рыночная капитализация облигационного выпуска — это его рыночная стоимость. Допустим, имеются N облигационных выпусков, чья рыночная капитализация обозначается как $M_1, M_2, \ldots M_N$. Тогда рыночная капитализация облигационного индекса $M_{index} = M_i + M_2 + \ldots + M_N$. Обозначив вес каждого облигационного выпуска как w_i, мы получим $w_i = M_i / M_{index}$.

Широко используемые индексы рынка облигаций

Рассмотрим некоторые наиболее распространенные индексы рынка облигаций, взвешенные по рыночной капитализации, используемые институциональными инвесторами. Самым популярным широким индексом рынка американских облигаций является Barclays Capital U. S. Aggregate Bond Index[1]. Этот индекс включает в себя более 6000 выпусков и учитывает только ценные бумаги инвестиционного качества. Индекс рассчитывается на ежедневной основе. В качестве цен при расчете берутся либо цены трейдеров, либо

---

[1] До ноября 2008 г. Lehman Brothers и Barclays Capital рассчитывали множество облигационных индексов. В ноябре 2008 г. Barclays Capital поглотил облигационные индексы Lehman Brothers и стал представлять их от своего имени.

цены, определенные с помощью модели. Каждый широкий облигационный индекс разбивается на секторы. Индекс Barclays Capital U. S. Aggregate Bond Index имеет следующую разбивку по секторам:

- казначейские ценные бумаги;
- агентские ценные бумаги;
- корпоративные ценные бумаги;
- ипотечные сквозные ценные бумаги;
- ипотечные ценные бумаги, обеспеченные коммерческой недвижимостью;
- ценные бумаги, обеспеченные активами.

Агентский сектор включает в себя агентские необеспеченные облигации, не ценные бумаги федеральных агентств, обеспеченные ипотекой или активами. Сектор ипотечных сквозных ценных бумаг — это агентские сквозные ценные бумаги. Что не включается в индекс, так это агентские облигации, обеспеченные ипотекой, и стрипы агентских ипотечных ценных бумаг. Данные производные ипотечные продукты не входят в индекс, поскольку это привело бы к двойному учету, ввиду того что они создаются на основе агентских сквозных ценных бумаг. При создании индекса для ипотечного сектора Barclays Capital группирует более чем 800 000 индивидуальных ипотечных пулов с фиксированным купоном в общие агрегаты. Такие общие агрегаты разбиваются по агентствам (т. е. Ginnie Mae, Fannie Mae и Freddie Mac), по типам программ (например, 30-летние, 15-летние, шаровые ипотеки), купонной ставке для сквозных бумаг и году выпуска сквозных ценных бумаг (т. е. по винтажу).

Минимальная непогашенная сумма для включения выпуска в индекс составляет обычно $250 млн. Для ABS и CMBS минимальный размер выпуска равен $500 млн ($25 млн для размера транша); для CMBS непогашенная сумма должна быть не менее $300 млн.

По срокам минимум составляет один год до погашения (независимо от того, будет ли выпуск досрочно погашен до истечения этого года). Включаются только ценные бумаги с фиксированной ставкой.

Понимание требований, которым должны удовлетворять облигации для включения в индекс, имеет большое значение. Активные портфельные стратегии нередко нацелены на получение более высоких результатов по сравнению с индексом за счет покупки непригодных или не входящих в индекс ценных бумаг. Например, CMO не включаются в индекс Barclays Capital U. S. Aggregate Bond Index по причине, указанной выше. Таким образом, существуют возможности для покупки траншей CMO, если они по ожиданиям должны иметь более высокие относительные результаты.

Хотя основное внимание мы уделяли широкому индексу американских облигаций Barclays Capital, у этой фирмы есть и другие индексы. В их число, например, входят:

- Barclays Capital U. S. Intermediate Aggregate Bond Index;
- Barclays Capital U. S. Treasury Bond Index;
- Barclays Capital U. S. Government-Related Bond Index;
- Barclays Capital U. S. Agencies Bond Index;
- Barclays Capital U. S. Corporate Bond Index;
- Barclays Capital U. S. Securitized Bond Index;
- Barclays Capital U. S. MBS Index;
- Barclays Capital U. S. ABS Index;
- Barclays Capital U. S. CMBS (ERISA Only) Index.

Существуют и более мелкие подындексы, например:

- Barclays Capital U. S. 1–3 Year Treasury Bond Index;
- Barclays Capital U. S. 3–7 Year Treasury Bond Index;
- Barclays Capital U. S. 7–10 Year Treasury Bond Index;
- Barclays Capital U. S. 10–20 Year Treasury Bond Index;
- Barclays Capital U. S. 20+ Year Treasury Bond Index;
- Barclays Capital U. S. Industrial Bond Index;
- Barclays Capital U. S. Utility Bond Index;
- Barclays Capital U. S. Financial Institutions Bond Index.

Для менеджеров, которые работают с казначейскими ценными бумагами и кредитными продуктами (кроме структурированных продуктов), рассчитываются такие индексы, как:

- Barclays Capital U. S. Government/Credit Bond Index;
- Barclays Capital U. S. Intermediate Government/Credit Bond Index;
- Barclays Capital U. S. Long Government/Credit Bond Index;
- Barclays Capital Short-Term Government/Corp Bond Index.

Barclays Capital U. S. Aggregate Bond Index расширяется для создания глобальных облигационных индексов.

Конечно, Barclays Capital не единственный поставщик широких и специализированных облигационных индексов. Менеджеры при консультировании клиентов могут выбирать из нескольких семейств индексов, которые считают подходящими для измерения рыночной экспозиции.

Проблемы, связанные с облигационными индексами, взвешенными по капитализации

На теоретическом уровне основанием для использования облигационных индексов, взвешенных по капитализации, является теория рынков капитала. Из этой теории следует, что если рынки эффективны, то наилучшим способом использования этой эффективности является создание рыночного портфеля, т.е. портфеля, взвешенного по рыночной капитализации, в точности соответствующего облигационному индексу, взвешенному по капитализации. Однако с точки зрения инвесторов у таких индексов есть недостатки. Гольц и Кампани выделяют три проблемы: 1) проблема дюрации; 2) проблема изменения риска и 3) так называемая «проблема крупного долга»[1].

Проблема дюрации связана с разногласием у эмитентов облигаций и инвесторов в облигации в отношении дюрации выпущенных облигаций и, следовательно, дюрации индекса рынка облигаций. Суть проблемы, которая была идентифицирована Лоренсом Сигелом[2], заключается в том, как эмитенты принимают решение о дюрации выпущенных ими облигаций. Их решение основано на стремлении минимизировать стоимость финансирования. Когда решение в отношении дюрации принимают инвесторы, они исходят из максимизации совокупной доходности с учетом инвестиционных целей. Нет никаких оснований считать, что при определении дюрации на рынке цель эмитента (минимизация затрат) и цель инвесторов (максимизация доходности) в какой-то мере соответствуют друг другу. В результате Сигел называет дюрацию, полученную из индекса, «исторической случайностью».

В более широком контексте это можно увидеть, если взять рыночный риск индекса рынка акций. Бета — показатель рыночного риска для акции, фондового индекса и портфеля акций. У индекса фондового рынка бета равна единице и, следовательно, представляет нейтральную позицию. У индекса рынка облигаций нет нейтральной позиции, определенной инвесторами. Дюрация, как отметил Сигел, — это просто историческая случайность; она должна быть активным решением, принятым портфельным менеджером (или клиентом), а не диктоваться индексом облигационного рынка.

Вторая проблема использования индекса рынка облигаций в качестве ориентира связана с тем, что инвестиционные характеристики индекса меняются

---

1 Felix Goltz and Carlos Heitor Campani, "Review of Corporate Bond Indices: Construction Principles, Return Heterogeneity, and Fluctuations in Risk Exposures," EDHEC–Risk Institute Publication, June 2011.

2 Laurence B. Siegel, *Benchmarks and Investment Management* (Charlottesville, Virginia: The Research Foundation of the Association for Investment Management and Research, 2003).

со временем. Изменения могут быть такими, что выбранный новый профиль «риск–доходность» индекса рынка облигаций станет неприемлемым. Например, со временем по мере изменения процентных ставок и приближения срока погашения облигаций изменяется процентный риск (измеряемый с помощью дюрации и выпуклости). Поэтому индекс рынка облигаций, даже если в момент его выбора он имел приемлемый уровень процентного риска, с течением времени может стать неподходящим для инвестора. Кроме того, кредитный риск, связанный с индексом рынка облигаций, может измениться в результате понижения рейтинга входящих в индекс облигаций. В главе 26 мы обсудим проблему нестабильности инвестиционных характеристик индексов корпоративных облигаций.

Наконец, в силу структуры, чем более крупный долг имеет эмитент, такой как компания или государство, тем больше его вес в индексе рынка облигаций. Это приводит к тому, что Лоренс Сигел называет «проблемой крупного долга». Поэтому эмитенты корпоративных облигаций с высоким уровнем заемных средств и суверенные эмитенты с финансовыми проблемами, выпускающие долг в крупных объемах, имеют все больший вес в индексе, взвешенном по рыночной капитализации. Хотя некоторые и оспаривают идею о том, что взвешивание по рыночной капитализации ведет к повышению веса более рискованных облигаций в индексе, никто не спорит с тем, что это может привести к чрезмерной концентрации в таких облигационных выпусках и снизить диверсификацию портфеля.

В дополнение к трем описанным выше проблемам существует еще и опасение в отношении неликвидности облигационных выпусков в индексе. Некоторые облигации в индексе, взвешенном по рыночной капитализации, могут просто не торговаться с какой-либо заметной частотой.

Индивидуализированные индексы облигаций

Индивидуализированные индексы облигаций разрабатываются в целях получения более специализированных ориентиров, которые отражают инвестиционные цели и склонность инвесторов к риску или устраняют риск концентрации крупных эмитентов (т. е. проблему крупного долга).

Образцом индивидуализированного индекса облигаций, в большей мере соответствующего целям инвестирования и склонности к риску, был бы сконструированный институциональным инвестором индекс, основанный исключительно на правилах инвестирования, которые он устанавливает для команды своих менеджеров. Например, предположим, что компания по страхованию жизни установила правила, регулирующие тип облигаций и максимальную сумму, которую можно инвестировать, а также предположим, что эти правила отличаются от правил расчета существующих индексов рынка облигаций. Страховщику было бы очень неплохо иметь индивидуализированный индекс облигаций, поскольку существующие индексы не представляют совокупность инвестиционных возможностей, доступных его команде менеджеров.

Во избежание концентрации в целях устранения нефакторного риска создаются облигационные индексы с кэпом (т. е. с верхней границей) для веса отдельного эмитента в случае индекса корпоративных облигаций или отдельной страны в случае индекса международных правительственных облигаций. Например, в индексе Barclays Capital U. S. Aaa-A Capped Index для веса индивидуального облигационного выпуска установлен 3%-ный кэп. В Barclays Capital U. S. Global Treasury Index, включающем в себя правительственные облигации по всему миру, на две страны приходится более 50% индекса по рыночной капитализации — США и Японию. Этот индекс модифицируется для снижения веса этих двух стран, а также регионов. Хотя введение кэпа для эмитента может показаться несложным делом, не следует забывать о его влиянии на профиль «риск–доходность» индекса. В одном из исследований было показано, как в облигационном индексе с кэпом может ненамеренно появиться неподходящий сектор и дополнительный кредитный риск[1].

Другой пример индивидуализации облигационного индекса — учет обязательств с целью более полного отражения целей инвестора и его склонности к риску. Обычно индексы, используемые инвесторами в облигации, включают в себя только облигации и игнорируют обязательства. Вместе с тем крупнейшими игроками на рынке облигаций являются пенсионные планы с фиксированными выплатами, чья инвестиционная цель заключается в управлении пенсионными активами для удовлетворения прогнозных обязательств перед членами пенсионного плана. Для таких инвесторов наиболее подходящим является не индекс облигаций или какой-либо индекс активов, а ориентир на основе прогнозных обязательств. Иными словами, подходящий ориентир — это индивидуализированный индекс обязательств[2].

---

1 См. главу 13 в: Lev Dynkin, Anthony Gould, Jay Hyman, Vadim Konstantinovsky, and Bruce Phelps, Quantitative Management of Bond Portfolios (Princeton, NJ: Princeton University Press, 2007).

2 В 2006 г. компания Markit разработала семейство индексов для американских пенсионных обязательств, известное как U. S. iBoxx U. S. Pension Liability Index Family. Это обязательства не конкретного пенсионного плана с фиксированными выплатами, а обязательства, предоставленные консалтинговой фирмой по пенсионным фондам Hewitt Associated. Для определения приведенной стоимости прогнозных обязательств используется ставка LIBOR. Отдельные индексы обязательств созданы для обязательств активных членов, вышедших на пенсию членов и для всех членов (активных и вышедших на пенсию).

В главе 27 мы рассматриваем такой тип индексов, когда касаемся инвестирования, ориентированного на обязательства.

Альтернативные индексы облигаций

Учитывая перечисленные выше недостатки взвешенных по рыночной капитализации индексов облигаций, поставщики индексов и сторонние фирмы предлагают альтернативные облигационные индексы для корпоративных и суверенных облигаций, которые взвешиваются по другим параметрам. К альтернативным схемам относятся взвешивание по произвольным параметрам и по риску[1].

Взвешивание по произвольным параметрам

Для корпоративных облигаций международных индексов правительственных облигаций используются два типа взвешивания по произвольным параметрам: равное взвешивание и фундаментальное взвешивание. Третьей схемой для корпоративных облигаций является взвешивание по номинальной стоимости долга. Третья схема для международных правительственных облигаций — это взвешивание по ВВП.

При равном взвешивании всем выпускам присваиваются одинаковые веса. Например, если нужно создать облигационный индекс из N выпусков, то каждому выпуску присваивается вес $1/N$. Примером равновзвешенного индекса корпоративных облигаций является Dow Jones Equal Weight U. S. Issued Corporate Bond Index, который состоит из 96 недавно выпущенных корпоративных облигаций инвестиционного качества с различными сроками погашения.

Хотя схема равного взвешивания устраняет проблему крупного долга, она не решает проблему дюрации. Помимо проблемы дюрации с ней связаны две другие проблемы. Во-первых, она предполагает присвоение небольшим неликвидным выпускам облигаций такого же веса, как и крупным высоколиквидным выпускам. Во-вторых, поскольку периодически в индекс добавляются новые выпуски, а старые удаляются, портфельные менеджеры,

[1] Более детально схемы альтернативного взвешивания рассмотрены в приложении к работе: Felix Goltz and Carlos Heitor Campani, "Review of Corporate Bond Indices: Construction Principles, Return Heterogeneity, and Fluctuations in Risk Exposures," EDHEC–Risk Institute Publication, June 2011.

использующие равновзвешенный индекс облигаций в качестве ориентира, вынуждены часто перебалансировать портфели, а это дорогое удовольствие на рынке облигаций.

Практический вопрос заключается в том, какие результаты демонстрируют равновзвешенные индексы облигаций относительно облигационных индексов, взвешенных по рыночной капитализации, с точки зрения риска и доходности. Используя коэффициент Шарпа (см. главу 28) в качестве показателя доходности относительно риска, одно из исследований показало, Dow Jones Equal Weight U.S. Issued Corporate Bond Index показывает более высокие результаты, чем взвешенные по рыночной капитализации индексы корпоративных облигаций[1].

К фундаментальным характеристикам компании относятся такие показатели, как денежный поток, отношение балансовой стоимости к рыночной, дивиденд на акцию и рост продаж. На фондовом рынке существуют индексы, в которых вес компании определяется на основе набора фундаментальных характеристик. Такие индексы называют фундаментальными. Реализация идеи фундаментального взвешивания облигационных индексов компанией Research Affiliates[2] совместно с Ryan ALM привела к появлению двух индексов корпоративных облигаций RAFI U. S. (один для облигаций инвестиционного уровня, другой для высокодоходных облигаций). Как и равновзвешенные индексы, фундаментальные индексы облигаций решают проблему крупного долга, но не устраняют проблему дюрации.

Еще один индекс корпоративных облигаций, предложенный Research Affiliates, представляет собой комбинацию схем равного взвешивания и взвешивания по рыночной капитализации и основывается на номинальной стоимости долга, а не на рыночной стоимости. Такая схема взвешивания не устраняет проблему дюрации и лишь частично решает проблему крупного долга.

В январе 2009 г. свою схему взвешивания для международных индексов правительственных облигаций предложили PIMCO, а затем Barclays Capital. Этот подход решает проблему крупного долга, которая связана с тем, что наибольший вес получают страны, осуществляющие масштабные заимствования и, следовательно, имеющие высокую вероятность дефолта. В целях устранения этой проблемы PIMCO предложила взвешивать долг страны по ее ВВП.

---

1 Goltz and Campani, "Review of Corporate Bond Indices: Construction Principles, Return Heterogeneity, and Fluctuations in Risk Exposures."

2 Robert D. Arnott, Jason Hsu, Feifei Li, and Shane D. Shepherd, "Valuation-Indifferent Weighting for Bonds," Journal of Portfolio Management 36 (Spring 2010), pp. 117–130.

Схемы взвешивания по риску

Существуют различные типы альтернативных облигационных индексов, созданных на основе схем взвешивания по риску, однако они применяются только к американским казначейским бумагам.

Одна из схем предполагает взвешивание каждой облигации в индексе казначейских бумаг по величине, обратной дюрации. В таких облигационных индексах, взвешенных по дюрации, позиция каждой облигации на кривой риск–доходность не влияет на доходность индекса, а каждая облигация вносит равный вклад в общий процентный риск индекса.

Взвешенный по риску индекс казначейских бумаг, имеющий ступенчато изменяющиеся сроки казначейских выпусков, был создан Ryan ALM и Mergent и получил название Ryan/Mergent U. S. Treasury Ladder Index Family. В индекс включаются 30 равновзвешенных казначейских выпусков с фиксированным купоном, при этом срок погашения какого-нибудь из них обязательно приходится на каждый год 30-летнего периода. По своей структуре это семейство казначейских индексов устраняет проблему крупного долга, поскольку рыночная стоимость 30 казначейских выпусков не влияет на индекс. Проблема дюрации не устраняется, однако смягчается, поскольку средняя дюрация индекса колеблется намного слабее по сравнению с облигационным индексом, взвешенным по рыночной капитализации.

Ryan ALM создала также семейство казначейских индексов, включающих в себя только стрипы казначейских бумаг США, — Ryan Strips[30] Index Family. Эти индексы составляются на основе 30 казначейских стрипов так, чтобы каждый стрип был наиболее репрезентативным для своего срока. Каждый индекс имеет постоянную дюрацию при полном отсутствии проблемы крупного долга.

Как уже говорилось при обсуждении индивидуализированных индексов, спонсор пенсионного плана с фиксированными выплатами может сконструировать индекс обязательств на основе прогнозных обязательств. Хотя индекс Ryan Strips[30] Index Family не отражает индивидуальные будущие обязательства какого-либо спонсора, его используют в качестве основы для создания общих индексов обязательств.

ОСНОВНЫЕ ФАКТОРЫ РИСКА

Какие основные факторы риска связаны с облигационными индексами? Иначе говоря, какие факторы риска определяют доходность облигационных индексов? Именно этих факторов риска может придерживаться портфельный менеджер или отходить от них при конструировании портфеля. Отклонение не должно происходить случайным образом. Портфельный менеджер должен осознанно допускать отклонение только в том случае, если у него есть информация (основанная на анализе) об ожидаемых выгодах (в форме превосходства по отношению к ориентиру) этого действия. Мы также знаем, что из-за сложности создания портфеля в точности соответствующего облигационному индексу, менеджер может быть вынужден пойти на отклонение.

Основные факторы риска можно разделить на два общих типа: системные факторы риска и несистемные факторы риска. **Системные факторы риска** — это силы, воздействующие на все входящие в ориентир ценные бумаги определенной категории. **Несистемными факторами риска** считаются факторы, не подходящие под определение первой подгруппы.

Системные факторы риска делятся, в свою очередь, на две категории: факторы риска временной структуры и факторы риска, не относящиеся к временной структуре. **Факторы риска временной структуры** — это риски, связанные с изменением формы кривой временной структуры (изменения уровней и формы). В число **факторов риска, не относящихся к временной структуре,** входят:

- риск сектора;
- кредитный риск;
- риск опционов.

Существует еще более детальная разбивка рисков, не относящихся к временной структуре, которую мы рассмотрим в следующей главе. Здесь же мы остановимся лишь на этих трех категориях.

Риск сектора — это риск, связанный с инвестициями в представленные в ориентире сектора. Рассмотрим, например, Barclays Capital U. S. Aggregate Bond Index. На макроуровне этот индекс включает сектора казначейских ценных бумаг; агентских ценных бумаг; корпоративных облигаций; агентских жилищных ипотечных ценных бумаг; ценных бумаг, обеспеченных коммерческой недвижимостью, а также ценных бумаг, обеспеченных активами. Каждый из этих секторов делится на более мелкие сегменты. Так, корпоративный сектор (называемый кредитным сектором) представлен облигациями, выпущенными финансовыми институтами, промышленными компаниями, транспортными компаниями и коммунальными компаниями. Перечисленные сегменты также неоднородны. Подсектор финансовых институтов, например, разбивается на следующие составляющие: банки, брокерские фирмы, финансовые компании, страховые компании и прочие организации. Рынок ипотечного кредитования жилья (включающий агентские сквозные ценные бумаги) подразделяется на 30-летние и 15-летние MBS Ginnie Mae, стандартные MBS (MBS Fannie Mae и Freddie Mac), а также шаровые MBS. Деление можно вести и дальше по купонам.

Кредитный риск, называемый также **риском качества**, — риск, связанный с кредитным рейтингом ценных бумаг, входящих в ориентир. Barclays Capital U. S. Aggregate Bond Index включает только кредиты инвестиционного качества, т. е. облигации Aaa+, Aaa, Aa, A, Baa, и MBS. Инвестиции в MBS — это, в частности, инвестиции в сектор агентских сквозных ценных бумаг.

Риск опционов — риск, обусловленный негативным влиянием опционов, встроенных в представленные в ориентире ценные бумаги. К ним относятся корпоративные облигации с правом досрочного погашения и с правом досрочного предъявления, MBS и ABS.

Несистемные факторы риска классифицируются как связанные с конкретным эмитентом — **риск эмитента** и как связанные с конкретным выпуском — **риск выпуска**.

ПОДХОДЫ «СВЕРХУ ВНИЗ» И «СНИЗУ ВВЕРХ» К КОНСТРУИРОВАНИЮ И УПРАВЛЕНИЮ ПОРТФЕЛЯМИ

Существует два общих подхода к конструированию и управлению облигационным портфелем: «сверху вниз» и «снизу вверх». Обычно портфельные менеджеры не используют эти подходы в чистом виде, а применяют сочетание их элементов, дополняемое определенными допущениями и ограничениями.

В случае **подхода «сверху вниз»** портфельный менеджер исследует основные макрофакторы доходности (из чего такой подход называют еще **макроподходом**) и получает представление (прогноз) о них в форме макроэкономического прогноза[1]. В число основных рассматриваемых переменных входят:

- монетарная политика;
- бюджетная политика;
- налоговая политика;
- политические изменения;
- регулирование;

[1] Более детальное описание процесса получения макроэкономических прогнозов менеджерами облигационных портфелей см. в: Chris P. Dialynas and Ellen J. Rachlin, “The Art of Fixed Income Investing,” глава 20 в: Frank J. Fabozzi and Harry M. Markowitz (eds.), The Theory and Practice of Investment Management: 2nd Edition (Hoboken, NJ: John Wiley & Sons, 2011).

- движение обменных курсов валют;
- торговая политика;
- демографические тренды;
- состояние кредитного рынка.

Менеджеру, управляющему глобальным портфелем облигаций, нужен макроэкономический прогноз по всем страновым рынкам.

На основе этой оценки и прогноза менеджер принимает решение о том, сколько средств выделить на различные сектора облигационного рынка и сколько вложить в денежные эквиваленты (т. е. инструменты денежного рынка). С учетом объема средств, выделяемых для каждого сектора рынка облигаций, менеджер должен решить, сколько вложить в каждую отрасль сектора. Если портфельный менеджер инвестирует как в американские, так и в неамериканские облигации, то ему нужно сначала распределить средства между странами, потом между секторами в стране и, наконец, между отраслями.

В подходе «сверху вниз» менеджер нередко полагается на анализ рынка облигаций при идентификации стран (если ему это разрешается), секторов и отраслей, которые получат наибольший относительный выигрыш в соответствии с прогнозом. После выделения соответствующей суммы каждой стране, сектору и отрасли менеджер переходит к выбору индивидуальных облигаций, включаемых в портфель. Подход «сверху вниз» предполагает анализ изменений ряда макроэкономических факторов для оценки ожидаемой избыточной доходности (предполагаемого результата сверх безрисковой доходности) ценных бумаг и портфелей. Распределение активов портфеля между странами, секторами и отраслями изменяется по мере изменения макроэкономических условий.

Подход «снизу вверх» при активном управлении облигационным портфелем предполагает концентрацию внимания на микроанализе индивидуальных выпусков облигаций, секторов и отраслей. Основными исследовательскими инструментами при такой форме инвестирования являются кредитный анализ (см. главу 22), отраслевой анализ и анализ относительной стоимости (который будет рассмотрен ниже в этой главе). С целью контроля риска применяется моделирование риска. Использованию моделей факторов риска посвящена следующая глава.

АКТИВНЫЕ ПОРТФЕЛЬНЫЕ СТРАТЕГИИ

Теперь, когда мы понимаем основные факторы риска, присущие ориентиру, рассмотрим стратегии активного управления портфелем, наиболее широко применяемые менеджерами на рынке облигаций.

Ожидания менеджера против рыночного консенсуса

Инвестиционный менеджер, использующий одну из активных стратегий, составляет портфель на ожиданиях в отношении будущих процентных ставок, однако потенциальный результат инвестиций (с точки зрения совокупной доходности) должен быть оценен заранее, т. е. еще до того, как стратегия будет применена на практике. Такая процедура необходима, поскольку рынок в целом также имеет определенные представления о будущих процентных ставках — представления, отраженные в рыночной цене облигаций. Одна из истин, усвоенных нами в главе 5 при обсуждении форвардных ставок, гласит: результативность стратегии зависит от того, насколько ожидания менеджера отличаются от ожиданий рынка. Напомним, что в этой ситуации не имеет значения, верными или ошибочными окажутся представления рынка, — существенно лишь то, что цена облигации отражает такие представления. Сказанное верно и для стратегий, которые мы рассмотрим в этой главе.

Таким образом, хотя часть менеджеров предпочитает говорить об «оптимальной стратегии», обусловленной некоторым рядом предположений, мы считаем, что принятие инвестиционных решений должно быть основано на более полной информации о рынке. Если ожидания менеджера сходятся с ожиданиями рынка, эти ожидания уже отражены в цене. Именно поэтому мы предлагаем обязательно оценивать активные стратегии с точки зрения совокупной доходности, а не использовать общие формулировки типа «если вы предполагаете…, то применяйте… стратегию».

Стратегии на основе ожиданий в отношении процентных ставок

Инвестиционный менеджер, полагающий, что он в состоянии точно предсказать будущий уровень процентных ставок, приведет чувствительность портфеля к процентным ставкам в соответствие с ожидаемыми изменениями. Поскольку мерой чувствительности к изменению процентных ставок является дюрация, предполагаемое падение процентных ставок обусловит увеличение дюрации, тогда как предполагаемый рост ставок заставит менеджера уменьшить дюрацию. Менеджеры, выбравшие в качестве ориентира индекс облигаций, увеличат дюрацию портфеля относительно дюрации индекса, если ставки, по их мнению, упадут, и уменьшат дюрацию портфеля, если ставки в будущем вырастут. Отклонение дюрации управляемого портфеля от дюрации ориентира может, по желанию клиента, ограничиваться.

Дюрация портфеля может быть изменена через своп (обмен) облигаций портфеля на новые облигации, позволяющие получить желаемую дюрацию портфеля. Такой своп получил название **свопа ожидания ставок** *(rate anticipation swap)*. Другой, более действенный, способ изменения дюрации портфеля облигаций предполагает использование фьючерсных контрактов на процентные ставки. Как объясняется в главе 29, покупка фьючерса увеличивает дюрацию портфеля, а его продажа— уменьшает дюрацию.

Очевидно, что успех подобной стратегии зависит прежде всего от умения предсказать будущие ставки. Между тем научные исследования утверждают: предсказание процентных ставок, на основе которого можно постоянно получать избыточную доходность с учетом риска, невозможно. И действительно, пари на будущие процентные ставки едва ли в состоянии обеспечить стабильно высокую доходность.

Впрочем, менеджеры, отказывающиеся от применения активных стратегий, основанных исключительно на предсказании будущих процентных ставок, могут играть на процентных ставках для покрытия более низкой доходности портфеля в сравнении с индексом-ориентиром. Предположим, например, что менеджер управляет портфелем клиента, пользуясь одной из описанных ниже в данной главе стратегий. Допустим также, что деятельность менеджера оценивается по окончании инвестиционного горизонта в один год; представим себе, что за три месяца до окончания года результаты, достигнутые менеджером, оказываются хуже результатов выбранного клиентом для сравнения индекса. На фоне опасений потерять клиента у менеджера может возникнуть соблазн сыграть на движении процентных ставок. Выигрыш позволит сохранить клиента, хотя проигрыш приведет к еще большему отставанию от индекса. Клиент может предотвратить такого рода игру, наложив ограничения на отклонение дюрации портфеля от дюрации ориентира. Кроме того, понять, насколько прирост портфеля обусловлен изменением уровня процентных ставок, помогает описанный в главе 28 процесс оценки результативности, позволяющий разбить доходность портфеля на элементы, каждый из которых был обусловлен особым фактором.

Существует еще несколько активных стратегий, основанных на предсказании уровней будущих процентных ставок. Так, будущие процентные ставки влияют на стоимость встроенных в отзывные облигации опционов, а также на стоимость опционов досрочного погашения, имеющихся у ипотечных ценных бумаг. Отзывные корпоративные и муниципальные облигации с купонными ставками, превышающими предполагаемые будущие процентные ставки, будут показывать более низкий результат, нежели неотзывные облигации или облигации с более низким купоном. Объяснение этому феномену следует искать в присущей отзывным облигациям отрицательной выпуклости. Изменение процентных ставок также влияет на скорость досрочного погашения целого ряда ипотечных ценных бумаг (им посвящены главы 11–13): одни бумаги представляются более выгодными в свете предположения о будущем росте процентных ставок, на другие должно благотворно повлиять предполагаемое падение ставок.

Стратегии кривой доходности

В главе 5 мы писали о том, что кривая доходности американских казначейских ценных бумаг представляет взаимосвязь их сроков и доходностей. Форма кривой изменяется с течением времени. **Стратегии кривой доходности** предполагают составление портфеля таким образом, чтобы выигрывать от предполагаемых изменений кривой доходности казначейских бумаг. В этом разделе мы представим возможные смещения кривой доходности, разнообразные стратегии кривой доходности, пользу дюрации как меры чувствительности цены портфеля облигаций в ситуации смещений кривой доходности, а также методы оценки потенциальной эффективности применения стратегий кривой доходности.

Типы смещений кривой доходности и их влияние на историческую доходность

Смещение кривой доходности — это относительное изменение доходностей для всех сроков казначейских бумаг. **Параллельное смещение кривой доходности** — это смещение, при котором для всех сроков доходности изменяются одинаково. **Непараллельное смещение кривой доходности** указывает, что для разных сроков доходности меняются на разное количество базисных пунктов.

Исторически наблюдалось два типа непараллельных смещений кривой доходности: изменение наклона кривой и изменение степени изгиба кривой доходности. Все типы изменений отображены на рис. 24.1. Изменение наклона — это усиление крутизны кривой или приближение кривой к горизонтальной линии. На практике наклон кривой доходности измеряется как спред между доходностью долгосрочных казначейских бумаг и доходностью краткосрочных казначейских бумаг. Так, часть участников рынка считают наклоном разность между доходностью 30-летних казначейских ценных бумаг и доходностью казначейских бумаг со сроком погашения один год. Другие участники рынка предлагают считать наклоном спред между доходностью

20-летних казначейских бумаг и доходностью двухлетних казначейских долговых обязательств. Независимо от того, каким образом определяется наклон, приближение кривой доходности к горизонтальной линии указывает на то, что спред между доходностями долгосрочных и краткосрочных казначейских бумаг уменьшается; усиление крутизны кривой доходности — знак того, что спред доходностей между долгосрочными и краткосрочными казначейскими бумагами растет. Другой тип непараллельных смещений — изменение изгиба кривой — принято называть смещением-«бабочкой».

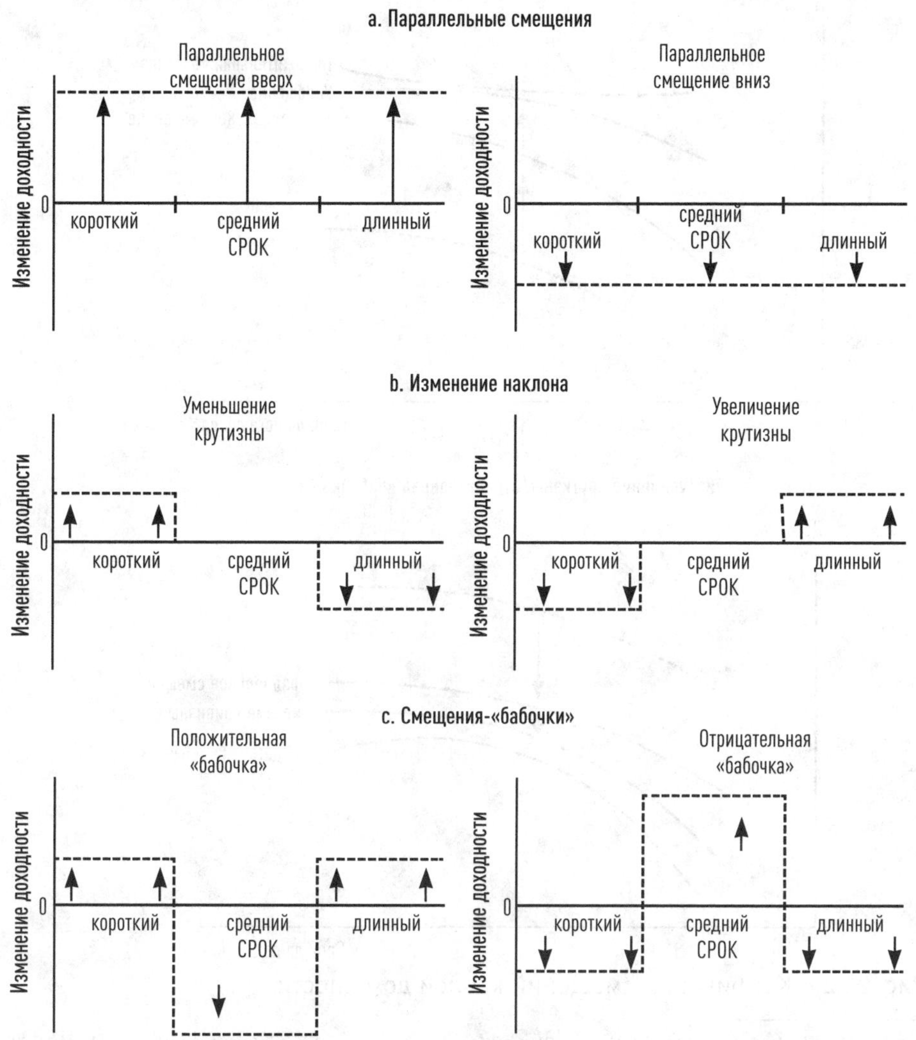

Рис. 24.1. Типы смещения кривой доходности

Фрэнк Джоунс предпринял анализ типов смещений кривой доходности, наблюдавшихся в период 1979–1990 гг.[1] Он обнаружил, что три вида смещений кривой доходности не являются независимыми; из них два наиболее распространенных вида — это: 1) смещение кривой доходности вниз, сочетающееся с усилением крутизны кривой, и 2) смещение кривой доходности вверх в сочетании с уменьшением крутизны кривой. Эти два вида смещений кривой доходности представлены на рис. 24.2. Статистический анализ пока-

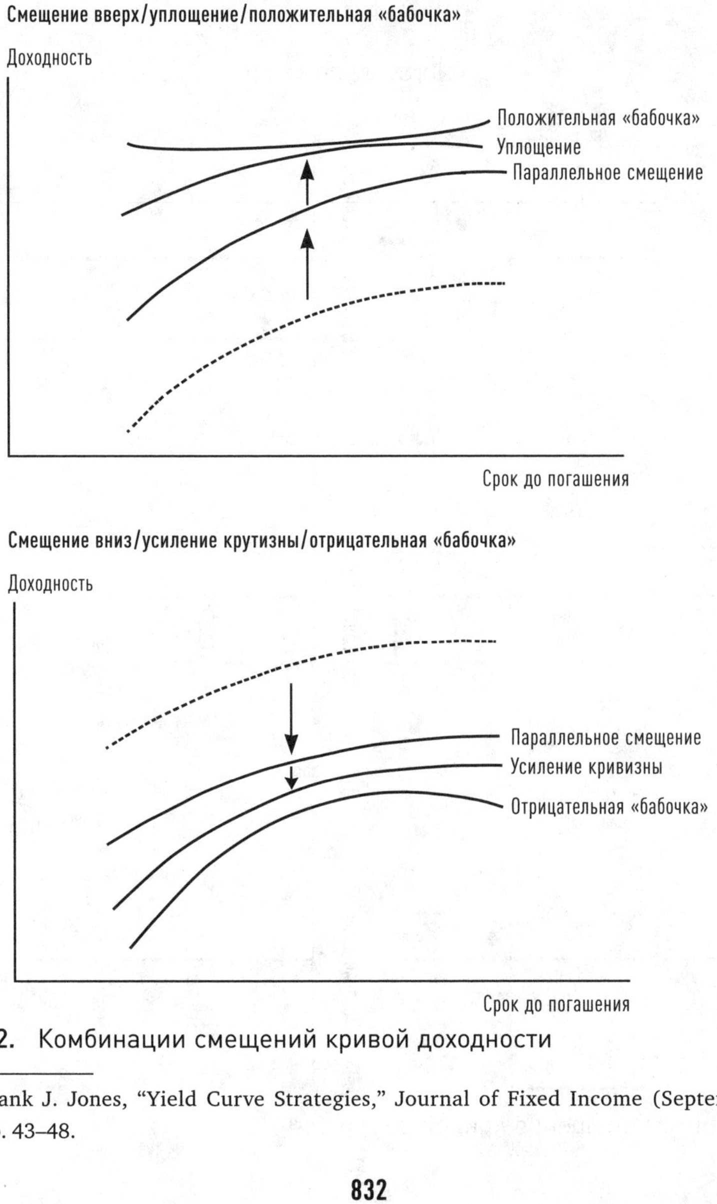

Рис. 24.2. Комбинации смещений кривой доходности

1 Frank J. Jones, "Yield Curve Strategies," Journal of Fixed Income (September 1991), pp. 43–48.

зал: параллельное смещение вверх кривой доходности казначейских ценных бумаг имеет корреляцию 0,41 с уменьшением крутизны наклона кривой. Смещение кривой доходности вверх на 10 базисных пунктов сочетается, таким образом, с уменьшением крутизны наклона кривой на 2,5 базисного пункта. Более того, было обнаружено, что смещение кривой доходности вверх и ее уплощение скоррелированы с положительной «бабочкой» (уменьшением «горба»), тогда как смещение кривой доходности вниз и усиление кривизны имеют корреляцию с отрицательной «бабочкой» (увеличением «горба»).

Джоунс наглядно показал, насколько анализ изменений кривой доходности важен для определения доходности казначейских бумаг с разными сроками в период 1979–1990 гг. Он обнаружил, что 91,6% доходности казначейских ценных бумаг обусловлены смещениями и изменениями наклона кривой; 3,4% доходности связаны со смещениями-«бабочками» и только оставшиеся 5% — с нестандартными смещениями кривой доходности[1]. Результаты проделанной ученым работы позволяют утверждать: для использования стратегий кривой доходности необходимо прогнозировать как направление, так и тип смещения кривой.

Стратегии кривой доходности

В портфельных стратегиях, цель которых — получение выгоды за счет предположений о краткосрочных движениях доходностей, размер доходности связан в первую очередь с влиянием изменений на цену входящих в портфель бумаг. Срок ценных бумаг, таким образом, является важнейшим параметром, влияющим на доходность портфеля. Так, совокупная доходность на инвестиционном горизонте в один год для портфеля, состоящего только из ценных бумаг со сроком погашения год, не будет чувствительной к характеру смещения кривой доходности на момент окончания инвестиционного горизонта. И наоборот: совокупная доходность на инвестиционном горизонте в один год для портфеля, состоящего только из ценных бумаг со сроком погашения 30 лет, окажется чувствительной к подобному смещению кривой доходности, поскольку через год стоимость портфеля будет определяться доходностью, предлагаемой на 29-летние казначейские бумаги. Как мы помним (см. главу 3), облигации с большим сроком до погашения при изменении доходности демонстрируют высокую волатильность цены.

---

[1] Эти данные совпадают с данными, представленными в статье: Robert Litterman and Jose Scheinkman, "Common Factors Affecting Bond Returns," Journal of Fixed Income (June 1991), pp. 54–61.

При смещении кривой доходности портфель, в равных пропорциях поделенный между ценными бумагами со сроком до погашения 1 год и ценными бумагами со сроком до погашения 30 лет, будет иметь на инвестиционном горизонте в один год совокупную доходность, отличную от той, что характерна для каждого из описанных нами выше двух портфелей. Цена входящих в портфель однолетних бумаг не будет чувствительной к изменению доходности казначейских бумаг со сроком погашения год, в то время как цена 30-летних бумаг в портфеле будет в высшей степени чувствительна к изменению доходности долгосрочных казначейских облигаций.

Важно знать, что при небольших инвестиционных горизонтах распределение сроков ценных бумаг в портфеле оказывает существенное влияние на размер совокупной доходности. Каждая из стратегий кривой доходности, таким образом, предполагает особое распределение сроков ценных бумаг в портфеле. Существует три разновидности подобных стратегий: 1) «пулевые» стратегии; 1) стратегии-«гантели» и 3) стратегии-«лесенки» (см. рис. 24.3).

При **«пулевой»** *(bullet)* **стратегии** портфель строится так, чтобы сроки всех ценных бумаг в портфеле были сконцентрированы вокруг одной точки кривой доходности. В **стратегиях-«гантелях»** *(barbell)* сроки включенных в портфель ценных бумаг концентрируются в двух крайних точках. В реальной практике «гантельная» стратегия нередко строится на основании «пулевой». Так, целью «пулевой» стратегии может являться создание портфеля со сроками, концентрирующимися вокруг 10 лет, — при соответствующей ей «гантельной» стратегии создается портфель со сроками 5 и 20 лет. **Стратегии-«лесенки»** *(ladder)* предполагают создание портфелей, в которых все сроки представлены в равных пропорциях. Скажем, в портфель могут входить ценные бумаги со сроком до погашения 1 год, столько же ценных бумаг со сроком до погашения два года, столько же бумаг со сроком до погашения три года и т. д.

Каждая из стратегий при смещении кривой доходности дает свой результат. Реальная эффективность стратегии зависит от типа смещения и его амплитуды. Именно поэтому не следует считать какую-либо из стратегий кривой доходности «оптимальной». Принципы оценки стратегий кривой доходности описываются ниже.

Дюрация и смещения кривой доходности

Прежде чем перейти к анализу стратегий кривой доходности, нам хотелось бы снова вернуться к понятию дюрации и ее роли в оценке волатильности цены портфеля облигаций при смещениях кривой доходности. В главе 4

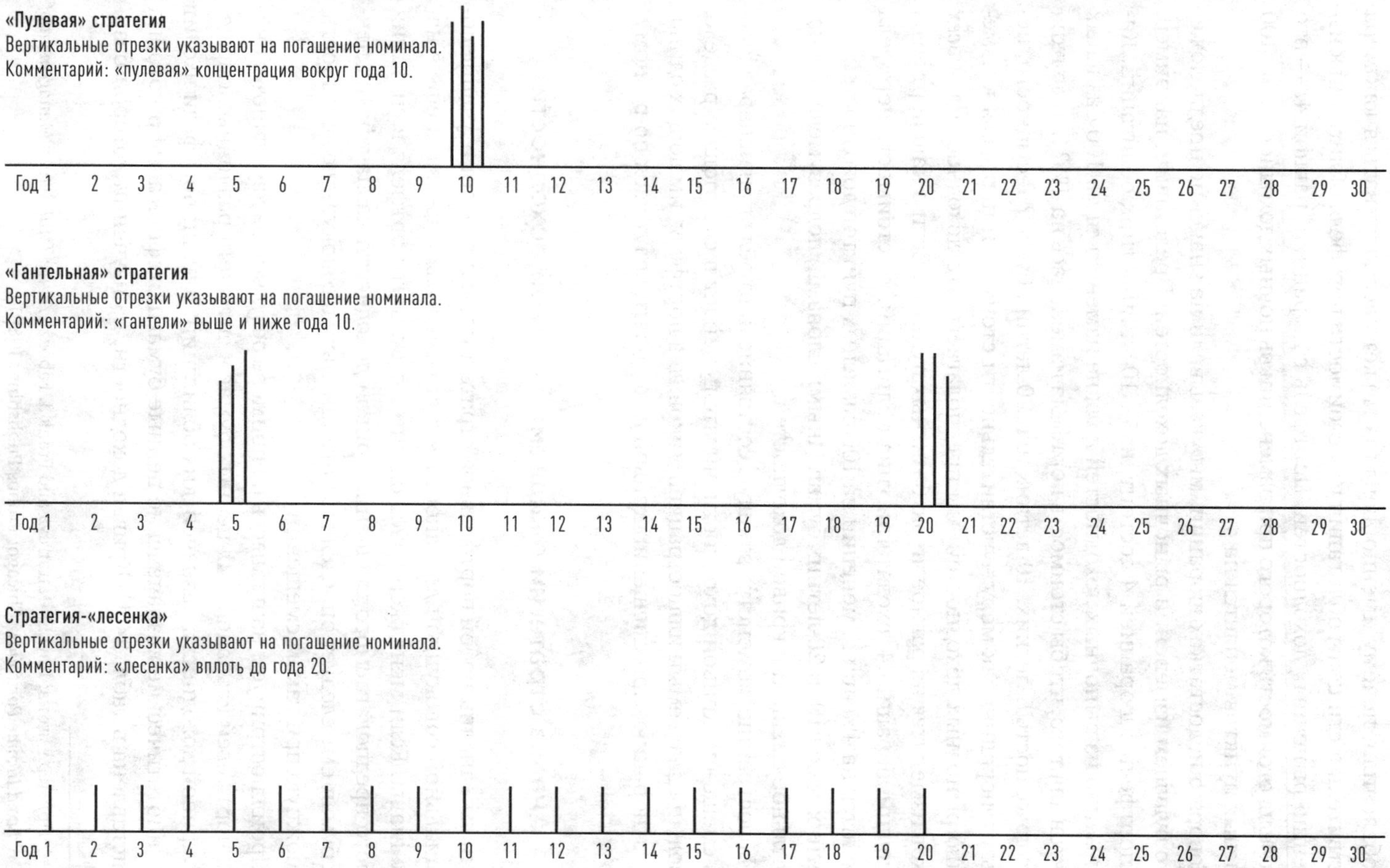

Рис. 24.3. Стратегии на основе кривой доходности: «пулевая», «гантельная», «лесенка»

мы объяснили, почему именно дюрация может рассматриваться как мера чувствительности цены облигации или стоимости портфеля облигаций к изменению рыночных доходностей. Портфель с дюрацией, равной 4, — это портфель, стоимость которого при изменении рыночных доходностей на 100 базисных пунктов меняется на 4%.

Говоря о недостатках дюрации, мы указывали на значение предположения о будущем изменении рыночных доходностей. Представим, например, что портфель с дюрацией 4 состоит из 5-, 10- и 20-летних облигаций. Какая именно из рыночных доходностей должна измениться на 100 базисных пунктов для того, чтобы стоимость портфеля изменилась на 4%? Это должна быть доходность 5-летних, 10-летних или 20-летних бумаг? В сущности, используя дюрацию как меру чувствительности стоимости портфеля к изменению рыночных доходностей, мы предполагаем, что доходности для *всех* сроков изменятся на равное число базисных пунктов. Если в наш портфель, имеющий дюрацию 4, входят три типа облигаций, то стоимость портфеля изменится на 4% при изменении на 100 базисных пунктов доходностей как 5-летних, так и 10- и 20-летних бумаг. Иными словами, подразумевается параллельное смещение кривой доходностей.

Иллюстрацию, демонстрирующую состояние портфеля при непараллельном смещении кривой доходности, читатель найдет в следующем разделе. Вывод, предлагаемый иллюстрацией, таков: два портфеля, имеющих одинаковую дюрацию, при смещении кривой доходности ведут себя по-разному.

Анализ стратегий ожидаемой кривой доходности

Значимый анализ любой портфельной стратегии предполагает изучение потенциальной совокупной доходности — эту мысль мы высказали еще в начале главы. Если менеджер хочет оценить результат портфеля в ситуации любого предполагаемого смещения кривой доходности казначейских ценных бумаг, ему следует определить потенциальную совокупную доходность, возможную при таком смещении.

Проиллюстрируем нашу мысль на примере результатов двух гипотетических портфелей казначейских ценных бумаг в ситуации различных смещений кривой доходности казначейских облигаций. В наши портфели входит три гипотетические казначейские ценные бумаги, информация о которых представлена в табл. 24.1[1]. Кривая доходности, на изучении которой бази-

[1] Пример взят из: Ravi E. Dattatreya and Frank J. Fabozzi, *Active Total Return Management of Fixed Income Portfolios* (Chicago: Probus Publishing, 1989).

руется наш пример, строится именно для этих трех бумаг: краткосрочной ценной бумаги (A, 5-летней ценной бумаги), среднесрочной ценной бумаги (C, 10-летней) и долгосрочной бумаги (B, 20-летней).

Таблица 24.1. Три гипотетические казначейские облигации

Облигация	Купон (%)	Срок (годы)	Цена плюс накопленный купонный процент	Доходность к погашению (%)	Долларовая дюрация	Долларовая выпуклость
A	8,50	5	100	8,50	4,005	19,8164
B	9,50	20	100	9,50	8,882	124,1702
C	9,25	10	100	9,25	6,434	55,4506

Рассмотрим две стратегии на базе кривой доходности: «пулевую» и «гантельную». Два портфеля, созданных для воплощения в жизнь этих стратегий, мы назвали «пулевым» и «гантельным»:

- *«Пулевой» портфель*: 100% облигации C.
- *«Гантельный» портфель*: 50,2% облигации A и 49,8% облигации B.

«Пулевой» портфель состоит только из облигаций C, т. е. из 10-летних облигаций. В нашем гипотетическом портфеле весь номинал будет получен в дату погашения облигаций C, через 10 лет. «Гантельный» портфель почти поровну поделен между краткосрочными и долгосрочными облигациями. Такой состав портфеля объясняется принципами стратегии: номинал должен быть получен в двух крайних точках отрезка сроков. В то время как номинал всего «пулевого» портфеля будет возвращен через 10 лет, номинал «гантельного» портфеля вернется к инвестору в наиболее близкую (через 5 лет) и наиболее отдаленную (через 20 лет) дату.

В главе 4 мы писали о том, что мерой долларовой чувствительности цены облигации или портфеля является долларовая дюрация. Из табл. 24.1 видно, что долларовая дюрация «пулевого» портфеля при изменении доходности на 100 базисных пунктов составляет 6,434. Долларовая дюрация «гантельного» портфеля — это средневзвешенная долларовая дюрация двух входящих в него облигаций. Итак:

$$\text{долларовая дюрация «гантельного» портфеля} = \\ = 0{,}502 \times 4{,}005 + 0{,}498 \times 8{,}882 = 6{,}434.$$

Долларовая дюрация «гантельного» портфеля равна долларовой дюрации «пулевого» портфеля. (Напомним, что, создавая «гантельный» портфель, менеджер действительно ставит целью повторение этого показателя.)

Как было сказано в главе 4, дюрация является лишь первым приближением изменения цены, связанного с изменением процентных ставок. Более точного приближения можно достичь с помощью выпуклости. До сих пор мы не говорили о **долларовой выпуклости,** между тем это величина, которая подобно *выпуклости* является вторым приближением долларовых изменений цены. Для двух портфелей, имеющих одинаковую долларовую дюрацию, более значительная выпуклость означает более значительную результативность облигации или портфеля в ситуации изменения доходностей. Для того чтобы понять суть нашего примера, следует помнить: чем значительнее долларовая выпуклость, тем выше долларовое изменение цены, обусловленное выпуклостью портфеля. Как видно из табл. 24.1, долларовая выпуклость «пулевого» портфеля равна 55,4506. Долларовая выпуклость «гантельного» портфеля представляет собой средневзвешенную долларовую выпуклость входящих в него двух облигаций. Таким образом:

$$\text{долларовая выпуклость «гантельного» портфеля} = \\ = 0{,}502 \times 19{,}8164 + 0{,}498 \times 124{,}1702 = 71{,}7846.$$

Итак, долларовая выпуклость «гантельного» портфеля выше, чем долларовая выпуклость портфеля «пулевого».

Доходность двух портфелей также неодинакова. Доходность «пулевого» портфеля — это доходность к погашению облигации C, т. е. 9,25%. Традиционный способ вычисления доходности «гантельного» портфеля, основанный на получении средневзвешенной доходности к погашению двух входящих в портфель облигаций, дает результат 8,998%:

$$\text{доходность «гантельного» портфеля} = \\ = 0{,}502 \times 8{,}50\% + 0{,}498 \times 9{,}50\% = 8{,}998\%.$$

Наши вычисления показывают: доходность «пулевого» портфеля на 25,2 базисных пункта выше доходности «гантельного» портфеля (9,25 – 8,998%). Несмотря на то что долларовые дюрации портфелей не отличаются, доходность «пулевого» портфеля превышает доходность портфеля «гантельного». В то же время долларовая выпуклость «гантельного» портфеля выше долларовой выпуклости «пулевого» портфеля. Разницу в доходностях таких портфелей часть участников рынка называют **стоимостью выпуклости** (инвестор поступается доходностью для того, чтобы получить лучшую выпуклость).

Представим теперь, что менеджер с инвестиционным горизонтом в полгода выбирает один из двух портфелей. Какой из портфелей ему предпочесть? Менеджер знает, что: 1) оба портфеля имеют одинаковые долларовые дюрации; 2) доходность «пулевого» портфеля выше доходности «гантельного» портфеля и 3) долларовая выпуклость «гантельного» портфеля выше долларовой выпуклости «пулевого» портфеля. Очевидно, что имеющейся информации недостаточно для принятия верного инвестиционного решения. Менеджеру необходимо представлять себе потенциальную совокупную доходность, возможную при смещениях кривой доходности.

В табл. 24.2 демонстрируется полугодовая совокупная доходность двух портфелей при смещениях кривой доходности[1]. Значения, приведенные в таблице, — это разности совокупных доходностей двух портфелей. А именно:

разница в долларовой доходности =
= совокупная доходность «пулевого» портфеля –
– совокупная доходность «гантельного» портфеля.

Таким образом, положительное число указывает на то, что «пулевой» портфель демонстрирует лучший по сравнению с «гантельным» результат. Знак «минус» говорит о том, что результаты «гантельного» портфеля лучше, чем результаты «пулевого».

Рассмотрим второй столбец «Параллельное смещение» табл. 24.2. Он демонстрирует величину относительной совокупной доходности двух портфелей на полугодовом инвестиционном горизонте при параллельном смещении кривой доходности. «Параллельность» движения кривой доходности означает, что доходности краткосрочных облигаций (А), среднесрочных облигаций (С) и долгосрочных облигаций (В) меняются на одинаковое количество базисных пунктов, представленных в столбце «Изменение доходности».

Какой портфель окажется лучшим, если кривая доходности сместится параллельно, а инвестиционный горизонт составит шесть месяцев? Ответ на вопрос зависит от величины смещения доходности. Обратите внимание: при изменении доходности на величину, меньшую 100 б. п., «пулевой» портфель показывает лучший результат, чем «гантельный». Обратное утверждение верно в случае изменения доходности на величину, превышающую 100 б. п.

Таблица 24.2. Относительная результативность «пулевого» и «гантельного» портфелей на полугодовом инвестиционном горизонте[a]

Изменение доходности	Параллельное смещение	Непараллельное смещение[b]	Непараллельное смещение (%)[c]
–5,000	–7,19	–10,69	–3,89
–4,750	–6,28	–9,61	–3,12

[1] Заметим, что нам не приходится делать предположения относительно ставки реинвестирования, поскольку три облигации, описанные в табл. 24.1, продаются сразу после выплаты купона, а значит, не имеют накопленного купонного процента.

Продолжение табл. 24.2

Изменение доходности	Параллельное смещение	Непараллельное смещение[b]	Непараллельное смещение (%)[c]
−4,500	−5,44	−8,62	−2,44
−4,250	−4,68	−7,71	−1,82
−4,000	−4,00	−6,88	−1,27
−3,750	−3,38	−6,13	−0,78
−3,500	−2,82	−5,44	−0,35
−3,250	−2,32	−4,82	0,03
−3,000	−1,88	−4,26	0,36
−2,750	−1,49	−3,75	0,65
−2,500	−1,15	−3,30	0,89
−2,250	−0,85	−2,90	1,09
−2,000	−0,59	−2,55	1,25
−1,750	−0,38	−2,24	1,37
−1,500	−0,20	−1,97	1,47
−1,250	−0,05	−1,74	1,53
−1,000	0,06	−1,54	1,57
−0,750	0,15	−1,38	1,58
−0,500	0,21	−1,24	1,57
−0,250	0,24	−1,14	1,53
0,000	0,25	−1,06	1,48
0,250	0,24	−1,01	1,41
0,500	0,21	−0,98	1,32
0,750	0,16	−0,97	1,21
1,000	0,09	−0,98	1,09
1,250	0,01	−1,00	0,96
1,500	−0,08	−1,05	0,81
1,750	−0,19	−1,10	0,66
2,000	−0,31	−1,18	0,49
2,250	−0,44	−1,26	0,32
2,500	−0,58	−1,36	0,14
2,750	−0,73	−1,46	−0,05
3,000	−0,88	−1,58	−0,24
3,250	−1,05	−1,70	−0,44

Окончание табл. 24.2

Изменение доходности	Параллельное смещение	Непараллельное смещение[b]	Непараллельное смещение (%)[c]
3,500	–1,21	–1,84	–0,64
3,750	–1,39	–1,98	–0,85
4,000	–1,57	–2,12	–1,06
4,250	–1,75	–2,27	–1,27
4,500	–1,93	–2,43	–1,48
4,750	–2,12	–2,58	–1,70
5,000	–2,31	–2,75	–1,92

[a] Результативность оценивается исходя из разницы совокупной доходности на полугодовом инвестиционном горизонте, а именно: совокупная доходность «пулевого» портфеля — совокупная доходность «гантельного» портфеля. Знак «минус» указывает на лучший результат «гантельного» портфеля в сравнении с «пулевым».

[b] Изменение доходности для облигации C. Остальные непараллельные смещения (уменьшение крутизны наклона кривой доходности) вычисляются следующим образом:

изменение доходности для облигации A =
= изменение доходности для облигации C + 25 б. п.;
изменение доходности для облигации B =
= изменение доходности для облигации C — 25 б. п.

[c] Изменение доходности для облигации C. Остальные непараллельные смещения (увеличение крутизны наклона кривой доходности) вычисляются следующим образом:

изменение доходности для облигации A =
= изменение доходности для облигации C — 25 б. п.
изменение доходности для облигации B =
= изменение доходности для облигации C + 25 б. п.

На основе полученного результата можно сделать два вывода. Во-первых, несмотря на то, что смещение кривой доходности является параллельным, два портфеля, имеющих одинаковую долларовую дюрацию, продемонстрируют разный результат. Во-вторых, несмотря на то, что при прочих равных чем больше выпуклость, тем больше прибыль, рынок компенсирует большую выпуклость более высокой ценой (более низкой доходностью). Из второго столбца табл. 24.2 видно: если рыночная доходность меняется (вверх или вниз) на величину, меньшую, чем 100 б. п., то «пулевой» портфель, имеющий меньшую выпуклость, дает большую совокупную доходность.

Посмотрим теперь, что происходит, если кривая доходности меняется непараллельно. В последних двух столбцах табл. 24.2 демонстрируются относительные результаты двух портфелей при непараллельных смещениях кривой доходности. В первом примере непараллельных смещений показана ситуация, когда при изменении доходности облигации C (среднесрочной облигации) на величину, обозначенную в столбце «Изменение доходности», доходность облигации A (краткосрочной) изменится на ту же величину плюс

25 б. п., а облигации B (долгосрочной) — на ту же величину минус 25 б. п. Представляя крутизну наклона кривой доходности как спред между доходностями долгосрочных облигаций (B) и краткосрочных облигаций (A), можно сказать, что крутизна (спред) уменьшилась на 50 б. п. Как было замечено ранее, такое непараллельное смещение считается уплощением кривой доходности. Из табл. 24.2 очевидно, что при подобном непараллельном смещении кривой доходности «гантельный» портфель опережает «пулевой».

Второй пример непараллельных смещений — ситуация, когда при изменении доходности облигации C доходность облигации A меняется на ту же величину минус 25 б. п., а доходность облигации B — на ту же величину плюс 25 б. п. Спред между доходностями долгосрочных и краткосрочных облигаций вырастает в этом случае на 50 б. п., а кривая доходности становится более крутой. В описанной ситуации «пулевой» портфель показывает лучший результат, чем «гантельный» до тех пор, пока доходность облигации C не повышается более чем на 250 б. п. или не падает более чем на 325 б. п.

Важно понимать: изучение таких величин, как доходность (доходность к погашению или какой-нибудь показатель доходности портфеля), дюрация или выпуклость, само по себе не дает информации о результативности портфеля на обозначенном инвестиционном горизонте, поскольку она зависит от величины изменения доходности, а также от типа смещений кривой доходности. Таким образом, создавая портфель на основе предположений о смещении кривой доходности, менеджер должен анализировать совокупную доходность. Некоторые портфельные менеджеры считают, например, что на рынке, где угол наклона кривой доходности увеличивается, «пулевой» портфель окажется более выгодным, чем «гантельный». Из табл. 24.2 мы видим, что подобное утверждение нельзя считать бесспорным. Результат «пулевого» портфеля в сравнении с «гантельным» зависит от степени увеличения крутизны кривой доходности. Анализ, подобный тому, который мы продемонстрировали в таблице, позволяет менеджеру на основании данных о размере совокупной доходности при разных степенях крутизны кривой доходности судить, какая из стратегий окажется наиболее целесообразной. Такой же анализ может показать потенциальную эффективность применения стратегии-«лесенки».

Оценка риска кривой доходности для портфеля

В главе 4 мы говорили о смысле и полезности дюрации ключевой ставки. Портфель и ориентир имеют свою дюрацию ключевой ставки. Степень отклонения дюрации ключевой ставки портфеля от дюрации ключевой ставки ориентира позволяет оценить разницу риска кривой доходности. Допустим, например, что портфель и ориентир имеют следующие дюрации ключевой ставки:

Годы	*Дюрация ключевой ставки портфеля*	*Дюрация ключевой ставки ориентира*	*Разница*
0,50	0,173	0,149	0,024
2,00	0,361	0,600	–0,239
5,00	1,725	1,229	0,497
10,00	1,466	1,377	0,089
20,00	0,366	0,730	–0,364
30,00	0,033	0,407	–0,374
Дюрация	4,124	4,491	–0,367

Как видно из этой таблицы, дюрация портфеля меньше дюрации ориентира. Портфель менее чувствителен к изменениям при длительных сроках (об этом свидетельствует более низкая дюрация в диапазоне от 10 до 30 лет) и более чувствителен при сроках от 5 до 10 лет.

В дополнение к такому суммарному показателю, как дюрация ключевой ставки, практики смотрят на разницу приведенной стоимости распределения денежных потоков портфеля и ориентира для получения представления о риске кривой доходности.

Сложные стратегии

До сих пор мы рассматривали основные стратегии кривой доходности. Исследование, проведенное Фабоцци, Мартинелли и Приоле, показало возможность предсказания изменения формы временной структуры американских процентных ставок с использованием сложной эконометрической модели[1]. Такие переменные, как дефолтный спред, волатильность акций, краткосрочные и форвардные ставки, были задействованы в предсказании изменений наклона кривой доходности и (в меньшей степени) изменений ее кривизны. Системные торговые стратегии, основанные на свопах «бабочка»,

[1] Frank J. Fabozzi, Lionel Martellini, and Philippe Priaulet, “Exploiting Predictability in the Time-Varying Shape of the Term Structure of Interest Rates,” *Journal of Fixed Income* (June 2005), pp. 40–53.

показывают, что предсказуемость формы кривой доходности является значимой как статистически, так и экономически.

Стратегии спреда доходностей

В главе 5 мы писали о том, что рынок облигаций можно дробить на сектора в соответствии с несколькими принципами: по типу эмитента (казначейские облигации; агентские облигации; корпоративные облигации; ипотечные облигации); по кредитному качеству (безрисковые казначейские бумаги, облигации с рейтингами AAA, AA и пр.); по размеру купона (облигации, торгующиеся с премией, дисконтом или по номиналу); и наконец, в зависимости от срока (кратко-, средне- и долгосрочные). Спреды доходностей между облигациями с разными сроками обсуждались нами в предыдущих разделах.

Стратегии спреда доходностей предполагают составление портфеля, способного выигрывать от предполагаемого изменения спредов доходностей между секторами рынка облигаций. Свопы (или обмены) одних облигаций на другие, производимые менеджером, полагающим, что преобладающий рыночный спред между двумя облигациями не соответствует историческому спреду доходностей, к уровню которого рыночный спред должен приблизиться на момент окончания временного горизонта, называются **свопами межрыночных спредов.**

Кредитные спреды

Мы обсуждали кредитные спреды в главе 21. В главе 26 будут рассмотрены портфели корпоративных облигаций и описаны различные типы кредитных сделок.

Спреды между отзывными и неотзывными ценными бумагами

Спреды, связанные с различиями отзывных и неотзывных облигаций и различием купонов отзывных облигаций, меняются в результате ожидаемых изменений: 1) направления движения процентных ставок и 2) волатильности процентных ставок. Ожидаемое падение уровня процентных ставок расширяет спред доходностей между отзывными и неотзывными облигациями, поскольку в такой ситуации эмитент с большей вероятностью исполнит свой колл-опцион. И наоборот, спред доходностей сокращается, если предполагается, что процентные ставки вырастут. В главе 17 мы отмечали, что рост волатильности процентных ставок увеличивает стоимость колл-опциона и, соответственно, увеличивает спред доходностей отзывных и неотзывных облигаций. Ожидания относительно направления изменений процентных ставок и волатильности процентных ставок обусловливают размеры спредов доходностей между казначейскими ценными бумагами и сквозными ценными бумагами, между сквозными ценными бумагами с низким купоном и с высоким купоном, а также между корпоративными облигациями.

Взвешивание стратегий спреда доходностей по долларовой дюрации

Применяя стратегии спреда доходностей, менеджер должен уметь сравнивать позиции, имеющие одинаковую долларовую дюрацию. Для того чтобы осознать значимость этой процедуры, рассмотрим две облигации — *X* и *Y*. Предположим, что цена облигации *X* равна 80 при модифицированной дюрации 5, а цена облигации *Y* — 90 при модифицированной дюрации 4. Поскольку модифицированная дюрация является аппроксимированным процентным изменением цены при изменении доходности на 100 базисных пунктов, изменение доходности на 100 базисных пунктов изменит цену облигации *X* примерно на 5%. Если считать, что цена равна 80, то изменение составит $4 на $80 рыночной стоимости. Долларовая дюрация при изменении доходности на 100 базисных пунктов равна, таким образом, $4 для рыночной стоимости $80. Аналогичным образом определяется величина долларовой дюрации облигации *Y* при рыночной стоимости $90 — она составит $3,60. Итак, если менеджер, применяющий стратегию, не базирующуюся на предполагаемом изменении процентных ставок, рассматривает облигации *X* и *Y* в качестве альтернативных инвестиций, ему следует уточнять размер номиналов облигаций таким образом, чтобы долларовые дюрации обеих бумаг совпадали.

Поясним нашу мысль на примере. Допустим, что портфельный менеджер держит облигацию *X* номиналом в $10 млн с рыночной стоимостью $8 млн. Долларовая дюрация облигации *X* при изменении доходности на 100 базисных пунктов составит $400 000 на $8 млн рыночной стоимости. Предположим также, что портфельный менеджер собирается обменять имеющиеся у него облигации *X* на облигации *Y*. Менеджер хочет, чтобы долларовая дюрация облигаций *Y* была такой же, как дюрация его облигаций *X*. Если менеджер купит $10 млн *номинальной стоимости* облигации *Y*, т. е. $9 млн *рыночной стоимости*, то долларовое изменение цены при изменении доходности на 100 базисных пунктов составит всего \$360 000. Если же менеджер приобретет \$10 млн *рыночной стоимости* облигации *Y*, то долларовая дюрация при изменении доходности на 100 базисных пунктов будет равна \$400 000. Поскольку облигация *Y* торгуется по 90, то для сохранения постоянного значения долларовой дюрации при переносе позиции из облигации *X* в облигацию *Y*, менеджеру следует купить \$11,11 млн номинальной стоимости облигации *Y*.

Задача решается следующим образом.

Пусть

$\$D_X$ — долларовая дюрация при изменении доходности на 100 б. п. для облигации *X*;

MD_Y — модифицированная дюрация облигации *Y*;

MV_Y — рыночная стоимость облигации *Y*, необходимая для уравнивания долларовых дюраций облигаций *X* и *Y*.

Долларовая дюрация облигации *X* приравнивается к долларовой дюрации облигации *Y* с помощью следующей формулы:

$$\$D_X = \frac{MD_Y}{100} MV_Y.$$

Таким образом, MV_Y равно:

$$MV_Y = \frac{\$D_X}{\frac{MD_Y}{100}}.$$

Деление на цену \$1 номинальной стоимости облигации *Y* дает величину номинала *Y*, имеющую примерно ту же долларовую дюрацию, что и у облигации *X*.

В нашем примере $\$D_X$ равно \$400 000, а MD_Y равно 4, поэтому:

$$MV_Y = \frac{\$400\,000}{\frac{4}{100}} = \$10\,000\,000.$$

Рыночная стоимость облигации *Y* равна 90 на \$100 номинала, так что цена на один доллар номинала равна 0,9. Делением \$10 млн на 0,9 получаем необходимую величину номинальной стоимости облигации *Y* — \$11,11 млн.

При изменении состава портфеля в расчете на ожидаемое изменение спреда доходностей необходимо поддерживать долларовую дюрацию на постоянном уровне. В противном случае менеджер подвергает свой портфель влиянию не только изменения спреда доходностей, но и изменения уровня доходности. Такой менеджер сознательно ставит на изменение спреда и неосознанно делает, возможно, нежелательную ставку на изменение уровня процентных ставок.

Стратегии выбора отдельных ценных бумаг

Существует несколько типов активных стратегий, цель которых — идентификация неверно оцененных рынком облигаций. Наиболее распространенная стратегия признает облигацию недооцененной, если: 1) ее доходность выше доходности других облигаций, имеющих тот же рейтинг, либо 2) ее доходность должна, согласно ожиданиям, упасть (а цена, соответственно, подняться), поскольку аналитики указывают на возможное улучшение ее рейтинга.

Своп, при котором менеджер обменивает облигацию на другую, имеющую такой же купон, такой же срок и такое же кредитное качество, но предлагающую более высокую доходность, называется **свопом замены облигаций.** Существование такого рода свопов обусловлено несовершенством рынка. Ситуации, делающие возможными свопы замены, возникают на рынке облигаций из-за временных дисбалансов, а также благодаря фрагментарному характеру рынка неказначейских долговых обязательств. Входя в своп замены, менеджер рискует получить облигацию, не являющуюся полностью идентичной той, которую он отдает. Большинство обмениваемых облигаций имеет схожие, но не идентичные сроки и купоны. Таким образом, выпуклость облигаций также может быть разной и спред доходностей в этом случае будет отражать только стоимость выпуклости.

Цель одной из активных стратегий, применяемых на рынке ипотечных ценных бумаг, — идентифицировать отдельные выпуски сквозных ценных бумаг, классов CMO или стрипов MBS, неверно оцененных, исходя из предположений о скорости досрочного погашения. Другая активная стратегия, широко используемая на рынке ипотечных ценных бумаг, ставит своей задачей подбор группы бумаг, доходность которых будет высокой при большем количестве сценариев изменения процентных ставок и кривых доходностей, чем у обращающихся на рынке бумаг со сходной дюрацией. Заметим, что подобные случаи нередки на фрагментированном рынке ипотечных ценных бумаг, демонстрирующем многообразие и сложность структур.

СМАРТ-БЕТА СТРАТЕГИИ НА РЫНКЕ ОБЛИГАЦИЙ

Как мы уже говорили, существует две общие категории стратегий. Пассивная (бета) стратегия используется, если инвестор считает рынок облигаций эффективным. В этом случае он выбирает ориентир, результаты которого соответствуют результатам взвешенного по рыночной капитализации индекса облигаций. К другой категории относятся активные (альфа) стратегии, исходящие из предположения о неэффективности рынка, на которой можно сыграть с тем, чтобы превзойти взвешенный по капитализации индекс облигаций.

В обеих стратегиях используется ориентир, в качестве которого исторически берется один из взвешенных по рыночной капитализации индексов облигаций. Мы уже говорили о проблемах, связанных с применением таких индексов в качестве ориентира. В результате инвесторы стали использовать альтернативную стратегию, которая появилась сначала на рынках акций. Она получила название **смарт-бета стратегии**.

В отличие от традиционных портфельных стратегий, которые нацелены на воспроизведение или переигрывание премии за риск, встроенной в индекс облигационного рынка, смарт-бета стратегии предполагают получение более широкого спреда премии за риск с помощью низкозатратного инвестиционного процесса. В смарт-бета стратегиях это достигается за счет улучшенной диверсификации, чем в традиционных облигационных стратегиях с использованием взвешенного по рыночной капитализации индекса облигаций в качестве ориентира. В основе смарт-бета стратегии лежат следующие допущения: 1) взвешенные по рыночной капитализации индексы облигаций имеют серьезные недостатки; 2) реализация активных стратегий обходится значительно дороже, чем следование за взвешенным по рыночной капитализации индексом; 3) в долгосрочной перспективе активные стратегии проигрывают взвешенному по рыночной капитализации индексу и 4) между чисто пассивными (бета) и чисто активными (альфа) стратегиями находятся промежуточные стратегии, которые позволяют более эффективно и с меньшими затратами получать премию за риск на рынке облигаций.

Фундаментом смарт-бета стратегий является идентификация системных факторов риска доходности облигаций[1]. Смарт-бета стратегии предполагают

---

[1] Такие стратегии получили название «смарт-бета» потому, что «бета» — это обозначение системного риска. Некоторые разработчики смарт-бета платформ называют эти стратегии улучшенными бета-стратегиями (например, State Street Global Advisors), а Morningstar именует их стратегическими бета-стратегиями.

создание индекса, который берется в качестве ориентира. Индекс, называемый «смарт-бета» должен иметь более приемлемый профиль «риск–доходность», чем взвешенный по рыночной капитализации индекс облигаций, описанный выше в этой главе. Поставщики смарт-бета стратегий тестируют их на исторических данных для получения доказательства их превосходства перед взвешенными по рыночной капитализации индексами облигаций. Прежде чем принять смарт-бета стратегию, ее обязательно следует протестировать на данных прошлого периода достаточной продолжительности при различных рыночных и экономических условиях.

При формулировании смарт-бета стратегии на практике применяются две схемы взвешивания: эвристическое взвешивание и взвешивание на основе оптимизации. Более простыми являются стратегии на основе эвристического взвешивания. В них используется одна из описанных выше схем взвешивания, таких как равное взвешивание и фундаментальное взвешивание. Более сложная стратегия строится на основе оптимизационного взвешивания, ориентированного на достижение минимальной дисперсии или максимальной диверсификации. Стратегии на основе оптимизационного взвешивания чаще используются применительно к акциям, а не к облигациям.

Хотя смарт-бета стратегии пользуются популярностью в сфере акций, и исследования показывают рост интереса к ним в сфере инструментов с фиксированным доходом, их реализация не всегда является простым делом. Феликс Гольц из EDHEC Risk Institute в интервью в апреле 2014 г. отметил, что «нужно еще очень много сделать для того, чтобы смарт-бета стала легко применимым инструментом для портфелей с фиксированным доходом»[1].

Одна проблема связана с попытками применить смарт-бета стратегии рынка акций к облигациям. Пример этого приводит Феликс Гольц[2]. Один из подходов — сконструировать смарт-бету с минимальной волатильностью. На рынке акций это достигается путем фокусирования на низковолатильных и менее рискованных акциях. Однако смарт-бета стратегия с минимальной волатильностью на рынке облигаций не так уж рациональна. Более низкая волатильность означает формирование портфеля из низковолатильных облигаций, в результате чего происходит перекос в сторону выпусков с небольшими сроками от эмитентов с наименьшим кредитным риском. Такая смарт-бета стратегия будет непривлекательной для большинства инвесторов. Кроме того, ее реализация не так проста, как взвешивание по фунда-

---

[1] “ ‘No Consensus’ on Smart Beta Fixed Income Methods,” aiCIO, April 15, 2014, http://www.ai-cio.com/channel/RISK_MANAGEMENT/_No_Consensus__on_Smart_Beta_Fixed_Income_Methods.html.

[2] “ ‘No Consensus’ on Smart Beta Fixed Income Methods.”

ментальным факторам, влияющим на доходность облигаций. Руководитель подразделения Fixed Income Advanced Beta в компании State Street Global Advisors Брайан Кинни заметил, что «если взять одни только фундаментальные факторы, то по ним трудно идентифицировать кредитные рейтинги, которым угрожает понижение, поскольку эти факторы не так чувствительны к изменениям... Использование дополнительных факторов, таких как базовая волатильность кредитов и цен позволяет инвесторам устранить некоторые недостатки подхода на основе рыночной стоимости»[1].

ИСПОЛЬЗОВАНИЕ КРЕДИТНОГО ПЛЕЧА

Для увеличения прибыли портфеля менеджер может, если ему это позволено, использовать кредитное плечо (леверидж). Портфельный менеджер может создать леверидж путем заимствования средств для открытия рыночной позиции, размер которой превышает его собственные средства. Так, менеджер может иметь всего $50 млн и открыть позицию на $200 млн.

Средства, которые менеджер может инвестировать, не прибегая к заимствованиям, принято называть собственным капиталом *(equity)*. В нашем примере собственный капитал составляет $50 млн. Портфель, созданный на основе собственного капитала, называют портфелем без кредитного плеча (без левериджа). Портфель с кредитным плечом — это портфель, частично приобретенный на заемные средства. В нашем примере стоимость портфеля с кредитным плечом равна $200 млн.

В этом разделе мы проанализируем проблему кредитного плеча. Прежде всего нам предстоит описать причины, побуждающие менеджера использовать заемные средства, а также способы измерения дюрации портфеля с кредитным плечом. Затем мы покажем, каким образом менеджер может создать леверидж с помощью сделок репо.

Мотивация использования кредитного плеча

Основная побудительная причина использования кредитного плеча — желание получить прибыль на заимствованные средства, превышающую стоимость заимствования. Прибыль от заимствования средств может быть

[1] “Beyond Active and Passive: Advanced Beta Comes of Age,” State Street Global Investors, 2004, p. 11.

получена через более высокий доход и/или больший прирост цены по сравнению со сценарием без заимствований.

Попробуем понять, каким образом портфель с кредитным плечом может принести доход больший, чем доход портфеля, не имеющего левериджа. Если менеджер в состоянии инвестировать $50 млн и получить 5% в год, причем стоимость заимствования равна 4,5% в год, то он генерирует за год доход, на 50 базисных пунктов превышающий стоимость финансирования. Увеличивая размер заимствований, менеджер увеличивает свой доход. В этом преимущество левериджа. Недостаток левериджа состоит в увеличении риска: прибыль, генерируемая заимствованными средствами, может оказаться меньше стоимости финансирования. В нашем примере существует риск того, что прибыль от инвестирования заимствованной суммы окажется меньше 4,5% — в этом случае заимствованные средства дадут отрицательную прибыль.

Прибыль, поступающая от инвестирования заимствованных средств, имеет два источника. Первый — процентный доход, второй — изменение стоимости ценной бумаги (или нескольких ценных бумаг) к концу периода заимствования. Предположим, например, что наш менеджер инвестирует все заимствованные средства в ценную бумагу, имеющую срок до погашения один год, купонную ставку 5% и торгующуюся по номиналу. К концу года (период, на который в нашем примере менеджер занял деньги) при условии, что эмитент возвращает номинал облигации, прибыль менеджера составит 5%. Предположим теперь, что менеджер покупает 10-летнюю облигацию, также торгующуюся по номиналу и имеющую купонную ставку 5%. Прибыль по окончании годового периода будет равна процентному доходу в размере 5% плюс прирост рыночной стоимости облигации за этот период. К концу года 10-летняя облигация становится 9-летней и ее цена в зависимости от рыночных ставок на момент окончания года окажется выше или ниже номинальной стоимости. Риск в этом случае связан с возможностью падения стоимости ценной бумаги.

Часть менеджеров используют леверидж в надежде получить прибыль в первую очередь от изменений цены. Прибыль от небольших изменений цены за счет применения кредитного плеча может быть увеличена. Так, если менеджер полагает, что процентные ставки упадут, он может заимствовать средства, чтобы получить более существенную прибыль от благоприятных изменений цены. Фактически менеджер увеличивает дюрацию своего портфеля — цель заимствования, о которой речь пойдет ниже.

Итак, риск, связанный с заимствованием средств, — это возникновение ситуации, когда в связи с неспособностью генерировать процентный доход и прирост капитала в размерах, ожидаемых на момент заимствования, ценная бумага (или несколько ценных бумаг), в которую были инвестированы фонды, дает прибыль меньшую, чем стоимость заимствования.

Создание кредитного плеча широко используется депозитными организациями (банки, ссудо-сберегательные ассоциации), поскольку спред относительно заимствованных средств для них, как правило, невелик. Увеличение заимствования (увеличение кредитного плеча) позволяет таким организациям получать приемлемую прибыль. Трейдерам проводимые ими отдельные сделки также обычно приносят небольшой спред относительно расходов на заимствование средств. Привлекательную, с точки зрения трейдера, прибыль можно получить за счет использования кредитного плеча.

Дюрация портфеля с кредитным плечом

Рассмотрим теперь метод вычисления дюрации портфеля, в котором имеются заимствованные средства. Для того чтобы общие принципы стали яснее, мы предлагаем вниманию читателя конкретный пример.

Предположим, что портфель имеет рыночную стоимость $100 млн и что менеджер инвестирует свой капитал в облигацию с дюрацией 3. Это значит, что при изменении процентных ставок на 100 базисных пунктов менеджер может ожидать изменения стоимости портфеля примерно на $3 млн. Дюрация такого портфеля, не имеющего кредитного плеча, равна 3.

Допустим теперь, что менеджер такого портфеля имеет возможность занять еще $300 млн. Новый портфель равен $400 млн — менеджер может инвестировать как $100 млн, которые он имел до привлечения заемных средств (собственный капитал), так и полученные $300 млн. Все деньги инвестируются в ценную бумагу с дюрацией 3. Попробуем предположить, что произойдет, когда процентные ставки изменятся на 100 базисных пунктов. Стоимость портфеля с кредитным плечом изменится на $12 млн (3% от $400 млн). Это значит, что прибыль на инвестированные собственные $100 млн может составить $12 млн. Правильный подход к измерению дюрации портфеля — это вычисление дюрации для собственного капитала, поскольку менеджеру важно оценить риск именно для этой части своих инвестиций. Дюрация нашего портфеля, очевидно, равна 12 — это та самая дюрация, при которой изменение ставок на 100 базисных пунктов приведет к изменению стоимости собственного капитала ($100 млн) на 12%, или $12 млн.

В общих чертах процедуру вычисления дюрации портфеля, имеющего кредитное плечо, можно описать следующим образом.

Этап 1. Вычислите дюрацию портфеля с кредитным плечом.

Этап 2. Найдите значение долларовой дюрации портфеля с кредитным плечом при данном изменении процентных ставок.

Этап 3. Вычислите отношение долларовой дюрации портфеля с кредитным плечом к стоимости начального портфеля без кредитного плеча (т. е. к начальному собственному капиталу).

Этап 4. Дюрация портфеля без кредитного плеча находится затем согласно следующей формуле:

$$\begin{matrix}\text{отношение, вычисленное} \\ \text{на этапе 3}\end{matrix} \times \frac{100}{\begin{matrix}\text{изменение ставки (в б. п.),} \\ \text{использованное на этапе 2}\end{matrix}} \times 100.$$

Проиллюстрируем наши выводы. Допустим, что начальная стоимость портфеля без левериджа равна \$100 млн, а портфеля с левериджем — \$400 млн (\$100 млн капитала плюс \$300 млн заимствованных средств).

Этап 1. Предположим, что вычисление дюрации портфеля с кредитным плечом дает результат 3.

Этап 2. Вычислим долларовую дюрацию при изменении ставок на 50 б. п. Если дюрация портфеля с кредитным плечом равна 3, то долларовая дюрация при изменении процентных ставок на 50 б. п. составит \$6 млн (1,5% умножить на \$400 млн).

Этап 3. Отношение долларовой дюрации при изменении процентных ставок на 50 б. п. к \$100 млн начальной стоимости портфеля без кредитного плеча равно 0,06 (\$6 млн поделить на \$100 млн).

Этап 4. Дюрация портфеля без кредитного плеча равна:

$$0{,}06 \times \frac{100}{50} \times 100 = 12.$$

Создание кредитного плеча через рынок репо

Создать кредитное плечо менеджер может двумя способами. Первый метод связан с использованием производных инструментов. Как будет показано в главах 29–31, процентные деривативы оказывают на портфель воздействие, аналогичное воздействию кредитного плеча. Второй метод — заимствование средств с предоставлением обеспечения, которое осуществляется либо на рынке сделок купли/продажи с обязательством обратного выкупа, либо с помощью использования маржинального счета у брокера. Рынок первого типа используется институциональными инвесторами особенно охотно (его описание приведено в следующих разделах).

Соглашение об обратном выкупе

Соглашение об обратном выкупе — это обязательство продавца приобрести у покупателя проданную ценную бумагу по установленной цене в установленную дату. Цена, по которой продавец обязуется в будущем выкупить облигацию, называется **ценой выкупа,** а дата, в которую бумага по этой цене будет возвращена продавцу, — **датой выкупа.** Соглашение о продаже с обязательством выкупа — это обеспеченный кредит, где в качестве обеспечения выступает продаваемая и затем получаемая обратно ценная бумага.

Допустим, дилер, работающий с правительственными ценными бумагами, приобрел одну из казначейских ценных бумаг на $10 млн. Для привлечения финансирования дилер хочет заключить соглашение об обратном выкупе или сделку репо. На рынке репо дилер может получить кредит под залог имеющихся у него $10 млн казначейских долговых обязательств. В соглашении указывается срок кредита и процентная ставка, которую дилер обязуется платить. Такая процентная ставка носит название **ставки репо.** Если срок кредита — один день, то соглашение называют **однодневным репо;** соглашение, имеющее срок, превышающую одни сутки, принято именовать **срочным репо.** Сделка называется соглашением об обратном выкупе, поскольку она предполагает продажу ценной бумаги и ее выкуп в будущем. В соглашении указываются как цена продажи облигации, так и цена ее последующей покупки. Разница между ценой покупки (выкупа) и ценой продажи — это процентная стоимость кредита в долларах.

Вернемся к нашему дилеру: он хочет на один день получить средства под залог имеющихся у него $10 млн казначейских ценных бумаг. Предположим, что у клиента дилера есть свободные средства в размере $10 млн (в качестве клиента может выступать, в частности, муниципалитет, только что собравший налоги и не обязанный их немедленно распределять). Дилер соглашается продать $10 млн казначейских ценных бумаг клиенту за оговоренную сумму (под установленную ставку репо) и приобрести (выкупить) те же казначейские бумаги у клиента за $10 млн на следующий день. Пусть ставка однодневного репо составляет 6,5% годовых. В этом случае дилер продает казначейские облигации за $9 998 195 и на следующий день выкупает их за $10 млн. Разница между ценой продажи ($9 998 195) и ценой выкупа ($10 млн) составит $1805 — долларовую стоимость финансирования.

Для вычисления долларовой стоимости финансирования используется следующая формула:

$$\text{процент в долларах} = $$
$$= \text{размер кредита в долларах} \times \text{ставка репо} \times \text{срок репо}/360.$$

Обратите внимание на то, что процент вычисляется в этом случае исходя из 360-дневного года.

В нашем примере ставка репо составляет 6,5%, а срок репо — 1 день (однодневное репо). Применив формулу, получаем значение $1805:

$$\$9\,998\,195 \times 0{,}065 \times 1/360 = \$1805.$$

Дилеру выгодно использовать рынок репо для получения кредитования на небольшой срок, поскольку ставки на этом рынке ниже обычной стоимости банковского финансирования. (Объяснение этому феномену мы представим читателю ниже.) С точки зрения клиента, рынок репо также выгоден: он позволяет получить неплохую доходность на краткосрочную сделку, обеспеченную высоколиквидными бумагами.

В нашем примере дилер финансировал на рынке репо длинную позицию, однако тот же метод он мог бы использовать и для покрытия своей короткой позиции. Предположим, например, что дилер две недели назад продал $10 млн казначейских ценных бумаг и должен сегодня покрыть позицию — иными словами, поставить бумаги. Дилер в этом случае может использовать **обратное репо** (соглашение о покупке бумаг с последующей их продажей). Очевидно, что для покрытия короткой позиции дилеру придется приобрести на рынке казначейские бумаги. В этой ситуации дилер будет выступать в роли стороны, выдающей обеспеченный кредит: в обратном репо дилер предоставляет финансирование клиенту. Полученные в результате средства клиент может использовать для создания кредитного плеча.

На Уолл-стрит вы услышите немало жаргонных словечек, принятых для обсуждения сделок репо. Если вы хотите понять язык профессионалов, запомните: на рынке репо одна сторона дает взаймы деньги, принимая в качестве обеспечения ценные бумаги; другая сторона занимает деньги и для получения кредита предоставляет обеспечение. Сторона, дающая взаймы ценные бумаги и получающая за них деньги (т. е. сторона, берущая денежный кредит), называется первоначальным продавцом, эта сторона «выходит из бумаг» *(reversing out)*. Сторона, дающая кредит под залог ценных бумаг, называется первоначальным покупателем, эта сторона «входит в бумаги» *(reversing in)*. Специалисты используют и такие выражения, как «отдать бумаги в репо» *(to repo securities)* и «сделать репо» *(to do repo)*. Первое обозначает сделку, цель которой — финансирование под залог ценных бумаг.

Второе принято для описания инвестирования в рынок репо. И наконец, выражения «продажа обеспечения» и «покупка обеспечения» применяются для обозначения, с одной стороны, участника рынка, который получает денежное финансирование через сделку репо, с другой — участника рынка, предоставляющего кредит под залог обеспечения.

Для работы на рынке репо инвестору, однако, не столь важно понимать профессиональный жаргон. Главное — уяснить, какими рамками должна быть ограничена деятельность портфельного менеджера. Так, инвестор может позволить своему менеджеру использовать рынок репо для краткосрочных вложений. Иными словами, менеджер получает возможность давать деньги в кредит на короткие сроки. Инвестор должен указать, каким образом менеджер может структурировать соглашение об обратном выкупе для того, чтобы уменьшить кредитный риск (речь о нем пойдет ниже). Если клиент не хочет, чтобы менеджер использовал рынок репо для получения кредитного плеча, он также должен сообщить об этом.

В нашей иллюстрации в качестве обеспечения фигурировали казначейские ценные бумаги. Между тем обеспечением в сделках репо служат не только правительственные долговые обязательства. В сделках этого типа используются как инструменты денежного рынка, так и агентские ценные бумаги и ипотечные ценные бумаги[1]. На некоторых специализированных рынках в роли обеспечения выступают также исходные ипотечные кредиты.

Кредитный риск

Несмотря на то что в основе транзакции репо может лежать высококачественное обеспечение, обе стороны сделки несут кредитный риск. Почему сделки репо также подвержены этому виду риска? Для ответа на этот вопрос обратимся еще раз к нашей первоначальной иллюстрации, в которой дилер использует $10 млн правительственных ценных бумаг в качестве обеспечения полученного кредита. Если дилер оказывается не в состоянии выкупить обратно бумаги, владельцем обеспечения становится клиент. Между тем в ситуации, когда процентные ставки на государственные долговые обязательства вырастают, рыночная стоимость казначейских бумаг падает. Следовательно, в собственности клиента окажутся ценные бумаги, рыночная стоимость которых будет меньше суммы, одолженной в свое время дилеру. И наоборот, если рыночная стоимость ценных бумаг возрастет, в невыгодной

[1] Если в качестве обеспечения выступает сквозная ипотечная ценная бумага, транзакция, совершаемая на рынке репо, носит название долларового ролла *(dollar roll)*.

ситуации окажется дилер. Он будет обеспокоен тем, что клиент может нарушить условия соглашения и не продать дилеру бумаги, имеющие рыночную стоимость, превышающую размер кредита.

Для уменьшения кредитного риска сделки репо следует структурировать с особой тщательностью. Сумма, предоставляемая в кредит, должна быть меньше рыночной стоимости выступающей в качестве обеспечения ценной бумаги: заключая сделку таким образом, кредитор обеспечивает себе «подушку» на случай падения рыночной стоимости бумаг. Величина, на которую рыночная стоимость ценной бумаги, используемой для обеспечения кредита, превышает размер кредита, носит название **маржи репо** *(repo margin)* или просто **маржи**. Маржа составляет обычно от 1 до 3%. Если заемщик имеет низкое кредитное качество и/или в качестве обеспечения принимаются ценные бумаги с низкой ликвидностью, маржа может составлять 10% и более.

Другой способ ограничить кредитный риск — регулярно переоценивать обеспечение по рынку, иными словами, постоянно переоценивать стоимость позиции по рыночным ценам. При изменении рыночной стоимости на определенный процент позиция репо изменяется так, чтобы уменьшить риск той стороны, для которой данное движение рыночных цен невыгодно.

Одна из сложностей структурирования сделки репо обусловлена необходимостью поставки обеспечения кредитору. В самых простых сделках заемщик «поставляет» *(deliver out)* обеспечение либо самому кредитору, либо его клиринговому агенту. По окончании срока кредита кредитор возвращает обеспечение заемщику в обмен на выплату номинала и процента. Между тем подобная процедура может оказаться достаточно дорогой, в особенности если репо является краткосрочным: поставка обеспечения требует немалых затрат. Стоимость поставки обеспечения будет учтена в транзакции через снижение ставки репо, которую заемщик соглашается заплатить. Риск кредитора состоит в том, что он может не получить назад обеспечение, если заемщик продаст ценную бумагу или использует ту же бумагу для обеспечения сделки репо с третьей стороной.

В качестве альтернативы поставки обеспечения выступает метод, при котором кредитор позволяет заемщику держать ценную бумагу на особом клиентском счете. Разумеется, и в этом случае существует риск мошенничества со стороны заемщика, который может использовать бумагу в качестве обеспечения еще одной сделки репо. Если заемщик не поставляет кредитору обеспечение, а держит его на особом счете, принято говорить о **репо с блокировкой обеспечения** *(hold-in-custody repo — HIC)*. Несмотря на кредитный риск, связанный с HIC-сделками, они используются в транзакциях, когда обеспечение трудно бывает поставить (таких, как сделки с исходными ипотечными кредитами), или в сделках небольшого объема, если кредитор удовлетворен репутацией заемщика.

Еще один способ — поставка обеспечения на депозитный счет кредитора в клиринговом банке заемщика. В этом случае обеспечение находится в распоряжении депозитария, который держит его от лица кредитора. Подобная практика позволяет сократить расходы на поставку, поскольку передача происходит внутри самого клирингового банка заемщика. Если дилер заключает однодневную сделку репо с клиентом А, на следующий же день обеспечение возвращается обратно к дилеру. Затем дилер может заключить пятидневную сделку репо с клиентом В, при этом поставлять заново обеспечение ему не приходится. Клиринговый банк открывает на имя клиента В депозитный счет и держит на нем обеспечение. Этот тип соглашений репо носит название **трехстороннего репо.**

Размер ставки репо

На рынке не существует единой ставки репо. Конкретная ставка зависит от особенностей транзакции: качества обеспечения, срока кредитования, условий поставки, доступности обеспечения, а также от действующей ставки федеральных фондов *(fedfunds rate)*.

Чем выше кредитное качество и ликвидность обеспечения, тем ниже ставка репо. Влияние срока репо на ставку зависит от формы кривой доходности. Как было указано выше, в случае необходимости поставки обеспечения кредитору ставка репо может быть снижена. Если обеспечение может остаться на счете в клиринговом банке заемщика, то выплачивается более высокая ставка репо.

Ставка репо тем ниже, чем сложнее получить на рынке являющиеся обеспечением ценные бумаги. Для того чтобы понять, почему складывается подобная ситуация, вспомним: заемщик (т. е. продавец обеспечения) владеет ценными бумагами, которые кредитор хочет по каким-либо причинам получить. Обеспечение этого рода принято называть **«горящим»**, или **особым, обеспечением.** (Обеспечение, не обладающее указанным свойством, именуют **общим обеспечением**.) Сторона, которой необходимо получить в свое распоряжение особое обеспечение, соглашается предоставить деньги под более низкую ставку репо.

Указанные факторы определяют величину ставки репо конкретной сделки; между тем общий уровень ставок репо обусловливается размером ставки федеральных фондов. Ставка репо конкретной сделки, как правило, ниже ставки федеральных фондов: напомним, что транзакция репо предусматривает выдачу кредитов под обеспечение, в то время как привлечение федеральных фондов не требует обеспечения.

Резюме

- Решение о распределении активов — это решение о том, сколько средств нужно вложить в основные классы активов с учетом инвестиционной цели.
- После принятия решения о распределении активов клиент должен определиться, использовать ли ему только внутренних менеджеров, только внешних менеджеров или комбинацию внутренних и внешних менеджеров.
- Термин «распределение активов» используется также в отношении распределения средств между различными секторами класса активов, после того как было принято решение об инвестировании в этот класс.
- В целом портфельные стратегии делятся на три группы: стратегии на основе ориентира, стратегии на основе абсолютной доходности и стратегии на основе обязательств.
- Стратегии на основе ориентира включают в себя стратегии индексирования (простое соответствие облигационному индексу, улучшенное индексирование с соответствием основным факторам риска, улучшенное индексирование с незначительным отклонением по факторам риска) и активные стратегии (со значительным отклонением по факторам риска и с полномасштабной активностью).
- Основная/вспомогательная стратегия предполагает сочетание индексной стратегии (создание ключевого низкорискованного портфеля) и активной стратегии (создание вспомогательного специализированного рискованного портфеля).
- Стратегия на основе абсолютной доходности нацелена на получение положительной доходности в определенном промежутке времени независимо от рыночных условий.
- Ориентир используется для оценки результативности облигаций.
- Исторически наиболее распространенными ориентирами являются взвешенные по рыночной капитализации индексы облигаций.
- С точки зрения инвестора, взвешенный по рыночной капитализации индекс рынка облигаций имеет ряд недостатков при использовании в качестве ориентира.
- Индивидуализированные индексы облигаций включают в себя индексы с кэпом для эмитентов и индексы обязательств.

- Альтернативные облигационные индексы для корпоративных и суверенных облигаций взвешиваются по произвольным параметрам.
- Основные факторы риска, влияющие на портфель, делятся на системные и несистемные. В свою очередь, каждый из этих типов риска имеет более мелкое деление. Так, системные факторы риска разбиваются на факторы риска временной структуры процентных ставок и факторы риска, не обусловленные временной структурой. Примерами факторов риска, не имеющих отношения к временной структуре, является риск сектора, кредитный риск и риск опционов. Несистемные факторы риска делятся на факторы риска, присущие эмитенту, и факторы риска, присущие выпуску.
- Цель активных портфельных стратегий — получение прибыли за счет ожидаемых изменений факторов, влияющих на цену и через нее — на доходность выпуска на определенном временном горизонте.
- Для оценки влияния изменений факторов риска на результативность стратегии на определенном инвестиционном горизонте следует использовать совокупную доходность.
- Альтернативой традиционным пассивным и активным стратегиям с использованием взвешенных по рыночной капитализации индексов облигаций является смарт-бета стратегия, которая нацелена на получение более значительной части премии за риск за счет низкозатратного инвестиционного процесса.
- Смарт-бета стратегии нацелены на получение премии за риск за счет улучшенной диверсификации по сравнению с традиционными портфельными стратегиями с использованием взвешенных по рыночной капитализации индексов облигаций в качестве ориентира.
- Фундаментом смарт-бета стратегий является идентификация системных факторов риска доходности облигаций.
- Прежде чем принять смарт-бета стратегию, разработанную сторонним поставщиком, ее необходимо тщательно протестировать на исторических данных и убедиться в том, что она превосходит взвешенный по рыночной капитализации индекс облигаций.
- Использование левериджа — это открытие рыночной позиции, большей, чем позиция, которая могла бы быть открыта без привлечения заимствованных средств. Цель кредитного плеча — получение прибыли, превышающей затраты на заимствование средств. Риск в этом случае связан с вероятностью получения прибыли меньшей, чем затраты на финансирование. Прибыль на заимствованные средства может быть представлена как процентный доход плюс изменение стоимости приобретенных бумаг. Кредитное плечо увеличивает дюрацию портфеля.

- Наиболее распространенный способ привлечения заемных средств — заключение сделок на рынке репо. Такие сделки являются кредитными соглашениями с предоставлением обеспечения, в которых одна из сторон привлекает в долг денежные средства. Если целью соглашения репо является размещение денежных средств, то транзакция носит название обратного репо. Транзакции на рынке репо связаны с кредитным риском, который может быть уменьшен с помощью специальных механизмов.

Вопросы

1. В чем разница между инвестиционными целями, которые ставят перед собой управляющий активами компании страхования жизни и менеджер взаимного фонда?
2. Результаты менеджера лучше результатов индекса, между тем инвестиционные цели клиента оказываются невыполненными — возможна ли подобная ситуация и почему?
3. a. Что имеется в виду, когда говорят о проблеме дюрации, связанной с взвешенным по рыночной капитализации индексом облигаций?
   b. Почему дюрация индекса облигаций «исторически случайна»?
   c. Что имеется в виду, когда говорят о проблеме крупного долга в связи с взвешенным по рыночной капитализации индексом облигаций?
4. Почему инвестора интересует, как инвестиционные характеристики взвешенного по рыночной капитализации индекса облигаций могут изменяться со временем?
5. a. Почему индекс облигаций с кэпом для эмитентов позволяет устранить проблему крупного долга?
   b. Позволяет ли индекс облигаций с кэпом для эмитентов устранить проблему дюрации, связанную с взвешенным по рыночной капитализации индексом облигаций?
   c. Что понимается под фундаментальным индексом облигаций?
6. В главе «Портфельные стратегии, превосходящие ориентир» (см. книгу «Справочник по европейским ценным бумагам с фиксированным доходом», опубликованную издательством John Wiley & Sons в 2003 г.) авторы, Уильям Ллойд и Бхарат Маниумм, излагают следующие шесть основных принципов создания хорошего индекса рынка облигаций:
   1. Соответствие интересам инвестора.
   2. Представление рынка.

3. Прозрачность правил.
4. Пригодность для инвестирования и воспроизводимость.
5. Создание на основе высококачественных данных.
6. Независимость.

Объясните, почему каждый из этих принципов важен при создании индекса рынка облигаций.

7. Следующие две выдержки взяты с веб-сайта фонда FTIF Franklin High Yield Fund (от 31 декабря 2009 г., http://www.franklintempleton.com.es/pdf/funds/fdata/0825_ksp_es.pdf):
   a. «Портфельный риск контролируется главным образом с помощью подхода “снизу вверх” при фундаментальном анализе, а также диверсификацией по ценным бумагам и отраслям». Что это означает?
   b. «Общая волатильность продукта (т. е. стандартное отклонение) и ошибка следования относительно ориентира и сопоставимой группы отслеживается и прогнозируется с помощью количественного подхода “сверху вниз”». Что такое подход «сверху вниз»? (Количественный подход и ошибка следования рассматриваются в следующей главе.)
8. a. В чем состоит основной компонент всех активных портфельных стратегий?
   b. Портфельных менеджеров, следующих стратегии индексирования, называют «идущими в обнимку с индексом». Почему?
9. Объясните, согласны вы или не согласны со следующим утверждением: «Все стратегии выравнивания дюрации являются индексными».
10. Инвестиционная цель облигационного фонда Threadneedle Bond Fund — «Превосходить ориентир на 3% годовых (включая вознаграждение) в течение 18–24-месячного периода». К какому типу относится этот фонд?
11. a. Что такое системные факторы риска?
    b. В чем разница между факторами риска, обусловленными и не обусловленными временной структурой?
12. Следующая информация взята из проспекта фонда T. Rowe Price Institutional Core Plus Fund от 1 октября 2010 г.:

«Основные инвестиционные стратегии

Фонд предполагает держать не менее 65% своих чистых активов в “основном” портфеле деноминированных в долларах США ценных бумаг с фиксированным доходом инвестиционного уровня, в число которых могут входить без ограничения долговые ценные бумаги правительства США и его агентств, корпоративные облигации, ипотечные ценные бумаги и ценные бумаги, обеспеченные активами. В целях получения дополнительной выгоды фонд формирует также "вспомогательный" портфель в других секторах рынка облигаций, включающий в себя высокодоходные ценные бумаги, ценные бумаги, деноминированные не в долларах США, и ценные бумаги развивающихся стран.

В нормальных условиях фонд ожидает получение эффективной дюрации в пределах ±20% от дюрации индекса Barclays Capital U.S. Aggregate Bond Index. По состоянию на 31 июля 2010 г. эффективная дюрация этого индекса составляла 4,05; вместе с тем она изменяется со временем. Фонд в целом стремится к поддержанию средневзвешенного кредитного рейтинга на уровне А– или выше, который определяется на основе средневзвешенного кредитного качества ценных бумаг, входящих в портфель фонда.

Индивидуальные облигации в основном портфеле имеют инвестиционное качество с минимальным кредитным рейтингом BBB–. Рейтинги устанавливаются на момент приобретения не менее чем одной признанной на национальном уровне рейтинговой организацией или, в случае их отсутствия, — T. Rowe Price. Если ценная бумага имеет неоднозначную оценку (т. е. один рейтинг ниже инвестиционного уровня, а другой на инвестиционном уровне или выше), то используется более высокий рейтинг.

Вспомогательный портфель фонда может включать в себя облигации неинвестиционного уровня (бросовые облигации), выпущенные компаниями США и других развитых стран (не более 20% от чистых активов), ценные бумаги с фиксированным доходом неинвестиционного уровня развивающихся стран (не более 10% от чистых активов), ценные бумаги, деноминированные не в долларах США (не более 20% от чистых активов), конвертируемые и привилегированные ценные бумаги (не более 10% от чистых активов), а также другие инструменты.

Фонд может держать иностранные валюты без облигаций или других ценных бумаг, деноминированных в этих валютах.

Фонд может сохранять в своем основном портфеле инвестиции, рейтинг которых был понижен после их приобретения. Если такое понижение рейтинга приводит к повышению доли высокодоходных ценных бумаг сверх 20% от чистых активов или доли ценных бумаг развивающихся стран неинвестиционного уровня сверх 10%, то фонд сокращает эту долю в течение разумно необходимого времени.

Для достижения своих целей фонд также может использовать фьючерсы, опционы и свопы. Фонд может продавать свои вложения по разным причинам, таким как корректировка среднего срока портфеля, дюрации, кредитного качества или с целью изменения баланса активов, вложенных в высокодоходные или низкодоходные ценные бумаги или в разные сектора».

Обсудите детали стратегии этого фонда.

13. Каковы недостатки дюрации и выпуклости при использовании их в активных портфельных стратегиях?
14. Ниже приведено описание двух портфелей с рыночной стоимостью $500 млн. Облигации в обоих портфелях торгуются по номиналу. Долларовые дюрации обоих портфелей равны.

Выпуск	*Срок до погашения (годы)*	*Номинальная стоимость ($ млн)*
	Облигации, включенные в портфель I	
A	2,0	120
B	2,5	130
C	20,0	150
D	20,5	100
	Облигации, включенные в портфель II	
E	9,7	200
F	10,0	230
G	10,2	70

  a. Какой из портфелей является «пулевым»?
  b. Какой из портфелей является «гантельным»?
  c. Оба портфеля имеют одинаковые долларовые дюрации; объясните, одинаковыми ли будут их результаты при изменении процентных ставок.
  d. Если их результаты будут разными, как обнаружить портфель, который принесет наибольшую доходность на инвестиционном горизонте в шесть месяцев?
15. Вы согласны со следующими высказываниями? Почему?
  a. «Портфель с большей выпуклостью всегда лучше портфеля с меньшей выпуклостью».
  b. «В ситуации увеличения крутизны наклона кривой доходности «пулевой» портфель всегда выгоднее «гантельного» портфеля с той же долларовой дюрацией».
16. Что такое портфель-«лесенка»?
17. Портфельный менеджер держит $5 млн номинальной стоимости облигации ABC. Облигация торгуется по 70 и имеет модифицированную дюрацию 6. Менеджер собирается войти в своп и обменять облигацию

ABC на облигацию XYZ. Цена этой облигации 85, ее модифицированная дюрация — 3,5.

a. Какова долларовая дюрация облигации ABC при изменении доходности на 100 б. п.?

b. Какова долларовая дюрация позиции в облигации ABC, составляющей $5 млн?

c. Сколько рыночной стоимости облигации XYZ должно быть приобретено, чтобы долларовая дюрация XYZ оказалась примерно равна долларовой дюрации ABC?

d. Сколько номинальной стоимости облигации XYZ должно быть приобретено, чтобы долларовая дюрация XYZ оказалась примерно равна долларовой дюрации ABC?

18. Объясните, почему при использовании стратегии спреда доходностей необходимо поддерживать постоянную долларовую дюрацию.

19. Приведенный ниже отрывок взят из статьи «Smith планирует уменьшить срок портфеля» (*BondWeek* от 27 января 1992 г., с. 6):

«Если экономика начнет восстанавливаться и процентные ставки вырастут, Smith Affiliated Capital проведет своп своих 30-летних казначейских бумаг на 10-летние казначейские облигации, а также на казначейские облигации, средний срок до погашения которых составит девять лет, — заявил Боб Смит, вице-президент компании. Располагающаяся в Нью-Йорке фирма предполагает, что это может произойти в конце текущего года или в самом начале следующего. По мнению Боба Смита, доходности казначейских бумаг перед этим должны упасть ниже 7%. Все поступающие в компанию денежные средства в настоящее время размещаются в 30-летние казначейские долговые обязательства».

Какой тип стратегии принят в Smith Affiliated Capital?

20. Следующий отрывок взят из статьи «MERUS повышает долю корпоративных бумаг» (*BondWeek* от 27 января 1992 г., с. 6):

«MERUS Capital Management увеличит на $39,5 млн длинную позицию в корпоративных облигациях инвестиционного класса, составляющую сейчас $790 млн, — заявил управляющий директор фирмы Джордж Вуд. MERUS включит в портфель корпоративные бумаги с рейтингом A и выше в ожидании сужения спреда, укрепления экономики и повышения рейтинга части бумаг».

Какой тип активной портфельной стратегии принят в MERUS Capital Management?

21. Приведенный ниже отрывок взят из статьи «Eagle покупает отзывные корпоративные бумаги с высоким купоном» (*BondWeek* от 20 января 1992 г., с. 7):

«Если рынок облигаций продолжит расти, Eagle Asset Management получит прибыль, обменяв $8 млн казначейских бумаг со сроками семь–десять лет на корпоративные бумаги с высоким купоном и рейтингом А, которые станут отзывными через два-четыре года, — заявил Джозеф Блантон, старший вице-президент компании. Впрочем, по его мнению, дальнейший рост цен маловероятен.

Eagle уже продала часть казначейских облигаций со сроками до погашения семь–десять лет и на вырученные средства приобрела $25 млн облигаций небанковских финансовых компаний с высоким купоном и рейтингом А. Сделка была совершена с целью сокращения дюрации портфеля облигаций в $160 млн с 3,7 до 2,5 лет…

Блантон говорит, что ему нравятся облигации промышленных и финансовых компаний с рейтингом А и купоном 9,5–10%, поскольку они продаются с заметным — 100–150 базисных пунктов — спредом относительно казначейских бумаг».

Какой тип активной портфельной стратегии принят в Eagle Asset Management?

22. Приведенный ниже отрывок взят из статьи «Securities Counselors сокращает дюрацию» *(BondWeek,* 17 февраля 1992 г., с. 5):

«Securities Counselors из Айовы сократит равную 5,3 года дюрацию своего $250-миллионного портфеля облигаций, как только придет к выводу, что ставки движутся вверх и экономику ожидает рост… Дюрация будет сокращена за счет перевода в инструменты денежного рынка средств от продажи не уточненного пока количества 10-летних казначейских бумаг, а также за счет приобретения небольшого числа облигаций электроэнергетических компаний, имеющих малые сроки до погашения и высокие рейтинги. Сделка будет совершена, если спреды доходностей этих бумаг увеличатся как минимум на 100 базисных пунктов.

В настоящее время портфель на 85% состоит из казначейских облигаций и на 15% — из агентских ценных бумаг. Корпоративные облигации не включались в него с 1985 г., когда они стали рассматриваться компанией как рискованные в связи с многочисленными случаями враждебных поглощений».

a. Почему, полагая, что процентные ставки возрастут, Securities Counselors собирается сократить дюрацию?

b. Как покупка инструментов денежного рынка и краткосрочных облигаций коммунальных компаний с высоким рейтингом позволит сократить дюрацию портфеля?

c. О каком риске идет речь в последнем предложении, объясняющем, почему компания старалась не покупать корпоративные облигации?

23. В статье «Между активность и пассивностью: усовершенствованная бета-стратегия достигла зрелости», опубликованной компанией State Street Global Investor в 2014 г., следующие слова были выделены жирным шрифтом:
«Однако в последние годы появился “третий подход”, который размывает границу между альфой и бетой».
Объясните, что означает эта утверждение.
24. Объясните принципы, лежащие в основе смарт-бета стратегии.
25. Какие виды риска связаны с использованием левериджа?
26. Предположим, что начальная стоимость состоящего из казначейских бумаг портфеля без кредитного плеча равна $200 млн, а дюрация — 7. Допустим также, что менеджер может заимствовать $800 млн и инвестировать их в такие же казначейские бумаги — стоимость портфеля с кредитным плечом в этом случае будет равна $1 млрд. Какова дюрация такого портфеля с кредитным плечом?
27. Предположим, что менеджер хотел бы занять $50 млн на 20 дней под казначейские ценные бумаги. Он может заключить сделку репо с дилерской фирмой, обеспечивающей финансирование под ставку репо 4,4% с маржей 2%. Какова в этом случае стоимость заимствования средств (в долларах)?
28. Два доверительных управляющих пенсионного фонда обсуждают возможные сделки репо. Управляющий A говорит управляющему B, что, по его мнению, такие сделки являются для фонда безопасными краткосрочными инвестициями. Управляющий B уверяет, что сделки репо — высокоспекулятивные инструменты, поскольку они предполагают использование кредитного плеча. Управляющие пригласили вас, чтобы рассудить их спор. Чью сторону вы примете?
29. Предположим, что менеджер покупает сквозные ценные бумаги с изменяемой ставкой, гарантированных Freddie Mac или Fannie Mae, двумя спонсируемыми государством организациями. Допустим, что купонная ставка сквозной ценной бумаги пересчитывается ежемесячно на основе следующей формулы:

месячная LIBOR + 80 базисных пунктов

с кэпом 9% (т. е. максимальной купонной ставкой 9%).
Допустим, что менеджер может использовать эти ценные бумаги на рынке репо, причем: 1) маржа репо составляет 5%; 2) срок сделки

репо — один месяц и 3) ставка репо — месячная LIBOR плюс 10 базисных пунктов. Допустим также, что менеджер собирается инвестировать в эти ценные бумаги $1 млн своего клиента. Менеджер может приобрести $20 млн номинальной стоимости этих облигаций, поскольку для этого требуется всего $1 млн (маржа равна 5%). Таким образом, размер заимствованных средств окажется равным $19 млн. На $19 млн, взятых взаймы, менеджер реализует спред 70 базисных пунктов: он будет получать ежемесячный процент (купонную ставку), равную LIBOR плюс 80 базисных пунктов, и выплачивать ежемесячно LIBOR плюс 10 базисных пунктов (ставку репо). Опишите риск, связанный с этой стратегией.

30. Почему в транзакциях на рынке репо присутствует кредитный риск?

ГЛАВА 25

Формирование облигационного портфеля

В этой главе читателю будут представлены сведения:

- о подходе Марковица на основе анализа среднего и дисперсии к формированию портфелей и о границах его применения к портфелю облигаций;
- о различии между систематическим и специфическим риском;
- об ошибке следования и методах ее вычисления;
- о различии между ожидаемой и фактической ошибкой следования;
- о применении метода ячеек к формированию портфеля облигаций и об ограничениях этого метода;
- о сложностях, связанных с формированием портфеля облигаций, при использовании стратегии индексации;
- о назначении многофакторных моделей;
- о том, как использовать многофакторную модель для идентификации источников риска для портфеля;
- о формировании и перебалансировке портфеля с использованием многофакторной модели.

В предыдущей главе мы представили обзор подходов к управлению портфелями и стратегий управления портфелями облигаций. Эта глава посвящена формированию (конструированию) портфелей. Мы начнем с краткого обзора основных принципов теории выбора портфеля активов и портфельного риска. Затем мы расскажем о ключевых показателях, используемых при формировании портфеля, мониторинге его состояния и контроле портфельного риска: об ошибке следования. В последних двух разделах рассматриваются два подхода к формированию портфеля: метод ячеек и подход на основе многофакторной модели.

КРАТКИЙ ОБЗОР ПОРТФЕЛЬНОЙ ТЕОРИИ И МЕТОДОВ ДЕКОМПОЗИЦИИ РИСКА

В начале 1950-х гг. Гарри Марковиц сформулировал портфельную теорию, которая до сих пор служит основой для формирования портфелей[1]. Подход Марковица, называемый также **анализом среднего и дисперсии**, предполагает, что решения о выборе портфеля должны приниматься на основе трех параметров. Первый — это среднее, или ожидаемое значение доходности актива. Второй — это дисперсия доходности актива, которая является количественной характеристикой риска индивидуального актива. Дисперсия случайной переменной характеризует разброс, или рассеяние возможных результатов от ожидаемого значения (среднего). В случае доходности актива дисперсия служит показателем отклонения возможной ставки доходности от ожидаемой доходности. Стандартное отклонение равно корню квадратному из дисперсии, поэтому нередко при оперировании этим показателем риска термины *дисперсия* и *стандартное отклонение* являются взаимозаменяемыми.

Идея подхода Марковица заключается в том, что объединении активов с целью создания портфеля риск портфеля равен не просто некоей средневзвешенной величине рисков отдельных активов, входящих в этот портфель. Портфельный риск, представленный как дисперсия портфеля, зависит от ковариации, или корреляции доходностей каждой пары активов в портфеле. Ковариация — третий параметр модели среднего и дисперсии характеризует степень, в которой доходности двух активов изменяются параллельно или совместно. Корреляция — это аналог ковариации ожидаемых доходностей двух активов. Точнее говоря, корреляция доходностей двух активов равна ковариации двух активов, деленной на произведение их стандартных отклонений.

Иными словами, для простого портфеля из двух активов — актива 1 и актива 2 — средняя (или ожидаемая) доходность и дисперсия соответственно равны:

$$E(R_p) = w_1\, E(R_1) + w_2 E(R_2); \qquad (25.1)$$

$$\mathrm{var}(R_p) = w_1^{\,2}\, \mathrm{var}(R_1) + w_2^{\,2}\, \mathrm{var}(R_2) + 2w_1 w_2 \mathrm{cov}(R_1, R_2), \qquad (25.2)$$

[1] Harry Markowitz, “Portfolio Selection,” Journal of Finance (March 1952), pp. 77–91.

где $E(R_1)$, $E(R_2)$ и $E(R_p)$ — ожидаемая доходность (среднее) актива 1, актива 2 и портфеля соответственно;

w_1 и w_2 — веса (распределение) активов 1 и 2, соответственно, в портфеле (т. е. рыночная стоимость соответствующего актива как доля рыночной стоимости портфеля в целом) на начало периода;

$\text{var}(R_1)$, $\text{var}(R_2)$ и $\text{var}(R_p)$ — дисперсия актива 1, актива 2 и портфеля соответственно;

$\text{cov}(R_1, R_2)$ — ковариация доходностей активов 1 и 2.

Отметим основные моменты. Как следует из формулы 25.1, ожидаемая доходность портфеля является средневзвешенной величиной ожидаемых доходностей двух активов. Весом служит доля актива в портфеле. Формула 25.2 показывает, что в отличие от ожидаемой доходности портфеля дисперсия портфеля является просто средневзвешенной величиной дисперсий двух активов. Она зависит еще и от ковариации.

Чтобы нагляднее показать, от чего зависит дисперсия, выразим формулу 25.2 через корреляцию. Взаимосвязь между ковариацией и корреляцией выглядит следующим образом:

$$\text{cor}(R_1, R_2) = \text{cov}(R_1, R_2)/\text{SD}(R_1) \times \text{SD}(R_2), \tag{25.3}$$

где $\text{cor}(R_1, R_2)$ — корреляция доходностей актива 1 и актива 2, а $\text{SD}(R_1)$ и $\text{SD}(R_2)$ — стандартные отклонения доходностей актива 1 и актива 2 соответственно. Из формулы 25.3 мы получаем:

$$\text{cov}(R_1, R_2) = \text{cor}(R_1, R_2) \times \text{SD}(R_1) \times \text{SD}(R_2). \tag{25.4}$$

Подстановка правой части формулы 25.4 в формулу 25.2 дает:

$$\begin{aligned} \text{var}(R_p) &= w_1^2\, \text{var}(R_1) + w_2^2\, \text{var}(R_2) + \\ &+ 2w_1 w_2\, \text{cor}(R_1, R_2) \times \text{SD}(R_1) \times \text{SD}(R_2). \end{aligned} \tag{25.5}$$

Формула 25.5 позволяет более ясно представить, как взаимосвязь доходностей активов, характеризуемая корреляцией, влияет на дисперсию портфеля. Корреляция имеет значения в диапазоне от +1,0, означающей полностью согласованное движение в одном направлении, до –1,0, означающей полностью согласованное движение в противоположных направлениях. Обратите также внимание на то, что стандартное отклонение всегда положительно, а корреляция может быть отрицательной только в том случае, если ковариация отрицательное число. Корреляция, равная нулю, означает, что доходности не связаны друг с другом. Рассмотрим три случая:

$$\text{Корреляция равна } +1\text{: } \mathrm{var}(R_p) = w_1^2\,\mathrm{var}(R_1) + w_2^2\,\mathrm{var}(R_2) + 2w_1 w_2 \times \mathrm{SD}(R_1) \times \mathrm{SD}(R_2);$$

$$\text{Корреляция равна } 0\text{: } \mathrm{var}(R_p) = w_1^2\,\mathrm{var}(R_1) + w_2^2\,\mathrm{var}(R_2);$$

$$\text{Корреляция равна } -1\text{: } \mathrm{var}(R_p) = w_1^2\,\mathrm{var}(R_1) + w_2^2\,\mathrm{var}(R_2) - 2w_1 w_2 \times \mathrm{SD}(R_1) \times \mathrm{SD}(R_2).$$

Максимальная дисперсия портфеля наблюдается при полной корреляции (т. е. корреляции, равной +1) доходности двух активов. При корреляции меньше +1 дисперсия портфеля уменьшается. Это хорошо известное свойство называется диверсификацией активов. Минимальная дисперсия портфеля наблюдается при корреляции доходности двух активов, равной –1.

Тот факт, что дисперсия доходностей двух (и любого другого числа) активов математически не является средневзвешенной величиной дисперсий отдельных активов, справедлив и для другого показателя риска — ошибки следования портфеля, о котором мы будем говорить позже в этой главе.

Рассмотрим более внимательно дисперсию портфеля. Финансовая теория, а также фактические данные говорят о том, что дисперсию портфеля можно разложить на два компонента: систематический риск и специфический риск. **Систематическим** называют риск, который влияет на доходность всех активов в портфеле. Под **специфическим** понимают риск, который присущ доходности индивидуальных активов в портфеле[1]. С помощью хорошей диверсификации специфический риск можно устранить так, что в портфеле остается только систематический риск.

ПРИМЕНЕНИЕ ПОРТФЕЛЬНОЙ ТЕОРИИ К ФОРМИРОВАНИЮ ПОРТФЕЛЯ ОБЛИГАЦИЙ

Подход Марковица на основе анализа среднего и дисперсии используется при формировании портфеля на двух уровнях[2]. Первый — это уровень классов активов. Как говорилось в предыдущей главе, инвестор принимает решение о распределении активов, т. е. решение о распределении средств между основными классами активов (акциями, облигациями, денежными средствами, недвижимостью и альтернативными активами). Это, пожалуй, основная сфера использования подхода Марковица.

---

1 Этот риск называют также несистематическим, уникальным и остаточным.

2 Более глубокое рассмотрение вопроса применения портфельной теории см. в: Frank J. Fabozzi, Francis Gupta, and Harry M. Markowitz, “The Legacy of Modern Portfolio Theory,” Journal of Investing (Fall 2002), pp. 7–22.

Второй уровень — это выбор ценных бумаг для формирования портфеля. Именно этот вопрос интересует нас здесь. Хотя анализ среднего и дисперсии уже давно используется в управлении портфелями акций, примеров его применения при формировании портфелей облигаций не так много. Проблемы, связанные с его применением в управлении портфелями облигаций (за исключением мест, где это прямо указано, они присущи и управлению портфелями акций), рассматриваются в настоящем разделе. Вместе с тем, несмотря на ограничения, идеи Марковица имеют настолько большое значение, что в 1990 г. ему была присуждена Нобелевская премия в области экономики.

Хотя инвесторы рассуждали о пользе диверсификации и до появления портфельной теории, у них не было аналитического инструмента для количественной оценки риска. Марковиц показал, как можно оценивать риск, и что ключевым фактором портфельного риска является ковариация/корреляция.

Чтобы перейти к применению теории в практике формирования портфелей в пределах класса активов, необходимо оценить исходные параметры — среднее, дисперсию и ковариацию — для всех ценных бумаг, которые потенциально можно включить в портфель. Оценить их не так просто, и в литературе существует целое направление, посвященное проблемам оценки риска[1]. Помимо прочего количество переменных, которые приходится оценивать при умеренном количестве ценных бумаг — кандидатов на включение в портфель, огромно. Например, если есть N ценных бумаг, которые можно включить в портфель, то потребуется оценка N дисперсий и $(N^2 - N)/2$ ковариаций. Таким образом, при наличии 50 кандидатов на включение в портфель нужно будет рассчитать 1225 ковариаций. Для 100 кандидатов количество ковариаций составит уже 4950.

Даже без учета риска оценки объем расчетов огромен, и Марковиц прекрасно понимал это. Он признавал, что для практического применения теории к большим портфелям необходима модель структуры ковариации. Марковиц не только указал на проблему, но и сделал несколько предположений по возможным моделям ковариации. Одна из предложенных им моделей объясняет структуру корреляции доходностей ценных бумаг, исходя из допущения, что доходность ценной бумаги зависит от «базового фактора, общего состояния рынка, представленного в форме того или иного индекса»[2].

---

[1] См.: Vijay Chopra and William T. Ziemba, "The Effect of Errors in Means, Variances, and Covariances on Optimal Portfolio Choice," Journal of Portfolio Management 19 (1993), pp. 6–12.

[2] См. с. 96–101 и, в частности, сноску 1 на с. 100 в: Harry M. Markowitz, Portfolio Selection, Cowles Foundation Monograph 16 (New York: John Wiley & Sons, 1959).

В 1963 г. Уильям Шарп протестировал идею Марковица на данных о росте и падении доходности акций и широкого фондового индекса[1]. Точнее говоря, Шарп, который разделил Нобелевскую премию в области экономики с Марковицом, оценил с помощью регрессионного анализа взаимосвязь между доходностью рыночного индекса (независимая переменная) и доходностью акции (зависимая переменная). Регрессионную модель Шарпа называют **одноиндексной моделью**, или просто **рыночной моделью**. Коэффициент регрессии рыночной модели, который называют **бетой**, характеризует чувствительность акции к общему движению рыночного индекса.

Заметим, когда Марковиц обсуждал возможность оценки структуры ковариации, он не предполагал, что индекс обязательно должен быть рыночным. Рыночная модель представляет собой очень простую факторную модель (т. е. однофакторную модель). Сегодня портфельные менеджеры используют многофакторную модель для оценки структуры ковариации доходности. Мы рассмотрим такую модель применительно к формированию портфелей облигаций позднее в этой главе.

Использование дисперсии портфеля в качестве показателя риска является проблематичным по двум причинам. Первая заключается в том, что распределение доходностей ценных бумаг считается нормальным. Если это действительно так, то дисперсия — приемлемый показатель риска. Однако эмпирические и теоретические данные говорят о том, что распределение доходностей акций и облигаций не является нормальным. В результате были предложены расширения модели оптимизации Марковица, включающие в себя такие показатели риска, как асимметрия и эксцесс[2]. Вторая причина вытекает из нашего обсуждения в предыдущей главе цели портфельного менеджера — получение более высокого результата, чем результат ориентира. Показателем для отслеживания этой цели служит ошибка следования портфеля. Этот показатель представляет собой стандартное отклонение, или дисперсию разницы между доходностью портфеля и доходностью ориентира. Мы рассмотрим его в следующем разделе. Основной момент здесь заключается в том, что в случае формирования портфеля при наличии ориентира правильным показателем риска является не дисперсия портфеля, а дисперсия ошибки следования.

Вернемся, наконец, к разложению совокупного риска портфеля (т. е. дисперсии портфеля) на систематический риск и специфический риск.

---

1 William F. Sharpe, "A Simplified Model for Portfolio Analysis," Management Science (January 1963), pp. 277–293.

2 См. главу 4 в: Frank J. Fabozzi, Institutional Investment Management (Hoboken, NJ: John Wiley & Sons, 2010).

Исследования на фондовом рынке показывают, что для устранения подавляющей части специфического риска портфеля требуется не более 25 случайно выбранных акций[1]. Иначе говоря, случайным образом выбранный портфель акций подвержен в основном систематическому риску. Вместе с тем, когда риск измеряют через ошибку следования, требуется гораздо большее (но все же приемлемое) число акций для устранения специфического риска. Обычно это не так при работе с облигациями, где ориентиром является один из стандартных индексов облигационного рынка. Такие индексы могут включать в себя 6500 облигаций. Как мы увидим при обсуждении подходов к формированию облигационных портфелей ниже, портфели облигаций, как правило, имеют более значительный компонент специфического риска.

ОШИБКА СЛЕДОВАНИЯ

Когда ориентиром портфельного менеджера является индекс рынка облигаций, риск измеряют не как дисперсию, или стандартное отклонение доходности портфеля. Как уже говорилось, его измеряют как стандартное отклонение доходности портфеля от доходности индекса-ориентира. Данный показатель риска называют **ошибкой следования** *(tracking error)*. Ошибку следования иногда именуют **активным риском.**

Вычисление ошибки следования

Ошибку следования вычисляют следующим образом.

Этап 1. Определяется совокупная доходность портфеля в каждый период.

Этап 2. Находится величина совокупной доходности индекса-ориентира за каждый период.

Этап 3. Вычисляется разность значений, полученных на этапах 1 и 2. Полученная разность носит название **активной доходности**.

Этап 4. Вычисляется стандартное отклонение активной доходности. Полученный результат — это величина ошибки следования.

---

[1] См.: Raman Vardharaj, Frank J. Fabozzi, and Frank J. Jones, “Tracking Error and Common Stock Portfolio Management,” глава 10 в: Frank J. Fabozzi and Harry M. Markowitz, Equity Analysis and Portfolio Management (Hoboken, NJ: John Wiley & Sons, 2011).

Таблица 25.1. Вычисление ошибки следования для портфеля А в году X

Месяц	Доходность портфеля (%)	Доходность ориентира (%)	Активная доходность (%)
Январь	−0,02	−0,04	0,02
Февраль	1,58	1,54	0,04
Март	−0,04	0,00	−0,04
Апрель	0,61	0,54	0,07
Май	−0,71	−0,76	0,05
Июнь	−0,27	−0,30	0,03
Июль	0,91	0,83	0,08
Август	1,26	1,23	0,03
Сентябрь	0,69	0,76	−0,07
Октябрь	0,95	0,90	0,05
Ноябрь	1,08	1,04	0,04
Декабрь	0,02	0,28	−0,26
Сумма			0,041
Среднее			0,0034
Дисперсия			0,0086
Стандартное отклонение = ошибка следования			0,0930
Ошибка следования (в базисных пунктах)			9,30

Примечание: активная доходность = доходность портфеля — доходность ориентира; дисперсия = сумма квадратов отклонений от среднего/11; (11 — это количество наблюдений минус 1); стандартное отклонение = ошибка следования = корень квадратный из дисперсии.

В табл. 25.1 и 25.2 показан расчет ошибки следования для двух гипотетических портфелей А и В относительно некоего ориентира. Наблюдения проводились ежемесячно в течение года X. Месячная ошибка следования портфеля А равна 9,30 базисного пункта (б. п.). Заметим, что месячная доходность портфеля близка к месячной доходности ориентира — активная доходность, таким образом, невелика. Активная доходность портфеля В, напротив, весьма существенна, а значит, месячная ошибка следования также велика — 79,13 б. п.

Ошибка следования вычисляется на основе обозначенного периода наблюдений. Если в расчетах используется месячная доходность, ошибку следования называют месячной. Если речь идет о недельной доходности, аналитик имеет дело с недельной ошибкой следования. Ошибку следования в годовом исчислении получают следующим образом.

Если наблюдения были месячными, то:

$$\text{годовая ошибка следования} = \text{месячная ошибка следования} \times \sqrt{5}.$$

Если наблюдения велись еженедельно, то:

$$\text{годовая ошибка следования} = \text{недельная ошибка следования} \sqrt{52}.$$

Так, годовая ошибка следования для портфеля A и портфеля B равна:

$$\text{годовая ошибка следования для портфеля A} = 9{,}30 \text{ б. п.} \times \sqrt{12} = 32{,}16 \text{ б. п.}$$

$$\text{годовая ошибка следования для портфеля B} = 79{,}13 \text{ б. п.} \times \sqrt{12} = 274{,}11 \text{ б. п.}$$

Таблица 25.2. Вычисление ошибки следования для портфеля B в году X

Месяц	Доходность портфеля (%)	Доходность ориентира (%)	Активная доходность (%)
Январь	–1,05	–0,04	–1,01
Февраль	2,13	1,54	0,59
Март	0,37	0,00	0,37
Апрель	1,01	0,54	0,47
Май	–1,44	–0,76	–0,68
Июнь	–0,57	–0,30	–0,27
Июль	1,95	0,83	1,12
Август	1,26	1,23	0,03
Сентябрь	2,17	0,76	1,41
Октябрь	1,80	0,90	0,90
Ноябрь	2,13	1,04	1,09
Декабрь	–0,32	0,28	–0,60
Сумма			3,42
Среднее			0,2850
Дисперсия			0,6262
Стандартное отклонение = ошибка следования			0,7913
Ошибка следования (в базисных пунктах)			79,13

Примечание: активная доходность = доходность портфеля — доходность ориентира; дисперсия = сумма квадратов отклонений от среднего/11; (11 — это количество наблюдений минус 1); стандартное отклонение = ошибка следования = корень квадратный из дисперсии.

Два вида ошибки следования

Мы только что описали способ определения ошибки следования на основе реальной активной доходности портфеля. Вычисления, проводимые на основе реальной активной доходности портфеля, отражают инвестиционные решения, принятые портфельным менеджером в течение исследуемого периода, а также описанные нами далее в этой главе факторы, влияющие на величину ошибки следования. Ошибку следования, вычисленную на основе наблюдаемой активной доходности, мы назвали **ошибкой следования по историческим результатам** *(backward-looking tracking error, ex-post tracking error),* или **реальной ошибкой следования.**

Недостаток использования реальной ошибки следования состоит в следующем: полученная величина не учитывает влияния принимаемых менеджером в настоящий момент инвестиционных решений на размер будущей активной доходности, а значит, не позволяет оценить величину возможной в будущем ошибки следования. Так, если менеджер в настоящий момент существенно изменяет дюрацию портфеля или распределение активов на ипотечном рынке, реальная ошибка следования, вычисленная на основе исторических данных, не позволит верно оценить возможный в будущем риск. Таким образом, реальная ошибка следования отличается низкой предсказательной силой и может давать неверное представление об ожидающем портфель риске.

Портфельному менеджеру необходим способ оценки ошибки следования, который отражал бы возможный в будущем риск. В реальной практике такие значения вычисляются с помощью программного обеспечения, моделирующего факторы, способные повлиять на ошибку следования. Подобного рода модели получили название **многофакторных риск-моделей**. На основе данных о текущем составе портфеля моделируется текущее влияние на инвестиции различных факторов риска; затем оно сравнивается с влиянием тех же факторов риска на ориентир. Знание влияния на портфель факторов риска позволяет вычислить **ожидаемую ошибку следования** *(forward-looking tracking error, ex ante tracking error),* иначе называемую **предсказательной ошибкой следования.**

На базе данного значения ожидаемой ошибки следования и исходя из предположения о нормальном распределении активных доходностей строится диапазон возможной будущей активной доходности. Предположим, например, что:

ожидаемая доходность ориентира — 10%;
ожидаемая ошибка следования относительно ориентира — 100 б. п.

Исходя из свойств нормального распределения, строим следующую таблицу:

Число стандартных отклонений	*Диапазон доходности портфеля (%)*	*Вероятность (%)*
1	9–11	67
2	8–12	95
3	7–13	99

Следует помнить: не существует никаких гарантий того, что ожидаемая ошибка следования в начале периода, равного, например, одному году, совпадет с реальной ошибкой следования, вычисленной по окончании этого годового периода. Причин, объясняющих такой феномен, две. Во-первых, в течение года меняется состав портфеля, а значит, должна быть заново подсчитана и ожидаемая ошибка следования. Во-вторых, точность значения ожидаемой ошибки следования в начале годового периода зависит от стабильности значений дисперсии и корреляции, используемых продавцами при построении статистических моделей. В целом, однако, среднее значение ожидаемой ошибки следования, вычисляемой в разные моменты в течение года, будет примерно соответствовать значению реальной ошибки следования, полученному в дату окончания годового интервала.

Ожидаемая ошибка следования — величина, позволяющая более успешно осуществлять риск-контроль и правильно составлять портфель. Менеджер имеет возможность быстро оценить изменение ошибки следования в случае тех или иных планируемых перестановок в портфеле. Анализ различных сценариев позволяет портфельному менеджеру выбрать стратегию, при которой ошибка следования не превысит значения, соответствующего приемлемой степени риска.

Ошибка следования в активных и пассивных стратегиях

Теперь, когда читатель хорошо представляет себе, что такое ошибка следования, мы можем описать активную и пассивную стратегии через величину ожидаемой ошибки следования. Конструируя портфель, менеджер может проводить оценку уровня ожидаемой ошибки следования. Предположим, что портфель строится исходя из значения ожидаемой ошибки следования, равного нулю. В этом случае менеджер, очевидно, решает повторить результаты ориентира. Если такая ожидаемая ошибка следования поддерживается в течение всего инвестиционного периода, то активная прибыль также окажется близкой к нулю. Подобная стратегия, предполагающая, что ожидаемая ошибка следования — нуль или число, близкое к нулю, является пассивным следованием за индексом-ориентиром. Указанием на то, что менеджер применяет активную стратегию, служат более высокие значения ожидаемой ошибки следования.

Метод ячеек при формировании портфеля облигаций

В этом и следующем разделах мы рассмотрим два подхода к формированию облигационных портфелей: метод ячеек и многофакторное моделирование.

Метод ячеек *(cell-based approach)* предполагает деление ориентира на ячейки, каждая из которых представляет один из его параметров. Наиболее часто используемыми параметрами являются: 1) дюрация; 2) купон; 3) срок; 4) рыночный сектор; 5) кредитный рейтинг; 6) наличие колл-опционов и 7) наличие фондов погашения. Последние две характеристики наиболее существенны, поскольку на эффективность инвестиций в облигацию в большой степени влияет наличие у данного выпуска права на досрочное погашение и фонда погашения.

Предположим, например, что, конструируя портфель облигаций, повторяющий индекс, менеджер использует следующие параметры.

Параметр 1 — интервал эффективной дюрации: 1) меньше или равен пяти годам; 2) больше пяти лет.

Параметр 2 — интервал сроков: 1) меньше пяти лет; 2) между 5 и 15 годами; 3) больше или равно 15 годам.

Параметр 3 — рыночные сектора: 1) казначейский; 2) агентский; 3) корпоративный; 4) агентские MBS.

Параметр 4 — кредитный рейтинг: 1) AAA; 2) AA; 3) A; 4) BBB.

Общее число ячеек в этом случае окажется равным 96 (т. е. 2 × 3 × 4 × 4).

Цель менеджера, проводящего пассивную стратегию, — добиться результатов, соответствующих результатам ориентира. При использовании метода ячеек он выбирает из всех облигаций в индексе по одному или несколько выпусков, представляющих характеристики каждой ячейки. Общая долларовая стоимость приобретенных для каждой ячейки облигаций вычисляется в зависимости от процентной доли общей рыночной стоимости индекса, представленной данной ячейкой. Так, если на корпоративные облигации приходится 40% рыночной стоимости индекса, то 40% рыночной стоимости индексного портфеля должны составлять корпоративные облигации.

В случае использования активной стратегии менеджер намеренно изменяет распределение сумм по ячейкам в зависимости от своего мнения. Допустим, менеджер считает, что корпоративный сектор превзойдет по результатам казначейский сектор. Тогда он увеличивает вес корпоративного сектора и уменьшает вес казначейского. Иными словами, придает ячейке вес больше или меньше, чем ее вес в индексе. Когда вес ячейки соответствует ее весу в индексе, говорят о нейтральном распределении.

Число ячеек, используемых при индексации, зависит от долларового размера индексируемого портфеля. Так, индексация портфеля, стоимость которого составляет менее $100 млн, с использованием большого числа ячеек сделает необходимой покупку нестандартных лотов облигаций. Расходы на проведение транзакций тем самым будут увеличены, а значит, возрастет и ошибка следования. Заметим, что уменьшение количества ячеек для преодоления этой проблемы приводит к нежелательному повышению ошибки следования.

На практике при использовании метода ячеек ошибка следования может оцениваться после создания модельного портфеля. Если она неудовлетворительна, менеджер должен изменить портфель так, чтобы ошибка следования оказалась в приемлемом диапазоне, заданном менеджером или клиентом. Зачастую сделать это сложно, поскольку модифицирование портфеля путем изменения распределения активов по ячейкам может привести к нежелательным ставкам (или оценкам).

Помимо этого подход на основе ячеек игнорирует влияние перекрестной корреляции рисков ячеек на портфельный риск. Например, может оказаться, что при сильном несоответствии двух ячеек (характеристик) корреляция рисков, связанных с ячейками, приводит к очень незначительному повышению ошибки следования портфеля.

К счастью, эти недостатки подхода на основе ячеек можно устранить, применяя такой количественный подход, как многофакторное моделирование. Он рассматривается в следующем разделе, однако сначала мы обсудим трудности, связанные с осуществлением стратегии индексирования.

Сложности облигационных стратегий индексирования

Как говорилось в главе 24, существуют три формы индексирования облигаций: простое соответствие облигационному индексу; улучшенное индексирование — соответствие основным факторам риска; улучшенное индексирование — незначительное отклонение по факторам риска. Мы уже отмечали, что реализовать простое индексирование практически невозможно, немногим легче применять и две другие стратегии индексирования. Объясним почему. Эти сложности присущи как подходу на основе ячеек, так и подходу на основе многофакторного моделирования.

При простом индексировании портфельный менеджер должен приобретать все выпуски в индексе облигаций в соответствии с их весами. Однако транзакционные издержки (и другие платежи), связанные с приобретением всех выпусков и реинвестированием денежного потока (основных и процентных выплат), приводят к значительной ошибке следования. Широкий рыночный индекс может включать в себя более 6500 выпусков, так что транзакционные издержки делают эту стратегию нецелесообразной. Вдобавок некоторые выпуски в облигационном индексе могут быть недоступными по ценам, использованным при конструировании индекса.

Вместо приобретения всех выпусков облигационного индекса менеджер может купить лишь некоторые из них, используя подход на основе ячеек. Это превращает стратегию простого индексирования в стратегию улучшенного индексирования с небольшими отклонениями по основным факторам риска. В случае подхода на основе ячеек основными факторами риска являются характеристики или ячейки, которые мы описывали выше. Хотя этот подход уменьшает ошибку следования, связанную с высокими транзакционными издержками, он повышает ошибку следования, появляющуюся в результате несоответствия индексного портфеля и облигационного индекса. На практике менеджеры, решившие придерживаться индексной стратегии, вынуждены пользоваться стратегией улучшенного индексирования с незначительными отклонениями по основным факторам риска.

Портфельный менеджер сталкивается и с другими логистическими проблемами при конструировании индексного портфеля. Прежде всего, цены на каждый выпуск, используемые организациями — поставщиками индексов, могут отличаться от цен исполнения, доступных менеджеру. На деле они нередко существенно отличаются от цен, предлагаемых дилерами. Вдобавок цены поставщиков индексов — это цены покупателя. Менеджеру при формировании или перебалансировании портфеля приходится иметь дело с ценами продавца. Таким образом, неизбежно расхождение между результатами облигационного индекса и индексного портфеля, равное спреду бид-аск.

Кроме этого существуют и логистические проблемы, характерные для отдельных секторов облигационного рынка. Возьмем для начала рынок корпоративных облигаций. В состав широкого индекса сектора корпоративных облигаций входят примерно 3500 выпусков. Из-за неликвидности этого сектора цены, используемые поставщиком индекса, ненадежны, а многие выпуски просто недоступны. Теперь посмотрим на рынок агентских ипотечных ценных бумаг. На нем торгуются более 800 000 выпусков сквозных ценных бумаг. Организации, публикующие индексы, объединяют их в несколько сотен гипотетических выпусков. Перед портфельным менеджером встает сложная задача отыскать среди них сквозные бумаги со сходным профилем риска и доходности.

Наконец, вспомните, что совокупная доходность зависит от ставки реинвестирования, доступной для вложения процентного дохода. Если организация, публикующая индекс, регулярно завышает ставку реинвестирования, то индексный портфель может значительно проигрывать индексу облигаций.

ИСПОЛЬЗОВАНИЕ МНОГОФАКТОРНЫХ МОДЕЛЕЙ ДЛЯ КОНСТРУИРОВАНИЯ ПОРТФЕЛЕЙ

Многофакторные модели — это статистические модели, используемые для оценки ожидаемой доходности ценной бумаги на основе основных факторов, от которых зависит доходность. Основные факторы доходности называют **факторами риска** или просто **факторами**, а модели по этой причине — **многофакторными моделями риска** или просто **факторными моделями**.

Многофакторные модели дают менеджерам информацию об источниках риска в портфеле. В результате они составляют неотъемлемую часть процесса формирования портфелей с желаемой экспозицией по тем факторам риска, в отношении которых у менеджера есть определенное мнение. Кроме того, эти модели могут использоваться для мониторинга и контроля портфельного риска.

Здесь мы сосредоточимся на создании многофакторных моделей для облигаций[1], на их использовании в целях идентификации источников портфельного риска, а также конструирования портфелей.

Разложение риска

Прежде чем говорить о том, как многофакторные модели используются при конструировании портфеля, рассмотрим их применение для идентификации портфельного риска относительно ориентира. В качестве примера мы воспользуемся портфелем из 50 ценных бумаг, представленным в табл. 25.3, с рыночной стоимостью $100 млн по состоянию на 28 февраля 2011 г. В настоящий момент не имеет значения, как этот портфель был сформирован. Как вы увидите далее, его сформировали с помощью многофакторной модели в сочетании с моделью оптимизации[2].

---

[1] Детальное описание многофакторных моделей и процесса их создания см. в: Anthony Lazanas, António Baldaque da Silva, Radu Găbudean, and Arne D. Staal, appearing in Frank J. Fabozzi (ed.), The Handbook of Fixed Income Securities, 8th Edition (New York: McGraw-Hill, 2012): "Introduction to Multi-Factor Risk Models in Fixed-Income and Their Applications" (Chapter 46) and "Analyzing Risk from Multi-Factor Fixed-Income Models" (Chapter 47).

[2] Портфель для этой иллюстрации, которая будет фигурировать и дальше в настоящей главе, а также в вопросе 20, был составлен Сенком Юралом из Barclays Capital с помощью модели Barclays Capital Global Risk Model.

Риск этого портфеля измеряется через ошибку следования. Как результат, нам необходимо знать, какой ориентир выбран для портфеля. В данном примере будем считать, что клиент создает составной индекс из Barclays Capital U. S. Treasury Index, Barclays Capital U. S. Credit Index и Barclays Capital U. S. MBS Index на основе равного взвешивания (т. е. каждый индекс имеет вес, равный одной трети). Это видно из третьего столбца табл. 25.4. U. S. Credit Index включает в себя корпоративные облигации и ценные бумаги, связанные с правительством. В табл. 25.4 показано распределение U. S. Credit Index по корпоративным секторам (промышленный сектор, коммунальный сектор и финансовый сектор) и по секторам, связанным с правительством. U. S. MBS Index включает в себя агентские сквозные ценные бумаги.

Таблица 25.3. Портфель для иллюстрации улучшенного индексирования

Идентификатор	Описание	Размер позиции ($)	Рыночная стоимость ($)
20029PAG	Comcast Cable Communication	1 559 836	1 994 785
652478AQ	News AM Holdings	1 058 588	1 326 367
694032AV	Pacific Bell	1 704 496	1 822 829
912810FG	Казначейские облигации США	1 672 649	1 897 604
71713UAW	Pharmacia Corp	1 476 540	1 776 413
16132NAV	Charter One Bank FSB	2 902 572	3 072 449
636180BE	National Fuel Gas Co	1 477 240	1 541 351
FGB05003	FHLM Gold Guar Single F. 30yr	1 474 515	1 559 577
FNA05003	FNMA Conventional Long T. 30yr	1 885 831	1 995 455
FNA05403	FNMA Conventional Long T. 30yr	1 434 788	1 549 951
GNA04403	GNMA I Single Family 30yr	2 361 203	2 465 800
05946NAD	Banco Bradesco SA	2 572 158	3 005 201
FGB05005	FHLM Gold Guar Single F. 30yr	1 549 025	1 634 273
FNA05005	FNMA Conventional Long T. 30yr	1 715 720	1 810 938
25459HAD	Directv Holdings/Finance	1 382 619	1 442 705
FNA06006	FNMA Conventional Long T. 30yr	1 627 692	1 782 118
37247XAD	Genworth Global Funding	1 862 609	1 986 026
13062TZV	California ST	1 692 373	1 748 831
FNA05407	FNMA Conventional Long T. 30yr	1 419 504	1 522 468
742718DF	Procter + Gamble Co-Global	2 074 088	2 295 058
FGB05407	FHLM Gold Guar Single F. 30yr	1 349 686	1 447 383

Окончание табл. 25.3

Идентификатор	Описание	Размер позиции ($)	Рыночная стоимость ($)
827065AA	Silicon Valley Bank	2 691 482	2 815 241
126650BK	CVS Corp-Global	3 034 915	3 029 619
060505DP	Bank of America Corp	1 694 514	1 844 418
29379VAC	Enterprise Products Oper	1 239 177	1 390 729
581557AX	Mckesson Corp	1 150 435	1 407 417
FNA04409	FNMA Conventional Long T. 30yr	2 500 251	2 560 817
FGB04409	FHLM Gold Guar Single F. 30yr	2 088 579	2 138 445
36962G4D	General Electric Capital	1 707 300	1 902 870
912810QC	Казначейские облигации США	2 487 285	2 498 155
912828LZ	Казначейские ноты США	785 094	805 949
912828ME	Казначейские ноты США	830 946	866 901
4521518T	Illinois ST	1 849 220	1 858 124
61747YCL	Morgan Stanley Dean Witter	2 033 984	2 090 861
912828MH	Казначейские ноты США	1 844 994	1 892 304
912810QE	Казначейские ноты США	2 381 534	2 439 355
912828MR	Казначейские ноты США	2 663 599	2 737 153
FNA04410	FNMA Conventional Long T. 30yr	1 819 251	1 862 947
FGB04410	FHLM Gold Guar Single F. 30yr	1 671 888	1 710 444
GNB04410	GNMA II Single Family 30yr	1 650 889	1 714 891
GNB04010	GNMA II Single Family 30yr	3 189 834	3 207 290
912828MZ	Казначейские ноты США	1 655 406	1 719 878
912828NK	Казначейские ноты США	2 001 683	1 995 645
912828NL	Казначейские ноты США	2 838 516	2 853 752
912828NR	Казначейские ноты США	2 307 072	2 273 303
172967FF	Citigroup Inc	1 377 851	1 431 826
912828NV	Казначейские ноты США	3 899 465	3 788 034
912828NW	Казначейские ноты США	2 347 035	2 233 159
912828PA	Казначейские ноты США	1 558 736	1 491 788
665859AL	Northern Trust Corp	1 825 580	1 761 105

Таблица 25.4. Распределение портфеля и ориентира по секторам по состоянию на 28 февраля 2011 г.

Сектор	Портфель (%)	Ориентир (%)	Разница (%)
Казначейский	29,5	33,3	−3,8
Связанный с правительством	3,6	6,8	−3,2
Корпоративный промышленный	15,1	13,9	1,2
Корпоративный коммунальный	2,9	3,0	−0,1
Корпоративный финансовый	19,9	9,7	10,2
Агентские MBS	29,0	33,3	−4,3
Всего	100,0	100,0	0,0

Анализ портфеля начинается с его сравнения с ориентиром. Обнаруженные расхождения показывают, где менеджер полагался на свое мнение (намеренно или нет). В табл. 25.4 портфель и ориентир сравниваются с точки зрения распределения по секторам. Очевидно, что у менеджера положительное мнение относительно корпоративного сектора (точнее промышленного и финансового), поскольку он придает им более высокий вес за счет понижения веса других секторов.

Хотя информация в табл. 25.4 о распределении процентных долей секторов относительно ориентира является хорошей отправной точкой для анализа, она имеет ограниченную ценность, поскольку нам неизвестна взаимосвязь экспозиции по секторам и факторами риска, определяющими доходность портфеля. Вот три примера. Возьмем казначейский сектор. В главе 4 мы обсуждали концепцию вклада в дюрацию портфеля. Не исключено, что некоторые казначейские ценные бумаги в портфеле вносят больший вклад в дюрацию портфеля, чем в дюрацию индекса, несмотря на пониженный вес казначейского сектора в портфеле. Второй пример, показывающий, почему менеджер не должен ограничиваться анализом процентного распределения, связан с корпоративными облигациями финансового сектора. Финансовые компании вносят вклад в дюрацию спреда и портфеля, и ориентира. Вполне возможно, что даже при повышенном весе этого сектора в портфеле его вклад в дюрацию спреда меньше, чем вклад в ориентире. Наконец, выпуклость портфеля относительно ориентира оказывает влияние на относительную результативность. Может оказаться, что даже при уменьшении доли агентских MBS для создания портфеля со значительной отрицательной выпуклостью отрицательная выпуклость ориентира все равно будет намного ниже.

Именно по этой причине портфельный менеджер не должен останавливаться на примитивной оценке портфельного риска относительно ориентира на основе процентного распределения по секторам. В табл. 25.5

представлена информация по процентному риску, представленному дюрацией, риску спреда, представленному дюрацией спреда, и риску отзыва/досрочного погашения, представленному вегой, а также по выпуклости. На основе таблицы можно сделать следующие выводы:

- Дюрация портфеля немного превосходит дюрацию ориентира, поэтому портфель немного более чувствителен к изменениям уровня процентных ставок.
- В результате более низкого веса казначейских ценных бумаг у портфеля выше дюрация спреда.
- Немного более высокая выпуклость портфеля по сравнению ориентира означает более низкий риск отзыва/досрочного погашения (это результат более низкого веса агентских MBS).
- Риск отзыва/досрочного погашения невелик и практически одинаков у портфеля и ориентира.

Таблица 25.5. Аналитические показатели для портфеля из 50 облигаций и составного индекса (ориентира)

Экспозиция	Портфель	Ориентир	Разница
Дюрация	5,56	5,41	0,15
Дюрация спреда	5,37	5,27	0,10
Выпуклость	0,11	0,06	0,05
Вега	−0,04	−0,03	−0,01

Больше информации об относительном процентном риске портфеля можно получить, глядя на вклады в дюрацию портфеля и ориентира. Они представлены в табл. 25.6. Как видно, основной причиной немного более значительной дюрации портфеля относительно ориентира является дюрация казначейских ценных бумаг, включенных в портфель.

Таблица 25.6. Вклад в дюрацию по классам активов в портфеле из 50 облигаций

Дюрация	Портфель	Ориентир	Разница
Казначейские ценные бумаги	2,14	1,77	0,37
Ценные бумаги, связанные с правительством	0,07	0,40	−0,33
Корпоративные ценные бумаги	1,84	1,73	0,12
Агентские MBS	1,50	1,51	−0,01
Всего	5,56	5,41	0,15

Анализу пока, хотя он и полезен в определенной мере, не хватает одного важного элемента. Чтобы понять причину, представим, что портфель более чувствителен к одному из факторов риска, чем ориентир. Иными словами, если фактор риска изменяется, то портфель меняется сильнее, чем ориентир. Вопрос в том, в какой мере этот фактор риска подвержен движению, или насколько волатилен этот фактор риска. Например, из табл. 25.5 мы знаем, что портфель более, чем ориентир, чувствителен к изменению уровня процентных ставок (т. е. имеет более высокую дюрацию), но менее, чем ориентир, чувствителен к изменению спредов (т. е. имеет более высокую дюрацию спреда). Однако какой из этих факторов риска более волатилен?

Чтобы ответить на этот вопрос, необходимо принять в расчет волатильность факторов риска. В табл. 25.7 показана месячная волатильность всех категорий факторов риска. Рассмотрим каждую из этих волатильностей и разберемся, что она означает. Изолированный риск в данной таблице отражает ошибку следования/волатильность различных рисков портфеля без связи друг с другом. Возьмем для начала риск кривой доходности, равный 3,9. Этот риск характеризует чувствительность к изменениям процентных ставок. Из табл. 25.5 нам известно, что у портфеля дюрация больше, чем у ориентира (5,56 против 5,41). Но во что это обходится менеджеру с точки зрения дополнительного риска? Именно здесь полезно значение 3,9. Предположим, что портфель отличается от ориентира только по чувствительности к изменениям кривой доходности. Тогда значение 3,9 означает, что это несоответствие ориентиру создает риск, равный 3,9 базисного пункта на месячную волатильность. Иначе говоря, если бы процентные ставки были единственным портфельным риском, это число представляло бы собой волатильность ошибки следования (*tracking error volatility — TEV*) портфеля относительно ориентира.

Таблица 25.7. Месячная ошибка следования для факторов риска

Категории факторов риска	Изолированный риск/ошибка следования
Риск кривой доходности	3,9
Риск своп-спредов	2,6
Риск волатильности	1,3
Риск спредов правительственных бумаг	0,8
Риск спредов корпоративных бумаг	2,8
Риск спредов продуктов секьюритизации	2,5

Рассмотрим теперь риск «спредов продуктов секьюритизации» в табл. 25.7. Этот фактор риска характеризует чувствительность к изменениям спредов на рынке агентских MBS. Величина 2,5 означает, что портфель отличается от ориентира по чувствительности к изменениям спреда в секторе агентских MBS и что в этой области изолированная ошибка следования составляет 2,5 базисного пункта.

Обратите внимание на риск в категории «волатильность» в табл. 25.7. Этот фактор риска связан с изменениями волатильности процентной ставки и критически важен для количественной оценки чувствительности портфеля или ориентира к ценным бумагам с встроенными опционами, например отзывными облигациями и агентскими MBS, поскольку на них влияют изменения волатильности процентной ставки. Величина 1,3 означает, что если портфель отличается от ориентира только по чувствительности к изменениям волатильности процентной ставки, то в этой области изолированная месячная ошибка следования составляет 1,3 базисного пункта.

Можно ли определить месячную ошибку следования для портфеля с учетом месячных ошибок следования для каждого фактора риска, представленного в табл. 25.7? Казалось бы, нужно просто просуммировать месячные ошибки следования, тогда она будет равна 13,9 базисного пункта (3,9 + 2,6 + 1,3 + 0,8 + 2,8 + 2,5). Однако это неправильно, поскольку стандартные отклонения не аддитивны. (Мы уже отмечали это, когда говорили о том, что портфельный риск не является суммой дисперсий доходности входящих в портфель ценных бумаг.) Если исходить из отсутствия корреляции между любыми двумя факторами риска, то изолированную ошибку следования портфеля, обусловленную систематическим риском, находят путем сложения квадратов изолированных ошибок следования для каждого фактора риска и извлечения квадратного корня из полученной суммы. Таким образом, для общего случая, когда количество факторов риска равно K, мы получаем:

$$\text{изолированная систематическая TE портфеля} = [(\mathrm{TE}_1)^2 + (\mathrm{TE}_2)^2 + \ldots + (\mathrm{TE}_K)^2]^{1/2},$$

где TE — ошибка следования, а подстрочные символы обозначают факторы риска.

Для нашего портфеля из 50 ценных бумаг, представленного в табл. 25.3, изолированные месячные ошибки следования которого по каждому фактору риска представлены в табл. 25.7, изолированная систематическая TE портфеля составит 6,20 базисного пункта в месяц:

$$\text{изолированная систематическая TE портфеля} = [(3{,}9)^2 + (2{,}6)^2 + (1{,}3)^2 + (0{,}8)^2 + (2{,}8)^2 + (2{,}5)^2]^{1/2} = 6{,}20.$$

Фактическое значение составляет 6,24, а разница объясняется результатом округления промежуточных величин.

Допущение об отсутствии корреляции между любыми двумя факторами риска нельзя считать реалистичным. Очевидно, что для учета этого аспекта во внимание необходимо принять корреляции или ковариации. Расчет портфельного риска, таким образом, требует использования матрицы дисперсии-ковариации для факторов риска. Напомним, что при анализе среднего и дисперсии портфельная дисперсия (риск) отражает эффект диверсификации через учет ковариаций. В случае ошибки следования возьмем случай, когда присутствуют только два фактора риска F_1 и F_2. Тогда ошибка следования портфеля будет равна:

$$\text{TE портфеля} = [(TE_{F1})^2 + (TE_{F2})^2 + 2\,Cov(F_1,F_2)]^{1/2},$$

где $Cov(F_1,F_2)$ — ковариация между факторами риска 1 и 2.

В нашем примере присутствуют шесть факторов риска, которые мы определяем следующим образом:

F_1 — риск кривой доходности;
F_2 — риск своп-спредов;
F_3 — риск волатильности;
F_4 — риск спредов правительственных бумаг;
F_5 — риск спредов корпоративных бумаг;
F_6 — риск спредов продуктов секьюритизации.

Тогда матрица дисперсии-ковариации будет иметь вид:

$$\begin{bmatrix}
Var(F_1) & Cov(F_1,F_2) & Cov(F_1,F_3) & Cov(F_1,F_4) & Cov(F_1,F_5) & Cov(F_1,F_6) \\
Cov(F_2,F_1) & Var(F_2) & Cov(F_2,F_3) & Cov(F_2,F_4) & Cov(F_2,F_5) & Cov(F_2,F_6) \\
Cov(F_3,F_1) & Cov(F_3,F_2) & Var(F_3) & Cov(F_3,F_4) & Cov(F_3,F_5) & Cov(F_3,F_6) \\
Cov(F_4,F_1) & Cov(F_4,F_2) & Cov(F_4,F_3) & Var(F_4) & Cov(F_4,F_5) & Cov(F_4,F_6) \\
Cov(F_5,F_1) & Cov(F_5,F_2) & Cov(F_5,F_3) & Cov(F_5,F_4) & Var(F_5) & Cov(F_5,F_6) \\
Cov(F_6,F_1) & Cov(F_6,F_2) & Cov(F_6,F_3) & Cov(F_6,F_4) & Cov(F_6,F_5) & Var(F_6)
\end{bmatrix}$$

Диагональные элементы матрицы дисперсии-ковариации представляют собой дисперсию или ее эквивалент — квадрат ошибки следования.

Теперь для описания характеристик риска портфеля есть дополнительная информация. Здесь для получения более детальной картины по каждому фактору риска, а также по рискам выпуска/эмитента использованы анализ портфеля, выполненный Barclays Capital, и ее система формирования портфелей POINT[R]. Мы лишь демонстрируем тип информации, которую можно получить[1]. Точнее говоря, мы рассматриваем более детальную информацию об общем риске портфеля, а потом фокусируемся на чувствительности к риску кривой доходности.

Обобщенный отчет по портфелю, состав которого представлен в табл. 25.3, приведен в табл. 25.8. В портфеле всего 50 позиций и 25 эмитентов в отличие от 5693 позиций и 780 эмитентов в ориентире. Это означает, что портфель не очень хорошо диверсифицирован, и менеджер должен ожидать значительный уровень специфического риска. Все бумаги в портфеле деноминированы в долларах, то же самое справедливо и для ориентира. По этой причине в отчете представлена только одна валюта. Из анализа, приведенного выше, мы уже знаем о последних пяти показателях, фигурирующих в аналитическом разделе таблицы. Средний срок жизни и наименьшая доходность были рассмотрены в предыдущих главах.

Таблица 25.8. Обобщенный отчет по портфелю из 50 облигаций

А. Параметры	**Портфель**	**Ориентир**	
Позиции	50	5693	
Эмитенты	25	780	
Валюты	1	1	
Рыночная стоимость ($ млн)	100	13 615	
Номинальная стоимость ($ млн)	95	12 851	
В. Аналитика	**Портфель**	**Ориентир**	**Разница**
Купон (%)	4,65	4,39	0,26
Средний срок жизни (год)	8,09	7,77	0,31
Наименьшая доходность (%)	3,69	3,18	0,51
Спред (б. п.)	107	57	50
Дюрация	5,56	5,41	0,15
Вега	–0,04	–0,03	–0,01
Дюрация спреда	5,37	5,27	0,09
Выпуклость	0,11	0,06	0,05

[1] Более детальное описание см. в: Anthony Lazanas, António Baldaque da Silva, Radu Găbudean, and Arne D. Staal, “Multifactor Fixed Income Risk Models and Their Applications,” глава 21 в: Frank J. Fabozzi and Harry M. Markowitz, The Theory and Practice of Investment Management (Hoboken, NJ: John Wiley & Sons, 2011).

Окончание табл. 25.8

C. Волатильность	Портфель	Ориентир	Ошибка следования
Систематическая (б. п./мес.)	125,4	123,5	4,6
Специфическая (б. п./мес.)	9,6	4,8	7,8
Всего (б. п./мес.)	125,7	123,6	9,0
D. Бета портфеля	1,01		

В табл. 25.8 приведена разбивка стандартного отклонения доходности портфеля и ориентира на систематический риск и специфический риск. У портфеля более высокий систематический и специфический риск, чем у ориентира. Для совокупного риска портфеля и ориентира, поскольку систематический и специфический риски конструируются независимо, стандартное отклонение можно рассчитать следующим образом:

$$\text{совокупный риск (волатильность доходности)} = \\ = [(\text{систематический риск})^2 + (\text{специфический риск})^2]^{1/2}.$$

Совокупный риск портфеля и ориентира составляет соответственно 125,7 и 123,6 (см. табл. 25.8).

Обратите внимание на то, что у ориентира процентная доля совокупного риска (123,6), приходящаяся на систематические факторы риска (123,5), составляет 99,99%. У портфеля эта доля равна 99,76% (125,4/125,7). Может показаться, что специфический риск не имеет значения. Это, однако, не так, когда речь идет об ошибке следования портфеля (волатильности чистой позиции — портфель против ориентира). Систематическая и специфическая ошибка следования (месячная) составляет соответственно 4,6 и 7,8 базисного пункта. Ошибка следования портфеля равна:

$$\text{ошибка следования портфеля} = \\ = [(\text{систематическая TE})^2 + (\text{специфическая TE})^2]^{1/2}.$$

Таким образом, ошибка следования портфеля равна 9 базисным пунктам в месяц. Хотя специфический риск портфеля минимален сам по себе, при оценке относительно ориентира дает риск ошибки следования 9 базисных пунктов в месяц. (На систематический риск приходится 7,8/9,0, или 87% совокупного риска. Как будет показано позднее, эта ошибка следования хорошо укладывается в бюджет риска на уровне 15 базисных пунктов в месяц, что, на наш взгляд, приемлемо для менеджера.)

Чрезвычайно важно понимать, что менеджер при конструировании и мониторинге портфеля должен контролировать ошибку следования, а не специфический риск (представленный стандартным отклонением специфической доходности). В нашем примере ошибка следования портфеля невелика — всего 9 базисных пунктов. Однако не так уж сложно найти примеры, где систематический риск портфеля по отношению к совокупному риску (представленному как стандартное отклонение доходности) составляет 99,76%, а месячная ошибка следования — 200 базисных пунктов.

Как и для акций, где бета портфеля характеризует его движение в ответ на движение того или иного рыночного индекса (например, S&P 500), для портфеля облигаций можно определить бету. Из табл. 25.8 видно, что бета портфеля равна 1,01. Поскольку ориентиром служит составной индекс, бета, равная 1,01, означает, что при росте индекса на 10% портфель растет в среднем на 10,1%.

Показатель типа беты можно рассчитать для каждого фактора риска. Например, возьмем фактор риска, характеризующий изменения уровня кривой доходности, т. е. дюрации портфеля. **Бета дюрации** определяется следующим образом:

$$\text{бета дюрации} = \frac{\text{дюрация портфеля}}{\text{дюрация ориентира}}.$$

Для нашего портфеля и ориентира, у которых дюрация равна соответственно 5,56 и 5,41 (см. табл. 25.6), бета дюрации составляет 1,03.

Информация из табл. 25.8 служит хорошей основой для понимания риска портфеля относительно ориентира, однако полезно еще посмотреть на распределение риска портфеля (представленного ошибкой следования) по 1) категориям факторов риска и 2) классам активов (т. е. секторам ориентира).

В табл. 25.9 представлена информация о риске портфеля по категориям факторов риска. Показаны систематический риск и специфический риск и семь компонентов систематического риска. Во втором столбце приводится изолированная ошибка следования, а в третьем — вклад каждой группы факторов риска в ошибку следования. Как видно, портфель из 50 облигаций наиболее чувствителен к риску кривой доходности, риску спреда, риску корпоративного спреда, представленному в виде своп-спреда, и специфическому риску. В четвертом столбце представлен новый показатель — эффект ликвидации на ошибку следования. Barclays Capital определяет этот показатель как влияние хеджирования (т. е. устранение) определенной группы рисков на ошибку следования портфеля. Возьмем, например, систематический риск. Влияние эффекта ликвидации на ошибку следования, показанное в таблице, равно –1,2 и интерпретируется следующим образом: если портфельный менеджер захеджирует систематический риск, то ошибка следования портфеля снизится на 1,2 базисного пункта в месяц. Для нашего портфеля, ошибка следования которого составляет 9 базисных пунктов в месяц, хеджирование систематического риска снизит ее до 7,8 базисного пункта в месяц.

Таблица 25.9. Детальная разбивка ошибки следования портфеля из 50 облигаций по группам факторов риска

Группа факторов риска	Изолированная ошибка следования	Вклад в ошибку следования	Эффект ликвидации на ошибку следования	Эластичность ошибки следования (%)
Всего	9,0	9,0	–9,0	1,0
Систематический риск	4,6	2,3	–1,2	0,2
Риск кривой доходности	3,9	0,9	–0,1	0,1
Риск своп-спреда	2,6	0,6	–0,2	0,1
Риск волатильности	1,3	0,1	0,0	0,0
Риск спредов правительственных бумаг	0,8	0,0	0,0	0,0
Риск спредов корпоративных бумаг	2,8	0,7	–0,3	0,1
Риск спреда продуктов секьюритизации	2,5	0,0	0,4	0,0
Специфический риск	7,8	6,8	–4,2	0,7

Детальный анализ систематического и специфического риска на уровне классов активов представлен в табл. 25.10. В первом столбце показаны пять классов активов, а во втором («Чистый рыночный вес») — отклонение веса каждого класса активов от ориентира. В последних трех столбцах приведен вклад систематического риска, специфического риска и совокупного риска в ошибку следования. В строку «Всего» включено то, что мы уже знаем о портфельном риске из более раннего анализа: систематический риск 2,3 базисного пункта в месяц, специфический риск 6,8 базисного пункта в месяц и совокупный риск 9 базисных пунктов в месяц. Таблица также показывает вклад каждого класса активов в систематический, специфический и совокупный риск. Если взглянуть на эту таблицу укрупненно, то видно, что специфический риск доминирует над систематическим из-за небольшого числа ценных бумаг в портфеле. Интересно отметить, что основной вклад в систематический риск вносят казначейские бумаги, хотя этот сектор имеет более низкий рыночный вес, чем корпоративный. Это результат несоответствия дюрации казначейского компонента портфеля по сравнению с ориентиром. В то же время казначейские ценные бумаги имеют пренебрежимо малый вклад в специфический риск, поскольку изменение их доходности в значительной мере объясняется систематическим риском кривой доходности.

Еще один важный вывод, вытекающий из табл. 25.10, заключается в том, что основной вклад в специфический риск вносят корпоративные ценные бумаги в результате более высокого веса этого сектора, для которого характерен относительно высокий специфический риск на уровне отдельных ценных бумаг. Если какая-либо из корпоративных облигаций, включенных в портфель, будет демонстрировать низкие результаты (т. е. если реализуется специфический риск), то это заметно скажется на результатах портфеля по сравнению с ориентиром. Это свидетельствует о наличии значительного «именного» риска (т. е. риска индивидуальных эмитентов).

Таблица 25.10. Систематическая и специфическая месячная ошибка следования для портфеля из 50 облигаций с разбивкой по классам активов

Класс активов	Чистый рыночный вес (%)	Вклад в ошибку следования		
		Систематический риск	Специфический риск	Совокупный риск
Всего	0,0	2,3	6,8	9,0
Казначейские ценные бумаги	−3,8	2,5	0,2	2,7
Агентские ценные бумаги	−1,8	−0,3	0,0	−0,3
Правительственные неагентские ценные бумаги	−1,4	−0,9	0,2	−0,7
Корпоративные ценные бумаги	11,4	1,0	6,0	6,9
MBS	−4,4	0,0	0,4	0,4

Анализ, аналогичный разложению риска по группам факторов (табл. 25.9), но по классам активов представлен в табл. 25.11. Обратите внимание на то, что изолированная ошибка следования для классов казначейских

Таблица 25.11. Изолированная месячная ошибка следования и эффект ликвидации для портфеля из 50 облигаций с разбивкой по классам активов

Класс активов	Чистый рыночный вес (%)	Изолированная ошибка следования	Влияние эффекта ликвидации на ошибку следования	Эластичность ошибки следования (%)
Всего	0,0	9,0	−9,0	1,0
Казначейские ценные бумаги	−3,8	10,6	2,9	0,3
Агентские ценные бумаги	−1,8	2,0	0,5	0,0
Правительственные неагентские ценные бумаги	−1,4	7,2	2,9	−0,1
Корпоративные ценные бумаги	11,4	9,3	−2,9	0,8
MBS	−4,4	3,4	0,3	0,0

и корпоративных ценных бумаг превышает ошибку следования портфеля (10,6 базисного пункта и 9,3 базисного пункта в месяц против 9 базисных пунктов в месяц). Как такое могло случиться? Дело в том, что позиции в определенных классах активов в портфеле хеджируют другие классы активов (например, казначейские и корпоративные ценные бумаги могут хеджировать друг друга). Эффект хеджирования можно увидеть в четвертом столбце, где представлено влияние эффекта ликвидации на ошибку следования для каждого класса активов.

Теперь посмотрим более внимательно на чувствительность портфеля к риску кривой доходности. В главе 5 мы говорили о временной структуре процентных ставок. Хотя там рассматривалась кривая доходности казначейских ценных бумаг, мы отмечали, что существуют и другие процентные ориентиры, такие как кривая своп-ставок. В бескризисные периоды казначейские кривые и кривые своп-ставок ведут себя одинаково, однако во времена финансовых кризисов это не так. Очевидным примером является кредитный кризис 2008 г. В результате в модели Barclays Capital для правительственных продуктов используется другая кривая доходности. За исключением казначейских ценных бумаг все классы активов чувствительны к своп-спреду помимо казначейской кривой доходности. Разделение кривой своп-ставок на казначейскую кривую и своп-спреды в модели Barclays Capital позволяет портфельным менеджерам гибко анализировать риск спреда относительно казначейской или своп-кривой в зависимости от ситуации.

Существуют различные показатели для оценки чувствительности к изменениям формы кривой доходности. Наиболее распространенным является дюрация ключевой ставки. В модели Barclays Capital фигурируют шесть ключевых ставок — шестимесячная, 2-летняя, 5-летняя, 10-летняя, 20-летняя и 30-летняя ставка. Для портфеля из 50 облигаций и ориентира дюрации этих шести ключевых ставок относительно казначейской кривой, а также выпуклость с учетом опциона (эффективная выпуклость) представлены в табл. 25.12. Суммирование дюраций ключевых ставок для портфеля и ориентира дает значение дюрации портфеля, равное 5,56, и ориентира — 5,41, что согласуется со значениями в табл. 25.8.

В четвертом столбце показано расхождение дюрации ключевой ставки и выпуклости между портфелем и ориентиром. Из главы 4 мы знаем, как интерпретировать дюрацию ключевой ставки. Это примерное процентное изменение стоимости портфеля или ориентира на 100 базисных пунктов изменения ставки для конкретного срока при постоянстве всех остальных ставок. С точки зрения расхождения это примерное дифференциальное процентное изменение портфеля относительно ориентира на 100 базисных пунктов изменения ставки для конкретного срока при постоянстве всех остальных ставок.

Например, возьмем чистую 5-летнюю дюрацию ключевой ставки, равную 0,09. Вопрос в том, насколько волатильна 5-летняя ставка. В пятом столбце «Волатильность фактора» показана прогнозная волатильность фактора на месячном горизонте. Например, 5-летняя ставка имеет волатильность 29,48 базисного пункта в месяц. Если исходить из того, что волатильность характеризует типичное движение фактора (т. е. ключевой процентной ставки), то изолированное влияние этого движения на доходность портфеля из 50 облигаций (относительно ориентира) можно определить следующим образом:

влияние типичного движения на доходность =
= – (чистая дюрация ключевой ставки) × типичное движение ставки.

Например, для дюрации 5-летней ключевой ставки мы имеем:

влияние типичного движения на доходность =
= –0,09 × 29,48 = –2,7 базисного пункта в месяц.

Если взять 10-летнюю ключевую ставку, то мы получим:

влияние типичного движения на доходность =
= –(–0,12) × 30,42 = 3,6 базисного пункта в месяц.

Не забывайте о разнице между изолированным и коррелирующим влиянием на доходность. Обратите внимание на то, что для 10-летней ключевой ставки изолированное влияние на доходность положительно, но при учете корреляции факторов оно становится отрицательным — –2 базисных пункта в месяц.

Таблица 25.12. Риск казначейской кривой для портфеля из 50 облигаций

Фактор	Портфель	Ориентир	Разница*	Волатильность фактора	Влияние типичного движения на доходность: Изолированная TE	Влияние типичного движения на доходность: Коррелирующая TE	Предельный вклад в ошибку следования
USD 6-месячная ключевая ставка	0,11	0,11	0,01	22,20	–0,2	–0,9	2,2
USD 2-летняя месячная ключевая ставка	0,59	0,64	–0,05	21,59	1,1	–1,4	3,3
USD 5-летняя месячная ключевая ставка	1,53	1,43	0,09	29,48	–2,8	–1,7	5,3
USD 10-летняя месячная ключевая ставка	1,39	1,51	–0,12	30,42	3,6	–2,0	6,6

Окончание табл. 25.12

Фактор	Портфель	Ориентир	Разница*	Волатильность фактора	Влияние типичного движения на доходность: Изолированная TE	Влияние типичного движения на доходность: Коррелирующая TE	Предельный вклад в ошибку следования
USD 20-летняя месячная ключевая ставка	0,98	0,91	0,07	27,84	−2,0	−2,1	6,3
USD 30-летняя месячная ключевая ставка	0,96	0,82	0,14	27,18	−3,8	−2,2	6,4
USD выпуклость	0,11	0,06	0,05	4,72	0,2	0,5	0,3

* Разница в результате округления.

Последний столбец табл. 25.12, где показан предельный вклад в ошибку следования, полезен портфельному менеджеру, который стремится к эффективному снижению чувствительности портфеля к риску казначейской кривой доходности. По существу, он демонстрирует, что изменение чувствительности к 10-летней ключевой ставке на одну единицу изменяет ошибку следования на 6,6 базисного пункта в месяц.

В табл. 25.13 приведена чувствительность портфеля к изменению своп-спреда. Своп-спред — это разница между своп-ставкой и казначейской ставкой. Все ценные бумаги в портфеле за исключением казначейских ценных бумаг подвержены этому риску. Сравнение влияния на доходность коррелирующих факторов в предпоследних столбцах табл. 25.12 и 25.13 показывает, что потенциальное движение своп-спреда оказывает меньшее воздействие на портфель, чем движение казначейской кривой.

Таблица 25.13. Риск своп-спреда для портфеля из 50 облигаций

Фактор	Чувствительность (SS-KRD): Портфель	Ориентир	Разница	Волатильность фактора	Влияние на доходность с учетом корреляции	Предельный вклад в TE
USD 6-месячный своп-спред	0,11	0,08	0,04	19,5	−0,9	2,0
USD 2-летний своп-спред	0,43	0,38	0,05	11,0	−0,6	0,7
USD 5-летний своп-спред	0,74	0,89	−0,15	6,7	−0,5	0,4
USD 10-летний своп-спред	1,16	1,08	0,09	8,5	1,2	−1,1
USD 20-летний своп-спред	0,66	0,72	−0,06	9,9	1,7	−1,8
USD 30-летний своп-спред	0,21	0,40	−0,19	12,5	1,9	−2,6

Конструирование портфеля с использованием многофакторной модели и модели оптимизации

Теперь, когда мы знаем, какую информацию можно получить из многофакторной модели, посмотрим, как ее использовать в целях конструирования портфеля.

Как и в случае использования метода ячеек, менеджер имеет определенное мнение об основных факторах доходности ориентира, и он хочет сыграть на своих ожиданиях. Менеджеру приходится действовать в условиях ограниченного бюджета риска, а также учитывать любые другие ограничения максимального риска для сектора, отрасли или эмитента. Конечно, менеджер должен принимать во внимание транзакционные издержки, связанные не только с формированием портфеля, но и с его перебалансированием для изменения факторов риска.

При формировании портфеля многофакторная модель используется совместно с моделью оптимизации[1]. Будем считать, что ориентиром служит составной индекс, представленный в табл. 25.4. Хотя мы рассматривали портфель из 50 облигаций с точки зрения чувствительности к факторам риска (табл. 25.3), в действительности он был сформирован с помощью модели оптимизации Barclays Capital POINT[R] Optimizer[2].

Модель оптимизации дает лицу, принимающему решение, оптимальные значения всех переменных. Лицо, принимающее решение, задает переменные, целевую функцию и ограничения. После этого модель находит оптимальные значения этих переменных.

В случае формирования портфеля с помощью многофакторной модели переменными являются количества ценных бумаг, включаемых в оптимизированный портфель. Портфельный менеджер должен определить совокупность ценных бумаг, приемлемых для портфеля. Однако ему нужна не только информация о том, какие ценные бумаги можно включать в портфель. Ему требуется цена каждого потенциального кандидата на приобретение. Доступная торгуемая совокупность — это ценные бумаги, входящие в составной индекс, с заданным минимальным объемом в обращении (в нашем примере он равен $300 млн). Торгуемая совокупность не обязательно должна совпадать с ориентиром. Если портфельному менеджеру разрешается инвестировать в ценные бумаги, не входящие в индекс, то может использоваться более широкая

---

[1] Принципы работы моделей оптимизации см. в: Dessislava A. Pachamanova and Frank J. Fabozzi, Simulation and Optimization Modeling in Finance (Hoboken, NJ: John Wiley & Sons, 2010).

[2] См.: Anuj Kumar, “The POINT Optimizer,” Barclays Capital Publication, June 2010.

торгуемая совокупность, например как Barclays Capital U. S. Aggregate Index. Во избежание включения в портфель небольших выпусков, которые могут привести к появлению проблемы ликвидности, устанавливают минимальный размер выпуска.

Портфельный менеджер должен также определить целевую функцию. Это показатель или количество, которое необходимо минимизировать или максимизировать. При формировании портфеля с использованием многофакторных моделей оптимизируемым показателем является ошибка следования портфеля. Менеджер стремится минимизировать ее.

Оптимизация целевой функции обычно имеет ограничения. Они могут налагаться клиентом и иметь форму правил инвестирования, устанавливаться менеджером или определяться существующим регулированием. Самым очевидным ограничением является бюджет риска, который определяет максимальную ошибку следования для портфеля. В число других распространенных ограничений при первоначальном формировании портфеля входят: 1) запрет на короткую продажу; 2) максимальное отклонение от дюрации ориентира; 3) максимальное несоответствие по любому сектору в ориентире; 4) максимальная позиция в бумагах одного эмитента или отрасли и 5) минимальный размер покупки выпуска, чтобы избежать приобретения нестандартных лотов. Если торгуемая совокупность включается в себя ценные бумаги, не входящие в ориентир, то, как правило, устанавливается процент портфеля, который может приходиться на неиндексные ценные бумаги. Конечно, должны также существовать требования к рыночной стоимости портфеля и верхний предел для количества ценных бумаг.

При формировании портфеля, представленного в табл. 25.3, действовали следующие ограничения:

1. Рыночная стоимость $100 млн.
2. Не более 50 ценных бумаг в портфеле.
3. Полный запрет коротких продаж.
4. Дюрация портфеля должна превышать дюрацию ориентира не менее чем на 0,15, но не более чем на 0,30.
5. Спреды на 50–80 базисных пунктов выше, чем у ориентира.
6. Месячная ошибка следования не более 15 базисных пунктов.
7. Максимальное отклонение веса в плюс или минус — 3% на эмитента.

Обратите внимание на ограничение 4, касающееся дюрации портфеля. Оно определяет возможности смещения портфеля по риску кривой доходности в соответствии с мнением портфельного менеджера. Ограничение 5 — бюджет риска допускает отклонение не только по дюрации, но и по распределению активов по секторам. Ограничение 7 установлено в целях обеспечения диверсификации.

Из табл. 25.4 видно, что портфельный менеджер также положительно оценивает корпоративный сектор, придавая ему более значительный вес за счет весов других трех секторов.

Перебалансирование портфеля

Хотя обычно демонстрируют формирование портфеля с нуля, т. е. с денежной позиции, на практике намного более распространенной задачей является перебалансирование существующего портфеля. Многофакторная модель в сочетании с моделью оптимизации может эффективно применяться для перебалансирования, т. е. приведения портфеля в соответствие с ориентиром, характеристики которого меняются со временем (изменение дюрации ориентира, понижение или повышение рейтингов некоторых выпусков), и/или в соответствие с новыми взглядами менеджера. Перебалансирование требуется также, когда портфельный менеджер получает дополнительные средства от клиента или когда клиент изымает средства.

При перебалансировании необходимо минимизировать транзакционные издержки путем избегания излишнего оборота существующих вложений. Модель оптимизации позволяет оценить плюсы и минусы замены одного выпуска (т. е. продажи) на другой (т. е. покупки). Модель оптимизации помогает определить пакет транзакций (т. е. продаж и покупок), а также снижение (повышение) риска, так что у менеджера появляется возможность оценивать выгоды от корректировки риска относительно стоимости транзакции.

Например, детальный анализ портфеля, представленного в табл. 25.3, показывает повышенный вес эмитентов из банковского сектора. Допустим, менеджер хочет снизить превышение веса банков до 5% и добиться этого с помощью не более чем 15 сделок. В модель оптимизации можно ввести набор торгуемых ценных бумаг и их текущие цены. Необходимо также добавить ограничение на избыточный вес банков — не более 5% и ограничить количество сделок — не более 15.

В табл. 25.14 показаны сделки, рекомендованные моделью оптимизации на определенный момент. Совокупная рыночная стоимость сделок равна примерно $13 млн. Почти половина продаж из портфеля приходится на банки и они заменяются казначейскими нотами, корпоративными облигациями, суверенными облигациями и агентскими MBS.

Прежде чем менеджер исполнит пакет сделок, предложенный в табл. 25.14, необходимо оценить изменение риска. Новая систематическая TE после перебалансирования составляет 4,2 базисного пункта (исходная была равна 4,6 базисного пункта); специфическая TE — 7,8 базисного пункта (такая же, как до перебалансирования); совокупная TE — 8,8 базисного пункта (9,0 базисных пунктов до перебалансирования). Снижение совокупной TE объясняется тем, что портфеле после перебалансирования оказывается более 50 ценных бумаг.

Таблица 25.14. Сделки для перебалансирования портфеля

Покупка			
Идентификатор	**Описание**	**Размер позиции ($)**	**Рыночная стоимость ($)**
912828LK	Казначейские ноты США	3 133 909	3 235 179
912828LS	Казначейские ноты США	2 814 967	2 924 353
489170AB	Kennametal Inc	1 959 720	2 087 886
94986EAA	Wells Fargo Capital XIII	1 286 097	1 360 888
912810QD	Казначейские облигации США	1 118 189	1 111 380
465138ZR	Israel state of	920 297	1 097 735
912810QB	Казначейские облигации США	1 017 169	991 185
GNG03410	GNMA II Single Family 15yr	117 277	119 672
Всего			12 928 278
Продажа			
Идентификатор	**Описание**	**Размер позиции ($)**	**Рыночная стоимость ($)**
912828NV	Казначейские ноты США	−2 662 260	−2 586 183
16132NAV	Charter One Bank FSB	−2 203 358	−2 332 312
05946NAD	Banco Bradesco SA	−1 564 870	−1 828 328
827065AA	Silicon Valley Bank	−1 692 776	−1 770 613
912828NL	Казначейские ноты США	−1 603 631	−1 612 239
912810QC	Казначейские облигации США	−1 462 336	−1 468 727
912810QE	Казначейские облигации США	−1 298 352	−1 329 875
Всего			−12 928 278

Резюме

- Модель среднего и дисперсии Марковица используется в целях распределения активов и конструирования портфелей. Входными параметрами являются среднее (ожидаемая доходность) и дисперсия для каждой ценной бумаги, претендующей на включение в портфель, а также ковариация или корреляция для каждой пары ценных бумаг.

- Хотя результаты, получаемые с помощью модели среднего и дисперсии Марковица, очень полезны, существует ряд проблем, ограничивающих применение модели для конструирования портфелей облигаций.
- Ошибка следования, или активный риск, — это стандартное отклонение доходности портфеля относительно индекса-ориентира.
- Существуют два типа ошибки следования — реальная ошибка следования и ожидаемая ошибка следования.
- Реальная ошибка следования, называемая иначе исторической ошибкой следования, рассчитывается на основе фактических результатов портфеля относительно индекса-ориентира.
- Ожидаемая ошибка следования — это оценка того, какие результаты портфеля относительно индекса-ориентира следует ожидать в будущем. Ожидаемую ошибку следования, называемую также предсказательной, используют в целях контроля риска и конструирования портфелей. Чем выше ожидаемая ошибка следования, тем больше профиль риска проводимой менеджером стратегии отличается от профиля риска ориентира и тем более активной является стратегия.
- Метод ячеек предполагает деление ориентира на ячейки, каждая из которых представляет один из его параметров. Портфельный менеджер затем выбирает одну или несколько ценных бумаг так, чтобы они соответствовали или отклонялись от ячейки в зависимости от того, какая используется стратегия — пассивная или активная. В последнем случае отклонение зависит от мнения менеджера.
- Формирование портфеля облигаций с использованием индексной стратегии связано с рядом сложностей, которых нет у менеджеров портфелей акций.
- Многофакторные модели (также называемые многофакторными моделями риска, или факторными моделями) представляют собой статистические модели, которые используются для оценки ожидаемой доходности ценной бумаги на основе основных определяющих доходность факторов.
- Систематические факторы риска в многофакторной модели включают в себя риск кривой доходности, риск своп-спреда, риск волатильности, риск спредов правительственных бумаг, риск спредов корпоративных бумаг и риск спреда продуктов секьюритизации.
- Чувствительность к риску в факторной модели измеряется через ошибку следования.

- Многофакторные модели в сочетании с моделью оптимизации используются для конструирования портфеля с минимальной ошибкой следования с учетом ограничений, налагаемых менеджером (по требованию клиента или по собственному усмотрению), и взглядов менеджера.

Вопросы

1. В чем ценность подхода Марковица к портфельной теории?
2. Объясните, согласны вы или не согласны со следующими утверждениями:
   a. «Для выбора портфеля с использованием модели среднего и дисперсии важна ковариация, а не корреляция».
   b. «В модели среднего и дисперсии дисперсия тем ниже, чем выше корреляция активов в портфеле».
3. Назовите два способа использования инвесторами модели среднего и дисперсии Марковица.
4. С какими сложностями связано использование модели среднего и дисперсии Марковица при формировании портфелей?
5. С какой целью Уильям Шарп разработал одноиндексную модель?
6. Почему ошибка следования более важна, чем дисперсия доходности портфеля при оценке результатов менеджера относительно ориентира?
7. Что такое ошибка следования?
8. Объясните, почему реальная ошибка следования имеет ограниченную ценность для оценки будущей ошибки следования портфеля.
9. Почему у менеджера, проводящего активную стратегию, высока вероятность отклонения реальной ошибки следования в конце года от ожидаемой ошибки следования на начало года?
10. a. Рассчитайте ошибку следования на основе следующей информации:

Месяц	*Доходность портфеля A (%)*	*Доходность ориентира (%)*
Январь	2,15	1,65
Февраль	0,89	–0,10
Март	1,15	0,52
Апрель	–0,47	–0,60
Май	1,71	0,65
Июнь	0,10	0,33

Окончание таблицы

Месяц	*Доходность портфеля A (%)*	*Доходность ориентира (%)*
Июль	1,04	2,31
Август	2,70	1,10
Сентябрь	0,66	1,23
Октябрь	2,15	2,02
Ноябрь	–1,38	–0,61
Декабрь	–0,59	–1,20

b. Какую ошибку следования вы получили в части a, реальную или ожидаемую?

c. Сравните ошибку следования, найденную в части a, с ошибкой следования портфелей X и Y в табл. 25.1 и 25.2. Что можно сказать об инвестиционной стратегии, проводимой портфельным менеджером?

11. Предположим, что:

ожидаемая доходность индекса-ориентира — 7%;
ожидаемая ошибка следования относительно индекса — 200 базисных пунктов.

Считая, что доходность имеет нормальное распределение, заполните следующую таблицу:

Количество стандартных отклонений	*Диапазон доходности портфеля*	*Вероятность*
1		
2		
3		

12. На встрече с потенциальным клиентом портфельный менеджер заявляет, что его инвестиционная стратегия консервативна. Он говорит, что конструирует портфель с ожидаемой ошибкой следования 250–300 базисных пунктов относительно определенного клиентом индекса облигаций. Объясните, согласны вы или не согласны с тем, что менеджер проводит консервативную стратегию.
13. Что означает ошибка следования в результате систематических факторов риска?
14. Вы анализируете отчет портфельного менеджера, в котором говорится, что предсказанная (ожидаемая) ошибка следования фонда составляет 94,87 базисного пункта. Кроме того, в нем указывается, что

предсказанная ошибка следования в результате систематического риска равна 90 базисным пунктам, а предсказанная ошибка следования в результате несистематического риска — 30 базисным пунктам. Почему сумма этих двух компонентов ошибки следования составляет 94,87 базисного пункта?

15. В чем состоят недостатки метода ячеек при конструировании облигационного портфеля?
16. Почему трудно создать портфель облигаций для осуществления чистой стратегии индексирования?
17. Как многофакторная модель может использоваться для мониторинга и контроля риска портфеля?
18. Как многофакторная модель может использоваться для перебалансирования портфеля?
19. Что означает изолированная ошибка следования в факторной модели?
20. Ниже приведен состав портфеля из 50 облигаций с рыночной стоимостью $100 млн по состоянию на 29 апреля 2011 г.:

Идентификатор	Описание	Размер позиции ($)	Рыночная стоимость ($)
003723AA	ABN AMRO BANK NV	1 449 636	1 422 596
00104BAC	AES EASTERN ENERGY	1 682 044	1 206 446
02051PAC	ALON REFINING KROTZ	592 304	630 655
02360XAL	AMERENENERGY GENERATING	707 484	737 343
101137AD	BOSTON SCIENTIFC	1 551 232	1 656 030
12527GAA	CF INDUSTRIES INC	1 328 707	1 499 778
165167BS	CHESAPEAKE ENERGY CORP	797 314	880 013
125896BG	CMS ENERGY	1 286 476	1 337 697
251591AY	DEVELOPERS DIVERS REALTY	646 714	644 344
FGB08000	FHLM Gold Guar Single F. 30yr	2 683 702	3 040 911
FGB07001	FHLM Gold Guar Single F. 30yr	690 235	780 262
FGB06402	FHLM Gold Guar Single F. 30yr	885 600	1 004 579
FGB07002	FHLM Gold Guar Single F. 30yr	3 751 831	4 235 068
FGB05403	FHLM Gold Guar Single F. 30yr	1 411 009	1 531 707
FGB06003	FHLM Gold Guar Single F. 30yr	1 387 727	1 537 027
FGB06004	FHLM Gold Guar Single F. 30yr	633 691	700 545
FGB05011	FHLM Gold Guar Single F. 30yr	651 568	690 585
FNA07098	FNMA Conventional Long T. 30yr	884 357	1 014 899

Окончание таблицы

Идентификатор	Описание	Размер позиции ($)	Рыночная стоимость ($)
FNA08000	FNMA Conventional Long T. 30yr	1 643 844	1 883 297
FNA05402	FNMA Conventional Long T. 30yr	1 707 042	1 854 853
FNA06402	FNMA Conventional Long T. 30yr	1 155 221	1 311 433
FNA07002	FNMA Conventional Long T. 30yr	2 241 336	2 563 939
FNA05003	FNMA Conventional Long T. 30yr	641 485	684 085
FNA05403	FNMA Conventional Long T. 30yr	3 194 556	3 469 103
FNA06003	FNMA Conventional Long T. 30yr	1 548 573	1 715 870
FNA05010	FNMA Conventional Long T. 30yr	794 384	843 855
FNA05011	FNMA Conventional Long T. 30yr	1 105 717	1 173 465
GNB04411	GNMA II Single Family 30yr	2 391 899	2 509 580
381427AA	GOLDMAN SACHS CAPITAL II	3 123 435	2 761 546
45905CAA	INTERNATL BANK RECON DEV-GLOBA	1 151 247	1 200 080
45950KBJ	INTL FINANCE CORPORATION	1 227 607	1 198 808
46513E5Y	ISRAEL STATE OF-GLOBAL	1 797 220	1 911 761
500769BR	KREDIT FUER WIEDERAUFBAU-GLOBA	3 461 061	1 012 672
500769CH	KREDIT FUER WIEDERAUFBAU-GLOBA	3 430 115	941 429
582834AM	MEAD CORP	727 352	787 191
58551TAA	MELLON CAPITAL IV	3 326 734	3 102 915
651715AF	NEWPAGE CORP	6 414 006	1 603 501
665772CE	NORTHERN STATES PWR MINN	889 932	907 113
723787AG	PIONEER NATURAL RESOURCES	945 542	1 045 275
749685AQ	RPM INTERNATIONAL INC	591 159	642 823
797440BM	SAN DIEGO GAS & ELECTRIC	957 058	856 840
784635AM	SPX CORPORATION	708 877	766 621
91311QAD	UNITED UTILITES PLC	844 170	848 272
915436AF	UPM-KYMMENE CORP	655 540	648 265
912810PW	US TREASURY BONDS	797 859	804 588
12810QA	US TREASURY BONDS	8 725 929	7 505 533
912810QK	US TREASURY BONDS	4 408 259	4 048 097
912828PA	US TREASURY NOTES	3 507 446	3 378 751
912828PF	US TREASURY NOTES	21 453 185	20 596 365
962166AV	WEYERHAEUSER CO	750 667	871 588

Ориентиром для менеджера, который формировал этот портфель, является составной индекс, включающий в равных долях Barclays Capital U. S. Treasury index, Barclays Capital U. S. Credit index и Barclays Capital U. S. MBS index.

Класс активов	Портфель (%)	Ориентир (%)
Всего	100,0	100,0
Казначейские бумаги	36,3	33,3
Бумаги, связанные с правительством	6,3	6,8
Корпоративные бумаги: промышленный сектор	11,0	13,9
Корпоративные бумаги: коммунальный сектор	5,9	2,9
Корпоративные бумаги: финансовый сектор	7,9	9,7
Агентские MBS	32,6	33,3

Аналитический показатель	Портфель	Ориентир	Разница
Дюрация спреда	6,87	5,37	1,50
Дюрация	6,77	5,27	1,50
Выпуклость	0,47	0,00	0,47
Вега	–0,01	–0,03	0,02
Спред (б. п.)	355	55	300

Вклад дюрации	Портфель	Ориентир	Разница
Всего	6,87	5,37	1,50
Казначейский сектор	3,62	1,78	1,84
Связанный с правительством сектор	0,92	0,41	0,51
Корпоративный сектор	1,10	1,74	–0,63
Сектор секьюритизированных продуктов	1,23	1,45	–0,22

Категории факторов риска	Изолированный риск/ошибка следования
Риск кривой доходности	40,8
Риск своп-спреда	2,5
Риск волатильности	2,8
Риск спредов правительственных бумаг	5,3
Риск спредов корпоративных бумаг	30,6
Риск спредов продуктов секьюритизации	5,8

Категории факторов риска	Изолированный риск/ошибка следования
Всего	33,2
Риск кривой доходности	23,4
Риск своп-спреда	0,2
Риск волатильности	0,5
Риск спредов правительственных бумаг	0,0
Риск спредов корпоративных бумаг	10,0
Риск спредов продуктов секьюритизации	−0,8

Волатильность	Портфель	Ориентир	Ошибка следования
Систематическая	141,9	117,4	37,9
Специфическая	19,3	4,8	18,7
Совокупная	143,2	117,5	42,3
Бета портфеля	1,18		

Группа факторов риска	Изолированная TEV	Вклад в TEV	Влияние эффекта ликвидации на TEV	Эластичность TEV (%)
Совокупный риск	42,3	42,3	−42,3	1,0
Систематический риск	37,9	33,2	−22,4	0,8
Кривая доходности	40,8	23,4	−4,3	0,5
Своп-спреды	2,5	0,2	−0,1	0,0
Волатильность	2,8	0,5	−0,4	0,0
Спред, связанный с правительственными бумагами	5,3	0,0	0,3	0,0
Корпоративный спред	30,6	10,0	0,8	0,2
Спред продуктов секьюритизации	5,8	−0,8	1,1	0,0
Специфический риск	18,7	9,1	−4,2	0,2

Дайте детальное описание характеристик риска этого портфеля. Не забудьте упомянуть источник мнения менеджера о рынке.

ГЛАВА 26

Особенности управления портфелем корпоративных облигаций

В этой главе читателю будут представлены сведения:

- о причине, по которой профиль «риск–доходность» у инвестора в акции сильно отличается от распределения риска и доходности у инвестора в облигации той же компании, и о влиянии этого феномена на выбор стратегии инвестирования в корпоративные облигации;
- об эмпирических данных по колебаниях чувствительности взвешенных по рыночной капитализации индексов облигаций к процентному и кредитному риску и о влиянии этих колебаний на управление портфелем корпоративных облигаций;
- о том, что такое торговля относительной стоимостью корпоративных облигаций и допущения, принимаемые при таких сделках;
- о типах сделок с относительной стоимостью корпоративных облигаций;
- о том, что такое нечувствительное к ограничениям инвестирование;
- об эмпирических данных по нечувствительному к ограничениям инвестированию;
- о том, как конструировать портфель корпоративных облигаций с использованием модели кредитного риска;
- о том, как измерять ликвидность корпоративных облигаций;
- о скоринге ликвидности Barclays Capital Liquidity Cost Score и его использовании при управлении ликвидностью корпоративных облигаций.

Класс кредитных активов на облигационном рынке включает в себя корпоративные долговые обязательства (облигации и кредиты), неагентские ценные бумаги, обеспеченные жилищной ипотекой, ипотечные ценные бумаги, обеспеченные коммерческой недвижимостью, и ценные бумаги, обеспеченные активами. Сюда также относится долг в иностранной валюте, выпущенный суверенными эмитентами и контролируемыми правительством организациями, которые, с точки зрения инвесторов, имеют более высокий риск, чем национальные правительства[1]. В этой главе мы рассмотрим особенности управления портфелем корпоративных облигаций.

РИСК–ДОХОДНОСТЬ КОРПОРАТИВНЫХ ОБЛИГАЦИЙ ПО СРАВНЕНИЮ С АКЦИЯМИ

Профиль «риск–доходность», с которым имеет дело инвестор в акции, совершенно не похож на то, с чем сталкивается инвестор в облигации той же компании. В плюсе у инвестора в корпоративные облигации купонные платежи, если облигация приобретается по номиналу и держится до погашения. Если облигация приобретается с дисконтом и держится до погашения, то в плюсе уже прирост капитала и купонные платежи. Иначе говоря, эмитент не может дать инвестору ничего больше. Конечно, если корпоративная облигация продается перед погашением и не является проблемной, т. е. продающейся по чрезвычайно низкой цене, есть еще повышение рыночной цены. Однако этот источник дохода ограничен. У инвестора в акции потенциал роста не имеет ограничений. Удвоение, утроение и даже еще более значительный рост в течение короткого промежутка времени не является чем-то необычным. В минусе у инвестора в корпоративные облигации — вероятность потери основной суммы и процентов, которая, правда, частично смягчается возможностью получения возмещения. Инвестор в акции может потерять все свои вложения.

Цзань Ли и Цзин Чжан из Moody's Analytics провели эксперимент интересный, который наглядно показывает разницу распределения доходности у инвесторов в корпоративные облигации и акции. Он высвечивает важные особенности инвестирования в корпоративные облигации[2]. Используя индекс Merrill Lynch Investment Grade Index, Ли и Чжан удалили 10% наи-

---

1 Jack Malvey, "Global Credit Bond Portfolio Management," глава 51 в: Frank J. Fabozzi (ed.), The Handbook of Fixed Income Securities, 8th ed. (New York: McGraw Hill, 2012).

2 Zan Li and Jing Zhang, "Investing in Corporate Credit Using Quantitative Tools," Moody's Analytics, September 14, 2010.

лучших и 10% наихудших по результативности выпусков в период с июля 1999 г. по июль 2009 г. В части А рис. 26.1 показана кумулятивная совокупная доходность за период для оригинального индекса и усеченного индекса (т. е. индекса после удаления 10% лучших и 10% худших выпусков). Как видно, усеченный индекс превосходит оригинальный индекс. При таком же эксперименте с индексом Merrill Lynch High-Yield Index усеченный индекс показал еще более высокие результаты (часть В рис. 26.1). Когда то же самое было проделано с фондовым индексом Dow Jones 30 (часть С рис. 26.1), результат оказался противоположным. Кумулятивная доходность усеченного фондового индекса была значительно ниже, чем доходность оригинального индекса.

Какие выводы из этого эксперимента следует сделать при формировании инвестиционной философии для управления портфелями корпоративных облигаций? Для кредитных портфелей избегание «неудачников» имеет намного большее значение, чем для портфелей акций. Управление портфелями длинных инвесторов[1] предполагает идентификацию «победителей».

Помимо этого при управлении портфелем корпоративных облигаций особенно важно обеспечение диверсификации. Если ориентиром служит облигационный индекс, включающий в себя более 3000 выпусков, не целесообразно держать более 150 выпусков. Это означает появление значительного специфического риска. Полностью устранить этот риск не удастся, но есть возможность минимизировать его с помощью традиционного кредитного анализа (см. главу 22) и/или моделей кредитного риска (см. главу 23).

ОРИЕНТИРЫ ДЛЯ КОРПОРАТИВНЫХ ОБЛИГАЦИЙ

При обсуждении портфельных стратегий для облигаций в главе 24 мы говорили о трех проблемах, присущих, с точки зрения инвесторов, взвешенным по рыночной капитализации индексам облигаций: проблеме дюрации, проблеме изменения риска и «проблеме крупного долга». Эмпирические данные по проблеме изменения риска, однако, тогда не рассматривались.

Состав облигационных выпусков в индексе корпоративных облигаций изменяется по следующим причинам: 1) выпуск новых корпоративных облигаций, которые удовлетворяют требованиям для включения в индекс; 2) выбытие облигаций в результате наступления срока погашения, отзыва эмитентом, предъявления инвесторами или конвертирования в акции; 3) исключение облигаций в результате ухудшения их характеристик (например,

[1] Инвесторов, которым не разрешена короткая продажа акций, называют «длинными».

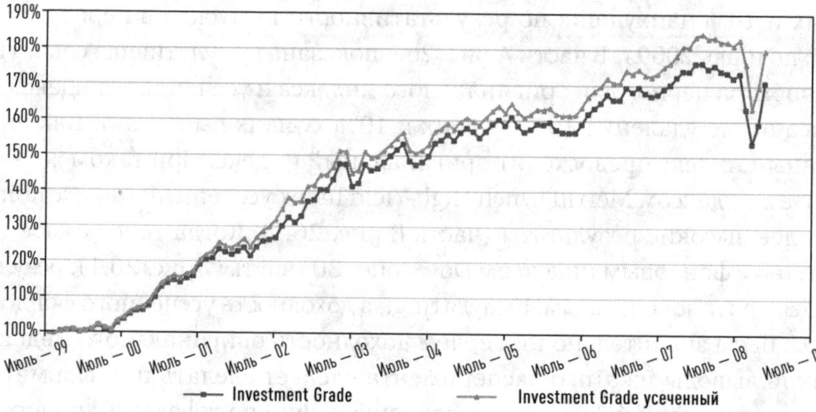

Часть A: Merrill Lynch Investment Grade Index — оригинальный и усеченный

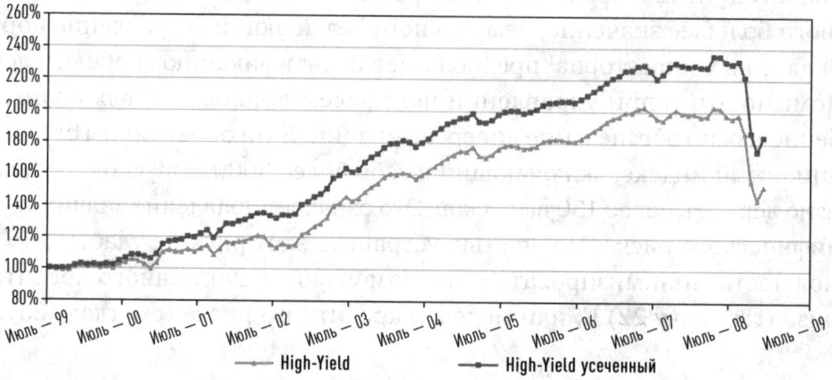

Часть B: Merrill Lynch Investment High-Yield Index — оригинальный и усеченный

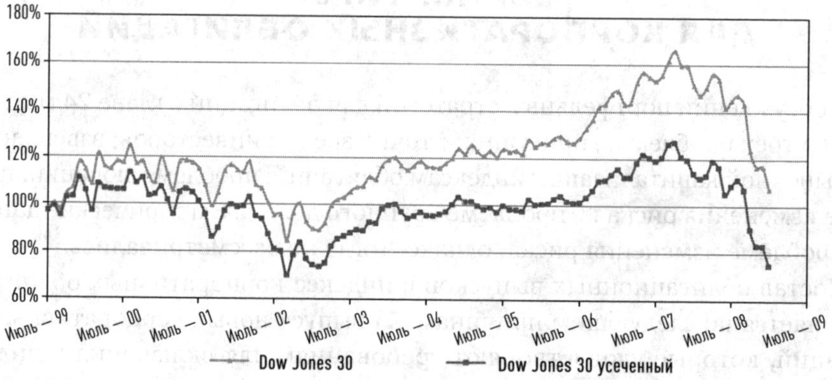

Часть C: Dow Jones 30 — оригинальный и усеченный

Рис. 26.1. Кумулятивная доходность оригинальных и усеченных индексов в период с июля 1999 г. по июль 2009 г.

Источник: Zan Li and Jing Zhang, "Investing in Corporate Credit Using Quantitative Tools," Moody's Analytics, September 14, 2010; Panel a from Figure 3; Panel b from Figure 4; Panel c from Figure 5. © Moody's Investors Service, Inc. and/or its affiliates. Перепечатывается с разрешения.

понижение кредитного рейтинга, сокращения срока погашения и уменьшение размера выпуска); 4) включение облигаций в результате повышения кредитного рейтинга в случае индекса корпоративных облигаций инвестиционного уровня. Как следствие изменения состава индекса корпоративных облигаций, изменяются процентный риск (выраженный через дюрацию и выпуклость) и кредитный риск. Изменение может быть таким, что процентный и кредитный риск перестают быть приемлемыми для инвестора, принявшего конкретный взвешенный по рыночной капитализации индекс облигаций в качестве ориентира.

Если выбранный клиентом индекс корпоративных облигаций нестабилен, то портфельный менеджер должен непрерывно перебалансировать портфель для поддержания оптимального состава. Возникает практический вопрос, насколько стабилен риск взвешенного по рыночной капитализации индекса корпоративных облигаций. Гольц и Кампани провели обширный эмпирический анализ стабильности характеристик риска индексов корпоративных облигаций инвестиционного уровня, деноминированных как в долларах США, так и в евро[1].

Исследование Гольца и Кампани охватывало период с 1 января 1997 г. до 31 декабря 2010 г. Они проанализировали три взвешенных по рыночной капитализации индекса американских корпоративных облигаций (Citigroup U. S. Broad Investment Grade Corporate Bond Index, Bank of America Merrill Lynch U. S. Corporate Bond Index и Barclays Capital US Corporate & Investment Grade Index) и один равновзвешенный индекс (Dow Jones Corporate Bond Index). Что касается еврозоны, то в исследование были включены iBoxx Euro Corporate Index, the iBoxx Liquid Euro Corporate Index, Citigroup Euro Broad Investment Grade Corporate Bond Index и Bank of America Merrill Lynch EMU Corporate Bond Index.

В табл. 26.1 приведены обобщенные данные по дюрации и сроку до погашения для всех восьми индексов корпоративных облигаций, фигурирующих в исследовании Гольца и Кампани. Интересно, что европейские индексы корпоративных облигаций инвестиционного уровня имеют более короткую дюрацию и сроки до погашения, чем индексы американских облигаций. На рис. 26.2 показано изменение дюрации и срока до погашения на протяжении 14 лет американских и европейских индексов корпоративных облигаций (части a и b, соответственно).

---

[1] Felix Goltz and Carlos Heitor Campani, “Review of Corporate Bond Indices: Construction Principles, Return Heterogeneity, and Fluctuations in Risk Exposures,” EDHEC–Risk Institute Publication, June 2011.

Таблица 26.1. Сравнение дюрации с срока индексов корпоративных облигаций инвестиционного уровня (1 января 1997 г. — 31 декабря 2010 г.)

а. Американские индексы корпоративных облигаций инвестиционного уровня				
Дюрация	**Dow Jones**	**Citigroup**	**BofA/ML**	**Barclays**
Среднее	6,33	6,00	5,87	6,06
Стандартное отклонение	0,31	0,28	0,25	0,26
Минимум	5,69	5,40	5,40	5,50
Максимум	7,68	6,67	6,56	6,67
Срок	**Dow Jones**	**Citigroup**	**BofA/ML**	**Barclays**
Среднее	11,23	10,54	9,86	10,79
Стандартное отклонение	0,57	1,04	0,60	1,16
Минимум	10,49	9,17	9,05	9,46
Максимум	12,99	12,79	12,67	13,31
b. Европейские индексы корпоративных облигаций инвестиционного уровня				
Дюрация	**iBoxx**	**iBoxx Liquid**	**Citigroup**	**BofA/ML**
Среднее	4,85	5,27	4,38	4,34
Стандартное отклонение	0,52	0,98	0,28	0,26
Минимум	4,15	3,59	3,87	3,79
Максимум	6,46	7,49	5,09	4,99
Срок	**iBoxx**	**iBoxx Liquid**	**Citigroup**	**BofA/ML**
Среднее	5,69	5,89	5,55	5,44
Стандартное отклонение	0,39	0,98	0,41	0,36
Минимум	3,30	2,67	2,76	3,02
Максимум	6,23	7,58	6,46	6,27

Примечание: для индекса iBoxx данные по сроку до погашения до сентября 2002 г. недоступны.

Источник: табл. 5 и 10 в Felix Goltz and Carlos Heitor Campani, "Review of Corporate Bond Indices: Construction Principles, Return Heterogeneity, and Fluctuations in Risk Exposures," EDHEC — Risk Institute Publication, June 2011.

На рис. 26.3 и 26.4 отображены временные ряды для кредитного риска американских и европейских индексов корпоративных облигаций, соответственно. Каждый рисунок имеет две части. В части а показано изменение состава индекса, использующего кредитные рейтинги S&P[1]; в части b показан средний кредитный рейтинг. Средний кредитный рейтинг — это по-

[1] Для американских корпоративных облигаций представлены только взвешенные по рыночной капитализации индексы и период с августа 2000 г. до 31 декабря 2010 г.

(a) Американские индексы корпоративных облигаций инвестиционного уровня

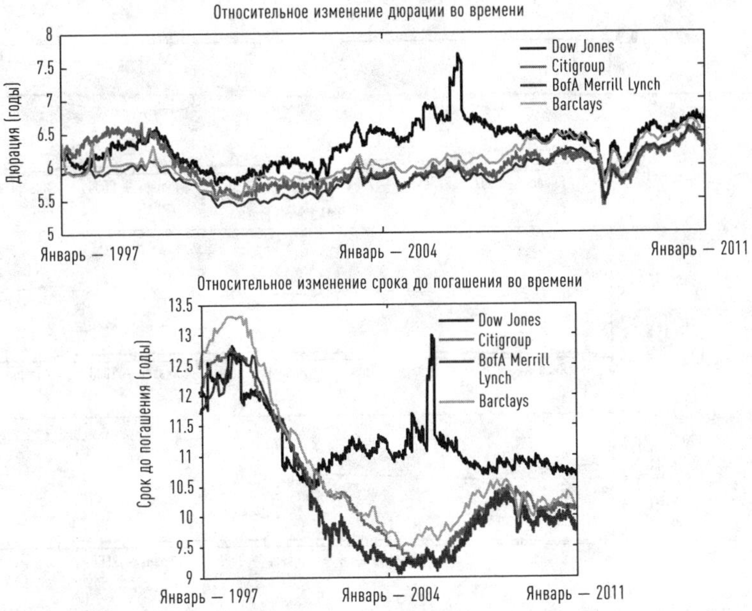

(b) Европейские индексы корпоративных облигаций инвестиционного уровня

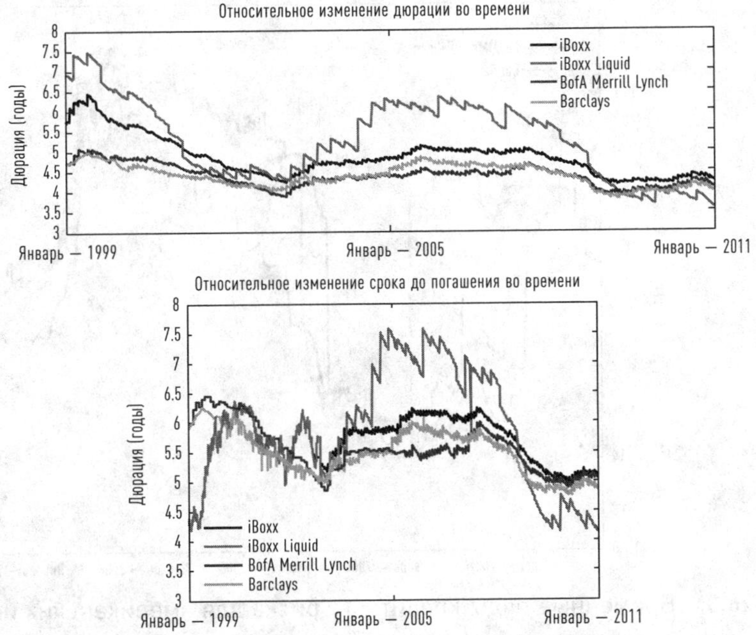

Рис. 26.2. Временные ряды дюрации и срока до погашения (1 января 1997 г. — 31 декабря 2010 г.)

Источник: рис. 2 и 6 в Felix Goltz and Carlos Heitor Campani, "Review of Corporate Bond Indices: Construction Principles, Return Heterogeneity, and Fluctuations in Risk Exposures," EDHEC — Risk Institute Publication, June 2011.

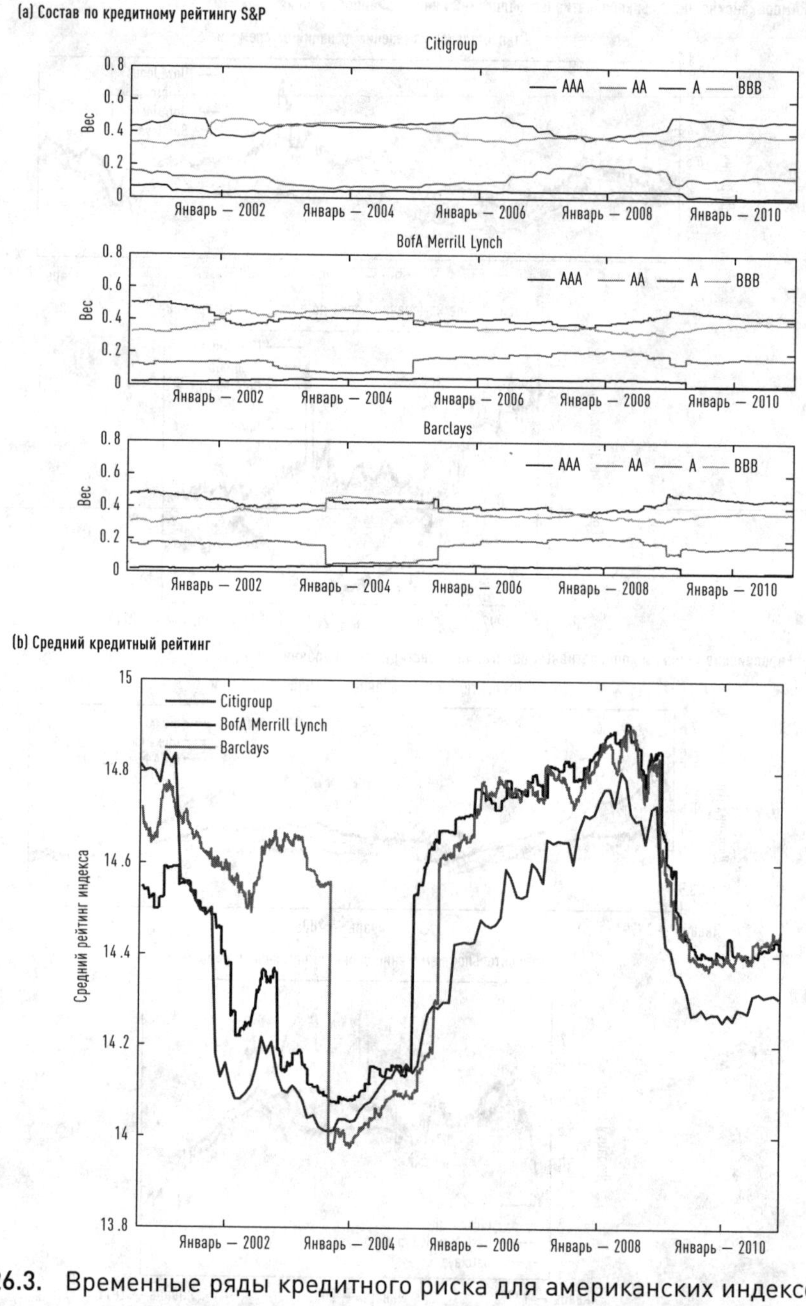

Рис. 26.3. Временные ряды кредитного риска для американских индексов корпоративных облигаций инвестиционного уровня (1 января, 1 августа 2000 г. — 31 декабря 2010 г.)

Источник: рис. 3 и 4 в Felix Goltz and Carlos Heitor Campani, "Review of Corporate Bond Indices: Construction Principles, Return Heterogeneity, and Fluctuations in Risk Exposures," EDHEC — Risk Institute Publication, June 2011.

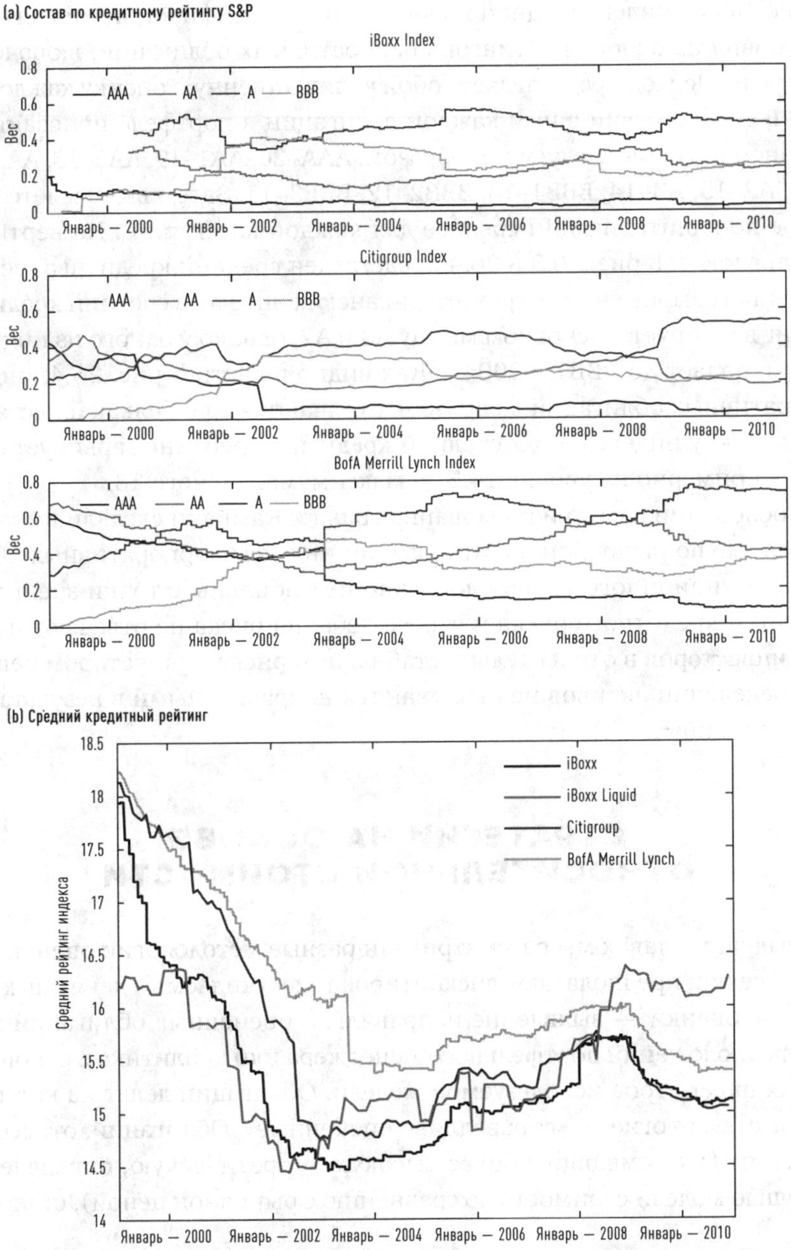

Рис. 26.4. Временные ряды кредитного риска для европейских индексов корпоративных облигаций инвестиционного уровня (1 января 2000 г. — 31 декабря 2010 г.)

Источник: рис. 7 и 8 в Felix Goltz and Carlos Heitor Campani, "Review of Corporate Bond Indices: Construction Principles, Return Heterogeneity, and Fluctuations in Risk Exposures," EDHEC — Risk Institute Publication, June 2011.

пытка отнести индекс к одной из категорий классификации инвестиционного уровня на основе рейтингов корпоративных облигаций, включенных в портфель. Подход представляет собой количественную оценку каждого индекса. В соответствии с ним каждой облигации в портфеле присваивается численное значение следующим образом: AAA–20, AA1–19, AA2–18, AAA3–17, A1–16, A2–15, A3–14, BBB1–13, BBB2–12, BBB3–11. Затем вычисляется взвешенное по капитализации среднее для каждой категории[1]. На вертикальной оси в части b рис. 26.3 и 26.4 представлен средний кредитный рейтинг в численном выражении. У трех американских индексов средний кредитный рейтинг варьирует в основном между A3 и A2, однако у одного из индексов, Barclays, падает до BBB1 в 2004 г. Как видно в части b рис. 26.4, индексы корпоративных облигаций в еврозоне отличаются еще большей нестабильностью. Так, у индекса iBoxx средний кредитный рейтинг варьирует от минимума примерно на уровне 14,5 до максимума, равного 18.

На основании своего исследования Гольц и Кампани сделали вывод, что взвешенные по рыночной капитализации индексы корпоративных облигаций инвестиционного уровня довольно нестабильны с точки зрения процентного и кредитного риска и что «колебания риска не отвечают потребности инвесторов в относительно стабильном риске, при котором решения о распределении активов не оказываются неправильными в результате таких колебаний»[2].

СТРАТЕГИИ НА ОСНОВЕ ОТНОСИТЕЛЬНОЙ СТОИМОСТИ

В предыдущих главах мы рассматривали разные методологии оценки облигаций. Все они предполагают дисконтирование ожидаемых денежных потоков. Цель оценки — выявление неправильно оцененных облигаций на основе предположений портфельного менеджера или аналитика в отношении входных параметров используемой модели. Облигации делят на категории «дешевые», «дорогие» и «справедливо оцененные». Облигации, отнесенные к дешевым (т. е. имеющим более высокую теоретическую, определенную с помощью модели стоимость по сравнению с рыночной ценой), становятся

[1] Эта методология получения среднего кредитного рейтинга предложена в: Miguel A. Ferreira and Paulo M. Gama, “Does Sovereign Debt Rating News Spill over to International Stock Markets?” Journal of Banking and Finance 31, 10 (2007), pp. 3162–3182.

[2] Goltz and Campani, “Review of Corporate Bond Indices: Construction Principles, Return Heterogeneity, and Fluctuations in Risk Exposures,” p. 44.

кандидатами на приобретение, а отнесенные к дорогим (т. е. имеющим более высокую, чем теоретическая стоимость, цену) — либо продаются в короткую (когда это разрешено), либо, если они уже находятся в портфеле, продаются. В основе этого лежит допущение, что рынок облигаций неэффективен с точки зрения ценообразования, а следовательно, с помощью хорошей модели оценки можно идентифицировать неправильно оцененные облигации и, таким образом, повысить доходность портфеля.

В отличие от идентификации неправильно оцененных облигаций исключительно с помощью моделей оценки, *методологии относительной стоимости* предполагают ранжирование «сопоставимых» облигаций на основе ожидаемой доходности на определенном инвестиционном горизонте. Под «сопоставимыми» понимаются облигации, имеющие одинаковый кредитный рейтинг, но разную структуру (например, отзывные и неотзывные, с фиксированной ставкой и с плавающей) при одинаковом сроке погашения и общем секторе облигационного рынка. При правильной интерпретации методологии относительной стоимости могут давать представление о текущей относительной рыночной оценке сходных облигаций.

В основе методологий относительной стоимости лежат два допущения. Во-первых, в некоторых секторах рынка облигаций в силу их сложности и механики чрезвычайно трудно идентифицировать неправильно оцененные облигации с помощью моделей оценки, и, как результат, приходится считать, что рыночная цена отражает справедливую стоимость облигации. Во-вторых, хотя рынок облигаций может быть неэффективным и оценивать облигации иначе, чем даже лучшая теоретическая модель оценки, у сопоставимых облигаций существуют ошибки ценообразования, которые самоустраняются на определенном инвестиционном горизонте.

Хорошей отправной точкой для кредитного анализа на основе относительной стоимости является разложение исторической доходности облигаций. Для разных подсекторов рынка корпоративных облигаций, например, портфельный менеджер определяет существующие источники доходности и их вклад. В число источников входят изменения кредитных спредов, изменения формы кривой кредитного спреда, изменения волатильности кредитного спреда и изменения фундаментальных характеристик эмитента, влияющих на его кредитоспособность.

Помимо этого необходимо проанализировать макроэкономические факторы, определяющие существование каждого источника доходности. Например, если кредитные спреды расширяются в течение периода, не является ли это следствием замедления экономики? Как говорилось в главе 21, существует отрицательная корреляция между состоянием экономики, казначейской кривой доходности и кредитными спредами. Информация, полученная из анализа совокупной доходности, может использоваться портфельным менеджером в качестве основы для прогнозирования ожидаемой доходности. Так, по данным Малви, существующие базы данных по месячной, годовой и многолетней доходности компаний позволяют портфельным менеджерам идентифицировать характер изменения результативности крупных выпусков относительно небольших, сезонность и эффекты цикла выборов[1].

Метод разложения исторической совокупной доходности по источникам называют также *анализом источников доходности*. В главе 28 мы рассмотрим аналогичный метод — анализ источников результатов, цель которого заключается в разложении фактических результатов по факторам, определяющим доходность портфеля за определенный период времени.

Сделки вторичного рынка на основе относительной стоимости

Портфельные менеджеры получают непрерывный поток макроэкономических данных, отраслевой информации и сведений по отдельным компаниям, который заставляет их постоянно пересматривать ожидания. По мере изменения ожиданий возникает желание выйти на вторичный рынок для осуществления кредитных сделок. Существуют следующие типы кредитных сделок[2]:

- сделки для расширения спреда доходностей;
- сделки в расчете на повышение кредитного рейтинга;
- сделки для защиты от снижения кредитного качества;
- сделки для ротации секторов;
- сделки для корректировки кривой доходности;
- структурные сделки.

Кратко рассмотрим каждый из них.

Сделки для расширения спреда доходностей

Несмотря на предупреждение относительно недостатков показателей доходности, основной причиной для вторичных сделок на кредитных рынках является обмен одной корпоративной облигации на другую с более высоким

[1] Malvey, "Global Credit Bond Portfolio Management," p. 1191.

[2] Malvey, "Global Credit Bond Portfolio Management," pp. 1194–1198.

кредитным спредом. Сделки происходят, даже если облигации имеют разные сроки, разные кредитные рейтинги и разные структуры, и даже если они принадлежат к разным отраслям. Сделка для увеличения спреда доходностей не обязательно означает более высокую ожидаемую доходность как результат расширения спреда. При осуществлении такой сделки портфельный менеджер должен следить, чтобы она была нейтральной по долларовой дюрации, т. е. не повышала чувствительность портфеля к изменениям уровня казначейских ставок. Кроме того, как было отмечено в главе 21, корпоративные облигации с разными кредитными рейтингами чувствительны к изменениям кредитных спредов и волатильности кредитного спреда на фоне изменения казначейских ставок.

Сделки для расширения спреда доходностей стали еще более популярными в условиях низких процентных ставок после 2008 г. Их успешность определяется реализованной доходностью, которая зависит от иных факторов, чем ширина текущего кредитного спреда для двух корпоративных облигаций, потенциально подходящих для обмена.

Сделки в расчете на повышение кредитного рейтинга

До сих пор в этой главе мы говорили о традиционном кредитном анализе корпоративных облигаций. Допустим, кредитный аналитик, занимающийся определенным сектором рынка облигаций, считает, что кредитный рейтинг конкретного эмитента будет повышен и что в текущий момент его облигации торгуются с более широким спредом, чем торговались бы в случае повышения рейтинга. В такой ситуации портфельный менеджер может приобрести выпуск, повышение рейтинга которого ожидается, если рынок еще не учел в цене выпуска предполагаемое изменение. Такую сделку называют *сделкой в расчете на повышение кредитного рейтинга*.

Корпоративный кредитный аналитик изучает макроэкономические, отраслевые и корпоративные события, которые могут привести к улучшению кредитного качества эмитента. Такие события называют «кредитно-положительными». Еженедельный отчет о них публикуется в бюллетене агентства Moody's *CreditOutlook: Credit Implications of Current Events*.

Сделки в расчете на повышение кредитного рейтинга нередко осуществляются с высокодоходными корпоративными облигациями в ожидании присвоения им рейтинга инвестиционного уровня. Выгода от такой сделки должна быть двоякой. Во-первых, если рейтинг повысится до инвестиционного уровня, то из-за более узкого кредитного спреда ожидаемая доходность будет лучше, чем у других корпоративных облигаций инвестиционного уровня с таким же рейтингом. Во-вторых, поскольку выпуск переходит из индекса высокодоходных корпоративных облигаций в индекс корпоративных облигаций инвестиционного уровня, его ликвидность должна повыситься.

Далее в этой главе мы рассмотрим результативность корпоративных облигаций, которые переходят из категории высокодоходных в категорию инвестиционного уровня.

Сделки для защиты от снижения кредитного качества

В отличие от сделок в расчете на повышение кредитного рейтинга *сделки для защиты кредитного качества* проводят в условиях неопределенности эффекта макроэкономических или отраслевых событий, которые могут отрицательно сказаться на кредитных спредах. Например, если ожидается, что предполагаемое ужесточение регулирования отрасли отрицательно повлияет на способность компаний выполнять свои долговые обязательства, то портфельный менеджер может сократить долю компаний этой отрасли. Аналогичным образом, если предполагается, что усиление конкуренции в отрасли уменьшит способность компаний рассчитываться по долгам, то ответным действием будет сокращение кредитного риска, связанного с этими компаниями. Как и в случае кредитно-положительных событий отчет о кредитно-отрицательных событиях еженедельно публикуется в бюллетене *CreditOutlook* агентства Moody's.

Вопрос, который встает перед менеджером в случае понижения рейтинга, связан с тем, продавать или не продавать соответствующий выпуск. Портфельный менеджер должен рассматривать три варианта. Во-первых, понижение кредитного рейтинга ниже разрешенного клиентом уровня может сделать удаление выпуска из портфеля обязательным. У портфельного менеджера здесь нет выбора. Во-вторых, если у портфельного менеджера есть возможность выбора между сохранением и продажей потерявшего рейтинг выпуска, то необходимо сравнить потенциальную ожидаемую доходность в случае сохранения выпуска и в случае его замены. Ниже мы рассмотрим нечувствительное к понижению рейтинга инвестирование и предоставим эмпирические свидетельства, позволяющие портфельным менеджерам ориентироваться при принятии решения. В-третьих, в случае принятия решения об удалении выпуска с пониженным рейтингом портфельные менеджеры некоторых институтов, в частности страховых компаний, могут медлить с его реализацией, если в результате придется признать убыток. Впрочем, такой подход, похоже, начинает меняться[1].

Сделки для обмена на новые выпуски

Сделки для замены выдержанных выпусков на новые осуществляются по двум причинам. Во-первых, считается, что новые выпуски более ликвидны, чем выдержанные. Доказательства мы представим позже, когда будем рассматривать показатели ликвидности корпоративных облигаций. Во-вторых, помимо стремления к повышению ликвидности привлекательным может быть включение в портфель нового эмитента или корпоративной облигации с новой структурой.

Сделки для ротации секторов

В главе 24 мы рассматривали изменения распределения секторов по сравнению с ориентиром с целью получения более высокой доходности. В корпоративном сегменте выделяют три широких сектора — финансовые компании, промышленные компании и коммунальные компании. Каждый из этих секторов подразделяется на отрасли. Цель ротационных сделок заключается в повышении веса секторов с более высокой ожидаемой доходностью. В пределах секторов то же самое осуществляется в отношении отраслей.

Сделки для корректировки кривой доходности

Такие сделки осуществляются с целью изменения дюрации портфеля относительно ориентира. Дюрацию портфеля корректируют для ее уравнивания с дюрацией ориентира, т. е. позиции по отношению к процентной ставке, когда портфельный менеджер хочет быть нейтральным к ориентиру. Корректировка для понижения или повышения дюрации портфеля относительно ориентира производится на основе ожиданий в отношении будущего движения процентных ставок. Сделки с целью изменения дюрации портфеля называют *сделками для корректировки кривой доходности*.

Обычно такие сделки осуществляют на более ликвидном казначейском рынке (денежные средства или производные инструменты), а не на рынке

[1] См.: Malvey, "Global Credit Bond Portfolio Management," p. 1195.

корпоративных облигаций. Вместе с тем менеджер кредитного портфеля может, опираясь на свои ожидания, изменять чувствительность портфеля к кредитной кривой. При этом используются кредитные показатели, рассмотренные в главе 21, а также учитываются движение кредитных спредов и изменения казначейской кривой доходности.

Структурные сделки

К таким сделкам относят: 1) замены одной структуры, например пулевых облигаций или облигаций с правом досрочного погашения или предъявления, на другую структуру; 2) переходы на другие типы купонов (с фиксированных на плавающие или с плавающих на фиксированные); 3) переходы с менее жестких ковенантов на более жесткие или наоборот. Решение об осуществлении структурной сделки принимается на основе ожиданий в отношении изменений доходности, спредов и волатильности процентных ставок с использованием анализа совокупной доходности для оценки потенциальных результатов.

НЕЧУВСТВИТЕЛЬНОЕ К ОГРАНИЧЕНИЯМ ИНВЕСТИРОВАНИЕ

В главе 24 мы рассмотрели типы индексов облигаций. Особенностью всех индексов, как индексов акций, так и индексов облигаций, является непостоянство их состава. В случае корпоративных облигаций инвестиционного уровня эмитенты могут добавляться и удаляться из индекса по разным причинам. Таким образом, стратегия простой покупки и держания сегодняшних компонентов индекса ведет к возникновению ошибки следования в результате изменения индекса с течением времени.

Причины изменения состава индекса облигаций инвестиционного уровня рассматривались выше в этой главе. Выпуски включаются в индекс, когда новые облигации отвечают установленным требованиям или когда рейтинг облигаций неинвестиционного уровня повышается, если удовлетворяются все прочие требования. Удаление выпуска из индекса происходит, когда его рейтинг опускается ниже инвестиционного уровня, когда срок до погашения становится меньше минимально требуемого (требование по сроку) или когда сумма выпущенных облигаций падает ниже минимально требуемой (так называемое требование по ликвидности).

Как говорилось в главе 7, эмитентов инвестиционного уровня, рейтинг которых становится неинвестиционным, называют «падшими ангелами». У большинства индексов корпоративных облигаций минимальное требование по сроку составляет один год. У индекса корпоративных облигаций инвестиционного уровня, используемого в нашем обсуждении, — Barclays Capital Corporate Investment-Grade Index — минимальная ликвидность равна $250 млн.

Здесь мы обращаемся к вопросу о том, как должен действовать портфельный менеджер, если клиенты разрешают ему по собственному усмотрению держать облигации, удаленные из индекса корпоративных облигаций инвестиционного уровня по рассмотренным выше причинам (например, понижение рейтинга, нарушение требования по сроку или требования по ликвидности). Такое инвестирование называют *нечувствительным к ограничениям*.

У портфельных менеджеров, использующих индекс корпоративных облигаций инвестиционного уровня в качестве ориентира, возникает вопрос, что делать в случае удаления из индекса выпуска, включенного в портфель. Что лучше, продать этот выпуск или оставить его? У портфельных менеджеров, для которых клиенты установили требование продать выпуск в случае падения его рейтинга ниже инвестиционного уровня, выбора нет. Нередко немедленной продажи выпуска не требуют, а устанавливают период, в течение которого выпуск должен быть продан в случае понижения его рейтинга. Если от портфельного менеджера не требуют обязательной продажи позиции в падшем ангеле, то это может привести к двум неблагоприятным последствиям. Во-первых, поскольку падший ангел исключается из индекса, это отрицательно влияет на ошибку следования портфеля. Во-вторых, в случае страховых компаний регулирование предписывает увеличение резервного капитала, поскольку для облигаций неинвестиционного уровня установлены более высокие требования к резервному капиталу.

Принять решение о том, можно ли не обращать внимание на отступление от условий включения облигаций в портфель и продолжать держать выпуск, удаленный из индекса, помогает глубокое исследование, проведенное Нг и Фелпсом[1]. Они сравнивали премию за кредитный спред (т. е. доходность сверх портфеля казначейских бумаг со сходной дюрацией) портфеля, в котором остался выпуск, удаленный из индекса, с премией самого индекса. Точнее говоря, Нг и Фелпс создали портфели с разной «чувствительностью», ко-

---

[1] Kwok Yuen Ng and Bruce Phelps, "Capturing Credit Spread Premium: Alternative Benchmarks for Credit Investors," Barclays Capital, June 2010.

торые они назвали «альтернативными корпоративными индексами». Всего было создано пять портфелей[1]:

1. **Портфель, нечувствительный к понижению рейтинга**: облигации, рейтинг которых был понижен, остаются в портфеле до тех пор, пока они удовлетворяют требованиям по сроку до погашения и ликвидности.
2. **Портфель, нечувствительный к оставшемуся до погашения сроку**: допускает наличие выпусков со сроком до погашения один год и меньше, но только если не было понижения их рейтинга до неинвестиционного уровня, и они удовлетворяют требованию по ликвидности.
3. **Портфель, нечувствительный к ограничению по ликвидности**: допускает наличие выпуска, ликвидность которого упала ниже допустимой ($250 млн), но только если не было понижения его рейтинга до неинвестиционного уровня и его срок до погашения не меньше одного года.
4. **Полностью нечувствительный портфель только инвестиционного уровня**: допускает включение любого выпуска инвестиционного уровня даже при нарушении требований по сроку до погашения и ликвидности. Иными словами, наличие выпусков, рейтинг которых снизился до неинвестиционного уровня, не допускается.
5. **Абсолютно нечувствительный портфель**: никакие выпуски не удаляются после понижения рейтинга и нарушения требований по сроку до погашения или ликвидности.

Вопрос удаления выпуска, рейтинг которого был понижен до неинвестиционного уровня, мы рассмотрим более детально позднее в этой главе.

В табл. 26.2 показана среднегодовая премия за кредитный спред и ее стандартное отклонение в период с 1990 по 2009 г. для индекса Barclays Capital Investment Grade Corporate Index и пяти «нечувствительных» портфелей. Как видно, у всех нечувствительных портфелей среднегодовая премия за кредитный спред всегда выше, чем у индекса, причем два максимума приходятся на портфель, нечувствительный к понижению рейтинга, и абсолютно нечувствительный портфель. Годовое стандартное отклонение меньше у всех нечувствительных портфелей (оставшийся до погашения срок чуть выше индекса — 89 б. п. против 88 б. п.). Хотя это не показано в табл. 26.2, все же был один год (1993 г.), когда портфель, нечувствительный к понижению рейтинга, и абсолютно нечувствительный портфель показали результат ниже, чем у индекса.

---

[1] Нг и Фелпс называют портфели индексами.

Таблица. 26.2. Расчетная годовая реализованная премия за кредитный спред: Barclays Capital Investment Grade Corporate Index в сравнении с пятью нечувствительными портфелями (1990–2009 гг.)

Год	Индекс	Нечувствительные портфели				
		Понижение рейтинга	Оставшийся срок до погашения	Ограничение по ликвидности	Полностью, только инвестиционного уровня	Абсолютно
Средняя премия (б. п. в год)	48	80	51	54	56	86
Годовое стандартное отклонение (б. п.)	88	80	89	84	85	77

Источник: адаптированная табл. 11 из Kwok Yuen Ng and Bruce Phelps, "Capturing Credit Spread Premium: Alternative Benchmarks for Credit Investors," Barclays Capital, June 2010. Воспроизводится с разрешения Barclay's Capital.

Нг и Фелпс рассматривают это с точки зрения портфельного менеджера, использующего в качестве ориентира не Barclays Capital Investment Grade Corporate Index, а более широкий индекс Barclays Capital U. S. Aggregate Index[1]. Поскольку 18% U. S. Aggregate Index приходится на корпоративные облигации инвестиционного уровня, дополнительный кредитный спред приносит выигрыш от 6 до 7 б. п., если взять портфель, нечувствительный к понижению рейтинга, и портфель, нечувствительный ко всем требованиям. С учетом того, что средний выигрыш (альфа) от активного управления портфелями бумаг с фиксированным доходом до вычета платы за управление составляет 44 б. п. в год, 6–7 б. п. в год — это не так уж и мало.

Нечувствительное к понижению рейтинга инвестирование: падшие ангелы

Исследование Нг и Фелпса дает предварительные сведения по результатам сохранения выпусков, которые были удалены из индекса Barclays Capital Investment Grade Corporate Index. Посмотрим на них более внимательно.

Для портфельных менеджеров, имеющих возможность сохранить падшего ангела, вопрос заключается в том, что принесет более высокие долгосрочные результаты — немедленная продажа облигации после объявления о понижении рейтинга или сохранение ее в портфеле. Негативной стороной продажи падшего ангела является то, что с учетом ограниченной ликвидности рынка высокодоходных корпоративных облигаций сбрасывание

[1] Ng and Phelps, "Capturing Credit Spread Premium," p. 14.

облигации одновременно с другими портфельными менеджерами может привести к падению цены ниже фундаментальной стоимости. Вопрос, следовательно, в том, приведет ли информация о понижении рейтинга к вынужденной продаже по пониженной цене в условиях неликвидности рынка.

Что портфельному менеджеру делать в таких случаях? Существует ли оптимальный срок для продажи облигации после потери ею статуса ценной бумаги инвестиционного уровня? Ответ на этот вопрос помогает сориентироваться не только портфельным менеджерам, но и клиентам, когда они формулируют правила инвестирования, которых должен придерживаться портфельный менеджер. Если еще расширить этот вопрос, то могут ли организации вроде хедж-фондов, проводящие стратегии абсолютной доходности, выигрывать от движения цен после понижения рейтинга эмитента до неинвестиционного уровня?

Дор и Сюй показывают, как понимание характеристик и динамики цен падших ангелов помогают менеджеру портфеля корпоративных облигаций сформулировать стратегии на основе правил, нацеленные на получение альфы[1]. Результаты их исследования полезны не только при поиске ответа на вопрос о том, что должен делать портфельный менеджер, если у него есть выбор между ликвидацией и сохранением потерявшего рейтинг выпуска, но и при определении стратегии инвестирования в высокодоходные корпоративные облигации.

Исследователей интересовал вопрос, возникает ли ценовое давление после того, как выпуск инвестиционного уровня получает рейтинг неинвестиционного уровня, в условиях массового сбрасывания этого выпуска портфельными менеджерами. Полученные результаты явно указывают на возникновение ценового давления вскоре после падения цены ниже фундаментальной стоимости. Точнее говоря, поведение рынка и цены изменяются в такой последовательности:

- Рынок ожидает продажу выпусков инвестиционного уровня, рейтинг которых скоро должен быть понижен, до объявления о понижении рейтинга. Цена падших ангелов начинает падать.
- Продажа продолжается до трех месяцев после объявления о понижении рейтинга, а цена падшего ангела опускается еще ниже.

---

1 Arik Ben Dor and Zhe Xu, "Fallen Angels: Characteristics, Performance, and Implications for Investors," Journal of Fixed Income, 4 (Spring 2011), pp. 33–58; Arik Ben Dor, Yael Eisenthal-Berkovitz, and Jason Xu, "Investing in Fallen Angels: Capacity, Transaction Costs, and the Bond-CDS Basis," Barclays Capital, Quantitative Portfolio Strategy, February 29, 2012.

- Цена начинает разворачиваться с падением интенсивности продажи, и падшие ангелы показывают более высокие результаты, чем сопоставимые высокодоходные облигации, через два года после объявления о понижении рейтинга. Дор и Сюй обнаружили, что через два года совокупное превышение результатов падших ангелов составляет 6,63%.

ИСПОЛЬЗОВАНИЕ МОДЕЛЕЙ КРЕДИТНОГО РИСКА В ЦЕЛЯХ КОНСТРУИРОВАНИЯ ПОРТФЕЛЕЙ КОРПОРАТИВНЫХ ОБЛИГАЦИЙ

В главе 23 мы рассматривали модели кредитного риска. Хотя основное внимание там уделялось подходам к моделированию кредитного риска и соответствующим показателям, мы приводили пример анализа относительной стоимости с использованием системы управления риском компании Kamakura Corporation. Здесь мы представим еще один пример того, как данные по стоимости, полученные с помощью моделей кредитного риска Moody's Analytics, можно применять в целях конструирования портфелей корпоративных облигаций[1].

Ключевым показателем кредитного риска в моделях Moody's Analytics является ожидаемая частота дефолтов (*expected default frequency — EDF*). Этот показатель основан на структурной модели, суть которой рассматривалась в главе 23. Используя EDF в качестве показателя, Moody's Analytics создает систему отсчета, учитывающую факторы кредитного спреда (риск возмещения, премию за рыночных риск, срок до погашения и другие факторы, идентифицированные в процессе исследования). Эта система, которую называют системой спреда справедливой стоимости (*fair-value spread — FVS*), может использоваться для конструирования портфелей на основе сравнительной стоимости наблюдаемого кредитного спреда относительно смоделированного кредитного спреда (т. е. FVS). Система FVS — это не инвестиционная стратегия, а инструмент, пригодный для конструирования портфелей для любых стратегий, проводимых менеджером кредитного портфеля. Ее можно использовать в качестве инструмента мониторинга в целях идентификации кандидатов на удаление из портфеля и потенциальных кандидатов для включения в портфель на основе анализа относительной стоимости.

Конструирование портфеля осуществляется в два этапа. На первом этапе необходимо определить две стратегии: стратегию на основе риска и стратегию на основе оценки. Для этого берется определенный показатель,

---

[1] Li and Zhang, "Investing in Corporate Credit Using Quantitative Tools."

позволяющий установить привлекательность всех облигаций-кандидатов на включение в портфель.

Для стратегии на основе риска Moody's Analytics определяет привлекательность как спред облигации на единицу ожидаемого убытка, этот показатель называют гаммой и находят следующим образом:

$$\text{гамма стратегии на основе риска} = \frac{OAS}{EDF \times LGD},$$

где OAS — спред с учетом опциона;

EDF — ожидаемая частота дефолтов;

LGD — убыток в случае дефолта.

Гамма в стратегии на основе риска — это величина спреда облигации на единицу убытка, поскольку в числителе находится спред облигации с учетом опциона, а в знаменателе — ожидаемый убыток.

Для стратегии на основе оценки Moody's Analytics рассчитывает FVS, который представляет собой разницу между рыночной OAS и смоделированным спредом. Эту разницу затем относят к ожидаемому убытку по облигации. Показатель называют гаммой и находят следующим образом:

$$\text{гамма стратегии на основе оценки} = \frac{OAS - FVS}{EDF \times LGD}.$$

Чем выше гамма стратегии, тем более привлекательна облигация. Обратите внимание на то, что если облигация оценена справедливо в соответствии с FVS-моделью Moody's Analytics, то гамма равна нулю.

Второй этап — конструирование портфеля на основе значений гаммы. Для этого облигации-кандидаты ранжируют по значения гаммы от наименьшего к наибольшему. В иллюстративных целях Moody's Analytics разделила все облигации-кандидаты на 9 групп по процентилям: 1%, 5%, 10%, 25%, 50%, 75%, 90%, 95% и 99%. Каждую из этих групп обозначают как n, начиная с $n = 0$ и заканчивая $n = 9$. Чем выше n, тем более привлекательны облигации группы. В первую группу (т. е. группу с $n = 0$) входят облигации, гамма которых попадает в 1-й процентиль. Облигации во второй группе (т. е. группе с $n = 1$) имеют значения гаммы между 1-м и 5-м процентилями и т. д.

С учетом того, что у нас есть девять групп облигаций, возникает вопрос, какой вес должна иметь каждая из них при конструировании портфеля? Для исследования эффективности различных распределений были взяты семь систем взвешивания. Разные подходы к взвешиванию можно рассматривать как разные инвестиционные стратегии. В целом, чем более значительный вес присваивается группам с высокой гаммой, тем более концентрированным получается портфель (т. е. менее диверсифицированным) с более высокой ожидаемой волатильностью, чем у портфеля с меньшей концентрацией облигаций с высокой гаммой. При определении веса Moody's Analytics использует весовой параметр *c*, варьирующий от 1 до 19. Не будем углубляться в обсуждение схем взвешивания для разных значений *c*. Для нас достаточно знать, что чем больше *c*, тем больше концентрация облигаций с высокой гаммой.

При анализе доходность каждой облигации рассчитывалась за тот или иной месяц, а значение гаммы бралось за предыдущий месяц. Временной горизонт для EDF и FVS выбирался так, чтобы он соответствовал дюрации облигации, а дюрация при этом варьировала от 1 до 10. Для исследования был взят период с июля 1999 г. по июль 2009 г. В анализе учитывались транзакционные издержки.

В качестве индекса для сравнения результатов использовалась модификация Merrill Lynch U. S. Investment Grade Bond Index и Merrill Lynch U. S. High Yield Bond Index[1]. В Moody's Analytics этот модифицированный индекс называют псевдоиндексом. Для конструируемых портфелей рассчитывалась месячная и кумулятивная доходность при различных схемах взвешивания (т. е. при разных значениях *c*, варьирующих от 1 до 19), доходность рассчитывалась и для псевдоиндекса. Две части рис. 26.5 демонстрируют среднегодовую доходность и стандартное отклонение для разных схем взвешивания облигаций инвестиционного уровня. На горизонтальной оси откладывается весовой параметр *c*, причем его более высокие значения означают более высокую концентрацию (более низкую диверсификацию) облигаций с высокой гаммой. В каждой части представлены четыре кривые: 1) доходность псевдоиндекса; 2) стандартное отклонение доходности псевдоиндекса; 3) доходность портфеля (для каждого весового параметра) и 4) стандартное отклонение доходности портфеля (для каждого весового параметра). На вертикальной оси откладывается средняя доходность. Средняя доходность псевдоиндекса (5,75%) и стандартное отклонение доходности (5,8%) не зависят от весового параметра *c*. В части а представлены результаты стратегии на основе риска, а в части b — результаты стратегии на основе оценки.

---

[1] Для включения в модифицированный индекс облигация из оригинального индекса должна была удовлетворять следующим требованиям: 1) эмитент является публичной компанией, для которой известен показатель EDF; 2) у выпуска фиксированный купон и нет никаких особенностей (т. е. он не конвертируемый и не дает права на досрочное предъявление); 3) выпуск торговался в последнее время. Исключались выпуски с потенциально ошибочными данными: с чрезвычайно низкими ценами по сравнению с облигациями такого же кредитного качества и с чрезвычайно высоким показателем EDF по сравнению с облигациями такого же кредитного качества.

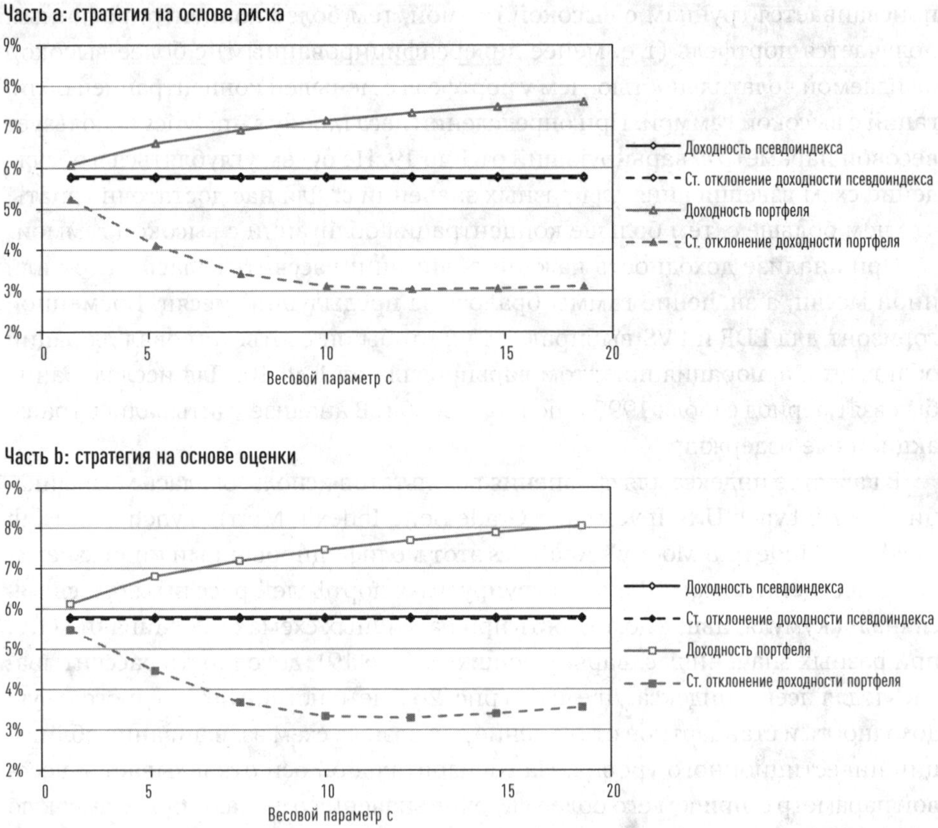

Рис. 26.5. Инвестиционные стратегии для портфеля корпоративных облигаций инвестиционного уровня при различных схемах взвешивания (июль 1999 г. — июль 2009 г.)

Источник: Zan Li and Jing Zhang, "Investing in Corporate Credit Using Quantitative Tools," Moody's Analytics, September 14, 2010; Panel a from Figure 11; Panel b from Figure 12. © Moody's Investor's Service. Inc. and/or its affiliates. Воспроизводится с разрешения.

Результаты показывают, что для обеих стратегий независимо от схемы взвешивания средняя доходность портфеля превышает среднюю доходность псевдоиндекса, а стандартное отклонение доходности портфеля ниже, чем у псевдоиндекса. Чем выше концентрация выпусков с высокой гаммой в портфеле, тем лучше результаты относительно псевдоиндекса. Обратите также внимание на то, что после достижения определенной концентрации выпусков с высокой гаммой, стандартное отклонение перестает увеличиваться.

Ли и Чжан также представляют данные по кумулятивной доходности облигаций инвестиционного уровня при различных значениях параметра веса *c* для оригинального индекса Merrill Lynch Index, стратегии на основе риска и стратегии на основе оценки. Эти данные здесь не приводятся, однако мы даем обобщенные показатели избыточной доходности в годовом выражении за период (т. е. превышение относительно оригинального Merrill Lynch Index):

Весовой параметр c	*Стратегия на основе риска*	*Стратегия на основе оценки*
1	113 б. п.	117 б. п.
13	239 б. п.	274 б. п.
19	265 б. п.	309 б. п.

На рис. 26.6 представлены результаты для высокодоходных облигаций. Они практически не отличаются от результатов облигаций инвестиционного уровня: стратегия и на основе риска, и на основе оценки превосходит по результативности псевдоиндекс при более низком стандартном отклонении доходности. Обобщенные показатели избыточной доходности в годовом выражении за период (т. е. превышение относительно оригинального Merrill Lynch Index) выглядят следующим образом:

Весовой параметр c	*Стратегия на основе риска*	*Стратегия на основе оценки*
12	675 б. п.	765 б. п.
19	665 б. п.	752 б. п.

УПРАВЛЕНИЕ ЛИКВИДНОСТЬЮ ПОРТФЕЛЕЙ КОРПОРАТИВНЫХ ОБЛИГАЦИЙ

В главе 7 мы рассматривали риск ликвидности. По сути, ликвидность — это доступная портфельному менеджеру гибкость при перебалансировании портфеля на основе ожиданий. Хотя участники рынка давно признают важность ликвидности, вопрос в том, как ее измерять. Помимо этого, как после ее измерения использовать полученный показатель при выработке и реализации портфельных стратегий?

Показатель ликвидности может использоваться клиентом, решившим создать индивидуализированный ориентир ликвидности для менеджеров кредитных портфелей. Кредитные выпуски, включенные в такой ориентир, должны быть результатом отбора облигаций из более широкого ориентира на основе показателя ликвидности. Портфельные менеджеры могут использовать показатель ликвидности в нескольких целях. Во-первых, ряд исследований свидетельствуют о том, что исторически наблюдаемые кредитные спреды (даже после учета встроенного опциона) шире, чем можно объяснить

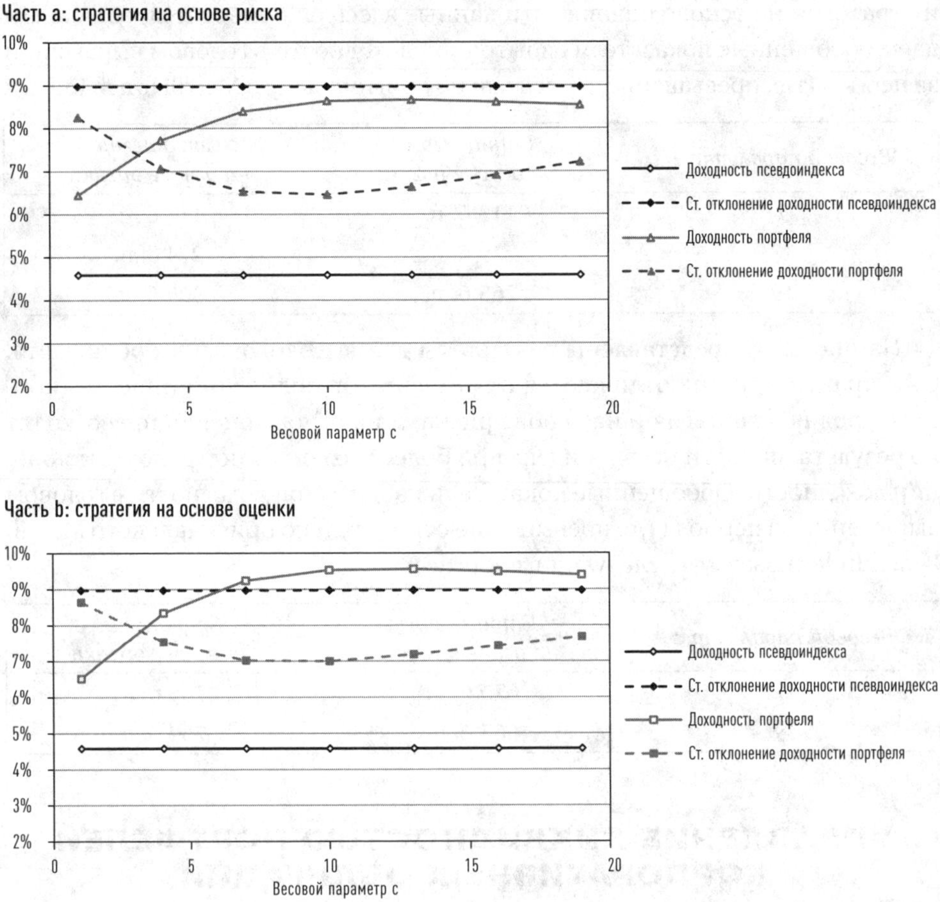

Рис. 26.6. Инвестиционные стратегии для портфеля высокодоходных корпоративных облигаций при различных схемах взвешивания (июль 1999 г. — июль 2009 г.)

Источник: Zan Li and Jing Zhang, "Investing in Corporate Credit Using Quantitative Tools," Moody's Analytics, September 14, 2010; Panel a from Figure 25; Panel b from Figure 26. © Moody's Investor's Service. Inc. and/or its affiliates. Воспроизводится с разрешения.

историческими уровнями дефолтов и возмещения[1]. Показатель ликвидности может использоваться для разложения наблюдаемого спреда для выпуска, несущего кредитный риск, на кредитный спред с учетом ликвидности и спред ликвидности. Такая разбивка позволяет портфельному менеджеру потенциально повысить доходность за счет более точного измерения истинного кредитного риска выпуска и занятия соответствующих позиций

[1] Edwin J. Elton, Martin J. Gruber, Deepak Agrawal, and Christopher Mann, "Explaining the Rate Spread on Corporate Bonds," Journal of Finance, 56, 1 (2001), pp. 247–277.

в выпусках, у которых ожидается повышение или понижение ликвидности. Во-вторых, при совершении сделок в период неликвидности мониторинг поведения показателя ликвидности во времени может помогать определению необходимых действий при назревании кризиса ликвидности. Понимание результатов облигаций, являющихся неликвидными на протяжении некоторого времени, может подсказывать портфельным менеджерам, что лучше продавать — высоколиквидные облигации (в соответствии с показателем ликвидности) или неликвидные облигации.

Существует ряд подходов к измерению ликвидности. Мы сосредоточимся на показателе, используемом Barclays Capital, — скоринге стоимости ликвидности (*Liquidity Cost Score — LCS*), который разработчики определяют как «полную себестоимость сделки с облигациями институционального размера»[1]. Для облигаций, которые котируются как спред бид-аск (облигации, котируемые на основе спреда), LCS определяется следующим образом:

$$\text{спред бид-аск в базисных пунктах} \times \text{дюрация спреда}^{2}.$$

Например, если облигация, несущая кредитный риск, имеет дюрацию спреда 4 и спред бид-аск 40 базисных пунктов, то LCS равен четырем, умноженным на 40 базисных пунктов, т. е. 160 базисным пунктам, или 1,6%.

LCS интерпретируется так: это полная себестоимость в виде процента от стоимости облигации «немедленного исполнения стандартной институциональной сделки»[3]. Под полной себестоимостью понимается стоимость покупки, а потом продажи облигации. Стандартная институциональная сделка имеет номинальную стоимость $3–5 млн. LCS 1,6% для облигации, торгующейся по цене бид 85, означает, что текущая немедленная полная себестоимость должна составлять 1,6% от цены облигации. Чем выше LCS, тем ниже ликвидность.

Для облигаций, котирующихся по цене, а не по спреду, LCS вычисляется следующим образом:

$$(\text{цена аск} - \text{цена бид}) / \text{цена бид}.$$

Оба показателя рассчитываются на основе одновременных бид-аск спредов, котируемых кредитными трейдерами Barclays Capital (как трейдерами по облигациям инвестиционного уровня, так и трейдерами по высокодоходным облигациям) для клиентов. База данных включает в себя сотни сообщений,

---

[1] Arik Ben Dor, Lev Dynkin, Jay Hyman, and Bruce D. Phelps, Quantitative Credit Portfolio Management: Practical Innovations for Measuring and Controlling Liquidity, Spread and Issuer Concentration Risk (Hoboken, NJ: John Wiley & Sons, 2012), p. 81.

[2] Точнее, это дюрация спреда с учетом опциона.

[3] Dor, Dynkin, Hyman, and Phelps, Quantitative Credit Portfolio Management, p. 88.

отправленных кредитными трейдерами с указанием бид-аск спреда для стандартных институциональных сделок. Barclays Capital допускает, что LCS не идеальный показатель ликвидности. С ним связаны следующие проблемы[1]:

- Котировки могут быть не лучшими для рынка в текущий момент. Так, если Barclays Capital котирует спред как 140–165, то трейдер другой фирмы может котировать его как 135–155. В результате «эффективный» спред бид-аск для клиента должен составлять 140–155.
- На котировку может влиять портфель облигаций данного трейдера или его мнение о той или иной облигации.
- Котировки — это индикаторы, это не обязательно двухсторонние цены, по которым инвесторы могут совершить сделку.

Не все облигации, входящие в кредитный индекс, имеют котировки от трейдеров Barclays Capital. Не все облигации в индексе тщательно отслеживаются трейдерами. В результате LCS таких облигаций корректируется. Для этого Barclays Capital делит облигации на две группы: котируемые трейдерами (облигации, которые в течение месяца получили не менее двух котировок бид-аск) и некотируемые трейдерами (облигации, которые не получали котировок или получили ее только один раз). В каждой из групп облигации дополнительно делятся на облигации-ориентиры и облигации-неориентиры. К первым относятся активно торгуемые облигации, которые тщательно отслеживаются трейдерами и обычно имеют котировки, близкие к рыночным. Активно торгуемыми считаются последние облигационные выпуски и облигации с большим объемом торговли. Таким образом, облигации-неориентиры — это старые выпуски, имеющие низкий объем торговли.

Так, исходя из этой классификации, в июне 2009 г. индекс Barclays Capital U. S. Investment Grade Credit Index включал в себя 3633 выпуска со следующей разбивкой:

	Облигации, котируемые трейдерами	*Облигации, не котируемые трейдерами*
Облигации-ориентиры (активно торгуемые)		
Последние выпуски облигаций	97	68
Облигации с высоким объемом торговли	406	147
Облигации-неориентиры	674	2241
Всего	1177	2456

[1] Dor, Dynkin, Hyman, and Phelps, Quantitative Credit Portfolio Management, p. 90.

Barclays Capital разработала методологию корректировки LCS котируемых трейдерами облигаций для получения LCS некотируемых облигаций. Она предполагает использование статистических методов для учета факторов, влияющих на спреды бид-аск, и позволяет получить факторный LCS. К факторам относят сектор, спред с учетом опциона, объем торговли, непогашенную сумму, выдержанность или возраст облигации (т. е. время, прошедшее с момента выпуска) и статус ориентира. После определения факторного LCS для некотируемых облигаций его дополнительно корректируют в зависимости от частоты, с которой облигация котировалась в последние месяцы[1].

Данная методология позволяет Barclays Capital охватывать другие секторы, помимо секторов облигаций инвестиционного уровня и высокодоходных облигаций на рынке американских и панъевропейских кредитов. Например, можно получить LCS для американских казначейских ценных бумаг, TIPS и агентских ипотечных ценных бумаг с фиксированной ставкой. Кроме того, методология была расширена так, что ее можно применять к облигациям, не входящим в индекс.

В табл. 26.3 приведены LCS для ряда секторов облигаций по состоянию на апрель 2014 г. (по данным Barclays Capital). На рис. 26.7 показаны LCS для четырех кредитных индексов Barclays Capital (U. S. Long Credit, U. S. Credit, U. S. Intermediate Credit и U. S. Credit 1–3 Years) непосредственно перед финансовым кризисом, разразившимся летом 2007 г. На рисунке можно видеть, как LCS всех четырех кредитных индексов достигают максимальных значений (т. е. наивысшей неликвидности) в разгар финансового кризиса. На рис. 26.8 видно, что после финансового кризиса измеренная с помощью LCS ликвидность рынка американских корпоративных облигаций инвестиционного уровня и высокодоходных облигаций значительно улучшилась. Еще одно любопытное наблюдение связано с другими факторами, которые инвесторы используют в качестве индикаторов ликвидности рынка, такими как волатильность. Волатильность фондового рынка измеряется с помощью индекса VIX, который демонстрирует рыночное ожидание в отношении 30-дневной волатильности[2]. На рис. 26.9 для периода с января 2007 г. по февраль 2012 г. показаны LCS для индекса облигаций инвестиционного уровня Barclays Capital и индекс VIX. Обратите внимание на высокую корреляцию двух показателей.

---

1 Presentation by Bruce D. Phelps of Barclays Capital, “Liquidity Cost Scores (LCS) Incorporating Quantitative Bond-Level Liquidity Measures in Portfolio Management,” March 9, 2012.

2 VIX, называемый еще «показателем страха инвесторов», составляют на основе подразумеваемой волатильности широкого диапазона опционов пут и колл на индекс S&P 500.

Таблица 26.3. LCS для различных рынков по секторам (отчет Barclays Capital, апрель 2014 г.)

LCS для различных рынков по секторам (%)	Текущий месяц	–1 мес.	–3 мес.	–6 мес.	–12 мес.	–24 мес.
USD IG Credit Index	0,762	0,755	0,781	0,807	0,937	1,104
Промышленный сектор	0,842	0,839	0,858	0,917	1,122	1,180
Коммунальный сектор	0,921	0,903	0,904	0,904	1,161	1,642
Финансовый сектор	0,693	0,702	0,714	0,700	0,767	1,114
Некорпоративный сектор	0,610	0,579	0,653	0,670	0,651	0,718
USD HY Index	1,218	1,272	1,302	1,378	1,340	1,708
Промышленный сектор	1,220	1,262	1,296	1,373	1,295	1,622
Коммунальный сектор	1,280	1,529	1,601	1,712	1,602	2,273
Финансовый сектор	1,160	1,164	1,139	1,172	1,510	1,894
USD EM Index	1,296	1,087	1,440	1,361	1,023	1,346
Некорпоративный сектор	1,124	0,963	1,282	1,216	0,937	1,315
Промышленный сектор	1,820	1,474	1,905	1,819	1,271	1,347
Финансовый сектор	1,513	1,219	1,624	1,447	1,147	1,842
EUR IG Credit Index	0,386	0,388	0,406	0,455	0,477	0,667
Промышленный сектор	0,342	0,337	0,342	0,368	0,346	0,450
Коммунальный сектор	0,433	0,429	0,411	0,422	0,445	0,660
Финансовый сектор	0,345	0,368	0,384	0,409	0,526	0,832
Некорпоративный сектор	0,463	0,453	0,494	0,607	0,568	0,701
EUR HY Index	0,737	0,793	0,807	0,842	0,933	1,686
Промышленный сектор	0,736	0,792	0,795	0,783	0,814	1,458
Коммунальный сектор	0,585	0,531	0,525	0,620	0,605	1,121
Финансовый сектор	0,774	0,852	0,915	1,078	1,336	2,790
GBP IG Credit Index	0,782	0,807	0,826	0,864	0,999	1,224
Промышленный сектор	0,719	0,706	0,735	0,746	0,870	0,884
Коммунальный сектор	1,086	1,100	1,051	1,042	1,192	1,071
Финансовый сектор	0,766	0,822	0,866	0,837	0,899	1,314
Некорпоративный сектор	0,694	0,728	0,736	0,923	1,154	1,538
Глобальные покрытые облигации	0,482	0,584	0,595	0,569	0,747	н/д

Источник: Barclays Capital.

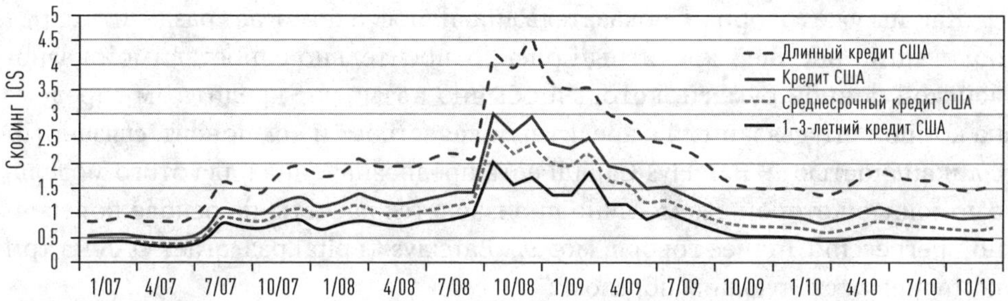

Рис. 26.7. Транзакционные издержки, наблюдавшиеся во время финансового кризиса

Источник: Presentation by Bruce Phelps of Barclays Capital, "Liquidity Cost Scores (LCS) Incorporating Quantitative Bond-Level Liquidity Measures in Portfolio Management," March 9, 2012, p. 10. Предоставлено Barclay's Capital.

Рис. 26.8. LCS для американских облигаций инвестиционного уровня и высокодоходных облигаций (январь 2007 г. — февраль 2012 г.)

Источник: Presentation by Bruce Phelps of Barclays Capital, "Liquidity Cost Scores (LCS) Incorporating Quantitative Bond-Level Liquidity Measures in Portfolio Management," March 9, 2012, p. 10. Предоставлено Barclay's Capital.

Рис. 26.9. LCS индекса облигаций инвестиционного уровня против индекса VIX (январь 2007 г. — февраль 2012 г.)

Источник: Presentation by Bruce Phelps of Barclays Capital, "Liquidity Cost Scores (LCS) Incorporating Quantitative Bond-Level Liquidity Measures in Portfolio Management," March 9, 2012, p. 10. Предоставлено Barclay's Capital.

Как мы уже говорили, показатель ликвидности помогает разделить спред облигации, несущей кредитный риск, относительно сопоставимой казначейской ценной бумаги, который обычно называют кредитным спредом, на компонент, связанный с кредитным качеством, и компонент, связанный с ликвидностью. У Barclays Capital есть предназначенная для этого модель, с помощью которой ежемесячно производятся расчеты на основе поперечной регрессии. Точнее говоря, модель Barclays Capital разлагает OAS на три компонента следующим образом[1]:

$$\text{OAS облигации} = \text{премия за риск} + \text{ожидаемый убыток от дефолтов} + \\ + \text{ожидаемая стоимость ликвидности}.$$

На рис. 26.10 показана помесячная разбивка OAS на три компонента для периода с января 2007 г. до конца 2011 г.

Рис. 26.10. Разбивка OAS на премию за риск, ожидаемый убыток от дефолтов и ожидаемую стоимость ликвидности (январь 2007 г. — декабрь 2011 г.)

Источник: Presentation by Bruce Phelps of Barclays Capital, "Liquidity Cost Scores (LCS) TM" Incorporating Quantitative Bond-Level Liquidity Measures in Portfolio Management," March 9, 2012, p. 16. Предоставлено Barclay's Capital.

1 Phelps, "Liquidity Cost Scores (LCS) Incorporating Quantitative Bond-Level Liquidity Measures in Portfolio Management," p. 16.

Резюме

- Профиль «риск-доходность» у инвестора в акции сильно отличается от распределения риска и доходности у инвестора в облигации той же компании, и это влияет на философию управления портфелем корпоративных облигаций.
- Для кредитных портфелей избегание «неудачников» имеет намного большее значение, чем для портфелей акций. Управление портфелями длинных инвесторов предполагает идентификацию «победителей».
- При управлении портфелем корпоративных облигаций особенно важно обеспечение диверсификации с учетом того, что индекс корпоративных облигаций может содержать намного больше выпусков, чем менеджер может включить в типичный портфель.
- Одна из проблем использования взвешенного по рыночной капитализации индекса корпоративных облигаций связана с тем, что со временем в результате добавления и удаления облигационных выпусков процентный риск и кредитный риск ориентира изменяются.
- Изменение характеристик риска взвешенного по рыночной капитализации индекса корпоративных облигаций со временем бывает таким, что новый уровень риска индекса, первоначально принятого в качестве ориентира, оказывается неприемлемым для инвестора.
- Эмпирические данные по американским и европейским индексам корпоративных облигаций инвестиционного уровня свидетельствуют о значительном колебании их риска с течением времени.
- Сделки с корпоративными облигациями с использованием методологии относительной стоимости предполагают ранжирование сопоставимых облигаций на основе ожидаемой доходности на определенном инвестиционном горизонте.
- Методологии относительной стоимости дают портфельному менеджеру представление о текущей относительной рыночной оценке сходных облигаций.
- В основе методологий относительной стоимости лежат два допущения: 1) из-за сложности некоторых секторов рынка облигаций на них могут присутствовать неправильно оцененные облигации; 2) ошибки ценообразования поддаются идентификации, и эти ошибки самоустраняются на определенном инвестиционном горизонте.
- Кредитные сделки вторичного рынка на основе относительной стоимости включают в себя сделки для расширения спреда доходностей; сделки в расчете на повышение кредитного рейтинга; сделки для защиты от снижения кредитного качества; сделки для ротации

секторов; сделки для корректировки кривой доходности; структурные сделки.

- Если облигационный выпуск удаляется из индекса, выбранного в качестве ориентира, портфельному менеджеру иногда приходится избавляться от него в течение определенного времени. Нечувствительное к ограничениям инвестирование — это стратегия, позволяющая портфельному менеджеру держать облигации, удаленные из индекса.
- Нечувствительное к ограничениям инвестирование предполагает определенную устойчивость к понижению кредитного качества, оставшегося срока до погашения и ликвидности (измеряемой как размер выпуска).
- Исследование результатов нечувствительности к понижению рейтинга, к оставшемуся до погашения сроку, к ограничению по ликвидности, а также полной нечувствительности при включении облигаций только инвестиционного уровня и абсолютной нечувствительности показывают, что нечувствительное к ограничениям инвестирование более результативно по сравнению с индексом.
- Нечувствительное к понижению рейтинга инвестирование с использованием падших ангелов особенно интересно для менеджеров портфелей корпоративных облигаций. Эмпирические данные свидетельствуют о том, что ценовое давление вслед за падением рейтинга выпуска ниже инвестиционного уровня приводит к падению рыночной цены ниже фундаментальной стоимости, а через два года происходит разворот, и падшие ангелы начинают демонстрировать более высокие результаты.
- Модели кредитного риска можно использовать для конструирования портфелей корпоративных облигаций.
- Ликвидность корпоративных облигаций — это доступная портфельному менеджеру гибкость при перебалансировании портфеля на основе ожиданий.
- Институциональными инвесторами наиболее широко используется такой количественный показатель ликвидности, как скоринг стоимости ликвидности Barclays Capital, определяемый как полная себестоимость сделки с облигациями институционального размера.
- Измерение ликвидности позволяет удалить компонент ликвидности из кредитного спреда.

Вопросы

1. Как различие профилей инвестиционного риска корпоративных облигаций и обыкновенных акций одной и той же компании влияют на философию управления портфелем корпоративных облигаций?
2. Фирма по управлению личным состоянием обратилась к вам за консультацией по выбору ориентира для клиента, который хочет инвестировать только в американские корпоративные облигации инвестиционного уровня. Один из менеджеров фирмы предлагает выбрать взвешенный по капитализации индекс корпоративных облигаций инвестиционного уровня. По его мнению, в этом случае клиент будет знать инвестиционные характеристики ориентира, и он сможет решить, соответствуют ли они его требованиям в отношении риска.
    a. Что понимается под инвестиционными характеристиками ориентира?
    b. Что бы вы сказали в ответ на слова менеджера о пригодности такого ориентира?
3. Чем сделка для расширения кредитного спреда отличается от сделки в расчете на повышение кредитного рейтинга?
4. В чем смысл сделки для обмена на новые выпуски?
5. Приведите два примера структурных сделок.
6. Что понимается под нечувствительным к ограничениям инвестированием?
7. Как влияют фактические данные по различным видам нечувствительного к ограничениям инвестирования на выбор инвестиционной политики в отношении портфелей корпоративных облигаций?
8. Какие риски связаны с продажей облигационного выпуска, входящего в индекс корпоративных облигаций инвестиционного уровня, после понижения его рейтинга до неинвестиционного?
9. Как ведут себя цены падших ангелов после понижения их кредитного рейтинга?
10. Какой показатель, рассчитываемый Moody's Analytics, можно использовать для оценки привлекательности спреда облигации на единицу ожидаемого убытка?
11. Исследования показали, что кредитные спреды, наблюдаемые на рынке, больше тех, которые можно объяснить уровнями дефолтов и возмещения. Объясните, как через количественную оценку спреда ликвидности можно получить более точное значение кредитного спреда.
12. Что означает скоринг стоимости ликвидности Barclays Capital, равный 1,2?

13. a. Откуда берутся спреды бид-аск для скоринга стоимости ликвидности Barclays Capital?
    b. Какие ограничения существуют у спредов бид-аск, используемых Barclays Capital для определения скоринга стоимости ликвидности?
14. Как скоринг стоимости ликвидности Barclays Capital рассчитывается для:
    a. Облигаций, котируемых на основе спреда?
    b. Облигаций, котируемых на основе цены?

ГЛАВА 27

Ориентированное на обязательства инвестирование для пенсионных планов с фиксированными выплатами

В этой главе читателю будут представлены сведения:

- о том, что такое ориентированное на обязательства инвестирование;
- о том, почему пенсионным планам с фиксированными выплатами необходимо ориентированное на обязательства инвестирование;
- о том, как обязательства пенсионных планов с фиксированными выплатами прогнозируются и оцениваются;
- о рисках, связанных с обязательствами пенсионных планов с фиксированными выплатами;
- о том, что такое дефицит финансирования и коэффициент консолидирования;
- о риске дефицита финансирования;
- о предлагаемых решениях для ориентированного на обязательства инвестирования;
- о методах снижения рисков пенсионного фонда;
- об основных принципах теории иммунизации;

- о двух методах, которые пенсионный план с фиксированными выплатами может использовать для хеджирования процентного риска — многопериодной иммунизации и приведении в соответствие денежных потоков.

У многих институциональных инвесторов цели инвестирования зависят от характера обязательств институтов. Хотя инвесторы подвергаются одним и тем же видам рисков при инвестировании в финансовые активы, характер обязательств варьирует от института к институту и, таким образом, является ключевым фактором при выборе классов активов для включения в портфель.

В этой главе мы объясним сущность ориентированного на обязательства инвестирования (*liability-driven investing — LDI*), где ориентиром для оценки результатов являются не активы и не сопоставимая группа инструментов, а обязательства перед клиентами. LDI предполагает управление активами и обязательствами, а не только одними активами. Инвестиционные риски связаны не только с активами, но, как мы увидим, и с обязательствами. LDI применяется компаниями по страхованию жизни при предложении ряда продуктов: аннуитетов, гарантированных инвестиционных контрактов (*guaranteed investment contract — GIC*) и структурированных контрактов, гарантирующих минимальную ставку. К нему также прибегают спонсоры пенсионных планов с фиксированными выплатами, которым мы уделяем основное внимание в этой главе. Строго говоря, пенсионные планы с фиксированными выплатами — это один из двух типов пенсионных планов, предлагаемых спонсорами, такими как компании и государственные организации, своим работникам. К другому типу относятся пенсионные планы с фиксированными взносами. Первые отличаются от вторых тем, что они представляют собой обязательства спонсора.

Хотя обязательства пенсионного плана с фиксированными выплатами напоминают денежные потоки (в случае обязательств — оттоки денежных средств) по инструментам типа облигаций, LDI предполагает инвестирование не только в облигации. Мы кратко рассмотрим различные решения по LDI, предлагаемые для пенсионных планов с фиксированными выплатами. Одно из них — инвестирование в облигации и акции с хеджированием облигационного компонента от одного из рисков обязательств, анализируемого в этой главе. Чтобы понять предлагаемые LDI-решения, необходимо иметь представление о рисках, связанных с обязательствами. Для начала мы представим краткую историю управления пенсионными планами с фиксированными выплатами.

ИСТОРИЧЕСКИЙ ОЧЕРК

Исторически пенсионными планами с фиксированными выплатами управляли исключительно с ориентацией на активы. Спонсоры исходили из того, что если активы будут расти так же как и основные рыночные индексы, то в долгосрочной перспективе они окажутся достаточными для покрытия обязательств. После принятия в 2006 г. закона о защите пенсионных накоплений спонсоры пенсионных планов с фиксированными выплатами обязаны переоцениваться по рынку свои прогнозные обязательства на основе определенных ставок дисконтирования, которые были установлены в 2012 г.

Еще до падения процентных ставок до нынешнего низкого уровня в исследовании Northern Trust Bank и Greenwich Associates 2006 г. отмечалось, что спонсоры пенсионных планов с фиксированными выплатами неохотно прибегают к LDI[1]. Исследование охватывало менеджеров фондов США (1050), Великобритании (224), Канады (197) и Европы (217). Опросы показали, что менее 10% доверительных управляющих фондов уверенно применяют LDI-стратегии. К этим стратегиям более широко прибегают за пределами США, где регулирование учета в пенсионных фондах заметно жестче. По данным консалтинговой фирмы Tower Watson, регулирование, установленное в США в соответствии с законом о защите пенсионных накоплений 2006 г., изменилось в отношении пенсионных планов с фиксированными выплатами[2].

ПОНИМАНИЕ ОБЯЗАТЕЛЬСТВ ПЕНСИОННОГО ПЛАНА С ФИКСИРОВАННЫМИ ВЫПЛАТАМИ

Для понимания рисков, связанных с обязательствами, и эффективного управления ими необходимо иметь представление о том, как прогнозируются обязательства пенсионного плана с фиксированными выплатами с учетом продолжительности жизни членов и как оцениваются будущие обязательства.

Срок существования пенсионного плана с фиксированными выплатами определяет инвестиционные требования и сумму, подлежащую выплате членам после выхода на пенсию в том или ином возрасте. Прогнозирование обязательств требует принятия определенных допущений относительно двух критически важных факторов: уровня инфляции и ожидаемой

---

1 "Implementing LDI in Pension Plans," Point of View, Northern Trust, January 2007. См.: http://www.northerntrust.com/pointofview/07_Jan/jan07_implementingLDI.html#.

2 "Towers Watson: LDI Strategies Gaining in Popularity Among U.S. Investors," June 15, 2010. См.: http://www.towerswatson.com/united-states/press/2184.

продолжительности жизни членов. Инфляцию необходимо учитывать по той причине, что от нее зависит будущая компенсация и, следовательно, выплаты членам после выхода на пенсию.

После определения обязательств плана наступает очередь их оценки. Выбор ставки или ставок, по которым прогнозные обязательства должны дисконтироваться, вызывает горячие споры. Прежде всего, нужно определиться, должна ли это быть одна ставка дисконтирования или временная структура ставок дисконтирования. Мало кто не согласится с тем, что использовать надо временную структуру процентных ставок. Разногласия вызывает вопрос о том, временную структуру какого сектора облигаций следует брать. По существу следовало бы использовать кривую казначейских спот-ставок на основе ставок, предлагаемых для казначейских стрипов. Однако у регуляторов на этот счет другое мнение. Закон о защите пенсионных накоплений требует, чтобы компании дисконтировали пенсионные обязательства с использованием доходностей корпоративных облигаций с рейтингом не ниже A (AAA, AA или A). Стоимость обязательств крайне чувствительна к используемым ставкам, учитывая их долгосрочный характер. Поскольку казначейские ставки ниже корпоративных, использование корпоративных ставок дает более низкую стоимость обязательств.

В пользу использования казначейских ставок, а не ставок по высококачественным корпоративным облигациям, говорят три аргумента. Во-первых, обязательства можно рассматривать как безрисковые денежные потоки, которые должны выплачиваться спонсором пенсионного плана с фиксированными выплатами. Таким образом, обязательства следовало бы дисконтировать по бездефолтным ставкам. Хотя казначейские ценные бумаги не являются бездефолтными, они представляют собой финансовый инструмент, который, по мнению участников рынка, имеет наименьший риск дефолта. Во-вторых, если конечная цель заключается в устранении процентного риска обязательств (как будет показано ниже), то у большого числа спонсоров пенсионных планов с фиксированными выплатами нет возможности создать хеджирующий портфель из корпоративных облигаций с рейтингом не ниже A. Иными словами, предложение корпоративных облигаций с рейтингом не ниже A недостаточно для устранения процентного риска. В-третьих, использование ставок по корпоративным облигациям неприемлемо потому, что они имеют спред по отношению к казначейским ставкам, обусловленный необходимостью компенсации кредитного риска и риска ликвидности. Возьмем ситуацию, когда казначейские ставки не меняются, а кредитные спреды для корпоративных облигаций с рейтингами AAA, AA и A увеличиваются на 50 базисных пунктов. Расширение кредитного спреда означает, что рынок считает корпоративные облигации более рискованными с точки зрения кредитного качества. Как мы покажем далее, результатом повышения спреда на 50 базисных пунктов будет улучшение финансового здоровья пенсионного плана с фиксированными выплатами. Таким образом, чем более рискованными становятся корпоративные облигации, тем лучше результаты пенсионного плана с фиксированными выплатами. Несмотря на аргументы против использования ставок по корпоративным облигациям для дисконтирования обязательств, закон о защите пенсионных накоплений 2006 г. предусматривает применение именно их.

Риски, связанные с обязательствами

С прогнозными обязательствами пенсионного фонда с фиксированными выплатами связаны три риска:

1. Процентный риск.
2. Инфляционный риск.
3. Риск дожития.

Процентный риск прогнозных обязательств можно оценивать количественно точно так же, как и для активов: путем вычисления дюрации для обязательств. С учетом долгосрочности дюрация обязательств пенсионных планов с фиксированными выплатами может варьировать от 15 до более чем 20. Значение дюрации обязательств очень важно для определения LDI-стратегии, поскольку, как будет показано далее, хеджирование процентного риска связано с уравниванием долларовой дюрации активов и обязательств. Для этого необходимо иметь активы, долларовая дюрация которых близка к долларовой дюрации обязательств.

Инфляционный риск плана с фиксированными выплатами связан с тем, что фактический уровень инфляции в прогнозном периоде может оказаться больше, чем принятый при прогнозировании обязательств. Чувствительность обязательств к инфляционному риску можно количественно оценить путем изменения уровня инфляции, используемого при прогнозировании, и переоценки обязательств.

Риск дожития для пенсионного плана с фиксированными выплатами связан с тем, что фактическая ожидаемая продолжительность жизни членов плана после их выхода на пенсию может оказаться больше принятой при прогнозировании обязательств. В результате фактическая сумма, которую придется выплатить членам плана, может превысить прогнозную сумму. Хотя мы рассматриваем риск дожития в контексте пенсионных планов с фиксированными выплатами, с этим риском также сталкиваются страховые компании при оценке страховых полисов и физические лица при планировании выхода на пенсию. Чтобы понять значимость риска дожития, рассмотрим изменение ожидаемой продолжительности жизни в прошедшие 100 лет и допущение о выходе на пенсию в 65 лет. В США средняя ожидаемая продолжительность жизни при рождении для обоих полов в соответствии с ипотечными таблицами распределяется следующим образом: 1950 г. — 68,2 года; 1960 г. — 69,7 года; 1970 г. — 70,8 года; 1980 г. — 73,7 года; 1990 г. — 75,8 года; 2000 г. — 77 лет; 2010 г. — 78,7 года. Ожидается, что продолжительность жизни составит 79,5 года к 2020 г. Таким образом, по плану, в котором использовалась ожидаемая продолжительность жизни 73,8 года в 1980 г., т. е. предполагались выплаты в течение 8,7 года после достижения 65-летнего возраста, в среднем придется производить выплаты еще пять лет к 2010 г. (78,7–73,7). Как и в случае инфляционного риска чувствительность к изменениям ожидаемой продолжительности жизни, использованной при прогнозировании обязательств, можно определить путем переоценки обязательств при новом значении ожидаемой продолжительности жизни.

Дефицит финансирования, коэффициент консолидирования и взносы спонсора

Дефицит финансирования — это разница между рыночной стоимостью активов и стоимостью обязательств:

дефицит финансирования = прогнозная стоимость обязательств –
– рыночная стоимость активов фонда.

Дефицит финансирования называют также **не обеспеченными финансированием обязательствами**.

Риск дефицита финансирования — это денежная сумма, на которую дефицит финансирования увеличивается в результате неблагоприятных изменений факторов, влияющих на активы и обязательства. В их число входят:

Тип риска	*Риск активов*	*Риск обязательств*
Процентный риск	×	×
Инфляционный риск	×	×
Риск дожития	–	×
Кредитный риск	×	–

Окончание таблицы

Тип риска	*Риск активов*	*Риск обязательств*
Риск ликвидности	×	–
Валютный риск	×	–
Риск отзыва / досрочного погашения	×	–

Волатильность дефицита финансирования зависит от волатильности этих факторов риска. Например, волатильность процентных ставок влияет на стоимость активов и обязательств в зависимости от их долларовой дюрации (как будет показано далее в этой главе). Проблема, связанная с волатильностью дефицита финансирования, заключается в том, что нормативные требования к финансированию могут вырасти и потребовать дополнительных взносов со стороны спонсора пенсионного плана с фиксированными выплатами.

Альтернативный подход к оценке финансового здоровья пенсионного плана с фиксированными выплатами предполагает представление активов плана в виде процента от прогнозных обязательств. Отношение называют **коэффициентом консолидирования**:

$$\text{коэффициент консолидирования} = \frac{\text{рыночная стоимость активов фонда}}{\text{прогнозная стоимость обязательств}}.$$

Чем ниже коэффициент консолидирования, тем больше дефицит финансирования. Очевидно, что сказанное в отношении риска дефицита финансирования в равной мере относится и к риску коэффициента консолидирования.

Помимо исходного недостатка финансирования пенсионного плана с фиксированными выплатами дефицит возникает, прежде всего, в результате того, что решения о распределении активов (т. е. распределения активов между акциями, облигациями, альтернативными инструментами и инструментами денежного рынка), которые были приняты спонсором плана в прошлом, привели к получению более низкого дохода, чем стоимость обязательств. Этому не следует удивляться, поскольку исторически спонсоры пенсионных планов с фиксированными выплатами игнорировали структуру обязательств фонда и риски и фокусировали внимание на управлении активами. Принимая решение о распределении активов, спонсоры планов исходили из относительной результативности классов активов без учета обязательств. Распространение в последнее время инвестирования, ориентированного на обязательства (LDI), объясняется осознанием необходимости учета обязательств при формировании инвестиционных стратегий.

Не обязательно пытаться ликвидировать дефицит финансирования за один год. LDI-стратегия — это, скорее, путь сокращения дефицита финансирования и связанного с ним риска. В дополнение к достижению высоких результатов с точки зрения дефицита финансирования/коэффициента консолидирования спонсор плана может использовать ежегодные взносы. Размер взноса, называемого **годовым требуемым взносом**, определяется актуарием и складывается из двух компонентов. Первый из них — расчетная стоимость новых выплат, заработанная членами в течение года. Эту величину называют **нормальным платежом**. Нормальный платеж увеличивают на сумму, определяемую на основе дефицита финансирования. Если спонсор плана не уплачивает годовой требуемый взнос, то дефицит финансирования возрастает, а коэффициент консолидирования уменьшается.

Поскольку годовые требуемые взносы оказывают значительное влияние на устранение дефицита финансирования, важным фактором при оценке риска дефицита финансирования является способность спонсора пенсионного плана с фиксированными выплатами осуществлять эти взносы без создания финансовых проблем для компании. Спонсоры корпоративных планов стремятся минимизировать годовые требуемые взносы и их волатильность. Таким образом, при выработке LDI-стратегии одной из целей спонсоров пенсионных планов является минимизация годовых взносов.

LDI-СТРАТЕГИИ

Понимание характера рисков как на стороне активов, так и на стороне обязательств дефицита финансирования может облегчить поиск LDI-решений. Ниже мы рассматриваем два таких решения.

Портфель, включающий только облигации с высоким рейтингом

Одним из решений является создание портфеля, включающего только облигации с высоким рейтингом и процентные деривативы. Чтобы понять его суть, отбросим все риски, кроме процентного. В первом приближении чувствительность дефицита финансирования к процентному риску — это долларовая дюрация активов и обязательств. Иначе говоря,

процентный риск дефицита финансирования =
= изменению дефицита финансирования
под влиянием процентного риска =
= долларовая дюрация прогнозных обязательств –
– долларовая дюрация активов фонда.

С изменением процентных ставок рыночные стоимости активов и обязательств изменяются относительно друг друга в зависимости от соответствующих долларовых дюраций. Если долларовая дюрация прогнозных обязательств превышает долларовую дюрацию активов фонда, то при росте процентных ставок дефицит финансирования будет уменьшаться в силу того, что обязательства падают быстрее активов. Риск связан с падением процентных ставок, которое приводит к увеличению дефицита финансирования.

Возьмем, например, следующий пенсионный план с фиксированными выплатами:

Рыночная стоимость активов фонда — \$500 млн;
Прогнозная стоимость обязательств — \$600 млн;
Дюрация портфеля (т. е. дюрация активов фонда) — 7;
Дюрация обязательств (т. е. дюрация прогнозных обязательств) — 12.

Тогда долларовая дюрация при изменении процентных ставок на 100 б. п. равна:

долларовая дюрация портфеля = 7% × \$500 млн = \$35 млн;
долларовая дюрация обязательств = 12% × \$600 млн = \$72 млн.

Это означает, что изменение дефицита финансирования на каждые 100 б. п. изменения процентных ставок равно примерно \$37 млн. Риск связан с тем, что процентные ставки снизятся. В этом случае стоимость обязательств вырастет на \$72 млн, а стоимость активов фонда только на \$35 млн. Как результат, дефицит финансирования увеличится на \$37 млн.

Чтобы хеджировать, или иммунизировать (по крайней мере в первом приближении) процентный риск, приводящий к неблагоприятному изменению дефицита финансирования, с использованием чисто облигационного портфеля, этот портфель нужно перебалансировать для выравнивания долларовой дюрации и, таким образом, предотвращения увеличения дефицита финансирования. Стратегии иммунизации процентного риска мы рассмотрим позже.

В случае нашего гипотетического пенсионного плана с фиксированными выплатами в силу невозможности изменения долларовой дюрации обязательств для хеджирования процентного риска долларовая дюрация портфеля должна быть равной \$72 млн. Обозначим дюрацию портфеля как D_p, тогда на каждые 100 б. п. изменения процентных ставок долларовая дюрация портфеля составит:

$$0{,}01 \times D_p \times \$500\text{ млн}.$$

Эта величина должна быть равной долларовой дюрации обязательств, т. е. \$72 млн. Иначе говоря:

$$0{,}01 \times D_p \times \$500 \text{ млн} = \$72 \text{ млн}.$$

Решив это уравнение, мы получим $D_p = 12$. Таким образом, дюрация портфеля должна быть равной дюрации обязательств, чтобы избежать изменения дефицита финансирования в результате роста процентных ставок.

Это выглядит просто, однако на практике возникают две проблемы. Первая, как уже говорилось, заключается в том, что дюрация обязательств может быть больше 20. В то же время, дюрация казначейских облигаций и корпоративных облигаций с высоким рейтингом далека от 20, что сильно затрудняет получение необходимой для хеджирования процентного риска величины дюрации. Таким образом, даже в нашем примере, где дюрация равна 12, ее вряд ли удастся получить с помощью высококачественных облигаций. Решением этой проблемы является использование процентных деривативов, таких как фьючерсы и свопы, для «повышения» долларовой дюрации. В главах 29 и 31 мы будем говорить о долларовой дюрации фьючерсов и свопов соответственно. Как следствие, спонсор пенсионного плана, желающий компенсировать процентный риск полностью или частично, должен быть готов к использованию процентных деривативов.

Вторая проблема связана с тем, что уравнивание дюраций позволяет хеджировать процентный риск только в случае небольших изменений процентных ставок. Ее можно решить путем частой перебалансировки портфеля. Если процентные ставки меняются значительно в промежутке между перебалансировками, то уравнивание дюраций не эффективно. Вместо этого необходимо как можно сильнее сближать выпуклость активов и обязательств.

Хотя в случае LDI-стратегии с использованием портфеля облигаций с высоким рейтингом казначейские и процентные деривативы позволяют хеджировать процентный риск, остаются еще и другие риски. У облигаций с высоким рейтингом кредитный риск может быть низким, но он тем не менее не исчезает полностью. В частности, сохраняется возможность неблагоприятного изменения риска кредитного спреда и риска ликвидности. Возьмем для примера риск кредитного спреда. Для отзывных облигаций с высоким рейтингом при определении дюрации активов необходимо учитывать риск отзыва. Некоторые чисто облигационные стратегии предполагают использование агентских ценных бумаг, обеспеченных жилищной ипотекой, с низким воспринимаемым кредитным риском и более высокой доходностью, чем у высококачественных корпоративных бумаг[1]. Однако включение этих ценных бумаг в портфель подвергает инвестора риску досрочного погашения.

---

[1] Как говорилось в главе 12, доходность ценной бумаги, обеспеченной жилищной ипотекой, представляет собой доходность денежного потока и сильно зависит от прогнозных денежных потоков.

Стратегии с использованием облигаций и деривативов не устраняют другие риски, связанные с обязательствами, и при этом создают риски на стороне активов, описанные выше. Уровень других рисков зависит от устойчивости спонсора плана к рискам, которая в свою очередь зависит от способности спонсора осуществлять годовые требуемые взносы, когда стратегия приводит к увеличению дефицита финансирования.

LDI-стратегия, не ограничивающаяся облигациями с высоким рейтингом и деривативами

Из-за недостатков LDI-стратегии хеджирования только процентного риска с использованием облигаций и деривативов на практике применяют стратегию, предполагающую использование более широкого набора классов активов для управления уровнем процентного риска, инфляционного риска и риска дожития. Выбираются такие классы активов, которые имеют высокую корреляцию с этими рисками так, чтобы их негативное влияние на дефицит финансирования компенсировалось (полностью или частично) положительным влиянием на активы. Мы уже говорили о том, как применять облигации и процентные деривативы для управления процентным риском. Инфляционный риск можно снизить с помощью защищенных от инфляции инструментов с фиксированным доходом, подобных TIPS.

Предлагаемый подход сочетает в себе два аспекта: реализацию стратегии управления рисками и реализацию стратегии генерирования роста активов. Портфель, создаваемый в целях обеспечения роста активов, называют «портфелем, ориентированным на результативность»[1], или «портфелем избыточной доходности»[2]. Совокупную доходность плана можно представить следующим образом:

совокупная доходность плана =
= доходность иммунизированного по обязательствам портфеля +
+ доходность портфеля, ориентированного на результативность –
– доходность обязательств.

---

1 Saad Badaoui, Romain Deguest, Lionel Martellini, and Vincent Milhau, "Dynamic Liability-Driven Investing Strategies: The Emergence of a New Investment Paradigm for Pension Funds? A Survey of the LDI Practices for Pension Funds," EDHEC–Risk Institute Publication, February 2014.

2 Paul Ross, Dan Bernstein, Niall Ferguson, and Ray Dalio, "Creating an Optimal Portfolio to Fund Pension Liabilities," Chapter 47 in Frank J. Fabozzi (ed.), Handbook of Finance: Volume 2 (Hoboken, NJ: John Wiley & Sons, 2008). Авторы приводят пример применения стратегии.

Стратегию управления рисками можно рассматривать как бета-стратегию (где ориентиром являются обязательства), а стратегию генерирования роста активов — как альфа-стратегию. Цель альфа-стратегии — обеспечение более быстрого роста активов по сравнению с обязательствами. Генерирования роста активов можно добиться через использование таких классов активов, как акции, высокодоходные облигации и альтернативные инвестиции.

Задействование инструментов денежного рынка, приносящих более высокую премию за риск, чем высококачественные облигации, приводит к появлению других инвестиционных рисков. И опять, уровень риска, приемлемый для спонсора плана, зависть от его устойчивости к рискам, которая в свою очередь зависит от способности спонсора осуществлять взносы сверх нормального платежа.

Поскольку стратегия генерирования роста активов предполагает использование акций и альтернативных инструментов, мы не рассматриваем ее в этой книге.

РЕШЕНИЯ ПО СНИЖЕНИЮ РИСКОВ

Спонсоры пенсионных планов с фиксированными выплатами используют три подхода к снижению рисков. Эти подходы, называемые **решениями по снижению рисков**, включают в себя:

- закрытие (замораживание);
- прекращение действия;
- перенос риска.

Здесь мы лишь кратко рассмотрим эти стратегии без обсуждения их относительных достоинств. По существу, эти решения служат инструментами управления риска дожития.

Закрытие фонда пенсионного плана означает замораживание плана, а не прекращение его действия. План сохраняет страховку, предоставляемую федеральным страховщиком, Корпорацией по гарантированию пенсионных выплат (Pension Guaranty Benefit Corporation — PGBC). Существуют три типа замораживания планов[1]:

- **Жесткое замораживание**: все работники не могут зарабатывать дополнительные выплаты по плану, однако они немедленно получают право на то, что они заработали.

---

[1] Более детальное обсуждение см. в: "Pension Freezes," Pension Center Rights (undated), http://www.pensionrights.org/publications/fact-sheet/pension-freezes.

- **Частичное замораживание**: выплаты перестают увеличиваться для некоторых работников. Это обычно происходит, когда работодатель не позволяет новым работникам подключаться к плану, но сохраняет план для существующих работников.
- **Мягкое замораживание**: работники перестают получать пенсионное пособие за будущие годы участия в плане, однако их пенсионные выплаты исчисляются на момент выхода из плана, а не на дату замораживания.

Замороженный план может быть разморожен по решению работодателя.

При прекращении действия плана он полностью перестает функционировать, и его работа не может быть возобновлена. Что происходит с активами плана и выплатами его членам, зависит от того, какое финансирование имел этот план — недостаточное или избыточное. В случае недостаточного финансирования активы передаются PGBC. Этот федеральный страховщик осуществляет затем обещанные выплаты членам плана (с учетом федеральных ограничений на максимальный размер выплаты члену плана). Если же план имел избыточное финансирование (маловероятный случай), то его активы передаются квалифицированному страховщику, который берет на себя ответственность за полную выплату пенсий члена плана.

Спонсоры пенсионных планов могут погасить обязательства перед получившими право на выплаты работниками единовременным платежом. Это полностью устраняет пенсионный риск, связанный с этой группой членов. При таком решении пенсионный риск переносится на тех членов, которые приняли единовременную выплату.

Другие решения по переносу риска включают в себя страхование, частичное страхование и свопы дожития. В случае страхования спонсор приобретает за единую премию страховой контракт (контракт об аннуитете) для всех работников. В результате пенсионный риск переносится со спонсора плана на эмитента аннуитета (обычно компанию по страхованию жизни). Такое решение называют *аннуитизацией*. Хотя это позволяет удалить стандартный пенсионный риск, кредитный риск контрагента сохраняется.

В случае частичного страхования спонсор плана приобретает за единую премию аннуитет, который не полностью покрывает прогнозные обязательства. Активы фонда, не использованные для приобретения аннуитета, остаются под управлением спонсора плана, поэтому достигается лишь частичный перенос пенсионного риска. Аннуитет становится активом пенсионного плана со связанным с ним кредитным риском, как и в случае любого корпоративного долгового обязательства.

Риск дожития можно хеджировать с помощью входа пенсионного плана в своп дожития, или облигацию дожития. В первом случае пенсионный план заключает соглашение о свопе с контрагентом, обычно инвестиционным банком или страховщиком. В своп-сделке пенсионный план периодически выплачивает фиксированную сумму контрагенту, а контрагент осуществляет периодические плавающие платежи пенсионному плану, зависящие от разницы между фактической и ожидаемой смертностью. Существуют разные типы свопов дожития: индивидуализированные и стандартные (или привязанные к индексу инструменты). Риск стандартного свопа дожития связан с тем, что контракт может не покрыть именно такой риск дожития, с каким сталкивается пенсионный план[1].

СТРАТЕГИИ ХЕДЖИРОВАНИЯ ПРОЦЕНТНОГО РИСКА

Оставшаяся часть главы посвящена стратегиям хеджирования процентного риска обязательств пенсионного плана с фиксированными выплатами. Мы начнем со стратегии, называемой однопериодной иммунизацией. Это не та стратегия, которая характерна для пенсионных планов с фиксированными выплатами, поскольку она обеспечивает хеджирование только одной выплаты по обязательствам в будущем. Ею пользуются компании по страхованию жизни в целях хеджирования процентного риска популярного страхового продукта — гарантированного инвестиционного контракта (guaranteed investment contract — GIC). Компании по страхованию жизни продают GIC-продукты пенсионным планам с фиксированными выплатами. После объяснения основных принципов однопериодной иммунизации мы займемся иммунизацией (т. е. хеджированием) процентного риска для серии будущих платежей, в нашем случае для прогнозных обязательств пенсионного плана с фиксированными выплатами.

Однопериодная иммунизация

Пионером стратегии однопериодной иммунизации считают Ф. Реддингтона, описавшего в 1952 г. иммунизацию как «инвестирование активов таким образом, что существующий бизнес перестает зависеть от общего изменения

[1] См.: "Longevity Swaps: The Deal of a Lifetime," Global Agenda, October 2013. Available at http://projectm-online.com/global-agenda/risk/longevity-swaps-the-deal-of-a-lifetime.

процентных ставок»[1]. Для того чтобы понять основные принципы иммунизации портфеля от изменения процентных ставок с целью удовлетворения единичного будущего обязательства, рассмотрим случай компании по страхованию жизни, продающей GIC). Продавая эти полисы, компания в обмен на единовременный платеж обязуется выплатить держателю полиса в установленную дату в будущем определенную денежную сумму. Иначе говоря, компания по страхованию жизни гарантирует определенную доходность сделанной клиентом инвестиции.

Если GIC имеет срок H лет, гарантированную ставку r и инвестированную сумму I, то сумма F, которую страховщик соглашается выплатить через H лет (т. е. гарантированная стоимость), равна:

$$F = I\,(1 + r)^H.$$

Для генерирования средств, достаточных для реализации гарантированной суммы, задействуются три источника дохода: 1) купонный процент; 2) процент на процент и 3) прирост капитала. Эти источники рассматривались в главе 3. Теория иммунизации строится на том, что если купонный процент невосприимчив к изменениям процентных ставок, то последние два источника чувствительны к ним. Кроме того, для них характерен эффект компенсации. Рост процентных ставок приводит к капитальному убытку по облигациям, находящимся в портфеле, но обеспечивает более высокий доход от реинвестирования; падение процентных ставок приводит к приросту капитала по облигациям в портфеле, но снижает доход от реинвестирования. Задача заключается в том, чтобы составить такой портфель, в котором изменения процентных ставок будут компенсироваться и, таким образом, обеспечивать как минимум реализацию гарантированной стоимости.

Реддингтон показал, как добиться такого компенсирования при конструировании и перебалансировке портфеля. Если исходить из параллельного смещения кривой доходности, то минимальная стоимость портфеля будет равна гарантированной стоимости (F), когда портфель отвечает следующим условиям:

Условие 1: дюрация портфеля равна дюрации обязательства.
Условие 2: приведенная стоимость денежного потока от портфеля равна приведенной стоимости будущего обязательства.

После того, как портфель сформирован, его необходимо перебалансировать по мере изменения процентных ставок, поскольку дюрация портфеля

[1] F. M. Reddington, «Review of the Principle of Life Office Valuation», *Journal of the Institute of Actuaries,* 1952, pp. 286–340.

и дюрация обязательства изменяются. Перебалансировка должна уравнивать дюрации портфеля и обязательства.

Рассмотрим дюрацию обязательства. Поскольку мы имеем дело с однопериодным обязательством, оно фактически представляет собой обязательство с нулевым купоном (т.е. не предполагает никаких промежуточных денежных выплат). Как известно, дюрация облигации с нулевым купоном равна числу лет до погашения. Иначе говоря, 5-летняя облигация с нулевым купоном имеет дюрацию, равную 5. У обязательства с нулевым купоном дюрация равна числу лет до выплаты гарантированной стоимости. Таким образом, при формировании портфеля, обеспечивающего 5-летний GIC, дюрация портфеля должна быть равной 5 (т.е. дюрации обязательства). Поскольку с течением времени процентные ставки меняются, необходимо менять и дюрацию портфеля для приведения ее в соответствие с числом лет, оставшихся до исполнения обязательства. Это означает, что если срок GIC составлял пять лет при его выпуске, то спустя три года дюрацию портфеля необходимо уменьшить до 2 (до дюрации обязательства).

Риск иммунизации

Выполнение двух условий иммунизации единичного обязательства от изменений процентных ставок дает эффект только в том случае, если кривая доходности является плоской, а ее изменение параллельным (т.е. процентные ставки для всех сроков смещаются вверх или вниз на одинаковое число базисных пунктов). Напомним вывод, сделанный нами в главе 4: дюрация является мерой волатильности цены при параллельных сдвигах кривой доходности. Если изменения процентных ставок приводят к изменению формы кривой доходности, то приведение дюрации портфеля в соответствие с дюрацией обязательства не приводит к иммунизации. Иными словами, в этом случае целевая доходность уже не является минимальной совокупной доходностью портфеля.

Для иммунизации обязательства можно создать несколько портфелей с выровненной дюрацией. Какой из них будет обладать наименьшим риском неполучения желаемой доходности? Существует ли критерий, позволяющий понять, какой из приведенных в соответствие по дюрации портфелей будет наименее рискованным в ситуации неопределенности изменения кривой доходности? Этим вопросом занимались Фонг и Васичек[1], а также

[1] H. Gifford Fong and Oldrich Vasicek, "A Risk Minimizing Strategy for Multiple Liability Immunization," Journal of Finance (December 1984), pp. 1541–1546.

Бьерваг, Кауфман и Тоевс[1]. Рис. 27.1 показывает подходы к минимизации риска иммунизации.

Вертикальные отрезки в двух частях рис. 27.1 представляют денежные потоки портфеля. Более высокие отрезки обозначают денежные потоки, генерируемые ценными бумагами, достигшими даты погашения, более низкие отрезки — это купонные выплаты. Портфели A и B, составленные из двух облигаций, имеют дюрацию, равную дюрации обязательства. Портфель A — это «гантельный» портфель, состоящий из краткосрочных и долгосрочных бумаг и промежуточных купонных выплат. В портфеле B даты погашения обеих облигаций близки к дате исполнения обязательства, купонные выплаты в течение инвестиционного горизонта не осуществляются. Портфель B, таким образом, является «пулевым».

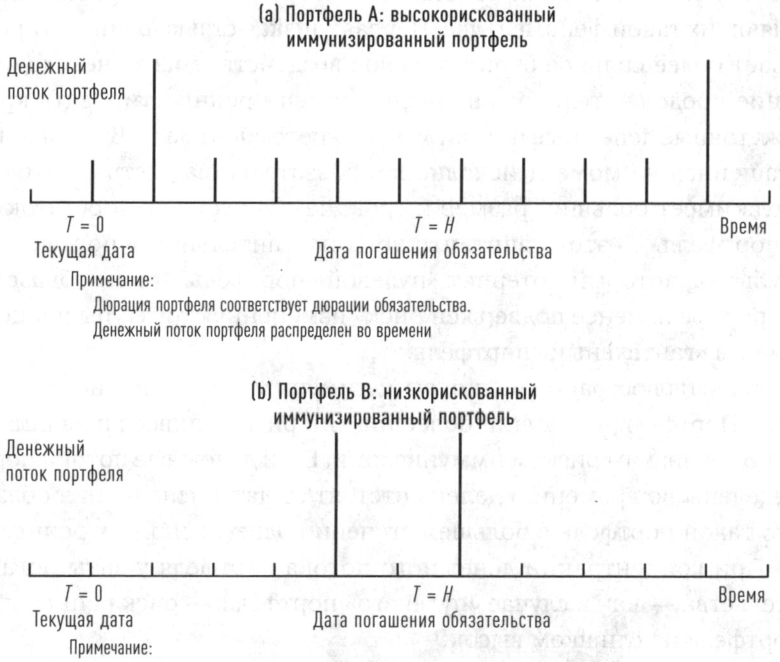

Рис. 27.1. Измерение риска иммунизации

---

[1] G. O. Bierwag, George K. Kaufman, and Alden Toevs, “Bond Immunization and Stochastic Process Risk,” Working Paper, Center for Capital Market Research, University of Oregon, July 1981.

Теперь видно, почему «гантельный» портфель является более рискованным, чем «пулевой». Оба портфеля имеют дюрации, равные дюрации обязательства. Это значит, что оба они иммунизированы от параллельных изменений кривой доходности. Предположим, что кривая доходности меняется не параллельно: краткосрочные процентные ставки падают, а долгосрочные растут. В этом случае оба портфеля в дату погашения обязательства продемонстрируют меньшую накопленную стоимость, чем гарантированная стоимость, поскольку оба понесут убыток из-за увеличения долгосрочных процентных ставок и уменьшения величины процента на процент, обусловленного понижением ставок реинвестирования на рынке с падающими краткосрочными ставками.

Между тем стоимость, накопленная «гантельным» портфелем в дату исполнения обязательства, будет заметнее отличаться от гарантированной стоимости, чем стоимость, накопленная «пулевым» портфелем. Причин, объясняющих такой феномен, две. Первая: низкая ставка реинвестирования оказывает более сильное отрицательное воздействие из-за необходимости в течение продолжительного периода времени реинвестировать крупные промежуточные денежные потоки «гантельного» портфеля. Вторая причина: не погашенная на момент исполнения обязательства часть «гантельного» портфеля имеет больший размер и срок, чем аналогичный остаток «пулевого» портфеля, — это значит, что убыток «гантельного» портфеля будет выше убытка, который потерпит «пулевой» портфель. Таким образом, «пулевой» портфель менее подвержен риску изменения структуры процентных ставок, чем «гантельный» портфель.

Из нашей иллюстрации видно: риск иммунизации — это риск реинвестирования. Портфель, имеющий более низкий риск реинвестирования, отличается более низким риском иммунизации. Если денежные потоки портфеля распределены во времени и далеко отстоят от даты исполнения обязательства, то такой портфель в большей степени подвержен риску реинвестирования. При концентрации денежного потока портфеля у даты погашения обязательства — как в случае «пулевого» портфеля — риск реинвестирования портфеля не слишком высок.

Фонг и Васичек разработали показатель риска иммунизации. Они доказали, что при изменении кривой доходности произвольным образом относительное изменение стоимости портфеля зависит от произведения двух величин. Первая величина обусловлена исключительно характеристиками инвестиционного портфеля. Вторая отражает характер изменения формы кривой доходности. Поскольку эти изменения нельзя предсказать, их невозможно контролировать. Контролировать, однако, можно первую величину, которая зависит только от состава иммунизированного портфеля. Первая величина является, следовательно, мерой риска иммунизированного портфеля, M^2. Ее определяют следующим образом:

$$M^2 = \frac{CF_1(1-H)^2}{(1+y)} + \frac{CF_2(2-H)^2}{(1+y)^2} + \cdots + \frac{CF_n(n-H)^2}{(1+y)^n},$$

где:

CF_t — денежный поток портфеля в период времени t;

H — продолжительность (в годах) инвестиционного горизонта, оканчивающегося датой исполнения обязательства;

y — доходность портфеля;

n — момент поступления последнего денежного потока.

Данный показатель риска иммунизации согласуется с нашим графическим анализом рисков, связанных с инвестициями в «гантельный» и «пулевой» портфели. В «гантельном» портфеле (портфель A на рис. 27.1) денежные потоки отличаются широким распределением по времени, и его риск иммунизации велик. Денежные потоки «пулевого» портфеля (портфель B на рис. 27.1) располагаются поблизости от даты исполнения обязательства, и значение риска иммунизации мало.

Обратите внимание на то, что в случае получения всех денежных потоков в дату исполнения обязательства величина риска иммунизации равна нулю. В такой ситуации портфель можно считать эквивалентом дисконтной ценной бумаги (бескупонной бумаги), дата погашения которой совпадает с датой исполнения обязательства. Если бы портфель мог быть сконструирован как дисконтная ценная бумага с датой погашения, совпадающей с датой исполнения обязательства, то он имел бы наименьший риск иммунизации. В действительности, однако, подобный идеальный портфель в большинстве случаев не может быть создан.

Цель менеджера при создании иммунизированного портфеля — приведение дюрации портфеля в соответствие с дюрацией обязательства и выбор портфеля, минимизирующего риск иммунизации M^2. Показатель риска иммунизации может быть использован для определения приблизительных доверительных интервалов для гарантированной стоимости.

Бескупонные облигации и иммунизация

Один из способов иммунизации портфеля от изменений процентных ставок — инвестирование в бескупонные облигации со сроком, равным инвестиционному горизонту. Этот подход соотносится с базовым принципом иммунизации, поскольку дюрация облигации с нулевым купоном равна дюрации обязательства. Между тем в реальной практике доходность бескупонных облигаций, как правило, ниже доходности облигаций с купонами. Таким образом, использование облигаций с нулевым купоном для финансирования «пулевых» обязательств требует более значительных вложений из-за более низкой целевой доходности (равной доходности бескупонных облигаций).

Кредитный риск и гарантированная стоимость

Гарантированная стоимость может не быть реализована в случае дефолта какой-либо из облигаций, входящих в портфель, или потери стоимости в результате ухудшения кредитного качества. Избежать кредитного риска можно, если ограничить набор потенциальных кандидатов на включение в иммунизированный портфель казначейскими ценными бумагами. Накопленная стоимость, однако, в этом случае будет более низкой, чем при использовании облигаций, имеющих кредитный риск, а стоимость финансирования вырастет.

В большинстве случаев иммунизации клиент устанавливает приемлемый уровень кредитного риска. Облигационные выпуски, выбираемые для иммунизированного портфеля, должны иметь рейтинг не ниже указанного клиентом. Чем выше приемлемый для клиента кредитный риск, тем выше достижимая целевая доходность, однако выше также и риск неполучения этой доходности в результате дефолта или ухудшения качества бумаг. После определения максимального уровня кредитного риска и составления иммунизированного портфеля менеджер должен следить за состоянием кредитного качества индивидуальных выпусков. Если рейтинг облигационного выпуска падает ниже указанного минимального уровня, выпуск продается и на выручку от продажи приобретается бумага с приемлемым рейтингом.

Риск отзыва

Если в круг приемлемых для клиента облигаций входят корпоративные облигации, гарантированная стоимость не может быть реализована из-за включения в портфель отзывной облигации, колл-опцион которой будет исполнен. Риск отзыва устраняется путем ограничения состава иммунизированного портфеля облигациями без права досрочного погашения или отзывными облигациями с глубоким дисконтом. Эта стратегия, разумеется, имеет свои недостатки. Неотзывные облигации и облигации с глубоким дисконтом имеют более низкую доходность, а это снижает возможную накопленную стоимость и, таким образом, повышает стоимость финансирования обязательств. Кроме того, может быть довольно трудно найти подходящие неотзывные облигации.

Иммунизированный портфель, в который входят отзывные облигации, необходимо тщательно отслеживать для выявления ценных бумаг с высокой вероятностью отзыва с целью их продажи и замены на облигационные выпуски с низкой вероятностью отзыва.

Составление иммунизированного портфеля

После определения круга приемлемых ценных бумаг и основных ограничений для портфеля менеджер начинает поиск конкретных облигаций для составления иммунизированного портфеля. Обычно определяется некая целевая функция, а затем с помощью методов математического программирования конструируется портфель, способный оптимизировать эту функцию. Наиболее распространенной целевой функцией является минимизация риска иммунизации, о которой мы писали выше[1].

Многопериодная иммунизация

До сих пор мы описывали способы иммунизации единичного обязательства. Между тем пенсионным планам с фиксированными выплатами приходится исполнять множественные обязательства — выплаты членам плана. Компаниям по страхованию жизни также приходится удовлетворять поток обязательств: продавая страховые полисы, компания обязуется осуществлять множественные выплаты, такие как аннуитеты, рассмотренные нами выше в этой главе. Для покрытия потока обязательств используются две стратегии: 1) многопериодная иммунизация и 2) приведение в соответствие денежных потоков.

---

[1] Составить представление о других целевых функциях читатель сможет, обратившись к: H. Gifford Fong and Frank J. Fabozzi, *Fixed Income Portfolio Management* (Homewood, IL: Dow Jones-Irwin, 1985), глава 6; Peter C. Christensen and Frank J. Fabozzi, «Bond Immunization: An Asset Liability Optimization Strategy», глава 31 в: Frank J. Fabozzi and Irving M. Pollack (eds.), *The Handbook of Fixed Income Securities* (Homewood, IL: Dow Jones-Irwin, 1987); и Peter C. Christensen and Frank J. Fabozzi, «Dedicated Bond Portfolios», глава 32 в: Frank J. Fabozzi (ed.), *The Handbook of Fixed Income Securities,* 3rd ed. (Homewood, IL: Business One-Irwin, 1991).

Многопериодная иммунизация — это портфельная стратегия, предполагающая создание портфеля, способного удовлетворить в будущем более одного обязательства вне зависимости от изменения процентных ставок. Бьерваг, Кауфман и Тоевс показали, что даже на рынке, где процентные ставки изменяются параллельно, приведение дюрации портфеля в соответствие с дюрацией обязательств — недостаточная мера, если портфелю предстоит удовлетворять поток обязательств[1]. В этом случае следует применить иной метод: разбить поток поступающих от портфеля выплат таким образом, чтобы каждое обязательство иммунизировалось одним из компонентов потока. Для того чтобы понять суть стратегии, следует уяснить: в данном случае речь идет о разбивке на компоненты потока поступающих от портфеля выплат, а не самого портфеля. В действительности реальных облигаций, которые дают выплаты нужного характера, может не существовать.

Фонг и Васичек для частного случая параллельного изменения кривой доходности приводят необходимые и достаточные условия, исполнение которых означает иммунизацию множественных обязательств[2]:

1. Дюрация портфеля должна равняться дюрации обязательств.
2. Дюрации отдельных активов в портфеле должны быть распределены в более широком диапазоне, чем дюрации обязательств.
3. Приведенная стоимость денежных потоков портфеля облигаций должна быть равна приведенной стоимости потока обязательств.

Не следует забывать, однако, что соблюдение перечисленных условий гарантирует иммунизацию только в случае параллельного смещения кривой доходности. Решая проблему иммунизации в условиях непараллельных смещений кривой, Фонг и Васичек адаптируют показатель риска иммунизации (M^2), описанный выше, применительно ко множественным обязательствам. Оптимальная стратегия иммунизации — минимизация показателя риска иммунизации при соблюдении трех перечисленных выше условий (совпадения дюрации, разброса дюрации активов и обязательств, равенство приведенных стоимостей денежного потока активов и потока обязательств), равно как и любых условий, выдвинутых клиентом.

---

1 G. O. Bierwag, George K. Kaufman, and Alden Toevs, “Immunization Strategies for Funding Multiple Liabilities,” Journal of Financial and Quantitative Analysis (March 1983), pp. 113–124.

2 Fong and Vasicek, «A Risk Minimizing Strategy for Multiple Liability Immunization».

Рейтано посвятил ряд статей критике метода иммунизации, основанного на предположении параллельного смещения кривой доходностей[1]. Он разработал модели, позволяющие проводить иммунизацию множественных обязательств в ситуации произвольного смещения кривой доходности. Его работы показали, что классическая многопериодная иммунизация пренебрегает рисками, связанными с непараллельными смещениями, а модели, защищающие инвестиции в случае смещения одного типа, делают портфели особенно уязвимыми при прочих возможных сценариях.

Приведение в соответствие денежных потоков

Альтернативой многопериодной иммунизации считается стратегия **приведения в соответствие денежных потоков** *(cash flow matching)*. Этот метод, называемый еще **подбором портфеля** *(dedicating a portfolio)*, можно описать следующим образом. Менеджер подбирает облигацию с датой погашения, совпадающей с временем исполнения последнего обязательства. В эту облигацию делаются инвестиции такого размера, чтобы размер номинала и финального купона был равен величине последнего обязательства. Оставшиеся элементы потока обязательств сокращаются на величину купонных выплат от этой облигации, после чего подбирается новая облигация, соответствующая новому сокращенному предпоследнему по времени обязательству. Процесс продолжается до тех пор, пока всем обязательствам, от последнего до первого, не будут подобраны подходящие выплаты, поступающие от ценных бумаг.

На рис. 27.2 приведен простой пример подобной стратегии: здесь рассматривается пятилетний поток обязательств. Для подбора наиболее дешевого портфеля из приемлемых для клиента активов используется метод математического программирования.

Читателю следует понимать разницу между стратегией приведения в соответствие денежных потоков и стратегией многопериодной иммунизации. Во-первых, в отличие от иммунизации, метод приведения не связан с использованием дюрации. Во-вторых, иммунизация, даже в отсутствие изменения процентных ставок, предполагает перебалансирование портфеля с течением

[1] Robert R. Reitano, «A Multivariate Approach to Immunization Theory», *Actuarial Research Clearing House,* Vol. 2, 1990; и «Multivariate Immunization Theory», *Transactions of the Society of Actuaries,* Vol. XLIII, 1991. Более детальную иллюстрацию зависимости метода иммунизации от вида смещения кривой доходности см. в: Robert R. Reitano, «Non-parallel Yield Curve Shifts and Immunizations», *Journal of Portfolio Management* (Spring 1992), pp. 36–43.

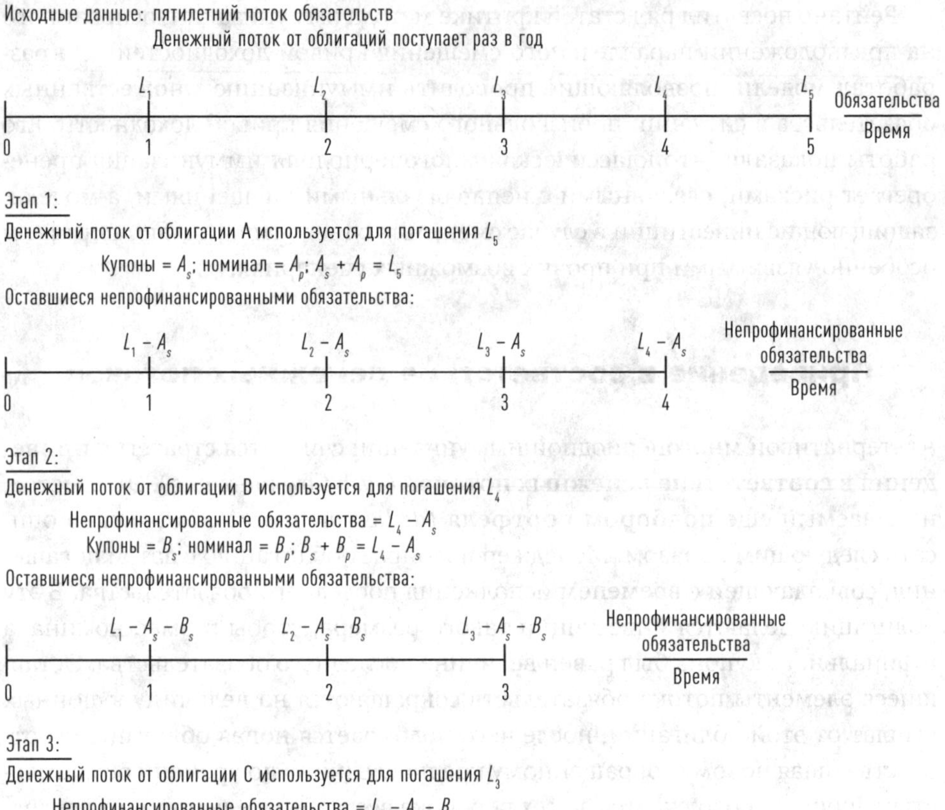

Рис. 27.2. Процесс приведения в соответствие денежных потоков

времени. Приведение в соответствие денежных потоков не требует перебалансирования, кроме тех случаев, когда приходится заменять облигационные выпуски, рейтинг которых упал ниже приемлемого уровня. В-третьих, портфель, где приведены в соответствие денежные потоки, не может не удовлетворить будущие обязательства (за исключением случаев дефолта). Портфель, составленный с использованием стратегии многопериодной иммунизации, несет риск иммунизации, обусловленный риском реинвестирования.

Описанная разница может заставить читателя отдать безусловное предпочтение методу приведения в соответствие денежных потоков. Между тем мы до сих пор не принимали во внимание относительную стоимость двух стратегий. Используя в качестве показателя стоимость формирования начального портфеля, специалисты из Gifford Fong Associates нашли, что портфели с приведенными в соответствие денежными потоками, сконструированные из корпоративных облигаций с рейтингом не ниже АА, обходятся в долларовом выражении на 3–7% дороже, чем портфели многопериодной иммунизации. Приведение в соответствие денежных потоков — дорогостоящая процедура, поскольку, как правило, ее невозможно провести с идеальной точностью. Таким образом, в этом случае для финансирования обязательств требуется больше средств. Оптимизационные методики, применяемые для создания портфелей с приведенными в соответствие денежными потоками, предполагают реинвестирование всех избыточных средств под консервативные ставки. В случае многопериодной иммунизации предполагается получение прибыли от реинвестиций на основе более высокого целевого уровня доходности. Таким образом, портфельный менеджер должен выбирать между устранением риска невыполнения будущих обязательств с помощью стратегии приведения в соответствие денежных потоков или с помощью менее затратной многопериодной иммунизации.

В базовых методиках приведения в соответствие денежных потоков для погашения обязательства используются только денежные потоки, поступающие до даты исполнения данного обязательства. Существуют и другие методы, позволяющие направлять на исполнение обязательств денежные потоки, поступившие как до, так и после даты исполнения. Один из таких методов, называемый симметричным приведением в соответствие денежных потоков, позволяет исполнять обязательства за счет краткосрочного заимствования денежных средств перед датой исполнения обязательства. Краткосрочные заимствования, обеспечивающие симметричное приведение в соответствие денежных потоков, позволяют сократить стоимость финансирования обязательств.

Популярная стратегия, созданная на основе финансирования обязательств за счет приведения в соответствие денежных потоков и многопериодной иммунизации, является комбинацией обеих методик. Она носит название **комбинированного соответствия** или **приведения в соответствие горизонтов**; ее цель — создание портфеля, дюрация которого равна дюрации обязательств, и одновременно в течение первых нескольких лет (обычно пяти) приведены в соответствие денежные потоки. Преимущество сочетания приведения в соответствие денежного потока с иммунизацией состоит в обеспечении ликвидности портфеля в течение первого (пятилетнего) периода его существования. Приведение в соответствие денежного потока позволяет сократить риск, связанный с непараллельными сдвигами кривой доходности. Недостатки этой стратегии в сравнении с чистой многопериодной иммунизацией обусловлены более высокой стоимостью финансирования обязательств. В рамках стратегий иммунизации и приведения в соответствие денежных потоков некоторым менеджерам позволено вести активное управление портфелем с использованием облигационных свопов для улучшения результатов инвестирования. Очевидно, что сделки, заключаемые с целью минимизации вероятности неисполнения обязательств, не могут быть слишком крупными.

Резюме

- Инвестирование, ориентированное на обязательства (LDI), предполагает управление инвестиционным риском с целью удовлетворения обязательств перед клиентами, а не достижения более высоких результатов, чем у ориентира или сопоставимой группы инвесторов.
- LDI предполагает управление инвестиционным риском, связанным с активами и обязательствами.
- Спонсоры пенсионных планов с фиксированными выплатами используют LDI-решения при управлении своими фондами вместо прежнего подхода, предусматривавшего управление активами с использованием ориентиров без учета обязательств.
- После принятия в 2006 г. закона о защите пенсионных накоплений прогнозные обязательства должны дисконтироваться с использованием временнóй структуры процентных ставок по корпоративным облигациям с рейтингом не ниже А.
- Стоимость пенсионных обязательств изменяется в обратном направлении по отношению к изменению процентных ставок.
- Прогнозирование пенсионных обязательств требует принятия определенных допущений относительно уровня инфляции и ожидаемой продолжительности жизни членов плана.

- Здоровье пенсионного плана с фиксированными выплатами характеризуется дефицитом его финансирования (т. е. разницей между стоимостью прогнозных обязательств и рыночной стоимостью активов плана) и коэффициентом консолидирования (т. е. отношением рыночной стоимости активов плана к стоимости прогнозных обязательств).
- Риск дефицита финансирования — это риск изменений, неблагоприятно сказывающихся на активах и обязательствах.
- В число рисков, связанных с обязательствами, входят процентный риск, инфляционный риск и риск дожития.
- Риск дожития для пенсионного плана с фиксированными выплатами связан с тем, что фактическая ожидаемая продолжительность жизни членов плана после их выхода на пенсию может оказаться больше принятой при прогнозировании обязательств.
- Одним из решений проблемы, стоящей перед пенсионными планами с фиксированными выплатами, является удаление процентного риска с использованием облигаций и процентных деривативов.
- Поскольку хеджирование процентного риска требует выравнивания дюрации портфеля и дюрации обязательств, портфель необходимо формировать из активов, которые могут обеспечить такую же дюрацию, как и у обязательств. С учетом значительно более высокой дюрации долгосрочных обязательств типичного пенсионного плана с фиксированными выплатами по сравнению с дюрацией облигаций в большинстве процентных периодов для увеличения дюрации портфеля необходимо использовать процентные деривативы.
- Известны два LDI-решения: 1) использование только облигаций с высоким рейтингом и процентных деривативов для хеджирования процентного риска и 2) использование всех доступных классов активов для создания двух портфелей — портфеля для хеджирования процентного риска и портфеля с высокими результатами для покрытия дефицита финансирования.
- Спонсоры пенсионных планов с фиксированными выплатами используют три подхода к снижению рисков: 1) закрытие (замораживание) плана; 2) прекращение действия плана; 3) перенос риска.
- Для хеджирования процентного риска используются две стратегии: 1) многопериодная иммунизация и 2) приведение в соответствие денежных потоков.
- Иммунизация — это стратегия хеджирования процентного риска, при которой с изменением процентных ставок процентный риск и риск реинвестирования компенсируют друг друга так, что минимальная накопленная стоимость становится равной гарантированной стоимости.

- Иммунизация требует от портфельного менеджера создания портфеля, дюрация которого равна дюрации обязательств.
- Поскольку теория иммунизации исходит из параллельного сдвига кривой доходности, портфель невозможно полностью иммунизировать даже при выравнивании дюраций. Целью является измерение риска иммунизации и выбор минимизирующего его портфеля.
- Многопериодная иммунизация — это стратегия выравнивания дюраций, которая обеспечивает минимальный риск иммунизации.
- Стратегия приведения в соответствие денежных потоков не устанавливает каких-либо требований к дюрации.

Вопросы

1. Чем пенсионный план с фиксированными выплатами отличается от плана с фиксированными взносами?
2. Почему при управлении пенсионным планом с фиксированными выплатами спонсор должен использовать решения, ориентированные на обязательства, а не на стратегию, нацеленную исключительно на управление активами?
3. Вы стали свидетелем разговора доверительных управляющих пенсионного плана с фиксированными выплатами об оценке успешности решений по распределению активов и выбору менеджеров активов. Каждый год они выбирают классы активов с наивысшей результативностью и менеджеров, которые превосходят ориентиры для соответствующего класса активов. Эффективно или неэффективно, на ваш взгляд, эти доверительные управляющие руководят пенсионным планом?
4. Почему прогнозная стоимость обязательств плана с фиксированными выплатами зависит от ставки дисконтирования, выбранной в процессе оценки?
5. Почему дефицит финансирования пенсионного плана с фиксированными выплатами называют также «непрофинансированными обязательствами»?
6. Если дефицит финансирования пенсионного плана с фиксированными выплатами увеличивается, что происходит с коэффициентом консолидирования?
7. Какие риски связаны с риском дефицита финансирования?
8. Какие риски связаны с прогнозными обязательствами пенсионного плана с фиксированными выплатами?

9. Как измеряется процентный риск прогнозных обязательств пенсионного плана с фиксированными выплатами?
10. a. В чем заключаются трудности осуществления стратегии выравнивания дюраций в целях хеджирования процентного риска пенсионного плана с фиксированными выплатами?
    b. Для чего используются процентные деривативы в облигационном портфеле?
11. «Хеджирование процентного риска пенсионного плана с фиксированными выплатами позволяет спонсору устранить пенсионный риск». Прокомментируйте это утверждение.
12. Какие альтернативные LDI-решения могут использоваться для управления пенсионным планом с фиксированными выплатами вместо управления одним только процентным риском?
13. В декабре 2003 г. европейская страховая компания Swiss Re выпустила 3-летнюю облигацию с плавающей ставкой, сроком погашения 1 января 2007 г. и номинальной стоимостью $400 млн. Процентные платежи осуществлялись ежеквартально по 3-месячной U. S. LIBOR плюс 135 базисных пунктов. Основная сумма при погашении была привязана к специальному индексу коэффициентов смертности (т. е. индексу смертности) в пяти странах (США, Великобритании, Франции, Италии и Швейцарии). Схема погашения основной суммы при наступлении срока предусматривает полную выплату, если индекс смертности превышает базовый уровень 2002 г. не более чем в 1,3 раза в течение любого из трех лет жизни облигации. Если индекс смертности превосходит этот уровень, сумма повышается на 5% на каждое изменение индекса на 0,01.
    a. С какой целью Swiss Re выпустила такую облигацию?
    b. Облигацию Swiss Re называют катастрофной. Почему?
14. a. Почему так важна чувствительность активов и пассивов пенсионного плана с фиксированными выплатами к процентным ставкам?
    b. В 1986 г. Мартин Лейбовиц опубликовал статью, озаглавленную «Общая дюрация портфеля: новые принципы распределения активов». Как вы думаете, что такое общая дюрация портфеля?
15. Приведенный ниже отрывок взят из опубликованной 18 января 2008 г. статьи («LDI-стратегия, которая должна работать?») Пенни Грина, генерального директора SAUL Trustee Company (британской фирмы, консультирующей в сфере управления пенсионными планами), которая посвящена инвестиционным стратегиям, ориентированным на обязательства:

«...ни один класс активов в точности не соответствует обязательствам. В этом случае облигации обеспечивают денежный поток, который можно использовать для покрытия оттока денежных средств из пенсионного плана. Однако то же самое можно сказать и об акциях с той лишь разницей, что их денежный поток (дивиденды) не гарантирован. Вместе с тем облигации не покрывают риск дожития или рост заработных плат и поэтому они не соответствуют обязательствам в полной мере, как, впрочем, и акции. Таким образом, в настоящее время не существует классов активов, которые соответствуют риску дожития или росту заработных плат. Именно эту проблему должны решать LDI-стратегии».

Объясните, согласны вы с этой точкой зрения или нет и почему.

16. Объясняя, как пенсионному фонду перейти на инвестиционную стратегию, ориентированную на обязательства, Дуэйн Рошело, управляющий директор группы по глобальным инвестиционным решениям Northern Trust, написал в статье «Реализация LDI в пенсионных планах» (январь 2007 г., http://www.ntrs.com/pointofview/07_Jan/implementing-ldi-pension-plans.html):

«1. Проанализировать и охарактеризовать обязательства.
2. Количественно оценить взаимосвязь активов и обязательств.
3. Разработать и внедрить соответствующие инвестиционные стратегии.
4. Контролировать счет, перебалансировать состав активов и обязательств, корректировать инвестиционную стратегию по мере необходимости».

Опишите каждый из этих элементов.

17. В чем суть иммунизации портфеля облигаций?
18. a. Каков базовый принцип стратегии иммунизации?
    b. Почему приведение срока до погашения купонной облигации в соответствие со сроком до исполнения обязательства не приводит к иммунизации портфеля?
19. Почему иммунизированный портфель необходимо периодически перебалансировать?
20. Какие риски связаны со стратегией иммунизации?
21. «Для иммунизации портфеля достаточно купить бескупонные казначейские облигации». Прокомментируйте это утверждение.
22. Почему риск, связанный со стратегией многопериодной иммунизации, превышает риск стратегии приведения в соответствие денежных потоков?

ГЛАВА 28

Измерение и оценка эффективности инвестиций в портфель облигаций

В этой главе читателю будут представлены сведения:

- о разнице между измерением эффективности инвестиций и оценкой их эффективности;
- о разных способах вычисления ставки доходности в течение оцениваемого периода: получении средней арифметической ставки доходности; ставки доходности, взвешенной по времени; ставки доходности, взвешенной по количеству долларов;
- о влиянии количества сумм, внесенных клиентом на счет и изъятых им со счета на вычисление доходности;
- о методе подсчета ставки доходности, позволяющем пренебречь размерами сумм, добавленных клиентом на счет и изъятых со счета;
- о необходимости сравнения портфеля с ориентиром;
- о создании нормального портфеля и трудностях, связанных с процедурой его составления;
- о том, что такое модель разложения эффективности портфеля инструментов с фиксированным доходом, и о значимости подобных моделей для оценки эффективности деятельности менеджера.

В этой главе мы покажем, каким образом можно измерить и оценить эффективность работы менеджера, инвестирующего в портфель инструментов с фиксированным доходом. *Измерение эффективности инвестиций* (результатов) предполагает вычисление доходности, реализованной портфельным менеджером в течение определенного времени, называемого *периодом оценки. Оценка эффективности* складывается из двух составляющих. Первая задача — установить, смог ли менеджер увеличить стоимость портфеля, показав результаты, лучшие по сравнению с результатами ориентира. Вторая цель — выяснить, каким образом менеджер получил измеренную доходность. Как мы помним из главы 24, существует ряд активных стратегий, применимых к управлению портфелем облигаций. Разделение результатов на компоненты, позволяющее объяснить, как был получен каждый из элементов доходности, называется анализом вклада в эффективность.

ТРЕБОВАНИЯ К АНАЛИЗУ РЕЗУЛЬТАТОВ ПОРТФЕЛЯ И АНАЛИЗУ ВКЛАДА В ЭФФЕКТИВНОСТЬ

Следует выделить три основных требования, предъявляемых к процессу анализа результатов портфеля и характеристик таких результатов. Первое — требование точности. Как будет видно из дальнейшего, измерение доходности портфеля можно проводить несколькими способами. Важно, чтобы любой из этих методов принимал в расчет время поступления каждого из денежных потоков, поскольку только таким образом можно добиться точности в измерении результатов портфеля. Второе требование — информативность аналитического процесса. Анализ должен позволить установить степень способности менеджера управлять портфелем инструментов с фиксированным доходом. Информативность означает рассмотрение важнейших профессиональных качеств менеджера с точки зрения реализованных результатов. И наконец, последнее требование относится к простоте процесса анализа. Все полученные в ходе измерения, оценки и моделирования результаты должны быть понятны как менеджеру и клиенту, так и всем лицам, заинтересованным в выяснении эффективности инвестиций в данный портфель. Предпринятое в этой главе объяснение основополагающих принципов измерения и оценки результатов подчиняется всем трем перечисленным требованиям.

ИЗМЕРЕНИЕ ЭФФЕКТИВНОСТИ ИНВЕСТИЦИЙ

Исходной точкой процесса оценки эффективности работы менеджера является измерение доходности. Изучив эту главу, читатель поймет, что разные методы вычислений доходности портфеля строились исходя из различных базовых положений. Наличие нескольких методологий обусловливает существование нескольких типов аналитических выводов. Результаты работы менеджеров, таким образом, подчас трудно сравнивать. Очевидно, что в этих условиях данные, сообщаемые менеджерами своим существующим и будущим клиентам, не поддаются однозначной интерпретации. Многие менеджеры, пользуясь отсутствием необходимой четкости, приукрашивали результаты своей деятельности. Для решения этой проблемы Институт сертифицированных финансовых аналитиков предлагает использовать общеотраслевые принципы определения результатов и их представления, известные как Глобальные стандарты оценки результатов инвестирования (Global Investment Performance Standards — GIPS).

Альтернативные показатели доходности

Начнем с описания базовых принципов. Долларовая прибыль, реализуемая портфелем за любой оцениваемый период (год, месяц или неделю), равна сумме 1) разности между рыночной стоимостью портфеля в конце оцениваемого периода и рыночной стоимостью портфеля в начале оцениваемого периода и 2) произведенных из портфеля распределений. Важно, чтобы в конечный результат вычислений вошли все распределения капитала или дохода в пользу клиентов и бенефициаров.

Ставка доходности (или просто доходность) — это долларовая прибыль в виде доли от рыночной стоимости портфеля на начало оцениваемого периода. Иными словами, доходность может рассматриваться как величина (выраженная как доля начальной стоимости портфеля), которая в конце оцениваемого периода может быть изъята из портфеля, с тем чтобы начальная рыночная стоимость портфеля осталась без изменений.

Доходность портфеля выражается следующей формулой:

$$R_p = \frac{MV_1 - MV_0 + D}{MV_0}, \qquad (28.1)$$

где:

R_p — доходность портфеля;

MV_1 — рыночная стоимость портфеля в конце оцениваемого периода;

MV_0 — рыночная стоимость портфеля в начале оцениваемого периода;

D — распределения средств клиенту, произведенные из портфеля в течение оцениваемого периода.

Проиллюстрируем формулу, предположив, что нам известна следующая информация о деятельности менеджера пенсионного плана: рыночная стоимость портфеля в начале и конце оцениваемого периода равна соответственно \$25 млн и \$28 млн; в течение оцениваемого периода спонсору пенсионного плана был распределен \$1 млн из инвестиционного дохода. Таким образом:

$MV_1 = \$28\ 000\ 000;$

$MV_0 = \$25\ 000\ 000;$

$D = \$1\ 000\ 000.$

Тогда

$$R_p = \frac{\$28\ 000\ 000 - \$25\ 000\ 000 + \$1\ 000\ 000}{\$25\ 000\ 000} = 0{,}16 = 16\%.$$

Формула (28.1) составлена на основе трех предположений. Во-первых, предполагается, что денежные потоки от процентного дохода, поступающие в портфель в течение оцениваемого периода, не распределяются, а реинвестируются в портфель. Допустим, например, что в течение оцениваемого периода в качестве процентного дохода поступило \$2 млн. Эта величина находит свое отражение в значении рыночной стоимости портфеля на момент окончания периода.

Второе предположение: все распределения из портфеля осуществляются в конце оцениваемого периода или в денежной форме остаются в портфеле до конца оцениваемого периода. В нашем примере спонсору пенсионного плана был распределен \$1 млн. Следует ли нам знать, когда в реальности произошло распределение? Для того чтобы понять, какое значение имеет для вычислений время распределения, рассмотрим два случая: 1) распределение произошло в конце оцениваемого периода, как это и предполагается формулой, и 2) распределение было совершено в начале оцениваемого периода. В первом случае менеджер имел в своем распоряжении \$1 млн и мог его инвестировать в течение всего оцениваемого периода. Во втором случае менеджер был лишен возможности инвестировать данные средства. Время распределения, таким образом, влияет на значение доходности — формула (28.1), однако, не принимает его в расчет.

И наконец, третье предположение заключается в том, что клиент не вносит дополнительных денежных средств в портфель. Допустим, например, что в течение оцениваемого периода спонсор пенсионного плана предлагает менеджеру инвестировать дополнительно \$1,5 млн. Рыночная стоимость портфеля, равная в нашем примере \$28 млн, в конце оцениваемого периода будет отражать включение в портфель дополнительных \$1,5 млн. Между тем формула (28.1) не позволяет понять, в какой степени рыночная стоимость портфеля зависит от включения в него денежных средств, добавленных спонсором. Кроме того, время включения в портфель дополнительных денежных средств влияет на расчетную доходность.

Итак, несмотря на то что метод вычисления доходности портфеля с помощью формулы (28.1) позволяет измерить эффективность инвестиций в течение любого оцениваемого периода, будь то день, месяц или пять лет, с практической точки зрения предположения, рассмотренные выше, делают применение формулы целесообразным лишь в небольшом числе случаев. Чем длиннее оцениваемый период, тем выше вероятность того, что реальные условия не будут соответствовать базовым предположениям. Так, если период составляет пять лет, существует высокая вероятность нескольких распределений в пользу клиентов и нескольких новых поступлений средств в портфель. Именно поэтому значение доходности, полученное по формуле для продолжительного периода времени (периода большего, чем один месяц), не может считаться надежным.

Нарушение базовых предположений не только затрудняет сравнение результатов работы нескольких менеджеров, но и не позволяет сопоставить эффективность работы одного менеджера в течение разных оцениваемых периодов. Так, формула (28.1) не дает надежной информации для сравнения эффективности инвестиций в течение оцениваемых периодов в один месяц и три года. Для того чтобы подобное сравнение стало возможным, доходность должна быть приведена к какой-нибудь одной единице времени — скажем к году.

Для того чтобы справиться с этими практическими трудностями, участники рынка предпочитают вычислять доходности кратких промежутков времени, таких как месяц или квартал. Полученное таким образом значение доходности мы будем называть **доходностью малого периода** *(subperiod return)*. Величина доходности всего оцениваемого периода получается затем путем усреднения доходностей малых периодов. Допустим, например, что оцениваемый период составляет один год. В этом случае мы получаем 12 значений месячных доходностей и усредняем их, находя тем самым величину доходности для годового периода. Если оцениваемый период равен трем годам, следует вычислить 12 значений квартальных доходностей, т. е. 12 доходностей малых периодов, а затем усреднить их и получить доходность для трех лет. Доходность для трех лет далее может быть переведена в годовую с помощью метода, который будет описан ниже.

Для получения среднего значения доходностей малых периодов используется одна из трех существующих методологий: 1) среднее арифметическое ставки доходности; 2) ставка доходности, взвешенная по времени (называемая также средним геометрическим ставки доходности, и 3) ставка доходности, взвешенная по количеству долларов.

Среднее арифметическое ставки доходности

Средним арифметическим ставки доходности называют невзвешенное среднее значение доходностей малых периодов. Формула в этом случае выглядит следующим образом:

$$R_A = \frac{R_{P1} + R_{P2} + \ldots + R_{PN}}{N},$$

где:

R_A — среднее арифметическое ставки доходности;

R_{Pk} — доходность портфеля для малого периода к, вычисленная с помощью формулы (28.1), $k = 1, \ldots, N$;

N — число малых периодов в оцениваемом периоде.

Представим, что доходности портфеля, вычисленные согласно формуле (28.1), равны –10, 20 и 5% в июле, августе и сентябре соответственно; в этом случае среднее арифметическое месячной доходности составит 5%:

$$N = 3;\ R_{P1} = -0{,}10;\ R_{P2} = 0{,}20;\ R_{P3} = 0{,}05;$$

$$R_A = \frac{-0{,}10 + 0{,}20 + 0{,}05}{3} = 0{,}05 = 5\%.$$

Среднее арифметическое ставки доходности — величина, обладающая существенным недостатком. Для того чтобы понять, в чем он заключается, допустим, что начальная рыночная стоимость портфеля равна $28 млн, а рыночная стоимость по окончании каждого из следующих двух месяцев — $58 млн и $28 млн; допустим также, что ни для одного из месяцев не отмечено ни распределений денежных средств, ни их поступлений от клиентов. Согласно формуле (28.1), доходность малого периода для первого месяца (R_{P1}) равна 100%, а доходность малого периода второго месяца (R_{P2}) составляет –50%. Среднее арифметическое ставок доходности составит 25% — согласитесь, неплохой результат! А теперь задумайтесь над реальными цифрами: начальная рыночная стоимость портфеля равна $28 млн. Его рыночная стоимость по окончании оцениваемого периода — те же $28 млн. Прибыль за двухмесячный период очевидно равна нулю. Между тем среднее арифметическое уверяет, что дела обстоят отлично, поскольку доходность равна 25%.

Итак, мы видим, что среднее арифметическое ставки доходности нельзя использовать в качестве показателя средней доходности за оцениваемый период. Верная интерпретация данной величины может быть представлена следующим образом: величина представляет собой среднюю величину средств (выраженную в виде доли начальной рыночной стоимости портфеля), которые могут быть изъяты в конце каждого малого периода, с тем чтобы начальная рыночная стоимость портфеля осталась без изменений. В нашем первом примере, где среднее арифметическое месячной доходности равнялось 5%, инвестор в конце первого месяца должен добавить в портфель 10% его начальной рыночной стоимости, в конце второго месяца он может изъять 20% начальной рыночной стоимости, а в конце третьего месяца — изъять 5% начальной рыночной стоимости. Во втором примере средняя месячная доходность 25% означает, что в конце первого месяца из портфеля может быть изъято 100% его начальной рыночной стоимости ($28 млн), а в конце второго месяца должно быть добавлено 50%.

Ставка доходности, взвешенная по времени

Ставка доходности, взвешенная по времени, — это показатель темпов роста начальной рыночной стоимости портфеля в течение оцениваемого периода с учетом реинвестиций (вычисления проводятся на основе предположения о том, что все распределенные средства реинвестируются в портфель). Данная величина получила название **геометрической ставки доходности,** поскольку она находится как среднее геометрическое доходностей малых периодов, полученных с помощью формулы (28.1). Общая формула в этом случае выглядит как:

$$R_T = [(1 + R_{P1})(1 + R_{P2}) \ldots (1 + R_{PN})]^{1/N} - 1,$$

где R_T — взвешенная по времени ставка доходности, а R_{Pk} и N — величины, описанные нами выше. В качестве иллюстрации рассмотрим портфель, доходность которого, как и в первом примере, составила –10, 20 и 5% в июле, августе и сентябре соответственно. Взвешенная по времени ставка доходности будет равна:

$$R_T = \{[1 + (-0{,}10)]\ (1 + 0{,}20)\ (1 + 0{,}05)\}^{1/3} - 1 =$$
$$= (0{,}90 \times 1{,}20 \times 1{,}05)^{1/3} - 1 = 0{,}043.$$

Если взвешенная по времени ставка доходности равняется 4,3% в месяц, то один доллар, инвестированный в портфель в начале июля, будет в течение трехмесячного оцениваемого периода расти на 4,3% в месяц.

Взвешенная по времени ставка доходности во втором примере, как и предполагалось, равна 0%, поскольку:

$$R_T = \{(1 + 1{,}00)\ [1 + (-0{,}50)]\}^{1/2} - 1 = (2{,}00 \times 0{,}50)^{1/2} - 1 = 0\%.$$

В большинстве случаев значения среднего арифметического и среднего геометрического ставки доходности будут разными для данного оцениваемого периода. Объяснением этому служит следующее обстоятельство: при вычислении среднего арифметического предполагается, что инвестированный капитал поддерживается на уровне начальной рыночной стоимости портфеля (через изъятие и добавление фондов). Взвешенная по времени доходность — это доходность портфеля, который благодаря реинвестициям полученных платежей меняет свой размер.

Как правило, среднее арифметическое ставки доходности превышает ставку доходности, взвешенную по времени. Исключение составляет случай, когда все доходности малых периодов равны: в такой ситуации средние значения являются идентичными. Разрыв между значениями среднего арифметического и среднего геометрического тем меньше, чем ближе друг к другу располагаются значения доходностей малых периодов для оцениваемого периода. Предположим, что оцениваемый период — четыре месяца и четыре доходности малых периодов выглядят следующим образом:

$$R_{P1} = 0{,}04;\ R_{P2} = 0{,}06;\ R_{P3} = 0{,}02;\ R_{P4} = -0{,}02.$$

Среднее арифметическое ставки доходности составит 2,5%, ставка доходности, взвешенная по времени, равна 2,46%. Разница, как видим, невелика. В предыдущем примере, где среднее арифметическое ставки доходности составляло 25%, а среднее геометрическое — 0%, величина разрыва объяснялась заметным различием двух месячных доходностей.

Ставка доходности, взвешенная по количеству долларов

Ставка доходности, взвешенная по количеству долларов, — это процентная ставка, которая позволяет приравнять сумму приведенных стоимостей денежных потоков всех малых периодов в оцениваемом периоде и приведенной стоимости рыночной цены портфеля на момент окончания оцениваемого периода к начальной рыночной стоимости портфеля.

Денежные потоки определяются следующим образом[1].

Изъятие денежных средств учитывается со знаком плюс. Это значит, что в отсутствие новых денежных средств, вложенных клиентом в портфель в течение данного периода, изъятые фонды (т. е. распределенные деньги) рассматриваются как положительный денежный поток.

Поступившие средства учитываются со знаком минус. Иными словами, в отсутствие совершенного в данный период времени распределения средств денежные поступления в портфель рассматриваются как отрицательный денежный поток.

Если в данный период отмечены как поступления денег в портфель, так и изъятия из портфеля денежных сумм, то размер денежного потока периода определяется следующим образом: если размер изъятых средств превышает размер поступивших от клиента, то денежный поток считается положительным. Если размер изъятых средств меньше размера поступивших средств, то денежный поток рассматривается как отрицательный.

Ставка доходности, взвешенная по количеству долларов, — это, в сущности, **внутренняя ставка доходности**. Общая формула для ее вычисления такова:

$$V_0 = \frac{C_1}{1+R_D} + \frac{C_2}{(1+R_D)^2} + \cdots + \frac{C_N + V_N}{(1+R_D)^n},$$

где:

R_D — взвешенная по количеству долларов ставка доходности;

V_0 — начальная рыночная стоимость портфеля;

V_N — конечная рыночная стоимость портфеля;

C_k — денежный поток портфеля (изъятые средства минус поступившие от клиента средства) для малых периодов k, $k = 1, 2, \ldots, N$.

Заметьте, что для определения значения взвешенной по количеству долларов ставки доходности нет необходимости знать величину рыночной стоимости портфеля для каждого из малых периодов. Рассмотрим, например,

---

[1] Существует простое правило, помогающее запомнить способ учета изъятий денежных средств из портфеля: учитывайте изъятия так же, как вы учитываете простые облигации. При вычислении доходности облигации денежный поток от купонного платежа (что то же самое, что изъятие денег из портфеля) считается положительным. Так как изъятие денег — это положительный денежный поток, то внесение денег — это отрицательный денежный поток.

портфель, рыночная стоимость которого на начало июля равна $100 000; изъятые средства составляют $5000 на моменты окончания июля, августа и сентября; от клиента ни в один из месяцев новых денег не поступало; рыночная стоимость портфеля в конце сентября равна $110 000. В этом случае V_0 = $100 000, $N = 3$, $C_1 = C_2 = C_3$ = $5000, V_3 = $110 000, а R_D = процентная ставка, удовлетворяющая следующему уравнению:

$$\$100\,000 = \frac{\$5000}{1+R_D} + \frac{\$5000}{(1+R_D)^2} + \frac{\$5000+\$110\,000}{(1+R_D)^3}.$$

Вычисления показывают, что процентная ставка, делающая равенство верным, равна 8,1%. Именно это значение и следует считать доходностью, взвешенной по количеству долларов.

Ставка доходности, взвешенная по количеству долларов, и ставка доходности, взвешенная по времени, окажутся равны, если в течение оцениваемого периода не произойдет ни новых вкладов клиента в портфель, ни распределения средств и при этом весь доход от инвестиций будет реинвестирован. Недостаток ставки, взвешенной по количеству долларов, как показателя эффективности работы менеджера связан с тем, что данная величина зависит от факторов, повлиять на которые менеджер не в состоянии. В частности, на полученное значение ставки оказывают воздействие новые поступления средств от клиента или осуществленное по требованию клиента распределение. Очевидно, что сравнение результатов деятельности двух менеджеров с помощью данного показателя будет затруднительным.

Для того чтобы наша мысль стала яснее, представим, что спонсор пенсионного плана принял на работу двух менеджеров — А и В. В управление А было отдано $10 млн, в управление В — $200 млн. Предположим, что:

- менеджеры инвестируют в идентичные портфели (т. е. в обоих портфелях одинаковые ценные бумаги содержатся в одинаковых пропорциях);
- ставки доходности на ближайшие два месяца таковы: 20% на месяц 1 и 50% на месяц 2;
- сумма полученного инвестиционного дохода имеет денежную форму;
- спонсор пенсионного плана не добавлял денег в портфели менеджеров.

Очевидно, что исходя из этих фактов следует признать эффективность работы обоих менеджеров одинаковой.

Допустим теперь, что спонсор изымает $4 млн из портфеля А в начале месяца 2. Это значит, что А не имеет возможности инвестировать в полном объеме сумму, зафиксированную на момент окончания месяца 1, и не может увеличить стоимость портфеля на 50%. Чистый денежный поток А будет выглядеть следующим образом.

В месяц 1: денежный поток равен \$6 млн, так как \$2 млн (20% × \$10 млн) реализовано как доход от инвестиций и \$4 млн изъято спонсором пенсионного плана.

В месяц 2: месяце 2 инвестируется всего \$8 млн: \$2 млн (доход в месяц 1) плюс \$6 млн (\$10 млн на начало месяца 1 минус \$4 млн изъятых). Доход, реализованный в месяце 2, равен \$4 млн (50% × \$8 млн). Денежный поток месяца 2 равен \$8 млн плюс \$4 млн, т. е. \$12 млн.

Взвешенная по количеству долларов ставка доходности вычисляется как:

$$\$10 = \frac{\$6}{1+R_D} + \frac{\$12}{(1+R_D)^2} \rightarrow R_D = 28{,}4\%.$$

Для В поступления в портфель в месяц 1 составляют \$40 млн (20% × \$200 млн), а стоимость портфеля по окончании месяца 2 равна \$360 млн (1,5 × \$240 млн). Взвешенная по количеству долларов ставка доходности равна:

$$\$200 = \frac{\$40}{1+R_D} + \frac{\$360}{(1+R_D)^2} \rightarrow R_D = 44{,}5\%.$$

Результаты работы менеджеров, идентичные, по нашему мнению, при таком подсчете заметно разнятся. Изъятие средств спонсором пенсионного плана существенно повлияло на полученное значение доходности. Важен также размер изъятых средств по отношению к величине портфеля. Заметим, что возможное изъятие спонсором \$4 млн из портфеля В в начале месяца 2 не оказало бы столь существенного воздействия на результат вычислений. Те же трудности поджидают исследователя и в ситуации, когда доходность в месяц 2 составляет –50%, а вместо изъятия средств спонсором внес в портфель А \$4 млн.

Несмотря на указанные недостатки, значение ставки доходности, взвешенной на количество долларов, информативно. Оно позволило получить полезные для клиента сведения о росте его портфеля. В то же время важно помнить, что этот рост не полностью обусловлен усилиями менеджера, поскольку на него отчасти влияют изъятия и добавления денег в портфель.

Доходность в годовом выражении

Оцениваемый период может иметь продолжительность менее года или более года. Наиболее популярным показателем доходности является среднегодовая доходность. Таким образом, значения доходностей следует аннуализировать, т. е. выразить в годовых процентах. Доходности малых периодов обычно вычисляются для периода, длящегося меньше года (объяснение этому предпочтению мы дали в предыдущих разделах). Доходность малых периодов аннуализируется по следующей формуле:

$$\text{доходность в процентах годовых} = (1 + \text{средняя доходность периодов})^{\text{число периодов в году}} - 1.$$

Допустим, например, что оцениваемый период равен трем годам, а малый период, для которого получены значения доходностей, составляет месяц. Допустим далее, что среднее значение месячных доходностей равно 2%. Тогда доходность в процентах годовых составит:

$$\text{доходность в процентах годовых} = 1{,}02^{12} - 1 = 26{,}8\%.$$

Предположим теперь, что продолжительность малого периода — квартал, а среднее значение квартальных доходностей равно 3%. В этом случае доходность в процентах годовых равна:

$$\text{доходность в процентах годовых} = 1{,}03^{4} - 1 = 12{,}6\%.$$

АНАЛИЗ ВКЛАДА В ЭФФЕКТИВНОСТЬ

В предыдущих разделах мы рассматривали измерение эффективности портфеля. Здесь мы остановимся на моделях разложения эффективности, которые позволяют количественно оценить вклад решений по активному управлению в результаты портфеля. Поскольку эти модели оценивают результативность относительно какого-либо ориентира, мы начнем с обсуждения ориентиров, а затем кратко опишем два одноиндексных показателя эффективности.

Эталонные портфели

Для оценки эффективности деятельности менеджера клиенту следует представлять, относительно какого ориентира будет измеряться полученный менеджером результат. Существует два типа ориентиров, позволяющих оценить работу управляющих портфелями инструментов с фиксированным доходом: 1) рыночные индексы, публикуемые дилерскими фирмами и поставщиками финансовой информации, а также 2) нормальные портфели.

Нормальный портфель — это приспособленный к конкретным нуждам эталонный портфель, в который входит «набор ценных бумаг, состоящий из всех приемлемых для менеджера облигаций, взвешенных так же, как обычно взвешивает их данный портфельный менеджер»[1]. Нормальный портфель, таким образом, является специализированным индексом. Считается, что нормальный портфель — это более удобный, чем рыночный индекс, ориентир, поскольку в нем учитывается стиль управления: такой портфель представляет собой пассивный портфель, в сравнении с которым нагляднее всего предстает вклад, вносимый менеджером.

Создание нормального портфеля для конкретного менеджера — задача непростая[2]. Ее цель — сконструировать портфель, который исходя из исторического опыта управления портфелями данным менеджером представит характерный для данного участника рынка стиль выбора ценных бумаг и их взвешивания. Составление нормального портфеля менеджера предполагает: 1) обозначение круга облигаций, которые будут включены в нормальный портфель, и 2) выявление способа взвешивания этих облигаций (взвешивание с равными весами или взвешивание по капитализации).

Подбор ценных бумаг для нормального портфеля начинается с обсуждения клиентом и менеджером особенностей приемлемого для обоих инвестиционного стиля. Исходя из сделанных в результате обсуждения выводов, круг ценных бумаг сужается до сферы, включающей выпуски, которые, с точки зрения менеджера, в принципе могли бы войти в портфель.

После того как подходящий набор ценных бумаг составлен, следует выяснить принципы взвешивания в нормальном портфеле. Выбирают из двух вариантов: взвешивание с равными весами и взвешивание по капитализации. Для определения веса облигаций в нормальном портфеле используются разные методы. Эти методы, как правило, требуют применения статистического анализа исторических данных о находившихся в управлении менеджера бумагах и типах риска, которым были подвержены эти бумаги.

Для составления нормальных портфелей менеджеров спонсоры пенсионных планов прибегают к услугам консультантов. Консультанты с помощью

---

[1] Jon Christopherson, «Normal Portfolios: Construction of Customized Benchmarks», глава 6 в: Frank J. Fabozzi (ed.), *Active Equity Portfolio Management* (New Hope, PA: Frank J. Fabozzi Associates, 1988), p. 92.

[2] См.: Mark Kritzman, "How to Build a Normal Portfolio in Three Easy Steps," Journal of Portfolio Management (Spring 1987), pp. 21–23.

специального программного обеспечения проводят статистический анализ и составляют портфель, позиции которого повторяют позиции, «нормальные» для данного менеджера. Спонсорам пенсионных планов не следует забывать о том, что создание и обновление нормальных портфелей — операция, требующая определенных затрат.

Некоторые участники рынка считают, что обязанность составления нормальных портфелей должна быть возложена на самого менеджера. Другая часть инвесторов между тем не доверяют эту операцию своим управляющим, поскольку полагают, что менеджер в этом случае, скорее всего, создаст легко побиваемый эталон, этакого «сонного кролика». Бейли и Тирни показали, однако, что в нормальных условиях фондовым менеджерам не имеет смысла «разводить сонных кроликов»: исследователи подробно описывают неудачи, которые постигнут в долгосрочной перспективе менеджера, следующего такого рода стратегии[1].

Одноиндексные показатели для оценки эффективности

Портфельные менеджеры обычно используют одноиндексные показатели в качестве индикатора относительной эффективности: коэффициент Шарпа и информационный коэффициент. Оба показателя по своей сути являются коэффициентами вознаграждения–риска — чем выше такой коэффициент, тем лучше относительная эффективность.

Коэффициент Шарпа определяется следующим образом[2]:

$$\text{Коэффициент Шарпа} = \frac{\text{доходность портфеля} - \text{безрисковая ставка}}{\text{стандартное отклонение доходности портфеля}}.$$

Иными словами, коэффициент Шарпа — это отношение избыточной доходности (т. е. вознаграждения) к дисперсии доходности портфеля (т. е. риску).

Если воспользоваться таким показателем, как реальная ошибка следования, которая рассматривалась в главе 25, то информационный коэффициент можно определить следующим образом:

---

[1] Jeffery V. Bailey and David E. Tierney, “Gaming Manager Benchmarks,” Journal of Portfolio Management 19, 4 (1993), pp. 37–40.

[2] William F. Sharpe, “Mutual Fund Performance,” Journal of Business 34 (1966, Special Supplement), pp. 119–138.

$$\text{Информационный коэффициент} = \frac{\text{средняя активная доходность}}{\text{реальная ошибка следования}}.$$

Вознаграждением в информационном коэффициенте является средняя активная доходность. Как говорилось в главе 25, активная доходность представляет собой разницу между доходностью портфеля и доходностью ориентира. Среднюю активную доходность в информационном коэффициенте называют также альфой.

Модели разложения эффективности

Клиентам фирм по управлению активами требуется больше информации, чем простая констатация того, лучше или хуже результаты портфельного менеджера относительно ориентира и насколько. Им нужно знать причины, по которым портфельный менеджер продемонстрировал именно такие результаты относительно ориентира. Допустим, пенсионный фонд нанял внешнего менеджера на основе его утверждения о том, что он может повысить доходность путем отбора ценных бумаг. Допустим также, что менеджер действительно превзошел ориентир больше чем нужно для оправдания его вознаграждения. Достиг ли этот менеджер заявленной цели? Это невозможно сказать, опираясь только на основе утверждения о получении более высоких результатов, поскольку неизвестно, какие именно риски по сравнению с ориентиром принял менеджер для генерирования доходности. Вполне возможно, что его результаты обусловлены несоответствием дюрации по отношению к ориентиру. В самом деле, не исключено, что менеджер превзошел ориентир в результате несоответствия дюраций, а отбор ценных бумаг не дал эффекта. Клиент не может определить что к чему, просто сравнивая доходность портфеля с доходностью ориентира.

Информация о том, почему доходность портфеля отличается от доходности ориентира, нужна не только клиенту, но и тем, кто работает в фирме по управлению активами, нанятой клиентом. На уровне фирмы бонусы членам команды по управлению портфелем[1] устанавливаются на основе эффективности. В этих целях важна разбивка результатов на уровне членов команды, поскольку она влияет на решения о повышении и сохранении персонала.

Несмотря на полезность одноиндексных показателей эффективности, они не дают достаточной информации для решения поставленных выше вопросов. Ответ может дать анализ вклада в эффективность — количественный

[1] Мы обсуждали команду по управлению портфелем в главе 24.

метод идентификации источников портфельного риска и результатов, позволяющий измерить вклад членов команды по управлению портфелем, а также влияние основных решений на доходность портфеля.

Поставщики предлагают несколько моделей разложения эффективности. (Некоторые крупные фирмы по управлению активами имеют собственные модели.) Чтобы модель стороннего поставщика позволяла оценивать вклад членов команды по управлению портфелем, она должна обладать следующими качествами: аддитивностью, полнотой и справедливостью[1]. **Аддитивность** означает, что вклад в эффективность двух и более членов команды по управлению портфелем должен быть равным сумме вкладов этих членов. **Полнота** означает, что сумма вкладов всех членов результат должна быть равной их совокупному вкладу в эффективность портфеля относительно ориентира. Наконец, процесс принятия решений связан с взаимодействием множества членов команды по управлению портфелем. **Справедливость** означает, что члены команды считают справедливым отражение своего вклада в модели разложения эффективности.

Типы моделей разложения эффективности

В начале 1970-х гг. Фама предложил концепцию разделения результатов портфеля с учетом риска для менеджеров портфелей акций[2]. Его концепция была расширена Коном совместно с Йеном[3], а затем Коном[4] для взаимных фондов. В 1980 г. Диц, Фоглер и Харди впервые применили анализ вклада в эффективность к облигациям[5]. Несколько лет спустя Фонг, Пирсон и Васичек представили более сложную модель разложения эффективности[6].

---

1 Anthony Lazanas, António Baldaque da Silva, Chris Sturhahn, Eric P. Wilson, and Pam Zhong, “Principles of Performance Attribution,” глава 69 в Frank J. Fabozzi (ed.), Handbook of Fixed Income Securities (New York: McGraw-Hill, 2012).

2 Eugene F. Fama, “Components of Investment Performance,” Journal of Finance 27, 3 (1972), pp. 551–567.

3 Stanley J. Kon and Frank C. Jen, “The Investment Performance of Mutual Funds: An Empirical Investigation of Timing, Selectivity, and Market Efficiency,” Journal of Business 52, 2 (1979), pp. 263–289.

4 Stanley J. Kon, “The Market-Timing Performance of Mutual Fund Managers,” Journal of Business 56 (1983), pp. 323–347.

5 Peter O. Dietz, H. Russell Fogler, and Donald J. Hardy, “The Challenge of Analyzing Bond Portfolio Returns,” Journal of Portfolio Management 6, 3 (1980), pp. 53–58.

6 H. Gifford Fong, Charles Pearson, and Oldrich A. Vasicek, “Bond Performance: Analyzing Sources of Return,” Journal of Portfolio Management 9, 2 (1983), pp. 46–50.

В настоящее время модели разложения эффективности делятся на три типа:

1. Секторные модели.
2. Факторные модели.
3. Гибридные секторно-факторные модели.

Рассмотрим их по очереди.

Секторные модели

Простейшей является **секторная модель разложения**, которую также называют **моделью Бринсона**[1]. В этой модели доходность портфеля относительно ориентира представлена в виде зависимости от двух решений: 1) распределения средств между секторами и 2) выбора конкретных ценных бумаг в каждом секторе. Первое решение называют **решением по распределению активов**, а второе — **решением по выбору ценных бумаг**[2].

Рассмотрим, например, доходность следующих трех портфелей относительно одного и того же ориентира (т. е. активную доходность) в базисных пунктах:

Решение	*Портфель A*	*Портфель B*	*Портфель C*
Распределение активов	130	235	–45
Выбор ценных бумаг	70	–35	245

Все три менеджера превзошли ориентир на 200 базисных пунктов, однако сделали это разными путями. Менеджер портфеля A принял правильные решения как в отношении распределения средств между секторами, так и в отношении выбора ценных бумаг в каждом секторе. Более высокие результаты портфеля B объясняются хорошим решением по распределению активов, но не слишком удачным решением по выбору ценных бумаг. Иначе говоря, менеджер нашел хорошие секторы ориентира для вложения средств, но выбрал низкорезультативные ценные бумаги в этих секторах. Наконец,

[1] Gary Brinson and Nimrod Fachler, “Measuring Non-U.S. Equity Portfolio Performance,” Journal of Portfolio Management 11, 3 (1985), pp. 73–76.

[2] Есть еще решение о взаимодействии, которое появляется, когда два фактора вносят вклад в доходность, но поставщики модели объединяют их в одном из двух других факторов.

портфель C показал более высокие результаты потому, что менеджер выбрал хорошие ценные бумаги, но промахнулся с секторами.

Более детальный анализ предполагает разбивку активной доходности по секторам и по ценным бумагам. Вклад выбора ценных бумаг в эффективность зависит от сектора. Возьмем, например, портфель C и предположим, что выбор ценных бумаг во всех секторах кроме CMBS и агентских MBS принес нулевую активную доходность и ничего не добавил к 245 базисным пунктам. Допустим также, что два выигрышных сектора дали активную доходность 100 и 145 базисных пунктов соответственно. Это говорит о том, что аналитики, отвечавшие за выбор ценных бумаг в этих двух секторах, отлично выполнили свою работу.

Факторные модели

В главе 25 мы говорили о конструировании портфелей с использованием факторных моделей. Напомним, что эти модели определяют основные факторы доходности и их риски для ориентира и могут применяться для конструирования портфелей, сходных с ориентиром, и контроля ошибки следования. Основные факторы называют системными факторами риска. Также в главе 25 говорилось о том, что основные системные факторы риска для американских ориентиров можно разложить на риск кривой доходности (изменения уровня и формы кривой доходности) и риски, не связанные с кривой доходности. Последние включают в себя риск своп-спредов, риск волатильности, риск спредов правительственных бумаг, риск спредов корпоративных бумаг и риск спредов продуктов секьюритизации.

Рассмотрим, например, следующие три гипотетических портфеля, у каждого из которых активная доходность равна 110 базисным пунктам:

Фактор риска	*Портфель D*	*Портфель E*	*Портфель F*
Риск кривой доходности	140	1	–60
Риск своп-спредов	0	10	20
Риск волатильности	–1	9	15
Риск спредов правительственных бумаг	–19	2	10
Риск спредов корпоративных бумаг	–8	48	60
Риск спредов продуктов секьюритизации	–2	40	55

Менеджер портфеля D просто принял одно правильное решение: сыграл только на процентной ставке. Все другие решения отрицательно сказались на результативности портфеля. В отличие от этого менеджер портфеля E не принял в расчет процентные ставки. У него окупились все не связанные с процентной ставкой решения, причем наибольший вклад принесли ставки на риски, связанные с корпоративным кредитом и продуктами секьюритизации. Менеджер портфеля F также правильно сыграл на непроцентных рисках, и, как в портфеле E, наибольший вклад ему дали ставки на риски, связанные с корпоративным кредитом и продуктами секьюритизации. Вместе с тем менеджер портфеля F неправильно вложился в процентные ставки и в результате показал практически такой же результат, как и менеджер портфеля E.

Факторные модели разложения эффективности фактически позволяют разбить риск кривой доходности на риск уровня и на риск изменения формы кривой доходности. Предположим, например, для наших трех гипотетических портфелей, что разбивка риска кривой доходности выглядит так:

	Портфель D	*Портфель E*	*Портфель F*
Риск кривой доходности	140	1	–60
Риск уровня	135	60	3
Риск формы	5	–59	–63

Обратите внимание, если разложить риск кривой доходности, как показано выше, то оказывается, что менеджер портфеля E на самом деле играл на процентных ставках. Два его результата практически компенсируют друг друга, в результате чего он получает всего один процентный пункт от игры на процентных ставках. Менеджер портфеля D сделал основную ставку на дюрацию и практически не играл на изменениях формы кривой доходности. Менеджер портфеля F играл на изменениях формы кривой доходности, а по дюрации оставался нейтральным.

Гибридные секторно-факторные модели

Как следует из названия, такая модель сочетает в себе свойства предыдущих двух моделей разложения. Она позволяет детализировать не только ставки на основные системные факторы риска, определяющие доходность, но и выделить вклад решений по выбору секторов и ценных бумаг. Уровень детализации в таких моделях зависит от того, что именно хочет узнать клиент или портфельный менеджер.

Резюме

- Измерение эффективности предполагает вычисление доходности, реализованной портфельным менеджером в течение оцениваемого периода.
- Оценка эффективности — это определение того, какой именно вклад в полученный результат внес менеджер и как он добился расчетной доходности.
- Ставка доходности — это представление долларовой прибыли в виде доли начальных инвестиций (т. е. начальной рыночной стоимости портфеля).
- Для определения среднего значения доходностей малых периодов в реальной практике применяется три методологии: 1) вычисление среднего арифметического ставок доходности; 2) вычисление ставки доходности, взвешенной по времени (среднего геометрического ставок доходности), и 3) вычисление ставки доходности, взвешенной по количеству долларов.
- Среднее арифметическое ставки доходности — это средняя стоимость средств (выраженная в форме доли начальной стоимости портфеля), которые могут быть изъяты в конце каждого периода таким образом, чтобы рыночная стоимость портфеля осталась без изменений.
- Ставка доходности, взвешенная по времени, — это ставка прироста начального портфеля в течение оцениваемого периода (предполагается, что все распределения реинвестируются в портфель). Взвешенная по времени ставка доходности — это доходность, отличная от среднеарифметической. Как правило, средняя арифметическая ставка доходности превышает среднюю геометрическую. Величина разрыва двух значений тем меньше, чем менее изменчивыми являются значения доходностей малых периодов внутри оцениваемого периода.
- Ставка доходности, взвешенная по количеству долларов, вычисляется путем получения процентной ставки, которая позволяет уравнять сумму приведенных стоимостей денежных потоков всех малых периодов в оцениваемом периоде и приведенной стоимости конечной рыночной стоимости портфеля с начальной рыночной стоимостью портфеля. Взвешенная по количеству долларов ставка доходности равна ставке доходности, взвешенной по времени, если: 1) в течение оцениваемого периода в портфель не добавлялись и из портфеля не распределялись средства и 2) все полученные платежи реинвестировались.
- Сложность оценки результатов портфельного менеджера с помощью доходности, взвешенной по количеству долларов, связана с влиянием на данную величину факторов, неподконтрольных управляющему портфелем. Так, полученное значение зависит от произведенных

по требованию клиента дополнительных вложений в портфель и изъятий средств из портфеля. Очевидно, что сравнение деятельности разных менеджеров исходя из размера доходности, взвешенной по количеству долларов, окажется затруднено.

- Суть оценки эффективности инвестиций — определение способности менеджера увеличить стоимость портфеля по сравнению со стоимостью, которой удалось бы добиться портфелю, составленному на основе пассивной стратегии. Анализ работы менеджера предполагает выбор ориентира.
- Обычным ориентиром является нормальный портфель. Это индивидуализированный индекс, включающий ценные бумаги, которые обычно используются менеджером, в тех пропорциях, в каких менеджер обычно включает их в портфель. Приверженцы метода нормального портфеля полагают, что он позволяет оценить вклад менеджера в инвестиционный процесс лучше, чем обычный рыночный индекс, поскольку представляет собой пассивный портфель, составленный с учетом конкретного стиля управления.
- Индексы облигаций широко используются в качестве ориентиров.
- Одноиндексные показатели для оценки относительной эффективности включают в себя коэффициент Шарпа и информационный коэффициент. Оба показателя по своей сути являются коэффициентами вознаграждения-риска. Их недостатком является то, что они не раскрывают источники относительной эффективности.
- Модели разложения эффективности могут использоваться для объяснения источников реализованной активной доходности. Модели разложения эффективности делятся на три типа: секторные модели, факторные модели и гибридные секторно-факторные модели.

Вопросы

1. В чем разница между измерением эффективности портфеля и ее оценкой?
2. Допустим, что месячная доходность двух облигационных менеджеров такова:

Месяц	*Менеджер I*	*Менеджер II*
1	9%	25%
2	13%	13%
3	22%	22%
4	– 18%	– 24%

Каково значение месячной среднеарифметической ставки доходности каждого из двух менеджеров?

3. Каковы доходности, взвешенные по времени, менеджеров из пункта 2?
4. Почему у менеджера II среднеарифметическая ставка доходности больше отличается от ставки доходности, взвешенной по времени, чем у менеджера I?
5. Smith & Jones — фирма по управлению портфелями инструментов рынка фиксированного дохода. Один из клиентов отдает в управление фирме $100 млн. Рыночная стоимость портфеля в течение следующих четырех месяцев представлена в таблице.

Конец месяца	*Рыночная стоимость ($ млн)*
1	50
2	150
3	75
4	100

   a. Вычислите ставку доходности для каждого месяца.
   b. Smith & Jones сообщили клиенту, что средняя месячная ставка в течение четырехмесячного периода равнялась 33,33%. Каким образом было получено это значение?
   c. Является ли величина средней месячной ставки доходности, равная 33,33%, значением, позволяющим оценить эффективность работы Smith & Jones? Если нет, то какую меру вы назвали бы более показательной?
6. Mercury Company — фирма, занятая управлением фондами спонсоров пенсионных планов. Один из клиентов дал в управление фирме $200 млн. Денежные потоки этого клиента за три последних месяца составили $20 млн, –$8 млн и $4 млн. Рыночная стоимость портфеля в конце трехмесячного периода равнялась $208 млн.
   a. Какова ставка доходности портфеля, взвешенная по количеству долларов, для трехмесячного периода?
   b. Допустим, что $8-миллионный отток денежных средств во второй месяц представлял собой средства, изъятые из портфеля спонсором пенсионного плана, и денежный поток с учетом этого распределения равен нулю. Какова в этом случае доходность портфеля, взвешенная по количеству долларов?
7. Среднемесячная ставка доходности портфеля равна 1,23%; чему равна доходность в годовом исчислении?
8. Средняя квартальная доходность портфеля равна 1,78%; чему равна доходность в годовом исчислении?

9. В чем заключаются трудности, связанные с формированием нормального портфеля?
10. Предположим, что активная доходность портфеля за последний год составила 130 базисных пунктов после выплаты вознаграждения менеджеру. Какие вопросы вы должны задать, чтобы понять, насколько успешным был менеджер?
11. Анализ вклада в эффективность полезен не только с точки зрения клиентов, но и директора по инвестициям фирмы по управлению активами при оценке команды управляющих портфелем. Объясните почему.
12. Финансовый институт нанял трех сторонних портфельных менеджеров: X, Y и Z. Все три менеджера имеют один и тот же ориентир. Анализ вклада в эффективность портфелей, управляемых тремя менеджерами за последний год, показал следующее (в базисных пунктах):

Фактор риска	*Портфель X*	*Портфель Y*	*Портфель Z*
Риск кривой доходности	–1	92	–3
Риск своп-спредов	20	4	20
Риск волатильности	40	3	25
Риск спредов правительственных бумаг	35	–5	10
Риск спредов корпоративных бумаг	–2	6	30
Риск спредов продуктов секьюритизации	–2	–4	5

Инвестиционный комитет финансового института использует эту информацию для оценки эффективности трех сторонних менеджеров. Ниже приведены высказывания трех членов комитета по оценке эффективности. Прокомментируйте их.

a. Член комитета 1: «По общим результатам видно, что менеджер Y наиболее эффективен с преимуществом 96 базисных пунктов».
b. Член комитета 2: «Всех трех менеджеров наняли потому, что они заявляли об умении использовать возможности в сфере корпоративного кредита. Хотя все они превзошли ориентир, меня беспокоит, что они не вполне выполнили свои обещания».
c. Член комитета 3: «Похоже, что менеджеры X и Z смогли превзойти ориентир совершенно не принимая процентный риск».

13. При обсуждении эффективности сторонних менеджеров, нанятых финансовым институтом, прозвучало следующее утверждение: «Наиболее важным фактором, который учитывается при принятии решения о продлении сотрудничества, является эффективность, характеризуемая информационным коэффициентом». Прокомментируйте его.

ГЛАВА 29

Фьючерсные контракты на процентные ставки

В этой главе читателю будут представлены сведения:

- о понятии фьючерсного контракта;
- о разнице между фьючерсным и форвардным контрактом;
- об основных характеристиках двух важных краткосрочных фьючерсных контрактов: евродолларовых фьючерсов и фьючерсов на EURIBOR;
- о типах казначейских фьючерсных контрактов;
- о наиболее дешевом для поставки выпуске казначейских облигаций и выявлении такого выпуска для исполнения фьючерсного контракта;
- о вычислении теоретической цены фьючерсного контракта;
- о том, как варианты поставки влияют на теоретическую цену фьючерсного контракта на казначейские облигации;
- об использовании фьючерсных контрактов в управлении портфелями облигаций: изменения дюрации портфеля, повышения доходности и хеджирования;
- о вычислении коэффициента хеджирования и количества контрактов, необходимых для открытия короткой позиции в ходе хеджирования с помощью фьючерсных контрактов на казначейские облигации.

Фьючерсный контракт — это соглашение, обязывающее одну из сторон продать либо купить некий базовый актив в определенную дату в будущем по определенной цене. В этой главе будут описаны фьючерсные контракты на процентные ставки. Процентные опционы и опционы на фьючерсы мы рассмотрим в главе 30. Процентные свопы составляют тему главы 31.

С появлением фьючерсов на процентные ставки, опционов, свопов, кэпов и флоров, понимаемый в самом широком смысле портфельный риск-менеджмент вышел на новые уровни. Портфельные менеджеры получили свободу, о которой прежде не могли и мечтать. Теперь менеджер в состоянии скорректировать чувствительность портфеля к изменениям процентных ставок или сменить позицию по активам/обязательствам, не тратя ни больших денег, ни времени. Производные инструменты (название связано с тем, что стоимость контрактов «произведена» от цены базовых активов) дают портфельным менеджерам возможность устанавливать такие соотношения риск/прибыль, которые в прежние десятилетия были либо невозможны, либо чересчур дороги.

МЕХАНИЗМ ТОРГОВЛИ ФЬЮЧЕРСАМИ

Фьючерсный контракт — юридическое соглашение между покупателем (продавцом) и биржей или ее клиринговой палатой, согласно которому покупатель (продавец) обязуется принять некоторый базовый актив (осуществить его поставку) по указанной цене в указанную дату в будущем. Цена, по которой стороны соглашаются осуществить транзакцию в будущем, называется ценой фьючерса. Дата, в которую сделка будет совершена, — **датой исполнения фьючерсного контракта**, или **датой поставки**.

Предположим, например, что на бирже торгуется фьючерсный контракт, причем в роли актива, который должен быть куплен или продан, выступает облигация XYZ. Допустим также, что Боб покупает эти фьючерсные контракты, а Салли их продает, и цена, по которой они договорились в будущем совершить сделку, равна $100. В этом случае $100 — **цена фьючерса**. В дату исполнения контракта Салли поставит Бобу облигацию XYZ. Боб в свою очередь заплатит Салли $100, цену фьючерса.

Большинство фьючерсов на финансовом рынке имеют даты исполнения в марте, июне, сентябре или декабре. В установленную дату месяца исполнения контракта торги по нему прекращаются, и биржа вычисляет цену, используемую для исполнения контрактов. Контракт с ближайшей датой исполнения принято называть **ближайшим фьючерсным контрактом**. Следующий фьючерсный контракт истекает в следующую дату исполнения. Контракт, дата исполнения которого наиболее далеко отстоит от даты исполнения ближайшего контракта, называют **наиболее отдаленным фьючерсным контрактом**.

Открытие позиции

Инвестор, открывающий на рынке позицию через покупку фьючерсного контракта, занимает **длинную позицию** по фьючерсам. И наоборот, инвестор, открывающий позицию через продажу фьючерсного контракта, занимает по фьючерсам **короткую позицию**.

Ликвидация позиции

Трейдер, открывший позицию по фьючерсу, может выйти из рынка двумя способами. Во-первых, позиция может быть ликвидирована до даты исполнения фьючерсного контракта. В этом случае трейдер занимает противоположную позицию по тому же фьючерсу: покупатель фьючерсного контракта продает то же количество идентичных фьючерсов; продавец фьючерсного контракта приобретает то же количество идентичных фьючерсов.

Второй способ — ждать даты исполнения контракта. В эту дату сторона, купившая фьючерс, принимает поставку базового актива по установленной заранее цене; сторона, продавшая фьючерс, ликвидирует позицию, поставляя базовый актив по заранее установленной цене. Часть фьючерсных контрактов, которые мы описываем в этой главе, не предполагает физической поставки актива: все расчеты производятся через выплаты денежных средств. Такие контракты получили на рынке название **беспоставочных** (*cash-settlement contracts*).

Роль клиринговой палаты

Вместе с каждой фьючерсной биржей работает клиринговая палата, выполняющая несколько функций. Одна из ее задач — гарантировать, что обе стороны сделки исполнят свои обязательства. Для того чтобы в полной мере оценить значимость этой функции, рассмотрим описанную выше транзакцию с точек зрения обоих ее участников — покупателя Боба и продавца Салли. Каждый из них не может быть полностью уверен в том, что другая сторона захочет в дату исполнения контракта исполнить взятые на себя обязательства. Допустим, что в дату исполнения контракта цена облигации XYZ на рынке составляет $70. Салли может купить облигацию XYZ по $70 и поставить ее Бобу, который обещал заплатить ей $100. Если Боб не имеет возможности заплатить положенные $100 или просто не хочет платить, Салли теряет возможность реализовать свои $30 прибыли. Предположим теперь, что в дату исполнения контракта цена облигации XYZ на рынке равна $150. В этом случае Боб с удовольствием получит облигацию от Салли и заплатит установленные $100. Если Салли по каким-либо причинам отказывается поставить XYZ, Боб теряет возможность реализовать прибыль в размере $50.

Клиринговые палаты были организованы для того, чтобы подобных проблем не возникало. Когда инвестор открывает позицию на рынке фьючерсов, клиринговая палата занимает противоположную позицию и соглашается принять на себя исполнение оговоренных в контракте условий. Благодаря существованию клиринговых компаний, инвестору не приходится беспокоиться о финансовом состоянии и этических принципах второй стороны сделки. Отношения между сторонами заканчиваются проведением первоначальной транзакции. В качестве покупателя для каждой продажи и в качестве продавца для каждой покупки выступает затем клиринговая палата. Таким образом, инвестор получает возможность ликвидировать позицию, не привлекая сторону, с которой он договаривался изначально, и не заботясь о возможном дефолте этой стороны. Поэтому, описывая фьючерсный контракт, мы говорили о нем как о соглашении между стороной и связанной с биржей клиринговой палатой.

Клиринговая палата не только гарантирует исполнение договора, но и облегчает сторонам закрытие позиций до даты исполнения контракта. Предположим, что Боб хочет закрыть свою позицию по фьючерсам. Ему не надо разыскивать Салли, а затем заключать с ней соглашение об отказе от изначальной договоренности. Боб может ликвидировать позицию, продав идентичные фьючерсные контракты. Отчеты клиринговой фирмы покажут, что Боб купил и продал одинаковое число идентичных фьючерсов. В дату истечения контракта Салли не придется поставлять Бобу облигацию XYZ: клиринговая палата сообщит Салли, какому участнику рынка, купившему фьючерсы и имеющему по ним открытую позицию, облигацию следует передать. В случае если до даты исполнения контракта позицию захочет ликвидировать Салли, ей надо будет купить идентичные фьючерсные контракты.

Маржинальные требования

Занимая первоначальную позицию на фьючерсном рынке, инвестор обязан депонировать установленную биржей минимальную долларовую сумму на контракт. Эта величина, называемая **начальной маржой**, является требуемым депозитом, обеспечивающим контракт[1]. Начальная маржа также мо-

[1] Брокерским фирмам предоставляется право устанавливать маржинальные требования, превышающие установленный биржей минимум.

жет быть внесена в форме ценной бумаги с фиксированным доходом — скажем, казначейского векселя. По мере изменения цены фьючерсного контракта меняется величина собственного капитала инвестора в позиции. В конце каждого торгового дня биржа подсчитывает цену исполнения фьючерсного контракта. Значение цены используется для ежедневной переоценки по рынку позиции инвестора: любая прибыль или убыток зачисляется на его счет.

Маржа поддержания — это минимальный уровень (определенный биржей), до которого может упасть значение собственного капитала инвестора в результате неблагоприятных движений цены, прежде чем от инвестора потребуют внесения дополнительных средств на маржинальный счет. Дополнительные средства, вносимые на маржинальный счет, носят название **вариационной маржи**. Вариационная маржа — это долларовая величина, необходимая для возвращения собственного капитала инвестора к уровню начальной маржи. В отличие от начальной маржи вариационная маржа не может быть внесена в форме долговой ценной бумаги: ее можно внести лишь в денежной форме. Любой излишек средств на маржинальном счете может быть снят со счета инвестором. Если сторона фьючерсного контракта, от которой требуется внести вариационную маржу, не исполняет этого требования в течение 24 часов, позиция по фьючерсам закрывается.

Маржинальные счета могут использоваться для приобретения как фьючерсов, так и ценных бумаг. Между тем суть маржинальных требований в двух случаях не совпадает. Если с маржинального счета приобретается ценная бумага, то разница между ценой бумаги и начальной маржой заимствуется у брокера. Приобретенная ценная бумага служит обеспечением кредиту, на который инвестор выплачивает процент. В случае фьючерсного контракта начальная маржа — это своеобразная демонстрация «доброй воли», указание на то, что инвестор намеревается исполнить свои контрактные обязательства. Как правило, инвестор на рынке фьючерсов не заимствует деньги у брокера.

ФЬЮЧЕРСНЫЕ КОНТРАКТЫ ПО СРАВНЕНИЮ С ФОРВАРДНЫМИ КОНТРАКТАМИ

Так же как и фьючерсный контракт, **форвардный контракт** является соглашением о будущей поставке базового актива по установленной цене по окончании установленного периода времени. Фьючерсные контракты являются стандартизированными как в отношении дат поставки (месяца), так и в отношении качества поставляемых активов; эти контракты организованно торгуются на биржах. Отличие форвардных контрактов состоит в отсутствии их стандартизации (условия каждого контракта обсуждаются между покупателем и продавцом), отсутствии клиринговых палат, а также в отсутствии или слабой развитости вторичных рынков. В отличие от фьючерсных контрактов, являющихся биржевыми инструментами, форвардные контракты — это инструменты внебиржевого рынка.

Поскольку не существует клиринговых палат, гарантирующих исполнение форвардных контрактов, стороны, заключившие такой контракт, подвергают свои инвестиции **риску контрагента**. Суть риска контрагента — возможность неисполнения транзакции второй стороной договора. Иными словами, стороны форвардного контракта подвергаются кредитному риску или риску дефолта.

Хотя и фьючерсные, и форвардные контракты устанавливают условия «поставки», фьючерсные контракты обычно не предполагают исполнения через поставку активов. В целом менее 2% находящихся в обращении контрактов исполняется через поставку. Форвардные контракты, напротив, исполняются именно этим способом.

Фьючерсные контракты переоцениваются по рынку в конце каждого торгового дня, в то время как для форвардных контрактов эта процедура не является обязательной. Размер вариационной маржи, которую может требовать одна сторона или обе стороны форвардного контракта, зависит от условий конкретного соглашения. Таким образом, в то время как для фьючерсного контракта характерны промежуточные денежные потоки — дополнительные маржинальные средства вносятся на счет в случае неблагоприятных движений цены, деньги снимаются с маржинального счета в случае благоприятных ценовых изменений, — форвардный контракт может не иметь требований по внесению вариационной маржи.

И наконец, стороны форвардного контракта подвергаются кредитному риску, поскольку каждая из сторон может потерпеть дефолт по принятым на себя обязательствам. В случае фьючерсных контрактов кредитный риск сведен к минимуму, так как клиринговая палата, функционирующая при данной бирже, гарантирует исполнение сделки другой ее стороной. За исключением этих различий характеристики фьючерсных контрактов, описанные нами выше, совпадают с характеристиками форвардных контрактов.

ХАРАКТЕРИСТИКИ РИСКА И ПРИБЫЛИ ДЛЯ ФЬЮЧЕРСНЫХ КОНТРАКТОВ

Покупатель фьючерсного контракта реализует прибыль, если цена фьючерса возрастет; продавец фьючерсного контракта реализует прибыль, если цена фьючерса понизится. Предположим, например, что через месяц после того, как Боб и Салли заняли свои позиции на рынке фьючерсов, цена фьючерсов на облигацию XYZ выросла до $120. Боб, покупатель фьючерса, может в этом случае продать свой контракт и реализовать прибыль в $20. Иными словами, в дату исполнения контракта он купит облигацию XYZ по $100 и продаст ее по $120. Салли, продавец фьючерсного контракта, реализует в этой ситуации убыток в размере $20.

Если же цена фьючерса упала до $40 и Салли откупила его по этой цене, она реализовала прибыль, равную $60, поскольку в дату исполнения обязалась продать облигацию XYZ по $100 и купить по $40. Боб реализует в этом случае $60 убытка. Итак, при падении цены фьючерса покупатель контракта реализует убыток, а продавец контракта — прибыль.

Фьючерсы и кредитное плечо

Занимая позицию по фьючерсам, стороне не обязательно вносить на счет полную стоимость инвестиции. Достаточно, чтобы депонирована была лишь начальная маржа. Пусть у Боба есть $100 и он хочет купить облигацию XYZ, полагая, что в результате падения процентных ставок цена облигации вырастет. Если данная бумага торгуется по $100, то Боб сможет купить всего одну облигацию. Между тем если биржа, на которой торгуются фьючерсы на XYZ, требует начальную маржу в $5, то Боб получает возможность приобрести 20 контрактов на свои $100. (В нашей иллюстрации не учитывается то обстоятельство, что позднее Бобу могут потребоваться средства для внесения вариационной маржи.) Следовательно, его прибыль будет зависеть от изменения цены 20 облигаций XYZ, а не одной облигации, которую он купил бы на имеющиеся у него деньги. Иными словами, Боб в этом случае работает с кредитным плечом. Несмотря на то что размер левериджа варьирует в зависимости от контракта, кредитное плечо, доступное инвестору на рынке фьючерсов, заметно превышает плечо, которое он получает на спот-рынке.

Существование левериджа на рынке фьючерсов, на первый взгляд, указывает на то, что торгуют здесь только инвесторы, рассчитывающие провести спекуляцию на движениях цены. Это заключение, однако, неверно. Рынок фьючерсов может быть использован для снижения ценового риска. В отсутствие кредитного плеча стоимость снижения ценового риска с помощью фьючерсов оказалась бы непомерно высокой для большинства участников рынка.

ФЬЮЧЕРСНЫЕ КОНТРАКТЫ НА ПРОЦЕНТНЫЕ СТАВКИ

Двумя крупнейшими биржами, на которых торгуются процентные фьючерсы, являются Чикагская товарная биржа (CME) и NYSE Euronext Global Derivatives. Эти биржи предлагают множество контрактов, число которых растет год от года. Обе биржи торгуют процентными фьючерсами на краткосрочную LIBOR по кредитам в долларах США (евродолларовые фьючерсы) и краткосрочную ставку по кредитам в евро (фьючерсы на EURIBOR).

Обе биржи предлагают ряд фьючерсов на казначейские бумаги: 2-, 5- и 10-летние казначейские ноты, 30-летние казначейские облигации и ультрадолгосрочные казначейские облигации. Фьючерс на ультрадолгосрочные казначейские облигации — это контракт, созданный для управления долгосрочными процентными ставками. Кроме того, биржи уже предлагают или планируют предлагать другие продукты на неамериканские краткосрочные, среднесрочные и долгосрочные процентные ставки.

Каждый фьючерсный контракт имеет спецификацию, в которой раскрываются следующие характеристики: что допускается к поставке (поставляемые активы), система котирования цены, размер тика, контрактные месяцы, последний торговый день и метод поставки. Рассказать о всех этих контрактах невозможно, да в этом нет необходимости, поскольку информацию о них биржи размещают в интернете. Здесь мы рассмотрим только два фьючерса на краткосрочные процентные ставки, торгуемые на обеих биржах, — евродолларовые фьючерсы и фьючерсы на EURIBOR, а также фьючерсы на казначейские ноты, облигации и ультрадолгосрочные облигации.

Евродолларовые фьючерсы

Евродолларовые фьючерсы торгуются как на Международном валютном рынке Чикагской товарной биржи (*International Monetary Market of the Chicago Mercantile Exchange*), так и на Лондонской международной бирже финансовых фьючерсов (*London International Financial Futures Exchange*). Базовым активом для этого контракта является евродолларовый срочный депозит с номинальной стоимостью $1 млн и сроком три месяца. Евродолларовый фьючерсный контракт — один из самых активно торгующихся контрактов в мире. Его часто используют для торговли на коротком конце кривой доходности, и многие хеджеры считают этот контракт лучшим инструментом.

Срочный евродолларовый депозит — это деноминированный в долларах депозит за пределами США. Процентной ставкой, выплачиваемой по срочному евродолларовому депозиту, является ставка предложения на Лондонском межбанковском рынке депозитов (LIBOR). По евродолларовому фьючерсу стороны фактически соглашаются продать и купить «3-месячную LIBOR».

Фьючерсные контракты котируются на основе индексной цены. Например, индексная цена равна 94,52. По индексной цене фьючерса 3-месячную ставку LIBOR в годовом выражении определяют следующим образом: 100 минус индексная цена. Так, индексная цена евродолларового фьючерса, равная 94,52, означает, что стороны контракта согласились купить или продать 3-месячную LIBOR по 5,48%. Поскольку в основе контракта лежит процентная ставка, которая, понятно, не может быть поставлена, это контракт с денежным расчетом.

Номинальная стоимость этого контракта составляет $1 млн. Минимальное изменение цены (тик) для него равно 0,01. Иначе говоря, один тик — это изменение индексной цены на 0,01, например, с 94,52 до 94,53. Посмотрим, как изменение цены на один тик преобразуется в изменение 3-месячной LIBOR. Изменение индексной цены с 94,52 до 94,53 изменяет 3-месячную LIBOR с 5,48% до 5,47%. Если считать в базисных пунктах, то изменение индексной цены на один тик приводит к изменению 3-месячной LIBOR на один базисный пункт (0,0001).

Мы знаем, что простой процент на $1 млн на 90 дней равен:

$$\$1\,000\,000 \times \text{LIBOR} \times 90/360.$$

Если LIBOR меняется на 1 базисный пункт (0,0001), то

$$\$1\,000\,000 \times 0{,}0001 \times 90/360 = \$25.$$

Таким образом, изменение индексной цены на один тик или, что равноценно, изменение 3-месячной LIBOR на один базисный пункт приводит к изменению стоимости контракта на $25. Поэтому, при изменении индексной цены на 10 тиков или изменении 3-месячной LIBOR на 10 базисных пунктов стоимость контракта изменится на $250 ($25 × 10).

Минимальная флуктуация индексной цены составляет полтика, или $12,50. Для ближайшего торгового месяца для этого контракта минимальная флуктуация индексной цены равно четверти тика, или $6,25.

Котируются контракты на март, июнь, сентябрь и декабрь (их называют «мартовским циклом»), на 40 месяцев с мартовским квартальным циклом и на четыре ближайших последовательных контрактных месяца. Портфельный менеджер может занимать позицию в этом контракте до 10 лет.

Как уже говорилось, евродолларовые фьючерсы — это контракты с денежным расчетом. Иными словами, в расчетную дату стороны расплачиваются деньгами на основе 3-месячной LIBOR на эту дату. Предположим, что сделка происходит по 94,52, а в расчетную дату индексная цена составляет

95,00. С точки зрения покупателя, индексная цена выросла. Таким образом, продавец должен выплатить покупателю 0,48. Поскольку один тик равен $25, а 0,48 — это 48 тиков, покупатель получает от продавца $1200 (48 × $25). Альтернативно можно считать, что покупатель заключил контракт на получение трехмесячной процентной ставки в размере 5,42% (т. е. 100,00 – 94,52). В расчетную дату индексная цена составляет 95,00. Это означает, что на рынке действует 3-месячная LIBOR, равная 5,00%. Компенсация продавца в размере $1200 выплачивается покупателю за то, что в расчетную дату уровень 3-месячной LIBOR равен 5,00%, а не контрактному значению 5,48%.

Чтобы понять, как этот контракт используется для хеджирования, предположим, что участника рынка беспокоит возможность роста стоимости заимствования через шесть месяцев. Для защиты от роста можно открыть позицию в евродолларовом фьючерсе, на котором благоприятно сказывается повышение краткосрочных процентных ставок. С такой позицией во фьючерсном контракте в случае реального повышения краткосрочных процентных ставок будущая стоимость заимствования все равно вырастет, но будет компенсирована (полностью или частично). Выигрыш при росте процентных ставок дает короткая позиция во фьючерсном контракте (т. е. его продажа). Чтобы увидеть, как это происходит, возьмем наш предыдущий пример с евродолларовым фьючерсом с ценой 94,52 (ставка 5,48%). Допустим, в расчетную дату 3-месячная LIBOR поднимается до 6,00%, а расчетная индексная цена снижается до 94,00. Это означает, что продавец, продавший контракт по 94,52 и выкупивший его по 94,00, реализует прибыль 0,52, или 52 тика. Покупатель должен уплатить продавцу $1300 (52 × $25). Прибыль от короткой фьючерсной позиции используется для компенсации повышения стоимости заимствования в результате роста краткосрочных процентных ставок.

Существуют также фьючерсные контракты на основе референсных ставок для кредитов с плавающей ставкой в других валютах, имеющие аналогичные евродолларовым фьючерсам спецификации. Так, для кредитов в евро в качестве референсной обычно используется ставка EURIBOR. EURIBOR — ставка по депозитам, деноминированным в евро, является базовой для фьючерсов на EURIBOR. Фьючерсы на EURIBOR и евродолларовые фьючерсы являются самыми активно торгуемыми контрактами в мире.

Фьючерсы на EURIBOR

Европейская межбанковская ставка предложения (*European Interbank Offered Rate — EURIBOR*) — это референсная ставка, по которой банки в еврозоне предоставляют друг другу необеспеченные кредиты. Как и LIBOR, эта референсная ставка является межбанковской. Контракты представляют собой обязательство уплатить/получить квартальный процентный платеж в расчетную дату в зависимости от уровня 3-месячной EURIBOR по условной основной сумме €1 млн. Контракт является беспоставочным.

Как и в случае евродолларовых фьючерсов, контракт котируется на основе индексной цены следующим образом: 100 минус фьючерсная референсная ставка в годовом исчислении, только в качестве референсной ставки берется EURIBOR, а не LIBOR. Так, цена 94,00 фьючерса на EURIBOR означает фьючерсную 3-месячную ставку EURIBOR, равную 6%. Минимальное изменение цены (тик) для этого контракта составляет 0,005 (или 0,00005 при выражении через EURIBOR). Отсюда следует, что стоимость базисного пункта для такого контракта составляет €12,50.

Казначейские фьючерсы

Наиболее активно торгуемыми облигационными деривативами являются казначейские фьючерсные контракты. Такие контракты классифицируются по срокам погашения. В основе **фьючерсного контракта на казначейские облигации** лежат определенные казначейские купонные ценные бумаги. В группу фьючерсных контрактов на казначейские ноты входят 2-, 5- и 10-летние казначейские фьючерсы.

Фьючерсы на казначейские облигации

Базовым активом для фьючерсов на казначейские облигации является гипотетическая 20-летняя облигация с купоном 6% и номинальной стоимостью $100 000. Цена фьючерса котируется по номинальной стоимости, взятой за 100. Котировки выражены в 32-х долях процента. Так, котировка 97–16[1] означает 97 целых и $^{16}/_{32}$, или 97,50. Если продавец и покупатель фьючерсного контракта договариваются о цене 97–16, это значит, что покупатель соглашается принять поставку базовой гипотетической казначейской облигации и заплатить 97,50% ее номинала, а продавец соглашается принять в качестве оплаты 97,50% номинальной стоимости. Поскольку номинальная стоимость равна $100 000, цена фьючерса, установленная для сделки между покупателем и продавцом, составит $97 500.

---

[1] Иногда в котировке вместо дефиса используется апостроф. Например, вместо 97–16 может стоять 97’16.

Минимальная ценовая флуктуация для фьючерсных контрактов на казначейские облигации составляет 32-ю долю процента. Долларовая стоимость $^1/_{32}$ при \$100 000 номинальной стоимости (номинальной стоимости базового актива) равна \$31,25. Итак, минимальная ценовая флуктуация для этого контракта равна \$31,25.

Мы упомянули о том, что базовый актив — это гипотетическая облигация. Значит ли это, что данный контракт, как и евродолларовые фьючерсы, является беспоставочным? Ответ отрицательный. Продавец фьючерса на казначейскую облигацию, решивший не ликвидировать позицию, откупая контракты до их даты исполнения, и согласившийся тем самым на осуществление поставки, обязан поставить другой стороне казначейскую облигацию. Какую именно? CME позволяет продавцу поставить одну из нескольких казначейских облигаций, которые биржа считает приемлемыми для поставки. Список облигаций, которые может поставить продавец, публикуется до начала торговли фьючерсным контрактом с данной датой истечения. В табл. 29.1 указаны казначейские облигации, из которых продавец может выбрать облигационные выпуски для поставки покупателю по четырем фьючерсным контрактам по месяцам истечения. Из всех находящихся в обращении казначейских облигаций биржа выбирает пригодные для поставки, руководствуясь следующими критериями: в дату поставки неотзывной облигационный выпуск должен иметь по крайней мере 15 лет до погашения; если казначейская облигация является отзывной, она не должна отзываться в течение как минимум 15 лет с первого дня месяца поставки. Помимо приемлемых выпусков, приведенных в таблице, для поставки подходят новые выпуски казначейских облигаций.

Таблица 29.1. Казначейские облигации, приемлемые для поставки, и коэффициенты конверсии

Купон	Дата погашения	Март 2011	Июнь 2011	Сент. 2011	Дек. 2011	Март 2012	Июнь 2012	Сент. 2012	Дек. 2012	Март 2013
$6^3/_4$	15/08/26	1,0741	1,0735	–	–	–	–	–	–	–
$6^1/_2$	15/11/26	1,0500	1,0494	1,0490	–	–	–	–	–	–
$6^5/_8$	15/02/27	1,0630	1,0625	1,0618	1,0613	–	–	–	–	–
$6^3/_8$	15/08/27	1,0385	1,0382	1,0377	1,0375	1,0370	1,0368	–	–	–
$6^1/_8$	15/11/27	1,0130	1,0127	1,0127	1,0125	1,0125	1,0123	1,0123	–	–
$5^1/_2$	15/08/28	0,9466	0,9472	0,9475	0,9481	0,9485	0,9490	0,9494	0,9500	0,9504
$5^1/_4$	15/11/28	0,9194	0,9200	0,9208	0,9213	0,9221	0,9227	0,9235	0,9242	0,9250
$5^1/_4$	15/02/29	0,9187	0,9194	0,9200	0,9208	0,9213	0,9221	0,9227	0,9235	0,9242

Окончание табл. 29.1

Купон	Дата погашения	Март 2011	Июнь 2011	Сент. 2011	Дек. 2011	Март 2012	Июнь 2012	Сент. 2012	Дек. 2012	Март 2013
$6^1/_8$	15/08/29	1,0136	1,0136	1,0134	1,0134	1,0132	1,0132	1,0130	1,0130	1,0127
$6^1/_4$	15/05/30	1,0281	1,0278	1,0277	1,0274	1,0273	1,0270	1,0269	1,0265	1,0264
$5^3/_8$	15/02/31	0,9281	0,9287	0,9291	0,9297	0,9301	0,9307	0,9311	0,9318	0,9322
$4^1/_2$	15/02/36	0,8078	0,8087	0,8095	0,8105	0,8113	0,8123	0,8132	0,8142	0,8151
$4^3/_4$	15/02/37	–	–	–	–	0,8398	0,8406	0,8413	0,8421	0,8427
5	15/05/37	–	–	–	–	–	0,8718	0,8725	0,8730	0,8737
$4^3/_8$	15/02/38	–	–	–	–	–	–	–	–	0,7918

Рассмотрим процесс поставки по фьючерсному контракту на казначейские облигации. В дату исполнения контракта продавец фьючерса (участник рынка, занявший короткую позицию) обязан поставить покупателю (занимающему длинную позицию) 20-летние казначейские облигации с купоном 6% и номиналом $100 000. Поскольку таких облигаций не существует, продавец может выбрать одну из признанных биржей CME пригодными для поставки казначейских облигаций. Допустим, что продавец решил выбрать для поставки 20-летние казначейские облигации с купоном 5% и номиналом $100 000. Очевидно, что стоимость таких облигаций будет ниже, чем стоимость 20-летних бумаг с купоном 6%. В случае поставки продавцом 20-летних облигаций с купоном 5%, сделка покажется несправедливой покупателю, договорившемуся получить бумаги с купоном 6%. И наоборот: представим, что для поставки продавец выбрал 20-летние казначейские облигации с купоном 7%. Стоимость 20-летних облигаций с купоном 7% превысит стоимость гипотетических облигаций с купоном 6%, и сделка окажется невыгодной для продавца.

Как решить эту проблему? Чтобы поставленная облигация стала приемлемой для обеих сторон, CME ввела так называемый **коэффициент конверсии** — величину, позволяющую вычислить цену поставки любой приемлемой для поставки по фьючерсному контракту казначейской облигации. Коэффициент конверсии устанавливается CME перед началом торговли контрактами с данными датами исполнения сделки. В табл. 29.1 представлены коэффициенты конверсии для каждого из приемлемых облигационных выпусков[1]. Коэффициент конверсии остается постоянным весь период, в течение которого осуществляется торговля фьючерсным контрактом. Сторона,

1 Коэффициент конверсии вычисляется исходя из цены, по которой поставляемая облигация продавалась бы в начале месяца поставки с доходностью 6%.

занимающая короткую позицию, должна уведомить сторону, занимающую длинную позицию, о том, какая из облигаций выбрана для поставки, за день до даты поставки.

Цена, которую покупатель должен заплатить продавцу в момент поставки казначейской облигации, называется **ценой исполнения** *(invoice price)*. Цена исполнения равна расчетной цене фьючерсного контракта плюс накопленный процентный доход на поставляемую облигацию. Напомним, что продавец имеет право поставить одну из нескольких казначейских облигаций. Для того чтобы поставка оказалась сделкой, справедливой для обеих сторон, цена исполнения уточняется исходя из сделанного конкретного выбора. Для уточнения цены применяется коэффициент конверсии:

$$\text{цена исполнения} = \\ = \text{размер контракта} \times \text{расчетная цена фьючерсного контракта} \times \\ \times \text{коэффициент конверсии} + \text{накопленный купонный доход.}$$

Предположим, что фьючерсный контракт на казначейские облигации исполняется по цене 94–08 и что участник рынка, занимающий короткую позицию, решает поставить казначейский облигационный выпуск с коэффициентом конверсии 1,20. Расчетная цена фьючерсного контракта 94–08 означает 94,25% номинальной стоимости. Поскольку размер контракта составляет $100 000, цена поставки, которую покупатель заплатит продавцу, равна:

$$\$100\,000 \times 0{,}9425 \times 1{,}20 + \text{накопленный процент} = \\ = \$113\,100 + \text{накопленный процент.}$$

Выбирая облигационный выпуск для поставки, сторона, занявшая по фьючерсу короткую позицию, из всего набора приемлемых облигаций отдаст предпочтение той, поставка которой обойдется дешевле. Такой облигационный выпуск принято называть самым дешевым в поставке *(cheapest-to-deliver — CTD);* он играет главную роль в ценообразовании фьючерсов. Участники рынка следующим образом находят наиболее дешевый в поставке выпуск. Для каждого из предлагаемых облигационных выпусков вычисляется доходность, которая может быть получена через покупку этой казначейской облигации и поставку ее в дату исполнения контракта покупателю. Заметим, что продавец в состоянии вычислить величину доходности, так как знает, во-первых, цену облигации в текущий момент и, во-вторых, цену фьючерса, по которой продавец согласился поставить облигацию в будущем. Вычисленная доходность носит название **подразумеваемой ставки репо**. Самый дешевый в поставке выпуск — это облигация, подразумеваемая ставка репо которой оказывается среди прочих приемлемых облигаций наиболее высокой. Иными словами, это облигация, которая дает продавцу фьючерсного контракта возможность реализовать через покупку и поставку долгового обязательства наиболее высокую доходность. Процесс выбора наиболее дешевого в поставке выпуска представлен на рис. 29.1.

В дополнение к праву выбора из набора приемлемых для поставки казначейских облигаций (это право называют **опционом качества** или **опционом свопа**) сторона, занимающая короткую позицию по фьючерсу, обычно имеет еще несколько опционов, гарантированных в рамках стандартов поставки CME. Стороне, занимающей короткую позицию, разрешается решить, в какую дату месяца исполнения контракта поставка будет осуществлена. Этот опцион получил название **опциона тайминга** *(timing option)*. Другой опцион— это имеющееся у короткой стороны право заявить о своем намерении осуществить поставку вплоть до 20:00 по чикагскому времени начиная с момента закрытия биржи (15:15 по чикагскому времени) в дату, для которой была вычислена цена поставки. Этот опцион носит название **опциона «карт-бланш»** *(wild card)*. Существование опциона качества, опциона тайминга и опциона «карт-бланш» (все эти опционы называют обычно **опционами поставки**) не позволяет стороне, занявшей по фьючерсам длинную позицию, быть уверенной в том, какая именно казначейская облигация будет поставлена и когда она будет поставлена. Информация об опционах поставки обобщена ниже.

Подразумеваемая ставка репо: ставка доходности, реализуемая через покупку приемлемой казначейской облигации, открытие короткой позиции во фьючерсе на казначейские облигации и поставку выпуска в дату исполнения контракта.

Купить выпуск	Поставить выпуск по цене фьючерса	Вычислить доходность (подразумеваемую ставку репо)
Приемлемая казначейская облигация № 1	Поставка выпуска № 1	Подразумеваемая ставка репо № 1
Приемлемая казначейская облигация № 2	Поставка выпуска № 2	Подразумеваемая ставка репо № 2
Приемлемая казначейская облигация № 3	Поставка выпуска № 3	Подразумеваемая ставка репо № 3
...	...	...
Приемлемая казначейская облигация № N	Поставка выпуска № N	Подразумеваемая ставка репо № N

Наиболее дешевый в поставке выпуск — это облигация, имеющая наиболее высокую подразумеваемую ставку репо.

Рис. 29.1. Выявление самого дешевого в поставке выпуска исходя из значения подразумеваемой ставки репо

Опцион свопа (качества)	Выбор одной из приемлемых для поставки казначейских облигаций
Опцион тайминга	Выбор даты поставки внутри месяца поставки
Опцион «карт-бланш»	Выбор времени для объявления о намерении осуществить поставку после установления цены закрытия на фьючерсный контракт

Фьючерсы на ультрадолгосрочные казначейские облигации

Приемлемыми для поставки по фьючерсам на ультрадолгосрочные казначейские облигации являются облигации со сроком до погашения не менее 25 лет. Все остальные характеристики спецификации контракта остаются теми же, что и у фьючерсного контракта на казначейские облигации. Модификация казначейского фьючерса с тем, чтобы срок поставляемых облигаций был не менее 25 лет, позволяет участникам рынка лучше управлять рисками на длинном конце кривой доходности. Фьючерс на казначейские облигации фактически является контрактом на облигации с небольшими сроками, фьючерс на ультрадолгосрочные казначейские облигации — контрактом на облигации с большими сроками, дюрация которых лучше подходит для управления дюрацией портфелей долгосрочных облигаций.

Фьючерсы на казначейские ноты

Существует три типа фьючерсов на казначейские ноты: 10-, 5- и 2-летние. Все три контракта устроены по образцу фьючерсных контрактов на казначейские облигации и торгуются на CME. Базовым активом для первого типа фьючерсов служат гипотетические 10-летние казначейские ноты с номинальной стоимостью $100 000 и купоном 6%. Сторона, занявшая короткую позицию, может выбрать одну из нескольких приемлемых для поставки нот. Приемлемой является облигация, срок до погашения которой на первый день месяца поставки составляет не менее 6,5 и не более 10 лет. Опционы поставки, гарантированные продавцу, равно как и минимальная флуктуация цены для фьючерсов на казначейские ноты, не отличаются от аналогичных параметров фьючерсов на казначейские облигации.

Базовый актив фьючерсов на казначейские ноты второго типа — ноты Казначейства США с номинальной стоимостью $100 000, удовлетворяющие следующим условиям: 1) начальный срок не превышает пяти лет и трех месяцев; 2) оставшийся до погашения срок не превышает пяти лет и трех месяцев; 3) оставшийся до погашения срок не меньше четырех лет и трех месяцев.

И наконец, базовым активом для последнего, третьего типа фьючерсов являются казначейские ноты с номиналом $200 000, оставшийся до погашения срок которых составляет не более двух лет и не менее одного года и девяти месяцев. Кроме того, первоначальный срок нот, приемлемых для поставки по этим фьючерсам, не может быть более пяти лет и двух месяцев.

ЦЕНООБРАЗОВАНИЕ И АРБИТРАЖ НА РЫНКЕ ФЬЮЧЕРСОВ НА ПРОЦЕНТНЫЕ СТАВКИ

Одна из основных целей трейдеров и инвесторов, открывающих позиции на рынке фьючерсных контрактов, — совершить сделку по «справедливой» цене. Покупатели опасаются, что цена фьючерса является завышенной и что их пытаются обхитрить более опытные участники рынка, желающие нажиться на неопытности новичков. Продавцы боятся, что цена искусственно занижена трейдерами-профессионалами, которые манипулируют рынком, с тем чтобы совершить покупку по «бросовым» ценам. Инвесторы, анализирующие поведение рынка фьючерсов, подчас не находят объяснения характерным для него внезапным скачкам вверх и вниз. Утверждение о том, что рынок всегда эффективен, — небольшое утешение для тех, кто потерпел убыток на рынке фьючерсов с его огромными левериджами.

К счастью, рынок фьючерсов не является в действительности таким иррациональным, каким кажется на первый взгляд. В противном случае его популярность среди инвесторов не была бы столь высокой. Рынок фьючерсов на процентные ставки не является полностью эффективным, хотя, как и любой другой рынок, он эффективен в высокой степени. Существует ряд вполне рациональных причин, объясняющих, во-первых, почему цены на фьючерсы таковы, каковы они есть, и, во-вторых, какими методами трейдеры, инвесторы и заемщики могут быстро ликвидировать расхождения между реальными ценами на фьючерсы и их «справедливыми» уровнями.

Ценообразование фьючерсных контрактов происходит по-разному. Впрочем, результат всегда один — справедливая цена для каждого данного контракта. Каждый из методов должен анализироваться исходя из «закона одной цены». Закон утверждает: всякий финансовый актив (или обязательство) имеет одну цену, не зависящую от метода, которым цена была получена. Ниже мы опишем один из способов, позволяющий комбинировать фьючерсные контракты с инструментами спот-рынка и создавать таким образом денежные потоки, идентичные денежным потокам других ценных бумаг. Закон одной цены велит, чтобы искусственно созданные ценные бумаги имели ту же цену, что и реальные бумаги. Инструменты спот-рынка также могут быть скомбинированы таким образом, чтобы дать денежный поток, идентичный денежному потоку фьючерса. Исходя из закона одной цены, реальный фьючерсный контракт должен иметь ту же цену, что и синтетический фьючерс, созданный на базе инструментов спот-рынка.

Ценообразование фьючерсов

Для того чтобы понять процесс ценообразования фьючерсов, рассмотрим следующий пример. Допустим, что 20-летняя облигация с номиналом 100 и купоном 12% торгуется по номиналу. Допустим также, что эта облигация должна быть поставлена по фьючерсному контракту, истекающему через три месяца. Текущая трехмесячная процентная ставка, по которой можно привлечь или разместить денежные средства, равна 8% в год. Какой в этом случае должна быть цена фьючерса?

Предположим, что цена фьючерсного контракта равна 107. Проанализируем следующую стратегию:

- продать фьючерс по 107;
- приобрести облигацию по 100;
- занять на три месяца 100 под 8% годовых.

Заимствованные средства используются для покупки облигации; итак, начальное вложение денежных средств в данной стратегии отсутствует. Через три месяца с настоящего момента облигация должна быть поставлена по фьючерсному контракту, а кредит должен быть погашен. Эти сделки принесут следующие денежные потоки:

От исполнения фьючерсного контракта	
Цена облигации (без купона)	107
Накопленный процентный доход (12% годовых за три месяца)	3
Общая выручка	110
От кредита	
Выплата номинальной стоимости кредита	100
Процент за кредит (8% годовых за три месяца)	2
Общие расходы	102
Прибыль	8

Стратегия гарантирует прибыль 8. Более того, прибыль генерируется без начальных вложений, поскольку средства на приобретение облигации заимствуются. Прибыль реализуется *независимо от цены фьючерса в расчетную дату*. Очевидно, что на хорошо функционирующем рынке арбитражеры будут покупать облигации и продавать фьючерсы, опуская цены на фьючерсы и заставляя расти цены на облигации до тех пор, пока возможность получения прибыли не исчезнет. Подобная стратегия носит название **прямого арбитража** *(cash-and-carry trade)*.

Допустим теперь, что цена фьючерса составляет не 107, а 92. Рассмотрим следующую стратегию:

- купить фьючерсный контракт по 92;
- продать (в короткую) облигацию по 100;
- инвестировать (дать взаймы) 100 на 3 месяца под 8% годовых.

В этом случае начальные вложения денежных средств также не предусматриваются. Через три месяца облигация будет приобретена и длинная позиция по фьючерсному контракту закрыта. Эта облигация будет затем использована для покрытия короткой позиции (т. е. для покрытия короткой продажи на спот-рынке). Результат через три месяца окажется следующим:

От исполнения фьючерсного контракта	
Цена облигации (без купона)	92
Накопленный процентный доход (12% годовых за три месяца)	3
Общие затраты	95
От кредита	
Возвращенный кредит	100
Процент, полученный от 3-месячного вложения (8% годовых за три месяца)	2
Общая выручка	102
Прибыль	7

Прибыль 7 — чисто арбитражная прибыль. Она не требует начальных вложений и реализуется *независимо от цены фьючерса в расчетную дату*. Эта стратегия носит название **обратного арбитража** *(reverse cash-and-carry trade)*.

Существует, однако, цена фьючерса, при которой арбитражная прибыль исчезает. Она будет отсутствовать при цене 99. Посмотрим, что произойдет, если следовать двум предыдущим стратегиям при цене 99. Сначала рассмотрим прямой арбитраж:

- продать фьючерс по 99;
- приобрести облигацию по 100;
- занять на три месяца 100 под 8% годовых.

Через три месяца инвестор получит следующий результат:

От исполнения фьючерсного контракта	
Цена облигации (без купона)	99
Накопленный процентный доход (12% годовых за три месяца)	3
Общие затраты	102
От кредита	
Возвращенный кредит	100
Процент, полученный от 3-месячного вложения (8% годовых за три месяца)	2
Общая выручка	102
Прибыль	0

Как видим, арбитражная прибыль отсутствует.

Рассмотрим теперь обратный арбитраж:

- купить фьючерсный контракт по 99;
- продать (в короткую) облигацию по 100;
- инвестировать (дать взаймы) 100 на 3 месяца под 8% годовых.

Через три месяца будет получен следующий результат:

От исполнения фьючерсного контракта	
Цена облигации (без купона)	99
Накопленный процентный доход (12% годовых за три месяца)	3
Общие затраты	102
От кредита	
Возвращенный кредит	100
Процент, полученный от 3-месячного вложения (8% годовых за три месяца)	2
Общая выручка	102
Прибыль	0

Мы видим, что ни одна стратегия не приносит прибыли. Таким образом, цена фьючерса, равная 99, является теоретической ценой, все остальные цены, будь они выше или ниже, дают возможность получить арбитражную прибыль.

Моделирование теоретической цены фьючерса на основе арбитражной модели

Исходя из описания арбитража, данного выше, теоретическая цена фьючерса может быть определена на основе следующей информации.

1. Цена облигации на спот-рынке.
2. Купонная ставка облигации. В нашем примере купон равен 12% годовых.
3. Процентная ставка по привлечению и размещению денежных средств вплоть до даты истечения фьючерсного контракта. Эта ставка носит название **ставки финансирования**. В нашем примере она равна 8% годовых.

Введем следующие обозначения:

r — ставка финансирования;

c — текущая доходность, или купонная ставка, поделенная на цену на спот-рынке;

P — цена на спот-рынке;

F — цена фьючерса;

t — время, в годах, до даты поставки по фьючерсному контракту

и опишем стратегию прямого арбитража, вступившую в действие в дату выплаты купона:

- продать фьючерсный контракт по F;
- приобрести облигацию по P;
- занять P до даты исполнения контракта под ставку r.

В дату исполнения фьючерсного контракта стратегия даст следующий результат:

От исполнения фьючерсного контракта	
Цена облигации (без купона)	F
Накопленный процентный доход	ctP
Общая выручка	$F + ctP$

От кредита	
Выплата номинальной стоимости кредита	P
Процент за кредит	rtP
Общие затраты	$P + rtP$

Прибыль равна:

$$\text{прибыль} = \text{общая выручка} - \text{общие затраты} = F + ctP - (P + rtP).$$

Теоретическая цена фьючерса — это цена, при которой прибыль от данной сделки равна нулю, т. е. цена, при которой верно следующее равенство:

$$0 = F + ctP - (P + rtP).$$

Теоретическая цена фьючерса равна:

$$F = P\,[1 + t\,(r - c)]. \tag{29.1}$$

Рассмотрим теперь стратегию обратного арбитража:

- купить фьючерсный контракт по F;
- продать (в короткую) облигацию по P;
- инвестировать (дать взаймы) P под ставку r до даты исполнения контракта.

В дату исполнения контракта будет получен следующий результат:
От исполнения фьючерсного контракта

Цена облигации (без купона)	F
Накопленный процентный доход	ctP
Общие затраты	$F + ctP$
От кредита	$F + ctP$
Выплата номинальной стоимости кредита	P
Процент за кредит	rtP
Общий доход	$P + rtP$
Общие затраты	$P + rtP$

Прибыль равна:

$$\text{прибыль} = \text{общая выручка} - \text{общие затраты} = P + rtP - (F + ctP).$$

Приравниваем выражение к нулю, чтобы исключить возможность арбитража, и получаем формулу для нахождения теоретической цены фьючерса, идентичную формуле (29.1).

Применим формулу (29.1) к нашему предыдущему примеру, в котором:

$r = 0,08$;

$c = 0,12$;

$P = 100$;

$t = 0,25$.

Теоретическая цена фьючерса равняется:

$$F = 100\ [1 + 0,25\ (0,08 - 0,12)] = 99.$$

Полученный результат совпадает с полученным ранее значением теоретической цены фьючерса.

Теоретическая цена фьючерса может включать премию к цене на спот-рынке (т. е. быть выше цены на спот-рынке) или иметь дисконт относительно этой цены (т. е. быть ниже цены на спот-рынке) в зависимости от величины $(r - c)$. Величина $(r - c)$ получила название чистой стоимости финансирования, поскольку позволяет уточнить ставку финансирования на получаемый купонный доход. Чистую стоимость финансирования на рынке принято называть **издержками держания актива** *(cost of carry* или *carry)*. Положительные издержки держания актива предполагают, что полученная текущая доходность превышает стоимость финансирования; отрицательные издержки держания актива обозначают стоимость финансирования, превышающую текущую доходность. Зависимость между издержками держания актива и ценой фьючерса может быть выражена следующим образом:

Издержки держания актива	*Цена фьючерса*
Положительные ($c > r$)	Торгуется с дисконтом относительно цены на спот-рынке ($F < P$)
Отрицательные ($c < r$)	Торгуется с премией относительно цены на спот-рынке ($F > P$)
Нулевые ($c = r$)	Равна цене на спот-рынке ($F = P$)

В случае фьючерсов на процентные ставки издержки держания активов (разница между текущей доходностью облигации и краткосрочной ставкой финансирования) зависят от формы кривой доходности. Если кривая доходности наклонена вверх, то краткосрочная ставка финансирования, как правило, ниже текущей доходности облигации и издержки, таким образом, являются положительными. Фьючерс в этом случае торгуется с дисконтом относительно цены облигации на спот-рынке. Обратное верно для кривой доходности, имеющей наклон вниз.

Подробный анализ понятия теоретической цены фьючерса

Значение теоретической цены фьючерса на основе арбитражной модели было получено нами исходя из нескольких предположений, которые мы подробно рассмотрим в следующих разделах.

Промежуточные денежные потоки

Наша модель предполагает отсутствие каких-либо промежуточных денежных потоков, обусловленных вариационной маржей или выплатами купона. Мы знаем, однако, что в действительности подобные промежуточные денежные потоки возможны. Теоретическая цена, вычисленная на основе предположения об отсутствии вариационной маржи, является, строго говоря, ценой форвардного контракта (который не переоценивается по рынку в конце каждого торгового дня). Если процентные ставки растут, а цены фьючерсов падают, то короткая позиция по фьючерсам получит дополнительную маржу; маржа может затем быть реинвестирована под более высокие ставки. И наоборот: если процентные ставки падают, то стороне, занявшей по фьючерсам короткую позицию, придется вносить на счет вариационную маржу; в то же время за счет падения ставок стоимость финансирования окажется более низкой. Итак, каким бы образом ни изменились ставки на рынке, инвестор, открывший короткую позицию по фьючерсам, окажется в лучшем положении, нежели инвестор, занявший короткую позицию по форвардному контракту. И наоборот: участники рынка, занявшие длинную позицию по фьючерсам, проигрывают по сравнению с участниками рынка, занявшими длинную позицию по форвардам. Описанное различие обуславливает разницу цен на фьючерсные и форвардные контракты.

Включить промежуточные купонные выплаты в модель ценообразования не составляет труда. Заметим, однако, что стоимость купонных выплат в момент истечения контракта зависит от процентной ставки, под которую эти выплаты могут быть реинвестированы. Чем короче срок до погашения фьючерсного контракта и чем ниже купонная ставка, тем менее значима величина дохода от реинвестиций для вычисления цены фьючерса.

Краткосрочная процентная ставка (ставка финансирования)

Вычисляя теоретическую цену фьючерса, мы предполагали, что ставка, под которую денежные средства размещаются, равна ставке, под которую они привлекаются. В действительности, однако, ставка привлечения является более высокой, чем ставка размещения. Обозначим:

r_B — ставка привлечения;

r_L — ставка размещения.

Рассмотрим следующую стратегию:

- продать фьючерсный контракт по цене F;
- приобрести облигацию по цене P;
- занять P до даты истечения контракта под ставку r_B.

Цена фьючерса, предполагающая отсутствие арбитражной прибыли, равна:

$$F = P\,[1 + t\,(r_B - \text{c})]. \qquad (29.2)$$

Проанализируем теперь другую стратегию:

- купить фьючерсный контракт по F;
- продать (в короткую) облигацию по P;
- инвестировать (разместить в кредит) P под ставку r_L до даты исполнения контракта.

Цена фьючерса, предполагающая отсутствие арбитражной прибыли, равна:

$$F = P\,[1 + t\,(r_L - c)]. \qquad (29.3)$$

Значения, полученные на основе формул (29.2) и (29.3), очерчивают границы теоретической цены фьючерса. Формула (29.2) обозначает верхнюю границу, формула (29.3) — нижнюю. Предположим, например, что ставка заимствования составляет 8% годовых, а ставка кредитования — 6% годовых. Исходя из формулы (29.2) и данных предыдущего примера, получим верхнюю границу цены:

$$F \text{ (верхняя граница)} = \$100\,[1 + 0{,}25\,(0{,}08 - 0{,}12)] = \$99.$$

Нижняя граница на основе формулы (29.3):

$$F \text{ (нижняя граница)} = \$100\ [1 + 0{,}25\ (0{,}06 - 0{,}12)] = \$98{,}50.$$

Вычисляя значения границ, мы исходим из предположения об отсутствии расходов на транзакции, связанные с открытием позиции. В реальной практике нам следовало бы учитывать расходы на открытие и закрытие позиции на спот-рынке, а также стоимость сделок на рынке фьючерсов — обе эти величины влияют на границы цены фьючерсного контракта.

Облигация, которая будет поставлена, заранее неизвестна

Арбитражная модель, на основе которой мы получили формулу (29.1), предполагает, что для поставки пригоден только один инструмент. Между тем фьючерсные контракты на казначейские облигации и казначейские ноты дают стороне, занявшей короткую позицию, право выбора одного из нескольких приемлемых для поставки выпусков (опцион качества). Поскольку для поставки приемлемы несколько облигаций, участники рынка изучают их характеристики и находят выпуск, поставить который можно с наименьшими затратами. Фьючерсы, таким образом, должны торговаться исходя из цены самой дешевой в поставке облигации.

Риск в этом случае связан со следующей возможностью: выпуск, который в момент открытия позиции по фьючерсному контракту является самым дешевым в поставке, со временем может потерять это свойство. Появление нового, самого дешевого в поставке выпуска может кардинально изменить цену фьючерса.

Каким образом следует учитывать опцион качества при вычислении цены фьючерса? Опцион качества — это опцион, предоставленный стороной, занявшей длинную позицию по фьючерсам, стороне, занявшей короткую позицию. Это значит, что участник рынка, открывающий длинную позицию, хочет заплатить за фьючерсный контракт меньше, чем предусмотрено формулой (29.1). Таким образом, существование опциона качества заставляет уточнять теоретическую цену фьючерса, вычисляемую по формуле (29.1), следующим образом:

$$F = P\ [1 + t\ (r - c)] - \text{стоимость опциона качества}. \qquad (29.4)$$

Для вычисления справедливой цены опциона качества участники рынка применяют теоретические модели, рассмотрение которых выходит за рамки настоящей главы.

Дата поставки заранее неизвестна

Анализ ценообразования на основе арбитражной модели, проделанный нами выше, предполагал существование определенной заранее даты поставки. Напомним, однако, что участник рынка фьючерсов, занявший короткую позицию, имеет опцион «карт-бланш» и опцион тайминга, из-за которых стороне, занявшей длинную позицию, неизвестна точная дата поставки. Опцион тайминга и опцион «карт-бланш» влияют на теоретическую цену так же, как и опцион качества. Все три опциона поставки заставляют теоретическую цену фьючерса опускаться ниже значения, предполагаемого формулой (29.1), т. е.:

$$F = P\,[1 + t\,(r - c)] - \text{стоимость опциона качества} - \text{стоимость опциона тайминга} - \text{стоимость опциона «карт-бланш»}. \qquad (29.5)$$

Или иначе

$$F = P\,[1 + t\,(r - c)] - \text{опционы поставки}. \qquad (29.6)$$

Участники рынка пытаются оценить стоимость опционов и применить полученные значения в формуле (29.6).

Сложность покупки корзины ценных бумаг

Фьючерсный контракт на индекс муниципальных облигаций является беспоставочным контрактом, имеющим в качестве базового актива корзину ценных бумаг. Сложность получения арбитражной прибыли по этим фьючерсам связана с дороговизной покупки и продажи всех облигаций, включенных в индекс. Как правило, менеджеры из небольшого числа облигаций создают портфели, по возможности «следующие» за индексом. Арбитраж в этом случае не является безрисковым, так как связан с существованием ошибки следования.

ПРИМЕНЕНИЕ ПРОЦЕНТНЫХ ФЬЮЧЕРСОВ В СТРАТЕГИЯХ УПРАВЛЕНИЯ ПОРТФЕЛЕМ ОБЛИГАЦИЙ

Портфельный менеджер использует фьючерсы на процентные ставки в нескольких стратегиях.

Контроль дюрации портфеля

Фьючерсы на процентные ставки могут применяться для изменения чувствительности портфеля к изменению процентных ставок. Портфельный менеджер, уверенный в своем мнении о будущем направлении движения процентных ставок, изменяет дюрацию портфеля таким образом, чтобы получить дополнительную прибыль исходя из своих ожиданий. Так, если менеджер полагает, что ставки вырастут, дюрация сокращается; если процентные ставки в будущем должны упасть, то дюрация увеличивается[1]. Несмотря на то что дюрация портфеля может быть изменена с помощью инструментов спот-рынка, фьючерсные контракты позволяют делать это быстрее и дешевле (на временной или постоянной основе).

Фьючерсные контракты используются не только для изменения дюрации портфеля в соответствии с предполагаемым движением процентных ставок, но и для создания портфеля с дюрацией, превышающей дюрации имеющихся на спот-рынке бумаг. Предположим, например, что на рынке с данными процентными ставками менеджеру пенсионного фонда, желающему решить определенные инвестиционные задачи, выгодно иметь портфель с дюрацией 15. Облигации с такой длинной дюрацией на рынке могут быть недоступны. Менеджер увеличит дюрацию портфеля до желаемого значения 15, если купит нужное количество подходящих фьючерсов на процентные ставки.

Для иллюстрации этого предположим, что менеджер управляет портфелем, ориентиром для которого служит индекс Barclays Capital Intermediate Aggregate Index с дюрацией 3,68. Допустим также, что рыночная стоимость портфеля на 31 марта 2011 г. составляла $48 109 810. Состав портфеля приведен в табл. 29.2[2]. Дюрация портфеля составляет 2,97, как видно из таблицы, и меньше дюрации ориентира, равной 3,68. Это означает, что портфель менее чувствителен к изменению процентных ставок (параллельному смещению кривой доходности), чем ориентир.

---

[1] Вспомните главу 27, где говорилось о том, что фьючерсы на казначейские облигации можно использовать для увеличения дюрации при инвестировании, ориентированном на обязательства, с целью хеджирования процентного риска.

[2] Я признателен Марку Палтровицу из BlackRock Solutions за предоставленный гипотетический портфель, аналитику по портфелю, портфельный анализ и информацию по портфелю, полученному в результате использования фьючерсного контракта на 5-летние казначейские ноты. Этот портфель используется также в главе 31 для демонстрации изменения дюрации с помощью процентных свопов и свопционов.

Таблица 29.2. Портфель для демонстрации возможностей хеджирования

CUSIP	Ценная бумага	Рыночная стоимость ($)	Эффективная дюрация
00209TAA3	COMCAST CABLE COMMUNICATIONS HOLDINGS	367 082	1,84
05947UES3	BACM_02-PB2	498 539	0,58
07383FX52	BSCMS_04-PWR6	481 631	3,10
07386HNQ0	BALTA_04-12	170 260	0,10
07386HPX3	BALTA_04-13	81 731	0,10
12669GHY0	CWHL_04-29	44 259	0,10
156700AJ5	CENTURYTEL INC	11 642	3,53
25179SAC4	DEVON FINANCING CORP ULC	56 686	0,50
26884AAE3	ERP OPERATING LIMITED PARTNERSHIP	58 702	5,19
3128X3F32	FHLMC	1 112 838	3,24
31359MQV8	FNMA BENCHMARK NOTES	314 068	1,82
31385JPS1	FNMA 10YR BALLOON MULTI	323 203	1,24
31385XEC7	FNMA 30YR	1 155 490	2,39
31385XQ91	FNMA 30YR	25 628	2,39
31393X4L8	FNMA_04-36	7532	0,08
31393XRP4	FNMA_04-25	2000	0,07
31393YRY3	FNMA_04-M1	49 167	0,84
31394DA42	FNMA_05-48	172 658	2,51
31394EBH0	FNMA_05-51	454 910	2,34
31394ERM2	FNMA_05-57	148 601	0,68
31395TXY5	FHLMC_2973	215 040	2,85
31395UM24	FHLMC_2979	597 884	2,83
31395UYX3	FHLMC_29-96	174 293	3,12
361849ZS4	GMACC_03-C3	72 523	1,24
36228CVT7	GSMS_05-GG4	470 388	3,44
36228FYY6	GSR_03-13	143 370	0,64
396789JS9	GCCFC_05-GG3	482 580	2,74
46625YDB6	JPMCC_04-CBX	152 149	0,04
46625YSG9	JPMCC_05-LDP3	416 307	3,67
471060AN3	JAPAN FINANCE ORGANIZATION FOR MUN	198 247	3,66
52108H2S2	LBUBS_05-C1	430 328	0,70
52108HUL6	LBUBS_03-C7	299 329	0,88

Продолжение табл. 29.2

CUSIP	Ценная бумага	Рыночная стоимость ($)	Эффективная дюрация
577778BF9	MAY DEPARTMENT STORES CO/THE	20,508	3,14
59156RAN8	METLIFE INC	122 518	3,77
652482BG4	NEWS AMERICA INC	200 980	3,36
783764AN3	RYLAND GROUP INC	11 367	3,09
79549AJJ9	SBMVII_01-C2	199 970	0,34
831641DQ5	SBIC_03-P10B	2 385 687	1,52
872287AC1	TCI COMMUNICATIONS INC	88 550	3,69
87927VAE8	TELECOM ITALIA CAPITAL SA	77 441	2,43
87927VAL2	TELECOM ITALIA CAPITAL SA	74 839	3,24
912810ED6	TREASURY BOND	205 399	6,38
912810EG9	TREASURY BOND	457 196	6,84
912810EQ7	TREASURY BOND	1 045 939	8,81
912810EW4	TREASURY BOND	71 650	10,01
912810FB9	TREASURY BOND	362 442	10,54
912810FP8	TREASURY BOND	743 901	12,16
912828EE6	TREASURY NOTE	937 817	4,00
912828EN6	TREASURY NOTE	1 689 187	4,14
912828FF2	TREASURY NOTE	10 426 256	4,48
92344UAA3	VERIZON NEW JERSEY INC	246 008	0,78
92553PAB8	VIACOM INC	94 764	5,30
9297667G2	WBCMT_05-C21	542 938	3,35
929766JE4	WBCMT_03-C6	324 841	1,91
94979TAA4	WFMBS_04-H	152 523	0,00
977100AA4	WI ST	141 256	1,97
BRS344PH7	FNMA 15YR TBA	1 189 283	2,17
BRS344PT1	FGOLD 15YR TBA	760 939	2,17
FG040015Q	FGOLD 15YR 2004 PRODUCTION	44 207	2,19
FG043215Q	FGOLD 15YR 2004 PRODUCTION	234 314	1,99
FG043215R	FGOLD 15YR 2005 PRODUCTION	389 860	2,00
FG050015Q	FGOLD 15YR 2004 PRODUCTION	100 219	1,59
FG050015R	FGOLD 15YR 2005 PRODUCTION	202 364	1,72
FG050030R	FGOLD 30YR 2005 PRODUCTION	342 051	3,22

Окончание табл. 29.2

CUSIP	Ценная бумага	Рыночная стоимость ($)	Эффективная дюрация
FG053230R	FGOLD 30YR 2005 PRODUCTION	402 904	2,05
FG060030K	FGOLD 30YR 1999 PRODUCTION	88 299	1,56
FG060030P	FGOLD 30YR 2003 PRODUCTION	196 141	1,42
FN043215P	FNMA 15YR 2003 PRODUCTION	106 718	1,74
FN043230R	FNMA 30YR 2005 PRODUCTION	132 376	3,79
FN050015N	FNMA 15YR 2002 PRODUCTION	238 631	1,50
FN050015P	FNMA 15YR 2003 PRODUCTION	46 633	1,75
FN050030P	FNMA 30YR 2003 PRODUCTION	194 263	3,30
FN050030R	FNMA 30YR 2005 PRODUCTION	171 727	3,15
FN053215N	FNMA 15YR 2002 PRODUCTION	586 289	1,11
FN053215P	FNMA 15YR 2003 PRODUCTION	81 430	1,90
FN053215Q	FNMA 15YR 2004 PRODUCTION	27 676	1,61
FN053215R	FNMA 15YR 2005 PRODUCTION	11 587,216	1,24
FN053230P	FNMA 30YR 2003 PRODUCTION	428 986	2,06
FN053230Q	FNMA 30YR 2004 PRODUCTION	31 671	2,06
FN060015N	FNMA 15YR 2002 PRODUCTION	14 526	1,60
FN060030P	FNMA 30YR 2003 PRODUCTION	167 591	1,36
FN063230N	FNMA 30YR 2002 PRODUCTION	111 750	0,52
FN070030K	FNMA 30YR 1999 PRODUCTION	78 974	2,18
FN070030L	FNMA 30YR 2000 PRODUCTION	30 117	2,25
GN053230P	GNMA 30YR 2003 PRODUCTION	88 083	3,52
GN060030P	GNMA 30YR 2003 PRODUCTION	131 655	3,07
GN063230L	GNMA 30YR 2000 PRODUCTION	59 712	2,78
GN063230Q	GNMA 30YR 2004 PRODUCTION	30 165	2,94
	Портфель	$48 109 810	2,97

Примечание: предоставлено BlackRock Solutions (BRS). Эффективная дюрация является термином, используемым автором. BRS использует аббревиатуру OAD для обозначения дюрации с учетом опциона.

Предположим, что менеджер хочет реструктурировать портфель так, чтобы его дюрация соответствовала дюрации ориентира. Иными словами, портфельный менеджер осуществляет стратегию следования по дюрации, и целевым значением дюрации является 3,68. Тогда для изменения процентных ставок на 100 базисных пунктов целевая долларовая дюрация портфеля равна произведению 3,68% на текущую рыночную стоимость портфеля. Таким образом:

$$\text{долларовая дюрация портфеля} = 3{,}68\% \times \$48\ 109\ 810 = \$1\ 770\ 110.$$

Текущая дюрация портфеля равна 2,97, поэтому для изменения процентных ставок на 100 базисных пунктов:

$$\text{долларовая дюрация портфеля} = 2{,}97\% \times \$48\ 109\ 810 = \$1\ 428\ 594.$$

Разница между целевой и текущей долларовой дюрацией портфеля составляет $341 516. Это означает, что для получения целевой дюрации портфельный менеджер должен увеличить долларовую дюрацию текущего портфеля на $341 516.

Одним из способов сделать это является открытие позиции во фьючерсном контракте. Покупка фьючерсных контрактов увеличивает долларовую дюрацию. Вопрос в том, чему равны долларовая дюрация фьючерсного контракта? Предположим, что портфельный менеджер решил использовать фьючерсный контракт на 5-летние казначейские ноты. Цена фьючерса на 31 марта 2011 г. составляла 116,79. На основе анализа этого контракта портфельный менеджер определяет, что при изменении процентных ставок на 100 базисных пунктов фьючерсный контракт на 5-летние казначейские ноты изменяется примерно на $5022[1]. Если портфельный менеджер купит C контрактов, то долларовая дюрация фьючерсной позиции при изменении процентных ставок на 100 базисных пунктов будет равна произведению $5022 на количество контрактов:

$$\text{долларовая дюрация фьючерсной позиции} = \$5022 \times C.$$

Портфельному менеджеру нужно, чтобы это уравнение давало $341 516. Таким образом:

$$\$5022 \times C = \$341\ 516.$$

Решение уравнения дает $C = 68$ контрактов.

Таким образом, покупка 68 фьючерсных контрактов на 5-летние казначейские ноты повышает долларовую дюрацию портфеля на $341 516 при изменении процентных ставок на 100 базисных пунктов.

Поскольку условная сумма фьючерсного контракта равна $100 000, общая условная сумма фьючерсной позиции составит $6 800 000. Рыночная стоимость фьючерсной позиции с учетом цены фьючерса (116,79) будет равна:

---

1 Эта величина получена путем изменения процентных ставок на 100 базисных пунктов и вычисления среднего изменения долларовой цены.

$$116{,}79/100 \times \$100\,000 \times 68 = \$7\,941\,720.$$

Формула для определения примерного количества фьючерсных контрактов, необходимых для изменения дюрации портфеля до целевого уровня, выглядит следующим образом:

$$\text{примерное число контрактов} = \\ = \frac{\text{целевая долларовая дюрация портфеля – текущая долларовая дюрация портфеля}}{\text{долларовая дюрация фьючерсного контракта}} \quad (29.7)$$

Отрицательная стоимость указывает на то, что фьючерсные контракты необходимо продать, а положительная — купить.

В нашем примере:

$$\text{примерное число контрактов} = \frac{\$1\,770\,110 - \$1\,428\,594}{\$5022} = 68.$$

Допустим, что портфельный менеджер хочет не уравнять дюрацию портфеля с дюрацией ориентира, а поддерживать ее на уровне 90% от ориентира. Поскольку дюрация ориентира равна 3,68, целевая дюрация в этом случае составит 3,31. Целевая долларовая дюрация портфеля при изменении процентных ставок на 100 базисных пунктов будет равна:

$$\text{целевая долларовая дюрация портфеля} = 3{,}31\% \times \$48\,109\,810 = \\ = \$1\,592\,435.$$

Примерное количество фьючерсных контрактов, которые надо купить для повышения дюрации, составит:

$$\frac{\$1\,592\,435 - \$1\,428\,594}{\$5022} = 33.$$

Таким образом, надо купить 33 фьючерсных контракта.

Хотя вполне можно приблизиться к дюрации ориентира, важно помнить, что это не приводит к уравниванию других факторов процентного риска. Иначе говоря, дюрации могут совпадать, а выпуклость и дюрация ключевой ставки нет. Именно по этой причине портфельные менеджеры на практике прибегают к другим инструментам хеджирования для нейтрализации различий в дюрации ключевой ставки и выпуклости.

Хеджирование

Несмотря на то что мы рассматриваем хеджирование как отдельный процесс, на практике это не более чем особый случай управления процентным риском, когда целевая дюрация равна нулю. В случае хеджирования портфеля проще всего количество фьючерсов, подлежащих продаже, определяется с помощью формулы 29.7. Целевая долларовая дюрация портфеля равна нулю. Иначе говоря, количество фьючерсов, которые необходимо продать, находят делением текущей долларовой дюрации портфеля на долларовую дюрацию фьючерсного контракта, используемого в качестве инструмента хеджирования. При хеджировании индивидуальной облигационной позиции можно применять более детальный анализ. В этом разделе мы остановимся на особенностях такого хеджирования.

При хеджировании индивидуальной облигационной позиции с помощью фьючерсов хеджер открывает позицию по фьючерсам, временно заменяющую транзакцию, которая должна быть осуществлена на спот-рынке в более позднюю дату. Если цены на спот-рынке и рынке фьючерсов движутся параллельно, то любой убыток, реализуемый инвестором по одной из позиций (по облигациям или фьючерсам), компенсируется прибылью, получаемой по другой. Если чистая прибыль от позиций совпадает с ожидаемым результатом, то хеджирование получает название **совершенного хеджирования** *(perfect hedge)*.

На практике, однако, процесс хеджирования не так прост. Размер чистой прибыли порой не может быть предсказан заранее. Результат хеджирования зависит от соотношения цены инструмента спот-рынка и цены фьючерса как в момент начала хеджирования, так и в момент его завершения. Разница между ценой инструмента спот-рынка и ценой фьючерса — это **базис** *(basis)*. Риск изменения базиса непредсказуемым образом называют **базисным риском.**

При управлении портфелем облигаций хеджируемая облигация, как правило, не идентична облигации, лежащей в основе фьючерсного контракта. Такой тип хеджирования носит название **перекрестного хеджирования** *(cross hedging)*. Перекрестное хеджирование может быть сопряжено с высоким базисным риском. Незахеджированная позиция подвержена риску цены, связанному с возможным неблагоприятным движением цен на спот-рынке. В случае позиции, защищенной хеджированием, риск цены заменяется базисным риском.

Короткий хедж (продажа хеджа) — это способ защиты от падения цены облигации на спот-рынке. Для открытия короткой позиции по хеджу следует продать фьючерсный контракт. Занимая короткую позицию по хеджу, участник рынка фиксирует будущую цену на спот-рынке и передает риск цены покупателю фьючерса. Для того чтобы понять, каким целям служит продажа хеджа, предположим, что менеджер пенсионного фонда должен через 40 дней ликвидировать позицию по облигациям для того, чтобы осуществить $5-миллионную выплату бенефициарам фонда. Если в течение 40-дневного периода процентные ставки поднимутся, то для того, чтобы получить $5 млн, менеджеру придется ликвидировать большее число облигаций. Защищаясь на случай подобного движения ставок, менеджер продает фьючерсы и фиксирует, таким образом, цену продажи облигаций.

Длинный хедж (покупка хеджа) осуществляется с целью защиты от роста цены облигации на спот-рынке. При открытии длинной позиции по хеджу менеджер покупает фьючерсный контракт и фиксирует цену покупки. Менеджер пенсионного фонда может использовать покупку хеджа, если в ближайшем будущем ожидается заметный приток денежных средств в его фонд и менеджер опасается падения процентных ставок. Кроме того, портфельный менеджер, чьи облигации будут погашены в ближайшем будущем, может занять длинную позицию по хеджу, если он ожидает падения процентных ставок и хочет зафиксировать ставку, под которую будет реинвестирована сумма погашения.

Перекрестное хеджирование — стратегия более сложная, чем хеджирование ценных бумаг, которые могут быть поставлены покупателю фьючерсного контракта при его исполнении, поскольку предполагает анализ двух типов взаимосвязей: во-первых, взаимосвязи цены самой дешевой в поставке облигации и цены фьючерса и, во-вторых, взаимосвязи цен самой дешевой в поставке облигации и облигации, которую менеджер хеджирует.

Коэффициент хеджирования

Основным методом уменьшения риска при перекрестном хеджировании является правильный выбор коэффициента хеджирования. Коэффициент хеджирования зависит от взвешивания по волатильности или взвешивания по относительному изменению стоимости. Цель хеджирования — использование прибыли или убытков от позиции по фьючерсам для компенсации разницы между целевой ценой продажи и реальной ценой продажи активов. Соответственно, коэффициент хеджирования выбирается таким образом, чтобы волатильность (изменение долларовой цены) фьючерсного контракта соответствовала волатильности активов. Иными словами, коэффициент хеджирования можно выразить как

$$\text{коэффициент хеджирования} = \frac{\text{волатильность хеджируемой облигации}}{\text{волатильность хеджирующего инструмента}}. \quad (29.8)$$

Из формулы (29.8) следует, что в ситуации, когда волатильность хеджируемой облигации превышает волатильность хеджирующего инструмента, для хеджирования требуется больший объем такого инструмента.

Читатель, разумеется, понимает в общих чертах, почему ключевой величиной, определяющей коэффициент хеджирования, является именно волатильность. Между тем не следует забывать, что понятие «волатильность» имеет несколько определений. Анализируя стратегии хеджирования, мы будем говорить о волатильности как об абсолютной долларовой величине. Для вычисления абсолютной долларовой волатильности облигации нам следует знать точку во времени, для которой мы получаем значение волатильности (волатильность обычно снижается с уменьшением срока до погашения), а также цену или доходность, при которой рассчитывается волатильность (более высокий уровень доходности, как правило, сокращает долларовую волатильность при данном изменении доходности). Момент жизни облигации, для которого нам следует определять значение волатильности, — это дата, в которую хеджирование будет прекращено. Значение волатильности для любой другой точки во времени не представляет интереса, так как цель инвестора — зафиксировать цену или доходность именно в эту дату. Аналогичным образом определяется величина доходности, при которой вычисляют волатильность, — это та целевая доходность, при которой будет торговаться облигация в момент прекращения хеджирования. Итак, волатильность хеджируемой облигации из формулы (29.8) — это цена базисного пункта облигации в дату, когда хеджирование должно быть прекращено путем поставки хеджа для исполнения фьючерсного контракта[1].

Проиллюстрируем тот факт, что взвешивание по волатильности дает правильный коэффициент хеджирования, на конкретном примере[2]. Допустим, что 24 декабря 2007 г. инвестор держит $10 млн номинальной стоимости 5,55%-ных облигаций Procter & Gamble (P&G) со сроком погашения 5 марта 2037 г. (CUSIP 742718DF3) и продает мартовские 2008 г. фьючерсы на казначейские облигации для хеджирования будущей продажи облигаций. В данном случае мы имеем дело с перекрестным хеджированием. Предположим, что:

---

[1] Доходность, которую мы используем для определения ценовой стоимости базисного пункта в эту дату, — это форвардная ставка. О форвардных ставках мы подробно писали в главе 5.

[2] Этот пример предоставлен Питером Ру.

1) Казначейские облигации с купоном 6,25% с погашением 15 августа 2023 г. оказались самыми дешевыми в поставке (CTD) по контракту и торгуются по 4,643% с ценой 117,719 и коэффициентом конверсии 1,0246.
2) Облигации P&G торгуются по 5,754% с ценой 97,127.
3) Фьючерсы на казначейские облигации торгуются по цене 114,375. Спред между двумя облигациями составляет 111,1 базисного пункта, и предполагается, что спред не изменится в течение всего периода хеджирования.

Для простоты будем считать, что предполагаемая дата продажи приходится на последний рабочий день для контракта, 31 марта 2008 г.

Поскольку коэффициент конверсии для CTD-выпуска равен 1,0246, а мартовского 2007 г. контракта — 114,375, целевая форвардная цена CTD-выпуска определяется путем перемножения этих двух величин. Иначе говоря, целевая форвардная цена CTD-выпуска — это целевая форвардная доходность, соответствующая цене 117,1886. Целевая форвардная доходность CTD, соответствующая 6,25%-ной облигации со сроком погашения 15.08.23 с ценой 117,1886 на 31 марта 2008 г. (расчетную дату по фьючерсному контракту), составляет 4,670%.

Учитывая целевую форвардную доходность CTD-выпуска 4,670%, необходимо определить целевую форвардную доходность для облигации P&G. Для этого мы делаем допущение, что спред доходностей останется равным 111,1 базисного пункта. Прибавив этот спред к 4,670%, мы получим целевую форвардную доходность для облигации P&G 5,781%. Целевая форвардная цена для облигации P&G на 31 марта 2008 г. с учетом доходности 4,670%, купона 5,55% и срока погашения 05.03.37 на расчетную дату по фьючерсному контракту (31 марта 2008 г.) составляет 96,768. При номинальной стоимости $10 млн целевая форвардная сумма равна $9 678 000.

На этих целевых уровнях цена базисного пункта *(price value of a basis point — PVBP)* для CTD-выпуска составит и облигаций P&G составит соответственно 0,1207 и 0,1363. Как было указано выше, все расчеты производятся исходя из предположения о том, что дата исполнения фьючерсного контракта совпадает с датой продажи облигаций (в нашем случае это 31 марта 2008 г.). Итак, исходя из даты продажи и целевых цен, нам легко удалось получить значения относительных волатильностей цен хеджируемой облигации и поставляемой ценной бумаги.

Между тем для получения коэффициента хеджирования (формула (29.8)) нам следует знать значение волатильности не самого дешевого в поставке выпуска, а хеджирующего инструмента, т. е. фьючерсного контракта. К счастью, зная волатильность хеджируемой облигации относительно волатильности самого дешевого в поставке выпуска, а также волатильность самой дешевой в поставке облигации относительно волатильности фьючерса, мы можем без труда получить величину относительной волатильности, определяющей размер коэффициента хеджирования:

$$\begin{array}{l}\text{Коэффициент}\\ \text{хеджирования}\end{array} = \frac{\text{волатильность хеджируемой облигации}}{\text{волатильность } CTD\text{-выпуска}} \times$$

$$\times \frac{\text{волатильность } CTD\text{-выпуска}}{\text{волатильность хеджирующего инструмента}}, \qquad (29.9)$$

где CTD — самый дешевый в поставке выпуск. Можно показать, что второе отношение — это коэффициент конверсии для CTD. При условии фиксированного спреда доходностей хеджируемой облигацией и самым дешевым в поставке выпуском формулу (29.9) можно представить так:

$$\begin{array}{l}\text{коэффициент}\\ \text{хеджирования}\end{array} = \frac{PVPB\text{ хеджируемой облигации}}{PVPB\ CTD\text{-выпуска}} \times$$

$$\times \text{ коэффициент конверсии } CTD\text{-выпуска}. \qquad (29.10)$$

Коэффициент хеджирования, таким образом, равен:

$$\begin{array}{l}\text{коэффициент}\\ \text{хеджирования}\end{array} = \frac{0{,}1363}{0{,}1207} \times 1{,}024 = 1{,}157.$$

Зная коэффициент хеджирования, мы можем определить количество фьючерсных контрактов, которые следует продать (открыть короткую позицию):

$$\text{число контрактов} = \text{коэффициент хеджирования} \times$$

$$\times \frac{\text{хеджируемый номинал}}{\text{номинал контракта}}. \qquad (29.11)$$

Поскольку хеджируемый номинал равен \$10 млн, а каждый фьючерсный контракт на казначейскую облигацию имеет номинал \$100 000, количество фьючерсов, которые предстоит продать, равно:

$$\text{число контрактов} = \text{коэффициент хеджирования} \times$$

$$\times \frac{\$10\,000\,000}{\$1000\,000} = 1{,}157 \times 100 = 116 \text{ (примерно)}.$$

Из табл. 29.3 видно, что если упрощающие предположения выполняются, то хеджирование с помощью фьючерсов при использовании рекомендованного коэффициента хеджирования позволяет с большой точностью фиксировать целевую форвардную сумму $9 678 000 для облигаций P&G номинальной стоимостью $10 млн[1].

Таблица 29.3. Хеджирование непоставляемой облигации до даты поставки с помощью фьючерсов

Хеджируемый инструмент: P&G 5,55% с датой погашения 05.03.37
Коэффициент хеджирования: 1,15
Количество продаваемых контрактов: 116
Цена фьючерсного контракта при продаже при начальном хедже: 114,375
Целевая форвардная цена хеджируемой облигации: 96,768

Фактическая цена продажи облигации P&G	Доходность при продаже (%)	Доходность казначейской бумаги[a] (%)	Цена казначейской бумаги	Цена фьючерса[b]	Прибыль (убыток) по 116 контрактам	Эффективная цена продажи[c]
8 000 000	7,204	6,093	101,544	99,106	1 771 194	9 771 194
8 200 000	7,010	5,899	103,508	101,023	1 548 862	9 748 862
8 400 000	6,824	5,713	105,438	102,907	1 330 323	9 730 323
8 600 000	6,645	5,534	107,341	104,764	1 114 875	9 714 875
8 800 000	6,472	5,361	109,224	106,601	901 748	9 701 748
9 000 000	6,306	5,195	111,071	108,404	692 606	9 692 606
9 200 000	6,144	5,033	112,914	110,203	484 008	9 684 008
9 400 000	5,989	4,878	114,714	111,960	280 164	9 680 164
9 600 000	5,838	4,727	116,504	113,707	77 476	9 677 476
9 800 000	5,691	4,580	118,282	115,442	(123 809)	9 676 191
10 000 000	5,550	4,439	120,021	117,139	(320 633)	9 679 367
10 200 000	5,412	4,301	121,755	118,831	(516 925)	9 683 075
10 400 000	5,278	4,167	123,469	120,505	(711 032)	9 688 968
10 600 000	5,149	4,038	125,149	122,144	(901 256)	9 698 744

[1] На практике остающаяся неточность может быть устранена с помощью повторных уточнений коэффициента хеджирования, чтобы учесть тот факт, что цена базисного пункта изменяется при росте или падении ставок.

Окончание табл. 29.3

Фактическая цена продажи облигации P&G	Доходность при продаже (%)	Доходность казначейской бумаги[a] (%)	Цена казначейской бумаги	Цена фьючерса[b]	Прибыль (убыток) по 116 контрактам	Эффективная цена продажи[c]
10 800 000	5,022	3,911	126,832	123,787	(1 091 785)	9 708 215
11 000 000	4,899	3,788	128,490	125,405	(1 279 473)	9 720 527
11 200 000	4,780	3,669	130,120	126,996	(1 464 047)	9 735 953
11 400 000	4,663	3,552	131,749	128,586	(1 648 452)	9 751 548
11 600 000	4,550	3,439	133,347	130,145	(1 829 358)	9 770 642

[a] Согласно допущению, доходность CTD-выпуска (6,25%, срок погашения 15.08.23) на 111,1 базисного пункта ниже доходности облигаций P&G.

[b] Цена фьючерса равна цене CTD-выпуска, деленной на 1,0246 (коэффициент конверсии).

[c] Транзакционные издержки и финансирование маржинального счета не учитываются.

Корректировка коэффициента хеджирования при изменении спреда доходности

При хеджировании облигаций, которые не являются подходящими для поставки с целью исполнения фьючерсного контракта, в стратегию хеджирования вносят обычно еще одно уточнение. Необходимость такого уточнения связана с предположением относительно спреда доходностей облигации, самой дешевой в поставке, и хеджируемой облигации. В предыдущем примере мы исходили из того, что спред доходностей не меняется с течением времени. Между тем реальные спреды доходностей не являются постоянной величиной. Они варьируют в зависимости от срока до погашения инструмента, от уровня ставок, а также от многих непредсказуемых несистемных факторов.

Формула для определения коэффициента хеджирования (29.10) видоизменяется с целью учета беты доходности следующим образом:

$$\text{коэффициент хеджирования} = \frac{PVPB \text{ хеджируемой облигации}}{PVPB\ CTD\text{-выпуска}} \times \text{коэффиент конверсии CTD-выпуска} \times \text{поправочный коэффициент}. \qquad (29.12)$$

Существуют два подхода к оценке поправочного коэффициента, который позволяет учесть взаимосвязь уровней доходности и спредов доходности: 1) регрессионный анализ и 2) подход на основе волатильности.

Регрессионный анализ — это метод, предполагающий оценку исторических данных с помощью следующей модели:

$$\text{изменение доходности хеджируемой облигации} = \\ = a + b \times \text{изменение доходности CTD-выпуска} + \text{ошибка}. \quad (29.13)$$

Метод регрессии позволяет найти значения b, называемой бетой доходности, которая представляет собой ожидаемое относительное изменение доходности двух облигаций. В нашем примере (облигация P&G 5,55% со сроком 05.03.37 и казначейский CTD-выпуск 6,25% со сроком 15.08.23) доходности для каждого дня торговли с 28.02.07 по 21.12.07 приведены в табл. 29.4 наряду с дневным изменением доходности. Четкого правила для определения необходимого количества рабочих дней не существует. Бета доходности для трех наборов торговых дней показана ниже:

Число торговых дней	*Бета доходности*
Предыдущие 30 торговых дней, завершившиеся 21.12.07	0,906
Предыдущие 90 торговых дней, завершившиеся 21.12.07	0,894
Предыдущие 218 торговых дней, завершившиеся 21.12.07	0,906

Обратите внимание на то, что бета доходности практически не меняется в зависимости от используемого периода. Она равна примерно 0,90, поэтому поправочный коэффициент в формуле (29.12) также равен 0,90.

Это означает, что доходность облигации P&G изменяется на 10% меньше, чем доходность CTD-выпуска. Для корректного вычисления относительной волатильности двух выпусков этот факт следует принять в расчет: коэффициент хеджирования, полученный нами выше, следует умножить на 0,90. Как следствие, для хеджирования $10 млн облигаций P&G вместо 116 фьючерсов на казначейские облигации необходимо продать только 105 контрактов.

Влияние беты доходности может быть отражено в формуле для коэффициента хеджирования (29.10) следующим образом:

$$\begin{matrix}\text{коэффициент} \\ \text{хеджирования}\end{matrix} = \frac{PVPB \text{ хеджируемой облигации}}{PVPB\ CTD\text{-выпуска}} \times \\ \times \text{ коэффиент конверсии } CTD\text{-выпуска} \times \\ \times \text{ бета доходности}. \quad (29.14)$$

Таблица 29.4. Доходность и изменение доходности для каждого торгового дня для облигации P&G 5,55% со сроком 05.03.37 и казначейской облигации 6,25% со сроком 15.08.23 (CTD-выпуск): 28.02.07–21.12.07

	P&G 5,55% со сроком 05.03.37			Казначейская облигация 6,25% со сроком 15.08.23 (CTD-выпуск)		
Торговый день	**Цена**	**Доходность**	**Изменение доходности**	**Цена**	**Доходность**	**Изменение доходности**
28/2/2007	99,766	5,566	116,709	4,773		
1/3/2007	99,612	5,577	0,011	116,571	4,783	0,010
2/3/2007	99,975	5,552	–0,025	116,957	4,752	–0,031
5/3/2007	100,018	5,549	–0,003	116,963	4,752	0,000
6/3/2007	99,761	5,566	0,017	116,921	4,755	0,003
7/3/2007	100,039	5,547	–0,019	117,244	4,729	–0,026
8/3/2007	99,700	5,571	0,024	117,092	4,741	0,012
9/3/2007	98,841	5,630	0,059	116,151	4,816	0,075
12/3/2007	99,375	5,593	–0,037	116,557	4,783	–0,033
13/3/2007	99,878	5,558	–0,035	117,096	4,740	–0,043
14/3/2007	99,259	5,601	0,043	116,686	4,772	0,032
15/3/2007	99,417	5,590	–0,011	116,619	4,777	0,005
16/3/2007	99,361	5,594	0,004	116,548	4,783	0,006
19/3/2007	99,026	5,617	0,023	116,213	4,809	0,026
20/3/2007	99,151	5,609	–0,008	116,435	4,791	–0,018
21/3/2007	99,319	5,597	–0,012	116,702	4,770	–0,021
22/3/2007	97,990	5,690	0,093	115,708	4,849	0,079
23/3/2007	97,879	5,698	0,008	115,463	4,869	0,020
26/3/2007	97,878	5,698	0,000	115,669	4,852	–0,017
27/3/2007	97,711	5,710	0,012	115,365	4,877	0,025
28/3/2007	97,445	5,729	0,019	115,190	4,891	0,014
29/3/2007	97,487	5,726	–0,003	115,156	4,893	0,002
30/3/2007	97,165	5,749	0,023	114,830	4,920	0,027
2/4/2007	97,347	5,736	–0,013	114,948	4,910	–0,010
3/4/2007	97,207	5,746	0,010	114,788	4,923	0,013
4/4/2007	97,221	5,745	–0,001	114,870	4,916	–0,007
5/4/2007	96,885	5,769	0,024	114,568	4,940	0,024

Продолжение табл. 29.4

	P&G 5,55% со сроком 05.03.37			Казначейская облигация 6,25% со сроком 15.08.23 (CTD-выпуск)		
Торговый день	**Цена**	**Доходность**	**Изменение доходности**	**Цена**	**Доходность**	**Изменение доходности**
6/4/2007	96,670	5,785	0,016	113,813	5,002	0,062
9/4/2007	96,241	5,816	0,031	113,882	4,997	−0,005
10/4/2007	96,408	5,804	−0,012	114,086	4,980	−0,017
11/4/2007	96,695	5,783	−0,021	113,925	4,993	0,013
12/4/2007	96,751	5,779	−0,004	113,955	4,990	−0,003
13/4/2007	96,512	5,796	0,017	113,718	5,009	0,019
16/4/2007	97,019	5,760	−0,036	114,100	4,978	−0,031
17/4/2007	97,653	5,714	−0,046	114,671	4,930	−0,048
18/4/2007	98,047	5,686	−0,028	115,045	4,900	−0,030
19/4/2007	97,948	5,693	0,007	114,899	4,911	0,011
20/4/2007	97,849	5,700	0,007	114,820	4,918	0,007
23/4/2007	98,047	5,686	−0,014	115,016	4,901	−0,017
24/4/2007	98,386	5,662	−0,024	115,302	4,878	−0,023
25/4/2007	98,357	5,664	0,002	115,048	4,898	0,020
26/4/2007	97,776	5,705	0,041	114,574	4,937	0,039
27/4/2007	97,563	5,721	0,016	114,415	4,950	0,013
30/4/2007	98,528	5,652	−0,069	115,310	4,876	−0,074
1/5/2007	98,556	5,650	−0,002	115,278	4,879	0,003
2/5/2007	98,400	5,661	0,011	115,279	4,879	0,000
3/5/2007	98,103	5,682	0,021	114,973	4,903	0,024
4/5/2007	98,584	5,648	−0,034	115,392	4,869	−0,034
7/5/2007	98,740	5,637	−0,011	115,510	4,859	−0,010
8/5/2007	98,612	5,646	0,009	115,414	4,867	0,008
9/5/2007	98,088	5,683	0,037	114,878	4,910	0,043
10/5/2007	98,272	5,670	−0,013	115,108	4,891	−0,019
11/5/2007	97,975	5,691	0,021	114,823	4,914	0,023
14/5/2007	97,819	5,702	0,011	114,619	4,931	0,017
15/5/2007	97,493	5,726	0,024	114,373	4,951	0,020
16/5/2007	97,606	5,718	−0,008	114,435	4,946	−0,005
17/5/2007	97,067	5,756	0,038	113,910	4,989	0,043

Продолжение табл. 29.4

	P&G 5,55% со сроком 05.03.37			Казначейская облигация 6,25% со сроком 15.08.23 (CTD-выпуск)		
Торговый день	**Цена**	**Доходность**	**Изменение доходности**	**Цена**	**Доходность**	**Изменение доходности**
18/5/2007	96,444	5,802	0,046	113,374	5,034	0,045
21/5/2007	96,656	5,786	–0,016	113,557	5,018	–0,016
22/5/2007	96,104	5,826	0,040	113,012	5,064	0,046
23/5/2007	95,706	5,856	0,030	112,627	5,096	0,032
24/5/2007	95,749	5,853	–0,003	112,670	5,092	–0,004
25/5/2007	95,749	5,853	0,000	112,670	5,092	0,000
29/5/2007	95,663	5,859	0,006	112,484	5,107	0,015
30/5/2007	95,870	5,844	–0,015	112,540	5,103	–0,004
31/5/2007	95,883	5,843	–0,001	112,534	5,103	0,000
1/6/2007	95,199	5,893	0,050	111,881	5,158	0,055
4/6/2007	95,739	5,853	–0,040	112,337	5,119	–0,039
5/6/2007	95,154	5,897	0,044	111,774	5,167	0,048
6/6/2007	94,659	5,934	0,037	111,664	5,176	0,009
7/6/2007	93,084	6,053	0,119	110,183	5,304	0,128
8/6/2007	92,899	6,068	0,015	109,954	5,324	0,020
11/6/2007	92,640	6,088	0,020	109,854	5,332	0,008
12/6/2007	91,169	6,203	0,115	108,527	5,449	0,117
13/6/2007	92,070	6,132	–0,071	109,270	5,383	–0,066
14/6/2007	91,818	6,152	0,020	109,064	5,402	0,019
15/6/2007	92,271	6,117	–0,035	109,478	5,365	–0,037
18/6/2007	92,371	6,109	–0,008	109,679	5,347	–0,018
19/6/2007	93,037	6,057	–0,052	110,310	5,292	–0,055
20/6/2007	92,798	6,076	0,019	109,849	5,332	0,040
21/6/2007	92,213	6,121	0,045	109,336	5,377	0,045
22/6/2007	92,526	6,097	–0,024	109,581	5,355	–0,022
25/6/2007	93,353	6,033	–0,064	110,324	5,290	–0,065
26/6/2007	93,011	6,059	0,026	110,059	5,313	0,023
27/6/2007	93,060	6,056	–0,003	110,418	5,282	–0,031
28/6/2007	92,692	6,084	0,028	110,056	5,313	0,031
29/6/2007	93,880	5,993	–0,091	111,081	5,224	–0,089

Продолжение табл. 29.4

	P&G 5,55% со сроком 05.03.37			Казначейская облигация 6,25% со сроком 15.08.23 (CTD-выпуск)		
Торговый день	**Цена**	**Доходность**	**Изменение доходности**	**Цена**	**Доходность**	**Изменение доходности**
2/7/2007	94,273	5,963	–0,030	111,376	5,199	–0,025
3/7/2007	93,652	6,010	0,047	110,822	5,246	0,047
5/7/2007	92,544	6,096	0,086	109,836	5,332	0,086
6/7/2007	91,908	6,146	0,050	109,304	5,379	0,047
9/7/2007	92,347	6,111	–0,035	109,718	5,342	–0,037
10/7/2007	93,848	5,996	–0,115	111,001	5,230	–0,112
11/7/2007	93,213	6,044	0,048	110,456	5,277	0,047
12/7/2007	92,791	6,077	0,033	110,095	5,309	0,032
13/7/2007	93,003	6,061	–0,016	110,221	5,298	–0,011
16/7/2007	93,895	5,992	–0,069	110,996	5,230	–0,068
17/7/2007	93,428	6,028	0,036	110,523	5,271	0,041
18/7/2007	93,971	5,986	–0,042	111,243	5,208	–0,063
19/7/2007	93,760	6,003	0,017	111,042	5,226	0,018
20/7/2007	94,450	5,950	–0,053	111,706	5,168	–0,058
23/7/2007	94,407	5,954	0,004	111,657	5,172	0,004
24/7/2007	94,464	5,949	–0,005	111,745	5,165	–0,007
25/7/2007	94,971	5,911	–0,038	112,172	5,128	–0,037
26/7/2007	96,054	5,831	–0,080	113,267	5,035	–0,093
27/7/2007	96,012	5,834	0,003	113,115	5,048	0,013
30/7/2007	92,944	6,066	0,232	112,938	5,062	0,014
31/7/2007	94,163	5,972	–0,094	113,397	5,023	–0,039
1/8/2007	94,313	5,961	–0,011	113,388	5,024	0,001
2/8/2007	94,449	5,951	–0,010	113,570	5,009	–0,015
3/8/2007	94,855	5,920	–0,031	113,989	4,973	–0,036
6/8/2007	94,313	5,961	0,041	113,516	5,013	0,040
7/8/2007	94,380	5,956	–0,005	113,514	5,013	0,000
8/8/2007	93,587	6,016	0,060	112,173	5,127	0,114
9/8/2007	93,530	6,021	0,005	112,317	5,114	–0,013
10/8/2007	93,704	6,008	–0,013	112,541	5,095	–0,019
13/8/2007	93,708	6,007	–0,001	112,692	5,082	–0,013

Продолжение табл. 29.4

	P&G 5,55% со сроком 05.03.37			Казначейская облигация 6,25% со сроком 15.08.23 (CTD-выпуск)		
Торговый день	Цена	Доходность	Изменение доходности	Цена	Доходность	Изменение доходности
14/8/2007	93,983	5,986	−0,021	113,052	5,051	−0,031
15/8/2007	93,822	5,999	0,013	112,821	5,071	0,020
16/8/2007	94,982	5,911	−0,088	113,916	4,978	−0,093
17/8/2007	93,970	5,987	0,076	113,100	5,047	0,069
20/8/2007	94,396	5,955	−0,032	113,542	5,009	−0,038
21/8/2007	94,770	5,927	−0,028	114,011	4,969	−0,040
22/8/2007	93,650	6,012	0,085	113,777	4,989	0,020
23/8/2007	94,070	5,980	−0,032	114,068	4,964	−0,025
24/8/2007	94,095	5,978	−0,002	114,220	4,951	−0,013
27/8/2007	94,526	5,945	−0,033	114,715	4,910	−0,041
28/8/2007	94,951	5,914	−0,031	114,989	4,887	−0,023
29/8/2007	95,492	5,873	−0,041	114,814	4,901	0,014
30/8/2007	95,492	5,873	0,000	114,814	4,901	0,000
31/8/2007	96,118	5,827	−0,046	115,195	4,869	−0,032
4/9/2007	96,078	5,830	0,003	115,050	4,881	0,012
5/9/2007	95,406	5,880	0,050	115,915	4,809	−0,072
6/9/2007	95,198	5,895	0,015	115,722	4,825	0,016
7/9/2007	96,560	5,795	−0,100	117,060	4,715	−0,110
10/9/2007	97,272	5,743	−0,052	117,754	4,658	−0,057
11/9/2007	97,156	5,751	0,008	117,548	4,675	0,017
12/9/2007	95,307	5,887	0,136	117,098	4,711	0,036
13/9/2007	94,495	5,948	0,061	116,326	4,774	0,063
14/9/2007	94,775	5,927	−0,021	116,500	4,760	−0,014
17/9/2007	94,902	5,917	−0,010	116,530	4,757	−0,003
18/9/2007	94,306	5,962	0,045	116,174	4,786	0,029
19/9/2007	93,665	6,011	0,049	115,308	4,857	0,071
20/9/2007	92,145	6,129	0,118	113,770	4,985	0,128
21/9/2007	93,149	6,051	−0,078	114,270	4,943	−0,042
24/9/2007	93,026	6,060	0,009	114,396	4,932	−0,011
25/9/2007	94,718	5,931	−0,129	114,301	4,940	0,008
26/9/2007	94,613	5,939	0,008	114,199	4,948	0,008

Продолжение табл. 29.4

	P&G 5,55% со сроком 05.03.37			Казначейская облигация 6,25% со сроком 15.08.23 (CTD-выпуск)		
Торговый день	**Цена**	**Доходность**	**Изменение доходности**	**Цена**	**Доходность**	**Изменение доходности**
27/9/2007	95,402	5,880	–0,059	114,877	4,891	–0,057
28/9/2007	95,281	5,889	0,009	114,877	4,891	0,000
1/10/2007	95,806	5,850	–0,039	115,284	4,857	–0,034
2/10/2007	96,055	5,832	–0,018	115,572	4,833	–0,024
3/10/2007	96,059	5,831	–0,001	115,381	4,849	0,016
4/10/2007	96,335	5,811	–0,020	115,632	4,828	–0,021
5/10/2007	94,915	5,916	0,105	114,224	4,945	0,117
8/10/2007	94,915	5,916	0,000	114,224	4,945	0,000
9/10/2007	94,915	5,916	0,000	114,224	4,945	0,000
10/10/2007	96,247	5,818	–0,098	114,224	4,944	–0,001
11/10/2007	95,952	5,839	0,021	114,039	4,960	0,016
12/10/2007	95,630	5,863	0,024	113,761	4,983	0,023
15/10/2007	95,643	5,862	–0,001	113,815	4,978	–0,005
16/10/2007	95,523	5,871	0,009	113,769	4,982	0,004
17/10/2007	97,233	5,746	–0,125	115,112	4,869	–0,113
18/10/2007	97,677	5,714	–0,032	115,608	4,827	–0,042
19/10/2007	98,915	5,625	–0,089	116,738	4,734	–0,093
22/10/2007	99,170	5,607	–0,018	116,916	4,719	–0,015
23/10/2007	98,903	5,626	0,019	116,698	4,737	0,018
24/10/2007	99,369	5,593	–0,033	117,488	4,672	–0,065
25/10/2007	99,155	5,608	0,015	117,329	4,685	0,013
26/10/2007	98,780	5,635	0,027	117,026	4,710	0,025
29/10/2007	99,034	5,617	–0,018	117,180	4,697	–0,013
30/10/2007	99,185	5,606	–0,011	117,105	4,703	0,006
31/10/2007	98,068	5,686	0,080	116,050	4,789	0,086
1/11/2007	99,589	5,578	–0,108	117,353	4,682	–0,107
2/11/2007	100,343	5,526	–0,052	118,040	4,626	–0,056
5/11/2007	99,978	5,551	0,025	117,731	4,651	0,025
6/11/2007	99,454	5,587	0,036	117,265	4,688	0,037
7/11/2007	98,263	5,672	0,085	117,235	4,691	0,003
8/11/2007	98,356	5,665	–0,007	117,585	4,662	–0,029

Окончание табл. 29.4

Торговый день	P&G 5,55% со сроком 05.03.37			Казначейская облигация 6,25% со сроком 15.08.23 (CTD-выпуск)		
	Цена	Доходность	Изменение доходности	Цена	Доходность	Изменение доходности
9/11/2007	98,264	5,672	0,007	118,216	4,611	–0,051
12/11/2007	98,264	5,672	0,000	118,216	4,611	0,000
13/11/2007	99,111	5,612	–0,060	117,976	4,629	0,018
14/11/2007	98,893	5,627	0,015	117,977	4,629	0,000
15/11/2007	99,922	5,555	–0,072	119,051	4,543	–0,086
16/11/2007	100,081	5,544	–0,011	119,201	4,530	–0,013
19/11/2007	100,754	5,497	–0,047	119,890	4,475	–0,055
20/11/2007	100,504	5,514	0,017	119,916	4,473	–0,002
21/11/2007	100,727	5,499	–0,015	1–0,180	4,452	–0,021
23/11/2007	101,189	5,467	–0,032	1–0,565	4,421	–0,031
26/11/2007	103,537	5,310	–0,157	122,554	4,265	–0,156
27/11/2007	102,331	5,390	0,080	121,322	4,361	0,096
28/11/2007	101,554	5,443	0,053	1–0,608	4,417	0,056
29/11/2007	101,863	5,422	–0,021	121,492	4,347	–0,070
30/11/2007	101,140	5,471	0,049	1–0,804	4,401	0,054
3/12/2007	101,802	5,426	–0,045	121,638	4,335	–0,066
4/12/2007	101,881	5,420	–0,006	121,670	4,332	–0,003
5/12/2007	99,350	5,595	0,175	121,262	4,364	0,032
6/12/2007	98,063	5,686	0,091	1–0,151	4,451	0,087
7/12/2007	96,671	5,787	0,101	118,645	4,571	0,120
10/12/2007	96,317	5,813	0,026	118,244	4,603	0,032
11/12/2007	98,093	5,684	–0,129	1–0,015	4,461	–0,142
12/12/2007	98,142	5,680	–0,004	119,156	4,529	0,068
13/12/2007	96,989	5,764	0,084	117,981	4,624	0,095
14/12/2007	96,284	5,815	0,051	117,245	4,684	0,060
17/12/2007	96,824	5,776	–0,039	117,764	4,641	–0,043
18/12/2007	98,203	5,676	–0,100	118,801	4,557	–0,084
19/12/2007	98,796	5,634	–0,042	119,325	4,515	–0,042
20/12/2007	99,466	5,587	–0,047	119,987	4,462	–0,053
21/12/2007	97,757	5,708	0,121	118,364	4,592	0,130

Второй подход к учету относительного движения доходностей основан на волатильности. Сначала определяют дневное изменение доходности для хеджируемой облигации и CTD-выпуска. Затем вычисляют стандартное отклонение изменения доходности. Поправка на волатильность представляет собой отношение двух стандартных отклонений:

$$\text{поправка волатильность} = \\ = \frac{\text{ст.откл. изменения доходности для хеджируемой облигации}}{\text{ст.откл. изменения доходности для } CTD\text{-выпуска}}. \quad (29.15)$$

И опять четкого правила для определения необходимого количества рабочих дней здесь не существует. Поправка на волатильность для трех наборов торговых дней показана ниже:

	Стандартное отклонение для:		
Число торговых дней	*Облигация P&G*	*CTD-выпуск*	*Поправка на волатильность*
Предыдущие 30 торговых дней, завершившиеся 21.12.07	0,085	0,084	1,011
Предыдущие 90 торговых дней, завершившиеся 21.12.07	0,064	0,060	1.064
Предыдущие 218 торговых дней, завершившиеся 21.12.07	0,053	0,049	1,084

В отличие от регресионного подхода видно, что поправка зависит от использованного периода времени, а кроме того, количество продаваемых контрактов должно быть в этом случае больше, поскольку поправка на волатильность больше единицы.

Изменение в CTD-выпуске

Эффект изменения в самом дешевом в поставке выпуске и спреда доходностей можно оценить заранее. На основании различных предположений мы можем построить таблицы, аналогичные табл. 29.3. Так, другому уровню доходности на момент окончания хеджирования (второй столбец табл. 29.3) может соответствовать другой уровень спреда и другой CTD-выпуск. Портфельный менеджер затем может определить, как это отразится на результатах хеджирования.

Создание синтетических ценных бумаг для улучшения доходности

Ценная бумага спот-рынка может быть создана синтетически через открытие позиции во фьючерсном контракте и одновременно в поставляемом инструменте. Если доходность синтетической ценной бумаги совпадает с доходностью аналогичной ценной бумаги спот-рынка, то возможности арбитража отсутствуют. Любая разница между двумя доходностями может быть использована для улучшения доходности портфеля.

Для того чтобы понять суть стратегии, рассмотрим случай инвестора, который держит 20-летнюю казначейскую облигацию и продает фьючерс на казначейскую облигацию, предполагающий поставку имеющейся у инвестора облигации через три месяца. Срок до погашения казначейской облигации составляет 20 лет, однако в реальности инвестор сократил его до трех месяцев.

Иными словами, длинная позиция в 20-летней облигации и короткая позиция во фьючерсе эквивалентны длинной позиции в безрисковой трехмесячной ценной бумаге. Позиция лишена риска, поскольку инвестор фиксирует цену, которую получит через три месяца, — цену фьючерса. Открыв длинную позицию в облигации и короткую во фьючерсе, инвестор создал синтетический трехмесячный казначейский вексель. Доходность, которую он рассчитывает получить от такой синтетической позиции, должна быть равна доходности трехмесячного казначейского векселя. Если доходность синтетического трехмесячного казначейского векселя превышает доходность реального трехмесячного казначейского векселя, торгующегося на спот-рынке, то инвестор, создавший такую краткосрочную синтетическую ценную бумагу, реализует улучшенную доходность. Основное условие, которому должна удовлетворять искусственно созданная ценная бумага:

$$RSP = CBP - FBP, \qquad (29.16)$$

где:

RSP — безрисковая краткосрочная позиция в ценной бумаге;

CBP — позиция в облигации спот-рынка;

FBP — позиция во фьючерсе на облигацию.

Отрицательный знак перед обозначением позиции указывает на короткую позицию. В примере, который мы привели выше, CBP — это длинная позиция в облигации; знак «минус» перед FBP говорит о том, что позиция во фьючерсах — короткая, а RSP — это безрисковая синтетическая трехмесячная ценная бумага или казначейский вексель.

Согласно формуле (29.16), инвестор, занявший длинную позицию в облигации на спот-рынке и короткую позицию во фьючерсе, предполагает реализовать ставку доходности безрисковой ценной бумаги, срок до погашения которой равен периоду до даты исполнения фьючерсного контракта. Преобразовав формулу (29.16) для нахождения длинной позиции в облигации, получаем:

$$CBP = RSP + FBP. \quad (29.17)$$

Из формулы (29.17) следует, что позиция в облигации на спот-рынке равняется сумме позиции в краткосрочной безрисковой ценной бумаге и длинной позиции во фьючерсе на облигацию. Итак, позиция в облигации на спот-рынке может быть искусственно создана через покупку фьючерсного контракта и инвестицию в казначейский вексель. Преобразуем формулу (29.17) для нахождения позиции во фьючерсе на облигацию и получим:

$$FBP = CBP - RSP. \quad (29.18)$$

Из формулы (29.18) следует, что длинная позиция во фьючерсном контракте может быть создана синтетически через длинную позицию в облигации на спот-рынке и короткую позицию в краткосрочной безрисковой ценной бумаге. Заметим, что открытие короткой позиции в краткосрочной безрисковой ценной бумаге — это, в сущности, заимствование денежных средств. Обращаем внимание читателя на то, что вычисление теоретической цены фьючерса в ситуации недооценки фьючерсного контракта проводилось нами именно на основании формулы (29.18). Напомним, что в ситуации, когда реальная цена фьючерса превышает теоретическую, стратегия получения арбитражной прибыли сводится к продаже фьючерсного контракта и созданию синтетической длинной позиции во фьючерсах через покупку активов на заимствованные средства. Эту ситуацию и описывает формула (29.18). Вместо того чтобы создавать синтетический инструмент спот-рынка, как предполагают формулы (29.16) и (29.17), мы можем создать синтетический фьючерсный контракт. Если синтетическая длинная позиция во фьючерсах является более дешевой, чем реальная длинная позиция во фьючерсах, то перед инвестором открываются возможности арбитража. Изменив знак обеих частей выражения (29.18), мы увидим, как создается синтетическая короткая позиция на рынке фьючерсов.

На эффективном рынке возникающие возможности улучшения доходности быстро исчезают благодаря арбитражной торговле. Между тем даже в отсутствие вероятного улучшения доходности портфеля использование синтетических ценных бумаг бывает выгодным, поскольку в некоторых случаях позволяет хеджировать позицию, защиту для которой вследствие низкой ликвидности или прочих ограничений трудно организовать на спот-рынке.

Распределение средств между акциями и облигациями

Спонсор пенсионного плана может захотеть изменить существующее в портфеле распределение активов между акциями и облигациями. Допустим, что он предлагает изменить размещение активов следующим образом: имеющийся $1 млрд, из которого $500 млн размещены в настоящее время в акциях и $500 млн в облигациях, надо распределить так, чтобы $300 млн оказались вложены в акции и $700 млн — в облигации. Поставленной цели можно достичь через продажу акций на сумму $200 млн и приобретение облигаций на вырученные от продажи средства. В этом случае расходы, связанные с перераспределением средств, будут складываться из: 1) стоимости транзакций, зависящей от комиссионных и спреда бид-аск; 2) расходов, обусловленных влиянием данных сделок на рыночные цены; 3) потерь, вызванных перерывом в обычной деятельности менеджеров, управляющих портфелем данного пенсионного плана.

Другой способ осуществить задуманное — использовать фьючерсы на процентные ставки и фьючерсы на индексы акций. Предположим, что спонсор плана хочет перевести $200 млн из акций в облигации. Достигнуть желаемой цели он может, совершив покупку соответствующего числа фьючерсов на процентные ставки и продав соответствующее число фьючерсов на индексы акций. Позиции на фьючерсном рынке могут удерживаться или постепенно ликвидироваться по мере того, как вложения плана в спот-рынки акций и облигаций переразмещаются. Использование фьючерсных контрактов связано со следующими преимуществами: 1) стоимость транзакций низка; 2) влияние операций на цены спот-рынка равно нулю или крайне низко, поскольку менеджер имеет возможность не торопясь выбрать для покупки и продажи ценных бумаг на спот-рынке подходящий момент; 3) обычная деятельность менеджеров, управляющих портфелем пенсионного плана, не прерывается[1].

Для вычисления примерного количества фьючерсных контрактов на процентные ставки, необходимого для изменения рыночной стоимости портфеля облигаций, используется следующая формула (предполагается, что дюрация портфеля не претерпевает изменений):

---

[1] См.: Roger Clarke, «Asset Allocation Using Futures», глава 16 в: Robert Amott and Frank J. Fabozzi (eds.), *Asset Allocation* (Chicago: Probus Publishing, 1988); и Mark Zurak and Ravi Dattatreya, «Asset Allocation Using Futures Contracts», глава 20 в: Frank J. Fabozzi and Gregory Kipnis (eds.), *The Handbook of Stock Index Futures and Options* (Homewood, IL: Probus Publishing, 1988).

$$\text{примерное число контрактов} = \frac{\text{долларовая дюрация целевого распределения облигаций} - \text{долларовая дюрация текущего распределения облигаций}}{\text{долларовая дюрация фьючерсного контракта}}.$$

Резюме

- Фьючерсный контракт — это соглашение между покупателем (продавцом) и биржей или ее клиринговой палатой, согласно которому покупатель (продавец) обязуется принять поставку (осуществить поставку) активов по установленной цене (называемой ценой фьючерса) в расчетную дату (или в дату исполнения контракта).
- У каждой фьючерсной биржи есть связанная с ней клиринговая палата, гарантирующая исполнение обязательств обеими сторонами и позволяющая участникам сделки ликвидировать позицию без участия контрагента по первоначальной сделке.
- Сторона, заключившая фьючерсный контракт, должна выполнять маржинальные требования (касающиеся начальной маржи, маржи поддержания и вариационной маржи).
- Форвардный контракт отличается от фьючерсного отсутствием стандартизации (условия каждого контракта обговариваются особо между покупателем и продавцом), отсутствием участия клиринговых фирм и отсутствием или слабой развитостью вторичных рынков.
- Наиболее популярными краткосрочными процентными фьючерсами в настоящее время являются евродолларовые фьючерсы и фьючерсы на EURIBOR, расчеты по которым осуществляются денежными средствами.
- Существуют два вида фьючерсных контрактов на американские казначейские облигации: 1) фьючерсы на казначейские облигации, у которых приемлемыми для поставки являются выпуски со сроком до погашения не менее 15 лет, но менее 25 лет; 2) фьючерсы на ультрадолгосрочные казначейские облигации, у которых приемлемыми для поставки являются выпуски со сроком до погашения не менее 25 лет.
- Теоретическая цена фьючерсного контракта равна спот-цене плюс издержки держания активов. Издержки держания активов — это стоимость финансирования позиции минус доходность базовой ценной бумаги на спот-рынке. На издержки держания активов влияет форма кривой доходности.

- Существует несколько причин, благодаря которым реальная цена фьючерса отличается от теоретической цены. В случае фьючерсов на казначейские облигации опционы поставки, гарантированные продавцу, уменьшают реальную цену фьючерса, заставляя ее опуститься ниже теоретического уровня, предполагаемого стандартной арбитражной моделью.
- Покупка фьючерсов увеличивает долларовую дюрацию портфеля; продажа фьючерсов уменьшает долларовую дюрацию портфеля.
- Фьючерсные контракты на процентные ставки могут использоваться портфельными менеджерами для управления дюрацией портфеля, хеджирования портфеля или позиции в облигации, повышения доходности, когда фьючерсы на рынке оценены неверно, а также для эффективного распределения средств между акциями и облигациями.

Вопросы

1. В чем состоит разница между фьючерсными и форвардными контрактами?
2. a. Что такое риск контрагента?
   b. Почему риск контрагента несут как покупатель, так и продавец форвардного контракта?
3. Что означает положительное значение издержек держания активов для фьючерсного контракта на казначейскую облигацию?
4. Евродолларовый фьючерс котируется по 91,75. Чему равна фьючерсная 3-месячная LIBOR в годовом выражении?
5. Предположим, что инвестор купил евродолларовый фьючерс по индексной цене 95,00. В расчетную дату цена составляет 95,40. Объясните, кто, покупатель или продавец фьючерсного контракта, получит выплату в расчетную дату.
6. Объясните, как участник рынка, который опасается снижения 3-месячной LIBOR, может хеджировать риск с помощью евродолларового фьючерса.
7. a. Что такое EURIBOR?
   b. Что такое фьючерсный контракт на EURIBOR?
8. Каким образом размер издержек держания активов может повлиять на решение занявшей короткую позицию стороны о выборе даты поставки внутри месяца поставки?

9. Опишите асимметричное влияние, оказываемое изменением процентных ставок на вариационную маржу и денежный поток сторон, занявших длинную или короткую позицию.
10. Какие опционы поставки гарантированы продавцу фьючерсного контракта на казначейские облигации?
11. Какое влияние на теоретическую цену фьючерса на казначейскую облигацию оказывает существование опционов поставки, гарантированных стороне, занявшей короткую позицию?
12. Как на теоретическую цену фьючерсного контракта на казначейские облигации влияет форма кривой доходности?
13. Предположим, что коэффициент конверсии некой казначейской облигации, приемлемой для поставки по фьючерсу на казначейские облигации, равен 0,85 и что расчетная цена фьючерса на дату исполнения контракта составляет 105. Допустим также, что накопленный купонный доход этой облигации — 4. Какова цена исполнения, если продавец поставляет казначейскую облигацию в дату исполнения контракта?
14. Допустим, что облигация ABC — базовый актив фьючерсного контракта, истекающего через полгода. Вам известна следующая информация о ABC и фьючерсе: 1) на спот-рынке ABC продается по $80 (номинальная стоимость равна $100); 2) ABC платит купон $8 в год в виде двух полугодовых выплат по $4; следующая полугодовая выплата состоится ровно через полгода; 3) текущая полугодовая процентная ставка, под которую могут быть привлечены или размещены денежные средства, равна 6%.
    a. Какова теоретическая цена фьючерса?
    b. Что вы сделаете, если цена фьючерса вырастет до $83?
    c. Что вы сделаете, если цена фьючерса упадет до $76?
    d. Предположим, что облигация ABC выплачивает процент не раз в полгода, а раз в квартал. Вы знаете, что любую выплату, которую вы получите через три месяца, можно реинвестировать под 1% еще на три месяца. Какова будет теоретическая цена фьючерсного контракта, истекающего через полгода?
    e. Допустим, что ставка заимствования не равна ставке кредитования. Предположим, что полугодовая ставка, под которую вы можете взять займы, составляет 8%, а полугодовая ставка, под которую вы размещаете денежные средства, равна 6%. Каковы границы теоретической цены фьючерса?
15. Что такое подразумеваемая ставка репо?
16. Объясните, почему подразумеваемая ставка репо важна для выбора самого дешевого в поставке выпуска.

17. Менеджер хотел бы хеджировать облигацию номинальной стоимостью $20 млн через продажу фьючерсов на казначейские облигации. Допустим, что: 1) коэффициент конверсии для самого дешевого в поставке выпуска равен 0,91; 2) цена базисного пункта самого дешевого в поставке выпуска в дату исполнения контракта равна 0,06895 и 3) цена базисного пункта хеджируемой облигации — 0,05954.
    a. Чему равен коэффициент хеджирования?
    b. Сколько фьючерсов на казначейские облигации следует продать, чтобы хеджировать облигацию?
18. Предположим, что без учета взаимосвязи доходности хеджируемой облигации и доходности хеджирующего инструмента коэффициент хеджирования равен 1,30.
    a. Предположим, что расчет дает бету доходности 0,8. Каким будет скорректированный коэффициент хеджирования?
    b. Предположим, что стандартное отклонение для хеджируемой облигации и хеджирующего инструмента равны 0,9 и 0,10 соответственно. Какой будет поправка на волатильность и каким будет скорректированный коэффициент хеджирования?
19. Предположим, что менеджер хочет сократить дюрацию портфеля. Объясните, каким образом достичь поставленной цели, используя фьючерсные контракты.
20. Какие риски связаны с хеджированием?
21. Как портфельный менеджер может использовать фьючерсы на казначейские облигации для хеджирования риска роста процентных ставок в следующем квартале?
22. Возьмем портфель, представленный в табл. 29.2. Предположим, что долларовая дюрация фьючерса на 5-летнюю казначейскую ноту составляет $5022.
    a. Какую позицию портфельный менеджер должен занять во фьючерсе для хеджирования портфеля?
    b. Какой должна быть рыночная стоимость позиции портфельного менеджера?
23. Возьмем портфель, представленный в табл. 29.2. Предположим, что долларовая дюрация фьючерса на 5-летнюю казначейскую ноту составляет $5022.
    a. Какую позицию портфельный менеджер должен занять во фьючерсе для получения дюрации портфеля, равной 4?
    b. Какой должна быть рыночная стоимость позиции портфельного менеджера?

24. Предположим, что институциональный инвестор хочет хеджировать портфель сквозных ипотечных ценных бумаг с помощью фьючерсных контрактов на казначейские облигации. Какие риски связаны с таким хеджированием?
25. Следующий абзац взят из статьи «Дюрация» *(Derivative Week,* 16 ноября 1992 г., с. 9): «TSA Capital Management хочет определить дюрацию используемых фьючерсных контрактов и привести ее в соответствие с долларовой дюрацией базового актива, — говорит Дэвид Дэпью, глава отдела торговли. — Дюрация фьючерсов должна соответствовать дюрации облигации, которая вероятнее всего будет поставлена по контракту…»
    a. Объясните, почему при хеджировании необходимо знать величину долларовой дюрации базового актива.
    b. Почему вместо дюрации можно использовать цену базисного пункта?
26. Одна из проблем ориентированного на обязательства инвестирования при использовании спот-рынка казначейских бумаг для хеджирования процентного риска заключается в том, что дюрация дает такую долларовую дюрацию, которая не соответствует долларовой дюрации обязательств. Объясните, как фьючерсы на ультрадолгосрочные казначейские облигации могут помочь в решении этой проблемы.
27. Вы работаете в инвестиционной компании, придерживающейся консервативных методов управления портфелем. Недавно вы попросили у начальника разрешения открыть фьючерсный счет для того, чтобы торговать не только инструментами спот-рынка, но и фьючерсами на процентные ставки. В ответ вы услышали: «Вы с ума сошли? С тем же успехом я мог бы выписать вам чек, пожелать удачи и посадить в автобус на Лас-Вегас! Рынок фьючерсов — это старая добрая игра в кости! Вам что, мало риска на рынке облигаций?» Как вы убедите начальника в необходимости использовать фьючерсы?

ГЛАВА 30

Процентные опционы

В этой главе читателю будут представлены сведения:

- об основных параметрах процентных опционов;
- о причинах использования внебиржевых процентных опционов институциональными инвесторами;
- об опционах на фьючерсные контракты, механизме их торговли и причинах популярности;
- о разнице между опционами и фьючерсами;
- о наиболее популярных опционных стратегиях;
- о факторах, влияющих на стоимость опциона;
- о внутренней и временной стоимости опциона;
- о связи между ценами пут-опциона и колл-опциона;
- о недостатках применения модели ценообразования Блэка–Шоулза к опционам на ценные бумаги с фиксированным доходом;
- об определении стоимости опционов на ценные бумаги с фиксированным доходом с помощью безарбитражной биномиальной модели;
- об использовании модели Блэка для вычисления стоимости опциона на фьючерс на процентные ставки;
- о мерах, позволяющих определить чувствительность цены опциона к факторам, обусловливающим эту цену;
- о понятии подразумеваемой волатильности;
- о вычислении дюрации опциона;
- об использовании опционов на фьючерсы в целях хеджирования.

В этой главе мы расскажем читателю о разных типах процентных опционов, их применении в управлении портфелем и об их ценообразовании.

ПОНЯТИЕ «ОПЦИОН»

Опцион — это контракт, продавец (*writer)* которого гарантирует покупателю право приобрести у продавца контракта или продать покупателю базовый актив по установленной цене в течение установленного периода времени. Продавец опциона гарантирует покупателю опциона это право в обмен на определенную сумму денег, именуемую **ценой опциона** или **премией**. Цена, по которой продается или покупается базовый актив при исполнении опциона, называется **ценой страйк** или **ценой исполнения** опциона. Дата, после которой опцион считается недействительным, носит название **даты истечения**. Американский опцион может быть исполнен в любой момент до даты истечения и в саму дату истечения. Европейский опцион исполняется только в дату истечения.

Если опцион дает его покупателю право приобрести базовый актив у продавца, он называется **колл-опционом**. Если покупатель опциона получает право продать базовый актив продавцу, речь идет о **пут-опционе**. Покупатель опциона считается стороной, занявшей длинную позицию; о продавце говорят, что он открыл по опциону короткую позицию.

Максимальная сумма, которую может потерять покупатель опциона, равна цене опциона. Максимальная прибыль, которую может получить продавец опциона, — это та же цена опциона. Покупатель опциона может получить огромную прибыль — продавец опциона в может потерпеть огромный убыток. Отношения риск/прибыль для каждой из позиций мы рассмотрим в дальнейших разделах главы.

РАЗНИЦА МЕЖДУ ОПЦИОННЫМИ И ФЬЮЧЕРСНЫМИ КОНТРАКТАМИ

Разница между опционом и фьючерсом состоит в том, что покупатель опциона вправе, но не обязан совершить некую сделку, в то время как продавец опциона имеет определенные обязательства. В случае фьючерсного контракта обязанность осуществить транзакцию лежит как на покупателе, так и на продавце. Заметим также, что в случае фьючерсного контракта покупатель не платит продавцу за то, что тот берет на себя некие обязательства; в случае опционного контракта покупатель выплачивает продавцу цену опциона.

Характеристики риска/вознаграждения опционов и фьючерсов также различны. Сторона, занявшая длинную позицию по фьючерсному контракту, реализует прибыль, когда цена фьючерса растет, и терпит убыток, когда цена фьючерса падает. Обратное верно для стороны, занявшей короткую позицию. Опционы не демонстрируют столь симметричных характеристик риска/вознаграждения. Сторона, занявшая по опциону длинную позицию, не может потерять больше, чем цена опциона. Между тем в распоряжении этой стороны огромный потенциал прибыли (однако из прибыли всегда вычитаются расходы на премию опциона). Максимальная прибыль, которую реализует короткая сторона опциона, — это цена опциона, в то же время этой позиции свойствен риск практически неограниченных убытков.

ТИПЫ ПРОЦЕНТНЫХ ОПЦИОНОВ

Процентные опционы могут иметь в качестве базовых активов инструменты спот-рынка или фьючерсы. Было время, когда на биржах торговался ряд опционных контрактов, базовыми активами которых являлись долговые инструменты. Такие контакты получили название **опционов на физические активы** *(options on physicals)*. Самым ликвидным торгующимся на бирже опционом на ценные бумаги с фиксированным доходом является опцион на казначейские облигации, торгующийся на Чикагской товарной бирже (CME). Под влиянием причин, о которых мы напишем ниже, опционы на фьючерсы были более популярными, чем опционы на физические активы. В последние годы участники рынка все больше используют опционы на казначейские и ипотечные ценные бумаги, торгующиеся на внебиржевом рынке.

Институциональные инвесторы, желающие приобрести опцион на конкретную казначейскую облигацию или сквозную ценную бумагу Ginnie Mae, могут осуществить свое намерение на внебиржевом рынке. Существуют дилеры правительственных бумаг и ипотечных бумаг, формирующие рынок опционов на конкретные бумаги. Внебиржевые (дилерские) опционы, как правило, покупаются институциональными инвесторами с целью защиты от риска, связанного с конкретной ценной бумагой. Так, сберегательное учреждение может быть заинтересовано в хеджировании своей позиции в конкретной ипотечной сквозной ценной бумаге. Срок внебиржевого опциона выбирается таким образом, чтобы он совпадал с периодом времени, в течение которого покупатель опциона хочет быть захеджированным. Покупателя такого опциона чаще всего не интересует его ликвидность. Кроме опционов на ценные бумаги с фиксированным доходом на внебиржевом рынке торгуются опционы на форму кривой доходности или опционы на спред доходностей двух ценных бумаг (скажем, спред между ипотечными и казначейскими бумагами или спред между корпоративными бумагами с рейтингом AA и казначейскими облигациями).

Торгующиеся на бирже опционы на фьючерсы

Опционы на фьючерсные контракты дают их покупателю право купить у продавца опциона или продать ему определенный фьючерсный контракт по установленной цене в любой момент в течение срока жизни опциона. Если опцион на фьючерс является колл-опционом, то покупатель опциона имеет право приобрести данный фьючерсный контракт по цене исполнения. Иными словами, покупатель имеет право открыть длинную позицию по данному фьючерсному контракту. Если покупатель исполняет колл-опцион, то продавец открывает соответствующую короткую позицию по тому же фьючерсу.

Пут-опцион на фьючерсный контракт гарантирует его покупателю право продать фьючерс продавцу опциона по цене исполнения. Таким образом, покупатель опциона получает право открыть короткую позицию по данному фьючерсу. Если пут-опцион исполняется, то продавец опциона занимает по данному фьючерсу соответствующую длинную позицию.

Механизм торговли опционами на фьючерсы

Исполнение опциона на фьючерс

При исполнении опциона на фьючерс стороны занимают позиции по фьючерсному контракту. Возникает резонный вопрос: какой будет цена фьючерса? Какую цену сторона, занявшая по фьючерсу длинную позицию, обязуется заплатить за базовый актив фьючерса и по какой цене сторона, занявшая короткую позицию, обязуется продать базовый актив?

В момент исполнения опциона цена фьючерса приравнивается к цене исполнения опциона. Позиции обеих сторон затем немедленно переоцениваются по текущей рыночной цене фьючерсов. Таким образом, обе стороны открывают позиции по преобладающим рыночным ценам на фьючерсы. Заметим, однако, что покупатель опциона в момент его исполнения получает доход за счет продавца. Продавец колл-опциона на фьючерс обязан выплатить покупателю разность между текущей рыночной ценой фьючерса и ценой исполнения опциона (в этом случае цена исполнения опциона меньше рыночной цены). Если речь идет о пут-опционе на фьючерс, то продавец опциона должен выплатить его покупателю разность цены исполнения и текущей цены фьючерса (в этом случае цена исполнения опциона больше рыночной цены).

Допустим, например, что инвестор покупает колл-опцион на фьючерсный контракт с ценой исполнения 85. Предположим также, что цена фьючерса равна 95 и что покупатель исполняет колл-опцион. В момент исполнения покупатель колл-опциона получает длинную позицию по фьючерсному контракту по цене 85. Биржа немедленно переоценивает фьючерсные позиции покупателя и продавца по рыночной цене. Поскольку преобладающая рыночная цена равна 95, а цена исполнения — 85, то длинная позиция по фьючерсам (позиция покупателя опциона) реализует доход, равный 10, в то время как короткая позиция по фьючерсам (позиция продавца колла) реализует убыток в размере 10. Продавец колл-опциона платит бирже 10, а покупатель колла получает от биржи 10. Покупатель опциона, занявший теперь длинную позицию по фьючерсам по цене 95, может либо ликвидировать эту позицию, либо сохранить ее. Если была выбрана первая альтернатива, то покупатель колла продает фьючерсный контракт по преобладающей рыночной цене 95. Ликвидация такой позиции не принесет ни дохода, ни убытка. В целом, покупатель колл-опциона реализует доход, равный 10. Покупатель колл-опциона, решивший держать позицию на рынке фьючерсов, подвергает свой капитал обычному для подобной позиции риску. Напомним, однако, что он реализует доход, равный 10, от исполнения колл-опциона.

Допустим теперь, что мы имеем дело не с колл-, а с пут-опционом, при этом текущая рыночная цена фьючерса равна не 95, а 60. Если покупатель пут-опциона исполняет его, то он занимает короткую позицию по фьючерсному контракту по цене 85; продавец опциона получает длинную позицию по фьючерсам по 85. Биржа переоценивает позицию по рыночной цене, равной 60, — покупатель пута реализует доход в размере 25; продавец пута получает убыток в размере 25. Покупатель пут-опциона, получивший теперь позицию на рынке фьючерсов по цене 60, может либо ликвидировать эту позицию, купив фьючерс по преобладающей рыночной цене 60, либо сохранить ее. В обоих случаях покупатель пут-опциона благодаря исполнению опциона реализует доход, равный 25.

Маржинальные требования

К покупателю опциона на фьючерс, после того как он полностью выплатит цену опциона, не предъявляются маржинальные требования. Напомним, что цена опциона — это максимальная величина, которую может потерять покупатель в случае неблагоприятного движения цены базового актива; необходимость в марже, таким образом, отсутствует.

Продавец опциона соглашается взять на себя весь риск (отказываясь от прибыли) позиции по базовому инструменту. Именно поэтому продавец опциона обязан не только внести маржу, требуемую для позиции по фьючерсным контрактам на процентные ставки (если такие фьючерсы являются базовым инструментом опциона), но и (за редким исключением) депонировать цену опциона, которую он получил при заключении опционного контракта. Кроме того, в случае неблагоприятного влияния движения цен на позицию продавца он будет обязан внести соответствующую вариационную маржу.

Причины популярности опционов на фьючерсы

Назовем три обстоятельства, благодаря которым предпочтение институциональных инвесторов в огромном большинстве случаев отдается не опционам на ценные бумаги, а опционным контрактам на фьючерсы на ценные бумаги с фиксированным доходом. Во-первых, в отличие от опционов на сами долговые обязательства, опционы на фьючерсы на казначейские купонные облигации не требуют выплат накопленного процентного дохода. Это значит, что в момент исполнения опциона на фьючерс покупателю колла и продавцу пута не приходится компенсировать другой стороне накопленный купонный доход.

Во-вторых, опционы на фьючерсы считаются более безопасным инструментом, поскольку с ними не связан риск дефицита ценной бумаги в момент исполнения опциона. Участникам рынка, которым предстоит осуществить поставку, не хотелось бы, чтобы на дату поставки базовый актив оказался на рынке в дефиците и, следовательно, для его приобретения понадобилось заплатить более высокую цену. Для опционов на фьючерсы, торгуемых в настоящее время, на рынке всегда имеется более чем достаточное предложение фьючерсных контрактов, а это значит, что опасностью дефицита можно пренебречь. И наконец, для того чтобы правильно оценить опцион, важно обладать полной исторической информацией о рыночных ценах базового актива. Информацию о ценах фьючерсов получить значительно легче, чем о ценах облигаций.

Спецификации наиболее популярных опционов на фьючерсы

В настоящее время торгуются опционы на все фьючерсные контракты, описанные в главе 29. Все опционы на фьючерсы относятся к американскому типу. Если покупатель опциона желает исполнить опцион до даты истечения, то он должен известить о своем намерении клиринговую корпорацию, которая случайным образом выбирает из числа своих клиентов того, кто займет короткую позицию в сделке.

Фьючерсные контракты на казначейские облигации исполняются в марте, июне, сентябре и декабре. В главе 29 были описаны процесс поставки и права, гарантированные стороне, занявшей короткую позицию. Существуют опционы на фьючерсы, которые истекают в следующие три регулярных квартальных месяца истечения. Торговля опционами на фьючерсы на казначейские облигации прекращается в месяц, предшествующий месяцу поставки по базовым фьючерсам. Опционы на фьючерсы прекращают торговаться в пятницу, по меньшей мере на пять дней предшествующую первой дате извещения о поставке по данному фьючерсу.

Конкуренцию внебиржевому *(over-the-counter — OTC)* рынку опционов составляет торговля гибкими *(flexible)* опционами на фьючерсы на казначейские долговые обязательства. Эти опционы, при соблюдении некоторых ограничений, могут быть приспособлены к конкретным нуждам сторон. В частности, в рамках требований CME могут быть выбраны цена страйк, дата истечения и тип опциона (американский или европейский). Одно из требований CME касается даты истечения гибкого опциона: срок до истечения контракта не может превышать наиболее долгий срок стандартных опционов, торгующихся на CME. В отличие от опционов OTC, покупатель которых подвергает свои инвестиции риску контрагента, гибкий опцион на фьючерсы на казначейские облигации гарантирован клиринговой палатой. Минимальный размер гибкого опциона на фьючерсы — 100 фьючерсных контрактов.

ВНУТРЕННЯЯ И ВРЕМЕННАЯ СТОИМОСТЬ ОПЦИОНА

Цена, которую платит покупатель опциона его продавцу, отражает внутреннюю стоимость опциона плюс некую дополнительную величину. Премия относительно внутренней стоимости опциона получила название **временной стоимости**.

Внутренняя стоимость опциона

Внутренняя стоимость опциона — это экономическая стоимость опциона в случае немедленного его исполнения. Поскольку покупатель опциона не обязан исполнять опцион и, конечно, не исполнит его, если не сможет получить от сделки экономическую выгоду, внутренняя стоимость опциона не может быть меньше нуля.

Колл-опцион

Внутренняя стоимость колл-опциона на облигацию — это разность между ценой облигации и ценой страйк. Так, если цена страйк опциона равна $100, а текущая рыночная стоимость облигации — $105, то внутренняя стоимость составит $5. Покупатель колл-опциона, исполняющий опцион и одновременно продающий облигацию на рынке, может выручить $105 от продажи: $100 пойдет на приобретение облигации у продавца опциона; чистый доход составит, соответственно, $5.

Колл-опцион, имеющий внутреннюю стоимость, называется опционом **при деньгах** *(in-the-money)*. Наш колл-опцион с ценой страйк $100 — становится опционом при деньгах, когда рыночная цена базовой облигации превышает $100. Если цена страйк колл-опциона больше цены облигации, то колл-опцион называется опционом **«не при деньгах»** *(out-of-the-money)* и не имеет внутренней стоимости. Опцион, цена страйк которого равна текущей рыночной цене облигации, — это опцион **«при своих»** *(at-the-money)*. Опцион «при своих» и опцион «не при деньгах» имеют нулевую внутреннюю стоимость, так как исполнять оба этих опциона невыгодно.

Пут-опцион

Внутренняя стоимость пут-опциона на облигацию — это величина, на которую рыночная цена облигации меньше цены страйк. Так, если цена страйк пут-опциона равна $100, а текущая рыночная цена облигации — $92, то внутренняя стоимость составит $8. Покупатель пут-опциона, который исполняет пут-опцион и одновременно приобретает облигацию на рынке, получит чистый доход в размере $8, так как облигация будет продана продавцу опциона по $100 и куплена на рынке по $92.

Если пут-опцион имеет внутреннюю стоимость, он является опционом при деньгах. Наш пут-опцион с ценой страйк $100 будет при деньгах, когда цена облигации на рынке меньше $100. Пут-опцион называется опционом «не при деньгах», если текущая рыночная цена облигации превышает цену страйк. Пут-опцион является опционом «при своих», когда цена страйк равна цене облигации.

Временная стоимость опциона

Временная стоимость опциона — это величина, на которую цена опциона превосходит внутреннюю стоимость. Покупатель опциона надеется на то, что в некоторую дату, предшествующую истечению контракта, изменение рыночной доходности увеличит стоимость прав, гарантированных опционом. Рассуждающий таким образом покупатель опциона готов выплатить определенную премию относительно внутренней стоимости опциона. Допустим, что цена колл-опциона с ценой страйк $100 равна $9 при текущей цене облигации $105: в этом случае временная стоимость опциона равна $4 ($9 минус внутренняя стоимость опциона, т. е. $5). Если текущая цена облигации не $105, а $90, то временная стоимость нашего опциона равна $9, поскольку внутренняя стоимость у него отсутствует.

Покупатель опциона может реализовать стоимость открытой им на рынке опционов позиции двумя способами. Во-первых, инвестор может исполнить опцион. В случае опциона на фьючерс, исполняя опцион, покупатель открывает позицию по базовому фьючерсному контракту по текущей рыночной цене фьючерса и получает от продавца опциона разницу между текущей ценой фьючерса и ценой страйк. Инвестор затем может продать фьючерс по текущей рыночной цене. Рассмотрим наш гипотетический колл-опцион с ценой страйк $100 и ценой опциона $9; текущая цена фьючерса равна $105. Если покупатель исполняет опцион, он открывает длинную позицию по фьючерсному контракту по текущей рыночной цене $105. Продавец опциона выплатит покупателю $5 (разницу между текущей рыночной ценой $105 и ценой страйк $100). Если покупатель опциона затем продаст базовый фьючерс по цене $105, он получит общую выручку от ликвидации своей опционной позиции, равную $5.

Второй способ реализации стоимости опциона — продажа колл-опциона на рынке по $9. По-видимому, в нашем случае это более предпочтительный способ, поскольку исполнение опциона приведет к потере временной стоимости ($4).

Будет опцион исполнен до даты истечения или нет, зависит от того, будет ли общая прибыль на дату истечения больше в случае держания опциона или в случае его досрочного исполнения и реинвестиции полученной выручки на период, оставшийся до даты истечения.

ПРИБЫЛЬ И УБЫТОК В ПРОСТЫХ СТРАТЕГИЯХ НЕПОКРЫТОГО ОПЦИОНА

Для того чтобы понять, насколько выгодно работать с опционами на процентные ставки, следует представлять себе характер прибыли и убытков, возможных при разных опционных стратегиях. Начнем наш анализ с рассмотрения простейших стратегий, предполагающих использование одного опциона на облигацию, стратегий, получивших название **стратегий непокрытого опциона** *(naked option strategies)*. «Непокрытой» позиция оказывается, поскольку инвестор не занимает одновременно с ней других позиций на рынке опционов или облигаций. *Предлагаемый здесь анализ прибыли и убытков строится исходя из предположения о том, что всякая позиция по опциону держится до даты истечения и опцион до этой даты не исполняется.* Кроме того, для упрощения иллюстрации мы считаем, что стратегия не предполагает никаких транзакционных издержек.

Здесь мы рассмотрим четыре опционных стратегии: 1) стратегию длинного колла (покупка колл-опциона), 2) стратегию короткого колла (продажа колл-опциона), 3) стратегию длинного пута (покупка пут-опциона) и 4) стратегию короткого пута (продажа пут-опциона).

Стратегия длинного колла (покупка колл-опциона)

Самая простая опционная стратегия, которую может применить участник рынка, ожидающий падения процентных ставок (увеличения цены облигаций), — это покупка колл-опциона на долговой инструмент. Этот метод получил название стратегии длинного колла. В качестве иллюстрации стратегии рассмотрим колл-опцион на облигацию с купоном 8%, номиналом \$100 и сроком до погашения 20 лет и один месяц. Колл-опцион истекает через один месяц, его цена страйк равна \$100. Цена опциона — \$3. Наш опцион — опцион на инструмент спот-рынка, однако та же стратегия может быть применена к опциону на фьючерс.

Предположим, что текущая рыночная цена облигации равна \$100 (т. е. облигация торгуется по номиналу); доходность этой облигации в настоящий момент составляет, таким образом, 8%. Поскольку цена страйк равна текущей цене облигации, опцион является опционом «при своих». Какими будут прибыль или убыток инвестора, если он приобретет колл-опцион и будет держать его до даты истечения?

Прибыль или убыток, обусловленные использованием стратегии, зависят от цены облигации в дату истечения опциона. Цена, в свою очередь, будет обусловлена доходностью 20-летней облигации с купоном 8% (через один месяц срок до погашения облигации составит 20 лет). В табл. 30.1 приведены цены 20-летних облигаций с купоном 8% при доходностях в интервале от 4 до 12%. Применение стратегии дает один из пяти возможных результатов.

1. Если цена облигации в дату истечения меньше \$100 (ситуация, возможная при рыночной доходности, превышающей 8%), инвестор

не станет исполнять опцион. (Для чего заниматься его исполнением и выплачивать продавцу $100, если та же облигация может быть куплена на рынке дешевле?) В этом случае продавец опциона теряет всю цену опциона, равную $3. Обратите внимание на то, что это максимальный убыток, который может получить покупатель опциона вне зависимости от того, насколько упала цена облигации.

Таблица 30.1. Взаимосвязь цена/доходность для 20-летней облигации с купоном 8%

Доходность	Цена	Доходность	Цена
4,0	154,71	8,1	99,02
4,2	151,08	8,2	98,05
4,4	147,56	8,3	97,10
4,6	144,15	8,4	96,16
4,8	140,85	8,5	95,23
5,0	137,65	8,6	94,32
5,2	134,56	8,7	93,42
5,4	131,56	8,8	92,53
5,6	128,66	8,9	91,66
5,8	125,84	9,0	90,80
6,0	123,11	9,1	89,95
6,1	121,78	9,2	89,11
6,2	120,47	9,3	88,29
6,3	119,18	9,4	87,48
6,4	117,91	9,5	86,68
6,5	116,66	9,6	85,89
6,6	115,42	9,7	85,11
6,7	114,21	9,8	84,34
6,8	113,01	9,9	83,59
6,9	111,84	10,0	82,84
7,0	110,68	10,2	81,38
7,1	109,54	10,4	79,96
7,2	108,41	10,6	78,58
7,3	107,30	10,8	77,24
7,4	106,21	11,0	75,93

Окончание табл. 30.1

Доходность	Цена	Доходность	Цена
7,5	105,14	11,2	74,66
7,6	104,08	11,4	73,42
7,7	103,04	11,6	72,22
7,8	102,01	11,8	71,05
7,9	101,00	12,0	69,91
8,0	100,00		

2. Если цена облигации равна $100 (т. е. рыночная доходность по-прежнему равна 8%), исполнение опциона не принесет никакой экономической выгоды. Как и в случае цены меньшей, чем $100, покупатель колл-опциона потеряет всю цену опциона — $3.
3. Если цена облигации больше $100, но меньше $103 (т. е. рыночная доходность меньше 8%, но больше 7,70% — см. табл. 30.1), покупатель опциона захочет его исполнить. Исполняя опцион, покупатель приобретает облигацию по $100 (по цене страйк) и имеет возможность продать ее на рынке по более высокой цене. Предположим, например, что рыночная доходность в дату истечения опциона составляет 7,8%, а цена облигации, соответственно, равна $102. Покупатель колл-опциона, исполняя его, получает доход в размере $2 — величина, из которой следует вычесть расходы на приобретение опциона, т. е. $3. Получаем результат: общий убыток в размере $1. Если инвестор не исполнит опцион, то убыток составит $3.
4. Если цена облигации в дату истечения опциона составит $103 (доходность около 7,70%), то инвестор исполнит колл-опцион. В этом случае инвестор «остается при своих», реализуя доход в размере $3 на облигации и компенсируя им стоимость опциона — $3. Чистая прибыль отсутствует, однако приобретение опциона окупается.
5. Если цена облигации в дату истечения опциона превысит $103 (рыночная доходность меньше 7,70%), то инвестор исполнит опцион и реализует прибыль. Представим, что цена облигации поднялась до $113, поскольку рыночная доходность упала с 8 до 6,8%: исполнение опциона принесет в этом случае доход в размере $13. Уменьшим полученную величину на цену приобретения опциона ($3) и получим значение $10 — размер чистой прибыли инвестора, использующего эту стратегию.

В табл. 30.2 демонстрируются прибыль / убытки покупателя гипотетического колл-опциона; диаграмма на рис. 30.1 представляет ту же информацию графически. Точка безубыточности и убытки стратегии будут зависеть от конкретной цены опциона и цены страйк. Между тем форма кривой, изображенной на рис. 30.1, останется неизменной вне зависимости от того, какой именно опцион будет куплен. Форма кривой указывает на значительный потенциал прибыли при ограниченном ценой опциона убытке.

Таблица 30.2. Профиль прибыли/убытка для стратегии длинного колла
Исходные данные
Цена колл-опциона: 3
Цена страйк: 100
Время до истечения контракта: 1 месяц

Рыночная доходность	В дату истечения		Рыночная доходность	В дату истечения	
	Цена облигации	Чистая прибыль		Цена облигации	Чистая прибыль
4,0	154,71	51,71	8,1	99,02	–3,00
4,2	151,08	48,08	8,2	98,05	–3,00
4,4	147,56	44,56	8,3	97,10	–3,00
4,6	144,15	41,15	8,4	96,16	–3,00
4,8	140,85	37,85	8,5	95,23	–3,00
5,0	137,65	34,65	8,6	94,32	–3,00
5,2	134,56	31,56	8,7	93,42	–3,00
5,4	131,56	28,56	8,8	92,53	–3,00
5,6	128,66	25,66	8,9	91,66	–3,00
5,8	125,84	22,84	9,0	90,80	–3,00
6,0	123,11	20,11	9,1	89,95	–3,00
6,1	121,78	18,78	9,2	89,11	–3,00
6,2	120,47	17,47	9,3	88,29	–3,00
6,3	119,18	16,18	9,4	87,48	–3,00
6,4	117,91	14,91	9,5	86,68	–3,00
6,5	116,66	13,66	9,6	85,89	–3,00
6,6	115,42	12,42	9,7	85,11	–3,00
6,7	114,21	11,21	9,8	84,34	–3,00
6,8	113,01	10,01	9,9	83,59	–3,00
6,9	111,84	8,84	10,0	82,84	–3,00
7,0	110,68	7,68	10,2	81,38	–3,00
7,1	109,54	6,54	10,4	79,96	–3,00
7,2	108,41	5,41	10,6	78,58	–3,00

Окончание табл. 30.2

В дату истечения			В дату истечения		
Рыночная доходность	Цена облигации	Чистая прибыль	Рыночная доходность	Цена облигации	Чистая прибыль
7,3	107,30	4,30	10,8	77,24	–3,00
7,4	106,21	3,21	11,0	75,93	–3,00
7,5	105,14	2,14	11,2	74,66	–3,00
7,6	104,08	1,08	11,4	73,42	–3,00
7,7	103,04	0,04	11,6	72,22	–3,00
7,8	102,01	–0,99	11,8	71,05	–3,00
7,9	101,00	–2,00	12,0	69,91	–3,00
8,0	100,00	–3,00			

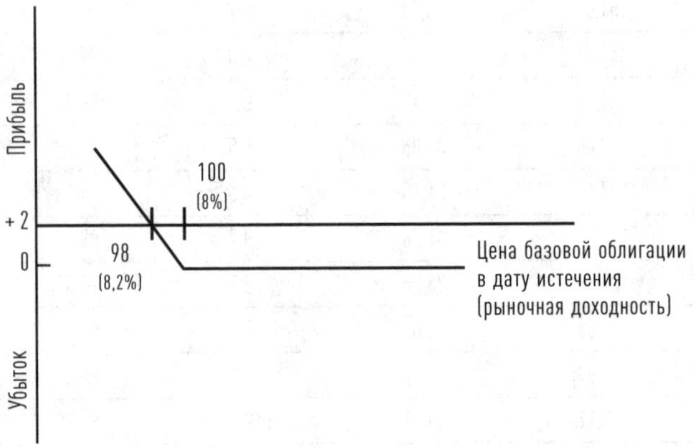

Рис. 30.1. Диаграмма прибыли/убытков стратегии длинного колла

Полезно сравнить профиль прибыли/убытка покупателя колл-опциона с профилем прибыли/убытка участника рынка, занявшего длинную позицию в самой облигации. Результат длинной позиции на рынке облигаций зависит от цены облигации в дату истечения опциона, а значит, от рыночной доходности в эту дату. Еще раз рассмотрим пять ситуаций, описанных выше.

1. Цена облигации в дату истечения опциона меньше $100 (рыночная доходность поднялась выше уровня 8%): инвестор теряет всю цену опциона — $3. Участник рынка, занявший длинную позицию по облигациям, получит один из трех возможных результатов.

   a. Если цена облигации ниже $100 (рыночная доходность выше 8%), но выше $97 (рыночная доходность ниже 8,3%), то убыток стратегии окажется меньше $3.
   b. Если цена облигации равна $97 (рыночная доходность около 8,3%), то убыток длинной позиции по облигациям равен $3.
   c. Если цена облигации ниже $97, то убыток превысит $3. Так, если цена облигации в дату истечения опциона равна $80 (рыночная доходность выросла до 10,4%), то инвестор, имеющий длинную позицию по облигациям, реализует убыток в размере $20.
2. Если цена облигации на дату истечения опциона равна $100 (рыночная доходность не изменилась), то покупатель колл-опциона реализует убыток $3 (расходы на покупку опциона). Длинная позиция по облигациям не принесет ни прибыли, ни убытка.
3. Если цена облигации больше $100 (доходность упала ниже 8%), но меньше $103 (уровень рыночной доходности 7,70%), покупатель опциона реализует убыток меньший, чем $3; длинная позиция по облигациям принесет прибыль.
4. Если рыночная доходность падает до 7,70% и цена облигации в дату истечения опциона составляет $103, то покупка колл-опциона не принесет ни прибыли, ни убытка. Длинная позиция по облигациям позволит получить прибыль $3.
5. Если цена облигации в дату истечения опциона выше $103 (рыночная доходность упала ниже уровня 7,70%), то как покупка колл-опциона, так и длинная позиция по облигациям принесут прибыль. Заметим, однако, что прибыль покупателя колл-опциона окажется на $3 меньше прибыли участника рынка, занявшего длинную позицию в облигациях. Так, если рыночная доходность падает до 6,8% и цена облигации доходит до $113, то прибыль от стратегии длинного колла равна $10, в то время как прибыль от длинной позиции в облигациях — $13.

В табл. 30.3 стратегия длинной позиции по облигациям сопоставляется со стратегией длинного колла. Сравнение двух стратегий позволяет понять, какие возможности изменения профиля риск/доходность предоставляют инвестору опционы. Инвестор, занимающий длинную позицию в облигациях, в ситуации падения доходности реализует прибыль $1 при каждом увеличении цены облигации на $1. В то же время рост рыночной доходности связан с аналогичным убытком. Таким образом, если цена падает более чем на $3, эта стратегия приведет к убытку, превышающему $3. Стратегия длинного колла, напротив, позволяет ограничить убыток суммой $3, имея потенциал прибыли, которая будет всего на $3 меньше, чем прибыль от длинной позиции по облигации.

Таблица 30.3. Сравнение стратегии длинного колла со стратегией длинной позиции в облигациях

Исходные данные
Текущая цена облигации: 100
Цена колл-опциона: 3
Цена страйк: 100
Время до истечения контракта: 1 месяц

В дату истечения		Прибыль		В дату истечения		Прибыль	
Рыночная доходность	Цена облигации	Длинная позиция по колл-опциону	Длинная позиция по облигации	Рыночная доходность	Цена облигации	Длинная позиция по колл-опциону	Длинная позиция по облигации
4,0	154,71	51,71	54,71	8,1	99,02	−3,00	−0,98
4,2	151,08	48,08	51,08	8,2	98,05	−3,00	−1,95
4,4	147,56	44,56	47,56	8,3	97,10	−3,00	−2,90
4,6	144,15	41,15	44,15	8,4	96,16	−3,00	−3,84
4,8	140,85	37,85	40,85	8,5	95,23	−3,00	−4,77
5,0	137,65	34,65	37,65	8,6	94,32	−3,00	−5,68
5,2	134,56	31,56	34,56	8,7	93,42	−3,00	−6,58
5,4	131,56	28,56	31,56	8,8	92,53	−3,00	−7,47
5,6	128,66	25,66	28,66	8,9	91,66	−3,00	−8,34
5,8	125,84	22,84	25,84	9,0	90,80	−3,00	−9,20
6,0	123,11	20,11	23,11	9,1	89,95	−3,00	−10,05
6,1	121,78	18,78	21,78	9,2	89,11	−3,00	−10,89
6,2	120,47	17,47	20,47	9,3	88,29	−3,00	−11,71
6,3	119,18	16,18	19,18	9,4	87,48	−3,00	−12,52
6,4	117,91	14,91	17,91	9,5	86,68	−3,00	−13,32
6,5	116,66	13,66	16,66	9,6	85,89	−3,00	−14,11
6,6	115,42	12,42	15,42	9,7	85,11	−3,00	−14,89
6,7	114,21	11,21	14,21	9,8	84,34	−3,00	−15,66
6,8	113,01	10,01	13,01	9,9	83,59	−3,00	−16,41
6,9	111,84	8,84	11,84	10,0	82,84	−3,00	−17,16
7,0	110,68	7,68	10,68	10,2	81,38	−3,00	−18,62
7,1	109,54	6,54	9,54	10,4	79,96	−3,00	−20,04

Окончание табл. 30.3

В дату истечения		Прибыль		В дату истечения		Прибыль	
Рыночная доходность	Цена облигации	Длинная позиция по колл-опциону	Длинная позиция по облигации	Рыночная доходность	Цена облигации	Длинная позиция по колл-опциону	Длинная позиция по облигации
7,2	108,41	5,41	8,41	10,6	78,58	−3,00	−21,42
7,3	107,30	4,30	7,30	10,8	77,24	−3,00	−22,76
7,4	106,21	3,21	6,21	11,0	75,93	−3,00	−24,07
7,5	105,14	2,14	5,14	11,2	74,66	−3,00	−25,34
7,6	104,08	1,08	4,08	11,4	73,42	−3,00	−26,58
7,7	103,04	0,04	3,04	11,6	72,22	−3,00	−27,78
7,8	102,01	−0,99	2,01	11,8	71,05	−3,00	−28,95
7,9	101,00	−2,00	1,00	12,0	69,91	−3,00	−30,09
8,0	100,00	−3,00	0,00				

Преимущества, которые предоставляют опционы спекулянту, мы продемонстрируем на следующем примере. Допустим, что инвестор с большой степенью уверенности предсказывает падение рыночной доходности через месяц. Если цена опциона равна $3, то на каждые инвестированные $100 спекулянт может приобрести 33,33 колл-опциона. Итак, если рыночная доходность падает, то спекулянт получит прибыль, связанную с изменением цен 33,33 облигации номиналом $100 каждая (общий номинал $3333). На те же $100 инвестор может купить всего одну облигацию номиналом $100 и реализовать прибыль, связанную с изменением цены этой единственной облигации. Допустим теперь, что через месяц рыночная доходность падает до 6% и цена вырастает до $123,11. Стратегия длинного колла принесет прибыль в размере $670,26 ($23,11 × 33,33 — $100), в процентном соотношении прибыль составит 670% на инвестированные в колл-опционы $100. Стратегия длинной позиции в облигациях позволит получить всего $23,11, т. е. прибыль в размере 23% на инвестированные $100.

Инвесторов, желающих спекулировать на изменении процентных ставок, привлекает в первую очередь кредитное плечо, доступное на рынке опционов. Впрочем, описанная стратегия имеет свои недостатки. Предположим, что рыночная доходность в дату истечения опциона не изменилась и цена облигации по-прежнему равна $100. Стратегия длинного колла приведет к потере всех инвестированных $100, тогда как длинная позиция в облигациях не даст ни прибыли, ни убытка.

Стратегия короткого колла (продажа колл-опциона)

Инвестор, который полагает, что процентные ставки вырастут или останутся прежними, в случае если его предсказания сбудутся, может получить прибыль с помощью продажи колл-опциона. Такая стратегия носит название стратегии короткого колла.

В качестве иллюстрации рассмотрим колл-опцион, уже анализировавшийся нами в связи со стратегией длинного колла. Профиль прибыли/убытка стратегии короткого колла (позиции продавца колл-опциона) является зеркальным отражением профиля прибыли/убытка стратегии длинного колла (позиции покупателя колл-опциона). Иными словами, прибыль (убыток) короткой позиции по колл-опциону при данной цене облигации в дату истечения равна убытку (прибыли) длинной позиции по колл-опциону. Соответственно максимальная прибыль, которую позволяет реализовать стратегия короткого колла, — это цена опциона. Между тем максимальный убыток ограничен только возможностями роста цены (т. е. возможностями падения рыночной доходности) к дате истечения опциона. На рис. 30.2 показана диаграмма прибыли/убытка стратегии короткого колла.

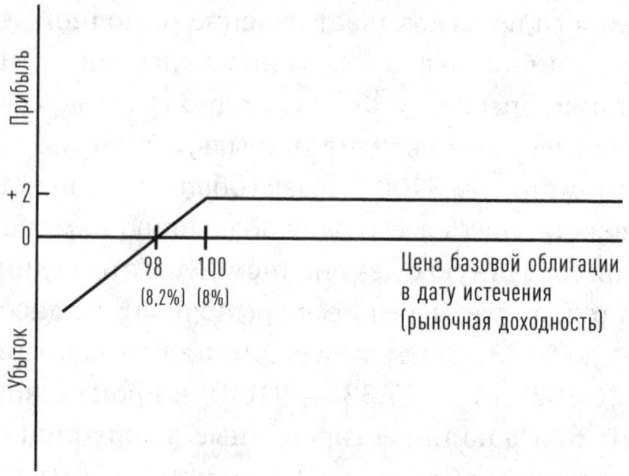

Рис. 30.2. Диаграмма прибыли/убытков стратегии короткого колла

Стратегия длинного пута (покупка пут-опциона)

Наиболее простая опционная стратегия, позволяющая получить прибыль от предполагаемого роста процентных ставок, — покупка пут-опциона. Такая стратегия называется стратегией длинного пута.

В качестве примера рассмотрим гипотетический пут-опцион на облигацию с купоном 8%, номиналом $100, сроком до погашения 20 лет и один месяц; цена страйк равна $100, опцион продается за $2. Текущая рыночная цена облигации составляет $100 (доходность 8%); таким образом, наш пут-опцион — это опцион «при своих». Прибыль или убыток в дату истечения опционного контракта зависит от рыночной доходности в эту дату. Возможны следующие варианты.

1. Если цена облигации выше $100, поскольку рыночная доходность ниже 8%, то покупатель пута не исполнит опцион: исполнение будет означать продажу облигации продавцу опциона по цене более низкой, чем рыночная. Соответственно, стратегия длинного пута принесет убыток, равный $2 (цене опциона). Напомним, что цена опциона является максимальным убытком, возможным для покупателя пут-опциона.
2. Если цена облигации в момент истечения опциона составит $100, поскольку рыночная доходность осталась на уровне 8%, то пут-опцион не будет исполнен, а значит, длинная позиция по пут-опциону принесет убыток, равный цене опциона — $2.
3. Любое значение цены облигации, более низкое, чем $100 (при рыночной доходности, поднявшейся выше 8%), однако более высокое, чем $98 (рыночная доходность около 8,2%), будет означать убыток. Между тем исполнение опциона позволит сократить размер убытка до уровня меньшего, чем цена опциона ($2). Предположим, например, что рыночная доходность поднимается до 8,6% и цена облигации в момент исполнения опциона равняется $99,03. Исполнив опцион, его покупатель реализует убыток, равный $1,03. Покупатель пут-опциона может продать облигацию, купленную на рынке за $99,03, продавцу опциона по цене $100 и реализовать доход, равный $0,97. Уменьшим доход на цену опциона ($2) и получим чистый убыток в размере $1,03.
4. При цене облигации, равной $98 (рыночная доходность около 8,2%) в дату истечения опциона, стратегия длинного пута позволит выйти в ноль: инвестор, продавая облигации продавцу опциона по $100, получит доход в размере $2 и компенсирует этим доходом стоимость опциона ($2).
5. Если рыночная доходность вырастет выше уровня 8,2% и цена облигации в дату истечения упадет ниже $98, то длинная позиция по пут-опциону позволит реализовать прибыль. Так, если рыночная доходность увеличивается на 260 базисных пунктов (с 8 до 10,6%), то цена облигации в дату истечения опциона составит $78,58. Стратегия

длинного пута позволит получить прибыль в размере $19,42: доход $21,42 от исполнения опциона минус стоимость опциона $2.

Профиль прибыли и убытка для стратегии длинного пута приведены в табличной форме (табл. 30.4) и графической форме (рис. 30.3). Как и во всех других длинных опционных позициях убыток ограничен ценой опциона. Потенциал прибыли, однако, значителен, теоретический максимум прибыли достигается, когда цена облигации падает до нуля.

Таблица 30.4. Профиль прибыли/убытка для стратегии длинного пута

Исходные данные
Цена пут-опциона: 2
Цена страйк: 100
Время до истечения контракта: 1 месяц

	В дату истечения			В дату истечения	
Рыночная доходность	Цена облигации	Чистая прибыль	Рыночная доходность	Цена облигации	Чистая прибыль
4,0	154,71	–2,00	8,1	99,02	–1,92
4,2	151,08	–2,00	8,2	98,05	–0,05
4,4	147,56	–2,00	8,3	97,10	0,90
4,6	144,15	–2,00	8,4	96,16	1,84
4,8	140,85	–2,00	8,5	95,23	2,77
5,0	137,65	–2,00	8,6	94,32	3,68
5,2	134,56	–2,00	8,7	93,42	4,58
5,4	131,56	–2,00	8,8	92,53	5,47
5,6	128,66	–2,00	8,9	91,66	6,34
5,8	125,84	–2,00	9,0	90,80	7,20
6,0	123,11	–2,00	9,1	89,95	8,05
6,1	121,78	–2,00	9,2	89,11	8,89
6,2	120,47	–2,00	9,3	88,29	9,71
6,3	119,18	–2,00	9,4	87,48	10,52
6,4	117,91	–2,00	9,5	86,68	11,32
6,5	116,66	–2,00	9,6	85,89	12,11
6,6	115,42	–2,00	9,7	85,11	12,89
6,7	114,21	–2,00	9,8	84,34	13,66
6,8	113,01	–2,00	9,9	83,59	14,41

Окончание табл. 30.4

Рыночная доходность	В дату истечения Цена облигации	Чистая прибыль	Рыночная доходность	В дату истечения Цена облигации	Чистая прибыль
6,9	111,84	−2,00	10,0	82,84	15,16
7,0	110,68	−2,00	10,2	81,38	16,62
7,1	109,54	−2,00	10,4	79,96	18,04
7,2	108,41	−2,00	10,6	78,58	19,42
7,3	107,30	−2,00	10,8	77,24	20,76
7,4	106,21	−2,00	11,0	75,93	22,07
7,5	105,14	−2,00	11,2	74,66	23,34
7,6	104,08	−2,00	11,4	73,42	24,58
7,7	103,04	−2,00	11,6	72,22	25,78
7,8	102,01	−2,00	11,8	71,05	26,95
7,9	101,00	−2,00	12,0	69,91	28,09
8,0	100,00	−2,00			

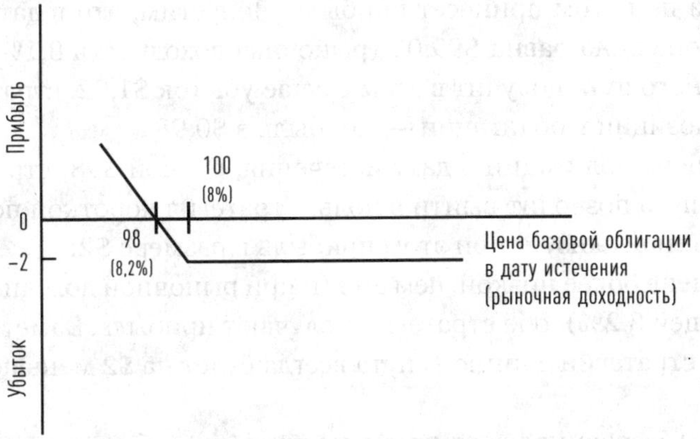

Рис. 30.3. Диаграмма прибыли/убытков стратегии длинного пута

Сравним профили риск/доходность стратегии длинного пута и позиции на рынке облигаций. Длинную позицию по пут-опциону следует сопоставлять с короткой позицией в облигациях, поскольку обе стратегии получают прибыль в случае роста доходности (падения цены). Допустим, что инвестор продает в короткую облигации по $100. Короткая позиция в облигациях даст следующий результат.

1. Если цена облигации поднимется выше $100 в результате снижения рыночной доходности, длинная позиция по пут-опциону принесет убыток, равный $2; для короткой позиции в облигациях возможны три сценария.
   a. Цена облигации ниже $102 (доходность выше 7,80%) — убыток окажется меньше $2.
   b. Цена облигации равна $102. В этом случае убыток будет равен $2, т. е. убытку длинной позиции по пут-опциону.
   c. Цена облигации выше, чем $102, — убыток превысит $2. Представим, например, что цена облигации составляет $125,84 (доходность упала до 5,8%). В этом случае короткая позиция в облигациях реализует убыток в $25,84: короткий продавец вынужден заплатить $125,84 за инструмент, который он продал в короткую по $100.
2. Если цена облигации при истечении опциона равна $100, поскольку рыночная доходность не изменилась, стратегия длинного пута реализует убыток $2, а стратегия короткой позиции в облигации не принесет ни прибыли, ни убытка.
3. Любая цена, более низкая, чем $100, но более высокая, чем $98 (рыночная доходность около 8,2%), приведет к убытку стратегии длинного пута, меньшему, чем $2. Стратегия короткой позиции в облигации при этом принесет прибыль. Допустим, что в дату истечения опциона цена равна $99,02 (рыночная доходность 8,1%): стратегия длинного пута получит в этом случае убыток $1,02, стратегия короткой позиции в облигации — прибыль в $0,98.
4. При цене облигации в дату истечения, равной $98, стратегия длинного пута позволит выйти в ноль. Стратегия короткой позиции в облигации реализует при этом прибыль в размере $2.
5. При цене более низкой, чем $98 (и при рыночной доходности, превышающей 8,2%), обе стратегии получают прибыль. Заметим, что прибыль стратегии длинного пута всегда будет на $2 меньше.

В табл. 30.5 сравниваются профили прибыли/убытка стратегии длинного пута и стратегии короткой продажи облигаций. В то время как инвестор, открывающий короткую позицию в облигациях, имеет возможность заработать на всем потенциале благоприятного изменения цен на облигацию и принимает весь риск неблагоприятного изменения, участник рынка, применяющий стратегию длинного пута, сохраняя возможность получения прибыли, ограничивает риск убытков. Напомним, однако, что прибыль стратегии длинного пута всегда меньше прибыли стратегии короткой позиции по облигациям на величину, равную цене опциона.

Таблица 30.5. Сравнение стратегии длинного пута со стратегией короткой позиции в облигациях

Исходные данные
Текущая цена облигации: 100
Цена пут-опциона: 2
Цена страйк: 100
Время до истечения контракта: 1 месяц

В дату истечения		Прибыль		В дату истечения		Прибыль	
Рыночная доходность	Цена облигации	Длинная позиция по пут-опциону	Короткая позиция в облигации	Рыночная доходность	Цена облигации	Длинная позиция по пут-опциону	Короткая позиция в облигации
4,0	154,71	−2,00	−54,71	8,1	99,02	−1,02	0,98
4,2	151,08	−2,00	−51,08	8,2	98,05	−0,05	1,95
4,4	147,56	−2,00	−47,56	8,3	97,10	0,90	2,90
4,6	144,15	−2,00	−44,15	8,4	96,16	1,84	3,84
4,8	140,85	−2,00	−40,85	8,5	95,23	2,77	4,77
5,0	137,65	−2,00	−37,65	8,6	94,32	3,68	5,68
5,2	134,56	−2,00	−34,56	8,7	93,42	4,58	6,58
5,4	131,56	−2,00	−31,56	8,8	92,53	5,47	7,47
5,6	128,66	−2,00	−28,66	8,9	91,66	6,34	8,34
5,8	125,84	−2,00	−25,84	9,0	90,80	7,20	9,20
6,0	123,11	−2,00	−23,11	9,1	89,95	8,05	10,05
6,1	121,78	−2,00	−21,78	9,2	89,11	8,89	10,89
6,2	120,47	−2,00	−20,47	9,3	88,29	9,71	11,71
6,3	119,18	−2,00	−19,18	9,4	87,48	10,52	12,52
6,4	117,91	−2,00	−17,91	9,5	86,68	11,32	13,32
6,5	116,66	−2,00	−16,66	9,6	85,89	12,11	14,11
6,6	115,42	−2,00	−15,42	9,7	85,11	12,89	14,89
6,7	114,21	−2,00	−14,21	9,8	84,34	13,66	15,66
6,8	113,01	−2,00	−13,01	9,9	83,59	14,41	16,41
6,9	111,84	−2,00	−11,84	10,0	82,84	15,16	17,16
7,0	110,68	−2,00	−10,68	10,2	81,38	16,62	18,62
7,1	109,54	−2,00	−9,54	10,4	79,96	18,04	20,04
7,2	108,41	−2,00	−8,41	10,6	78,58	19,42	21,42
7,3	107,30	−2,00	−7,30	10,8	77,24	20,76	22,76
7,4	106,21	−2,00	−6,21	11,0	75,93	22,07	24,07
7,5	105,14	−2,00	−5,14	11,2	74,66	23,34	25,34

Окончание табл. 30.5

В дату истечения		Прибыль		В дату истечения		Прибыль	
Рыночная доходность	Цена облигации	Длинная позиция по пут-опциону	Короткая позиция в облигации	Рыночная доходность	Цена облигации	Длинная позиция по пут-опциону	Короткая позиция в облигации
7,6	104,08	−2,00	−4,08	11,4	73,42	24,58	26,58
7,7	103,04	−2,00	−3,04	11,6	72,22	25,78	27,78
7,8	102,01	−2,00	−2,01	11,8	71,05	26,95	28,95
7,9	101,00	−2,00	−1,00	12,0	69,91	28,09	30,09
8,0	100,00	−2,00	0,00				

Стратегия короткого пута (продажа пут-опциона)

Последняя позиция по непокрытому опциону, которую мы рассмотрим, — стратегия короткого пута. Стратегия короткого пута предполагает продажу пут-опциона. Эта стратегия применяется, когда инвестор ожидает, что процентные ставки упадут или останутся неизменными, так что цена либо останется на прежнем уровне, либо вырастет. Прибыль и убыток стратегии короткого пута — зеркальное отражение результатов стратегии длинного пута. Максимальный убыток ограничен только возможностями падения цены в дату истечения опциона. На рис. 30.4 профиль прибыли/убытка стратегии представлен в графическом виде.

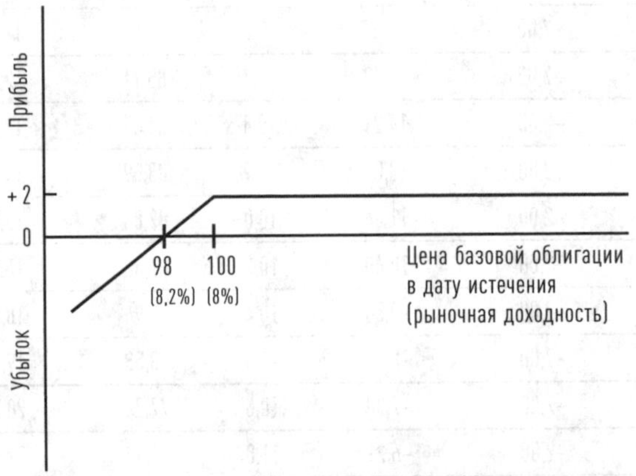

Рис. 30.4. Диаграмма прибыли/убытка стратегии короткого пута

Итак, стратегии длинного колла и короткого пута позволяют инвестору получить прибыль при росте цен на облигации (падении процентных ставок). Стратегии короткого колла и длинного пута позволяют инвестору выигрывать, если цены на облигации падают (процентные ставки растут). Инвестор должен использовать эти стратегии следующим образом:

Рыночная ситуация	*Стратегия*
Очень бычья	Купить колл
Слегка бычья	Продать пут
Слегка медвежья	Продать колл
Очень медвежья	Купить пут

Влияние на результат стратегии временной стоимости денег

В нашей иллюстрации четырех стратегий непокрытого опциона не была принята в расчет временная стоимость денег. Напомним между тем, что покупатель должен в момент приобретения опциона выплатить продавцу цену опциона. Это значит, что покупателю придется либо финансировать цену покупки опциона, либо, если он обладает необходимой суммой, терять процент, который он получил бы от инвестирования цены опциона на период до даты истечения. Продавец, если он не обязан депонировать цену опциона как маржу для короткой позиции, напротив, получает возможность инвестировать эту сумму.

Учет временной стоимости денег изменяет профиль прибыли позиции по непокрытому опциону. Цены безубыточности покупателя и продавца опциона будут отличаться от значений, показанных ранее в наших примерах. Цена базового актива в дату истечения опциона, позволяющая выйти в ноль покупателю, будет выше; цена безубыточности для продавца опциона — ниже.

Временную стоимость денег мы не учитывали и при сравнении результатов опционных стратегий с результатами стратегий открытия позиций на рынке базовых инструментов. Между тем если базовым инструментом является торгующаяся на наличном рынке купонная ценная бумага, купонные выплаты могут совершаться в промежутке между моментом приобретения опциона и датой его истечения. Полученные купонные выплаты могут быть реинвестированы. Доход от реинвестиций также должен быть включен в сравнительный анализ позиции по опционам. Кроме того, нам следовало бы учитывать и стоимость транзакций как на длинных, так и на коротких позициях по облигациям. Все эти данные были опущены нами для упрощения рассуждений; временная стоимость денег не будет учитываться и в последующих разделах главы.

ПАРИТЕТ ПУТА И КОЛЛА И ЭКВИВАЛЕНТНЫЕ ПОЗИЦИИ

Существует ли взаимосвязь между ценой колл-опциона и ценой пут-опциона на один и тот же базовый инструмент, если опционы имеют одинаковую цену страйк и одну дату истечения? Ответ должен быть утвердительным. Для того чтобы понять суть этой взаимосвязи, называемой обыкновенно **паритетом пута и колла**, рассмотрим следующий пример.

В предыдущих примерах мы анализировали пут- и колл-опционы на один базовый актив (облигацию со сроком до погашения 20 лет и один месяц); цена страйк обоих опционов равнялась $100, срок до истечения контракта составлял один месяц. Цена базовой облигации равнялась $100. Цены колл-опциона и пут-опциона составляли соответственно $3 и $2. Рассмотрим следующую стратегию:

- купить облигацию по цене $100;
- продать колл-опцион по цене $3;
- купить пут-опцион по цене $2.

Стратегия состоит из следующих элементов:

- длинная позиция у облигации;
- короткая позиция по колл-опциону;
- длинная позиция по пут-опциону.

В табл. 30.6 показан профиль прибыли и убытка данной стратегии в момент истечения опциона. Заметим, что вне зависимости от значения цены базовой облигации на момент истечения опциона стратегия дает прибыль $1. Такая ситуация не может существовать на эффективном рынке (напомним, что мы не принимаем в расчет стоимость финансирования длинных позиций по облигациям и пут-опциону). Применение такой стратегии участниками рынка, желающими получить прибыль в размере $1, вызовет следующий отклик рынка, который в итоге уничтожит возможности этой прибыли: или 1) рост цены облигации, или 2) падение цены колл-опциона, и/или 3) рост цены пут-опциона.

Таблица 30.6. Профиль прибыли/убытка стратегии, предполагающей открытие длинной позиции по облигации, короткой позиции по колл-опциону и длинной позиции по пут-опциону

Исходные данные
Текущая цена облигации: 100 Цена пут-опциона: 2
Цена колл-опциона: 3 Цена страйк пут-опциона: 100
Цена страйк колл-опциона: 100 Срок до истечения: 1 месяц

В дату истечения					
Рыночная доходность	**Цена облигации**	**Прибыль от длинной позиции по облигации**	**Цена, полученная за колл-опцион**	**Цена, заплаченная за пут-опцион**	**Общая прибыль**
5,0	137,65	0*	3	–2	1
6,0	123,11	0*	3	–2	1
7,0	110,68	0*	3	–2	1
7,9	101,00	0*	3	–2	1
8,0	100,00	0	3	–2	1
8,1	99,02	0**	3	–2	1
9,0	90,80	0**	3	–2	1
10,0	82,84	0**	3	–2	1
11,0	75,93	0**	3	–2	1

* Если цена облигации превышает цену страйк, покупатель колл-опциона исполнит опцион.

** Если цена облигации меньше цены страйк, инвестор исполнит пут-опцион.

В нашем примере, предполагающем, что цена облигации не меняется, цены колл-опциона и пут-опциона должны стать одинаковыми. Напомним, что это утверждение верно, только если мы забываем о временной стоимости денег (о стоимости финансирования, купонном доходе и доходе от реинвестиций). Кроме того, в нашей иллюстрации не учитывалась возможность раннего исполнения опциона. Иными словами, мы рассматриваем паритет пут-колл только для опционов европейского типа. Если не принимать в расчет временную стоимость денег и предполагать использование европейских опционов, результатом описанной стратегии должно стать отсутствие арбитражной прибыли:

$$\text{длинная позиция в облигации} + \text{короткая позиция по колл-опциону} + \\ + \text{длинная позиция по пут-опциону} = 0. \qquad (30.1)$$

С точки зрения цены можно показать, что арбитражная прибыль будет отсутствовать в любой момент (не только в дату истечения), если

$$P_{\text{po}} = P_{\text{co}} + S - P_b, \qquad (30.2)$$

где:

P_{po} — цена пут-опциона;

P_{co} — цена колл-опциона;

S — цена страйк опциона;

P_b — текущая цена базовой облигации,

а цены страйк и даты истечения обоих опционов совпадают. Это соотношение является формой паритета пут- и колл-опционов европейского типа при условии отсутствия временной стоимости денег. Оно приблизительно верно и для американских опционов. С учетом временной стоимости денег паритет пут- и колл-опционов на купонные облигации может быть выражен как

$$P_{po} = P_{co} + \mathrm{PV}(S) + \mathrm{PV}(\text{купон}) - P_b, \qquad (30.3)$$

где:

$PV\ (S)$ — приведенная стоимость цены страйк;

PV (купон) — приведенная стоимость купонных выплат.

Эквивалентные позиции

С помощью формулы (30.1) могут быть выявлены эквивалентные позиции, т. е. позиции с одинаковым профилем прибыли. Скажем, мы можем вычесть из обеих частей формулы (30.1) длинную позицию по путу и получить:

длинная позиция по облигации + короткая позиция по колл-опциону =
= –длинная позиция по пут-опциону. (30.4)

Величина в правой части равенства (30.4) — это, в сущности, короткая позиция по пут-опциону, а значит:

длинная позиция по облигации + короткая позиция по колл-опциону =
= короткая позиция по пут-опциону. (30.5)

В следующих разделах главы мы покажем, что покрытый колл-опцион, представляющий собой длинную позицию по облигации, сочетающуюся с короткой позицией по колл-опциону на ту же облигацию, обладает теми же характеристиками, что и короткая позиция по пут-опциону. Этот вывод следует и из формулы (30.5). Иметь отзывную облигацию — все равно что иметь длинную позицию по облигации плюс короткую позицию по колл-опциону. Следовательно, результат инвестиций в отзывные облигации будет сходен с результатом короткой позиции по пут-опциону. Напомним, однако, что эквивалентными данные позиции являются, только если опцион относится к европейскому типу; кроме того, при более точном анализе необходимо учитывать временную стоимость денег.

Преобразования формулы (30.1) позволяют получить следующие эквивалентные позиции:

короткая позиция по облигации + короткий пут = короткий колл;
длинная позиция по облигации + длинный пут = длинный колл;
короткая позиция по облигации + длинный колл = длинный пут;
длинный колл + короткий пут = длинная позиция по облигации;
длинный пут + короткий колл = короткая позиция по облигации.

Итак, инвестор имеет возможность создавать синтетически любую из позиций в правой части равенства путем открытия двух позиций, находящихся в левой его части.

ЦЕНА ОПЦИОНА

На цену опциона оказывают влияние шесть факторов:

1) текущая цена базового актива;
2) цена страйк;
3) время до истечения;
4) краткосрочная безрисковая процентная ставка в течение жизни опциона;
5) купонная ставка облигации;
6) ожидаемая волатильность рыночных доходностей (или цен) в течение жизни опциона.

Значимость влияния каждого фактора зависит от того: 1) является ли опцион путом или коллом; 2) к какому типу — американскому или европейскому — относится опцион, а также 3) какой инструмент — облигация или фьючерсный контракт на облигацию — является базовым активом.

Текущая цена базового актива

Цена колл-опциона растет (падает) с ростом (падением) цены базового актива. Цена пут-опциона растет (падает) с падением (ростом) цены базового актива.

Цена страйк

При прочих равных чем выше цена страйк, тем ниже цена колл-опциона. Для пут-опциона верно противоположное высказывание: чем выше цена страйк, тем выше цена пут-опциона.

Время до истечения

Для американских опционов (неважно, пут или колл) при прочих равных чем длиннее срок до истечения, тем выше цена опциона. Относительно европейских опционов никакого однозначного вывода сделать не удается. Влияние времени до истечения контракта на европейский опцион зависит от того, является ли данный опцион путом или коллом.

Краткосрочная безрисковая процентная ставка в течение жизни опциона

При прочих равных цена колл-опциона на облигацию растет с ростом краткосрочной безрисковой ставки. Обратное верно для пут-опциона: рост краткосрочной безрисковой ставки понизит цену пут-опциона. Цена опционов на фьючерсы, независимо от того, являются ли они пут- или колл-опционами, падает с ростом краткосрочных безрисковых ставок.

Купонная ставка облигации

В случае опционов на облигации купон снижает цену колл-опциона, поскольку благодаря купону держание облигации оказывается более выгодным, чем держание опциона. Колл-опционы на купонные облигации имеют обычно цену более низкую, чем идентичные колл-опционы на облигации с нулевым купоном. И наоборот: купон увеличивает цену пут-опциона.

Ожидаемая волатильность рыночных доходностей (цен) в течение жизни опциона

Если ожидаемая волатильность доходностей в течение срока жизни опциона возрастает, то возрастает и цена опциона. Причина: более высокая предполагаемая волатильность, измеряемая через стандартное отклонение или дисперсию доходностей, увеличивает вероятность благоприятного для держателя опциона движения цены на базовую облигацию или фьючерс.

МОДЕЛИ ЦЕНООБРАЗОВАНИЯ ОПЦИОНОВ

Для определения теоретической цены опционов было разработано несколько моделей. Эти модели получили название моделей ценообразования опционов. Существуют модели, позволяющие оценить стоимость опционов на облигации и опционов на фьючерсы на облигации. В следующих разделах мы опишем некоторые из этих моделей.

Модели ценообразования опционов на облигации

Прежде всего мы представим читателю модели определения стоимости опционов на облигации (опционов на физические активы). На рынке опционов на акции наиболее популярной моделью является модель ценообразования опционов Блэка–Шоулза[1]. Между тем, как мы увидим в дальнейшем, эта модель не вполне пригодна для определения цен на облигации. Более подходящая модель ценообразования для опционов на облигации, учитывающая кривую доходности, основана на процедуре оценки, описанной в главе 18, где было введено понятие биномиального дерева процентных ставок.

Модель ценообразования Блэка–Шоулза

Исходя из некоторых предположений (речь о которых ниже) и используя принцип отсутствия арбитража, модель ценообразования опционов Блэка–Шоулза позволяет вычислить справедливую (теоретическую) цену европейского колл-опциона на невыплачивающую дивиденды акцию по следующей формуле:

$$C = SN(d_1) - Xe^{-rt}N(d_2), \tag{30.6}$$

[1] Fischer Black and Myron Scholes, “The Pricing of Corporate Liabilities,” Journal of Political Economy (May–June 1973), pp. 637–659.

где:

$$d_1 = \frac{ln\,(S / X) + (r + 0{,}5s^2)t}{s\sqrt{t}}; \qquad (30.7)$$

$$d_2 = d_1 - s\sqrt{t}, \qquad (30.8)$$

где:

ln — натуральный логарифм;

C — цена колл-опциона;

S — текущая цена акции;

X — цена страйк;

r — краткосрочная безрисковая процентная ставка;

e — 2,71828 (натуральный антилогарифм 1);

t — время, оставшееся до истечения контракта (измеренное в виде части года);

s — стандартное отклонение доходности акции;

N (·) — кумулятивная плотность вероятности (величина N (·) может быть получена из таблицы функции нормального распределения, имеющейся в большинстве учебников по статистике).

Обратите внимание на то, что все факторы, которые, как было указано ранее, влияют на цену опциона, нашли отражение в формуле (исключение составляют лишь денежные выплаты). Денежные выплаты не были учтены, поскольку модель разрабатывалась для акций, не выплачивающих дивиденды.

Цена опциона, получаемая с помощью модели ценообразования Блэка–Шоулза, является «справедливой», поскольку в случае существования любой другой цены участник рынка мог бы получить безрисковую арбитражную прибыль, заняв соответствующую позицию по базовому активу. Иными словами, если цена колл-опциона на рынке выше значения, получаемого по формуле Блэка–Шоулза, инвестор может продать колл-опцион и купить некоторое число базовых акций. Если верно обратное, т. е. рыночная цена колл-опциона ниже «справедливой» цены, вычисленной на основе модели, инвестор может купить колл-опцион и продать в короткую определенное число базовых акций. Подобный процесс хеджирования через занятие позиции в базовой акции позволяет инвестору зафиксировать безрисковую арбитражную прибыль. Число акций, необходимых для хеджирования позиции, меняется с изменением факторов, влияющих на цену опциона. Таким образом, захеджированная позиция также должна постоянно меняться.

Вычисление цены колл-опциона на облигацию с нулевым купоном

Напомним, что базовая формула Блэка–Шоулза (30.6) была разработана для ценных бумаг, не имеющих процентных выплат; попробуем применить ее к облигации с нулевым купоном и сроком до погашения три года. Допустим, что

цена страйк = \$88,00;
время до погашения = 2 года;
текущая цена = \$83,96;
ожидаемая волатильность доходности = стандартное отклонение = 10%;
безрисковая ставка = 6%.

Обратите внимание на текущую цену — \$83,96; она представляет собой приведенную стоимость номинала, равного \$100, дисконтированную по 6% (при условии плоской кривой доходности).

Величины, используемые в формуле, равны:

$S = 83{,}96$;
$X = 88{,}00$;
$t = 2$;
$s = 0{,}10$;
$r = 0{,}06$.

Подставим эти значения в формулы (30.7) и (30.8) и получим:

$$d_1 = \frac{ln\,(83{,}96/88) + (0{,}06 + 0{,}5 \times 0{,}10^2) \times 2}{0{,}10\sqrt{2}} = 0{,}5869;$$

$$d_2 = 0{,}5869 - 0{,}10\sqrt{2} = 0{,}4455.$$

Из таблицы нормального распределения имеем:

$$N(0{,}5869) = 0{,}7214 \text{ и } N(0{,}4455) = 0{,}6720.$$

И наконец, согласно формуле (30.6):

$$C = 83{,}96 \times 0{,}7214 - 88\ (e^{-0{,}06 \times 2} \times 0{,}6720) = \$8{,}116.$$

У нас нет причин сомневаться в полученном значении, и все же слегка изменим исходные данные. Вместо цены страйк, равной $88, возьмем цену страйк, равную $100,25. Подставим новую цену страйк в формулы (30.7) и (30.8):

$$d_1 = \frac{ln\,(83{,}96/100{,}25) + (0{,}06 + 0{,}5 \times 0{,}10^2) \times 2}{0{,}10\sqrt{2}} = -0{,}3346;$$

$$d_2 = -0{,}3346 - 0{,}10\sqrt{2} = -0{,}4761.$$

Из таблицы нормального распределения

$$N(-0{,}3346) = 0{,}3689 \text{ и } N(-0{,}4761) = 0{,}3170.$$

И наконец, из формулы (30.6)

$$C = 83{,}96 \times 0{,}3689 - 100{,}25\ (e^{-0{,}06 \times 2} \times 0{,}3170) = \$2{,}79.$$

Итак, модель ценообразования опционов Блэка–Шоулза дает нам значение справедливой стоимости колл-опциона, равное $2,79. Можно ли положиться на верность такого значения? Напомним читателю: речь идет о колл-опционе на облигацию с нулевым купоном, стоимость которой *ни при каких обстоятельствах* не будет превышать номинальную стоимость, т. е. $100. Соответственно колл-опцион при цене страйк $100,25 должен иметь нулевую стоимость. Между тем модель ценообразования опционов Блэка–Шоулза дает значение $2,79! Окажись предполагаемая волатильность еще выше, данный колл-опцион имел бы еще более высокую стоимость.

Почему модель Блэка–Шоулза в нашем случае дала сбой? Ответ будет найден после анализа базовых предположений, составляющих основу модели. Формулы Блэка–Шоулза не могут быть безоговорочно приняты для оценки стоимости опционов на процентные инструменты из-за трех базовых условий, на основании которых модель была создана. Во-первых, модель ценообразования опционов Блэка–Шоулза предполагает, что прибыль является любой положительной величиной. Между тем в случае нашей бескупонной облигации цена не может подняться выше $100, и прибыль, таким образом, имеет определенную верхнюю границу. Цена купонной облигации, как известно, не бывает выше значения, равного сумме всех купонных выплат и номинальной стоимости. Так, цена пятилетней облигации с 10%-ным купоном и номиналом $100 не в состоянии подняться выше $150 (пять купонных выплат по $10 плюс номинальная стоимость $100). Итак, в отличие от прибыли по акциям, прибыль от облигаций имеет установленное максимальное значение. Прибыль от облигации могла бы превысить максимальный уровень лишь в случае существования отрицательных процентных ставок. Очевидно, что такая ситуация нереальна, а значит, выстраивание модели на основе распределения вероятностей значений цен, предполагающего, что цена на облигацию может быть выше максимального уровня, не позволит провести реалистическую оценку опциона. Модель ценообразования опционов Блэка–Шоулза позволяет ценам облигаций превышать максимальный уровень (иными словами, признает возможность отрицательных процентных ставок). Это первая из причин, объясняющая, почему нам не удалось получить разумное значение цены трехмесячного европейского колл-опциона на трехлетнюю бескупонную облигацию.

Второе предположение, лежащее в основе модели ценообразования опционов Блэка–Шоулза, заключается в том, что краткосрочные процентные ставки остаются неизменными в течение всей жизни опциона. Между тем цена опциона на процентные ставки меняется с изменением самих ставок на рынке. Изменение краткосрочных процентных ставок приводит к изменению доходностей вдоль всей кривой. Таким образом, модель ценообразования опционов на процентные ставки не может строиться исходя из предположения о неизменности краткосрочных ставок. Третье предположение: неизменная в течение жизни опциона волатильность цен. Напомним, однако, вывод, сделанный нами в главе 4: чем ближе до даты погашения облигации, тем ниже волатильность цены. Итак, утверждение о постоянной в течение жизни опциона волатильности цены также является неверным.

Читатель имел возможность убедиться в непригодности модели Блэка–Шоулза для определения цены опциона на процентные ставки; мы могли бы доказать, что биномиальная модель ценообразования опционов, основанная на распределении цен базовой облигации, также имеет ряд недостатков.

Безарбитражная биномиальная модель

Способ, позволяющий верно оценить стоимость опциона на процентные инструменты, — безарбитражная модель, принимающая в расчет кривую доходности. Такого рода модель может строиться исходя из предположения о наличии различных волатильностей в разных точках кривой доходности. Наиболее часто используемая дилерскими фирмами модель описываемого типа была предложена Блэком, Дерманом и Тоем[1].

---

1 Fischer Black, Emanuel Derman, and William Toy, "A One-Factor Model of Interest Rates and Its Application to Treasury Bond Options," Financial Analysis Journal (January–February 1990), pp. 24–32.

Основные принципы построения подобной модели читатель уже уяснил. В главе 18 мы писали о том, как строить биномиальное дерево процентных ставок, чтобы это дерево оказалось свободным от арбитража. Дерево процентных ставок использовалось нами для оценки стоимости облигаций (как не имеющих, так и имеющих встроенные опционы). Между тем аналогичное дерево применяется и для определения справедливой цены европейского опциона на облигацию.

В качестве иллюстрации рассмотрим двухлетний европейский колл-опцион на трехлетнюю казначейскую облигацию с купоном 5,25%; цена страйк в нашем примере равна 99,25. Допустим, что доходность казначейских облигаций последнего выпуска — это доходность из главы 18, волатильность — 10% в год. На рис. 18.9 показано биномиальное дерево процентных ставок вместе со стоимостью казначейской облигации в каждом узле. Для оценки стоимости колл-опциона мы используем часть указанного рисунка. На рис. 30.5 приведены стоимости казначейской облигации (не включая купонные выплаты) в каждом узле в конце года 2. Даются три значения — 98,5884; 99,7328 и 100,6888. На основании этих трех величин может быть вычислена стоимость колл-опциона с ценой страйк 99,25 в каждом узле. Так, если через два года цена казначейской облигации окажется равной 98,5884, стоимость колл-опциона, благодаря цене страйк 99,25, окажется равной нулю. В прочих двух случаях, когда цена облигации через два года превышает значение цены страйк, стоимость колл-опциона будет равна разнице между ценой облигации и величиной 99,25.

На рис. 30.5 показаны значения стоимости колл-опциона через два года (в дату истечения опциона) в каждом из трех узлов. Зная эти значения и имея биномиальное дерево процентных ставок, мы можем вычислить приведенную стоимость колл-опциона. Применим метод обратной индукции. Величина дисконтной ставки берется из биномиального дерева процентных ставок. В годы 0 и 1 дисконтная ставка — это второе из показанных в узле чисел. Первое из чисел в узлах года 1 — средняя приведенная стоимость, найденная путем дисконтирования стоимостей колл-опциона в двух узлах, расположенных правее, по дисконтной ставке в этом узле. Стоимость колл-опциона — это первое число, стоящее в корне дерева, — $0,55707.

Аналогичная процедура используется и для оценки стоимости европейского пут-опциона. Иллюстрацией метода служит рис. 30.6. Предполагается, что до истечения пут-опциона осталось два года, а его цена страйк равна 99,25. Стоимость пут-опциона через два года показана в каждом из трех узлов года 2.

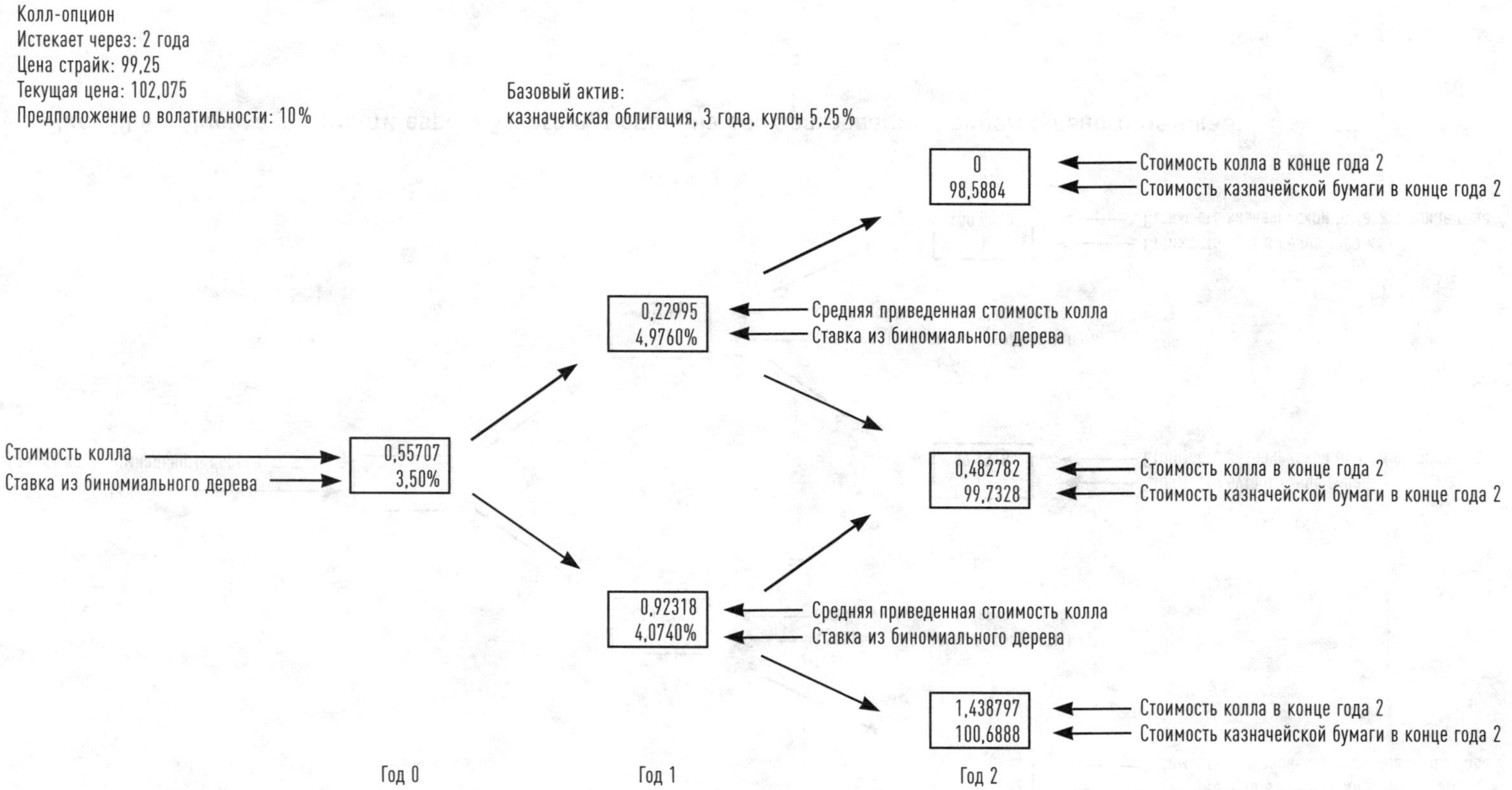

Рис. 30.5. Оценка стоимости европейского колл-опциона с использованием биномиального метода

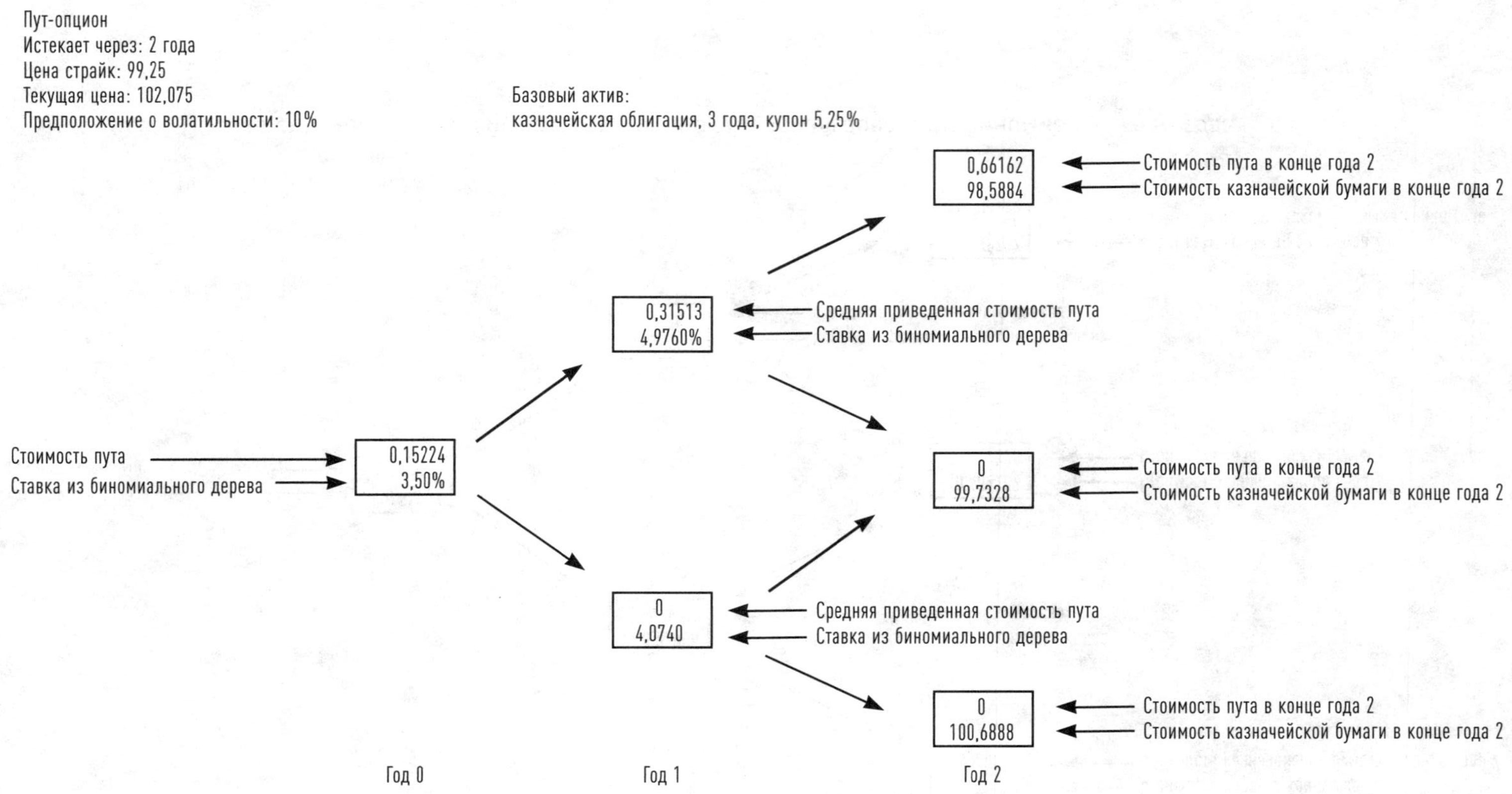

Рис. 30.6. Оценка стоимости европейского пут-опциона с использованием биномиального метода

Покажем теперь, что значения, полученные с помощью безарбитражной биномиальной модели, удовлетворяют паритету пута и колла, т. е. формуле паритета для европейских опционов (30.3). Используем значения из нашего примера. Мы показали, что

$$P_{\text{po}} = 0{,}55707;$$
$$P_{\text{co}} = 0{,}15224.$$

В главе 18 мы показали, что теоретическая цена трехлетней не имеющей опционов облигации с купоном 5,25% равна 102,075. Таким образом:

$$P_b = 102{,}075.$$

Также в главе 18 были приведены значения спот-ставок для каждого года. Спот-ставка для года 2 равна 4,01%. Итак, приведенная стоимость цены страйк 99,25 составит

$$PV(S) = \frac{99{,}25}{1{,}0401^2} = 91{,}7446.$$

Приведенная стоимость купонных выплат находится через дисконтирование двух купонных выплат, равных 5,25, по спот-ставке. Как было отмечено выше, спот-ставка для года 2 равна 4,01%; спот-ставка для года 1 равна 3,5%. Таким образом:

$$PV(\text{купон}) = \frac{5{,}25}{1{,}035} + \frac{5{,}25}{0{,}0401^2} = 9{,}9255.$$

Паритет пут-колл, представленный формулой (30.3), выглядит как

$$P_{\text{po}} = P_{\text{co}} + PV(S) + PV(\text{купон}) - P_b.$$

Подставим имеющиеся величины в правую часть равенства и получим:

$$0{,}55707 + 91{,}7446 + 9{,}9255 - 102{,}075 = 0{,}15217.$$

Найденная с помощью биномиальной модели стоимость пут-опциона составляет 0,15224. Небольшая разница объясняется допустимой неточностью округления. Паритет пута и колла налицо.

Подразумеваемая волатильность

Модели ценообразования опционов позволяют получить значение теоретической цены опциона, обусловленное шестью описанными ранее факторами. Единственный из факторов, будущее влияние которого можно лишь предсказывать и нельзя знать наверняка, — ожидаемая в течение жизни опциона волатильность доходности или цены. Популярный метод, позволяющий установить, насколько справедливо оценен опцион, в общих чертах выглядит следующим образом: считается, что торгующиеся на рынке опционы оценены верно; на основании модели ценообразования опционов вычисляется значение волатильности, подразумеваемое данной моделью (вычисления строятся исходя из наблюдаемых цен на опционы и прочих пяти факторов, определяющих цену). Полученное таким образом значение называют **подразумеваемой волатильностью** *(implied volatility)*.

Предположим, например, что портфельный менеджер на основании некоторой модели ценообразования опционов, текущих рыночных цен на опционы и пяти прочих факторов, влияющих на цену, получил значение подразумеваемой волатильности, равное 12%. Если менеджер полагает, что волатильность доходности в течение жизни опциона превысит подразумеваемую волатильность, т.е. 12%, он будет рассматривать опцион как недооцененный. И наоборот: если, по мнению управляющего портфелем, волатильность в течение жизни опциона будет меньше подразумеваемой, он будет считать опцион переоцененным. До сих пор мы по большей части говорили о цене опциона. Между тем важно понимать: торговля и применение инвестиционных стратегий на рынке опционов — это, в сущности, покупка и продажа волатильности. Вычисление подразумеваемой волатильности и сравнение ее с прогнозом будущей волатильности, сделанным трейдером или портфельным менеджером, — это еще один способ оценки опциона. Результаты применения этого метода полностью совпадают с выводами, которые сделает менеджер, если для вычисления справедливой стоимости опциона использует прогноз будущей волатильности.

Модели оценки опционов на фьючерсы на облигации

Наиболее распространенная модель ценообразования опционов на фьючерсы была разработана Фишером Блэком[1]. Первоначальная цель модели — вычисление стоимости европейских опционов на форвардные контракты. Стоимости колла и пута, согласно модели Блэка, равны:

$$C = e^{-rt}\,[FN\,(d_1) - XN\,(d_2)];$$
$$C = e^{-rt}\,[XN\,(-d_2) - FN\,(-d_1)],$$

[1] Fischer Black, "The Pricing of Commodity Contracts," Journal of Financial Economics (March 1976), pp. 161–179.

где:

$$d_1 = \frac{ln(F/X) + 0{,}5s^2t}{s\sqrt{t}};$$

$$d_2 = d_1 - s\sqrt{t};$$

ln — натуральный логарифм;

C — цена колл-опциона;

P — цена пут-опциона;

F — цена фьючерса;

X — цена страйк;

r — краткосрочная безрисковая процентная ставка;

e — 2,718 (натуральный антилогарифм 1);

t — время, оставшееся до даты истечения (представленное как доля года);

s — стандартное отклонение доходности;

N (·) — кумулятивная плотность вероятности, может быть получена из функции нормального распределения.

Применение модели связано с двумя трудностями. Во-первых, для модели Блэка характерны недостатки, свойственные модели Блэка–Шоулза. Не принимая в расчет кривую доходности, модель не в состоянии установить верную взаимосвязь между ценообразованием фьючерсов на казначейские бумаги и ценообразованием опционов на эти фьючерсы. Во-вторых, модель Блэка была создана для оценки стоимости европейских опционов на фьючерсные контракты, в то время как опционы на фьючерсы на казначейские ценные бумаги являются опционами американского типа.

Вторая проблема, однако, может быть решена. Модель Блэка была приспособлена Бароне-Адези и Вейли к опционам на фьючерсные контракты американского типа[1]. Эта модель используется Чикагской срочной товарной биржей (CBOT) для исполнения гибких опционов на фьючерсы на казначейские бумаги. Заметим, однако, что модель была разработана для опционов на акции, и при использовании ее для ценообразования опционов на облигации сохраняется первая проблема, описанная выше. Между тем, несмотря на недостатки, модель Блэка является в настоящее время наиболее популярной моделью ценообразования опционов на фьючерсы на казначейские долговые обязательства.

---

1 Giovanni Barone-Adesi and Robert E. Whaley, “Efficient Analytic Approximation of American Option Values,” Journal of Finance (June 1987), pp. 301–320.

Расчет подразумеваемой волатильности

Несмотря на недостатки и несоответствия допущений модели Блэка для ценообразования опционов на фьючерсы, трейдеры широко пользуются ею для определения подразумеваемой волатильности опционов на фьючерсы на казначейские облигации. Данные по подразумеваемой волатильности публикуются рядом инвестиционных компаний и доступны у поставщиков финансовой информации.

Расчет подразумеваемой волатильности доходности опционов на фьючерсы на казначейские облигации более сложен, чем расчет для опционов на акции или фондовые индексы. Следует помнить, что опционы продаются по фьючерсным ценам. Как результат, подразумеваемая волатильность, полученная непосредственно из модели Блэка, представляет собой подразумеваемую волатильность цены на базовые фьючерсные контракты. Преобразование подразумеваемой волатильности цены в подразумеваемую волатильность доходности требует определения дюрации соответствующей самой дешевой в поставке казначейской облигации. Из главы 4 мы знаем, что

$$\text{примерное процентное изменение цены} = \text{дюрация} \times \\ \times\ \text{изменение доходности.}$$

Это равенство сохраняется и для волатильности цены и доходности. Таким образом,

$$\text{волатильность цены} = \text{дюрация} \times \text{волатильность доходности.}$$

Решение этого уравнения для волатильности доходности имеет вид:

$$\text{волатильность доходности} = \text{волатильность цены} / \text{дюрация.}$$

Выбор подразумеваемой волатильности и ее интерпретация

Существует ли какая-то одна подразумеваемая волатильность доходности, которую следует использовать на практике? Многочисленные документально подтвержденные факты свидетельствуют о том, что подразумеваемая волатильность для одного и того же месяца истечения зависит от цены страйк. Вместе с тем с конца 1980-х гг. наблюдается неслучайный характер ее распределения. Зависимость следующая: подразумеваемая волатильность опционов «при деньгах» и «не при деньгах» с одной и той же датой истечения выше подразумеваемой волатильности опционов «при своих» с той же датой истечения. Поскольку U-образный график в координатах цена страйк (горизонтальная ось) и подразумеваемая волатильность (вертикальная ось) напоминает улыбку, такую взаимосвязь называют **улыбкой волатильности**[1]. В последнее время, однако, появились наблюдения, показывающие, что подразумеваемая волатильность снижается вместе с ценой страйк, формируя **асимметричную кривую волатильности**.

Если подразумеваемая волатильность непостоянна, какое значение следует использовать? Обычная практика предполагает использование подразумеваемой волатильности для опционов «при своих» или «близко при своих».

Как интерпретировать подразумеваемую волатильность? Например, что означает «подразумеваемая волатильность доходности X%»? Чтобы интерпретировать это число, нужно понимать, что оно получено исходя из наблюдаемой цены опциона на основе той или иной модели ценообразования опционов, такой как модель Блэка. Как результат, смысл этого числа зависит не только от допущения о правильности оценки опциона рынком, но и от согласования рыночных цен опциона с моделью, используемой для определения подразумеваемой волатильности. Эти допущения совсем не обязательно выполняются. На деле они чаще всего совершенно нереалистичны. С учетом допущений полученное число можно интерпретировать следующим образом: опционный рынок ожидает *постоянную* волатильность доходности на уровне X% в течение всей жизни опциона (т. е. до даты истечения опциона).

ЧУВСТВИТЕЛЬНОСТЬ ЦЕНЫ ОПЦИОНА К ИЗМЕНЕНИЮ ФАКТОРОВ

Используя опционы в инвестиционной стратегии, управляющий портфелем хочет знать, насколько чувствительна цена опциона к изменению какого-либо из обусловливающих ее факторов. Ниже мы рассмотрим чувствительность цены колл-опциона к изменению цены на базовую облигацию, времени до истечения опциона, а также к изменению ожидаемой волатильности.

Цена колл-опциона и цена базовой облигации

На рис. 30.7 показана теоретическая цена колл-опциона как функция цены базового актива. Горизонтальная ось — это цена базового актива. Вертикальная

[1] Эмпирический анализ экономических детерминантов улыбки волатильности для процентных опционов см. в: Prachi Deuskar, Anurag Gupta, and Marti G. Subrahmanyam, “The Economic Determinants of Interest Rate Option Smiles,” Journal of Banking and Finance 35, 2 (2008), pp. 714–728.

ось — цена колл-опциона. Форма кривой, демонстрирующей зависимость теоретической цены опциона от цены базового актива, остается неизменной вне зависимости от того, какая из моделей ценообразования опциона была использована при анализе. Обратите внимание на то, что взаимосвязь цены базовой облигации и цены колл-опциона всегда выражается выпуклой кривой. Таким образом, цена опциона также обладает свойством выпуклости.

Линия от нуля до цены страйк на горизонтальной оси на рис. 30.7 — это внутренняя стоимость колл-опциона в ситуации, когда цена базовой облигации меньше цены страйк, поскольку в этом случае внутренняя стоимость опциона равна нулю. Прямая линия с наклоном 45° к горизонтальной оси — это внутренняя стоимость колл-опциона при цене базовой облигации, превышающей цену страйк. Наклон кривой объясняется следующим обстоятельством: внутренняя стоимость колл-опциона увеличивается на то же количество долларов, на которое увеличивается цена базовой облигации. Так, если цена страйк равна \$100, а цена базовой облигации выросла со \$100 до \$101, то внутренняя стоимость также возрастет на \$1. Если цена базового инструмента увеличится со \$101 до \$110, то внутренняя стоимость опциона с \$1 возрастет до \$10. Итак, тангенс угла наклона линии, отражающей внутреннюю стоимость опциона после того, как цена облигации превысила цену страйк, равен 1.

Поскольку теоретическая цена колл-опциона графически изображается выпуклой линией, разность между теоретической ценой колл-опциона и его

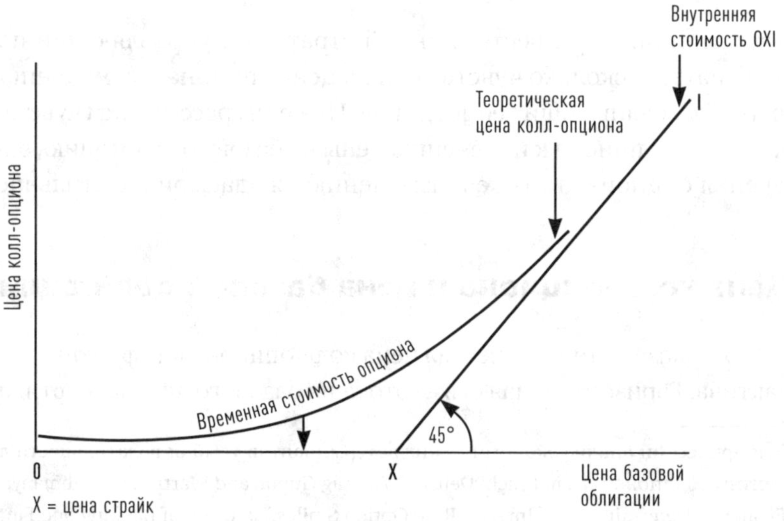

Рис. 30.7. Теоретическая цена колл-опциона и цена базовой облигации

внутренней стоимостью при каждом данном значении цены базовой облигации — это временная стоимость опциона.

На рис. 30.8 также представлен график теоретической цены колл-опциона с касательной, проведенной в точке p^*. Касательная, продемонстрированная на графике, может применяться для определения новой цены опциона (и следовательно, величины изменения цены опциона) в случае изменения цены базовой облигации. Поскольку между ценой опциона и ценой базовой облигации наблюдается взаимосвязь, характеризуемая выпуклостью, касательная представляет собой аппроксимацию новой цены опциона при малом изменении цены базовой облигации. Заметим, однако, что для более существенных изменений касательная не дает достоверной аппроксимации.

Наклон касательной показывает, как теоретическая цена колл-опциона будет меняться при малых изменениях цены базовой облигации. Наклон принято называть **дельтой** опциона. Он может быть выражен как

$$\text{дельта} = \frac{\text{изменение цены колл-опциона}}{\text{изменение цены базовой облигации}}.$$

Дельта, равная 0,4, например, означает, что при изменении цены базовой облигации на $1 цена колл-опциона изменится примерно на 0,40.

На рис. 30.9 показан график кривой теоретической цены колл-опциона с тремя касательными линиями. Чем круче наклон касательной, тем больше дельта. Если опцион «сильно не при деньгах» (т. е. цена базовой

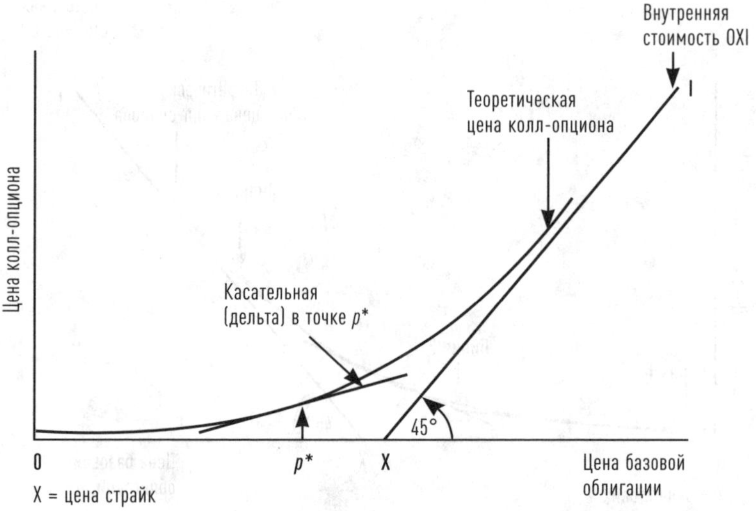

Рис. 30.8. Оценка теоретической цены опциона с помощью касательной

облигации намного ниже цены страйк), касательная почти горизонтальна (линия 1 на рис. 30.9). Это означает, что дельта близка к нулю. Для того чтобы объяснить этот феномен, рассмотрим колл-опцион с ценой страйк \$100 и двумя месяцами до истечения. Если цена базовой облигации равна \$20, то цена опциона при увеличении цены базовой облигации на \$1 — с \$20 до \$21 — либо не вырастет вовсе, либо вырастет очень несущественно.

Дельта колл-опциона «сильно при деньгах» близка к единице. Это значит, что цена колл-опциона будет увеличиваться почти на доллар при каждом увеличении цены базовой облигации на доллар. На рис. 30.9 показано, что наклон касательной для такого опциона приближается к наклону линии внутренней стоимости после того, как цена облигации превысила цену страйк. Напомним, что наклон линии внутренней стоимости равен 1.

Итак, дельта колл-опциона варьирует от нуля (для колл-опциона «сильно не при деньгах») до 1 (для колл-опциона «сильно при деньгах»). Дельта колл-опциона «при своих» составляет примерно 0,5.

Степень выпуклости кривой также может быть выражена численным образом. Иными словами, может быть получено значение скорости изменения дельты при изменении цены базовой облигации. Данная величина получила название **гаммы**. Ее определяют следующим образом:

$$\text{гамма} = \frac{\text{изменение дельты}}{\text{изменение цены базовой облигации}}.$$

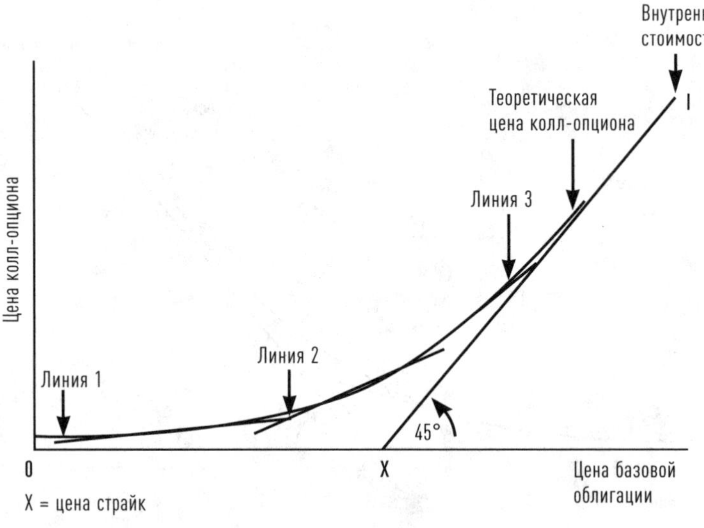

Рис. 30.9. Теоретическая цена опциона с тремя касательными

Цена колл-опциона и время до истечения

При прочих равных чем больше времени осталось до истечения контракта, тем выше цена опциона. Каждый день приближает опцион к дате истечения, и время до истечения сокращается. **Тета** опциона позволяет измерить изменение цены опциона при сокращении времени до истечения: эта величина является, таким образом, мерой падения цены опциона с течением времени *(time decay)*. Тета находится следующим образом:

$$\text{тета} = \frac{\text{изменение цены опциона}}{\text{сокращение времени до истечения}}.$$

При условии, что цена базовой облигации не меняется (т. е. не меняется внутренняя стоимость опциона), тета показывает, насколько быстро меняется временная стоимость опциона по мере приближения контракта к дате истечения. Покупатели опционов предпочитают приобретать опционы с низкой тетой: их цена по мере приближения к дате истечения не будет резко снижаться. Продавцу, напротив, выгоднее иметь дело с опционами, характеризующимися высоким значением теты.

Цена колл-опциона и ожидаемая волатильность процентных ставок

При прочих равных изменение ожидаемой волатильности процентных ставок ведет к изменению цены опциона. **Каппа** опциона характеризует долларовое изменение цены опциона при изменении ожидаемой ценовой волатильности на 1%. Таким образом:

$$\text{каппа} = \frac{\text{изменение цены опциона}}{\text{изменение ожидаемой волатильности цены на 10\%}}.$$

Дюрация опциона

Модифицированная дюрация опциона — это мера чувствительности его цены к изменению процентных ставок. Модифицированная дюрация опциона может быть определена следующим образом:

$$\text{модифицированная дюрация опциона} = \\ = \text{модифицированная дюрация базового актива} \times \text{дельта} \times \\ \times \frac{\text{цена базового актива}}{\text{цена опциона}}.$$

Очевидно, что модифицированная дюрация опциона зависит от модифицированной дюрации базового актива. Она также зависит от чувствительности цены опциона к изменению цены на базовую облигацию, т. е. от дельты. Кредитное плечо, создаваемое опционной позицией, обусловлено последним представленным в формуле отношением. Чем выше цена базового актива относительно цены опциона, тем больше плечо (тем больше влияют процентные ставки на каждый доллар, инвестированный в опцион).

Модифицированная дюрация опциона определяется взаимосвязью трех описанных элементов. Так, опцион «сильно не при деньгах» предлагает более высокий по сравнению с опционом «сильно при деньгах» леверидж, однако дельта первого опциона меньше дельты второго.

Дельта колл-опциона — положительное число. Модифицированная дюрация колл-опциона на процентные ставки также является положительной. Это значит, что при падении ставок стоимость колл-опциона на процентные ставки будет расти. И напротив: пут-опцион на процентные ставки характеризуется отрицательной дельтой. Его модифицированная дюрация, соответственно, является отрицательной. При росте процентных ставок стоимость пут-опциона растет.

СТРАТЕГИИ ХЕДЖИРОВАНИЯ

Стратегии хеджирования предполагают занятие позиции на рынке опционов и на рынке базового актива таким образом, чтобы увеличение стоимости одной позиции могло скомпенсировать любые неблагоприятные движения цен (процентных ставок) другой позиции. Ниже приводится описание двух наиболее распространенных стратегий: 1) стратегии покупки защитного пута и 2) стратегии продажи покрытого колла. В следующих разделах данные стратегии будут представлены на примере опционов на фьючерсы. Опционы этого типа были выбраны, поскольку они позволяют продемонстрировать всю сложность хеджирования с помощью опционов на фьючерсы, а кроме того, дают возможность обозначить ключевые параметры, существенные для стратегий подобного рода. Мы также сравним результаты хеджирования с помощью фьючерсов и с помощью опционов на фьючерсы[1].

---

[1] Примеры для этого раздела предоставлены Питером Ру.

Хеджирование долгосрочных облигаций с помощью пут-опционов на фьючерсы

Инвесторы часто хотят хеджировать свои позиции на рынке облигаций на случай возможного роста процентных ставок. Наиболее легкий путь, дающий возможность защититься от растущих ставок, — покупка пут-опциона на фьючерс. Для иллюстрации этой стратегии мы можем воспользоваться облигацией P&G, которая фигурировала в главе 29, где речь шла о хеджировании с помощью фьючерсов на казначейские облигации. В прошлом примере инвестор держал облигацию с купоном 5,55% и погашением 05.03.37; для фиксации цены продажи этих облигаций в будущем были использованы фьючерсы на казначейские облигации. Номинальная (и хеджируемая) стоимость облигации P&G составляла $10 млн. В этом разделе мы покажем, каким образом вместо казначейских фьючерсов инвестор, желающий защитить инвестиции от роста процентных ставок, мог бы использовать опционы на фьючерсы на казначейские облигации.

Напомним, что в предыдущей главе мы использовали фьючерсный контракт на казначейские облигации с расчетом в марте 2008 г. Здесь мы будем оперировать пут-опционом на тот же фьючерсный контракт. Пут-опционы на этот контракт истекают 22 февраля 2008 г. Напомним также, что самым дешевым в поставке выпуском (CTD-выпуск) для фьючерсного контракта была казначейская облигация с купоном 6,25% и погашением 15.08.23.

В нашем примере (в суммарном виде он представлен в табл. 30.7) облигация P&G продавалась с доходностью 5,74%, а казначейский CTD-выпуск для мартовского 2008 г. контракта торговался по 4,643%. Для простоты вычислений предположим, что спред доходностей так и останется равным 111.1 базисного пункта. Для хеджирования инвестору следует определить минимальное приемлемое значение цены, которое он хотел бы получить при продаже хеджируемых облигаций. В нашем примере минимальная цена равна 96,219, или $9 621 900 для номинальной стоимости, равной $10 млн. Таким образом, 96,219 становится целевой форвардной ценой для облигации P&G. Заметим, однако, что инвестор не покупает пут-опцион на облигацию P&G. Приобретается пут-опцион на фьючерсный контракт на казначейскую облигацию. Итак, инвестору предстоит вычислить цену страйк пут-опциона на фьючерсы на казначейские облигации, эквивалентную цене страйк 96,219 на облигацию P&G.

Таблица 30.7. Хеджирование облигации, не подлежащей поставке при исполнении фьючерсного контракта, с помощью пут-опционов на фьючерсы

Хеджируемый инструмент: P&G 5,55% с датой погашения 05.03.37
Коэффициент хеджирования: 1,24
Количество контрактов: 115
Цена страйк пут-опционов на фьючерсы: 114.000
Целевая минимальная цена хеджируемых облигаций: 96,219
Цена пут-опциона (за один контракт): $192

Реальная цена продажи облигации P&G	Цена фьючерса[a]	Стоимость 115 пут-опционов[b]	Расходы на приобретение 115 пут-опционов	Эффективная цена продажи[c]
8 000 000	99,139	1 709 040	22 678	9 686 362
8 200 000	101,054	1 488 827	22 678	9 666 149
8 400 000	102,946	1 271 207	22 678	9 648 529
8 600 000	104,812	1 056 651	22 678	9 633 973
8 800 000	106,647	845 619	22 678	9 622 941
9 000 000	108,469	636 036	22 678	9 613 358
9 200 000	110,265	429 516	22 678	9 606 838
9 400 000	112,042	225 118	22 678	9 602 440
9 600 000	113,787	24 502	22 678	9 601 824
9 800 000	115,519	0	22 678	9 777 322
10 000 000	117,237	0	22 678	9 977 322
10 200 000	118,938	0	22 678	10 177 322
10 400 000	120,608	0	22 678	10 377 322
10 600 000	122,269	0	22 678	10 577 322
10 800 000	123,908	0	22 678	10 777 322
11 000 000	125,522	0	22 678	10 977 322
11 200 000	127,135	0	22 678	11 177 322
11 400 000	128,721	0	22 678	11 377 322
11 600 000	130,303	0	22 678	11 577 322

[a] Значения являются приблизительными, поскольку фьючерсы торгуются в 32-х долях.

[b] Вычисляется как 115 × $1000 × max [(114 — цена фьючерса), 0].

[c] Транзакционные издержки и финансирование позиции по опционам не учитываются.

Проделать эту процедуру можно с помощью схемы на рис. 30.10. Начнем с верхней левой рамки. Минимальная цена облигации P&G составляет 96,219 — это значит, что инвестор хотел бы ограничить уровень доходности максимумом 5,821%. (Это переводит нас к нижней левой рамке схемы на рис. 30.10.) На основании принятого ранее предположения о том, что спред между доходностью облигаций P&G и доходностью CTD-выпуска неизменно равен 111,1 базисного пункта, следует, что задание максимальной доходности облигаций P&G в размере 5,821% равносильно заданию максимальной доходности CTD-выпуска, равной 4,710%. (Мы оказываемся тем самым в нижней рамке средней части схемы на рис. 30.10.)

Исходя из максимальной доходности CTD-выпуска, равной 4,710%, может быть вычислена минимальная цена (верхняя рамка в средней части схемы). Поскольку CTD-выпуск представляет собой 6,25%-ную казначейскую облигацию с погашением в 15.08.23, доходность 4,710% соответствует целевой форвардной цене 116,8044. Цена фьючерса находится делением цены CTD-выпуска на коэффициент конверсии. Итак, мы попадаем в правую рамку. Поскольку коэффициент конверсии равен 1,0246, цена фьючерса составляет около 114,373 (116,8044, деленное на 1,0246). Исходя из доступности цен страйк, используется цена фьючерса 114,000. Это значит, что цена страйк 114,000 пут-опциона на фьючерсный контракт на казначейскую облигацию примерно эквивалентна цене страйк 96,219 пут-опциона на облигации P&G.

Описанные вычисления — необходимые шаги в ходе вычисления подходящей цены страйк пут-опциона на фьючерс. Процесс, как видим, относительно прост. От инвестора требуется всего лишь: 1) знать функцию зависимости цены и доходности; 2) сделать предположение относительно спреда доходностей хеджируемой облигации и CTD-выпуска и 3) знать коэффициент конверсии для CTD-выпуска. Как и в случае хеджирования с помощью фьючерсов, описанного нами в главе 29, успех стратегии зависит от:

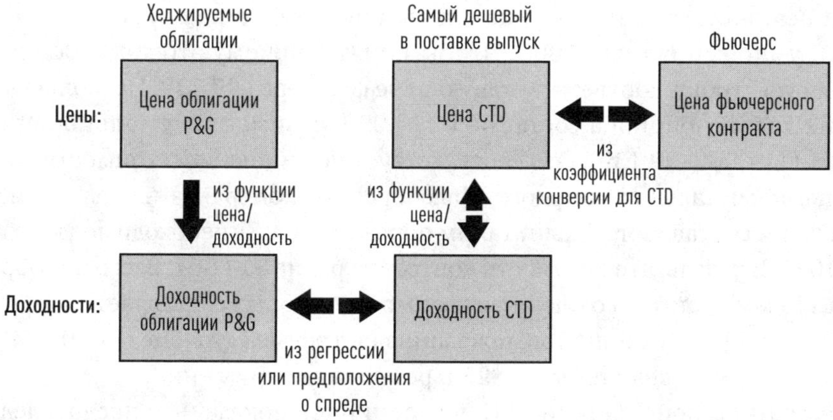

Рис. 30.10. Вычисление эквивалентных цен и доходностей при хеджировании с помощью опционов на фьючерсы

1) возможного изменения CTD-выпуска и 2) спреда доходностей хеджируемых облигаций и CTD-выпуска.

Коэффициент хеджирования вычисляется по формуле (29.10), представленной в главе 29, поскольку мы считаем спред между хеджируемой ценной бумагой и CTD-выпуском постоянным. Для определения коэффициента хеджирования мы определяем цену базисного пункта как в дату истечения опциона (22 февраля 2008 г.), так и при доходностях, соответствующих цене страйк 114,000 (4,710% для CTD-выпуска и 5,821% для облигации P&G). Цена базисного пункта на $100 номинальной стоимости для облигации P&G и CTD-выпуска равна соответственно 0,1353 и 0,1208. Коэффициент хеджирования при использовании опционов составит, таким образом, 1,148, или, после округления, 1,15.

Это означает, что нужно приобрести 115 пут-опционов на фьючерсы на казначейские облигации со сроком истечения 22 февраля 2008 г. и с ценой страйк 114. В момент начала хеджирования, 24 декабря 2007 г., этот пут-опцион котировался по 1,972, т. е. стоимость каждого опциона составляла $197,2. Приобретение 115 контрактов обошлось (без учета комиссионных) в $22 678.

Для составления таблицы хеджирования с помощью защитных пут-опционов мы воспользуемся данными табл. 29.3 из главы 29. Первый столбец табл. 30.7 идентичен первому столбцу табл. 29.3; второй столбец табл. 30.7 — это цены фьючерса, которые немного отличаются от цен пятого столбца табл. 29.3 из-за другой даты расчета. Остальные столбцы табл. 30.7 являются расчетными. Стоимость пут-опционов в третьем столбце определяется легко, поскольку стоимость каждого опциона в дату истечения — это разность между ценой страйк опциона на фьючерс (114) и ценой фьючерса (если результат является отрицательным числом, то на его место ставится ноль), умноженная на $1000. Чтобы понять, почему это так, посмотрим на первую строку, соответствующую цене фьючерса 99,139. Поскольку цена страйк для пут-опциона составляет 114,000, стоимость пут-опциона равна 14,861 (114,000–99,139). Это соответствует номинальной стоимости $1000. Однако номинальная стоимость фьючерсного контракта на казначейские облигации составляет $1 млн. Таким образом, 14,861 необходимо умножить на $1000. В результате стоимость контракта равна $14 861. Всего приобретаются 115 контрактов, совокупная стоимость которых составляет $1 709 015. Стоимость 115 пут-опционов, показанная в третьем столбце, $1 709 040 отличается от этой величины на $25 в результате округления.

Расходы на приобретение 115 пут-опционов показаны в предпоследнем столбце. Эффективная цена продажи облигаций P&G равна фактической рыночной цене облигации плюс стоимость 115 пут-опционов при истечении, минус расходы на приобретение 115 пут-опционов. Эффективная цена продажи приведена в последнем столбце таблицы. Она не опускается ниже \$9 621 900. Это минимальная эффективная цена продажи, которую можно определить до начала хеджирования. (С падением цен эффективная цена продажи начинает слегка превышать предполагаемый минимум в 96,219. Это объясняется, во-первых, неточностью округления и, во-вторых, тем фактом, что коэффициент хеджирования остается прежним, хотя относительная стоимость базисного пункта, которая используется при вычислении коэффициента хеджирования, изменяется по мере изменения доходности.) С ростом цен эффективная цена продажи хеджируемых облигаций также увеличивается; в отличие от стратегии хеджирования с помощью фьючерсов (см. табл. 29.3) хеджирование с помощью опционов не только защищает инвестиции при росте ставок, но и позволяет получить прибыль при их падении.

Продажа покрытого колл-опциона на фьючерсы

В отличие от стратегии защитного пута стратегия продажи покрытого колла не ставит единственной целью защиту портфеля от роста ставок на рынке. Продавец колл-опциона «не при деньгах» на фьючерсы полагает, что рынок не станет в будущем ни сильно падать, ни заметно расти. Продажа колл-опционов приносит доход (премию за опцион), обеспечивающий портфелю облигаций частичную защиту на рынке с растущими ставками. Полученная премия, очевидно, не в состоянии предоставить защиту, сравнимую с той, что дает длинная позиция в путах; между тем она является источником дополнительного дохода, который может компенсировать убытки при падении цен. В то же время, если ставки падают, прирост стоимости портфеля будет ограничен, поскольку короткая позиция по колл-опционам ставит продавца перед необходимостью исполнять обязательства, размер которых растет по мере того, как ставки идут вниз. Иными словами, продавец покрытого колл-опциона имеет ограниченный потенциал прибыли. Заметим, что этот недостаток не является существенным, если рынок практически не движется: в этом случае стратегия приносит дополнительный доход, не заставляя инвестора отказываться от возможной прибыли.

Для иллюстрации стратегии продажи покрытого колл-опциона на фьючерсы рассмотрим портфель облигаций, использованный при анализе стратегии защитного пута: все необходимые сведения суммированы в новой таблице. При фьючерсах, торгующихся на уровне 114,375 в дату начала хеджирования, необходимо продать 120 колл-опционов. Цена мартовских колл-опционов с ценой страйк 120 и датой истечения 22.02.08 составляет

0,512, или $51,20. Мы по-прежнему будем считать, что спред между хеджируемой облигацией и CTD-выпуском останется постоянным и составит 111,1 базисного пункта. Число подлежащих продаже опционов останется прежним — 115.

В табл. 30.8 приведены результаты стратегии продажи покрытого колла, построенной исходя из указанных предположений. Для вычисления эффективной цены продажи облигаций в стратегии продажи покрытого колл-опциона полученная от продажи контрактов премия прибавляется к реальной цене продажи облигаций, из которой вычитается величина обязательств, связанных с короткой позицией по колл-опционам. Величина обязательств, связанных с колл-опционом, равна разности цены фьючерса и цены страйк 120 (величина приравнивается к нулю, если разность — отрицательное число), умноженной на $1000. Средняя колонка таблицы демонстрирует эту величину, умноженную на 115 — количество проданных опционных контрактов.

Таблица 30.8. Хеджирование облигации, не подлежащей поставке при исполнении фьючерсного контракта, с помощью колл-опционов на фьючерсы

Хеджируемый инструмент: P&G 5,55% с датой погашения 05.03.37
Коэффициент хеджирования: 1,15
Количество контрактов: 115
Цена страйк колл-опционов на фьючерсы: 120,000
Целевая минимальная цена хеджируемых облигаций: 103,785
Цена колл-опциона (за один контракт): $51,2

Реальная цена продажи облигации P&G	Цена фьючерса[a]	Стоимость 115 колл-опционов[b]	Расходы на приобретение 115 колл-опционов	Эффективная цена продажи[c]
8 000 000	99,139	0	5 888	8 005 888
8 200 000	101,054	0	5 888	8 205 888
8 400 000	102,946	0	5 888	8 405 888
8 600 000	104,812	0	5 888	8 605 888
8 800 000	106,647	0	5 888	8 805 888
9 000 000	108,469	0	5 888	9 005 888
9 200 000	110,265	0	5 888	9 205 888
9 400 000	112,042	0	5 888	9 405 888
9 600 000	113,787	0	5 888	9 605 888
9 800 000	115,519	0	5 888	9 805 888
10 000 000	117,237	0	5 888	10 005 888
10 200 000	118,938	0	5 888	10 205 888

Окончание табл. 30.8

Реальная цена продажи облигации P&G	Цена фьючерса[a]	Стоимость 115 колл-опционов[b]	Расходы на приобретение 115 колл-опционов	Эффективная цена продажи[c]
10 400 000	120,608	69 902	5 888	10 335 986
10 600 000	122,269	260 978	5 888	10 344 910
10 800 000	123,908	449 427	5 888	10 356 461
11 000 000	125,522	635 003	5 888	10 370 885
11 200 000	127,135	820 568	5 888	10 385 320
11 400 000	128,721	1 002 866	5 888	10 403 022
11 600 000	130,303	1 184 850	5 888	10 421 038

[a] Значения являются приблизительными, поскольку фьючерсы торгуются в 32-х долях.

[b] Вычисляется как 115 × $1000 × max [(цена фьючерса — 120), 0].

[c] Транзакционные издержки и финансирование позиции по опционам не учитываются.

Напомним, что в стратегии защитного пута мы заранее вычисляли минимальную эффективную цену продажи — для стратегии покрытого колла заранее вычисляется размер максимальной эффективной цены продажи. Максимальная эффективная цена продажи — это цена хеджируемой облигации, соответствующая цене страйк проданного опциона, плюс полученная премия. В нашем случае цена страйк колл-опциона на фьючерс равна 120. Цена фьючерса 120 соответствует цене CTD-выпуска 122,9520 (коэффициент конверсии 1,0246 умножить на 120) и доходности 4,126%. Эквивалентная доходность хеджируемой облигации P&G на 111,1 базисного пункта выше, т. е. 5,3271%; цена хеджируемой облигации составляет 103,273. Прибавим премию (0,512) и получим максимальную эффективную цену продажи 103,785, или $10 378 500. Как видно из табл. 30.8, в ситуации, когда хеджируемая облигация торгуется, как и предполагалось, с доходностью на 111,1 базисного пункта выше доходности CTD-выпуска, максимальная эффективная цена продажи в действительности слегка выше. Расхождение значений объясняется округлением, а также отсутствием уточнения позиции в связи с изменением стоимости базисного пункта при изменении доходностей.

Сравнение альтернативных стратегий

В главе 29 и в настоящей главе мы описали три важнейшие стратегии, позволяющие хеджировать позицию на рынке облигаций: 1) хеджирование с помощью фьючерсов; 2) хеджирование с помощью защитных пут-опционов «не при деньгах» и 3) продажа покрытых колл-опционов «не при деньгах».

Противоположные стратегии, построенные в соответствии с теми же принципами, могут использоваться инвесторами, опасающимися падения ставок на рынке. Напомним известную истину: «безупречных» стратегий не существует. У каждого метода свои преимущества и недостатки — получить что-либо можно, только чем-то жертвуя. Приобретая одну часть стоимости, инвестор неизбежно теряет другую.

Осуществляя выбор стратегии, инвестору стоит провести сравнение результатов альтернативных методов. В табл. 30.9 приводится конечная стоимость портфеля в случае хеджирования с помощью фьючерсов или опционов на фьючерсы. Из данных таблицы видно: отличные показатели некоторой стратегии при одном уровне ставок компенсируются ее плохими результатами при другом уровне.

Таблица 30.9. Сравнение альтернативных стратегий хеджирования

Реальная цена продажи облигаций	Эффективная цена продажи при хеджировании с помощью фьючерсов	Эффективная цена продажи при хеджировании с помощью защитных пут-опционов	Эффективная цена продажи при хеджировании с помощью покрытых колл-опционов
8 000 000	9 767 401	9 686 362	8 005 888
8 200 000	9 745 273	9 666 149	8 205 888
8 400 000	9 725 761	9 648 529	8 405 888
8 600 000	9 709 339	9 633 973	8 605 888
8 800 000	9 696 472	9 622 941	8 805 888
9 000 000	9 685 066	9 613 358	9 005 888
9 200 000	9 676 751	9 606 838	9 205 888
9 400 000	9 670 575	9 602 440	9 405 888
9 600 000	9 668 215	9 601 824	9 605 888
9 800 000	9 667 281	9 777 322	9 805 888
10 000 000	9 668 034	9 977 322	10 005 888
10 200 000	9 670 700	10 177 322	10 205 888
10 400 000	9 676 990	10 377 322	10 335 986
10 600 000	9 684 253	10 577 322	10 344 910
10 800 000	9 694 165	10 777 322	10 356 461
11 000 000	9 706 975	10 977 322	10 370 885
11 200 000	9 719 797	11 177 322	10 385 320
11 400 000	9 735 913	11 377 322	10 403 022
11 600 000	9 752 347	11 577 322	10 421 038

Итак, мы не можем отдать пальму первенства ни одной из стратегий. Менеджер, занятый выбором стратегии хеджирования, выбирает определенное распределение вероятностей, а не конкретный результат. За исключением случаев совершенного хеджирования применение всякой стратегии в состоянии дать множество возможных конечных стоимостей портфеля. Очевидно, что как границы этого множества, так и вероятность каждого конкретного результата по-разному оцениваются разными менеджерами.

Резюме

- Опцион гарантирует покупателю право либо купить (если это колл-опцион), либо продать (в случае пут-опциона) базовый актив продавцу опциона по установленной цене, называемой ценой страйк (ценой исполнения), в установленную дату, называемую датой истечения опциона.
- Цена, которую покупатель опциона платит продавцу опциона, называется ценой опциона или премией за опцион.
- Американский опцион дает покупателю право исполнить опцион в любую дату до даты истечения (включительно); европейский опцион может быть исполнен только в дату истечения.
- Опционы на процентные ставки — это опционы на ценные бумаги с фиксированным доходом и опционы на процентные фьючерсы. Опционы второго типа — популярный инструмент многих инвестиционных стратегий.
- Невозможность хеджирования отдельных облигационных выпусков или сквозных ценных бумаг с помощью обычных методов заставляет многих институциональных инвесторов прибегать к опционам внебиржевого рынка: подобные опционные контракты могут быть легко приспособлены к специфическим нуждам инвестора.
- Покупатель опциона не может реализовать убыток, превышающий цену опциона, и получает в свое распоряжение весь потенциал прибыли. Продавец опциона, напротив, не в состоянии реализовать прибыль большую, чем премия за опцион; именно продавец принимает на себя весь потенциальный убыток.
- Цена опциона складывается из двух компонентов: внутренняя стоимость и временная стоимость. Внутренняя стоимость — это экономическая стоимость опциона в случае, если он будет исполнен немедленно (если немедленная реализация не может принести положительного экономического результата, то внутренняя стоимость опциона

приравнивается к нулю). Временная стоимость — это величина, на которую цена опциона превышает его внутреннюю стоимость.

- Цена опциона обусловливается влиянием шести факторов: 1) текущей ценой базовой облигации; 2) ценой страйк опциона; 3) временем, оставшимся до истечения опциона; 4) ожидаемой волатильностью цены базовой облигации (т. е. ожидаемой волатильностью процентных ставок); 5) краткосрочной безрисковой процентной ставкой в течение жизни опциона и 6) купонными выплатами.
- Модель ценообразования опциона позволяет установить теоретическую или справедливую цену опциона. Существуют модели ценообразования опционов на облигации (опционов на физические активы) и опционов на фьючерсы на облигации.
- Для оценки стоимости опционов на облигации применяются две модели: модель Блэка–Шоулза и безарбитражная биномиальная модель ценообразования опционов. Недостаток первой модели состоит в пренебрежении кривой доходности, а также в невозможности принять в расчет существование верхней границы, выше которой не может подняться цена облигации.
- Наиболее распространенная модель ценообразования опционов на фьючерсы на облигации — модель Блэка.
- Самые популярные опционные стратегии — это стратегия покупки защитного пута и стратегия продажи покрытого колла.

Вопросы

1. Инвестор является владельцем колл-опциона на облигацию X с ценой страйк 100. Купонная ставка облигации X равна 9%, срок до погашения — 10 лет. Колл-опцион истекает сегодня, причем облигация X торгуется под доходность 8%. Стоит ли инвестору исполнять опцион?
2. Предположим, что покупатель пут-опциона на фьючерс исполняет пут-опцион. Какие позиции занимают в этом случае покупатель опциона и его продавец?
3. Инвестор хочет защититься от роста рыночной доходности казначейских облигаций. Какой опцион ему приобрести: пут или колл?
4. Какова внутренняя и временная стоимости колл-опциона на облигацию W, если:

   цена страйк колл-опциона = 97;
   текущая цена облигации W = 102;
   цена колл-опциона = 9.

5. «Между опционами и фьючерсами, в сущности, нет никакой разницы. И те и другие являются инструментами хеджирования; и те и другие — производные инструменты. Отличие состоит лишь в необходимости платить премию за опцион; фьючерсы, напротив, не требуют никаких предварительных выплат, кроме депонирования небольшой маржи. Не понимаю, зачем вообще нужны опционы». Согласны ли вы с этим мнением?
6. Какие аргументы в защиту своего мнения приводят противники применения модели Блэка–Шоулза для оценки стоимости опционов на процентные ставки?
7. Вы — старший портфельный менеджер институционального клиента. Вы анализируете ответ младшего члена команды по управлению портфелем клиенту, который интересуется использованием опционов и фьючерсов. Ниже приведены четыре выдержки из письма клиенту:
   a. «Значительная волатильность процентных ставок заставляет многих клиентов предоставлять нам право на использование опционов для хеджирования облигационных портфелей». Объясните, почему движение процентных ставок подталкивает клиентов к предоставлению портфельным менеджерам права использовать опционы.
   b. «Мы считаем опционы правильным выбором, поскольку в случае неблагоприятного движения рынка единственным отрицательным последствием будет истечение опциона без исполнения, и мы потеряем только уплаченную цену опциона». Насколько точно данное утверждение?
   c. «В качестве альтернативы можно было бы использовать другой производный инструмент для хеджирования — фьючерсы. Но мы неохотно применяем их, поскольку они дороже, а работать с ними опаснее: размер убытков по ним ничем не ограничен». Насколько верно данное утверждение?
   d. «В целом стратегия использования опционов довольно проста. Если нас беспокоит рост процентных ставок, но мы не хотим перебалансировать портфель, то просто занимаем позицию в пут-опционах». Почему приобретение пут-опционов для изменения портфеля предпочтительнее перебалансирования портфеля?
8. В чем разница между опционами на облигации и опционами на фьючерсы на облигации?
9. Почему инвесторы приобретают опционы на внебиржевом рынке?
10. Стоит ли инвестору, желающему спекулировать на движении процентных ставок, приобретать опционы внебиржевого рынка?

11. «Не понимаю, каким образом портфельные менеджеры вычисляют дюрацию опционов на процентные ставки. Что они понимают под дюрацией? Время, оставшееся до даты истечения?» Ответьте на этот вопрос.
12. a. Какие факторы определяют модифицированную дюрацию опциона на процентные ставки?
    b. Опцион «сильно при деньгах» всегда имеет более высокую модифицированную дюрацию, чем опцион «сильно не при деньгах». Прокомментируйте это высказывание.
    c. Модифицированная дюрация любого опциона — положительное число. Вы согласны с этим утверждением?
13. Как вычисляется подразумеваемая волатильность опциона?
14. a. Что такое дельта и гамма опциона?
    b. Если подразумеваемая волатильность цены колл-опциона на фьючерс на казначейские облигации равна 10,0, а дюрация CTD-выпуска — 8, какой будет подразумеваемая волатильность доходности?
15. Объясните, почему продавец опциона предпочтет при прочих равных опцион с высокой тетой?
16. Расскажите, как в стратегии защитного пута приходится искать компромисс между стоимостью стратегии и выбранной ценой страйк.
17. Приведем отрывок из статьи, озаглавленной «Dominguez Barry выбирает покрытые коллы» (*Derivatives Week*, 20 июля 1992 года, с. 7):

    «SBC Dominguez Barry Funds Management в Сиднее, управляющий облигациями с рейтингом А на сумму $5,5 млрд, собирается продать покрытые колл-опционы на имеющиеся в портфеле австралийские облигации; цель сделки, по словам Карла Ханича, управляющего портфелем, — извлечь выгоду из крайне высокой подразумеваемой волатильности. Подразумеваемая волатильность цены на колл-опционы "при своих" равна 9,8% — это самое высокое, на памяти Ханича, значение…

    В ситуации роста волатильности Ханич хотел бы продать коллы со страйком 8,5% и получить доход в форме премии. "Я с удовольствием расстанусь с облигациями по 8,5%, — сказал господин Ханич, — притом что рынок сейчас на 8,87%"».

    Объясните стратегию господина Ханича.
18. Вычислите цену европейского колл-опциона на четырехлетнюю казначейскую облигацию с купоном 6,5%; цена страйк опциона равна 100,25, контракт истекает через два года. Результат должен быть основан на: 1) безарбитражном биномиальном дереве процентных ставок при условии волатильности в размере 10% (см. схему на рис. 30.5)

и 2) цене казначейской облигации через два года, показанной в каждом узле.

19. Основываясь на информации из рис. 30.6, вычислите цену европейского пут-опциона на четырехлетнюю казначейскую облигацию с купоном 6,5%; цена страйк опциона равна 100,25, контракт истекает через два года.

ГЛАВА 31

Процентные свопы, кэпы и флоры

В этой главе читателю будут представлены сведения:

- о понятии процентного свопа;
- о связи между процентными свопами и форвардными контрактами;
- о рыночной котировке условий процентного свопа;
- о вычислении ставки свопа;
- о вычислении стоимости свопа;
- об использовании свопов институциональными инвесторами;
- о создании при помощи процентного свопа структурированной ноты;
- о том, что такое свопцион и как его используют институциональные инвесторы;
- о верхних и нижних границах процентных ставок (кэпах и флорах) и их использовании институциональными инвесторами;
- о связи кэпов и флоров с опционами;
- об оценке стоимости кэпов и флоров;
- о процентных колларах.

В главах 29 и 30 мы обсуждали использование фьючерсов и опционов на процентные ставки для контроля процентного риска. Защититься от этого типа риска можно с помощью еще одной разновидности контрактов, разрабатываемых для клиентов коммерческими и инвестиционными банками. Мы имеем в виду: 1) процентные свопы и опционы на эти свопы; 2) соглашения о верхних и нижних границах процентных ставок (кэпы и флоры) и опционы на эти соглашения. В этой главе мы опишем каждый из инструментов и объясним, для чего их обычно используют институциональные инвесторы.

ПРОЦЕНТНЫЕ СВОПЫ

В процентном свопе две стороны (называемые **контрагентами**) договариваются об обмене периодическими процентными выплатами. Долларовая величина обмениваемых выплат определяется исходя из установленного долларового номинала, называемого **условной основной суммой** *(notional principal amount)*. Денежная сумма, которую выплачивает контрагенту каждая из сторон, — установленная периодическая процентная ставка, умноженная на условную основную сумму. Денежные потоки, которыми обмениваются участники свопа, — это не условные основные суммы, а лишь процентные выплаты по ним. В наиболее распространенном типе свопов одна из сторон соглашается в указанные даты в течение жизни контракта выплачивать другой фиксированную процентную ставку. Эта сторона называется **плательщиком фиксированной ставки**. Другая сторона, которая соглашается выплачивать плавающую ставку, зависящую от некоторой референсной ставки, получила название **плательщика плавающей ставки**. Частота, с которой пересчитывается плавающая процентная ставка, называется **частотой пересчета**.

Ставки, используемые в качестве референсных для плавающей ставки в процентном свопе, — это ставки различных инструментов денежного рынка: казначейских векселей, ставка предложения лондонского межбанковского рынка (LIBOR), коммерческих бумаг, банковских аккредитивов, депозитных сертификатов, ставка федеральных фондов, прайм-рейт. Наиболее популярной является LIBOR. LIBOR — это ставка, которую наиболее крупные и надежные банки соглашаются выплачивать по евродолларовым депозитам определенного срока другим банкам такой же категории. Ставку LIBOR принято рассматривать как стоимость финансирования на международном рынке. LIBOR — это не одна ставка, а целый набор процентных ставок для депозитов с разными сроками. Существует, например, месячная LIBOR, трехмесячная LIBOR и шестимесячная LIBOR.

В качестве иллюстрации процентного свопа рассмотрим следующую ситуацию: предположим, что в течение следующих пяти лет сторона X согласилась платить стороне Y ставку в размере 10% годовых, в то время как сторона Y согласилась выплачивать стороне X полугодовую LIBOR (референсную ставку). Сторона X — плательщик фиксированной ставки и получатель плавающей ставки; сторона Y — плательщик плавающей и получатель фиксированной ставки. Допустим, что условная основная сумма равна $50 млн и что платежами стороны обмениваются раз в полгода в течение пяти лет. Это значит, что каждые шесть месяцев сторона X (плательщик фиксированной/получатель плавающей ставки) будет выплачивать стороне Y $2,5 млн (10% умножить на $50 млн и поделить на 2). Сторона Y (плательщик плавающей/получатель фиксированной ставки) в свою очередь будет выплачивать стороне X шестимесячную LIBOR, умноженную на $50 млн и деленную на 2. Если шестимесячная LIBOR равна 7%, то сторона Y заплатит стороне X $1,75 млн (7% умножить на $50 млн и поделить на 2). Напомним, что результат делится на два, поскольку процент выплачивается за полгода.

В следующих разделах мы расскажем о том, каким образом участники рынка могут использовать процентные свопы для изменения денежного потока активов или обязательств: денежный поток на основе плавающей ставки меняется на денежный поток на основе фиксированной ставки и наоборот.

Своп и риск контрагента

Процентные свопы — это внебиржевые инструменты. Это означает, что они не торгуются на биржах. Институциональные инвесторы, желающие войти в своп, прибегают к посредству коммерческого банка[1] или фирмы, специализирующейся на ценных бумагах. Эти юридические лица оказывают следующую помощь. Во-первых, они могут организовать своп между двумя сторонами, решившими обменяться процентными ставками. В этом случае фирма ценных бумаг или коммерческий банк берут на себя обязанности брокера.

Второй тип участия коммерческого банка или фирмы ценных бумаг в свопе, предпринятом институциональным инвестором, — роль контрагента. В этом случае коммерческий банк или фирма ценных бумаг становятся уже не брокерами, а дилерами сделки. Выступая в роли дилера, фирма ценных бумаг или коммерческий банк хеджируют свою позицию по свопам так же, как хеджировали бы позицию по любым другим имеющимся в их портфеле ценным бумагам. Итак, дилер (называемый **дилером свопов**) становится контрагентом институционального инвестора. Дилером свопов является, например, Goldman Sachs. Если институциональный инвестор вошел в своп с Goldman Sachs, именно от Goldman Sachs такой инвестор будет

---

[1] Не стоит забывать, что на рынке свопов коммерческий банк может выступать в одной из двух ролей. Он, во-первых, использует своп в управлении собственными активами/пассивами; во-вторых — продает/покупает свопы для клиентов, получая от этой транзакции комиссионные. Описывая свопы в этом разделе, мы имеем в виду вторую функцию коммерческого банка.

ожидать исполнения налагаемых свопом обязательств. В настоящее время свопы, как правило, заключаются с дилерами свопов.

Риск, который принимает каждая из сторон, входя в своп, — это риск, связанный с возможным невыполнением другой стороной обязательств, предусмотренных условиями соглашения. Иными словами, каждая из сторон подвергается риску дефолта. Риск дефолта в свопе принято называть **риском контрагента**. Заметим, что понятие риска контрагента шире понятия риска дефолта в свопе. В любом заключенном двумя сторонами соглашении существует риск, связанный с дефолтом одной из сторон, — риск контрагента. В случае фьючерсов и торгуемых на бирже опционов риск контрагента связан возможным дефолтом клиринговой палаты, призванной гарантировать исполнение договора. Участники рынка обычно считают этот риск ничтожным. В свопе, напротив, риск контрагента признается весьма существенным.

Стремление защититься от риска контрагента обусловило существование определенных ограничений: в качестве дилера свопов может выступать не всякий коммерческий банк и не всякая фирма ценных бумаг. Некоторые фирмы ценных бумаг создали дочерние компании с независимой капитализацией и высоким кредитным рейтингом, позволяющим им брать на себя роль дилера в своп-сделках. При анализе свопов необходимо помнить о том, что каждая из входящих в своп сторон несет риск контрагента.

Интерпретация позиции на рынке свопов

Позицию по свопам можно представить двумя способами: 1) как набор форвардных/фьючерсных контрактов и 2) как набор денежных потоков от покупки и продажи инструментов денежного рынка.

Набор форвардных контрактов

Рассмотрим гипотетический процентный своп, описанный нами выше. Проанализируем позицию стороны X. Сторона X согласилась выплачивать 10% и получать полугодовую LIBOR. Вспомним, что условная основная сумма в нашем примере равна $50 млн. А значит, X согласился купить товар под названием «шестимесячная LIBOR» за $2,5 млн. В сущности, мы имеем дело с шестимесячным форвардным контрактом, в котором X соглашается отдать $2,5 млн за поставку шестимесячной LIBOR. Если процентные ставки вырастают до 11%, то цена товара (шестимесячной LIBOR) повышается и плательщик фиксированной ставки, занявший длинную позицию по шестимесячному форвардному контракту на шестимесячную LIBOR, получает прибыль. Плательщик плавающей ставки занимает короткую позицию по шестимесячному форвардному контракту на шестимесячную LIBOR. Таким образом, каждой дате обмена соответствует отдельный подразумеваемый форвардный контракт.

Теперь мы видим, что процентный своп может быть представлен как набор более традиционных инструментов рынка процентных ставок, а именно как набор форвардов. Ценообразование процентного свопа будет, таким образом, строиться исходя из цены на набор форвардных контрактов на определенный актив с одной датой истечения.

Итак, своп процентных ставок — это всего лишь набор форвардных контрактов; не стоит полагать между тем, что данный рыночный инструмент является излишним. Прежде всего, сроки до погашения форвардных и фьючерсных контрактов не бывают столь длинными, как у процентных свопов: при желании участник рынка может войти в процентный своп на 15 лет и более. Во-вторых, процентный своп является более эффективной сделкой, чем форвард: в ходе одной транзакции юридическое лицо занимает позицию, аналогичную позиции по многим форвардам; на рынке форвардов для достижения той же цели ему пришлось бы совершать несколько сделок. В-третьих, со времени своего появления в 1981 г. рынок свопов заметно повысил ликвидность: процентные свопы являются более ликвидным инструментом, чем форварды, в особенности долгосрочные форварды.

Набор инструментов спот-рынка

Для того чтобы понять, почему своп можно интерпретировать и как набор инструментов спот-рынка, представим себе инвестора, заключающего следующую сделку:

- покупка $50 млн пятилетних облигаций с плавающей ставкой, которые каждые полгода выплачивают шестимесячную LIBOR;
- финансирование покупки через заимствование $50 млн на пять лет под 10% годовых, которые следует выплачивать каждые шесть месяцев.

Денежные потоки данной транзакции представлены в табл. 31.1. Второй столбец таблицы демонстрирует денежный поток от покупки пятилетней облигации с плавающей ставкой. Из портфеля уходит $50 млн, затем в него поступает 10 выплат. Размер выплат неизвестен, поскольку неизвестно значение будущей LIBOR. Следующий столбец показывает денежный поток от заимствования $50 млн под фиксированную ставку. Последний столбец — чистый результат обеих сделок. Как видно из последнего столбца, в начале транзакции размер портфеля не меняется (нет входящего или исходящего денежного потока). В течение последующих 10 полугодовых периодов чистый результат зависит от разницы между поступающей в портфель LIBOR и уходящими из портфеля $2,5 млн. Заметим, что эта позиция представляет собой позицию плательщика фиксированной / получателя плавающей ставки в свопе.

Из столбца табл. 31.1, содержащего чистый результат транзакции, видно, что плательщик фиксированной ставки занимает позицию, эквивалентную длинной позиции по облигации с плавающей ставкой и короткой позиции по облигации с фиксированной ставкой (короткая позиция по облигации эквивалентна в данном случае заимствованию).

Проанализируем теперь позицию плательщика плавающей ставки. Можно доказать, что его позиция — это, в сущности, приобретение облигации с фиксированной ставкой и финансирование приобретения по плавающей ставке, равной референсной ставке свопа. Иными словами, позиция плательщика плавающей ставки эквивалентна длинной позиции по облигации с фиксированной ставкой и короткой позиции по облигации с плавающей ставкой.

Таблица 31.1. Денежные потоки от покупки пятилетней облигации с плавающей ставкой; приобретение профинансировано за счет заимствования под фиксированную ставку

Транзакция: приобретение облигаций с плавающей ставкой с общим номиналом $50 млн; плавающая ставка = LIBOR; выплаты раз в полгода. Заимствование $50 млн; фиксированная ставка = 10%; выплаты раз в полгода.

Полугодовой период	Денежный поток ($ млн)		
	Облигация с плавающей ставкой[a]	Стоимость заимствования	Чистый результат
0	−50	+50,0	0
1	+ $(LIBOR_1/2) \times 50$	−2,5	+ $(LIBOR_1/2) \times 50 - 2{,}5$
2	+ $(LIBOR_2/2) \times 50$	−2,5	+ $(LIBOR_2/2) \times 50 - 2{,}5$
3	+ $(LIBOR_3/2) \times 50$	−2,5	+ $(LIBOR_3/2) \times 50 - 2{,}5$
4	+ $(LIBOR_4/2) \times 50$	−2,5	+ $(LIBOR_4/2) \times 50 - 2{,}5$
5	+ $(LIBOR_5/2) \times 50$	−2,5	+ $(LIBOR_5/2) \times 50 - 2{,}5$
6	+ $(LIBOR_6/2) \times 50$	−2,5	+ $(LIBOR_6/2) \times 50 - 2{,}5$
7	+ $(LIBOR_7/2) \times 50$	−2,5	+ $(LIBOR_7/2) \times 50 - 2{,}5$
8	+ $(LIBOR_8/2) \times 50$	−2,5	+ $(LIBOR_8/2) \times 50 - 2{,}5$
9	+ $(LIBOR_9/2) \times 50$	−2,5	+ $(LIBOR_9/2) \times 50 - 2{,}5$
10	+ $(LIBOR_{10}/2) \times 50 + 50$	−52,5	+ $(LIBOR_{10}/2) \times 50 - 2{,}5$

[a] Нижний индекс рядом с LIBOR указывает на полугодовую LIBOR, соответствующую полугодовому периоду *t*.

Терминология, рыночные соглашения и рыночные котировки

В этом разделе мы познакомим читателя с некоторыми терминами, принятыми на рынке свопов, и объясним, каким образом котируются эти инструменты. Дата, в которую контрагенты договариваются войти в своп, называется **датой сделки** *(trade date)*. Дата, в которую начинается начисление процента, носит название **эффективной даты** *(effective date),* а дата, в которую накопление процента заканчивается, — **датой окончания** *(maturity date)*.

В нашей иллюстрации предполагалось, что даты денежных потоков для обоих участников свопа — плательщика фиксированной ставки и плательщика плавающей ставки — совпадают, однако в реальной практике это не всегда так. Кроме того, принципы начисления процентов каждым из контрагентов могут различаться, как различаются соглашения о подсчете дней в году, принятые на рынке инструментов с фиксированным доходом.

Терминология, описывающая позицию стороны в свопе, представляет собой сочетание жаргонов рынка фьючерсов и спот-рынка (напомним, что позиция в свопе может быть представлена либо как набор позиций по фьючерсам/форвардам, либо как позиция по набору инструментов спот-рынка). Как мы знаем, стороны свопа носят название плательщика фиксированной ставки и плательщика плавающей ставки. Их позиции на рынке можно описать следующим образом:

Плательщик фиксированной ставки	*Плательщик плавающей ставки*
Платит фиксированную ставку	Платит плавающую ставку
Получает плавающую ставку	Получает фиксированную ставку
Купил своп	Продал своп
Занял длинную позицию по свопу	Занимает короткую позицию по свопу
Занимает короткую позицию на рынке облигаций	Занимает длинную позицию на рынке облигаций

Первые две строчки, описывающие положение плательщика фиксированной и плательщика плавающей ставки на рынке свопов, говорят сами за себя. Для того чтобы понять, почему о плательщике фиксированной ставки говорят, что он занял короткую позицию на рынке облигаций, а о плательщике плавающей — что он занял длинную позицию на этом рынке, представьте, что произойдет, когда процентные ставки изменятся. Сторона, заимствующая средства под фиксированную ставку, выиграет от роста рыночных ставок, поскольку ей удалось зафиксировать более низкую ставку; напомним, однако, что участники рынка, занимающие короткую позицию по облигациям, также выигрывают от роста процентных ставок. Таким образом, плательщик фиксированной ставки по сути занимает короткую позицию на рынке облигаций. Плательщику плавающей ставки выгодно, чтобы ставки на рынке упали. Длинная позиция по облигации также выигрывает от падения ставок — очевидно, что обозначение плательщика плавающей ставки как участника рынка, занявшего длинную позицию по облигациям, правомерно.

Позиции контрагентов в свопе можно описать иначе в контексте нашей интерпретации свопа как набора инструментов спот-рынка.

Плательщик фиксированной ставки: позиция, зависящая от чувствительности цен долгосрочного обязательства и облигации с плавающей ставкой.

Плательщик плавающей ставки: позиция, зависящая от чувствительности цен облигации с фиксированной ставкой и обязательства с плавающей ставкой.

Правила, принятые на рынке для котировки свопов, сводятся к следующему: дилер свопа приравнивает плавающую ставку к определенному индексу, а затем котирует подходящую фиксированную ставку. В качестве иллюстрации рассмотрим 10-летний своп, предлагаемый участникам рынка дилером; своп описан в табл. 31.2.

Таблица 31.2. Смысл котировки «40–50» для 10-летнего свопа при доходности казначейских бумаг 8,35% (спред бид-аск = = 10 базисных пунктов)

	Плательщик плавающей ставки	Плательщик фиксированной ставки
Платит	Плавающая ставка шестимесячная LIBOR	Фиксированная ставка 8,85%
Получает	Фиксированная ставка 8,75%	Плавающая ставка шестимесячная LIBOR

Цена предложения, которую будет котировать дилер для плательщика фиксированной ставки, — выплата 8,85% и получение LIBOR без спреда *(LIBOR «flat»)*. Цена спроса, которую дилер будет котировать для плательщика плавающей ставки, — выплата LIBOR «flat» и получение 8,75%. Спред спрос-предложение составит, таким образом, 10 базисных пунктов.

Фиксированная ставка — это спред относительно кривой доходности казначейских бумаг со сроком, равным сроку свопа. Предположим, что доходность 10-летних казначейских бумаг составляет 8,35%. Цена предложения, которую будет котировать дилер для плательщика фиксированной ставки, — это ставка 10-летних казначейских бумаг плюс 50 базисных пунктов в обмен на LIBOR «flat». Для плательщика плавающей ставки котировка спроса — LIBOR «flat» в обмен на ставку 10-летних казначейских бумаг плюс 40 базисных пунктов. Дилерская котировка 40–50 означает, таким образом, что дилер готов войти в своп и получить LIBOR в обмен на выплату ставки 10-летних казначейских бумаг плюс 40 базисных пунктов; он также готов войти в своп и заплатить LIBOR в обмен на получение фиксированной ставки, равной ставке 10-летних казначейских бумаг плюс 50 базисных пунктов. Разница между заплаченной и полученной фиксированной ставкой представляет собой спред покупки/продажи.

Вычисление ставки свопа

Договариваясь о свопе, контрагенты соглашаются обмениваться будущими выплатами процентных ставок, при этом никаких предварительных выплат сторонами не совершается. Поэтому очевидно, что своп должен быть осуществлен таким образом, чтобы приведенные стоимости двух денежных потоков, представляющих собой обоюдные выплаты, совпадали. Мы можем перефразировать это высказывание и заявить, что совпадать должны приведенные стоимости денежных потоков, получаемых обеими сторонами. Равенство денежных потоков — основополагающий принцип вычислений ставки свопа.

Для плательщика фиксированной ставки заранее известен размер будущих выплат. Выплаты плательщика с плавающей ставкой заранее неизвестны и зависят от значений референсной ставки в даты пересчета. Если своп базируется на ставке LIBOR, то для вычисления форвардной (будущей) ставки трехмесячной LIBOR могут быть использованы евродолларовые фьючерсные контракты (речь о них шла в главе 29). После того как на основе форвардной ставки трехмесячной LIBOR будет вычислена величина данного денежного потока, можно получить значение ставки свопа: это ставка, которая позволит приравнять приведенные стоимости выплат со стороны плательщика фиксированной ставки и плательщика плавающей ставки.

Еще один немаловажный вопрос: какая ставка должна быть использована для дисконтирования? В главе 5 мы писали о том, что ставкой, пригодной для дисконтирования всякого денежного потока, является теоретическая спот-ставка. Каждый денежный поток необходимо дисконтировать по своей дисконтной ставке. Каким образом получить величину этой ставки? Напомним вывод, сделанный нами в главе 5: значения спот-ставок могут быть найдены исходя из значения форвардных ставок. Итак, теоретическая спот-ставка может быть вычислена исходя из той же форвардной ставки на трехмесячную LIBOR, которая применяется в евродолларовых фьючерсах.

Поясним нашу мысль на примере[1]. Рассмотрим своп со следующими характеристиками:

- своп начинается сегодня, 1 января года 1 (эффективная дата);
- плавающая ставка выплачивается раз в квартал исходя из реального количества дней в квартале/360-дневного года;
- референсная ставка — трехмесячная LIBOR;
- условная основная сумма свопа— $100 млн;
- срок свопа — три года.

Ежеквартальные выплаты плавающей ставки осуществляются исходя из рыночного соглашения о реальном количестве дней в квартале/360-дневном годе. Согласно условиям соглашения, год приравнивается к 360 дням, а количество дней в квартале подсчитывается исходя из реального количества дней. Размер суммы, которую заплатит плательщик плавающей ставки, устанавливается в начале квартала, однако сами выплаты осуществляются в конце квартала, т. е. с задержкой.

Допустим, что в настоящее время трехмесячная LIBOR составляет 4,05%. Какую сумму получит плательщик фиксированной ставки 31 марта года 1 — в дату, когда будет осуществлена первая квартальная выплата по свопу? На этот вопрос мы можем дать вполне определенный ответ. В общем виде выплата плательщика плавающей ставки может быть представлена как:

$$\text{условная основная сумма} \times \text{трехмесячная LIBOR} \times$$
$$\times \frac{\text{число дней в периоде}}{360}.$$

В нашем примере (если год был не високосным) число дней с 1 января по 31 марта года 1 (первый квартал) равно 90. Если трехмесячная LIBOR равна 4,05%, то плательщик фиксированной ставки получит 31 марта года 1 сумму, равную:

$$\$100\,000\,000 \times 0{,}0405 \times \frac{90}{360} = \$1\,012\,500.$$

Теперь нам предстоит решить более сложную задачу, а именно: установить, какими будут следующие выплаты плательщика плавающей ставки после первой квартальной выплаты. Для трехлетнего свопа предусмотрено

[1] Пример взят из: Frank J. Fabozzi, *Fixed Income Analysis for the Chartered Financial Analyst Program* (New Hope, PA: Frank J. Fabozzi Associates, 2000), pp. 609–621.

12 квартальных выплат с плавающей ставкой. Размер первой выплаты известен, однако остальные 11 выплат не определены. Заметим, что у участника свопа есть возможность хеджировать следующие 11 выплат с плавающей ставкой с помощью фьючерсных контрактов. Для хеджирования будущих выплат с плавающей ставкой в свопе, референсная ставка которого — трехмесячная LIBOR, применяются евродолларовые фьючерсные контракты. Об этих контрактах мы писали в главе 29; ниже мы покажем, каким образом с их помощью вычисляется размер выплат с плавающей ставкой.

Начнем с выплаты за следующий квартал — с 1 апреля года 1 по 30 июня года 1. В этом квартале 91 день. Размер выплаты будет установлен 1 апреля года 1 исходя из трехмесячной LIBOR; выплата будет осуществлена 30 июня года 1. Для хеджирования нам понадобится трехмесячный евродолларовый фьючерс с расчетом 30 июня года 1. Такой фьючерсный контракт позволит 1 апреля года 1 зафиксировать ставку на трехмесячную LIBOR. Так, если цена трехмесячного евродолларового фьючерса с расчетом 30 июня года 1 равна 95,85, то, как было объяснено выше, трехмесячная фьючерсная ставка составит 4,15%. Данную ставку на трехмесячную LIBOR мы будем в дальнейшем называть форвардной. Если плательщик фиксированной ставки 1 января года 1 (дата начала свопа) приобрел 100 евродолларовых фьючерсных контрактов с расчетом 30 июня года 1, то выплата с плавающей ставкой, которую он зафиксирует на данный квартал (1 апреля — 30 июня года 1), будет равна:

$$\$100\,000\,000 \times 0{,}0415 \times \frac{91}{360} = \$1\,049\,028.$$

(Каждый фьючерс — это контракт на $1 млн; следовательно, 100 контрактов имеют условную сумму $100 млн.) Аналогичным образом с помощью евродолларовых фьючерсов можно зафиксировать выплаты с плавающей ставкой для всех оставшихся 10 кварталов. Важно помнить, что плавающую ставку для периода *t* определяет референсная ставка в начале периода. Сами выплаты совершаются, однако, лишь по окончании периода *t*.

В табл. 31.3 приводятся данные, относящиеся к нашему трехлетнему свопу. В столбце (1) показана дата начала квартала, в столбце (2) — дата его окончания. Выплата, которая будет получена в конце первого квартала (31 марта года 1), составит $1 012 500. Это та самая величина, которая была нами найдена ранее, — единственная заранее известная величина. Размер первой выплаты вычислен на основе информации, приведенной в столбце (4), где показана трехмесячная LIBOR (4,05%). Размер платежа приводится в последнем столбце — столбце (8).

Таблица 31.3. Денежный поток с плавающей ставкой на основе начальной LIBOR и евродолларовых фьючерсов

(1) Начало квартала	(2) Конец квартала	(3) Число дней в квартале	(4) Текущая 3-месячная LIBOR	(5) Цена евродолларовых фьючерсов	(6) Фьючерсная ставка	(7) Период = конец квартала	(8) Денежный поток с плавающей ставкой в конце квартала
1 января года *1*	31 марта года *1*	90	4,05%			1	1 012 500
1 апреля года *1*	30 июня года *1*	91		95,85	4,15%	2	1 049 028
1 июля года *1*	30 сентября года *1*	92		95,45	4,55%	3	1 162 778
1 октября года *1*	31 декабря года *1*	92		95,28	4,72%	4	1 206 222
1 января года *2*	31 марта года *2*	90		95,10	4,90%	5	1 225 000
1 апреля года *2*	30 июня года *2*	91		94,97	5,03%	6	1 271 472
1 июля года *2*	30 сентября года *2*	92		94,85	5,15%	7	1 316 111
1 октября года *2*	31 декабря года *2*	92		94,75	5,25%	8	1 341 667
1 января года *3*	31 марта года *3*	90		94,60	5,40%	9	1 350 000
1 апреля года *3*	30 июня года *3*	91		94,50	5,50%	10	1 390 278
1 июля года *3*	30 сентября года *3*	92		94,35	5,65%	11	1 443 889
1 октября года *3*	31 декабря года *3*	92		94,24	5,76%	12	1 472 000

В столбце (7) дается нумерация кварталов с 1-го до 12-й. Обратите внимание на заголовок столбца. Каждый период определяется датой окончания квартала. Эту информацию важно запомнить, поскольку нам скоро предстоит дисконтировать платежи (денежные потоки). Для правильного дисконтирования следует точно знать, когда именно был проведен обмен выплат. Напомним: первая выплата $1 012 500 была получена по окончании квартала 1. Еще раз подчеркнем: говоря о периоде любой выплаты, мы имеем в виду окончание квартала. Так, пятая выплата в размере $1 225 000 будет считаться выплатой за период 5, т. е. выплатой, осуществленной по окончании пятого квартала.

Проанализируем теперь выплаты с фиксированной ставкой. Условия свопа устанавливают частоту таких выплат. Частота выплат с фиксированной ставкой может не совпадать с частотой выплат с плавающей ставкой. Так, в трехлетнем свопе, о котором идет сейчас речь, выплаты плавающей ставки производятся раз в квартал. Выплаты фиксированной ставки в реальной практике, скорее всего, будут производиться раз в полгода.

В нашей иллюстрации, однако, частота выплат совпадает: выплаты фиксированной, как и выплаты плавающей ставки должны осуществляться раз в квартал. Соглашение о подсчете количества дней в данном случае то же самое, что и соглашение, принятое для выплат плавающей ставки, т. е. реальное количество дней в квартале/360-дневный год. Формула, позволяющая подсчитать долларовую величину выплат с фиксированной ставкой для периода:

$$\text{условная основная сумма} \times \text{ставка свопа} \times$$
$$\times \frac{\text{число дней в периоде}}{360}.$$

Как видим, формула почти полностью совпадает с формулой вычисления размера выплат плавающей ставки. Заметим, однако, что вместо референсной ставки (трехмесячная LIBOR в нашем примере) использована ставка свопа.

Допустим, например, что ставка свопа составляет 4,98%, а число дней в квартале равно 90. Выплаты фиксированной ставки в этом случае равны:

$$\$100\,000\,000 \times 0{,}0498 \times \frac{90}{360} = \$1\,245\,500.$$

В табл. 31.4 показаны выплаты с фиксированной ставкой на основе ставки свопа, равной 4,9875%. (Ниже мы покажем, каким образом было вычислено это значение.) Первые три колонки таблицы приводят информацию, известную нам из табл. 31.3: начало и конец периодов, а также количество дней в квартале. В столбце (4) приводятся обозначения периодов. Так, период *1* — это конец первого квартала, период *2* — конец второго квартала и т. д. В столбце (5) даны выплаты фиксированной ставки в каждый из периодов исходя из ставки свопа 4,9875%.

Таблица 31.4. Выплаты с фиксированной ставкой на основе ставки свопа, равной 4,9875%

Начало квартала	Конец квартала	Число дней в квартале	Период = конец квартала	Фиксированный платеж при ставке свопа 4,9875%
1 января года *1*	31 марта года *1*	90	1	1 246 875
1 апреля года *1*	30 июня года *1*	91	2	1 260 729
1 июля года *1*	30 сентября года *1*	92	3	1 274 583
1 октября года *1*	31 декабря года *1*	92	4	1 274 583
1 января года *2*	31 марта года *2*	90	5	1 246 875
1 апреля года *2*	30 июня года *2*	91	6	1 260 729
1 июля года *2*	30 сентября года *2*	92	7	1 274 583
1 октября года *2*	31 декабря года *2*	92	8	1 274 583
1 января года *3*	31 марта года *3*	90	9	1 246 875
1 апреля года *3*	30 июня года *3*	91	10	1 260 729
1 июля года *3*	30 сентября года *3*	92	11	1 274 583
1 октября года *3*	31 декабря года *3*	92	12	1 274 583

Покажем теперь, каким образом вычисляется ставка свопа. При заключении договора о процентном свопе две стороны соглашаются обмениваться будущими выплатами; никаких предварительных выплат ни одна из сторон не осуществляет. Это означает, что своп должен быть осуществлен таким образом, чтобы приведенная стоимость выплачиваемого контрагентами денежного потока оказалась не меньше приведенной стоимости получаемого денежного потока. Для того чтобы исключить арбитражные возможности, приведенная стоимость выплат, осуществляемых стороной, равна приведенной стоимости выплат, этой стороной получаемых. Эквивалентность (отсутствие арбитража) приведенных стоимостей денежных потоков — основополагающий принцип вычисления ставки свопа.

Итак, нам надо вычислить приведенную стоимость выплат. Проводить подсчеты следует с большой осторожностью. В частности, следует уточнить 1) даты выплат и 2) процентную ставку, используемую для дисконтирования денежных потоков.

Составляя таблицу платежей, мы указывали, что выплаты совершаются в конце квартала. Вычисляя приведенную стоимость выплат, также следует учитывать этот факт.

Какую процентную ставку следует принять для дисконтирования? Каждый денежный поток должен быть дисконтирован по своей дисконтной ставке, равной спот-ставке для данного периода. При дисконтировании денежного потока в \$1 с помощью спот-ставки для периода t приведенная стоимость составит:

$$\text{приведенная стоимость \$1, получаемого в период } t =$$
$$= \frac{\$1}{(\text{спот-ставки периода } t)^t}.$$

Как было показано в главе 5, форвардные ставки можно вычислить исходя из значения спот-ставки. Итак, мы вправе дисконтировать денежный поток не по самой спот-ставке, а по форвардным ставкам. При этом мы получим тот же самый результат. Это значит, что приведенная стоимость \$1, полученного за период t, может быть представлена как:

$$\text{приведенная стоимость \$1, получаемого в период } t =$$
$$= \frac{\$1}{(1 + \text{форвардная ставка периода 1})\,(1 + \text{форвардная ставка периода 2}) \times \ldots \times (1 + \text{форвардная ставка периода } t)}.$$

Приведенную стоимость суммы в \$1, которая будет получена в период t, мы будем называть **форвардным коэффициентом дисконтирования** *(forward discount factor)*. Мы будем вычислять форвардный коэффициент дисконтирования для периода с помощью форвардных ставок. Это те же форвардные ставки, которые мы использовали для вычисления размеров выплат плавающей ставки, — форвардные ставки, полученные на основе анализа евродолларовых фьючерсных контрактов. Однако нам следует пересчитать форвардные ставки для количества дней в периоде (в нашем примере период — это квартал); уточнение проводится способом, аналогичным тому, который был применен в ходе вычисления размера выплат по плавающей ставке. Форвардная ставка для данного периода — мы будем называть ее **форвардной ставкой периода** вычисляется по следующей формуле:

$$\text{форвардная ставка периода} = \frac{\text{форвардная ставка}}{\text{в годовом исчислении}} \times \frac{\text{число дней в периоде}}{360}.$$

Обратимся к табл. 31.3. Форвардная ставка в процентах годовых для периода 4 равна 4,72%. Форвардная ставка периода для периода 4, таким образом, составит:

$$\text{форвардная ставка периода 4} = 4{,}72\% \times \frac{92}{360} = 1{,}2062\%.$$

В столбце (5) табл. 31.5 приведены значения форвардных ставок в процентах годовых для всех 12 периодов (взятые из табл. 31.3), а в столбце (6) приведены форвардные ставки периодов. Обратите внимание на форвардную ставку периода 1: она равна 90/360 от 4,05%, т. е. 90/360 известной ставки — трехмесячной LIBOR.

В табл. 31.5 даются также значения форвардного коэффициента дисконтирования всех 12 периодов. Эти величины приводятся в последнем столбце. Покажем, каким образом вычисляются форвардные коэффициенты дисконтирования периодов 1, 2 и 3. Форвардный коэффициент дисконтирования периода 1 равен:

$$\text{форвардный коэффициент дисконтирования 1} = \frac{\$1}{1{,}010125} = 0{,}9899764.$$

Таблица 31.5. Вычисление форвардных коэффициентов дисконтирования

(1) Начало квартала	(2) Конец квартала	(3) Число дней в квартале	(4) Период = конец квартала	(5) Форвардная ставка	(6) Форвардная ставка периода	(7) Форвардный коэффициент дисконтирования
1 января года *1*	31 марта года *1*	90	1	4,05%	1,0125%	0,9899764
1 апреля года *1*	30 июня года *1*	91	2	4,15%	1,0490%	0,9796991

Окончание табл. 31.5

(1) Начало квартала	(2) Конец квартала	(3) Число дней в квартале	(4) Период = конец квартала	(5) Форвардная ставка	(6) Форвардная ставка периода	(7) Форвардный коэффициент дисконтирования
1 июля года *1*	30 сентября года *1*	92	3	4,55%	1,1628%	0,9684383
1 октября года *1*	31 декабря года *1*	92	4	4,72%	1,2062%	0,9568960
1 января года *2*	31 марта года *2*	90	5	4,90%	1,2250%	0,9453159
1 апреля года *2*	30 июня года *2*	91	6	5,03%	1,2715%	0,9334474
1 июля года *2*	30 сентября года *2*	92	7	5,15%	1,3161%	0,9213218
1 октября года *2*	31 декабря года *2*	92	8	5,25%	1,3417%	0,9091244
1 января года *3*	31 марта года *3*	90	9	5,40%	1,3500%	0,8970147
1 апреля года *3*	30 июня года *3*	91	10	5,50%	1,3903%	0,8847147
1 июля года *3*	30 сентября года *3*	92	11	5,65%	1,4439%	0,8721222
1 октября года *3*	31 декабря года *3*	92	12	5,76%	1,4720%	0,8594708

Для периода 2:

$$\text{форвардный коэффициент дисконтирования 2} = \\ = \frac{\$1}{1{,}010125 \times 1{,}010490} = 0{,}9796991.$$

Для периода 3:

$$\text{форвардный коэффициент дисконтирования 3} = \\ = \frac{\$1}{1{,}010125 \times 1{,}010490 \times 1{,}011628} = 0{,}9684383.$$

Зная размер выплаты с плавающей ставкой для периода и форвардный коэффициент дисконтирования для периода, можно вычислить приведенную стоимость выплаты. Из табл. 31.3 нам известно, например, что выплата плавающей ставки для периода *4* равна $1 206 222. В табл. 31.6 приведен форвардный коэффициент дисконтирования для периода 4, равный 0,9568960. Таким образом, приведенная стоимость составит:

$$\text{приведенная стоимость выплат в период 4} = \\ = \$1\,206\,222 \times 0{,}9568960 = \$1\,154\,229.$$

В табл. 31.6 указаны приведенные стоимости для каждого из периодов. Общая приведенная стоимость всех выплат с плавающей ставкой за 12 периодов равна $14 052 917. Таким образом, приведенная стоимость выплат, которые получит плательщик плавающей ставки, составит $14 052 917; а приведенная стоимость выплат, которые осуществит получатель фиксированной ставки, равна $14 052 917.

Таблица 31.6. Приведенная стоимость выплат с плавающей ставкой

(1) Начало квартала	(2) Конец квартала	(3) Период = конец квартала	(4) Форвардный коэффициент дисконтирования	(5) Денежный поток с плавающей ставкой в конце квартала	(6) Приведенная стоимость денежного потока
1 января года *1*	31 марта года *1*	1	0,9899764	1 012 500	1 002 351
1 апреля года *1*	30 июня года *1*	2	0,9796991	1 049 028	1 027 732
1 июля года *1*	30 сентября года *1*	3	0,9684383	1 162 778	1 126 079
1 октября года *1*	31 декабря года *1*	4	0,9568960	1 206 222	1 154 229
1 января года *2*	31 марта года *2*	5	0,9453159	1 225 000	1 158 012
1 апреля года *2*	30 июня года *2*	6	0,9334474	1 271 472	1 186 852
1 июля года *2*	30 сентября года *2*	7	0,9213218	1 316111	1 212 562
1 октября года *2*	31 декабря года *2*	8	0,9091244	1 341 667	1 219 742
1 января года *3*	31 марта года *3*	9	0,8970147	1 350 000	1 210 970
1 апреля года *3*	30 июня года *3*	10	0,8847147	1 390 278	1 229 999
1 июля года *3*	30 сентября года *3*	11	0,8721222	1 443 889	1 259 248
1 октября года *3*	31 декабря года *3*	12	0,8594708	1 472 000	1 265 141
				Всего	**14 052 917**

Плательщику фиксированной ставки нужно, чтобы приведенная стоимость выплат с фиксированной ставкой, которые будут осуществлены на основе ставки свопа, не превышала $14 052 917 — приведенной стоимости суммы, которую он получит от плательщика плавающей ставки. Получателю фиксированной ставки нужно, чтобы приведенная стоимость получаемых им выплат фиксированной ставки была не ниже $14 052 917. Таким образом, обе стороны согласятся на единственное значение приведенной стоимости выплат, а именно $14 052 917. Итак, приведенная стоимость выплат с фиксированной ставкой окажется равной приведенной стоимости выплат с плавающей ставкой. Для обеих сторон в момент заключения контракта стоимость свопа, соответственно, равна нулю. Процентные ставки, необходимые для вычисления приведенной стоимости выплат с фиксированной ставкой, — это те же самые процентные ставки, которые использовались для дисконтирования выплат с плавающими ставками.

Напомним основное равенство, обусловливающее отсутствие арбитражных возможностей:

$$\text{приведенная стоимость выплат с плавающей ставкой} = \\ = \text{приведенная стоимость выплат с фиксированной ставкой.}$$

Формула вычисления ставки свопа может быть получена следующим образом. Выплата с фиксированной ставкой для периода t равна:

$$\text{условная основная сумма} \times \text{ставка свопа} \times \\ \times \frac{\text{количество дней в периоде } t}{360}.$$

Приведенная стоимость выплаты с фиксированной ставкой для периода t вычисляется путем умножения приведенного выше выражения на форвардный коэффициент дисконтирования для периода t. Итак, приведенная стоимость выплаты с фиксированной ставкой в период t составит:

$$\text{условная основная сумма} \times \text{ставка свопа} \times \\ \times \frac{\text{количество дней в периоде } t}{360} \times \\ \times \text{форвардный коэффициент дисконтирования периода } t.$$

Суммирование приведенных стоимостей выплат с фиксированной ставкой всех периодов дает приведенную стоимость выплат с фиксированной ставкой в целом. Если число периодов в свопе равно N, то приведенная стоимость всех выплат составит:

$$\text{ставка свопа} \times \sum_{t=1}^{N} \text{условная основная сумма} \times \\ \times \frac{\text{количество дней в периоде } t}{360} \times \\ \times \text{форвардный коэффициент дисконтирования периода } t.$$

Условием отсутствия арбитража является равенство приведенной стоимости выплат с фиксированной ставкой и приведенной стоимости выплат с плавающей ставкой. Таким образом:

$$\text{ставка свопа} \times \sum_{t=1}^{N} \text{условная основная сумма} \times \\ \times \frac{\text{количество дней в периоде } t}{360} \times \\ \times \text{форвардный коэффициент дисконтирования периода } t = \\ = \text{приведенная стоимость выплат с плавающей ставкой.}$$

Вынеся ставку свопа в левую часть равенства, получим:

$$\text{ставка свопа} = \frac{\text{приведенная стоимость выплат с плавающей ставкой}}{\sum_{t=1}^{N} \text{условная основная сумма} \times \frac{\text{дней в периоде } t}{360} \times \text{форвардный коэффициент дисконтирования периода } t}$$

Обратите внимание на то, что все величины, необходимые для вычисления ставки свопа, нам известны.

Применим формулу для вычисления ставки свопа для нашего трехлетнего свопа. В табл. 31.7 показано вычисление знаменателя дроби. Форвардный коэффициент дисконтирования для каждого периода, приведенный в столбце (5), получен из столбца (4) табл. 31.6. Сумма всех представленных в последнем столбце табл. 31.7 значений равна \$281 764 281 — именно эту величину следует подставить в знаменатель дроби. Из табл. 31.6 известно, что приведенная стоимость выплат с плавающей ставкой составляет \$14 052 917. Поэтому ставка свопа равна:

$$\text{ставка свопа} = \frac{\$14\,052\,917}{\$281\,764\,281} = 0{,}049875 = 4{,}9875\%.$$

Таблица 31.7. Вычисление знаменателя формулы ставки свопа

(1) Начало квартала	(2) Конец квартала	(3) Число дней в квартале	(4) Период = конец квартала	(5) Форвардный коэффициент дисконтирования	(6) Количество дней/360	(7) Форвардный коэффициент дисконтирования × × количество дней/ 360 × × условная основная сумма
1 января года *1*	31 марта года *1*	90	1	0,98997649	0,25000000	24 749 412
1 апреля года *1*	30 июня года *1*	91	2	0,97969917	0,25277778	24 764 618
1 июля года *1*	30 сентября года *1*	92	3	0,96843839	0,25555556	24 748 981
1 октября года *1*	31 декабря года *1*	92	4	0,95689609	0,25555556	24 454 011
1 января года *2*	31 марта года *2*	90	5	0,94531597	0,25000000	23 632 899
1 апреля года *2*	30 июня года *2*	91	6	0,93344745	0,25277778	23 595 477
1 июля года *2*	30 сентября года *2*	92	7	0,92132183	0,25555556	23 544 891
1 октября года *2*	31 декабря года *2*	92	8	0,90912441	0,25555556	23 233 179
1 января года *3*	31 марта года *3*	90	9	0,89701471	0,25000000	22 425 368
1 апреля года *3*	30 июня года *3*	91	10	0,88471472	0,25277778	22 363 622
1 июля года *3*	30 сентября года *3*	92	11	0,87212224	0,25555556	22 287 568
1 октября года *3*	31 декабря года *3*	92	12	0,85947083	0,25555556	21 964 255
					Итого	281 764 281

Зная ставку свопа, мы можем вычислить спред свопа. Для нашего трехлетнего свопа, например, в качестве ориентира принято использовать ставку трехлетних казначейских облигаций последнего выпуска. Если доходность таких облигаций составляет 4,5875%, то спред свопа равен 40 базисным пунктам (4,9875% – 4,5875%).

Заметим, что в основе вычислений ставок всех свопов лежит единый принцип: приведенная стоимость выплат фиксированной ставки должна быть равна приведенной стоимости плавающей ставки.

Оценка стоимости свопа

Итак, сделка свопа заключена; теперь вместе с изменением процентных ставок на рынке будет меняться и размер выплат плавающей ставки. Стоимость процентного свопа — это разность между приведенными стоимостями выплат обеих сторон. Форвардные ставки трехмесячной LIBOR, полученные с помощью текущих значений цен евродолларовых фьючерсных контрактов, помогут нам: 1) вычислить размер выплат плавающей ставки и 2) получить коэффициент дисконтирования, необходимый для вычисления приведенных стоимостей выплат.

В качестве иллюстрации рассмотрим трехлетний своп, анализировавшийся нами при вычислении ставки свопа. Допустим, что через год процентные ставки меняются так, как показано в столбцах (4) и (6) табл. 31.8. В столбце (4) представлена текущая трехмесячная LIBOR, в столбце (5) — цены на евродолларовые фьючерсы для каждого из периодов. На основе этой информации подсчитываются форвардные ставки, приведенные в столбце (6). Очевидно, что за год процентные ставки на рынке выросли: ставки в табл. 31.8 выше тех, что были представлены в табл. 31.3. Как и в табл. 31.3, текущая трехмесячная LIBOR и форвардные ставки используются для вычисления величины выплат плавающей ставки. Эти выплаты представлены в столбце (8) табл. 31.8.

Таблица 31.8. Ставки и размеры выплат с плавающей ставкой через год в случае роста процентных ставок на рынке

(1) Начало квартала	(2) Конец квартала	(3) Число дней в квартале	(4) Текущая 3-месячная LIBOR	(5) Цена евродолларовых фьючерсов	(6) Фьючерсная ставка	(7) Период = конец квартала	(8) Денежный поток с плавающей ставкой в конце квартала
1 января года *2*	31 марта года *2*	90	5,25%			1	1 312 500
1 апреля года *2*	30 июня года *2*	91		94,27	5,73%	2	1 448417

Окончание табл. 31.8

(1) Начало квартала	(2) Конец квартала	(3) Число дней в квартале	(4) Текущая 3-месячная LIBOR	(5) Цена евродолларовых фьючерсов	(6) Фьючерсная ставка	(7) Период = конец квартала	(8) Денежный поток с плавающей ставкой в конце квартала
1 июля года *2*	30 сентября года *2*	92		94,22	5,78%	3	1 477 111
1 октября года *2*	31 декабря года *2*	92		94,00	6,00%	4	1 533 333
1 января года *3*	31 марта года *3*	90		93,85	6,15%	5	1 537500
1 апреля года *3*	30 июня года *3*	91		93,75	6,25%	6	1 579861
1 июля года *3*	30 сентября года *3*	92		93,54	6,46%	7	1 650 889
1 октября года *3*	31 декабря года *3*	92		93,25	6,75%	8	1 725 000

В табл. 31.9 для каждого периода вычисляется форвардный коэффициент дисконтирования. Вычисления проводятся по той же схеме, что и вычисления в табл. 31.5. Форвардный коэффициент дисконтирования для каждого периода представлен в последнем столбце табл. 31.9.

Таблица 31.9. Форвардные ставки периодов и форвардные коэффициенты дисконтирования через один год в случае роста процентных ставок на рынке

(1) Начало квартала	(2) Конец квартала	(3) Число дней в квартале	(4) Период = конец квартала	(5) Фьючерсная ставка	(6) Форвардная ставка периода	(7) Форвардный коэффициент дисконтирования
1 января года *2*	31 марта года *2*	90	1	5,25%	1,3125%	0,98704503
1 апреля года *2*	30 июня года *2*	91	2	5,73%	1,4484%	0,97295263
1 июля года *2*	30 сентября года *2*	92	3	5,78%	1,4771%	0,95879023
1 октября года *2*	31 декабря года *2*	92	4	6,00%	1,5333%	0,94431080
1 января года *3*	31 марта года *3*	90	5	6,15%	1,5375%	0,93001186
1 апреля года *3*	30 июня года *3*	91	6	6,25%	1,5799%	0,91554749
1 июля года *3*	30 сентября года *3*	92	7	6,46%	1,6509%	0,90067829
1 октября года *3*	31 декабря года *3*	92	8	6,75%	1,7250%	0,88540505

В табл. 31.10 демонстрируются форвардные коэффициенты дисконтирования (из табл. 31.9) и выплаты с плавающей ставкой (из табл. 31.8). Выплаты с фиксированной ставкой остаются прежними: они были приведены в табл. 31.4 (выплаты при ставке свопа 4,9875%) и в неизменном виде переносятся в табл. 31.10. Оба потока выплат нам предстоит теперь дисконтировать по новым форвардным коэффициентам дисконтирования. В нижней части табл. 31.10 приводятся значения двух приведенных стоимостей денежных потоков, а именно:

Приведенная стоимость выплат с плавающей ставкой → $11 459 496

Приведенная стоимость выплат с фиксированной ставкой → $9 473 392

Как видим, приведенные стоимости неодинаковы, а это значит, что для одной стороны стоимость свопа возросла, для другой — упала. Какая же из сторон оказалась в более выгодном положении?

Таблица 31.10. Оценка свопа через один год в случае роста процентных ставок

(1)	(2)	(3)	(4)	(5)	(6)	(7)
Начало квартала	**Конец квартала**	**Форвардный коэффициент дисконтирования**	**Денежный поток с плавающей ставкой в конце квартала**	**Приведенная стоимость денежного потока с плавающей ставкой**	**Денежный поток с фиксированной ставкой в конце квартала**	**Приведенная стоимость денежного потока с фиксированной ставкой**
1 января года *2*	31 марта года *2*	0,98704503	1 312 500	1 295 497	1 246 875	1 230 722
1 апреля года *2*	30 июня года *2*	0,97295263	1 448 417	1 409 241	1 260 729	1 226 630
1 июля года *2*	30 сентября года *2*	0,95879023	1 477 111	1 416 240	1 274 583	1 222 058
1 октября года *2*	31 декабря года *2*	0,94431080	1 533 333	1 447 943	1 274 583	1 203 603
1 января года *3*	31 марта года *3*	0,93001186	1 537 500	1 429 893	1 246 875	1 159 609
1 апреля года *3*	30 июня года *3*	0,91554749	1 579 861	1 446 438	1 260 729	1 154 257
1 июля года *3*	30 сентября года *3*	0,90067829	1 650 889	1 486 920	1 274 583	1 147 990
1 октября года *3*	31 декабря года *3*	0,88540505	1 725 000	1 527 324	1 274 583	1 128 523
			Итого	**11 459 496**		**9 473 392**

Итого	**Плательщик фиксированной ставки**	**Получатель фиксированной ставки**
Приведенная стоимость полученных выплат	11 459 496	9 473 392
Приведенная стоимость осуществленных выплат	9 473 392	11 459 496
Стоимость свопа	1 986 104	–1 986 104

Плательщик фиксированной ставки получает выплаты с плавающей ставкой. Эти выплаты имеют приведенную стоимость $11 459 496. Приведенная стоимость выплат, которые должен осуществить плательщик фиксированной ставки, равна $9 473 392. Итак, для плательщика фиксированной ставки своп имеет положительную стоимость, равную разности двух приведенных стоимостей, т. е. равную $1 986 104. Это стоимость свопа для плательщика фиксированной ставки. Рост процентных ставок (представленный в нашем примере) выгоден плательщику фиксированной ставки, поскольку для него стоимость свопа в этом случае растет.

Получатель фиксированной ставки должен осуществить выплаты с приведенной стоимостью $11 459 496; получит он при этом выплату фиксированной ставки с приведенной стоимостью, равной всего $9 473 392. Итак, стоимость свопа для получателя фиксированной ставки составит –$1 986 104. Получателю фиксированной ставки невыгоден рост рыночных процентных ставок, обусловливающий для него падение стоимости свопа.

Аналогичный способ оценки стоимости может быть применен и к более сложным свопам, речь о которых пойдет далее в этой главе.

Дюрация свопа

Стоимость свопа, как и стоимость любого контракта на рынке инструментов с фиксированным доходом, меняется с изменением рыночных процентных ставок. Долларовая дюрация — это мера чувствительности контракта к изменению процентных ставок. С точки зрения стороны, выплачивающей плавающую и получающей фиксированную ставку, позиция по свопу процентных ставок выглядит следующим образом: длинная позиция по облигации с фиксированной ставкой + короткая позиция по облигации с плавающей ставкой. Это значит, что долларовая дюрация свопа, с точки зрения плательщика плавающей ставки, представляет собой разность долларовых дюраций двух позиций на рынке облигаций, из которых состоит своп, а именно:

долларовая дюрация свопа =
= долларовая дюрация облигации с фиксированной ставкой –
– долларовая дюрация облигации с плавающей ставкой.

Чувствительность стоимости свопа к изменению процентных ставок на рынке обусловлена в большей мере долларовой дюрацией облигации с фиксированной ставкой: значение долларовой дюрации облигации с плавающей ставкой всегда невелико. Чем ближе данный своп к дате пересчета купона, тем меньше долларовая дюрация облигации с плавающей ставкой.

Как следствие, для увеличения долларовой дюрации портфеля менеджер должен входить в своп в качестве получателя фиксированной ставки. Входя в своп в качестве плательщика фиксированной ставки, менеджер снижает долларовую дюрацию портфеля.

Использование свопов для контроля риска портфеля

В главе 29 мы показали, как использовать фьючерсы для изменения чувствительности портфеля к изменению процентных ставок (т.е. изменения дюрации портфеля). В этой главе уже говорилось о том, что процентные свопы эквивалентны портфелю форвардных/фьючерсных контрактов. Таким образом, вряд ли стоит удивляться тому, что процентные свопы можно использовать для изменения дюрации точно так же, как и фьючерсы. Рассказывая о дюрации процентных свопов, мы продемонстрировали, что позиция в свопе может как повышать долларовую дюрацию (на стороне получателя фиксированной ставки), так и понижать ее (на стороне плательщика фиксированной ставки).

Проиллюстрируем, как с помощью процентных свопов можно изменять дюрацию портфеля. В качестве примера возьмем портфель, приведенный в табл. 29.2 главы 29. Напомним ситуацию. Менеджер портфеля с рыночной стоимостью на 31 марта 2011 г. $48 109 810 использует в качестве ориентира индекс Barclays Capital Intermediate Aggregate Index. Дюрация индекса и портфеля составляла на 31 марта 2011 г. соответственно 3,68 и 2,97. Менеджер хочет реструктурировать портфель так, чтобы его дюрация соответствовала дюрации ориентира. Иными словами, портфельный менеджер осуществляет нейтральную по дюрации стратегию, и целевая дюрация портфеля равна 3,68. Нам известно, что для изменения процентных ставок на 100 базисных пунктов:

$$\text{целевая долларовая дюрация портфеля} = \\ = 3{,}68\% \times \$48\,109\,810 = \$1\,770\,441;$$

$$\text{текущая долларовая дюрация портфеля} = \\ = 2{,}97\% \times \$48\,109\,810 = \$1\,428\,861.$$

Разница между целевой и текущей долларовой дюрацией портфеля составляет $341 580. Это означает, что для получения целевой дюрации 3,68 портфельный менеджер должен увеличить долларовую дюрацию текущего портфеля на $341 580.

Менеджер решает 31 марта 2011 г. использовать пятилетний процентный своп. Своповая ставка составляет 2,42%. Поскольку целью является увеличение долларовой дюрации, менеджер должен войти в своп как получатель фиксированной ставки. Долларовая дюрация для условной основной суммы $7 699 779 составляет $340 881. Таким образом, пятилетний процентный своп с этой условной основной суммой в сочетании с текущим портфелем даст новую долларовую дюрацию портфеля, равную $1 769 475, что довольно близко к целевой долларовой дюрации, необходимой для получения дюрации портфеля 3,68.

Применение свопа в управлении активами/обязательствами

До сих пор мы описывали своп и изучали его характеристики. В этом разделе мы покажем читателю, каким образом своп может применяться для управления активами/обязательствами. Заметим, что выше мы писали лишь о простейшем варианте свопа. Между тем, как мы увидим в дальнейшем, были разработаны и другие, более сложные типы контрактов.

Процентный своп может использоваться для изменения характеристик денежного потока активов институционального инвестора: такое изменение характеристик позволяет привести в более точное соответствие активы и обязательства. В нашем примере мы рассмотрим инвестиционные портфели двух организаций: коммерческого банка и компании страхования жизни.

Допустим, что банк имеет портфель, состоящий из пятилетних коммерческих кредитов с фиксированной ставкой. Номинальная стоимость портфеля составляет $50 млн, процентная ставка на все кредиты — 7%. Кредиты являются неамортизируемыми, проценты по ним выплачиваются раз в полгода, номинал возвращается через пять лет. Итак, при отсутствии дефолта по кредитам денежный поток от портфеля кредитов составит $1,75 млн каждые шесть месяцев в течение пяти лет и $50 млн через пять лет. Предположим, что для финансирования портфеля банк рассчитывает выпустить полугодовые депозитные сертификаты. Процентная ставка, которую банк собирается платить на свои шестимесячные CD, равна шестимесячной LIBOR плюс 40 базисных пунктов.

Риск, который несет банк, связан с возможность роста LIBOR до 6,6% и выше. Вспомним, что от портфеля коммерческих кредитов банк ежегодно получает 7%. Если шестимесячная LIBOR равна 6,6%, то банк должен платить за финансирование 6,6% плюс 40 базисных пунктов, т. е. 7%. В этом случае спред над ставкой финансирования отсутствует, следовательно, отсутствует и доход. Если шестимесячная LIBOR поднимется выше 6,6%, то банк окажется в еще более невыгодном положении: стоимость финансирования превысит размер дохода от портфеля, и будет получен убыток. Цель банка, как видим, зафиксировать спред относительно стоимости фондирования.

С другой стороны свопа будет стоять в нашем примере компания страхования жизни, обязавшаяся платить по 6% годовых в течение ближайших пяти лет на свои гарантированные инвестиционные контракты (GIC). Номинальная стоимость GIC — $50 млн. Допустим, что компания страхования жизни имеет возможность инвестировать $50 млн в привлекательный, с ее точки зрения, инвестиционный инструмент с плавающей ставкой, размещенный частным образом. Процентная ставка на данный инструмент — шестимесячная LIBOR плюс 160 базисных пунктов. Процентная ставка пересчитывается каждые полгода.

В этом случае компания страхования жизни подвергает свой капитал риску, связанному с падением шестимесячной LIBOR. Если LIBOR упадет, то компания не получит средств, достаточных для реализации спреда относительно выплат в размере 6% годовых, обещанных держателям GIC. Если шестимесячная LIBOR опустится до 4,4% или ниже, то доход в форме спреда не будет получен. Для того чтобы объяснить этот факт, представим, что шестимесячная LIBOR в дату пересчета купона инструмента с плавающей ставкой равна 4,4%. В этом случае купонная ставка на ближайшие полгода окажется равной 6% (4,4% плюс 160 базисных пунктов). Компания страхования жизни по полисам GIC должна выплачивать те же 6%; следовательно, спред отсутствует. Если шестимесячная LIBOR опустится ниже 4,4%, то компания реализует убыток.

Состояние активов / обязательств двух организаций можно в целом представить следующим образом.

БАНК
1. Предоставил долгосрочный кредит, получил краткосрочный кредит.
2. Если шестимесячная LIBOR растет, то доход в форме спреда уменьшается.

КОМПАНИЯ СТРАХОВАНИЯ ЖИЗНИ
1. Предоставила краткосрочный кредит, получила долгосрочный кредит.
2. Если шестимесячная LIBOR падает, то доход в форме спреда уменьшается.

Допустим теперь, что на рынке можно войти в пятилетний процентный своп с условной основной суммой $50 млн. Условия свопа для банка следующие.

1. Каждые шесть месяцев банк будет выплачивать 5,45% (в процентах годовых).
2. Каждые шесть месяцев банк будет получать LIBOR.

Условия свопа для компании страхования жизни.
1. Каждые шесть месяцев компания страхования жизни будет выплачивать LIBOR.
2. Каждые шесть месяцев компания страхования жизни будет получать 5,40%.

Какое влияние окажет своп на активы и обязательства банка и страховой компании? Рассмотрим в первую очередь банк. В каждый полугодовой период в течение жизни свопа спред процентных ставок будет выглядеть следующим образом.

Полученная процентная ставка (в % годовых)	
От портфеля коммерческих кредитов	7,00%
От процентного свопа	Полугодовая LIBOR
Всего	7,00% + полугодовая LIBOR
Выплаченная процентная ставка (в % годовых)	
Депозиторам CD	Полугодовая LIBOR + 0,4%
По процентному свопу	5,45%
Всего	5,85% + полугодовая LIBOR
Результат	
Получено	7,00% + полугодовая LIBOR
Выплачено	5,85% + полугодовая LIBOR
Доход в форме спреда	1,15%, или 155 базисных пунктов

Итак, при любой шестимесячной LIBOR банк фиксирует спред в размере 115 базисных пунктов. Проанализируем теперь влияние свопа процентных ставок на компанию страхования жизни.

Полученная процентная ставка (в % годовых)	
От инструмента с плавающей ставкой	1,6% + полугодовая LIBOR
От процентного свопа	5,40%
Всего	7,00% + полугодовая LIBOR
Выплаченная процентная ставка (в % годовых)	
Держателям полиса GIC	6,00%
По процентному свопу	Полугодовая LIBOR
Всего	6,00% + полугодовая LIBOR
Результат	
Получено	7,00% + полугодовая LIBOR
Выплачено	6,00% + полугодовая LIBOR
Доход в форме спреда	1,0%, или 100 базисных пунктов

Независимо от значения полугодовой LIBOR, компания страхования жизни фиксирует спред в 100 базисных пунктов.

Процентный своп позволил каждой из сторон осуществить собственные задачи управления активами/обязательствами[1]. Он позволил двум финансовым организациям изменить характеристики денежных потоков активов: фиксированная ставка была заменена банком на плавающую; компания страхования жизни обменяла плавающую ставку на фиксированную. Подобный тип транзакции принято называть **свопом активов** *(asset swap)*. Другой способ использования рынка свопов банком и компанией страхования жизни — изменение характера обязательств. Свопы данного типа называют **свопами обязательств** *(liability swap)*.

Разумеется, наши институциональные инвесторы могли бы осуществить стоящие перед ними цели иными методами. Банк мог бы отказаться осуществлять коммерческое кредитование под фиксированную ставку. Впрочем, в этом случае он, скорее всего, потерял бы клиентов, которые получили бы требуемое в других банках. Компания страхования жизни могла бы не приобретать инструмент с плавающей ставкой. Предположим, однако, что характеристики размещаемого частным образом инструмента являются для компании страхования жизни более приемлемыми, чем параметры имеющих аналогичные кредитные рейтинги инструментов с плавающей ставкой: в этом случае рынок свопов предоставляет компании более высокие возможности прибыли, чем инвестиции в пятилетние облигации с фиксированной ставкой. Допустим, например, что компания страхования жизни может инвестировать в имеющую сравнимый кредитный риск пятилетнюю облигацию с фиксированной ставкой с доходностью 6,8%. Компании придется выплачивать держателям GIC ставку 6%, а это значит, что спред составит всего 80 базисных пунктов. Напомним, что покупка инструмента с плавающей ставкой и заключение сделки свопа способны обеспечить спред, равный 100 базисным пунктам.

Итак, процентный своп может использоваться не только для снижения риска через изменение характеристик денежного потока активов или обязательств — в некоторых случаях рынок свопов позволяет также повысить доходность. Очевидно, что эти возможности зависят от неэффективности рынка.

Использование свопов для создания структурированных нот

В главе 7 мы писали о том, что компании имеют возможность приспосабливать свои среднесрочные ноты (MTN) к нуждам институциональных

---

[1] Мы не ставили перед собой задачу ответить на вопрос, является ли размер полученного спреда удовлетворительным.

клиентов, желающих спекулировать на изменениях процентных ставок, валютных курсов и/или на движениях рынка акций. Купонная ставка таких нот основывается на движении данных финансовых переменных. Компания между тем может синтетическим способом зафиксировать данную купонную ставку: для этого ей необходимо выпустить MTN и одновременно войти в своп. Созданные таким образом MTN получили название **структурированных MTN**.

В нашем примере мы покажем, каким образом, используя своп, можно создать структурированную ноту со ставкой, меняющейся в направлении, обратном изменению LIBOR, т. е. ноту с обратной плавающей ставкой. В главе 8 мы писали о том, что ценная бумага с обратной плавающей ставкой создается на основе ценной бумаги с фиксированной ставкой; промежуточным звеном процесса является создание бумаги с обычной плавающей ставкой. Использование процентного свопа позволяет при желании обойтись без создания бумаги с обычной плавающей ставкой.

Рассмотрим процесс создания структурированной MTN на конкретном примере. Пусть компания Arbour Corporation собирается выпустить пятилетние MTN с фиксированной ставкой с объемом выпуска $100 млн. Представитель банка, где обслуживается Arbour Corporation, утверждает, что предлагать ноты нужно под доходность не ниже 6,10%. Однако он рекомендовал бы иной путь — выпуск MTN с обратной плавающей ставкой. Банкир предлагает две транзакции:

Транзакция 1. $100-миллионный выпуск пятилетних MTN с обратной плавающей ставкой; пересчет купона каждые шесть месяцев на основе следующей формулы: 13% – LIBOR.

Транзакция 2. Пятилетний процентный своп с банком; условная основная сумма — $100 млн; обмен платежами совершается раз в полгода в соответствии со следующими принципами:

Arbour Corporation выплачивает LIBOR;
Arbour Corporation получает 7%.

Обратите внимание на то, что выпускаемые Arbour Corporation ноты являются MTN с обратной плавающей ставкой: при росте LIBOR купонная ставка падает. Между тем, хотя сами ноты — это бумаги с обратной плавающей ставкой, сочетание двух транзакций приносит Arbour Corporation финансирование под фиксированную ставку, поскольку:

Arbour Corporation получает	
От банка по свопу	7%
Arbour Corporation платит	
Держателям MTN	13% – LIBOR
Банку по свопу	LIBOR
Чистые выплаты	(13% – LIBOR) + LIBOR – 7% = 6%

Преимущество структурированных MTN очевидно: финансирование компания получает не под 6,1% (размещение нот с фиксированной ставкой), а всего под 6%. Использование других видов свопов (фондовых или валютных) позволило бы создать любой другой тип купонной ставки.

Разновидности стандартных процентных свопов

До сих пор мы анализировали простые, или стандартные процентные свопы. Нестандартные, или индивидуализированные свопы приспособлены к потребностям заемщиков и кредиторов в целях управления активами/обязательствами. К ним относятся свопы с изменяемой определенным образом условной основной суммой и свопы, в которых обе стороны платят плавающую ставку. Существуют и другие сложные структуры, например опционы на свопы, часто называемые **свопционами** *(swaptions)*, и свопы, не начинающиеся до определенной даты в будущем, — **свопы с отсроченным началом** *(forward start swap)*. Все эти типы свопов мы представим читателю ниже[1]. Важно помнить: свопы, о которых пойдет речь, не являются причудливыми и бесполезными порождениями фантазии участников рынка — это рабочие инструменты, необходимые менеджерам для осуществления контроля за риском процентных ставок.

Свопы с меняющейся условной основной суммой

В простом свопе условная основная сумма остается неизменной в течение всей жизни свопа. Именно поэтому простейшие свопы называют иногда «пулевыми». Амортизируемые свопы, нарастающие свопы и свопы типа

[1] См.: Geoffrey Buetow, Jr., and Frank J. Fabozzi, *Valuation of Interest Rate Swaps and Swaptions* (New Hope, PA: Frank J. Fabozzi Associates, 2001).

«американские горки» — это инструменты, условная основная сумма которых меняется в течение жизни.

Амортизируемые свопы *(amortizing swaps)* — это свопы, условная основная сумма которых определенным образом уменьшается в течение срока жизни. Такой своп используется для хеджирования активов с амортизируемой номинальной стоимостью. Напомним нашу иллюстрацию, где своп осуществляет коммерческий банк, решая определенные задачи управления активами/обязательствами. Мы предположили, что коммерческие кредиты выплачивают процент каждые шесть месяцев, а номинал возвращают только по окончании срока кредита. Между тем типичный коммерческий кредит — это кредит амортизируемый (амортизируемым является также типичный ипотечный кредит). Очевидно, что в этом случае размер невыплаченного номинала будет уменьшаться и банку понадобится своп, в котором условная основная сумма сокращается так же, как номинал кредитов.

Менее известными видами свопов являются **нарастающие свопы** и **свопы — «американские горки»**. Нарастающий своп *(accreting swap)* — это своп, условная основная сумма которого растет в течение срока жизни. Своп — «американские горки» *(roller coaster swap)* — это своп, условная основная сумма которого может расти или падать от периода к периоду.

Базисный своп и своп с постоянным сроком

Простой процентный своп предполагает обмен плавающей ставки на фиксированную. В **базисном свопе** обе стороны обмениваются выплатами плавающих ставок, каждая из которых базируется на особой референсной ставке. Допустим, например, что у коммерческого банка есть портфель кредитов со ставкой, основанной на прайм-рейт, в то время как ставка финансирования банка зависит от LIBOR. Риск, которому подвергается капитал банка, — это риск, связанный с возможным изменением спреда между прайм-рейт и LIBOR. Данный тип риска носит название **базисного риска**. Банк может использовать своп для того, чтобы осуществлять платежи на основе прайм-рейт (именно эта референсная ставка определяет, сколько банк получает по кредитам) и получать плавающую ставку на базе LIBOR (именно эта ставка определяет для банка стоимость финансирования).

Другой популярный вид свопа позволяет привязать плавающую ставку не к ставке денежного рынка, а к более долгосрочной ставке, скажем, к ставке двухлетних казначейских нот. Одна из сторон свопа выплачивает ставку двухлетних казначейских бумаг, а контрагент платит LIBOR. Такой своп носит название **свопа с постоянным сроком**. В качестве референсной ставки в таком свопе используется ставка по казначейским бумагам с одинаковым сроком погашения *(Constant Maturity Treasury — CMT),* публикуемая Федеральной резервной системой. Сам своп с постоянным сроком, привязанный к CMT, называют свопом казначейских бумаг с постоянным сроком погашения.

Своп с отсроченным началом

Своп с отсроченным началом — это своп, начинающийся не раньше специально оговоренной в соглашении будущей даты. Таким образом, как окончание, так и начало свопа отнесены в будущее. В соглашении о свопе с отсроченным началом указывается также ставка свопа, в соответствии с которой контрагенты обязуются обмениваться выплатами начиная с указанной даты.

Например, 21 апреля 2011 г. ставка по 10-летним казначейским обязательствам составляла 3,40%, а 10-летняя ставка свопа — 3,49%. На ту же дату ставка по отсроченным свопам была равной:

2-летняя	4,42%;
3-летняя	4,74%;
5-летняя	5,08%;
10-летняя	5,13%.

Возьмем, например, 10-летний своп, начало которого отсрочено на два года. В этом контракте контрагенты соглашаются войти в 10-летний своп через два года, считая от 21 апреля 2011 г., и ставка свопа составит 4,42%.

Свопционы

Существуют опционы на процентные свопы. Эти структуры получили название свопционов: они гарантируют покупателю опциона право войти в процентный своп в установленную дату в будущем. Опционным контрактом устанавливаются время до истечения свопа, условия свопа и ставка свопа. Ставка свопа — это ставка страйк свопциона. Свопционы могут предусматривать исполнение как в американском, так и в европейском стиле.

На рынке обращаются два типа свопционов — свопцион плательщика и свопцион получателя. **Свопцион плательщика** дает покупателю право войти в процентный своп в качестве стороны, выплачивающей фиксированную ставку и получающей плавающую. **Свопцион получателя** дает покупателю право войти в процентный своп в качестве стороны, выплачивающей плавающую ставку и получающей фиксированную.

Свопционы описывают следующим образом: «A×B», где A — количество лет до истечения опциона, а B — количество лет (срок) свопа в том случае, если опцион исполняется. Так, европейский свопцион 3×10 дает покупателю право через три года с текущего момента войти в 10-летний процентный своп.

Как говорилось в главе 30, опцион может быть «при деньгах», «при своих» и «не при деньгах». Это зависит от разницы между ценой страйк и текущей рыночной ценой базового инструмента. То же самое справедливо для свопционов. Обычно дилеры котируют свопционы «при деньгах» на основе предполагаемой волатильности. Свопционы «при своих» и «не при деньгах» котируются с более высокой, чем опционы «при деньгах», волатильностью.

Каким образом используются свопционы? Их пользу можно увидеть на двух рассмотренных выше примерах применения свопов: управление дюрацией портфеля и управление активами/обязательствами.

Управление процентным риском. В главе 30 мы показали, как использовать опционы на фьючерсы для управления процентным риском отдельных облигаций. Посмотрим теперь, как использовать свопцион для получения опционной выгоды для портфеля облигаций, на котором в главе 29 демонстрировалось применение фьючерсов для изменения дюрации, а в этой главе — применение свопов для той же цели.

Рассмотрим тип позиции, которую необходимо занять. Вспомним пример, в котором менеджер хочет повысить процентный риск портфеля. В случае фьючерсов это достигается покупкой казначейских фьючерсов, а в случае процентного свопа — вход в сделку на стороне получателя фиксированной ставки. Используя такие инструменты, как свопционы, менеджер получает такой нелинейный выигрыш в случае падения процентных ставок, что результаты портфеля становятся аналогичными результатам ориентира с дюрацией 3,68. Если же ставки растут, то портфель не теряет стоимость в той же мере, что и портфель с дюрацией 3,68. Повышение потенциала роста при ограничении риска падения является отличительной особенностью таких инструментов, как свопционы. Конечно, такое преимущество достигается не бесплатно — за него надо платить вознаграждение, премию свопциона.

Какую позицию в свопционе должен занять менеджер? Поскольку менеджер хочет увеличить дюрацию портфеля, а получатель фиксированной ставки в свопе увеличивает дюрацию, он должен купить свопцион получателя (т. е. получать фиксированную и платить плавающую ставку). Допустим, 31 марта 2011 г. менеджер принимает решение использовать европейский свопцион получателя 1×5 «при своих» со ставкой страйк (ставкой свопа) 3,26%. В случае предполагаемой волатильности 115 базисных пунктов стоимость свопциона получателя, который дает необходимый процентный риск, составляет $307 071 (условная основная сумма свопциона получателя равна

$14 487 071). Долларовая дюрация, которую необходимо добавить портфелю с помощью свопциона получателя, составит $340 881 (столько же, сколько и в случае свопа с фиксированной ставкой).

Управление активами/обязательствами. Для того чтобы понять, какую пользу может принести свопцион, вернемся к примеру свопа между банком и компанией страхования жизни. В процентном свопе банк осуществляет выплаты фиксированной ставки (10%); деньги на выплаты он получает от процентов (10%), которые платят заемщики банковских коммерческих кредитов. Допустим, что заемщик коммерческого кредита терпит дефолт и оказывается не в состоянии исполнить свои обязательства. Банк не получит причитающиеся ему 10% и не сумеет осуществить выплату по свопу. Проблема такого рода может быть решена в момент вхождения в своп: банк может приобрести свопцион — инструмент, дающий право отменить или досрочно завершить начальный своп. Банку следует купить свопцион получателя — опцион, гарантирующий получение фиксированной 10%-ной ставки, способной сбалансировать выплаты по изначальному свопу. Заметим, кстати, что негативное влияние на финансовое положение банка может оказать не только дефолт заемщика. Предположим, например, что коммерческие кредиты можно погашать досрочно. Вообразим такую ситуацию: ставки на коммерческие кредиты упали до 7%, заемщики начинают осуществлять досрочное погашение. Между тем банк по-прежнему должен выплачивать 10% по свопу. Доходы, полученные от досрочного погашения, могут быть инвестированы только в менее прибыльные 7%-ные коммерческие кредиты, ставка по которым значительно ниже той, что должен отдавать контрагенту банк.

ПРОЦЕНТНЫЕ КЭПЫ И ФЛОРЫ

Соглашение о процентных ставках — это договор между двумя сторонами, согласно которому одна сторона за предварительное вознаграждение соглашается в установленные контрактом периоды времени компенсировать второй стороне разницу между реальным уровнем процентной ставки (называемой **референсной ставкой**) и «эталонным» — указанным в соглашении — уровнем. Если одна из сторон обязуется совершать выплаты в случае превышения референсной ставкой установленного уровня, соглашение называется **процентным кэпом** *(interest rate cap, ceiling)*. Соглашение называется **процентным флором** *(interest rate floor)*, если одна из сторон должна осуществлять другой выплаты при падении референсной ставки ниже установленного уровня. Установленный «эталонный» уровень процентных ставок принято называть **ставкой страйк**.

В условиях контракта обозначаются:

1. Референсная ставка.
2. Ставка страйк, являющаяся кэпом или флором.
3. Срок соглашения.
4. Частота выплат.
5. Размер условной основной суммы.

Допустим, что C покупает процентный кэп у D на следующих условиях:

1. Референсная ставка— шестимесячная LIBOR.
2. Ставка страйк — 8%.
3. Соглашение рассчитано на семь лет.
4. Выплаты осуществляются каждые полгода.
5. Условная основная сумма составляет $20 млн.

В соответствии с данным соглашением каждые полгода в течение последующих семи лет, если шестимесячная LIBOR окажется выше 8%, D будет платить C определенную сумму. Долларовый размер суммы — стоимость разницы между шестимесячной LIBOR и 8%, умноженная на условную основную сумму и деленная на два. Так, если через шесть месяцев шестимесячная LIBOR составит 11%, D выплатит C 3% (11% минус 8%) от $20 млн, поделенные на 2, т. е. $300 000. Если шестимесячная LIBOR равна 8% или меньше, D не будет осуществлять выплаты в пользу C.

Рассмотрим теперь процентный флор с условиями, аналогичными описанным выше. В этом случае, если шестимесячная LIBOR составляет 11%, C ничего не получает от D — выплаты будут осуществлены, только если LIBOR окажется меньше 8%. Так, если шестимесячная LIBOR составит 7%, то D компенсирует C разницу: C получит $100 000 [(8% – 7%) × $20 млн/2].

Процентные кэпы и флоры комбинируются для создания «коллара» *(collar)*. Он может быть получен за счет покупки процентного кэпа и продажи флора. Некоторые коммерческие банки и инвестиционные банковские фирмы продают своим клиентам опционы на соглашения о процентных ставках. Опционы на кэпы называют кэпционами *(captions)*; опционы на флоры называют флоционами *(flotions)*.

Характеристики риска/прибыли

Покупатель соглашения о процентных ставках платит премию, представляющую собой максимальный убыток покупателя и максимальную прибыль продавца. Выплаты по соглашению о процентных ставках осуществляет только продавец. Покупатель процентного кэпа получает прибыль в случае роста базовой ставки относительно ставки страйк, поскольку в этой ситуации продавец компенсирует покупателю разницу. Покупатель процентного флора получает прибыль, если ставка падает ниже уровня ставки страйк: в этом случае покупатель получает компенсацию от продавца.

Мы сможем лучше понять суть кэпов и флоров, если представим их как наборы опционов на процентные ставки. Покупатель кэпа выигрывает от роста ставок относительно ставки страйк. Итак, покупка кэпа сходна с приобретением набора колл-опционов на процентные ставки или с покупкой пут-опциона на облигацию. Продавец кэпа, в сущности, продает набор колл-опционов на процентные ставки или набор пут-опционов на облигацию. Покупатель флора получает прибыль в случае падения процентных ставок ниже ставки страйк. Таким образом, покупатель процентного флора приобретает набор пут-опционов на процентные ставки или набор колл-опционов на облигацию.

Итак, сложный контракт мы снова рассматриваем как набор базовых контрактов, в нашем случае опционов. Кэпционы и флоционы, очевидно, могут быть представлены как опционы на наборы опционов.

Оценка стоимости кэпов и флоров[1]

Для оценки стоимости кэпов и флоров может быть применена безарбитражная биномиальная модель, уже описанная нами в главе 18. Модель используется в данном случае, поскольку, как уже говорилось, кэп или флор — это всего лишь набор или стрип опционов. Более точно их можно обозначить как стрип европейских опционов на процентные ставки. Для вычисления стоимости кэпа находится стоимость кэпа в каждый период (кэплет); затем все данные величины суммируются. Аналогичная процедура проделывается для флора.

В нашей иллюстрации оценка стоимости будет проводиться на основе биномиального дерева процентных ставок (в главе 18 мы использовали его для вычисления стоимости опциона на процентные ставки). Рассмотрим сначала трехлетний кэп на уровне 5,2% с условной основной суммой $10 млн. Референсной ставкой являются годовые процентные ставки в биномиальном дереве. Выплаты по договору осуществляются раз в год.

---

[1] Этот пример основан на материалах, предоставленных профессором Дональдом Смитом из Бостонского университета.

Существует одна сложность, связанная с моментом выплат для кэпов и флоров, из-за которой требуется модифицировать биномиальный подход, предназначенный для оценки процентного опциона. Это объясняется тем, что выплаты для обычных кэпов и флоров осуществляются с задержкой. Как уже говорилось, это означает, что процентная ставка, уплачиваемая по финансовому инструменту, имеющему данную характеристику, определяется в начале периода, а выплачивается в конце (например, в начале следующего периода). Мы будем использовать арабские цифры для нумерации дат (например, дата 1, дата 2 и дата 3) и слова для нумерации годов (например, год один, год два и год три), чтобы избежать путаницы между сроками, когда платеж определен и произведен. На рис. 31.1 показано биномиальное дерево процентных ставок с указанием дат и годов.

С помощью рис. 31.1 мы можем понять, что подразумевается под остаточным платежом. Рассмотрим дату 1. Для нее имеется две процентных ставки, 4,4448% и 5,4289%. Предположим, что сегодня, на дату 0, инвестор заключает соглашение, в котором если референсная ставка на дату 1 превысит 5,2%, инвестор получит на дату 2 разницу между референсной ставкой и 5,2%, умноженных на $10 млн; если референсная ставка будет менее 5,2%, он не получит ничего. В соглашении обусловливается остаточный платеж. Например, на дату 1 процентная ставка (референсная ставка) равна 5,4289%. Тогда выплата составит

$$(5{,}4289\% - 5{,}2000\%) \times \$10\ 000\ 000 = \$22\ 890.$$

Платеж в размере $22 890 будет произведен на дату 2.

С помощью вышесказанного мы покажем, как используется метод кэплетов для оценки 3-летнего кэпа.

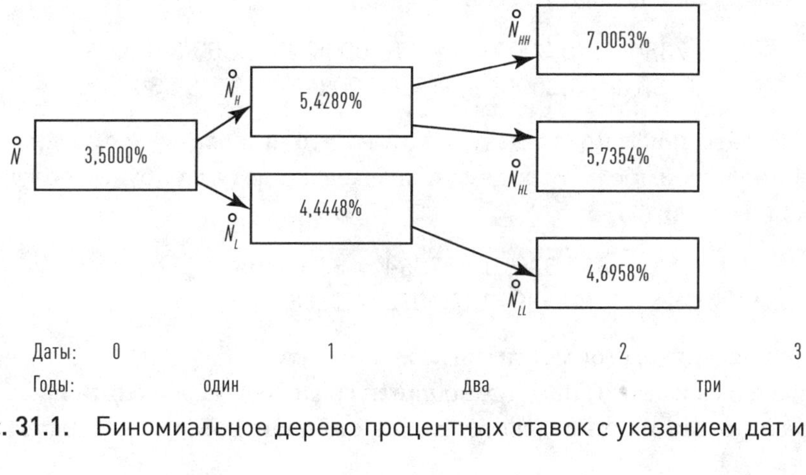

Рис. 31.1. Биномиальное дерево процентных ставок с указанием дат и годов

Метод кэплетов

Сначала мы рассмотрим стоимость кэплета для года один, как показано в части *a* рис. 31.2. На дату 0 годовая ставка равна 3,5%. Поскольку она не превышает кэп 5,2%, выплата равна нулю.

Теперь переходим к кэплету года два, как показано в части *b* рис. 31.2. На день 1 имеется две процентных ставки, 4,4448% и 5,4289%. Если на дату 1 процентная ставка равняется 4,4448%, выплаты нет, потому что ставка меньше 5,2%. Если процентная ставка равняется 5,4289%, выплата, как уже говорилась, есть. Она составляет $22 890 и будет произведена на дату 2.

Выплата на дату 2 составляет или $0, или $22 890. Эти значения следует дисконтировать на дату 0. Для этого нужно сначала дисконтировать на дату 1, а затем на дату 0. В каждую из дат выводится среднее этих значений, поскольку оба платежа имеют равную вероятность.

Какую дисконтную ставку следует использовать? Ту, которая находится в узле на дату, когда должна дисконтироваться процентная ставка. Например, выплату $22 890 на дату 2 следует дисконтировать по 5,4289%, чтобы получить текущую стоимость на дату 1. Приведенная стоимость равняется $21 711 (= $22 890/1,054289), она показана в узле в части *b*. Очевидно, что приведенная стоимость выплаты $0 равняется $0. Среднее этих двух приведенных стоимостей на дату 1 равняется $10 855,5.

Приведенная стоимость на дату 1 дисконтируется на дату 0 по 3,5%. Приведенная стоимость равняется $10 488,41 (= $10 855,5/1,035). Округленное значение $10 488 показано на дату 0.

В части *c* рис. 31.2 показана стоимость кэплета года три. На дату 2 показаны три процентных ставки: 4,6958%, 5,7354% и 7,0053%. Если процентная ставка на дату 2 равняется 4,6958%, выплаты не будет. Для двух других процентных ставок выплата составит:

$$(5{,}7354\% - 5{,}2000\%) \times \$10\,000\,000 = \$53\,540;$$
$$(7{,}0053\% - 5{,}2000\%) \times \$10\,000\,000 = \$180\,530.$$

Эти выплаты показаны на дату 3, потому что они платятся с задержкой. Приведенная стоимость этих двух платежей на дату два будет получена на дату 3 и составит:

$$\$53\,540/1{,}057354 = \$50\,636;$$
$$\$180\,530/1{,}070053 = \$168\,711.$$

Эти приведенные стоимости показаны на дату 2.

Возвращаясь к дате 1, нам нужно найти среднее двух значений на дату 2 и дисконтировать их по соответствующей процентной ставке. Для самой низкой процентной ставки на дату 1, 4,4448%, среднее значение на дату 2 составит $25 318 = ($0 + $50 636). Приведенная стоимость на дату 1, таким образом, равняется $24 240,56 (= $25 318/1,044448). Округленное значение

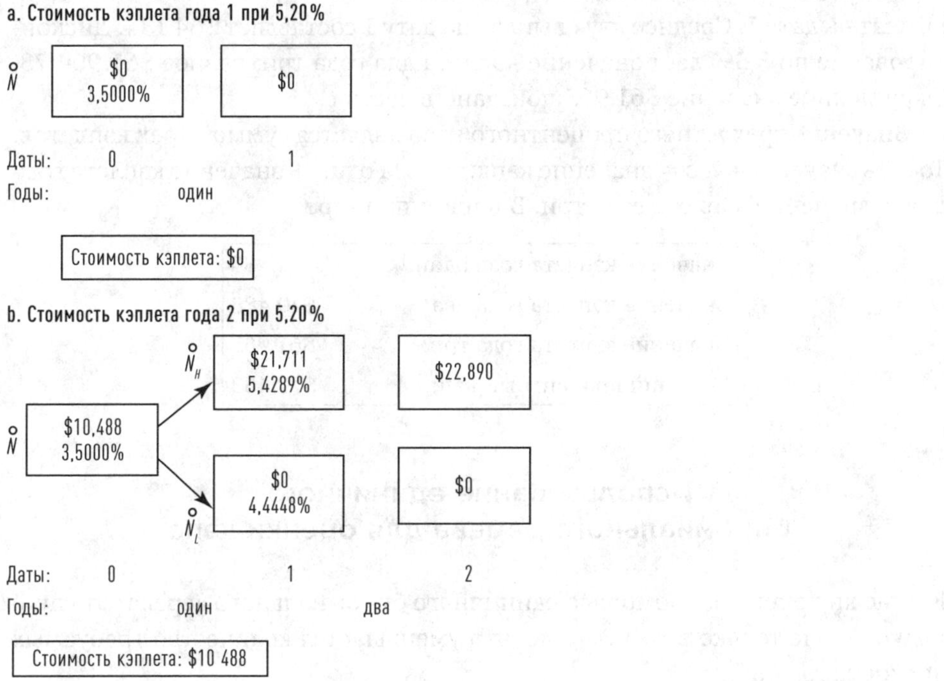

Рис. 31.2. Оценка стоимости с помощью метода кэплетов

показано в узле на дату 1. Точно так же среднее значение для самой высокой процентной ставки, 5,4289%, будет средним между $50 636 и $168 711, т. е. $109 673,5. Приведенная стоимость на дату 1, $109 673,5 дисконтированные по 5,4289%, равняется $104 026.

Последним этапом является дисконтирование на дату 0 значений двух выплат на дату 1. Среднее двух выплат на дату 1 составляет $64 134. Дисконтирование по 3,5% дает значение кэплета для года три, равное $61 964,73. Округленное значение $61 965 показано в части *c*.

Значение трехлетнего процентного кэпа является суммой трех кэплетов. То есть значение кэпа = значение кэплета года один + значение кэплета года два + значение кэплета года три. В нашем примере

Значение кэплета года один:	$0
Значение кэплета года два:	$10 488
Значение кэплета года три:	$61 965
3-летний процентный кэп:	$72 453

Использование единичного биномиального дерева для оценки кэпа

Кэп можно оценить с помощью единичного биномиального дерева. Эта процедура легче только в том смысле, что уменьшается количество требуемых дисконтирований.

Этот метод показан на рис. 31.3. Три значения на дату 2 получены путем простого расчета выплаты на дату 3 и дисконтирования на дату 2. Это значения, показанные на дату 2 в части *c* рис. 31.2.

Посмотрим на верхний узел на дату 1 (процентная ставка 5,4289%). Верхнее число, $104 026, является приведенной стоимостью двух значений на дату 2, ответвляющихся от этого узла. Оно рассчитывается так же, как и в части *c* рис. 31.2. Число, расположенное ниже, $21 711, является платежом кэплета года два на дату 1, как рассчитано в рис. 31.2. Третье число, расположенное под верхним узлом на дату 1 на рис. 31.3, выделенное жирным шрифтом, является суммой двух верхних значений. Именно это значение используется в обратной индукции. Такая же процедура используется для получения значений, показанных в рамках в нижнем узле на дату 1.

С помощью значений в двух узлах на дату 1, выводится среднее выделенных жирным шрифтом значений и получается $74 989 [= ($125 737 + $24 241)/2]. Дисконтирование этого значения по 3,5% дает $72 453. Это то же значение, что мы получили с помощью метода кэплетов.

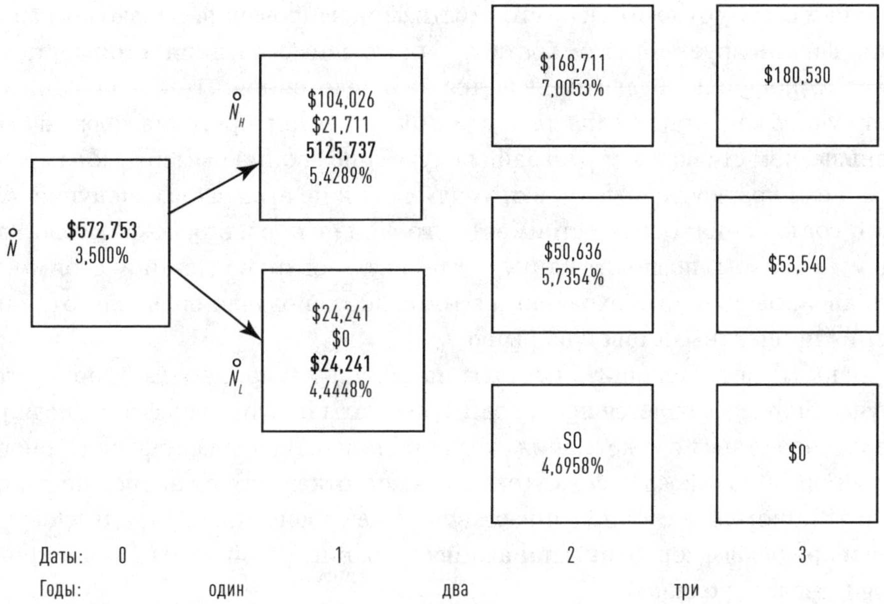

Рис. 31.3. Оценка стоимости кэпа с помощью единичного биномиального дерева

Оценка флора

Процентный флор оценивается точно так же, как и кэп, однако выплаты производятся, когда процентная ставка опускается ниже ставки страйк. В случае флора его стоимость для любого года называется **флорлетом**. Сумма флорлетов это и есть стоимость флора.

Использование соглашений о процентных ставках

Применение соглашений о процентных ставках в практике управления активами/обязательствами мы рассмотрим на примере коммерческого банка и компании страхования жизни (в прошлой иллюстрации они были контрагентами свопа)[1]. Напомним, что цель банка — зафиксировать спред про-

---

[1] Другие способы применения описанных инструментов в страховой практике описаны в: David F. Babbel, Peter Bouyoucos, and Robert Stricker, «Capping the Interest Rate Risk in Insurance Products», глава 21 в Frank J. Fabozzi (ed.), *Fixed Income Portfolio Strategies* (Chicago: Probus Publishing, 1989).

центных ставок относительно стоимости финансирования. Однако поскольку банк финансируется путем краткосрочного заимствования, стоимость его финансирования в будущем является неопределенной. Итак, наш банк может купить кэп: ставка кэпа плюс стоимость его приобретения должны быть меньше, чем ставка, которую банк получает по своим коммерческим кредитам. Если краткосрочные ставки упадут, банк не выиграет от покупки данного соглашения, однако стоимость его финансирования сократится. Кэп, таким образом, позволит банку установить верхнюю границу стоимости финансирования при сохранении возможности получения выгоды от понижения процентных ставок на рынке.

Банк может уменьшить расходы на покупку кэпа, продав флор. В этом случае банк соглашается производить выплаты покупателю флора, если референсная ставка окажется ниже страйк-ставки. За продажу флора банк получит премию. Между тем в этом случае он откажется от возможности получить прибыль за счет падения ставок ниже уровня ставки страйк. Покупая кэп и продавая флор, банк устанавливает границы стоимости финансирования (создает «коллар»).

Проанализируем теперь положение компании страхования жизни, гарантировавшей в течение ближайших пяти лет ставку 9% на свои GIC; напомним также, что компания хотела бы инвестировать в инструмент с плавающей ставкой, размещаемый частным образом. Компания подвергает свой капитал риску, связанному с возможным падением процентных ставок: в этом случае компании не удастся получить прибыль в размере 9% плюс спред. Компания страхования жизни может обеспечить себе минимальный уровень инвестиционной прибыли, купив флор: в этом случае она сохраняет за собой потенциальную прибыль, вероятную при росте ставок. Для уменьшения стоимости приобретения флора, компания может продать процентный кэп. В то же время подобная сделка лишит ее возможности получить прибыль от роста шестимесячной LIBOR выше ставки страйк кэпа.

Резюме

- Процентный своп — это соглашение об обмене процентными платежами в течение установленного промежутка времени.
- В стандартном процентном свопе одна сторона выплачивает фиксированную ставку, в то время как другая осуществляет выплаты плавающей ставки; величина всех выплат базируется на размере условной основной суммы.

- Участники финансовых рынков используют процентные свопы для изменения дюрации портфеля, изменения характеристик денежных потоков своих активов и обязательств, а также для получения прибыли за счет воспринимаемой неэффективности рынка капитала.
- Позиция в свопе может быть интерпретирована либо как позиция в наборе форвардных/фьючерсных контрактов, либо как позиция в наборе инструментов спот-рынка.
- Ставка свопа — это ставка, которая позволяет уравнять приведенные стоимости денежных потоков обеих сторон соглашения. Стоимость обращающегося на рынке свопа равна разнице приведенных стоимостей выплат двух сторон.
- Чувствительность к изменению процентных ставок, или дюрация свопа, с точки зрения плательщика плавающей ставки, — это разность между дюрацией облигации с фиксированной ставкой и дюрацией облигации с плавающей ставкой, составляющих своп. Чувствительность свопа к изменению процентных ставок прежде всего зависит от дюрации облигации с фиксированной ставкой: дюрация облигации с плавающей ставкой — обычно небольшая величина.
- Более сложные свопы — это свопы, условная основная сумма которых определенным образом меняется в течение жизни (амортизируемые свопы, нарастающие свопы, свопы «американские горки»); кроме того, это свопы, в которые обе стороны обмениваются плавающими ставками (базисные свопы и свопы казначейских бумаг с одинаковым сроком погашения).
- На рынке обращаются и такие структуры, как опционы на свопы (свопционы) и свопы, начало которых отложено на установленную дату в будущем (свопы с отсроченным началом).
- Свопционы могут использоваться для создания портфеля с выплатами наподобие опционных, которые обеспечивают желаемую дюрацию при движении ставок в благоприятном направлении, но ограничивают неблагоприятные движения. Стоимость создания такой благоприятной взаимосвязи риск–доходность является стоимостью свопциона.
- Соглашение о процентных ставках дает одной из сторон в обмен на заранее выплачиваемую премию право получить от продавца компенсацию в том случае, если указанная ставка окажется отличной от установленного уровня.
- Процентный кэп дает стороне возможность получить компенсацию, если указанная процентная ставка превысит ставку страйк. Процентный флор позволяет стороне получить выплату, если указанная процентная ставка опустится ниже ставки страйк.

- Процентный кэп может использоваться для установления верхней границы стоимости финансирования; процентный флор позволяет установить нижнюю границу доходности. Покупка кэпа и продажа флора обеспечивают создание «коллара».
- Как кэп, так и флор могут оцениваться с помощью биномиальной модели.

Вопросы

1. Допустим, что дилер котирует пятилетний своп таким образом: плательщик фиксированной ставки должен платить 4,4% в обмен на LIBOR, плательщик плавающей ставки должен платить LIBOR в обмен на 4,4%. Каков размер дилерского спреда?
2. Какими двумя способами можно интерпретировать своп процентных ставок?
3. Каким образом устанавливается размер денежного потока плательщика плавающей ставки, выплачивающего LIBOR?
4. Как вычисляется ставка свопа?
5. Допустим, компания страхования жизни выпустила 3-летний GIC с фиксированной ставкой 10%. При каких обстоятельствах компании будет выгодно приобрести ценные бумаги с плавающей ставкой и войти в трехлетний процентный своп, став плательщиком плавающей ставки и получателем фиксированной?
6. Как с помощью процентного свопа можно снизить дюрацию портфеля до уровня, соответствующего ориентиру?
7. Портфельный менеджер приобретает свопцион со ставкой страйк 4,5%, который дает ему право войти в процентный своп и платить по нему фиксированную ставку, получая плавающую. Срок до истечения свопциона составляет пять лет.
   a. Является ли этот свопцион свопционом плательщика или свопционом получателя? Почему?
   b. Что означает ставка страйк 4,5%?
8. В котировальном листе приведена следующая информация:
   «Свопцион получателя: опцион на вхождение в своп в качестве получателя фиксированной ставки (т. е. длинный получатель — длинная дюрация).
   Свопцион плательщика: опцион на выплату фиксированной ставки в свопе (т. е. длинный плательщик — короткая дюрация)».
   a. Объясните, почему для получателя свопцион увеличивает дюрацию.

b. Объясните, почему для плательщика свопцион уменьшает дюрацию.

9. Менеджер ссудо-сберегательной ассоциации хотел бы использовать своп в своей стратегии управления активами/обязательствами. Своп призван перевести выплаты от портфеля ипотечных кредитов с фиксированной ставкой в выплаты с плавающей ставкой.
   a. Какой риск связан с использованием простого, или стандартного процентного свопа?
   b. Для чего может понадобиться менеджеру процентный своп, условная основная сумма которого уменьшается с течением времени?
   c. Для чего менеджеру может понадобиться покупка свопциона?

10. Проанализируйте процентный своп со следующими характеристиками:
   - своп начинается сегодня, 1 января года 1;
   - выплаты плавающей ставки совершаются раз в квартал на основе реального количества дней в квартале/360-дневного года;
   - референсная ставка — трехмесячная LIBOR;
   - условная основная сумма свопа равна $40 млн;
   - срок свопа — три года.

   a. Допустим, что сегодня трехмесячная LIBOR равна 5,7%. Что получит плательщик фиксированной ставки в свопе процентных ставок 31 марта года 1 (если год 1 не високосный)?
   b. Допустим, что цены евродолларовых фьючерсов на следующие семь кварталов выглядят следующим образом:

Начало квартала	*Конец квартала*	*Число дней в квартале*	*Цена евродолларового фьючерса*
1 апреля года 1	30 июня года 1	91	94,10
1 июля года 1	30 сентября года 1	92	94,00
1 октября года 1	31 декабря года 1	92	93,70
1 января года 2	31 марта года 2	90	93,60
1 апреля года 2	30 июня года 2	91	93,50
1 июля года 2	30 сентября года 2	92	93,20
1 октября года 2	31 декабря года 2	92	93,00

   Вычислите форвардную ставку каждого квартала и размер выплаты плавающей ставки в конце каждого квартала.

   c. Какими будут выплаты плавающей ставки в конце каждого квартала?

11. a. Допустим, что ставка процентного свопа равна 7%, а выплаты фиксированной ставки совершаются ежеквартально на основе реального количества дней в квартале/360-дневного года. Условная основная сумма двухлетнего свопа равна $20 млн. Чему равны выплаты фиксированной ставки в конце каждого квартала при условии следующего числа дней в кварталах:

Квартальный период	*Дней в квартале*
1	92
2	92
3	90
4	91
5	92
6	92
7	90
8	91

b. Допустим, что своп из вопроса *a* предполагает не ежеквартальные, а полугодовые выплаты. Каковы полугодовые выплаты фиксированной ставки?

c. Допустим, что условная основная сумма двухлетнего свопа в каждый из годов имеет свой размер: в год 1 он составляет $20 млн, а в год 2 — $12 млн. Каковы выплаты фиксированной ставки, совершаемые каждые полгода?

12. Зная текущую трехмесячную LIBOR и цены евродолларовых фьючерсов, приведенные ниже в таблице, вычислите форвардную ставку и форвардный коэффициент дисконтирования для каждого периода:

Период	*Дней в квартале*	*Трехмесячная LIBOR*	*Текущая цена евродолларовых фьючерсов*
1	90	5,90%	
2	91		93,90
3	92		93,70
4	92		93,45
5	90		93,20
6	91		93,15

13. a. Допустим, что при заключении пятилетнего процентного свопа с референсной ставкой, равной трехмесячной LIBOR, приведенная

стоимость выплат с плавающей ставкой равняется \$16 555 000. Выплаты фиксированной ставки должны быть полугодовыми. Предположим также, что для выплат с фиксированной ставкой было проведено следующее вычисление (по формуле из настоящей главы):

$$\sum_{t=1}^{10} \text{условная основная сумма} \times \text{ставка свопа} \times \\ \times \frac{\text{дней в периоде } t}{360} \times \\ \times \text{форвардный коэффициент дисконтирования периода } t = \\ = \$236\,500\,000.$$

Какова ставка свопа для этого свопа?

b. Предположим, что пятилетняя доходность казначейских бумаг последнего выпуска равна 6,4%. Чему равен спред свопа?

14. Процентный своп имел начальный срок пять лет. В настоящее время до истечения свопа осталось два года. Приведенная стоимость выплат фиксированной ставки на оставшееся время жизни свопа равна \$910 000. Приведенная стоимость выплат плавающей ставки на оставшееся время жизни свопа равна \$710 000.
    a. Какова стоимость свопа с точки зрения плательщика фиксированной ставки?
    b. Какова стоимость свопа с точки зрения получателя фиксированной ставки?
15. Предположим, что ссудо-сберегательная ассоциация покупает процентный кэп, имеющий следующие параметры: референсная ставка — полугодовая ставка казначейских векселей; срок кэпа составляет пять лет; выплаты совершаются раз в полгода; ставка страйк равна 5,5%; условная основная сумма равна \$10 млн. Предположим также, что по окончании полугодового периода полугодовая ставка казначейских векселей равна 6,1%.
    a. Каков размер выплат, которые ассоциация получит?
    b. Что заплатит продавец кэпа, если полугодовая ставка казначейских векселей составит не 6,1, а 5,45%?
16. Опишите связь между соглашением о процентных ставках и опционом на процентные ставки.
17. Как создается процентный «коллар»?
18. Оцените стоимость трехлетнего процентного кэпа с условной основной суммой \$10 млн и ставкой страйк 4,8%; используйте биномиальное дерево процентных ставок на рис. 31.1.

ГЛАВА 32

Дефолтные свопы

В этой главе читателю будут представлены сведения:

- об отличии кредитных деривативов от процентных деривативов;
- о дефолтных свопах и определении кредитного события;
- о том, что такое кредитное событие, и об особом определении кредитного события для ценных бумаг, обеспеченных активами;
- о сути CDS-контракта, включая расчет премии свопа;
- о разнице между единичным дефолтным свопом и индексным дефолтным свопом;
- о примерной оценке стоимости единичного дефолтного свопа;
- о том, что понимается под подразумеваемой вероятностью дефолта для дефолтного свопа, и о базовых допущениях, используемых при ее вычислении;
- о различных типах индексных дефолтных свопов;
- об экономической интерпретации дефолтного свопа;
- об использовании дефолтных свопов для контроля кредитного риска портфеля.

Процентные деривативы, рассмотренные в предыдущих трех главах, могут использоваться для управления одним из основных рисков, связанных с портфелем облигаций, — процентным риском. Другим не менее значимым риском является кредитный риск. Как говорилось в главе 1, кредитный риск включает в себя риск дефолта, риск кредитного спреда и риск понижения кредитного качества. Для управления кредитным риском портфеля можно использовать кредитные деривативы. Существует широкий набор кредитных производных инструментов, однако наиболее популярным продуктом является дефолтный своп (*credit default swap — CDS*), возможно потому, что он представляет собой простейшую форму переноса кредитного риска.

Существуют два типа CDS — единичные CDS и индексные CDS. Независимо от типа CDS в контракте всегда присутствуют две стороны: покупатель кредитной защиты и продавец кредитной защиты. За вознаграждение продавец предоставляет покупателю кредитную защиту от некоего «кредитного события» в «чем-либо». Ключевые условия в CDS, устанавливаемые в документации на сделку, — это определение «кредитного события» и «чего-либо», для которого предоставляется кредитная защита. «Что-либо», для которого предоставляется кредитная защита, — это референсное юридическое лицо или референсное обязательство. **Референсное юридическое лицо** — это эмитент долгового инструмента, по которому нужна кредитная защита. **Референсное обязательство** — это конкретный долг, которому нужна кредитная защита. Например, референсным юридическим лицом может быть Ford Motor Credit Company, а референсным обязательством — конкретный облигационный выпуск Ford Motor Credit Company. В единичном CDS фигурирует только одно референсное юридическое лицо или референсное обязательство. В индексном CDS присутствует стандартизированная корзина референсных юридических лиц. Платеж, осуществляемый покупателем кредитной защиты в пользу продавца, называют CDS-спредом, или своповым платежом[1].

Что касается определения кредитного события, то обычно речь идет не об одном событии, а о нескольких потенциальных событиях, которые негативно влияют на стоимость референсного обязательства или всех долговых обязательств референсного юридического лица. Эти кредитные события оговариваются в документации сделки с CDS.

До 1998 г. развитие рынка кредитных деривативов тормозилось отсутствием должной стандартизации юридической документации. Каждую сделку (покупку и продажу кредитного производного контракта) приспосабливали к нуждам конкретного клиента. В 1998 г. Международная ассоциация свопов и деривативов (ISDA) стандартизировала контракт, используемый сторонами в сделках с кредитными деривативами. Форма контракта, предназначенная первоначально для CDS, является достаточно гибкой и может быть использована для работы с прочими кредитными производными инструментами.

[1] В предыдущих главах мы говорили о том, что ставка по кредиту эмитента формируется как ставка-ориентир плюс спред, обычно LIBOR плюс спред. Некоторые эмитенты сейчас могут определять ставку по кредитам на основе ставки на CDS-рынке. Например, Honeywell International в 2011 г. получила от нескольких банков пятилетнюю кредитную линию на $2,8 млрд, которая допускала такую возможность.

В этой главе мы рассмотрим различные типы CDS, основы оценки единичных CDS и использование CDS для управления риском. Обсуждение мы начнем с критически важного элемента CDS — определения кредитного события.

КРЕДИТНОЕ СОБЫТИЕ

CDS обеспечивают выплату в случае реализации кредитного события. В документации ISDA представлены определения кредитного события. Первоначально ISDA ограничивалась определением кредитных событий, связанных с корпоративным и суверенным долгом. С расширением торговли CDS на отдельные транши ценных бумаг, обеспеченных активами, и муниципальные долговые обязательства ISDA добавила определения кредитных событий для случаев, когда эти два типа активов являются базовыми.

В «Определениях кредитных деривативов ISDA 1999 г.» (или просто «Определения 1999 г.») приводится список из восьми кредитных событий: 1) банкротство; 2) кредитное событие при слиянии компаний; 3) перекрестное ускорение; 4) перекрестный дефолт; 5) понижение рейтинга; 6) неосуществление выплаты; 7) отказ от выплаты долга или мораторий на выплату долга; 8) реструктуризация. Эти восемь типов кредитных событий дают достаточно полное описание всех ситуаций, способных привести к снижению кредитного качества референсного эмитента и к падению стоимости референсного обязательства.

Банкротство определяется как любое событие, подпадающее под законы о неплатежеспособности или банкротстве. **Неосуществление выплаты** фиксируется, если референсное юридическое лицо оказывается не в состоянии осуществить один или несколько платежей в срок. Нарушение референсным юридическим лицом одного из ковенантов *(covenants)* считается дефолтом по долговому обязательству. В случае дефолта держатели обязательства имеют право потребовать его погашения, не дожидаясь даты погашения, установленной графиком выплат. В этом случае речь идет об **ускорении обязательства**. Референсное юридическое лицо может отказаться от обслуживания своих долговых обязательств или оспорить их правомочность в судебном порядке. Это кредитное событие называют **отказом от выплаты долга** или **мораторием на выплату долга**.

Наиболее сложный случай кредитного события, включаемый в дефолтные инструменты, — это реструктуризация обязательств. **Реструктуризация** имеет место при таком изменении условий обязательства, когда новые условия являются для держателя менее выгодными, чем первоначальные. Как правило (не всегда) меняется одно или несколько из следующих условий: 1) снижается процентная ставка; 2) уменьшается номинал; 3) изменяется график выплаты номинала (увеличивается срок обязательств, откладываются выплаты процентов); 4) меняется уровень субординации обязательства в структуре долга референсного эмитента.

Мы назвали реструктуризацию сложным случаем, поскольку от включения ее в число кредитных событий выигрывает только покупатель кредитного дериватива: по мнению покупателя, отсутствие реструктуризации в списке кредитных событий сделает кредитную защиту неполной. Продавец кредитной защиты, напротив, предпочитает не включать реструктуризацию в список кредитных событий, поскольку любая рутинная модификация условий обязательства повлечет за собой обязательную выплату покупателю кредитной защиты. Кроме того, если референсным обязательством является кредит, а в роли покупателя кредитной защиты выступает кредитор, то такой покупатель выигрывает от реструктуризации кредита вдвойне. Во-первых, покупатель кредитной защиты получает выплату от продавца кредитной защиты; во-вторых, путем реструктуризации кредитор (покупатель кредитной защиты) устанавливает более прочные отношения со своим клиентом (корпоративным юридическим лицом — должником референсного обязательства).

Данную проблему ISDA попыталась решить, выпустив в апреле 2001 г. Дополнение о реструктуризации (Restructuring Supplement) к «Определениям 1999 г.», где было дано новое определение реструктуризации. В Дополнении были описаны ограничения на референсные обязательства, связанные с реструктуризацией кредитов, если реструктуризируются кредиты, выданные покупателем кредитной защиты заемщику — должнику по референсному обязательству. Согласно Дополнению, факт реструктуризации признается, если: 1) имеется четыре или более держателей референсного обязательства; 2) на реструктуризацию референсного обязательства согласно подавляющее большинство ($66\,^2/_3$%) держателей. Кроме того, в Дополнении указывается максимальный срок референсного обязательства, подлежащего физической поставке, в тех случаях, когда реструктуризация приводит к выплате покупателю кредитной защиты.

По мере развития рынка кредитных дериваттивов его участники учатся наилучшим образом определять суть кредитных событий. Нельзя пожаловаться на нехватку материала для исследований в данной области: в 2002 г. было отмечено повышение до рекордных уровней количества дефолтов высокодоходных корпоративных облигаций, а также дефолтов суверенных эмитентов, например долговой кризис в Аргентине в 2001–2002 гг. В январе 2003 г. в «Определениях кредитных деривативов ISDA 2003 г.» («Определениях 2003 г.») ISDA предложила новые определения кредитных событий. В документе была пересмотрена часть определений, приведенных в «Определениях 1999 г.»; были уточнены определения банкротства, отказа от выплаты долга и реструктуризации.

Основные поправки были внесены в определение реструктуризации. ISDA позволяет сторонам сделки выбрать одну из четырех следующих возможностей: 1) не включать реструктуризацию в число кредитных событий; 2) оперировать понятием «полной» или «старой» реструктуризации, основанным на «Определениях 1999 г.»; 3) использовать «модифицированную реструктуризацию», представленную в Дополнении; или 4) обратиться к модифицированной «модифицированной реструктуризации». Последнее понятие является новым. Оно было разработано для описания некоторых явлений, характерных для европейского рынка.

Не все перечисленные определения кредитных событий для корпоративных и суверенных эмитентов применимы к муниципальным эмитентам. В случае муниципальных эмитентов используются три определения: банкротство, неосуществление платежа и реструктуризация. Поскольку кредитные события могут применяться не ко всем типам муниципальных облигаций, стандартное подтверждение ISDA для муниципальных CDS требует, чтобы стороны сделки указывали тип муниципальной облигации, которая лежит в основе сделки. Подтверждение ISDA предусматривает следующие три типа муниципальных облигаций: 1) облигации, обеспеченные всеми доходами и заимствованиями муниципального правительства (обязательства, обеспеченные всеми доходами); 2) облигации, оплачиваемые из имеющихся средств (обязательства, обеспеченные общими фондами); 3) облигации, обеспеченные конкретными денежными потоками (доходные обязательства).

Кредитные события для ценных бумаг, обеспеченных активами

CDS на ценные бумаги, обеспеченные активами (ABS) называют ABS CDS. Как говорилось в главах 13–15, ABS включают в себя широкий набор типов активов. Напомним, что до 2007 г. ценные бумаги, обеспеченные жилищной ипотекой, в основе которых лежат пулы низкокачественных ипотечных кредитов, считались частью рынка ABS, а не рынка ипотечных ценных бумаг. В результате многие CDS на ABS распространяются на пулы низкокачественных ипотек.

Некоторые особенности ABS требовали изменения документации ISDA в части определений кредитного события, когда референсным юридическим лицом является транш ABS[1]. В июне 2005 г. ISDA выпустила так на-

[1] Более детально различия между корпоративными CDS и ABS CDS, которые требуют изменения определения кредитного события, рассмотрены в главе 6: Laurie S. Goodman, Shumin Li, Douglas J. Lucas, Thomas A. Zimmerman, and Frank J. Fabozzi, Subprime Mortgage Credit Derivatives (John Wiley & Sons, 2008).

зываемый «плати по мере использования» (*pay-as-you-go — PAUG*) шаблон для ABS. Внимание в нем сосредоточено на адекватности денежного потока структуры ABS, а не на потенциале банкротства. (В главе 5 мы говорили, что эмитентом ABS является не компания, а защищенный от банкротства траст.) Шаблон PAUG предусматривает следующие три кредитных события, основанные на адекватности денежного потока для ABS:

- **Неосуществление платежа.** По базовому референсному обязательству не осуществляется плановая выплата процента или основной суммы.
- **Списание.** Основная сумма базового референсного обязательства списывается и считается безвозвратно потерянной.
- **Понижение рейтинга в результате финансовых затруднений.** Рейтинг базового референсного обязательства понижается до Caa2/CCC или ниже.

Как видно, в отличие от CDS, где референсное юридическое лицо является компанией, а кредитным событием дефолт, шаблон PAUG ориентирован на недефолтные события, которые влияют на денежный поток конкретного референсного транша ABS.

ЕДИНИЧНЫЙ CDS

В единичном CDS есть только одно референсное юридическое лицо или референсное обязательство. Существуют единичные CDS, выписанные на:

- корпоративного эмитента долга (облигаций или рискованных кредитов);
- суверенного эмитента;
- эмитента муниципальных облигаций;
- транш ценных бумаг, обеспеченных активами.

Чтобы объяснить, как работает единичный CDS, возьмем в качестве примера CDS, выписанный на корпоративного эмитента облигаций. Будем считать, что референсное юридическое лицо — XYZ Corporation и что этот эмитент имеет только один облигационный выпуск в обращении. В основе CDS лежит выпуск облигации XYZ номинальной стоимостью \$10 млн. Как и в случае таких процентных деривативов, как свопы, кэпы и флоры, CDS имеет условную основную сумму, которая в нашем примере равна \$10 млн.

Допустим, что премия свопа — платеж, осуществляемый покупателем защиты продавцу, составляет 200 базисных пунктов. Стандартный контракт на единичный CDS предполагает ежеквартальные выплаты премии. Размер ежеквартальных выплат вычисляется на основе одного из принятых на рынке облигаций соглашений о подсчете дней. Соглашение о подсчете дней, используемое на рынке CDS, — это реальное количество/360; напомним, что то же соглашение применяется и на рынке процентных свопов. Соглашение о реальном количестве/360 подразумевает, что число дней в квартале приравнивается к реальному, в то время как год приравнивается к 360 дням. Таким образом, премия свопа, выплачиваемая каждый квартал, составит:

$$\text{выплата квартальной премии по свопу} =$$
$$= \text{условная основная сумма} \times \text{ставка свопа (в десятичной форме)} \times$$
$$\times \frac{\text{реальное число дней в квартале}}{360}.$$

Предположим, что условная основная сумма гипотетического CDS равна $10 млн, а в реальном квартале 92 дня. Предположим также, что премия свопа равна 200 базисным пунктам (0,02). Квартальная премия свопа, которую выплатит покупатель защиты, в этом случае окажется равной:

$$\$10\,000\,000 \times 0{,}02 \times \frac{92}{360} = \$51\,111{,}11.$$

В отсутствие кредитного события выплаты осуществляются покупателем защиты (он ежеквартально выплачивает премию свопа). При наступлении кредитного события происходит следующее. Во-первых, покупатель защиты перестает выплачивать премию свопа. Во-вторых, определяется **конечная стоимость** свопа. Процедура определения конечной стоимости зависит от условий расчета, установленных в соглашении и свопе. Расчет может быть физическим или денежным. В рыночной практике для расчета по единичному CDS используется физическая поставка.

При **физическом расчете** покупатель защиты поставляет облигации референсного юридического лица на определенную номинальную стоимость продавцу защиты. Продавец защиты выплачивает покупателю номинальную стоимость облигаций. В отличие от нашего гипотетического примера XYZ Corporation, где существует только один выпуск референсного юридического лица, в реальном мире все референсные юридические лица имеют множество выпусков в обращении, а следовательно, у них есть возможность выбирать, что именно поставлять продавцу защиты. Эти выпуски называют **поставляемыми обязательствами**. В документации свопа оговариваются характеристики выпуска, который может квалифицироваться как поставляемое обязательство. Напомним, что в случае фьючерсов на казначейские облигации и ноты, описанные в главе 29, короткий продавец может выбирать, какой казначейский выпуск поставить из тех, которые биржа считает приемлемыми для поставки. Короткий продавец выбирает самый дешевый в поставке выпуск, а возможность такого выбора фактически является встроенным опционом. То же самое справедливо и для физического расчета по единичному CDS. Покупатель защиты выбирает из списка поставляемых обязательств самый дешевый в поставке выпуск.

На рис. 32.1 показано, как работает единичный CDS. Приводятся денежные потоки до и после кредитного события. Подразумевается, что производится физический расчет.

Альтернативой стандартному CDS с физическим расчетом является **CDS с фиксированным возмещением**. Такой CDS устраняет неопределенность уровня возмещения путем фиксирования в момент осуществления сделки конкретного размера возмещения. В случае CDS с фиксированным возмещением при наступлении кредитного события продавец защиты производит денежную выплату, равную 100 минус зафиксированный уровень возмещения.

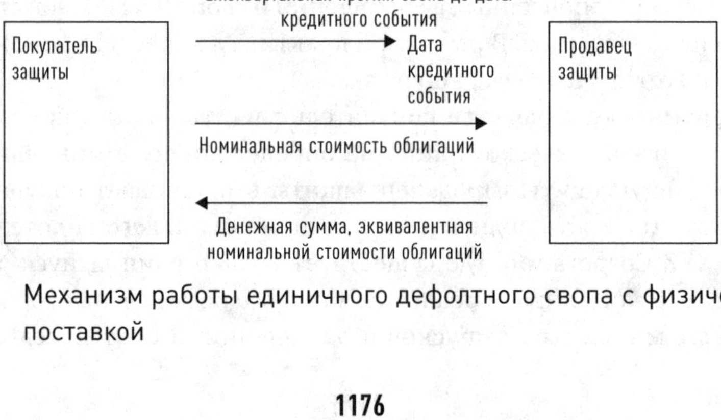

Рис. 32.1. Механизм работы единичного дефолтного свопа с физической поставкой

Примерная оценка стоимости единичного CDS

Рассмотрим общие принципы оценки стоимости единичных CDS на эмитента корпоративных облигаций[1]. Под оценкой, или ценообразованием, мы понимаем определение справедливой стоимости спреда CDS. В целом оценка строится на взаимосвязи наличного рынка и рынка производных инструментов. Мы уже говорили о ней при рассмотрении ценообразования процентных деривативов в предыдущих главах.

Мы начнем с формулирования упрощающих допущений. Последующее улучшение моделей ценообразования CDS связано с внесением необходимых изменений при ослаблении допущений. Ниже приведены восемь допущений, которые необходимо принять для оценки единичного CDS со сроком T лет для референсного юридического лица:

Допущение 1: существует долговое обязательство с плавающей ставкой, выпущенное референсным юридическим лицом, со сроком T, которое торгуется по номинальной стоимости и имеет купонную ставку, равную LIBOR плюс спред F. (Иначе говоря, формула для пересчета купона этого долгового обязательства имеет вид LIBOR + F.)

Допущение 2: даты купонных платежей по долговому обязательству с плавающей ставкой совпадают с датами выплат в пользу продавца единичного CDS.

Допущение 3: участник рынка, который хочет заимствовать средства для приобретения долгового обязательства с плавающей ставкой из допущения 1, может осуществить заимствование по ставке репо. Кроме того, ставка репо действует в течение периода, равного T (сроку погашения долгового обязательства с плавающей ставкой). Ставка репо равна LIBOR + B (B – спред относительно LIBOR) и доступна всем участникам рынка.

Допущение 4: кредитное событие может наступить только через один день после даты купонного платежа.

Допущение 5: CDS предполагает физический расчет, и долговое обязательство с плавающей ставкой из допущения 1 является самым дешевым в поставке выпуском, приемлемым для поставки.

---

[1] Более детальное обсуждение см. в: Ren-Raw Chen, Frank J. Fabozzi, and Dominic O'Kane, "The Valuation of Credit Default Swaps," in Frank J. Fabozzi (ed.), Professional Perspectives on Fixed Income Portfolio Management: Volume 4 (Hoboken, NJ: John Wiley & Sons, 2003).

Допущение 6: на рынке нет сложностей с короткой продажей облигаций.

Допущение 7: транзакционные издержки отсутствуют.

Допущение 8: у сторон CDS и репо отсутствует риск контрагента.

Причина, по которой эти допущения так важны, станет понятной в процессе рассмотрения модели оценки.

Нам нужно знать, как определить премию (обозначаемую как S) для единичного CDS со сроком T для некоторого референсного юридического лица. Рассмотрим следующую стратегию:

- Покупка долгового обязательства с плавающей ставкой со сроком T, выпущенного референсным юридическим лицом.
- Финансирование покупки долгового обязательства с плавающей ставкой путем заимствования на срок жизни этого обязательства (который также является сроком CDS) T на рынке репо.
- Хеджирование кредитного риска, связанного с долговым обязательством с плавающей ставкой, с помощью покупки CDS со сроком T на референсное юридическое лицо.

Как мы видим, эта стратегия эквивалентна бездефолтному инвестированию. (Напомним, что в соответствии с допущением 8 риск контрагента отсутствует.)

Рассмотрим выплаты для двух возможных сценариев:

- кредитное событие не наступает;
- кредитное событие наступает.

При отсутствии кредитных событий долговое обязательство с плавающей ставкой существует до истечения срока. В течение жизни долгового обязательства выплачивается процент, равный LIBOR + F каждого периода (в соответствии с допущением 1). Стоимость заимствования (т. е. ставка репо) для каждого периода составляет LIBOR + B (в соответствии с допущением 3). Таким образом, владение активом приносит LIBOR + F, а за пользование заемными средствами выплачивается LIBOR + B. Чистый денежный поток равен: $F - B$. Иначе говоря, при наших упрощающих допущениях стратегия приносит $F - B$ в случае отсутствия кредитных событий.

Посмотрим теперь, что происходит в случае наступления кредитного события. Допущение 5 предусматривает физическую поставку долгового обязательства с плавающей ставкой. Это означает, что долговое обязательство поставляется продавцу кредитной защиты (т. е. продавцу единичного CDS). В соответствии с допущением 4 кредитное событие наступает сразу после осуществления купонного платежа по долговому обязательству с плавающей ставкой. Таким образом, последующие купонные платежи и платежи по CDS не производятся. Поступления от продавца CDS идут на погашение займа, использованного для приобретения долгового обязательства с плавающей ставкой. Таким образом, погашается заем на рынке репо. В результате мы получаем тот же самый денежный поток, что в случае отсутствия кредитных событий: $F - B$.

Во избежание возникновения условий для арбитража в нашей стратегии с учетом восьми упрощающих допущений спред CDS, S, должен быть равным выплате при обоих сценариях, т. е. $F - B$. Таким образом, в первом приближении спред CDS равен разности между спредом к LIBOR, при котором референсное юридическое лицо может выпустить по номиналу долговое обязательство с плавающей ставкой (F), и спредом к LIBOR, при котором заимствуются средства на приобретение этого долгового обязательства (B).

Первое приближение является для участников рынка отправной точкой, с которой должна начинаться торговля CDS. Мы называем это *приближением* в силу сделанных упрощающих допущений. На одно из допущений следует обратить особое внимание как на определяющее экономический смысл CDS — это допущение о том, что ставка репо является постоянной в течение всего срока CDS (допущение 3). (Мы объясним это более подробно, когда дойдем до экономической интерпретации CDS.) Мы знаем из главы 24, что на рынке репо существует не одна ставка. Например, можно заимствовать до следующего рабочего дня (т. е. репо овернайт) или на более длительный срок (срочное репо). Обычно, однако, ставка репо является краткосрочной. Иначе говоря, невозможно заимствовать на рынке репо при постоянной ставке на несколько лет. Вместе с тем вхождение в CDS фактически фиксирует ставку заимствования на срок CDS. В этом и заключается привлекательность CDS.

Понятно, что на практике допущение 1 не обязательно выполняется. Иными словами, корпоративные эмитенты, являющиеся референсными юридическими лицами для единичного CDS, вряд ли смогут торговать долговым обязательством с плавающей ставкой по номиналу. По этой причине участники рынка смотрят на рынок свопов активов, который позволяет обменивать денежный поток от актива с плавающей ставкой на денежный поток от актива с фиксированной ставкой и наоборот. Именно на рынке свопов на активы можно получить примерный спред к LIBOR (F) для номинальных свопов активов. Таким образом, первым приближением для единичного CDS является разность между спредом свопа активов (относительно рынка номинальных свопов активов) и спредом к LIBOR на рынке репо.

Свопы активов

В силу важности свопов активов для оценки единичных CDS мы рассматриваем этот тип свопов здесь. Как говорилось в предыдущей главе, инвестор может использовать процентный своп для изменения характеристик денежного потока имеющейся у него облигации: денежный поток с фиксированной ставкой можно обменять на денежный поток с плавающей ставкой и наоборот. Об инвесторе, являющемся держателем актива и меняющем характеристики его денежного потока, говорят, что он произвел своп активов. Обычный своп активов — покупка облигации с фиксированной ставкой, подверженной кредитному риску, и конвертация ее в облигацию с плавающей ставкой. Если эмитент облигации терпит по ней дефолт, инвестор не может прекратить выплаты контрагенту по процентному свопу (дилеру свопа). Таким образом, капитал инвестора остается подверженным кредитному риску.

Опишем обычный своп активов. Допустим, что инвестор приобретает по номинальной стоимости 5-летнюю облигацию с рейтингом BBB, номиналом $10 млн и купоном 7,85%. Выплаты купона производятся раз в полгода. Одновременно инвестор входит в пятилетний процентный своп с дилером: инвестор является плательщиком фиксированной ставки, выплаты производятся раз в полгода. Допустим, что ставка свопа равна 7,00%, а инвестор получает полугодовую LIBOR.

Рассмотрим денежный поток инвестора каждые полгода в течение ближайших 5 лет:

Получено от облигации	7,85%
– Выплата дилеру свопа	7,00%
+ Выплата от дилера свопа	Шестимесячная LIBOR
Итого инвестор получает	0,85% + шестимесячная LIBOR

Итак, независимо от изменения процентных ставок при отсутствии дефолта эмитента по своей облигации инвестор получает 85 базисных пунктов сверх 6-месячной LIBOR. Фактически инвестор конвертировал пятилетнюю облигацию с рейтингом BBB и фиксированной ставкой в 5-летнюю облигацию с плавающей ставкой и спредом относительно 6-месячной LIBOR. Инвестор тем самым создал синтетическую облигацию с плавающей ставкой. Цель свопа активов — создание подверженной кредитному риску синтетической ценной бумаги с плавающей ставкой.

В нашем описании свопа активов инвестор покупал облигацию, подверженную кредитному риску, и вступал с дилером в своп процентных ставок.

Между тем в реальности своп активов обычно комбинирует продажу имеющейся облигации, подверженной кредитному риску, контрагенту по номиналу без накопленного купонного дохода с процентным свопом. Подобная структура носит название **номинального свопа активов** *(par asset swap)*. В случае дефолта эмитента облигации, подверженной кредитному риску, транзакция по свопу активов прекращается, а потерпевшая дефолт облигация возвращается инвестору (плюс или минус сумма переоценки по рыночной цене транзакции свопа активов). Инвестор, таким образом, по-прежнему подвергается кредитному риску эмитента.

В номинальном свопе активов купон облигации выплачивается в обмен на LIBOR + спред в случае необходимости. Такой спред называется **спредом свопа активов** *(asset swap spread)* и представляет собой цену свопа активов. Своп активов позволяет инвестору, стоимость финансирования которого основана на ставке LIBOR, получать спред свопа активов. Размер спреда обусловлен кредитным риском базовой облигации.

Иллюстрируя подобную структуру свопа активов, предположим, что в нашем предыдущем примере преобладающая рыночная ставка свопа не 7,00, а 7,30%. Инвестор является держателем облигаций и продает их дилеру по номиналу без накопленного купонного дохода. Дилер и инвестор заключают следующее соглашение о свопе активов:

- своп действует 5 лет;
- инвестор соглашается раз в полгода выплачивать дилеру 7,30%;
- дилер соглашается каждые полгода выплачивать инвестору полугодовую LIBOR + спред свопа активов, равный 30 базисным пунктам.

Рассмотрим денежный поток инвестора каждые полгода в течение ближайших 5 лет для данной структуры свопа активов:

Получено от облигации	7,85%
– Выплата дилеру свопа	7,30%
+ Выплата от дилера свопа	Шестимесячная LIBOR + 30 базисных пунктов
Итого инвестор получает	0,85% + шестимесячная LIBOR

В первом примере свопа активов инвестор создает синтетическую облигацию с плавающей ставкой без помощи дилера. Держателем облигации является сам инвестор. Роль дилера сводится к функции контрагента в процентном свопе. Во второй структуре дилер является контрагентом в свопе активов и владеет базовой облигацией, подверженной кредитному риску. В случае дефолта дилер возвращает облигацию инвестору.

Подразумеваемая вероятность дефолта по CDS

Спреды CDS отражают рыночные представления о вероятности дефолта, связанной с референсным юридическим лицом, и размере возмещения в случае дефолта. В начале формирования рынка использовалась следующая простая зависимость вероятности дефолта от наблюдаемого спреда *CDS*:

$$\text{наблюдаемый спред } CDS \text{ в б. п.}/10\,000 = \\ = (1 - \text{предполагаемый уровень возмещения}) \times \\ \times \text{предполагаемая вероятность дефолта.}$$

Обратите внимание на то, что в этом уравнении фигурирует вероятность дефолта. В случае CDS это означает не банкротство, а наступление кредитного события в более широком смысле.

С учетом предполагаемого уровня возмещения подразумеваемая вероятность дефолта может быть рассчитана путем решения приведенного выше уравнения:

$$\text{подразумеваемая вероятность дефолта} = \frac{\text{наблюдаемый спред } CDS \text{ в б. п.}/10\,000}{1 - \text{предполагаемый уровень возмещения}}.$$

Например, если наблюдаемый спред 5-летнего CDS для юридического лица равен 500 базисных пунктов, а предполагаемый уровень возмещения 40%, то подразумеваемая вероятность дефолта составляет 8,33%:

$$\text{подразумеваемая вероятность дефолта} = \frac{500/10\,000}{1 - 0{,}40} = 0{,}0833 = 8{,}33\%.$$

Обратите внимание на то, что с увеличением принимаемого уровня возмещения подразумеваемая вероятность дефолта при данной величине спреда CDS возрастает. Так, если принять уровень возмещения равным 60%, то подразумеваемая вероятность дефолта составит 12,5%.

Участники рынка используют стандартный для отрасли фиксированный уровень возмещения в зависимости от базового инструмента для определения подразумеваемой вероятности дефолта. Например, в соответствии с рыночной практикой принимают более высокий уровень возмещения для кредитов, чем для корпоративных облигаций, и более высокий уровень возмещения для муниципальных облигаций, чем для корпоративного долга.

Когда рынок CDS сформировался, стало ясно, что формула, приведенная выше, дает лишь очень грубую оценку вероятности дефолта. Она не учитывает целый ряд факторов, влияющих на спред CDS, таких как спред бид-аск и риск контрагента[1]. Помимо прочего она предполагает, что уровень возмещения правилен и не меняется с течением времени.

В настоящее время используются более сложные модели для определения подразумеваемой вероятности дефолта. Они строятся на основе моделей кредитного риска, описанных в главе 23. Так или иначе, при использовании любой подразумеваемой вероятности дефолта важно понимать, что значение генерируется моделью, которая исходит из определенных допущений и требует оценки входных величин[2]. Сингх и Спакман приводят хорошие примеры неправильного использования вероятностей дефолта, полученных на основании спредов CDS в периоды экономических потрясений[3].

ИНДЕКСНЫЕ CDS

Индексные CDS — это CDS, выпускаемые на стандартизированную корзину референсных юридических лиц, в том числе CDS на[4]:

- эмитентов корпоративного долга;
- суверенных эмитентов;

---

1 Получить информацию не так просто из-за других факторов, влияющих на ценообразование, таких как ликвидность и риск контрагента в сделке с CDS. Информацию о значении этих факторов см. в: Ren-Raw Chen, Frank J. Fabozzi, and Ronald Sverdlove, "Corporate Credit Default Swap Liquidity and Its Implications for Corporate Bond Spreads," Journal of Fixed Income 20, 2 (2010), pp. 31–57; Xiaoling Pu, Junbo Wang, and Chunchi Wu, "Are Liquidity and Counterparty Risk Priced in the Credit Default Swap Market?" Journal of Fixed Income 20, 4 (2011), pp. 59–79; и Navneet Arora, Priyank Gandhi, and Francis A. Longstaff, "Counterparty Credit Risk and the Credit Default Swap Market," Journal of Financial Economics 103, 2 (2012), pp. 280–293.

2 Это важно не только для получения информации из наблюдаемых цен CDS, но и в других случаях. Расчет подразумеваемой волатильности на основе наблюдаемых цен опционов очень хорошо демонстрирует это. В главе 30, где обсуждалось применение модели Блэка–Шоулза для оценки опционов на облигации, мы называли принятые допущения и говорили об их неуместности для случая ценообразования опционов на облигации.

3 Manmohan Singh and Carolyne Spackman, "The Use (and Abuse) of CDS Spreads During Distress," International Monetary Fund, Working Paper WP/09/62, March 2009.

4 Существуют также дефолтные свопы на корзины, в которые входят референсные юридические лица, выбранные одним из контрагентов. Иначе говоря, в отличие от индексных CDS дефолтные свопы на корзины являются индивидуализированным продуктом. Такие CDS обычно используются в структурированных кредитных продуктах для создания синтетических облигаций, обеспеченных долговыми обязательствами, выпуск которых прекратился.

- муниципальных эмитентов долга;
- транши ценных бумаг, обеспеченных активами;
- транши ценных бумаг, обеспеченных коммерческой недвижимостью.

Механизм индексных CDS немного отличается от механизма единичных CDS. Как и в случае единичных CDS выплачивается премия свопа. Однако при наступлении кредитного события после выплаты начисленной к дате кредитного события суммы дальнейшие платежи по единичным CDS прекращаются. В индексных CDS защищенный покупатель продолжает осуществлять своповые платежи, но их размер сокращается. Это связано с уменьшением условной основной суммы в результате наступления кредитного события.

Для индексного CDS каждые шесть месяцев поставщик индекса создает новый индексный ряд. В этот момент определяется конкретный состав референсных юридических лиц в каждом новом ряду, и устанавливается новый уровень премии для каждого срока. За исключением траншей в структурированных сделках обмен своповыми премиями по индексному CDS происходит раз в квартал примерно 20 числа марта, июня, сентября и декабря. Для индексного CDS, который мы будем рассматривать далее, индексы администрирует Markit Group Ltd., организация, находящаяся в Лондоне.

Индексные CDS на корпоративных, суверенных и муниципальных эмитентов долга

Двумя наиболее активно торгуемыми индексными CDS (их обозначают как CDX) на корпоративные облигации для референсных юридических лиц из Северной Америки являются North America Investment Grade Index (обозначаемый как CDX.NA.IG) и North America High Yield Index (обозначаемый как CDX.NA.HY). Существуют 125 референсных юридических лиц с рейтингом инвестиционного уровня для CDX.NA.IG и 100 референсных юридических лиц с рейтингом неинвестиционного уровня для CDX.NA.HY. Для европейских корпоративных облигаций наиболее активно торгуемым индексным CDS является iTraxx Europe, который имеет 125 референсных юридических лиц. Во всех трех индексных CDS используется равное взвешивание референсных юридических лиц. Так, для CDX.NA.IG и iTraxx Europe каждое референсное юридическое лицо составляет 0,8% индекса, а для CDX.NA.HY — 1%.

Три названные выше CDX имеют сроки от 1 до 10 лет, а наиболее ликвидны 5-, 10- и 7-летние CDX. Состав кредитного события у североамериканских индексов и iTraxx Europe разный. У североамериканских индексов только банкротство и неосуществление платежа составляют кредитное событие, несмотря на то, что модифицированная реструктуризация является обычным кредитным событием на североамериканском рынке. У iTraxx Europe кредитным событием считаются банкротство, неосуществление платежа и модифицированная-модифицированная реструктуризация.

Три индексных CDS имеют подындексы, которые также торгуются. Так, North America Investment Grade Index имеет пять отраслевых подындексов, на которые продаются CDX (потребительский, энергетический, финансовый, промышленный и технологический/медиа/телекоммуникационный).

Помимо индексных CDS на корпоративные облигационные выпуски существуют индексные CDS на рискованные кредиты (обозначаемые как LCDX). LCDX отличаются от CDX на корпоративные облигации, например CDX.HY, тем, что для них референсными является группа кредитов (т. е. любой/все непогашенные старшие обеспеченные банковские долги референсного эмитента).

Существуют индексные CDS на суверенные правительства по всем регионам мира. Некоторые из этих CDS, обозначаемых как SovX, перечислены ниже:

- iTraxx SovX Western Europe Index: 15 референсных эмитентов из еврозоны плюс Великобритания, Дания, Норвегия и Швеция.
- iTraxx SovX CEEMEA Index: 15 референсных эмитентов из Центральной и Восточной Европы, Ближнего Востока и Африки.
- iTraxx SovX Asia Pacific Index: 10 референсных эмитентов из Азии и Океании.

SovX имеют сроки 5 и 10 лет, а базовой валютой для них является доллар США.

Существуют также индексные CDS на 50 муниципальных предприятий (обозначаемые как MCDX), варьирующие от долга, обеспеченного общими поступлениями, до доходных облигаций муниципальных органов (кроме облигационных выпусков производителей табака и учреждений здравоохранения). Эти выпуски должны иметь рейтинг BBB– (S&P), Baa3 (Moody's) или BBB– (Fitch) или выше и не находиться в процессе пересмотра рейтинга в сторону понижения.

Индексные CDS на транши ABS

Как говорилось в главе 10, кредиты под залог жилья представляют собой жилищные ипотечные кредиты заемщикам с плохой кредитной историей или вторую ипотеку на жилье. Такие кредиты обычно называют низкокачественными. Создаваемые на их основе ABS называют низкокачественными ипотечными ABS. Индексные CDS на эти транзакции с ABS получили название ABX.HE. Индекс включает в себя 20 сделок с кредитами под залог жилья из «первой двадцатки» эмитентов на текущий момент.

Напомним, что в главе 13, где обсуждались неагентские ценные бумаги, обеспеченные жилищной ипотекой, мы говорили о наличии в сделке траншей с разными рейтингами. Обычно это транши в низкокачественных сделках со следующими рейтингами: AAA, AA, A, BBB и BBB – . ABX.HE имеют пять подындексов, представляющих кредитные рейтинги, обозначаемые как ABX.HE.AAA, ABX.HE.AA, ABX.HE.A, ABX.HE.BBB и ABX.HE.BBB – . Каждый подындекс состоит из соответствующих 20 ABS сделок в ABX.HE. Позиция в подындексе ABX.HE, таким образом, эквивалентна позиции в каждом из 20 траншей, входящих в индекс.

ABX.HE отличаются от других описанных выше индексных CDS не только определением кредитного события. В других описанных ранее CDS обмен платежами осуществляется ежеквартально. В случае ABX.HE покупатель защиты производит своповый платеж ежемесячно на базе условной основной суммы. Условная основная сумма уменьшается со временем в результате амортизации траншей. Покупатель защиты получает выплаты от продавца защиты в случае наступления кредитного события, которое происходит в случае недополучения процентных платежей, недополучения основных платежей и списаний. Вместе с тем в отличие от других индексных CDS в соответствии с шаблоном PAUG триггерное событие, например списание или недополучение процентов, может быть перенесено на последующий период. Таким образом, покупателю защиты приходится выплачивать возмещение продавцу защиты в этих случаях.

Индексные CDS на транши ценных бумаг, обеспеченных коммерческой недвижимостью

Существуют CDS на сделки с ценными бумагами, обеспеченными коммерческой недвижимостью (CMBS). Эти индексные CDS, обозначаемые как CMBX, включают в себя 25 транзакций с CMBS. Как и в случае ABX.HE имеют подындексы, основанные на рейтинге траншей. Шаблон PAUG используется так же, как и для ABX.HE.

Экономическая интерпретация CDS и индексных CDS

Прежде чем рассматривать возможности использования CDS и индексных CDS для управления риском портфеля, поговорим об экономическом смысле этих производных продуктов с точки зрения продавца и покупателя кредитной защиты.

Продавец кредитной защиты

Рассмотрим сначала позицию продавца в единичном CDS. Как выглядит его эквивалентная позиция на наличном рынке? В целях иллюстрации примем, что референсной облигацией является облигация ABC. Если инвестор покупает облигацию ABC, то он получает следующий денежный поток:

Денежный платеж, равный цене облигации ABC, P_0;

Полугодовые денежные поступления, равные половине годовой купонной ставки облигации ABC.

Полугодовые купонные платежи поступают до тех пор, пока по облигации ABC не наступит дефолт.

Если инвестор продает облигацию ABC в момент *T*, то возникает денежный поток, равный цене продажи облигации ABC, P_T. Предположим, что в момент *T* происходит неблагоприятное событие, в результате которого цена облигации ABC падает ниже цены покупки, уплаченной инвестором (т. е. $P_T < P_0$). Инвестор при этом реализует убыток, равный $P_T - P_0$.

Возьмем теперь денежный поток продавца кредитной защиты, где референсной облигацией является облигация ABC. Эта сторона CDS получает ежеквартальный платеж, равный спреду CDS. Иначе говоря, он получает денежные поступления, равные квартальным своповым платежам. Вместе с тем своповые платежи осуществляются только до тех пор, пока не наступит кредитное событие по облигации ABC. Таким образом, как и в случае инвестора, покупающего облигацию ABC, периодические денежные поступления существуют, пока их не прекратит неблагоприятное кредитное событие (дефолт в случае владения облигацией и кредитное событие в случае CDS). Характеристики денежного потока продавца защиты аналогичны характеристикам денежного потока покупателя наличной облигации.

Предположим теперь, что наступает кредитное событие. Продавец защиты в этом случае должен осуществить платеж в пользу покупателя защиты. Этот платеж является денежными расходами, или убытком для продавца защиты. Допустим, что инвестор, купивший облигацию ABC, понес убыток в результате неблагоприятного события. Здесь опять денежный поток одинаков, как в случае продавца защиты, так и в случае инвестора в облигацию.

Таким образом, экономическая позиция продавца защиты аналогична позиции инвестора в наличную облигацию (т. е. инвестора, который держит облигацию). Это объясняется тем, что и продавец защиты, и инвестор с длинной позицией в наличной облигации являются покупателями кредитного риска эмитента облигации.

Есть, однако, существенная разница в условиях финансирования двух позиций, и это надо хорошо понимать с учетом полученных знаний о производных инструментах. Обратите внимание на то, что приобретение длинной позиции в облигации требует от инвестора выплаты, равной цене приобретения облигации. В отличие от этого, получение такой же позиции по кредитному риску облигации через CDS не требует денежных затрат. В силу отсутствия финансирования позиция в облигации, полученная путем продажи защиты на эту облигацию через CDS, является позицией с финансовым рычагом.

Хотя мы описали экономическую позицию продавца защиты в единичном CDS, все сказанное справедливо и в отношении индексного CDS. В этом случае продавец защиты занимает длинную позицию с рычагом в стандартизированной корзине референсных наименований.

Покупатель кредитной защиты

Если продавец защиты в CDS занимает позицию, аналогичную длинной позиции в наличной облигации, то покупатель защиты в CDS занимает позицию, аналогичную короткой позиции в наличной облигации. Объясним, почему это так, на примере единичного CDS с референсной облигацией ABC.

Если инвестор продает в короткую облигацию ABC, то он получает следующий денежный поток:

Денежные поступления, равные цене облигации ABC, P_0;

Полугодовые денежные выплаты, равные половине годовой купонной ставки облигации ABC.

Полугодовые купонные платежи осуществляются инвестором потому, что короткий продавец должен возместить стороне, у которой он заимствовал облигацию, сумму, равную купонному платежу. Эти платежи производятся до тех пор, пока по облигации ABC не наступит дефолт.

Если инвестор покупает облигацию ABC в момент T для покрытия короткой позиции, то возникают денежные расходы, равные цене покупки облигации ABC, P_T. Предположим, что в момент T происходит неблагоприятное событие, в результате которого цена облигации ABC падает ниже цены короткой продажи (т. е. $P_T < P_0$). Инвестор при этом реализует прибыль, равную $P_0 - P_T$.

Возьмем теперь денежный поток покупателя кредитной защиты, где референсной облигацией является облигация ABC. Эта сторона CDS осуществляет ежеквартальный платеж, равный спреду CDS. Иначе говоря, он несет денежные расходы, равные квартальным своповым платежам. Вместе с тем своповые платежи осуществляются только до тех пор, пока не наступит кредитное событие по облигации ABC. Таким образом, как и в случае инвестора, продающего в короткую облигацию ABC, периодические денежные расходы существуют, пока их не прекратит неблагоприятное кредитное событие (дефолт в случае короткой продажи облигации и кредитное событие в случае CDS). Характеристики денежного потока покупателя защиты аналогичны характеристикам денежного потока короткого продавца наличной облигации.

Предположим теперь, что наступает кредитное событие. Покупатель защиты в этом случае прекращает осуществление платежей в пользу продавца защиты. Вместо этого покупатель защиты получает платеж, аналогичный прибыли короткого продавца облигации ABC при наступлении неблагоприятного события. Здесь опять денежный поток одинаков, как в случае покупателя защиты, так и в случае инвестора, продающего в короткую облигацию.

Таким образом, экономическая позиция покупателя защиты аналогична короткой в наличной облигации.

ИСПОЛЬЗОВАНИЕ CDS ДЛЯ УПРАВЛЕНИЯ КРЕДИТНЫМ РИСКОМ

Экономическая интерпретация CDS в сочетании с пониманием роли производных инструментов в целом помогает разобраться с тем, как портфельные менеджеры могут использовать единичные и индексные CDS. Напомним, что деривативы могут применяться для контроля риска (хеджирование — особый случай управления рисками, когда риск полностью устраняется) и позволяют сделать это эффективно. Кроме того, существует возможность повышения доходности путем игры на относительной стоимости между наличным рынком и рынком CDS. Здесь мы касаемся только вопросов управления риском.

Возьмем единичный CDS на корпоративного референсного юридического лица. Ликвидность рынка CDS сопоставима с ликвидностью рынка корпоративных облигаций, что делает получение позиции в референсном юридическом лице через открытие позиции на рынке CDS более легким, чем на наличном рынке. Какую позицию следует занять на рынке CDS, чтобы получить позицию в референсном юридическом лице? Как говорилось в предыдущем разделе, портфельный менеджер должен продать защиту (т. е. стать продавцом защиты в CDS), поскольку это аналогично открытию длинной позиции[1]. Создание длинной позиции на рынке CDS может быть более легким с учетом его ликвидности.

Портфельный менеджер, желающий открыть позицию с финансовым рычагом в корпоративной облигации, может сделать это с помощью CDS, поскольку экономическая позиция продавца защиты эквивалентна позиции с финансовым рычагом в корпоративной облигации. Конечно, такую позицию можно создать и с использованием репо, как говорилось в главе 24. Однако у такого пути есть недостатки. Во-первых, стоимость финансирования не является фиксированным спредом к LIBOR, поскольку спред, требуемый кредитором, может изменяться. В случае CDS портфельный менеджер получает фиксированную ставку финансирования (т.е. в виде фиксированного спреда к LIBOR). Во-вторых, репо — это краткосрочное финансовое соглашение, которое может быть отозвано кредитором в любой момент. CDS обеспечивает постоянное финансирование в течение всей своей жизни. Наконец, в случае репо кредитор взимает маржу, а CDS предоставляет 100%-ное финансирование. Понятно, что такие преимущества присущи и индексным CDS.

Портфельный менеджер может занять позицию по конкретному корпоративному эмитенту в портфеле путем покупки защиты через единичный CDS. Резонный вопрос заключается в том, зачем ему делать это с помощью CDS, а не простой продажи облигации на наличном рынке. Одной из причин в случае менее ликвидных корпоративных облигаций является то, что на наличном рынке это может оказаться затруднительным.

Допустим, портфельный менеджер считает, что эмитент, не включенный в портфель, столкнется с финансовыми трудностями в будущем, и хочет открыть позицию на основе этих ожиданий. Конечно, позиция должна быть короткой, если портфельному менеджеру разрешается короткая продажа. Однако короткая продажа облигаций в других секторах наличного рынка

---

[1] Основным фактором, влияющим на использование муниципальных CDS в качестве замены позиции на наличном рынке, является федеральный подходный налог. Как говорилось в главе 8, проценты по большинству муниципальных облигаций освобождены от федерального подоходного налога. Это не относится к своповому спреду, получаемому продавцом защиты, хотя Служба внутренних доходов пока не имеет официального мнения по налогообложению CDS. Для портфельных менеджеров, которые хотели бы рассматривать продажу защиты в качестве альтернативы владению облигацией, это явный недостаток. Портфельные менеджеры фондов необлагаемых налогом муниципальных облигаций, например, не могут в настоящее время продавать защиту в качестве альтернативы покупке наличных облигаций. Вместе с тем есть участники рынка, такие как менеджеры хедж-фондов, которых не смущает налогообложение. Они используют муниципальные CDS для создания кредитных позиций.

кроме казначейского нередко затруднительна. Эквивалентную позицию можно создать, войдя в CDS как покупатель защиты. Аналогичная операция может быть осуществлена для сектора в целом с помощью индексных CDS.

В отношении индексных CDS мы уже говорили, что портфельный менеджер может создать позицию по стандартной корзине референсных юридических лиц путем продажи кредитной защиты. Он также может сократить позицию путем покупки кредитной защиты. Таким образом, регулируя позиции в индексных CDS, портфельный менеджер может изменять свою кредитную позицию на рынке облигаций.

Такое использование индексных CDS особенно ценно для менеджеров небольших облигационных портфелей. Мы уже подчеркивали это в предыдущих главах, что управление портфелями облигаций относительно облигационного индекса связано со значительным специфическим риском, поскольку все выпуски широкого облигационного индекса невозможно включить в портфель. Одним из способов создания позиций в большом числе референсных юридических лиц является использование индексных CDS.

Резюме

- Процентные деривативы могут использоваться для контроля процентного риска, связанного с изменением уровня процентных ставок на рынке. Кредитные деривативы могут применяться для контроля кредитного риска.
- Доминирующим типом кредитных деривативов являются дефолтные свопы, в которых покупатель защиты выплачивает своповую премию продавцу защиты; покупатель защиты получает выплату от продавца защиты только при наступлении кредитного события.
- Платежи по CDS зависят от наступления кредитного события. Документация Международной ассоциации свопов и деривативов для сделок содержит определения потенциальных кредитных событий. Наиболее неоднозначным кредитным событием является реструктуризация.
- Существуют специальные определения кредитного события для CDS на транши ценных бумаг, обеспеченных активами (шаблон PAUG).
- В единичном CDS есть только одно референсное юридическое лицо или референсное обязательство. Существуют единичные CDS, выписанные на корпоративного эмитента долга (облигаций или рискованных кредитов), суверенного эмитента, эмитента муниципальных облигаций, и транш ценных бумаг, обеспеченных активами.

- Стоимость единичного CDS можно примерно определить как разность между спредом свопа активов (относительно рынка номинальных свопов активов) и спредом к LIBOR на рынке репо. Своп активов, структурированный дилерской фирмой, предполагает продажу инвестором облигации, подверженную кредитному риску, с фиксированной ставкой и получение от дилерской фирмы выплат плавающей ставки.
- Получить подразумеваемую вероятность дефолта для референсного юридического лица можно с помощью модели оценки CDS. Однако рассчитанная вероятность зависит от правильности модели и входных параметров.
- Индексные CDS — это CDS, выпускаемые на стандартизированную корзину референсных юридических лиц, в том числе CDS на эмитентов корпоративного долга, суверенных эмитентов, муниципальных эмитентов долга, транши ценных бумаг, обеспеченных активами, и транши ценных бумаг, обеспеченных коммерческой недвижимостью.
- В отличие от единичных CDS, где контракт прекращает действие с наступлением кредитного события, по индексным CDS платежи продолжаются, даже если наступает кредитное событие по одному из референсных юридических лиц. Однако размер своповых платежей сокращается в связи с уменьшением условной основной суммы в результате наступления кредитного события.
- Экономически позиция продавца кредитной защиты аналогична позиции с финансовым рычагом в референсном юридическом лице (в случае единичного CDS) и в стандартизированной корзине референсных юридических лиц (в случае индексного CDS). У покупателя кредитной защиты позиция аналогична короткой позиции в референсном юридическом лице или в корзине референсных юридических лиц.
- Единичные CDS можно использовать для изменения кредитного риска референсного юридического лица. Рынок CDS обычно более ликвиден, чем наличный рынок, и на рынке CDS легче открыть короткую позицию. Индексные CDS можно использовать для регулирования кредитного риска портфеля: увеличивать кредитный риск путем продажи кредитной защиты и уменьшать кредитный риск путем покупки кредитной защиты.

Вопросы

1. Чем роль кредитного дериватива отличается от роли процентного свопа с точки зрения управления риском?

2. Почему портфельный менеджер, оценивающий кредитный риск портфеля, не ограничивается анализом риска дефолта?
3. Что означают понятия:
   a. Референсного юридического лица?
   b. Референсного обязательства?
4. Из какого авторитетного источника можно почерпнуть определение кредитного события?
5. Почему реструктуризация является наиболее противоречивым кредитным событием?
6. Почему выплата по дефолтному свопу имеет характер опциона?
7. Прокомментируйте следующее высказывание: «Дефолтный своп признает реструктуризацию кредитным событием, а это значит, что снижение процентной ставки референсного обязательства влечет за собой осуществление выплаты. Продавец защиты подвергается тем самым немалому риску».
8. При прочих равных условиях для одного и того же референсного юридического лица и одного и того же срока объясните, какой CDS будет дороже, с использованием полной, или старой реструктуризации, или модифицированной реструктуризации.
9. Основное внимание в CDS на ценные бумаги, обеспеченные активами, уделяется способности обеспечения генерировать денежные выплаты, а не банкротству. Почему?
10. a. Для единичного CDS в чем заключается разница между физическим и денежным расчетом?
    b. Почему при физическом расчете существует самый дешевый в поставке выпуск?
11. Определите размер квартальных премий по единичному CDS со следующими характеристиками:

Своповая премия	*Условная основная сумма*	*Дней в квартале*	*Квартальная премия*
a. 600 б. п.	$15 000 000	90	
b. 450 б. п.	$8 000 000	91	
c. 720 б. п.	$15 000 000	92	

12. Почему в шаблоне PAUG ISDA выплаты покупателя кредитной защиты продавцу могут превышать своповую премию?
13. Чем денежные потоки индексного CDS отличаются от денежных потоков единичного CDS?
14. Как примерно определить спред CDS для единичного CDS на корпоративного эмитента?

15. a. Что такое своп активов?
    b. При оценке единичного CDS какую информацию дает рынок номинальных свопов активов?
16. Ниже приведена выдержка из статьи «MCDX — муниципальные индексные CDS на подъеме» (*Credit Default Swap Market Reporting,* July 1, 2010, http://blog.creditlime.com/2010/07/01/municipal-cds-index-rising/):

    «Пятилетние MCDX выросли со 115 до 209 б. п. в период с 20 апреля по 11 июня 2010 г. и почти удвоились за последующие 11 дней, достигнув 226,5 б. п. на закрытии 22 июня. С 28 сентября 2009 г. по 20 апреля 2010 г. индекс увеличился лишь с 90 до 115 б. п.

    Причина такого роста очевидна. Взлет дефицита муниципальных бюджетов и падение доходов создают финансовую проблему для многих штатов по всей Америке. Калифорния и Массачусетс объявили о начале торговли муниципальными CDS, а Иллинойс, если судить по дефолтным свопам, стал самым рискованным штатом».

    a. Что понимается под пятилетними MCDX?
    b. Как связаны «взлет дефицита муниципальных бюджетов и падение доходов» с увеличением спредов CDS?
17. Посмотрите на следующее утверждение в популярном деловом издании:

    «Спред дефолтных свопов по Греции составляет 1340 базисных пунктов. Это означает, что существует 68%-ная вероятность дефолта Греции в течение пяти лет».

    a. Как получена эта «68%-ная вероятность дефолта»?
    b. Какие допущения необходимо учитывать, чтобы использовать эту оценку вероятности дефолта?
18. a. Объясните, как может использовать единичный CDS портфельный менеджер, который хочет продать в короткую референсное юридическое лицо?
    b. Объясните, как может использовать единичный CDS портфельный менеджер, который столкнулся с трудностями при приобретении облигаций конкретной компании на наличном рынке.
19. Как портфельные менеджеры используют индексные CDS?
20. Как клиент может определить, использует ли портфельный менеджер CDS для создания позиций с финансовым рычагом с целью повышения портфельного риска относительно облигационного индекса?

Фабоцци Фрэнк Дж.

РЫНОК ОБЛИГАЦИЙ

Анализ и стратегии

Главный редактор и руководитель проекта *С. Турко*
Корректор *Е. Чудинова*
Компьютерная верстка *М. Поташкин*
Дизайн обложки *Ю. Буга*

Подписано в печать 20.09.2019. Формат 70×100/16.
Бумага офсетная № 1. Печать офсетная.
Объем 75 печ. л. Тираж 1500 экз. Заказ №9352.

ООО «Альпина Паблишер»
123060, Москва, а/я 28
Тел. +7 (495) 980-53-54
www.alpina.ru
e-mail: info@alpina.ru

Знак информационной продукции
(Федеральный закон № 436-ФЗ от 29.12.2010 г.) 0+

Отпечатано в АО «Первая Образцовая типография»,
филиал «УЛЬЯНОВСКИЙ ДОМ ПЕЧАТИ»
432980, г. Ульяновск, ул. Гончарова, 14

«АЛЬПИНА ПАБЛИШЕР» РЕКОМЕНДУЕТ

Как играть и выигрывать на бирже

Психология. Технический анализ. Контроль над капиталом

Александр Элдер, 14-е изд., 2019, 471 с.

Чтобы выиграть, нужно освоить три главных принципа биржевой игры: это разумная индивидуальная психология, логичная система ведения игры и продуманный план контроля над капиталом. Эти три опоры — вроде ножек табурета-треноги: убери хоть одну, и он упадет — вместе с сидящим.

О чем книга

В этой книге вы найдете набор правил и приемов успешной биржевой игры, позволяющих сохранить капитал во время периодов неудач и значительно приумножить его во время выигрышных серий. Вы не только научитесь эффективным приемам анализа рынка и торговым стратегиям, но и узнаете нечто, о чем не пишут в учебниках, — о психологии успешного трейдинга.

Почему книга достойна прочтения

- Эта книга стала бестселлером, была переведена на 12 языков и стала одной из самых популярных книг в истории биржи.
- Она основана на личном опыте человека, который за свою карьеру биржевого спекулянта совершил достаточно ошибок, прежде чем добиться успеха, и теперь готов рассказать о том, как их избежать.
- Это классический путеводитель в мире биржевых спекуляций, заслуживший настоящий авторитет среди профессионалов, хотя книга принципиально отличается от тех, что вы можете найти на полках магазинов.

Кто автор

Александр Элдер — профессиональный трейдер, автор множества публикаций. В 23 года, работая судовым врачом, бежал в Африке с советского корабля и получил политическое убежище в США. В 1988 году организовал компанию Financial Trading Seminars, Inc., которая стала одной из ведущих фирм по подготовке трейдеров. Он консультирует частных трейдеров и финансовые структуры, проводит семинары для трейдеров

Покупая бумажную книгу на сайте **alpina.ru**, вы бесплатно получаете ее электронную версию. Подробнее на alpina.ru/free

«АЛЬПИНА ПАБЛИШЕР» РЕКОМЕНДУЕТ

Курс активного трейдера

Покупай, продавай, зарабатывай

Александр Герчик, 2019, 343 с.

Никакое образование не служит гарантией успеха в биржевой торговле. Но, с другой стороны, отсутствие профессиональной подготовки не является в этом бизнесе препятствием на пути к получению прибыли. Вы можете быть кем угодно, в том числе и никем, но это не помешает вам стать успешным трейдером. Конечно, при выполнении определенных условий. Я пишу это с полной уверенностью, потому что сам являюсь живой иллюстрацией к вышесказанному.

О чем книга

Опыт 20 лет работы Александра Герчика, из которых 10 он закрывает с прибылью каждый месяц, стали основой его уникальной системы торговли на бирже. Книга представляет собой самый популярный учебный курс автора. Начиная с теоретических азов, он постепенно погружает читателя в особенности применения реальных торговых стратегий. Это универсальное практическое пособие, которое подходит и начинающим трейдерам, и тем, кто хочет узнать о трейдинге в что-то новое. Навыки торговли по системе Герчика проверены его учениками. Большинство из них успешно сохраняют и увеличивают свой депозит. Читайте, и вы откроете секреты успеха «самого безубыточного воина Уолл-стрит»!

Почему книга достойна прочтения

- Система, которая поможет грамотно начать торговлю на бирже без потерь.
- Секреты и фишки, помогающие безболезненно увеличивать свой объем.
- За 20 лет торговли у автора не было ни одного убыточного месяца в течение 10 лет. Стоит к нему прислушаться!

Кто автор

Александр Герчик — трейдер NYSE/NASDAQ, RTS, CME. Самый безопасный дневной трейдер по версии канала Mojo HD, благодаря чему стал главным героем известного телевизионного проекта Wall Street Warriors. Автор принципов торговли, подходящих любому рынку. Их используют более 10 000 его учеников из разных стран.

Единственный тренер, инвестирующий собственные деньги в торговлю своих студентов. Владеет российскими лицензиями профессионального участника рынка ценных бумаг серий 1.0 и 5.0 и американскими лицензиями серий 7, 55, 63.

Сайт автора: gerchik.ru

Покупая бумажную книгу на сайте **alpina.ru**, вы бесплатно получаете ее электронную версию. Подробнее на alpina.ru/free

«АЛЬПИНА ПАБЛИШЕР» РЕКОМЕНДУЕТ

Малая энциклопедия трейдера

Эрик Найман, 18-е изд., 2019, 458 с.

Если денежные средства не инвестировать, то они имеют свойство со временем исчезать. Поэтому вы или работаете с деньгами, или прощаетесь с ними навсегда.

О чем книга

О трейдинге и о том, что должен знать каждый трейдер, желающий достичь успеха. Автор описывает основные методы фундаментального и технического анализа, рассказывает об индикаторах и опционах, знакомит со специфическими видами анализа, методикой управления рисками, основами психологии биржевой игры.

Почему книга достойна прочтения

- Это переработанное и дополненное издание финансового бестселлера.
- В книге в легкой и доступной форме изложены основные понятия и приемы успешного трейдинга.
- Автор не только дает рекомендации по использованию финансовых инструментов, но и анализирует современное состояние рынка капитала.

Кто автор

Эрик Найман — трейдер-миллионер, доктор экономических наук, начальник управления финансовых услуг АКБ «Укрсоцбанк». С 1995 г. работал аналитиком и инвестиционным управляющим в финансовых и брокерских компаниях. Имеет реальный успешный опыт инвестирования и трейдинга на спот-рынке и внебиржевых опционах мирового валютного рынка, российском рынке валютных фьючерсов, американских товарных и фондовых биржах, экзотическом украинском рынке ценных бумаг. Автор книг «Мастер-трейдинг», «Трейдер-инвестор», «Путь к финансовой свободе».

Покупая бумажную книгу на сайте **alpina.ru**, вы бесплатно получаете ее электронную версию. Подробнее на alpina.ru/free